Steven K. Scott
Der Nazarener

www.fontis-verlag.ch

EMPFEHLUNGEN

«Man hat mir eine sehr große Freude gemacht, als man mir ein Exemplar des amerikanischen Originaltitels geschenkt hat. Wie groß dieser Schatz ist, habe ich zwar geahnt, aber nachdem ich mir dieses Buch näher angesehen habe, bin ich selbst als Theologe doch verblüfft, wie vorzüglich und hilfreich es wirklich ist. Ich bin gespannt, wie es aufgenommen wird, wenn es in deutscher Sprache erscheint. Hoffentlich wird es ein Bestseller. Das wäre für mich ein Hoffnungssignal im Blick auf die heutigen Theologen und die sogenannten ‹Laien›-Christen.»

Eduard Berger, Bischof i. R.

«Die Worte Jesu Christi haben Kraft. *Der Nazarener* wird Ihnen helfen, seine Macht zu erleben wie noch nie zuvor!»

Josh D. McDowell, Autor und Sprecher

«Wenn Sie sich auch schon gewünscht haben, Jesu Herz zu verstehen, hören Sie, was er sagte. Dieses Buch macht es Ihnen leicht, hier finden Sie alle aufgeschriebenen Worte, die Jesus geäußert hat.»

Gary D. Chapman, PhD, Bestseller-Autor *«Die fünf Sprachen der Liebe»*

«Im *Nazarener* wurden uns die größten Worte, die je gesprochen wurden, von dem größten Menschen hinterlassen, der je gelebt hat: Jesus Christus. Steven Scott hat uns einen großen Gefallen getan, als er diese lebensverändernden Wahrheiten zusammengestellt und nach Stichwörtern geordnet hat.»

James Robison, Gründer und Präsident von «LIFE Outreach International»

«Im *Nazarener* können Sie, als Leserinnen und Leser, Jesus so kennen lernen, wie er wirklich ist – und wie sein Herz sich nach Ihnen sehnt.»

Janet Parshall, Moderatorin bei «Janet Parshall's America!»

«Ich finde es genial, dass alle Aussagen Jesu zu einem bestimmten Thema hintereinander aufgeführt sind. Das ist eine große Hilfe, nicht nur fürs Bibelstudium, sondern auch für die persönliche Andacht.»

Dr. Henry Cloud, Bestseller-Autor

«Vollgepackt mit allen Worten, die Jesus gesagt hat, nach Themen geordnet – dieses Buch sollte ein ständiger Begleiter Ihrer Bibel sein.»

Dr. David Jeremiah, Bestseller-Autor

«*Der Nazarener* ermöglicht jedem, sofort auf alles zugreifen zu können, was Jesus über praktisch alle Themen gelehrt hat. Wunderbar!»

Roy Blunt, Mitglied des US-Repräsentantenhauses

«Ganz gleich, wie gut Sie Jesus Christus und seine Lehren schon kennen, der *Nazarener* verspricht Ihnen tiefere Einsicht in Jesu Worte. Lernen Sie noch mehr schätzen, was Jesu Worte in Ihrem Leben bewirken können!»

Ed Young, Sprecher, Pastor und Autor

«Steven Scotts Buch ist ein Geschenk Gottes, wirklich! Die nach Stichwörtern geordneten Worte Jesu helfen allen Gläubigen, die wie ich ein Aufmerksamkeitsdefizit haben, uns auf die Worte unseres Herrn zu konzentrieren! Sie brauchen diese geistliche Bibliothek auf Ihrem Schreibtisch, Ihrem Couchtisch und Ihrem Nachttisch! Mit diesem Buch können Sie aus einem tiefen Brunnen schöpfen – und Sie gehen nie wieder leer aus!»

Dr. Dennis «The Swan» Swanberg, Amerikas «Ermutigungsminister»

«Steven Scott hat uns das Wort gegeben, das uns wieder zu Jesus zurückführt und uns mit neuem Eifer nach Christusähnlichkeit streben lässt.»

Bischof Wellington Boone, Pastor und Autor

«Welch eine Fülle an Information für alle, die es zulassen, dass das Rotgedruckte ihr Leben prägt!»

Randy Phillips, Gründer von «Phillips, Craig and Dean»

«Unglaublich! Dieses erstaunliche Buch hilft uns, schnell alles zu finden, was Jesus zu jeder wichtigen Frage, zu jedem Problem, vor dem wir jemals stehen werden, gesagt hat.»

Chuck Norris, Schauspieler

Steven K. Scott

Der Nazarener

Alle Jesus-Worte im O-Ton,
thematisch gegliedert

Hoffnung für alle®
Copyright © 1983, 1996, 2002 by Biblica Inc.™
Used by permission. All rights reserved worldwide.

Bibliografische Information der Deutschen Nationalbibliothek
Die Deutsche Nationalbibliothek verzeichnet diese Publikation in der Deutschen
Nationalbibliografie; detaillierte bibliografische Daten sind im Internet über www.dnb.de
abrufbar.

Die Bibelstellen wurden, soweit nicht anders angegeben,
folgender Übersetzung entnommen:
Hoffnung für alle © 1983, 1996, 2002 Biblica, Inc.™,
hrsg. von Fontis – Brunnen Basel (siehe dazu Seite 592)

Originally published in English under the title:
«The Greatest Words Ever Spoken – Red Letter» by Steven K. Scott
Copyright © 2008 by Steve Scott
Published by WaterBrook Press, an imprint of The Crown Publishing Group,
a division of Random House LLC, 12265 Oracle Boulevard, Suite 200, Colorado Springs,
Colorado 80921, USA.
International rights contracted through: Gospel Literature International P.O. Box 4060,
Ontario, California 91761–1003, USA.
This translation published by arrangement with WaterBrook Press,
an imprint of The Crown Publishing Group, a division of Random House LLC.

Übersetzung aus dem Englischen: Gabriele Pässler, Görwihl

Copyright der deutschen Ausgabe
© 2015 by Fontis – Brunnen Basel
Umschlag: spoon design, Olaf Johannson, Langgöns
Foto Umschlag: Vectomart, Flik4/Shutterstock.com
Foto U4: fotolia/brat82
Satz: InnoSet AG, Justin Messmer, Basel
Druck: Finidr
Gedruckt in der Tschechischen Republik

ISBN 978-3-03848-035-8

WIDMUNG

Für meine Familie

Für meine wunderbare Frau Shannon, deren Liebe und Leben mir jeden Tag die Liebe Jesu Christi vor Augen führt und die ein leuchtendes Beispiel dafür ist, wie Gott möchte, dass ich bin.

Für meine Kinder Hallie, Sean, Ryan, Devin, Zach, Mark und Carol und meine Enkel Maddy, Julia, Gracie und Ian. Mögen die Worte des Herrn Jesus Christus euch helfen, Gott sehr gut kennen zu lernen und enge Gemeinschaft mit ihm zu haben.

Für die Männer und Frauen, durch die mir das Wort Gottes lebendig wurde

Dr. Jim Borror, mein Pastor an der Scottsdale Bible Church während meiner High-School-Jahre. Dr. Johannes MacArthur und Pastor Al Martin. Elmer Lappen, der frühere Leiter von Campus für Christus an der Arizona State University. Die besten Freunde meines Lebens, Jim und Patty Shaughnessy, Gary und Norma Smalley sowie Tom und Marlene Delnoce. Mein Schwager Dr. David Heinze und meine Schwester Sandy. Herb und Helen Selby sowie Wayne und Mary Shuart.

Rev. Ron Patty, Jon Braun, Dr. Bill Bright und Dr. Billy Graham – ihnen bin ich so dankbar für ihren lebenslangen Dienst an mir, unserem Volk und der ganzen Welt.

Für ein paar besondere Menschen, denen ich ebenfalls danke

Larry und Shawn King: Durch eure Freundlichkeit, Ermutigung und eure wunderbaren Interviews konnte ich meine Botschaft und mein Herz Millionen Zuschauern mitteilen. Ich verdanke euch mehr, als ich jemals sagen könnte.

James und Betty Robison, Bruce Jacobson und die anderen bei «Life Today»: Ihr habt mir geholfen, die Botschaft meines letzten Buches sowie auch dieses Buch so vielen Menschen in die Hand zu geben.

INHALT

6 Jesus im O-Ton über die Menschheit:

7 Jesus im O-Ton über den Gott, der zu uns kommt:
Was Jesus über Gottes unentwegten Retterwillen gesagt hat 500

8 Jesus im O-Ton darüber, wie man Gott kennen lernt:
Was Jesus uns über den Beginn und die Vertiefung unserer Gottesbeziehung gesagt hat 532

Vorwort von Gary Smalley

Seit über dreißig Jahren gehört Steve Scott zu meinen besten Freunden. Meine ersten beiden Bücher haben wir gemeinsam geschrieben, und er hat sie beide herausgebracht. So hat er mir ermöglicht, dass ich seit 1979 Gott dienen konnte. Acht Jahre später hat Steve unsere «Hidden Keys to Loving Relationships»-Videoreihe veröffentlicht und verbreitet – sie hat Millionen von Ehepaaren in aller Welt geholfen, ihre Ehe zu verbessern.

Seit ich ihn kennen gelernt habe, hat Steve Dutzende von Projekten durchgeführt. Die Unternehmen, die er mit seinen Geschäftspartnern gegründet hat, sind für Millionen von Menschen zum Segen geworden. Er hat auch einige Bücher über persönlichen Erfolg geschrieben, die internationale Bestseller geworden sind. Doch vor zwei Jahren erzählte er mir von etwas, das er für das wichtigste Projekt seines Lebens hielt: Er wollte alle Aussagen Jesu Christi sammeln und sie nach Stichwörtern und Themen ordnen.

Damals hatte Steve schon alle Aussprüche Jesu aus dem Johannes- und dem Markus-Evangelium zusammengestellt, mit Lukas und Matthäus hatte er noch nicht begonnen. Ich fragte ihn nach seinem Verleger, doch zu meiner Überraschung erwiderte er: «Gary, ich habe keine Ahnung, ob ich das veröffentlichen will. Das mache ich für *mich.*»

Steve sagte, er nehme Johannes 8,31–32 und Matthäus 7,21–25 ernst. Deshalb wolle er in jedem Lebensbereich und in allen Lebensfragen seine Überzeugungen von den Worten Christi formen und prägen lassen. Deshalb müsse er sich *alles,* was Jesus zu den verschiedenen Themen gesagt hat, leicht zugänglich machen. Wenn er einmal die Grundlage aus Christi Worten hätte, könne er alles andere zu dem jeweiligen Thema darauf aufbauen in dem Wissen, auf *sicherem* Grund zu stehen.

Ich fragte, ob ich sein Werk einmal anschauen dürfte, und er zog das Manuskript heraus. Schnell fand ich ein Stichwort, das mir viel bedeutet, und als ich die Worte Jesu dazu las, wurde ich von meinen Gefühlen überwältigt. Ich schaute Steve an und sagte: «Das ist das Stärkste, was ich jemals gelesen habe.» Wissen Sie, jeden einzelnen dieser Bibelverse hatte ich schon Dutzende Male gelesen, aber *nie alle hintereinander.* Die Autorität, Klarheit und Macht all dieser Lehren des Herrn Jesus Christus zu diesem Thema beeindruckten mich so, wie es das stückweise Lesen nie geschafft hatte. Mein Herz schmolz vor der intensiven Liebe Jesu, die ich dabei spürte.

Besonders als ich ein bestimmtes Thema las, war es, als sänke mir jede einzelne Aussage Jesu tiefer und tiefer und tiefer ins Herz. Es war wirklich gewaltig! So muss es den Jüngern gegangen sein, wenn Jesus im kleinsten Kreis die Fragen beantwortete, die sie bedrängten.

Steve war es genauso ergangen. Er sagte, alle diese Aussagen Jesu nach Themen zusammenzustellen sei, als setze man ein Puzzle zusammen. Jedes einzelne Puzzleteil habe seine Farbe, seine Bedeutung, seine eigene Schönheit – aber das ganze Bild könne man eben erst sehen, wenn die Einzelteile zusammengesetzt seien. Und was Steve dann noch sagte, werde ich nie vergessen: «Gary, es ist wie eine Privataudienz bei Jesus, wo du ihn alles fragen kannst, was dir einfällt, und er sagt dir *alles*, was er zu diesem Thema gelehrt hat, als er auf der Erde war. Du fragst: ‹Was sollte ich über Vergebung wissen?›, und dann sagt er dir *alles*, was er über Vergebung gelehrt hat.»

Ich sagte zu Steve, dieses Buch müsse er unbedingt veröffentlichen, und versprach ihm, weltweit dafür zu werben. Später vertraute er mir an, meine Ermutigung sei genau zur rechten Zeit gekommen, denn er sei kurz davor gewesen, das Projekt aufzugeben. Die Aussagen Jesu zu kategorisieren, das hätte ihn wirklich sehr herausgefordert.

Jetzt habe ich das vollständige Manuskript vorliegen, und es erfüllt meine Erwartungen vollauf – es übertrifft sie sogar. Es ist nicht nur ausgezeichnetes Material zum Selbststudium, es eignet sich auch vorzüglich für die persönliche Andacht. Mit einem betenden Herzen stellen Sie die Fragen, die Sie bewegen, und Jesus beantwortet sie. Da die meisten Bibelverse nach der «Hoffnung für alle» zitiert sind, sind sie für junge Menschen wie für Erwachsene gleichermaßen gut zu verstehen. Dieses Buch ist in diesem Jahr mein Weihnachtsgeschenk an alle meine Kinder und Schwiegerkinder sowie an deren Kinder, denn jeder soll sein eigenes Exemplar haben.

Noch etwas, das ich *nicht* erwartet hatte: Steve hat all die Stichwörter neun Themenbereichen zugeordnet, deshalb hat dieses Buch neun Kapitel. Zu jedem Kapitel hat er eine kurze Einführung geschrieben – sehr aufschlussreich und überzeugend für Menschen, die sich nicht als Christen bezeichnen würden.

Steve sagte, das habe er gemacht, weil er das Buch auch den Freunden geben wollte, die dem Glauben skeptisch gegenüberständen und kein Interesse an Kirche oder Religion hätten. Damit wollte er ihnen zu einer neuen Sicht über Jesus Christus als Person verhelfen. Sie sollten sich selbst ein Bild von ihm machen, ihn «aus erster Hand» kennen lernen können – und nicht durch irgendwelche Sekundärliteratur oder aufgrund dessen, was irgendjemand gesagt oder getan hat. Er wollte ihnen einfach präsentieren, was Jesus selbst gesagt hatte. So viele Menschen haben eine falsche Vorstellung von Jesus, aber wenn sie dann lesen, was er *wirklich* gesagt hat, lösen sich diese falschen Ideen in Wohlgefallen auf.

Jesus hat unvorstellbar Großes versprochen, und seine Versprechen gelten jedem Menschen, ob groß oder klein, der seine Worte annimmt und befolgt. *Die Jesus-Worte im O-Ton* ermöglichen uns genau das. Über 1900 Aussagen Jesu Christi zu über 200 Stichwörtern sind eine Schatzkiste von Antworten, Verheißungen, Anregungen, Ermutigung, Liebe, Glauben und Kraft zum Leben. Keine christliche Familie sollte darauf verzichten müssen.

Ich bete, dass dieses Buch Ihnen und Ihren Lieben hilft, den Herrn Jesus Christus noch besser kennen zu lernen und noch vertrauter mit ihm zu werden. Ich bete auch darum, dass Sie dieses Buch gebrauchen können, um Jesu unvergleichliche Worte in die Hände der Menschen zu geben, die Gott Ihnen über den Weg schickt.

DANK

Ich weiß nicht, wie ich meine Dankbarkeit gegenüber Michael Palgon ausdrücken soll. Er ist stellvertretender Verlagsleiter bei der Doubleday Broadway Publishing Group. Ebenso danke ich meinem Lektor bei Doubleday, Roger Scholl. Ihr beide habt meine Vision für dieses Buch unterstützt und mitgetragen. Ohne *eure* Vision wäre dieses Buch nie über meine eigene Familie hinausgelangt.

Ron Lee, meinem exzellenten Lektor bei WaterBrook, bin ich so dankbar. Ron, du hast dieses Buch so viel besser gemacht, als mein Manuskript es war. Ich bewundere dich!

Carol Bartley und die anderen Bearbeiter im Lektorat haben es wirklich gut gemacht, ihr habt Fehlendes ergänzt und Fehler aufgespürt und verbessert. Ihre wunderbaren Vorschläge haben diesem Buch sehr gutgetan – und das kommt Ihnen, den Leserinnen und Lesern, zugute.

Michael Smalley und dem «Logos Project» danke ich für eure Vision, einen Lehrplan für die Gemeinde zu entwickeln. Ihr habt geholfen, dieses Buch in aller Welt auf die Kanzeln und in die Sonntagsschulen zu bringen.

EINFÜHRUNG

Der Nazarener

«Ich kenne die Menschen, und ich sage Ihnen, dass Jesus nicht
einfach nur ein Mensch ist. Ihn kann man mit keiner anderen
Person in der Welt vergleichen.»
NAPOLEON BONAPARTE

«Die größten Worte, die jemals gesagt wurden» (Übersetzung des englischen Titels). Wie kann man einer Zitatesammlung einen solchen Titel geben? So viele große Männer und Frauen haben im Lauf der Menschheitsgeschichte weltbewegende «große Worte» ausgesprochen – wie kann man von einem Menschen sagen, ausgerechnet seine Worte seien die größten?

«Größte Worte» müssen wahrhaft weltbewegende, lebensverändernde Wahrheiten mitteilen, die andernfalls nie entdeckt worden wären. Sie müssten ihren Lesern außerordentlichen Nutzen bringen, der vielleicht sogar an Wunder grenzt, und ihr Herz, ihr Denken und ihr Leben berühren. Und gewiss müssten sie, um diese Bezeichnung zu verdienen, nicht nur das Leben einiger weniger Menschen verändern, sondern das von Millionen. Sie müssten Verzweifelten Hoffnung geben, gebrochenen Herzen Freude bringen und einen Frieden, der auch die lähmendsten Ängste überwindet.

Um dieser Bewertung würdig zu sein, müssten diese Worte stark genug sein, um aus einem Herzen voller Hass ein liebevolles zu machen, aus einem gierigen Menschen einen überaus großzügigen, aus einem von Arroganz beherrschten Menschen einen, der seinen Mitmenschen dienen will. Und wenn sie wirklich die größten Worte wären, die je ein Mensch gesagt hat, dann hätten sie die Kraft, den Blinden die Augen zu öffnen, Gefangene zu befreien, Missetätern Vergebung zu bringen und Toten das Leben. Wenn die Worte einer Person all das bewirken könnten, dann würde sie das ganz sicher über alle anderen Worte der Menschheitsgeschichte erheben. Sie wären mit Fug und Recht die größten Worte, die jemals geäußert wurden.

Diese Worte gibt es tatsächlich. Sie wurden ausgesprochen und aufgeschrieben. Und ja, sie haben bemerkenswerte Ergebnisse hervorgebracht, Wunder gewirkt. Die größten Worte, die je ein Mensch gesagt hat, sind die Worte des Jesus von Nazareth, der von sich behauptete, er sei der Sohn des lebendigen Gottes.

Das Wenn-Dann, das Ihr Leben verändern kann

Wenn Jesus tatsächlich der ist, als der er sich ausgab, dann muss alles, was er sagte, absolut wahr sein. Wenn er wirklich der Sohn Gottes ist, dann konnte er sich nicht irren. Nicht ein einziges Mal.

Was bedeutet das?

Erstens: Wenn die Worte Jesu die absolute Wahrheit sind, dann muss sich alles, was als Wahrheit verkauft wird, an ihnen messen lassen.

Zweitens: Dann ist alles wahr, was Jesus über Sie gesagt hat, über Ihr Leben und über das, was Ihr Leben bestimmt. Seine Worte beschreiben Ihr Leben, und sie zeigen, was Ihnen unmittelbar und auf lange Sicht bevorsteht. Um im Leben Erfolg zu haben, um sich selbst zu verstehen und Weisheit für Ihren Alltag sowie für Ihre wichtigen Entscheidungen zu erlangen, müssen Sie alles wissen, was Jesus über Sie gesagt hat. So entdecken Sie, was er für Sie vorgesehen hat und was er von Ihnen erwartet.

Und dann sind da die Versprechen, die Jesus gegeben hat. Wenn Sie sich entscheiden, ihm nachzufolgen, dann können Sie auf jede dieser 108 Versprechen zählen. Es sind Verheißungen, die in ein beunruhigtes Herz Frieden bringen, Freude inmitten von Leid, Erfolg statt Versagen – und das Allerwichtigste: ein verherrlichtes Leben, das ewig währt.

Das stellt uns vor die wichtigste Frage überhaupt: Ist Jesus, der Nazarener, *tatsächlich* der, für den er sich ausgab, oder war er doch nur ein Mensch wie jeder andere?

Napoleon Bonaparte, der Kaiser von Frankreich und eines der größten militärischen Genies, die die Welt gekannt hat, kam zu dem Schluss, dass Jesus mehr als nur ein Mensch ist. Eines Tages diskutierte Napoleon mit seinen engsten Vertrauten über verschiedene Kaiser und ihre Reiche; dabei fiel der Name Jesus. Zur Überraschung seiner Generäle rief Napoleon aus:

Ich kenne die Menschen, und ich sage Ihnen, dass Jesus nicht einfach nur ein Mensch ist. Ihn kann man mit keiner anderen Person in der Welt vergleichen. Oberflächliche Geister sehen eine Ähnlichkeit zwischen Christus und den Begründern von Weltreichen und den Göttern anderer Religionen. Eine solche Ähnlichkeit ist nicht vorhanden. [...]

Alles an Christus setzt mich in Erstaunen. Sein Feuer überwältigt mich, seine Willenskraft beschämt mich. Er ist so eigenständig, er ruht wirklich in sich selbst. Seine Gedanken und Empfindungen, die Wahrheit, die er verkündet, und wie er überzeugen kann, das ist weder durch Bildung noch durch natürliche Gegebenheiten zu erklären. [...]

Je näher ich ihm komme, je genauer ich hinschaue, desto unerklärlicher wird mir alles – alles bleibt erhaben, und zwar von einer überwältigenden Erhabenheit. [...]

Nirgends als in ihm allein kann man irgendetwas finden, das ihm ähnlich wäre oder gar ihm zum Vorbild gedient haben könnte. [...]

Ich habe in der Geschichte nach einem gesucht, der Jesus Christus gleich gewesen wäre, aber vergeblich. Weder die Geschichte noch die Menschheit noch die Jahrhunderte noch die Natur können mir irgendetwas anbieten, womit ich ihn vergleichen oder erklären könnte. Alles an ihm ist außergewöhnlich.[1]

Jesus von Nazareth

Was wusste Napoleon, was manche von uns nicht wissen? Napoleon kannte die Geschichte, und er war auch ein Menschenkenner – und er hatte sich eingehend mit dem Leben und den Worten Jesu Christi befasst. So kam er dazu zu glauben, dass es keinen einzigen Menschen gab, der mit Jesus

---

[1] Napoleon Bonaparte, zitiert in Josh McDowell: *Evidence That Demands a Verdict. Historical Evidence for the Christian Faith* (Here's Life Publishers: San Bernardino, CA 1977), Seite 127.

Christus vergleichbar gewesen wäre. Denken Sie einmal darüber nach: Wie konnte ein einziger Mann aus einem unbedeutenden Dorf im Nahen Osten so viele Millionen Menschenleben verändern und dazu den Lauf der Weltgeschichte? Jesus schien eigentlich dazu prädestiniert, von der Geschichte übersehen zu werden.

Hier sind die Fakten:

- Jesus kam in einer armen, unbedeutenden Familie in einem Dorf irgendwo im Nirgendwo zur Welt. Er lebte in einem besetzten Land. Sein einziges Fortbewegungsmittel waren seine eigenen Beine.
- Bis er dreißig wurde, war er Zimmermann; erst dann begann er, öffentlich aufzutreten und zu lehren. Nur drei Jahre lang verkündete er seine Botschaft, meist in kleinen Dörfern.
- Dann wurde er unter falscher Anklage in einem Scheinprozess überführt und von einem Beamten, der ihn für unschuldig hielt, zum Tode verurteilt. Er starb den Tod eines Verbrechers und wurde an einem Kreuz hingerichtet, zwischen zwei überführten Kriminellen. Seiner Hinrichtung wohnten nur seine Mutter und einer seiner engen Nachfolger bei. Die anderen seiner engsten Jünger waren geflohen, sie verbargen sich vor dem Mob und den römischen Machthabern.
- Erst als Jesus von den Toten auferstanden war und seinen Anhängern erschien, wurden seine Jünger von verzweifelten Feiglingen zu zuversichtlichen Gläubigen und kühnen Verkündigern der Botschaft Jesu. Aber ihnen standen weder Massenmedien noch technische Hilfsmittel zur Verfügung, um seine Geschichte und seine Lehren zu verbreiten. Es gab noch keine Druckerpresse, ganz zu schweigen von Radio und Fernsehen. Auch das Papier war noch nicht erfunden. Man schrieb mit Federn auf Papyrusrollen. Die Texte mussten mühsam Wort für Wort abgeschrieben werden.

Zu denken, das Leben Jesu würde außerhalb seines begrenzten Wirkungsbereichs irgendjemanden ernsthaft berühren, das war zu seiner Lebenszeit einfach lächerlich, damals, im ersten Jahrhundert unserer Zeitrechnung. Hätte es tatsächlich Aufzeichnungen über diesen Reiseprediger gegeben, der nur drei Jahre öffentlich gewirkt hatte, dann wären sie in den Trümmern Jerusalems verschüttet oder ein Raub der Flammen geworden, als keine vierzig Jahre nach seinem Tod die römischen Legionen die Stadt zerstörten.

Vor diesem Hintergrund beginnt man erst, das Wunder des Lebens und der Worte Jesu wirklich zu würdigen. Das kurze Leben Jesu auf dieser Erde wirkte weit über den Tod seiner Jünger hinaus und wurde zum Dreh- und Angelpunkt der Weltgeschichte.

Wie konnte das Leben eines einzigen Menschen die Menschheit mehr prägen als jeder andere Mensch oder irgendein anderes Geschehen auf der Welt? Lesen Sie den *Nazarener* und lernen Sie diesen Mann kennen, der alles verändert hat, und das für immer.

Jesus hat es geschafft, und zwar ohne Geld, ohne Waffen, ohne Wissenschaft und ohne politische Macht, nur mit seinem Leben und der Macht seiner Worte. Sein Leben und die Wunder, die er vollbrachte, ließen alle aufhorchen. Aber erst das, was er *sagte*, ließ ihre Herzen dahinschmelzen und veränderte sie von Grund auf.

Der Apostel Johannes sagte: «Das Wort wurde Mensch und lebte unter uns. Wir selbst haben seine göttliche Herrlichkeit gesehen, wie sie Gott nur seinem einzigen Sohn gibt. In ihm sind Gottes vergebende Liebe und Treue zu uns gekommen» (Johannes 1,14).

Die Tragödie des Informationszeitalters

Heute stehen uns mehr Informationen über alles Mögliche zur Verfügung als jemals zuvor, und doch wissen die meisten Menschen weniger darüber Bescheid, was Jesus gesagt hat. Unzählige haben so wenig Ahnung von der Geschichte des ersten Jahrhunderts, dass sie sich durch frei erfundene Mythen, die durch Romane wie *Sakrileg* am Leben gehalten werden, in die Irre führen lassen.

Viele Christen haben ihre Überzeugungen und Wertvorstellungen auf die Worte von Bibellehrern und Autoren sowie Fernseh- und Radiopredigern gegründet anstatt auf die Worte Jesu Christi. So wunderbar die Worte von Predigern und Autoren auch sein mögen, kommen sie doch den unverdünnten Worten Jesu Christi an Faszination und Macht nicht auch nur annähernd gleich. Schließlich hat nur Jesus von sich behauptet, die Wahrheit in Person zu sein: «Ich bin der Weg, ich bin die Wahrheit, und ich bin das Leben!» (Johannes 14,6). Denen, die ihr Leben auf seine Worte bauen, hat er unermessliche Verheißungen gegeben.

Dabei muss uns klar sein, dass Jesus diese Verheißungen nicht Leuten gegeben hat, die den Worten irgendeines anderen Lehrers, Propheten oder Anführers folgen. Diese Worte Jesu sind exklusiv in ihrer Wahrheit, Macht und Autorität. Ein Beispiel: «Wenn ihr an meinen Worten festhaltet und das tut, was ich euch gesagt habe, dann gehört ihr wirklich zu mir. Ihr werdet die Wahrheit erkennen, und die Wahrheit wird euch befreien!» (Johannes 8,31–32). Und das war nur der Anfang. Hier sind noch einige der vielen Verheißungen, die Jesus denen gegeben hat, die beschlossen haben, an seinen Worten festzuhalten:

- Sie erhalten ewiges Leben.
- Ihre Wünsche werden erfüllt als Antwort auf ihr Gebet.
- Gott der Vater, Jesus Christus und der Heilige Geist sind ihre beständigen Begleiter, sie sind mit ihnen und in ihnen.
- Sie haben Frieden und Freude direkt von Gott, und das in einem Ausmaß, wie es sonst nicht möglich ist.
- Sie prägen das Leben anderer Menschen, wie man es durch menschliches Bemühen allein nie tun könnte.
- Sie werden von Gott in einzigartiger Weise geliebt.
- Sie entgehen dem ultimativen Gericht Gottes.
- Sie erleben Wunder, die andere weder verstehen noch erklären können.
- Sie lernen ewige Wahrheiten kennen, die sie von allem befreien, was sie gefangen hält.

Jesus war *kein* Religionsstifter!

Jesus kam nicht auf die Erde, um eine neue Religion zu begründen. Tatsächlich hat er die religiösen Leiter seiner Tage schärfstens kritisiert. Er warf ihnen vor, Gott nicht zu kennen und mit Religion Menschen in die Ketten von Erbärmlichkeit, Frustration und Versagen zu legen. Er nannte sie «Blinde» und klagte sie an, ihre Anhänger ebenfalls «geistlich blind» gemacht zu haben (siehe Matthäus 15,13–14 und 23,13–24).

Jesus sagte, er sei von Gott gekommen und habe den Auftrag, den Menschen zu zeigen, wer Gott ist und was Gott will. Und das Wichtigste: Jesus behauptete, er könne jedem Menschen eine enge Beziehung zu dem einzig wahren Gott ermöglichen, und das sei der Weg zum ewigen Leben. In seinem letzten Gebet vor der Kreuzigung sagte Jesus: «Und das allein ist ewiges Leben: dich, den einen wahren Gott, zu erkennen, und Jesus Christus, den du gesandt hast» (Johannes 17,3).

Stellen Sie sich vor, Sie könnten den Gott, der das Universum geschaffen hat, persönlich kennen lernen. Stellen Sie sich vor, Sie könnten mit ihm auf Du und Du sein! Oder, noch besser: Sie kennen ihn so gut, dass Sie ihn Ihren besten Freund nennen, oder sogar Papi? Was meinen Sie, wie wäre es, wenn Sie ihn ständig bei sich wüssten und wenn nichts, aber auch gar nichts Ihrem Frieden und Ihrer Freude etwas anhaben könnte? Genau das geschieht, wenn Sie sich auf die Worte Jesu Christi ausrichten.

Die Worte Jesu haben den Lauf der Weltgeschichte geändert, weil sie Millionen von Menschen verändert haben, jeden einzeln. Seine Worte wurden zunächst von denen geglaubt, die seine Wunder mit eigenen Augen gesehen hatten. Er machte Wasser zu Wein und machte die Blinden sehend. Die Lahmen ließ er gehen, und die Toten wurden wieder lebendig. Zu unserem großen Glück versprach er späteren Generationen noch größere Segnungen, wenn sie an ihn glauben würden, obwohl sie ihn nicht sehen könnten.

Das ist nun zweitausend Jahre her, und Jesus hat Wort gehalten. Genau diese Verheißungen gelten auch Ihnen. Nehmen Sie seine Worte in Ihre Gedanken und in Ihr Herz auf, und entdecken Sie ihre lebensverändernde Kraft, wie Sie es nie für möglich gehalten hätten.

Die großen Themen des Lebens, die Jesus angesprochen hat

In diesem Buch finden Sie jedes Wort, das im Neuen Testament von Jesus überliefert ist, geordnet nach über zweihundert Stichwörtern. So können Sie alles lesen, was Jesus selbst gesagt hat, ohne Unterbrechung durch Kommentare, Überleitungen und Szenenbeschreibungen. Tauchen Sie beim Lesen direkt in Jesu *Worte* ein. Er sprach über Dinge, die Ihnen wichtig sind – denken Sie über seine Aussagen nach. Lesen Sie alles, was Jesus über Gebet sagte, über

Glauben und ewiges Leben, über Angst und Prioritäten. Lesen Sie alle seine unfassbaren Versprechen und was er über sich selbst gesagt hat.

Dank der Sortierung nach Stichwörtern ist es einfach, die ganze Bandbreite der Aussagen Jesu zu einem Thema zu sehen. Es dauert nur wenige Minuten, um alles zu lesen, was Jesus zu einem Stichwort gesagt hat, und das verhilft Ihnen zu einem tieferen Verständnis seiner Lehren. Menschen, die Jesu Worte in dieser Zusammenstellung gelesen haben, sagten, das hätte ihnen eine Tiefe an Weisheit vermittelt und ihr Leben verändert – weit über alles hinaus, was sie sich jemals hätten vorstellen können.

Die über zweihundert Stichwörter sind in neun Kapitel unterteilt, jedes Kapitel bildet eine eigene Rubrik. Jedes Kapitel beginnt mit ein paar Gedanken zu den jeweiligen Stichwörtern. Die Kapitel heißen:

1. Jesus im O-Ton über sich selbst
2. Jesus im O-Ton über Gott den Vater
3. Jesus im O-Ton über den Heiligen Geist
4. Jesus im O-Ton über die Ewigkeit
5. Jesus im O-Ton zu seinen Jüngern
6. Jesus im O-Ton über die Menschheit
7. Jesus im O-Ton über den Gott, der zu uns kommt
8. Jesus im O-Ton darüber, wie man Gott kennen lernen kann
9. Jesus im O-Ton über zwischenmenschliche Beziehungen

Das einzig wirklich sichere Fundament

Jesus hat eine Reihe von unfassbaren Verheißungen gegeben, und die gelten den Männern und Frauen, die seine Worte hören, aufnehmen und befolgen. Er sagte, wir sollten all unsere Wertvorstellungen, unsere Überzeugungen und unser Verhalten auf das Fundament seiner Worte gründen.

Leider bauen die meisten von uns auf einen Mix, der aus allen möglichen Quellen stammt, denen wir im Lauf unseres Lebens ausgesetzt waren. Das Ergebnis? Die Grundlage unserer Überzeugungen ist eine Kombination von Echtem und Fälschung einschließlich widersprüchlicher Informationen und unhaltbarer Vermutungen.

Ich hoffe, dass bei Ihrem Studium der Worte Jesu Christi alle eventuell vorhandenen Schwachstellen Ihres Fundaments offensichtlich werden – und dass Sie sie durch den ungepanschten und ewig haltbaren Beton der Worte Jesu ersetzen. Möge er Sie segnen, wenn Sie die Nähe Gottes suchen und die ewigen Wahrheiten, die er in seinen unvergleichlichen Worten offenbart.

So nützt Ihnen dieses Buch am meisten

Dies ist keines von den Büchern, die man zügig von vorne nach hinten durchliest. Kein einziges der Kapitel eignet sich zum schnellen Durchlesen. Dafür ist dieses Buch eine Quelle, die Sie Ihr Leben lang immer wieder zu Rate ziehen werden. Die über zweihundert Stichwörter bieten viel Abwechslung.

Wenn Sie eine bestimmte Frage haben, kann ein schnelles Lesen der Worte Jesu zu diesem Stichwort die Antwort geben. Wenn Sie um eine wichtige Entscheidung ringen, können die Worte unter den entsprechenden Stichwörtern die benötigte Weisheit und Inspiration bringen. Sie können auch bewusst ein bestimmtes Stichwort nach dem anderen intensiv in sich aufnehmen und daraus eine felsenfeste Grundlage für Ihren Glauben bauen. Das wird Ihre Liebe zu Gott vertiefen, und Sie haben einen Anker, der auch in den größten Prüfungen standhält.

Was auch immer Sie im Moment brauchen, einen Müsliriegel als Energiestoß oder eine ausgiebige Mahlzeit zum Entspannen, dieses Buch wird Sie nicht enttäuschen. Wählen Sie das Stichwort, das Sie in Ihrer Situation gerade brauchen. Die Weisheit unter jedem Stichwort stammt einzig aus den unverdünnten Aussagen Christi – und deren Breite, Tiefe und Gewalt öffnen die Augen, stärken den Glauben, und sie verändern uns.

Anwendung 1: Als Nachschlagewerk

Wann immer Sie sich ein biblisches Thema erarbeiten wollen, eine geistliche Frage haben oder vor einer Entscheidung stehen und Weisung suchen, fragen Sie als Erstes: «Was hat Jesus dazu gesagt?» Seine Worte bieten eine solide Grundlage für all Ihre Wertvorstellungen, Überzeugungen und Lehrsätze.

Um ein Stichwort zu finden, schauen Sie im Inhaltsverzeichnis nach.
Hier werden zu jedem Kapitel die zugehörigen Stichwörter alphabetisch
aufgeführt. Unter jedem Stichwort stehen alle direkten Aussagen Jesu zu
diesem Thema und zusätzlich die meisten Parallelstellen mit impliziten
Aussagen Jesu.

Nehmen Sie einen Stift zur Hand und unterstreichen Sie entscheidende
Stellen. In Kapitel 5 zum Beispiel finden Sie unter «Verheißungen Jesu» über
hundert Versprechen, die Jesus seinen Nachfolgern gegeben hat. Hier ist eines
davon:

> «Ich sage euch die Wahrheit: Wer meine Botschaft hört und an den
> glaubt, der mich gesandt hat, **der wird ewig leben. Ihn wird das Urteil
> Gottes nicht treffen,** denn er hat die Grenze vom Tod zum Leben schon
> überschritten. Ich versichere euch: Die Zeit wird kommen, ja, sie hat
> schon begonnen, in der die Toten die Stimme des Sohnes Gottes hören
> werden. Und wer diesen Ruf hört, der wird leben» (Johannes 5,24–25).

In dieser Verheißung habe ich die Bedingung unterstrichen: Sie müssen die
Worte Jesu Christi hören (befolgen) und wirklich an den Gott glauben, der
ihn gesandt hat. Der versprochene Nutzen ist hier fett gedruckt: Sie werden
ewig leben, das Urteil Gottes wird Sie nicht treffen.

Wenn Sie die Worte Jesu lesen und aufnehmen und dabei die Schlüsselaus-
sagen unterstreichen (oder farbig markieren), geschieht etwas Wunderbares:
Jedes dieser Worte wird zu einem Puzzleteil. Mit der Zeit kommen die Teile
zusammen, und es zeigt sich ein klares Bild von dem, was Jesus lehrte. Wenn
Sie in der Bibel weitere Verse zu diesem einen Thema lesen, vervollständigt
sich das Bild immer mehr.

Anwendung 2: Für Bibelarbeiten in der Familie und das persönliche Bibelstudium

Zu den größten Vorteilen dieses Buches gehört, dass Sie sich damit schnell und
effektiv jedes Thema, über das Jesus Christus gesprochen hat, aneignen können. Ob allein, mit dem Ehepartner oder mit der ganzen Familie – nehmen Sie
einzelne Stichwörter für die Morgen- oder Abendandacht, um sich richtig in

ein Thema hineinzuknien oder als Grundlage für einen Hauskreisabend. Kreuzen Sie im Inhaltsverzeichnis die Stichwörter an, die Sie am meisten interessieren. Einer meiner Freunde bat seine Frau und die Kinder, den Anfangsbuchstaben hinzuschreiben. Das half ihnen zu entscheiden, womit sie in ihren Familienandachten beginnen wollten.

Lernen Sie die Worte Jesu kennen und genießen Sie, was er Ihnen in Johannes 16,13 und 14,26 versprochen hat: Der Heilige Geist hilft Ihnen, die Wahrheit vollständig zu erfassen. Er sagt Ihnen, was kommt, und er macht Ihnen Jesus groß. Jesus verheißt auch, dass der Heilige Geist Sie alles lehren wird und Sie an alles erinnert, was Jesus gesagt hat.

Ihnen wird auffallen, dass die Bibelstellen meistens mit Zitaten aus dem Evangelium nach Johannes beginnen, dann kommen Verse aus den Evangelien nach Matthäus, Markus und Lukas und mitunter auch aus der Apostelgeschichte, den beiden Briefen des Paulus an die Korinther oder der Offenbarung Jesu Christi an Johannes – immer in dieser Reihenfolge.

Ich habe die Verse aus dem Johannes-Evangelium an den Anfang gestellt, weil dieses Evangelium direkter und näher ist. Johannes bezeichnete sich selbst als den «Jünger, den Jesus liebte» (Johannes 21,20). Der Bericht des Johannes über das Leben Jesu trägt viel Wärme und Unmittelbarkeit in sich. Sein Evangelium zu lesen ist, wie wenn ein alter Freund einem eine Einladung schickt. Diese Einladung Jesu werden Sie in diesem Buch immer wieder finden.

Die großen Verheißungen Jesu gelten denen, die seine Worte hören und tun. Seine Worte werfen ein helles Licht auf Ihren Weg. Sie enthalten vollkommene Weisheit für alle Ihre Entscheidungen, und sie geben Ihnen die Kraft, die Sie brauchen, um alle Widrigkeiten zu überwinden.

Wer sich aber weigert, Jesu Worte zu hören, wird seine Verheißungen und die Kraft, die in ihnen steckt, nie kennen lernen. In den dreiundvierzig Jahren, in denen ich nun schon seine Worte entdecke und mich darauf verlasse, habe ich in jedem Lebensbereich Wunder erlebt. Und ich weiß: Was Jesu Worte für mich getan haben, das tun sie auch für Sie. Mögen Sie ihre Bedeutung verstehen und ihre Macht erleben wie nie zuvor.

1

JESUS IM O-TON ÜBER SICH SELBST

Was Jesus Christus uns über sich selbst sagt

Kein Theologe und kein Historiker würde bestreiten, dass Jesus von allen Menschen, die je auf Erden gelebt haben, der einflussreichste war. Seine Taten, seine Worte und seine Wunder haben den Lauf der Weltgeschichte verändert. Jesus Christus hat ganze Völker dazu angeregt, Mitleid und Barmherzigkeit in ihre Kultur zu integrieren. Er hat Normen und Werte neu definiert. Er hat aber nicht nur ganze Länder und Völker verändert, sondern auch Hunderten von Millionen Einzelpersonen in unvorstellbarem Ausmaß Lebenssinn, Frieden und Freude gebracht.

Nur Gott konnte diese Unwahrscheinlichkeitsrechnung aufgehen lassen

In seinem kurzen Leben hat Jesus Hunderte von Verheißungen aus dem Alten Testament erfüllt, die die Geburt, das Leben und den Tod des jüdischen Messias beschreiben. Die Mathematikprofessoren Peter W. Stoner und Dr. Robert C. Newman haben berechnet, wie hoch die Wahrscheinlichkeit ist, dass ein einziger Mensch auch nur achtundvierzig dieser detaillierten Prophetien erfüllt. Das Ergebnis: 1 zu 10^{157}. Die Wahrscheinlichkeit beträgt also 1:10.000.000.000.000.000.000.000.000.000.000.000.000.000.000.000. 000.000.000.000.000.000.000.000.000.000.000.000.000.000.000.000. 000.000.000.000.000.000.000.000.000.000.000.000.000.000.000.000.[2]

---

[2] Peter W. Stoner: *Science Speaks* (Moody Press: Chicago 1963), Seite 109–110. Zitiert in Josh McDowell: *Evidence That Demands a Verdict* (Here's Life Publishers: San Bernardino, CA 1977), Seite 167 (dt. Titel: *Bibel im Test. Tatsachen und Argumente für die Wahrheit der Bibel*, Hänssler: Holzgerlingen 1996).

Etwas anschaulicher: Zimmern Sie eine Holzkiste. Sie sollte so groß sein, dass das Sonnensystem hineinpasst. Dann mischen Sie unter viele erbsengroße weiße Perlen eine einzige rote Perle und füllen die Kiste damit bis zum Rand. Wie hoch ist die Wahrscheinlichkeit, dass jemand auf Anhieb die eine rote Perle erwischt? Sie ist billionenmal größer als die Wahrscheinlichkeit, dass ein einziger Mensch all die Prophetien erfüllen würde, die Jesus erfüllt hat. Nichts in der Geschichte oder in der Naturwissenschaft ist besser nachgewiesen und statistisch besser abgesichert als die Tatsache, dass Jesus tatsächlich der ist, der zu sein er vorgab – der Messias, der Sohn des lebendigen Gottes.

Seit seinem Tod und seiner Auferstehung wurden über keinen anderen Menschen und kein anderes Ereignis mehr Worte geschrieben als über Jesus Christus. Doch viel wichtiger als das, was über ihn geschrieben wurde, sind die Worte, die Jesus über sich selbst gesagt hat. Wer war Jesus, wo kam er her? Was war sein Auftrag, was tut er jetzt, und was wird er noch alles bewerkstelligen? Welche Pläne hat er für Ihr Leben, für Ihre Zukunft und für die Zukunft der Welt? Wie steht es um seine Beziehung zu Gott, und welche Art von Beziehung möchte Jesus mit denen haben, die ihm nachfolgen?

Und am wichtigsten: Was haben seine Worte jedem von uns und unseren Lieben heute noch zu sagen? Auf diese und viele andere Fragen antwortet Jesus unter den zwanzig Stichwörtern dieses Kapitels.

Eines meiner Lieblingsthemen in diesem Kapitel ist «Aussagen Jesu über sich selbst». Hier sehen wir über 170 erstaunliche Aussagen, die Jesus über sich selbst gemacht hat. Wenn einer von uns auch nur zwei dieser Behauptungen vor sich hertragen würde, man würde ihn in die Psychiatrie einweisen. Aber die, die Jesus damals zuhörten, verwunderten sich über seine Lehre.

Warum? Erstens: Jesus sprach dermaßen selbstsicher und gewaltig, wie wir es uns nicht einmal vorstellen können. Zweitens unterfütterte er seine scheinbar absurden Behauptungen mit Taten, die seine Aussagen als absolut wahr bestätigten. Zum Beispiel hat er nicht nur behauptet, er könne Tote auferwecken, sondern er hat eine Leiche lebendig gemacht, die schon im Grab lag und vor sich hin faulte. Und zwar vor Augenzeugen (Johannes 11,38–44).

Jesus hat auch gesagt, er würde hingerichtet werden, dann drei Tage im Grab liegen und anschließend von den Toten auferweckt werden. Diese Behauptung war so lächerlich, dass seine Nachfolger ihm nicht glaubten – bis er nach seiner Auferstehung plötzlich mitten unter ihnen stand.

Jesus erhob andere unerhörte Ansprüche. Er bezeichnete sich als das Licht der Welt und die ewige Wahrheit in Person. Er sagte, er sei der einzige Weg, auf dem Männer und Frauen zu einer ewigen Beziehung zu Gott gelangen könnten. Er sagte, er sei mit Gott dem Vater untrennbar eins und er sei der Einzige, der Gott je gesehen habe. Er behauptete, der einzige Sohn des ewigen Gottes zu sein. Er gab vor, schon zu Beginn der Zeit dabei gewesen zu sein, und sagte, er selbst würde am Ende der Zeit jeden Menschen richten. Er beanspruchte sogar, alle Macht im Himmel und auf Erden sei ihm übergeben worden. Er behauptete, jedem Menschen, der ihm nachfolgen würde, das ewige Leben garantieren zu können.

Das waren jetzt nur zehn von über 170 Behauptungen Jesu über sich selbst.

Die Macht dieser Ansprüche hat viele brillante Atheisten überzeugt – sie wurden zu ernsthaften Gläubigen und Nachfolgern Jesu Christi. Einer von ihnen war Professor für englische Literatur in Oxford und Cambridge, ein anderer ein gefeierter amerikanischer Historiker, ein dritter ein führender Atomphysiker mit acht Doktortiteln.

Er war bereits Professor an Fakultäten von zwei der berühmtesten Universitäten der Welt, doch dann wurde der Atheist C.S. Lewis Christ und zu einem der größten Romanautoren der Christenheit, ja der Welt. Der Historiker Lew Wallace, ebenfalls ehemaliger Atheist, vernichtete sein antichristliches Manuskript mit dem Titel *The Myth of Christianity* (dt. Der Mythos des Christentums) und schrieb stattdessen den größten historischen Roman aller Zeiten: *Ben Hur.* Der Untertitel des englischen Originals lautet *A Tale of the Christ* (dt. Eine Erzählung über den Christus).

Dr. Charles Payne, ein Kernphysiker mit acht Doktortiteln, auch er war Atheist gewesen und wurde Christ, gab seine Versuche auf, das Christentum wissenschaftlich zu widerlegen. Stattdessen führte er von da an den wissenschaftlichen Beweis der Existenz Gottes und der Göttlichkeit Jesu Christi.

In diesem Kapitel finden Sie die Aussagen Jesu über seine Wiederkunft und die Zeichen, die dieser vorangehen und sie begleiten. Beim Lesen erringen Sie eine neue Sicht auf das Geschehen im Nahen Osten und, noch wichtiger, Sie gewinnen Grund zu großer Hoffnung und Zuversicht, dass wir zu der Generation gehören, zu deren Lebzeiten die Prophezeiungen seiner Wiederkehr anfangen sich zu erfüllen.

Durch «Jesu Beziehung zu Gott dem Vater» erhalten Sie ein besseres Verständnis der Beziehung und Gemeinschaft, die diese Personen der Dreieinigkeit schon immer miteinander hatten.

Gegen Ende des Kapitels lesen Sie Jesu Worte in seinen Gleichnissen, Metaphern und Allegorien. Diese Geschichten zeigen die Tiefe der Liebe und Vergebung Gottes und enthüllen ewige Geheimnisse. Wenn Sie sich auch schon gefragt haben, was Sie als Person wert sind oder wie sehr Gott Sie liebt oder auch nicht – die Aussagen und Illustrationen Jesu werden Ihnen Antwort geben. Mögen seine Worte Ihnen Offenbarung geben und mit Macht in Ihre Seele hineinsprechen.

1 Aussagen Jesu über sich selbst

Dies ist das allerwichtigste Thema, über das Jesus gesprochen hat. Hier ist seine Autorität begründet, in der er gehandelt und alles andere gesagt hat. Jesus hat über 170 Aussagen über sich selbst gemacht. Aussagen, zu denen kein anderer Mensch jemals das Recht gehabt hätte. Manchmal erhebt eine einzige Aussage gleich einen mehrfachen Anspruch. Kein Mensch, der je gelebt hat, könnte auch nur einem davon gerecht werden. Aber auf Jesus trifft jede einzelne dieser Behauptungen zu.

Auch hier finden wir verschiedene Stilmittel: direkte Behauptungen, implizite Ansprüche und Metaphern. Oder Jesus akzeptierte, was andere über ihn sagten – eine weitere Form der Selbstaussage. Wer außer Jesus konnte von sich sagen, er sei sowohl König als auch Knecht, Gottessohn und Menschensohn, Anfang und Ende, Licht der Welt, lebendiges Wasser, das ewiges Leben gibt, und die vollkommene Erfüllung des Gesetzes und aller Gerechtigkeit? Wer sonst konnte ewiges Leben anbieten, ohne dass man ihn für übergeschnappt oder für einen Schwindler gehalten hätte?

In diesem Abschnitt sehen Sie größte Demut und größte Majestät vereint. Wenn Ihnen aufgeht, dass diese herrliche Persönlichkeit Sie besser kennt als jeder andere, wächst in Ihnen die Dankbarkeit. Denn trotz seiner Majestät liebt er Sie heiß und innig und mehr, als irgendjemand Sie je geliebt hat.[3]

Johannes 3,10–13 «Du bist doch ein anerkannter Gelehrter in Israel und müsstest das eigentlich verstehen! ¹¹Glaube mir: Wir reden nur von dem, was wir genau kennen. Und was wir bezeugen, das haben wir auch gesehen. Trotzdem nehmt ihr unser Wort nicht an. ¹²Ihr glaubt mir ja nicht einmal, wenn ich von ganz alltäglichen Dingen rede! Wie also werdet ihr mir dann glauben, wenn ich euch erkläre, was im Himmel geschieht? ¹³Es gibt nur einen, der zum Himmel hinaufsteigt: der Menschensohn, der vom Himmel herabgekommen ist.»

Johannes 3,16–17 «Denn Gott hat die Menschen so sehr geliebt, dass er seinen einzigen Sohn für sie hergab. Jeder, der an ihn glaubt, wird nicht zugrunde gehen, sondern das ewige Leben haben. ¹⁷Gott hat nämlich seinen Sohn nicht zu den Menschen gesandt, um über sie Gericht zu halten, sondern um sie zu retten.»

Johannes 4,7–10.13–14 Da kam eine Samariterin aus der nahe gelegenen Stadt zum Brunnen, um Wasser zu holen. Jesus bat sie: «Gib mir etwas zu trinken!» ⁸Denn seine Jünger waren in die Stadt gegangen, um etwas zu essen einzukaufen. ⁹Die Frau war überrascht, denn normalerweise wollten die Juden nichts mit den Samaritern zu tun haben. Sie sagte: «Du bist doch ein Jude! Wieso bittest du mich um Wasser? Schließlich bin ich eine samaritische Frau!»

---

[3] Die Bibelzitate zu den Stichwörtern beginnen in der Regel mit dem Evangelium nach Johannes, dann folgen Zitate aus den Evangelien nach Matthäus, Markus und Lukas und mitunter auch aus der Apostelgeschichte, dem ersten Brief des Paulus an die Korinther oder der Offenbarung Jesu Christi an Johannes (in dieser Reihenfolge). Ich habe die Verse aus dem Johannes-Evangelium vorangestellt, weil dieses direkter und persönlicher ist.

¹⁰Jesus antwortete ihr: «Wenn du wüsstest, was Gott dir geben will und wer dich hier um Wasser bittet, würdest du mich um das Wasser bitten, das du wirklich zum Leben brauchst. Und ich würde es dir geben.» […] ¹³Jesus erwiderte: «Wer dieses Wasser trinkt, wird bald wieder durstig sein. ¹⁴Wer aber von dem Wasser trinkt, das ich ihm gebe, der wird nie wieder Durst bekommen. Dieses Wasser wird in ihm zu einer Quelle, die bis ins ewige Leben hinein fließt.»

Johannes 4,25–26 Die Frau entgegnete: «Ja, ich weiß, dass einmal der Messias kommen soll, der auch Christus genannt wird. Er wird uns schon alles erklären.» ²⁶Da sagte Jesus: «Du sprichst mit ihm. Ich bin der Messias.»

Johannes 5,20 «Denn weil der Vater den Sohn liebt, zeigt er ihm alles, was er selbst tut. Und er wird ihn noch viel größere Wunder tun lassen, so dass ihr staunen werdet.»

Johannes 5,21–23 «So wie der Vater Tote auferweckt und ihnen neues Leben gibt, so hat auch der Sohn die Macht dazu, neues Leben zu geben, wem er will. ²²Denn nicht der Vater spricht das Urteil über die Menschen, er hat das Richteramt vielmehr dem Sohn übertragen, ²³damit alle den Sohn ehren, genauso wie den Vater. Wer aber den Sohn nicht als Herrn anerkennen will, der verachtet auch die Herrschaft des Vaters, der ja den Sohn gesandt hat.»

Johannes 5,26–27 «Denn in Gott ist das Leben, und nach Gottes Willen hat auch der Sohn dieses Leben in sich. ²⁷Er hat ihm die Macht gegeben, die ganze Menschheit zu richten, weil er der Menschensohn ist.»

Johannes 6,27 «Bemüht euch doch nicht nur um das vergängliche Brot, das ihr zum täglichen Leben braucht! Setzt alles dafür ein, die Nahrung zu bekommen, die bis ins ewige Leben reicht. Diese wird der Menschensohn euch geben. Denn Gott, der Vater, hat ihn dazu bestimmt und ihm die Macht gegeben.»

Johannes 6,33 «Und nur dieses Brot, das vom Himmel kommt, schenkt der Welt das Leben.»

Johannes 6,35 «Ich bin das Brot des Lebens», sagte Jesus zu ihnen. «Wer zu mir kommt, wird niemals wieder Hunger leiden, und wer an mich glaubt, wird nie wieder Durst haben.»

Johannes 6,37–40 «Alle Menschen, die mir der Vater gibt, werden zu mir kommen, und keinen von ihnen werde ich zurückstoßen. ³⁸Denn ich bin nicht vom Himmel gekommen, um zu tun, was ich will, sondern um den Willen des Vaters zu erfüllen, der mich gesandt hat. ³⁹Und das ist Gottes Wille: Kein Einziger von denen, die er mir anvertraut hat, soll verloren gehen. Ich werde sie alle am letzten Tag zum Leben erwecken. ⁴⁰Denn nach dem Willen meines Vaters wird jeder, der den Sohn sieht und an ihn glaubt, für immer leben. Ich werde ihn am letzten Tag vom Tod auferwecken.»

Johannes 6,43–44 Jesus antwortete auf ihre Vorwürfe: «Warum empört ihr euch so? ⁴⁴Keiner kann zu mir kommen, wenn nicht der Vater, der mich gesandt hat, ihn zu mir bringt. Und alle diese Menschen, die er mir gibt, will ich am letzten Tag zum Leben erwecken.»

Johannes 6,46–47 «Das bedeutet aber nicht, dass jemals ein Mensch den Vater gesehen hat. Nur einer hat ihn wirklich gesehen: der eine, der von Gott gekommen ist. [47]Ich sage euch die Wahrheit: Wer an mich glaubt, der hat jetzt schon das ewige Leben!»

Johannes 6,48–51 «Ich selbst bin das Brot, das euch dieses Leben gibt! [49]Eure Vorfahren haben in der Wüste das Manna, das Brot vom Himmel, gegessen und sind doch alle gestorben. [50]Aber hier ist das wahre Brot, das vom Himmel kommt. Wer davon isst, wird nicht sterben. [51]Ich bin dieses Brot, das von Gott gekommen ist und euch das Leben gibt. Jeder, der dieses Brot isst, wird ewig leben. Dieses Brot ist mein Leib, den ich hingeben werde, damit die Welt leben kann.»

Johannes 6,53–56 Darauf erwiderte Jesus: «Das eine steht unumstößlich fest: Wenn ihr den Leib des Menschensohnes nicht esst und sein Blut nicht trinkt, habt ihr kein Leben in euch. [54]Nur wer meinen Leib isst und mein Blut trinkt, der hat ewiges Leben, und ihn werde ich am letzten Tag auferwecken. [55]Denn mein Leib ist die lebensnotwendige Nahrung und mein Blut der Leben spendende Trank. [56]Wer meinen Leib isst und mein Blut trinkt, der bleibt in mir, und ich bleibe in ihm.»

Johannes 6,57–58 «Ich lebe durch die Kraft des lebendigen Gottes, der mich gesandt hat. Ebenso wird jeder, der meinen Leib isst, durch mich leben. [58]Nun wisst ihr, was ich mit dem Brot meine, das vom Himmel zu euch gekommen ist! Eure Vorfahren haben zwar auch in der Wüste Brot vom Himmel gegessen, aber sie sind trotzdem gestorben. Doch wer dieses Brot isst, wird für immer leben.»

Johannes 6,63 «Gottes Geist allein schafft Leben. Ein Mensch kann dies nicht. Die Worte aber, die ich euch gesagt habe, sind aus Gottes Geist; deshalb bringen sie euch das Leben.»

Johannes 7,16 Jesus beantwortete ihre Frage: «Was ich euch sage, sind nicht meine eigenen Gedanken. Es sind die Worte Gottes, der mich gesandt hat.»

Johannes 7,28 Darauf rief Jesus im Tempel, so dass es alle hören konnten: «Kennt ihr mich wirklich, und wisst ihr, woher ich komme? Ich bin nicht im eigenen Auftrag gekommen. Der mich gesandt hat, ist wahrhaftig und zuverlässig.»

Johannes 7,38–39 «Wer mir vertraut, wird erfahren, was die Heilige Schrift sagt: Von ihm wird Leben spendendes Wasser ausgehen wie ein starker Strom.» [39]Damit meinte er den Heiligen Geist, den alle bekommen würden, die Jesus vertrauen. Den Geist bekamen sie erst, nachdem Jesus in Gottes Herrlichkeit zurückgekehrt war.

Johannes 8,12 Ein anderes Mal sagte Jesus zu den Menschen: «Ich bin das Licht für die Welt. Wer mir nachfolgt, irrt nicht mehr in der Dunkelheit umher, sondern folgt dem Licht, das ihn zum Leben führt.»

Johannes 8,23–24 Und er sprach zu ihnen: «Ihr seid von unten her, ich bin von oben her; ihr seid von dieser Welt, ich bin nicht von dieser Welt. [24]Darum habe ich euch gesagt, dass ihr sterben werdet in euren Sünden; denn wenn ihr nicht glaubt, dass ich es bin, werdet ihr sterben in euren Sünden.»

Johannes 8,38 «Ich spreche von dem, was ich bei meinem Vater gesehen habe.»

Johannes 8,42 Da sprach Jesus zu ihnen: «Wenn Gott euer Vater wäre, so würdet ihr mich lieben, denn ich bin von Gott ausgegangen und gekommen; denn nicht von mir selbst bin ich gekommen, sondern er hat mich gesandt» (Schlachterbibel).

Johannes 8,49–50 «Nein», antwortete Jesus, «ich habe keinen bösen Geist, sondern ich ehre meinen Vater. Aber ihr zieht meine Ehre in den Schmutz. [50]Trotzdem suche ich nicht meine eigene Ehre. Gott will, dass ihr mich anerkennt.»

Johannes 8,51 «Ich sage euch die Wahrheit: Wer meine Botschaft annimmt und danach lebt, wird niemals sterben.»

Johannes 8,54–56 Jesus entgegnete: «Würde ich mich selbst loben, könntet ihr mir zu Recht misstrauen. Aber mich ehrt mein Vater. Ihr nennt ihn zwar euren Gott. [55]Doch ihr kennt ihn überhaupt nicht. Ich kenne ihn. Wenn ich sagen würde, ich kenne ihn nicht, dann wäre ich ein Lügner wie ihr. Doch ich kenne ihn und erfülle seinen Auftrag. [56]Euer Vater Abraham freute sich auf den Tag, an dem ich kommen würde. Er hat mein Kommen gesehen und war froh darüber.»

Johannes 8,58 Jesus entgegnete ihnen: «Ich sage euch die Wahrheit: Lange bevor Abraham überhaupt geboren wurde, war ich da.»

Johannes 9,4–5 «Ich muss die Aufgaben, die Gott mir gegeben hat, erfüllen, solange es Tag ist. Bald kommt die Nacht, in der niemand mehr etwas tun kann. [5]Doch solange ich in der Welt bin, werde ich für diese Welt das Licht sein.»

Johannes 9,35–37 Jesus hörte, dass sie den Geheilten aus der Synagoge ausgeschlossen hatten. Als er den Mann wieder traf, fragte er ihn: «Glaubst du an den Menschensohn?» [36]«Sag mir, wer es ist, damit ich an ihn glauben kann!», erwiderte der Geheilte. [37]«Du hast ihn schon gese-

hen, und in diesem Augenblick spricht er mit dir!», gab sich Jesus zu erkennen.

Johannes 10,7–9 Deshalb erklärte er ihnen: «Ich sage euch die Wahrheit: Ich selbst bin die Tür, die zu den Schafen führt. [8]Alle, die sich vor mir als eure Hirten ausgaben, waren Diebe und Räuber. Aber die Schafe haben nicht auf sie gehört. [9]Ich allein bin die Tür. Wer durch mich zu meiner Herde kommt, der wird gerettet werden. Er kann durch diese Tür ein- und ausgehen, und er wird saftig grüne Weiden finden.»

Johannes 10,10 «Der Dieb kommt, um zu stehlen, zu schlachten und zu vernichten. Ich aber bringe Leben – und dies im Überfluss.»

Johannes 10,14–15 «Ich aber bin der gute Hirte und kenne meine Schafe, und sie kennen mich; [15]genauso wie mich mein Vater kennt und ich den Vater kenne. Ich gebe mein Leben für die Schafe.»

Johannes 10,17–18 «Der Vater liebt mich, weil ich mein Leben hingebe, um es neu zu empfangen. [18]Niemand nimmt mir mein Leben, ich gebe es freiwillig. Ich habe die Macht und die Freiheit, es zu geben und zu nehmen. Das ist der Auftrag, den mir mein Vater gegeben hat.»

Johannes 10,27–29 «Meine Schafe erkennen meine Stimme; ich kenne sie, und sie folgen meinem Ruf. [28]Ihnen gebe ich das ewige Leben, und sie werden niemals umkommen. Niemand kann sie aus meiner Hand reißen. [29]Mein Vater hat sie mir gegeben, und er ist stärker als alle anderen Mächte. Deshalb kann sie auch keiner der Hand meines Vaters entreißen.»

Johannes 10,30–31 «Ich und der Vater sind eins.» [31]Wütend griffen da die Juden wieder nach Steinen, um ihn zu töten.

Johannes 10,34–36 «Heißt es nicht in eurem Gesetz: ‹Ich habe zu euch gesagt: Ihr seid Götter›? [35]Gott nennt die schon Götter, an die er sein Wort richtet. Und ihr wollt doch nicht etwa die Heilige Schrift für ungültig erklären? [36]Wie könnt ihr den, der von Gott selbst auserwählt und in die Welt gesandt wurde, als Gotteslästerer beschimpfen, nur weil er sagt: ‹Ich bin Gottes Sohn›?»

Johannes 11,25–26 Darauf erwiderte ihr [Marta] Jesus: «Ich bin die Auferstehung, und ich bin das Leben. Wer mir vertraut, der wird leben, selbst wenn er stirbt. [26]Und wer lebt und mir vertraut, wird niemals sterben. Glaubst du das?»

Johannes 12,48–50 «Wer mich ablehnt und nicht nach meiner Botschaft lebt, der hat schon seinen Richter gefunden. Was ich verkündet habe, wird ihn am Tag des Gerichts verurteilen. [49]Denn ich habe nicht eigenmächtig zu euch geredet. Der Vater hat mich gesandt und mir gesagt, was ich reden und verkünden soll. [50]Und das ist gewiss: Was er mir aufgetragen hat, euch zu sagen, führt euch zum ewigen Leben! Deshalb gebe ich euch alles so weiter, wie der Vater es mir gesagt hat.»

Johannes 14,1–4 «Seid nicht bestürzt, und habt keine Angst!», ermutigte Jesus seine Jünger. «Vertraut Gott, und vertraut mir! [2]Denn im Haus meines Vaters gibt es viele Wohnungen. Sonst hätte ich euch nicht gesagt: Ich gehe hin, um dort alles für euch vorzubereiten. [3]Und wenn alles bereit ist, werde ich kommen und euch zu mir holen. Dann werdet auch ihr dort sein, wo ich bin. [4]Den Weg dorthin kennt ihr ja.»

Johannes 14,6 «Ich bin der Weg, ich bin die Wahrheit, und ich bin das Leben! Ohne mich kann niemand zum Vater kommen.»

Johannes 14,9–11 Jesus entgegnete ihm: «Ich bin nun schon so lange bei euch, und du kennst mich noch immer nicht, Philippus? Wer mich gesehen hat, der hat auch den Vater gesehen. Wie also kannst du bitten: ‹Zeig uns den Vater›? [10]Glaubst du nicht, dass ich im Vater bin und der Vater in mir ist? Was ich euch sage, habe ich mir nicht selbst ausgedacht. Mein Vater, der in mir lebt, handelt durch mich. [11]Glaubt mir doch, dass der Vater und ich eins sind. Und wenn ihr schon meinen Worten nicht glaubt, dann glaubt doch wenigstens meinen Taten!»

Johannes 14,12–14 «Ich sage euch die Wahrheit: Wer an mich glaubt, wird die gleichen Taten vollbringen wie ich – ja, sogar noch größere; denn ich gehe zum Vater. [13]Worum ihr in meinem Namen bitten werdet, das werde ich tun, damit durch den Sohn die Herrlichkeit des Vaters sichtbar wird. [14]Was ihr also in meinem Namen erbitten werdet, das werde ich tun.»

Johannes 14,16–17 «Dann werde ich den Vater bitten, dass er euch an meiner Stelle einen Helfer gibt, der für immer bei euch bleibt. [17]Dies ist der Geist der Wahrheit. Die Welt kann ihn nicht aufnehmen, denn sie ist blind für ihn und erkennt ihn deshalb nicht. Aber ihr kennt ihn, denn er wird bei euch bleiben und in euch leben.»

Johannes 14,19–21 «Schon bald werde ich nicht mehr auf dieser Welt sein, und niemand wird mich mehr sehen. Nur ihr, ihr werdet mich sehen. Und weil ich lebe, werdet auch ihr leben. [20]Dann werdet ihr erkennen, dass ich eins bin mit meinem Vater und dass ihr in mir seid und ich in euch bin. [21]Wer meine Gebote annimmt und danach lebt, der liebt mich. Und wer mich liebt, den wird mein Vater lieben. Auch ich werde ihn lieben und mich ihm zu erkennen geben.»

Johannes 14,23–24 Ihm antwortete Jesus: «Wer mich liebt, richtet sich nach dem, was ich ihm gesagt habe. Auch mein Vater wird ihn lieben, und wir beide werden zu ihm kommen und immer bei ihm bleiben. 24Wer mich aber nicht liebt, der lebt auch nicht nach dem, was ich sage. Meine Worte kommen nicht von mir, sondern von meinem Vater, der mich gesandt hat.»

Johannes 14,26 «Der Heilige Geist, den euch der Vater an meiner Stelle als Helfer senden wird, er wird euch an all das erinnern, was ich euch gesagt habe, und euch meine Worte erklären.»

Johannes 14,27 «Auch wenn ich nicht bei euch bleibe, sollt ihr doch Frieden haben. Meinen Frieden gebe ich euch; einen Frieden, den euch niemand auf der Welt geben kann. Seid deshalb ohne Sorge und Furcht!»

Johannes 15,1–8 «Ich bin der wahre Weinstock, und mein Vater ist der Weingärtner. 2Alle Reben am Weinstock, die keine Trauben tragen, schneidet er ab. Aber die Frucht tragenden Reben beschneidet er sorgfältig, damit sie noch mehr Frucht bringen. 3Ihr seid schon gute Reben, weil ihr meine Botschaft gehört habt. 4Bleibt fest mit mir verbunden, und ich werde ebenso mit euch verbunden bleiben! Denn so wie eine Rebe nur am Weinstock Früchte tragen kann, so werdet auch ihr nur Frucht bringen, wenn ihr mit mir verbunden bleibt. 5Ich bin der Weinstock, und ihr seid die Reben. Wer bei mir bleibt, so

wie ich bei ihm bleibe, der trägt viel Frucht. Denn ohne mich könnt ihr nichts ausrichten. 6Wer ohne mich lebt, wird wie eine unfruchtbare Rebe abgeschnitten und weggeworfen. Die verdorrten Reben werden gesammelt, ins Feuer geworfen und verbrannt. 7Wenn ihr aber fest mit mir verbunden bleibt und euch meine Worte zu Herzen nehmt, dürft ihr von Gott erbitten, was ihr wollt; ihr werdet es erhalten. 8Wenn ihr viel Frucht bringt und euch so als meine Jünger erweist, wird die Herrlichkeit meines Vaters sichtbar.»

Johannes 15,9–11 «Wie mich der Vater liebt, so liebe ich euch. Bleibt in meiner Liebe! 10Wenn ihr nach meinen Geboten lebt, wird meine Liebe euch umschließen. Auch ich richte mich nach den Geboten meines Vaters und lebe in seiner Liebe. 11Das alles sage ich euch, damit meine Freude euch ganz erfüllt und eure Freude dadurch vollkommen wird.»

Johannes 15,16 «Nicht ihr habt mich erwählt, sondern ich euch, damit ihr euch auf den Weg macht und Frucht bringt, die bleibt. Dann wird euch der Vater alles geben, worum ihr ihn in meinem Namen bittet.»

Johannes 15,23–24 «Denn wer mich hasst, der hasst auch meinen Vater. 24Wenn ich nicht vor aller Augen Gottes Wunder vollbracht hätte, die kein anderer tun kann, wären sie ohne Schuld. Aber nun haben sie alles miterlebt, und trotzdem hassen sie mich und auch meinen Vater.»

Johannes 15,26 «Wenn ich beim Vater bin, will ich euch jemanden senden, der euch zur Seite stehen wird, den Geist der Wahrheit. Er wird vom Vater kommen und bezeugen, wer ich bin.»

Johannes 16,5–6 «Jetzt aber gehe ich zu dem, der mich gesandt hat. Keiner von euch fragt mich, wohin ich gehe, ⁶denn ihr seid voller Trauer über das, was ich euch gesagt habe.»

Johannes 16,14–15 «So wird er [der Geist der Wahrheit] meine Herrlichkeit sichtbar machen; denn alles, was er euch zeigt, kommt von mir. ¹⁵Was der Vater hat, gehört auch mir. Deshalb kann ich mit Recht sagen: Alles, was er [der Geist der Wahrheit] euch zeigt, kommt von mir.»

Johannes 16,26–28 «Von diesem Tag an werdet ihr euch auf mich berufen, wenn ihr zu ihm betet. Und dann muss ich den Vater nicht mehr bitten, euer Gebet zu erhören. ²⁷Denn der Vater liebt euch, weil ihr mich liebt und daran glaubt, dass ich von Gott gekommen bin. ²⁸Ja, ich war beim Vater und bin in die Welt gekommen, und jetzt verlasse ich sie wieder, um zum Vater zurückzukehren.»

Johannes 17,2–4 «Du [Gott der Vater] hast ihm [Jesus Christus] Macht über die Menschen gegeben, damit er allen ewiges Leben schenkt, die du ihm anvertraut hast. ³Und das allein ist ewiges Leben: dich, den einen wahren Gott, zu erkennen, und Jesus Christus, den du gesandt hast. ⁴Ich habe hier auf der Erde den Menschen gezeigt, wie herrlich du bist. Ich habe deinen Auftrag erfüllt.»

Johannes 17,5 «Und nun, Vater, gib mir wieder Anteil an der Herrlichkeit, die ich bei dir hatte, bevor die Welt erschaffen wurde.»

Johannes 18,36 Jesus antwortete: «Mein Königreich gehört nicht zu dieser Welt. Wäre ich ein weltlicher Herrscher, dann hätten meine Leute für mich gekämpft, damit ich nicht in die Hände der Juden falle. Aber mein Reich ist von ganz anderer Art.»

Johannes 18,37 Da fragte ihn Pilatus: «Dann bist du also doch ein König?» Jesus antwortete: «Ja, du hast Recht. Ich bin ein König. Und dazu bin ich Mensch geworden und in diese Welt gekommen, um ihr die Wahrheit zu bezeugen. Wer bereit ist, auf die Wahrheit zu hören, der hört auf mich.»

Johannes 19,11 Jetzt antwortete Jesus: «Du [Pilatus] hättest keine Macht über mich, wäre sie dir nicht von Gott gegeben. Deswegen haben die Leute größere Schuld auf sich geladen, die mich dir ausgeliefert haben.»

Matthäus 5,17 «Meint nur nicht, ich sei gekommen, das Gesetz und die Worte der Propheten aufzuheben. Ich werde vielmehr beides bekräftigen und erfüllen.»

Matthäus 11,27 «Mein Vater hat mir alle Macht gegeben. Nur der Vater kennt den Sohn. Und nur der Sohn kennt den Vater und jeder, dem der Sohn ihn zeigt.»

Matthäus 11,28–30 «Kommt alle her zu mir, die ihr euch abmüht und unter eurer Last leidet! Ich werde euch Ruhe geben. ²⁹Lasst euch von mir in den Dienst nehmen, und lernt von mir! Ich meine es gut mit euch und sehe auf niemanden herab. Bei mir findet ihr Ruhe für euer Leben. ³⁰Mir zu dienen ist keine Bürde für euch, meine Last ist leicht.»

Matthäus 12,6–8 «Ich will euch nur das eine sagen: Hier ist einer, der ist mehr als der Tempel. ⁷Wenn ihr verstanden hättet, was das bedeutet: ‹Nicht auf eure Opfer oder Gaben kommt es mir an, sondern darauf, dass ihr barmherzig seid!›, dann würdet ihr nicht Unschuldige verurteilen. [8]Denn der Menschensohn hat das Recht zu entscheiden, was am Sabbat erlaubt ist und was nicht.»

Matthäus 12,40 «Jona war drei Tage und drei Nächte im Bauch des großen Fisches. Ebenso wird der Menschensohn drei Tage und drei Nächte in den Tiefen der Erde sein.»

Matthäus 16,16–17 Da antwortete Petrus: «Du bist Christus, der von Gott gesandte Retter, der Sohn des lebendigen Gottes!» [17]«Du kannst wirklich glücklich sein, Simon, Sohn des Jona!», sagte Jesus. «Diese Erkenntnis hat dir mein Vater im Himmel gegeben; von sich aus kommt ein Mensch nicht zu dieser Einsicht.»

Matthäus 16,24–27 Danach sprach Jesus zu seinen Jüngern: «Wer mir nachfolgen will, darf nicht mehr sich selbst in den Mittelpunkt stellen, sondern muss sein Kreuz auf sich nehmen und mir nachfolgen. [25]Wer sich an sein Leben klammert, der wird es verlieren. Wer aber sein Leben für mich einsetzt, der wird es für immer gewinnen. [26]Denn was gewinnt ein Mensch, wenn ihm die ganze Welt zufällt, er selbst aber dabei Schaden nimmt? Er kann sein Leben ja nicht wieder zurückkaufen! [27]Denn der Menschensohn wird mit seinen Engeln in der Herrlichkeit seines Vaters kommen und jeden nach seinen Taten richten.»

Matthäus 17,22–23 Als sie aber beieinander waren in Galiläa, sprach Jesus zu ihnen: «Der Menschensohn wird überantwortet werden in die Hände der Menschen [23]und sie werden ihn töten, und am dritten Tag wird er auferstehen.» Und sie wurden sehr betrübt. (Siehe auch Markus 9,31.)

Matthäus 19,28 Jesus antwortete [den Jüngern]: «Das sollt ihr wissen, die ihr mit mir geht: Wenn der Menschensohn auf dem Thron der Herrlichkeit sitzen und über Gottes neue Welt herrschen wird, werdet ihr ebenfalls auf zwölf Thronen sitzen und die zwölf Stämme Israels richten.»

Matthäus 20,28 «Auch der Menschensohn ist nicht gekommen, um sich bedienen zu lassen. Er kam, um zu dienen und sein Leben hinzugeben, damit viele Menschen aus der Gewalt des Bösen befreit werden.» (Siehe auch Markus 10,45.)

Matthäus 23,8–10 «Ihr aber sollt euch nicht Rabbi nennen lassen, denn einer ist euer Meister, der Christus; ihr aber seid alle Brüder. [9]Nennt auch niemand auf Erden euren Vater; denn einer ist euer Vater, der im Himmel ist. [10]Auch sollt ihr euch nicht Meister nennen lassen; denn einer ist euer Meister, der Christus» (Schlachterbibel).

Matthäus 23,37–39 «Jerusalem! O Jerusalem! Du tötest die Propheten und erschlägst die Boten, die Gott zu dir schickt. Wie oft schon wollte ich deine Bewohner um mich sammeln, so wie eine Henne ihre Küken unter ihre Flügel nimmt! Aber ihr habt es nicht gewollt! [38]Und nun? Von eurem Tempel werden nur noch Trümmer bleiben! [39]Und ich sage euch: Mich werdet ihr erst dann wiedersehen, wenn ihr rufen werdet: ‹Gelobt sei, der im Namen des Herrn zu uns kommt!›» (Siehe auch Lukas 13,34–35.)

Matthäus 24,30 «Dann wird das Zeichen des Menschensohnes am Himmel erscheinen. Die Menschen auf der ganzen Erde werden vor Entsetzen jammern und heulen. Alle sehen dann, wie der Menschensohn in großer Macht und Herrlichkeit in den Wolken des Himmels kommt.»

Matthäus 25,31–34.41 «Wenn der Menschensohn in seiner ganzen Herrlichkeit, begleitet von allen Engeln, kommt, dann wird er auf dem Thron Gottes sitzen. 32Alle Völker werden vor ihm erscheinen, und er wird die Menschen in zwei Gruppen teilen, so wie ein Hirte die Schafe von den Böcken trennt. 33Rechts werden die Schafe und links die Böcke stehen. 34Dann wird der König zu denen an seiner rechten Seite sagen: ‹Kommt her! Euch hat mein Vater gesegnet. Nehmt die neue Welt Gottes in Besitz, die er seit Erschaffung der Welt für euch als Erbe bereithält!› […] 41Zu denen an seiner linken Seite aber wird er sagen: ‹Geht mir aus den Augen, ihr Verfluchten, ins ewige Feuer, das für den Teufel und seine Helfer bestimmt ist!›»

Matthäus 26,31–32 Unterwegs sagte Jesus zu seinen Jüngern: «In dieser Nacht werdet ihr euch alle von mir abwenden. Denn es steht geschrieben: ‹Ich werde der Herde den Hirten nehmen, und die Schafe werden auseinander laufen.› 32Aber nach meiner Auferstehung werde ich nach Galiläa gehen, und dort werdet ihr mich wiedersehen.» (Siehe auch Markus 14,27–28.)

Matthäus 26,53–54 «Ist dir denn nicht klar, dass ich meinen Vater um ein ganzes Heer von Engeln bitten könnte? Er würde sie mir sofort schicken. 54Wie sollte sich aber dann erfüllen, was in der Heiligen Schrift vorausgesagt ist? Es muss alles so geschehen!»

Matthäus 26,63–64 Aber Jesus schwieg. Darauf sagte der Hohepriester: «Ich nehme dich vor dem lebendigen Gott unter Eid: Sag uns, bist du Christus, der Sohn Gottes?» 64«Ja, du sagst es», antwortete Jesus, «und ich versichere euch: Von jetzt an werdet ihr den Menschensohn an der rechten Seite Gottes sitzen und auf den Wolken des Himmels kommen sehen.»

Matthäus 28,18–20 Da ging Jesus auf seine Jünger zu und sprach: «Ich habe von Gott alle Macht im Himmel und auf der Erde erhalten. 19Geht hinaus in die ganze Welt, und ruft alle Menschen dazu auf, mir nachzufolgen! Tauft sie im Namen des Vaters, des Sohnes und des Heiligen Geistes! 20Lehrt sie, so zu leben, wie ich es euch aufgetragen habe. Ihr dürft sicher sein: Ich bin immer bei euch, bis das Ende dieser Welt gekommen ist!»

Markus 2,10 «Ich will euch zeigen, dass der Menschensohn die Macht hat, hier auf der Erde Sünden zu vergeben.»

Markus 2,17 Jesus hörte das und antwortete: «Die Gesunden brauchen keinen Arzt, sondern die Kranken. Ich bin gekommen, um Menschen in die Gemeinschaft mit Gott zu rufen, die ohne ihn leben – und nicht solche, die sich sowieso an seine Gebote halten.»

Markus 2,27–28 «Der Sabbat wurde doch für den Menschen geschaffen und nicht der Mensch für den Sabbat. 28Deshalb hat der Menschensohn auch das Recht zu entscheiden, was am Sabbat erlaubt ist und was nicht.»

Markus 13,26–27 «Alle sehen dann, wie der Menschensohn in großer Macht und Herrlichkeit in den Wolken des Himmels kommt. 27Er wird seine Engel aussenden, und sie werden seine Auserwählten aus allen Teilen der Welt zu ihm bringen.»

Markus 14,61–62 Aber Jesus schwieg. Da stellte ihm der Hohepriester eine weitere Frage: «Bist du Christus, der Sohn Gottes?» [62]«Ja, der bin ich», antwortete Jesus. «Ihr werdet den Menschensohn an der rechten Seite Gottes sitzen und auf den Wolken des Himmels kommen sehen.»

Markus 15,2 Pilatus fragte ihn: «Bist du der König der Juden?» – «Ja, du sagst es», antwortete Jesus.

Lukas 6,5 «Umso mehr hat der Menschensohn das Recht zu entscheiden, was am Sabbat erlaubt ist und was nicht.»

Lukas 10,22 «Mein Vater hat mir alle Macht gegeben. Nur der Vater kennt den Sohn. Und nur der Sohn kennt den Vater und jeder, dem der Sohn ihn zeigt.»

Lukas 11,32 «Auch die Einwohner von Ninive werden euch am Gerichtstag verurteilen, denn nach Jonas Predigt kehrten sie um zu Gott. Der hier vor euch steht, ist aber größer als Jona.»

Lukas 13,31.33 Kurze Zeit später kamen einige Pharisäer zu Jesus. Sie warnten ihn: «Wenn dir dein Leben lieb ist, dann sieh zu, dass du schnell von hier fortkommst. König Herodes will dich töten lassen!» [...] [33][Jesus antwortete:] «Ja, heute, morgen und übermorgen bin ich noch unterwegs. Wo anders als in Jerusalem könnte denn ein Prophet umgebracht werden?»

Lukas 21,25–27 «Zu dieser Zeit werden Zeichen an Sonne, Mond und Sternen Unheil verkünden. Die Menschen fürchten sich und wissen nicht mehr weiter, weil Sturmfluten und Katastrophen über sie hereinbrechen. [26]Ungewissheit und Angst treiben sie zur Verzweiflung. Sogar die Kräfte des Weltalls geraten durcheinander. [27]Doch dann werden alle Völker

sehen, wie der Menschensohn in den Wolken mit großer Macht und Herrlichkeit kommt.»

Lukas 22,67–70 Sie [die Hohenpriester und Gesetzeslehrer] fragten Jesus: «Bist du nun der Christus, der Befreier, der uns versprochen wurde, oder bist du es nicht?» Er erwiderte: «Ihr glaubt ja doch nicht, was ich euch sage, [68]und wenn ich euch etwas frage, dann antwortet ihr mir nicht. [69]Doch von nun an wird der Menschensohn auf dem Platz an der rechten Seite Gottes sitzen.» [70]Empört schrien alle: «Willst du damit etwa sagen, dass du der Sohn Gottes bist?» Jesus antwortete: «Ihr habt Recht, ich bin es!»

Lukas 24,25–27 Darauf sagte Jesus zu ihnen [zwei Menschen auf dem Weg nach Emmaus]: «Wie wenig versteht ihr doch! Warum begreift und glaubt ihr nicht, was die Propheten gesagt haben? [26]Musste Christus nicht all dies erleiden, bevor Gott ihn zum Herrn über alles einsetzt?» [27]Dann erklärte Jesus, was in der Heiligen Schrift über ihn gesagt wird – von den Büchern Mose angefangen bis zu den Propheten.

Lukas 24,49 «Ich werde euch den Heiligen Geist geben, den mein Vater euch versprochen hat. Bleibt hier in Jerusalem, bis ihr diese Kraft von oben empfangen habt!»

Offenbarung 1,8 Gott, der Herr, spricht: «Ich bin der Anfang, und ich bin das Ziel, das A und O.» Ja, er ist immer da, von allem Anfang an, und er wird kommen: der Herr über alles!

Offenbarung 22,13 «Ich bin der Erste und der Letzte, der Anfang und das Ziel, das A und das O.»

2 Erfüllte Prophezeiungen

Johannes 15,24–25 «Wenn ich nicht vor aller Augen Gottes Wunder vollbracht hätte, die kein anderer tun kann, wären sie ohne Schuld. Aber nun haben sie alles miterlebt, und trotzdem hassen sie mich und auch meinen Vater. [25]Dies geschieht, damit sich die Voraussage der Heiligen Schrift erfüllt: ‹Sie hassen mich ohne jeden Grund!›»

Lukas 24,44 Dann sagte er zu ihnen [den Jüngern]: «Erinnert euch daran, dass ich euch oft angekündigt habe: ‹Alles muss sich erfüllen, was bei Mose, bei den Propheten und in den Psalmen über mich steht.›»

Lukas 24,46–49 Er sagte: «Es steht doch dort geschrieben: Der Messias muss leiden und sterben, und er wird am dritten Tag von den Toten auferstehen. [47]Alle Völker sollen diese Botschaft hören: Gott wird jedem, der zu ihm umkehrt, die Schuld vergeben. Das soll zuerst in Jerusalem verkündet werden. [48]Ihr selbst habt miterlebt, dass Gottes Zusagen in Erfüllung gegangen sind. Ihr seid meine Zeugen. [49]Ich werde euch den Heiligen Geist geben, den mein Vater euch versprochen hat. Bleibt hier in Jerusalem, bis ihr diese Kraft von oben empfangen habt!»

3 Jesu Auftrag

In diesem Abschnitt unterscheidet Jesus sechsundzwanzig Aspekte seines Auftrags, die er auf der Erde ausführen oder anstoßen wollte. Anders als Sie und ich führte Jesus seinen Auftrag völlig uneigennützig aus. In allem, was er unternahm, diente er nur Gott und Ihnen und mir.

Wie wir es schon bei seiner Identität und bei seinen Selbstaussagen gesehen haben, unterschied ihn auch sein Auftrag von jedem anderen Menschen, der jemals lebte. Wir sehen die unvergleichliche Liebe Jesu zu seinem Vater und auch zu Ihnen und zu mir. Sein Auftrag reichte von einem absolut makellosen Leben, in dem er alle Forderungen von Gottes Gesetz erfüllte, bis zur Erlösung der Menschheit.

Wenn er seinem Auftrag nachkam, konnte man das Ergebnis oft mit eigenen Augen sehen – Kranke wurden geheilt und Tote standen auf –, oft aber auch nicht, zum Beispiel wenn er Gefangene in Freiheit führte. Sein Auftrag war so einfach (die Gute Nachricht zu verkündigen) und so erhaben (Gott zu verherrlichen). Wünschen Sie sich eine enge Beziehung zu Jesus? Dann lernen Sie seinen Auftrag kennen und bejahen Sie diesen uneingeschränkt.

Johannes 3,14–17 «Du weißt doch, wie Mose in der Wüste eine Schlange aus Bronze an einem Pfahl aufrichtete, damit jeder, der sie ansah, am Leben blieb. Genauso muss auch der Menschensohn erhöht werden. [15]Jeder, der ihm vertraut, wird das ewige Leben haben. [16]Denn Gott hat die Menschen so sehr geliebt, dass er seinen einzigen Sohn für sie hergab. Jeder, der an ihn glaubt, wird nicht zugrunde gehen, sondern das ewige Leben haben. [17]Gott hat nämlich seinen Sohn nicht zu den Menschen gesandt, um über sie Gericht zu halten, sondern um sie zu retten.»

Johannes 4,31–34 Inzwischen hatten ihm seine Jünger zugeredet: «Meister, iss doch etwas!» ³²Aber er sagte zu ihnen: «Ich habe eine Speise, von der ihr nichts wisst.» ³³«Hat ihm wohl jemand etwas zu essen gebracht?», fragten sich die Jünger untereinander. ³⁴Aber Jesus erklärte ihnen: «Ich lebe davon, dass ich Gottes Willen erfülle und sein Werk zu Ende führe. Dazu hat er mich in diese Welt gesandt.»

Johannes 5,21–22 «So wie der Vater Tote auferweckt und ihnen neues Leben gibt, so hat auch der Sohn die Macht dazu, neues Leben zu geben, wem er will. ²²Denn nicht der Vater spricht das Urteil über die Menschen, er hat das Richteramt vielmehr dem Sohn übertragen.»

Johannes 5,30 «Dabei kann ich nicht eigenmächtig handeln, sondern ich entscheide so, wie Gott es mir sagt. Deswegen ist mein Urteil auch gerecht. Denn ich verwirkliche nicht meinen eigenen Willen, sondern erfülle den Willen Gottes, der mich gesandt hat.»

Johannes 6,38–40 «Denn ich bin nicht vom Himmel gekommen, um zu tun, was ich will, sondern um den Willen des Vaters zu erfüllen, der mich gesandt hat. ³⁹Und das ist Gottes Wille: Kein Einziger von denen, die er mir anvertraut hat, soll verloren gehen. Ich werde sie alle am letzten Tag zum Leben erwecken. ⁴⁰Denn nach dem Willen meines Vaters wird jeder, der den Sohn sieht und an ihn glaubt, für immer leben. Ich werde ihn am letzten Tag vom Tod auferwecken.»

Johannes 6,44–45 «Keiner kann zu mir kommen, wenn nicht der Vater, der mich gesandt hat, ihn zu mir bringt. Und alle diese Menschen, die er mir gibt, will ich am letzten Tag zum Leben erwecken. ⁴⁵Bei den Propheten heißt es: ‹Alle werden von

Gott lernen!› Wer also auf den Vater hört und von ihm lernt, der kommt zu mir.»

Johannes 6,48–51 «Ich selbst bin das Brot, das euch dieses Leben gibt! ⁴⁹Eure Vorfahren haben in der Wüste das Manna, das Brot vom Himmel, gegessen und sind doch alle gestorben. ⁵⁰Aber hier ist das wahre Brot, das vom Himmel kommt. Wer davon isst, wird nicht sterben. ⁵¹Ich bin dieses Brot, das von Gott gekommen ist und euch das Leben gibt. Jeder, der dieses Brot isst, wird ewig leben. Dieses Brot ist mein Leib, den ich hingeben werde, damit die Welt leben kann.»

Johannes 7,16–19 Jesus beantwortete ihre Frage: «Was ich euch sage, sind nicht meine eigenen Gedanken. Es sind die Worte Gottes, der mich gesandt hat. ¹⁷Wer von euch bereit ist, Gottes Willen zu tun, der wird erkennen, ob diese Worte von Gott kommen oder ob es meine eigenen Gedanken sind. ¹⁸Wer seine eigene Lehre verbreitet, dem geht es um das eigene Ansehen. Wer aber Anerkennung und Ehre für den sucht, der ihn gesandt hat, der ist vertrauenswürdig und tut nichts, was seinem Auftrag widerspricht. ¹⁹Mose hat euch das Gesetz gegeben; aber keiner von euch lebt nach diesem Gesetz! Mit welchem Recht also wollt ihr mich töten?»

Johannes 8,14–18 Jesus erwiderte ihnen: «Auch wenn ich hier als mein eigener Zeuge auftrete, sage ich die Wahrheit. Denn ich weiß, woher ich komme und wohin ich gehe; aber ihr wisst das alles nicht. ¹⁵Ihr urteilt über mich nach dem äußeren Schein. Ich urteile über niemanden so. ¹⁶Wenn ich aber über jemanden das Urteil spreche, dann ist mein Urteil gerecht. Denn ich richte nicht allein, sondern der

Vater, der mich gesandt hat, spricht das Urteil. [17]Nach eurem Gesetz ist vor Gericht eine Aussage glaubwürdig, wenn es dafür mindestens zwei Zeugen gibt. [18]Nun, ich selbst trete für mich als Zeuge auf, und mein Vater, der mich gesandt hat, ist auch mein Zeuge.»

Johannes 8,28–29 Deshalb erklärte er ihnen: «Wenn ihr den Menschensohn erhöht habt, werdet ihr erkennen, wer ich bin, und einsehen, dass ich nichts von mir aus tue, sondern weitergebe, was mir mein Vater gesagt hat. [29]Er, der mich gesandt hat, ist bei mir und lässt mich nie allein, weil ich immer das tue, was ihm gefällt.»

Johannes 8,49–50 «Nein», antwortete Jesus, «ich habe keinen bösen Geist, sondern ich ehre meinen Vater. Aber ihr zieht meine Ehre in den Schmutz. [50]Trotzdem suche ich nicht meine eigene Ehre. Gott will, dass ihr mich anerkennt. Er wird auch das Urteil über euch sprechen.»

Johannes 9,3–7 «Weder noch», antwortete Jesus. «Vielmehr soll an ihm die Macht Gottes sichtbar werden. [4]Ich muss die Aufgaben, die Gott mir gegeben hat, erfüllen, solange es Tag ist. Bald kommt die Nacht, in der niemand mehr etwas tun kann. [5]Doch solange ich in der Welt bin, werde ich für diese Welt das Licht sein.» [6]Er spuckte auf die Erde, rührte mit dem Speichel einen Brei an und strich ihn auf die Augen des Blinden. [7]Dann forderte er ihn auf: «Geh jetzt zum Teich Siloah, und wasch dich dort.» (Siloah heißt: «Der Gesandte.») Der Blinde ging hin, wusch sich, und als er zurückkam, konnte er sehen.

Johannes 9,39 Jesus sagte: «Ich bin in diese Welt gekommen, damit sich an mir die Geister scheiden. Blinde sollen sehen können; aber alle Sehenden sollen blind werden.»

Johannes 10,10–11 «Der Dieb kommt, um zu stehlen, zu schlachten und zu vernichten. Ich aber bringe Leben – und dies im Überfluss. [11]Ich bin der gute Hirte. Ein guter Hirte setzt sein Leben für die Schafe ein.»

Johannes 10,14–16 «Ich aber bin der gute Hirte und kenne meine Schafe, und sie kennen mich; [15]genauso wie mich mein Vater kennt und ich den Vater kenne. Ich gebe mein Leben für die Schafe. [16]Zu meiner Herde gehören auch Schafe, die jetzt noch in anderen Ställen sind. Auch sie muss ich herführen, und sie werden wie die übrigen meiner Stimme folgen. Dann wird es nur noch eine Herde und einen Hirten geben.»

Johannes 10,17–18 «Der Vater liebt mich, weil ich mein Leben hingebe, um es neu zu empfangen. [18]Niemand nimmt mir mein Leben, ich gebe es freiwillig. Ich habe die Macht und die Freiheit, es zu geben und zu nehmen. Das ist der Auftrag, den mir mein Vater gegeben hat.»

Johannes 10,27–30 «Meine Schafe erkennen meine Stimme; ich kenne sie, und sie folgen meinem Ruf. [28]Ihnen gebe ich das ewige Leben, und sie werden niemals umkommen. Niemand kann sie aus meiner Hand reißen. [29]Mein Vater hat sie mir gegeben, und er ist stärker als alle anderen Mächte. Deshalb kann sie auch keiner der Hand meines Vaters entreißen. [30]Ich und der Vater sind eins.»

Johannes 12,23–24 Er sagte ihnen: «Die Stunde ist gekommen. Jetzt soll der Menschensohn gerühmt und geehrt werden. [24]Ich sage euch die Wahrheit: Ein Weizenkorn, das nicht in den Boden kommt und stirbt, bleibt ein einzelnes Korn. In der Erde aber keimt es und bringt viel Frucht, obwohl es selbst dabei stirbt.»

Johannes 12,27–28 «Jetzt habe ich große Angst. Soll ich deshalb beten: Vater, bewahre mich vor dem, was bald auf mich zukommt? Nein, denn ich bin in die Welt gekommen, um diese Stunde zu durchleiden. [28]Vater, lass deinen Namen gerühmt und geehrt werden!» Da erklang eine Stimme vom Himmel: «Das habe ich bisher schon getan, und ich werde ihn wieder zu großer Ehre bringen!»

Johannes 12,47–50 «Wenn jemand auf meine Botschaft hört und nicht danach handelt, so werde ich ihn nicht verurteilen. Denn ich bin nicht als Richter der Welt gekommen, sondern als ihr Retter. [48]Wer mich ablehnt und nicht nach meiner Botschaft lebt, der hat schon seinen Richter gefunden. Was ich verkündet habe, wird ihn am Tag des Gerichts verurteilen. [49]Denn ich habe nicht eigenmächtig zu euch geredet. Der Vater hat mich gesandt und mir gesagt, was ich reden und verkünden soll. [50]Und das ist gewiss: Was er mir aufgetragen hat, euch zu sagen, führt euch zum ewigen Leben! Deshalb gebe ich euch alles so weiter, wie der Vater es mir gesagt hat.»

Johannes 14,2–4 «Denn im Haus meines Vaters gibt es viele Wohnungen. Sonst hätte ich euch nicht gesagt: Ich gehe hin, um dort alles für euch vorzubereiten. [3]Und wenn alles bereit ist, werde ich kommen und euch zu mir holen. Dann werdet auch ihr dort sein, wo ich bin. [4]Den Weg dorthin kennt ihr ja.»

Johannes 17,2–4 «Du [Gott der Vater] hast ihm [Jesus Christus] Macht über die Menschen gegeben, damit er allen ewiges Leben schenkt, die du ihm anvertraut hast. [3]Und das allein ist ewiges Leben: dich, den einen wahren Gott, zu erkennen, und Jesus Christus, den du gesandt hast. [4]Ich habe hier auf der Erde den Menschen gezeigt, wie herrlich du bist. Ich habe deinen Auftrag erfüllt.»

Johannes 17,13–14 «Jetzt komme ich zu dir [zu Gott dem Vater] zurück. Aber dies alles wollte ich noch sagen, solange ich bei ihnen bin, damit meine Freude auch sie ganz erfüllt. [14]Ich habe ihnen deine Botschaft weitergegeben, und die Welt hasst sie deswegen, weil sie ebenso wie ich nicht zu ihr gehören.»

Johannes 17,17–19 «Lass ihnen deine Wahrheit leuchten, damit sie in immer engerer Gemeinschaft mit dir leben! Dein Wort ist die Wahrheit! [18]Wie du mich in die Welt gesandt hast, so sende ich sie in die Welt. [19]Für sie gebe ich mein Leben hin, damit ihr Leben ganz dir gehört.»

Johannes 17,24–26 «Vater, ich möchte, dass alle, die du mir gegeben hast, bei mir bleiben. Sie sollen an meiner Herrlichkeit teilhaben. Du hast mir die Herrlichkeit gegeben; denn du hast mich geliebt, längst bevor die Welt geschaffen wurde. [25]Guter und treuer Vater! Wenn die Welt dich auch nicht kennt, ich kenne dich, und diese hier haben erkannt, dass du mich gesandt hast. [26]Ich habe ihnen gezeigt, wer du bist. Das werde ich auch weiter tun, damit deine Liebe zu mir auch sie erfüllt, ja, damit ich selbst in ihnen lebe.»

Johannes 18,11 Aber Jesus befahl Petrus: «Steck dein Schwert weg! Soll ich denn dem Leiden aus dem Weg gehen, das ich nach dem Willen meines Vaters auf mich nehmen muss?»

Johannes 18,36 Jesus antwortete: «Mein Königreich gehört nicht zu dieser Welt. Wäre ich ein weltlicher Herrscher, dann hätten meine Leute für mich gekämpft, damit ich nicht in die Hände der Juden falle. Aber mein Reich ist von ganz anderer Art.»

Johannes 18,37 Da fragte ihn Pilatus: «Dann bist du also doch ein König?» Jesus antwortete: «Ja, du hast Recht. Ich bin ein König. Und dazu bin ich Mensch geworden und in diese Welt gekommen, um ihr die Wahrheit zu bezeugen. Wer bereit ist, auf die Wahrheit zu hören, der hört auf mich.»

Johannes 19,11 Jetzt antwortete Jesus: «Du [Pilatus] hättest keine Macht über mich, wäre sie dir nicht von Gott gegeben. Deswegen haben die Leute größere Schuld auf sich geladen, die mich dir ausgeliefert haben.»

Johannes 20,17 Jesus sagte: «Halte mich nicht fest! Denn ich bin noch nicht zu meinem Vater zurückgekehrt. Geh aber zu meinen Brüdern und sag ihnen: Ich gehe zurück zu meinem Vater und zu eurem Vater, zu meinem Gott und zu eurem Gott!»

Matthäus 5,17 «Meint nur nicht, ich sei gekommen, das Gesetz und die Worte der Propheten aufzuheben. Ich werde vielmehr beides bekräftigen und erfüllen.»

Matthäus 9,6 «Aber ich will euch zeigen, dass der Menschensohn die Macht hat, hier auf der Erde Sünden zu vergeben!» Und er forderte den Gelähmten auf: «Steh auf, nimm deine Trage und geh nach Hause!»

Matthäus 9,12–13 Jesus hörte das und antwortete: «Die Gesunden brauchen keinen Arzt, sondern die Kranken! [13]Begreift doch endlich, was Gott meint, wenn er sagt: ‹Nicht auf eure Opfer oder Gaben kommt es mir an, sondern darauf, dass ihr barmherzig seid.› Ich bin gekommen, um Menschen in die Gemeinschaft mit Gott zu rufen, die ohne ihn leben – und nicht solche, die sich sowieso an seine Gebote halten.»

Matthäus 11,27 «Mein Vater hat mir alle Macht gegeben. Nur der Vater kennt den Sohn. Und nur der Sohn kennt den Vater und jeder, dem der Sohn ihn zeigt.»

Matthäus 15,24–28 Da sagte er zu der Frau: «Ich habe nur den Auftrag, den Israeliten zu helfen, die sich von Gott abgewandt haben und wie verlorene Schafe umherirren.» [25]Sie kam aber noch näher, warf sich vor ihm nieder und bettelte: «Herr, hilf mir!» Aber Jesus antwortete wieder: [26]«Es ist nicht richtig, wenn man den Kindern das Brot wegnimmt und es den Hunden vorwirft.» [27]«Ja, Herr», erwiderte die Frau, «aber die kleinen Hunde bekommen doch auch die Krümel, die vom Tisch ihrer Herren herunterfallen.» [28]Jesus antwortete ihr: «Dein Glaube ist groß. Was du erwartest, soll geschehen.» Im selben Augenblick wurde ihre Tochter gesund.

Matthäus 16,27 «Denn der Menschensohn wird mit seinen Engeln in der Herrlichkeit seines Vaters kommen und jeden nach seinen Taten richten.»

Matthäus 18,12–14 «Was meint ihr: Wenn ein Mann hundert Schafe hat und eins läuft ihm davon, was wird er tun? Lässt er nicht die neunundneunzig in den Bergen zurück, um das verirrte Schaf zu suchen? [13]Und ich versichere euch: Wenn er es endlich gefunden hat, freut er sich über dieses eine mehr als über die neunundneunzig, die sich nicht verlaufen hatten. [14]Ebenso will mein Vater nicht, dass auch nur einer, und sei es der Geringste, verloren geht.»

Matthäus 20,25–28 Da rief Jesus alle zusammen und sagte: «Ihr wisst, wie die Machthaber der Welt ihre Völker unterdrücken. Wer die Macht hat, nutzt sie rücksichtslos aus. [26]Aber so darf es bei euch nicht sein. Wer groß sein will, der soll den anderen dienen, [27]und wer der Erste sein will, der soll sich allen unterordnen. [28]Auch der Menschensohn ist nicht gekommen, um sich bedienen zu lassen. Er kam, um zu dienen und sein Leben hinzugeben, damit viele Menschen aus der Gewalt des Bösen befreit werden.»

Matthäus 21,42 «Richtig», sagte Jesus; «ihr wisst doch, was in der Heiligen Schrift steht: ‹Der Stein, den die Bauarbeiter weggeworfen haben, weil sie ihn für unbrauchbar hielten, ist nun zum Grundstein des ganzen Hauses geworden. Was keiner für möglich gehalten hat, das tut der Herr vor unseren Augen.›»

Matthäus 26,39 Jesus ging ein paar Schritte weiter, warf sich nieder und betete: «Mein Vater, wenn es möglich ist, so bewahre mich vor diesem Leiden! Aber nicht was ich will, sondern was du willst, soll geschehen.»

Matthäus 26,52–54 Doch Jesus befahl ihm [Petrus]: «Steck dein Schwert weg! Wer Gewalt anwendet, wird durch Gewalt umkommen. [53]Ist dir denn nicht klar, dass ich meinen Vater um ein ganzes Heer von Engeln bitten könnte? Er würde sie mir sofort schicken. [54]Wie sollte sich aber dann erfüllen, was in der Heiligen Schrift vorausgesagt ist? Es muss alles so geschehen!»

Matthäus 26,64 «Ich versichere euch: Von jetzt an werdet ihr den Menschensohn an der rechten Seite Gottes sitzen und auf den Wolken des Himmels kommen sehen.»

Markus 1,38 Aber er antwortete: «Wir müssen auch noch in die anderen Dörfer gehen, um dort die rettende Botschaft zu verkünden. Das ist meine Aufgabe.»

Markus 2,10 «Ich will euch zeigen, dass der Menschensohn die Macht hat, hier auf der Erde Sünden zu vergeben.»

Markus 2,17 Jesus hörte das und antwortete: «Die Gesunden brauchen keinen Arzt, sondern die Kranken. Ich bin gekommen, um Menschen in die Gemeinschaft mit Gott zu rufen, die ohne ihn leben – und nicht solche, die sich sowieso an seine Gebote halten.»

Markus 10,45 «Auch der Menschensohn ist nicht gekommen, um sich bedienen zu lassen. Er kam, um zu dienen und sein Leben hinzugeben, damit viele Menschen aus der Gewalt des Bösen befreit werden.»

Lukas 2,49 «Warum habt ihr mich gesucht?», erwiderte Jesus. «Habt ihr denn nicht gewusst, dass ich im Haus meines Vaters sein muss?»

Lukas 4,18–21 «Der Geist des Herrn ruht auf mir, weil er mich berufen hat. Er hat mich gesandt, den Armen die frohe Botschaft zu bringen. Ich rufe Freiheit aus für die Gefangenen, den Blinden sage ich, dass sie sehen werden, und den Unterdrückten, dass sie bald von jeder Gewalt befreit sein sollen. [19]Ich rufe ihnen zu: Jetzt erlässt Gott eure Schuld.» [20]Jesus rollte die Buchrolle zusammen, gab sie dem Synagogendiener zurück und setzte sich. Alle blickten ihn erwartungsvoll an. [21]Er begann: «Heute hat sich diese Voraussage des Propheten erfüllt.»

Lukas 4,43 Doch er wies sie ab: «Ich muss die rettende Botschaft von Gottes neuer Welt auch in alle anderen Städte bringen. Das ist mein Auftrag.»

Lukas 5,31–32 Jesus antwortete ihnen: «Die Gesunden brauchen keinen Arzt, sondern die Kranken! [32]Ich bin gekommen, um Menschen in die Gemeinschaft mit Gott zu rufen, die ohne ihn leben – und nicht solche, die sich sowieso an seine Gebote halten.»

Lukas 9,55–56 Doch Jesus wies sie scharf zurecht. Er sagte: «Habt ihr denn vergessen, von welchem Geist ihr euch leiten lassen sollt? [56]Der Menschensohn ist nicht gekommen, das Leben der Menschen zu vernichten, sondern es zu retten.» Und sie gingen in ein anderes Dorf. [4]

Lukas 12,49–53 «Ich bin gekommen, um auf der Erde ein Feuer zu entfachen. Wie froh wäre ich, es würde schon brennen! [50]Vorher muss ich aber noch Schweres erleiden. Es ist für mich eine große Last, bis alles vollbracht ist. [51]Meint nur nicht, dass ich gekommen bin, um Frieden auf die Erde zu bringen! Nein, ich bringe Auseinandersetzung. [52]Von jetzt an wird man sich in einer Familie um meinetwillen miteinander entzweien: [53]der Vater mit dem Sohn und der Sohn mit dem Vater, die Mutter mit der Tochter und die Tochter mit der Mutter; die Schwiegermutter mit der Schwiegertochter und die Schwiegertochter mit der Schwiegermutter.»

Lukas 19,9–10 Da sagte Jesus zu ihm [Zachäus]: «Heute hat Gott dir und allen, die in deinem Haus leben, Rettung gebracht. Denn auch du bist ein Nachkomme Abrahams. [10]Der Menschensohn ist gekommen, Verlorene zu suchen und zu retten.»

Lukas 22,69 «Doch von nun an wird der Menschensohn auf dem Platz an der rechten Seite Gottes sitzen.»

4 Jesu Beziehung zu Gott dem Vater

Weil Jesus schon immer ein ebenbürtiger Teil der Dreieinigkeit gewesen ist, geschieht es leicht, dass wir übersehen oder ganz verpassen, wie außerordentlich bedeutend seine Beziehung zu Gott dem Vater ist. Doch damit würden wir die Rolle Gottes des Vaters im Leben Jesu herunterspielen – und damit auch die Bedeutung, die Gott der Vater für uns selbst hat. Wir sind schnell dabei, Johannes 5,23 zu zitieren: «Wer aber den Sohn nicht als Herrn anerkennen will, der verachtet auch die Herrschaft des Vaters, der ja den Sohn gesandt hat.» Doch auch der Umkehrschluss trifft zu: Wer den Vater nicht als Herrn anerkennen will, der verachtet auch die Herrschaft des Sohns, den er gesandt hat. Entdecken Sie in diesen Aussagen des Herrn die ewige und unerhört reichhaltige Beziehung zwischen Jesus und Gott dem Vater.

Jesus sagte der Frau am Brunnen, der Vater *suche* nach Anbetern, die *ihn* anbeten

---

[4] Vers 55b und 56a sind Hinzufügungen anderer Textzeugen.

würden – im Geist und in der *Wahrheit*. Das können wir erst dann, wenn wir sehen, wer Gott der Vater wirklich ist, und wenn wir seine Beziehung zu seinem Sohn verstehen.

Johannes 5,19–20 Zu dieser Anschuldigung der Juden sagte Jesus: «Ich sage euch die Wahrheit: Von sich aus kann der Sohn gar nichts tun, sondern er tut nur das, was er auch den Vater tun sieht. Was aber der Vater tut, das tut auch der Sohn! 20Denn weil der Vater den Sohn liebt, zeigt er ihm alles, was er selbst tut. Und er wird ihn noch viel größere Wunder tun lassen, so dass ihr staunen werdet.»

Johannes 5,22–23.26–27 «Denn nicht der Vater spricht das Urteil über die Menschen, er hat das Richteramt vielmehr dem Sohn übertragen. 23damit alle den Sohn ehren, genauso wie den Vater. Wer aber den Sohn nicht als Herrn anerkennen will, der verachtet auch die Herrschaft des Vaters, der ja den Sohn gesandt hat. [...] 26Denn in Gott ist das Leben, und nach Gottes Willen hat auch der Sohn dieses Leben in sich. 27Er hat ihm die Macht gegeben, die ganze Menschheit zu richten, weil er der Menschensohn ist.»

Johannes 5,36 «Doch ich habe noch wichtigere Zeugen als Johannes: die Taten nämlich, die ich im Auftrag meines Vaters vollbringe. Sie beweisen, dass der Vater mich gesandt hat.»

Johannes 5,43 «Mein Vater hat mich zu euch geschickt, doch ihr lehnt mich ab. Wenn aber jemand in eigenem Auftrag zu euch kommt, den werdet ihr aufnehmen.»

Johannes 6,27 «Bemüht euch doch nicht nur um das vergängliche Brot, das ihr zum täglichen Leben braucht! Setzt alles dafür ein, die Nahrung zu bekommen, die bis ins ewige Leben reicht. Diese wird der Menschensohn euch geben. Denn Gott, der Vater, hat ihn dazu bestimmt und ihm die Macht gegeben.»

Johannes 6,37–40 «Alle Menschen, die mir der Vater gibt, werden zu mir kommen, und keinen von ihnen werde ich zurückstoßen. 38Denn ich bin nicht vom Himmel gekommen, um zu tun, was ich will, sondern um den Willen des Vaters zu erfüllen, der mich gesandt hat. 39Und das ist Gottes Wille: Kein Einziger von denen, die er mir anvertraut hat, soll verloren gehen. Ich werde sie alle am letzten Tag zum Leben erwecken. 40Denn nach dem Willen meines Vaters wird jeder, der den Sohn sieht und an ihn glaubt, für immer leben. Ich werde ihn am letzten Tag vom Tod auferwecken.»

Johannes 6,44 «Keiner kann zu mir kommen, wenn nicht der Vater, der mich gesandt hat, ihn zu mir bringt. Und alle diese Menschen, die er mir gibt, will ich am letzten Tag zum Leben erwecken.»

Johannes 6,46 «Das bedeutet aber nicht, dass jemals ein Mensch den Vater gesehen hat. Nur einer hat ihn wirklich gesehen: der eine, der von Gott gekommen ist.»

Johannes 6,57 «Ich lebe durch die Kraft des lebendigen Gottes, der mich gesandt hat. Ebenso wird jeder, der meinen Leib isst, durch mich leben.»

Johannes 7,16–19 Jesus beantwortete ihre Frage: «Was ich euch sage, sind nicht meine eigenen Gedanken. Es sind die Worte Gottes, der mich gesandt hat. 17Wer von euch bereit ist, Gottes Willen zu tun, der wird erkennen, ob diese Worte von

Gott kommen oder ob es meine eigenen Gedanken sind. [18]Wer seine eigene Lehre verbreitet, dem geht es um das eigene Ansehen. Wer aber Anerkennung und Ehre für den sucht, der ihn gesandt hat, der ist vertrauenswürdig und tut nichts, was seinem Auftrag widerspricht. [19]Mose hat euch das Gesetz gegeben; aber keiner von euch lebt nach diesem Gesetz! Mit welchem Recht also wollt ihr mich töten?»

Johannes 7,28 Darauf rief Jesus im Tempel, so dass es alle hören konnten: «Kennt ihr mich wirklich, und wisst ihr, woher ich komme? Ich bin nicht im eigenen Auftrag gekommen. Der mich gesandt hat, ist wahrhaftig und zuverlässig.»

Johannes 8,16 «Wenn ich aber über jemanden das Urteil spreche, dann ist mein Urteil gerecht. Denn ich richte nicht allein, sondern der Vater, der mich gesandt hat, spricht das Urteil.»

Johannes 8,25–26 «Dann sag uns, wer du bist!», forderten sie ihn auf. Jesus erwiderte: «Darüber habe ich doch von Anfang an mit euch geredet. [26]Ich hätte euch viel vorzuwerfen und viel an euch zu verurteilen. Trotzdem sage ich euch nur, was ich von dem gehört habe, der mich gesandt hat. Er ist wahrhaftig und zuverlässig.»

Johannes 8,28–29 Deshalb erklärte er ihnen: «Wenn ihr den Menschensohn erhöht habt, werdet ihr erkennen, wer ich bin, und einsehen, dass ich nichts von mir aus tue, sondern weitergebe, was mir mein Vater gesagt hat. [29]Er, der mich gesandt hat, ist bei mir und lässt mich nie allein, weil ich immer das tue, was ihm gefällt.»

Johannes 8,54–55 Jesus entgegnete: «Würde ich mich selbst loben, könntet ihr mir zu Recht misstrauen. Aber mich ehrt mein Vater. Ihr nennt ihn zwar euren Gott. [55]Doch ihr kennt ihn überhaupt nicht. Ich kenne ihn. Wenn ich sagen würde, ich kenne ihn nicht, dann wäre ich ein Lügner wie ihr. Doch ich kenne ihn und erfülle seinen Auftrag.»

Johannes 10,15 «… genauso wie mich mein Vater kennt und ich den Vater kenne. Ich gebe mein Leben für die Schafe.»

Johannes 10,17–18 «Der Vater liebt mich, weil ich mein Leben hingebe, um es neu zu empfangen. [18]Niemand nimmt mir mein Leben, ich gebe es freiwillig. Ich habe die Macht und die Freiheit, es zu geben und zu nehmen. Das ist der Auftrag, den mir mein Vater gegeben hat.»

Johannes 10,30–32 «Ich und der Vater sind eins.» [31]Wütend griffen da die Juden wieder nach Steinen, um ihn zu töten. [32]Jesus aber sagte: «In Gottes Auftrag habe ich viele gute Taten vollbracht. Für welche wollt ihr mich töten?»

Johannes 10,35–36 «Gott nennt die schon Götter, an die er sein Wort richtet. Und ihr wollt doch nicht etwa die Heilige Schrift für ungültig erklären? [36]Wie könnt ihr den, der von Gott selbst auserwählt und in die Welt gesandt wurde, als Gotteslästerer beschimpfen, nur weil er sagt: ‹Ich bin Gottes Sohn›?»

Johannes 10,37–38 «Wenn ich nicht das tue, was mein Vater will, braucht ihr mir nicht zu glauben. [38]Tue ich es aber, dann glaubt doch wenigstens diesen Taten, wenn ihr schon mir nicht glauben wollt! Dann werdet ihr endlich erkennen und glauben, dass der Vater in mir ist und ich im Vater bin!»

Johannes 12,27–28 «Jetzt habe ich große Angst. Soll ich deshalb beten: Vater, bewahre mich vor dem, was bald auf mich zukommt? Nein, denn ich bin in die Welt gekommen, um diese Stunde zu durchleiden. [28]Vater, lass deinen Namen gerühmt und geehrt werden!» Da erklang eine Stimme vom Himmel: «Das habe ich bisher schon getan, und ich werde ihn wieder zu großer Ehre bringen!»

Johannes 12,44–45 Laut verkündete Jesus: «Wer an mich glaubt, der glaubt in Wahrheit an den, der mich gesandt hat. [45]Und wenn ihr mich seht, dann seht ihr den, der mich gesandt hat!»

Johannes 12,49–50 «Denn ich habe nicht eigenmächtig zu euch geredet. Der Vater hat mich gesandt und mir gesagt, was ich reden und verkünden soll. [50]Und das ist gewiss: Was er mir aufgetragen hat, euch zu sagen, führt euch zum ewigen Leben! Deshalb gebe ich euch alles so weiter, wie der Vater es mir gesagt hat.»

Johannes 13,31–33 Als Judas fort war, sagte Jesus: «Jetzt zeigt Gott, wer der Menschensohn wirklich ist, und dadurch wird auch die Herrlichkeit Gottes sichtbar. [32]Wenn der Menschensohn erst Gottes Herrlichkeit gezeigt hat, dann wird auch Gott die Herrlichkeit des Menschensohns sichtbar machen. Und das geschieht bald! [33]Denn bei euch, meine lieben Kinder, werde ich nur noch kurze Zeit sein. Ihr werdet mich suchen. Doch was ich den Juden gesagt habe, muss ich jetzt auch euch sagen: Wohin ich gehen werde, dahin könnt ihr mir nicht folgen.»

Johannes 14,1–2 «Seid nicht bestürzt, und habt keine Angst!», ermutigte Jesus seine Jünger. «Vertraut Gott, und vertraut mir! [2]Denn im Haus meines Vaters gibt es viele Wohnungen. Sonst hätte ich euch

nicht gesagt: Ich gehe hin, um dort alles für euch vorzubereiten.»

Johannes 14,7 «Kennt ihr mich, dann kennt ihr auch meinen Vater. Von jetzt an kennt ihr ihn; ja, ihr habt ihn schon gesehen!»

Johannes 14,9–11 Jesus entgegnete ihm: «Ich bin nun schon so lange bei euch, und du kennst mich noch immer nicht, Philippus? Wer mich gesehen hat, der hat auch den Vater gesehen. Wie also kannst du bitten: ‹Zeig uns den Vater›? [10]Glaubst du nicht, dass ich im Vater bin und der Vater in mir ist? Was ich euch sage, habe ich mir nicht selbst ausgedacht. Mein Vater, der in mir lebt, handelt durch mich. [11]Glaubt mir doch, dass der Vater und ich eins sind. Und wenn ihr schon meinen Worten nicht glaubt, dann glaubt doch wenigstens meinen Taten!»

Johannes 14,16–18 «Dann werde ich den Vater bitten, dass er euch an meiner Stelle einen Helfer gibt, der für immer bei euch bleibt. [17]Dies ist der Geist der Wahrheit. Die Welt kann ihn nicht aufnehmen, denn sie ist blind für ihn und erkennt ihn deshalb nicht. Aber ihr kennt ihn, denn er wird bei euch bleiben und in euch leben. [18]Nein, ich lasse euch nicht allein zurück. Ich komme wieder zu euch.»

Johannes 14,20 «Dann werdet ihr erkennen, dass ich eins bin mit meinem Vater und dass ihr in mir seid und ich in euch bin.»

Johannes 14,23–24 «Wer mich liebt, richtet sich nach dem, was ich ihm gesagt habe. Auch mein Vater wird ihn lieben, und wir beide werden zu ihm kommen und immer bei ihm bleiben. [24]Wer mich aber nicht liebt, der lebt auch nicht nach dem, was ich sage. Meine Worte kommen nicht von mir, sondern von meinem Vater, der mich gesandt hat.»

Johannes 14,28 «Ihr habt gehört, was ich euch gesagt habe: Ich gehe jetzt, aber ich komme wieder. Wenn ihr mich wirklich lieben würdet, dann würdet ihr euch darüber freuen, dass ich jetzt zum Vater gehe; denn er ist größer als ich.»

Johannes 14,31 «Aber die Welt soll erfahren, dass ich den Vater liebe. Deswegen werde ich das ausführen, was Gott mir aufgetragen hat.»

Johannes 15,1–2 «Ich bin der wahre Weinstock, und mein Vater ist der Weingärtner. ²Alle Reben am Weinstock, die keine Trauben tragen, schneidet er ab. Aber die Frucht tragenden Reben beschneidet er sorgfältig, damit sie noch mehr Frucht bringen.»

Johannes 15,9–10 «Wie mich der Vater liebt, so liebe ich euch. Bleibt in meiner Liebe! ¹⁰Wenn ihr nach meinen Geboten lebt, wird meine Liebe euch umschließen. Auch ich richte mich nach den Geboten meines Vaters und lebe in seiner Liebe.»

Johannes 15,15 «Ich nenne euch nicht mehr Knechte; denn einem Knecht sagt der Herr nicht, was er vorhat. Ihr aber seid meine Freunde; denn ich habe euch alles anvertraut, was ich vom Vater gehört habe.»

Johannes 15,23–24 «Denn wer mich hasst, der hasst auch meinen Vater. ²⁴Wenn ich nicht vor aller Augen Gottes Wunder vollbracht hätte, die kein anderer tun kann, wären sie ohne Schuld. Aber nun haben sie alles miterlebt, und trotzdem hassen sie mich und auch meinen Vater.»

Johannes 16,14–15 «So wird [der Geist der Wahrheit] meine Herrlichkeit sichtbar machen; denn alles, was er euch zeigt, kommt von mir. ¹⁵Was der Vater hat, gehört auch mir. Deshalb kann ich mit Recht sagen: Alles, was er euch zeigt, kommt von mir.»

Johannes 16,32 «Ihr sollt nämlich wissen: Die Zeit wird kommen – ja, sie ist schon da –, in der man euch auseinander treibt. Ihr werdet euch in Sicherheit bringen und mich allein lassen. Aber auch dann werde ich nicht allein sein, denn der Vater ist bei mir.»

Johannes 17,1–4 Nach diesen Worten sah Jesus zum Himmel auf und betete: «Vater, die Zeit ist gekommen! Lass jetzt die Herrlichkeit deines Sohnes erkennbar werden, damit dein Sohn deine Herrlichkeit sichtbar macht. ²Du hast ihm Macht über die Menschen gegeben, damit er allen ewiges Leben schenkt, die du ihm anvertraut hast. ³Und das allein ist ewiges Leben: dich, den einen wahren Gott, zu erkennen, und Jesus Christus, den du gesandt hast. ⁴Ich habe hier auf der Erde den Menschen gezeigt, wie herrlich du bist. Ich habe deinen Auftrag erfüllt.»

Johannes 17,6–12 «Ich habe den Menschen gezeigt, wer du bist, und zwar allen, die du aus der Welt herausgerufen und mir anvertraut hast. Dir gehörten sie schon immer, und du hast sie mir gegeben. Sie haben sich deine Worte zu Herzen genommen, ⁷und jetzt wissen sie, dass alles, was ich habe, von dir ist. ⁸Denn was du mir gesagt hast, habe ich ihnen weitergegeben. Sie haben deine Botschaft angenommen und erkannt, dass ich von dir herkomme; sie glauben daran, dass du mich gesandt hast. ⁹Für sie bitte ich dich jetzt: für die

Menschen, die du mir anvertraut hast und die zu dir gehören; nicht für die ganze Welt. [10]Denn alles, was ich habe, das gehört dir, und was du hast, das gehört auch mir. An ihnen zeigt sich meine Herrlichkeit. [11]Ich verlasse jetzt die Welt und komme zu dir. Sie aber bleiben zurück. Heiliger Vater, erhalte sie in der Gemeinschaft mit dir, damit sie eins werden wie wir. [12]Solange ich bei ihnen war, habe ich sie in der Gemeinschaft mit dir erhalten, alle, die du mir anvertraut hast. Ich habe sie bewahrt, und keiner von ihnen ist verloren gegangen – außer dem einen, der verloren gehen musste, damit sich die Voraussage der Heiligen Schrift erfüllte.»

Johannes 17,20–26 «Ich bitte aber nicht nur für sie [die Jünger], sondern für alle, die durch ihre Worte von mir hören werden und an mich glauben. [21]Sie alle sollen eins sein, genauso wie du, Vater, mit mir eins bist. So wie du in mir bist und ich in dir bin, sollen auch sie in uns fest miteinander verbunden sein. Dann wird die Welt glauben, dass du mich gesandt hast. [22]Deshalb habe ich ihnen auch die Herrlichkeit gegeben, die du mir anvertraut hast, damit sie die gleiche enge Gemeinschaft haben wie wir. [23]Ich bleibe in ihnen, und du bleibst in mir. Genau so sollen auch sie ganz eins sein. Und die Welt wird erkennen, dass du mich gesandt hast und dass du meine Jünger liebst, wie du mich liebst. [24]Vater, ich möchte, dass alle, die du mir gegeben hast, bei mir bleiben. Sie sollen an meiner Herrlichkeit teilhaben. Du hast mir die Herrlichkeit gegeben; denn du hast mich geliebt, längst bevor die Welt geschaffen wurde. [25]Guter und treuer Vater! Wenn die Welt dich auch nicht kennt, ich kenne dich, und diese hier haben erkannt, dass du mich gesandt hast. [26]Ich habe ihnen gezeigt, wer du bist. Das werde ich auch weiter tun, damit deine Liebe zu mir auch sie erfüllt, ja, damit ich selbst in ihnen lebe.»

Johannes 20,17 Jesus sagte: «Halte mich nicht fest! Denn ich bin noch nicht zu meinem Vater zurückgekehrt. Geh aber zu meinen Brüdern und sag ihnen: Ich gehe zurück zu meinem Vater und zu eurem Vater, zu meinem Gott und zu eurem Gott!»

Matthäus 11,25–27 Jesus betete: «Mein Vater, Herr über Himmel und Erde! Ich danke dir, dass du die Wahrheit vor den Klugen und Gebildeten verbirgst und sie den Unwissenden enthüllst. [26]Ja, Vater, so entspricht es deinem Willen. [27]Mein Vater hat mir alle Macht gegeben. Nur der Vater kennt den Sohn. Und nur der Sohn kennt den Vater und jeder, dem der Sohn ihn zeigt.»

Matthäus 16,27 «Denn der Menschensohn wird mit seinen Engeln in der Herrlichkeit seines Vaters kommen und jeden nach seinen Taten richten.»

Matthäus 25,34 «Dann wird der König zu denen an seiner rechten Seite sagen: ‹Kommt her! Euch hat mein Vater gesegnet. Nehmt die neue Welt Gottes in Besitz, die er seit Erschaffung der Welt für euch als Erbe bereithält!›»

Markus 8,36–38 «Denn was gewinnt ein Mensch, wenn ihm die ganze Welt zufällt, er selbst aber dabei Schaden nimmt? [37]Er kann sein Leben ja nicht wieder zurückkaufen! [38]Wer sich hier vor den gottlosen Menschen schämt, sich zu mir und meiner Botschaft zu bekennen, den wird auch der Menschensohn nicht kennen, wenn er mit den heiligen Engeln in der Herrlichkeit seines Vaters kommen wird.»

Markus 9,35–37 Jesus setzte sich, rief die zwölf Jünger zu sich und sagte: «Wer der Erste sein will, der soll sich allen anderen unterordnen und ihnen dienen.» [36]Er rief ein kleines Kind, stellte es in die Mitte und umarmte es. Dann sagte er: [37]«Wer solch ein Kind mir zuliebe aufnimmt, der nimmt mich auf. Und wer mich aufnimmt, der nimmt damit Gott selbst auf, weil Gott mich gesandt hat.»

Lukas 2,49 «Warum habt ihr mich gesucht?», erwiderte Jesus. «Habt ihr denn nicht gewusst, dass ich im Haus meines Vaters sein muss?»

Lukas 10,21–22 Erfüllt vom Heiligen Geist, betete Jesus nun voller Freude: «Mein Vater, Herr über Himmel und Erde! Ich danke dir, dass du die Wahrheit vor den Klugen und Gebildeten verbirgst und sie den Unwissenden enthüllst. Ja, Vater, so entspricht es deinem Willen. [22]Mein Vater hat mir alle Macht gegeben. Nur der Vater kennt den Sohn. Und nur der Sohn kennt den Vater und jeder, dem der Sohn ihn zeigt.»

Lukas 22,28–30 «Ihr seid mir in diesen Tagen der Gefahr und der Versuchung treu geblieben. [29]Deshalb verspreche ich euch: Ihr werdet mit mir zusammen in meinem Reich herrschen, das mein Vater mir übergeben hat. [30]Mit mir sollt ihr am selben Tisch essen und trinken. Ihr werdet auf Thronen sitzen und mit mir über die zwölf Stämme Israels Gericht halten.»

Lukas 22,42 «Vater, wenn es möglich ist, bewahre mich vor diesem Leiden. Aber nicht was ich will, sondern was du willst, soll geschehen.»

Lukas 23,44.46 Am Mittag wurde es plötzlich im ganzen Land dunkel. Diese Finsternis dauerte drei Stunden. […] [46]Jesus schrie noch einmal laut auf: «Vater, in deine Hände gebe ich meinen Geist!» Dann starb er.

5 Jesu Blut

Johannes 6,53–58 Darauf erwiderte Jesus: «Das eine steht unumstößlich fest: Wenn ihr den Leib des Menschensohnes nicht esst und sein Blut nicht trinkt, habt ihr kein Leben in euch. [54]Nur wer meinen Leib isst und mein Blut trinkt, der hat ewiges Leben, und ihn werde ich am letzten Tag auferwecken. [55]Denn mein Leib ist die lebensnotwendige Nahrung und mein Blut der Leben spendende Trank. [56]Wer meinen Leib isst und mein Blut trinkt, der bleibt in mir, und ich bleibe in ihm. [57]Ich lebe durch die Kraft des lebendigen Gottes, der mich gesandt hat. Ebenso wird jeder, der meinen Leib isst, durch mich leben. [58]Nun wisst ihr, was ich mit dem Brot meine, das vom Himmel zu euch gekommen ist! Eure Vorfahren haben zwar auch in der Wüste Brot vom Himmel gegessen, aber sie sind trotzdem gestorben. Doch wer dieses Brot isst, wird für immer leben.»

Matthäus 26,26–29 Während sie aßen, nahm Jesus Brot, sprach das Dankgebet, teilte das Brot und gab jedem seiner Jünger ein Stück davon: «Nehmt und esst! Das ist mein Leib.» [27]Anschließend nahm er einen Becher Wein, dankte Gott und reichte ihn seinen Jüngern: «Trinkt alle daraus! [28]Das ist mein Blut, mit dem der neue Bund zwischen Gott und den Menschen besiegelt wird. Es wird zur Vergebung ihrer Sünden vergossen. ²⁹Ich sage euch: Von jetzt an werde ich keinen Wein mehr trinken, bis ich ihn wieder in der neuen Welt meines Vaters mit euch trinken werde.»

Markus 14,23–24 Anschließend nahm er einen Becher Wein, dankte Gott und reichte den Becher seinen Jüngern. Sie tranken alle daraus. ²⁴Jesus sagte: «Das ist mein Blut, mit dem der neue Bund zwischen Gott und den Menschen besiegelt wird. Es wird zur Vergebung ihrer Sünden vergossen.»

Lukas 22,20 Nach dem Essen nahm er den Becher mit Wein, reichte ihn den Jüngern und sagte: «Dies ist mein Blut, mit dem der neue Bund zwischen Gott und den Menschen besiegelt wird. Es wird für euch zur Vergebung der Sünden vergossen.»

1. Korinther 11,25 Nach dem Essen nahm er den Kelch und sprach: «Dieser Kelch ist der neue Bund zwischen Gott und euch, der durch mein Blut besiegelt wird. So oft ihr aus diesem Kelch trinkt, denkt an mich und an das, was ich für euch getan habe!»

6 Jesu ewige Existenz

Johannes 3,10–13 Jesus erwiderte: «Du bist doch ein anerkannter Gelehrter in Israel und müsstest das eigentlich verstehen! ¹¹Glaube mir: Wir reden nur von dem, was wir genau kennen. Und was wir bezeugen, das haben wir auch gesehen. Trotzdem nehmt ihr unser Wort nicht an. ¹²Ihr glaubt mir ja nicht einmal, wenn ich von ganz alltäglichen Dingen rede! Wie also werdet ihr

mir dann glauben, wenn ich euch erkläre, was im Himmel geschieht? ¹³Es gibt nur einen, der zum Himmel hinaufsteigt: der Menschensohn, der vom Himmel herabgekommen ist.»

Johannes 6,38 «Denn ich bin nicht vom Himmel gekommen, um zu tun, was ich will, sondern um den Willen des Vaters zu erfüllen, der mich gesandt hat.»

Johannes 6,41–42 Weil Jesus behauptet hatte: «Ich bin das Brot, das vom Himmel gekommen ist», riefen die Juden empört: ⁴²«Was? Das ist doch Jesus, Josefs Sohn. Wir kennen schließlich seine Eltern. Wie kann er behaupten: ‹Ich bin vom Himmel gekommen!›?»

Johannes 6,46 «Das bedeutet aber nicht, dass jemals ein Mensch den Vater gesehen hat. Nur einer hat ihn wirklich gesehen: der eine, der von Gott gekommen ist.»

Johannes 7,33–34 Währenddessen sagte Jesus zu der Volksmenge: «Ich bleibe nur noch kurze Zeit bei euch. Danach kehre ich zu dem zurück, der mich gesandt hat. ³⁴Ihr werdet mich überall suchen, aber nicht mehr finden. Wo ich dann sein werde, könnt ihr nicht hinkommen.»

Johannes 8,21.23–24 Später sagte Jesus noch einmal zu ihnen: «Ich gehe fort. Ihr werdet mich dann verzweifelt suchen, aber ihr werdet in euren Sünden umkommen. Ihr könnt nicht dorthin gehen, wo ich sein werde.» […] ²³Dazu sagte ihnen Jesus: «Ihr seid von hier unten; ich komme von oben. Ihr gehört zu dieser Welt; ich gehöre nicht zu dieser Welt. ²⁴Deshalb habe ich gesagt: Ihr werdet in euren Sünden umkommen. Wenn ihr nicht glaubt, dass ich es bin, gibt es keine Rettung für euch.»

Johannes 8,42 Da sprach Jesus zu ihnen: «Wenn Gott euer Vater wäre, so würdet ihr mich lieben, denn ich bin von Gott ausgegangen und gekommen; denn nicht von mir selbst bin ich gekommen, sondern er hat mich gesandt» (Schlachterbibel).

Johannes 8,54–56 Jesus entgegnete: «Würde ich mich selbst loben, könntet ihr mir zu Recht misstrauen. Aber mich ehrt mein Vater. Ihr nennt ihn zwar euren Gott. 55Doch ihr kennt ihn überhaupt nicht. Ich kenne ihn. Wenn ich sagen würde, ich kenne ihn nicht, dann wäre ich ein Lügner wie ihr. Doch ich kenne ihn und erfülle seinen Auftrag. 56Euer Vater Abraham freute sich auf den Tag, an dem ich kommen würde. Er hat mein Kommen gesehen und war froh darüber.»

Johannes 8,58 Jesus entgegnete ihnen: «Ich sage euch die Wahrheit: Lange bevor Abraham überhaupt geboren wurde, war ich da.»

Johannes 16,27–28 «Denn der Vater liebt euch, weil ihr mich liebt und daran glaubt, dass ich von Gott gekommen bin. 28Ja, ich war beim Vater und bin in die Welt gekommen, und jetzt verlasse ich sie wieder, um zum Vater zurückzukehren.»

Johannes 17,4–5 «Ich habe hier auf der Erde den Menschen gezeigt, wie herrlich du bist. Ich habe deinen Auftrag erfüllt. 5Und nun, Vater, gib mir wieder Anteil an der Herrlichkeit, die ich bei dir hatte, bevor die Welt erschaffen wurde.»

Johannes 17,20–24 «Ich bitte aber nicht nur für sie, sondern für alle, die durch ihre Worte von mir hören werden und an mich glauben. 21Sie alle sollen eins sein, genauso wie du, Vater, mit mir eins bist. So wie du in mir bist und ich in dir bin, sollen auch sie in uns fest miteinander verbunden sein. Dann wird die Welt glauben, dass du mich gesandt hast. 22Deshalb habe ich ihnen auch die Herrlichkeit gegeben, die du mir anvertraut hast, damit sie die gleiche enge Gemeinschaft haben wie wir. 23Ich bleibe in ihnen, und du bleibst in mir. Genau so sollen auch sie ganz eins sein. Und die Welt wird erkennen, dass du mich gesandt hast und dass du meine Jünger liebst, wie du mich liebst. 24Vater, ich möchte, dass alle, die du mir gegeben hast, bei mir bleiben. Sie sollen an meiner Herrlichkeit teilhaben. Du hast mir die Herrlichkeit gegeben; denn du hast mich geliebt, längst bevor die Welt geschaffen wurde.»

Offenbarung 1,8 Gott, der Herr, spricht: «Ich bin der Anfang, und ich bin das Ziel, das A und O.» Ja, er ist immer da, von allem Anfang an, und er wird kommen: der Herr über alles!

Offenbarung 22,13 «Ich bin der Erste und der Letzte, der Anfang und das Ziel, das A und das O.»

Offenbarung 22,15–16 «Draußen vor den Toren der Stadt müssen alle Feinde Gottes bleiben: alle, die sich mit Zauberei abgeben, die sexuell zügellos leben, die Mörder, alle, die anderen Göttern nachlaufen, die gerne lügen und betrügen. 16Ich, Jesus, habe meinen Engel zu dir gesandt, damit du den Gemeinden alles mitteilst. Ich bin die Wurzel und der Nachkomme aus der Familie Davids. Ich bin der helle Morgenstern.»

7 Jesu Gebete

Johannes 11,41–43 Sie [Lazarus' Freunde] schoben den Stein weg. Jesus sah zum Himmel auf und betete: «Vater, ich danke dir, dass du mein Gebet erhört hast! [42]Ich weiß, dass du mich immer erhörst, aber ich sage es wegen der vielen Menschen, die hier stehen. Sie sollen alles miterleben und glauben, dass du mich gesandt hast.» [43]Dann rief er laut: «Lazarus, komm heraus!»

Johannes 12,27–28 «Jetzt habe ich große Angst. Soll ich deshalb beten: Vater, bewahre mich vor dem, was bald auf mich zukommt? Nein, denn ich bin in die Welt gekommen, um diese Stunde zu durchleiden. [28]Vater, lass deinen Namen gerühmt und geehrt werden!» Da erklang eine Stimme vom Himmel: «Das habe ich bisher schon getan, und ich werde ihn wieder zu großer Ehre bringen!»

Johannes 17,1–26 Nach diesen Worten sah Jesus zum Himmel auf und betete: «Vater, die Zeit ist gekommen! Lass jetzt die Herrlichkeit deines Sohnes erkennbar werden, damit dein Sohn deine Herrlichkeit sichtbar macht. [2]Du hast ihm Macht über die Menschen gegeben, damit er allen ewiges Leben schenkt, die du ihm anvertraut hast. [3]Und das allein ist ewiges Leben: dich, den einen wahren Gott, zu erkennen, und Jesus Christus, den du gesandt hast. [4]Ich habe hier auf der Erde den Menschen gezeigt, wie herrlich du bist. Ich habe deinen Auftrag erfüllt. [5]Und nun, Vater, gib mir wieder Anteil an der Herrlichkeit, die ich bei dir hatte, bevor die Welt erschaffen wurde. [6]Ich habe den Menschen gezeigt, wer du bist, und zwar allen, die du aus der Welt herausgerufen und mir anvertraut hast. Dir gehörten sie schon immer, und du hast sie mir gegeben. Sie haben sich deine Worte zu Herzen genommen, [7]und

jetzt wissen sie, dass alles, was ich habe, von dir ist. [8]Denn was du mir gesagt hast, habe ich ihnen weitergegeben. Sie haben deine Botschaft angenommen und erkannt, dass ich von dir herkomme; sie glauben daran, dass du mich gesandt hast. [9]Für sie bitte ich dich jetzt: für die Menschen, die du mir anvertraut hast und die zu dir gehören; nicht für die ganze Welt. [10]Denn alles, was ich habe, das gehört dir, und was du hast, das gehört auch mir. An ihnen zeigt sich meine Herrlichkeit. [11]Ich verlasse jetzt die Welt und komme zu dir. Sie aber bleiben zurück. Heiliger Vater, erhalte sie in der Gemeinschaft mit dir, damit sie eins werden wie wir. [12]Solange ich bei ihnen war, habe ich sie in der Gemeinschaft mit dir erhalten, alle, die du mir anvertraut hast. Ich habe sie bewahrt, und keiner von ihnen ist verloren gegangen – außer dem einen, der verloren gehen musste, damit sich die Voraussage der Heiligen Schrift erfüllte. [13]Jetzt komme ich zu dir zurück. Aber dies alles wollte ich noch sagen, solange ich bei ihnen bin, damit meine Freude auch sie ganz erfüllt. [14]Ich habe ihnen deine Botschaft weitergegeben, und die Welt hasst sie deswegen, weil sie ebenso wie ich nicht zu ihr gehören. [15]Ich bitte dich nicht, sie aus der Welt zu nehmen, aber schütze sie vor der Macht des Bösen! [16]Sie gehören ebenso wenig zur Welt wie ich. [17]Lass ihnen deine Wahrheit leuchten, damit sie in immer engerer Gemeinschaft mit dir leben! Dein Wort ist die Wahrheit! [18]Wie du mich in die Welt gesandt hast, so sende ich sie in die Welt. [19]Für sie gebe ich mein Leben hin, damit ihr Leben ganz dir gehört. [20]Ich bitte aber nicht nur für sie, sondern für alle, die durch ihre Worte von mir hören werden und an mich glauben. [21]Sie alle sollen eins sein, genauso wie du, Vater, mit mir eins bist. So wie du in mir bist und ich in dir bin, sollen auch sie in uns fest miteinander verbunden sein. Dann wird die Welt glauben, dass du mich gesandt hast. [22]Deshalb habe ich ihnen auch die Herrlichkeit gegeben, die du mir anvertraut hast, damit sie die gleiche enge Gemeinschaft haben wie wir. [23]Ich bleibe in ihnen, und du bleibst in mir. Genau so sollen auch sie ganz eins sein. Und die Welt wird erkennen, dass du mich gesandt hast und dass du meine Jünger liebst, wie du mich liebst. [24]Vater, ich möchte, dass alle, die du mir gegeben hast, bei mir bleiben. Sie sollen an meiner Herrlichkeit teilhaben. Du hast mir die Herrlichkeit gegeben; denn du hast mich geliebt, längst bevor die Welt geschaffen wurde. [25]Guter und treuer Vater! Wenn die Welt dich auch nicht kennt, ich kenne dich, und diese hier haben erkannt, dass du mich gesandt hast. [26]Ich habe ihnen gezeigt, wer du bist. Das werde ich auch weiter tun, damit deine Liebe zu mir auch sie erfüllt, ja, damit ich selbst in ihnen lebe.»

Matthäus 6,8–13 «Folgt nicht ihrem [der Heiden] schlechten Beispiel, denn euer Vater weiß genau, was ihr braucht, noch ehe ihr ihn um etwas bittet. [9]Ihr sollt deshalb so beten: ‹Unser Vater im Himmel! Dein heiliger Name soll geehrt werden. [10]Lass deine neue Welt beginnen. Dein Wille geschehe hier auf der Erde, wie er im Himmel geschieht. [11]Gib uns auch heute wieder, was wir zum Leben brauchen. [12]Vergib uns unsere Schuld, wie wir denen vergeben, die uns Unrecht getan haben. [13]Lass uns nicht in Versuchung geraten, dir untreu zu werden, und befreie uns vom Bösen.›» (Siehe auch Lukas 11,2–4.)

Matthäus 11,25–26 Jesus betete: «Mein Vater, Herr über Himmel und Erde! Ich danke dir, dass du die Wahrheit vor den Klugen und Gebildeten verbirgst und sie den Unwissenden enthüllst. [26]Ja, Vater, so entspricht es deinem Willen.»

Matthäus 26,39 Jesus ging ein paar Schritte weiter, warf sich nieder und betete: «Mein Vater, wenn es möglich ist, so bewahre mich vor diesem Leiden! Aber nicht was ich will, sondern was du willst, soll geschehen.»

Matthäus 27,46 Gegen drei Uhr rief Jesus laut: «Eli, Eli, lema sabachtani?» Das heißt: «Mein Gott, mein Gott, warum hast du mich verlassen?» (Siehe auch Markus 15,34.)

Lukas 10,21 Erfüllt vom Heiligen Geist, betete Jesus nun voller Freude: «Mein Vater, Herr über Himmel und Erde! Ich danke dir, dass du die Wahrheit vor den Klugen und Gebildeten verbirgst und sie den Unwissenden enthüllst. Ja, Vater, so entspricht es deinem Willen.»

Lukas 22,42 «Vater, wenn es möglich ist, bewahre mich vor diesem Leiden. Aber nicht was ich will, sondern was du willst, soll geschehen.»

Lukas 23,34 Jesus betete: «Vater, vergib ihnen, denn sie wissen nicht, was sie tun!»

Lukas 23,46 Jesus schrie noch einmal laut auf: «Vater, in deine Hände gebe ich meinen Geist!» Dann starb er.

8 Jesu Gerechtigkeit

Johannes 2,14–19 Dort sah er im Tempel viele Händler, die Ochsen, Schafe und

Tauben als Opfertiere verkauften. Auch Geldwechsler saßen hinter ihren Tischen. [15]Jesus knüpfte aus Stricken eine Peitsche und jagte die Händler mit all ihren Schafen und Ochsen aus dem Tempel. Er schleuderte das Geld der Wechsler auf den Boden und warf ihre Tische um. [16]Den Taubenhändlern befahl er: «Schafft das alles hinaus! Das Haus meines Vaters ist doch keine Markthalle!» [17]Seine Jünger aber mussten an das Wort in der Heiligen Schrift denken: «Der Eifer für deinen Tempel wird mich vernichten!» [18]Die führenden Männer der Juden stellten Jesus daraufhin zur Rede: «Woher nimmst du dir das Recht, die Leute hinauszuwerfen? Wenn du dabei im Auftrag Gottes handelst, dann musst du uns einen eindeutigen Beweis dafür geben!» [19]Jesus antwortete ihnen: «Zerstört diesen Tempel! In drei Tagen werde ich ihn wieder aufbauen.»

Johannes 7,18–19 «Wer seine eigene Lehre verbreitet, dem geht es um das eigene Ansehen. Wer aber Anerkennung und Ehre für den sucht, der ihn gesandt hat, der ist vertrauenswürdig und tut nichts, was seinem Auftrag widerspricht. [19]Mose hat euch das Gesetz gegeben; aber keiner von euch lebt nach diesem Gesetz! Mit welchem Recht also wollt ihr mich töten?»

Matthäus 3,15 Jesus erwiderte: «Lass es so geschehen, denn wir müssen alles tun, was Gott will.» Da gab Johannes nach [und taufte Jesus].

Markus 11,15–17 Sie kamen nach Jerusalem, und Jesus ging in den Tempel. Dort jagte er alle Händler und Käufer hinaus; die Tische der Geldwechsler und die Stände der Taubenhändler stieß er um. [16]Er duldete noch nicht einmal, dass jemand irgendetwas durch den Tempelvorhof trug. [17]«Ihr wisst doch, was Gott in der Heiligen Schrift sagt», rief Jesus der Menschenmenge zu: «‹Mein Haus soll für alle Völker ein Ort des Gebets sein›, ihr aber habt eine Räuberhöhle daraus gemacht.» (Siehe auch Matthäus 21,12–13 und Lukas 19,45–46.)

9 Jesu Herrschaft

Johannes 5,21–23 «So wie der Vater Tote auferweckt und ihnen neues Leben gibt, so hat auch der Sohn die Macht dazu, neues Leben zu geben, wem er will. [22]Denn nicht der Vater spricht das Urteil über die Menschen, er hat das Richteramt vielmehr dem Sohn übertragen, [23]damit alle den Sohn ehren, genauso wie den Vater. Wer aber den Sohn nicht als Herrn anerkennen will, der verachtet auch die Herrschaft des Vaters, der ja den Sohn gesandt hat.»

Johannes 8,31–32 Zu den Juden, die nun an ihn glaubten, sagte Jesus: «Wenn ihr an meinen Worten festhaltet und das tut, was ich euch gesagt habe, dann gehört ihr wirklich zu mir. [32]Ihr werdet die Wahrheit erkennen, und die Wahrheit wird euch befreien!»

Johannes 10,27–30 «Meine Schafe erkennen meine Stimme; ich kenne sie, und sie folgen meinem Ruf. [28]Ihnen gebe ich das ewige Leben, und sie werden niemals umkommen. Niemand kann sie aus meiner Hand reißen. [29]Mein Vater hat sie mir gegeben, und er ist stärker als alle anderen Mächte. Deshalb kann sie auch keiner der Hand meines Vaters entreißen. [30]Ich und der Vater sind eins.»

Johannes 12,25–26 «Wer an seinem Leben festhält, wird es verlieren. Wer aber sein Leben loslässt, wird es für alle Ewigkeit gewinnen. ²⁶Wer mir dienen will, der soll mir folgen. Denn wo ich bin, soll er auch sein. Und wer mir dient, den wird mein Vater ehren.»

Johannes 14,15 «Wenn ihr mich liebt, werdet ihr so leben, wie ich es euch gesagt habe.»

Johannes 14,23–24 Ihm antwortete Jesus: «Wer mich liebt, richtet sich nach dem, was ich ihm gesagt habe. Auch mein Vater wird ihn lieben, und wir beide werden zu ihm kommen und immer bei ihm bleiben. ²⁴Wer mich aber nicht liebt, der lebt auch nicht nach dem, was ich sage. Meine Worte kommen nicht von mir, sondern von meinem Vater, der mich gesandt hat.»

Matthäus 7,21–27 «Nicht, wer mich dauernd ‹Herr› nennt, wird in Gottes neue Welt kommen, sondern wer den Willen meines Vaters im Himmel tut. ²²Am Tag des Gerichts werden zwar viele sagen: ‹Aber Herr, wir haben doch als deine Propheten das weitergesagt, was du selbst uns aufgetragen hast! Wir haben doch in deinem Namen Dämonen ausgetrieben und mächtige Taten vollbracht!› ²³Aber ich werde ihnen antworten: ‹Ich kenne euch nicht, denn ihr habt nicht nach meinem Willen gelebt. Geht mir aus den Augen!› ²⁴Wer meine Worte hört und danach handelt, der ist klug. Man kann ihn mit einem Mann vergleichen, der sein Haus auf felsigen Grund baut. ²⁵Wenn ein Wolkenbruch niedergeht, das Hochwasser steigt und der Sturm am Haus rüttelt, wird es trotzdem nicht einstürzen, weil es auf Felsengrund gebaut ist. ²⁶Wer sich meine Worte nur anhört, aber nicht danach lebt, der ist so un-

vernünftig wie einer, der sein Haus auf Sand baut. ²⁷Denn wenn ein Wolkenbruch kommt, die Flut das Land überschwemmt und der Sturm um das Haus tobt, wird es aus allen Fugen geraten und krachend einstürzen.»

Matthäus 10,34–39 «Meint nur nicht, dass ich gekommen bin, um Frieden auf die Erde zu bringen. Nein, ich bringe Kampf! ³⁵Ich werde Vater und Sohn, Mutter und Tochter, Schwiegertochter und Schwiegermutter gegeneinander aufbringen. ³⁶Die schlimmsten Feinde werden in der eigenen Familie sein. ³⁷Wer seinen Vater oder seine Mutter, seinen Sohn oder seine Tochter mehr liebt als mich, der ist es nicht wert, mein Jünger zu sein. ³⁸Und wer nicht bereit ist, sein Kreuz auf sich zu nehmen und mir nachzufolgen, der kann nicht zu mir gehören. ³⁹Wer sich an sein Leben klammert, der wird es verlieren. Wer es aber für mich einsetzt, der wird es für immer gewinnen.»

Matthäus 16,23–27 Aber Jesus wandte sich von ihm ab und rief: «Weg mit dir, Satan! Du willst mich hindern, meinen Auftrag zu erfüllen. Du verstehst Gottes Gedanken nicht, weil du nur menschlich denkst!» ²⁴Danach sprach Jesus zu seinen Jüngern: «Wer mir nachfolgen will, darf nicht mehr sich selbst in den Mittelpunkt stellen, sondern muss sein Kreuz auf sich nehmen und mir nachfolgen. ²⁵Wer sich an sein Leben klammert, der wird es verlieren. Wer aber sein Leben für mich einsetzt, der wird es für immer gewinnen. ²⁶Denn was gewinnt ein Mensch, wenn ihm die ganze Welt zufällt, er selbst aber dabei Schaden nimmt? Er kann sein Leben ja nicht wieder zurückkaufen! ²⁷Denn der

Menschensohn wird mit seinen Engeln in der Herrlichkeit seines Vaters kommen und jeden nach seinen Taten richten.»

Matthäus 19,21.23–26 Jesus antwortete: «Wenn du vollkommen sein willst, dann verkauf, was du hast, und gib das Geld den Armen. Damit wirst du im Himmel einen Reichtum gewinnen, der niemals verloren geht. Und dann komm, und folge mir nach.» […] [23]Da sagte Jesus zu seinen Jüngern: «Eins ist sicher: Ein Reicher hat es sehr schwer, in Gottes neue Welt zu kommen. [24]Eher geht ein Kamel durch ein Nadelöhr, als dass ein Reicher in Gottes neue Welt kommt.» [25]Darüber waren die Jünger entsetzt und fragten sich: «Wer kann dann überhaupt gerettet werden?» [26]Jesus sah sie an und sagte: «Für Menschen ist es unmöglich, aber für Gott ist alles möglich!»

Markus 8,34–38 «Hört her!», rief Jesus seinen Jüngern und den Menschen zu, die bei ihm waren. «Wer mir nachfolgen will, der darf nicht mehr sich selbst in den Mittelpunkt stellen, sondern muss sein Kreuz auf sich nehmen und mir nachfolgen. [35]Wer sich an sein Leben klammert, der wird es verlieren. Wer aber sein Leben für mich und für Gottes rettende Botschaft einsetzt, der wird es für immer gewinnen. [36]Denn was gewinnt ein Mensch, wenn ihm die ganze Welt zufällt, er selbst aber dabei Schaden nimmt? [37]Er kann sein Leben ja nicht wieder zurückkaufen! [38]Wer sich hier vor den gottlosen Menschen schämt, sich zu mir und meiner Botschaft zu bekennen, den wird auch der Menschensohn nicht kennen, wenn er mit den heiligen Engeln in der Herrlichkeit seines Vaters kommen wird.»

Lukas 6,46–49 «Warum nennt ihr mich dauernd ‹Herr!›, wenn ihr doch nicht tut, was ich euch sage? [47]Wisst ihr, mit wem ich einen Menschen vergleiche, der meine Worte hört und danach handelt? [48]Er ist wie ein Mann, der sich ein Haus bauen wollte. Zuerst hob er eine Baugrube aus, dann baute er die Fundamente seines Hauses auf felsigen Grund. Als ein Unwetter kam und die Fluten gegen das Haus brandeten, konnten sie keinen Schaden anrichten, denn das Haus war auf Felsengrund gebaut. [49]Wer sich meine Worte allerdings nur anhört und nicht danach lebt, der ist wie einer, der beim Bauen auf das Fundament verzichtet und sein Haus auf weichen Boden baut. Bei einem Unwetter unterspülen die Fluten sein Haus, es gerät aus allen Fugen und stürzt krachend ein.»

Lukas 9,23–26 Danach wandte sich Jesus an alle: «Wer mir nachfolgen will, darf nicht mehr sich selbst in den Mittelpunkt stellen, sondern muss sein Kreuz täglich auf sich nehmen und mir nachfolgen. [24]Wer sich an sein Leben klammert, der wird es verlieren. Wer aber sein Leben für mich einsetzt, der wird es für immer gewinnen. [25]Denn was gewinnt ein Mensch, wenn ihm die ganze Welt zufällt, er aber dabei sich selbst verliert oder Schaden nimmt? [26]Wer sich schämt, sich zu mir und meiner Botschaft zu bekennen, den wird auch der Menschensohn nicht kennen, wenn er in seiner Macht und in der Herrlichkeit des Vaters und der heiligen Engel kommen wird.»

Offenbarung 1,10–11.17–20 An einem Sonntag ergriff mich [Johannes] Gottes Geist. Ich hörte hinter mir eine gewaltige Stimme, durchdringend wie eine Posaune:

[11]«Schreib alles auf, was du siehst, und sende das Buch an die sieben Gemeinden: nach Ephesus, Smyrna und Pergamon, nach Thyatira, Sardes, Philadelphia und Laodizea.» […] [17]Als ich das sah, fiel ich wie tot vor seinen Füßen nieder. Aber er legte seine rechte Hand auf mich und sagte: «Fürchte dich nicht! Ich bin der Erste und der Letzte, [18]und ich bin der Lebendige. Ich war tot, doch nun lebe ich für immer und ewig, und ich habe Macht über den Tod und das Totenreich. [19]Schreib alles auf, was du gesehen hast, was jetzt geschieht und was in Zukunft geschehen wird. [20]Die sieben Sterne in meiner Hand und die sieben goldenen Leuchter, die du gesehen hast, haben folgende Bedeutung: Die sieben Sterne sind die Engel der sieben Gemeinden, und die sieben Leuchter sind diese Gemeinden selbst.»

10 Jesu Identität

In Jesu Aussagen über seine Identität offenbart er, wer er ist und woher er kam. Das tut er durch direkte Behauptungen, implizite Aussagen und Metaphern. Manchmal akzeptiert er auch einfach die unüberbietbaren Aussagen anderer Menschen über ihn. Und einmal lässt er es sogar zu, dass ein Mensch ihn *anbetet;* damit stellte Jesus klar, dass er Gott ist (Johannes 9,38).

Wer Jesus wirklich ist, zeigt sich auch darin, dass er tat, was nur Gott tun kann – und er war bereit, sich Eigenschaften und Befugnisse zuschreiben zu lassen, die bis dahin nur Gott dem Vater zugestanden hatten. Beispiele dafür sind Jesu Aussagen, er könne Sünden vergeben und er habe schon vor Anbeginn der Zeit existiert

(Matthäus 9,2–5; Johannes 8,58). Schon die eindeutigen Aussagen unter diesem Stichwort lassen ihn weit erhaben sein über jeden Menschen, der jemals gelebt hat.

Johannes 1,35–43 Johannes der Täufer und zwei seiner Jünger waren am nächsten Tag wieder an dieser Stelle, [36]als Jesus vorüberging. Da zeigte Johannes auf ihn und sagte: «Seht, dies ist Gottes Opferlamm!» [37]Als die beiden Jünger das hörten, folgten sie Jesus. [38]Jesus drehte sich zu ihnen um, sah sie kommen und fragte: «Was sucht ihr?» Sie antworteten: «Wo wohnst du, Meister?» [39]«Kommt mit und seht selbst, wo ich wohne!», sagte Jesus. Es war ungefähr vier Uhr nachmittags, als sie mit Jesus gingen; und sie blieben bei ihm bis zum Abend. [40]Einer der beiden, die Jesus auf das Wort des Johannes hin gefolgt waren, hieß Andreas. Er war der Bruder von Simon Petrus. [41]Wenig später traf er seinen Bruder Simon und erzählte ihm: «Wir haben den Messias gefunden, den von Gott versprochenen Retter!» [42]Dann nahm Andreas seinen Bruder mit zu Jesus. Der sah ihn an und sagte: «Du bist Simon, der Sohn des Johannes. Du sollst Petrus heißen!» [43]Als Jesus am nächsten Tag nach Galiläa gehen wollte, traf er unterwegs Philippus. Auch ihn forderte er auf: «Folge mir!»

Johannes 1,47–51 Als Jesus Nathanael erblickte, sagte er: «Hier kommt ein aufrichtiger Mensch, ein wahrer Israelit!» [48]Nathanael staunte: «Woher kennst du mich?» Jesus erwiderte: «Noch bevor Philippus dich rief, habe ich dich unter dem Feigenbaum gesehen.» [49]«Meister, du bist wirklich Gottes Sohn!», rief Nathanael. «Du bist der König Israels!» [50]Jesus sagte: «Das glaubst du, weil ich dir gesagt habe, dass ich dich unter dem Feigenbaum sah. Aber du wirst größere Dinge zu sehen bekommen.» [51]Und er fuhr fort: «Ich sage euch die Wahrheit: Ihr werdet den Himmel offen und die Engel Gottes hinauf- und herabsteigen sehen zwischen Gott und dem Menschensohn!»

Johannes 2,14–19 Dort sah er im Tempel viele Händler, die Ochsen, Schafe und Tauben als Opfertiere verkauften. Auch Geldwechsler saßen hinter ihren Tischen. [15]Jesus knüpfte aus Stricken eine Peitsche und jagte die Händler mit all ihren Schafen und Ochsen aus dem Tempel. Er schleuderte das Geld der Wechsler auf den Boden und warf ihre Tische um. [16]Den Taubenhändlern befahl er: «Schafft das alles hinaus! Das Haus meines Vaters ist doch keine Markthalle!» [17]Seine Jünger aber mussten an das Wort in der Heiligen Schrift denken: «Der Eifer für deinen Tempel wird mich vernichten!» [18]Die führenden Männer der Juden stellten Jesus daraufhin zur Rede: «Woher nimmst du dir das Recht, die Leute hinauszuwerfen? Wenn du dabei im Auftrag Gottes handelst, dann musst du uns einen eindeutigen Beweis dafür geben!» [19]Jesus antwortete ihnen: «Zerstört diesen Tempel! In drei Tagen werde ich ihn wieder aufbauen.»

Johannes 3,10–13 Jesus erwiderte: «Du bist doch ein anerkannter Gelehrter in Israel und müsstest das eigentlich verstehen! [11]Glaube mir: Wir reden nur von dem, was wir genau kennen. Und was wir bezeugen, das haben wir auch gesehen. Trotzdem nehmt ihr unser Wort nicht an. [12]Ihr glaubt mir ja nicht einmal, wenn ich von ganz alltäglichen Dingen rede! Wie also werdet ihr mir dann glauben, wenn ich euch erkläre, was im Himmel geschieht? [13]Es gibt nur einen, der zum Himmel hinaufsteigt: der Menschensohn, der vom Himmel herabgekommen ist.»

Johannes 4,7–10.26 Da kam eine Samariterin aus der nahe gelegenen Stadt zum Brunnen, um Wasser zu holen. Jesus bat sie: «Gib mir etwas zu trinken!» [8]Denn seine Jünger waren in die Stadt gegangen, um etwas zu essen einzukaufen. [9]Die Frau war überrascht, denn normalerweise wollten die Juden nichts mit den Samaritern zu tun haben. Sie sagte: «Du bist doch ein Jude! Wieso bittest du mich um Wasser? Schließlich bin ich eine samaritische Frau!» [10]Jesus antwortete ihr: «Wenn du wüsstest, was Gott dir geben will und wer dich hier um Wasser bittet, würdest du mich um das Wasser bitten, das du wirklich zum Leben brauchst. Und ich würde es dir geben.» […] [26]Da sagte Jesus: «Du sprichst mit ihm. Ich bin der Messias.»

Johannes 5,16–17 Von da an lauerten die Juden Jesus auf, weil er sogar am Sabbat Kranke heilte. [17]Aber Jesus sagte ihnen: «Zu jeder Zeit tut mein Vater Gutes, und ich folge nur seinem Beispiel.»

Johannes 6,37–40 «Alle Menschen, die mir der Vater gibt, werden zu mir kommen, und keinen von ihnen werde ich zurückstoßen. [38]Denn ich bin nicht vom Himmel gekommen, um zu tun, was ich will, sondern um den Willen des Vaters zu erfüllen, der mich gesandt hat. [39]Und das ist Gottes Wille: Kein Einziger von denen, die er mir anvertraut hat, soll verloren gehen. Ich werde sie alle am letzten Tag zum Leben erwecken. [40]Denn nach dem Willen meines Vaters wird jeder, der den Sohn sieht und an ihn glaubt, für immer leben. Ich werde ihn am letzten Tag vom Tod auferwecken.»

Johannes 6,41–42 Weil Jesus behauptet hatte: «Ich bin das Brot, das vom Himmel gekommen ist», riefen die Juden empört: [42]«Was? Das ist doch Jesus, Josefs Sohn. Wir kennen schließlich seine Eltern. Wie kann er behaupten: ‹Ich bin vom Himmel gekommen!›?»

Johannes 6,44–45 «Keiner kann zu mir kommen, wenn nicht der Vater, der mich gesandt hat, ihn zu mir bringt. Und alle diese Menschen, die er mir gibt, will ich am letzten Tag zum Leben erwecken. [45]Bei den Propheten heißt es: ‹Alle werden von Gott lernen!› Wer also auf den Vater hört und von ihm lernt, der kommt zu mir.»

Johannes 6,46 «Das bedeutet aber nicht, dass jemals ein Mensch den Vater gesehen hat. Nur einer hat ihn wirklich gesehen: der eine, der von Gott gekommen ist.»

Johannes 6,66–71 Nach dieser Rede wandten sich viele, die ihm gefolgt waren, von Jesus ab und gingen nicht mehr mit ihm. [67]Da fragte Jesus seine zwölf Jünger: «Wollt ihr auch weggehen und mich verlassen?» [68]«Herr, zu wem sollten wir denn gehen?», antwortete Simon Petrus. «Nur deine Worte schenken ewiges Leben. [69]Wir glauben und haben erkannt, dass du von Gott kommst und zu Gott gehörst.» [70]Da sagte Jesus: «Ich selbst habe euch zwölf ausgewählt – und doch: Einer von euch ist ein Teufel!» [71]Damit meinte er Judas, den Sohn von Simon Iskariot, einen seiner zwölf Jünger. Und Judas war es dann auch, der Jesus später verriet.

Johannes 7,33–34 Währenddessen sagte Jesus zu der Volksmenge: «Ich bleibe nur noch kurze Zeit bei euch. Danach kehre ich zu dem zurück, der mich gesandt hat. [34]Ihr werdet mich überall suchen, aber nicht mehr finden. Wo ich dann sein werde, könnt ihr nicht hinkommen.»

Johannes 8,58 Jesus entgegnete ihnen: «Ich sage euch die Wahrheit: Lange bevor Abraham überhaupt geboren wurde, war ich da.»

Johannes 9,35–38 Jesus hörte, dass sie den Geheilten aus der Synagoge ausgeschlossen hatten. Als er den Mann wieder traf, fragte er ihn: «Glaubst du an den Menschensohn?» [36]«Sag mir, wer es ist, damit ich an ihn glauben kann!», erwiderte der Geheilte. [37]«Du hast ihn schon gesehen, und in diesem Augenblick spricht er mit dir!», gab sich Jesus zu erkennen. [38]«Ja, Herr», rief jetzt der Mann, «ich glaube!» Und er warf sich vor Jesus nieder.

Johannes 10,30 «Ich und der Vater sind eins.»

Johannes 12,34 Viele der Versammelten wandten ein: «Aus dem Gesetz wissen wir doch, dass Christus für immer bei uns bleiben wird. Wie kannst du dann sagen: ‹Der Menschensohn muss erhöht werden›? Wer ist eigentlich dieser Menschensohn?»

Johannes 16,17–18 «Was meint er bloß damit?», fragten sich die Jünger. «Was heißt: ‹Ich werde nur noch kurze Zeit bei euch sein! Aber bald darauf werdet ihr mich wiedersehen›? Und was bedeutet es, wenn er sagt: ‹Ich gehe zum Vater›? [18]Und was meint er mit ‹nur noch kurze Zeit›? Wir verstehen das nicht.»

Johannes 18,3–9 Nun erschien Judas mit einem Trupp römischer Soldaten und

Männern, die ihm die Hohenpriester und Pharisäer mitgegeben hatten. Sie trugen Fackeln und Lampen und waren bewaffnet. ⁴Jesus wusste, was jetzt geschehen würde. Er ging ihnen entgegen und fragte: «Wen sucht ihr?» ⁵«Jesus von Nazareth», war die Antwort. «Ich bin es!», erklärte Jesus. Judas, sein Verräter, stand mitten unter den Soldaten. ⁶Als Jesus klar und offen sagte: «Ich bin es», wichen die Bewaffneten erschrocken zurück und fielen zu Boden. ⁷Jesus fragte noch einmal: «Wen sucht ihr denn?» – «Jesus von Nazareth!», antworteten sie wieder. ⁸«Ich habe euch doch schon gesagt, dass ich es bin», entgegnete Jesus. «Wenn ihr also nur mich sucht, dann lasst die anderen hier gehen!» ⁹Damit sollte sich erfüllen, was Jesus früher gesagt hatte: «Ich habe keinen von denen verloren, die du mir anvertraut hast.»

Johannes 18,33–34 Pilatus kam nun in den Gerichtssaal zurück, ließ Jesus vorführen und fragte ihn: «Bist du der König der Juden?» ³⁴Jesus entgegnete: «Fragst du als römischer Statthalter, oder stecken die Juden dahinter?»

Matthäus 9,2.4–5 Dort brachten sie auf einer Trage einen Gelähmten zu ihm. Als Jesus ihren festen Glauben sah, sagte er zu dem Gelähmten: «Hab keine Angst, mein Sohn! Deine Sünden sind dir vergeben.» […] ⁴Jesus durchschaute sie und fragte: «Warum habt ihr so böse Gedanken? ⁵Ist es leichter zu sagen: ‹Dir sind deine Sünden vergeben!› oder diesen Gelähmten zu heilen?»

Matthäus 12,6–8 «Ich will euch nur das eine sagen: Hier ist einer, der ist mehr als der Tempel. ⁷Wenn ihr verstanden hättet, was das bedeutet: ‹Nicht auf eure Opfer oder Gaben kommt es mir an, sondern darauf, dass ihr barmherzig seid!›, dann würdet ihr nicht Unschuldige verurteilen. ⁸Denn der Menschensohn hat das Recht zu entscheiden, was am Sabbat erlaubt ist und was nicht.» (Siehe auch Lukas 6,5.)

Matthäus 12,40 «Jona war drei Tage und drei Nächte im Bauch des großen Fisches. Ebenso wird der Menschensohn drei Tage und drei Nächte in den Tiefen der Erde sein.»

Matthäus 16,13–17 Als Jesus in die Gegend von Cäsarea Philippi kam, fragte er seine Jünger: «Für wen halten die Leute den Menschensohn?» ¹⁴Die Jünger erwiderten: «Einige meinen, du seist Johannes der Täufer. Andere halten dich für Elia, für Jeremia oder einen anderen Propheten.» ¹⁵«Und für wen haltet ihr mich?», fragte er sie. ¹⁶Da antwortete Petrus: «Du bist Christus, der von Gott gesandte Retter, der Sohn des lebendigen Gottes!» ¹⁷«Du kannst wirklich glücklich sein, Simon, Sohn des Jona!», sagte Jesus. «Diese Erkenntnis hat dir mein Vater im Himmel gegeben; von sich aus kommt ein Mensch nicht zu dieser Einsicht.»

Matthäus 16,27–28 «Denn der Menschensohn wird mit seinen Engeln in der Herrlichkeit seines Vaters kommen und jeden nach seinen Taten richten. ²⁸Und ich sage euch: Einige von euch, die hier stehen, werden nicht sterben, bevor sie den Menschensohn in seiner Königsherrschaft haben kommen sehen.»

Matthäus 17,1–8 Sechs Tage später ging Jesus mit Petrus, Jakobus und dessen Bruder Johannes auf einen hohen Berg. Sie waren dort ganz allein. ²Da wurde Jesus vor ihren Augen verwandelt: Sein

Gesicht leuchtete wie die Sonne, und seine Kleider strahlten hell. ³Dann erschienen Mose und Elia und redeten mit Jesus. ⁴Petrus rief: «Herr, hier gefällt es uns! Wenn du willst, werden wir drei Hütten bauen, für dich, für Mose und für Elia.» ⁵Noch während er so redete, hüllte sie eine leuchtende Wolke ein, und aus der Wolke hörten sie eine Stimme: «Das ist mein geliebter Sohn, an dem ich meine Freude habe. Auf ihn sollt ihr hören.» ⁶Bei diesen Worten fielen die Jünger erschrocken zu Boden. ⁷Aber Jesus kam zu ihnen, berührte sie und sagte: «Steht auf! Fürchtet euch nicht!» ⁸Und als sie aufsahen, waren sie mit Jesus allein.

Matthäus 17,9 Während sie den Berg [auf dem Jesus verherrlicht worden war] hinabstiegen, befahl ihnen Jesus: «Erzählt keinem, was ihr gesehen habt, bis der Menschensohn von den Toten auferstanden ist!»

Matthäus 19,28 Jesus antwortete [den Jüngern]: «Das sollt ihr wissen, die ihr mit mir geht: Wenn der Menschensohn auf dem Thron der Herrlichkeit sitzen und über Gottes neue Welt herrschen wird, werdet ihr ebenfalls auf zwölf Thronen sitzen und die zwölf Stämme Israels richten.»

Matthäus 21,2–3 «Geht in das Dorf da vorne! Gleich am Eingang werdet ihr eine Eselin mit ihrem Fohlen finden, die dort angebunden sind. Bindet sie los und bringt sie zu mir. ³Sollte euch jemand fragen, was ihr vorhabt, dann sagt einfach: ‹Der Herr braucht sie.› Man wird euch keine Schwierigkeiten machen.» (Siehe auch Markus 11,1–3 und Lukas 19,29–31.)

Matthäus 21,13 «Ihr wisst doch, was Gott in der Heiligen Schrift sagt: ‹Mein Haus soll ein Ort des Gebets sein›, ihr aber habt eine Räuberhöhle daraus gemacht!»

Matthäus 21,23–27 Dann ging Jesus in den Tempel und sprach zu den Menschen. Sofort stellten ihn die Hohenpriester und die führenden Männer des Volkes zur Rede: «Woher nimmst du dir das Recht, hier so aufzutreten? Wer gab dir die Vollmacht dazu?» ²⁴Jesus erwiderte: «Ich will euch eine Gegenfrage stellen. Wenn ihr die beantwortet, werde ich euch sagen, wer mir die Vollmacht gegeben hat. ²⁵War Johannes der Täufer von Gott beauftragt zu taufen oder nicht?» Sie überlegten: «Wenn wir antworten: ‹Gott hat ihn gesandt›, dann wird er fragen: ‹Warum habt ihr ihm dann nicht geglaubt?› ²⁶Wenn wir aber bestreiten, dass Gott ihn gesandt hat, bekommen wir Ärger mit dem Volk. Denn alle sind davon überzeugt, dass Johannes ein Prophet war.» ²⁷So antworteten sie schließlich: «Wir wissen es nicht!» Worauf Jesus entgegnete: «Dann sage ich euch auch nicht, wer mir die Vollmacht gegeben hat.» (Siehe auch Markus 11,27–33 und Lukas 20,1–8.)

Matthäus 21,42–44 «Richtig», sagte Jesus; «ihr wisst doch, was in der Heiligen Schrift steht: ‹Der Stein, den die Bauarbeiter weggeworfen haben, weil sie ihn für unbrauchbar hielten, ist nun zum Grundstein des ganzen Hauses geworden. Was keiner für möglich gehalten hat, das tut der Herr vor unseren Augen.› ⁴³Deshalb sage ich euch: Die neue Welt Gottes wird euch weggenommen und einem Volk gegeben werden, das Gott gehorcht. ⁴⁴Ja, wer auf diesen Stein fällt, wird sich zu Tode stürzen, und auf wen der Stein fällt, der wird zermalmt.»

Matthäus 22,41–45 Bei dieser Gelegenheit fragte Jesus die Pharisäer: 42«Was denkt ihr über den Christus, der zu euch als Retter kommen soll? Wessen Sohn ist er?» Sie antworteten: «Er ist der Sohn Davids.» 43Da entgegnete Jesus: «Warum aber hat ihn David, geleitet vom Geist Gottes, ‹Herr› genannt? Denn David sagte: 44‹Gott sprach zu meinem Herrn: Setze dich auf den Ehrenplatz an meiner rechten Seite, bis ich dir alle deine Feinde unterworfen habe!› 45Wenn David ihn also ‹Herr› nennt, wie kann er dann Davids ‹Sohn› sein?»

Matthäus 23,7–12 «Es gefällt ihnen, wenn man sie auf der Straße ehrfurchtsvoll grüßt und ‹Meister› nennt. 8Lasst ihr euch nicht so anreden! Nur Gott ist euer Meister, ihr seid untereinander alle Geschwister. 9Niemanden auf der Erde sollt ihr ‹Vater› nennen, denn nur einer ist euer Vater: Gott im Himmel. 10Ihr sollt euch auch nicht Lehrer nennen lassen, weil ihr nur einen Lehrer habt: Christus. 11Wer unter euch groß sein will, der soll allen anderen dienen. 12Alle, die sich selbst ehren, werden gedemütigt werden. Wer sich aber selbst erniedrigt, wird geehrt werden.»

Matthäus 23,37–39 «Jerusalem! O Jerusalem! Du tötest die Propheten und erschlägst die Boten, die Gott zu dir schickt. Wie oft schon wollte ich deine Bewohner um mich sammeln, so wie eine Henne ihre Küken unter ihre Flügel nimmt! Aber ihr habt es nicht gewollt! 38Und nun? Von eurem Tempel werden nur noch Trümmer bleiben! 39Und ich sage euch: Mich werdet ihr erst dann wiedersehen, wenn ihr rufen werdet: ‹Gelobt sei, der im Namen des Herrn zu uns kommt!›»

Matthäus 26,17–25 Am ersten Tag des Festes der ungesäuerten Brote kamen die Jünger zu Jesus und fragten: «Wo sollen wir für dich das Passahmahl vorbereiten?» 18Jesus nannte den Jüngern einen Namen und befahl: «Geht in die Stadt zu diesem Mann, und teilt ihm mit: Unser Lehrer sagt: ‹Meine Zeit ist gekommen. Ich will mit meinen Jüngern in deinem Haus das Passahmahl feiern.›» 19Die Jünger führten den Auftrag aus und bereiteten alles vor. 20Am Abend dieses Tages nahm Jesus mit den zwölf Jüngern am Tisch Platz. 21Beim Essen erklärte er ihnen: «Ich sage euch: Einer von euch wird mich verraten!» 22Bestürzt fragte einer nach dem andern: «Meinst du etwa mich, Herr?» 23Jesus antwortete: «Der mit mir das Brot in die Schüssel taucht, der ist es. 24Der Menschensohn muss zwar sterben, wie es in der Heiligen Schrift vorausgesagt ist. Aber wehe seinem Verräter! Er wäre besser nie geboren worden.» 25Judas fragte wie die anderen auch: «Meister, du meinst doch nicht etwa mich?» Da antwortete ihm Jesus: «Doch, du bist es!»

Matthäus 26,63–64 Aber Jesus schwieg. Darauf sagte der Hohepriester: «Ich nehme dich vor dem lebendigen Gott unter Eid: Sag uns, bist du Christus, der Sohn Gottes?» 64«Ja, du sagst es», antwortete Jesus, «und ich versichere euch: Von jetzt an werdet ihr den Menschensohn an der rechten Seite Gottes sitzen und auf den Wolken des Himmels kommen sehen.»

Matthäus 27,11 Jesus wurde zu dem römischen Statthalter Pilatus gebracht. Der fragte ihn: «Bist du der König der Juden?» Jesus antwortete: «Ja, du sagst es!» (Siehe auch Markus 15,2 und Lukas 23,3.)

Matthäus 28,18–20 Da ging Jesus auf seine Jünger zu und sprach: «Ich habe von Gott alle Macht im Himmel und auf der Erde erhalten. ¹⁹Geht hinaus in die ganze Welt, und ruft alle Menschen dazu auf, mir nachzufolgen! Tauft sie im Namen des Vaters, des Sohnes und des Heiligen Geistes! ²⁰Lehrt sie, so zu leben, wie ich es euch aufgetragen habe. Ihr dürft sicher sein: Ich bin immer bei euch, bis das Ende dieser Welt gekommen ist!»

Markus 8,27–29 Jesus und seine Jünger kamen nun in die Dörfer bei Cäsarea Philippi. Auf dem Weg dorthin fragte er seine Jünger: «Für wen halten mich die Leute eigentlich?» ²⁸Die Jünger erwiderten: «Einige meinen, du seist Johannes der Täufer. Andere halten dich für Elia oder für einen der Propheten.» ²⁹«Und für wen haltet ihr mich?», fragte er sie. Da antwortete Petrus: «Du bist Christus, der von Gott gesandte Retter.»

Markus 12,35–37 Als Jesus später im Tempel redete, stellte er die Frage: «Wie können eure Schriftgelehrten behaupten, Christus sei ein Nachkomme von König David? ³⁶David selbst hat doch, geleitet vom Heiligen Geist, gesagt: ‹Gott sprach zu meinem Herrn: Setze dich auf den Ehrenplatz an meiner rechten Seite, bis ich dir alle deine Feinde unterworfen habe.› ³⁷Wenn David ihn also ‹Herr› nennt, wie kann er dann Davids ‹Sohn› sein?» Alle im Tempel hörten ihm gespannt zu.

Markus 14,17–21 Am Abend kam Jesus mit den zwölf Jüngern. ¹⁸Beim Essen erklärte er ihnen: «Ich sage euch: Einer von euch, der jetzt mit mir isst, wird mich verraten!» ¹⁹Bestürzt fragte einer nach dem andern: «Meinst du etwa mich?» ²⁰Jesus antwortete: «Es ist einer von euch Zwölfen, der mit mir das Brot in die Schüssel taucht. ²¹Der Menschensohn muss zwar sterben, wie es in der Heiligen Schrift vorausgesagt ist; aber wehe seinem Verräter! Er wäre besser nie geboren worden.»

Markus 14,61–62 Aber Jesus schwieg. Da stellte ihm der Hohepriester eine weitere Frage: «Bist du Christus, der Sohn Gottes?» ⁶²«Ja, der bin ich», antwortete Jesus. «Ihr werdet den Menschensohn an der rechten Seite Gottes sitzen und auf den Wolken des Himmels kommen sehen.»

Lukas 7,24–27 Als die Jünger des Johannes gegangen waren, wandte sich Jesus an die Menschen, die sich um ihn versammelt hatten, und fragte: «Was habt ihr von Johannes erwartet, als ihr zu ihm in die Wüste hinausgegangen seid? Wolltet ihr ein Schilfrohr sehen, das bei jedem Windhauch hin- und herschwankt? ²⁵Oder wolltet ihr einen Mann in vornehmer Kleidung sehen, der in Saus und Braus lebt? Dann hättet ihr in die Königspaläste gehen müssen. ²⁶Oder wolltet ihr einem Propheten begegnen? Ja, Johannes ist ein Prophet, und mehr als das. ²⁷Er ist der Mann, von dem es in der Heiligen Schrift heißt: ‹Ich sende meinen Boten dir voraus, der dein Kommen ankündigt und die Menschen darauf vorbereitet.» (Siehe auch Matthäus 11,7–10.)

Lukas 8,22–25 Eines Tages stiegen Jesus und seine Jünger in ein Boot, und er forderte sie auf: «Lasst uns über den See ans andere Ufer fahren!» Sie ruderten los. ²³Unterwegs schlief Jesus ein. Mitten auf dem See brach plötzlich ein gewaltiger Sturm los, und die Wellen schlugen ins Boot. In höchster Not ²⁴rüttelten die Jünger Jesus wach: «Herr!», schrien sie, «Herr, wir gehen unter!» Jesus stand auf und bedrohte den Wind und die Wellen. Da legte sich der Sturm, und es wurde ganz still. 25«Wo ist denn euer Glaube?», wollte Jesus von ihnen wissen. Entsetzt und erstaunt fragten sich die Jünger untereinander: «Was ist das für ein Mensch? Selbst Wind und Wellen gehorchen ihm, wenn er es befiehlt!» (Siehe auch Matthäus 8,23–27 und Markus 4,35–41.)

Lukas 9,18–20 Eines Tages war Jesus allein und betete. Nur seine Jünger waren bei ihm. Da fragte er sie: «Für wen halten mich die Leute eigentlich?» 19Die Jünger erwiderten: «Einige halten dich für Johannes den Täufer oder den Propheten Elia, andere meinen, einer der alten Propheten sei auferstanden.» 20«Und für wen haltet ihr mich?», fragte er sie. Da antwortete Petrus: «Du bist Christus, der von Gott gesandte Retter!»

Lukas 9,57–58 Unterwegs wurde Jesus von einem Mann angesprochen: «Herr, ich will mit dir gehen, ganz gleich wohin.» 58Jesus antwortete ihm: «Die Füchse haben ihren Bau, die Vögel ihre Nester, aber der Menschensohn hat keinen Platz, an dem er sich ausruhen kann.»

Lukas 17,30–35.37 «Genauso wird es sein, wenn der Menschensohn erscheint. 31Wer sich dann gerade auf dem Dach seines Hauses aufhält, der soll nicht mehr ins Haus laufen, um seine Sachen zu holen. Wer auf dem Feld arbeitet, soll nicht mehr in sein Haus zurückkehren. 32Denkt daran, was mit Lots Frau geschah! 33Wer sich an sein Leben klammert, der wird es verlieren. Wer aber sein Leben verliert, der wird es für immer gewinnen. 34Ich sage euch: Zwei schlafen in jener Nacht in einem Bett, einer wird angenommen, und der andere bleibt zurück. 35Zwei Frauen werden gemeinsam Getreide mahlen. Die eine wird angenommen, und die andere bleibt zurück.» […] 37«Herr, wo wird sich das ereignen?», fragten die Jünger. Da antwortete ihnen Jesus: «Das werdet ihr schon sehen. Auch die Geier erkennen, wo ein verendetes Tier liegt, und sammeln sich dort.»

Lukas 19,37–40 Als sie auf der Höhe des Ölbergs angekommen waren, jubelten und sangen die Menschen. Sie dankten Gott für die vielen Wunder, die Jesus getan hatte. 38Laut sangen sie: «Gelobt sei der König, der im Auftrag des Herrn kommt! Gott hat Frieden mit uns geschlossen. Lob und Ehre dem Allerhöchsten!» 39Empört riefen da einige Pharisäer aus der Menge: «Lehrer, verbiete das deinen Jüngern!» 40Er antwortete ihnen nur: «Glaubt mir: Wenn sie schweigen, dann werden die Steine am Weg schreien.»

Lukas 20,41–44 Dann stellte Jesus ihnen eine Frage: «Wie können die Schriftgelehrten behaupten, Christus sei ein Nachkomme von König David? 42David selbst schreibt doch in den Psalmen: ‹Gott sprach zu meinem Herrn: Setze dich auf den Ehrenplatz an meiner rechten Seite, 43bis ich dir alle deine Feinde unterworfen habe, bis du deinen Fuß auf ihren Nacken setzt.› 44Wenn David ihn also ‹Herr› nennt, wie kann er dann Davids ‹Sohn› sein?»

Lukas 22,20–22 Nach dem Essen nahm er den Becher mit Wein, reichte ihn den Jüngern und sagte: «Dies ist mein Blut, mit dem der neue Bund zwischen Gott und den Menschen besiegelt wird. Es wird für euch zur Vergebung der Sünden vergossen.

²¹Aber eins muss ich euch sagen: Bei uns an diesem Tisch ist der Mann, der mich verraten wird. ²²Es ist der Wille Gottes, dass der Menschensohn sterben muss. Aber wehe seinem Verräter!»

Lukas 22,35–38 Jesus fragte seine Jünger: «Als ich euch damals ohne Geld, Tasche und Sandalen aussandte, habt ihr da Not leiden müssen?» – «Nein, niemals!», beteuerten sie. ³⁶«Jetzt aber nehmt euer Geld und Gepäck», forderte er sie auf. «Wer kein Schwert besitzt, soll seinen Mantel verkaufen und sich eins beschaffen. ³⁷Denn jetzt ist die Zeit da, in der sich auch dieses Wort an mir erfüllen muss: ‹Man wird ihn wie einen Verbrecher behandeln.› Alles, was in der Heiligen Schrift von mir geschrieben steht, geht nun in Erfüllung.» ³⁸«Herr», riefen die Jünger, «wir haben hier zwei Schwerter.» Doch Jesus unterbrach sie: «Genug damit!»

Lukas 22,47–51 Noch während Jesus sprach, kam eine große Gruppe Männer auf sie zu. Sie wurden von Judas, einem der zwölf Jünger, angeführt. Judas ging zu Jesus, um ihn mit einem Kuss zu begrüßen. ⁴⁸Aber Jesus fragte ihn: «Judas, willst du den Menschensohn mit einem Kuss verraten?» ⁴⁹Jetzt hatten auch die anderen Jünger begriffen, was vor sich ging. Aufgeregt riefen sie: «Herr, sollen wir dich mit dem Schwert verteidigen?» ⁵⁰Einer von ihnen zog gleich das Schwert, schlug auf einen der Diener des Hohenpriesters ein und hieb ihm das rechte Ohr ab. ⁵¹Aber Jesus befahl: «Hört auf damit!» Er berührte das Ohr des Mannes und heilte ihn.

Lukas 22,67–70 Sie [die Hohenpriester und Gesetzesgelehrten] fragten Jesus: «Bist du nun der Christus, der Befreier, der uns versprochen wurde, oder bist du es nicht?» Er erwiderte: «Ihr glaubt ja doch nicht, was ich euch sage, ⁶⁸und wenn ich euch etwas frage, dann antwortet ihr mir nicht. ⁶⁹Doch von nun an wird der Menschensohn auf dem Platz an der rechten Seite Gottes sitzen.» ⁷⁰Empört schrien alle: «Willst du damit etwa sagen, dass du der Sohn Gottes bist?» Jesus antwortete: «Ihr habt Recht, ich bin es!»

Lukas 24,15–27 Während sie miteinander sprachen und nachdachten, kam Jesus und ging mit ihnen. ¹⁶Aber sie – wie mit Blindheit geschlagen – erkannten ihn nicht. ¹⁷«Worüber unterhaltet ihr euch?», fragte sie Jesus. Die Jünger blieben traurig stehen, ¹⁸und verwundert bemerkte Kleopas, einer von den beiden: «Ich glaube, du bist der Einzige in Jerusalem, der nichts von den Ereignissen der letzten Tage gehört hat.» ¹⁹«Was ist denn geschehen?», wollte Jesus wissen. «Hast du etwa nichts von Jesus gehört, dem Mann aus Nazareth?», antworteten die Jünger. «Er war ein Prophet, den Gott geschickt hatte. Jeder im Volk konnte das an seinen Worten und Taten erkennen. ²⁰Aber unsere Hohenpriester und die führenden Männer des Volkes haben ihn an die Römer ausgeliefert. Er wurde zum Tode verurteilt und dann ans Kreuz geschlagen. ²¹Dabei hatten wir gehofft, dass er der von Gott versprochene Retter ist, der Israel befreit. Das war vor drei Tagen. ²²Heute Morgen wurden wir sehr beunruhigt durch einige Frauen, die zu uns gehören. Schon vor Sonnenaufgang waren sie zum Grab gegangen; ²³aber der Leichnam Jesu war nicht mehr da. Die Frauen erzählten, ihnen seien Engel erschienen, die sagten: ‹Jesus lebt!› ²⁴Einige von uns sind gleich zum Grab gelaufen. Es war tatsächlich leer, wie die Frauen berichtet hatten. Aber Jesus haben sie nicht gesehen.» [25]Darauf sagte Jesus zu ihnen: «Wie wenig versteht ihr doch! Warum begreift und glaubt ihr nicht, was die Propheten gesagt haben? [26]Musste Christus nicht all dies erleiden, bevor Gott ihn zum Herrn über alles einsetzt?»

Lukas 24,44 Dann sagte er zu ihnen: «Erinnert euch daran, dass ich euch oft angekündigt habe: ‹Alles muss sich erfüllen, was bei Mose, bei den Propheten und in den Psalmen über mich steht.›»

Offenbarung 22,13 «Ich bin der Erste und der Letzte, der Anfang und das Ziel, das A und das O.»

11 Jesu Leiden und Tod

Johannes 10,17–18 «Der Vater liebt mich, weil ich mein Leben hingebe, um es neu zu empfangen. [18]Niemand nimmt mir mein Leben, ich gebe es freiwillig. Ich habe die Macht und die Freiheit, es zu geben und zu nehmen. Das ist der Auftrag, den mir mein Vater gegeben hat.»

Johannes 12,23–33 Er sagte ihnen: «Die Stunde ist gekommen. Jetzt soll der Menschensohn gerühmt und geehrt werden. [24]Ich sage euch die Wahrheit: Ein Weizenkorn, das nicht in den Boden kommt und stirbt, bleibt ein einzelnes Korn. In der Erde aber keimt es und bringt viel Frucht, obwohl es selbst dabei stirbt. [25]Wer an seinem Leben festhält, wird es verlieren. Wer aber sein Leben loslässt, wird es für alle Ewigkeit gewinnen. [26]Wer mir dienen will, der soll mir folgen. Denn wo ich bin, soll er auch sein. Und wer mir

dient, den wird mein Vater ehren. [27]Jetzt habe ich große Angst. Soll ich deshalb beten: Vater, bewahre mich vor dem, was bald auf mich zukommt? Nein, denn ich bin in die Welt gekommen, um diese Stunde zu durchleiden. [28]Vater, lass deinen Namen gerühmt und geehrt werden!» Da erklang eine Stimme vom Himmel: «Das habe ich bisher schon getan, und ich werde ihn wieder zu großer Ehre bringen!» [29]Die Menschen um Jesus hatten die Stimme gehört und meinten: «Es hat gedonnert!» Andere behaupteten: «Ein Engel hat mit ihm geredet.» [30]Doch Jesus entgegnete: «Diese Stimme hat euch gegolten, nicht mir. [31]Jetzt wird über diese Welt Gericht gehalten; jetzt wird der Teufel, der Herrscher dieser Welt, entmachtet. [32]Wenn ich aber erhöht sein werde, werde ich dafür sorgen, dass alle bei mir sind.» [33]Auf diese Weise deutete Jesus seinen Tod am Kreuz an.

Matthäus 20,18–19 «Wir gehen jetzt nach Jerusalem. Dort wird der Menschensohn den Hohenpriestern und Schriftgelehrten ausgeliefert werden. Man wird ihn zum Tode verurteilen [19]und denen übergeben, die Gott nicht kennen. Die werden ihn verspotten, auspeitschen und ans Kreuz schlagen. Aber am dritten Tag wird er von den Toten auferstehen.»

Markus 9,12–13 Jesus antwortete ihnen: «Sie haben Recht! Zuerst kommt Elia, um alles vorzubereiten. Und was sagt die Heilige Schrift über den Menschensohn? Dass er viel leiden muss und von allen verachtet wird! [13]Das eine will ich euch sagen: Elia ist schon gekommen. Sie haben mit ihm gemacht, was sie wollten. Genau das steht schon in der Schrift.»

Lukas 17,22–25 Zu seinen Jüngern aber sagte er: «Die Zeit wird kommen, wo ihr alles dafür geben würdet, auch nur einen einzigen Tag die Herrlichkeit des Menschensohnes mitzuerleben. Aber dieser Wunsch wird sich nicht erfüllen. 23Man wird euch zwar einreden wollen: ‹Hier ist er!› oder ‹Dort ist er!› Geht niemals dorthin, und lauft solchen Leuten nicht nach! 24Denn der Menschensohn kommt für alle sichtbar – wie ein Blitz, der den ganzen Horizont erhellt. 25Aber vorher muss der Menschensohn noch viel leiden und es erdulden, dass ihn die Menschen dieser Zeit von sich stoßen.»

12 Jesu Liebe

Johannes 10,10–17 «Der Dieb kommt, um zu stehlen, zu schlachten und zu vernichten. Ich aber bringe Leben – und dies im Überfluss. 11Ich bin der gute Hirte. Ein guter Hirte setzt sein Leben für die Schafe ein. 12Anders ist es mit einem, dem die Schafe nicht gehören und der nur wegen des Geldes als Hirte arbeitet. Er wird fliehen, wenn der Wolf kommt, und die Schafe sich selbst überlassen. Der Wolf wird über die Schafe herfallen und die Herde auseinander jagen. 13Einem solchen Mann liegt nichts an den Schafen. 14Ich aber bin der gute Hirte und kenne meine Schafe, und sie kennen mich; 15genauso wie mich mein Vater kennt und ich den Vater kenne. Ich gebe mein Leben für die Schafe. 16Zu meiner Herde gehören auch Schafe, die jetzt noch in anderen Ställen sind. Auch sie muss ich herführen, und sie werden wie die übrigen meiner Stimme folgen. Dann wird es nur noch eine Herde und einen Hirten geben. 17Der Vater liebt mich, weil ich mein Leben hingebe, um es neu zu empfangen.»

Johannes 11,33–35 Jesus sah, wie sie und die Trauergäste weinten. Da war er tief bewegt und erschüttert. 34«Wo habt ihr ihn hingelegt?», fragte er. Sie antworteten: «Komm, Herr, wir zeigen es dir!» 35Auch Jesus kamen die Tränen.

Johannes 13,34 «Heute gebe ich euch ein neues Gebot: Liebt einander! So wie ich euch geliebt habe, so sollt ihr euch auch untereinander lieben.»

Johannes 14,1–4 «Seid nicht bestürzt, und habt keine Angst!», ermutigte Jesus seine Jünger. «Vertraut Gott, und vertraut mir! 2Denn im Haus meines Vaters gibt es viele Wohnungen. Sonst hätte ich euch nicht gesagt: Ich gehe hin, um dort alles für euch vorzubereiten. 3Und wenn alles bereit ist, werde ich kommen und euch zu mir holen. Dann werdet auch ihr dort sein, wo ich bin. 4Den Weg dorthin kennt ihr ja.»

Johannes 14,21 «Wer meine Gebote annimmt und danach lebt, der liebt mich. Und wer mich liebt, den wird mein Vater lieben. Auch ich werde ihn lieben und mich ihm zu erkennen geben.»

Johannes 14,23–24 «Wer mich liebt, richtet sich nach dem, was ich ihm gesagt habe. Auch mein Vater wird ihn lieben, und wir beide werden zu ihm kommen und immer bei ihm bleiben. 24Wer mich aber nicht liebt, der lebt auch nicht nach dem, was ich sage. Meine Worte kommen nicht von mir, sondern von meinem Vater, der mich gesandt hat.»

Johannes 15,9–15 «Wie mich der Vater liebt, so liebe ich euch. Bleibt in meiner

Liebe! [10]Wenn ihr nach meinen Geboten lebt, wird meine Liebe euch umschließen. Auch ich richte mich nach den Geboten meines Vaters und lebe in seiner Liebe. [11]Das alles sage ich euch, damit meine Freude euch ganz erfüllt und eure Freude dadurch vollkommen wird. [12]Und so lautet mein Gebot: Liebt einander, wie ich euch geliebt habe. [13]Niemand liebt mehr als einer, der sein Leben für die Freunde hingibt. [14]Und ihr seid meine Freunde, wenn ihr tut, was ich euch aufgetragen habe. [15]Ich nenne euch nicht mehr Knechte; denn einem Knecht sagt der Herr nicht, was er vorhat. Ihr aber seid meine Freunde; denn ich habe euch alles anvertraut, was ich vom Vater gehört habe.»

Matthäus 18,10.12–14 «Hütet euch davor, hochmütig auf die herabzusehen, die euch gering erscheinen. Denn ich sage euch: Ihre Engel haben immer Zugang zu meinem Vater im Himmel. [...] [12]Was meint ihr: Wenn ein Mann hundert Schafe hat und eins läuft ihm davon, was wird er tun? Lässt er nicht die neunundneunzig in den Bergen zurück, um das verirrte Schaf zu suchen? [13]Und ich versichere euch: Wenn er es endlich gefunden hat, freut er sich über dieses eine mehr als über die neunundneunzig, die sich nicht verlaufen hatten. [14]Ebenso will mein Vater nicht, dass auch nur einer, und sei es der Geringste, verloren geht.»

Matthäus 23,37 «Jerusalem! O Jerusalem! Du tötest die Propheten und erschlägst die Boten, die Gott zu dir schickt. Wie oft schon wollte ich deine Bewohner um mich sammeln, so wie eine Henne ihre Küken unter ihre Flügel nimmt! Aber ihr habt es nicht gewollt!»

Lukas 15,4–10 «Wenn ein Mensch hundert Schafe hat und eins geht verloren, was wird er tun? Lässt er nicht die neunundneunzig in der Wüste zurück, um das verlorene Schaf so lange zu suchen, bis er es gefunden hat? [5]Dann wird er es glücklich auf seinen Schultern nach Hause tragen [6]und seinen Freunden und Nachbarn zurufen: ‹Kommt her, freut euch mit mir, ich habe mein Schaf wiedergefunden!› [7]Ich sage euch: So wird man sich auch im Himmel freuen über einen Sünder, der zu Gott umkehrt – mehr als über neunundneunzig andere, die nach Gottes Willen leben und nicht zu ihm umkehren müssen. [8]Oder nehmt ein anderes Beispiel: Eine Frau hat zehn Silbermünzen gespart. Als ihr eines Tages eine fehlt, zündet sie sofort eine Lampe an, stellt das ganze Haus auf den Kopf und sucht in allen Ecken. [9]Endlich hat sie die Münze gefunden. Sie ruft ihre Freundinnen und Nachbarinnen zusammen und erzählt: ‹Ich habe mein Geld wieder! Freut euch mit mir!› [10]Genau so freuen sich auch die Engel Gottes, wenn ein einziger Sünder zu Gott umkehrt.»

13 Jesu Name – seine Macht und Bedeutung

Johannes 3,16–18 «Denn Gott hat die Menschen so sehr geliebt, dass er seinen einzigen Sohn für sie hergab. Jeder, der an ihn glaubt, wird nicht zugrunde gehen, sondern das ewige Leben haben. [17]Gott hat nämlich seinen Sohn nicht zu den Menschen gesandt, um über sie Gericht zu halten, sondern um sie zu retten. [18]Wer an ihn glaubt, der wird nicht verurteilt werden. Wer aber nicht an den einzigen Sohn

Gottes glaubt, über den ist wegen seines Unglaubens das Urteil schon gesprochen.»

Johannes 14,13–14 «Worum ihr in meinem Namen bitten werdet, das werde ich tun, damit durch den Sohn die Herrlichkeit des Vaters sichtbar wird. [14]Was ihr also in meinem Namen erbitten werdet, das werde ich tun.»

Johannes 14,26 «Der Heilige Geist, den euch der Vater an meiner Stelle als Helfer senden wird, er wird euch an all das erinnern, was ich euch gesagt habe, und euch meine Worte erklären.»

Johannes 15,16 «Nicht ihr habt mich erwählt, sondern ich euch, damit ihr euch auf den Weg macht und Frucht bringt, die bleibt. Dann wird euch der Vater alles geben, worum ihr ihn in meinem Namen bittet.»

Johannes 16,23–27 «Am Tag unseres Wiedersehens werden all eure Fragen beantwortet sein. Ich sage euch die Wahrheit: Wenn ihr den Vater um etwas bittet und euch dabei auf mich beruft, wird er es euch geben. [24]Bisher habt ihr in meinem Namen nichts von Gott erbeten. Bittet ihn, und er wird es euch geben. Dann wird eure Freude vollkommen sein. [25]Bisher habe ich alles, was ich euch sagen wollte, anhand von Beispielen erklärt. Aber schon bald wird das nicht mehr nötig sein. Dann werde ich euch ohne Bilder und Umschreibungen zeigen, wer der Vater ist. [26]Von diesem Tag an werdet ihr euch auf mich berufen, wenn ihr zu ihm betet. Und dann muss ich den Vater nicht mehr bitten, euer Gebet zu erhören. [27]Denn der Vater liebt euch, weil ihr mich liebt und daran glaubt, dass ich von Gott gekommen bin.»

Johannes 17,11–12 «Ich verlasse jetzt die Welt und komme zu dir. Sie aber bleiben zurück. Heiliger Vater, erhalte sie in der Gemeinschaft mit dir, damit sie eins werden wie wir. [12]Solange ich bei ihnen war, habe ich sie in der Gemeinschaft mit dir erhalten, alle, die du mir anvertraut hast. Ich habe sie bewahrt, und keiner von ihnen ist verloren gegangen – außer dem einen, der verloren gehen musste, damit sich die Voraussage der Heiligen Schrift erfüllte.»

Matthäus 7,21–23 «Nicht, wer mich dauernd ‹Herr› nennt, wird in Gottes neue Welt kommen, sondern wer den Willen meines Vaters im Himmel tut. [22]Am Tag des Gerichts werden zwar viele sagen: ‹Aber Herr, wir haben doch als deine Propheten das weitergesagt, was du selbst uns aufgetragen hast! Wir haben doch in deinem Namen Dämonen ausgetrieben und mächtige Taten vollbracht!› [23]Aber ich werde ihnen antworten: ‹Ich kenne euch nicht, denn ihr habt nicht nach meinem Willen gelebt. Geht mir aus den Augen!›»

Matthäus 18,5 «Und wer solch ein Kind mir zuliebe aufnimmt, der nimmt mich auf.»

Matthäus 18,18–20 «Ich versichere euch: Was ihr auf der Erde binden werdet, das soll auch im Himmel gebunden sein. Und was ihr auf der Erde lösen werdet, das soll auch im Himmel gelöst sein. [19]Aber auch das sage ich euch: Wenn zwei von euch hier auf der Erde meinen Vater im Himmel um etwas bitten wollen und darin übereinstimmen, dann wird er es ihnen geben. [20]Denn wo zwei oder drei in meinem Namen zusammenkommen, bin ich in ihrer Mitte.»

Matthäus 24,4–5 Jesus antwortete: «Lasst euch von keinem Menschen täuschen und verführen! [5]Denn viele werden auftreten und von sich behaupten: ‹Ich bin Christus!› Und sie werden viele Menschen in die Irre führen.»

Matthäus 28,18–20 Da ging Jesus auf seine Jünger zu und sprach: «Ich habe von Gott alle Macht im Himmel und auf der Erde erhalten. [19]Geht hinaus in die ganze Welt, und ruft alle Menschen dazu auf, mir nachzufolgen! Tauft sie im Namen des Vaters, des Sohnes und des Heiligen Geistes! [20]Lehrt sie, so zu leben, wie ich es euch aufgetragen habe. Ihr dürft sicher sein: Ich bin immer bei euch, bis das Ende dieser Welt gekommen ist!»

Markus 9,35–37 Jesus setzte sich, rief die zwölf Jünger zu sich und sagte: «Wer der Erste sein will, der soll sich allen anderen unterordnen und ihnen dienen.» [36]Er rief ein kleines Kind, stellte es in die Mitte und umarmte es. Dann sagte er: [37]«Wer solch ein Kind mir zuliebe aufnimmt, der nimmt mich auf. Und wer mich aufnimmt, der nimmt damit Gott selbst auf, weil Gott mich gesandt hat.»

Markus 9,38–41 Johannes sagte zu Jesus: «Lehrer, wir haben einen Mann gesehen, der in deinem Namen Dämonen austrieb. Aber wir haben es ihm verboten, weil er ja gar nicht mit uns geht.» [39]«Das hättet ihr nicht tun sollen!», erwiderte Jesus. «Wer in meinem Namen Wunder vollbringt, wird nicht gleichzeitig schlecht von mir reden. [40]Wer nicht gegen uns ist, der ist für uns. [41]Erfrischt euch ein Mensch mit einem Schluck Wasser, weil ihr zu Christus gehört, so wird er seinen Lohn erhalten. Darauf

könnt ihr euch verlassen.» (Siehe auch Lukas 9,49–50.)

Markus 13,5–6 Jesus antwortete: «Lasst euch von keinem Menschen täuschen und verführen! [6]Denn viele werden auftreten und von sich behaupten: ‹Ich bin Christus!› Und sie werden viele Menschen in die Irre führen.»

Markus 16,17–18 «Die Glaubenden aber werde ich durch folgende Wunder bestätigen: In meinem Namen werden sie Dämonen austreiben und in unbekannten Sprachen reden. [18]Gefährliche Schlangen und tödliches Gift werden ihnen nicht schaden, und Kranke, denen sie die Hände auflegen, werden gesund.»[5]

Lukas 21,8 Jesus antwortete: «Lasst euch von keinem Menschen täuschen und verführen! Denn viele werden auftreten und von sich behaupten: ‹Ich bin Christus!› Und sie werden verkünden: ‹Jetzt ist die Zeit gekommen!› Glaubt ihnen nicht!»

Apostelgeschichte 9,15–16 Doch der Herr sprach zu Hananias: «Geh nur! Ich habe diesen Mann [Saulus, der später Paulus hieß] dazu auserwählt, mich bei allen Völkern und Herrschern der Erde, aber auch bei den Israeliten bekannt zu machen. [16]Dabei wird er erfahren, wie viel er um meinetwillen leiden muss.»

Offenbarung 2,13 «Ich weiß, dass du in einer Stadt wohnst, die vom Satan regiert wird. Trotzdem bekennst du dich treu zu mir und hast deinen Glauben nicht widerrufen; selbst dann nicht, als Antipas, mein

---

[5] In den frühesten Handschriften des Markus-Evangeliums ist Markus 16,9–20 nicht vorhanden.

treuer Zeuge, in dieser Hochburg des Satans getötet wurde.»

Offenbarung 3,8 «Ich weiß, was du getan und geleistet hast. Sieh, ich habe dir eine Tür geöffnet, die niemand verschließen kann. Deine Kraft ist klein; doch du hast an dem, was ich gesagt habe, festgehalten und dich unerschrocken zu mir bekannt.»

14 Jesu Tod, Auferstehung und Wiederkunft

Johannes 3,14–15 «Du weißt doch, wie Mose in der Wüste eine Schlange aus Bronze an einem Pfahl aufrichtete, damit jeder, der sie ansah, am Leben blieb. Genauso muss auch der Menschensohn erhöht werden. 15Jeder, der ihm vertraut, wird das ewige Leben haben.»

Johannes 10,17–18 «Der Vater liebt mich, weil ich mein Leben hingebe, um es neu zu empfangen. 18Niemand nimmt mir mein Leben, ich gebe es freiwillig. Ich habe die Macht und die Freiheit, es zu geben und zu nehmen. Das ist der Auftrag, den mir mein Vater gegeben hat.»

Johannes 13,36 Da fragte ihn Petrus: «Herr, wohin gehst du?» Jesus antwortete ihm: «Diesmal kannst du nicht mit mir kommen. Aber du wirst mir später folgen.»

Johannes 14,1–4 «Seid nicht bestürzt, und habt keine Angst!», ermutigte Jesus seine Jünger. «Vertraut Gott, und vertraut mir! 2Denn im Haus meines Vaters gibt es viele Wohnungen. Sonst hätte ich euch nicht gesagt: Ich gehe hin, um dort alles für euch vorzubereiten. 3Und wenn alles bereit ist, werde ich kommen und euch zu mir holen. Dann werdet auch ihr dort sein, wo ich bin. 4Den Weg dorthin kennt ihr ja.»

Johannes 14,18–19 «Nein, ich lasse euch nicht allein zurück. Ich komme wieder zu euch. 19Schon bald werde ich nicht mehr auf dieser Welt sein, und niemand wird mich mehr sehen. Nur ihr, ihr werdet mich sehen. Und weil ich lebe, werdet auch ihr leben.»

Johannes 14,27–29 «Auch wenn ich nicht bei euch bleibe, sollt ihr doch Frieden haben. Meinen Frieden gebe ich euch; einen Frieden, den euch niemand auf der Welt geben kann. Seid deshalb ohne Sorge und Furcht! 28Ihr habt gehört, was ich euch gesagt habe: Ich gehe jetzt, aber ich komme wieder. Wenn ihr mich wirklich lieben würdet, dann würdet ihr euch darüber freuen, dass ich jetzt zum Vater gehe; denn er ist größer als ich. 29Ich sage euch das alles, bevor es geschieht, damit ihr an mich glaubt, wenn es eintrifft.»

Johannes 16,5–6 «Jetzt aber gehe ich zu dem, der mich gesandt hat. Keiner von euch fragt mich, wohin ich gehe, 6denn ihr seid voller Trauer über das, was ich euch gesagt habe.»

Johannes 16,16 «Ich werde nur noch kurze Zeit bei euch sein. Bald nach meinem Weggehen aber werdet ihr mich wiedersehen.»

Johannes 16,20–22 «Ich sage euch die Wahrheit: Ihr werdet weinen und klagen, und die Menschen in dieser Welt werden sich darüber freuen. Ihr werdet traurig sein, doch eure Traurigkeit soll sich in Freude verwandeln! 21Es wird so sein wie bei einer Frau, die ein Kind bekommt: Sie hat große Schmerzen, doch sobald ihr Kind geboren ist, sind Angst und Schmerzen vergessen.

Sie ist nur noch glücklich darüber, dass ihr Kind zur Welt gekommen ist. ²²Auch ihr seid jetzt sehr traurig, aber ich werde euch wiedersehen. Dann werdet ihr froh und glücklich sein, und diese Freude kann euch niemand mehr nehmen.»

Johannes 16,28 «Ja, ich war beim Vater und bin in die Welt gekommen, und jetzt verlasse ich sie wieder, um zum Vater zurückzukehren.»

Johannes 20,13–16 «Warum weinst du?», fragten die Engel. «Sie haben meinen Herrn weggenommen, und ich weiß nicht, wo sie ihn hingebracht haben», antwortete Maria aus Magdala. ¹⁴Als Maria sich umblickte, sah sie Jesus vor sich stehen. Aber sie erkannte ihn nicht. ¹⁵Er fragte sie: «Warum weinst du, und wen suchst du?» Maria hielt Jesus für den Gärtner und fragte deshalb: «Hast du ihn weggenommen? Dann sag mir doch, wohin du ihn gebracht hast. Ich will ihn holen.» ¹⁶«Maria!», sagte Jesus nun. Sie wandte sich ihm zu und rief: «Rabbuni!» Das ist Hebräisch und heißt: «Mein Meister.»

Johannes 20,19–20 An diesem Sonntagabend hatten sich alle Jünger versammelt. Aus Angst vor den Juden ließen sie die Türen fest verschlossen. Plötzlich war Jesus bei ihnen. Er trat in ihre Mitte und grüßte sie: «Friede sei mit euch!» ²⁰Dann zeigte er ihnen die Wunden in seinen Händen und an seiner Seite. Als die Jünger ihren Herrn sahen, freuten sie sich sehr.

Johannes 21,4–6.9–12 Im Morgengrauen stand Jesus am Ufer. Doch die Jünger erkannten ihn nicht. ⁵Jesus rief ihnen zu: «Kinder, habt ihr ein paar Fische zu essen?» – «Nein», antworteten sie. ⁶Da forderte er sie auf: «Werft das Netz auf der rechten Seite des Bootes aus, dann werdet ihr einen guten Fang machen!» Sie folgten seinem Rat und fingen so viele Fische, dass sie das Netz nicht mehr einholen konnten. […] ⁹Als sie aus dem Boot stiegen, sahen sie ein Kohlenfeuer, auf dem Fische brieten. Auch Brot lag bereit. ¹⁰Jesus bat die Jünger: «Bringt ein paar von den Fischen her, die ihr gerade gefangen habt!» ¹¹Simon Petrus ging zum Boot und zog das Netz an Land. Es war gefüllt mit hundertdreiundfünfzig großen Fischen. Und obwohl es so viele waren, zerriss das Netz nicht. ¹²«Kommt her und esst!», sagte Jesus.

Matthäus 10,16–23 «Hört mir zu: Ich schicke euch wie Schafe mitten unter die Wölfe. Seid klug wie Schlangen, aber ohne Verschlagenheit wie Tauben. ¹⁷Nehmt euch in Acht vor den Menschen! Denn sie werden euch vor die Gerichte zerren, und in den Synagogen wird man euch auspeitschen. ¹⁸Nur weil ihr zu mir gehört, werdet ihr vor Machthabern und Königen verhört werden. Dort werdet ihr meine Botschaft bezeugen, denn sie und alle Völker müssen von mir erfahren. ¹⁹Wenn sie euch vor Gericht bringen, braucht ihr euch nicht darum zu sorgen, was ihr aussagen sollt! Denn zur rechten Zeit wird Gott euch das rechte Wort geben. ²⁰Nicht ihr werdet es sein, die Rede und Antwort stehen, sondern der Geist eures Vaters im Himmel wird durch euch sprechen. ²¹In dieser Zeit wird ein Bruder den anderen dem Henker ausliefern. Väter werden ihre eigenen Kinder anzeigen. Kinder werden gegen ihre Eltern vorgehen und sie hinrichten lassen. ²²Alle Welt wird euch hassen, weil ihr euch zu mir bekennt. Aber wer bis zum Ende durchhält, wird gerettet.

²³Wenn man euch in der einen Stadt verfolgt, dann flieht in eine andere. Ich versichere euch: Noch ehe ihr meinen Auftrag in allen Städten Israels ausgeführt habt, wird der Menschensohn kommen.»

Matthäus 12,39–40 Jesus antwortete ihnen: «Nur böse, gottlose Menschen können dafür noch Beweise verlangen. Ihr werdet aber nur das gleiche Wunder zu sehen bekommen, das am Propheten Jona geschah. ⁴⁰Jona war drei Tage und drei Nächte im Bauch des großen Fisches. Ebenso wird der Menschensohn drei Tage und drei Nächte in den Tiefen der Erde sein.»

Matthäus 16,27–28 «Denn der Menschensohn wird mit seinen Engeln in der Herrlichkeit seines Vaters kommen und jeden nach seinen Taten richten. ²⁸Und ich sage euch: Einige von euch, die hier stehen, werden nicht sterben, bevor sie den Menschensohn in seiner Königsherrschaft haben kommen sehen.»

Matthäus 17,9 Während sie den Berg [auf dem Jesus verherrlicht worden war] hinabstiegen, befahl ihnen Jesus: «Erzählt keinem, was ihr gesehen habt, bis der Menschensohn von den Toten auferstanden ist!»

Matthäus 17,11–12 Jesus antwortete ihnen: «Sie haben Recht! Zuerst kommt Elia, um alles vorzubereiten. ¹²Doch ich sage euch: Er ist bereits gekommen, aber man hat ihn nicht erkannt. Sie haben mit ihm gemacht, was sie wollten. Und auch der Menschensohn wird durch sie leiden müssen.»

Matthäus 17,22–23 Eines Tages, als Jesus sich mit seinen Jüngern in Galiläa aufhielt, sagte er zu ihnen: «Der Menschensohn wird bald in der Gewalt der Menschen sein. ²³Sie werden ihn töten. Aber am dritten Tag wird er auferstehen.» Da wurden seine Jünger sehr traurig. (Siehe auch Markus 9,31.)

Matthäus 21,33–40 «Hört ein anderes Gleichnis: Ein Grundbesitzer legte einen Weinberg an, zäunte ihn ein, stellte eine Weinpresse auf und baute einen Wachturm. Dann verpachtete er den Weinberg an einige Weinbauern und reiste ins Ausland. ³⁴Als die Zeit der Weinlese kam, beauftragte er seine Knechte, den vereinbarten Anteil an der Ernte abzuholen. ³⁵Die Weinbauern aber schlugen den einen nieder, töteten den anderen und steinigten den dritten. ³⁶Da beauftragte der Grundbesitzer andere Knechte, eine noch größere Anzahl. Aber ihnen erging es nicht besser. ³⁷Schließlich sandte er seinen Sohn, weil er sich sagte: ‹Vor meinem Sohn werden sie Achtung haben!› ³⁸Als die Weinbauern aber den Sohn kommen sahen, sagten sie zueinander: ‹Jetzt kommt der Erbe! Den bringen wir um, und dann gehört der Weinberg endgültig uns.› ³⁹Sie jagten ihn aus dem Weinberg und schlugen ihn tot. ⁴⁰Was – meint ihr – wird der Besitzer mit diesen Weinbauern machen, wenn er zurückkehrt?»

Matthäus 21,42 «Richtig», sagte Jesus; «ihr wisst doch, was in der Heiligen Schrift steht: ‹Der Stein, den die Bauarbeiter weggeworfen haben, weil sie ihn für unbrauchbar hielten, ist nun zum Grundstein des ganzen Hauses geworden. Was keiner für möglich gehalten hat, das tut der Herr vor unseren Augen.›»

Matthäus 24,3–29 «Wann wird das geschehen?», fragten ihn später seine Jünger, als er mit ihnen am Abhang des Ölbergs saß. «Welche Ereignisse werden dein Kommen und das Ende der Welt ankündigen?» [4]Jesus antwortete: «Lasst euch von keinem Menschen täuschen und verführen! [5]Denn viele werden auftreten und von sich behaupten: ‹Ich bin Christus!› Und sie werden viele Menschen in die Irre führen. [6]Wenn ihr von Kriegen und Unruhen hört, achtet darauf, aber erschreckt nicht! Das muss geschehen, doch es bedeutet noch nicht das Ende. [7]Die Völker und Königreiche der Erde werden Kriege gegeneinander führen. In vielen Teilen der Welt wird es Hungersnöte, Seuchen und Erdbeben geben. [8]Das ist aber erst der Anfang – so wie die ersten Wehen bei einer Geburt. [9]Dann werdet ihr gefoltert, getötet und in der ganzen Welt gehasst werden, weil ihr zu mir gehört. [10]Manche werden sich vom Glauben abwenden, einander verraten und hassen. [11]Falsche Propheten werden auftreten und viele verführen. [12]Und weil Gottes Gebote missachtet werden, setzt sich das Böse überall durch. Die Liebe wird bei vielen Menschen erlöschen. [13]Aber wer bis ans Ende durchhält, wird gerettet. [14]Die rettende Botschaft von Gottes neuer Welt wird auf der ganzen Erde verkündet werden, damit alle Völker sie hören. Dann erst wird das Ende kommen. [15]Der Prophet Daniel redet von einer ‹abscheulichen Götzenstatue›. Versucht zu verstehen, was das Geschriebene bedeutet. Wenn ihr diese Götzenstatue im Tempel stehen seht, [16]dann sollen alle Bewohner Judäas ins Gebirge fliehen. [17]Wer sich gerade auf dem Dach seines Hauses aufhält, soll nicht erst im Haus sein Gepäck für die Flucht zusammensuchen. [18]Wer auf dem Feld arbeitet, soll nicht erst nach Hause laufen, um seinen Mantel zu holen. [19]Besonders hart trifft es Schwangere und Mütter mit Säuglingen. [20]Betet deshalb, dass ihr nicht im Winter oder am Sabbat fliehen müsst! [21]Denn es wird eine Zeit der Not kommen, wie sie die Welt in ihrer ganzen Geschichte noch nicht erlebt hat und wie sie auch nie wieder eintreten wird. [22]Wenn diese Leidenszeit nicht verkürzt würde, könnte niemand gerettet werden! Aber den Auserwählten Gottes zuliebe wird diese Zeit begrenzt. [23]Wenn dann jemand zu euch sagt: ‹Hier ist der Christus!› oder: ‹Dort ist er!›, glaubt ihm nicht! [24]Viele werden sich nämlich als ‹Christus› ausgeben, und es werden falsche Propheten auftreten. Sie vollbringen große Zeichen und Wunder, um – wenn möglich – sogar die Auserwählten Gottes irrezuführen. [25]Deshalb bleibt wachsam! Ich habe euch gewarnt! [26]Wenn euch jemand erzählt: ‹Der Retter ist draußen in der Wüste›, so geht nicht hin. Wenn er sich irgendwo verborgen halten soll, glaubt es nicht. [27]Denn der Menschensohn kommt für alle sichtbar – wie ein Blitz, der von Ost nach West am Himmel aufzuckt. [28]Dies wird so gewiss geschehen, wie sich die Geier um ein verendetes Tier scharen. [29]Unmittelbar nach dieser großen Schreckenszeit wird sich die Sonne verfinstern und der Mond nicht mehr scheinen. Die Sterne werden aus ihrer Bahn geschleudert, und die Kräfte des Weltalls geraten durcheinander.» (Siehe auch Lukas 21,8–28.)

Matthäus 24,32–35 «Der Feigenbaum soll euch dafür ein Beispiel sein: Wenn seine Zweige saftig werden und Blätter treiben, dann wisst ihr, dass es bald Sommer ist. [33]Wenn nun all diese Ereignisse eintreffen, könnt ihr sicher sein: Das Kommen des Menschensohnes steht unmittelbar bevor. ³⁴Ja, ich sage euch: Dieses Volk wird nicht untergehen, bevor das alles geschieht. ³⁵Himmel und Erde werden vergehen; meine Worte aber gelten für immer.»

Matthäus 25,1–13 «Wenn der Menschensohn seine Herrschaft antritt, wird es sein wie bei zehn Mädchen, die bei einer Hochzeit als Brautjungfern mit ihren Lampen den Bräutigam abholen sollten. ²⁻⁴Nur fünf von ihnen waren so klug, sich ausreichend mit Öl für ihre Lampen zu versorgen. Die anderen dachten überhaupt nicht daran, genügend Öl mitzunehmen. ⁵Als sich die Ankunft des Bräutigams verzögerte, wurden sie alle müde und schliefen ein. ⁶Plötzlich um Mitternacht wurden sie mit dem Ruf geweckt: ‹Der Bräutigam kommt! Steht auf und geht ihm entgegen!› ⁷Da sprangen die Mädchen auf und bereiteten ihre Lampen vor. ⁸Die fünf, die nicht genügend Öl hatten, baten die anderen: ‹Gebt uns etwas von eurem Öl! Unsere Lampen gehen aus.› ⁹Aber die Klugen antworteten: ‹Unser Öl reicht gerade für uns selbst. Geht doch in den Laden, und kauft euch welches!› ¹⁰Da gingen sie los. In der Zwischenzeit kam der Bräutigam, und die Mädchen, die genügend Öl für ihre Lampen hatten, begleiteten ihn in den Festsaal. Dann wurde die Tür verschlossen. ¹¹Später kamen auch die fünf anderen. Sie standen draußen und riefen: ‹Herr, mach uns die Tür auf!› ¹²Aber er erwiderte: ‹Was wollt ihr denn? Ich kenne euch nicht!› ¹³Deshalb seid wach und haltet euch bereit! Denn ihr wisst weder an welchem Tag noch zu welchem Zeitpunkt der Menschensohn kommen wird.»

Matthäus 25,31–46 «Wenn der Menschensohn in seiner ganzen Herrlichkeit, begleitet von allen Engeln, kommt, dann wird er auf dem Thron Gottes sitzen. ³²Alle Völker werden vor ihm erscheinen, und er wird die Menschen in zwei Gruppen teilen, so wie ein Hirte die Schafe von den Böcken trennt. ³³Rechts werden die Schafe und links die Böcke stehen. ³⁴Dann wird der König zu denen an seiner rechten Seite sagen: ‹Kommt her! Euch hat mein Vater gesegnet. Nehmt die neue Welt Gottes in Besitz, die er seit Erschaffung der Welt für euch als Erbe bereithält! ³⁵Denn als ich hungrig war, habt ihr mir zu essen gegeben. Als ich Durst hatte, bekam ich von euch etwas zu trinken. Ich war ein Fremder bei euch, und ihr habt mich aufgenommen. ³⁶Ich war nackt, ihr habt mir Kleidung gegeben. Ich war krank, und ihr habt mich besucht. Ich war im Gefängnis, und ihr seid zu mir gekommen.› ³⁷Dann werden sie, die nach Gottes Willen gelebt haben, fragen: ‹Herr, wann bist du denn hungrig gewesen und wir haben dir zu essen gegeben? Oder durstig und wir gaben dir zu trinken? ³⁸Wann haben wir dir Gastfreundschaft gewährt, und wann bist du nackt gewesen und wir haben dir Kleider gebracht? ³⁹Wann warst du denn krank oder im Gefängnis und wir haben dich besucht?› ⁴⁰Der König wird ihnen dann antworten: ‹Das will ich euch sagen. Was ihr für einen meiner geringsten Brüder getan habt, das habt ihr für mich getan!› ⁴¹Zu denen an seiner linken Seite aber wird er sagen: ‹Geht mir aus den Augen, ihr Verfluchten, ins ewige Feuer, das für den Teufel und seine Helfer bestimmt ist! ⁴²Denn ich war hungrig, aber ihr habt mir nichts zu essen gegeben. Ich war durstig, aber ihr habt mir nichts zu trinken gegeben. [43]Ich war ein Fremder unter euch, aber ihr habt mich nicht aufgenommen. Ich war nackt, aber ihr wolltet mir nichts zum Anziehen geben. Ich war krank und im Gefängnis, aber ihr habt mich nicht besucht.› [44]Dann werden auch sie ihn fragen: ‹Herr, wann haben wir dich denn hungrig oder durstig, ohne Unterkunft, nackt, krank oder im Gefängnis gesehen und dir nicht geholfen?› [45]Darauf wird ihnen der König antworten: ‹Lasst es euch gesagt sein: Die Hilfe, die ihr meinen geringsten Brüdern verweigert habt, die habt ihr mir verweigert.› [46]Und sie werden der ewigen Strafe ausgeliefert sein. Aber die Gottes Willen getan haben, erwartet unvergängliches Leben.»

Matthäus 26,1–4 Als Jesus diese Rede beendet hatte, sagte er zu seinen Jüngern: [2]«Ihr wisst, dass übermorgen das Passahfest beginnt. Dann wird der Menschensohn an die Menschen ausgeliefert und ans Kreuz genagelt werden.» [3]Zu derselben Zeit versammelten sich die Hohenpriester und die führenden Männer des Volkes im Palast des Hohenpriesters Kaiphas. [4]Sie berieten darüber, wie sie Jesus heimlich festnehmen und umbringen lassen könnten.

Matthäus 26,26–28 Während sie aßen, nahm Jesus Brot, sprach das Dankgebet, teilte das Brot und gab jedem seiner Jünger ein Stück davon: «Nehmt und esst! Das ist mein Leib.» [27]Anschließend nahm er einen Becher Wein, dankte Gott und reichte ihn seinen Jüngern: «Trinkt alle daraus! [28]Das ist mein Blut, mit dem der neue Bund zwischen Gott und den Menschen besiegelt wird. Es wird zur Vergebung ihrer Sünden vergossen.»

Matthäus 26,39 Jesus ging ein paar Schritte weiter, warf sich nieder und betete: «Mein Vater, wenn es möglich ist, so bewahre mich vor diesem Leiden! Aber nicht was ich will, sondern was du willst, soll geschehen.»

Matthäus 26,52–54 Doch Jesus befahl ihm [Petrus]: «Steck dein Schwert weg! Wer Gewalt anwendet, wird durch Gewalt umkommen. [53]Ist dir denn nicht klar, dass ich meinen Vater um ein ganzes Heer von Engeln bitten könnte? Er würde sie mir sofort schicken. [54]Wie sollte sich aber dann erfüllen, was in der Heiligen Schrift vorausgesagt ist? Es muss alles so geschehen!»

Matthäus 26,64 «Ich versichere euch: Von jetzt an werdet ihr den Menschensohn an der rechten Seite Gottes sitzen und auf den Wolken des Himmels kommen sehen.»

Markus 2,20 «Die Zeit kommt ohnehin früh genug, dass der Bräutigam ihnen genommen wird. Dann werden sie fasten.»

Markus 8,31 An diesem Tag sprach Jesus zum ersten Mal von seinem Tod: «Der Menschensohn muss viel leiden. Die führenden Männer des Volkes, die Hohenpriester und die Schriftgelehrten werden ihn verurteilen und töten. Aber nach drei Tagen wird er von den Toten auferstehen.» (Siehe auch Matthäus 16,21.)

Markus 8,38 «Wer sich hier vor den gottlosen Menschen schämt, sich zu mir und meiner Botschaft zu bekennen, den wird auch der Menschensohn nicht kennen, wenn er mit den heiligen Engeln in der Herrlichkeit seines Vaters kommen wird.»

Markus 9,1 Dann sagte Jesus zu seinen Zuhörern: «Das sage ich euch: Einige von euch, die hier stehen, werden nicht sterben, bevor die neue Welt Gottes in ihrer ganzen Kraft sichtbar wird.»

Markus 10,33–34 «Wir gehen jetzt nach Jerusalem. Dort wird der Menschensohn den Hohenpriestern und Schriftgelehrten ausgeliefert werden. Man wird ihn zum Tode verurteilen und denen übergeben, die Gott nicht kennen. [34]Die werden ihn verspotten, anspucken, auspeitschen und töten. Aber nach drei Tagen wird er von den Toten auferstehen.»

Markus 13,3–27 Als Jesus am Abhang des Ölbergs saß und zum Tempel auf der anderen Seite des Tales hinübersah, kamen Petrus, Jakobus, Johannes und Andreas zu ihm und fragten: [4]«Wann wird das alles geschehen? An welchen Ereignissen werden wir das Ende erkennen?» [5]Jesus antwortete: «Lasst euch von keinem Menschen täuschen und verführen! [6]Denn viele werden auftreten und von sich behaupten: ‹Ich bin Christus!› Und sie werden viele Menschen in die Irre führen. [7]Ihr werdet von Kriegen und Unruhen hören. Erschreckt nicht! Das muss geschehen, doch es bedeutet noch nicht das Ende. [8]Die Völker und Königreiche der Erde werden Kriege gegeneinander führen. In vielen Teilen der Welt wird es Erdbeben und Hungersnöte geben. Das ist aber erst der Anfang – so wie die ersten Wehen bei einer Geburt. [9]Seid wachsam! Man wird euch vor die Gerichte zerren, und in den Synagogen wird man euch auspeitschen. Nur weil ihr zu mir gehört, werdet ihr vor Machthabern und Königen verhört werden. Dort werdet ihr meine Botschaft bezeugen. [10]Das muss so geschehen, denn alle Völker sollen die rettende Botschaft hören, bevor das Ende kommt.

[11]Wenn sie euch verhaften und vor Gericht bringen, braucht ihr euch nicht darum zu sorgen, was ihr aussagen sollt! Denn zur rechten Zeit wird Gott euch das rechte Wort geben. Nicht ihr werdet es sein, die Rede und Antwort stehen, sondern der Heilige Geist wird durch euch sprechen. [12]In dieser Zeit wird ein Bruder den anderen dem Henker ausliefern. Väter werden ihre eigenen Kinder anzeigen. Kinder werden gegen ihre Eltern vorgehen und sie hinrichten lassen. [13]Alle Welt wird euch hassen, weil ihr euch zu mir bekennt. Aber wer bis zum Ende durchhält, wird gerettet. [14]Die Heilige Schrift redet von einer ‹abscheulichen Götzenstatue›. Versucht zu verstehen, was das Geschriebene bedeutet! Wenn ihr diese Götzenstatue dort stehen seht, wo sie nicht hingehört – im Tempel –, dann sollen alle Bewohner Judäas ins Gebirge fliehen. [15]Wer sich gerade auf dem Dach seines Hauses aufhält, soll nicht erst im Haus sein Gepäck für die Flucht zusammensuchen. [16]Wer auf dem Feld arbeitet, soll nicht erst nach Hause laufen, um seinen Mantel zu holen. [17]Besonders hart trifft es Schwangere und Mütter mit Säuglingen. [18]Betet deshalb, dass ihr nicht im Winter fliehen müsst. [19]Denn es wird eine Zeit der Not kommen, wie sie die Welt seit der Schöpfung nicht erlebt hat und wie sie auch nie wieder eintreten wird. [20]Wenn diese Leidenszeit nicht verkürzt würde, könnte niemand gerettet werden. Aber seinen Auserwählten zuliebe hat Gott diese Zeit begrenzt. [21]Wenn dann jemand zu euch sagt: ‹Hier ist der Christus!› oder: ‹Dort ist er!›, glaubt ihm nicht! [22]Viele werden sich nämlich als ‹Christus› ausgeben, und es werden falsche Propheten auftreten.

Sie werden Zeichen und Wunder vollbringen, um – wenn möglich – sogar die Auserwählten Gottes irrezuführen. ²³Deshalb bleibt wachsam! Ich habe euch gewarnt! ²⁴Nach dieser großen Schreckenszeit wird sich die Sonne verfinstern und der Mond nicht mehr scheinen. ²⁵Die Sterne werden aus ihrer Bahn geschleudert, und die Kräfte des Weltalls geraten durcheinander. ²⁶Alle sehen dann, wie der Menschensohn in großer Macht und Herrlichkeit in den Wolken des Himmels kommt. ²⁷Er wird seine Engel aussenden, und sie werden seine Auserwählten aus allen Teilen der Welt zu ihm bringen. ²⁸Der Feigenbaum soll euch dafür ein Beispiel sein: Wenn seine Zweige saftig werden und Blätter treiben, dann wisst ihr, dass es bald Sommer ist. ²⁹Wenn nun all diese Ereignisse eintreffen, könnt ihr sicher sein: Das Kommen des Menschensohnes steht unmittelbar bevor. ³⁰Ja, ich sage euch: Dieses Volk wird nicht untergehen, bevor das alles geschieht! ³¹Himmel und Erde werden vergehen; meine Worte aber gelten für immer. ³²Niemand weiß, wann das Ende kommen wird, weder die Engel im Himmel noch der Sohn. Den Tag und die Stunde kennt nur der Vater. ³³Darum werdet nicht nachlässig und bleibt wach! Denn ihr wisst nicht, wann es so weit ist. ³⁴Es ist genau wie bei einem Mann, der auf Reisen geht. Bevor er sein Haus verlässt, weist er jedem seiner Knechte eine bestimmte Arbeit zu und befiehlt dem Pförtner, wachsam zu sein. ³⁵Genauso sollt auch ihr wach bleiben. Ihr wisst ja nicht, wann der Herr kommen wird, ob am Abend oder um Mitternacht, im Morgengrauen oder nach Sonnenaufgang. ³⁶Deshalb sollt ihr zu jeder Stunde auf seine An-

kunft vorbereitet sein und nicht etwa schlafen. ³⁷Was ich euch sage, gilt auch für alle anderen Menschen: Ihr müsst immer wach und bereit sein!»

Markus 13,28–37 «Der Feigenbaum soll euch dafür ein Beispiel sein: Wenn seine Zweige saftig werden und Blätter treiben, dann wisst ihr, dass es bald Sommer ist. ²⁹Wenn nun all diese Ereignisse eintreffen, könnt ihr sicher sein: Das Kommen des Menschensohnes steht unmittelbar bevor. ³⁰Ja, ich sage euch: Dieses Volk wird nicht untergehen, bevor das alles geschieht! ³¹Himmel und Erde werden vergehen; meine Worte aber gelten für immer. ³²Niemand weiß, wann das Ende kommen wird, weder die Engel im Himmel noch der Sohn. Den Tag und die Stunde kennt nur der Vater. ³³Darum werdet nicht nachlässig und bleibt wach! Denn ihr wisst nicht, wann es so weit ist. ³⁴Es ist genau wie bei einem Mann, der auf Reisen geht. Bevor er sein Haus verlässt, weist er jedem seiner Knechte eine bestimmte Arbeit zu und befiehlt dem Pförtner, wachsam zu sein. ³⁵Genauso sollt auch ihr wach bleiben. Ihr wisst ja nicht, wann der Herr kommen wird, ob am Abend oder um Mitternacht, im Morgengrauen oder nach Sonnenaufgang. ³⁶Deshalb sollt ihr zu jeder Stunde auf seine Ankunft vorbereitet sein und nicht etwa schlafen. ³⁷Was ich euch sage, gilt auch für alle anderen Menschen: Ihr müsst immer wach und bereit sein!»

Markus 14,22–25 Während sie aßen, nahm Jesus Brot, sprach das Dankgebet, teilte das Brot und gab jedem seiner Jünger ein Stück davon: «Nehmt und esst! Das ist mein Leib!» ²³Anschließend nahm er einen Becher Wein, dankte Gott und reichte den Becher seinen Jüngern. Sie tranken alle daraus. ²⁴Jesus sagte: «Das ist mein Blut, mit dem der neue Bund zwischen Gott und den Menschen besiegelt wird. Es wird zur Vergebung ihrer Sünden vergossen. ²⁵Ich sage euch: Von jetzt an werde ich keinen Wein mehr trinken, bis ich ihn wieder mit euch in der neuen Welt Gottes trinken werde.»

Markus 14,27–28 Unterwegs sagte Jesus zu den Jüngern: «Ihr werdet euch alle bald von mir abwenden. Denn es steht geschrieben: ‹Ich werde der Herde den Hirten nehmen, und die Schafe werden auseinander laufen.› ²⁸Aber nach meiner Auferstehung werde ich nach Galiläa gehen, und dort werdet ihr mich wiedersehen.»

Markus 14,61–62 Aber Jesus schwieg. Da stellte ihm der Hohepriester eine weitere Frage: «Bist du Christus, der Sohn Gottes?» ⁶²«Ja, der bin ich», antwortete Jesus. «Ihr werdet den Menschensohn an der rechten Seite Gottes sitzen und auf den Wolken des Himmels kommen sehen.»

Lukas 5,34–35 Da antwortete Jesus: «Wollt ihr vielleicht die Hochzeitsgäste hungern lassen, solange der Bräutigam bei ihnen ist? ³⁵Die Zeit kommt früh genug, dass der Bräutigam ihnen genommen wird. Dann werden sie fasten.»

Lukas 9,21–22 Jesus befahl seinen Jüngern nachdrücklich, mit niemandem darüber zu reden. ²²Dann sagte er: «Der Menschensohn muss viel leiden. Die führenden Männer des Volkes, die Hohenpriester und Schriftgelehrten werden ihn verurteilen und töten. Aber drei Tage später wird Gott ihn wieder auferwecken.»

Lukas 9,44 «Vergesst nicht, was ich euch sage: Der Menschensohn wird bald in der Gewalt der Menschen sein.»

Lukas 12,35–40 ³⁵/³⁶«Ihr sollt so leben wie Diener, die darauf warten, dass ihr Herr von einer Hochzeit zurückkommt. Seid wie sie dienstbereit, und lasst eure Lampen angezündet. Wenn ihr Herr zurückkommt und klopft, können sie ihm schnell öffnen. ³⁷Ja, freuen können sich alle, die der Herr bei seiner Rückkehr noch wach antrifft! Ich sage euch: Der Herr wird sie bitten, am Tisch Platz zu nehmen, und er selbst wird sich eine Schürze umbinden und sie bedienen. ³⁸Vielleicht kommt er spät am Abend, vielleicht auch erst um Mitternacht. Aber wenn er kommt und seine Diener bereit antrifft, werden sie allen Grund zur Freude haben. ³⁹Eins ist sicher: Wenn der Hausherr wüsste, wann ein Dieb bei ihm einbrechen will, würde er wach bleiben und sich vor dem Einbrecher schützen. ⁴⁰Seid also zu jeder Zeit bereit, denn der Menschensohn wird gerade dann kommen, wenn ihr am wenigsten damit rechnet.»

Lukas 12,42–53 Jesus, der Herr, entgegnete: «Wie verhält sich denn ein kluger und zuverlässiger Verwalter? Sein Herr hat ihm die Verantwortung für alle Mitarbeiter übertragen; er soll sie zu jeder Zeit mit allem Nötigen versorgen. ⁴³Dieser Verwalter darf sich glücklich nennen, wenn sein Herr ihn bei der Rückkehr gewissenhaft bei der Arbeit findet. ⁴⁴Das sage ich euch: Einem so zuverlässigen Mann wird er die Verantwortung für seinen ganzen Besitz übertragen. ⁴⁵Wenn aber ein Verwalter unzuverlässig ist und im Stillen denkt: ‹Ach was, es dauert bestimmt noch lange, bis mein Herr kommt›, und er fängt an, seine Mitarbeiter zu schlagen, zu schlemmen und sich zu betrinken, ⁴⁶dann wird die Rückkehr seines Herrn ihn völlig überraschen. Sein Herr kommt, wenn er nicht damit rechnet. Er wird den unzuverlässigen Verwalter hart bestrafen und ihm den Lohn geben, den die Gottlosen verdienen. ⁴⁷Der Verwalter, der den Willen seines Herrn kennt, sich aber bewusst nicht danach richtet, wird schwer bestraft werden. ⁴⁸Wer dagegen falsch handelt, ohne es zu wissen, wird mit einer leichteren Strafe davonkommen. So wird von jedem, der viel bekommen hat, auch viel erwartet; denn wem viel anvertraut wurde, von dem verlangt man umso mehr. ⁴⁹Ich bin gekommen, um auf der Erde ein Feuer zu entfachen. Wie froh wäre ich, es würde schon brennen! ⁵⁰Vorher muss ich aber noch Schweres erleiden. Es ist für mich eine große Last, bis alles vollbracht ist. ⁵¹Meint nur nicht, dass ich gekommen bin, um Frieden auf die Erde zu bringen! Nein, ich bringe Auseinandersetzung. ⁵²Von jetzt an wird man sich in einer Familie um meinetwillen miteinander entzweien: ⁵³der Vater mit dem Sohn und der Sohn mit dem Vater, die Mutter mit der Tochter und die Tochter mit der Mutter; die Schwiegermutter mit der Schwiegertochter und die Schwiegertochter mit der Schwiegermutter.»

Lukas 17,22–30 Zu seinen Jüngern aber sagte er: «Die Zeit wird kommen, wo ihr alles dafür geben würdet, auch nur einen einzigen Tag die Herrlichkeit des Menschensohnes mitzuerleben. Aber dieser Wunsch wird sich nicht erfüllen. ²³Man wird euch zwar einreden wollen: ‹Hier ist er!› oder ‹Dort ist er!› Geht niemals dort-

hin, und lauft solchen Leuten nicht nach! ²⁴Denn der Menschensohn kommt für alle sichtbar – wie ein Blitz, der den ganzen Horizont erhellt. ²⁵Aber vorher muss der Menschensohn noch viel leiden und es erdulden, dass ihn die Menschen dieser Zeit von sich stoßen. ²⁶Wenn der Menschensohn kommt, wird es auf der Erde zugehen wie zur Zeit Noahs. ²⁷Damals dachten die Menschen auch nur an Essen, Trinken und Heiraten. So ging es, bis Noah in die Arche stieg. Dann kam die Flut, und keiner von ihnen überlebte. ²⁸Es wird genauso sein wie zu Lots Zeiten. Die Menschen kümmerten sich nur ums Essen und Trinken, Kaufen und Verkaufen, Pflanzen und Bauen. ²⁹So ging es bis zu dem Tag, an dem Lot die Stadt Sodom verließ. Da regnete es Feuer und Schwefel vom Himmel, und alle kamen in den Flammen um. ³⁰Genauso wird es sein, wenn der Menschensohn erscheint.»

Lukas 17,30–35.37 «Genauso wird es sein, wenn der Menschensohn erscheint. ³¹Wer sich dann gerade auf dem Dach seines Hauses aufhält, der soll nicht mehr ins Haus laufen, um seine Sachen zu holen. Wer auf dem Feld arbeitet, soll nicht mehr in sein Haus zurückkehren. ³²Denkt daran, was mit Lots Frau geschah! ³³Wer sich an sein Leben klammert, der wird es verlieren. Wer aber sein Leben verliert, der wird es für immer gewinnen. ³⁴Ich sage euch: Zwei schlafen in jener Nacht in einem Bett, einer wird angenommen, und der andere bleibt zurück. ³⁵Zwei Frauen werden gemeinsam Getreide mahlen. Die eine wird angenommen, und die andere bleibt zurück.» […] ³⁷«Herr, wo wird sich das ereignen?», fragten die Jünger. Da antwortete ihnen Jesus: «Das werdet ihr schon sehen. Auch die Geier erkennen, wo ein verendetes Tier liegt, und sammeln sich dort.»

Lukas 18,1–8 Wie wichtig es ist, Gott unermüdlich um alles zu bitten, machte Jesus durch ein Gleichnis deutlich: ²«In einer Stadt lebte ein Richter, dem Gott und die Menschen gleichgültig waren. ³Tag für Tag bestürmte ihn eine Witwe mit ihrer Not: ‹Verhilf mir doch endlich zu meinem Recht!› ⁴Immer wieder stieß sie bei ihm auf taube Ohren, aber schließlich sagte er sich: ‹Mir sind zwar Gott und die Menschen gleichgültig, ⁵aber diese Frau lässt mir einfach keine Ruhe. Ich muss ihr zu ihrem Recht verhelfen, sonst wird sie am Ende noch handgreiflich.›» ⁶Und Jesus, der Herr, fügte hinzu: «Ihr habt gehört, was dieser ungerechte Richter gesagt hat. ⁷Meint ihr, Gott wird seinen Auserwählten nicht zum Recht verhelfen, wenn sie ihn Tag und Nacht darum bitten? Wird er sie etwa lange warten lassen? Nein! ⁸Ich versichere euch: Er wird ihnen schnellstens helfen. Die Frage ist: Wird der Menschensohn, wenn er kommt, auf der Erde überhaupt noch Menschen finden, die diesen Glauben haben?»

Lukas 18,31–33 Jesus nahm seine zwölf Jünger beiseite und sagte ihnen: «Wir gehen jetzt nach Jerusalem. Dort wird sich alles erfüllen, was die Propheten über den Menschensohn geschrieben haben. ³²Man wird ihn denen übergeben, die Gott nicht kennen. Die werden ihn verspotten, beschimpfen, anspucken und ³³schließlich auspeitschen und töten. Aber am dritten Tag wird er von den Toten auferstehen.»

Lukas 21,29–36 Dann erzählte Jesus ein Gleichnis: «Seht euch den Feigenbaum an oder die anderen Bäume. ³⁰Wenn ihre Zweige Blätter treiben, dann wisst ihr, dass es bald Sommer ist. ³¹So könnt ihr sicher sein, dass Gottes neue Welt nahe ist, wenn all diese Ereignisse eintreffen. ³²Ja, ich sage euch: Dieses Volk wird nicht untergehen, bevor das alles geschieht. ³³Himmel und Erde werden vergehen; meine Worte aber gelten für immer. ³⁴Passt auf, dass ihr euch nicht durch ein ausschweifendes Leben und Trunkenheit und auch nicht durch die Sorgen des Alltags vom Ziel ablenken lasst! Sonst wird dieser Tag euch überraschen ³⁵so wie eine Falle, die plötzlich zuschnappt. Denn er wird für alle Menschen auf dieser Welt völlig unerwartet kommen. ³⁶Bleibt wachsam und betet zu jeder Zeit, damit ihr dem entfliehen könnt, was auf euch zukommt. Dann könnt ihr ohne Furcht vor dem Menschensohn treten.»

Lukas 22,17–18 Jesus nahm einen Becher mit Wein, sprach das Dankgebet und sagte: «Nehmt den Becher und trinkt alle daraus. ¹⁸Von jetzt an werde ich keinen Wein mehr trinken, bis die neue Welt Gottes gekommen ist.»

Lukas 22,19 Dann nahm er Brot. Er dankte Gott dafür, teilte es und gab es ihnen [den Jüngern] mit den Worten: «Das ist mein Leib, der für euch hingegeben wird. Feiert dieses Mahl immer wieder, und denkt daran, was ich für euch getan habe, sooft ihr dieses Brot esst.»

1. Korinther 11,23–26 Denn Folgendes habe ich vom Herrn empfangen und euch überliefert: In der Nacht, in der unser Herr Jesus verraten wurde, nahm er das Brot, ²⁴dankte Gott dafür, brach es und sprach: «Das ist mein Leib, der für euch hingegeben wird. So oft ihr dieses Brot esst, denkt an mich und an das, was ich für euch getan habe!» ²⁵Nach dem Essen nahm er den Kelch und sprach: «Dieser Kelch ist der neue Bund zwischen Gott und euch, der durch mein Blut besiegelt wird. So oft ihr aus diesem Kelch trinkt, denkt an mich und an das, was ich für euch getan habe!» ²⁶Denn jedes Mal, wenn ihr dieses Brot esst und aus diesem Kelch trinkt, verkündet ihr, was der Herr durch seinen Tod für uns getan hat, bis er kommt.

Offenbarung 1,10–11.17–20 An einem Sonntag ergriff mich [Johannes] Gottes Geist. Ich hörte hinter mir eine gewaltige Stimme, durchdringend wie eine Posaune: ¹¹«Schreib alles auf, was du siehst, und sende das Buch an die sieben Gemeinden: nach Ephesus, Smyrna und Pergamon, nach Thyatira, Sardes, Philadelphia und Laodizea.» [...] ¹⁷Als ich das sah, fiel ich wie tot vor seinen Füßen nieder. Aber er legte seine rechte Hand auf mich und sagte: «Fürchte dich nicht! Ich bin der Erste und der Letzte, ¹⁸und ich bin der Lebendige. Ich war tot, doch nun lebe ich für immer und ewig, und ich habe Macht über den Tod und das Totenreich. ¹⁹Schreib alles auf, was du gesehen hast, was jetzt geschieht und was in Zukunft geschehen wird. ²⁰Die sieben Sterne in meiner Hand und die sieben goldenen Leuchter, die du gesehen hast, haben folgende Bedeutung: Die sieben Sterne sind die Engel der sieben Gemeinden, und die sieben Leuchter sind diese Gemeinden selbst.»

Offenbarung 3,1–2.12 «Schreib an den Engel der Gemeinde in Sardes: Das sagt der, dem die sieben Geister Gottes dienen und der die sieben Sterne in seiner Hand hält. Ich weiß alles, was du tust. Du giltst als lebendige Gemeinde, aber in Wirklich-

keit bist du tot. ²Wach auf und stärke die wenigen, deren Glaube noch lebendig ist, bevor auch ihr Glaube stirbt. Denn so, wie du bisher gelebt hast, kannst du vor Gott nicht bestehen. [...] ¹²Denn wer durchhält und den Sieg erringt, den werde ich zu einer Säule im Tempel meines Gottes machen; er wird dort immer bleiben. Und er soll den Namen meines Gottes tragen und wird ein Bürger des neuen Jerusalem sein, der Stadt, die Gott vom Himmel herabkommen lässt. Auch meinen eigenen neuen Namen wird er erhalten.»

Offenbarung 16,15 «Doch vergiss nicht», sagt Christus, «ich komme plötzlich und unerwartet wie ein Dieb! Nur wer wach bleibt und bereit ist, wird an diesem Tag glücklich sein. Nur wer seine Kleider griffbereit hat, muss dann nicht nackt umherlaufen und sich schämen.»

Offenbarung 22,7 «Macht euch bereit! Ich komme bald. Wirklich glücklich ist, wer sich an die prophetischen Worte dieses Buches hält!»

Offenbarung 22,12 «Macht euch bereit! Ich komme schnell und unerwartet und werde jedem den verdienten Lohn geben.»

Offenbarung 22,20 Der alle diese Dinge bezeugt, der sagt: «Ja, ich komme bald!» Amen! Ja, komm, Herr Jesus!

15 Jesu Werke

Johannes 4,31–34 Inzwischen hatten ihm seine Jünger zugeredet: «Meister, iss doch etwas!» ³²Aber er sagte zu ihnen: «Ich habe eine Speise, von der ihr nichts wisst.» ³³«Hat ihm wohl jemand etwas zu essen gebracht?», fragten sich die Jünger untereinander. [34]Aber Jesus erklärte ihnen: «Ich lebe davon, dass ich Gottes Willen erfülle und sein Werk zu Ende führe. Dazu hat er mich in diese Welt gesandt.»

Johannes 5,36 «Doch ich habe noch wichtigere Zeugen als Johannes: die Taten nämlich, die ich im Auftrag meines Vaters vollbringe. Sie beweisen, dass der Vater mich gesandt hat.»

Johannes 9,3–7 «Weder noch», antwortete Jesus. «Vielmehr soll an ihm die Macht Gottes sichtbar werden. [4]Ich muss die Aufgaben, die Gott mir gegeben hat, erfüllen, solange es Tag ist. Bald kommt die Nacht, in der niemand mehr etwas tun kann. [5]Doch solange ich in der Welt bin, werde ich für diese Welt das Licht sein.» [6]Er spuckte auf die Erde, rührte mit dem Speichel einen Brei an und strich ihn auf die Augen des Blinden. [7]Dann forderte er ihn auf: «Geh jetzt zum Teich Siloah, und wasch dich dort.» (Siloah heißt: «Der Gesandte.») Der Blinde ging hin, wusch sich, und als er zurückkam, konnte er sehen.

Johannes 10,25 «Ich habe es euch schon gesagt, aber ihr wollt mir ja nicht glauben», antwortete Jesus. «All das, was ich im Auftrag meines Vaters getan habe, sollte als Beweis genügen.»

Johannes 10,32 Jesus aber sagte: «In Gottes Auftrag habe ich viele gute Taten vollbracht. Für welche wollt ihr mich töten?»

Johannes 10,37–38 «Wenn ich nicht das tue, was mein Vater will, braucht ihr mir nicht zu glauben. [38]Tue ich es aber, dann glaubt doch wenigstens diesen Taten, wenn ihr schon mir nicht glauben wollt! Dann werdet ihr endlich erkennen und glauben, dass der Vater in mir ist und ich im Vater bin!»

Johannes 14,10–11 «Glaubst du nicht, dass ich im Vater bin und der Vater in mir ist? Was ich euch sage, habe ich mir nicht selbst ausgedacht. Mein Vater, der in mir lebt, handelt durch mich. [11]Glaubt mir doch, dass der Vater und ich eins sind. Und wenn ihr schon meinen Worten nicht glaubt, dann glaubt doch wenigstens meinen Taten!»

Johannes 15,23–25 «Denn wer mich hasst, der hasst auch meinen Vater. [24]Wenn ich nicht vor aller Augen Gottes Wunder vollbracht hätte, die kein anderer tun kann, wären sie ohne Schuld. Aber nun haben sie alles miterlebt, und trotzdem hassen sie mich und auch meinen Vater. [25]Dies geschieht, damit sich die Voraussage der Heiligen Schrift erfüllt: ‹Sie hassen mich ohne jeden Grund!›»

Johannes 17,4–5 «Ich habe hier auf der Erde den Menschen gezeigt, wie herrlich du bist. Ich habe deinen Auftrag erfüllt. [5]Und nun, Vater, gib mir wieder Anteil an der Herrlichkeit, die ich bei dir hatte, bevor die Welt erschaffen wurde.»

Matthäus 11,21–24 «Weh euch, ihr Einwohner von Chorazin und Betsaida! Wenn die Wunder, die ich bei euch getan habe, in den nichtjüdischen Städten Tyrus oder Sidon geschehen wären, ihre Einwohner hätten längst Trauerkleider angezogen, sich Asche auf den Kopf gestreut und wären zu Gott umgekehrt! [22]Das kann ich euch versichern: Am Tag des Gerichts wird es Tyrus und Sidon besser ergehen als euch! [23]Und du, Kapernaum, wirst du etwa zum Himmel erhoben werden? Nein, zur Hölle wirst du fahren! Wenn die Taten, die du erlebt hast, in Sodom geschehen wären, die Stadt würde noch heute stehen. [24]Da-

rauf kannst du dich verlassen: Es wird Sodom am Gerichtstag besser ergehen als
dir!»

16 Jesu Worte am Kreuz

Johannes 19,26–27 Als Jesus nun seine
Mutter sah und neben ihr den Jünger, den
er lieb hatte, sagte er zu ihr: «Er soll jetzt
dein Sohn sein!» 27Und zu dem Jünger
sagte er: «Sie ist jetzt deine Mutter.» Da
nahm der Jünger sie zu sich in sein Haus.

Johannes 19,28–30 Jesus wusste, dass
nun sein Auftrag erfüllt war. Er sagte: «Ich
habe Durst!» Damit sollte sich die Vorhersage der Heiligen Schrift erfüllen. 29In der
Nähe stand ein Krug mit Essigwasser. Die
Soldaten tauchten einen Schwamm hinein,
steckten ihn auf einen Ysopstängel und
hielten Jesus den Schwamm an den Mund.
30Als Jesus davon getrunken hatte, rief er:
«Es ist vollbracht!» Dann ließ er den Kopf
sinken und starb.

Matthäus 27,45–46 Am Mittag wurde
es plötzlich im ganzen Land dunkel. Diese
Finsternis dauerte drei Stunden. 46Gegen
drei Uhr rief Jesus laut: «Eli, Eli, lema sabachtani?» Das heißt: «Mein Gott, mein
Gott, warum hast du mich verlassen?»
(Siehe auch Markus 15,33–34.)

Lukas 23,34 Jesus betete: «Vater, vergib
ihnen, denn sie wissen nicht, was sie tun!»

Lukas 23,42–43 Zu Jesus sagte er [ein
Verbrecher]: «Denk an mich, wenn du in
dein Königreich kommst!» 43Da antwortete ihm Jesus: «Ich versichere dir: Noch
heute wirst du mit mir im Paradies sein.»

Lukas 23,46 Jesus schrie noch einmal
laut auf: «Vater, in deine Hände gebe ich
meinen Geist!» Dann starb er.

17 Jesu Worte in Gleichnissen

Jesus gebrauchte oft Geschichten, um die
wichtigen Punkte seiner Botschaft zu illus-
trieren und hervorzuheben. Seine Gleichnisse veranschaulichten die großen unsichtbaren Wahrheiten des Reiches Gottes.
Seine Geschichten halfen, abstrakte Ideen
wie Erlösung, Sünde und Gerechtigkeit,
ewiges Leben und Gottes Beziehung zu
seinem Volk besser zu verstehen oder auch
die Art Hingabe und Gehorsam, die Gott
von seinen Leuten erwartet. In mindestens
einem Fall sprach Jesus über ein aktuelles
Ereignis, um über Sünde und Umkehr zu
lehren (Lukas 13,1–5). Im kommenden
Abschnitt befinden sich beinahe alle Allegorien, Geschichten und Gleichnisse, die
Jesus erzählt hat. Sie beleuchten eine Viel-
falt an Themen, also sparen Sie sich die
Mühe, einen «roten Faden» zu erkennen.

Lassen Sie es lieber zu, dass der Heilige
Geist, wenn Sie die Gleichnisse und ein-
fachen Allegorien Jesu lesen, Ihnen die
Augen Ihres Verstandes, Ihrer Gefühle
und Ihres Geistes öffnet. Bitten Sie ihn,
Jesu Lehren in der ganzen Wucht ihrer An-
schaulichkeit in Ihre Seele einzupflanzen.
So wird Ihr Verständnis wachsen, und Ihre
Liebe zu Jesus, Ihre Hingabe an ihn wer-
den noch weiter zunehmen.

Johannes 3,8 «Es ist damit wie beim
Wind: Er weht, wie er will. Du hörst ihn,
aber du kannst nicht erklären, woher er
kommt und wohin er geht. So ist es auch
mit der Geburt aus Gottes Geist.»

Johannes 3,19–21 «Und so vollzieht
sich das Urteil: Das Licht ist in die Welt gekommen, aber die Menschen lieben die

Finsternis mehr als das Licht. Denn alles, was sie tun, ist böse. [20]Wer Böses tut, scheut das Licht und bleibt lieber im Dunkeln, damit niemand seine Taten sehen kann. [21]Wer aber die Wahrheit Gottes liebt und das tut, was er will, der tritt ins Licht! An ihm zeigt sich: Gott selber bestimmt sein Handeln.»

Johannes 4,13–14 Jesus erwiderte: «Wer dieses Wasser trinkt, wird bald wieder durstig sein. [14]Wer aber von dem Wasser trinkt, das ich ihm gebe, der wird nie wieder Durst bekommen. Dieses Wasser wird in ihm zu einer Quelle, die bis ins ewige Leben hinein fließt.»

Johannes 6,27 «Bemüht euch doch nicht nur um das vergängliche Brot, das ihr zum täglichen Leben braucht! Setzt alles dafür ein, die Nahrung zu bekommen, die bis ins ewige Leben reicht. Diese wird der Menschensohn euch geben. Denn Gott, der Vater, hat ihn dazu bestimmt und ihm die Macht gegeben.»

Johannes 6,32–33 Jesus entgegnete: «Ich versichere euch: Nicht Mose gab euch das Brot vom Himmel! Das wahre Brot vom Himmel gibt euch jetzt mein Vater. [33]Und nur dieses Brot, das vom Himmel kommt, schenkt der Welt das Leben.»

Johannes 6,35 «Ich bin das Brot des Lebens», sagte Jesus zu ihnen. «Wer zu mir kommt, wird niemals wieder Hunger leiden, und wer an mich glaubt, wird nie wieder Durst haben.»

Johannes 6,48–51 «Ich selbst bin das Brot, das euch dieses Leben gibt! [49]Eure Vorfahren haben in der Wüste das Manna, das Brot vom Himmel, gegessen und sind doch alle gestorben. [50]Aber hier ist das wahre Brot, das vom Himmel kommt. Wer

davon isst, wird nicht sterben. [51]Ich bin dieses Brot, das von Gott gekommen ist und euch das Leben gibt. Jeder, der dieses Brot isst, wird ewig leben. Dieses Brot ist mein Leib, den ich hingeben werde, damit die Welt leben kann.»

Johannes 6,53–58 Darauf erwiderte Jesus: «Das eine steht unumstößlich fest: Wenn ihr den Leib des Menschensohnes nicht esst und sein Blut nicht trinkt, habt ihr kein Leben in euch. [54]Nur wer meinen Leib isst und mein Blut trinkt, der hat ewiges Leben, und ihn werde ich am letzten Tag auferwecken. [55]Denn mein Leib ist die lebensnotwendige Nahrung und mein Blut der Leben spendende Trank. [56]Wer meinen Leib isst und mein Blut trinkt, der bleibt in mir, und ich bleibe in ihm. [57]Ich lebe durch die Kraft des lebendigen Gottes, der mich gesandt hat. Ebenso wird jeder, der meinen Leib isst, durch mich leben. [58]Nun wisst ihr, was ich mit dem Brot meine, das vom Himmel zu euch gekommen ist! Eure Vorfahren haben zwar auch in der Wüste Brot vom Himmel gegessen, aber sie sind trotzdem gestorben. Doch wer dieses Brot isst, wird für immer leben.»

Johannes 7,37–38 Am letzten Tag, dem Höhepunkt des großen Festes, trat Jesus wieder vor die Menschenmenge und rief laut: «Wer Durst hat, der soll zu mir kommen und trinken! [38]Wer mir vertraut, wird erfahren, was die Heilige Schrift sagt: Von ihm wird Leben spendendes Wasser ausgehen wie ein starker Strom.»

Johannes 8,12 Ein anderes Mal sagte Jesus zu den Menschen: «Ich bin das Licht für die Welt. Wer mir nachfolgt, irrt nicht mehr in der Dunkelheit umher, sondern folgt dem Licht, das ihn zum Leben führt.»

Johannes 10,1–5 Weiter sagte Jesus: «Ich sage euch die Wahrheit: Wer nicht durch die Tür in den Schafstall geht, sondern heimlich einsteigt, der ist ein Dieb und Räuber. [2]Der Hirte geht durch die Tür zu seinen Schafen. [3]Ihm öffnet der Wächter die Tür, und die Schafe erkennen ihn schon an seiner Stimme. Dann ruft der Hirte jedes mit seinem Namen und führt sie auf die Weide. [4]Wenn seine Schafe den Stall verlassen haben, geht er vor ihnen her, und die Schafe folgen ihm, weil sie seine Stimme kennen. [5]Einem Fremden würden sie niemals folgen. Ihm laufen sie davon, weil sie seine Stimme nicht kennen.»

Johannes 10,7–16 Deshalb erklärte er ihnen: «Ich sage euch die Wahrheit: Ich selbst bin die Tür, die zu den Schafen führt. [8]Alle, die sich vor mir als eure Hirten ausgaben, waren Diebe und Räuber. Aber die Schafe haben nicht auf sie gehört. [9]Ich allein bin die Tür. Wer durch mich zu meiner Herde kommt, der wird gerettet werden. Er kann durch diese Tür ein- und ausgehen, und er wird saftig grüne Weiden finden. [10]Der Dieb kommt, um zu stehlen, zu schlachten und zu vernichten. Ich aber bringe Leben – und dies im Überfluss. [11]Ich bin der gute Hirte. Ein guter Hirte setzt sein Leben für die Schafe ein. [12]Anders ist es mit einem, dem die Schafe nicht gehören und der nur wegen des Geldes als Hirte arbeitet. Er wird fliehen, wenn der Wolf kommt, und die Schafe sich selbst überlassen. Der Wolf wird über die Schafe herfallen und die Herde auseinander jagen. [13]Einem solchen Mann liegt nichts an den Schafen. [14]Ich aber bin der gute Hirte und kenne meine Schafe, und sie kennen mich; [15]genauso wie mich mein Vater kennt und ich

den Vater kenne. Ich gebe mein Leben für die Schafe. [16]Zu meiner Herde gehören auch Schafe, die jetzt noch in anderen Ställen sind. Auch sie muss ich herführen, und sie werden wie die übrigen meiner Stimme folgen. Dann wird es nur noch eine Herde und einen Hirten geben.»

Johannes 10,25–30 «Ich habe es euch schon gesagt, aber ihr wollt mir ja nicht glauben», antwortete Jesus. «All das, was ich im Auftrag meines Vaters getan habe, sollte als Beweis genügen. [26]Aber ihr glaubt mir nicht, denn ihr gehört nicht zu meiner Herde. Das habe ich euch bereits gesagt. [27]Meine Schafe erkennen meine Stimme; ich kenne sie, und sie folgen meinem Ruf. [28]Ihnen gebe ich das ewige Leben, und sie werden niemals umkommen. Niemand kann sie aus meiner Hand reißen. [29]Mein Vater hat sie mir gegeben, und er ist stärker als alle anderen Mächte. Deshalb kann sie auch keiner der Hand meines Vaters entreißen. [30]Ich und der Vater sind eins.»

Johannes 11,7–10 Erst danach sagte er zu seinen Jüngern: «Wir wollen wieder nach Judäa gehen.» [8]Doch seine Jünger wandten ein: «Meister, vor kurzem haben die Leute in Judäa versucht, dich umzubringen. Und jetzt willst du wieder dorthin?» [9]Jesus antwortete: «Zwölf Stunden am Tag ist es hell. Wer sicher laufen will, muss diese Zeit nutzen; denn nur bei Tageslicht sieht er den Weg. [10]Wer nachts unterwegs ist, stolpert in der Dunkelheit, weil das Licht nicht bei ihm ist.»

Johannes 12,35–36 Jesus erwiderte: «Das Licht ist nur noch kurze Zeit bei euch. Nutzt diese Zeit, macht euch auf den Weg, bevor euch die Dunkelheit überfällt. Wer im Dunkeln geht, kann weder Weg noch

Ziel erkennen. [36]Vertraut euch dem Licht an, solange ihr es habt, dann werdet ihr im Licht leben.» Nach diesen Worten verließ Jesus die Menge und versteckte sich vor den Leuten.

Johannes 14,1–2 «Seid nicht bestürzt, und habt keine Angst!», ermutigte Jesus seine Jünger. «Vertraut Gott, und vertraut mir! [2]Denn im Haus meines Vaters gibt es viele Wohnungen. Sonst hätte ich euch nicht gesagt: Ich gehe hin, um dort alles für euch vorzubereiten.»

Johannes 15,1–8 «Ich bin der wahre Weinstock, und mein Vater ist der Weingärtner. [2]Alle Reben am Weinstock, die keine Trauben tragen, schneidet er ab. Aber die Frucht tragenden Reben beschneidet er sorgfältig, damit sie noch mehr Frucht bringen. [3]Ihr seid schon gute Reben, weil ihr meine Botschaft gehört habt. [4]Bleibt fest mit mir verbunden, und ich werde ebenso mit euch verbunden bleiben! Denn so wie eine Rebe nur am Weinstock Früchte tragen kann, so werdet auch ihr nur Frucht bringen, wenn ihr mit mir verbunden bleibt. [5]Ich bin der Weinstock, und ihr seid die Reben. Wer bei mir bleibt, so wie ich bei ihm bleibe, der trägt viel Frucht. Denn ohne mich könnt ihr nichts ausrichten. [6]Wer ohne mich lebt, wird wie eine unfruchtbare Rebe abgeschnitten und weggeworfen. Die verdorrten Reben werden gesammelt, ins Feuer geworfen und verbrannt. [7]Wenn ihr aber fest mit mir verbunden bleibt und euch meine Worte zu Herzen nehmt, dürft ihr von Gott erbitten, was ihr wollt; ihr werdet es erhalten. [8]Wenn ihr viel Frucht bringt und euch so als meine Jünger erweist, wird die Herrlichkeit meines Vaters sichtbar.»

Johannes 16,21–22 «Es wird so sein wie bei einer Frau, die ein Kind bekommt: Sie hat große Schmerzen, doch sobald ihr Kind geboren ist, sind Angst und Schmerzen vergessen. Sie ist nur noch glücklich darüber, dass ihr Kind zur Welt gekommen ist. [22]Auch ihr seid jetzt sehr traurig, aber ich werde euch wiedersehen. Dann werdet ihr froh und glücklich sein, und diese Freude kann euch niemand mehr nehmen.»

Matthäus 5,15–16 «Man zündet ja auch keine Öllampe an und stellt sie unter einen Eimer. Im Gegenteil: Man stellt sie so auf, dass sie allen im Haus Licht gibt. [16]Genauso soll euer Licht vor allen Menschen leuchten. Sie werden eure guten Taten sehen und euren Vater im Himmel dafür loben.»

Matthäus 6,22–23 «Das Auge gibt dir Licht. Wenn deine Augen das Licht einlassen, wirst du auch im Licht leben. [23]Verschließen sich deine Augen dem Licht, lebst du in Dunkelheit. Wenn aber das Licht in deinem Innern erloschen ist, wie tief ist dann die Finsternis!»

Matthäus 7,3–5 «Warum siehst du jeden kleinen Splitter im Auge deines Bruders, aber den Balken in deinem eigenen Auge bemerkst du nicht? [4]Du sagst: ‹Mein Bruder, komm her! Ich will dir den Splitter aus dem Auge ziehen!› Dabei hast du selbst einen Balken im Auge! [5]Du Heuchler! Entferne zuerst den Balken aus deinem Auge, dann kannst du klar sehen, um auch den Splitter aus dem Auge deines Bruders zu ziehen.» (Siehe auch Lukas 6,41–42.)

Matthäus 7,6 «Werft, was heilig ist, nicht vor die Hunde! Sie werden euch angreifen und in Stücke reißen. Und werft eure Perlen nicht vor die Säue! Sie werden die Perlen nur zertreten!»

Matthäus 7,15–20 «Nehmt euch in Acht vor denen, die in Gottes Namen auftreten und falsche Lehren verbreiten! Sie tarnen sich als sanfte Schafe, aber in Wirklichkeit sind sie reißende Wölfe. [16]Wie man einen Baum an seiner Frucht erkennt, so erkennt man sie an dem, was sie tun. Weintrauben kann man nicht von Dornbüschen und Feigen nicht von Disteln ernten. [17]Ein guter Baum bringt gute Früchte und ein kranker Baum schlechte. [18]Ein guter Baum wird keine schlechten Früchte tragen und ein kranker Baum keine guten. [19]Jeder Baum, der keine guten Früchte bringt, wird umgehauen und verbrannt. [20]Ebenso werdet ihr die falschen Propheten an ihren Taten erkennen.»

Matthäus 7,24–27 «Wer meine Worte hört und danach handelt, der ist klug. Man kann ihn mit einem Mann vergleichen, der sein Haus auf felsigen Grund baut. [25]Wenn ein Wolkenbruch niedergeht, das Hochwasser steigt und der Sturm am Haus rüttelt, wird es trotzdem nicht einstürzen, weil es auf Felsengrund gebaut ist. [26]Wer sich meine Worte nur anhört, aber nicht danach lebt, der ist so unvernünftig wie einer, der sein Haus auf Sand baut. [27]Denn wenn ein Wolkenbruch kommt, die Flut das Land überschwemmt und der Sturm um das Haus tobt, wird es aus allen Fugen geraten und krachend einstürzen.»

Matthäus 9,15–17 Jesus fragte: «Sollen die Hochzeitsgäste denn traurig sein, solange der Bräutigam noch bei ihnen ist? Die Zeit kommt früh genug, dass der Bräutigam ihnen genommen wird. Dann werden sie fasten. [16]Niemand flickt ein altes Kleid mit neuem Stoff. Der alte Stoff würde an der Flickstelle doch wieder reißen, und das Loch würde nur noch größer. [17]Ebenso füllt niemand jungen, gärenden Wein in alte, brüchige Schläuche. Sonst platzen sie, der Wein läuft aus, und die Schläuche sind unbrauchbar. Nein, jungen Wein füllt man in neue Schläuche! Nur so bleibt beides erhalten.»

Matthäus 13,3–15 Was er ihnen von Gott zu sagen hatte, erklärte er ihnen durch Gleichnisse. «Ein Bauer säte Getreide aus. [4]Dabei fielen ein paar Saatkörner auf den Weg. Sofort kamen die Vögel und pickten sie auf. [5]Andere Körner fielen auf felsigen Boden, wo nur wenig Erde war. Dort ging die Saat zwar schnell auf, [6]aber als die Sonne heiß brannte, vertrockneten die Pflänzchen, weil ihre Wurzeln in der dünnen Erdschicht zu wenig Nahrung fanden. [7]Einige Körner fielen zwischen die Disteln, doch diese hatten die junge Saat bald überwuchert, so dass sie schließlich erstickte. [8]Die übrige Saat aber fiel auf fruchtbaren Boden und brachte das Dreißigfache, das Sechzigfache, ja sogar das Hundertfache der Aussaat als Ertrag. [9]Hört genau auf das, was ich euch sage!» [10]Später kamen seine Jünger und fragten ihn: «Weshalb verwendest du solche Gleichnisse, wenn du zu den Leuten redest?» [11]Jesus antwortete: «Euch lässt Gott die Geheimnisse seiner neuen Welt verstehen, anderen sind sie verborgen. [12]Denn wer viel hat, der bekommt noch mehr dazu, ja, er wird mehr als genug haben! Wer aber nichts hat, dem wird selbst noch das Wenige, das er hat, genommen. [13]Deshalb rede ich in Gleichnissen. Denn sie sehen, aber sie erkennen nicht; sie hören, aber sie verstehen es nicht. [14]Damit erfüllt sich an ihnen, was der Prophet Jesaja vorausgesagt hat: ‹Ihr werdet hören und nicht verstehen, sehen und nicht erkennen. [15]Denn das Herz dieses Volkes ist hart und gleichgültig. Sie sind schwerhörig und verschließen die Augen. Deshalb sehen und hören sie nicht. Sie sind nicht einsichtig und wollen nicht zu mir umkehren, darum kann ich ihnen nicht helfen und sie heilen.›»

Matthäus 13,18–23 «Ich will euch nun das Gleichnis von dem Bauern erklären, der Getreide aussäte. [19]Wer die Botschaft von Gottes neuer Welt hört, sie aber nicht versteht, bei dem kommt der Satan und reißt die Saat aus seinem Herzen. Damit ist der gemeint, bei dem die Körner auf den Weg fielen. [20]Wie felsiger Boden ist ein Mensch, der die Botschaft hört und mit großer Begeisterung annimmt. [21]Aber sein Glaube hat keine starke Wurzel und deshalb keinen Bestand. Wenn dieser Mensch wegen seines Glaubens in Schwierigkeiten gerät oder gar verfolgt wird, wendet er sich wieder von Gott ab. [22]Der von Disteln überwucherte Boden entspricht einem Menschen, der die Botschaft zwar hört, aber die Sorgen des Alltags und die Verführung durch den Wohlstand ersticken Gottes Botschaft, so dass keine Frucht wachsen kann. [23]Aber es gibt auch fruchtbaren Boden: den Menschen, der Gottes Botschaft hört und versteht, so dass er Frucht bringt, dreißig-, sechzig- oder hundertfach.»

Matthäus 13,24–30 Jesus erzählte ein anderes Gleichnis: «Die neue Welt Gottes kann man vergleichen mit einem Bauern und der guten Saat, die er auf sein Feld säte. [25]Eines Nachts, als alles schlief, kam sein Feind, säte Unkraut zwischen den Weizen und schlich sich davon. [26]Als nun die Saat heranwuchs, ging auch das Unkraut auf. [27]Da kamen die Arbeiter des Bauern und fragten ihn: ‹Hast du denn nicht gute Saat auf dein Feld gesät? Woher kommt dann das Unkraut?› [28]‹Das muss mein Feind gewesen sein›, antwortete der Bauer. ‹Sollen wir das Unkraut ausreißen?›, fragten die Arbeiter. [29]‹Nein, dabei würdet ihr ja den Weizen mit ausreißen. [30]Lasst beides bis zur Ernte wachsen. Dann werde ich den Erntearbeitern befehlen: Sammelt zuerst das Unkraut ein, bindet es zusammen und verbrennt es! Den Weizen aber bringt in meine Scheune!›»

Matthäus 13,31–32 Noch ein anderes Gleichnis erzählte ihnen Jesus: «Mit der neuen Welt Gottes ist es wie mit einem Senfkorn, das auf ein Feld gesät wird. [32]Es ist der kleinste Same, den es gibt. Aber wenn er aufgeht und wächst, wird er größer als andere Sträucher, ja, er wird zu einem Baum, in dessen Zweigen die Vögel ihre Nester bauen.» (Siehe auch Lukas 13,18–19.)

Matthäus 13,33 «Man kann Gottes neue Welt auch mit einem Sauerteig vergleichen, den eine Frau unter eine große Menge Mehl mischt, bis alles durchsäuert ist.» (Siehe auch Lukas 13,20–21.)

Matthäus 13,37–43 Jesus antwortete: «Der Menschensohn selbst ist der Bauer, der die gute Saat aussät. [38]Der Acker ist die Welt, die Saat sind die Menschen, die zu Gottes neuer Welt gehören, und das Unkraut sind die Leute, die dem Satan gehorchen. [39]Der Feind, der das Unkraut zwischen den Weizen sät, ist der Teufel. Die Ernte ist das Ende der Welt, und die Erntearbeiter sind die Engel. [40]Wie das Unkraut vom Weizen getrennt und verbrannt wird, so wird es auch am Ende der Welt sein: [41]Der Menschensohn wird seine Engel senden. Sie werden aus der neuen Welt Gottes alle, die Unrecht tun und andere zur Sünde verführen, aussondern [42]und sie in den brennenden Ofen werfen. Dort wird nur Heulen und ohnmächtiges Jammern zu hören sein. [43]Aber alle, die Gottes Willen tun, werden in der neuen Welt ihres Vaters leuchten wie die Sonne. Hört genau auf das, was ich euch sage!»

Matthäus 13,44–46 «Die neue Welt Gottes ist wie ein verborgener Schatz, den ein Mann in einem Acker entdeckte und wieder vergrub. In seiner Freude verkaufte er sein gesamtes Hab und Gut und kaufte dafür den Acker mit dem Schatz. [45]Mit der neuen Welt Gottes ist es wie mit einem Kaufmann, der auf der Suche nach kostbaren Perlen ist. [46]Er entdeckt eine Perle von unschätzbarem Wert. Deshalb verkauft er alles, was er hat, und kauft dafür die Perle.»

Matthäus 13,47–50 «Man kann Gottes neue Welt auch mit einem Netz vergleichen, das ins Meer geworfen wird und in dem viele verschiedene Fische gefangen werden. [48]Wenn das Netz voll ist, zieht man es an Land, setzt sich hin und sortiert die guten Fische in Körbe. Die ungenießbaren aber werden weggeworfen. [49]So wird es auch am Ende der Welt sein. Die Engel werden kommen und die gottlosen Menschen von denen trennen, die so leben, wie Gott es will. [50]Sie werden die Gottlosen in den brennenden Ofen werfen. Dort wird nur Heulen und ohnmächtiges Jammern zu hören sein.»

Matthäus 13,51–52 «Versteht ihr das alles?» – «Ja», erwiderten sie. [52]Jesus fügte

hinzu: «Jeder Schriftgelehrte, der zur neuen Welt Gottes gehört und davon reden kann, ist wie ein Hausherr, der aus seiner Vorratskammer Altes und Neues hervorholt.»

Matthäus 17,25–27 «Natürlich tut er das», antwortete Petrus und ging in das Haus, um mit Jesus darüber zu reden. Doch Jesus kam ihm zuvor: «Was meinst du, Petrus, von wem fordern die Könige Abgaben und Steuern, von ihren eigenen Söhnen oder von ihren Untertanen?» [26]«Von den Untertanen natürlich», antwortete Petrus. Jesus erwiderte: «Dann sind die eigenen Söhne also steuerfrei. [27]Doch wir wollen ihnen keinen Anlass geben, uns anzuklagen, darum geh an den See und wirf die Angel aus. Dem ersten Fisch, den du fängst, öffne das Maul. Du wirst darin eine Münze finden, die für deine und meine Abgabe ausreicht. Bezahle damit die Tempelsteuer!»

Matthäus 18,10.12–14 «Hütet euch davor, hochmütig auf die herabzusehen, die euch gering erscheinen. Denn ich sage euch: Ihre Engel haben immer Zugang zu meinem Vater im Himmel. [...] [12]Was meint ihr: Wenn ein Mann hundert Schafe hat und eins läuft ihm davon, was wird er tun? Lässt er nicht die neunundneunzig in den Bergen zurück, um das verirrte Schaf zu suchen? [13]Und ich versichere euch: Wenn er es endlich gefunden hat, freut er sich über dieses eine mehr als über die neunundneunzig, die sich nicht verlaufen hatten. [14]Ebenso will mein Vater nicht, dass auch nur einer, und sei es der Geringste, verloren geht.»

Matthäus 18,21–35 Da fragte Petrus: «Herr, wie oft muss ich meinem Bruder vergeben, wenn er mir Unrecht tut? Ist siebenmal denn nicht genug?» ²²«Nein», antwortete Jesus. «Nicht nur siebenmal, sondern siebzig mal siebenmal. ²³Man kann die neue Welt Gottes mit einem König vergleichen, der mit seinen Verwaltern abrechnen wollte. ²⁴Zu ihnen gehörte ein Mann, der ihm einen Millionenbetrag schuldete. ²⁵Aber er konnte diese Schuld nicht bezahlen. Deshalb wollte der König ihn, seine Frau, seine Kinder und seinen gesamten Besitz verkaufen lassen, um wenigstens einen Teil seines Geldes zu bekommen. ²⁶Doch der Mann fiel vor dem König nieder und flehte ihn an: ‹Herr, hab noch etwas Geduld! Ich will ja alles bezahlen.› ²⁷Da hatte der König Mitleid. Er gab ihn frei und erließ ihm seine Schulden. ²⁸Kaum war der Mann frei, ging er zu einem der anderen Verwalter, der ihm einen kleinen Betrag schuldete, packte ihn, würgte ihn und schrie: ‹Bezahl jetzt endlich deine Schulden!› ²⁹Da fiel der andere vor ihm nieder und bettelte: ‹Hab noch etwas Geduld! Ich will ja alles bezahlen.› ³⁰Aber der Verwalter wollte nicht warten und ließ ihn ins Gefängnis werfen, bis er alles bezahlt hätte. ³¹Als nun die anderen sahen, was sich da ereignet hatte, waren sie empört und berichteten es dem König. ³²Da ließ der König den Verwalter zu sich kommen und sagte: ‹Was bist du doch für ein hartherziger Mensch! Deine ganze Schuld habe ich dir erlassen, weil du mich darum gebeten hast. ³³Hättest du da nicht auch mit meinem anderen Verwalter Erbarmen haben können, so wie ich mit dir?› ³⁴Zornig übergab er ihn den Folterknechten. Sie sollten ihn erst dann wieder freilassen, wenn er alle seine Schulden zurückgezahlt hätte. ³⁵Auf die gleiche Art wird

mein Vater im Himmel euch behandeln, wenn ihr euch weigert, eurem Bruder wirklich zu vergeben.»

Matthäus 19,23–26 Da sagte Jesus zu seinen Jüngern: «Eins ist sicher: Ein Reicher hat es sehr schwer, in Gottes neue Welt zu kommen. ²⁴Eher geht ein Kamel durch ein Nadelöhr, als dass ein Reicher in Gottes neue Welt kommt.» ²⁵Darüber waren die Jünger entsetzt und fragten sich: «Wer kann dann überhaupt gerettet werden?» ²⁶Jesus sah sie an und sagte: «Für Menschen ist es unmöglich, aber für Gott ist alles möglich!»

Matthäus 20,1–16 «Mit der neuen Welt Gottes ist es wie mit einem Weinbauern, der frühmorgens Arbeiter für seinen Weinberg anwarb. ²Er einigte sich mit ihnen auf den üblichen Tageslohn und ließ sie in seinem Weinberg arbeiten. ³Ein paar Stunden später ging er noch einmal über den Marktplatz und sah dort Leute herumstehen, die arbeitslos waren. ⁴Auch diese schickte er in seinen Weinberg und versprach ihnen einen angemessenen Lohn. ⁵Zur Mittagszeit und gegen drei Uhr nachmittags stellte er noch mehr Arbeiter ein. ⁶Als er um fünf Uhr in die Stadt kam, sah er wieder ein paar Leute untätig herumstehen. Er fragte sie: ‹Warum habt ihr heute nicht gearbeitet?› ⁷‹Uns wollte niemand haben›, antworteten sie. ‹Geht doch und helft auch noch in meinem Weinberg mit!›, forderte er sie auf. ⁸Am Abend beauftragte er seinen Verwalter: ‹Ruf die Leute zusammen, und zahl ihnen den Lohn aus! Fang beim Letzten an, und hör beim Ersten auf!› ⁹Zuerst kamen also die zuletzt Eingestellten, und jeder von ihnen bekam den vollen Tageslohn. ¹⁰Jetzt meinten die anderen Arbeiter, sie würden mehr bekommen. Aber sie erhielten alle nur den vereinbarten Tageslohn. [11]Da beschwerten sie sich beim Weinbauern: [12]‹Diese Leute haben nur eine Stunde gearbeitet, und du zahlst ihnen dasselbe wie uns. Dabei haben wir uns den ganzen Tag in der brennenden Sonne abgerackert!› [13]‹Mein Freund›, entgegnete der Weinbauer einem von ihnen, ‹dir geschieht doch kein Unrecht! Haben wir uns nicht auf diesen Betrag geeinigt? [14]Nimm dein Geld und geh! Ich will den anderen genauso viel zahlen wie dir. [15]Schließlich darf ich doch wohl mit meinem Geld machen, was ich will! Oder ärgerst du dich, weil ich großzügig bin?› [16]Ebenso werden die Letzten einmal die Ersten sein, und die Ersten die Letzten.»

Matthäus 21,28–32 «Was sagt ihr dazu: Ein Mann hatte zwei Söhne. Er bat den ersten: ‹Mein Sohn, arbeite heute in unserem Weinberg!› [29]‹Ich will aber nicht!›, entgegnete dieser. Später tat es ihm leid, und er ging doch an die Arbeit. [30]Auch den zweiten Sohn forderte der Vater auf, im Weinberg zu arbeiten. ‹Ja, Herr›, antwortete der. Doch er ging nicht hin. [31]Wer von den beiden Söhnen hat nun getan, was der Vater wollte?» Sie antworteten: «Der erste natürlich!» Da sagte Jesus: «Eins ist sicher: Die betrügerischen Zolleinnehmer und Huren kommen eher in Gottes neue Welt als ihr. [32]Johannes der Täufer zeigte euch den Weg zu Gott und forderte euch auf, zu Gott umzukehren. Aber ihr wolltet nichts von ihm wissen. Die Betrüger und Huren dagegen folgten seinem Ruf. Und obwohl ihr das gesehen habt, kamt ihr nicht zur Besinnung und wolltet ihm immer noch nicht glauben.»

Matthäus 21,33–40 «Hört ein anderes Gleichnis: Ein Grundbesitzer legte einen Weinberg an, zäunte ihn ein, stellte eine Weinpresse auf und baute einen Wachturm. Dann verpachtete er den Weinberg an einige Weinbauern und reiste ins Ausland. [34]Als die Zeit der Weinlese kam, beauftragte er seine Knechte, den vereinbarten Anteil an der Ernte abzuholen. [35]Die Weinbauern aber schlugen den einen nieder, töteten den anderen und steinigten den dritten. [36]Da beauftragte der Grundbesitzer andere Knechte, eine noch größere Anzahl. Aber ihnen erging es nicht besser. [37]Schließlich sandte er seinen Sohn, weil er sich sagte: Vor meinem Sohn werden sie Achtung haben! [38]Als die Weinbauern aber den Sohn kommen sahen, sagten sie zueinander: ‹Jetzt kommt der Erbe! Den bringen wir um, und dann gehört der Weinberg endgültig uns.› [39]Sie jagten ihn aus dem Weinberg und schlugen ihn tot. [40]Was – meint ihr – wird der Besitzer mit diesen Weinbauern machen, wenn er zurückkehrt?»

Matthäus 21,42–44 «Richtig», sagte Jesus; «ihr wisst doch, was in der Heiligen Schrift steht: ‹Der Stein, den die Bauarbeiter weggeworfen haben, weil sie ihn für unbrauchbar hielten, ist nun zum Grundstein des ganzen Hauses geworden. Was keiner für möglich gehalten hat, das tut der Herr vor unseren Augen.› [43]Deshalb sage ich euch: Die neue Welt Gottes wird euch weggenommen und einem Volk gegeben werden, das Gott gehorcht. [44]Ja, wer auf diesen Stein fällt, wird sich zu Tode stürzen, und auf wen der Stein fällt, der wird zermalmt.»

Matthäus 22,1–14 Jesus erzählte ihnen noch ein anderes Gleichnis: [2]«Mit der neuen Welt Gottes ist es wie mit einem König, der für seinen Sohn ein großes Hochzeitsfest vorbereitete. ³Viele wurden zur Hochzeit eingeladen. Als die Vorbereitungen beendet waren, schickte er seine Diener, um die Gäste abzuholen. Aber keiner wollte kommen. ⁴Er ließ sie durch andere Diener nochmals bitten: ‹Es ist alles fertig, die Ochsen und Mastkälber sind geschlachtet. Das Fest kann beginnen. Kommt!› ⁵Aber den geladenen Gästen war das gleichgültig. Sie gingen weiter ihrer Arbeit nach. Der eine hatte auf dem Feld zu tun, der andere im Geschäft. ⁶Einige wurden sogar handgreiflich, misshandelten und töteten die Diener des Königs. ⁷Voller Zorn sandte der König seine Truppen aus, ließ die Mörder umbringen und ihre Stadt in Brand stecken. ⁸Dann sagte er zu seinen Dienern: ‹Die Hochzeitsfeier ist vorbereitet, aber die geladenen Gäste waren es nicht wert, an diesem Fest teilzunehmen. ⁹Geht jetzt auf die Straßen und ladet alle ein, die euch über den Weg laufen!› ¹⁰Das taten die Boten und brachten alle mit, die sie fanden: böse und gute Menschen. So füllte sich der Festsaal mit Gästen. ¹¹Als der König kam, um seine Gäste zu begrüßen, bemerkte er einen Mann, der nicht festlich angezogen war. ¹²‹Mein Freund, wie bist du hier ohne Festgewand hereingekommen?›, fragte er ihn. Darauf konnte der Mann nichts antworten. ¹³Da befahl der König: ‹Fesselt ihm Hände und Füße, und werft ihn hinaus in die Finsternis! Dort wird es nur Heulen und ohnmächtiges Jammern geben.› ¹⁴Denn viele sind berufen, aber nur wenige sind auserwählt.»

Matthäus 24,32–34 «Der Feigenbaum soll euch dafür ein Beispiel sein: Wenn seine Zweige saftig werden und Blätter treiben, dann wisst ihr, dass es bald Sommer ist. ³³Wenn nun all diese Ereignisse eintreffen, könnt ihr sicher sein: Das Kommen des Menschensohnes steht unmittelbar bevor. ³⁴Ja, ich sage euch: Dieses Volk wird nicht untergehen, bevor das alles geschieht.»

Matthäus 24,36–44 «Niemand weiß, wann das Ende kommen wird, weder die Engel im Himmel noch der Sohn. Den Tag und die Stunde kennt nur der Vater. ³⁷Wenn der Menschensohn kommt, wird es auf der Erde zugehen wie zur Zeit Noahs, ³⁸als die große Flut hereinbrach. Damals dachten die Menschen auch nur an Essen, Trinken und Heiraten. Selbst als Noah in die Arche stieg, ³⁹glaubten die Leute nicht an das Unheil, bis die Flut sie alle mit sich riss. So wird es auch beim Kommen des Menschensohnes sein. ⁴⁰Zwei Männer werden auf dem Feld arbeiten. Der eine wird angenommen, und der andere bleibt zurück. ⁴¹Zwei Frauen werden Getreide mahlen; die eine wird angenommen, die andere bleibt zurück. ⁴²Deshalb seid jederzeit bereit! Denn ihr wisst nicht, wann euer Herr kommen wird. ⁴³Eins ist sicher: Wenn der Hausherr wüsste, wann ein Dieb bei ihm einbrechen will, würde er wach bleiben und sich vor dem Einbrecher schützen. ⁴⁴Seid also zu jeder Zeit bereit, denn der Menschensohn wird gerade dann kommen, wenn ihr am wenigsten damit rechnet!»

Matthäus 24,45–51 «Wie verhält sich denn ein kluger und zuverlässiger Verwalter?», fragte Jesus die Jünger. «Sein Herr hat ihm die Verantwortung für alle Mitarbeiter übertragen; er soll sie zu jeder Zeit mit allem Nötigen versorgen. ⁴⁶Dieser Verwalter darf sich glücklich nennen, wenn sein Herr ihn bei der Rückkehr gewissenhaft bei der Arbeit findet. [47]Das sage ich euch: Einem so zuverlässigen Mann wird er die Verantwortung für seinen ganzen Besitz übertragen. [48]Wenn aber ein Verwalter unzuverlässig ist und im Stillen denkt: ‹Ach was, es dauert bestimmt noch lange, bis mein Herr kommt›, [49]und er fängt an, seine Mitarbeiter zu schlagen und Trinkgelage zu veranstalten, [50]dann wird die Rückkehr seines Herrn ihn völlig überraschen. Sein Herr kommt, wenn er nicht damit rechnet. [51]Er wird den unzuverlässigen Verwalter hart bestrafen und ihm den Lohn geben, den die Heuchler verdienen. Er wird ihn hinausstoßen, dorthin, wo es nur Weinen und ohnmächtiges Jammern gibt.» (Siehe auch Lukas 12,42–46.)

Matthäus 25,1–13 «Wenn der Menschensohn seine Herrschaft antritt, wird es sein wie bei zehn Mädchen, die bei einer Hochzeit als Brautjungfern mit ihren Lampen den Bräutigam abholen sollten. [2-4]Nur fünf von ihnen waren so klug, sich ausreichend mit Öl für ihre Lampen zu versorgen. Die anderen dachten überhaupt nicht daran, genügend Öl mitzunehmen. [5]Als sich die Ankunft des Bräutigams verzögerte, wurden sie alle müde und schliefen ein. [6]Plötzlich um Mitternacht wurden sie mit dem Ruf geweckt: ‹Der Bräutigam kommt! Steht auf und geht ihm entgegen!› [7]Da sprangen die Mädchen auf und bereiteten ihre Lampen vor. [8]Die fünf, die nicht genügend Öl hatten, baten die anderen: ‹Gebt uns etwas von eurem Öl! Unsere Lampen gehen aus.› [9]Aber die Klugen antworteten: ‹Unser Öl reicht gerade für uns selbst. Geht doch in den Laden, und kauft euch welches!› [10]Da gingen sie los. In der Zwischenzeit kam der Bräutigam, und die Mädchen, die genügend Öl für ihre Lampen hatten, begleiteten ihn in den Festsaal. Dann wurde die Tür verschlossen. [11]Später kamen auch die fünf anderen. Sie standen draußen und riefen: ‹Herr, mach uns die Tür auf!› [12]Aber er erwiderte: ‹Was wollt ihr denn? Ich kenne euch nicht!› [13]Deshalb seid wach und haltet euch bereit! Denn ihr wisst weder an welchem Tag noch zu welchem Zeitpunkt der Menschensohn kommen wird.»

Matthäus 25,14–30 «Es wird dann so sein wie bei dem Mann, der ins Ausland reisen wollte. Er rief alle seine Verwalter zusammen und beauftragte sie, während seiner Abwesenheit mit seinem Vermögen zu arbeiten. [15]Dem einen gab er fünf Zentner Silberstücke, einem anderen zwei und dem dritten einen Zentner, jedem nach seinen Fähigkeiten. Danach reiste er ab. [16]Der Mann mit den fünf Zentnern Silberstücke war so erfolgreich bei seinen Geschäften, dass er die Summe verdoppeln konnte. [17]Auch der die zwei Zentner bekommen hatte, verdiente zwei hinzu. [18]Der dritte aber vergrub sein Geld an einem sicheren Ort. [19]Nach langer Zeit kehrte der Herr von seiner Reise zurück und forderte seine Verwalter auf, mit ihm abzurechnen. [20]Der Mann, der fünf Zentner Silbergeld erhalten hatte, brachte zehn Zentner. Er sagte: ‹Herr, fünf Zentner hast du mir gegeben. Hier, ich habe fünf dazuverdient.› [21]Da lobte ihn sein Herr: ‹Du warst tüchtig und zuverlässig. In kleinen Dingen bist du treu gewesen, darum werde ich dir größere Aufgaben anvertrauen. Ich lade dich zu meinem Fest ein!› [22]Danach kam der Mann mit den zwei

Zentnern. Er berichtete: ‹Herr, auch ich habe den Betrag verdoppeln können.› ²³Da lobte ihn der Herr: ‹Du warst tüchtig und zuverlässig. In kleinen Dingen bist du treu gewesen, darum werde ich dir größere Aufgaben anvertrauen. Ich lade dich zu meinem Fest ein!› ²⁴Schließlich kam der mit dem einen Zentner Silberstücke und erklärte: ‹Ich kenne dich als strengen Herrn und dachte: Du erntest, was andere gesät haben; du nimmst dir, was ich verdient habe. ²⁵Aus Angst habe ich das Geld sicher aufbewahrt. Hier hast du es wieder zurück!› ²⁶Zornig antwortete ihm darauf sein Herr: ‹Auf dich ist kein Verlass, und faul bist du auch noch! Wenn du schon der Meinung bist, dass ich ernte, was andere gesät haben, und mir nehme, was du verdient hast, ²⁷hättest du zumindest mein Vermögen bei einer Bank anlegen können! Dort hätte es wenigstens Zinsen gebracht! ²⁸Nehmt ihm das Geld weg, und gebt es dem, der die fünf Zentner hatte! ²⁹Denn wer viel hat, der bekommt noch mehr dazu, ja, er wird mehr als genug haben! Wer aber nichts hat, dem wird selbst noch das Wenige, das er hat, genommen. ³⁰Und jetzt werft diesen Nichtsnutz hinaus in die Finsternis, wo es nur Weinen und ohnmächtiges Jammern gibt!›»

Matthäus 25,31–46 «Wenn der Menschensohn in seiner ganzen Herrlichkeit, begleitet von allen Engeln, kommt, dann wird er auf dem Thron Gottes sitzen. ³²Alle Völker werden vor ihm erscheinen, und er wird die Menschen in zwei Gruppen teilen, so wie ein Hirte die Schafe von den Böcken trennt. ³³Rechts werden die Schafe und links die Böcke stehen. ³⁴Dann wird der König zu denen an seiner rechten Seite

sagen: ‹Kommt her! Euch hat mein Vater gesegnet. Nehmt die neue Welt Gottes in Besitz, die er seit Erschaffung der Welt für euch als Erbe bereithält! ³⁵Denn als ich hungrig war, habt ihr mir zu essen gegeben. Als ich Durst hatte, bekam ich von euch etwas zu trinken. Ich war ein Fremder bei euch, und ihr habt mich aufgenommen. ³⁶Ich war nackt, ihr habt mir Kleidung gegeben. Ich war krank, und ihr habt mich besucht. Ich war im Gefängnis, und ihr seid zu mir gekommen.› ³⁷Dann werden sie, die nach Gottes Willen gelebt haben, fragen: ‹Herr, wann bist du denn hungrig gewesen und wir haben dir zu essen gegeben? Oder durstig und wir gaben dir zu trinken? ³⁸Wann haben wir dir Gastfreundschaft gewährt, und wann bist du nackt gewesen und wir haben dir Kleider gebracht? ³⁹Wann warst du denn krank oder im Gefängnis und wir haben dich besucht?› ⁴⁰Der König wird ihnen dann antworten: ‹Das will ich euch sagen. Was ihr für einen meiner geringsten Brüder getan habt, das habt ihr für mich getan!› ⁴¹Zu denen an seiner linken Seite aber wird er sagen: ‹Geht mir aus den Augen, ihr Verfluchten, ins ewige Feuer, das für den Teufel und seine Helfer bestimmt ist! ⁴²Denn ich war hungrig, aber ihr habt mir nichts zu essen gegeben. Ich war durstig, aber ihr habt mir nichts zu trinken gegeben. ⁴³Ich war ein Fremder unter euch, aber ihr habt mich nicht aufgenommen. Ich war nackt, aber ihr wolltet mir nichts zum Anziehen geben. Ich war krank und im Gefängnis, aber ihr habt mich nicht besucht.› ⁴⁴Dann werden auch sie ihn fragen: ‹Herr, wann haben wir dich denn hungrig oder durstig, ohne Unterkunft, nackt, krank oder im Gefängnis gesehen und dir nicht geholfen?› ⁴⁵Darauf wird ihnen der König antworten: ‹Lasst es euch gesagt sein: Die Hilfe, die ihr meinen geringsten Brüdern verweigert habt, die habt ihr mir verweigert.› ⁴⁶Und sie werden der ewigen Strafe ausgeliefert sein. Aber die Gottes Willen getan haben, erwartet unvergängliches Leben.»

Markus 4,3–20 «Hört mir zu! Ein Bauer säte Getreide aus. ⁴Dabei fielen ein paar Saatkörner auf den Weg. Sofort kamen die Vögel und pickten sie auf. ⁵/⁶Andere Körner fielen auf felsigen Boden, wo nur wenig Erde war. Dort ging die Saat zwar schnell auf; aber als die Sonne heiß brannte, vertrockneten die Pflänzchen, weil ihre Wurzeln in der dünnen Erdschicht zu wenig Nahrung fanden. ⁷Einige Körner fielen zwischen die Disteln, doch diese hatten die junge Saat bald überwuchert, so dass sie schließlich erstickte. ⁸Die übrige Saat aber fiel auf fruchtbaren Boden, wuchs heran und brachte das Dreißigfache, das Sechzigfache, ja sogar das Hundertfache der Aussaat als Ertrag. ⁹Hört genau auf das, was ich euch sage!» ¹⁰Später, als Jesus mit seinen zwölf Jüngern und den anderen Begleitern allein war, fragten sie ihn: «Warum erzählst du solche Gleichnisse?» ¹¹Er antwortete: «Euch lässt Gott die Geheimnisse seiner neuen Welt verstehen. Zu allen anderen aber rede ich durch Gleichnisse. ¹²Denn ‹sie sollen sehen, aber nicht erkennen; sie sollen hören, aber nicht verstehen. Sonst würden sie zu Gott umkehren, und ihre Sünde würde ihnen vergeben.›» ¹³Dann sagte er zu seinen Jüngern: «Aber ich sehe, dass auch ihr diesen einfachen Vergleich nicht verstanden habt. Wie wollt ihr dann all die anderen begreifen? ¹⁴Was

der Bauer im Gleichnis aussät, ist die Botschaft Gottes. ¹⁵Die Menschen, bei denen die Saat auf den Weg fällt, haben die Botschaft zwar gehört. Aber dann kommt der Satan und nimmt ihnen alles wieder weg. ¹⁶Wie felsiger Boden sind die Menschen, die zwar die Botschaft hören und mit großer Begeisterung annehmen. ¹⁷Aber ihr Glaube hat keine starke Wurzel und deshalb keinen Bestand. Wenn diese Menschen wegen ihres Glaubens in Schwierigkeiten geraten oder gar verfolgt werden, wenden sie sich wieder von Gott ab. ¹⁸Der von Disteln überwucherte Boden entspricht den Menschen, die zwar die Botschaft hören, ¹⁹aber die Sorgen des Alltags, die Verführung durch den Wohlstand und die Gier nach all den Dingen dieses Lebens ersticken Gottes Botschaft, so dass keine Frucht wachsen kann. ²⁰Aber es gibt auch fruchtbaren Boden: Menschen, die Gottes Botschaft hören und annehmen, so dass sie Frucht bringen, dreißig-, sechzig- oder hundertfach.»

Markus 4,21–23 Dann fragte Jesus die Zuhörer: «Zündet man etwa eine Öllampe an, um sie dann unter einen Eimer oder unters Bett zu stellen? Im Gegenteil! Eine brennende Lampe stellt man so auf, dass sie den ganzen Raum erhellt. ²²Alles, was jetzt noch verborgen ist, wird einmal ans Licht kommen, und was jetzt noch ein Geheimnis ist, wird jeder verstehen. ²³Denkt genau darüber nach, was ich euch gesagt habe, und richtet euch danach!»

Markus 10,23–27 Da schaute Jesus seine Jünger an und sagte zu ihnen: «Wie schwer ist es doch für die Reichen, in Gottes neue Welt zu kommen!» ²⁴Er sah, wie entsetzt seine Jünger über diese Worte waren. Deshalb betonte er noch einmal: «Ja, wie schwer ist es doch, in die neue Welt Gottes zu gelangen! ²⁵Eher geht ein Kamel durch ein Nadelöhr, als dass ein Reicher in Gottes neue Welt kommt!» ²⁶Darüber erschraken die Jünger noch mehr, und sie fragten sich: «Wer kann dann überhaupt gerettet werden?» ²⁷Jesus sah sie an und sagte: «Für Menschen ist es unmöglich, aber nicht für Gott. Für ihn ist alles möglich!»

Markus 12,1–9 Wenn Jesus zu den Menschen redete, gebrauchte er oft Gleichnisse. So erzählte er: «Ein Mann legte einen Weinberg an, zäunte ihn ein, stellte eine Weinpresse auf und baute einen Wachturm. Dann verpachtete er den Weinberg an einige Weinbauern und reiste ins Ausland. ²Zur Zeit der Weinlese beauftragte er einen Knecht, den vereinbarten Anteil an der Ernte abzuholen. ³Aber die Weinbauern schlugen den Knecht nieder und jagten ihn mit leeren Händen davon. ⁴Da schickte der Besitzer einen zweiten Boten. Auch den beschimpften sie und schlugen ihm den Kopf blutig. ⁵Den dritten Boten des Weinbergbesitzers brachten sie um. Immer wieder versuchte der Besitzer, zu seinem Ernteanteil zu kommen. Doch alle, die in seinem Auftrag kamen, wurden verprügelt oder sogar getötet. ⁶Nun blieb nur noch einer übrig: sein einziger Sohn, den er sehr liebte. Ihn schickte er zuletzt. ‹Vor meinem Sohn werden sie Achtung haben›, sagte er sich. ⁷Aber die Weinbauern waren sich einig: ‹Jetzt kommt der Erbe! Den bringen wir um, und dann gehört der Weinberg endgültig uns.› ⁸Sie ergriffen ihn, schlugen ihn tot und warfen ihn vor den Weinberg. ⁹Was – meint ihr – wird der Besitzer des Weinbergs jetzt wohl tun? Er wird selbst kommen, die Weinbauern töten und seinen Weinberg an andere verpachten.»

Markus 12,14–17 «Lehrer», sagten sie scheinheilig, «wir wissen, dass es dir allein um die Wahrheit geht. Du redest den Leuten nicht nach dem Mund – ganz gleich, wie viel Ansehen sie besitzen. Nein, du sagst uns frei heraus, wie wir nach Gottes Willen leben sollen. Deshalb verrate uns: Ist es eigentlich Gottes Wille, dass wir dem römischen Kaiser Steuern zahlen? Sollen wir bezahlen oder nicht?» ¹⁵Jesus durchschaute ihre Falschheit und sagte: «Warum wollt ihr mir eine Falle stellen? Zeigt mir ein Geldstück!» ¹⁶Sie gaben ihm eine römische Münze. Er fragte sie: «Wessen Bild und Name ist hier eingeprägt?» Sie antworteten: «Das Bild und der Name des Kaisers!» ¹⁷«Nun, dann gebt dem Kaiser, was ihm zusteht, und gebt Gott, was ihm gehört.» Seine Zuhörer waren überrascht: Diese Antwort hatten sie nicht erwartet. (Siehe auch Matthäus 22,16–21 und Lukas 20,21–25.)

Markus 13,28–31 «Der Feigenbaum soll euch dafür ein Beispiel sein: Wenn seine Zweige saftig werden und Blätter treiben, dann wisst ihr, dass es bald Sommer ist. ²⁹Wenn nun all diese Ereignisse eintreffen, könnt ihr sicher sein: Das Kommen des Menschensohnes steht unmittelbar bevor. ³⁰Ja, ich sage euch: Dieses Volk wird nicht untergehen, bevor das alles geschieht! ³¹Himmel und Erde werden vergehen; meine Worte aber gelten für immer.»

Lukas 6,39–40 Wenn Jesus zu den Menschen sprach, gebrauchte er immer wieder Gleichnisse: «Wie kann ein Blinder einen anderen Blinden führen? Werden sie nicht beide in den Abgrund stürzen? [40]Ein Schüler steht nicht über seinem Lehrer. Im besten Fall kann er werden wie sein Lehrer, wenn er alles von ihm gelernt hat.»

Lukas 6,43–45 «Ein guter Baum trägt keine schlechten Früchte und ein kranker Baum keine guten. [44]So erkennt man jeden Baum an seinen Früchten. Von Dornbüschen kann man keine Feigen ernten und von Gestrüpp keine Weintrauben. [45]Wenn ein guter Mensch spricht, zeigt sich, was an Gutem in seinem Herzen ist. Ein Mensch mit einem bösen Herzen ist innerlich voller Gift, und alle merken es, wenn er redet. Denn wovon das Herz erfüllt ist, das spricht der Mund aus!»

Lukas 6,47–49 «Wisst ihr, mit wem ich einen Menschen vergleiche, der meine Worte hört und danach handelt? [48]Er ist wie ein Mann, der sich ein Haus bauen wollte. Zuerst hob er eine Baugrube aus, dann baute er die Fundamente seines Hauses auf felsigen Grund. Als ein Unwetter kam und die Fluten gegen das Haus brandeten, konnten sie keinen Schaden anrichten, denn das Haus war auf Felsengrund gebaut. [49]Wer sich meine Worte allerdings nur anhört und nicht danach lebt, der ist wie einer, der beim Bauen auf das Fundament verzichtet und sein Haus auf weichen Boden baut. Bei einem Unwetter unterspülen die Fluten sein Haus, es gerät aus allen Fugen und stürzt krachend ein.»

Lukas 8,4–15 Als wieder einmal eine große Menschenmenge aus allen Städten zusammengekommen war, erzählte Jesus dieses Gleichnis: [5]«Ein Bauer säte Getreide aus. Dabei fielen ein paar Saatkörner auf den Weg. Sie wurden zertreten und von den Vögeln aufgepickt. [6]Andere Körner fielen auf felsigen Boden. Sie gingen auf, aber weil es nicht feucht genug war, vertrockneten sie. [7]Einige Körner fielen zwischen die Disteln, in denen die junge Saat bald erstickte. [8]Die übrige Saat aber fiel auf fruchtbaren Boden. Das Getreide wuchs heran und brachte das Hundertfache der Aussaat als Ertrag. Hört genau auf das, was ich euch sage!» [9]Später fragten ihn seine Jünger, was er mit diesem Gleichnis sagen wollte. [10]Jesus antwortete ihnen: «Euch lässt Gott die Geheimnisse seiner neuen Welt verstehen. Zu allen anderen aber rede ich in Gleichnissen. Denn sie sollen sehen, aber nicht erkennen, sie sollen hören, aber nicht verstehen. [11]Euch aber will ich das Gleichnis erklären: Die Saat ist Gottes Botschaft. [12]Der Mensch, bei dem die Saat auf den Weg fällt, hat die Botschaft zwar gehört. Aber dann kommt der Teufel und nimmt ihm die Botschaft aus dem Herzen, damit dieser Mensch nicht glaubt und gerettet wird. [13]Wie felsiger Boden ist ein Mensch, der die Botschaft hört und mit großer Begeisterung annimmt. Aber sein Glaube hat keine starke Wurzel. Eine Zeit lang vertraut dieser Mensch Gott, doch wenn er wegen seines Glaubens in Schwierigkeiten gerät, wendet er sich wieder von Gott ab. [14]Der von Disteln überwucherte Boden entspricht einem Menschen, der die Botschaft zwar hört, bei dem aber alles beim Alten bleibt. Denn die Sorgen des Alltags, die Verführung durch den Wohlstand und die Jagd nach den Freuden dieses Lebens ersticken Gottes Botschaft, so dass keine Frucht reifen kann. [15]Aber es gibt auch fruchtbaren Boden: den Menschen, der Gottes Botschaft bereitwillig und aufrichtig annimmt. Er bewahrt sie im Herzen und lässt sich durch nichts beirren, bis sein Glaube schließlich reiche Frucht bringt.»

Lukas 8,16–18 «Niemand zündet eine Öllampe an und versteckt sie dann unter einem Eimer oder stellt sie unters Bett. Im Gegenteil! Man stellt die Lampe so auf, dass jeder, der hereinkommt, das Licht sieht. [17]Alles, was jetzt noch verborgen ist, wird einmal ans Licht kommen, und was jetzt noch ein Geheimnis ist, wird jeder verstehen. [18]Entscheidend ist, wie ihr mir zuhört. Denn wer viel hat, der bekommt noch mehr dazu. Wer aber nichts hat, dem wird selbst noch das Wenige, was er zu haben meint, genommen.»

Lukas 10,29–37 Aber der Mann [ein Schriftgelehrter] gab sich damit nicht zufrieden und fragte weiter: «Wer gehört denn eigentlich zu meinen Mitmenschen?» [30]Jesus antwortete ihm mit einer Geschichte: «Ein Mann wanderte von Jerusalem nach Jericho. Unterwegs wurde er von Räubern überfallen. Sie schlugen ihn zusammen, raubten ihn aus und ließen ihn halb tot liegen. Dann machten sie sich davon. [31]Zufällig kam bald darauf ein Priester vorbei. Er sah den Mann liegen und ging schnell auf der anderen Straßenseite weiter. [32]Genauso verhielt sich ein Tempeldiener. Er sah zwar den verletzten Mann, aber er blieb nicht stehen, sondern machte einen großen Bogen um ihn. [33]Dann kam einer der verachteten Samariter vorbei. Als er den Verletzten sah, hatte er Mitleid mit ihm. [34]Er beugte sich zu ihm hinunter, behandelte seine Wunden mit Öl und Wein und verband sie. Dann hob er ihn auf sein Reittier und brachte ihn in den nächsten

Gasthof, wo er den Kranken besser pflegen und versorgen konnte. [35]Als er am nächsten Tag weiterreisen musste, gab er dem Wirt zwei Silberstücke und bat ihn: ‹Pflege den Mann gesund! Sollte das Geld nicht reichen, werde ich dir den Rest auf meiner Rückreise bezahlen.› [36]Was meinst du?», fragte Jesus jetzt den Schriftgelehrten. «Welcher von den dreien hat an dem Überfallenen als Mitmensch gehandelt?» [37]Der Schriftgelehrte erwiderte: «Natürlich der Mann, der ihm geholfen hat.» – «Dann geh und folge seinem Beispiel!», forderte Jesus ihn auf.

Lukas 11,5–13 Dann sagte Jesus zu den Jüngern: «Stellt euch vor, einer von euch hat einen Freund. Mitten in der Nacht geht er zu ihm, klopft an die Tür und bittet ihn: ‹Leih mir doch bitte drei Brote. [6]Ich habe unerwartet Besuch bekommen und nichts im Haus, was ich ihm anbieten könnte.› [7]Vielleicht würde der Freund dann antworten: ‹Stör mich nicht! Ich habe die Tür schon abgeschlossen und liege im Bett. Außerdem könnten die Kinder in meinem Bett aufwachen. Ich kann jetzt nicht aufstehen und dir etwas geben.› [8]Das eine ist sicher: Wenn er schon nicht aufstehen und dem Mann etwas geben will, weil er sein Freund ist, so wird er schließlich doch aus seinem Bett steigen und ihm alles Nötige geben, weil der andere so unverschämt ist und ihm einfach keine Ruhe lässt. [9]Darum sage ich euch: Bittet Gott, und er wird euch geben! Sucht, und ihr werdet finden! Klopft an, und euch wird die Tür geöffnet! [10]Denn wer bittet, der bekommt. Wer sucht, der findet. Und wer anklopft, dem wird geöffnet. [11]Welcher Vater würde seinem Sohn denn eine Schlange geben, wenn er ihn um einen Fisch bittet, [12]oder einen Skorpion, wenn er ein Ei haben möchte? [13]Wenn schon ihr hartherzigen Menschen euren Kindern Gutes gebt, wie viel mehr wird der Vater im Himmel denen den Heiligen Geist schenken, die ihn darum bitten.» (Siehe auch Matthäus 7,7–11.)

Lukas 11,33–36 «Niemand zündet eine Öllampe an und versteckt sie dann oder stellt sie unter einen Eimer. Im Gegenteil! Man stellt die Lampe so auf, dass jeder, der hereinkommt, das Licht sieht. [34]Das Auge gibt dir Licht. Wenn deine Augen das Licht einlassen, wirst du auch im Licht leben. Verschließen sich deine Augen dem Licht, lebst du in Dunkelheit. [35]Deshalb achte darauf, dass das Licht in deinem Innern nicht erlischt! [36]Wenn du es einlässt und keine Finsternis in dir ist, dann lebst du im Licht – so, als würdest du von einer hellen Lampe angestrahlt.»

Lukas 12,4–7 «Meine Freunde! Habt keine Angst vor den Menschen, die euch zwar töten können, aber nicht mehr. [5]Fürchtet vielmehr Gott, denn er kann euch töten und in die Hölle werfen. Ja, fürchtet ihn allein! [6]Welchen Wert hat schon ein Spatz auf dem Dach? Man kann fünf von ihnen für einen Spottpreis kaufen. Und doch vergisst Gott keinen einzigen von ihnen. [7]Bei euch sind sogar die Haare auf dem Kopf alle gezählt. Darum habt keine Angst! Ihr seid Gott mehr wert als ein ganzer Spatzenschwarm!»

Lukas 12,15–21 Dann wandte er sich an alle: «Hütet euch vor der Habgier! Wenn jemand auch noch so viel Geld hat, das Leben kann er sich damit nicht kaufen.» [16]An einem Beispiel erklärte er seinen Zuhörern, was er damit meinte:

«Ein reicher Gutsbesitzer hatte eine besonders gute Ernte. [17]Er überlegte: ‹Wo soll ich bloß alles unterbringen? Meine Scheunen sind voll; da geht nichts mehr rein.› [18]Er beschloss: ‹Ich werde die alten Scheunen abreißen und neue bauen, so groß, dass ich das ganze Getreide, ja alles, was ich habe, darin unterbringen kann. [19]Dann will ich mich zur Ruhe setzen. Ich habe für lange Zeit ausgesorgt. Jetzt lasse ich es mir gut gehen. Ich will gut essen und trinken und mein Leben genießen!› [20]Aber Gott sagte zu ihm: ‹Du Narr! Noch in dieser Nacht wirst du sterben. Wer bekommt dann deinen ganzen Reichtum, den du angehäuft hast?› [21]So wird es allen gehen, die auf der Erde Reichtümer sammeln, aber mit leeren Händen vor Gott stehen.»

Lukas 12,35–40 [35/36]«Ihr sollt so leben wie Diener, die darauf warten, dass ihr Herr von einer Hochzeit zurückkommt. Seid wie sie dienstbereit, und lasst eure Lampen angezündet. Wenn ihr Herr zurückkommt und klopft, können sie ihm schnell öffnen. [37]Ja, freuen können sich alle, die der Herr bei seiner Rückkehr noch wach antrifft! Ich sage euch: Der Herr wird sie bitten, am Tisch Platz zu nehmen, und er selbst wird sich eine Schürze umbinden und sie bedienen. [38]Vielleicht kommt er spät am Abend, vielleicht auch erst um Mitternacht. Aber wenn er kommt und seine Diener bereit antrifft, werden sie allen Grund zur Freude haben. [39]Eins ist sicher: Wenn der Hausherr wüsste, wann ein Dieb bei ihm einbrechen will, würde er wach bleiben und sich vor dem Einbrecher schützen. [40]Seid also zu jeder Zeit bereit, denn der Menschensohn wird gerade dann kommen, wenn ihr am wenigsten damit rechnet.»

Lukas 13,6–9 Und dann erzählte Jesus ihnen dieses Gleichnis: «Ein Mann pflanzte in seinen Weinberg einen Feigenbaum. Jahr für Jahr sah er nach, ob der Baum Früchte trug. Aber vergeblich! [7]Endlich rief er seinen Gärtner: ‹Schon drei Jahre habe ich gewartet, aber noch nie hing an dem Baum auch nur eine einzige Feige. Hau ihn um. Er nimmt nur Platz weg.› [8]Aber der Gärtner bat: ‹Lass ihn noch ein Jahr stehen! Ich will diesen Baum gut düngen und sorgfältig pflegen. [9]Wenn er dann Früchte trägt, ist es gut; sonst kannst du ihn umhauen.›»

Lukas 13,24–27 «Das Tor zu Gottes neuer Welt ist schmal! Ihr müsst schon alles daransetzen, wenn ihr hineinkommen wollt. Viele versuchen es, aber nur wenigen wird es gelingen. [25]Hat der Hausherr erst einmal das Tor verschlossen, werdet ihr draußen stehen. So viel ihr dann auch klopft und bettelt: ‹Herr, mach uns doch auf!› – es ist umsonst! Er wird euch antworten: ‹Was wollt ihr von mir, ich kenne euch nicht!› [26]Ihr werdet rufen: ‹Aber wir haben doch mit dir gegessen und getrunken! Du hast bei uns gepredigt!› [27]Doch der Herr wird euch erwidern: ‹Ich habe doch schon einmal gesagt, dass ich euch nicht kenne. Menschen, die Unrecht tun, haben hier nichts verloren. Geht endlich weg!›»

Lukas 14,4–5 Als sie [die Pharisäer und Gesetzesgelehrten] ihm keine Antwort gaben, fasste Jesus den Kranken bei der Hand, heilte ihn und ließ ihn nach Hause gehen. [5]Dann fragte er die Gäste: «Was macht ihr, wenn euer Kind oder ein Ochse am Sabbat in den Brunnen fällt? Zieht ihr sie nicht sofort heraus?»

Lukas 14,8–11 «Wenn du zu einer Hochzeit eingeladen wirst, dann setz dich nicht gleich oben auf den besten Platz. Es könnte ja noch jemand kommen, der angesehener ist als du. [9]Mit ihm käme dann der Gastgeber zu dir: ‹Der Platz war für diesen Mann hier bestimmt!› Vor allen Gästen müsstest du dich an das Ende des Tisches setzen. [10]Wäre es nicht besser, du setzt dich gleich dorthin? Wenn dich dann der Gastgeber begrüßt, wird er vielleicht zu dir sagen: ‹Mein Freund, für dich habe ich einen besseren Platz!› Du wirst damit vor allen Gästen geehrt. [11]Jeder, der sich selbst ehrt, wird gedemütigt werden; aber wer sich selbst erniedrigt, wird geehrt werden.»

Lukas 14,12–14 Schließlich sagte Jesus zu seinem Gastgeber: «Zu einem Essen solltest du nicht deine Freunde, Geschwister, Verwandten oder die reichen Nachbarn einladen. Sie werden dir danken und dich wieder einladen. Dann hast du deine Belohnung schon gehabt. [13]Bitte lieber die Armen, Verkrüppelten, Gelähmten und Blinden an deinen Tisch. [14]Dann wirst du glücklich sein, denn du hast Menschen geholfen, die sich dir nicht erkenntlich zeigen können. Gott wird dich dafür belohnen, wenn er die von den Toten auferweckt, die nach seinem Willen gelebt haben.»

Lukas 14,15–24 Als einer von den Gästen das hörte, rief er: «Was für ein Glück muss das sein, in der neuen Welt Gottes zum Fest eingeladen zu werden!» [16]Jesus antwortete mit einer Geschichte: «Ein Mann bereitete ein großes Festessen vor, zu dem er viele Gäste einlud. [17]Als alles fertig war, schickte er seinen Boten zu den Eingeladenen: ‹Alles ist vorbereitet, kommt!› [18]Aber niemand kam. Jeder hatte auf einmal Ausreden. Einer sagte: ‹Ich habe ein Grundstück gekauft, das muss ich unbedingt besichtigen. Bitte entschuldige mich!› [19]Ein anderer: ‹Es geht leider nicht. Ich habe mir fünf Gespanne Ochsen angeschafft. Die muss ich jetzt ansehen!› [20]Ein dritter entschuldigte sich: ‹Ich habe gerade geheiratet. Du wirst verstehen, dass ich nicht kommen kann.› [21]Der Bote kehrte zurück und berichtete alles seinem Herrn. Der wurde sehr zornig: ‹Geh gleich auf die Straßen, auf alle Plätze der Stadt, und hole die Bettler, Verkrüppelten, Gelähmten und Blinden herein!› [22]Der Bote kam zurück und berichtete: ‹Es sind viele gekommen, aber noch immer sind Plätze frei!› [23]‹Geh auf die Landstraßen›, befahl der Herr, ‹und wer auch immer dir über den Weg läuft, den bring her! Alle sind eingeladen. Mein Haus soll voll werden. [24]Aber von denen, die ich zuerst eingeladen habe, wird keiner auch nur einen einzigen Bissen bekommen.›»

Lukas 14,25–35 Wie schon oft wurde Jesus von einer großen Menschenmenge begleitet. Er wandte sich zu ihnen um und sagte: [26]«Wenn einer mit mir gehen will, so muss ich für ihn wichtiger sein als seine Eltern, seine Frau, seine Kinder, seine Geschwister, ja wichtiger als das eigene Leben. Sonst kann er nicht mein Jünger sein. [27]Wer nicht bereit ist, sein Kreuz auf sich zu nehmen und mir nachzufolgen, der kann nicht zu mir gehören. [28]Stellt euch vor, jemand möchte einen Turm bauen. Wird er dann nicht vorher die Kosten überschlagen? [29]Er wird doch nicht einfach anfangen und riskieren, dass er bereits nach dem Bau des Fundaments aufhören muss. Die Leute würden ihn auslachen [30]und sa-

gen: ‹Einen Turm wollte er bauen! Aber sein Geld reichte nur für das Fundament!› [31]Oder stellt euch vor, ein König muss gegen einen anderen König in den Krieg ziehen: Wird er dann nicht vorher mit seinen Beratern überlegen, ob seine Armee mit zehntausend Mann die feindlichen Truppen schlagen kann, die mit zwanzigtausend Mann anrücken? [32]Wenn nicht, dann wird er, solange die Feinde noch weit entfernt sind, Unterhändler schicken, um über einen Frieden zu verhandeln. [33]Überlegt auch ihr vorher, ob ihr wirklich bereit seid, alles für mich aufzugeben und mir nachzufolgen. Sonst könnt ihr nicht meine Jünger sein. [34]Salz ist lebensnotwendig. Wenn aber das Salz fade geworden ist, wodurch soll es seine Würzkraft wiedergewinnen? [35]Es taugt nicht einmal als Dünger. Man muss es wegwerfen. Hört genau auf das, was ich euch sage!»

Lukas 15,4–7 «Wenn ein Mensch hundert Schafe hat und eins geht verloren, was wird er tun? Lässt er nicht die neunundneunzig in der Wüste zurück, um das verlorene Schaf so lange zu suchen, bis er es gefunden hat? [5]Dann wird er es glücklich auf seinen Schultern nach Hause tragen [6]und seinen Freunden und Nachbarn zurufen: ‹Kommt her, freut euch mit mir, ich habe mein Schaf wiedergefunden!› [7]Ich sage euch: So wird man sich auch im Himmel freuen über einen Sünder, der zu Gott umkehrt – mehr als über neunundneunzig andere, die nach Gottes Willen leben und nicht zu ihm umkehren müssen.»

Lukas 15,8–10 «Oder nehmt ein anderes Beispiel: Eine Frau hat zehn Silbermünzen gespart. Als ihr eines Tages eine fehlt, zündet sie sofort eine Lampe an, stellt das ganze Haus auf den Kopf und sucht in allen Ecken. [9]Endlich hat sie die Münze gefunden. Sie ruft ihre Freundinnen und Nachbarinnen zusammen und erzählt: ‹Ich habe mein Geld wieder! Freut euch mit mir!› [10]Genau so freuen sich auch die Engel Gottes, wenn ein einziger Sünder zu Gott umkehrt.»

Lukas 15,11–32 «Ein Mann hatte zwei Söhne», erzählte Jesus. [12]«Eines Tages sagte der jüngere zu ihm: ‹Vater, ich will jetzt schon meinen Anteil am Erbe ausbezahlt haben.› Da teilte der Vater sein Vermögen unter ihnen auf. [13]Nur wenige Tage später packte der jüngere Sohn alles zusammen, verließ seinen Vater und reiste ins Ausland. Dort leistete er sich, was immer er wollte. Er verschleuderte sein Geld, [14]bis er schließlich nichts mehr besaß. In dieser Zeit brach eine große Hungersnot aus. Es ging ihm sehr schlecht. [15]In seiner Verzweiflung bettelte er so lange bei einem Bauern, bis der ihn zum Schweinehüten auf die Felder schickte. [16]Oft quälte ihn der Hunger so, dass er sogar über das Schweinefutter froh gewesen wäre. Aber nicht einmal davon erhielt er etwas. [17]Da kam er zur Besinnung: ‹Bei meinem Vater hat jeder Arbeiter mehr als genug zu essen, und ich sterbe hier vor Hunger. [18]Ich will zu meinem Vater gehen und ihm sagen: Vater, ich bin schuldig geworden an Gott und an dir. [19]Sieh mich nicht länger als deinen Sohn an, ich bin es nicht mehr wert. Aber kann ich nicht als Arbeiter bei dir bleiben?› [20]Er machte sich auf den Weg und ging zurück zu seinem Vater. Der erkannte ihn schon von weitem. Voller Mitleid lief er ihm entgegen, fiel ihm um den Hals und küsste ihn. [21]Doch der Sohn sagte: ‹Vater, ich bin schuldig geworden an Gott und an dir. Sieh mich nicht länger als deinen Sohn an, ich bin es nicht mehr wert.› [22]Sein Vater aber befahl den Knechten: ‹Beeilt euch! Holt das schönste Gewand im Haus, und gebt es meinem Sohn. Bringt auch einen Ring und Sandalen für ihn! [23]Schlachtet das Mastkalb! Wir wollen essen und feiern! [24]Mein Sohn war tot, jetzt lebt er wieder. Er war verloren, jetzt ist er wiedergefunden.› Und sie begannen ein fröhliches Fest. [25]Inzwischen kam der ältere Sohn nach Hause. Er hatte auf dem Feld gearbeitet und hörte schon von weitem die Tanzmusik. [26]Erstaunt fragte er einen Knecht: ‹Was wird denn hier gefeiert?› [27]‹Dein Bruder ist wieder da›, antwortete er ihm. ‹Dein Vater hat sich darüber so gefreut, dass er das Mastkalb schlachten ließ. Jetzt feiern sie ein großes Fest.› [28]Der ältere Bruder wurde wütend und wollte nicht ins Haus gehen. Da kam sein Vater zu ihm heraus und bat: ‹Komm und freu dich mit uns!› [29]Doch er entgegnete ihm bitter: ‹All diese Jahre habe ich mich für dich geschunden. Alles habe ich getan, was du von mir verlangt hast. Aber nie hast du mir auch nur eine junge Ziege gegeben, damit ich mit meinen Freunden einmal richtig hätte feiern können. [30]Und jetzt, wo dein Sohn zurückkommt, der dein Geld mit Huren durchgebracht hat, jetzt lässt du sogar das Mastkalb schlachten!› [31]Sein Vater redete ihm zu: ‹Mein Sohn, du bist immer bei mir gewesen. Was ich habe, gehört auch dir. [32]Darum komm, wir haben allen Grund zu feiern. Denn dein Bruder war tot, jetzt hat er ein neues Leben begonnen. Er war verloren, jetzt ist er wiedergefunden!›»

Lukas 16,1–13 Danach erzählte Jesus seinen Jüngern folgende Geschichte: «Ein reicher Mann hatte einen Verwalter. Als ihm erzählt wurde, dass dieser seinen Besitz verschleuderte, ²stellte er ihn zur Rede: ‹Was muss ich von dir hören? Bring mir deine Abrechnung! Du bist entlassen!› ³Der Verwalter überlegte: ‹Was mache ich jetzt? Meinen Posten bin ich los. Ein Feld umgraben kann ich nicht, und zum Betteln bin ich zu stolz. ⁴Aber ich weiß, was ich tue. Ich mache mir Freunde, die mir weiterhelfen, wenn ich arbeitslos bin.› ⁵Er ließ alle Männer zu sich rufen, die bei seinem Herrn Schulden hatten. Den ersten fragte er: ‹Wie viel bist du meinem Herrn schuldig?› ⁶Der Mann antwortete: ‹Ich muss ihm hundert Fässer Olivenöl geben.› – ‹Hier ist dein Schuldschein!›, erklärte ihm der Verwalter. ‹Trag fünfzig ein!› ⁷‹Und wie hoch sind deine Schulden?›, fragte er einen anderen. ‹Ich schulde deinem Herrn hundert Säcke Weizen.› – ‹Hier, nimm den Schuldschein und schreib achtzig!›, forderte er ihn auf.» ⁸Jesus, der Herr, lobte das vorausplanende Handeln des gerissenen Verwalters. Denn im Umgang mit ihresgleichen sind die Menschen dieser Welt klüger und geschickter als die, die sich zu Gott bekennen. ⁹Jesus erklärte seinen Jüngern: «Ich sage euch: So klug wie dieser ungerechte Verwalter sollt auch ihr das Geld einsetzen. Macht euch Freunde damit! Dann werdet ihr, wenn euch das Geld nichts mehr nützen kann, einen Platz im Himmel bekommen. ¹⁰Doch bedenkt: Nur wer im Kleinen ehrlich ist, wird es auch im Großen sein. Wenn ihr bei kleinen Dingen unzuverlässig seid, werdet ihr es auch bei großen sein. ¹¹Geht ihr also schon mit Geld unehrlich um, wer wird euch dann die Reichtümer des Himmels anvertrauen wollen? ¹²Verwaltet ihr das Geld anderer Leute nachlässig, wer wird euch dann das schenken, was euch gehören soll? ¹³Niemand kann zwei Herren gleichzeitig dienen. Wer dem einen richtig dienen will, wird sich um die Wünsche des anderen nicht kümmern können. Er wird sich für den einen einsetzen und den anderen vernachlässigen. Auch ihr könnt nicht gleichzeitig für Gott und das Geld leben.»

Lukas 16,19–31 «Da lebte einmal ein reicher Mann», erzählte Jesus. «Er war immer sehr vornehm gekleidet und konnte sich Tag für Tag jeden Luxus leisten. ²⁰Vor dem Portal seines Hauses aber lag Lazarus, bettelarm und schwer krank. Sein Körper war über und über mit Geschwüren bedeckt. ²¹Während er dort um die Abfälle aus der Küche bettelte, kamen die Hunde und beleckten seine offenen Wunden. ²²Lazarus starb, und die Engel brachten ihn in den Himmel; dort durfte er den Ehrenplatz an Abrahams Seite einnehmen. Auch der reiche Mann starb und wurde begraben. ²³Als er im Totenreich unter Qualen erwachte, blickte er auf und erkannte in weiter Ferne Abraham, der Lazarus bei sich hatte. ²⁴‹Vater Abraham›, rief der Reiche laut, ‹hab Mitleid mit mir! Schick mir doch Lazarus! Er soll seine Fingerspitze ins Wasser tauchen und damit meine Zunge kühlen. Ich leide in diesen Flammen furchtbare Qualen!› ²⁵Aber Abraham erwiderte: ‹Mein Sohn, erinnere dich! Du hast in deinem Leben alles gehabt, Lazarus hatte nichts. Jetzt geht es ihm gut, und du musst leiden. ²⁶Außerdem liegt zwischen uns ein tiefer Abgrund. Niemand kann von der einen Seite zur anderen kommen, selbst wenn er es wollte.› ²⁷‹Vater Abraham›, bat jetzt der Reiche, ‹dann schick Lazarus doch wenigstens in das Haus meines Vaters ²⁸zu meinen fünf Brüdern. Er soll sie warnen, damit sie nach ihrem Tod nicht auch an diesen qualvollen Ort kommen.› ²⁹Aber Abraham entgegnete: ‹Deine Brüder sollen auf das hören, was sie bei Mose und den Propheten lesen können.› ³⁰Der Reiche widersprach: ‹Nein, Vater Abraham, erst wenn einer von den Toten zu ihnen käme, würden sie ihr Leben ändern.› ³¹Doch Abraham blieb dabei: ‹Wenn sie nicht auf Mose und die Propheten hören, werden sie sich auch nicht überzeugen lassen, wenn einer von den Toten aufersteht.›»

Lukas 18,1–8 Wie wichtig es ist, Gott unermüdlich um alles zu bitten, machte Jesus durch ein Gleichnis deutlich: ²«In einer Stadt lebte ein Richter, dem Gott und die Menschen gleichgültig waren. ³Tag für Tag bestürmte ihn eine Witwe mit ihrer Not: ‹Verhilf mir doch endlich zu meinem Recht!› ⁴Immer wieder stieß sie bei ihm auf taube Ohren, aber schließlich sagte er sich: ‹Mir sind zwar Gott und die Menschen gleichgültig, ⁵aber diese Frau lässt mir einfach keine Ruhe. Ich muss ihr zu ihrem Recht verhelfen, sonst wird sie am Ende noch handgreiflich.›» ⁶Und Jesus, der Herr, fügte hinzu: «Ihr habt gehört, was dieser ungerechte Richter gesagt hat. ⁷Meint ihr, Gott wird seinen Auserwählten nicht zum Recht verhelfen, wenn sie ihn Tag und Nacht darum bitten? Wird er sie etwa lange warten lassen? Nein! ⁸Ich versichere euch: Er wird ihnen schnellstens helfen. Die Frage ist: Wird der Menschensohn, wenn er kommt, auf der Erde überhaupt noch Menschen finden, die diesen Glauben haben?»

Lukas 18,9–14 Jesus erzählte ein weiteres Gleichnis. Er hatte dabei besonders die Menschen im Blick, die selbstgerecht sind und auf andere herabsehen. ¹⁰«Zwei Männer gingen in den Tempel, um zu beten. Der eine war ein Pharisäer, der andere ein Zolleinnehmer. ¹¹Selbstsicher stand der Pharisäer dort und betete: ‹Ich danke dir, Gott, dass ich nicht so bin wie andere Leute: kein Räuber, kein Gottloser, kein Ehebrecher und schon gar nicht wie dieser Zolleinnehmer da hinten. ¹²Ich faste zweimal in der Woche und gebe von allen meinen Einkünften den zehnten Teil für Gott.› ¹³Der Zolleinnehmer dagegen blieb verlegen am Eingang stehen und wagte kaum aufzusehen. Schuldbewusst betete er: ‹Gott, vergib mir, ich weiß, dass ich ein Sünder bin!› ¹⁴Ihr könnt sicher sein, dieser Mann ging von seiner Schuld befreit nach Hause, nicht aber der Pharisäer. Denn wer sich selbst ehrt, wird gedemütigt werden; aber wer sich selbst erniedrigt, wird geehrt werden.»

Lukas 18,24–27 Jesus merkte es und sagte: «Wie schwer ist es doch für die Reichen, in Gottes neue Welt zu kommen! ²⁵Eher geht ein Kamel durch ein Nadelöhr, als dass ein Reicher in Gottes neue Welt kommt.» ²⁶«Wer kann dann überhaupt gerettet werden?», fragten ihn seine Zuhörer entsetzt. ²⁷Er antwortete: «Für Menschen ist es unmöglich, aber nicht für Gott.»

Lukas 19,12–27 «Ein Fürst trat eine weite Reise an. Er sollte zum König gekrönt werden und dann wieder in sein Land zurückkehren. ¹³Bevor er abreiste, rief er zehn seiner Knechte zu sich, gab jedem ein

Pfund Silberstücke und sagte: ‹Setzt dieses Geld gewinnbringend ein! Ich komme bald zurück!› ¹⁴Viele Bürger seines Landes aber hassten ihn. Sie schickten eine Gesandtschaft hinter ihm her mit der Erklärung: ‹Diesen Mann werden wir nicht als König anerkennen!› ¹⁵Trotzdem wurde er gekrönt und kam als König in sein Land zurück. Er befahl die Knechte zu sich, denen er das Geld gegeben hatte, und wollte wissen: ‹Was habt ihr damit gemacht?› ¹⁶Der erste berichtete: ‹Herr, ich habe das Zehnfache deines Geldes als Gewinn erwirtschaftet.› ¹⁷‹Ausgezeichnet!›, rief der König. ‹Das hast du gut gemacht! Du hast dich in dieser kleinen Aufgabe bewährt. Ich vertraue dir die Verwaltung von zehn Städten an.› ¹⁸Darauf trat der nächste Mann vor und berichtete: ‹Herr, ich habe das Fünffache an Silberstücken hinzugewonnen.› ¹⁹‹Gut!›, antwortete sein Herr. ‹Du wirst Verwalter über fünf Städte.› ²⁰Nun trat ein anderer Knecht vor und sagte: ‹Herr, hier hast du dein Geld zurück. Ich habe es in ein Tuch eingewickelt und aufbewahrt! ²¹Ich fürchte dich als strengen Herrn. Denn du nimmst, was dir nicht gehört, und du erntest, was andere gesät haben.› ²²Da rief der König zornig: ‹Du richtest dich mit deinen eigenen Worten, du Nichtsnutz! Wenn du weißt, dass ich ein strenger Herr bin, dass ich nehme, was mir nicht gehört, und ernte, wo ich nicht angebaut habe, ²³warum hast du das Geld dann nicht zur Bank gebracht? Dann hätte ich wenigstens Zinsen dafür bekommen!› ²⁴Er forderte die Umstehenden auf: ‹Nehmt ihm das Geld ab und gebt es dem Mann, der zehn Pfund Silberstücke erwirtschaftet hat.› ²⁵‹Aber Herr›, widersprachen seine Leute, ‹der hat doch schon genug!› ²⁶Da sagte ihnen der König: ‹Ich versichere euch: Wer viel hat, der bekommt noch mehr dazu. Wer aber nichts hat, dem wird selbst noch das Wenige, das er hat, genommen! ²⁷Doch jetzt holt meine Feinde her, die mich nicht als König anerkennen wollten: Sie sollen vor meinen Augen hingerichtet werden!›»

Lukas 20,9–18 Nun erzählte Jesus seinen Zuhörern ein Gleichnis: «Ein Mann legte einen Weinberg an. Er verpachtete ihn an einige Weinbauern und reiste für längere Zeit ins Ausland. ¹⁰Zur Zeit der Weinlese beauftragte er einen Knecht, den vereinbarten Anteil an der Ernte abzuholen. Aber die Weinbauern schlugen den Knecht nieder und jagten ihn mit leeren Händen davon. ¹¹Da schickte der Besitzer einen zweiten Boten. Aber auch ihn schlugen und beschimpften die Weinbauern und jagten ihn weg. ¹²Er sandte einen dritten. Auch den schlugen sie blutig und vertrieben ihn. ¹³‹Was soll ich machen?›, fragte sich der Besitzer. ‹Ich werde meinen einzigen Sohn, den ich sehr liebe, zum Weinberg schicken. Vor ihm werden sie Achtung haben!› ¹⁴Als die Weinbauern aber den Sohn kommen sahen, sagten sie zueinander: ‹Jetzt kommt der Erbe. Den bringen wir um, und dann gehört der Weinberg endgültig uns!› ¹⁵Sie jagten ihn aus dem Weinberg und schlugen ihn tot. Was – meint ihr – wird der Besitzer des Weinbergs mit diesen Weinbauern machen? ¹⁶Er wird selbst kommen, sie töten und seinen Weinberg an andere verpachten!» – «So etwas darf niemals geschehen!», riefen die Zuhörer entsetzt. ¹⁷Da sah Jesus sie an und fragte: «Was bedeutet denn dieser Satz aus der Heiligen Schrift: ‹Der Stein, den die

Bauarbeiter weggeworfen haben, weil sie ihn für unbrauchbar hielten, ist zum Grundstein des ganzen Hauses geworden›?» [18]Und er fügte hinzu: «Wer auf diesen Stein fällt, wird sich zu Tode stürzen, und auf wen der Stein fällt, der wird zermalmt.»

18 Jesu Worte – ihre Rolle und Macht

Johannes 6,63 «Gottes Geist allein schafft Leben. Ein Mensch kann dies nicht. Die Worte aber, die ich euch gesagt habe, sind aus Gottes Geist; deshalb bringen sie euch das Leben.»

Johannes 8,31–32 Zu den Juden, die nun an ihn glaubten, sagte Jesus: «Wenn ihr an meinen Worten festhaltet und das tut, was ich euch gesagt habe, dann gehört ihr wirklich zu mir. [32]Ihr werdet die Wahrheit erkennen, und die Wahrheit wird euch befreien!»

Johannes 8,37–38 «Ich weiß natürlich auch, dass ihr Nachkommen Abrahams seid. Und trotzdem wollt ihr mich töten, weil ihr meine Worte nicht zu Herzen nehmt. [38]Ich spreche von dem, was ich bei meinem Vater gesehen habe. Und ihr tut, was ihr von eurem Vater gehört habt.»

Johannes 8,51 «Ich sage euch die Wahrheit: Wer meine Botschaft annimmt und danach lebt, wird niemals sterben.»

Johannes 12,47–50 «Wenn jemand auf meine Botschaft hört und nicht danach handelt, so werde ich ihn nicht verurteilen. Denn ich bin nicht als Richter der Welt gekommen, sondern als ihr Retter. [48]Wer mich ablehnt und nicht nach meiner Botschaft lebt, der hat schon seinen Richter gefunden. Was ich verkündet habe, wird ihn am Tag des Gerichts verurteilen. [49]Denn ich habe nicht eigenmächtig zu euch geredet. Der Vater hat mich gesandt und mir gesagt, was ich reden und verkünden soll. [50]Und das ist gewiss: Was er mir aufgetragen hat, euch zu sagen, führt euch zum ewigen Leben! Deshalb gebe ich euch alles so weiter, wie der Vater es mir gesagt hat.»

Johannes 14,10–11 «Glaubst du nicht, dass ich im Vater bin und der Vater in mir ist? Was ich euch sage, habe ich mir nicht selbst ausgedacht. Mein Vater, der in mir lebt, handelt durch mich. [11]Glaubt mir doch, dass der Vater und ich eins sind. Und wenn ihr schon meinen Worten nicht glaubt, dann glaubt doch wenigstens meinen Taten!»

Johannes 14,23–26 «Wer mich liebt, richtet sich nach dem, was ich ihm gesagt habe. Auch mein Vater wird ihn lieben, und wir beide werden zu ihm kommen und immer bei ihm bleiben. [24]Wer mich aber nicht liebt, der lebt auch nicht nach dem, was ich sage. Meine Worte kommen nicht von mir, sondern von meinem Vater, der mich gesandt hat. [25]Ich sage euch dies alles, solange ich noch bei euch bin. [26]Der Heilige Geist, den euch der Vater an meiner Stelle als Helfer senden wird, er wird euch an all das erinnern, was ich euch gesagt habe, und euch meine Worte erklären.»

Johannes 15,3–4 «Ihr seid schon gute Reben, weil ihr meine Botschaft gehört habt. [4]Bleibt fest mit mir verbunden, und ich werde ebenso mit euch verbunden bleiben! Denn so wie eine Rebe nur am Weinstock Früchte tragen kann, so werdet auch ihr nur Frucht bringen, wenn ihr mit mir verbunden bleibt.»

Johannes 15,7–8 «Wenn ihr aber fest mit mir verbunden bleibt und euch meine Worte zu Herzen nehmt, dürft ihr von Gott erbitten, was ihr wollt; ihr werdet es erhalten. [8]Wenn ihr viel Frucht bringt und euch so als meine Jünger erweist, wird die Herrlichkeit meines Vaters sichtbar.»

Johannes 15,10–11 «Wie mich der Vater liebt, so liebe ich euch. Bleibt in meiner Liebe! [10]Wenn ihr nach meinen Geboten lebt, wird meine Liebe euch umschließen. Auch ich richte mich nach den Geboten meines Vaters und lebe in seiner Liebe. [11]Das alles sage ich euch, damit meine Freude euch ganz erfüllt und eure Freude dadurch vollkommen wird.»

Matthäus 7,21–27 «Nicht, wer mich dauernd ‹Herr› nennt, wird in Gottes neue Welt kommen, sondern wer den Willen meines Vaters im Himmel tut. [22]Am Tag des Gerichts werden zwar viele sagen: ‹Aber Herr, wir haben doch als deine Propheten das weitergesagt, was du selbst uns aufgetragen hast! Wir haben doch in deinem Namen Dämonen ausgetrieben und mächtige Taten vollbracht!› [23]Aber ich werde ihnen antworten: ‹Ich kenne euch nicht, denn ihr habt nicht nach meinem Willen gelebt. Geht mir aus den Augen!› [24]Wer meine Worte hört und danach handelt, der ist klug. Man kann ihn mit einem Mann vergleichen, der sein Haus auf felsigen Grund baut. [25]Wenn ein Wolkenbruch niedergeht, das Hochwasser steigt und der Sturm am Haus rüttelt, wird es trotzdem nicht einstürzen, weil es auf Felsengrund gebaut ist. [26]Wer sich meine Worte nur anhört, aber nicht danach lebt, der ist so unvernünftig wie einer, der sein Haus auf Sand baut. [27]Denn wenn ein Wolkenbruch kommt, die Flut das Land überschwemmt und der Sturm um das Haus tobt, wird es aus allen Fugen geraten und krachend einstürzen.»

Matthäus 16,24–26 Danach sprach Jesus zu seinen Jüngern: «Wer mir nachfolgen will, darf nicht mehr sich selbst in den Mittelpunkt stellen, sondern muss sein Kreuz auf sich nehmen und mir nachfolgen. [25]Wer sich an sein Leben klammert, der wird es verlieren. Wer aber sein Leben für mich einsetzt, der wird es für immer gewinnen. [26]Denn was gewinnt ein Mensch, wenn ihm die ganze Welt zufällt, er selbst aber dabei Schaden nimmt? Er kann sein Leben ja nicht wieder zurückkaufen!»

Matthäus 24,34–35 «Ja, ich sage euch: Dieses Volk wird nicht untergehen, bevor das alles geschieht. [35]Himmel und Erde werden vergehen; meine Worte aber gelten für immer.» (Siehe auch Markus 13,30–31 und Lukas 21,32–33.)

Markus 4,13–20 Dann sagte er zu seinen Jüngern: «Aber ich sehe, dass auch ihr diesen einfachen Vergleich nicht verstanden habt. Wie wollt ihr dann all die anderen begreifen? [14]Was der Bauer im Gleichnis aussät, ist die Botschaft Gottes. [15]Die Menschen, bei denen die Saat auf den Weg fällt, haben die Botschaft zwar gehört. Aber dann kommt der Satan und nimmt ihnen alles wieder weg. [16]Wie felsiger Boden sind die Menschen, die zwar die Botschaft hören und mit großer Begeisterung annehmen. [17]Aber ihr Glaube hat keine starke Wurzel und deshalb keinen Bestand. Wenn diese Menschen wegen ihres Glaubens in Schwierigkeiten geraten oder gar verfolgt werden, wenden sie sich wieder von Gott ab. [18]Der von Disteln überwucherte Boden entspricht den Menschen, die zwar die Botschaft hören, [19]aber die Sorgen des Alltags, die Verführung durch den Wohlstand und die Gier nach all den Dingen dieses Lebens ersticken Gottes Botschaft, so dass keine Frucht wachsen kann. [20]Aber es gibt auch fruchtbaren Boden: Menschen, die Gottes Botschaft hören und annehmen, so dass sie Frucht bringen, dreißig-, sechzig- oder hundertfach.»

Markus 8,34–38 «Hört her!», rief Jesus seinen Jüngern und den Menschen zu, die bei ihm waren. «Wer mir nachfolgen will, der darf nicht mehr sich selbst in den Mittelpunkt stellen, sondern muss sein Kreuz auf sich nehmen und mir nachfolgen. [35]Wer sich an sein Leben klammert, der wird es verlieren. Wer aber sein Leben für mich und für Gottes rettende Botschaft einsetzt, der wird es für immer gewinnen. [36]Denn was gewinnt ein Mensch, wenn ihm die ganze Welt zufällt, er selbst aber dabei Schaden nimmt? [37]Er kann sein Leben ja nicht wieder zurückkaufen! [38]Wer sich hier vor den gottlosen Menschen schämt, sich zu mir und meiner Botschaft zu bekennen, den wird auch der Menschensohn nicht kennen, wenn er mit den heiligen Engeln in der Herrlichkeit seines Vaters kommen wird.»

Lukas 6,46–49 «Warum nennt ihr mich dauernd ‹Herr!›, wenn ihr doch nicht tut, was ich euch sage? [47]Wisst ihr, mit wem ich einen Menschen vergleiche, der meine Worte hört und danach handelt? [48]Er ist wie ein Mann, der sich ein Haus bauen wollte. Zuerst hob er eine Baugrube aus, dann baute er die Fundamente seines Hauses auf felsigen Grund. Als ein Unwetter kam und die Fluten gegen das Haus brandeten,

konnten sie keinen Schaden anrichten, denn das Haus war auf Felsengrund gebaut. [49]Wer sich meine Worte allerdings nur anhört und nicht danach lebt, der ist wie einer, der beim Bauen auf das Fundament verzichtet und sein Haus auf weichen Boden baut. Bei einem Unwetter unterspülen die Fluten sein Haus, es gerät aus allen Fugen und stürzt krachend ein.»

Lukas 9,23–26 Danach wandte sich Jesus an alle: «Wer mir nachfolgen will, darf nicht mehr sich selbst in den Mittelpunkt stellen, sondern muss sein Kreuz täglich auf sich nehmen und mir nachfolgen. [24]Wer sich an sein Leben klammert, der wird es verlieren. Wer aber sein Leben für mich einsetzt, der wird es für immer gewinnen. [25]Denn was gewinnt ein Mensch, wenn ihm die ganze Welt zufällt, er aber dabei sich selbst verliert oder Schaden nimmt? [26]Wer sich schämt, sich zu mir und meiner Botschaft zu bekennen, den wird auch der Menschensohn nicht kennen, wenn er in seiner Macht und in der Herrlichkeit des Vaters und der heiligen Engel kommen wird.»

19 Jesus über Wunder und die Suche nach Wunderzeichen

Johannes 4,48 «Wenn ihr nicht immer neue Zeichen und Wunder seht, glaubt ihr nicht», hielt Jesus ihm entgegen.

Johannes 14,12 «Ich sage euch die Wahrheit: Wer an mich glaubt, wird die gleichen Taten vollbringen wie ich – ja, sogar noch größere; denn ich gehe zum Vater.»

Matthäus 16,2–4 [2/3]Jesus sagte ihnen: «Ihr könnt das Wetter aus den Zeichen am

Himmel vorhersagen: Abendrot zeigt gutes Wetter für den nächsten Tag an, Morgenröte bedeutet schlechtes Wetter. Aber was heute vor euren Augen geschieht, das könnt ihr nicht richtig beurteilen! [4]Dieses böse, gottlose Volk verlangt einen Beweis. Doch sie werden kein anderes Wunder zu sehen bekommen als das, was an dem Propheten Jona geschah.» Mit diesen Worten ließ Jesus sie stehen und ging weg.

Matthäus 16,8–11 Jesus merkte, worüber sie [die Jünger] sprachen, und fragte: «Weshalb macht ihr euch gleich Sorgen, wenn einmal nichts zu essen da ist? Traut ihr mir so wenig zu? [9]Werdet ihr denn nie zur Einsicht kommen? Habt ihr vergessen, dass ich fünftausend Menschen mit fünf Broten gesättigt habe? Und wie viele Körbe habt ihr mit Resten gefüllt? [10]Oder denkt an die sieben Brote, die ich an viertausend Menschen verteilt habe! Und wie viel ist damals übrig geblieben! [11]Wie kommt ihr auf den Gedanken, dass ich vom Essen rede, wenn ich euch sage: Hütet euch vor dem Sauerteig der Pharisäer und Sadduzäer?»

Markus 8,12 Jesus seufzte und entgegnete ihnen: «Wie viele Beweise wollt ihr denn noch haben? Eins steht fest: Leute wie ihr werden von Gott kein Wunder zu sehen bekommen.»

Markus 8,17–21 Jesus merkte, worüber sie [die Jünger] sprachen, und fragte: «Weshalb macht ihr euch gleich Sorgen, wenn einmal nicht genug zu essen da ist? Werdet ihr denn nie verstehen, was ich meine? Könnt ihr gar nichts begreifen? Ist euer Herz denn noch immer so hart und unempfänglich? [18]Ihr habt doch Augen. Warum seht ihr nicht? Und ihr habt Ohren.

Warum hört ihr nicht? Habt ihr vergessen, [19]dass ich fünftausend Menschen mit fünf Broten gesättigt habe? Wie viel Körbe habt ihr mit Resten gefüllt?» Sie antworteten: «Zwölf.» [20]«Oder denkt an die sieben Brote, die ich an viertausend Menschen verteilt habe! Wie viel blieb damals übrig?» Sie antworteten: «Sieben Körbe voll.» [21]«Und da habt ihr immer noch nichts begriffen?», fragte sie Jesus.

Lukas 4,23–24 Jesus redete weiter [zu den Menschen in der Synagoge]: «Sicher werdet ihr mir das Sprichwort vorhalten: ‹Arzt, hilf dir selbst! In Kapernaum hast du große Wunder getan. Zeig auch hier, was du kannst!› [24]Aber ihr wisst doch: Ein Prophet gilt nichts in seiner Heimatstadt.»

Lukas 12,54–56 Dann redete Jesus wieder zu allen: «Wenn die Wolken von Westen kommen, sagt ihr: ‹Es gibt Regen›, und das stimmt auch. [55]Wenn der Wind von Süden weht, sagt ihr: ‹Es wird heiß›, und ihr habt Recht. [56]Ihr Heuchler! Das Wetter könnt ihr aus den Zeichen am Himmel vorhersagen. Warum könnt ihr dann nicht beurteilen, was heute vor euren Augen geschieht?»

20 Jesus, Brot vom Himmel und Brot des Lebens

Johannes 6,32–33 Jesus entgegnete: «Ich versichere euch: Nicht Mose gab euch das Brot vom Himmel! Das wahre Brot vom Himmel gibt euch jetzt mein Vater. [33]Und nur dieses Brot, das vom Himmel kommt, schenkt der Welt das Leben.»

Johannes 6,48–51 «Ich selbst bin das Brot, das euch dieses Leben gibt! [49]Eure Vorfahren haben in der Wüste das Manna, das Brot vom Himmel, gegessen und sind doch alle gestorben. ⁵⁰Aber hier ist das wahre Brot, das vom Himmel kommt. Wer davon isst, wird nicht sterben. ⁵¹Ich bin dieses Brot, das von Gott gekommen ist und euch das Leben gibt. Jeder, der dieses Brot isst, wird ewig leben. Dieses Brot ist mein Leib, den ich hingeben werde, damit die Welt leben kann.»

Johannes 6,53–58.61–64 Darauf erwiderte Jesus: «Das eine steht unumstößlich fest: Wenn ihr den Leib des Menschensohnes nicht esst und sein Blut nicht trinkt, habt ihr kein Leben in euch. ⁵⁴Nur wer meinen Leib isst und mein Blut trinkt, der hat ewiges Leben, und ihn werde ich am letzten Tag auferwecken. ⁵⁵Denn mein Leib ist die lebensnotwendige Nahrung und mein Blut der Leben spendende Trank. ⁵⁶Wer meinen Leib isst und mein Blut trinkt, der bleibt in mir, und ich bleibe in ihm. ⁵⁷Ich lebe durch die Kraft des lebendigen Gottes, der mich gesandt hat. Ebenso wird jeder, der meinen Leib isst, durch mich leben. ⁵⁸Nun wisst ihr, was ich mit dem Brot meine, das vom Himmel zu euch gekommen ist! Eure Vorfahren haben zwar auch in der Wüste Brot vom Himmel gegessen, aber sie sind trotzdem gestorben. Doch wer dieses Brot isst, wird für immer leben.» […] ⁶¹Jesus wusste, dass selbst seine Jünger entrüstet waren, und fragte sie deshalb: «Nehmt ihr schon daran Anstoß? ⁶²Was werdet ihr erst sagen, wenn ihr seht, wie der Menschensohn dahin zurückkehrt, woher er gekommen ist? ⁶³Gottes Geist allein schafft Leben. Ein Mensch kann dies nicht. Die Worte aber, die ich euch gesagt habe, sind aus Gottes Geist; deshalb bringen sie euch das Leben. ⁶⁴Aber einige von euch glauben mir trotzdem nicht.» Jesus wusste nämlich von Anfang an, wer nicht an ihn glaubte und wer ihn später verraten würde.

2

Jesus im O-Ton über Gott den Vater

Was Jesus Christus uns über seinen himmlischen Vater sagt

Seit es Menschen gibt, haben Männer und Frauen immer und überall darüber nachgegrübelt, ob es einen Gott (oder Götter) gibt. Die meisten von ihnen schufen sich ihre eigenen Götter – sie formten sie aus Metall oder schnitzten sie aus Holz oder Stein. Die meisten Völker glaubten an eine Vielzahl von Göttern, und sie schufen Rituale und Religionen, um diesen zu gefallen und sie günstig zu stimmen. Die Hebräer hingegen glaubten, dass es *einen* allmächtigen Gott gibt und außer ihm keine anderen Götter.

Dann sind da noch die Agnostiker und die, die selbstherrlich verkünden, sie seien Atheisten. Agnostiker sagen, sie wüssten einfach nicht, ob es einen Gott gebe oder nicht. Im Gegensatz dazu nehmen Atheisten für sich in Anspruch, allen anderen intellektuell überlegen zu sein – sie sagen, sie wüssten, dass es keinen Gott gebe. So behauptete erst kürzlich ein bekannter liberaler Politsatiriker: «Ist Ihnen schon aufgefallen, dass alle intelligenten Menschen Atheisten sind?»[6]

Er wollte selbst besonders intelligent erscheinen, doch das war eine der unzutreffendsten Behauptungen, die man sich nur vorstellen kann. Denkt er, Männer wie George Washington, Benjamin Franklin, Thomas Jefferson und Abraham Lincoln wären Idioten gewesen? Will er etwa sagen, dass Thomas Edison, Henry Ford, John D. Rockefeller, Albert Schweitzer, Albert Einstein, Wernher von Braun (Begründer der amerikanischen Raumfahrt) und Tausende weiterer Wissenschaftler und Ärzte, die erklärtermaßen an Gott glaubten, samt und sonders beschränkt gewesen wären?

---

[6] Bill Maher, Interview mit Larry King auf «Larry King Live».

Oder wie steht's mit J.R.R. Tolkien, dem Oxford-Professor, der uns nicht nur die Trilogie *Der Herr der Ringe* gab, sondern auch einen ebenso brillanten wie einfachen Beweis der Gottheit Jesu Christi? Mithilfe der Aussagen Jesu über sich selbst schaffte er es, dass sein Professorenkollege C.S. Lewis, damals der entschiedenste Atheist an der Universität Oxford, zu einem der leidenschaftlichsten christlichen Apologeten der Welt wurde.

Ich kenne keinen, der das Leben und die Lehre Jesu Christi gründlich und intellektuell redlich erforscht hätte und anschließend nicht überzeugt gewesen wäre, dass Jesus Christus tatsächlich der war, der zu sein er vorgab. Tatsächlich wurde jeder, aber auch jeder Zweifler (von dem ich gelesen oder den ich persönlich gekannt habe – unter ihnen die hellsten Köpfe der Welt), der Jesu Worte erforscht hat, zum Nachfolger Christi, zum Beispiel eben C.S. Lewis, General Lew Wallace und Dr. Charles Payne. Zwei dieser Männer hatten beweisen wollen, dass der christliche Glaube nur auf Mythen beruht, aber dann kamen sie zum Glauben an Gott und wurden treue Nachfolger Jesu Christi. Solch eine Macht liegt in den Worten Jesu.

Wenn es wirklich einen Gott gibt, was ist dann sein Wille?

Wenn wir glauben, dass es einen Gott gibt, dann sind die beiden wichtigsten Fragen überhaupt: «Wie ist er?» und «Was will er?». Ist er der furchterregende Gott, dem so viele Völker vergangener Zeiten ihre eigenen Mitmenschen geopfert haben? Oder ist er ein Gott nach Art des New Age, bei dem jeder so sein darf, wie er will? Oder ist er ein gutmütiger Weihnachtsmann, der jeden mag und verwöhnt und der keinerlei Forderungen an uns stellt?

Jesus beantwortete diese Fragen und jede andere Frage, die wir über Gott haben könnten. Seine Antworten waren nicht getrübt durch Vermutungen, Vorurteile oder Traditionen. Er antwortete auf der Grundlage seines vollkommenen Erfahrungswissens. Er kannte Gott besser, als je ein Mensch einen engen Angehörigen kennen könnte. Aus diesem Erfahrungswissen offenbarte Jesus die absolute Wahrheit über Gott den Vater, die erste Person der Dreieinigkeit.

Jesus verkündigte, es gebe nur *einen* wahren Gott, und er selbst sei der Einzige, der Gott je gesehen und erkannt hätte. Jesus nannte ihn Gott, und er nannte ihn seinen himmlischen Vater. Jesus beanspruchte, Gott der Vater höchstpersönlich habe ihn mit einem messianischen Auftrag auf die Erde gesandt. Er behauptete, alles, was er – Jesus Christus – sage und tue, käme direkt von Gott. Ja, Jesus verkündete, er sei mit seinem Vater vollkommen eins, der Vater sei in ihm und er sei im Vater. Mehr noch: Jesus sagte, wer ihn sehe und höre, habe damit *Gott den Vater* gesehen und gehört.

In diesem Kapitel begegnen Sie allen Aussagen Jesu über Gott, über sein Wesen, seinen Geist, seine Vaterschaft und seine Eigenschaften. Lesen Sie aus erster Hand die Enthüllungen Jesu über seine Beziehung zu Gott und über das, was Gott will, wenn er mit Ihnen und mit mir eine Beziehung pflegt. Entdecken Sie, was Jesus über Gottes Liebe und Güte sagt, über seine Worte und seine Werke. Sehen Sie, was Sie tun können, um Gott zu ehren und zu verherrlichen. Außerdem erfahren Sie, was Jesus uns über Gottes Wünsche und Ziele geoffenbart hat.

Wir alle haben unsere vorgefassten Meinungen über Gott. Wir denken, wir wüssten schon, was er von uns will und was er uns anbietet. Leider sind viele unserer Annahmen und Schlussfolgerungen gegenstandslos. In diesem Kapitel lesen Sie die Wahrheit über Gott auf der Grundlage des Erfahrungswissens Jesu Christi. Er und nur er allein konnte alle diese wichtigen Facetten Gottes enthüllen.

In Johannes 14,9 sagte Jesus: «Wer mich sieht, sieht auch den Vater.» Zusammen mit Jesu Leben und seinen Werken bieten die Worte Jesu eine vollkommene und umfassende Offenbarung Gottes des Vaters. Wollen Sie wissen, was Gott denkt und welche Gefühle er hat, wie er handelt und wirkt, was ihn betrübt und was ihn erfreut? Dann lesen Sie die Worte Jesu Christi und beobachten Sie sein Verhalten.

1 Ehrfurcht vor Gott

Johannes 4,23–24 «Doch es kommt die Zeit – ja, sie ist schon da –, in der die Menschen den Vater überall anbeten werden, weil sie von seinem Geist und seiner Wahrheit erfüllt sind. Von diesen Menschen will der Vater angebetet werden. ²⁴Denn Gott ist Geist. Und wer Gott anbeten will, muss von seinem Geist erfüllt sein und in seiner Wahrheit leben.»

Johannes 5,22–23 «Denn nicht der Vater spricht das Urteil über die Menschen, er hat das Richteramt vielmehr dem Sohn übertragen. ²³damit alle den Sohn ehren, genauso wie den Vater. Wer aber den Sohn nicht als Herrn anerkennen will, der verachtet auch die Herrschaft des Vaters, der ja den Sohn gesandt hat.»

Matthäus 23,6–12 «Bei euren Festen wollen sie die Ehrenplätze bekommen, und auch in der Synagoge sitzen sie stets in der ersten Reihe. ⁷Es gefällt ihnen, wenn man sie auf der Straße ehrfurchtsvoll grüßt und ‹Meister› nennt. ⁸Lasst ihr euch nicht so anreden! Nur Gott ist euer Meister, ihr seid untereinander alle Geschwister. ⁹Niemanden auf der Erde sollt ihr ‹Vater› nennen, denn nur einer ist euer Vater: Gott im Himmel. ¹⁰Ihr sollt euch auch nicht Lehrer nennen lassen, weil ihr nur einen Lehrer habt: Christus. ¹¹Wer unter euch groß sein will, der soll allen anderen dienen. ¹²Alle, die sich selbst ehren, werden gedemütigt werden. Wer sich aber selbst erniedrigt, wird geehrt werden.»

Markus 7,6–9 Jesus antwortete: «Wie Recht hat Jesaja, wenn er von euch Heuchlern schreibt: ‹Diese Leute ehren Gott mit den Lippen, aber mit dem Herzen sind sie nicht dabei. ⁷Ihr Gottesdienst ist wertlos, weil sie ihre menschlichen Gesetze als Gebote Gottes ausgeben.› ^{8/9}Ja, ihr beachtet Gottes Gebote nicht, sondern ersetzt sie durch eure Vorschriften!» [Das Gegenteil von wahrer Ehrfurcht vor Gott.]

2 Gott der Vater

Jesus sprach mehr über Gott den Vater und seine innige Vaterbeziehung als über irgendetwas anderes. Lesen Sie diese Verse, und sprechen Sie mit Gott darüber, und Ihnen wird auffallen, mit welcher Liebe und Verehrung der Sohn Gottes seinem Vater begegnet. Nehmen Sie Jesu vollkommenen Gehorsam wahr und sein starkes Bedürfnis, seinem himmlischen Vater zu dienen, ihm zu gefallen und ihn zu verherrlichen. Und staunen Sie darüber, dass Gott sich die Beziehung zu uns genau so wünscht. Sie ist möglich dank dem schrecklichen und herrlichen Sühneopfer Jesu auf Golgatha. Er hat auch Ihnen und mir den Weg gebahnt für eine innige und erfüllende Beziehung zu unserem himmlischen Vater.

Johannes 5,19–20 Zu dieser Anschuldigung der Juden sagte Jesus: «Ich sage euch die Wahrheit: Von sich aus kann der Sohn gar nichts tun, sondern er tut nur das, was er auch den Vater tun sieht. Was aber der Vater tut, das tut auch der Sohn! ²⁰Denn weil der Vater den Sohn liebt, zeigt er ihm alles, was er selbst tut. Und er wird ihn noch viel größere Wunder tun lassen, so dass ihr staunen werdet.»

Johannes 5,22–23 «Denn nicht der Vater spricht das Urteil über die Menschen, er hat das Richteramt vielmehr dem Sohn übertragen. ²³damit alle den Sohn ehren, genauso wie den Vater. Wer aber den Sohn nicht als Herrn anerkennen will, der verachtet auch die Herrschaft des Vaters, der ja den Sohn gesandt hat.»

Johannes 5,26–27 «Denn in Gott ist das Leben, und nach Gottes Willen hat auch der Sohn dieses Leben in sich. ²⁷Er hat ihm die Macht gegeben, die ganze Menschheit zu richten, weil er der Menschensohn ist.»

Johannes 5,37–38 «Gott selbst, der mich gesandt hat, ist also mein Zeuge. Aber ihr habt noch niemals seine Stimme gehört, habt ihn nie gesehen. ³⁸Ihr lebt nicht nach dem, was er gesagt hat; sonst würdet ihr den nicht ablehnen, den Gott zu euch gesandt hat.»

Johannes 6,37–40 «Alle Menschen, die mir der Vater gibt, werden zu mir kommen, und keinen von ihnen werde ich zurückstoßen. ³⁸Denn ich bin nicht vom Himmel gekommen, um zu tun, was ich will, sondern um den Willen des Vaters zu erfüllen, der mich gesandt hat. ³⁹Und das ist Gottes Wille: Kein Einziger von denen, die er mir anvertraut hat, soll verloren gehen. Ich werde sie alle am letzten Tag zum Leben erwecken. ⁴⁰Denn nach dem Willen meines Vaters wird jeder, der den Sohn sieht und an ihn glaubt, für immer leben. Ich werde ihn am letzten Tag vom Tod auferwecken.»

Johannes 6,44 «Keiner kann zu mir kommen, wenn nicht der Vater, der mich gesandt hat, ihn zu mir bringt. Und alle diese Menschen, die er mir gibt, will ich am letzten Tag zum Leben erwecken.»

Johannes 6,46 «Das bedeutet aber nicht, dass jemals ein Mensch den Vater gesehen hat. Nur einer hat ihn wirklich gesehen: der eine, der von Gott gekommen ist.»

Johannes 7,16–19 Jesus beantwortete ihre Frage: «Was ich euch sage, sind nicht meine eigenen Gedanken. Es sind die Worte Gottes, der mich gesandt hat. ¹⁷Wer von euch bereit ist, Gottes Willen zu tun, der wird erkennen, ob diese Worte von Gott kommen oder ob es meine eigenen Gedanken sind. ¹⁸Wer seine eigene Lehre verbreitet, dem geht es um das eigene Ansehen. Wer aber Anerkennung und Ehre für den sucht, der ihn gesandt hat, der ist vertrauenswürdig und tut nichts, was seinem Auftrag widerspricht. ¹⁹Mose hat euch das Gesetz gegeben; aber keiner von euch lebt nach diesem Gesetz! Mit welchem Recht also wollt ihr mich töten?»

Johannes 8,25–26 «Dann sag uns, wer du bist!», forderten sie ihn auf. Jesus erwiderte: «Darüber habe ich doch von Anfang an mit euch geredet. ²⁶Ich hätte euch viel vorzuwerfen und viel an euch zu verurteilen. Trotzdem sage ich euch nur, was ich von dem gehört habe, der mich gesandt hat. Er ist wahrhaftig und zuverlässig.»

Johannes 8,28–29 Deshalb erklärte er ihnen: «Wenn ihr den Menschensohn erhöht habt, werdet ihr erkennen, wer ich bin, und einsehen, dass ich nichts von mir aus tue, sondern weitergebe, was mir mein Vater gesagt hat. ²⁹Er, der mich gesandt hat, ist bei mir und lässt mich nie allein, weil ich immer das tue, was ihm gefällt.»

Johannes 8,54 Jesus entgegnete: «Würde ich mich selbst loben, könntet ihr mir zu Recht misstrauen. Aber mich ehrt mein Vater.»

Johannes 10,17 «Der Vater liebt mich, weil ich mein Leben hingebe, um es neu zu empfangen.»

Johannes 10,30 «Ich und der Vater sind eins.»

Johannes 10,37–38 «Wenn ich nicht das tue, was mein Vater will, braucht ihr mir nicht zu glauben. [38]Tue ich es aber, dann glaubt doch wenigstens diesen Taten, wenn ihr schon mir nicht glauben wollt! Dann werdet ihr endlich erkennen und glauben, dass der Vater in mir ist und ich im Vater bin!»

Johannes 12,44–45 Laut verkündete Jesus: «Wer an mich glaubt, der glaubt in Wahrheit an den, der mich gesandt hat. [45]Und wenn ihr mich seht, dann seht ihr den, der mich gesandt hat!»

Johannes 12,49–50 «Denn ich habe nicht eigenmächtig zu euch geredet. Der Vater hat mich gesandt und mir gesagt, was ich reden und verkünden soll. [50]Und das ist gewiss: Was er mir aufgetragen hat, euch zu sagen, führt euch zum ewigen Leben! Deshalb gebe ich euch alles so weiter, wie der Vater es mir gesagt hat.»

Johannes 14,1–2 «Seid nicht bestürzt, und habt keine Angst!», ermutigte Jesus seine Jünger. «Vertraut Gott, und vertraut mir! [2]Denn im Haus meines Vaters gibt es viele Wohnungen. Sonst hätte ich euch nicht gesagt: Ich gehe hin, um dort alles für euch vorzubereiten.»

Johannes 14,7 «Kennt ihr mich, dann kennt ihr auch meinen Vater. Von jetzt an kennt ihr ihn; ja, ihr habt ihn schon gesehen!»

Johannes 14,10–11 «Glaubst du nicht, dass ich im Vater bin und der Vater in mir ist? Was ich euch sage, habe ich mir nicht selbst ausgedacht. Mein Vater, der in mir lebt, handelt durch mich. [11]Glaubt mir doch, dass der Vater und ich eins sind. Und wenn ihr schon meinen Worten nicht glaubt, dann glaubt doch wenigstens meinen Taten!»

Johannes 14,20 «Dann werdet ihr erkennen, dass ich eins bin mit meinem Vater und dass ihr in mir seid und ich in euch bin.»

Johannes 14,23 «Wer mich liebt, richtet sich nach dem, was ich ihm gesagt habe. Auch mein Vater wird ihn lieben, und wir beide werden zu ihm kommen und immer bei ihm bleiben.»

Johannes 14,28 «Ihr habt gehört, was ich euch gesagt habe: Ich gehe jetzt, aber ich komme wieder. Wenn ihr mich wirklich lieben würdet, dann würdet ihr euch darüber freuen, dass ich jetzt zum Vater gehe; denn er ist größer als ich.»

Johannes 15,1–2 «Ich bin der wahre Weinstock, und mein Vater ist der Weingärtner. [2]Alle Reben am Weinstock, die keine Trauben tragen, schneidet er ab. Aber die Frucht tragenden Reben beschneidet er sorgfältig, damit sie noch mehr Frucht bringen.»

Johannes 15,9–10 «Wie mich der Vater liebt, so liebe ich euch. Bleibt in meiner Liebe! [10]Wenn ihr nach meinen Geboten lebt, wird meine Liebe euch umschließen. Auch ich richte mich nach den Geboten meines Vaters und lebe in seiner Liebe.»

Johannes 15,23–24 «Denn wer mich hasst, der hasst auch meinen Vater. [24]Wenn ich nicht vor aller Augen Gottes Wunder vollbracht hätte, die kein anderer tun kann, wären sie ohne Schuld. Aber nun haben sie alles miterlebt, und trotzdem hassen sie mich und auch meinen Vater.»

Johannes 16,32 «Ihr sollt nämlich wissen: Die Zeit wird kommen – ja, sie ist schon da –, in der man euch auseinander treibt. Ihr werdet euch in Sicherheit bringen und mich allein lassen. Aber auch dann werde ich nicht allein sein, denn der Vater ist bei mir.»

Johannes 17,1–4 Nach diesen Worten sah Jesus zum Himmel auf und betete: «Vater, die Zeit ist gekommen! Lass jetzt die Herrlichkeit deines Sohnes erkennbar werden, damit dein Sohn deine Herrlichkeit sichtbar macht. [2]Du hast ihm Macht über die Menschen gegeben, damit er allen ewiges Leben schenkt, die du ihm anvertraut hast. [3]Und das allein ist ewiges Leben: dich, den einen wahren Gott, zu erkennen, und Jesus Christus, den du gesandt hast. [4]Ich habe hier auf der Erde den Menschen gezeigt, wie herrlich du bist. Ich habe deinen Auftrag erfüllt.»

Johannes 17,6 «Ich habe den Menschen gezeigt, wer du [Gott] bist, und zwar allen, die du aus der Welt herausgerufen und mir anvertraut hast. Dir gehörten sie schon immer, und du hast sie mir gegeben. Sie haben sich deine Worte zu Herzen genommen.»

Johannes 17,9–11 «Für sie [die Jünger] bitte ich dich jetzt: für die Menschen, die du mir anvertraut hast und die zu dir gehören; nicht für die ganze Welt. [10]Denn alles, was ich habe, das gehört dir, und was du hast, das gehört auch mir. An ihnen zeigt sich meine Herrlichkeit. [11]Ich verlasse jetzt die Welt und komme zu dir. Sie aber bleiben zurück. Heiliger Vater, erhalte sie in der Gemeinschaft mit dir, damit sie eins werden wie wir.»

Johannes 17,20–23 «Ich bitte aber nicht nur für sie [die Jünger], sondern für alle, die durch ihre Worte von mir hören werden und an mich glauben. [21]Sie alle sollen eins sein, genauso wie du, Vater, mit mir eins bist. So wie du in mir bist und ich in dir bin, sollen auch sie in uns fest miteinander verbunden sein. Dann wird die Welt glauben, dass du mich gesandt hast. [22]Deshalb habe ich ihnen auch die Herrlichkeit gegeben, die du mir anvertraut hast, damit sie die gleiche enge Gemeinschaft haben wie wir. [23]Ich bleibe in ihnen, und du bleibst in mir. Genau so sollen auch sie ganz eins sein. Und die Welt wird erkennen, dass du mich gesandt hast und dass du meine Jünger liebst, wie du mich liebst.»

Johannes 20,17 Jesus sagte: «Halte mich nicht fest! Denn ich bin noch nicht zu meinem Vater zurückgekehrt. Geh aber zu meinen Brüdern und sag ihnen: Ich gehe zurück zu meinem Vater und zu eurem Vater, zu meinem Gott und zu eurem Gott!»

Matthäus 5,8–9 «Glücklich sind, die ein reines Herz haben, denn sie werden Gott sehen. [9]Glücklich sind, die Frieden stiften, denn Gott wird sie seine Kinder nennen.»

Matthäus 5,44–48 «Ich sage aber: Liebt eure Feinde und betet für alle, die euch verfolgen! [45]So erweist ihr euch als Kinder eures Vaters im Himmel. Denn er lässt seine Sonne für Böse wie für Gute scheinen, und er lässt es regnen für Fromme und Gottlose. [46]Wollt ihr etwa noch dafür belohnt werden, dass ihr die Menschen liebt, die euch auch lieben? Das tun sogar die Zolleinnehmer, die sonst nur auf ihren Vorteil aus sind! [47]Wenn ihr nur euren Freunden liebevoll begegnet, ist das etwas Besonderes?

Das tun auch die, die von Gott nichts wissen. [48]Ihr aber sollt so vollkommen sein wie euer Vater im Himmel.»

Matthäus 6,3–4 «Wenn du jemandem hilfst, dann soll deine linke Hand nicht wissen, was die rechte tut; [4]niemand soll davon erfahren. Dein Vater, der auch das Verborgene sieht, wird dich dafür belohnen.»

Matthäus 6,6–8 «Wenn du beten willst, geh in dein Zimmer, schließ die Tür hinter dir zu, und bete zu deinem Vater. Und dein Vater, der auch das Verborgene sieht, wird dich dafür belohnen. [7]Leiere nicht endlose Gebete herunter wie Leute, die Gott nicht kennen. Sie meinen, sie würden bei Gott etwas erreichen, wenn sie nur viele Worte machen. [8]Folgt nicht ihrem schlechten Beispiel, denn euer Vater weiß genau, was ihr braucht, noch ehe ihr ihn um etwas bittet.»

Matthäus 6,14–15 «Euer Vater im Himmel wird euch vergeben, wenn ihr den Menschen vergebt, die euch Unrecht getan haben. [15]Wenn ihr ihnen aber nicht vergeben wollt, dann wird Gott auch eure Schuld nicht vergeben.»

Matthäus 6,17–18 «Wenn du fastest, dann pflege dein Äußeres so, [18]dass keiner etwas von deinem Verzicht merkt – außer deinem Vater im Himmel. Dein Vater, der auch das Verborgene sieht, wird dich belohnen.»

Matthäus 7,7–11 «Bittet Gott, und er wird euch geben! Sucht, und ihr werdet finden! Klopft an, und euch wird die Tür geöffnet! [8]Denn wer bittet, der bekommt. Wer sucht, der findet. Und wer anklopft, dem wird geöffnet. [9]Würde jemand von euch seinem Kind einen Stein geben, wenn es um ein Stück Brot bittet? [10]Oder eine giftige Schlange, wenn es um einen Fisch bittet? [11]Wenn schon ihr hartherzigen Menschen euren Kindern Gutes gebt, wie viel mehr wird euer Vater im Himmel denen Gutes schenken, die ihn darum bitten!»

Matthäus 10,19–20 «Wenn sie euch vor Gericht bringen, braucht ihr euch nicht darum zu sorgen, was ihr aussagen sollt! Denn zur rechten Zeit wird Gott euch das rechte Wort geben. [20]Nicht ihr werdet es sein, die Rede und Antwort stehen, sondern der Geist eures Vaters im Himmel wird durch euch sprechen.»

Matthäus 11,25–26 Jesus betete: «Mein Vater, Herr über Himmel und Erde! Ich danke dir, dass du die Wahrheit vor den Klugen und Gebildeten verbirgst und sie den Unwissenden enthüllst. [26]Ja, Vater, so entspricht es deinem Willen.»

Matthäus 11,27 «Mein Vater hat mir alle Macht gegeben. Nur der Vater kennt den Sohn. Und nur der Sohn kennt den Vater und jeder, dem der Sohn ihn zeigt.»

Matthäus 18,10.12–14 «Hütet euch davor, hochmütig auf die herabzusehen, die euch gering erscheinen. Denn ich sage euch: Ihre Engel haben immer Zugang zu meinem Vater im Himmel. [...] [12]Was meint ihr: Wenn ein Mann hundert Schafe hat und eins läuft ihm davon, was wird er tun? Lässt er nicht die neunundneunzig in den Bergen zurück, um das verirrte Schaf zu suchen? [13]Und ich versichere euch: Wenn er es endlich gefunden hat, freut er sich über dieses eine mehr als über die neunundneunzig, die sich nicht verlaufen hatten. [14]Ebenso will mein Vater nicht, dass auch nur einer, und sei es der Geringste, verloren geht.»

Matthäus 19,17 Jesus entgegnete: «Wieso fragst du mich nach dem Guten? Es gibt nur einen, der gut ist, und das ist Gott. Du kannst ewiges Leben bekommen, wenn du Gottes Gebote befolgst.»

Matthäus 25,34 «Dann wird der König zu denen an seiner rechten Seite sagen: ‹Kommt her! Euch hat mein Vater gesegnet. Nehmt die neue Welt Gottes in Besitz, die er seit Erschaffung der Welt für euch als Erbe bereithält!›»

Markus 11,22–25 Da antwortete Jesus: «Ihr müsst Gott ganz vertrauen! 23Denn das ist sicher: Wenn ihr glaubt und nicht im Geringsten daran zweifelt, dass es wirklich geschieht, könnt ihr zu diesem Berg hier sagen: ‹Hebe dich von der Stelle, und stürze dich ins Meer!›, und es wird geschehen. 24Ja, ich sage euch: Um was ihr auch bittet – glaubt fest, dass ihr es schon bekommen habt, und Gott wird es euch geben! 25Aber wenn ihr ihn um etwas bittet, sollt ihr vorher den Menschen vergeben, mit denen ihr nicht zurechtkommt. Dann wird euch der Vater im Himmel eure Schuld auch vergeben.»

Lukas 11,2–4 Jesus antwortete ihnen: «So sollt ihr beten: ‹Unser Vater im Himmel! Dein heiliger Name soll geehrt werden. Lass deine neue Welt beginnen. 3Gib uns auch heute wieder, was wir zum Leben brauchen. 4Vergib uns unsere Schuld, wie wir denen vergeben, die uns Unrecht getan haben. Lass uns nicht in Versuchung geraten, dir untreu zu werden.›»

Lukas 11,9–13 «Darum sage ich euch: Bittet Gott, und er wird euch geben! Sucht, und ihr werdet finden! Klopft an, und euch wird die Tür geöffnet! 10Denn wer bittet, der bekommt. Wer sucht, der findet. Und wer anklopft, dem wird geöffnet. 11Welcher Vater würde seinem Sohn denn eine Schlange geben, wenn er ihn um einen Fisch bittet, 12oder einen Skorpion, wenn er ein Ei haben möchte? 13Wenn schon ihr hartherzigen Menschen euren Kindern Gutes gebt, wie viel mehr wird der Vater im Himmel denen den Heiligen Geist schenken, die ihn darum bitten.»

3 Gottes Allmacht

Johannes 10,27–30 «Meine Schafe erkennen meine Stimme; ich kenne sie, und sie folgen meinem Ruf. 28Ihnen gebe ich das ewige Leben, und sie werden niemals umkommen. Niemand kann sie aus meiner Hand reißen. 29Mein Vater hat sie mir gegeben, und er ist stärker als alle anderen Mächte. Deshalb kann sie auch keiner der Hand meines Vaters entreißen. 30Ich und der Vater sind eins.»

Johannes 15,16 «Nicht ihr habt mich erwählt, sondern ich euch, damit ihr euch auf den Weg macht und Frucht bringt, die bleibt.»

Johannes 19,11 Jetzt antwortete Jesus: «Du [Pilatus] hättest keine Macht über mich, wäre sie dir nicht von Gott gegeben. Deswegen haben die Leute größere Schuld auf sich geladen, die mich dir ausgeliefert haben.»

Matthäus 10,27–31 «Was ich euch im Dunkeln sage, das gebt am helllichten Tag weiter! Was ich euch ins Ohr flüstere, das ruft vor aller Welt laut hinaus! 28Habt keine Angst vor den Menschen, die zwar den Körper, aber nicht die Seele töten können! Fürchtet vielmehr Gott, der Leib und Seele in der Hölle vernichten kann. 29Welchen

Wert hat schon ein Spatz auf dem Dach? Man kann zwei von ihnen für einen Spottpreis kaufen! Trotzdem fällt keiner tot zur Erde, wenn es euer Vater nicht will. ³⁰Bei euch sind sogar die Haare auf dem Kopf alle gezählt. ³¹Darum habt keine Angst! Ihr seid Gott mehr wert als ein ganzer Spatzenschwarm.»

Matthäus 11,25–26 Jesus betete: «Mein Vater, Herr über Himmel und Erde! Ich danke dir, dass du die Wahrheit vor den Klugen und Gebildeten verbirgst und sie den Unwissenden enthüllst. ²⁶Ja, Vater, so entspricht es deinem Willen.»

Matthäus 11,27 «Mein Vater hat mir alle Macht gegeben. Nur der Vater kennt den Sohn. Und nur der Sohn kennt den Vater und jeder, dem der Sohn ihn zeigt.»

Matthäus 20,1–16 «Mit der neuen Welt Gottes ist es wie mit einem Weinbauern, der frühmorgens Arbeiter für seinen Weinberg anwarb. ²Er einigte sich mit ihnen auf den üblichen Tageslohn und ließ sie in seinem Weinberg arbeiten. ³Ein paar Stunden später ging er noch einmal über den Marktplatz und sah dort Leute herumstehen, die arbeitslos waren. ⁴Auch diese schickte er in seinen Weinberg und versprach ihnen einen angemessenen Lohn. ⁵Zur Mittagszeit und gegen drei Uhr nachmittags stellte er noch mehr Arbeiter ein. ⁶Als er um fünf Uhr in die Stadt kam, sah er wieder ein paar Leute untätig herumstehen. Er fragte sie: ‹Warum habt ihr heute nicht gearbeitet?› ⁷‹Uns wollte niemand haben›, antworteten sie. ‹Geht doch und helft auch noch in meinem Weinberg mit!›, forderte er sie auf. ⁸Am Abend beauftragte er seinen Verwalter: ‹Ruf die Leute zusammen, und zahl ihnen den Lohn aus! Fang beim Letzten an,

und hör beim Ersten auf!› ⁹Zuerst kamen also die zuletzt Eingestellten, und jeder von ihnen bekam den vollen Tageslohn. ¹⁰Jetzt meinten die anderen Arbeiter, sie würden mehr bekommen. Aber sie erhielten alle nur den vereinbarten Tageslohn. ¹¹Da beschwerten sie sich beim Weinbauern: ¹²‹Diese Leute haben nur eine Stunde gearbeitet, und du zahlst ihnen dasselbe wie uns. Dabei haben wir uns den ganzen Tag in der brennenden Sonne abgerackert!› ¹³‹Mein Freund›, entgegnete der Weinbauer einem von ihnen, ‹dir geschieht doch kein Unrecht! Haben wir uns nicht auf diesen Betrag geeinigt? ¹⁴Nimm dein Geld und geh! Ich will den anderen genauso viel zahlen wie dir. ¹⁵Schließlich darf ich doch wohl mit meinem Geld machen, was ich will! Oder ärgerst du dich, weil ich großzügig bin?› ¹⁶Ebenso werden die Letzten einmal die Ersten sein, und die Ersten die Letzten.»

Matthäus 20,20–23 Da kam die Frau des Zebedäus mit ihren Söhnen Jakobus und Johannes zu Jesus. Sie warf sich vor ihm nieder und wollte ihn um etwas bitten. ²¹«Was willst du?», fragte er. Sie antwortete: «Wenn deine Herrschaft begonnen hat, dann gib meinen beiden Söhnen die Ehrenplätze rechts und links neben dir!» ²²Jesus entgegnete: «Ihr wisst ja gar nicht, was ihr da verlangt. Könnt ihr denn auch das schwere Leiden tragen, das auf mich wartet?» – «Ja, das können wir!», antworteten sie. ²³Darauf erwiderte ihnen Jesus: «Ihr werdet tatsächlich leiden müssen, aber trotzdem kann ich nicht bestimmen, wer einmal die Plätze rechts und links neben mir einnehmen wird. Das hat bereits mein Vater entschieden.»

Markus 10,35–40 Jakobus und Johannes, die Söhne des Zebedäus, gingen zu Jesus und sagten: «Lehrer, wirst du uns eine Bitte erfüllen?» [36]«Was wollt ihr?», fragte Jesus. [37]«Wenn deine Herrschaft begonnen hat, möchten wir gern die Ehrenplätze rechts und links neben dir einnehmen.» [38]Jesus entgegnete: «Ihr wisst ja gar nicht, was ihr da verlangt! Könnt ihr denn auch das schwere Leiden tragen, das auf mich wartet? Könnt ihr euer Leben hingeben, so wie ich es hingeben muss?» [39]«Ja, das können wir!», antworteten sie. Darauf erwiderte ihnen Jesus: «Ihr werdet tatsächlich leiden und euer Leben hingeben müssen. [40]Aber trotzdem kann ich nicht bestimmen, wer einmal die Plätze rechts und links neben mir einnehmen wird. Das hat bereits Gott entschieden.»

Lukas 12,22–32 Jesus sagte zu seinen Jüngern: «Macht euch keine Sorgen um euren Lebensunterhalt, um Essen und Kleidung. [23]Leben bedeutet mehr als Essen und Trinken, und der Mensch ist wichtiger als seine Kleidung. [24]Seht euch die Raben an! Sie säen nichts und ernten nichts, sie haben keine Vorratskammern und keine Scheunen; aber Gott versorgt sie doch. Meint ihr nicht, dass ihr ihm viel wichtiger seid? [25]Und wenn ihr euch noch so viel sorgt, könnt ihr doch euer Leben um keinen Augenblick verlängern. [26]Wenn ihr aber nicht einmal das könnt, was sorgt ihr euch um all die anderen Dinge? [27]Seht euch an, wie die Lilien blühen! Sie können weder spinnen noch weben. Ich sage euch, selbst König Salomo war in seiner ganzen Herrlichkeit nicht so prächtig gekleidet wie eine dieser Blumen. [28]Wenn Gott sogar das Gras so schön wachsen lässt, das heute auf der Wiese grünt, morgen aber schon verbrannt wird, wie könnte er euch dann vergessen? Vertraut ihr Gott so wenig? [29]Zerbrecht euch also nicht mehr den Kopf darüber, was ihr essen und trinken sollt! [30]Mit solchen Dingen beschäftigen sich nur Menschen, die Gott nicht kennen. Euer Vater im Himmel weiß doch genau, dass ihr dies alles braucht. [31]Sorgt euch vor allem um Gottes neue Welt, dann wird er euch mit allem anderen versorgen. [32]Du kleine Herde, du brauchst keine Angst vor der Zukunft zu haben! Denn dir will der Vater sein Königreich schenken.»

Apostelgeschichte 10,11–15 Petrus sah etwas vom Himmel herabkommen. Es sah aus wie ein großes Leinentuch, das – an seinen vier Ecken zusammengehalten – auf die Erde heruntergelassen wurde. [12]In dem Tuch waren alle möglichen Arten von vierfüßigen Tieren und Kriechtieren, aber auch von Vögeln. Alle diese Tiere sind für Juden «unrein» und dürfen deshalb nicht gegessen werden. [13]Dann hörte Petrus eine Stimme, die ihn aufforderte: «Petrus, steh auf, schlachte diese Tiere und iss davon!» [14]«Niemals, Herr!», entgegnete Petrus. «Noch nie in meinem Leben habe ich etwas Unreines oder Verbotenes gegessen.» [15]Da rief die Stimme zum zweiten Mal: «Wenn Gott etwas für rein erklärt, dann nenne du es nicht unrein.»

2. Korinther 12,7–9 Gott selbst hat dafür gesorgt, dass ich [Paulus] mir auf die unbeschreiblichen Offenbarungen, die ich gesehen habe, nichts einbilde. Deshalb hat er mir ein quälendes Leiden auferlegt. Es ist, als ob ein Engel des Satans mich mit Fäusten schlägt, damit ich nicht überheblich werde. [8]Dreimal schon habe ich Gott angefleht, mich davon zu befreien. [9]Aber er hat zu mir gesagt: «Meine Gnade ist alles, was du brauchst! Denn gerade wenn du schwach bist, wirkt meine Kraft ganz besonders an dir.» Darum will ich vor allem auf meine Schwachheit stolz sein. Dann nämlich erweist sich die Kraft Christi an mir.

Offenbarung 4,1–2 Danach, als ich [Johannes] aufblickte, sah ich am Himmel eine offene Tür. Dieselbe Stimme, die schon vorher zu mir gesprochen hatte, gewaltig wie der Schall einer Posaune, sagte: «Komm herauf! Ich will dir zeigen, was in Zukunft geschehen wird.» [2]Sofort ergriff mich Gottes Geist, und dann sah ich: Im Himmel stand ein Thron, auf dem jemand saß.

4 Gottes Barmherzigkeit

Johannes 3,16–17 «Denn Gott hat die Menschen so sehr geliebt, dass er seinen einzigen Sohn für sie hergab. Jeder, der an ihn glaubt, wird nicht zugrunde gehen, sondern das ewige Leben haben. [17]Gott hat nämlich seinen Sohn nicht zu den Menschen gesandt, um über sie Gericht zu halten, sondern um sie zu retten.»

Matthäus 6,13–14 «‹Lass uns nicht in Versuchung geraten, dir untreu zu werden, und befreie uns vom Bösen. Denn dir gehören Herrschaft, Macht und Ehre für alle Zeiten. Amen!› [14]Euer Vater im Himmel wird euch vergeben, wenn ihr den Menschen vergebt, die euch Unrecht getan haben.»

Matthäus 6,26–33 «Seht euch die Vögel an! Sie säen nichts, sie ernten nichts und sammeln auch keine Vorräte. Euer Vater im Himmel versorgt sie. Meint ihr nicht, dass ihr ihm viel wichtiger seid? [27]Und wenn ihr euch noch so viel sorgt, könnt ihr doch euer Leben um keinen Augenblick verlängern. [28]Weshalb macht ihr euch so viele Sorgen um eure Kleidung? Seht euch an, wie die Lilien auf den Wiesen blühen! Sie können weder spinnen noch weben. [29]Ich sage euch, selbst König Salomo war in seiner ganzen Herrlichkeit nicht so prächtig gekleidet wie eine dieser Blumen. [30]Wenn Gott sogar das Gras so schön wachsen lässt, das heute auf der Wiese grünt, morgen aber schon verbrannt wird, wie könnte er euch dann vergessen? Vertraut ihr Gott so wenig? [31]Zerbrecht euch also nicht mehr den Kopf mit Fragen wie: ‹Werden wir genug zu essen haben? Und was werden wir trinken? Was sollen wir anziehen?› [32]Mit solchen Dingen beschäftigen sich nur Menschen, die Gott nicht kennen. Euer Vater im Himmel weiß doch genau, dass ihr dies alles braucht. [33]Sorgt euch vor allem um Gottes neue Welt, und lebt nach Gottes Willen! Dann wird er euch mit allem anderen versorgen.» (Siehe auch Lukas 12,24–31.)

Matthäus 7,7–11 «Bittet Gott, und er wird euch geben! Sucht, und ihr werdet finden! Klopft an, und euch wird die Tür geöffnet! [8]Denn wer bittet, der bekommt. Wer sucht, der findet. Und wer anklopft, dem wird geöffnet. [9]Würde jemand von euch seinem Kind einen Stein geben, wenn es um ein Stück Brot bittet? [10]Oder eine giftige Schlange, wenn es um einen Fisch bittet? [11]Wenn schon ihr hartherzigen Menschen euren Kindern Gutes gebt, wie viel mehr wird euer Vater im Himmel denen Gutes schenken, die ihn darum bitten!» (Siehe auch Lukas 11,9–13.)

Matthäus 20,1–16 «Mit der neuen Welt Gottes ist es wie mit einem Weinbauern, der frühmorgens Arbeiter für seinen Weinberg anwarb. [2]Er einigte sich mit ihnen auf den üblichen Tageslohn und ließ sie in seinem Weinberg arbeiten. [3]Ein paar Stunden später ging er noch einmal über den Marktplatz und sah dort Leute herumstehen, die arbeitslos waren. [4]Auch diese schickte er in seinen Weinberg und versprach ihnen einen angemessenen Lohn. [5]Zur Mittagszeit und gegen drei Uhr nachmittags stellte er noch mehr Arbeiter ein. [6]Als er um fünf Uhr in die Stadt kam, sah er wieder ein paar Leute untätig herumstehen. Er fragte sie: ‹Warum habt ihr heute nicht gearbeitet?› [7]‹Uns wollte niemand haben›, antworteten sie. ‹Geht doch und helft auch noch in meinem Weinberg mit!›, forderte er sie auf. [8]Am Abend beauftragte er seinen Verwalter: ‹Ruf die Leute zusammen, und zahl ihnen den Lohn aus! Fang beim Letzten an, und hör beim Ersten auf!› [9]Zuerst kamen also die zuletzt Eingestellten, und jeder von ihnen bekam den vollen Tageslohn. [10]Jetzt meinten die anderen Arbeiter, sie würden mehr bekommen. Aber sie erhielten alle nur den vereinbarten Tageslohn. [11]Da beschwerten sie sich beim Weinbauern: [12]‹Diese Leute haben nur eine Stunde gearbeitet, und du zahlst ihnen dasselbe wie uns. Dabei haben wir uns den ganzen Tag in der brennenden Sonne abgerackert!› [13]‹Mein Freund›, entgegnete der Weinbauer einem von ihnen, ‹dir geschieht doch kein Unrecht! Haben wir uns nicht auf diesen Betrag geeinigt? [14]Nimm dein Geld und geh! Ich will den anderen genauso viel zahlen wie dir. [15]Schließlich darf ich doch wohl mit meinem Geld machen, was ich will! Oder ärgerst du dich, weil ich großzügig bin?› [16]Ebenso werden die Letzten einmal die Ersten sein, und die Ersten die Letzten.»

Markus 5,18–19 Jesus wollte gerade in das Boot steigen, als ihn der Geheilte bat, bei ihm bleiben zu dürfen. [19]Aber Jesus erlaubte es ihm nicht. Er sagte: «Geh nach Hause zu deiner Familie und berichte, welch großes Wunder der Herr an dir getan hat und wie barmherzig er zu dir gewesen ist!» (Siehe auch Lukas 8,38–39.)

Lukas 6,35–36 «Ihr aber sollt eure Feinde lieben und den Menschen Gutes tun. Ihr sollt ihnen helfen, ohne einen Dank oder eine Gegenleistung zu erwarten. Dann werdet ihr reich belohnt werden: Ihr werdet Kinder des höchsten Gottes sein. Denn auch er ist gütig zu Undankbaren und Bösen. [36]Seid so barmherzig wie euer Vater im Himmel!»

Lukas 8,39 «Geh nach Hause und berichte, welch großes Wunder Gott an dir getan hat.» Da ging der Mann[, den Jesus von den Dämonen befreit hatte,] und erzählte in der ganzen Stadt, was für ein Wunder Jesus an ihm getan hatte.

5 Gottes Charakter

Johannes 3,16 «Denn Gott hat die Menschen so sehr geliebt, dass er seinen einzigen Sohn für sie hergab. Jeder, der an ihn glaubt, wird nicht zugrunde gehen, sondern das ewige Leben haben.»

Johannes 7,28–29 Darauf rief Jesus im Tempel, so dass es alle hören konnten: «Kennt ihr mich wirklich, und wisst ihr, woher ich komme? Ich bin nicht im eigenen Auftrag gekommen. Der mich gesandt hat, ist wahrhaftig und zuverlässig. Ihr kennt ihn nicht, ²⁹aber ich kenne ihn, weil ich von ihm komme und er mich zu euch gesandt hat.»

Matthäus 6,26 «Seht euch die Vögel an! Sie säen nichts, sie ernten nichts und sammeln auch keine Vorräte. Euer Vater im Himmel versorgt sie. Meint ihr nicht, dass ihr ihm viel wichtiger seid?»

Matthäus 7,7–11 «Bittet Gott, und er wird euch geben! Sucht, und ihr werdet finden! Klopft an, und euch wird die Tür geöffnet! ⁸Denn wer bittet, der bekommt. Wer sucht, der findet. Und wer anklopft, dem wird geöffnet. ⁹Würde jemand von euch seinem Kind einen Stein geben, wenn es um ein Stück Brot bittet? ¹⁰Oder eine giftige Schlange, wenn es um einen Fisch bittet? ¹¹Wenn schon ihr hartherzigen Menschen euren Kindern Gutes gebt, wie viel mehr wird euer Vater im Himmel denen Gutes schenken, die ihn darum bitten!»

Lukas 6,35–36 «Ihr aber sollt eure Feinde lieben und den Menschen Gutes tun. Ihr sollt ihnen helfen, ohne einen Dank oder eine Gegenleistung zu erwarten. Dann werdet ihr reich belohnt werden: Ihr werdet Kinder des höchsten Gottes sein. Denn auch er ist gütig zu Undankbaren und Bösen. ³⁶Seid so barmherzig wie euer Vater im Himmel!»

Lukas 11,9–13 «Darum sage ich euch: Bittet Gott, und er wird euch geben! Sucht, und ihr werdet finden! Klopft an, und euch wird die Tür geöffnet! ¹⁰Denn wer bittet, der bekommt. Wer sucht, der findet. Und wer anklopft, dem wird geöffnet. ¹¹Welcher Vater würde seinem Sohn denn eine Schlange geben, wenn er ihn um einen Fisch bittet, ¹²oder einen Skorpion, wenn er ein Ei haben möchte? ¹³Wenn schon ihr hartherzigen Menschen euren Kindern Gutes gebt, wie viel mehr wird der Vater im Himmel denen den Heiligen Geist schenken, die ihn darum bitten.»

Lukas 12,4–7 «Meine Freunde! Habt keine Angst vor den Menschen, die euch zwar töten können, aber nicht mehr. ⁵Fürchtet vielmehr Gott, denn er kann euch töten und in die Hölle werfen. Ja, fürchtet ihn allein! ⁶Welchen Wert hat schon ein Spatz auf dem Dach? Man kann fünf von ihnen für einen Spottpreis kaufen. Und doch vergisst Gott keinen einzigen von ihnen. ⁷Bei euch sind sogar die Haare auf dem Kopf alle gezählt. Darum habt keine Angst! Ihr seid Gott mehr wert als ein ganzer Spatzenschwarm!»

Lukas 12,22–32 Jesus sagte zu seinen Jüngern: «Macht euch keine Sorgen um euren Lebensunterhalt, um Essen und Kleidung. ²³Leben bedeutet mehr als Essen und Trinken, und der Mensch ist wichtiger als seine Kleidung. ²⁴Seht euch die Raben an! Sie säen nichts und ernten nichts, sie haben keine Vorratskammern und keine Scheunen; aber Gott versorgt sie doch. Meint ihr nicht, dass ihr ihm viel wichtiger seid? ²⁵Und wenn ihr euch noch so viel sorgt, könnt ihr doch euer Leben um keinen Augenblick verlängern. ²⁶Wenn ihr aber nicht einmal das könnt, was sorgt ihr euch um all die anderen Dinge? ²⁷Seht euch an, wie die Lilien blühen! Sie können weder spinnen noch weben. Ich sage euch, selbst König Salomo war in seiner ganzen Herrlichkeit nicht so prächtig gekleidet wie eine dieser Blumen. ²⁸Wenn Gott sogar das Gras so schön wachsen lässt, das heute auf der Wiese grünt, morgen aber schon verbrannt wird, wie könnte er euch dann vergessen? Vertraut ihr Gott so wenig? ²⁹Zerbrecht euch also nicht mehr den Kopf darüber, was ihr essen und trinken sollt! ³⁰Mit solchen Dingen beschäftigen sich nur Menschen, die Gott nicht kennen. Euer Vater im Himmel weiß doch genau, dass ihr dies alles braucht. ³¹Sorgt euch vor allem um Gottes neue Welt, dann wird er euch mit allem anderen versorgen. ³²Du kleine Herde, du brauchst keine Angst vor der Zukunft zu haben! Denn dir will der Vater sein Königreich schenken.»

Lukas 18,19 Jesus entgegnete: «Weshalb nennst du mich gut? Es gibt nur einen, der gut ist, und das ist Gott.»

6 Gottes Güte

Johannes 3,16–17 «Denn Gott hat die Menschen so sehr geliebt, dass er seinen einzigen Sohn für sie hergab. Jeder, der an ihn glaubt, wird nicht zugrunde gehen, sondern das ewige Leben haben. ¹⁷Gott hat nämlich seinen Sohn nicht zu den Menschen gesandt, um über sie Gericht zu halten, sondern um sie zu retten.»

Johannes 6,37–39 «Alle Menschen, die mir der Vater gibt, werden zu mir kommen, und keinen von ihnen werde ich zurückstoßen. ³⁸Denn ich bin nicht vom Himmel gekommen, um zu tun, was ich will, sondern um den Willen des Vaters zu erfüllen, der mich gesandt hat. ³⁹Und das ist Gottes Wille: Kein Einziger von denen, die er mir anvertraut hat, soll verloren gehen. Ich werde sie alle am letzten Tag zum Leben erwecken.»

Johannes 10,27–29 «Meine Schafe erkennen meine Stimme; ich kenne sie, und sie folgen meinem Ruf. ²⁸Ihnen gebe ich das ewige Leben, und sie werden niemals umkommen. Niemand kann sie aus meiner Hand reißen. ²⁹Mein Vater hat sie mir gegeben, und er ist stärker als alle anderen Mächte. Deshalb kann sie auch keiner der Hand meines Vaters entreißen.»

Johannes 14,21 «Wer meine Gebote annimmt und danach lebt, der liebt mich. Und wer mich liebt, den wird mein Vater lieben. Auch ich werde ihn lieben und mich ihm zu erkennen geben.»

Johannes 14,23 «Wer mich liebt, richtet sich nach dem, was ich ihm gesagt habe. Auch mein Vater wird ihn lieben, und wir beide werden zu ihm kommen und immer bei ihm bleiben.»

Johannes 16,27 «Denn der Vater liebt euch, weil ihr mich liebt und daran glaubt, dass ich von Gott gekommen bin.»

Johannes 17,23 «Ich bleibe in ihnen, und du bleibst in mir. Genau so sollen auch sie ganz eins sein. Und die Welt wird erkennen, dass du mich gesandt hast und dass du meine Jünger liebst, wie du mich liebst.»

Matthäus 6,25–33 «Darum sage ich euch: Macht euch keine Sorgen um euren Lebensunterhalt, um Essen, Trinken und Kleidung. Leben bedeutet mehr als Essen und Trinken, und der Mensch ist wichtiger als seine Kleidung. ²⁶Seht euch die Vögel an! Sie säen nichts, sie ernten nichts und sammeln auch keine Vorräte. Euer Vater im Himmel versorgt sie. Meint ihr nicht, dass ihr ihm viel wichtiger seid? ²⁷Und wenn ihr euch noch so viel sorgt, könnt ihr doch euer Leben um keinen Augenblick verlängern. 28Weshalb macht ihr euch so viele Sorgen um eure Kleidung? Seht euch an, wie die Lilien auf den Wiesen blühen! Sie können weder spinnen noch weben. 29Ich sage euch, selbst König Salomo war in seiner ganzen Herrlichkeit nicht so prächtig gekleidet wie eine dieser Blumen. 30Wenn Gott sogar das Gras so schön wachsen lässt, das heute auf der Wiese grünt, morgen aber schon verbrannt wird, wie könnte er euch dann vergessen? Vertraut ihr Gott so wenig? 31Zerbrecht euch also nicht mehr den Kopf mit Fragen wie: ‹Werden wir genug zu essen haben? Und was werden wir trinken? Was sollen wir anziehen?› 32Mit solchen Dingen beschäftigen sich nur Menschen, die Gott nicht kennen. Euer Vater im Himmel weiß doch genau, dass ihr dies alles braucht. 33Sorgt euch vor allem um Gottes neue Welt, und lebt nach Gottes Willen! Dann wird er euch mit allem anderen versorgen.»

Matthäus 7,7–11 «Bittet Gott, und er wird euch geben! Sucht, und ihr werdet finden! Klopft an, und euch wird die Tür geöffnet! 8Denn wer bittet, der bekommt. Wer sucht, der findet. Und wer anklopft, dem wird geöffnet. 9Würde jemand von euch seinem Kind einen Stein geben, wenn es um ein Stück Brot bittet? 10Oder eine giftige Schlange, wenn es um einen Fisch bittet? 11Wenn schon ihr hartherzigen Menschen euren Kindern Gutes gebt, wie viel mehr wird euer Vater im Himmel denen Gutes schenken, die ihn darum bitten!»

Matthäus 10,27–31 «Was ich euch im Dunkeln sage, das gebt am helllichten Tag weiter! Was ich euch ins Ohr flüstere, das ruft vor aller Welt laut hinaus! 28Habt keine Angst vor den Menschen, die zwar den Körper, aber nicht die Seele töten können! Fürchtet vielmehr Gott, der Leib und Seele in der Hölle vernichten kann. 29Welchen Wert hat schon ein Spatz auf dem Dach? Man kann zwei von ihnen für einen Spottpreis kaufen! Trotzdem fällt keiner tot zur Erde, wenn es euer Vater nicht will. 30Bei euch sind sogar die Haare auf dem Kopf alle gezählt. 31Darum habt keine Angst! Ihr seid Gott mehr wert als ein ganzer Spatzenschwarm.»

Markus 10,18 Jesus entgegnete: «Weshalb nennst du mich gut? Es gibt nur einen, der gut ist, und das ist Gott.»

7 Gottes Geist

Johannes 4,21–24 Jesus antwortete: «Glaub mir, die Zeit wird kommen, in der ihr Gott, den Vater, weder auf diesem Berg noch in Jerusalem anbeten werdet. 22Ihr wisst ja nicht einmal, wen ihr anbetet. Wir aber wissen, zu wem wir beten. Denn das Heil der Welt kommt von den Juden. 23Doch es kommt die Zeit – ja, sie ist schon da –, in der die Menschen den Vater überall anbeten werden, weil sie von seinem Geist und seiner Wahrheit erfüllt sind. Von diesen Menschen will der Vater angebetet werden. 24Denn Gott ist Geist. Und wer Gott anbeten will, muss von seinem Geist erfüllt sein und in seiner Wahrheit leben.»

Matthäus 10,19–20 «Wenn sie euch vor Gericht bringen, braucht ihr euch nicht darum zu sorgen, was ihr aussagen sollt! Denn zur rechten Zeit wird Gott euch das rechte Wort geben. 20Nicht ihr werdet es sein, die Rede und Antwort stehen, sondern der Geist eures Vaters im Himmel wird durch euch sprechen.»

Matthäus 12,25–32 Jesus kannte ihre [der Pharisäer] Gedanken und entgegnete: «Ein Staat, in dem verschiedene Herrscher um die Macht kämpfen, steht vor dem Untergang. Eine Stadt oder eine Familie, in der man ständig in Zank und Streit lebt, hat keinen Bestand. [26]Wenn der Satan sich selbst vertreiben würde, dann bekämpfte er sich ja selbst und zerstörte damit sein eigenes Reich. [27]Wenn ihr behauptet, ich würde die Dämonen durch die Kraft des Obersten Teufels austreiben, welche Kraft nutzen dann eure eigenen Leute, um böse Geister auszutreiben? Sie selbst werden euch das Urteil sprechen. [28]Wenn ich aber die Dämonen durch den Geist Gottes austreibe, so beginnt Gottes neue Welt jetzt – mitten unter euch! [29]Denn wer könnte in das Haus eines starken Mannes eindringen und ihn berauben? Man müsste ihn erst fesseln, und dann könnte man sein Haus plündern. [30]Wer nicht für mich ist, der ist gegen mich, und wer sich nicht für mich einsetzt, der führt die Menschen in die Irre! [31]Darum sage ich euch: Jede Sünde, ja sogar Gotteslästerung, kann vergeben werden. Wer aber den Heiligen Geist verlästert, der wird keine Vergebung finden. [32]Wer den Menschensohn beschimpft, dem kann vergeben werden. Wer aber den Heiligen Geist beschimpft, der wird niemals Vergebung finden, weder jetzt noch in der zukünftigen Welt.»

Lukas 4,18–19 «Der Geist des Herrn ruht auf mir, weil er mich berufen hat. Er hat mich gesandt, den Armen die frohe Botschaft zu bringen. Ich rufe Freiheit aus für die Gefangenen, den Blinden sage ich, dass sie sehen werden, und den Unterdrückten, dass sie bald von jeder Gewalt befreit sein sollen. [19]Ich rufe ihnen zu: Jetzt erlässt Gott eure Schuld.»

8 Gottes Herrlichkeit

Johannes 8,54–55 Jesus entgegnete: «Würde ich mich selbst loben, könntet ihr mir zu Recht misstrauen. Aber mich ehrt mein Vater. Ihr nennt ihn zwar euren Gott. [55]Doch ihr kennt ihn überhaupt nicht. Ich kenne ihn. Wenn ich sagen würde, ich kenne ihn nicht, dann wäre ich ein Lügner wie ihr. Doch ich kenne ihn und erfülle seinen Auftrag.»

Johannes 11,4 Als Jesus das hörte, [dass Lazarus krank war,] sagte er: «Diese Krankheit führt letztlich nicht zum Tod, sondern durch sie soll die Macht Gottes sichtbar werden, und auch der Sohn Gottes wird dadurch geehrt.»

Johannes 11,40 «Habe ich dir nicht gesagt», entgegnete ihr Jesus, «du wirst die Herrlichkeit Gottes sehen, wenn du nur glaubst?»

Johannes 12,23–24 Er sagte ihnen: «Die Stunde ist gekommen. Jetzt soll der Menschensohn gerühmt und geehrt werden. [24]Ich sage euch die Wahrheit: Ein Weizenkorn, das nicht in den Boden kommt und stirbt, bleibt ein einzelnes Korn. In der Erde aber keimt es und bringt viel Frucht, obwohl es selbst dabei stirbt.»

Johannes 13,31–33 Als Judas fort war, sagte Jesus: «Jetzt zeigt Gott, wer der Menschensohn wirklich ist, und dadurch wird auch die Herrlichkeit Gottes sichtbar. [32]Wenn der Menschensohn erst Gottes Herrlichkeit gezeigt hat, dann wird auch

Gott die Herrlichkeit des Menschensohns sichtbar machen. Und das geschieht bald! [33]Denn bei euch, meine lieben Kinder, werde ich nur noch kurze Zeit sein. Ihr werdet mich suchen. Doch was ich den Juden gesagt habe, muss ich jetzt auch euch sagen: Wohin ich gehen werde, dahin könnt ihr mir nicht folgen.»

Johannes 15,5–8 «Ich bin der Weinstock, und ihr seid die Reben. Wer bei mir bleibt, so wie ich bei ihm bleibe, der trägt viel Frucht. Denn ohne mich könnt ihr nichts ausrichten. [6]Wer ohne mich lebt, wird wie eine unfruchtbare Rebe abgeschnitten und weggeworfen. Die verdorrten Reben werden gesammelt, ins Feuer geworfen und verbrannt. [7]Wenn ihr aber fest mit mir verbunden bleibt und euch meine Worte zu Herzen nehmt, dürft ihr von Gott erbitten, was ihr wollt; ihr werdet es erhalten. [8]Wenn ihr viel Frucht bringt und euch so als meine Jünger erweist, wird die Herrlichkeit meines Vaters sichtbar.»

Johannes 17,9–10 «Für sie [die Jünger] bitte ich dich jetzt: für die Menschen, die du mir anvertraut hast und die zu dir gehören; nicht für die ganze Welt. [10]Denn alles, was ich habe, das gehört dir, und was du hast, das gehört auch mir. An ihnen zeigt sich meine Herrlichkeit.»

Johannes 17,22–23 «Deshalb habe ich ihnen auch die Herrlichkeit gegeben, die du [Gott] mir anvertraut hast, damit sie die gleiche enge Gemeinschaft haben wie wir. [23]Ich bleibe in ihnen, und du bleibst in mir. Genau so sollen auch sie ganz eins sein. Und die Welt wird erkennen, dass du mich gesandt hast und dass du meine Jünger liebst, wie du mich liebst.»

Johannes 17,24 «Vater, ich möchte, dass alle, die du mir gegeben hast, bei mir bleiben. Sie sollen an meiner Herrlichkeit teilhaben. Du hast mir die Herrlichkeit gegeben; denn du hast mich geliebt, längst bevor die Welt geschaffen wurde.»

Matthäus 16,27 «Denn der Menschensohn wird mit seinen Engeln in der Herrlichkeit seines Vaters kommen und jeden nach seinen Taten richten.»

9 Gottes Liebe

Johannes 3,16–17 «Denn Gott hat die Menschen so sehr geliebt, dass er seinen einzigen Sohn für sie hergab. Jeder, der an ihn glaubt, wird nicht zugrunde gehen, sondern das ewige Leben haben. [17]Gott hat nämlich seinen Sohn nicht zu den Menschen gesandt, um über sie Gericht zu halten, sondern um sie zu retten.»

Johannes 5,42–44 «Ich kenne euch und weiß genau, dass ihr Gottes Liebe nicht in euch habt. [43]Mein Vater hat mich zu euch geschickt, doch ihr lehnt mich ab. Wenn aber jemand in eigenem Auftrag zu euch kommt, den werdet ihr aufnehmen. [44]Kein Wunder, dass ihr nicht glauben könnt! Denn ihr seid doch nur darauf aus, voreinander etwas zu gelten. Aber euch ist völlig gleichgültig, ob ihr vor dem einzigen Gott bestehen könnt.»

Johannes 14,21 «Wer meine Gebote annimmt und danach lebt, der liebt mich. Und wer mich liebt, den wird mein Vater lieben. Auch ich werde ihn lieben und mich ihm zu erkennen geben.»

Johannes 14,23 «Wer mich liebt, richtet sich nach dem, was ich ihm gesagt habe. Auch mein Vater wird ihn lieben, und wir beide werden zu ihm kommen und immer bei ihm bleiben.»

Johannes 15,9–10 «Wie mich der Vater liebt, so liebe ich euch. Bleibt in meiner Liebe! [10]Wenn ihr nach meinen Geboten lebt, wird meine Liebe euch umschließen. Auch ich richte mich nach den Geboten meines Vaters und lebe in seiner Liebe.»

Johannes 16,26–27 «Von diesem Tag an werdet ihr euch auf mich berufen, wenn ihr zu ihm betet. Und dann muss ich den Vater nicht mehr bitten, euer Gebet zu erhören. [27]Denn der Vater liebt euch, weil ihr mich liebt und daran glaubt, dass ich von Gott gekommen bin.»

Johannes 17,22–26 «Deshalb habe ich ihnen auch die Herrlichkeit gegeben, die du [Gott] mir anvertraut hast, damit sie die gleiche enge Gemeinschaft haben wie wir. [23]Ich bleibe in ihnen, und du bleibst in mir. Genau so sollen auch sie ganz eins sein. Und die Welt wird erkennen, dass du mich gesandt hast und dass du meine Jünger liebst, wie du mich liebst. [24]Vater, ich möchte, dass alle, die du mir gegeben hast, bei mir bleiben. Sie sollen an meiner Herrlichkeit teilhaben. Du hast mir die Herrlichkeit gegeben; denn du hast mich geliebt, längst bevor die Welt geschaffen wurde. [25]Guter und treuer Vater! Wenn die Welt dich auch nicht kennt, ich kenne dich, und diese hier haben erkannt, dass du mich gesandt hast. [26]Ich habe ihnen gezeigt, wer du bist. Das werde ich auch weiter tun, damit deine Liebe zu mir auch sie erfüllt, ja, damit ich selbst in ihnen lebe.»

Matthäus 6,6 «Wenn du beten willst, geh in dein Zimmer, schließ die Tür hinter dir zu, und bete zu deinem Vater. Und dein Vater, der auch das Verborgene sieht, wird dich dafür belohnen.»

Matthäus 6,30–33 «Wenn Gott sogar das Gras so schön wachsen lässt, das heute auf der Wiese grünt, morgen aber schon verbrannt wird, wie könnte er euch dann vergessen? Vertraut ihr Gott so wenig? [31]Zerbrecht euch also nicht mehr den Kopf mit Fragen wie: ‹Werden wir genug zu essen haben? Und was werden wir trinken? Was sollen wir anziehen?› [32]Mit solchen Dingen beschäftigen sich nur Menschen, die Gott nicht kennen. Euer Vater im Himmel weiß doch genau, dass ihr dies alles braucht. [33]Sorgt euch vor allem um Gottes neue Welt, und lebt nach Gottes Willen! Dann wird er euch mit allem anderen versorgen.» (Siehe auch Lukas 12,28–31.)

Matthäus 18,12–14 «Was meint ihr: Wenn ein Mann hundert Schafe hat und eins läuft ihm davon, was wird er tun? Lässt er nicht die neunundneunzig in den Bergen zurück, um das verirrte Schaf zu suchen? [13]Und ich versichere euch: Wenn er es endlich gefunden hat, freut er sich über dieses eine mehr als über die neunundneunzig, die sich nicht verlaufen hatten. [14]Ebenso will mein Vater nicht, dass auch nur einer, und sei es der Geringste, verloren geht.»

Markus 5,18–19 Jesus wollte gerade in das Boot steigen, als ihn der Geheilte bat, bei ihm bleiben zu dürfen. [19]Aber Jesus erlaubte es ihm nicht. Er sagte: «Geh nach Hause zu deiner Familie und berichte, welch großes Wunder der Herr an dir getan hat und wie barmherzig er zu dir gewesen ist!» (Siehe auch Lukas 8,38–39.)

Lukas 15,7 «Ich sage euch: So wird man sich auch im Himmel freuen über *einen*

Sünder, der zu Gott umkehrt – mehr als über neunundneunzig andere, die nach Gottes Willen leben und nicht zu ihm umkehren müssen.»

Lukas 15,11–32 «Ein Mann hatte zwei Söhne», erzählte Jesus. [12]«Eines Tages sagte der jüngere zu ihm: ‹Vater, ich will jetzt schon meinen Anteil am Erbe ausbezahlt haben.› Da teilte der Vater sein Vermögen unter ihnen auf. [13]Nur wenige Tage später packte der jüngere Sohn alles zusammen, verließ seinen Vater und reiste ins Ausland. Dort leistete er sich, was immer er wollte. Er verschleuderte sein Geld, [14]bis er schließlich nichts mehr besaß. In dieser Zeit brach eine große Hungersnot aus. Es ging ihm sehr schlecht. [15]In seiner Verzweiflung bettelte er so lange bei einem Bauern, bis der ihn zum Schweinehüten auf die Felder schickte. [16]Oft quälte ihn der Hunger so, dass er sogar über das Schweinefutter froh gewesen wäre. Aber nicht einmal davon erhielt er etwas. [17]Da kam er zur Besinnung: ‹Bei meinem Vater hat jeder Arbeiter mehr als genug zu essen, und ich sterbe hier vor Hunger. [18]Ich will zu meinem Vater gehen und ihm sagen: Vater, ich bin schuldig geworden an Gott und an dir. [19]Sieh mich nicht länger als deinen Sohn an, ich bin es nicht mehr wert. Aber kann ich nicht als Arbeiter bei dir bleiben?› [20]Er machte sich auf den Weg und ging zurück zu seinem Vater. Der erkannte ihn schon von weitem. Voller Mitleid lief er ihm entgegen, fiel ihm um den Hals und küsste ihn. [21]Doch der Sohn sagte: ‹Vater, ich bin schuldig geworden an Gott und an dir. Sieh mich nicht länger als deinen Sohn an, ich bin es nicht mehr wert.› [22]Sein Vater aber befahl den Knechten: ‹Beeilt euch! Holt das schönste Gewand im Haus, und gebt es meinem Sohn. Bringt auch einen Ring und Sandalen für ihn! [23]Schlachtet das Mastkalb! Wir wollen essen und feiern! [24]Mein Sohn war tot, jetzt lebt er wieder. Er war verloren, jetzt ist er wiedergefunden.› Und sie begannen ein fröhliches Fest. [25]Inzwischen kam der ältere Sohn nach Hause. Er hatte auf dem Feld gearbeitet und hörte schon von weitem die Tanzmusik. [26]Erstaunt fragte er einen Knecht: ‹Was wird denn hier gefeiert?› [27]‹Dein Bruder ist wieder da›, antwortete er ihm. ‹Dein Vater hat sich darüber so gefreut, dass er das Mastkalb schlachten ließ. Jetzt feiern sie ein großes Fest.› [28]Der ältere Bruder wurde wütend und wollte nicht ins Haus gehen. Da kam sein Vater zu ihm heraus und bat: ‹Komm und freu dich mit uns!› [29]Doch er entgegnete ihm bitter: ‹All diese Jahre habe ich mich für dich geschunden. Alles habe ich getan, was du von mir verlangt hast. Aber nie hast du mir auch nur eine junge Ziege gegeben, damit ich mit meinen Freunden einmal richtig hätte feiern können. [30]Und jetzt, wo dein Sohn zurückkommt, der dein Geld mit Huren durchgebracht hat, jetzt lässt du sogar das Mastkalb schlachten!› [31]Sein Vater redete ihm zu: ‹Mein Sohn, du bist immer bei mir gewesen. Was ich habe, gehört auch dir. [32]Darum komm, wir haben allen Grund zu feiern. Denn dein Bruder war tot, jetzt hat er ein neues Leben begonnen. Er war verloren, jetzt ist er wiedergefunden!›»

10 Gottes Sehnsucht

Johannes 4,23 «Doch es kommt die Zeit – ja, sie ist schon da –, in der die Menschen den Vater überall anbeten werden, weil sie von seinem Geist und seiner Wahrheit erfüllt sind. Von diesen Menschen will der Vater angebetet werden.»

Johannes 5,22–23 «Denn nicht der Vater spricht das Urteil über die Menschen, er hat das Richteramt vielmehr dem Sohn übertragen. ²³damit alle den Sohn ehren, genauso wie den Vater. Wer aber den Sohn nicht als Herrn anerkennen will, der verachtet auch die Herrschaft des Vaters, der ja den Sohn gesandt hat.»

Johannes 8,41–42 «Wir haben nur einen Vater: Gott selbst!» ⁴²Doch Jesus entgegnete ihnen: «Wenn es tatsächlich so wäre, dann würdet ihr mich lieben; denn ich komme ja von Gott zu euch; in seinem Auftrag und nicht aus eigenem Entschluss.»

Johannes 12,26 «Wer mir dienen will, der soll mir folgen. Denn wo ich bin, soll er auch sein. Und wer mir dient, den wird mein Vater ehren.»

Johannes 14,23 «Wer mich liebt, richtet sich nach dem, was ich ihm gesagt habe. Auch mein Vater wird ihn lieben, und wir beide werden zu ihm kommen und immer bei ihm bleiben.»

Matthäus 6,1–4 «Hütet euch davor, nur deshalb Gutes zu tun, damit die Leute euch bewundern. Sonst könnt ihr von eurem Vater im Himmel keinen Lohn mehr erwarten. ²Wenn du einem Armen etwas gibst, dann posaune es nicht hinaus wie die Heuchler. Sie reden davon in den Synagogen und an jeder Straßenecke, um von allen gelobt zu werden. Das sage ich euch: Diese Leute haben sich ihren Lohn schon selber ausbezahlt. ³Wenn du jemandem hilfst, dann soll deine linke Hand nicht wissen, was die rechte tut;

⁴niemand soll davon erfahren. Dein Vater, der auch das Verborgene sieht, wird dich dafür belohnen.»

Matthäus 6,5–7 «Betet nicht wie die Heuchler! Sie beten gern in den Synagogen und an den Straßenecken, um gesehen zu werden. Ich sage euch: Diese Leute haben sich ihren Lohn schon selber ausbezahlt! ⁶Wenn du beten willst, geh in dein Zimmer, schließ die Tür hinter dir zu, und bete zu deinem Vater. Und dein Vater, der auch das Verborgene sieht, wird dich dafür belohnen. ⁷Leiere nicht endlose Gebete herunter wie Leute, die Gott nicht kennen. Sie meinen, sie würden bei Gott etwas erreichen, wenn sie nur viele Worte machen.»

Matthäus 6,31–33 «Zerbrecht euch also nicht mehr den Kopf mit Fragen wie: ‹Werden wir genug zu essen haben? Und was werden wir trinken? Was sollen wir anziehen?› ³²Mit solchen Dingen beschäftigen sich nur Menschen, die Gott nicht kennen. Euer Vater im Himmel weiß doch genau, dass ihr dies alles braucht. ³³Sorgt euch vor allem um Gottes neue Welt, und lebt nach Gottes Willen! Dann wird er euch mit allem anderen versorgen.» (Siehe auch Lukas 12,29–31.)

Matthäus 7,7–11 «Bittet Gott, und er wird euch geben! Sucht, und ihr werdet finden! Klopft an, und euch wird die Tür geöffnet! ⁸Denn wer bittet, der bekommt. Wer sucht, der findet. Und wer anklopft, dem wird geöffnet. ⁹Würde jemand von euch seinem Kind einen Stein geben, wenn es um ein Stück Brot bittet? ¹⁰Oder eine giftige Schlange, wenn es um einen Fisch bittet? ¹¹Wenn schon ihr hartherzigen Menschen euren Kindern Gutes gebt, wie viel mehr wird euer Vater im Himmel denen Gutes schenken, die ihn darum bitten!»

Matthäus 7,12 «So wie ihr von den Menschen behandelt werden möchtet, so behandelt sie auch. Denn das ist die Botschaft des Gesetzes und der Propheten.»

Matthäus 18,12–14 «Was meint ihr: Wenn ein Mann hundert Schafe hat und eins läuft ihm davon, was wird er tun? Lässt er nicht die neunundneunzig in den Bergen zurück, um das verirrte Schaf zu suchen? [13]Und ich versichere euch: Wenn er es endlich gefunden hat, freut er sich über dieses eine mehr als über die neunundneunzig, die sich nicht verlaufen hatten. [14]Ebenso will mein Vater nicht, dass auch nur einer, und sei es der Geringste, verloren geht.»

Matthäus 18,19 «Aber auch das sage ich euch: Wenn zwei von euch hier auf der Erde meinen Vater im Himmel um etwas bitten wollen und darin übereinstimmen, dann wird er es ihnen geben.»

Matthäus 19,17 Jesus entgegnete: «Wieso fragst du mich nach dem Guten? Es gibt nur einen, der gut ist, und das ist Gott. Du kannst ewiges Leben bekommen, wenn du Gottes Gebote befolgst.»

Matthäus 19,18–21 Jesus antwortete: «Du sollst nicht töten! Du sollst nicht die Ehe brechen. Du sollst nicht stehlen! Sag nichts Unwahres über deinen Mitmenschen! [19]Ehre deinen Vater und deine Mutter, und liebe deinen Mitmenschen wie dich selbst.» [20]«Daran habe ich mich immer gehalten! Was muss ich denn noch tun?», wollte der junge Mann wissen. [21]Jesus antwortete: «Wenn du vollkommen sein willst, dann verkauf, was du hast, und

gib das Geld den Armen. Damit wirst du im Himmel einen Reichtum gewinnen, der niemals verloren geht. Und dann komm, und folge mir nach.»

Lukas 11,9–13 «Darum sage ich euch: Bittet Gott, und er wird euch geben! Sucht, und ihr werdet finden! Klopft an, und euch wird die Tür geöffnet! [10]Denn wer bittet, der bekommt. Wer sucht, der findet. Und wer anklopft, dem wird geöffnet. [11]Welcher Vater würde seinem Sohn denn eine Schlange geben, wenn er ihn um einen Fisch bittet, [12]oder einen Skorpion, wenn er ein Ei haben möchte? [13]Wenn schon ihr hartherzigen Menschen euren Kindern Gutes gebt, wie viel mehr wird der Vater im Himmel denen den Heiligen Geist schenken, die ihn darum bitten.»

Lukas 15,4–7 «Wenn ein Mensch hundert Schafe hat und eins geht verloren, was wird er tun? Lässt er nicht die neunundneunzig in der Wüste zurück, um das verlorene Schaf so lange zu suchen, bis er es gefunden hat? [5]Dann wird er es glücklich auf seinen Schultern nach Hause tragen [6]und seinen Freunden und Nachbarn zurufen: ‹Kommt her, freut euch mit mir, ich habe mein Schaf wiedergefunden!› [7]Ich sage euch: So wird man sich auch im Himmel freuen über einen Sünder, der zu Gott umkehrt – mehr als über neunundneunzig andere, die nach Gottes Willen leben und nicht zu ihm umkehren müssen.»

Lukas 22,37 «Denn jetzt ist die Zeit da, in der sich auch dieses Wort an mir erfüllen muss: ‹Man wird ihn wie einen Verbrecher behandeln.› Alles, was in der Heiligen Schrift von mir geschrieben steht, geht nun in Erfüllung.»

11 Gottes Werke

Johannes 6,28–29 Da fragten sie ihn: «Was sollen wir tun, um Gottes Willen zu erfüllen?» [29]Er erwiderte: «Nur eins erwartet Gott von euch: Ihr sollt an den glauben, den er gesandt hat.»

Johannes 9,3–7 «Weder noch», antwortete Jesus. «Vielmehr soll an ihm die Macht Gottes sichtbar werden. [4]Ich muss die Aufgaben, die Gott mir gegeben hat, erfüllen, solange es Tag ist. Bald kommt die Nacht, in der niemand mehr etwas tun kann. [5]Doch solange ich in der Welt bin, werde ich für diese Welt das Licht sein.» [6]Er spuckte auf die Erde, rührte mit dem Speichel einen Brei an und strich ihn auf die Augen des Blinden. [7]Dann forderte er ihn auf: «Geh jetzt zum Teich Siloah, und wasch dich dort.» (Siloah heißt: «Der Gesandte.») Der Blinde ging hin, wusch sich, und als er zurückkam, konnte er sehen.

Johannes 10,32 Jesus aber sagte: «In Gottes Auftrag habe ich viele gute Taten vollbracht. Für welche wollt ihr mich töten?»

Johannes 10,37–38 «Wenn ich nicht das tue, was mein Vater will, braucht ihr mir nicht zu glauben. [38]Tue ich es aber, dann glaubt doch wenigstens diesen Taten, wenn ihr schon mir nicht glauben wollt! Dann werdet ihr endlich erkennen und glauben, dass der Vater in mir ist und ich im Vater bin!»

Johannes 14,10–11 «Glaubst du nicht, dass ich im Vater bin und der Vater in mir ist? Was ich euch sage, habe ich mir nicht selbst ausgedacht. Mein Vater, der in mir lebt, handelt durch mich. [11]Glaubt mir doch, dass der Vater und ich eins sind.

Und wenn ihr schon meinen Worten nicht glaubt, dann glaubt doch wenigstens meinen Taten!»

Matthäus 19,26 Jesus sah sie an und sagte: «Für Menschen ist es unmöglich, aber für Gott ist alles möglich!»

12 Gottes Wesen

Johannes 3,16–17 «Denn Gott hat die Menschen so sehr geliebt, dass er seinen einzigen Sohn für sie hergab. Jeder, der an ihn glaubt, wird nicht zugrunde gehen, sondern das ewige Leben haben. [17]Gott hat nämlich seinen Sohn nicht zu den Menschen gesandt, um über sie Gericht zu halten, sondern um sie zu retten.»

Johannes 4,24 «Denn Gott ist Geist. Und wer Gott anbeten will, muss von seinem Geist erfüllt sein und in seiner Wahrheit leben.»

Johannes 6,46 «Das bedeutet aber nicht, dass jemals ein Mensch den Vater gesehen hat. Nur einer hat ihn wirklich gesehen: der eine, der von Gott gekommen ist.»

Matthäus 6,26–33 «Seht euch die Vögel an! Sie säen nichts, sie ernten nichts und sammeln auch keine Vorräte. Euer Vater im Himmel versorgt sie. Meint ihr nicht, dass ihr ihm viel wichtiger seid? [27]Und wenn ihr euch noch so viel sorgt, könnt ihr doch euer Leben um keinen Augenblick verlängern. [28]Weshalb macht ihr euch so viele Sorgen um eure Kleidung? Seht euch an, wie die Lilien auf den Wiesen blühen! Sie können weder spinnen noch weben. [29]Ich sage euch, selbst König Salomo war in seiner ganzen Herrlichkeit nicht so prächtig gekleidet wie eine dieser Blumen.

30Wenn Gott sogar das Gras so schön wachsen lässt, das heute auf der Wiese grünt, morgen aber schon verbrannt wird, wie könnte er euch dann vergessen? Vertraut ihr Gott so wenig? 31Zerbrecht euch also nicht mehr den Kopf mit Fragen wie: ‹Werden wir genug zu essen haben? Und was werden wir trinken? Was sollen wir anziehen?› 32Mit solchen Dingen beschäftigen sich nur Menschen, die Gott nicht kennen. Euer Vater im Himmel weiß doch genau, dass ihr dies alles braucht. 33Sorgt euch vor allem um Gottes neue Welt, und lebt nach Gottes Willen! Dann wird er euch mit allem anderen versorgen.» (Siehe auch Lukas 12,24–31.)

Matthäus 7,7–11 «Bittet Gott, und er wird euch geben! Sucht, und ihr werdet finden! Klopft an, und euch wird die Tür geöffnet! 8Denn wer bittet, der bekommt. Wer sucht, der findet. Und wer anklopft, dem wird geöffnet. 9Würde jemand von euch seinem Kind einen Stein geben, wenn es um ein Stück Brot bittet? 10Oder eine giftige Schlange, wenn es um einen Fisch bittet? 11Wenn schon ihr hartherzigen Menschen euren Kindern Gutes gebt, wie viel mehr wird euer Vater im Himmel denen Gutes schenken, die ihn darum bitten!» (Siehe auch Lukas 11,9–13.)

Markus 10,18 Jesus entgegnete: «Weshalb nennst du mich gut? Es gibt nur einen, der gut ist, und das ist Gott.»

Lukas 6,35–36 «Ihr aber sollt eure Feinde lieben und den Menschen Gutes tun. Ihr sollt ihnen helfen, ohne einen Dank oder eine Gegenleistung zu erwarten. Dann werdet ihr reich belohnt werden: Ihr werdet Kinder des höchsten Gottes sein. Denn auch er ist gütig zu Undankbaren und Bösen. 36Seid so barmherzig wie euer Vater im Himmel!»

13 Gottes Wille

Johannes 6,37–40 «Alle Menschen, die mir der Vater gibt, werden zu mir kommen, und keinen von ihnen werde ich zurückstoßen. 38Denn ich bin nicht vom Himmel gekommen, um zu tun, was ich will, sondern um den Willen des Vaters zu erfüllen, der mich gesandt hat. 39Und das ist Gottes Wille: Kein Einziger von denen, die er mir anvertraut hat, soll verloren gehen. Ich werde sie alle am letzten Tag zum Leben erwecken. 40Denn nach dem Willen meines Vaters wird jeder, der den Sohn sieht und an ihn glaubt, für immer leben. Ich werde ihn am letzten Tag vom Tod auferwecken.»

Johannes 6,43–44 Jesus antwortete auf ihre Vorwürfe: «Warum empört ihr euch so? 44Keiner kann zu mir kommen, wenn nicht der Vater, der mich gesandt hat, ihn zu mir bringt. Und alle diese Menschen, die er mir gibt, will ich am letzten Tag zum Leben erwecken.»

Johannes 6,65 «Deshalb», so erklärte er weiter, «habe ich euch gesagt: Keiner kann zu mir kommen, wenn ihn nicht der Vater zu mir führt!»

Matthäus 6,9–10 «Ihr sollt deshalb so beten: ‹Unser Vater im Himmel! Dein heiliger Name soll geehrt werden. 10Lass deine neue Welt beginnen. Dein Wille geschehe hier auf der Erde, wie er im Himmel geschieht.›»

Matthäus 10,29–31 «Welchen Wert hat schon ein Spatz auf dem Dach? Man kann zwei von ihnen für einen Spottpreis kaufen! Trotzdem fällt keiner tot zur Erde, wenn es euer Vater nicht will. ³⁰Bei euch sind sogar die Haare auf dem Kopf alle gezählt. ³¹Darum habt keine Angst! Ihr seid Gott mehr wert als ein ganzer Spatzenschwarm.»

Matthäus 12,49–50 Dann zeigte er auf seine Jünger: «Seht diese dort, sie sind meine Mutter und meine Geschwister. ⁵⁰Denn wer den Willen meines Vaters im Himmel tut, der ist mein Bruder, meine Schwester und meine Mutter.»

Matthäus 18,10.12–14 «Hütet euch davor, hochmütig auf die herabzusehen, die euch gering erscheinen. Denn ich sage euch: Ihre Engel haben immer Zugang zu meinem Vater im Himmel. […] ¹²Was meint ihr: Wenn ein Mann hundert Schafe hat und eins läuft ihm davon, was wird er tun? Lässt er nicht die neunundneunzig in den Bergen zurück, um das verirrte Schaf zu suchen? ¹³Und ich versichere euch: Wenn er es endlich gefunden hat, freut er sich über dieses eine mehr als über die neunundneunzig, die sich nicht verlaufen hatten. ¹⁴Ebenso will mein Vater nicht, dass auch nur einer, und sei es der Geringste, verloren geht.»

Matthäus 20,20–23 Da kam die Frau des Zebedäus mit ihren Söhnen Jakobus und Johannes zu Jesus. Sie warf sich vor ihm nieder und wollte ihn um etwas bitten. ²¹«Was willst du?», fragte er. Sie antwortete: «Wenn deine Herrschaft begonnen hat, dann gib meinen beiden Söhnen die Ehrenplätze rechts und links neben dir!» ²²Jesus entgegnete: «Ihr wisst ja gar nicht, was ihr da verlangt. Könnt ihr denn auch das schwere Leiden tragen, das auf mich wartet?» – «Ja, das können wir!», antworteten sie. ²³Darauf erwiderte ihnen Jesus: «Ihr

werdet tatsächlich leiden müssen, aber trotzdem kann ich nicht bestimmen, wer einmal die Plätze rechts und links neben mir einnehmen wird. Das hat bereits mein Vater entschieden.»

Matthäus 26,39 Jesus ging ein paar Schritte weiter, warf sich nieder und betete: «Mein Vater, wenn es möglich ist, so bewahre mich vor diesem Leiden! Aber nicht was ich will, sondern was du willst, soll geschehen.»

Matthäus 26,42–46 Noch einmal ging er ein Stück weg, um zu beten: «Mein Vater, wenn mir dieses Leiden nicht erspart bleiben kann, bin ich bereit, deinen Willen zu erfüllen!» ⁴³Als er zurückkam, schliefen die Jünger schon wieder; die Augen waren ihnen zugefallen. ⁴⁴Er kehrte um und betete zum dritten Mal mit den gleichen Worten. ⁴⁵Dann kam er zu seinen Jüngern zurück und sagte: «Ihr schlaft immer noch und ruht euch aus? Aber jetzt ist die Stunde gekommen: Der Menschensohn wird den gottlosen Menschen ausgeliefert. ⁴⁶Steht auf, lasst uns gehen! Der Verräter ist schon da.» (Siehe auch Markus 14,39–42.)

Markus 3,33–35 Er gab zur Antwort: «Wer ist meine Mutter, und wer sind meine Geschwister?» ³⁴Dann sah er seine Zuhörer an und sagte: «Seht diese dort, sie sind meine Mutter und meine Geschwister. ³⁵Wer Gottes Willen tut, ist für mich Bruder, Schwester und Mutter!»

Markus 10,35–40 Jakobus und Johannes, die Söhne des Zebedäus, gingen zu Jesus und sagten: «Lehrer, wirst du uns eine Bitte erfüllen?» ³⁶«Was wollt ihr?», fragte Jesus. ³⁷«Wenn deine Herrschaft begonnen hat, möchten wir gern die Ehrenplätze rechts und links neben dir einnehmen.» ³⁸Jesus entgegnete: «Ihr wisst ja gar nicht, was ihr da verlangt! Könnt ihr denn auch das schwere Leiden tragen, das auf mich wartet? Könnt ihr euer Leben hingeben, so wie ich es hingeben muss?» ³⁹«Ja, das können wir!», antworteten sie. Darauf erwiderte ihnen Jesus: «Ihr werdet tatsächlich leiden und euer Leben hingeben müssen. ⁴⁰Aber trotzdem kann ich nicht bestimmen, wer einmal die Plätze rechts und links neben mir einnehmen wird. Das hat bereits Gott entschieden.»

Markus 14,36 Und er sprach: «Abba, Vater! Alles ist dir möglich; nimm diesen Kelch von mir! Doch nicht, was ich will, sondern was du willst!»

Lukas 22,42 «Vater, wenn es möglich ist, bewahre mich vor diesem Leiden. Aber nicht was ich will, sondern was du willst, soll geschehen.»

Apostelgeschichte 23,11 In der folgenden Nacht trat der Herr zu Paulus und sagte: «Sei unbesorgt! So wie du in Jerusalem mein Zeuge gewesen bist, sollst du auch in Rom mein Zeuge sein!»

14 Gottes Wort

Johannes 12,47–50 «Wenn jemand auf meine Botschaft hört und nicht danach handelt, so werde ich ihn nicht verurteilen. Denn ich bin nicht als Richter der Welt gekommen, sondern als ihr Retter. ⁴⁸Wer mich ablehnt und nicht nach meiner Botschaft lebt, der hat schon seinen Richter gefunden. Was ich verkündet habe, wird ihn am Tag des Gerichts verurteilen. ⁴⁹Denn ich habe nicht eigenmächtig zu euch geredet. Der Vater hat mich gesandt und mir gesagt, was ich reden und verkünden soll.

⁵⁰Und das ist gewiss: Was er mir aufgetragen hat, euch zu sagen, führt euch zum ewigen Leben! Deshalb gebe ich euch alles so weiter, wie der Vater es mir gesagt hat.»

Johannes 14,10–11 «Glaubst du nicht, dass ich im Vater bin und der Vater in mir ist? Was ich euch sage, habe ich mir nicht selbst ausgedacht. Mein Vater, der in mir lebt, handelt durch mich. ¹¹Glaubt mir doch, dass der Vater und ich eins sind. Und wenn ihr schon meinen Worten nicht glaubt, dann glaubt doch wenigstens meinen Taten!»

Johannes 14,23–26 «Wer mich liebt, richtet sich nach dem, was ich ihm gesagt habe. Auch mein Vater wird ihn lieben, und wir beide werden zu ihm kommen und immer bei ihm bleiben. ²⁴Wer mich aber nicht liebt, der lebt auch nicht nach dem, was ich sage. Meine Worte kommen nicht von mir, sondern von meinem Vater, der mich gesandt hat. ²⁵Ich sage euch dies alles, solange ich noch bei euch bin. ²⁶Der Heilige Geist, den euch der Vater an meiner Stelle als Helfer senden wird, er wird euch an all das erinnern, was ich euch gesagt habe, und euch meine Worte erklären.»

Johannes 15,9–11 «Wie mich der Vater liebt, so liebe ich euch. Bleibt in meiner Liebe! ¹⁰Wenn ihr nach meinen Geboten lebt, wird meine Liebe euch umschließen. Auch ich richte mich nach den Geboten meines Vaters und lebe in seiner Liebe. ¹¹Das alles sage ich euch, damit meine Freude euch ganz erfüllt und eure Freude dadurch vollkommen wird.»

Johannes 17,13–17 «Jetzt komme ich zu dir [zu Gott dem Vater] zurück. Aber dies alles wollte ich noch sagen, solange ich bei ihnen bin, damit meine Freude auch sie ganz erfüllt. [14]Ich habe ihnen deine Botschaft weitergegeben, und die Welt hasst sie deswegen, weil sie ebenso wie ich nicht zu ihr gehören. [15]Ich bitte dich nicht, sie aus der Welt zu nehmen, aber schütze sie vor der Macht des Bösen! [16]Sie gehören ebenso wenig zur Welt wie ich. [17]Lass ihnen deine Wahrheit leuchten, damit sie in immer engerer Gemeinschaft mit dir leben! Dein Wort ist die Wahrheit!»

Matthäus 4,4 Aber Jesus wehrte ab: «Nein, denn es steht in der Heiligen Schrift: ‹Der Mensch lebt nicht allein von Brot, sondern von allem, was Gott ihm zusagt!›» (Siehe auch Lukas 4,4.)

Matthäus 4,7 Jesus entgegnete ihm [Satan]: «Es steht aber auch in der Schrift: ‹Du sollst Gott, deinen Herrn, nicht herausfordern!›» (Siehe auch Lukas 4,12.)

Matthäus 4,10 Aber Jesus wies ihn ab: «Weg mit dir, Satan, denn es steht in der Heiligen Schrift: ‹Bete allein Gott, deinen Herrn, an und diene nur ihm!›» (Siehe auch Lukas 4,8.)

Markus 4,13–20 Dann sagte er zu seinen Jüngern: «Aber ich sehe, dass auch ihr diesen einfachen Vergleich nicht verstanden habt. Wie wollt ihr dann all die anderen begreifen? [14]Was der Bauer im Gleichnis aussät, ist die Botschaft Gottes. [15]Die Menschen, bei denen die Saat auf den Weg fällt, haben die Botschaft zwar gehört. Aber dann kommt der Satan und nimmt ihnen alles wieder weg. [16]Wie felsiger Boden sind die Menschen, die zwar die Botschaft hören und mit großer Begeisterung annehmen. [17]Aber ihr Glaube hat keine starke Wurzel und deshalb keinen Bestand. Wenn diese Menschen wegen ihres Glaubens in Schwierigkeiten geraten oder gar verfolgt werden, wenden sie sich wieder von Gott ab. [18]Der von Disteln überwucherte Boden entspricht den Menschen, die zwar die Botschaft hören, [19]aber die Sorgen des Alltags, die Verführung durch den Wohlstand und die Gier nach all den Dingen dieses Lebens ersticken Gottes Botschaft, so dass keine Frucht wachsen kann. [20]Aber es gibt auch fruchtbaren Boden: Menschen, die Gottes Botschaft hören und annehmen, so dass sie Frucht bringen, dreißig-, sechzig- oder hundertfach.»

Markus 7,6–13 Jesus antwortete: «Wie Recht hat Jesaja, wenn er von euch Heuchlern schreibt: ‹Diese Leute ehren Gott mit den Lippen, aber mit dem Herzen sind sie nicht dabei. [7]Ihr Gottesdienst ist wertlos, weil sie ihre menschlichen Gesetze als Gebote Gottes ausgeben.› [8/9]Ja, ihr beachtet Gottes Gebote nicht, sondern ersetzt sie durch eure Vorschriften! Dabei geht ihr sehr geschickt vor. [10]So hat euch Mose das Gebot gegeben: ‹Ehre deinen Vater und deine Mutter!› Und: ‹Wer seinen Vater oder seine Mutter verflucht, der soll sterben!› [11]Ihr aber behauptet: Wenn jemand seinen hilfsbedürftigen Eltern erklärt: ‹Ich kann euch nicht helfen, weil ich mein Vermögen dem Tempel vermacht habe›, dann hat er nicht gegen Gottes Gebot verstoßen. [12]In Wirklichkeit habt ihr damit aber nur erreicht, dass niemand mehr seinem Vater oder seiner Mutter helfen kann. [13]Ihr setzt also durch eure Vorschriften das Gebot Gottes außer Kraft. Und das ist nur *ein* Beispiel für viele.»

Lukas 8,21 Aber Jesus antwortete: «Meine Mutter und meine Geschwister –

das sind alle, die Gottes Botschaft hören und danach leben.»

Lukas 11,28 Darauf erwiderte Jesus: «Ja, aber noch glücklicher sind die Menschen, die Gottes Botschaft hören und danach leben.»

15 Liebe zu Gott, Liebe zu Jesus Christus

(Siehe auch «Liebe zu Jesus», Seite 373.)

Markus 12,28–30 Ein Schriftgelehrter hatte zugehört und war von der Antwort beeindruckt, die Jesus den Sadduzäern gegeben hatte. Deshalb fragte er ihn: «Welches von allen Geboten Gottes ist das wichtigste?» [29]Jesus antwortete: «Dies ist das wichtigste Gebot: ‹Hört, ihr Israeliten! Der Herr ist unser Gott, der Herr allein. [30]Ihn sollt ihr von ganzem Herzen lieben, mit ganzer Hingabe, mit eurem ganzen Verstand und mit all eurer Kraft.›»

Lukas 7,40–48 «Simon, ich will dir etwas erzählen», unterbrach ihn Jesus in seinen Gedanken. «Ja, ich höre zu, Lehrer», antwortete Simon. [41]«Ein reicher Mann hatte zwei Leuten Geld geliehen. Der eine Mann schuldete ihm fünfhundert Silberstücke, der andere fünfzig. [42]Weil sie das Geld aber nicht zurückzahlen konnten, schenkte er es beiden. Welcher der beiden Männer wird ihm nun am meisten dankbar sein?» [43]Simon antwortete: «Bestimmt der, dem er die größte Schuld erlassen hat.» – «Du hast Recht!», bestätigte ihm Jesus. [44]Dann blickte er die Frau an und sagte: «Sieh diese Frau, Simon! Ich kam in dein Haus, und du hast mir kein Wasser für meine Füße gegeben, was doch sonst selbstverständlich ist. Aber sie hat meine Füße mit ihren Tränen gewaschen und mit ihrem Haar getrocknet. [45]Du hast mich nicht mit einem Kuss begrüßt. Aber seit ich hier bin, hat diese Frau immer wieder meine Füße geküsst. [46]Du hast meine Stirn nicht mit Öl gesalbt, während sie dieses kostbare Öl sogar über meine Füße gegossen hat. [47]Ich sage dir: Ihre große Schuld ist ihr vergeben; und darum hat sie mir so viel Liebe gezeigt. Wem aber wenig vergeben wird, der liebt auch wenig.» [48]Zu der Frau sagte Jesus: «Deine Sünden sind dir vergeben.»

3

JESUS IM O-TON ÜBER DEN
HEILIGEN GEIST

*Was Jesus Christus uns über die dritte Person
der Dreieinigkeit sagt*

Wenn Sie sich ein neues Auto wünschen könnten, was für eines würden Sie sich aussuchen? Stellen Sie sich vor, es klingelt an Ihrer Tür. Sie öffnen, und vor Ihnen steht ein Autohändler: Mit strahlendem Lächeln zeigt er auf Ihren Traumwagen; der steht in der Einfahrt mit einem breiten Geschenkband darum herum. Der Händler überreicht Ihnen die Schlüssel und sagt:

«Das ist Ihr neues Auto. Vollständig bezahlt und fahrbereit.» Sie stoßen einen Jubelschrei aus, doch der Mann ist noch nicht fertig: «Sie müssen noch etwas wissen. Dieser Wagen hat einen völlig neuartigen Motor, leistungsstärker als alle bisherigen Motoren der Welt. Dank des einzigartigen Kraftstoffs fährt er 200.000 Kilometer pro Tankfüllung. Allerdings besteht der Treibstoff aus einer Kapsel mit angereichertem Plutonium zum Preis von gut 25 Millionen Euro, und sie ist im Lieferumfang nicht enthalten.»

Das Auto ist traumhaft und der Motor vielleicht auch, aber Sie haben nichts davon. Ohne den Treibstoff wird es Ihr Grundstück nie verlassen.

Das größte Geschenk, das Ihnen und mir jemals gemacht wurde, kommt von Gott: das sühnende Opfer seines einzigen Sohnes. Es ist ein Geschenk ohne Gegenleistung, aber unseren himmlischen Vater und seinen Sohn Jesus Christus hat es *alles* gekostet.

In Kapitel 4 lesen Sie, dass es nur eine Bedingung gibt, damit Sie dieses Geschenk entgegennehmen können: Sie müssen nochmals geboren werden; diese Geburt beschreibt Jesus als eine geistliche Geburt. Die Bibel lehrt uns, dass Gott die ersten Menschen mit einem Geist ausgestattet hatte; als sie sündigten, starb dieser Geist. Von da an waren alle Menschen, obwohl auch sie mit einem

Herzen, einem Verstand, einem Körper und einer Seele geboren wurden, von Geburt an geistlich tot (1. Korinther 15,22; Epheser 2,1–5). In Johannes 3,3–8 sagt Jesus zu Nikodemus, es gebe nur eine Möglichkeit, wie ein Mensch ins Reich Gottes kommen könne – er müsse nochmals geboren werden, und zwar von oben her. Jeder Mensch braucht diese geistliche Geburt, und in Johannes 3,6 erklärt Jesus, diese Geburt müsse durch den Heiligen Geist geschehen.

Doch diese geistliche Geburt ist nur der Anfang unserer neuen Gottesbeziehung. Wenn wir von neuem geboren worden sind, müssen wir geistlich wachsen. Dieses geistliche Wachstum benötigt den unbezahlbaren Kraftstoff, den Gott uns gibt und mit dem er unseren Geist befähigt, in allem Jesus Christus nachzufolgen. Dieser unbezahlbare Kraftstoff ist die Auswirkung der dritten Person der Dreieinigkeit, des Heiligen Geistes. Ohne sein Werk an uns, ohne seine Gegenwart in uns wären wir machtlos. Wir könnten nicht so werden, wie Gott uns haben will. Wir könnten nicht so leben, wie er will, dass wir leben. Wir könnten nichts von alledem erreichen, was Gott für uns geplant hat. Wir könnten auf andere nicht so einwirken, wie er möchte, dass wir auf sie einwirken.

Jesus sagte in Johannes 14,17, der Heilige Geist sei zwar *bei* den Jüngern gewesen, aber es käme die Zeit, dass der Heilige Geist *in* ihnen sei. Einige Wochen später, am Pfingsttag, kam der Heilige Geist – und seitdem lebt er in den Gläubigen (Apostelgeschichte 2,1–17).

Ohne die befähigende Gegenwart des Heiligen Geistes könnten wir immer noch ein in den Augen der Welt vollkommen normales Leben führen (allerdings ein selbstzentriertes), aber wenn er nicht in uns lebt, können wir keinerlei ewige, wahrhaft geistliche Frucht hervorbringen. Und, was mindestens genauso wichtig ist: Wir könnten nicht so sein, wie Gott uns haben will. Wenn aber der Heilige Geist in uns lebt und wir unseren Willen seiner Leitung unterordnen, dann bringt er in uns und durch uns all die geistliche Frucht hervor, die Gott sich wünscht.

Bei der letzten Mahlzeit mit seinen Jüngern hat Jesus zehn Aspekte aufgezeigt, wie der Heilige Geist in den Gläubigen wirkt (Johannes 14–16). Jesus sagte, der Heilige Geist würde …

- uns alles lehren und uns in alle Wahrheit leiten;
- uns an alles erinnern, was Jesus uns gesagt hat;
- ein lebendiges Zeugnis für Jesus sein (in uns und durch uns auch für andere);

- unser Helfer und Tröster sein;
- Ungläubige ihrer Sünde überführen;
- die Gerechtigkeit Christi offenbaren;
- den verurteilenden Rechtsspruch Gottes offenbaren;
- den Gläubigen zeigen, was kommen wird;
- die Gläubigen mit geistlicher Kraft ausrüsten und
- sie befähigen, mächtige Zeugen Jesu Christi zu sein.

Als Jesus auf der Erde lebte, konnte er immer nur an einem Ort sein. Der Heilige Geist dagegen kann überall gleichzeitig sein. Als die dritte Person der Dreieinigkeit ist er Gott dem Vater und Gott dem Sohn ebenbürtig und wie diese ewig.

In Johannes 14,17 sagt Jesus den Jüngern, eines bestimmten Tages würde der Heilige Geist, der «*bei* euch» gewesen sei, «*in* euch» sein. Jesus sagte: «Dann werdet ihr erkennen, dass ich eins bin mit meinem Vater und dass ihr in mir seid und ich in euch bin» (Johannes 14,20). Anders ausgedrückt: Vom ersten Pfingsten an wohnen Gott der Vater und Gott der Sohn durch den Heiligen Geist in dem Geist des Gläubigen; so wird der Geist des Gläubigen lebendig, er wird eins mit dem Geist der Gottheit. Der Heilige Geist kommt und lebt im Geist eines jeden wahren, wiedergeborenen Kindes Gottes.

Wandeln im Heiligen Geist

Jahre später beschrieb der Apostel Paulus weitere Aspekte, wie der Heilige Geist in der Gemeinde insgesamt und im einzelnen Gläubigen wirkt (Römer 12; 1. Korinther 12). In Galater 5,22–23 zählt Paulus auf, welche Früchte der Heilige Geist in jedem Gläubigen hervorbringt: Liebe und Freude, Frieden und Geduld, Freundlichkeit, Güte und Treue, Besonnenheit und Selbstbeherrschung. Uns Menschen ist es unmöglich, auch nur eine einzige davon zu produzieren. Doch für den Heiligen Geist ist es ganz natürlich, sie *alle* im Gläubigen hervorzubringen, denn in ihm sind sie alle vorhanden.

Nun tobt zwischen den ganz normalen Auswirkungen unserer eigenen Natur (Galater 5,19–21) und unserem Geist, der sich dem Heiligen Geist hingeben will, ein täglicher Kampf. Doch es gibt eine Lösung, wie wir die Macht unserer eigenen Natur überwinden können: «Darum rate ich euch: Lasst euer Leben von Gottes Geist bestimmen. Wenn er euch führt, werdet ihr allen selbstsüchtigen Wünschen widerstehen können» (Galater 5,16).

Leider haben sich manche Christen so intensiv mit den Gaben des Heiligen Geistes befasst, dass sie die Frucht des Heiligen Geistes und seine anderen lebenswichtigen Wirkungen aus den Augen verloren haben. Die Worte Jesu bilden die solide Grundlage für unsere Überzeugungen. Es ist schon interessant, welchen Aspekt des Werkes des Heiligen Geistes Jesus zuerst enthüllte: «Er wird euch an all das erinnern, was ich euch gesagt habe, und euch meine Worte erklären» (Johannes 14,26).

1 Der Heilige Geist und sein Werk

Johannes 3,5–8 «Ich sage dir die Wahrheit!», entgegnete Jesus. «Nur wer durch Wasser und durch Gottes Geist neu geboren wird, kann in Gottes neue Welt kommen! [6]Ein Mensch kann immer nur menschliches Leben zur Welt bringen. Wer aber durch Gottes Geist geboren wird, bekommt neues Leben. [7]Wundere dich deshalb nicht, wenn ich dir gesagt habe: Ihr müsst neu geboren werden. [8]Es ist damit wie beim Wind: Er weht, wie er will. Du hörst ihn, aber du kannst nicht erklären, woher er kommt und wohin er geht. So ist es auch mit der Geburt aus Gottes Geist.»

Johannes 14,15–16 «Wenn ihr mich liebt, werdet ihr so leben, wie ich es euch gesagt habe. [16]Dann werde ich den Vater bitten, dass er euch an meiner Stelle einen Helfer gibt, der für immer bei euch bleibt.»

Johannes 14,26 «Der Heilige Geist, den euch der Vater an meiner Stelle als Helfer senden wird, er wird euch an all das erinnern, was ich euch gesagt habe, und euch meine Worte erklären.»

Johannes 15,26–27 «Wenn ich beim Vater bin, will ich euch jemanden senden, der euch zur Seite stehen wird, den Geist der Wahrheit. Er wird vom Vater kommen und bezeugen, wer ich bin. [27]Und auch ihr werdet meine Zeugen sein, denn ihr seid von Anfang an bei mir gewesen.»

Johannes 16,6–11 «… denn ihr seid voller Trauer über das, was ich euch gesagt habe. [7]Doch ich sage euch die Wahrheit: Es ist besser für euch, wenn ich gehe. Sonst käme der nicht, der euch an meiner Stelle helfen soll. Wenn ich nicht mehr bei euch bin, werde ich ihn zu euch senden. [8]Und ist er erst gekommen, wird er den Menschen die Augen für ihre Sünde öffnen, für Gottes Gerechtigkeit und sein Gericht. [9]Ihre Sünde ist, dass sie nicht an mich glauben. [10]Gottes Gerechtigkeit zeigt sich darin, dass er sich zu mir bekennt und ich zum Vater gehe, wenn ihr mich dann auch nicht mehr sehen werdet. [11]Und Gottes Gericht werden die Menschen daran erkennen, dass der Teufel, der Herrscher dieser Welt, bereits verurteilt ist.»

Johannes 16,12–15 «Ich hätte euch noch viel mehr zu sagen, aber jetzt würde es euch überfordern. [13]Wenn aber der Geist der Wahrheit kommt, hilft er euch dabei, die Wahrheit vollständig zu erfassen. Denn er redet nicht in seinem eigenen Auftrag, sondern wird nur das sagen, was er gehört hat. Auch was euch in Zukunft erwartet, wird er euch verkünden. [14]So wird er meine Herrlichkeit sichtbar machen; denn alles, was er euch zeigt, kommt von mir. [15]Was der Vater hat, gehört auch mir. Deshalb kann ich mit Recht sagen: Alles, was er euch zeigt, kommt von mir.»

Johannes 16,20.22–23 «Ich sage euch die Wahrheit: Ihr werdet weinen und klagen, und die Menschen in dieser Welt werden sich darüber freuen. Ihr werdet traurig sein, doch eure Traurigkeit soll sich in Freude verwandeln! […] [22]Auch ihr seid jetzt sehr traurig, aber ich werde euch wiedersehen. Dann werdet ihr froh und glücklich sein, und diese Freude kann euch niemand mehr nehmen. [23]Am Tag unseres Wiedersehens werden all eure Fragen beantwortet sein. Ich sage euch die Wahrheit: Wenn ihr den Vater um etwas bittet und euch dabei auf mich beruft, wird er es euch geben.»

Matthäus 10,19–20 «Wenn sie euch vor Gericht bringen, braucht ihr euch nicht darum zu sorgen, was ihr aussagen sollt! Denn zur rechten Zeit wird Gott euch das rechte Wort geben. 20Nicht ihr werdet es sein, die Rede und Antwort stehen, sondern der Geist eures Vaters im Himmel wird durch euch sprechen.»

Matthäus 28,18–20 Da ging Jesus auf seine Jünger zu und sprach: «Ich habe von Gott alle Macht im Himmel und auf der Erde erhalten. 19Geht hinaus in die ganze Welt, und ruft alle Menschen dazu auf, mir nachzufolgen! Tauft sie im Namen des Vaters, des Sohnes und des Heiligen Geistes! 20Lehrt sie, so zu leben, wie ich es euch aufgetragen habe. Ihr dürft sicher sein: Ich bin immer bei euch, bis das Ende dieser Welt gekommen ist!»

Markus 13,11 «Wenn sie euch verhaften und vor Gericht bringen, braucht ihr euch nicht darum zu sorgen, was ihr aussagen sollt! Denn zur rechten Zeit wird Gott euch das rechte Wort geben. Nicht ihr werdet es sein, die Rede und Antwort stehen, sondern der Heilige Geist wird durch euch sprechen.»

Lukas 4,18–19 «Der Geist des Herrn ruht auf mir, weil er mich berufen hat. Er hat mich gesandt, den Armen die frohe Botschaft zu bringen. Ich rufe Freiheit aus für die Gefangenen, den Blinden sage ich, dass sie sehen werden, und den Unterdrückten, dass sie bald von jeder Gewalt befreit sein sollen. 19Ich rufe ihnen zu: Jetzt erlässt Gott eure Schuld.»

Lukas 11,5–13 Dann sagte Jesus zu den Jüngern: «Stellt euch vor, einer von euch hat einen Freund. Mitten in der Nacht geht er zu ihm, klopft an die Tür und bittet ihn:

‹Leih mir doch bitte drei Brote. 6Ich habe unerwartet Besuch bekommen und nichts im Haus, was ich ihm anbieten könnte.› 7Vielleicht würde der Freund dann antworten: ‹Stör mich nicht! Ich habe die Tür schon abgeschlossen und liege im Bett. Außerdem könnten die Kinder in meinem Bett aufwachen. Ich kann jetzt nicht aufstehen und dir etwas geben.› 8Das eine ist sicher: Wenn er schon nicht aufstehen und dem Mann etwas geben will, weil er sein Freund ist, so wird er schließlich doch aus seinem Bett steigen und ihm alles Nötige geben, weil der andere so unverschämt ist und ihm einfach keine Ruhe lässt. 9Darum sage ich euch: Bittet Gott, und er wird euch geben! Sucht, und ihr werdet finden! Klopft an, und euch wird die Tür geöffnet! 10Denn wer bittet, der bekommt. Wer sucht, der findet. Und wer anklopft, dem wird geöffnet. 11Welcher Vater würde seinem Sohn denn eine Schlange geben, wenn er ihn um einen Fisch bittet, 12oder einen Skorpion, wenn er ein Ei haben möchte? 13Wenn schon ihr hartherzigen Menschen euren Kindern Gutes gebt, wie viel mehr wird der Vater im Himmel denen den Heiligen Geist schenken, die ihn darum bitten.»

Lukas 12,8–12 «Das sage ich euch: Wer sich vor den Menschen zu mir bekennt, zu dem wird sich auch der Menschensohn vor den Engeln bekennen. 9Wer aber vor den Menschen nicht zu mir steht, zu dem wird auch der Menschensohn vor den Engeln Gottes nicht stehen. 10Wer den Menschensohn beschimpft, dem kann vergeben werden. Wer aber den Heiligen Geist beschimpft, der wird niemals Vergebung finden. 11Wenn ihr in den Synagogen vor Richtern und Machthabern verhört werdet, dann sorgt euch nicht darum, was ihr sagen oder wie ihr euch verteidigen sollt! [12]Denn der Heilige Geist wird euch zur rechten Zeit das rechte Wort geben.»

Apostelgeschichte 1,4–5 Als sie an einem dieser Tage miteinander aßen, sagte Jesus zu seinen Jüngern: «Verlasst Jerusalem nicht! Bleibt so lange hier, bis in Erfüllung gegangen ist, was euch der Vater durch mich ver-sprochen hat. [5]Denn Johannes hat mit Wasser getauft; ihr aber werdet bald mit dem Heiligen Geist getauft werden.» (Siehe auch Apostelgeschichte 11,16.)

Apostelgeschichte 1,8 «Aber ihr werdet den Heiligen Geist empfangen und durch seine Kraft meine Zeugen sein in Jerusalem und Judäa, in Samarien und auf der ganzen Erde.»

4

Jesus im O-Ton über die Ewigkeit

*Leben nach dem Tod, Himmel und Hölle, Vergebung
und andere entscheidende Ewigkeitsfragen*

In diesem Kapitel betrachten wir die Aussagen Jesu über das Allerwichtigste in unserem Leben. Wenn Jesus über die Ewigkeit sprach, enthüllte er die Absolutheiten, die für Ihr Schicksal entscheidend sind und auch für das Ihrer Lieben. Werden Sie sich in Ewigkeit an der Gegenwart Gottes berauschen – oder verbringen Sie sie ohne ihn, in einer verheerenden Leere? Wie auch immer Ihre religiösen Überzeugungen aussehen mögen, in dieser einen Frage möchten Sie sicher keine bösen Überraschungen erleben.

Im Evangelium nach Matthäus malt Jesus eine Teilansicht davon, wie eine solche Überraschung aussieht für die, die ihn nicht so kennen, wie er gekannt werden möchte. In Matthäus 7,21–23 sagt er: «Nicht, wer mich dauernd ‹Herr› nennt, wird in Gottes neue Welt kommen, sondern wer den Willen meines Vaters im Himmel tut. Am Tag des Gerichts werden zwar viele sagen: ‹Aber Herr, wir haben doch als deine Propheten das weitergesagt, was du selbst uns aufgetragen hast! Wir haben doch in deinem Namen Dämonen ausgetrieben und mächtige Taten vollbracht!› Aber ich werde ihnen antworten: ‹Ich kenne euch nicht, denn ihr habt nicht nach meinem Willen gelebt. Geht mir aus den Augen!›»

Das muss ein schwerer Schock sein für Menschen, die sich für Nachfolger Christi gehalten haben. Können Sie sich vorstellen, welche Verzweiflung ein Mensch empfinden muss, wenn Jesus Christus so etwas zu ihm sagt? Dann gibt es keine zweite Chance mehr. Das war's dann … in Ewigkeit!

Das ist die unangenehme Seite. Und nun das Schöne: Wenn Sie wissen, was Jesus zu diesen Ewigkeitsfragen gesagt hat, und entsprechend handeln, dann brauchen Sie sich keine Sorgen zu machen, dass auch Sie ein solches Desaster erleben könnten.

Jesus sagt weiter: «Wer meine Worte hört und danach handelt, der ist klug. Man kann ihn mit einem Mann vergleichen, der sein Haus auf felsigen Grund baut. Wenn ein Wolkenbruch niedergeht, das Hochwasser steigt und der Sturm am Haus rüttelt, wird es trotzdem nicht einstürzen, weil es auf Felsengrund gebaut ist» (Matthäus 7,24–25). Es ist völlig belanglos, was der oder jener sagt, ausschlaggebend ist nur das, was Jesus gesagt hat.

Heutzutage leben die meisten Menschen, als zöge ihr Verhalten keine großen Konsequenzen nach sich. Auch wenn die meisten von uns denken, dass es einen Gott gibt, leben doch fast alle so, als gäbe es keinen. Natürlich denken manche, mit dem Tod sei alles aus. Doch die meisten glauben an einen Weihnachtsmann-Gott, der sie niemals zur Rechenschaft ziehen wird. Sie haschen, so schnell sie nur können, nach allem, was sie zu fassen bekommen können, ohne sich über die langfristigen Folgen im Klaren zu sein. In ihrem Leben dreht sich alles nur um ihre eigenen Bedürfnisse und Wünsche.

Zu glauben, unser Reden und Handeln hätte keine Folgen, mag manchen utopisch vorkommen. In seinem Lied «Imagine» beschrieb John Lennon eine in seinen Augen vollkommene Welt – eine Welt ohne Religion, ohne Himmel, ohne Hölle. Diese Hoffnung ermöglichte ihm, in seinem kurzen Leben zu tun, was immer er wollte. Aber diese Philosophie bringt auf der Erde keine wahre Freude, und sie bietet nach diesem Leben auch keine Ewigkeit mit Gott.

Der gefährliche Mythos der Folgenlosigkeit

Wer lebt, als gäbe es keine ewigen Folgen, wird vier verheerende Konsequenzen erleben.

Erstens: Sie gehen durchs Leben und erleben nur oberflächliches Glück, das kaum unter die Haut geht. Sie sind immer auf der Jagd nach dem nächsten Kick, nach mehr Geld, einem strafferen Körper, der sie attraktiver aussehen lässt, oder nach einer neuen Beziehung, die mehr Prickeln verspricht als die, in der sie momentan leben. Egal, wie viel sie bereits haben, nie sind sie zufrieden. Ich hatte mit einigen der schönsten Models und Schauspielerinnen der Welt zu tun. Aber keine Einzige von ihnen war mit ihrem Aussehen zufrieden. Ich hatte mit einigen der reichsten Geschäftsleute Amerikas zu tun. Aber zu Hause erwiesen sie sich als Versager, und deshalb – oder auch wegen ihrer unersättlichen Gier nach Geld oder Macht – ist ihnen alles Glück abhandengekommen.

Ich kenne auch Dutzende von Menschen, die denken, wenn ihr Traum vom eigenen Haus, dem neuen Auto, einem anderen Arbeitsplatz, einem neuen Partner oder dem dickeren Konto erst einmal in Erfüllung gegangen wäre, könnten sie endlich glücklich sein. Aber auch wenn das eintritt, werden sie bis ans Lebensende unglücklich und unerfüllt bleiben – es sei denn, sie kehren um und ändern ihr Leben.

Zweitens: Sie sind schnell dabei, Gott die Schuld zu geben, wenn sie ein Schicksalsschlag trifft – durch einen Unfall oder eine tödliche Krankheit oder eine Katastrophe wie am 11. September 2001. Sie denken sofort: «Wenn es einen Gott gibt, wie kann er das zulassen?» Aber sie haben sich nie wirklich Zeit genommen, um sich mit Leben und Lehre Jesu Christi vertraut zu machen. Dabei sagt er deutlich, dass sich allein daran unser ewiges Schicksal entscheidet.

Drittens: Sie machen nie die persönliche Bekanntschaft mit dem liebevollsten und fürsorglichsten Wesen im ganzen Universum und kommen ihm nie näher. Wenn Sie sich anschauen, was Gott tat, um uns zu retten, beginnen Sie, die Tiefe seiner Liebe zu erahnen. Keiner von uns würde freiwillig das Leben seines Kindes opfern, um das Leben eines Menschen zu retten, der uns hasst oder dessen Wertvorstellungen und Überzeugungen den unseren diametral entgegengesetzt sind. Aber genau das tat Gott, als er Jesus ans Kreuz schickte. Und das ist nur ein winzig kleiner Einblick in die unermessliche Liebe, die Gott zu jedem von uns hat. Wer ihn und damit seine Liebe nie kennen lernt, verpasst die beste Beziehung, die er jemals haben könnte.

Viertens: Die größte Tragödie ist die, dass Menschen, die Jesu Worte nicht befolgen, in Ewigkeit von Gott und seiner Liebe getrennt sein werden. Jesus zufolge sind das äußerst jämmerliche Aussichten.

Die beste aller Informationen ist aber: Jesus will jedem von uns die Gabe des ewigen Lebens geben; vermutlich wünscht er sich das noch viel mehr, als wir es uns wünschen. Das wird offensichtlich, wenn Sie seine Worte in diesem Kapitel aufmerksam lesen. Hier finden Sie alles, was Jesus über die geistliche Geburt sagte, ohne die Sie nicht in das Reich Gottes hineinkommen. Lesen Sie die wichtigsten Worte, die je gesagt wurden über das ewige Leben und die Errettung, über die Auferweckung der Toten, über den Himmel und über Vergebung auch für das schrecklichste Versagen und die schlimmsten Fehler. Hier finden Sie auch Jesu Worte zu Engeln, Dämonen, zur Befreiung von finsteren Mächten sowie zu Satan und seinem Wesen.

Ich hoffe und bete, dass Ihnen beim Lesen der starken Worte unseres Retters über diese Ewigkeitsfragen die Augen aufgehen. Ich glaube, dass das Licht und die Gerechtigkeit und die Liebe Jesu Christi Ihr Herz dahinschmelzen lassen werden.

1 Auferstehung der Toten

Johannes 5,24–29 «Ich sage euch die Wahrheit: Wer meine Botschaft hört und an den glaubt, der mich gesandt hat, der wird ewig leben. Ihn wird das Urteil Gottes nicht treffen, denn er hat die Grenze vom Tod zum Leben schon überschritten. [25]Ich versichere euch: Die Zeit wird kommen, ja, sie hat schon begonnen, in der die Toten die Stimme des Sohnes Gottes hören werden. Und wer diesen Ruf hört, der wird leben. [26]Denn in Gott ist das Leben, und nach Gottes Willen hat auch der Sohn dieses Leben in sich. [27]Er hat ihm die Macht gegeben, die ganze Menschheit zu richten, weil er der Menschensohn ist. [28]Wundert euch nicht darüber! Der Tag wird kommen, an dem die Toten in ihren Gräbern die Stimme des Sohnes hören werden. [29]Dann werden alle Menschen auferstehen: Die Gutes getan haben, werden ewig leben, die aber Böses getan haben, werden verurteilt.»

Johannes 6,37–40 «Alle Menschen, die mir der Vater gibt, werden zu mir kommen, und keinen von ihnen werde ich zurückstoßen. [38]Denn ich bin nicht vom Himmel gekommen, um zu tun, was ich will, sondern um den Willen des Vaters zu erfüllen, der mich gesandt hat. [39]Und das ist Gottes Wille: Kein Einziger von denen, die er mir anvertraut hat, soll verloren gehen. Ich werde sie alle am letzten Tag zum Leben erwecken. [40]Denn nach dem Willen meines Vaters wird jeder, der den Sohn sieht und an ihn glaubt, für immer leben. Ich werde ihn am letzten Tag vom Tod auferwecken.»

Johannes 6,43–45 Jesus antwortete auf ihre Vorwürfe: «Warum empört ihr euch so? [44]Keiner kann zu mir kommen, wenn nicht der Vater, der mich gesandt hat, ihn zu mir bringt. Und alle diese Menschen, die er mir gibt, will ich am letzten Tag zum Leben erwecken. [45]Bei den Propheten heißt es: ‹Alle werden von Gott lernen!› Wer also auf den Vater hört und von ihm lernt, der kommt zu mir.»

Johannes 6,54–56 Darauf erwiderte Jesus: «Das eine steht unumstößlich fest: Wenn ihr den Leib des Menschensohnes nicht esst und sein Blut nicht trinkt, habt ihr kein Leben in euch. [54]Nur wer meinen Leib isst und mein Blut trinkt, der hat ewiges Leben, und ihn werde ich am letzten Tag auferwecken. [55]Denn mein Leib ist die lebensnotwendige Nahrung und mein Blut der Leben spendende Trank. [56]Wer meinen Leib isst und mein Blut trinkt, der bleibt in mir, und ich bleibe in ihm.»

Johannes 11,25–26 Darauf erwiderte ihr [Marta] Jesus: «Ich bin die Auferstehung, und ich bin das Leben. Wer mir vertraut, der wird leben, selbst wenn er stirbt. [26]Und wer lebt und mir vertraut, wird niemals sterben. Glaubst du das?»

Matthäus 22,29–32 Jesus antwortete: «Ihr irrt euch, denn ihr kennt weder die Heilige Schrift noch die Macht Gottes. [30]Wenn die Toten auferstehen, werden sie nicht wie hier auf der Erde verheiratet sein, sondern wie die Engel Gottes im Himmel leben. [31]Was nun die Auferstehung der Toten überhaupt betrifft: Habt ihr nicht in der Heiligen Schrift gelesen, wie Gott sagt: [32]‹Ich bin der Gott Abrahams, Isaaks und Jakobs›? Er ist doch nicht ein Gott der Toten, sondern der Lebenden!»

Markus 12,24–27 Jesus antwortete: «Ihr irrt euch, denn ihr kennt weder die Heilige

Schrift noch die Macht Gottes. [25]Wenn die Toten auferstehen, werden sie nicht wie hier auf der Erde verheiratet sein, sondern wie die Engel im Himmel leben. [26]Was nun die Auferstehung der Toten überhaupt betrifft: Habt ihr nicht im Buch des Mose gelesen, wie Gott am brennenden Dornbusch zu ihm sagte: ‹Ich bin der Gott Abrahams, Isaaks und Jakobs›? [27]Er ist doch nicht ein Gott der Toten, sondern der Lebenden. Ihr seid völlig im Irrtum!»

Lukas 16,19–31 «Da lebte einmal ein reicher Mann», erzählte Jesus. «Er war immer sehr vornehm gekleidet und konnte sich Tag für Tag jeden Luxus leisten. [20]Vor dem Portal seines Hauses aber lag Lazarus, bettelarm und schwer krank. Sein Körper war über und über mit Geschwüren bedeckt. [21]Während er dort um die Abfälle aus der Küche bettelte, kamen die Hunde und beleckten seine offenen Wunden. [22]Lazarus starb, und die Engel brachten ihn in den Himmel; dort durfte er den Ehrenplatz an Abrahams Seite einnehmen. Auch der reiche Mann starb und wurde begraben. [23]Als er im Totenreich unter Qualen erwachte, blickte er auf und erkannte in weiter Ferne Abraham, der Lazarus bei sich hatte. [24]‹Vater Abraham›, rief der Reiche laut, ‹hab Mitleid mit mir! Schick mir doch Lazarus! Er soll seine Fingerspitze ins Wasser tauchen und damit meine Zunge kühlen. Ich leide in diesen Flammen furchtbare Qualen!› [25]Aber Abraham erwiderte: ‹Mein Sohn, erinnere dich! Du hast in deinem Leben alles gehabt, Lazarus hatte nichts. Jetzt geht es ihm gut, und du musst leiden. [26]Außerdem liegt zwischen uns ein tiefer Abgrund. Niemand kann von der einen Seite zur anderen kommen,

selbst wenn er es wollte.› [27]‹Vater Abraham›, bat jetzt der Reiche, ‹dann schick Lazarus doch wenigstens in das Haus meines Vaters [28]zu meinen fünf Brüdern. Er soll sie warnen, damit sie nach ihrem Tod nicht auch an diesen qualvollen Ort kommen.› [29]Aber Abraham entgegnete: ‹Deine Brüder sollen auf das hören, was sie bei Mose und den Propheten lesen können.› [30]Der Reiche widersprach: ‹Nein, Vater Abraham, erst wenn einer von den Toten zu ihnen käme, würden sie ihr Leben ändern.› [31]Doch Abraham blieb dabei: ‹Wenn sie nicht auf Mose und die Propheten hören, werden sie sich auch nicht überzeugen lassen, wenn einer von den Toten aufersteht.›»

Lukas 20,34–38 Jesus antwortete: «Die Ehe gibt es nur in dieser Welt. [35]Wer aber von den Toten aufersteht und in die zukünftige Welt kommen darf, der wird nicht mehr verheiratet sein. [36]Er wird auch nicht mehr sterben wie die Menschen hier auf der Erde, sondern wie die Engel ewig leben und zu den Kindern Gottes gehören. Denn er ist vom Tod zu einem neuen Leben auferstanden. [37]Schon Mose hat angedeutet, dass es eine Auferstehung gibt. Er beschreibt, wie der Herr ihm im brennenden Dornbusch erschien, und er nennt ihn den Gott Abrahams, Isaaks und Jakobs. [38]Gott ist doch nicht ein Gott der Toten, sondern der Lebenden. Für ihn sind sie alle lebendig.»

2 Dämonen und die Befreiung von ihnen

Matthäus 6,9–13 «Ihr sollt deshalb so beten: ‹Unser Vater im Himmel! Dein heiliger Name soll geehrt werden. [10]Lass deine neue Welt beginnen. Dein Wille geschehe hier auf der Erde, wie er im Himmel geschieht. [11]Gib uns auch heute wieder, was wir zum Leben brauchen. [12]Vergib uns unsere Schuld, wie wir denen vergeben, die uns Unrecht getan haben. [13]Lass uns nicht in Versuchung geraten, dir untreu zu werden, und befreie uns vom Bösen.›»

Matthäus 7,22–23 «Am Tag des Gerichts werden zwar viele sagen: ‹Aber Herr, wir haben doch als deine Propheten das weitergesagt, was du selbst uns aufgetragen hast! Wir haben doch in deinem Namen Dämonen ausgetrieben und mächtige Taten vollbracht!› [23]Aber ich werde ihnen antworten: ‹Ich kenne euch nicht, denn ihr habt nicht nach meinem Willen gelebt. Geht mir aus den Augen!››»

Matthäus 8,28–32 Als Jesus am anderen Seeufer die Gegend um Gadara erreichte, liefen ihm zwei Männer entgegen, die von Dämonen beherrscht wurden. Sie hausten in Grabhöhlen und waren so gefährlich, dass sich niemand in ihre Nähe wagte. [29]Sie fingen an zu schreien: «Was willst du von uns, du Sohn Gottes? Bist du gekommen, um uns schon jetzt zu quälen?» [30]In einiger Entfernung wurde eine große Schweineherde gehütet. [31]Die Dämonen baten ihn: «Wenn du uns schon austreibst, dann lass uns wenigstens in diese Schweineherde fahren!» [32]Jesus befahl ihnen: «Ja, fort mit euch!» Da ließen die Dämonen die Männer frei, bemächtigten sich der Schweine, und die ganze Herde stürzte den Abhang hinunter und ertrank im See.

Matthäus 10,5–10 Diese Zwölf sandte Jesus aus und gab ihnen folgenden Auftrag: «Geht nicht zu den Nichtjuden oder in die Städte der Samariter, [6]sondern geht nur zu den Menschen aus dem Volk Israel, die sich von Gott entfernt haben. Sie sind wie Schafe, die ohne ihren Hirten verloren sind. [7]Ihnen sollt ihr diese Nachricht bringen: ‹Jetzt beginnt Gottes neue Welt!› [8]Heilt Kranke, weckt Tote auf, macht Aussätzige gesund und treibt Dämonen aus! Tut alles, ohne etwas dafür zu verlangen, denn ihr habt auch die Kraft dazu ohne Gegenleistung bekommen. [9]Nehmt kein Geld mit auf die Reise, weder Goldstücke noch Silber- oder Kupfermünzen, [10]auch keine Tasche, kein zweites Hemd, keine Schuhe und keinen Wanderstock. Denn weil ihr den Menschen dient, sollen sie für euch sorgen.»

Matthäus 12,25–30 Jesus kannte ihre [der Pharisäer] Gedanken und entgegnete: «Ein Staat, in dem verschiedene Herrscher um die Macht kämpfen, steht vor dem Untergang. Eine Stadt oder eine Familie, in der man ständig in Zank und Streit lebt, hat keinen Bestand. [26]Wenn der Satan sich selbst vertreiben würde, dann bekämpfte er sich ja selbst und zerstörte damit sein eigenes Reich. [27]Wenn ihr behauptet, ich würde die Dämonen durch die Kraft des Obersten Teufels austreiben, welche Kraft nutzen dann eure eigenen Leute, um böse Geister auszutreiben? Sie selbst werden euch das Urteil sprechen. [28]Wenn ich aber die Dämonen durch den Geist Gottes austreibe, so beginnt Gottes neue Welt jetzt – mitten unter euch! [29]Denn wer könnte in das Haus eines starken Mannes eindringen und ihn berauben? Man müsste ihn erst fesseln, und dann könnte man sein Haus plündern. [30]Wer nicht für mich ist, der ist gegen mich, und wer sich nicht für mich einsetzt, der führt die Menschen in die Irre!»

Matthäus 12,43–45 «Wenn ein Dämon ausgetrieben wird, irrt er in öden Gegenden umher auf der Suche nach einem neuen Opfer. Findet er keins, [44]entschließt er sich: ‹Ich will dorthin zurückkehren, woher ich gekommen bin.› Wenn er zurückkommt und seine frühere Wohnung sauber und geschmückt, aber leer vorfindet, [45]dann sucht er sich sieben andere Geister, die noch schlimmer sind als er selbst. Zusammen ergreifen sie Besitz von dem Menschen, der nun schlimmer dran ist als vorher. Genauso wird es auch diesem gottlosen Volk ergehen.»

Matthäus 15,22–28 Dort begegnete ihm eine kanaanitische Frau, die in der Nähe wohnte. Sie flehte ihn an: «Herr, du Sohn Davids, hab Erbarmen mit mir! Meine Tochter wird von einem bösen Geist furchtbar gequält.» [23]Aber Jesus beachtete sie nicht. Seine Jünger drängten ihn: «Erfüll doch ihre Bitte! Sie schreit sonst dauernd hinter uns her.» [24]Da sagte er zu der Frau: «Ich habe nur den Auftrag, den Israeliten zu helfen, die sich von Gott abgewandt haben und wie verlorene Schafe umherirren.» [25]Sie kam aber noch näher, warf sich vor ihm nieder und bettelte: «Herr, hilf mir!» Aber Jesus antwortete wieder: [26]«Es ist nicht richtig, wenn man den Kindern das Brot wegnimmt und es den Hunden vorwirft.» [27]«Ja, Herr», erwiderte die Frau, «aber die kleinen Hunde bekommen doch auch die Krümel, die vom Tisch ihrer Herren herunterfallen.» [28]Jesus antwortete ihr: «Dein Glaube ist groß. Was du erwartest, soll geschehen.» Im selben Augenblick wurde ihre Tochter gesund.

Matthäus 17,14–20 Als sie zu der Menschenmenge zurückgekehrt waren, kam ein Mann zu Jesus, fiel vor ihm nieder [15]und sagte: «Herr, hab Erbarmen mit meinem Sohn! Er leidet unter schweren Anfällen. Oft stürzt er dabei sogar ins Feuer oder ins Wasser. [16]Ich habe ihn zu deinen Jüngern gebracht, aber sie konnten ihm nicht helfen.» [17]Jesus rief: «Warum vertraut ihr Gott so wenig? Warum hört ihr nicht auf ihn? Wie lange muss ich noch bei euch sein und euch ertragen? Bringt das Kind her zu mir!» [18]Jesus bedrohte den bösen Geist. Sofort ließ er von dem Kranken ab, und der Junge war wieder gesund. [19]Als sie später unter sich waren, fragten die Jünger Jesus: «Weshalb konnten wir diesen Dämon nicht austreiben?» [20]«Weil ihr nicht wirklich glaubt», antwortete Jesus. «Wenn euer Glaube nur so groß wäre wie ein Senfkorn, könntet ihr zu diesem Berg sagen: ‹Rücke von hier dorthin!›, und es würde geschehen. Nichts wäre euch unmöglich!»

Markus 1,23–26 In der Synagoge war ein Mann, der von einem bösen Geist beherrscht wurde. Der schrie: [24]«Was willst du von uns, Jesus von Nazareth? Du bist doch nur gekommen, um uns zu vernichten. Ich weiß, dass du von Gott kommst und zu Gott gehörst!» [25]Jesus befahl dem Dämon: «Schweig und verlass diesen Menschen!» [26]Da zerrte der Dämon den Mann hin und her und verließ ihn mit einem lauten Schrei.

Markus 5,1–19 Als sie auf der anderen Seite des Sees die Gegend um Gadara erreichten [2]und Jesus aus dem Boot stieg, lief ihnen ein Mann entgegen. Dieser Mensch wurde von Dämonen beherrscht [3]und hauste in Grabhöhlen. Er war so wild, dass er nicht einmal mit Ketten gebändigt werden konnte. [4]Sooft man ihn auch fesselte und in Ketten legte, jedes Mal riss er sich wieder los. Niemand konnte ihn überwältigen. [5]Tag und Nacht hielt er sich in den Grabhöhlen auf oder irrte in den Bergen umher. Dabei tobte er und schlug mit Steinen auf sich ein. [6]Kaum hatte er Jesus gesehen, warf er sich vor ihm nieder [7]und schrie laut: «Was willst du von mir, Jesus, du Sohn Gottes, des Höchsten? Ich beschwöre dich bei Gott, quäle mich nicht!» [8]Jesus hatte nämlich dem Dämon befohlen: «Verlass diesen Menschen, du teuflischer Geist!» [9]Da fragte ihn Jesus: «Wie heißt du?» Der Dämon antwortete: «Mein Name ist Legion, denn viele von uns beherrschen diesen Menschen.» [10]Immer wieder bat er Jesus: «Vertreibe uns nicht aus dieser Gegend!» [11]Nicht weit entfernt an einem Abhang wurde eine große Herde Schweine gehütet. [12]«Lass uns in diese Schweine fahren», bettelten die Dämonen. [13]Jesus erlaubte es ihnen. Jetzt ließen die bösen Geister den Mann frei und bemächtigten sich der Schweine. Die ganze Herde – ungefähr zweitausend Tiere – stürzte den Abhang hinunter in den See und ertrank. [14]Verstört flohen die Hirten in die Stadt und in die umliegenden Dörfer und berichteten, was geschehen war. Von überall her kamen die Leute gelaufen, um sich selbst zu überzeugen. [15]Sie sahen den Mann, den die vielen Dämonen gequält hatten. Er war ordentlich angezogen und saß ganz ruhig neben Jesus. Da wurde ihnen unheimlich zumute. [16]Diejenigen aber, die alles mit angesehen hatten, erzählten, wie der Besessene geheilt wurde und was mit den Schweinen geschehen war. [17]Daraufhin baten die Leute Jesus, er möge ihre Gegend wieder verlassen. [18]Jesus wollte gerade in das Boot steigen, als ihn der Geheilte bat, bei ihm bleiben zu dürfen. [19]Aber Jesus erlaubte es ihm nicht. Er sagte: «Geh nach Hause zu deiner Familie und berichte, welch großes Wunder der Herr an dir getan hat und wie barmherzig er zu dir gewesen ist!»

Markus 7,25–29 Davon hatte auch eine Frau gehört, deren Tochter von einem bösen Geist beherrscht wurde. Sie kam zu Jesus, warf sich vor ihm nieder [26]und bat ihn, ihr Kind aus der Gewalt des Dämons zu befreien. Die Frau war keine Jüdin; sie wohnte in Phönizien. [27]Jesus antwortete ihr: «Zuerst müssen die Kinder versorgt werden, die Israeliten. Es ist nicht richtig, wenn man den Kindern das Brot wegnimmt und es den Hunden vorwirft.» [28]«Ja, Herr», erwiderte die Frau, «aber die kleinen Hunde bekommen doch auch die Krümel, die den Kindern vom Tisch fallen.» [29]«Du hast Recht», antwortete Jesus, «ich will deiner Tochter helfen. Geh nach Hause! Der böse Geist hat dein Kind bereits verlassen.»

Markus 9,14–29 Bei ihrer Rückkehr fanden sie die anderen Jünger zusammen mit einigen Schriftgelehrten mitten in einer großen Volksmenge. Die Schriftgelehrten hatten die Jünger in ein Streitgespräch verwickelt. [15]Als die Leute Jesus sahen, liefen sie ihm aufgeregt entgegen und begrüßten ihn. [16]«Worüber streitet ihr euch denn?», fragte er sie. [17]Einer aus der Menge antwortete: «Lehrer, ich habe meinen Sohn hergebracht, damit du ihn heilst. Er kann nicht sprechen, weil er von einem bösen Geist beherrscht wird. [18]Wenn dieser Geist Gewalt über ihn gewinnt, wirft er ihn zu Boden. Dann tritt dem Jungen Schaum vor den Mund, er knirscht mit den Zähnen und bleibt schließlich bewusstlos liegen. Ich habe schon deine Jünger angefleht, den bösen Geist auszutreiben; aber sie waren machtlos.» [19]Da rief Jesus: «Warum vertraut ihr Gott so wenig? Wie lange muss ich noch bei euch sein und euch ertragen? Bringt das Kind her zu mir!» [20]Sie brachten es. Als aber der böse Geist Jesus erkannte, zerrte er den Jungen hin und her. Der stürzte zu Boden, wälzte sich umher, und der Schaum stand ihm vor dem Mund. [21]«Wie lange leidet er schon darunter?», fragte Jesus den Vater. Der antwortete: «Von Kindheit an. [22]Schon oft hat ihn der böse Geist in ein Feuer oder ins Wasser geworfen, um ihn umzubringen. Hab doch Erbarmen mit uns! Hilf uns, wenn du kannst!» [23]«Wenn ich kann?», fragte Jesus zurück. «Alles ist möglich, wenn du mir vertraust.» [24]Verzweifelt rief der Mann: «Ich vertraue dir ja – hilf mir doch gegen meinen Zweifel!» [25]Als Jesus sah, dass die Menschenmenge immer größer wurde, bedrohte er den bösen Geist: «Du stummer und tauber Geist, ich befehle dir: Verlass dieses Kind, und kehre nie wieder zu ihm zurück.» [26]Da stieß der Dämon einen Schrei aus, zerrte den Jungen heftig hin und her und verließ ihn. Der Junge lag regungslos da, so dass die meisten sagten: «Er ist tot!» [27]Aber Jesus nahm seine Hand und half ihm aufzustehen. [28]Als Jesus mit seinen Jüngern ins Haus gegangen war, fragten sie ihn: «Weshalb konnten wir diesen Dämon nicht austreiben?» [29]Jesus antwortete: «Solche Geister können nur durch Gebet und Fasten vertrieben werden.»

Markus 16,17 «Die Glaubenden aber werde ich durch folgende Wunder bestätigen: In meinem Namen werden sie Dämo-nen austreiben und in unbekannten Sprachen reden.» [7]

Lukas 4,18–21 «Der Geist des Herrn ruht auf mir, weil er mich berufen hat. Er hat mich gesandt, den Armen die frohe Botschaft zu bringen. Ich rufe Freiheit aus für die Gefangenen, den Blinden sage ich, dass sie sehen werden, und den Unter-drückten, dass sie bald von jeder Gewalt befreit sein sollen. [19]Ich rufe ihnen zu: Jetzt erlässt Gott eure Schuld.» [20]Jesus rollte die Buchrolle zusammen, gab sie dem Synago-gendiener zurück und setzte sich. Alle blickten ihn erwartungsvoll an. [21]Er be-gann: «Heute hat sich diese Voraussage des Propheten erfüllt.»

Lukas 4,33–35 In der Synagoge war ein Mann, der von einem Dämon beherrscht wurde. [34]Der schrie laut: «Hör auf! Was willst du von uns, Jesus von Nazareth? Du bist doch nur gekommen, um uns zu ver-nichten. Ich weiß, dass du von Gott kommst und zu Gott gehörst!» [35]Jesus be-fahl dem Dämon: «Schweig und verlass diesen Menschen!» Da schleuderte der Dämon den Mann mitten unter sie auf den Boden und verließ ihn, ohne ihm weiter zu schaden.

Lukas 8,26–39 Dann erreichten sie die Gegend von Gadara auf der anderen Seite des Sees Genezareth. [27]Als Jesus aus dem Boot stieg, lief ihm aus der Stadt ein Mann entgegen, der von Dämonen beherrscht wurde. Schon seit langer Zeit trug er keine Kleider mehr und blieb auch in keiner

---

[7] In den frühesten Handschriften des Markus-Evangeliums ist Markus 16,9–20 nicht vorhan-den.

Wohnung, sondern er hauste in Grabhöhlen. 28Kaum hatte er Jesus gesehen, fing er an zu schreien. Er warf sich vor ihm nieder und rief laut: «Was willst du von mir, Jesus, du Sohn Gottes, des Höchsten? Ich flehe dich an, quäle mich nicht!» 29Jesus hatte nämlich dem Dämon befohlen, den Mann endlich freizulassen. Immer wieder hatte der böse Geist den Mann überwältigt. Obwohl man ihn an Händen und Füßen fesselte und einsperrte, konnte er seine Ketten zerreißen und wurde von dem Dämon in die Wüste getrieben. 30«Wie heißt du?», fragte ihn Jesus. «Legion», war die Antwort. Denn der Mann war von vielen Dämonen besessen. 31Sie baten Jesus: «Befiehl uns nicht, in die Hölle zu fahren!» 32Nicht weit entfernt an einem Abhang wurde eine große Herde Schweine gehütet. In diese Schweine wollten die Dämonen fahren, und Jesus erlaubte es ihnen. 33Nun ließen die Dämonen den Mann frei und bemächtigten sich der Schweine. Da stürzte die ganze Herde den Abhang hinunter in den See und ertrank. 34Verstört flohen die Hirten in die Stadt und in die umliegenden Dörfer und berichteten, was sich ereignet hatte. 35Von überall her kamen die Leute gelaufen, um sich selbst zu überzeugen. Sie sahen den Mann, den Jesus gerade von den Dämonen befreit hatte. Er war ordentlich angezogen und saß ganz ruhig neben Jesus. Da wurde ihnen unheimlich zumute. 36Diejenigen aber, die alles mit angesehen hatten, erzählten, wie der besessene Mann von Jesus geheilt worden war. 37Daraufhin baten die Leute aus Gadara Jesus, er möge ihre Gegend doch wieder verlassen, denn sie fürchteten sich sehr. Jesus stieg in das Boot, um zurückzufahren. 38Der geheilte Mann bat darum, bei ihm bleiben zu dürfen. Aber Jesus beauftragte ihn: 39«Geh nach Hause und berichte, welch großes Wunder Gott an dir getan hat.» Da ging der Mann und erzählte in der ganzen Stadt, was für ein Wunder Jesus an ihm getan hatte.

Lukas 9,37–42 Als sie am nächsten Tag vom Berg herabstiegen, kamen ihnen viele Menschen entgegen. 38Ein Mann war dabei, der Jesus anflehte: «Bitte, Lehrer, sieh dir meinen Sohn an, mein einziges Kind! 39Oft packt ihn ein Dämon! Dann schreit der Junge und windet sich in Krämpfen, bis der Schaum vor seinem Mund steht. Es gibt kaum eine Stunde, in der er nicht gequält wird. 40Ich habe schon deine Jünger gebeten, den bösen Geist auszutreiben, aber sie waren machtlos.» 41Da rief Jesus: «Warum vertraut ihr Gott so wenig? Warum hört ihr nicht auf ihn? Wie lange muss ich noch bei euch sein und euch ertragen? Bring deinen Sohn her!» 42Als sie ihn zu ihm brachten, riss und zerrte der Dämon den Jungen hin und her. Jesus bedrohte den bösen Geist, heilte den Jungen und gab ihn seinem Vater wieder.

Lukas 10,17–20 Als die siebzig Jünger zurückgekehrt waren, berichteten sie voller Freude: «Herr, sogar die Dämonen mussten uns gehorchen, wenn wir deinen Namen nannten!» 18Jesus antwortete: «Ich sah den Satan wie einen Blitz vom Himmel fallen. 19Ich habe euch die Macht gegeben, auf Schlangen und Skorpione zu treten und die Gewalt des Feindes zu brechen. Nichts wird euch schaden. 20Doch freut euch nicht so sehr, dass euch die Dämonen gehorchen müssen; freut euch vielmehr darüber, dass eure Namen im Himmel aufgeschrieben sind!»

Lukas 11,17–22 Jesus kannte ihre Gedanken und sagte: «Ein Staat, in dem verschiedene Herrscher um die Macht kämpfen, steht vor dem Untergang; und eine Familie, die ständig in Zank und Streit lebt, bricht auseinander. ¹⁸Wenn nun der Satan sich selbst bekämpfte, zerstörte er damit nicht sein eigenes Reich? Ihr behauptet, ich würde die Dämonen durch die Kraft des Obersten Teufels austreiben. ¹⁹Wenn das tatsächlich so wäre: Welche Kraft nutzen dann eure eigenen Leute, um böse Geister auszutreiben? Sie selbst werden euch das Urteil sprechen. ²⁰Wenn ich aber die Dämonen durch Gottes Macht austreibe, so beginnt Gottes neue Welt jetzt – mitten unter euch! ²¹Solange ein starker Mann gut bewaffnet ist und sein Haus bewacht, kann ihm niemand etwas rauben; ²²es sei denn, er wird von einem Stärkeren angegriffen und überwältigt. Dieser nimmt ihm die Waffen weg, auf die er vertraute, und reißt seinen ganzen Besitz an sich.»

Lukas 11,24–26 «Wenn ein Dämon ausgetrieben wird, irrt er in öden Gegenden umher auf der Suche nach einem neuen Opfer. Findet er keins, entschließt er sich: ‹Ich will dorthin zurückkehren, woher ich gekommen bin.› ²⁵Wenn er zurückkommt und seine frühere Wohnung sauber und geschmückt vorfindet, ²⁶dann sucht er sich sieben andere Geister, die noch schlimmer sind als er selbst. Zusammen ergreifen sie Besitz von dem Menschen, der nun schlimmer dran ist als vorher.»

Lukas 13,10–13 Am Sabbat lehrte Jesus in einer Synagoge. ¹¹Eine Frau hörte ihm zu, die ein böser Geist krank gemacht hatte: Seit achtzehn Jahren saß sie gebeugt da und konnte sich nicht mehr aufrichten.

¹²Als Jesus sie sah, rief er sie zu sich: «Frau, du sollst von deinem Leiden erlöst sein!» ¹³Er legte seine Hände auf sie. Da richtete sie sich auf und dankte Gott von ganzem Herzen.

Lukas 13,31–32 Kurze Zeit später kamen einige Pharisäer zu Jesus. Sie warnten ihn: «Wenn dir dein Leben lieb ist, dann sieh zu, dass du schnell von hier fortkommst. König Herodes will dich töten lassen!» ³²Jesus antwortete: «Sagt diesem Fuchs: ‹Heute und morgen treibe ich Dämonen aus und heile Kranke. Aber am dritten Tag werde ich mein Ziel erreicht haben.›»

3 Engel

Johannes 1,51 Und er fuhr fort: «Ich sage euch die Wahrheit: Ihr werdet den Himmel offen und die Engel Gottes hinauf- und herabsteigen sehen zwischen Gott und dem Menschensohn!»

Matthäus 13,37–43 Jesus antwortete: «Der Menschensohn selbst ist der Bauer, der die gute Saat aussät. ³⁸Der Acker ist die Welt, die Saat sind die Menschen, die zu Gottes neuer Welt gehören, und das Unkraut sind die Leute, die dem Satan gehorchen. ³⁹Der Feind, der das Unkraut zwischen den Weizen sät, ist der Teufel. Die Ernte ist das Ende der Welt, und die Erntearbeiter sind die Engel. ⁴⁰Wie das Unkraut vom Weizen getrennt und verbrannt wird, so wird es auch am Ende der Welt sein: ⁴¹Der Menschensohn wird seine Engel senden. Sie werden aus der neuen Welt Gottes alle, die Unrecht tun und andere zur Sünde verführen, aussondern ⁴²und sie in den brennenden Ofen werfen. Dort wird nur Heulen und ohnmächtiges Jammern zu hören sein. [43]Aber alle, die Gottes Willen tun, werden in der neuen Welt ihres Vaters leuchten wie die Sonne. Hört genau auf das, was ich euch sage!»

Matthäus 16,24–27 Danach sprach Jesus zu seinen Jüngern: «Wer mir nachfolgen will, darf nicht mehr sich selbst in den Mittelpunkt stellen, sondern muss sein Kreuz auf sich nehmen und mir nachfolgen. [25]Wer sich an sein Leben klammert, der wird es verlieren. Wer aber sein Leben für mich einsetzt, der wird es für immer gewinnen. [26]Denn was gewinnt ein Mensch, wenn ihm die ganze Welt zufällt, er selbst aber dabei Schaden nimmt? Er kann sein Leben ja nicht wieder zurückkaufen! [27]Denn der Menschensohn wird mit seinen Engeln in der Herrlichkeit seines Vaters kommen und jeden nach seinen Taten richten.»

Matthäus 18,10 «Hütet euch davor, hochmütig auf die herabzusehen, die euch gering erscheinen. Denn ich sage euch: Ihre Engel haben immer Zugang zu meinem Vater im Himmel.»

Matthäus 22,30 «Wenn die Toten auferstehen, werden sie nicht wie hier auf der Erde verheiratet sein, sondern wie die Engel Gottes im Himmel leben.»

Matthäus 24,31 «Mit gewaltigem Posaunenschall wird er seine Engel aussenden, und sie werden seine Auserwählten aus allen Teilen der Welt zu ihm bringen.»

Matthäus 25,31–32 «Wenn der Menschensohn in seiner ganzen Herrlichkeit, begleitet von allen Engeln, kommt, dann wird er auf dem Thron Gottes sitzen. [32]Alle Völker werden vor ihm erscheinen, und er wird die Menschen in zwei Gruppen teilen, so wie ein Hirte die Schafe von den Böcken trennt.»

Matthäus 26,52–54 Doch Jesus befahl ihm [Petrus]: «Steck dein Schwert weg! Wer Gewalt anwendet, wird durch Gewalt umkommen. [53]Ist dir denn nicht klar, dass ich meinen Vater um ein ganzes Heer von Engeln bitten könnte? Er würde sie mir sofort schicken. [54]Wie sollte sich aber dann erfüllen, was in der Heiligen Schrift vorausgesagt ist? Es muss alles so geschehen!»

Markus 8,38 «Wer sich hier vor den gottlosen Menschen schämt, sich zu mir und meiner Botschaft zu bekennen, den wird auch der Menschensohn nicht kennen, wenn er mit den heiligen Engeln in der Herrlichkeit seines Vaters kommen wird.»

Markus 12,25 «Wenn die Toten auferstehen, werden sie nicht wie hier auf der Erde verheiratet sein, sondern wie die Engel im Himmel leben.»

Markus 13,24–27 «Nach dieser großen Schreckenszeit wird sich die Sonne verfinstern und der Mond nicht mehr scheinen. [25]Die Sterne werden aus ihrer Bahn geschleudert, und die Kräfte des Weltalls geraten durcheinander. [26]Alle sehen dann, wie der Menschensohn in großer Macht und Herrlichkeit in den Wolken des Himmels kommt. [27]Er wird seine Engel aussenden, und sie werden seine Auserwählten aus allen Teilen der Welt zu ihm bringen.»

Lukas 15,10 «Genau so freuen sich auch die Engel Gottes, wenn ein einziger Sünder zu Gott umkehrt.»

Lukas 20,35–36 «Wer aber von den Toten aufersteht und in die zukünftige Welt kommen darf, der wird nicht mehr verheiratet sein. [36]Er wird auch nicht mehr sterben wie die Menschen hier auf der Erde, sondern wie die Engel ewig leben und zu den Kindern Gottes gehören. Denn er ist vom Tod zu einem neuen Leben auferstanden.»

4 Ewiges Leben (Errettung)

In diesem Abschnitt finden sich die allerwichtigsten Worte, die jeder von uns jemals vernehmen könnte: die absolute Wahrheit darüber, wie man das ewige Leben erlangen kann. Diese Worte kommen aus dem Mund des Gottes, der entscheidet, wer in den Himmel hineinkommt und wer nicht. Er allein hat das unumstößliche Kriterium festgelegt. Eine höhere Autorität, ein helleres Licht, eine schärfere Klarheit als hier in den Worten unseres Retters gibt es nirgends.

Lesen Sie seine Worte, und erkennen Sie: Es ist so einfach, die Gabe des ewigen Lebens zu empfangen, man braucht nur an Jesus Christus zu glauben und von neuem geboren zu werden.

Aber Sie werden auch entdecken, dass Jesus Christus unter «glauben» etwas ganz anderes versteht, als wir heute es im Allgemeinen tun. Jesus setzt «glauben» damit gleich, dass wir *tun*, was er uns zu tun anweist. Diesem Aspekt seiner Aussagen sollten Sie beim Lesen besondere Aufmerksamkeit schenken. Unterstreichen Sie, was Sie anspricht oder was Ihnen auffällt. Schreiben Sie auf, was Sie erkennen. Es ist so wichtig, dass das, was Sie über das ewige Leben glauben, auf die felsenfeste Offenbarung der Worte Jesu gegründet ist.

Johannes 3,3–8 Darauf erwiderte Jesus: «Ich will dir etwas sagen, Nikodemus: Wer nicht neu geboren wird, kann nicht in Gottes neue Welt kommen.» [4]Verständnislos fragte der Pharisäer: «Wie kann ein Erwachsener neu geboren werden? Er kann doch nicht wieder in den Mutterleib zurück und noch einmal auf die Welt kommen!» [5]«Ich sage dir die Wahrheit!», entgegnete Jesus. «Nur wer durch Wasser und durch Gottes Geist neu geboren wird, kann in Gottes neue Welt kommen! [6]Ein Mensch kann immer nur menschliches Leben zur Welt bringen. Wer aber durch Gottes Geist geboren wird, bekommt neues Leben. [7]Wundere dich deshalb nicht, wenn ich dir gesagt habe: Ihr müsst neu geboren werden. [8]Es ist damit wie beim Wind: Er weht, wie er will. Du hörst ihn, aber du kannst nicht erklären, woher er kommt und wohin er geht. So ist es auch mit der Geburt aus Gottes Geist.»

Johannes 3,14–18 «Du weißt doch, wie Mose in der Wüste eine Schlange aus Bronze an einem Pfahl aufrichtete, damit jeder, der sie ansah, am Leben blieb. Genauso muss auch der Menschensohn erhöht werden. [15]Jeder, der ihm vertraut, wird das ewige Leben haben. [16]Denn Gott hat die Menschen so sehr geliebt, dass er seinen einzigen Sohn für sie hergab. Jeder, der an ihn glaubt, wird nicht zugrunde gehen, sondern das ewige Leben haben. [17]Gott hat nämlich seinen Sohn nicht zu den Menschen gesandt, um über sie Gericht zu halten, sondern um sie zu retten. [18]Wer an ihn glaubt, der wird nicht verurteilt werden. Wer aber nicht an den einzigen Sohn Gottes glaubt, über den ist wegen seines Unglaubens das Urteil schon gesprochen.»

Johannes 5,21–23 «So wie der Vater Tote auferweckt und ihnen neues Leben gibt, so hat auch der Sohn die Macht dazu, neues Leben zu geben, wem er will. ²²Denn nicht der Vater spricht das Urteil über die Menschen, er hat das Richteramt vielmehr dem Sohn übertragen, ²³damit alle den Sohn ehren, genauso wie den Vater. Wer aber den Sohn nicht als Herrn anerkennen will, der verachtet auch die Herrschaft des Vaters, der ja den Sohn gesandt hat.»

Johannes 5,24–25 «Ich sage euch die Wahrheit: Wer meine Botschaft hört und an den glaubt, der mich gesandt hat, der wird ewig leben. Ihn wird das Urteil Gottes nicht treffen, denn er hat die Grenze vom Tod zum Leben schon überschritten. ²⁵Ich versichere euch: Die Zeit wird kommen, ja, sie hat schon begonnen, in der die Toten die Stimme des Sohnes Gottes hören werden. Und wer diesen Ruf hört, der wird leben.»

Johannes 5,28–29 «Wundert euch nicht darüber! Der Tag wird kommen, an dem die Toten in ihren Gräbern die Stimme des Sohnes hören werden. ²⁹Dann werden alle Menschen auferstehen: Die Gutes getan haben, werden ewig leben, die aber Böses getan haben, werden verurteilt.»

Johannes 5,31–35 «Wenn ich mein eigener Zeuge wäre, würde das nicht gelten. ³²Aber ich habe einen Zeugen. Und ich weiß, dass alles wahr ist, was er über mich sagt. ³³Ihr seid zwar zu Johannes dem Täufer gegangen, um die Wahrheit über mich zu hören, und er hat sie euch gesagt. ³⁴Doch ich brauche keine Zeugenaussage von Menschen. Nur um euretwillen nenne ich Johannes als Zeugen, damit ihr errettet werdet. ³⁵Johannes war ein strahlendes Licht, ihr aber habt euch damit zufrieden

gegeben, euch eine Zeit lang daran zu freuen.»

Johannes 5,39–40 «Ihr lest die Heilige Schrift gründlich, um ewiges Leben zu finden. Und tatsächlich weist sie auf mich hin. ⁴⁰Dennoch wollt ihr nicht zu mir kommen, um ewiges Leben zu haben.»

Johannes 6,27 «Bemüht euch doch nicht nur um das vergängliche Brot, das ihr zum täglichen Leben braucht! Setzt alles dafür ein, die Nahrung zu bekommen, die bis ins ewige Leben reicht. Diese wird der Menschensohn euch geben. Denn Gott, der Vater, hat ihn dazu bestimmt und ihm die Macht gegeben.»

Johannes 6,37–40 «Alle Menschen, die mir der Vater gibt, werden zu mir kommen, und keinen von ihnen werde ich zurückstoßen. ³⁸Denn ich bin nicht vom Himmel gekommen, um zu tun, was ich will, sondern um den Willen des Vaters zu erfüllen, der mich gesandt hat. ³⁹Und das ist Gottes Wille: Kein Einziger von denen, die er mir anvertraut hat, soll verloren gehen. Ich werde sie alle am letzten Tag zum Leben erwecken. ⁴⁰Denn nach dem Willen meines Vaters wird jeder, der den Sohn sieht und an ihn glaubt, für immer leben. Ich werde ihn am letzten Tag vom Tod auferwecken.»

Johannes 6,44–51 «Keiner kann zu mir kommen, wenn nicht der Vater, der mich gesandt hat, ihn zu mir bringt. Und alle diese Menschen, die er mir gibt, will ich am letzten Tag zum Leben erwecken. ⁴⁵Bei den Propheten heißt es: ‹Alle werden von Gott lernen!› Wer also auf den Vater hört und von ihm lernt, der kommt zu mir. ⁴⁶Das bedeutet aber nicht, dass jemals ein Mensch den Vater gesehen hat. Nur einer hat ihn wirklich gesehen: der eine, der von Gott gekommen ist. [47]Ich sage euch die Wahrheit: Wer an mich glaubt, der hat jetzt schon das ewige Leben! [48]Ich selbst bin das Brot, das euch dieses Leben gibt! [49]Eure Vorfahren haben in der Wüste das Manna, das Brot vom Himmel, gegessen und sind doch alle gestorben. [50]Aber hier ist das wahre Brot, das vom Himmel kommt. Wer davon isst, wird nicht sterben. [51]Ich bin dieses Brot, das von Gott gekommen ist und euch das Leben gibt. Jeder, der dieses Brot isst, wird ewig leben. Dieses Brot ist mein Leib, den ich hingeben werde, damit die Welt leben kann.»

Johannes 6,53–58 Darauf erwiderte Jesus: «Das eine steht unumstößlich fest: Wenn ihr den Leib des Menschensohnes nicht esst und sein Blut nicht trinkt, habt ihr kein Leben in euch. [54]Nur wer meinen Leib isst und mein Blut trinkt, der hat ewiges Leben, und ihn werde ich am letzten Tag auferwecken. [55]Denn mein Leib ist die lebensnotwendige Nahrung und mein Blut der Leben spendende Trank. [56]Wer meinen Leib isst und mein Blut trinkt, der bleibt in mir, und ich bleibe in ihm. [57]Ich lebe durch die Kraft des lebendigen Gottes, der mich gesandt hat. Ebenso wird jeder, der meinen Leib isst, durch mich leben. [58]Nun wisst ihr, was ich mit dem Brot meine, das vom Himmel zu euch gekommen ist! Eure Vorfahren haben zwar auch in der Wüste Brot vom Himmel gegessen, aber sie sind trotzdem gestorben. Doch wer dieses Brot isst, wird für immer leben.»

Johannes 8,51 «Ich sage euch die Wahrheit: Wer meine Botschaft annimmt und danach lebt, wird niemals sterben.»

Johannes 10,7–9 Deshalb erklärte er ihnen: «Ich sage euch die Wahrheit: Ich selbst bin die Tür, die zu den Schafen führt. [8]Alle, die sich vor mir als eure Hirten ausgaben, waren Diebe und Räuber. Aber die Schafe haben nicht auf sie gehört. [9]Ich allein bin die Tür. Wer durch mich zu meiner Herde kommt, der wird gerettet werden. Er kann durch diese Tür ein- und ausgehen, und er wird saftig grüne Weiden finden.»

Johannes 10,27–29 «Meine Schafe erkennen meine Stimme; ich kenne sie, und sie folgen meinem Ruf. [28]Ihnen gebe ich das ewige Leben, und sie werden niemals umkommen. Niemand kann sie aus meiner Hand reißen. [29]Mein Vater hat sie mir gegeben, und er ist stärker als alle anderen Mächte. Deshalb kann sie auch keiner der Hand meines Vaters entreißen.»

Johannes 11,25–26 Darauf erwiderte ihr [Marta] Jesus: «Ich bin die Auferstehung, und ich bin das Leben. Wer mir vertraut, der wird leben, selbst wenn er stirbt. [26]Und wer lebt und mir vertraut, wird niemals sterben. Glaubst du das?»

Johannes 12,49–50 «Denn ich habe nicht eigenmächtig zu euch geredet. Der Vater hat mich gesandt und mir gesagt, was ich reden und verkünden soll. [50]Und das ist gewiss: Was er mir aufgetragen hat, euch zu sagen, führt euch zum ewigen Leben! Deshalb gebe ich euch alles so weiter, wie der Vater es mir gesagt hat.»

Johannes 14,1–4 «Seid nicht bestürzt, und habt keine Angst!», ermutigte Jesus seine Jünger. «Vertraut Gott, und vertraut mir! [2]Denn im Haus meines Vaters gibt es viele Wohnungen. Sonst hätte ich euch nicht gesagt: Ich gehe hin, um dort alles für euch vorzubereiten. [3]Und wenn alles bereit ist, werde ich kommen und euch zu mir holen. Dann werdet auch ihr dort sein, wo ich bin. ⁴Den Weg dorthin kennt ihr ja.»

Johannes 14,6 Jesus antwortete: «Ich bin der Weg, ich bin die Wahrheit, und ich bin das Leben! Ohne mich kann niemand zum Vater kommen.»

Johannes 17,2–3 «Du [Gott der Vater] hast ihm [Jesus Christus] Macht über die Menschen gegeben, damit er allen ewiges Leben schenkt, die du ihm anvertraut hast. ³Und das allein ist ewiges Leben: dich, den einen wahren Gott, zu erkennen, und Jesus Christus, den du gesandt hast.»

Matthäus 5,19–20 «Wenn jemand auch nur das geringste Gebot Gottes für ungültig erklärt oder andere dazu verleitet, der wird in Gottes neuer Welt nichts bedeuten. Wer aber anderen Gottes Gebote weitersagt und sich selbst danach richtet, der wird in Gottes neuer Welt großes Ansehen haben. ²⁰Ich warne euch: Wenn ihr das Gesetz Gottes nicht besser erfüllt als die Pharisäer und Schriftgelehrten, kommt ihr nicht in Gottes neue Welt.»

Matthäus 7,13–14 «Geht durch das enge Tor! Denn das Tor zum Verderben ist breit und ebenso der Weg dorthin! Viele Menschen gehen ihn. ¹⁴Aber das Tor, das zum Leben führt, ist eng, und der Weg dorthin ist schmal. Deshalb finden ihn nur wenige.»

Matthäus 7,21–23 «Nicht, wer mich dauernd ‹Herr› nennt, wird in Gottes neue Welt kommen, sondern wer den Willen meines Vaters im Himmel tut. ²²Am Tag des Gerichts werden zwar viele sagen: ‹Aber Herr, wir haben doch als deine Propheten das weitergesagt, was du selbst uns aufgetragen hast! Wir haben doch in deinem Namen Dämonen aus-getrieben und mächtige Taten vollbracht!› ²³Aber ich werde ihnen antworten: ‹Ich kenne euch nicht, denn ihr habt nicht nach meinem Willen gelebt. Geht mir aus den Augen!›»

Matthäus 7,24–27 «Wer meine Worte hört und danach handelt, der ist klug. Man kann ihn mit einem Mann vergleichen, der sein Haus auf felsigen Grund baut. ²⁵Wenn ein Wolkenbruch niedergeht, das Hochwasser steigt und der Sturm am Haus rüttelt, wird es trotzdem nicht einstürzen, weil es auf Felsengrund gebaut ist. ²⁶Wer sich meine Worte nur anhört, aber nicht danach lebt, der ist so unvernünftig wie einer, der sein Haus auf Sand baut. ²⁷Denn wenn ein Wolkenbruch kommt, die Flut das Land überschwemmt und der Sturm um das Haus tobt, wird es aus allen Fugen geraten und krachend einstürzen.» (Siehe auch Lukas 6,47–49.)

Matthäus 8,10–12 Als Jesus das [über den römischen Hauptmann] hörte, wunderte er sich sehr. Er sagte zu den Menschen, die ihm gefolgt waren: «Eins ist sicher: Unter allen Juden in Israel bin ich keinem Menschen mit einem so festen Glauben begegnet. ¹¹Und ich sage euch: Viele Menschen aus aller Welt werden kommen und mit Abraham, Isaak und Jakob im Himmel das Freudenfest feiern. ¹²Aber die ursprünglich für Gottes neue Welt bestimmt waren, werden in die tiefste Finsternis hinausgestoßen, wo es nur Heulen und ohnmächtiges Jammern geben wird.»

Matthäus 13,18–23 «Ich will euch nun das Gleichnis von dem Bauern erklären, der Getreide aussäte. ¹⁹Wer die Botschaft von Gottes neuer Welt hört, sie aber nicht versteht, bei dem kommt der Satan und reißt die Saat aus seinem Herzen. Damit ist der gemeint, bei dem die Körner auf den Weg fielen. [20]Wie felsiger Boden ist ein Mensch, der die Botschaft hört und mit großer Begeisterung annimmt. [21]Aber sein Glaube hat keine starke Wurzel und deshalb keinen Bestand. Wenn dieser Mensch wegen seines Glaubens in Schwierigkeiten gerät oder gar verfolgt wird, wendet er sich wieder von Gott ab. [22]Der von Disteln überwucherte Boden entspricht einem Menschen, der die Botschaft zwar hört, aber die Sorgen des Alltags und die Verführung durch den Wohlstand ersticken Gottes Botschaft, so dass keine Frucht wachsen kann. [23]Aber es gibt auch fruchtbaren Boden: den Menschen, der Gottes Botschaft hört und versteht, so dass er Frucht bringt, dreißig-, sechzig- oder hundertfach.»

Matthäus 18,2–4 Jesus rief ein kleines Kind, stellte es in die Mitte [3]und sprach: «Das will ich euch sagen: Wenn ihr euch nicht ändert und so werdet wie die Kinder, kommt ihr nie in Gottes neue Welt. [4]Wer aber so klein und demütig sein kann wie ein Kind, der ist der Größte in Gottes neuer Welt.»

Matthäus 18,5–7 «Und wer solch ein Kind mir zuliebe aufnimmt, der nimmt mich auf. [6]Wer in einem Menschen den Glauben, wie ihn ein Kind hat, zerstört, für den wäre es noch das Beste, mit einem Mühlstein um den Hals ins tiefe Meer geworfen zu werden. [7]Wehe der Welt, denn sie verführt zum Unglauben! Solche Versuchungen können ja nicht ausbleiben. Aber wehe dem, der daran schuld ist!»

Matthäus 18,10–14 «Hütet euch davor, hochmütig auf die herabzusehen, die euch

gering erscheinen. Denn ich sage euch: Ihre Engel haben immer Zugang zu meinem Vater im Himmel.[8] [12]Was meint ihr: Wenn ein Mann hundert Schafe hat und eins läuft ihm davon, was wird er tun? Lässt er nicht die neunundneunzig in den Bergen zurück, um das verirrte Schaf zu suchen? [13]Und ich versichere euch: Wenn er es endlich gefunden hat, freut er sich über dieses eine mehr als über die neunundneunzig, die sich nicht verlaufen hatten. [14]Ebenso will mein Vater nicht, dass auch nur einer, und sei es der Geringste, verloren geht.»

Matthäus 19,17–21 Jesus entgegnete: «Wieso fragst du mich nach dem Guten? Es gibt nur einen, der gut ist, und das ist Gott. Du kannst ewiges Leben bekommen, wenn du Gottes Gebote befolgst.» [18]«Welche denn?», fragte der Mann, und Jesus antwortete: «Du sollst nicht töten! Du sollst nicht die Ehe brechen. Du sollst nicht stehlen! Sag nichts Unwahres über deinen Mitmenschen! [19]Ehre deinen Vater und deine Mutter, und liebe deinen Mitmenschen wie dich selbst.» [20]«Daran habe ich mich immer gehalten! Was muss ich denn noch tun?», wollte der junge Mann wissen. [21]Jesus antwortete: «Wenn du vollkommen sein willst, dann verkauf, was du hast, und gib das Geld den Armen. Damit wirst du im Himmel einen Reichtum gewinnen, der niemals verloren geht. Und dann komm, und folge mir nach.»

Matthäus 19,23–26 Da sagte Jesus zu seinen Jüngern: «Eins ist sicher: Ein Reicher

---

[8] Andere Textzeugen fügen hinzu (Vers 11): «Der Menschensohn ist gekommen, um Verlorene zu retten.»

hat es sehr schwer, in Gottes neue Welt zu kommen. 24Eher geht ein Kamel durch ein Nadelöhr, als dass ein Reicher in Gottes neue Welt kommt.» 25Darüber waren die Jünger entsetzt und fragten sich: «Wer kann dann überhaupt gerettet werden?» 26Jesus sah sie an und sagte: «Für Menschen ist es unmöglich, aber für Gott ist alles möglich!»

Matthäus 19,28–30 Jesus antwortete [den Jüngern]: «Das sollt ihr wissen, die ihr mit mir geht: Wenn der Menschensohn auf dem Thron der Herrlichkeit sitzen und über Gottes neue Welt herrschen wird, werdet ihr ebenfalls auf zwölf Thronen sitzen und die zwölf Stämme Israels richten. 29Jeder, der sein Haus, seine Geschwister, seine Eltern, seine Frau, seine Kinder oder seinen Besitz zurücklässt, um mir zu folgen, wird dies alles hundertfach zurückerhalten und das ewige Leben empfangen. 30Viele, die jetzt einen großen Namen haben, werden dann unbedeutend sein. Und andere, die heute die Letzten sind, werden dort zu den Ersten gehören.»

Matthäus 21,28–32 «Was sagt ihr dazu: Ein Mann hatte zwei Söhne. Er bat den ersten: ‹Mein Sohn, arbeite heute in unserem Weinberg!› 29‹Ich will aber nicht!›, entgegnete dieser. Später tat es ihm leid, und er ging doch an die Arbeit. 30Auch den zweiten Sohn forderte der Vater auf, im Weinberg zu arbeiten. ‹Ja, Herr›, antwortete der. Doch er ging nicht hin. 31Wer von den beiden Söhnen hat nun getan, was der Vater wollte?» Sie antworteten: «Der erste natürlich!» Da sagte Jesus: «Eins ist sicher: Die betrügerischen Zolleinnehmer und Huren kommen eher in Gottes neue Welt als ihr. 32Johannes der Täufer zeigte euch den

Weg zu Gott und forderte euch auf, zu Gott umzukehren. Aber ihr wolltet nichts von ihm wissen. Die Betrüger und Huren dagegen folgten seinem Ruf. Und obwohl ihr das gesehen habt, kamt ihr nicht zur Besinnung und wolltet ihm immer noch nicht glauben.»

Matthäus 22,1–14 Jesus erzählte ihnen noch ein anderes Gleichnis: 2«Mit der neuen Welt Gottes ist es wie mit einem König, der für seinen Sohn ein großes Hochzeitsfest vorbereitete. 3Viele wurden zur Hochzeit eingeladen. Als die Vorbereitungen beendet waren, schickte er seine Diener, um die Gäste abzuholen. Aber keiner wollte kommen. 4Er ließ sie durch andere Diener nochmals bitten: ‹Es ist alles fertig, die Ochsen und Mastkälber sind geschlachtet. Das Fest kann beginnen. Kommt!› 5Aber den geladenen Gästen war das gleichgültig. Sie gingen weiter ihrer Arbeit nach. Der eine hatte auf dem Feld zu tun, der andere im Geschäft. 6Einige wurden sogar handgreiflich, misshandelten und töteten die Diener des Königs. 7Voller Zorn sandte der König seine Truppen aus, ließ die Mörder umbringen und ihre Stadt in Brand stecken. 8Dann sagte er zu seinen Dienern: ‹Die Hochzeitsfeier ist vorbereitet, aber die geladenen Gäste waren es nicht wert, an diesem Fest teilzunehmen. 9Geht jetzt auf die Straßen und ladet alle ein, die euch über den Weg laufen!› 10Das taten die Boten und brachten alle mit, die sie fanden: böse und gute Menschen. So füllte sich der Festsaal mit Gästen. 11Als der König kam, um seine Gäste zu begrüßen, bemerkte er einen Mann, der nicht festlich angezogen war. 12‹Mein Freund, wie bist du hier ohne Festgewand hereingekommen?›, fragte er ihn. Darauf konnte der Mann nichts antworten. ¹³Da befahl der König: ‹Fesselt ihm Hände und Füße, und werft ihn hinaus in die Finsternis! Dort wird es nur Heulen und ohnmächtiges Jammern geben.› ¹⁴Denn viele sind berufen, aber nur wenige sind auserwählt.»

Matthäus 24,9–13 «Dann werdet ihr gefoltert, getötet und in der ganzen Welt gehasst werden, weil ihr zu mir gehört. ¹⁰Manche werden sich vom Glauben abwenden, einander verraten und hassen. ¹¹Falsche Propheten werden auftreten und viele verführen. ¹²Und weil Gottes Gebote missachtet werden, setzt sich das Böse überall durch. Die Liebe wird bei vielen Menschen erlöschen. ¹³Aber wer bis ans Ende durchhält, wird gerettet.»

Matthäus 25,31–46 «Wenn der Menschensohn in seiner ganzen Herrlichkeit, begleitet von allen Engeln, kommt, dann wird er auf dem Thron Gottes sitzen. ³²Alle Völker werden vor ihm erscheinen, und er wird die Menschen in zwei Gruppen teilen, so wie ein Hirte die Schafe von den Böcken trennt. ³³Rechts werden die Schafe und links die Böcke stehen. ³⁴Dann wird der König zu denen an seiner rechten Seite sagen: ‹Kommt her! Euch hat mein Vater gesegnet. Nehmt die neue Welt Gottes in Besitz, die er seit Erschaffung der Welt für euch als Erbe bereithält! ³⁵Denn als ich hungrig war, habt ihr mir zu essen gegeben. Als ich Durst hatte, bekam ich von euch etwas zu trinken. Ich war ein Fremder bei euch, und ihr habt mich aufgenommen. ³⁶Ich war nackt, ihr habt mir Kleidung gegeben. Ich war krank, und ihr habt mich besucht. Ich war im Gefängnis, und ihr seid zu mir gekommen.› ³⁷Dann werden

sie, die nach Gottes Willen gelebt haben, fragen: ‹Herr, wann bist du denn hungrig gewesen und wir haben dir zu essen gegeben? Oder durstig und wir gaben dir zu trinken? ³⁸Wann haben wir dir Gastfreundschaft gewährt, und wann bist du nackt gewesen und wir haben dir Kleider gebracht? ³⁹Wann warst du denn krank oder im Gefängnis und wir haben dich besucht?› ⁴⁰Der König wird ihnen dann antworten: ‹Das will ich euch sagen. Was ihr für einen meiner geringsten Brüder getan habt, das habt ihr für mich getan!› ⁴¹Zu denen an seiner linken Seite aber wird er sagen: ‹Geht mir aus den Augen, ihr Verfluchten, ins ewige Feuer, das für den Teufel und seine Helfer bestimmt ist! ⁴²Denn ich war hungrig, aber ihr habt mir nichts zu essen gegeben. Ich war durstig, aber ihr habt mir nichts zu trinken gegeben. ⁴³Ich war ein Fremder unter euch, aber ihr habt mich nicht aufgenommen. Ich war nackt, aber ihr wolltet mir nichts zum Anziehen geben. Ich war krank und im Gefängnis, aber ihr habt mich nicht besucht.› ⁴⁴Dann werden auch sie ihn fragen: ‹Herr, wann haben wir dich denn hungrig oder durstig, ohne Unterkunft, nackt, krank oder im Gefängnis gesehen und dir nicht geholfen?› ⁴⁵Darauf wird ihnen der König antworten: ‹Lasst es euch gesagt sein: Die Hilfe, die ihr meinen geringsten Brüdern verweigert habt, die habt ihr mir verweigert.› ⁴⁶Und sie werden der ewigen Strafe ausgeliefert sein. Aber die Gottes Willen getan haben, erwartet unvergängliches Leben.»

Markus 4,13–20 Dann sagte er zu seinen Jüngern: «Aber ich sehe, dass auch ihr diesen einfachen Vergleich nicht verstanden habt. Wie wollt ihr dann all die anderen begreifen? [14]Was der Bauer im Gleichnis aussät, ist die Botschaft Gottes. [15]Die Menschen, bei denen die Saat auf den Weg fällt, haben die Botschaft zwar gehört. Aber dann kommt der Satan und nimmt ihnen alles wieder weg. [16]Wie felsiger Boden sind die Menschen, die zwar die Botschaft hören und mit großer Begeisterung annehmen. [17]Aber ihr Glaube hat keine starke Wurzel und deshalb keinen Bestand. Wenn diese Menschen wegen ihres Glaubens in Schwierigkeiten geraten oder gar verfolgt werden, wenden sie sich wieder von Gott ab. [18]Der von Disteln überwucherte Boden entspricht den Menschen, die zwar die Botschaft hören, [19]aber die Sorgen des Alltags, die Verführung durch den Wohlstand und die Gier nach all den Dingen dieses Lebens ersticken Gottes Botschaft, so dass keine Frucht wachsen kann. [20]Aber es gibt auch fruchtbaren Boden: Menschen, die Gottes Botschaft hören und annehmen, so dass sie Frucht bringen, dreißig-, sechzig- oder hundertfach.»

Markus 10,17–25 Als Jesus weitergehen wollte, lief ein Mann auf ihn zu, warf sich vor ihm auf die Knie und fragte: «Guter Lehrer, was muss ich tun, um das ewige Leben zu bekommen?» [18]Jesus entgegnete: «Weshalb nennst du mich gut? Es gibt nur einen, der gut ist, und das ist Gott. [19]Du kennst doch seine Gebote: Du sollst nicht töten! Du sollst nicht die Ehe brechen! Du sollst nicht stehlen! Sag nichts Unwahres über deinen Mitmenschen! Du sollst nicht betrügen! Ehre deinen Vater und deine Mutter!» [20]«Lehrer», antwortete der junge Mann, «an diese Gebote habe ich mich von Jugend an gehalten.» [21]Jesus sah ihn voller Liebe an: «Etwas fehlt dir noch: Verkaufe alles, was du hast, und gib das Geld den Armen. Damit wirst du im Himmel einen Reichtum gewinnen, der niemals verloren geht. Und dann komm und folge mir nach!» [22]Über diese Forderung war der Mann tief betroffen. Traurig ging er weg, denn er war sehr reich. [23]Da schaute Jesus seine Jünger an und sagte zu ihnen: «Wie schwer ist es doch für die Reichen, in Gottes neue Welt zu kommen!» [24]Er sah, wie entsetzt seine Jünger über diese Worte waren. Deshalb betonte er noch einmal: «Ja, wie schwer ist es doch, in die neue Welt Gottes zu gelangen! [25]Eher geht ein Kamel durch ein Nadelöhr, als dass ein Reicher in Gottes neue Welt kommt!»

Markus 16,15–16 Dann sagte er zu ihnen [den Jüngern]: «Geht hinaus in die ganze Welt und verkündet allen Menschen die rettende Botschaft. [16]Denn wer glaubt und getauft ist, der wird gerettet werden. Wer aber nicht glaubt, der wird verurteilt werden.» [9]

Lukas 7,41–50 «Ein reicher Mann hatte zwei Leuten Geld geliehen. Der eine Mann schuldete ihm fünfhundert Silberstücke, der andere fünfzig. [42]Weil sie das Geld aber nicht zurückzahlen konnten, schenkte er es beiden. Welcher der beiden Männer wird ihm nun am meisten dankbar sein?» [43]Simon antwortete: «Bestimmt der, dem er die größte Schuld erlassen hat.» – «Du hast Recht!», bestätigte ihm Jesus. [44]Dann blickte er die Frau an und sagte: «Sieh diese Frau, Simon! Ich kam in dein Haus,

---

[9] In den frühesten Handschriften des Markus-Evangeliums ist Markus 16,9–20 nicht vorhanden.

und du hast mir kein Wasser für meine Füße gegeben, was doch sonst selbstverständlich ist. Aber sie hat meine Füße mit ihren Tränen gewaschen und mit ihrem Haar getrocknet. [45]Du hast mich nicht mit einem Kuss begrüßt. Aber seit ich hier bin, hat diese Frau immer wieder meine Füße geküsst. [46]Du hast meine Stirn nicht mit Öl gesalbt, während sie dieses kostbare Öl sogar über meine Füße gegossen hat. [47]Ich sage dir: Ihre große Schuld ist ihr vergeben; und darum hat sie mir so viel Liebe gezeigt. Wem aber wenig vergeben wird, der liebt auch wenig.» [48]Zu der Frau sagte Jesus: «Deine Sünden sind dir vergeben.» [49]Da tuschelten die anderen Gäste untereinander: «Was ist das nur für ein Mensch! Kann der denn Sünden vergeben?» [50]Jesus aber sagte zu der Frau: «Dein Glaube hat dich gerettet! Geh in Frieden.»

Lukas 10,17–20 Als die siebzig Jünger zurückgekehrt waren, berichteten sie voller Freude: «Herr, sogar die Dämonen mussten uns gehorchen, wenn wir deinen Namen nannten!» [18]Jesus antwortete: «Ich sah den Satan wie einen Blitz vom Himmel fallen. [19]Ich habe euch die Macht gegeben, auf Schlangen und Skorpione zu treten und die Gewalt des Feindes zu brechen. Nichts wird euch schaden. [20]Doch freut euch nicht so sehr, dass euch die Dämonen gehorchen müssen; freut euch vielmehr darüber, dass eure Namen im Himmel aufgeschrieben sind!»

Lukas 10,25–28 Da stand ein Schriftgelehrter auf, um Jesus eine Falle zu stellen. «Lehrer», fragte er scheinheilig, «was muss ich tun, um das ewige Leben zu bekommen?» [26]Jesus erwiderte: «Was steht denn darüber im Gesetz Gottes? Was liest du dort?» [27]Der Schriftgelehrte antwortete: «Du sollst den Herrn, deinen Gott, lieben von ganzem Herzen, mit ganzer Hingabe, mit all deiner Kraft und mit deinem ganzen Verstand. Und auch deinen Mitmenschen sollst du so lieben wie dich selbst.» [28]«Richtig!», erwiderte Jesus. «Tu das, und du wirst ewig leben.»

Lukas 13,2–5 Jesus sagte: «Ihr denkt jetzt vielleicht, diese Galiläer seien schlimmere Sünder gewesen als ihre Landsleute, weil sie so grausam ermordet wurden. [3]Ihr irrt euch! Wenn ihr euch nicht zu Gott hinwendet, dann werdet ihr genauso umkommen. [4]Erinnert euch an die achtzehn Leute, die starben, als der Turm von Siloah einstürzte. Glaubt ihr wirklich, dass ihre Schuld größer war als die aller anderen Leute in Jerusalem? [5]Nein! Wenn ihr euch nicht zu Gott umkehrt, wird es euch ebenso ergehen.»

Lukas 13,22–30 Auf dem Weg nach Jerusalem [23]fragte ihn ein Mann: «Herr, stimmt es wirklich, dass nur wenige Menschen gerettet werden?» Jesus antwortete ihm: [24]«Das Tor zu Gottes neuer Welt ist schmal! Ihr müsst schon alles daransetzen, wenn ihr hineinkommen wollt. Viele versuchen es, aber nur wenigen wird es gelingen. [25]Hat der Hausherr erst einmal das Tor verschlossen, werdet ihr draußen stehen. So viel ihr dann auch klopft und bettelt: ‹Herr, mach uns doch auf!› – es ist umsonst! Er wird euch antworten: ‹Was wollt ihr von mir, ich kenne euch nicht!› [26]Ihr werdet rufen: ‹Aber wir haben doch mit dir gegessen und getrunken! Du hast bei uns gepredigt!› [27]Doch der Herr wird euch erwidern: ‹Ich habe doch schon einmal gesagt, dass ich euch nicht kenne. Menschen, die Unrecht tun, haben hier nichts verloren. Geht endlich weg!› ²⁸Wenn ihr dann draußen seid und seht, dass Abraham, Isaak, Jakob und alle Propheten in der neuen Welt Gottes sind, dann werdet ihr verzweifelt heulen und schreien. ²⁹Aus der ganzen Welt, aus Ost und West, aus Nord und Süd werden die Menschen in Gottes neue Welt, zu Gottes Fest kommen. ³⁰Vergesst nicht: Viele, die hier nichts gelten, werden dort hoch geehrt sein, aber viele, die hier einen großen Namen haben, werden dort unbekannt sein.»

Lukas 14,16–24 Jesus antwortete mit einer Geschichte: «Ein Mann bereitete ein großes Festessen vor, zu dem er viele Gäste einlud. ¹⁷Als alles fertig war, schickte er seinen Boten zu den Eingeladenen: ‹Alles ist vorbereitet, kommt!› ¹⁸Aber niemand kam. Jeder hatte auf einmal Ausreden. Einer sagte: ‹Ich habe ein Grundstück gekauft, das muss ich unbedingt besichtigen. Bitte entschuldige mich!› ¹⁹Ein anderer: ‹Es geht leider nicht. Ich habe mir fünf Gespanne Ochsen angeschafft. Die muss ich jetzt ansehen!› ²⁰Ein dritter entschuldigte sich: ‹Ich habe gerade geheiratet. Du wirst verstehen, dass ich nicht kommen kann.› ²¹Der Bote kehrte zurück und berichtete alles seinem Herrn. Der wurde sehr zornig: ‹Geh gleich auf die Straßen, auf alle Plätze der Stadt, und hole die Bettler, Verkrüppelten, Gelähmten und Blinden herein!› ²²Der Bote kam zurück und berichtete: ‹Es sind viele gekommen, aber noch immer sind Plätze frei!› ²³‹Geh auf die Landstraßen›, befahl der Herr, ‹und wer auch immer dir über den Weg läuft, den bring her! Alle sind eingeladen. Mein Haus soll voll werden. ²⁴Aber von denen, die ich zuerst eingeladen habe, wird keiner auch nur einen einzigen Bissen bekommen.›»

Lukas 18,16–17 Doch Jesus rief die Kinder zu sich und sagte: «Lasst die Kinder zu mir kommen, und haltet sie nicht zurück! Denn für Menschen wie sie ist Gottes neue Welt bestimmt. ¹⁷Hört, was ich euch sage: Wer sich die neue Welt Gottes nicht wie ein Kind schenken lässt, dem bleibt sie verschlossen.»

Lukas 18,18–27 Jesus wurde von einem angesehenen und reichen Mann gefragt: «Guter Lehrer, was muss ich tun, um das ewige Leben zu bekommen?» ¹⁹Jesus entgegnete: «Weshalb nennst du mich gut? Es gibt nur einen, der gut ist, und das ist Gott. ²⁰Du kennst doch seine Gebote: Du sollst nicht die Ehe brechen! Du sollst nicht töten! Du sollst nicht stehlen! Sag nichts Unwahres über deinen Mitmenschen! Ehre deinen Vater und deine Mutter!» ²¹Der Mann antwortete: «An diese Gebote habe ich mich von Jugend an gehalten.» ²²«Aber etwas fehlt dir noch», sagte Jesus. «Verkauf alles, was du hast, und verteil das Geld an die Armen. Damit wirst du im Himmel einen Reichtum gewinnen, der niemals verloren geht. Und dann komm und folge mir nach!» ²³Als der Mann das hörte, wurde er traurig, denn er war sehr reich. ²⁴Jesus merkte es und sagte: «Wie schwer ist es doch für die Reichen, in Gottes neue Welt zu kommen! ²⁵Eher geht ein Kamel durch ein Nadelöhr, als dass ein Reicher in Gottes neue Welt kommt.» ²⁶«Wer kann dann überhaupt gerettet werden?», fragten ihn seine Zuhörer entsetzt. ²⁷Er antwortete: «Für Menschen ist es unmöglich, aber nicht für Gott.»

Lukas 19,5.9–10 Als Jesus dort vorbeikam, entdeckte er ihn. «Zachäus, komm schnell herab!», rief Jesus. «Ich möchte heute dein Gast sein!» […] [9]Da sagte Jesus zu ihm: «Heute hat Gott dir und allen, die in deinem Haus leben, Rettung gebracht. Denn auch du bist ein Nachkomme Abrahams. [10]Der Menschensohn ist gekommen, Verlorene zu suchen und zu retten.»

Lukas 23,42–43 Zu Jesus sagte er [ein Verbrecher]: «Denk an mich, wenn du in dein Königreich kommst!» [43]Da antwortete ihm Jesus: «Ich versichere dir: Noch heute wirst du mit mir im Paradies sein.»

5 Gericht, Hölle und ewige Verdammnis

«Wenn Gott ein Gott der Liebe ist, wie kann er dann Menschen für ewig in die Hölle werfen?» Hunderte Male habe ich diese Frage schon gehört. Die Antwort ist einfach: Gott ist auch ein Gott der Gerechtigkeit. So gern wir ihn uns als Weihnachtsmann wünschen würden, er ist es nicht. Seine Gerechtigkeit fordert ewige Strafe für die, die nicht nach den gerechten Gesetzen leben, die sein Wesen widerspiegeln.

Das Gute daran: In seiner Liebe hat er ein vollkommenes stellvertretendes Opfer bereitgestellt, auf das sein ganzes Gericht ausgegossen wurde. Jeder, der an den Sohn Gottes glaubt und ihm nachfolgt, kann Gottes Gericht entgehen. Warum? Weil Jesus alle Strafe für unsere Sünden bereits getragen hat. Der Apostel Paulus schrieb in 2. Korinther 5,21: «Denn Gott hat Christus, der ohne jede Sünde war, mit all unserer Schuld beladen und verurteilt, damit wir freigesprochen sind und Menschen werden, die Gott gefallen.»

Jesus lässt keinen Zweifel daran: Am Ende steht das Gericht. Aber er sagt genauso deutlich, dass die, die wirklich an ihn glauben, diesem Gericht entgehen werden, denn ihre Sünden sind bereits durch sein sühnendes Opfer beglichen worden.

Johannes 3,18–21 «Wer an ihn [Jesus Christus] glaubt, der wird nicht verurteilt werden. Wer aber nicht an den einzigen Sohn Gottes glaubt, über den ist wegen seines Unglaubens das Urteil schon gesprochen. [19]Und so vollzieht sich das Urteil: Das Licht ist in die Welt gekommen, aber die Menschen lieben die Finsternis mehr als das Licht. Denn alles, was sie tun, ist böse. [20]Wer Böses tut, scheut das Licht und bleibt lieber im Dunkeln, damit niemand seine Taten sehen kann. [21]Wer aber die Wahrheit Gottes liebt und das tut, was er will, der tritt ins Licht! An ihm zeigt sich: Gott selber bestimmt sein Handeln.»

Johannes 5,21–22 «So wie der Vater Tote auferweckt und ihnen neues Leben gibt, so hat auch der Sohn die Macht dazu, neues Leben zu geben, wem er will. [22]Denn nicht der Vater spricht das Urteil über die Menschen, er hat das Richteramt vielmehr dem Sohn übertragen.»

Johannes 5,24–29 «Ich sage euch die Wahrheit: Wer meine Botschaft hört und an den glaubt, der mich gesandt hat, der wird ewig leben. Ihn wird das Urteil Gottes nicht treffen, denn er hat die Grenze vom Tod zum Leben schon überschritten. [25]Ich versichere euch: Die Zeit wird kommen, ja, sie hat schon begonnen, in der die Toten die Stimme des Sohnes Gottes hören werden. Und wer diesen Ruf hört, der wird leben. [26]Denn in Gott ist das Leben, und nach Gottes Willen hat auch der Sohn dieses Leben in sich. [27]Er hat ihm die Macht gegeben, die ganze Menschheit zu richten, weil er der Menschensohn ist. [28]Wundert euch nicht darüber! Der Tag wird kommen, an dem die Toten in ihren Gräbern die Stimme des Sohnes hören werden. [29]Dann werden alle Menschen auferstehen: Die Gutes getan haben, werden ewig leben, die aber Böses getan haben, werden verurteilt.»

Johannes 5,45–47 «Es ist gar nicht nötig, dass ich euch vor dem Vater anklage: Mose wird euer Ankläger sein – genau der, auf den ihr eure ganze Hoffnung setzt! [46]Denn in Wirklichkeit glaubt ihr Mose gar nicht; sonst würdet ihr auch mir glauben. Schließlich hat doch Mose von mir geschrieben. [47]Wenn ihr aber nicht einmal glaubt, was er geschrieben hat, wie könnt ihr dann glauben, was ich euch sage?»

Johannes 8,14–16 Jesus erwiderte ihnen: «Auch wenn ich hier als mein eigener Zeuge auftrete, sage ich die Wahrheit. Denn ich weiß, woher ich komme und wohin ich gehe; aber ihr wisst das alles nicht. [15]Ihr urteilt über mich nach dem äußeren Schein. Ich urteile über niemanden so. [16]Wenn ich aber über jemanden das Urteil spreche, dann ist mein Urteil gerecht. Denn ich richte nicht allein, sondern der Vater, der mich gesandt hat, spricht das Urteil.»

Johannes 8,49–51 «Nein», antwortete Jesus, «ich habe keinen bösen Geist, sondern ich ehre meinen Vater. Aber ihr zieht meine Ehre in den Schmutz. [50]Trotzdem suche ich nicht meine eigene Ehre. Gott will, dass ihr mich anerkennt. Er wird auch das Urteil über euch sprechen. [51]Ich sage euch die Wahrheit: Wer meine Botschaft annimmt und danach lebt, wird niemals sterben.»

Johannes 9,39 Jesus sagte: «Ich bin in diese Welt gekommen, damit sich an mir die Geister scheiden. Blinde sollen sehen können; aber alle Sehenden sollen blind werden.»

Johannes 12,31–32 «Jetzt wird über diese Welt Gericht gehalten; jetzt wird der Teufel, der Herrscher dieser Welt, entmachtet. [32]Wenn ich aber erhöht sein werde, werde ich dafür sorgen, dass alle bei mir sind.»

Johannes 12,47–50 «Wenn jemand auf meine Botschaft hört und nicht danach handelt, so werde ich ihn nicht verurteilen. Denn ich bin nicht als Richter der Welt gekommen, sondern als ihr Retter. [48]Wer mich ablehnt und nicht nach meiner Botschaft lebt, der hat schon seinen Richter gefunden. Was ich verkündet habe, wird ihn am Tag des Gerichts verurteilen. [49]Denn ich habe nicht eigenmächtig zu euch geredet. Der Vater hat mich gesandt und mir gesagt, was ich reden und verkünden soll. [50]Und das ist gewiss: Was er mir aufgetragen hat, euch zu sagen, führt euch zum ewigen Leben! Deshalb gebe ich euch alles so weiter, wie der Vater es mir gesagt hat.»

Johannes 15,22 «Wäre ich nicht in diese Welt gekommen und hätte die Menschen alles über Gott gelehrt, wären sie nicht schuldig. Aber jetzt gibt es keine Entschuldigung mehr dafür, dass sie Gott den Rücken kehren.»

Johannes 15,24–25 «Wenn ich nicht vor aller Augen Gottes Wunder vollbracht hätte, die kein anderer tun kann, wären sie ohne Schuld. Aber nun haben sie alles miterlebt, und trotzdem hassen sie mich und auch meinen Vater. [25]Dies geschieht, damit sich die Voraussage der Heiligen Schrift erfüllt: ‹Sie hassen mich ohne jeden Grund!›»

Johannes 16,8–11 «Und ist er [der Heilige Geist] erst gekommen, wird er den Menschen die Augen für ihre Sünde öffnen, für Gottes Gerechtigkeit und sein Gericht. [9]Ihre Sünde ist, dass sie nicht an mich glauben. [10]Gottes Gerechtigkeit zeigt sich darin, dass er sich zu mir bekennt und ich zum Vater gehe, wenn ihr mich dann auch nicht mehr sehen werdet. [11]Und Gottes Gericht werden die Menschen daran erkennen, dass der Teufel, der Herrscher dieser Welt, bereits verurteilt ist.»

Matthäus 5,21–22 «Wie ihr wisst, wurde unseren Vorfahren gesagt: ‹Du sollst nicht töten! Wer aber einen Mord begeht, muss vor ein Gericht.› [22]Doch ich sage euch: Schon wer auf seinen Bruder zornig ist, den erwartet das Gericht. Wer zu seinem Bruder sagt: ‹Du Idiot!›, der wird vom Obersten Gericht verurteilt werden, und wer ihn verflucht, dem ist das Feuer der Hölle sicher.»

Matthäus 5,27–30 «Ihr wisst, dass es im Gesetz heißt: ‹Du sollst nicht die Ehe brechen!› [28]Ich sage euch aber: Schon wer eine Frau mit begehrlichen Blicken ansieht, der hat im Herzen mit ihr die Ehe gebrochen. [29]Wenn dich also dein rechtes Auge zur Sünde verführt, dann reiß es heraus und wirf es weg! Besser, du verlierst eins deiner Glieder, als dass du unversehrt in die Hölle geworfen wirst. [30]Und wenn dich deine rechte Hand zum Bösen verführt, so hack sie ab und wirf sie weg! Es ist besser, verstümmelt zu sein, als unversehrt in die Hölle geworfen zu werden.»

Matthäus 7,1–3 «Urteilt nicht über andere, damit Gott euch nicht verurteilt. [2]Denn so wie ihr jetzt andere verurteilt, werdet auch ihr verurteilt werden. Und mit dem Maßstab, den ihr an andere legt, wird man euch selber messen. [3]Warum siehst du jeden kleinen Splitter im Auge deines Bruders, aber den Balken in deinem eigenen Auge bemerkst du nicht?»

Matthäus 7,13–14 «Geht durch das enge Tor! Denn das Tor zum Verderben ist breit und ebenso der Weg dorthin! Viele Menschen gehen ihn. [14]Aber das Tor, das zum Leben führt, ist eng, und der Weg dorthin ist schmal. Deshalb finden ihn nur wenige.»

Matthäus 7,19 «Jeder Baum, der keine guten Früchte bringt, wird umgehauen und verbrannt.»

Matthäus 7,21–23 «Nicht, wer mich dauernd ‹Herr› nennt, wird in Gottes neue Welt kommen, sondern wer den Willen meines Vaters im Himmel tut. [22]Am Tag des Gerichts werden zwar viele sagen: ‹Aber Herr, wir haben doch als deine Propheten das weitergesagt, was du selbst uns aufgetragen hast! Wir haben doch in deinem Namen Dämonen ausgetrieben und mächtige Taten vollbracht!› [23]Aber ich werde ihnen antworten: ‹Ich kenne euch nicht, denn ihr habt nicht nach meinem Willen gelebt. Geht mir aus den Augen!›»

Matthäus 8,10–12 Als Jesus das [über den römischen Hauptmann] hörte, wunderte er sich sehr. Er sagte zu den Menschen, die ihm gefolgt waren: «Eins ist sicher: Unter allen Juden in Israel bin ich keinem Menschen mit einem so festen Glauben begegnet. [11]Und ich sage euch: Viele Menschen aus aller Welt werden kommen und mit Abraham, Isaak und Jakob im Himmel das Freudenfest feiern. [12]Aber die ursprünglich für Gottes neue Welt bestimmt waren, werden in die tiefste Finsternis hinausgestoßen, wo es nur Heulen und ohnmächtiges Jammern geben wird.»

Matthäus 10,28 «Habt keine Angst vor den Menschen, die zwar den Körper, aber nicht die Seele töten können! Fürchtet vielmehr Gott, der Leib und Seele in der Hölle vernichten kann.»

Matthäus 11,20–24 Dann drohte Jesus den Städten, in denen er die meisten Wunder getan hatte und die trotzdem nicht zu Gott umgekehrt waren: [21]«Weh euch, ihr Einwohner von Chorazin und Betsaida! Wenn die Wunder, die ich bei euch getan habe, in den nichtjüdischen Städten Tyrus oder Sidon geschehen wären, ihre Einwohner hätten längst Trauerkleider angezogen, sich Asche auf den Kopf gestreut und wären zu Gott umgekehrt! [22]Das kann ich euch versichern: Am Tag des Gerichts wird es Tyrus und Sidon besser ergehen als euch! [23]Und du, Kapernaum, wirst du etwa zum Himmel erhoben werden? Nein, zur Hölle wirst du fahren! Wenn die Taten, die du erlebt hast, in Sodom geschehen wären, die Stadt würde noch heute stehen. [24]Darauf kannst du dich verlassen: Es wird Sodom am Gerichtstag besser ergehen als dir!» (Siehe auch Lukas 10,13–15.)

Matthäus 12,34–37 «Ihr Schlangenbrut! Wie könnt ihr durch und durch bösen Leute überhaupt etwas Gutes reden? Wovon das Herz erfüllt ist, das spricht der Mund aus! [35]Wenn ein guter Mensch spricht, zeigt sich, was an Gutem in ihm

ist. Ein Mensch mit einem bösen Herzen ist innerlich voller Gift, und alle merken es, wenn er redet. [36]Ich sage euch das, weil ihr am Gerichtstag Rechenschaft ablegen müsst über jedes unnütze Wort, das ihr geredet habt. [37]Eure Worte sind der Maßstab, nach dem ihr freigesprochen oder verurteilt werdet.»

Matthäus 12,39–42 Jesus antwortete ihnen: «Nur böse, gottlose Menschen können dafür noch Beweise verlangen. Ihr werdet aber nur das gleiche Wunder zu sehen bekommen, das am Propheten Jona geschah. [40]Jona war drei Tage und drei Nächte im Bauch des großen Fisches. Ebenso wird der Menschensohn drei Tage und drei Nächte in den Tiefen der Erde sein. [41]Die Einwohner von Ninive werden euch am Gerichtstag verurteilen, denn nach Jonas Predigt kehrten sie um zu Gott. Der hier vor euch steht, ist aber größer als Jona! [42]Die Königin aus dem Süden wird am Gerichtstag Gottes als Zeugin gegen dieses Volk auftreten und es verurteilen. Denn sie kam von weit her, um von der Weisheit des Königs Salomo zu lernen. Der aber hier vor euch steht, ist größer als Salomo!»

Matthäus 13,24–30 Jesus erzählte ein anderes Gleichnis: «Die neue Welt Gottes kann man vergleichen mit einem Bauern und der guten Saat, die er auf sein Feld säte. [25]Eines Nachts, als alles schlief, kam sein Feind, säte Unkraut zwischen den Weizen und schlich sich davon. [26]Als nun die Saat heranwuchs, ging auch das Unkraut auf. [27]Da kamen die Arbeiter des Bauern und fragten ihn: ‹Hast du denn nicht gute Saat auf dein Feld gesät? Woher kommt dann das Unkraut?› [28]‹Das muss mein Feind gewesen sein›, antwortete der Bauer. ‹Sollen wir das Unkraut ausreißen?›, fragten die Arbeiter. 29‹Nein, dabei würdet ihr ja den Weizen mit ausreißen. 30Lasst beides bis zur Ernte wachsen. Dann werde ich den Erntearbeitern befehlen: Sammelt zuerst das Unkraut ein, bindet es zusammen und verbrennt es! Den Weizen aber bringt in meine Scheune!›»

Matthäus 13,37–43 Jesus antwortete: «Der Menschensohn selbst ist der Bauer, der die gute Saat aussät. 38Der Acker ist die Welt, die Saat sind die Menschen, die zu Gottes neuer Welt gehören, und das Unkraut sind die Leute, die dem Satan gehorchen. 39Der Feind, der das Unkraut zwischen den Weizen sät, ist der Teufel. Die Ernte ist das Ende der Welt, und die Erntearbeiter sind die Engel. 40Wie das Unkraut vom Weizen getrennt und verbrannt wird, so wird es auch am Ende der Welt sein: 41Der Menschensohn wird seine Engel senden. Sie werden aus der neuen Welt Gottes alle, die Unrecht tun und andere zur Sünde verführen, aussondern 42und sie in den brennenden Ofen werfen. Dort wird nur Heulen und ohnmächtiges Jammern zu hören sein. 43Aber alle, die Gottes Willen tun, werden in der neuen Welt ihres Vaters leuchten wie die Sonne. Hört genau auf das, was ich euch sage!»

Matthäus 13,47–50 «Man kann Gottes neue Welt auch mit einem Netz vergleichen, das ins Meer geworfen wird und in dem viele verschiedene Fische gefangen werden. 48Wenn das Netz voll ist, zieht man es an Land, setzt sich hin und sortiert die guten Fische in Körbe. Die ungenießbaren aber werden weggeworfen. 49So wird es auch am Ende der Welt sein. Die Engel werden kommen und die gottlosen Menschen von denen trennen, die so leben, wie Gott es will. 50Sie werden die Gottlosen in den brennenden Ofen werfen. Dort wird nur Heulen und ohnmächtiges Jammern zu hören sein.»

Matthäus 18,8–9 «Deshalb: Wenn deine Hand oder dein Fuß dich zum Bösen verführt, hack sie ab und wirf sie weg. Es ist besser, du gehst verkrüppelt und lahm ins ewige Leben als mit gesunden Händen und Füßen ins ewige Feuer. 9Wenn dich dein Auge zur Sünde verführt, dann reiß es heraus und wirf es weg. Es ist besser, einäugig das ewige Leben zu erhalten, als mit beiden Augen ins Feuer der Hölle geworfen zu werden.»

Matthäus 21,33–40 «Hört ein anderes Gleichnis: Ein Grundbesitzer legte einen Weinberg an, zäunte ihn ein, stellte eine Weinpresse auf und baute einen Wachturm. Dann verpachtete er den Weinberg an einige Weinbauern und reiste ins Ausland. 34Als die Zeit der Weinlese kam, beauftragte er seine Knechte, den vereinbarten Anteil an der Ernte abzuholen. 35Die Weinbauern aber schlugen den einen nieder, töteten den anderen und steinigten den dritten. 36Da beauftragte der Grundbesitzer andere Knechte, eine noch größere Anzahl. Aber ihnen erging es nicht besser. 37Schließlich sandte er seinen Sohn, weil er sich sagte: Vor meinem Sohn werden sie Achtung haben! 38Als die Weinbauern aber den Sohn kommen sahen, sagten sie zueinander: ‹Jetzt kommt der Erbe! Den bringen wir um, und dann gehört der Weinberg endgültig uns.› 39Sie jagten ihn aus dem Weinberg und schlugen ihn tot. 40Was – meint ihr – wird der Besitzer mit diesen Weinbauern machen, wenn er zurückkehrt?»

Matthäus 21,42–44 «Richtig», sagte Jesus; «ihr wisst doch, was in der Heiligen Schrift steht: ‹Der Stein, den die Bauarbeiter weggeworfen haben, weil sie ihn für unbrauchbar hielten, ist nun zum Grundstein des ganzen Hauses geworden. Was keiner für möglich gehalten hat, das tut der Herr vor unseren Augen.› 43Deshalb sage ich euch: Die neue Welt Gottes wird euch weggenommen und einem Volk gegeben werden, das Gott gehorcht. 44Ja, wer auf diesen Stein fällt, wird sich zu Tode stürzen, und auf wen der Stein fällt, der wird zermalmt.»

Matthäus 22,1–14 Jesus erzählte ihnen noch ein anderes Gleichnis: 2«Mit der neuen Welt Gottes ist es wie mit einem König, der für seinen Sohn ein großes Hochzeitsfest vorbereitete. 3Viele wurden zur Hochzeit eingeladen. Als die Vorbereitungen beendet waren, schickte er seine Diener, um die Gäste abzuholen. Aber keiner wollte kommen. 4Er ließ sie durch andere Diener nochmals bitten: ‹Es ist alles fertig, die Ochsen und Mastkälber sind geschlachtet. Das Fest kann beginnen. Kommt!› 5Aber den geladenen Gästen war das gleichgültig. Sie gingen weiter ihrer Arbeit nach. Der eine hatte auf dem Feld zu tun, der andere im Geschäft. 6Einige wurden sogar handgreiflich, misshandelten und töteten die Diener des Königs. 7Voller Zorn sandte der König seine Truppen aus, ließ die Mörder umbringen und ihre Stadt in Brand stecken. 8Dann sagte er zu seinen Dienern: ‹Die Hochzeitsfeier ist vorbereitet, aber die geladenen Gäste waren es nicht wert, an diesem Fest teilzunehmen.

9Geht jetzt auf die Straßen und ladet alle ein, die euch über den Weg laufen!› 10Das taten die Boten und brachten alle mit, die sie fanden: böse und gute Menschen. So füllte sich der Festsaal mit Gästen. 11Als der König kam, um seine Gäste zu begrüßen, bemerkte er einen Mann, der nicht festlich angezogen war. 12‹Mein Freund, wie bist du hier ohne Festgewand hereingekommen?›, fragte er ihn. Darauf konnte der Mann nichts antworten. 13Da befahl der König: ‹Fesselt ihm Hände und Füße, und werft ihn hinaus in die Finsternis! Dort wird es nur Heulen und ohnmächtiges Jammern geben.› 14Denn viele sind berufen, aber nur wenige sind auserwählt.»

Matthäus 23,31–33 «Damit gebt ihr also zu, dass ihr die Nachkommen der Prophetenmörder seid. 32Ja, ihr treibt es sogar noch schlimmer als sie. 33Ihr Schlangenbrut! Wie wollt ihr Gottes Gericht und der Hölle entrinnen?»

Matthäus 24,45–51 «Wie verhält sich denn ein kluger und zuverlässiger Verwalter?», fragte Jesus die Jünger. «Sein Herr hat ihm die Verantwortung für alle Mitarbeiter übertragen; er soll sie zu jeder Zeit mit allem Nötigen versorgen. 46Dieser Verwalter darf sich glücklich nennen, wenn sein Herr ihn bei der Rückkehr gewissenhaft bei der Arbeit findet. 47Das sage ich euch: Einem so zuverlässigen Mann wird er die Verantwortung für seinen ganzen Besitz übertragen. 48Wenn aber ein Verwalter unzuverlässig ist und im Stillen denkt: ‹Ach was, es dauert bestimmt noch lange, bis mein Herr kommt›, 49und er fängt an, seine Mitarbeiter zu schlagen und Trinkgelage zu veranstalten, 50dann wird die Rückkehr seines Herrn ihn völlig überraschen. Sein Herr kommt, wenn er nicht damit rechnet. [51]Er wird den unzuverlässigen Verwalter hart bestrafen und ihm den Lohn geben, den die Heuchler verdienen. Er wird ihn hinausstoßen, dorthin, wo es nur Weinen und ohnmächtiges Jammern gibt.» (Siehe auch Lukas 12,42–46.)

Matthäus 25,14–30 «Es wird dann so sein wie bei dem Mann, der ins Ausland reisen wollte. Er rief alle seine Verwalter zusammen und beauftragte sie, während seiner Abwesenheit mit seinem Vermögen zu arbeiten. [15]Dem einen gab er fünf Zentner Silberstücke, einem anderen zwei und dem dritten einen Zentner, jedem nach seinen Fähigkeiten. Danach reiste er ab. [16]Der Mann mit den fünf Zentnern Silberstücke war so erfolgreich bei seinen Geschäften, dass er die Summe verdoppeln konnte. [17]Auch der die zwei Zentner bekommen hatte, verdiente zwei hinzu. [18]Der dritte aber vergrub sein Geld an einem sicheren Ort. [19]Nach langer Zeit kehrte der Herr von seiner Reise zurück und forderte seine Verwalter auf, mit ihm abzurechnen. [20]Der Mann, der fünf Zentner Silbergeld erhalten hatte, brachte zehn Zentner. Er sagte: ‹Herr, fünf Zentner hast du mir gegeben. Hier, ich habe fünf dazuverdient.› [21]Da lobte ihn sein Herr: ‹Du warst tüchtig und zuverlässig. In kleinen Dingen bist du treu gewesen, darum werde ich dir größere Aufgaben anvertrauen. Ich lade dich zu meinem Fest ein!› [22]Danach kam der Mann mit den zwei Zentnern. Er berichtete: ‹Herr, auch ich habe den Betrag verdoppeln können.› [23]Da lobte ihn der Herr: ‹Du warst tüchtig und zuverlässig. In kleinen Dingen bist du treu gewesen, darum werde ich dir größere Aufgaben anvertrauen. Ich lade dich zu mei-

nem Fest ein!› [24]Schließlich kam der mit dem einen Zentner Silberstücke und erklärte: ‹Ich kenne dich als strengen Herrn und dachte: Du erntest, was andere gesät haben; du nimmst dir, was ich verdient habe. [25]Aus Angst habe ich das Geld sicher aufbewahrt. Hier hast du es wieder zurück!› [26]Zornig antwortete ihm darauf sein Herr: ‹Auf dich ist kein Verlass, und faul bist du auch noch! Wenn du schon der Meinung bist, dass ich ernte, was andere gesät haben, und mir nehme, was du verdient hast, [27]hättest du zumindest mein Vermögen bei einer Bank anlegen können! Dort hätte es wenigstens Zinsen gebracht! [28]Nehmt ihm das Geld weg, und gebt es dem, der die fünf Zentner hatte! [29]Denn wer viel hat, der bekommt noch mehr dazu, ja, er wird mehr als genug haben! Wer aber nichts hat, dem wird selbst noch das Wenige, das er hat, genommen. [30]Und jetzt werft diesen Nichtsnutz hinaus in die Finsternis, wo es nur Weinen und ohnmächtiges Jammern gibt!›»

Matthäus 25,31–46 «Wenn der Menschensohn in seiner ganzen Herrlichkeit, begleitet von allen Engeln, kommt, dann wird er auf dem Thron Gottes sitzen. [32]Alle Völker werden vor ihm erscheinen, und er wird die Menschen in zwei Gruppen teilen, so wie ein Hirte die Schafe von den Böcken trennt. [33]Rechts werden die Schafe und links die Böcke stehen. [34]Dann wird der König zu denen an seiner rechten Seite sagen: ‹Kommt her! Euch hat mein Vater gesegnet. Nehmt die neue Welt Gottes in Besitz, die er seit Erschaffung der Welt für euch als Erbe bereithält! [35]Denn als ich hungrig war, habt ihr mir zu essen gegeben. Als ich Durst hatte, bekam ich von euch etwas zu trinken. Ich war ein Fremder bei euch, und ihr habt mich aufgenommen. 36Ich war nackt, ihr habt mir Kleidung gegeben. Ich war krank, und ihr habt mich besucht. Ich war im Gefängnis, und ihr seid zu mir gekommen.› 37Dann werden sie, die nach Gottes Willen gelebt haben, fragen: ‹Herr, wann bist du denn hungrig gewesen und wir haben dir zu essen gegeben? Oder durstig und wir gaben dir zu trinken? 38Wann haben wir dir Gastfreundschaft gewährt, und wann bist du nackt gewesen und wir haben dir Kleider gebracht? 39Wann warst du denn krank oder im Gefängnis und wir haben dich besucht?› 40Der König wird ihnen dann antworten: ‹Das will ich euch sagen. Was ihr für einen meiner geringsten Brüder getan habt, das habt ihr für mich getan!› 41Zu denen an seiner linken Seite aber wird er sagen: ‹Geht mir aus den Augen, ihr Verfluchten, ins ewige Feuer, das für den Teufel und seine Helfer bestimmt ist! 42Denn ich war hungrig, aber ihr habt mir nichts zu essen gegeben. Ich war durstig, aber ihr habt mir nichts zu trinken gegeben. 43Ich war ein Fremder unter euch, aber ihr habt mich nicht aufgenommen. Ich war nackt, aber ihr wolltet mir nichts zum Anziehen geben. Ich war krank und im Gefängnis, aber ihr habt mich nicht besucht.› 44Dann werden auch sie ihn fragen: ‹Herr, wann haben wir dich denn hungrig oder durstig, ohne Unterkunft, nackt, krank oder im Gefängnis gesehen und dir nicht geholfen?› 45Darauf wird ihnen der König antworten: ‹Lasst es euch gesagt sein: Die Hilfe, die ihr meinen geringsten Brüdern verweigert habt, die habt ihr mir verweigert.› 46Und sie werden der ewigen Strafe ausgeliefert sein. Aber die Gottes

Willen getan haben, erwartet unvergängliches Leben.»

Markus 2,17 Jesus hörte das und antwortete: «Die Gesunden brauchen keinen Arzt, sondern die Kranken. Ich bin gekommen, um Menschen in die Gemeinschaft mit Gott zu rufen, die ohne ihn leben – und nicht solche, die sich sowieso an seine Gebote halten.» (Siehe auch Lukas 5,32.)

Markus 3,28–30 «Das eine will ich euch sagen: Jede Sünde und jede Gotteslästerung kann den Menschen vergeben werden. 29Wer aber den Heiligen Geist verlästert, der wird niemals Vergebung finden; seine Sünde lastet für immer auf ihm.» 30Das sagte er zu den Schriftgelehrten, weil sie behauptet hatten: «Er ist von einem bösen Geist besessen.»

Markus 4,21–25 Dann fragte Jesus die Zuhörer: «Zündet man etwa eine Öllampe an, um sie dann unter einen Eimer oder unters Bett zu stellen? Im Gegenteil! Eine brennende Lampe stellt man so auf, dass sie den ganzen Raum erhellt. 22Alles, was jetzt noch verborgen ist, wird einmal ans Licht kommen, und was jetzt noch ein Geheimnis ist, wird jeder verstehen. 23Denkt genau darüber nach, was ich euch gesagt habe, und richtet euch danach! 24Eins steht fest: Mit dem Maßstab, den ihr an andere anlegt, werdet ihr selbst gemessen werden. Von euch wird man sogar noch mehr erwarten. 25Denn wer viel hat, der bekommt noch mehr dazu. Wer aber nichts hat, dem wird selbst noch das Wenige, das er hat, genommen.»

Markus 6,8–11 Dann befahl er ihnen [den Jüngern]: «Nehmt nichts mit außer einem Wanderstab! Ihr sollt kein Essen, keine Tasche und kein Geld bei euch haben. ⁹Nur Schuhe dürft ihr tragen, aber kein zweites Hemd mitnehmen. ¹⁰Wenn ihr in ein Haus kommt, dann bleibt dort, bis ihr weiterzieht. ¹¹Seid ihr aber in einer Stadt nicht willkommen, und will man eure Botschaft nicht hören, so geht fort und schüttelt den Staub von euren Füßen als Zeichen dafür, dass ihr die Stadt dem Urteil Gottes überlasst!» (Siehe auch Matthäus 10,9–15 und Lukas 9,1–5.)

Markus 9,42–43.45.47–48 «Wer in einem Menschen den Glauben, wie ihn ein Kind hat, zerstört, für den wäre es noch das Beste, mit einem Mühlstein um den Hals ins Meer geworfen zu werden. ⁴³Wenn deine Hand dich zum Bösen verführt, dann hack sie ab! Es ist besser, du gehst verstümmelt in das ewige Leben als mit beiden Händen in das unauslöschliche Feuer der Hölle. […] ⁴⁵Wenn dich dein Fuß auf Abwege führt, dann hack ihn ab! Es ist besser für dich, mit nur einem Fuß zum ewigen Leben zu kommen, als mit beiden Füßen geradewegs in die Hölle zu marschieren. […] ⁴⁷Wenn dich dein Auge zur Sünde verführt, dann reiß es heraus! Es ist viel besser, einäugig in Gottes neue Welt zu gelangen, als mit zwei gesunden Augen schließlich ins Feuer der Hölle geworfen zu werden. ⁴⁸Dort wird die Qual nicht enden und das Feuer nicht verlöschen.»

Markus 12,1–11 Wenn Jesus zu den Menschen redete, gebrauchte er oft Gleichnisse. So erzählte er: «Ein Mann legte einen Weinberg an, zäunte ihn ein, stellte eine Weinpresse auf und baute einen Wachturm. Dann verpachtete er den Weinberg an einige Weinbauern und reiste ins Ausland. ²Zur Zeit der Weinlese beauftragte er einen Knecht, den vereinbarten

Anteil an der Ernte abzuholen. ³Aber die Weinbauern schlugen den Knecht nieder und jagten ihn mit leeren Händen davon. ⁴Da schickte der Besitzer einen zweiten Boten. Auch den beschimpften sie und schlugen ihm den Kopf blutig. ⁵Den dritten Boten des Weinbergbesitzers brachten sie um. Immer wieder versuchte der Besitzer, zu seinem Ernteanteil zu kommen. Doch alle, die in seinem Auftrag kamen, wurden verprügelt oder sogar getötet. ⁶Nun blieb nur noch einer übrig: sein einziger Sohn, den er sehr liebte. Ihn schickte er zuletzt. ‹Vor meinem Sohn werden sie Achtung haben›, sagte er sich. ⁷Aber die Weinbauern waren sich einig: ‹Jetzt kommt der Erbe! Den bringen wir um, und dann gehört der Weinberg endgültig uns.› ⁸Sie ergriffen ihn, schlugen ihn tot und warfen ihn vor den Weinberg. ⁹Was – meint ihr – wird der Besitzer des Weinbergs jetzt wohl tun? Er wird selbst kommen, die Weinbauern töten und seinen Weinberg an andere verpachten. ¹⁰Habt ihr nicht in der Heiligen Schrift gelesen: ‹Der Stein, den die Bauarbeiter weggeworfen haben, weil sie ihn für unbrauchbar hielten, ist nun zum Grundstein des ganzen Hauses geworden. ¹¹Was keiner für möglich gehalten hat, das tut der Herr vor unseren Augen.›?»

Markus 16,14–16 Wenig später erschien Jesus den elf Jüngern, während sie gemeinsam aßen. Er wies sie zurecht, weil sie in ihrem Unglauben und Starrsinn nicht einmal denen glauben wollten, die ihn nach seiner Auferstehung gesehen hatten. Dann sagte er zu ihnen: «Geht hinaus in die ganze Welt und verkündet allen Menschen die rettende Botschaft. ¹⁶Denn wer glaubt und getauft ist, der wird gerettet werden.

Wer aber nicht glaubt, der wird verurteilt werden.»[10]

Lukas 10,8–12 «Wenn ihr in eine Stadt kommt, in der euch die Leute bereitwillig aufnehmen, dann esst, was man euch anbietet. [9]Heilt die Kranken, und sagt allen Menschen: ‹Jetzt beginnt Gottes neue Welt bei euch.› [10]Will man aber irgendwo nichts von euch wissen, dann verlasst diese Stadt und sagt den Einwohnern: [11]‹Ihr habt euch selbst das Urteil gesprochen. Sogar den Staub eurer Straßen schütteln wir von unseren Füßen. Doch merkt euch das eine: Gottes neue Welt hat begonnen!› [12]Ich sage euch: Den Einwohnern von Sodom wird es am Tag des Gerichts besser ergehen als den Menschen einer solchen Stadt.»

Lukas 10,16 «Wer auf euch hört, der hört auf mich. Und wer euch ablehnt, der lehnt mich ab. Aber wer mich ablehnt, der lehnt damit auch Gott ab, der mich gesandt hat.»

Lukas 12,1–3 Hunderte, ja Tausende strömten zusammen, und das Gedränge wurde bedrohlich. Doch Jesus sprach zunächst nur zu seinen Jüngern: «Hütet euch vor den Pharisäern und ihrer Scheinheiligkeit, denn sie ist wie ein Sauerteig, der das ganze Brot durchsäuert. [2]Jetzt kommt bald die Zeit, in der das Verborgene ans Licht kommt und alle Geheimnisse enthüllt werden. [3]Was ihr im Geheimen redet, werden alle erfahren, und was ihr hinter vorgehaltener Hand flüstert, wird alle Welt zu hören bekommen.»

Lukas 12,4–5 «Meine Freunde! Habt keine Angst vor den Menschen, die euch zwar töten können, aber nicht mehr. [5]Fürchtet vielmehr Gott, denn er kann euch töten und in die Hölle werfen. Ja, fürchtet ihn allein!»

Lukas 12,8–10 «Das sage ich euch: Wer sich vor den Menschen zu mir bekennt, zu dem wird sich auch der Menschensohn vor den Engeln bekennen. [9]Wer aber vor den Menschen nicht zu mir steht, zu dem wird auch der Menschensohn vor den Engeln Gottes nicht stehen. [10]Wer den Menschensohn beschimpft, dem kann vergeben werden. Wer aber den Heiligen Geist beschimpft, der wird niemals Vergebung finden.»

Lukas 12,35–40 [35/36]«Ihr sollt so leben wie Diener, die darauf warten, dass ihr Herr von einer Hochzeit zurückkommt. Seid wie sie dienstbereit, und lasst eure Lampen angezündet. Wenn ihr Herr zurückkommt und klopft, können sie ihm schnell öffnen. [37]Ja, freuen können sich alle, die der Herr bei seiner Rückkehr noch wach antrifft! Ich sage euch: Der Herr wird sie bitten, am Tisch Platz zu nehmen, und er selbst wird sich eine Schürze umbinden und sie bedienen. [38]Vielleicht kommt er spät am Abend, vielleicht auch erst um Mitternacht. Aber wenn er kommt und seine Diener bereit antrifft, werden sie allen Grund zur Freude haben. [39]Eins ist sicher: Wenn der Hausherr wüsste, wann ein Dieb bei ihm einbrechen will, würde er wach bleiben und sich vor dem Einbrecher schützen. [40]Seid also zu jeder Zeit bereit, denn der Menschensohn wird gerade dann kommen, wenn ihr am wenigsten damit rechnet.»

---

[10] In den frühesten Handschriften des Markus-Evangeliums ist Markus 16,9–20 nicht vorhanden.

Lukas 12,42–48 Jesus, der Herr, entgegnete: «Wie verhält sich denn ein kluger und zuverlässiger Verwalter? Sein Herr hat ihm die Verantwortung für alle Mitarbeiter übertragen; er soll sie zu jeder Zeit mit allem Nötigen versorgen. [43]Dieser Verwalter darf sich glücklich nennen, wenn sein Herr ihn bei der Rückkehr gewissenhaft bei der Arbeit findet. [44]Das sage ich euch: Einem so zuverlässigen Mann wird er die Verantwortung für seinen ganzen Besitz übertragen. [45]Wenn aber ein Verwalter unzuverlässig ist und im Stillen denkt: ‹Ach was, es dauert bestimmt noch lange, bis mein Herr kommt›, und er fängt an, seine Mitarbeiter zu schlagen, zu schlemmen und sich zu betrinken, [46]dann wird die Rückkehr seines Herrn ihn völlig überraschen. Sein Herr kommt, wenn er nicht damit rechnet. Er wird den unzuverlässigen Verwalter hart bestrafen und ihm den Lohn geben, den die Gottlosen verdienen. [47]Der Verwalter, der den Willen seines Herrn kennt, sich aber bewusst nicht danach richtet, wird schwer bestraft werden. [48]Wer dagegen falsch handelt, ohne es zu wissen, wird mit einer leichteren Strafe davonkommen. So wird von jedem, der viel bekommen hat, auch viel erwartet; denn wem viel anvertraut wurde, von dem verlangt man umso mehr.»

Lukas 13,6–9 Und dann erzählte Jesus ihnen dieses Gleichnis: «Ein Mann pflanzte in seinen Weinberg einen Feigenbaum. Jahr für Jahr sah er nach, ob der Baum Früchte trug. Aber vergeblich! [7]Endlich rief er seinen Gärtner: ‹Schon drei Jahre habe ich gewartet, aber noch nie hing an dem Baum auch nur eine einzige Feige. Hau ihn um. Er nimmt nur Platz weg.› [8]Aber der Gärtner bat: ‹Lass ihn noch ein Jahr stehen! Ich will diesen Baum gut düngen und sorgfältig pflegen. [9]Wenn er dann Früchte trägt, ist es gut; sonst kannst du ihn umhauen.›»

Lukas 13,22–30 Auf dem Weg nach Jerusalem [23]fragte ihn ein Mann: «Herr, stimmt es wirklich, dass nur wenige Menschen gerettet werden?» Jesus antwortete ihm: [24]«Das Tor zu Gottes neuer Welt ist schmal! Ihr müsst schon alles daransetzen, wenn ihr hineinkommen wollt. Viele versuchen es, aber nur wenigen wird es gelingen. [25]Hat der Hausherr erst einmal das Tor verschlossen, werdet ihr draußen stehen. So viel ihr dann auch klopft und bettelt: ‹Herr, mach uns doch auf!› – es ist umsonst! Er wird euch antworten: ‹Was wollt ihr von mir, ich kenne euch nicht!› [26]Ihr werdet rufen: ‹Aber wir haben doch mit dir gegessen und getrunken! Du hast bei uns gepredigt!› [27]Doch der Herr wird euch erwidern: ‹Ich habe doch schon einmal gesagt, dass ich euch nicht kenne. Menschen, die Unrecht tun, haben hier nichts verloren. Geht endlich weg!› [28]Wenn ihr dann draußen seid und seht, dass Abraham, Isaak, Jakob und alle Propheten in der neuen Welt Gottes sind, dann werdet ihr verzweifelt heulen und schreien. [29]Aus der ganzen Welt, aus Ost und West, aus Nord und Süd werden die Menschen in Gottes neue Welt, zu Gottes Fest kommen. [30]Vergesst nicht: Viele, die hier nichts gelten, werden dort hoch geehrt sein, aber viele, die hier einen großen Namen haben, werden dort unbekannt sein.»

Lukas 16,14–15 Die geldgierigen Pharisäer spotteten über diese Worte. [15]Deshalb sagte Jesus zu ihnen: «Ihr legt großen Wert darauf, dass alle Menschen euch für untadelig halten. Aber Gott kennt euer Herz. Er verabscheut, womit ihr die Menschen beeindrucken wollt.»

Lukas 16,19–31 «Da lebte einmal ein reicher Mann», erzählte Jesus. «Er war immer sehr vornehm gekleidet und konnte sich Tag für Tag jeden Luxus leisten. 20Vor dem Portal seines Hauses aber lag Lazarus, bettelarm und schwer krank. Sein Körper war über und über mit Geschwüren bedeckt. 21Während er dort um die Abfälle aus der Küche bettelte, kamen die Hunde und beleckten seine offenen Wunden. 22Lazarus starb, und die Engel brachten ihn in den Himmel; dort durfte er den Ehrenplatz an Abrahams Seite einnehmen. Auch der reiche Mann starb und wurde begraben. 23Als er im Totenreich unter Qualen erwachte, blickte er auf und erkannte in weiter Ferne Abraham, der Lazarus bei sich hatte. 24‹Vater Abraham›, rief der Reiche laut, ‹hab Mitleid mit mir! Schick mir doch Lazarus! Er soll seine Fingerspitze ins Wasser tauchen und damit meine Zunge kühlen. Ich leide in diesen Flammen furchtbare Qualen!› 25Aber Abraham erwiderte: ‹Mein Sohn, erinnere dich! Du hast in deinem Leben alles gehabt, Lazarus hatte nichts. Jetzt geht es ihm gut, und du musst leiden. 26Außerdem liegt zwischen uns ein tiefer Abgrund. Niemand kann von der einen Seite zur anderen kommen, selbst wenn er es wollte.› 27‹Vater Abraham›, bat jetzt der Reiche, ‹dann schick Lazarus doch wenigstens in das Haus meines Vaters 28zu meinen fünf Brüdern. Er soll sie warnen, damit sie nach ihrem Tod nicht auch an diesen qualvollen Ort kommen.› 29Aber Abraham entgegnete: ‹Deine Brüder

sollen auf das hören, was sie bei Mose und den Propheten lesen können.› 30Der Reiche widersprach: ‹Nein, Vater Abraham, erst wenn einer von den Toten zu ihnen käme, würden sie ihr Leben ändern.› 31Doch Abraham blieb dabei: ‹Wenn sie nicht auf Mose und die Propheten hören, werden sie sich auch nicht überzeugen lassen, wenn einer von den Toten aufersteht.›»

Lukas 17,1–2 «Es wird immer wieder Versuchungen geben, die euch vom Glauben abbringen wollen», warnte Jesus seine Jünger. «Aber wehe dem, der daran schuld ist! 2Denn wer in einem Menschen den Glauben, wie ihn ein Kind hat, zerstört, für den wäre es noch das Beste, mit einem Mühlstein um den Hals ins Meer geworfen zu werden.»

Lukas 19,12–27 «Ein Fürst trat eine weite Reise an. Er sollte zum König gekrönt werden und dann wieder in sein Land zurückkehren. 13Bevor er abreiste, rief er zehn seiner Knechte zu sich, gab jedem ein Pfund Silberstücke und sagte: ‹Setzt dieses Geld gewinnbringend ein! Ich komme bald zurück!› 14Viele Bürger seines Landes aber hassten ihn. Sie schickten eine Gesandtschaft hinter ihm her mit der Erklärung: ‹Diesen Mann werden wir nicht als König anerkennen!› 15Trotzdem wurde er gekrönt und kam als König in sein Land zurück. Er befahl die Knechte zu sich, denen er das Geld gegeben hatte, und wollte wissen: ‹Was habt ihr damit gemacht?› 16Der erste berichtete: ‹Herr, ich habe das Zehnfache deines Geldes als Gewinn erwirtschaftet.› 17‹Ausgezeichnet!›, rief der König. ‹Das hast du gut gemacht! Du hast dich in dieser kleinen Aufgabe bewährt. Ich vertraue dir die Verwaltung von zehn Städten an.›

[18]Darauf trat der nächste Mann vor und berichtete: ‹Herr, ich habe das Fünffache an Silberstücken hinzugewonnen.› [19]‹Gut!›, antwortete sein Herr. ‹Du wirst Verwalter über fünf Städte.› [20]Nun trat ein anderer Knecht vor und sagte: ‹Herr, hier hast du dein Geld zurück. Ich habe es in ein Tuch eingewickelt und aufbewahrt! [21]Ich fürchte dich als strengen Herrn. Denn du nimmst, was dir nicht gehört, und du erntest, was andere gesät haben.› [22]Da rief der König zornig: ‹Du richtest dich mit deinen eigenen Worten, du Nichtsnutz! Wenn du weißt, dass ich ein strenger Herr bin, dass ich nehme, was mir nicht gehört, und ernte, wo ich nicht angebaut habe, [23]warum hast du das Geld dann nicht zur Bank gebracht? Dann hätte ich wenigstens Zinsen dafür bekommen!› [24]Er forderte die Umstehenden auf: ‹Nehmt ihm das Geld ab und gebt es dem Mann, der zehn Pfund Silberstücke erwirtschaftet hat.› [25]‹Aber Herr›, widersprachen seine Leute, ‹der hat doch schon genug!› [26]Da sagte ihnen der König: ‹Ich versichere euch: Wer viel hat, der bekommt noch mehr dazu. Wer aber nichts hat, dem wird selbst noch das Wenige, das er hat, genommen! [27]Doch jetzt holt meine Feinde her, die mich nicht als König anerkennen wollten: Sie sollen vor meinen Augen hingerichtet werden!›»

Lukas 20,45–47 Vor allen Leuten, die sich um sie versammelt hatten, forderte Jesus seine Jünger auf: [46]«Hütet euch vor den Schriftgelehrten! Sie laufen gern in langen Gewändern herum und genießen es, wenn die Leute sie auf der Straße ehrfurchtsvoll grüßen. In der Synagoge sitzen sie stets in der ersten Reihe, und es gefällt ihnen, wenn sie bei euren Festen die Ehren-

plätze bekommen. [47]Gierig reißen sie den Besitz der Witwen an sich; dabei tarnen sie ihre bösen Absichten mit langen Gebeten. Gottes Strafe wird sie besonders hart treffen.»

6 Gottes neue Welt: Das Reich Gottes und das Himmelreich

Johannes 3,3–7 Darauf erwiderte Jesus: «Ich will dir etwas sagen, Nikodemus: Wer nicht neu geboren wird, kann nicht in Gottes neue Welt kommen.» [4]Verständnislos fragte der Pharisäer: «Wie kann ein Erwachsener neu geboren werden? Er kann doch nicht wieder in den Mutterleib zurück und noch einmal auf die Welt kommen!» [5]«Ich sage dir die Wahrheit!», entgegnete Jesus. «Nur wer durch Wasser und durch Gottes Geist neu geboren wird, kann in Gottes neue Welt kommen! [6]Ein Mensch kann immer nur menschliches Leben zur Welt bringen. Wer aber durch Gottes Geist geboren wird, bekommt neues Leben. [7]Wundere dich deshalb nicht, wenn ich dir gesagt habe: Ihr müsst neu geboren werden.»

Matthäus 4,17 Von da an begann Jesus zu predigen: «Kehrt um zu Gott! Denn jetzt beginnt seine neue Welt!»

Matthäus 5,3 «Glücklich sind, die erkennen, wie arm sie vor Gott sind, denn ihnen gehört die neue Welt Gottes.»

Matthäus 5,10–11 «Glücklich sind, die verfolgt werden, weil sie nach Gottes Willen leben. Denn ihnen gehört Gottes neue Welt. [11]Glücklich könnt ihr sein, wenn ihr verachtet, verfolgt und verleumdet werdet, weil ihr mir nachfolgt.»

Matthäus 5,19–20 «Wenn jemand auch nur das geringste Gebot Gottes für ungültig erklärt oder andere dazu verleitet, der wird in Gottes neuer Welt nichts bedeuten. Wer aber anderen Gottes Gebote weitersagt und sich selbst danach richtet, der wird in Gottes neuer Welt großes Ansehen haben. 20Ich warne euch: Wenn ihr das Gesetz Gottes nicht besser erfüllt als die Pharisäer und Schriftgelehrten, kommt ihr nicht in Gottes neue Welt.»

Matthäus 6,9–13 «Ihr sollt deshalb so beten: ‹Unser Vater im Himmel! Dein heiliger Name soll geehrt werden. 10Lass deine neue Welt beginnen. Dein Wille geschehe hier auf der Erde, wie er im Himmel geschieht. 11Gib uns auch heute wieder, was wir zum Leben brauchen. 12Vergib uns unsere Schuld, wie wir denen vergeben, die uns Unrecht getan haben. 13Lass uns nicht in Versuchung geraten, dir untreu zu werden, und befreie uns vom Bösen.›»

Matthäus 6,31–34 «Zerbrecht euch also nicht mehr den Kopf mit Fragen wie: ‹Werden wir genug zu essen haben? Und was werden wir trinken? Was sollen wir anziehen?› 32Mit solchen Dingen beschäftigen sich nur Menschen, die Gott nicht kennen. Euer Vater im Himmel weiß doch genau, dass ihr dies alles braucht. 33Sorgt euch vor allem um Gottes neue Welt, und lebt nach Gottes Willen! Dann wird er euch mit allem anderen versorgen. 34Deshalb sorgt euch nicht um morgen – der nächste Tag wird für sich selber sorgen! Es ist doch genug, wenn jeder Tag seine eigenen Lasten hat.»

Matthäus 7,21–27 «Nicht, wer mich dauernd ‹Herr› nennt, wird in Gottes neue Welt kommen, sondern wer den Willen meines Vaters im Himmel tut. 22Am Tag des Gerichts werden zwar viele sagen:

‹Aber Herr, wir haben doch als deine Propheten das weitergesagt, was du selbst uns aufgetragen hast! Wir haben doch in deinem Namen Dämonen ausgetrieben und mächtige Taten vollbracht!› 23Aber ich werde ihnen antworten: ‹Ich kenne euch nicht, denn ihr habt nicht nach meinem Willen gelebt. Geht mir aus den Augen!› 24Wer meine Worte hört und danach handelt, der ist klug. Man kann ihn mit einem Mann vergleichen, der sein Haus auf felsigen Grund baut. 25Wenn ein Wolkenbruch niedergeht, das Hochwasser steigt und der Sturm am Haus rüttelt, wird es trotzdem nicht einstürzen, weil es auf Felsengrund gebaut ist. 26Wer sich meine Worte nur anhört, aber nicht danach lebt, der ist so unvernünftig wie einer, der sein Haus auf Sand baut. 27Denn wenn ein Wolkenbruch kommt, die Flut das Land überschwemmt und der Sturm um das Haus tobt, wird es aus allen Fugen geraten und krachend einstürzen.»

Matthäus 10,5–7 Diese Zwölf sandte Jesus aus und gab ihnen folgenden Auftrag: «Geht nicht zu den Nichtjuden oder in die Städte der Samariter, 6sondern geht nur zu den Menschen aus dem Volk Israel, die sich von Gott entfernt haben. Sie sind wie Schafe, die ohne ihren Hirten verloren sind. 7Ihnen sollt ihr diese Nachricht bringen: ‹Jetzt beginnt Gottes neue Welt!›»

Matthäus 12,25–28 Jesus kannte ihre [der Pharisäer] Gedanken und entgegnete: «Ein Staat, in dem verschiedene Herrscher um die Macht kämpfen, steht vor dem Untergang. Eine Stadt oder eine Familie, in der man ständig in Zank und Streit lebt, hat keinen Bestand. 26Wenn der Satan sich selbst vertreiben würde, dann bekämpfte er sich ja selbst und zerstörte damit sein eigenes Reich. [27]Wenn ihr behauptet, ich würde die Dämonen durch die Kraft des Obersten Teufels austreiben, welche Kraft nutzen dann eure eigenen Leute, um böse Geister auszutreiben? Sie selbst werden euch das Urteil sprechen. [28]Wenn ich aber die Dämonen durch den Geist Gottes austreibe, so beginnt Gottes neue Welt jetzt – mitten unter euch!»

Matthäus 13,11–12 Jesus antwortete: «Euch lässt Gott die Geheimnisse seiner neuen Welt verstehen, anderen sind sie verborgen. [12]Denn wer viel hat, der bekommt noch mehr dazu, ja, er wird mehr als genug haben! Wer aber nichts hat, dem wird selbst noch das Wenige, das er hat, genommen.»

Matthäus 13,31–32 Noch ein anderes Gleichnis erzählte ihnen Jesus: «Mit der neuen Welt Gottes ist es wie mit einem Senfkorn, das auf ein Feld gesät wird. [32]Es ist der kleinste Same, den es gibt. Aber wenn er aufgeht und wächst, wird er größer als andere Sträucher, ja, er wird zu einem Baum, in dessen Zweigen die Vögel ihre Nester bauen.»

Matthäus 13,33 «Man kann Gottes neue Welt auch mit einem Sauerteig vergleichen, den eine Frau unter eine große Menge Mehl mischt, bis alles durchsäuert ist.» (Siehe auch Lukas 13,20–21.)

Matthäus 13,37–43 Jesus antwortete: «Der Menschensohn selbst ist der Bauer, der die gute Saat aussät. [38]Der Acker ist die Welt, die Saat sind die Menschen, die zu Gottes neuer Welt gehören, und das Unkraut sind die Leute, die dem Satan gehorchen. [39]Der Feind, der das Unkraut zwischen den Weizen sät, ist der Teufel.

Die Ernte ist das Ende der Welt, und die Erntearbeiter sind die Engel. [40]Wie das Unkraut vom Weizen getrennt und verbrannt wird, so wird es auch am Ende der Welt sein: [41]Der Menschensohn wird seine Engel senden. Sie werden aus der neuen Welt Gottes alle, die Unrecht tun und andere zur Sünde verführen, aussondern [42]und sie in den brennenden Ofen werfen. Dort wird nur Heulen und ohnmächtiges Jammern zu hören sein. [43]Aber alle, die Gottes Willen tun, werden in der neuen Welt ihres Vaters leuchten wie die Sonne. Hört genau auf das, was ich euch sage!»

Matthäus 13,44–46 «Die neue Welt Gottes ist wie ein verborgener Schatz, den ein Mann in einem Acker entdeckte und wieder vergrub. In seiner Freude verkaufte er sein gesamtes Hab und Gut und kaufte dafür den Acker mit dem Schatz. [45]Mit der neuen Welt Gottes ist es wie mit einem Kaufmann, der auf der Suche nach kostbaren Perlen ist. [46]Er entdeckt eine Perle von unschätzbarem Wert. Deshalb verkauft er alles, was er hat, und kauft dafür die Perle.»

Matthäus 13,47–50 «Man kann Gottes neue Welt auch mit einem Netz vergleichen, das ins Meer geworfen wird und in dem viele verschiedene Fische gefangen werden. [48]Wenn das Netz voll ist, zieht man es an Land, setzt sich hin und sortiert die guten Fische in Körbe. Die ungenießbaren aber werden weggeworfen. [49]So wird es auch am Ende der Welt sein. Die Engel werden kommen und die gottlosen Menschen von denen trennen, die so leben, wie Gott es will. [50]Sie werden die Gottlosen in den brennenden Ofen werfen.

Dort wird nur Heulen und ohnmächtiges Jammern zu hören sein.»

Matthäus 13,51–52 «Versteht ihr das alles?» – «Ja», erwiderten sie. [52]Jesus fügte hinzu: «Jeder Schriftgelehrte, der zur neuen Welt Gottes gehört und davon reden kann, ist wie ein Hausherr, der aus seiner Vorratskammer Altes und Neues hervorholt.»

Matthäus 16,16–17 Da antwortete Petrus: «Du bist Christus, der von Gott gesandte Retter, der Sohn des lebendigen Gottes!» [17]«Du kannst wirklich glücklich sein, Simon, Sohn des Jona!», sagte Jesus. «Diese Erkenntnis hat dir mein Vater im Himmel gegeben; von sich aus kommt ein Mensch nicht zu dieser Einsicht.»

Matthäus 16,24–28 Danach sprach Jesus zu seinen Jüngern: «Wer mir nachfolgen will, darf nicht mehr sich selbst in den Mittelpunkt stellen, sondern muss sein Kreuz auf sich nehmen und mir nachfolgen. [25]Wer sich an sein Leben klammert, der wird es verlieren. Wer aber sein Leben für mich einsetzt, der wird es für immer gewinnen. [26]Denn was gewinnt ein Mensch, wenn ihm die ganze Welt zufällt, er selbst aber dabei Schaden nimmt? Er kann sein Leben ja nicht wieder zurückkaufen! [27]Denn der Menschensohn wird mit seinen Engeln in der Herrlichkeit seines Vaters kommen und jeden nach seinen Taten richten. [28]Und ich sage euch: Einige von euch, die hier stehen, werden nicht sterben, bevor sie den Menschensohn in seiner Königsherrschaft haben kommen sehen.»

Matthäus 18,2–4 Jesus rief ein kleines Kind, stellte es in die Mitte [3]und sprach: «Das will ich euch sagen: Wenn ihr euch nicht ändert und so werdet wie die Kinder, kommt ihr nie in Gottes neue Welt. [4]Wer aber so klein und demütig sein kann wie ein Kind, der ist der Größte in Gottes neuer Welt. [5]Und wer solch ein Kind mir zuliebe aufnimmt, der nimmt mich auf.»

Matthäus 18,21–35 Da fragte Petrus: «Herr, wie oft muss ich meinem Bruder vergeben, wenn er mir Unrecht tut? Ist siebenmal denn nicht genug?» [22]«Nein», antwortete Jesus. «Nicht nur siebenmal, sondern siebzig mal siebenmal. [23]Man kann die neue Welt Gottes mit einem König vergleichen, der mit seinen Verwaltern abrechnen wollte. [24]Zu ihnen gehörte ein Mann, der ihm einen Millionenbetrag schuldete. [25]Aber er konnte diese Schuld nicht bezahlen. Deshalb wollte der König ihn, seine Frau, seine Kinder und seinen gesamten Besitz verkaufen lassen, um wenigstens einen Teil seines Geldes zu bekommen. [26]Doch der Mann fiel vor dem König nieder und flehte ihn an: ‹Herr, hab noch etwas Geduld! Ich will ja alles bezahlen.› [27]Da hatte der König Mitleid. Er gab ihn frei und erließ ihm seine Schulden. [28]Kaum war der Mann frei, ging er zu einem der anderen Verwalter, der ihm einen kleinen Betrag schuldete, packte ihn, würgte ihn und schrie: ‹Bezahl jetzt endlich deine Schulden!› [29]Da fiel der andere vor ihm nieder und bettelte: ‹Hab noch etwas Geduld! Ich will ja alles bezahlen.› [30]Aber der Verwalter wollte nicht warten und ließ ihn ins Gefängnis werfen, bis er alles bezahlt hätte. [31]Als nun die anderen sahen, was sich da ereignet hatte, waren sie empört und berichteten es dem König. [32]Da ließ der König den Verwalter zu sich kommen und sagte: ‹Was bist du doch für ein hartherziger Mensch! Deine ganze

Schuld habe ich dir erlassen, weil du mich darum gebeten hast. [33]Hättest du da nicht auch mit meinem anderen Verwalter Erbarmen haben können, so wie ich mit dir?› [34]Zornig übergab er ihn den Folterknechten. Sie sollten ihn erst dann wieder freilassen, wenn er alle seine Schulden zurückgezahlt hätte. [35]Auf die gleiche Art wird mein Vater im Himmel euch behandeln, wenn ihr euch weigert, eurem Bruder wirklich zu vergeben.»

Matthäus 19,11–12 Jesus antwortete: «Nicht jeder kann begreifen, was ich jetzt sage, sondern nur die, denen Gott das Verständnis dafür gibt. [12]Manche sind von Geburt an zeugungsunfähig; andere werden es durch menschlichen Eingriff. Und es gibt Menschen, die verzichten auf die Ehe, um Gott besser dienen zu können. Wer es versteht, der richte sich danach!»

Matthäus 19,14 Jesus sagte: «Lasst die Kinder zu mir kommen und haltet sie nicht zurück, denn für Menschen wie sie ist Gottes neue Welt bestimmt.»

Matthäus 19,23–26 Da sagte Jesus zu seinen Jüngern: «Eins ist sicher: Ein Reicher hat es sehr schwer, in Gottes neue Welt zu kommen. [24]Eher geht ein Kamel durch ein Nadelöhr, als dass ein Reicher in Gottes neue Welt kommt.» [25]Darüber waren die Jünger entsetzt und fragten sich: «Wer kann dann überhaupt gerettet werden?» [26]Jesus sah sie an und sagte: «Für Menschen ist es unmöglich, aber für Gott ist alles möglich!»

Matthäus 19,27–30 Jetzt fragte Petrus: «Aber wie ist es nun mit uns? Wir haben doch alles aufgegeben und sind mit dir gegangen. Was bekommen wir dafür?» [28]Jesus antwortete: «Das sollt ihr wissen, die

ihr mit mir geht: Wenn der Menschensohn auf dem Thron der Herrlichkeit sitzen und über Gottes neue Welt herrschen wird, werdet ihr ebenfalls auf zwölf Thronen sitzen und die zwölf Stämme Israels richten. [29]Jeder, der sein Haus, seine Geschwister, seine Eltern, seine Frau, seine Kinder oder seinen Besitz zurücklässt, um mir zu folgen, wird dies alles hundertfach zurückerhalten und das ewige Leben empfangen. [30]Viele, die jetzt einen großen Namen haben, werden dann unbedeutend sein. Und andere, die heute die Letzten sind, werden dort zu den Ersten gehören.»

Matthäus 20,1–16 «Mit der neuen Welt Gottes ist es wie mit einem Weinbauern, der frühmorgens Arbeiter für seinen Weinberg anwarb. [2]Er einigte sich mit ihnen auf den üblichen Tageslohn und ließ sie in seinem Weinberg arbeiten. [3]Ein paar Stunden später ging er noch einmal über den Marktplatz und sah dort Leute herumstehen, die arbeitslos waren. [4]Auch diese schickte er in seinen Weinberg und versprach ihnen einen angemessenen Lohn. [5]Zur Mittagszeit und gegen drei Uhr nachmittags stellte er noch mehr Arbeiter ein. [6]Als er um fünf Uhr in die Stadt kam, sah er wieder ein paar Leute untätig herumstehen. Er fragte sie: ‹Warum habt ihr heute nicht gearbeitet?› [7]‹Uns wollte niemand haben›, antworteten sie. ‹Geht doch und helft auch noch in meinem Weinberg mit!›, forderte er sie auf. [8]Am Abend beauftragte er seinen Verwalter: ‹Ruf die Leute zusammen, und zahl ihnen den Lohn aus! Fang beim Letzten an, und hör beim Ersten auf!› [9]Zuerst kamen also die zuletzt Eingestellten, und jeder von ihnen bekam den vollen Tageslohn. [10]Jetzt meinten die anderen Arbeiter, sie würden mehr bekommen. Aber sie erhielten alle nur den vereinbarten Tageslohn. [11]Da beschwerten sie sich beim Weinbauern: [12]‹Diese Leute haben nur eine Stunde gearbeitet, und du zahlst ihnen dasselbe wie uns. Dabei haben wir uns den ganzen Tag in der brennenden Sonne abgerackert!› [13]‹Mein Freund›, entgegnete der Weinbauer einem von ihnen, ‹dir geschieht doch kein Unrecht! Haben wir uns nicht auf diesen Betrag geeinigt? [14]Nimm dein Geld und geh! Ich will den anderen genauso viel zahlen wie dir. [15]Schließlich darf ich doch wohl mit meinem Geld machen, was ich will! Oder ärgerst du dich, weil ich großzügig bin?› [16]Ebenso werden die Letzten einmal die Ersten sein, und die Ersten die Letzten.»

Matthäus 21,28–32 «Was sagt ihr dazu: Ein Mann hatte zwei Söhne. Er bat den ersten: ‹Mein Sohn, arbeite heute in unserem Weinberg!› [29]‹Ich will aber nicht!›, entgegnete dieser. Später tat es ihm leid, und er ging doch an die Arbeit. [30]Auch den zweiten Sohn forderte der Vater auf, im Weinberg zu arbeiten. ‹Ja, Herr›, antwortete der. Doch er ging nicht hin. [31]Wer von den beiden Söhnen hat nun getan, was der Vater wollte?» Sie antworteten: «Der erste natürlich!» Da sagte Jesus: «Eins ist sicher: Die betrügerischen Zolleinnehmer und Huren kommen eher in Gottes neue Welt als ihr. [32]Johannes der Täufer zeigte euch den Weg zu Gott und forderte euch auf, zu Gott umzukehren. Aber ihr wolltet nichts von ihm wissen. Die Betrüger und Huren dagegen folgten seinem Ruf. Und obwohl ihr das gesehen habt, kamt ihr nicht zur Besinnung und wolltet ihm immer noch nicht glauben.»

Matthäus 21,42–44 «Richtig», sagte Jesus; «ihr wisst doch, was in der Heiligen Schrift steht: ‹Der Stein, den die Bauarbeiter weggeworfen haben, weil sie ihn für unbrauchbar hielten, ist nun zum Grundstein des ganzen Hauses geworden. Was keiner für möglich gehalten hat, das tut der Herr vor unseren Augen.› [43]Deshalb sage ich euch: Die neue Welt Gottes wird euch weggenommen und einem Volk gegeben werden, das Gott gehorcht. [44]Ja, wer auf diesen Stein fällt, wird sich zu Tode stürzen, und auf wen der Stein fällt, der wird zermalmt.»

Matthäus 22,1–14 Jesus erzählte ihnen noch ein anderes Gleichnis: [2]«Mit der neuen Welt Gottes ist es wie mit einem König, der für seinen Sohn ein großes Hochzeitsfest vorbereitete. [3]Viele wurden zur Hochzeit eingeladen. Als die Vorbereitungen beendet waren, schickte er seine Diener, um die Gäste abzuholen. Aber keiner wollte kommen. [4]Er ließ sie durch andere Diener nochmals bitten: ‹Es ist alles fertig, die Ochsen und Mastkälber sind geschlachtet. Das Fest kann beginnen. Kommt!› [5]Aber den geladenen Gästen war das gleichgültig. Sie gingen weiter ihrer Arbeit nach. Der eine hatte auf dem Feld zu tun, der andere im Geschäft. [6]Einige wurden sogar handgreiflich, misshandelten und töteten die Diener des Königs. [7]Voller Zorn sandte der König seine Truppen aus, ließ die Mörder umbringen und ihre Stadt in Brand stecken. [8]Dann sagte er zu seinen Dienern: ‹Die Hochzeitsfeier ist vorbereitet, aber die geladenen Gäste waren es nicht wert, an diesem Fest teilzunehmen. [9]Geht jetzt auf die Straßen und ladet alle ein, die euch über den Weg laufen!› [10]Das taten die Boten und brachten alle mit, die sie fanden: böse und gute Menschen. So füllte sich der Festsaal mit Gästen. [11]Als der König kam, um seine Gäste zu begrüßen, bemerkte er einen Mann, der nicht festlich angezogen war. [12]‹Mein Freund, wie bist du hier ohne Festgewand hereingekommen?›, fragte er ihn. Darauf konnte der Mann nichts antworten. [13]Da befahl der König: ‹Fesselt ihm Hände und Füße, und werft ihn hinaus in die Finsternis! Dort wird es nur Heulen und ohnmächtiges Jammern geben.› [14]Denn viele sind berufen, aber nur wenige sind auserwählt.»

Matthäus 25,1–13 «Wenn der Menschensohn seine Herrschaft antritt, wird es sein wie bei zehn Mädchen, die bei einer Hochzeit als Brautjungfern mit ihren Lampen den Bräutigam abholen sollten. [2–4]Nur fünf von ihnen waren so klug, sich ausreichend mit Öl für ihre Lampen zu versorgen. Die anderen dachten überhaupt nicht daran, genügend Öl mitzunehmen. [5]Als sich die Ankunft des Bräutigams verzögerte, wurden sie alle müde und schliefen ein. [6]Plötzlich um Mitternacht wurden sie mit dem Ruf geweckt: ‹Der Bräutigam kommt! Steht auf und geht ihm entgegen!› [7]Da sprangen die Mädchen auf und bereiteten ihre Lampen vor. [8]Die fünf, die nicht genügend Öl hatten, baten die anderen: ‹Gebt uns etwas von eurem Öl! Unsere Lampen gehen aus.› [9]Aber die Klugen antworteten: ‹Unser Öl reicht gerade für uns selbst. Geht doch in den Laden, und kauft euch welches!› [10]Da gingen sie los. In der Zwischenzeit kam der Bräutigam, und die Mädchen, die genügend Öl für ihre Lampen hatten, begleiteten ihn in den Festsaal. Dann wurde die Tür verschlossen. [11]Später kamen auch die fünf anderen. Sie standen draußen und riefen: ‹Herr, mach uns die Tür auf!› [12]Aber er erwiderte: ‹Was wollt ihr denn? Ich kenne euch nicht!› [13]Deshalb seid wach und haltet euch bereit! Denn ihr wisst weder an welchem Tag noch zu welchem Zeitpunkt der Menschensohn kommen wird.»

Matthäus 25,14–30 «Es wird dann so sein wie bei dem Mann, der ins Ausland reisen wollte. Er rief alle seine Verwalter zusammen und beauftragte sie, während seiner Abwesenheit mit seinem Vermögen zu arbeiten. [15]Dem einen gab er fünf Zentner Silberstücke, einem anderen zwei und dem dritten einen Zentner, jedem nach seinen Fähigkeiten. Danach reiste er ab. [16]Der Mann mit den fünf Zentnern Silberstücke war so erfolgreich bei seinen Geschäften, dass er die Summe verdoppeln konnte. [17]Auch der die zwei Zentner bekommen hatte, verdiente zwei hinzu. [18]Der dritte aber vergrub sein Geld an einem sicheren Ort. [19]Nach langer Zeit kehrte der Herr von seiner Reise zurück und forderte seine Verwalter auf, mit ihm abzurechnen. [20]Der Mann, der fünf Zentner Silbergeld erhalten hatte, brachte zehn Zentner. Er sagte: ‹Herr, fünf Zentner hast du mir gegeben. Hier, ich habe fünf dazuverdient.› [21]Da lobte ihn sein Herr: ‹Du warst tüchtig und zuverlässig. In kleinen Dingen bist du treu gewesen, darum werde ich dir größere Aufgaben anvertrauen. Ich lade dich zu meinem Fest ein!› [22]Danach kam der Mann mit den zwei Zentnern. Er berichtete: ‹Herr, auch ich habe den Betrag verdoppeln können.› [23]Da lobte ihn der Herr: ‹Du warst tüchtig und zuverlässig. In kleinen Dingen bist du treu gewesen, darum werde ich dir größere Aufgaben anvertrauen. Ich lade dich zu meinem Fest ein!› ²⁴Schließlich kam der mit dem einen Zentner Silberstücke und erklärte: ‹Ich kenne dich als strengen Herrn und dachte: Du erntest, was andere gesät haben; du nimmst dir, was ich verdient habe. ²⁵Aus Angst habe ich das Geld sicher aufbewahrt. Hier hast du es wieder zurück!› ²⁶Zornig antwortete ihm darauf sein Herr: ‹Auf dich ist kein Verlass, und faul bist du auch noch! Wenn du schon der Meinung bist, dass ich ernte, was andere gesät haben, und mir nehme, was du verdient hast, ²⁷hättest du zumindest mein Vermögen bei einer Bank anlegen können! Dort hätte es wenigstens Zinsen gebracht! ²⁸Nehmt ihm das Geld weg, und gebt es dem, der die fünf Zentner hatte! ²⁹Denn wer viel hat, der bekommt noch mehr dazu, ja, er wird mehr als genug haben! Wer aber nichts hat, dem wird selbst noch das Wenige, das er hat, genommen. ³⁰Und jetzt werft diesen Nichtsnutz hinaus in die Finsternis, wo es nur Weinen und ohnmächtiges Jammern gibt!›»

Matthäus 25,31–46 «Wenn der Menschensohn in seiner ganzen Herrlichkeit, begleitet von allen Engeln, kommt, dann wird er auf dem Thron Gottes sitzen. ³²Alle Völker werden vor ihm erscheinen, und er wird die Menschen in zwei Gruppen teilen, so wie ein Hirte die Schafe von den Böcken trennt. ³³Rechts werden die Schafe und links die Böcke stehen. ³⁴Dann wird der König zu denen an seiner rechten Seite sagen: ‹Kommt her! Euch hat mein Vater gesegnet. Nehmt die neue Welt Gottes in Besitz, die er seit Erschaffung der Welt für euch als Erbe bereithält! ³⁵Denn als ich hungrig war, habt ihr mir zu essen gege-

ben. Als ich Durst hatte, bekam ich von euch etwas zu trinken. Ich war ein Fremder bei euch, und ihr habt mich aufgenommen. ³⁶Ich war nackt, ihr habt mir Kleidung gegeben. Ich war krank, und ihr habt mich besucht. Ich war im Gefängnis, und ihr seid zu mir gekommen.› ³⁷Dann werden sie, die nach Gottes Willen gelebt haben, fragen: ‹Herr, wann bist du denn hungrig gewesen und wir haben dir zu essen gegeben? Oder durstig und wir gaben dir zu trinken? ³⁸Wann haben wir dir Gastfreundschaft gewährt, und wann bist du nackt gewesen und wir haben dir Kleider gebracht? ³⁹Wann warst du denn krank oder im Gefängnis und wir haben dich besucht?› ⁴⁰Der König wird ihnen dann antworten: ‹Das will ich euch sagen. Was ihr für einen meiner geringsten Brüder getan habt, das habt ihr für mich getan!› ⁴¹Zu denen an seiner linken Seite aber wird er sagen: ‹Geht mir aus den Augen, ihr Verfluchten, ins ewige Feuer, das für den Teufel und seine Helfer bestimmt ist! ⁴²Denn ich war hungrig, aber ihr habt mir nichts zu essen gegeben. Ich war durstig, aber ihr habt mir nichts zu trinken gegeben. ⁴³Ich war ein Fremder unter euch, aber ihr habt mich nicht aufgenommen. Ich war nackt, aber ihr wolltet mir nichts zum Anziehen geben. Ich war krank und im Gefängnis, aber ihr habt mich nicht besucht.› ⁴⁴Dann werden auch sie ihn fragen: ‹Herr, wann haben wir dich denn hungrig oder durstig, ohne Unterkunft, nackt, krank oder im Gefängnis gesehen und dir nicht geholfen?› ⁴⁵Darauf wird ihnen der König antworten: ‹Lasst es euch gesagt sein: Die Hilfe, die ihr meinen geringsten Brüdern verweigert habt, die habt ihr mir verweigert.› ⁴⁶Und sie werden der ewigen Strafe ausgeliefert sein. Aber die Gottes Willen getan haben, erwartet unvergängliches Leben.»

Matthäus 26,29 «Ich sage euch: Von jetzt an werde ich keinen Wein mehr trinken, bis ich ihn wieder in der neuen Welt meines Vaters mit euch trinken werde.»

Markus 1,15 «Jetzt ist die Zeit gekommen, in der Gottes neue Welt beginnt. Kehrt um zu Gott, und glaubt an die rettende Botschaft!»

Markus 4,26–32 Jesus erklärte weiter: «Die neue Welt Gottes kann man vergleichen mit einem Bauern und der Saat, die er auf sein Feld sät. [27]Nach der Arbeit geht er nach Hause, schläft, steht wieder auf, und das tagaus, tagein. Im Laufe der Zeit wächst die Saat ohne sein Zutun heran. [28]Denn die Erde lässt die Frucht aufgehen und wachsen. Zuerst kommt der Halm, dann die Ähre und endlich als Frucht die Körner. [29]Wenn aus der Saat das reife Getreide geworden ist, lässt der Bauer es abmähen, denn die Erntezeit ist da.» [30]Schließlich fragte Jesus: «Womit sollen wir die neue Welt Gottes noch vergleichen? Welches Bild könnte euch helfen, sie zu verstehen? [31]Mit Gottes neuer Welt ist es wie mit einem Senfkorn, das auf ein Feld gesät wird. Es ist der kleinste Same, den es gibt. [32]Wenn er aber in den Boden gesät wird, wächst er schnell heran und wird größer als andere Sträucher. Er bekommt starke Zweige, in denen die Vögel sogar ihre Nester bauen können.»

Markus 8,34–9,1 «Hört her!», rief Jesus seinen Jüngern und den Menschen zu, die bei ihm waren. «Wer mir nachfolgen will, der darf nicht mehr sich selbst in den Mittelpunkt stellen, sondern muss sein Kreuz auf sich nehmen und mir nachfolgen. [35]Wer sich an sein Leben klammert, der wird es verlieren. Wer aber sein Leben für mich und für Gottes rettende Botschaft einsetzt, der wird es für immer gewinnen. [36]Denn was gewinnt ein Mensch, wenn ihm die ganze Welt zufällt, er selbst aber dabei Schaden nimmt? [37]Er kann sein Leben ja nicht wieder zurückkaufen! [38]Wer sich hier vor den gottlosen Menschen schämt, sich zu mir und meiner Botschaft zu bekennen, den wird auch der Menschensohn nicht kennen, wenn er mit den heiligen Engeln in der Herrlichkeit seines Vaters kommen wird.» [1]Dann sagte Jesus zu seinen Zuhörern: «Das sage ich euch: Einige von euch, die hier stehen, werden nicht sterben, bevor die neue Welt Gottes in ihrer ganzen Kraft sichtbar wird.»

Markus 10,13–16 Einige Eltern brachten ihre Kinder zu Jesus, damit er sie segnete. Die Jünger aber wollten sie wegschicken. [14]Als Jesus das merkte, wurde er zornig: «Lasst die Kinder zu mir kommen, und haltet sie nicht zurück, denn für Menschen wie sie ist Gottes neue Welt bestimmt. [15]Hört, was ich euch sage: Wer sich die neue Welt Gottes nicht wie ein Kind schenken lässt, dem bleibt sie verschlossen.» [16]Dann nahm er die Kinder in seine Arme, legte ihnen die Hände auf und segnete sie.

Markus 10,21 Jesus sah ihn [einen reichen jungen Mann] voller Liebe an: «Etwas fehlt dir noch: Verkaufe alles, was du hast, und gib das Geld den Armen. Damit wirst du im Himmel einen Reichtum gewinnen, der niemals verloren geht. Und dann komm und folge mir nach!»

Markus 12,32–34 Darauf meinte der Schriftgelehrte: «Lehrer, du hast Recht. Es gibt nur einen Gott und keinen anderen neben ihm. ³³Ihn sollen wir lieben von ganzem Herzen, mit unserem ganzen Verstand, mit ganzer Hingabe und mit aller Kraft. Und auch unsere Mitmenschen sollen wir so lieben wie uns selbst. Das ist mehr als alle Opfer, die wir Gott bringen könnten.» ³⁴Jesus erkannte, dass dieser Mann ihn verstanden hatte. Deshalb sagte er zu ihm: «Du bist nicht weit von Gottes neuer Welt entfernt.» Danach wagte niemand mehr, Jesus weitere Fragen zu stellen.

Lukas 4,43 Doch er wies sie ab: «Ich muss die rettende Botschaft von Gottes neuer Welt auch in alle anderen Städte bringen. Das ist mein Auftrag.»

Lukas 6,20 Jesus sah seine Jünger an und sagte: «Glücklich seid ihr Armen, denn euch gehört die neue Welt Gottes.»

Lukas 7,24–28 Als die Jünger des Johannes gegangen waren, wandte sich Jesus an die Menschen, die sich um ihn versammelt hatten, und fragte: «Was habt ihr von Johannes erwartet, als ihr zu ihm in die Wüste hinausgegangen seid? Wolltet ihr ein Schilfrohr sehen, das bei jedem Windhauch hin- und herschwankt? ²⁵Oder wolltet ihr einen Mann in vornehmer Kleidung sehen, der in Saus und Braus lebt? Dann hättet ihr in die Königspaläste gehen müssen. ²⁶Oder wolltet ihr einem Propheten begegnen? Ja, Johannes ist ein Prophet, und mehr als das. ²⁷Er ist der Mann, von dem es in der Heiligen Schrift heißt: ‹Ich sende meinen Boten dir voraus, der dein Kommen ankündigt und die Menschen darauf vorbereitet.› ²⁸Ja, ich versichere euch: Von allen Menschen, die je geboren wur-

den, ist keiner bedeutender als Johannes der Täufer. Trotzdem ist der Geringste in Gottes neuer Welt größer als er.»

Lukas 9,23–27 Danach wandte sich Jesus an alle: «Wer mir nachfolgen will, darf nicht mehr sich selbst in den Mittelpunkt stellen, sondern muss sein Kreuz täglich auf sich nehmen und mir nachfolgen. ²⁴Wer sich an sein Leben klammert, der wird es verlieren. Wer aber sein Leben für mich einsetzt, der wird es für immer gewinnen. ²⁵Denn was gewinnt ein Mensch, wenn ihm die ganze Welt zufällt, er aber dabei sich selbst verliert oder Schaden nimmt? ²⁶Wer sich schämt, sich zu mir und meiner Botschaft zu bekennen, den wird auch der Menschensohn nicht kennen, wenn er in seiner Macht und in der Herrlichkeit des Vaters und der heiligen Engel kommen wird. ²⁷Das sage ich euch: Einige von denen, die hier stehen, werden nicht sterben, bevor die neue Welt Gottes sichtbar wird.»

Lukas 9,59–60 Einen anderen forderte Jesus auf: «Komm mit mir!» Er erwiderte: «Ja, Herr, aber vorher lass mich noch meinen Vater bestatten.» ⁶⁰Da antwortete Jesus: «Überlass es den Toten, ihre Toten zu begraben. Du aber sollst die Botschaft von Gottes neuer Welt verkünden.»

Lukas 10,8–12 «Wenn ihr in eine Stadt kommt, in der euch die Leute bereitwillig aufnehmen, dann esst, was man euch anbietet. ⁹Heilt die Kranken, und sagt allen Menschen: ‹Jetzt beginnt Gottes neue Welt bei euch.› ¹⁰Will man aber irgendwo nichts von euch wissen, dann verlasst diese Stadt und sagt den Einwohnern: ¹¹‹Ihr habt euch selbst das Urteil gesprochen. Sogar den Staub eurer Straßen schütteln wir von unseren Füßen. Doch merkt euch das eine: Gottes neue Welt hat begonnen!› ¹²Ich sage euch: Den Einwohnern von Sodom wird es am Tag des Gerichts besser ergehen als den Menschen einer solchen Stadt.»

Lukas 11,2 Jesus antwortete ihnen: «So sollt ihr beten: ‹Unser Vater im Himmel! Dein heiliger Name soll geehrt werden. Lass deine neue Welt beginnen.›»

Lukas 13,18–19 Jesus fragte seine Zuhörer: «Womit kann ich die neue Welt Gottes vergleichen? ¹⁹Sie ist wie ein Senfkorn, das ein Mann in seinem Garten aussät. Aus dem kleinen Samenkorn wird ein großer Baum, in dem die Vögel ihre Nester bauen.»

Lukas 13,20–21 Jesus fragte noch einmal: «Womit soll ich Gottes neue Welt vergleichen? ²¹Sie ist wie ein Sauerteig, den eine Frau unter eine große Menge Mehl mischt, bis alles durchsäuert ist.»

Lukas 16,16 Weiter sagte Jesus: «Bis Johannes der Täufer kam, waren das Gesetz des Mose und die Lehren der Propheten die Maßstäbe für alles Handeln. Seit seinem Auftreten wird die rettende Botschaft von Gottes neuer Welt verkündet, und alle wollen unbedingt hinein.»

Lukas 17,20–21 Die Pharisäer wollten von Jesus wissen: «Wann wird denn die neue Welt Gottes kommen?» Er antwortete ihnen: «Die neue Welt Gottes kann man nicht sehen wie ein irdisches Reich. ²¹Niemand wird euch sagen können: ‹Hier ist sie!› oder ‹Dort ist sie!› Die neue Welt Gottes ist schon jetzt da – mitten unter euch.»

Lukas 18,16–17 Doch Jesus rief die Kinder zu sich und sagte: «Lasst die Kinder zu mir kommen, und haltet sie nicht zu-

rück! Denn für Menschen wie sie ist Gottes neue Welt bestimmt. ¹⁷Hört, was ich euch sage: Wer sich die neue Welt Gottes nicht wie ein Kind schenken lässt, dem bleibt sie verschlossen.»

Lukas 18,29–30 Jesus antwortete: «Das sollt ihr wissen: Jeder, der sein Haus, seine Eltern, seine Geschwister, seine Frau oder seine Kinder zurücklässt, um sich für Gottes neue Welt einzusetzen, ³⁰der wird dafür reich belohnt werden: hier schon, in dieser Welt, und erst recht in der zukünftigen Welt mit dem ewigen Leben.»

Lukas 20,34–38 Jesus antwortete: «Die Ehe gibt es nur in dieser Welt. ³⁵Wer aber von den Toten aufersteht und in die zukünftige Welt kommen darf, der wird nicht mehr verheiratet sein. ³⁶Er wird auch nicht mehr sterben wie die Menschen hier auf der Erde, sondern wie die Engel ewig leben und zu den Kindern Gottes gehören. Denn er ist vom Tod zu einem neuen Leben auferstanden. ³⁷Schon Mose hat angedeutet, dass es eine Auferstehung gibt. Er beschreibt, wie der Herr ihm im brennenden Dornbusch erschien, und er nennt ihn den Gott Abrahams, Isaaks und Jakobs. ³⁸Gott ist doch nicht ein Gott der Toten, sondern der Lebenden. Für ihn sind sie alle lebendig.»

Lukas 22,7–16 Am ersten Tag des Festes der ungesäuerten Brote, an dem das Passahlamm geschlachtet werden musste, ⁸gab Jesus seinen Jüngern Petrus und Johannes den Auftrag: «Bereitet alles vor, damit wir gemeinsam das Passahmahl essen können.» ⁹«Wo sollen wir denn das Fest feiern?», fragten sie. ¹⁰Er antwortete: «Wenn ihr nach Jerusalem kommt, wird euch ein Mann begegnen, der einen Wasserkrug trägt. Geht ihm nach bis zu dem Haus, das er betritt. ¹¹Sagt dem Hausherrn: ‹Unser Lehrer lässt fragen: Wo ist der Raum, in dem er mit seinen Jüngern das Passahmahl feiern kann?› ¹²Er wird euch im Obergeschoss einen großen Raum zeigen, der mit Polstern ausgestattet ist. Dort bereitet das Essen zu.» ¹³Die beiden Jünger gingen in die Stadt und trafen alles so an, wie Jesus es ihnen gesagt hatte. Dann bereiteten sie das Passahmahl vor. ¹⁴Als die Stunde für das Passahmahl da war, nahm Jesus mit den Aposteln an der Festtafel Platz. ¹⁵«Wie sehr habe ich mich danach gesehnt, mit euch das Passahmahl zu essen, bevor ich leiden muss», sagte er. ¹⁶«Ihr sollt wissen: Ich werde das Passahmahl erst wieder in der neuen Welt Gottes mit euch feiern. Dann hat sich erfüllt, wofür das Fest jetzt nur ein Zeichen ist.»

Lukas 22,25–30 Da sagte ihnen [den Jüngern] Jesus: «In dieser Welt unterdrücken die Herrscher ihre Völker, und rücksichtslose Machthaber lassen sich als Wohltäter feiern. ²⁶Aber so darf es bei euch nicht sein. Der Erste unter euch soll sich allen anderen unterordnen, und wer euch führen will, muss allen dienen. ²⁷Wer ist denn der Herr? Wer sich bedienen lässt oder wer dient? Doch wohl derjenige, der sich bedienen lässt! Ich aber bin unter euch wie ein Diener. ²⁸Ihr seid mir in diesen Tagen der Gefahr und der Versuchung treu geblieben. ²⁹Deshalb verspreche ich euch: Ihr werdet mit mir zusammen in meinem Reich herrschen, das mein Vater mir übergeben hat. ³⁰Mit mir sollt ihr am selben Tisch essen und trinken. Ihr werdet auf Thronen sitzen und mit mir über die zwölf Stämme Israels Gericht halten.»

7 Himmel

Die Frage nach der Realität des Himmels ist ganz eng verbunden mit den Fragen nach der Ewigkeit und dem ewigen Leben. In diesem Abschnitt finden Sie die wichtigsten Worte, die je über den Himmel gesagt wurden. Jesus verließ den Himmel und kam auf die Erde, deshalb verdienen seine Aussagen zu diesem Thema Ihre volle Aufmerksamkeit. Wenn Sie Jesu Worte lesen, achten Sie auf die Einsichten, die Sie erlangen, und unterstreichen Sie alles, was Ihnen auffällt.

Johannes 3,10–13 Jesus erwiderte: «Du bist doch ein anerkannter Gelehrter in Israel und müsstest das eigentlich verstehen! ¹¹Glaube mir: Wir reden nur von dem, was wir genau kennen. Und was wir bezeugen, das haben wir auch gesehen. Trotzdem nehmt ihr unser Wort nicht an. ¹²Ihr glaubt mir ja nicht einmal, wenn ich von ganz alltäglichen Dingen rede! Wie also werdet ihr mir dann glauben, wenn ich euch erkläre, was im Himmel geschieht? ¹³Es gibt nur einen, der zum Himmel hinaufsteigt: der Menschensohn, der vom Himmel herabgekommen ist.»

Johannes 6,32–33 Jesus entgegnete: «Ich versichere euch: Nicht Mose gab euch das Brot vom Himmel! Das wahre Brot vom Himmel gibt euch jetzt mein Vater. ³³Und nur dieses Brot, das vom Himmel kommt, schenkt der Welt das Leben.»

Johannes 6,48–51 «Ich selbst bin das Brot, das euch dieses Leben gibt! ⁴⁹Eure Vorfahren haben in der Wüste das Manna, das Brot vom Himmel, gegessen und sind doch alle gestorben. ⁵⁰Aber hier ist das wahre Brot, das vom Himmel kommt. Wer davon isst, wird nicht sterben. ⁵¹Ich bin dieses Brot, das von Gott gekommen ist und euch das Leben gibt. Jeder, der dieses Brot isst, wird ewig leben. Dieses Brot ist mein Leib, den ich hingeben werde, damit die Welt leben kann.»

Johannes 6,57–58 «Ich lebe durch die Kraft des lebendigen Gottes, der mich gesandt hat. Ebenso wird jeder, der meinen Leib isst, durch mich leben. ⁵⁸Nun wisst ihr, was ich mit dem Brot meine, das vom Himmel zu euch gekommen ist! Eure Vorfahren haben zwar auch in der Wüste Brot vom Himmel gegessen, aber sie sind trotzdem gestorben. Doch wer dieses Brot isst, wird für immer leben.»

Johannes 14,2–4 «Denn im Haus meines Vaters gibt es viele Wohnungen. Sonst hätte ich euch nicht gesagt: Ich gehe hin, um dort alles für euch vorzubereiten. ³Und wenn alles bereit ist, werde ich kommen und euch zu mir holen. Dann werdet auch ihr dort sein, wo ich bin. ⁴Den Weg dorthin kennt ihr ja.»

Matthäus 4,17 Von da an begann Jesus zu predigen: «Kehrt um zu Gott! Denn jetzt beginnt seine neue Welt!»

Matthäus 5,3 «Glücklich sind, die erkennen, wie arm sie vor Gott sind, denn ihnen gehört die neue Welt Gottes.»

Matthäus 5,10 «Glücklich sind, die verfolgt werden, weil sie nach Gottes Willen leben. Denn ihnen gehört Gottes neue Welt.»

Matthäus 5,19–20 «Wenn jemand auch nur das geringste Gebot Gottes für ungültig erklärt oder andere dazu verleitet, der wird in Gottes neuer Welt nichts bedeuten. Wer aber anderen Gottes Gebote weitersagt und sich selbst danach richtet, der wird in

Gottes neuer Welt großes Ansehen haben. ²⁰Ich warne euch: Wenn ihr das Gesetz Gottes nicht besser erfüllt als die Pharisäer und Schriftgelehrten, kommt ihr nicht in Gottes neue Welt.»

Matthäus 6,9–10 «Ihr sollt deshalb so beten: ‹Unser Vater im Himmel! Dein heiliger Name soll geehrt werden. ¹⁰Lass deine neue Welt beginnen. Dein Wille geschehe hier auf der Erde, wie er im Himmel geschieht.›»

Matthäus 7,21 «Nicht, wer mich dauernd ‹Herr› nennt, wird in Gottes neue Welt kommen, sondern wer den Willen meines Vaters im Himmel tut.»

Matthäus 10,6–7 «... sondern geht nur zu den Menschen aus dem Volk Israel, die sich von Gott entfernt haben. Sie sind wie Schafe, die ohne ihren Hirten verloren sind. ⁷Ihnen sollt ihr diese Nachricht bringen: ‹Jetzt beginnt Gottes neue Welt!›»

Matthäus 11,11 «Ja, ich versichere euch: Von allen Menschen, die je geboren wurden, ist keiner bedeutender als Johannes der Täufer. Trotzdem ist der Geringste in Gottes neuer Welt größer als er.»

Matthäus 13,31–32 Noch ein anderes Gleichnis erzählte ihnen Jesus: «Mit der neuen Welt Gottes ist es wie mit einem Senfkorn, das auf ein Feld gesät wird. ³²Es ist der kleinste Same, den es gibt. Aber wenn er aufgeht und wächst, wird er größer als andere Sträucher, ja, er wird zu einem Baum, in dessen Zweigen die Vögel ihre Nester bauen.»

Matthäus 13,33 «Man kann Gottes neue Welt auch mit einem Sauerteig vergleichen, den eine Frau unter eine große Menge Mehl mischt, bis alles durchsäuert ist.» (Siehe auch Lukas 13,20–21.)

Matthäus 13,44–46 «Die neue Welt Gottes ist wie ein verborgener Schatz, den ein Mann in einem Acker entdeckte und wieder vergrub. In seiner Freude verkaufte er sein gesamtes Hab und Gut und kaufte dafür den Acker mit dem Schatz. ⁴⁵Mit der neuen Welt Gottes ist es wie mit einem Kaufmann, der auf der Suche nach kostbaren Perlen ist. ⁴⁶Er entdeckt eine Perle von unschätzbarem Wert. Deshalb verkauft er alles, was er hat, und kauft dafür die Perle.»

Matthäus 13,47–50 «Man kann Gottes neue Welt auch mit einem Netz vergleichen, das ins Meer geworfen wird und in dem viele verschiedene Fische gefangen werden. ⁴⁸Wenn das Netz voll ist, zieht man es an Land, setzt sich hin und sortiert die guten Fische in Körbe. Die ungenießbaren aber werden weggeworfen. ⁴⁹So wird es auch am Ende der Welt sein. Die Engel werden kommen und die gottlosen Menschen von denen trennen, die so leben, wie Gott es will. ⁵⁰Sie werden die Gottlosen in den brennenden Ofen werfen. Dort wird nur Heulen und ohnmächtiges Jammern zu hören sein.»

Matthäus 13,51–52 «Versteht ihr das alles?» – «Ja», erwiderten sie. ⁵²Jesus fügte hinzu: «Jeder Schriftgelehrte, der zur neuen Welt Gottes gehört und davon reden kann, ist wie ein Hausherr, der aus seiner Vorratskammer Altes und Neues hervorholt.»

Matthäus 16,17–19 «Du kannst wirklich glücklich sein, Simon, Sohn des Jona!», sagte Jesus. «Diese Erkenntnis hat dir mein Vater im Himmel gegeben; von sich aus kommt ein Mensch nicht zu dieser Einsicht. ¹⁸Ich sage dir: Du bist Petrus. Auf diesen Felsen will ich meine Gemeinde bau-

en, und selbst die Macht des Todes wird sie nicht besiegen können. ¹⁹Ich will dir die Schlüssel zu Gottes neuer Welt geben. Was du auf der Erde binden wirst, das soll auch im Himmel gebunden sein. Und was du auf der Erde lösen wirst, das soll auch im Himmel gelöst sein.»

Matthäus 18,2–4 Jesus rief ein kleines Kind, stellte es in die Mitte ³und sprach: «Das will ich euch sagen: Wenn ihr euch nicht ändert und so werdet wie die Kinder, kommt ihr nie in Gottes neue Welt. ⁴Wer aber so klein und demütig sein kann wie ein Kind, der ist der Größte in Gottes neuer Welt.»

Matthäus 19,11–12 Jesus antwortete: «Nicht jeder kann begreifen, was ich jetzt sage, sondern nur die, denen Gott das Verständnis dafür gibt. ¹²Manche sind von Geburt an zeugungsunfähig; andere werden es durch menschlichen Eingriff. Und es gibt Menschen, die verzichten auf die Ehe, um Gott besser dienen zu können. Wer es versteht, der richte sich danach!»

Matthäus 19,14 Jesus sagte: «Lasst die Kinder zu mir kommen und haltet sie nicht zurück, denn für Menschen wie sie ist Gottes neue Welt bestimmt.»

Matthäus 19,21 Jesus antwortete: «Wenn du vollkommen sein willst, dann verkauf, was du hast, und gib das Geld den Armen. Damit wirst du im Himmel einen Reichtum gewinnen, der niemals verloren geht. Und dann komm, und folge mir nach.»

Matthäus 19,23–26 Da sagte Jesus zu seinen Jüngern: «Eins ist sicher: Ein Reicher hat es sehr schwer, in Gottes neue Welt zu kommen. ²⁴Eher geht ein Kamel durch ein Nadelöhr, als dass ein Reicher in Gottes neue Welt kommt.» ²⁵Darüber waren die Jünger entsetzt und fragten sich: «Wer kann dann überhaupt gerettet werden?» ²⁶Jesus sah sie an und sagte: «Für Menschen ist es unmöglich, aber für Gott ist alles möglich!»

Matthäus 20,1–16 «Mit der neuen Welt Gottes ist es wie mit einem Weinbauern, der frühmorgens Arbeiter für seinen Weinberg anwarb. ²Er einigte sich mit ihnen auf den üblichen Tageslohn und ließ sie in seinem Weinberg arbeiten. ³Ein paar Stunden später ging er noch einmal über den Marktplatz und sah dort Leute herumstehen, die arbeitslos waren. ⁴Auch diese schickte er in seinen Weinberg und versprach ihnen einen angemessenen Lohn. ⁵Zur Mittagszeit und gegen drei Uhr nachmittags stellte er noch mehr Arbeiter ein. ⁶Als er um fünf Uhr in die Stadt kam, sah er wieder ein paar Leute untätig herumstehen. Er fragte sie: ‹Warum habt ihr heute nicht gearbeitet?› ⁷‹Uns wollte niemand haben›, antworteten sie. ‹Geht doch und helft auch noch in meinem Weinberg mit!›, forderte er sie auf. ⁸Am Abend beauftragte er seinen Verwalter: ‹Ruf die Leute zusammen, und zahl ihnen den Lohn aus! Fang beim Letzten an, und hör beim Ersten auf!› ⁹Zuerst kamen also die zuletzt Eingestellten, und jeder von ihnen bekam den vollen Tageslohn. ¹⁰Jetzt meinten die anderen Arbeiter, sie würden mehr bekommen. Aber sie erhielten alle nur den vereinbarten Tageslohn. ¹¹Da beschwerten sie sich beim Weinbauern: ¹²‹Diese Leute haben nur eine Stunde gearbeitet, und du zahlst ihnen dasselbe wie uns. Dabei haben wir uns den ganzen Tag in der brennenden Sonne abgerackert!› ¹³‹Mein Freund›, entgegnete der Wein-

bauer einem von ihnen, ‹dir geschieht doch kein Unrecht! Haben wir uns nicht auf diesen Betrag geeinigt? ¹⁴Nimm dein Geld und geh! Ich will den anderen genauso viel zahlen wie dir. ¹⁵Schließlich darf ich doch wohl mit meinem Geld machen, was ich will! Oder ärgerst du dich, weil ich großzügig bin?› ¹⁶Ebenso werden die Letzten einmal die Ersten sein, und die Ersten die Letzten.»

Matthäus 22,1–14 Jesus erzählte ihnen noch ein anderes Gleichnis: ²«Mit der neuen Welt Gottes ist es wie mit einem König, der für seinen Sohn ein großes Hochzeitsfest vorbereitete. ³Viele wurden zur Hochzeit eingeladen. Als die Vorbereitungen beendet waren, schickte er seine Diener, um die Gäste abzuholen. Aber keiner wollte kommen. ⁴Er ließ sie durch andere Diener nochmals bitten: ‹Es ist alles fertig, die Ochsen und Mastkälber sind geschlachtet. Das Fest kann beginnen. Kommt!› ⁵Aber den geladenen Gästen war das gleichgültig. Sie gingen weiter ihrer Arbeit nach. Der eine hatte auf dem Feld zu tun, der andere im Geschäft. ⁶Einige wurden sogar handgreiflich, misshandelten und töteten die Diener des Königs. ⁷Voller Zorn sandte der König seine Truppen aus, ließ die Mörder umbringen und ihre Stadt in Brand stecken. ⁸Dann sagte er zu seinen Dienern: ‹Die Hochzeitsfeier ist vorbereitet, aber die geladenen Gäste waren es nicht wert, an diesem Fest teilzunehmen. ⁹Geht jetzt auf die Straßen und ladet alle ein, die euch über den Weg laufen!› ¹⁰Das taten die Boten und brachten alle mit, die sie fanden: böse und gute Menschen. So füllte sich der Festsaal mit Gästen. ¹¹Als der König kam, um seine Gäste zu begrüßen, bemerkte er einen Mann, der nicht festlich angezogen war. 12‹Mein Freund, wie bist du hier ohne Festgewand hereingekommen?›, fragte er ihn. Darauf konnte der Mann nichts antworten. 13Da befahl der König: ‹Fesselt ihm Hände und Füße, und werft ihn hinaus in die Finsternis! Dort wird es nur Heulen und ohnmächtiges Jammern geben.› 14Denn viele sind berufen, aber nur wenige sind auserwählt.»

Matthäus 22,29–32 Jesus antwortete: «Ihr irrt euch, denn ihr kennt weder die Heilige Schrift noch die Macht Gottes. 30Wenn die Toten auferstehen, werden sie nicht wie hier auf der Erde verheiratet sein, sondern wie die Engel Gottes im Himmel leben. 31Was nun die Auferstehung der Toten überhaupt betrifft: Habt ihr nicht in der Heiligen Schrift gelesen, wie Gott sagt: 32‹Ich bin der Gott Abrahams, Isaaks und Jakobs.›? Er ist doch nicht ein Gott der Toten, sondern der Lebenden!»

Matthäus 25,1–13 «Wenn der Menschensohn seine Herrschaft antritt, wird es sein wie bei zehn Mädchen, die bei einer Hochzeit als Brautjungfern mit ihren Lampen den Bräutigam abholen sollten. 2–4Nur fünf von ihnen waren so klug, sich ausreichend mit Öl für ihre Lampen zu versorgen. Die anderen dachten überhaupt nicht daran, genügend Öl mitzunehmen. 5Als sich die Ankunft des Bräutigams verzögerte, wurden sie alle müde und schliefen ein. 6Plötzlich um Mitternacht wurden sie mit dem Ruf geweckt: ‹Der Bräutigam kommt! Steht auf und geht ihm entgegen!› 7Da sprangen die Mädchen auf und bereiteten ihre Lampen vor. 8Die fünf, die nicht genügend Öl hatten, baten die anderen: ‹Gebt uns etwas von eurem Öl! Unsere

Lampen gehen aus.› 9Aber die Klugen antworteten: ‹Unser Öl reicht gerade für uns selbst. Geht doch in den Laden, und kauft euch welches!› 10Da gingen sie los. In der Zwischenzeit kam der Bräutigam, und die Mädchen, die genügend Öl für ihre Lampen hatten, begleiteten ihn in den Festsaal. Dann wurde die Tür verschlossen. 11Später kamen auch die fünf anderen. Sie standen draußen und riefen: ‹Herr, mach uns die Tür auf!› 12Aber er erwiderte: ‹Was wollt ihr denn? Ich kenne euch nicht!› 13Deshalb seid wach und haltet euch bereit! Denn ihr wisst weder an welchem Tag noch zu welchem Zeitpunkt der Menschensohn kommen wird.»

Matthäus 25,14–30 «Es wird dann so sein wie bei dem Mann, der ins Ausland reisen wollte. Er rief alle seine Verwalter zusammen und beauftragte sie, während seiner Abwesenheit mit seinem Vermögen zu arbeiten. 15Dem einen gab er fünf Zentner Silberstücke, einem anderen zwei und dem dritten einen Zentner, jedem nach seinen Fähigkeiten. Danach reiste er ab. 16Der Mann mit den fünf Zentnern Silberstücke war so erfolgreich bei seinen Geschäften, dass er die Summe verdoppeln konnte. 17Auch der die zwei Zentner bekommen hatte, verdiente zwei hinzu. 18Der dritte aber vergrub sein Geld an einem sicheren Ort. 19Nach langer Zeit kehrte der Herr von seiner Reise zurück und forderte seine Verwalter auf, mit ihm abzurechnen. 20Der Mann, der fünf Zentner Silbergeld erhalten hatte, brachte zehn Zentner. Er sagte: ‹Herr, fünf Zentner hast du mir gegeben. Hier, ich habe fünf dazuverdient.› 21Da lobte ihn sein Herr: ‹Du warst tüchtig und zuverlässig. In kleinen Dingen bist du treu gewesen, darum werde ich dir größere Aufgaben anvertrauen. Ich lade dich zu meinem Fest ein!› [22]Danach kam der Mann mit den zwei Zentnern. Er berichtete: ‹Herr, auch ich habe den Betrag verdoppeln können.› [23]Da lobte ihn der Herr: ‹Du warst tüchtig und zuverlässig. In kleinen Dingen bist du treu gewesen, darum werde ich dir größere Aufgaben anvertrauen. Ich lade dich zu meinem Fest ein!› [24]Schließlich kam der mit dem einen Zentner Silberstücke und erklärte: ‹Ich kenne dich als strengen Herrn und dachte: Du erntest, was andere gesät haben; du nimmst dir, was ich verdient habe. [25]Aus Angst habe ich das Geld sicher aufbewahrt. Hier hast du es wieder zurück!› [26]Zornig antwortete ihm darauf sein Herr: ‹Auf dich ist kein Verlass, und faul bist du auch noch! Wenn du schon der Meinung bist, dass ich ernte, was andere gesät haben, und mir nehme, was du verdient hast, [27]hättest du zumindest mein Vermögen bei einer Bank anlegen können! Dort hätte es wenigstens Zinsen gebracht! [28]Nehmt ihm das Geld weg, und gebt es dem, der die fünf Zentner hatte! [29]Denn wer viel hat, der bekommt noch mehr dazu, ja, er wird mehr als genug haben! Wer aber nichts hat, dem wird selbst noch das Wenige, das er hat, genommen. [30]Und jetzt werft diesen Nichtsnutz hinaus in die Finsternis, wo es nur Weinen und ohnmächtiges Jammern gibt!›»

Matthäus 25,31–36.41–46 «Wenn der Menschensohn in seiner ganzen Herrlichkeit, begleitet von allen Engeln, kommt, dann wird er auf dem Thron Gottes sitzen. [32]Alle Völker werden vor ihm erscheinen, und er wird die Menschen in zwei Gruppen teilen, so wie ein Hirte die Schafe von den Böcken trennt. [33]Rechts werden die Schafe und links die Böcke stehen. [34]Dann wird der König zu denen an seiner rechten Seite sagen: ‹Kommt her! Euch hat mein Vater gesegnet. Nehmt die neue Welt Gottes in Besitz, die er seit Erschaffung der Welt für euch als Erbe bereithält! [35]Denn als ich hungrig war, habt ihr mir zu essen gegeben. Als ich Durst hatte, bekam ich von euch etwas zu trinken. Ich war ein Fremder bei euch, und ihr habt mich aufgenommen. [36]Ich war nackt, ihr habt mir Kleidung gegeben. Ich war krank, und ihr habt mich besucht. Ich war im Gefängnis, und ihr seid zu mir gekommen.› [...] [41]Zu denen an seiner linken Seite aber wird er sagen: ‹Geht mir aus den Augen, ihr Verfluchten, ins ewige Feuer, das für den Teufel und seine Helfer bestimmt ist! [42]Denn ich war hungrig, aber ihr habt mir nichts zu essen gegeben. Ich war durstig, aber ihr habt mir nichts zu trinken gegeben. [43]Ich war ein Fremder unter euch, aber ihr habt mich nicht aufgenommen. Ich war nackt, aber ihr wolltet mir nichts zum Anziehen geben. Ich war krank und im Gefängnis, aber ihr habt mich nicht besucht.› [44]Dann werden auch sie ihn fragen: ‹Herr, wann haben wir dich denn hungrig oder durstig, ohne Unterkunft, nackt, krank oder im Gefängnis gesehen und dir nicht geholfen?› [45]Darauf wird ihnen der König antworten: ‹Lasst es euch gesagt sein: Die Hilfe, die ihr meinen geringsten Brüdern verweigert habt, die habt ihr mir verweigert.› [46]Und sie werden der ewigen Strafe ausgeliefert sein. Aber die Gottes Willen getan haben, erwartet unvergängliches Leben.»

Markus 12,24–27 Jesus antwortete: «Ihr irrt euch, denn ihr kennt weder die Heilige

Schrift noch die Macht Gottes. [25]Wenn die Toten auferstehen, werden sie nicht wie hier auf der Erde verheiratet sein, sondern wie die Engel im Himmel leben. [26]Was nun die Auferstehung der Toten überhaupt betrifft: Habt ihr nicht im Buch des Mose gelesen, wie Gott am brennenden Dornbusch zu ihm sagte: ‹Ich bin der Gott Abrahams, Isaaks und Jakobs›? [27]Er ist doch nicht ein Gott der Toten, sondern der Lebenden. Ihr seid völlig im Irrtum!»

Lukas 10,17–20 Als die siebzig Jünger zurückgekehrt waren, berichteten sie voller Freude: «Herr, sogar die Dämonen mussten uns gehorchen, wenn wir deinen Namen nannten!» [18]Jesus antwortete: «Ich sah den Satan wie einen Blitz vom Himmel fallen. [19]Ich habe euch die Macht gegeben, auf Schlangen und Skorpione zu treten und die Gewalt des Feindes zu brechen. Nichts wird euch schaden. [20]Doch freut euch nicht so sehr, dass euch die Dämonen gehorchen müssen; freut euch vielmehr darüber, dass eure Namen im Himmel aufgeschrieben sind!»

Lukas 15,7–10 «Ich sage euch: So wird man sich auch im Himmel freuen über *einen* Sünder, der zu Gott umkehrt – mehr als über neunundneunzig andere, die nach Gottes Willen leben und nicht zu ihm umkehren müssen. [8]Oder nehmt ein anderes Beispiel: Eine Frau hat zehn Silbermünzen gespart. Als ihr eines Tages eine fehlt, zündet sie sofort eine Lampe an, stellt das ganze Haus auf den Kopf und sucht in allen Ecken. [9]Endlich hat sie die Münze gefunden. Sie ruft ihre Freundinnen und Nachbarinnen zusammen und erzählt: ‹Ich habe mein Geld wieder! Freut euch mit mir!› [10]Genau so freuen sich auch die Engel Gottes, wenn ein einziger Sünder zu Gott umkehrt.»

Lukas 16,19–31 «Da lebte einmal ein reicher Mann», erzählte Jesus. «Er war immer sehr vornehm gekleidet und konnte sich Tag für Tag jeden Luxus leisten. [20]Vor dem Portal seines Hauses aber lag Lazarus, bettelarm und schwer krank. Sein Körper war über und über mit Geschwüren bedeckt. [21]Während er dort um die Abfälle aus der Küche bettelte, kamen die Hunde und beleckten seine offenen Wunden. [22]Lazarus starb, und die Engel brachten ihn in den Himmel; dort durfte er den Ehrenplatz an Abrahams Seite einnehmen. Auch der reiche Mann starb und wurde begraben. [23]Als er im Totenreich unter Qualen erwachte, blickte er auf und erkannte in weiter Ferne Abraham, der Lazarus bei sich hatte. [24]‹Vater Abraham›, rief der Reiche laut, ‹hab Mitleid mit mir! Schick mir doch Lazarus! Er soll seine Fingerspitze ins Wasser tauchen und damit meine Zunge kühlen. Ich leide in diesen Flammen furchtbare Qualen!› [25]Aber Abraham erwiderte: ‹Mein Sohn, erinnere dich! Du hast in deinem Leben alles gehabt, Lazarus hatte nichts. Jetzt geht es ihm gut, und du musst leiden. [26]Außerdem liegt zwischen uns ein tiefer Abgrund. Niemand kann von der einen Seite zur anderen kommen, selbst wenn er es wollte.› [27]‹Vater Abraham›, bat jetzt der Reiche, ‹dann schick Lazarus doch wenigstens in das Haus meines Vaters [28]zu meinen fünf Brüdern. Er soll sie warnen, damit sie nach ihrem Tod nicht auch an diesen qualvollen Ort kommen.› [29]Aber Abraham entgegnete: ‹Deine Brüder sollen auf das hören, was sie bei Mose und den Propheten lesen können.› [30]Der Reiche widersprach: ‹Nein, Vater Abraham, erst wenn einer von den Toten zu ihnen käme, würden sie ihr Leben ändern.› ³¹Doch Abraham blieb dabei: ‹Wenn sie nicht auf Mose und die Propheten hören, werden sie sich auch nicht überzeugen lassen, wenn einer von den Toten aufersteht.›»

Lukas 19,12–27 «Ein Fürst trat eine weite Reise an. Er sollte zum König gekrönt werden und dann wieder in sein Land zurückkehren. ¹³Bevor er abreiste, rief er zehn seiner Knechte zu sich, gab jedem ein Pfund Silberstücke und sagte: ‹Setzt dieses Geld gewinnbringend ein! Ich komme bald zurück!› ¹⁴Viele Bürger seines Landes aber hassten ihn. Sie schickten eine Gesandtschaft hinter ihm her mit der Erklärung: ‹Diesen Mann werden wir nicht als König anerkennen!› ¹⁵Trotzdem wurde er gekrönt und kam als König in sein Land zurück. Er befahl die Knechte zu sich, denen er das Geld gegeben hatte, und wollte wissen: ‹Was habt ihr damit gemacht?› ¹⁶Der erste berichtete: ‹Herr, ich habe das Zehnfache deines Geldes als Gewinn erwirtschaftet.› ¹⁷‹Ausgezeichnet!›, rief der König. ‹Das hast du gut gemacht! Du hast dich in dieser kleinen Aufgabe bewährt. Ich vertraue dir die Verwaltung von zehn Städten an.› ¹⁸Darauf trat der nächste Mann vor und berichtete: ‹Herr, ich habe das Fünffache an Silberstücken hinzugewonnen.› ¹⁹‹Gut!›, antwortete sein Herr. ‹Du wirst Verwalter über fünf Städte.› ²⁰Nun trat ein anderer Knecht vor und sagte: ‹Herr, hier hast du dein Geld zurück. Ich habe es in ein Tuch eingewickelt und aufbewahrt! ²¹Ich fürchte dich als strengen Herrn. Denn du nimmst, was dir nicht gehört, und du erntest, was andere gesät haben.› ²²Da rief der König

zornig: ‹Du richtest dich mit deinen eigenen Worten, du Nichtsnutz! Wenn du weißt, dass ich ein strenger Herr bin, dass ich nehme, was mir nicht gehört, und ernte, wo ich nicht angebaut habe, ²³warum hast du das Geld dann nicht zur Bank gebracht? Dann hätte ich wenigstens Zinsen dafür bekommen!› ²⁴Er forderte die Umstehenden auf: ‹Nehmt ihm das Geld ab und gebt es dem Mann, der zehn Pfund Silberstücke erwirtschaftet hat.› ²⁵‹Aber Herr›, widersprachen seine Leute, ‹der hat doch schon genug!› ²⁶Da sagte ihnen der König: ‹Ich versichere euch: Wer viel hat, der bekommt noch mehr dazu. Wer aber nichts hat, dem wird selbst noch das Wenige, das er hat, genommen! ²⁷Doch jetzt holt meine Feinde her, die mich nicht als König anerkennen wollten: Sie sollen vor meinen Augen hingerichtet werden!›»

Lukas 20,34–37 Jesus antwortete: «Die Ehe gibt es nur in dieser Welt. ³⁵Wer aber von den Toten aufersteht und in die zukünftige Welt kommen darf, der wird nicht mehr verheiratet sein. ³⁶Er wird auch nicht mehr sterben wie die Menschen hier auf der Erde, sondern wie die Engel ewig leben und zu den Kindern Gottes gehören. Denn er ist vom Tod zu einem neuen Leben auferstanden. ³⁷Schon Mose hat angedeutet, dass es eine Auferstehung gibt. Er beschreibt, wie der Herr ihm im brennenden Dornbusch erschien, und er nennt ihn den Gott Abrahams, Isaaks und Jakobs.»

8 Lohn

Matthäus 5,19–20 «Wenn jemand auch nur das geringste Gebot Gottes für ungültig erklärt oder andere dazu verleitet, der wird in Gottes neuer Welt nichts bedeuten. Wer aber anderen Gottes Gebote weitersagt und sich selbst danach richtet, der wird in Gottes neuer Welt großes Ansehen haben. [20]Ich warne euch: Wenn ihr das Gesetz Gottes nicht besser erfüllt als die Pharisäer und Schriftgelehrten, kommt ihr nicht in Gottes neue Welt.»

Matthäus 5,38–48 «Es heißt auch: ‹Auge um Auge, Zahn um Zahn!› [39]Ich sage euch aber: Leistet keine Gegenwehr, wenn man euch Böses antut! Wenn jemand dir eine Ohrfeige gibt, dann halte die andere Wange auch noch hin! [40]Wenn einer dich vor Gericht bringen will, um dein Hemd zu bekommen, so gib ihm auch noch den Mantel! [41]Und wenn einer von dir verlangt, eine Meile mit ihm zu gehen, dann geh zwei Meilen mit ihm! [42]Gib jedem, der dich um etwas bittet, und weise keinen ab, der etwas von dir leihen will. [43]Es heißt bei euch: ‹Liebt eure Freunde und hasst eure Feinde!› [44]Ich sage aber: Liebt eure Feinde und betet für alle, die euch verfolgen! [45]So erweist ihr euch als Kinder eures Vaters im Himmel. Denn er lässt seine Sonne für Böse wie für Gute scheinen, und er lässt es regnen für Fromme und Gottlose. [46]Wollt ihr etwa noch dafür belohnt werden, dass ihr die Menschen liebt, die euch auch lieben? Das tun sogar die Zolleinnehmer, die sonst nur auf ihren Vorteil aus sind! [47]Wenn ihr nur euren Freunden liebevoll begegnet, ist das etwas Besonderes? Das tun auch die, die von Gott nichts wissen. [48]Ihr aber sollt so vollkommen sein wie euer Vater im Himmel.»

Matthäus 6,1–4 «Hütet euch davor, nur deshalb Gutes zu tun, damit die Leute euch bewundern. Sonst könnt ihr von eurem Vater im Himmel keinen Lohn mehr erwarten. [2]Wenn du einem Armen etwas gibst, dann posaune es nicht hinaus wie die Heuchler. Sie reden davon in den Synagogen und an jeder Straßenecke, um von allen gelobt zu werden. Das sage ich euch: Diese Leute haben sich ihren Lohn schon selber ausbezahlt. [3]Wenn du jemandem hilfst, dann soll deine linke Hand nicht wissen, was die rechte tut; [4]niemand soll davon erfahren. Dein Vater, der auch das Verborgene sieht, wird dich dafür belohnen.»

Matthäus 6,5–8 «Betet nicht wie die Heuchler! Sie beten gern in den Synagogen und an den Straßenecken, um gesehen zu werden. Ich sage euch: Diese Leute haben sich ihren Lohn schon selber ausbezahlt! [6]Wenn du beten willst, geh in dein Zimmer, schließ die Tür hinter dir zu, und bete zu deinem Vater. Und dein Vater, der auch das Verborgene sieht, wird dich dafür belohnen. [7]Leiere nicht endlose Gebete herunter wie Leute, die Gott nicht kennen. Sie meinen, sie würden bei Gott etwas erreichen, wenn sie nur viele Worte machen. [8]Folgt nicht ihrem schlechten Beispiel, denn euer Vater weiß genau, was ihr braucht, noch ehe ihr ihn um etwas bittet.»

Matthäus 6,16–18 «Wenn ihr fastet, dann schaut nicht so drein wie die Heuchler! Sie setzen eine wehleidige Miene auf, damit jeder merkt, dass sie fasten. Ich sage euch: Diese Leute haben sich ihren Lohn schon selber ausbezahlt! [17]Wenn du fastest, dann pflege dein Äußeres so, [18]dass keiner etwas von deinem Verzicht merkt – außer deinem Vater im Himmel. Dein Vater, der auch das Verborgene sieht, wird dich belohnen.»

Matthäus 6,19–21 «Häuft in dieser Welt keine Reichtümer an! Ihr wisst, wie schnell Motten und Rost sie zerfressen oder Diebe sie stehlen! ²⁰Sammelt euch vielmehr Schätze im Himmel, die unvergänglich sind und die kein Dieb mitnehmen kann. ²¹Wo nämlich eure Schätze sind, da wird auch euer Herz sein.»

Matthäus 10,40–42 «Wer euch aufnimmt, der nimmt mich auf, und wer mich aufnimmt, der nimmt Gott auf, der mich gesandt hat. ⁴¹Wer einen Propheten aufnimmt, weil Gott diesen beauftragt hat, der wird auch wie ein Prophet belohnt werden. Und wer einen Menschen aufnimmt, weil dieser nach Gottes Willen lebt, wird denselben Lohn wie dieser empfangen. ⁴²Wer einen meiner unbedeutendsten Jünger auch nur mit einem Schluck kaltem Wasser erfrischt, weil dieser zu mir gehört, der wird seinen Lohn erhalten. Darauf könnt ihr euch verlassen!»

Matthäus 16,23–27 Aber Jesus wandte sich von ihm ab und rief: «Weg mit dir, Satan! Du willst mich hindern, meinen Auftrag zu erfüllen. Du verstehst Gottes Gedanken nicht, weil du nur menschlich denkst!» ²⁴Danach sprach Jesus zu seinen Jüngern: «Wer mir nachfolgen will, darf nicht mehr sich selbst in den Mittelpunkt stellen, sondern muss sein Kreuz auf sich nehmen und mir nachfolgen. ²⁵Wer sich an sein Leben klammert, der wird es verlieren. Wer aber sein Leben für mich einsetzt, der wird es für immer gewinnen. ²⁶Denn was gewinnt ein Mensch, wenn ihm die ganze Welt zufällt, er selbst aber dabei Schaden nimmt? Er kann sein Leben ja nicht wieder zurückkaufen! ²⁷Denn der Menschensohn wird mit seinen Engeln in der Herrlichkeit seines Vaters kommen und jeden nach seinen Taten richten.»

Matthäus 19,17–21 Jesus entgegnete: «Wieso fragst du mich nach dem Guten? Es gibt nur einen, der gut ist, und das ist Gott. Du kannst ewiges Leben bekommen, wenn du Gottes Gebote befolgst.» ¹⁸«Welche denn?», fragte der Mann, und Jesus antwortete: «Du sollst nicht töten! Du sollst nicht die Ehe brechen. Du sollst nicht stehlen! Sag nichts Unwahres über deinen Mitmenschen! ¹⁹Ehre deinen Vater und deine Mutter, und liebe deinen Mitmenschen wie dich selbst.» ²⁰«Daran habe ich mich immer gehalten! Was muss ich denn noch tun?», wollte der junge Mann wissen. ²¹Jesus antwortete: «Wenn du vollkommen sein willst, dann verkauf, was du hast, und gib das Geld den Armen. Damit wirst du im Himmel einen Reichtum gewinnen, der niemals verloren geht. Und dann komm, und folge mir nach.»

Matthäus 19,27–30 Jetzt fragte Petrus: «Aber wie ist es nun mit uns? Wir haben doch alles aufgegeben und sind mit dir gegangen. Was bekommen wir dafür?» ²⁸Jesus antwortete: «Das sollt ihr wissen, die ihr mit mir geht: Wenn der Menschensohn auf dem Thron der Herrlichkeit sitzen und über Gottes neue Welt herrschen wird, werdet ihr ebenfalls auf zwölf Thronen sitzen und die zwölf Stämme Israels richten. ²⁹Jeder, der sein Haus, seine Geschwister, seine Eltern, seine Frau, seine Kinder oder seinen Besitz zurücklässt, um mir zu folgen, wird dies alles hundertfach zurückerhalten und das ewige Leben empfangen. ³⁰Viele, die jetzt einen großen Namen haben, werden dann unbedeutend sein. Und andere, die heute die Letzten sind, werden dort zu den Ersten gehören.»

Matthäus 25,14–29 «Es wird dann so sein wie bei dem Mann, der ins Ausland reisen wollte. Er rief alle seine Verwalter zusammen und beauftragte sie, während seiner Abwesenheit mit seinem Vermögen zu arbeiten. [15]Dem einen gab er fünf Zentner Silberstücke, einem anderen zwei und dem dritten einen Zentner, jedem nach seinen Fähigkeiten. Danach reiste er ab. [16]Der Mann mit den fünf Zentnern Silberstücke war so erfolgreich bei seinen Geschäften, dass er die Summe verdoppeln konnte. [17]Auch der die zwei Zentner bekommen hatte, verdiente zwei hinzu. [18]Der dritte aber vergrub sein Geld an einem sicheren Ort. [19]Nach langer Zeit kehrte der Herr von seiner Reise zurück und forderte seine Verwalter auf, mit ihm abzurechnen. [20]Der Mann, der fünf Zentner Silbergeld erhalten hatte, brachte zehn Zentner. Er sagte: ‹Herr, fünf Zentner hast du mir gegeben. Hier, ich habe fünf dazuverdient.› [21]Da lobte ihn sein Herr: ‹Du warst tüchtig und zuverlässig. In kleinen Dingen bist du treu gewesen, darum werde ich dir größere Aufgaben anvertrauen. Ich lade dich zu meinem Fest ein!› [22]Danach kam der Mann mit den zwei Zentnern. Er berichtete: ‹Herr, auch ich habe den Betrag verdoppeln können.› [23]Da lobte ihn der Herr: ‹Du warst tüchtig und zuverlässig. In kleinen Dingen bist du treu gewesen, darum werde ich dir größere Aufgaben anvertrauen. Ich lade dich zu meinem Fest ein!› [24]Schließlich kam der mit dem einen Zentner Silberstücke und erklärte: ‹Ich kenne dich als strengen Herrn und dachte: Du erntest, was andere gesät haben; du nimmst dir, was ich verdient habe.

[25]Aus Angst habe ich das Geld sicher aufbewahrt. Hier hast du es wieder zurück!› [26]Zornig antwortete ihm darauf sein Herr: ‹Auf dich ist kein Verlass, und faul bist du auch noch! Wenn du schon der Meinung bist, dass ich ernte, was andere gesät haben, und mir nehme, was du verdient hast, [27]hättest du zumindest mein Vermögen bei einer Bank anlegen können! Dort hätte es wenigstens Zinsen gebracht! [28]Nehmt ihm das Geld weg, und gebt es dem, der die fünf Zentner hatte! [29]Denn wer viel hat, der bekommt noch mehr dazu, ja, er wird mehr als genug haben! Wer aber nichts hat, dem wird selbst noch das Wenige, das er hat, genommen.›»

Markus 10,29–31 Jesus antwortete: «Das sollt ihr wissen: Jeder, der sein Haus, seine Geschwister, seine Eltern, seine Kinder oder seinen Besitz zurücklässt, um mir zu folgen und die rettende Botschaft von Gott weiterzusagen, [30]der wird schon hier alles hundertfach zurückerhalten: Häuser, Geschwister, Eltern, Kinder und Besitz. All dies wird ihm – wenn auch mitten unter Verfolgungen – hier auf dieser Erde gehören und außerdem in der zukünftigen Welt das ewige Leben. [31]Viele, die jetzt einen großen Namen haben, werden dann unbedeutend sein. Und andere, die heute die Letzten sind, werden dort zu den Ersten gehören.»

Lukas 6,22 «Glücklich seid ihr, wenn euch die Menschen hassen und aus ihrer Gemeinschaft ausschließen; wenn sie euch verachten und Schlechtes über euch erzählen, nur weil ihr zu mir gehört.»

Lukas 14,12–14 Schließlich sagte Jesus zu seinem Gastgeber: «Zu einem Essen solltest du nicht deine Freunde, Geschwister, Verwandten oder die reichen Nachbarn einladen. Sie werden dir danken und dich wieder einladen. Dann hast du deine Belohnung schon gehabt. [13]Bitte lieber die Armen, Verkrüppelten, Gelähmten und Blinden an deinen Tisch. [14]Dann wirst du glücklich sein, denn du hast Menschen geholfen, die sich dir nicht erkenntlich zeigen können. Gott wird dich dafür belohnen, wenn er die von den Toten auferweckt, die nach seinem Willen gelebt haben.»

Lukas 18,29–30 Jesus antwortete: «Das sollt ihr wissen: Jeder, der sein Haus, seine Eltern, seine Geschwister, seine Frau oder seine Kinder zurücklässt, um sich für Gottes neue Welt einzusetzen, [30]der wird dafür reich belohnt werden: hier schon, in dieser Welt, und erst recht in der zukünftigen Welt mit dem ewigen Leben.»

9 Rechtfertigung

Johannes 3,14–19 «Du weißt doch, wie Mose in der Wüste eine Schlange aus Bronze an einem Pfahl aufrichtete, damit jeder, der sie ansah, am Leben blieb. Genauso muss auch der Menschensohn erhöht werden. [15]Jeder, der ihm vertraut, wird das ewige Leben haben. [16]Denn Gott hat die Menschen so sehr geliebt, dass er seinen einzigen Sohn für sie hergab. Jeder, der an ihn glaubt, wird nicht zugrunde gehen, sondern das ewige Leben haben. [17]Gott hat nämlich seinen Sohn nicht zu den Menschen gesandt, um über sie Gericht zu halten, sondern um sie zu retten. [18]Wer an ihn glaubt, der wird nicht verurteilt werden. Wer aber nicht an den einzigen Sohn Gottes glaubt, über den ist wegen seines Unglaubens das Urteil schon

gesprochen. [19]Und so vollzieht sich das Urteil: Das Licht ist in die Welt gekommen, aber die Menschen lieben die Finsternis mehr als das Licht. Denn alles, was sie tun, ist böse.»

Matthäus 12,33–37 «Wie der Baum, so die Frucht! Ein guter Baum trägt gute Früchte, ein schlechter Baum trägt schlechte Früchte. [34]Ihr Schlangenbrut! Wie könnt ihr durch und durch bösen Leute überhaupt etwas Gutes reden? Wovon das Herz erfüllt ist, das spricht der Mund aus! [35]Wenn ein guter Mensch spricht, zeigt sich, was an Gutem in ihm ist. Ein Mensch mit einem bösen Herzen ist innerlich voller Gift, und alle merken es, wenn er redet. [36]Ich sage euch das, weil ihr am Gerichtstag Rechenschaft ablegen müsst über jedes unnütze Wort, das ihr geredet habt. [37]Eure Worte sind der Maßstab, nach dem ihr freigesprochen oder verurteilt werdet.»

Lukas 18,9–14 Jesus erzählte ein weiteres Gleichnis. Er hatte dabei besonders die Menschen im Blick, die selbstgerecht sind und auf andere herabsehen. [10]«Zwei Männer gingen in den Tempel, um zu beten. Der eine war ein Pharisäer, der andere ein Zolleinnehmer. [11]Selbstsicher stand der Pharisäer dort und betete: ‹Ich danke dir, Gott, dass ich nicht so bin wie andere Leute: kein Räuber, kein Gottloser, kein Ehebrecher und schon gar nicht wie dieser Zolleinnehmer da hinten. [12]Ich faste zweimal in der Woche und gebe von allen meinen Einkünften den zehnten Teil für Gott.› [13]Der Zolleinnehmer dagegen blieb verlegen am Eingang stehen und wagte kaum aufzusehen. Schuldbewusst betete er: ‹Gott, vergib mir, ich weiß, dass ich ein

Sünder bin!› [14]Ihr könnt sicher sein, dieser Mann ging von seiner Schuld befreit nach Hause, nicht aber der Pharisäer. Denn wer sich selbst ehrt, wird gedemütigt werden; aber wer sich selbst erniedrigt, wird geehrt werden.»

10 Satan und das Wesen des Teufels

Johannes 8,39–44 «Unser Vater ist Abraham», erklärten sie. «Nein», widersprach ihnen Jesus, «wenn er es wirklich wäre, würdet ihr auch so handeln wie er. [40]Weil ich euch die Wahrheit sage, die ich von Gott gehört habe, wollt ihr mich töten. Das hätte Abraham nie getan. [41]Nein, ihr handelt genau wie euer wirklicher Vater.» – «Wir sind doch schließlich nicht im Ehebruch gezeugt worden», wandten sie ein. «Wir haben nur einen Vater: Gott selbst!» [42]Doch Jesus entgegnete ihnen: «Wenn es tatsächlich so wäre, dann würdet ihr mich lieben; denn ich komme ja von Gott zu euch; in seinem Auftrag und nicht aus eigenem Entschluss. [43]Aber ich will euch sagen, weshalb ihr mich nicht versteht: weil ihr meine Worte überhaupt nicht hören könnt! [44]Denn ihr seid Kinder des Teufels. Und deshalb handelt ihr so, wie es eurem Vater gefällt. Der war schon von Anfang an ein Mörder, wollte mit der Wahrheit nichts zu tun haben und war ihr schlimmster Feind. Sein ganzes Wesen ist Lüge, er ist der Lügner schlechthin – ja, der Vater jeder Lüge.»

Johannes 14,30–31 «Ich habe nicht mehr viel Zeit, mit euch zu reden, denn der Teufel, der Herrscher dieser Welt, hat sich schon auf den Weg gemacht. Er hat zwar keine Macht über mich, [31]aber die

Welt soll erfahren, dass ich den Vater liebe.»

Johannes 17,15–17 «Ich bitte dich [Gott Vater] nicht, sie aus der Welt zu nehmen, aber schütze sie vor der Macht des Bösen! [16]Sie gehören ebenso wenig zur Welt wie ich. [17]Lass ihnen deine Wahrheit leuchten, damit sie in immer engerer Gemeinschaft mit dir leben! Dein Wort ist die Wahrheit!»

Matthäus 6,9–13 «Ihr sollt deshalb so beten: ‹Unser Vater im Himmel! Dein heiliger Name soll geehrt werden. [10]Lass deine neue Welt beginnen. Dein Wille geschehe hier auf der Erde, wie er im Himmel geschieht. [11]Gib uns auch heute wieder, was wir zum Leben brauchen. [12]Vergib uns unsere Schuld, wie wir denen vergeben, die uns Unrecht getan haben. [13]Lass uns nicht in Versuchung geraten, dir untreu zu werden, und befreie uns vom Bösen.›»

Matthäus 12,25–30 Jesus kannte ihre [der Pharisäer] Gedanken und entgegnete: «Ein Staat, in dem verschiedene Herrscher um die Macht kämpfen, steht vor dem Untergang. Eine Stadt oder eine Familie, in der man ständig in Zank und Streit lebt, hat keinen Bestand. [26]Wenn der Satan sich selbst vertreiben würde, dann bekämpfte er sich ja selbst und zerstörte damit sein eigenes Reich. [27]Wenn ihr behauptet, ich würde die Dämonen durch die Kraft des Obersten Teufels austreiben, welche Kraft nutzen dann eure eigenen Leute, um böse Geister auszutreiben? Sie selbst werden euch das Urteil sprechen. [28]Wenn ich aber die Dämonen durch den Geist Gottes austreibe, so beginnt Gottes neue Welt jetzt – mitten unter euch! [29]Denn wer könnte in das Haus eines starken Mannes eindringen und ihn berauben? Man müsste ihn erst fesseln, und dann könnte man sein Haus plündern. [30]Wer nicht für mich ist, der ist gegen mich, und wer sich nicht für mich einsetzt, der führt die Menschen in die Irre!»

Matthäus 13,37–42 Jesus antwortete: «Der Menschensohn selbst ist der Bauer, der die gute Saat aussät. [38]Der Acker ist die Welt, die Saat sind die Menschen, die zu Gottes neuer Welt gehören, und das Unkraut sind die Leute, die dem Satan gehorchen. [39]Der Feind, der das Unkraut zwischen den Weizen sät, ist der Teufel. Die Ernte ist das Ende der Welt, und die Erntearbeiter sind die Engel. [40]Wie das Unkraut vom Weizen getrennt und verbrannt wird, so wird es auch am Ende der Welt sein: [41]Der Menschensohn wird seine Engel senden. Sie werden aus der neuen Welt Gottes alle, die Unrecht tun und andere zur Sünde verführen, aussondern [42]und sie in den brennenden Ofen werfen. Dort wird nur Heulen und ohnmächtiges Jammern zu hören sein.»

Matthäus 16,23 Aber Jesus wandte sich von ihm ab und rief: «Weg mit dir, Satan! Du willst mich hindern, meinen Auftrag zu erfüllen. Du verstehst Gottes Gedanken nicht, weil du nur menschlich denkst!»

Markus 3,23–27 Jesus aber rief die Leute zu sich und fragte sie: «Warum sollte denn Satan sich selbst vertreiben? [24]Ein Staat wird untergehen, wenn in ihm verschiedene Herrscher um die Macht kämpfen. [25]Eine Familie, die ständig in Zank und Streit lebt, bricht auseinander. [26]Wenn der Satan also sich selbst bekämpfte, hätte er keine Macht mehr. Das wäre sein Unter-

gang. [27]Niemand kann in das Haus eines starken Mannes eindringen und ihn berauben. Erst wenn er gefesselt ist, kann man sein Haus plündern.»

Markus 4,13–15 Dann sagte er zu seinen Jüngern: «Aber ich sehe, dass auch ihr diesen einfachen Vergleich nicht verstanden habt. Wie wollt ihr dann all die anderen begreifen? [14]Was der Bauer im Gleichnis aussät, ist die Botschaft Gottes. [15]Die Menschen, bei denen die Saat auf den Weg fällt, haben die Botschaft zwar gehört. Aber dann kommt der Satan und nimmt ihnen alles wieder weg.»

Lukas 4,1–13 Erfüllt vom Heiligen Geist, kam Jesus vom Jordan zurück. Der Geist Gottes führte ihn in die Wüste, wo er sich vierzig Tage aufhielt. [2]Dort war er den Versuchungen des Teufels ausgesetzt. Jesus aß nichts während dieser ganzen Zeit, und schließlich quälte ihn der Hunger. [3]Da forderte ihn der Teufel heraus: «Wenn du Gottes Sohn bist, dann mach doch aus diesem Stein Brot!» [4]Aber Jesus wehrte ab: «Nein, denn es steht in der Heiligen Schrift: ‹Der Mensch lebt nicht allein von Brot, sondern von allem, was Gott ihm zusagt!›» [5]Dann führte ihn der Teufel auf einen hohen Berg, zeigte ihm in einem einzigen Augenblick alle Reiche der Welt [6]und bot sie Jesus an: «Alle Macht über diese Welt und ihre ganze Pracht will ich dir geben; denn mir gehört die Welt, und ich schenke sie, wem ich will. [7]Wenn du vor mir niederkniest und mich anbetest, wird das alles dir gehören.» [8]Wieder wehrte Jesus ab: «Nein! Denn es steht in der Heiligen Schrift: ‹Bete allein Gott, deinen Herrn, an und diene nur ihm!›» [9]Jetzt nahm ihn der Teufel mit nach Jerusalem und stellte ihn auf die höchste Stelle des Tempels. «Spring hinunter!», forderte er Jesus auf. «Du bist doch Gottes Sohn! [10]Und in der Heiligen Schrift steht: ‹Gott wird seine Engel schicken, um dich zu beschützen. [11]Sie werden dich auf Händen tragen, und du wirst dich nicht einmal an einem Stein verletzen!›» [12]Aber Jesus wies ihn auch diesmal zurück: «Es steht aber auch in der Schrift: ‹Du sollst Gott, deinen Herrn, nicht herausfordern!›» [13]Da gab der Teufel es auf, Jesus weiter auf die Probe zu stellen, und verließ ihn für einige Zeit. (Siehe auch Matthäus 4,1–11.)

Lukas 11,2–4 Jesus antwortete ihnen: «So sollt ihr beten: ‹Unser Vater im Himmel! Dein heiliger Name soll geehrt werden. Lass deine neue Welt beginnen. [3]Gib uns auch heute wieder, was wir zum Leben brauchen. [4]Vergib uns unsere Schuld, wie wir denen vergeben, die uns Unrecht getan haben. Lass uns nicht in Versuchung geraten, dir untreu zu werden.›»

Lukas 11,17–23 Jesus kannte ihre Gedanken und sagte: «Ein Staat, in dem verschiedene Herrscher um die Macht kämpfen, steht vor dem Untergang; und eine Familie, die ständig in Zank und Streit lebt, bricht auseinander. [18]Wenn nun der Satan sich selbst bekämpfte, zerstörte er damit nicht sein eigenes Reich? Ihr behauptet, ich würde die Dämonen durch die Kraft des Obersten Teufels austreiben. [19]Wenn das tatsächlich so wäre: Welche Kraft nutzen dann eure eigenen Leute, um böse Geister auszutreiben? Sie selbst werden euch das Urteil sprechen. [20]Wenn ich aber die Dämonen durch Gottes Macht austreibe, so beginnt Gottes neue Welt jetzt – mitten unter euch! [21]Solange ein starker Mann gut bewaffnet ist und sein Haus bewacht, kann ihm niemand etwas rauben; [22]es sei denn, er wird von einem Stärkeren angegriffen und überwältigt. Dieser nimmt ihm die Waffen weg, auf die er vertraute, und reißt seinen ganzen Besitz an sich. [23]Ich sage euch: Wer nicht für mich ist, der ist gegen mich, und wer sich nicht für mich einsetzt, der führt die Menschen in die Irre.»

Lukas 13,14–16 Aber der Vorsteher der Synagoge entrüstete sich darüber, dass Jesus die Frau am Sabbat geheilt hatte. Er sagte zu den Versammelten: «Die Woche hat sechs Arbeitstage. An denen könnt ihr kommen und euch heilen lassen, aber nicht ausgerechnet am Sabbat!» [15]Doch Jesus, der Herr, erwiderte ihm: «Ihr Heuchler! Ihr bindet doch eure Ochsen und Esel auch am Sabbat los und führt sie zur Tränke. [16]Und mir verbietet ihr, diese Frau am Sabbat aus der Gefangenschaft Satans zu befreien! Achtzehn Jahre lang war sie krank. Gehört sie nicht auch zu Gottes auserwähltem Volk?»

Lukas 22,31–32 Zu Petrus gewandt, sagte Jesus: «Simon, Simon! Der Satan ist hinter euch her, die Spreu vom Weizen zu trennen. [32]Aber ich habe für dich gebetet, damit du den Glauben nicht verlierst. Wenn du dann zu mir zurückkehrst, so stärke den Glauben deiner Brüder!»

Apostelgeschichte 26,13–18 «Plötzlich umstrahlte mich [Paulus] und meine Begleiter mitten am Tag, o König, ein Licht vom Himmel, das heller als die Sonne war. [14]Wir stürzten zu Boden, und ich hörte eine Stimme in hebräischer Sprache: ‹Saul, Saul, warum verfolgst du mich? Dein Kampf gegen mich ist sinnlos.› [15]Ich fragte: ‹Herr, wer bist du?›, worauf er antwortete: ‹Ich bin Jesus, den du verfolgst! [16]Aber steh jetzt auf; denn ich bin dir erschienen, damit du mir dienst. Du sollst bezeugen, was du heute erlebt hast und was ich dir in Zukunft zeigen werde. [17]Ich will dich behüten vor deinem Volk und vor den Völkern, die nichts von mir wissen. Zu ihnen sende ich dich. [18]Du sollst ihnen die Augen öffnen, damit sie sich von der Finsternis dem Licht zuwenden und aus der Herrschaft des Satans zu Gott kommen. Dann werde ich ihnen die Sünden vergeben, und weil sie an mich glauben, haben sie einen Platz unter denen, die zu mir gehören.›»

11 Seele

Matthäus 10,28 «Habt keine Angst vor den Menschen, die zwar den Körper, aber nicht die Seele töten können! Fürchtet vielmehr Gott, der Leib und Seele in der Hölle vernichten kann.»

Matthäus 16,23–27 Aber Jesus wandte sich von ihm ab und rief: «Weg mit dir, Satan! Du willst mich hindern, meinen Auftrag zu erfüllen. Du verstehst Gottes Gedanken nicht, weil du nur menschlich denkst!» [24]Danach sprach Jesus zu seinen Jüngern: «Will mir jemand nachfolgen, der verleugne sich selbst und nehme sein Kreuz auf sich und folge mir. [25]Denn wer sein Leben erhalten will, der wird's verlieren; wer aber sein Leben verliert um meinetwillen, der wird's finden. [26]Was hülfe es dem Menschen, wenn er die ganze Welt gewönne und nähme doch Schaden an seiner Seele? Oder was kann der Mensch geben, womit er seine Seele auslöse? [27]Denn es wird geschehen, dass der Menschensohn kommt in der Herrlichkeit seines Vaters mit seinen Engeln, und dann wird er einem jeden vergelten nach seinem Tun» (Lutherbibel). (Siehe auch Markus 8,36–37.)

Matthäus 22,37–38 Jesus antwortete ihm: «‹Du sollst den Herrn, deinen Gott, lieben von ganzem Herzen, mit ganzer Hingabe und mit deinem ganzen Verstand!› [38]Das ist das erste und wichtigste Gebot.»

Markus 12,30 «Du sollst den Herrn, deinen Gott, lieben mit deinem ganzen Herzen und mit deiner ganzen Seele und mit deinem ganzen Denken und mit deiner ganzen Kraft!» (Schlachterbibel).

Lukas 12,15–21 Dann wandte er sich an alle: «Hütet euch vor der Habgier! Wenn jemand auch noch so viel Geld hat, das Leben kann er sich damit nicht kaufen.» [16]An einem Beispiel erklärte er seinen Zuhörern, was er damit meinte: «Das Feld eines reichen Mannes hatte viel Frucht getragen. [17]Und er überlegte bei sich selbst und sprach: ‹Was soll ich tun, da ich keinen Platz habe, wo ich meine Früchte aufspeichern kann?› [18]Und er sprach: ‹Das will ich tun: Ich will meine Scheunen abbrechen und größere bauen und will darin alles, was mir gewachsen ist, und meine Güter aufspeichern [19]und will zu meiner Seele sagen: Seele, du hast einen großen Vorrat auf viele Jahre; habe nun Ruhe, iss, trink und sei guten Mutes!› [20]Aber Gott sprach zu ihm: ‹Du Narr! In dieser Nacht wird man deine Seele von dir fordern; und wem wird gehören, was du bereitet hast?› [21]So geht es dem, der für sich selbst Schätze sammelt und nicht reich ist für Gott!» (Lutherbibel)

12 Sühne

Johannes 3,14–17 «Du weißt doch, wie Mose in der Wüste eine Schlange aus Bronze an einem Pfahl aufrichtete, damit jeder, der sie ansah, am Leben blieb. Genauso muss auch der Menschensohn erhöht werden. [15]Jeder, der ihm vertraut, wird das ewige Leben haben. [16]Denn Gott hat die Menschen so sehr geliebt, dass er seinen einzigen Sohn für sie hergab. Jeder, der an ihn glaubt, wird nicht zugrunde gehen, sondern das ewige Leben haben. [17]Gott hat nämlich seinen Sohn nicht zu den Menschen gesandt, um über sie Gericht zu halten, sondern um sie zu retten.»

Matthäus 20,28 «Auch der Menschensohn ist nicht gekommen, um sich bedienen zu lassen. Er kam, um zu dienen und sein Leben hinzugeben, damit viele Menschen aus der Gewalt des Bösen befreit werden.» (Siehe auch Markus 10,45.)

Lukas 22,19–20 Dann nahm er Brot. Er dankte Gott dafür, teilte es und gab es ihnen mit den Worten: «Das ist mein Leib, der für euch hingegeben wird. Feiert dieses Mahl immer wieder, und denkt daran, was ich für euch getan habe, sooft ihr dieses Brot esst.» [20]Nach dem Essen nahm er den Becher mit Wein, reichte ihn den Jüngern und sagte: «Dies ist mein Blut, mit dem der neue Bund zwischen Gott und den Menschen besiegelt wird. Es wird für euch zur Vergebung der Sünden vergossen.»

13 Sündenvergebung

(Siehe auch Seite 401 und Seite 570.)

Matthäus 6,9–15 «Folgt nicht ihrem [der Heiden] schlechten Beispiel, denn euer Vater weiß genau, was ihr braucht, noch ehe ihr ihn um etwas bittet. [9]Ihr sollt deshalb so beten: ‹Unser Vater im Himmel! Dein heiliger Name soll geehrt werden. [10]Lass deine neue Welt beginnen. Dein Wille geschehe hier auf der Erde, wie er im Himmel geschieht. [11]Gib uns auch heute wieder, was wir zum Leben brauchen. [12]Vergib uns unsere Schuld, wie wir denen vergeben, die uns Unrecht getan haben. [13]Lass uns nicht in Versuchung geraten, dir untreu zu werden, und befreie uns vom Bösen.› [14]Euer Vater im Himmel wird euch vergeben, wenn ihr den Menschen vergebt, die euch Unrecht getan haben. [15]Wenn ihr ihnen aber nicht vergeben wollt, dann wird Gott auch eure Schuld nicht vergeben.» (Siehe auch Lukas 11,2–4.)

Matthäus 9,5–6 «Ist es leichter zu sagen: ‹Dir sind deine Sünden vergeben!› oder diesen Gelähmten zu heilen? [6]Aber ich will euch zeigen, dass der Menschensohn die Macht hat, hier auf der Erde Sünden zu vergeben!» Und er forderte den Gelähmten auf: «Steh auf, nimm deine Trage und geh nach Hause!» (Siehe auch Markus 2,9–11 und Lukas 5,23–24.)

Matthäus 26,26–29 Während sie aßen, nahm Jesus Brot, sprach das Dankgebet, teilte das Brot und gab jedem seiner Jünger ein Stück davon: «Nehmt und esst! Das ist mein Leib.» [27]Anschließend nahm er einen Becher Wein, dankte Gott und reichte ihn seinen Jüngern: «Trinkt alle daraus! [28]Das ist mein Blut, mit dem der neue Bund zwischen Gott und den Menschen besiegelt wird. Es wird zur Vergebung ihrer Sünden vergossen. [29]Ich sage euch: Von jetzt an werde ich keinen Wein mehr trinken, bis ich ihn wieder in der neuen Welt meines Vaters mit euch trinken werde.»

Markus 11,25 «Aber wenn ihr ihn um etwas bittet, sollt ihr vorher den Menschen vergeben, mit denen ihr nicht zurechtkommt. Dann wird euch der Vater im Himmel eure Schuld auch vergeben.»

Lukas 7,44–48 Dann blickte er die Frau an und sagte: «Sieh diese Frau, Simon! Ich kam in dein Haus, und du hast mir kein Wasser für meine Füße gegeben, was doch sonst selbstverständlich ist. Aber sie hat meine Füße mit ihren Tränen gewaschen und mit ihrem Haar getrocknet. [45]Du hast mich nicht mit einem Kuss begrüßt. Aber seit ich hier bin, hat diese Frau immer wieder meine Füße geküsst. [46]Du hast meine Stirn nicht mit Öl gesalbt, während sie dieses kostbare Öl sogar über meine Füße gegossen hat. [47]Ich sage dir: Ihre große Schuld ist ihr vergeben; und darum hat sie mir so viel Liebe gezeigt. Wem aber wenig vergeben wird, der liebt auch wenig.» [48]Zu der Frau sagte Jesus: «Deine Sünden sind dir vergeben.»

Lukas 24,46–47 Er sagte: «Es steht doch dort geschrieben: Der Messias muss leiden und sterben, und er wird am dritten Tag von den Toten auferstehen. [47]Alle Völker sollen diese Botschaft hören: Gott wird jedem, der zu ihm umkehrt, die Schuld vergeben. Das soll zuerst in Jerusalem verkündet werden.»

14 Tod

Johannes 3,14–16 «Du weißt doch, wie Mose in der Wüste eine Schlange aus Bronze an einem Pfahl aufrichtete, damit jeder, der sie ansah, am Leben blieb. Genauso muss auch der Menschensohn erhöht werden. [15]Jeder, der ihm vertraut, wird das ewige Leben haben. [16]Denn Gott hat die Menschen so sehr geliebt, dass er seinen einzigen Sohn für sie hergab. Jeder, der an ihn glaubt, wird nicht zugrunde gehen, sondern das ewige Leben haben.»

Johannes 5,24–25 «Ich sage euch die Wahrheit: Wer meine Botschaft hört und an den glaubt, der mich gesandt hat, der wird ewig leben. Ihn wird das Urteil Gottes nicht treffen, denn er hat die Grenze vom Tod zum Leben schon überschritten. [25]Ich versichere euch: Die Zeit wird kommen, ja, sie hat schon begonnen, in der die Toten die Stimme des Sohnes Gottes hören werden. Und wer diesen Ruf hört, der wird leben.»

Johannes 6,47–51 «Ich sage euch die Wahrheit: Wer an mich glaubt, der hat jetzt schon das ewige Leben! [48]Ich selbst bin das Brot, das euch dieses Leben gibt! [49]Eure Vorfahren haben in der Wüste das Manna, das Brot vom Himmel, gegessen und sind doch alle gestorben. [50]Aber hier ist das wahre Brot, das vom Himmel kommt. Wer davon isst, wird nicht sterben. [51]Ich bin dieses Brot, das von Gott gekommen ist und euch das Leben gibt. Jeder, der dieses Brot isst, wird ewig leben. Dieses Brot ist mein Leib, den ich hingeben werde, damit die Welt leben kann.»

Johannes 8,51 «Ich sage euch die Wahrheit: Wer meine Botschaft annimmt und danach lebt, wird niemals sterben.»

Johannes 11,25–26 Darauf erwiderte ihr [Marta] Jesus: «Ich bin die Auferstehung, und ich bin das Leben. Wer mir vertraut, der wird leben, selbst wenn er stirbt. 26Und wer lebt und mir vertraut, wird niemals sterben. Glaubst du das?»

Matthäus 7,13–14 «Geht durch das enge Tor! Denn das Tor zum Verderben ist breit und ebenso der Weg dorthin! Viele Menschen gehen ihn. 14Aber das Tor, das zum Leben führt, ist eng, und der Weg dorthin ist schmal. Deshalb finden ihn nur wenige.»

Matthäus 10,28 «Habt keine Angst vor den Menschen, die zwar den Körper, aber nicht die Seele töten können! Fürchtet vielmehr Gott, der Leib und Seele in der Hölle vernichten kann.»

Matthäus 25,29–30 «‹Denn wer viel hat, der bekommt noch mehr dazu, ja, er wird mehr als genug haben! Wer aber nichts hat, dem wird selbst noch das Wenige, das er hat, genommen. 30Und jetzt werft diesen Nichtsnutz hinaus in die Finsternis, wo es nur Weinen und ohnmächtiges Jammern gibt!›»

Matthäus 25,41 «Zu denen an seiner linken Seite aber wird er sagen: ‹Geht mir aus den Augen, ihr Verfluchten, ins ewige Feuer, das für den Teufel und seine Helfer bestimmt ist!›»

Matthäus 25,45–46 «Darauf wird ihnen der König antworten: ‹Lasst es euch gesagt sein: Die Hilfe, die ihr meinen geringsten Brüdern verweigert habt, die habt ihr mir verweigert.› 46Und sie werden der ewigen Strafe ausgeliefert sein. Aber die Gottes Willen getan haben, erwartet unvergängliches Leben.»

Markus 9,42–43.45.47–48 «Wer in einem Menschen den Glauben, wie ihn ein Kind hat, zerstört, für den wäre es noch das Beste, mit einem Mühlstein um den Hals ins Meer geworfen zu werden. 43Wenn deine Hand dich zum Bösen verführt, dann hack sie ab! Es ist besser, du gehst verstümmelt in das ewige Leben als mit beiden Händen in das unauslöschliche Feuer der Hölle. […] 45Wenn dich dein Fuß auf Abwege führt, dann hack ihn ab! Es ist besser für dich, mit nur einem Fuß zum ewigen Leben zu kommen, als mit beiden Füßen geradewegs in die Hölle zu marschieren. […] 47Wenn dich dein Auge zur Sünde verführt, dann reiß es heraus. Es ist viel besser, einäugig in Gottes neue Welt zu gelangen, als mit zwei gesunden Augen schließlich ins Feuer der Hölle geworfen zu werden. 48Dort wird die Qual nicht enden und das Feuer nicht verlöschen.»

Lukas 12,16–21 An einem Beispiel erklärte er seinen Zuhörern, was er damit meinte: «Ein reicher Gutsbesitzer hatte eine besonders gute Ernte. 17Er überlegte: ‹Wo soll ich bloß alles unterbringen? Meine Scheunen sind voll; da geht nichts mehr rein.› 18Er beschloss: ‹Ich werde die alten Scheunen abreißen und neue bauen, so groß, dass ich das ganze Getreide, ja alles, was ich habe, darin unterbringen kann. 19Dann will ich mich zur Ruhe setzen. Ich habe für lange Zeit ausgesorgt. Jetzt lasse ich es mir gut gehen. Ich will gut essen und trinken und mein Leben genießen!› 20Aber Gott sagte zu ihm: ‹Du Narr! Noch in dieser Nacht wirst du sterben. Wer bekommt dann deinen ganzen Reichtum, den du angehäuft hast?› 21So wird es allen gehen, die auf der Erde Reichtümer sammeln, aber mit leeren Händen vor Gott stehen.»

Lukas 13,2–5 Jesus sagte: «Ihr denkt jetzt vielleicht, diese Galiläer seien schlimmere Sünder gewesen als ihre Landsleute, weil sie so grausam ermordet wurden. [3]Ihr irrt euch! Wenn ihr euch nicht zu Gott hinwendet, dann werdet ihr genauso umkommen. [4]Erinnert euch an die achtzehn Leute, die starben, als der Turm von Siloah einstürzte. Glaubt ihr wirklich, dass ihre Schuld größer war als die aller anderen Leute in Jerusalem? [5]Nein! Wenn ihr nicht zu Gott umkehrt, wird es euch ebenso ergehen.»

Lukas 16,19–31 «Da lebte einmal ein reicher Mann», erzählte Jesus. «Er war immer sehr vornehm gekleidet und konnte sich Tag für Tag jeden Luxus leisten. [20]Vor dem Portal seines Hauses aber lag Lazarus, bettelarm und schwer krank. Sein Körper war über und über mit Geschwüren bedeckt. [21]Während er dort um die Abfälle aus der Küche bettelte, kamen die Hunde und beleckten seine offenen Wunden. [22]Lazarus starb, und die Engel brachten ihn in den Himmel; dort durfte er den Ehrenplatz an Abrahams Seite einnehmen. Auch der reiche Mann starb und wurde begraben. [23]Als er im Totenreich unter Qualen erwachte, blickte er auf und erkannte in weiter Ferne Abraham, der Lazarus bei sich hatte. [24]‹Vater Abraham›, rief der Reiche laut, ‹hab Mitleid mit mir! Schick mir doch Lazarus! Er soll seine Fingerspitze ins Wasser tauchen und damit meine Zunge kühlen. Ich leide in diesen Flammen furchtbare Qualen!› [25]Aber Abraham erwiderte: ‹Mein Sohn, erinnere dich! Du hast in deinem Leben alles gehabt, Lazarus hatte nichts. Jetzt geht es ihm gut, und du musst leiden. [26]Außerdem liegt zwischen uns ein tiefer Abgrund. Niemand kann von der einen Seite zur anderen kommen,

selbst wenn er es wollte.› [27]‹Vater Abraham›, bat jetzt der Reiche, ‹dann schick Lazarus doch wenigstens in das Haus meines Vaters [28]zu meinen fünf Brüdern. Er soll sie warnen, damit sie nach ihrem Tod nicht auch an diesen qualvollen Ort kommen.› [29]Aber Abraham entgegnete: ‹Deine Brüder sollen auf das hören, was sie bei Mose und den Propheten lesen können.› [30]Der Reiche widersprach: ‹Nein, Vater Abraham, erst wenn einer von den Toten zu ihnen käme, würden sie ihr Leben ändern.› [31]Doch Abraham blieb dabei: ‹Wenn sie nicht auf Mose und die Propheten hören, werden sie sich auch nicht überzeugen lassen, wenn einer von den Toten aufersteht.›»

Lukas 20,35–36 «Wer aber von den Toten aufersteht und in die zukünftige Welt kommen darf, der wird nicht mehr verheiratet sein. [36]Er wird auch nicht mehr sterben wie die Menschen hier auf der Erde, sondern wie die Engel ewig leben und zu den Kindern Gottes gehören. Denn er ist vom Tod zu einem neuen Leben auferstanden.»

Lukas 23,43 Da antwortete ihm Jesus: «Ich versichere dir: Noch heute wirst du mit mir im Paradies sein.»

15 Weg, der schmale und der breite

Matthäus 7,13–14 «Geht durch das enge Tor! Denn das Tor zum Verderben ist breit und ebenso der Weg dorthin! Viele Menschen gehen ihn. [14]Aber das Tor, das zum Leben führt, ist eng, und der Weg dorthin ist schmal. Deshalb finden ihn nur wenige.»

Lukas 13,22–30 Auf dem Weg nach Jerusalem [23]fragte ihn ein Mann: «Herr, stimmt es wirklich, dass nur wenige Menschen gerettet werden?» Jesus antwortete ihm: [24]«Das Tor zu Gottes neuer Welt ist schmal! Ihr müsst schon alles daransetzen, wenn ihr hineinkommen wollt. Viele versuchen es, aber nur wenigen wird es gelingen. [25]Hat der Hausherr erst einmal das Tor verschlossen, werdet ihr draußen stehen. So viel ihr dann auch klopft und bettelt: ‹Herr, mach uns doch auf!› – es ist umsonst! Er wird euch antworten: ‹Was wollt ihr von mir, ich kenne euch nicht!› [26]Ihr werdet rufen: ‹Aber wir haben doch mit dir gegessen und getrunken! Du hast bei uns gepredigt!› [27]Doch der Herr wird euch erwidern: ‹Ich habe doch schon einmal gesagt, dass ich euch nicht kenne. Menschen, die Unrecht tun, haben hier nichts verloren. Geht endlich weg!› [28]Wenn ihr dann draußen seid und seht, dass Abraham, Isaak, Jakob und alle Propheten in der neuen Welt Gottes sind, dann werdet ihr verzweifelt heulen und schreien. [29]Aus der ganzen Welt, aus Ost und West, aus Nord und Süd werden die Menschen in Gottes neue Welt, zu Gottes Fest kommen. [30]Vergesst nicht: Viele, die hier nichts gelten, werden dort hoch geehrt sein, aber viele, die hier einen großen Namen haben, werden dort unbekannt sein.»

16 Wiedergeburt (Bekehrung)

Johannes 3,3–8 Darauf erwiderte Jesus: «Ich will dir etwas sagen, Nikodemus: Wer nicht neu geboren wird, kann nicht in Gottes neue Welt kommen.» [4]Verständnislos fragte der Pharisäer: «Wie kann ein Erwachsener neu geboren werden? Er kann doch nicht wieder in den Mutterleib zurück und noch einmal auf die Welt kommen!» [5]«Ich sage dir die Wahrheit!», entgegnete Jesus. «Nur wer durch Wasser und durch Gottes Geist neu geboren wird, kann in Gottes neue Welt kommen! [6]Ein Mensch kann immer nur menschliches Leben zur Welt bringen. Wer aber durch Gottes Geist geboren wird, bekommt neues Leben. [7]Wundere dich deshalb nicht, wenn ich dir gesagt habe: Ihr müsst neu geboren werden. [8]Es ist damit wie beim Wind: Er weht, wie er will. Du hörst ihn, aber du kannst nicht erklären, woher er kommt und wohin er geht. So ist es auch mit der Geburt aus Gottes Geist.»

Matthäus 9,16–17 «Niemand flickt ein altes Kleid mit neuem Stoff. Der alte Stoff würde an der Flickstelle doch wieder reißen, und das Loch würde nur noch größer. [17]Ebenso füllt niemand jungen, gärenden Wein in alte, brüchige Schläuche. Sonst platzen sie, der Wein läuft aus, und die Schläuche sind unbrauchbar. Nein, jungen Wein füllt man in neue Schläuche! Nur so bleibt beides erhalten.» (Siehe auch Markus 2,21–22.)

Matthäus 13,3–9 Was er ihnen von Gott zu sagen hatte, erklärte er ihnen durch Gleichnisse. «Ein Bauer säte Getreide aus. [4]Dabei fielen ein paar Saatkörner auf den Weg. Sofort kamen die Vögel und pickten sie auf. [5]Andere Körner fielen auf felsigen Boden, wo nur wenig Erde war. Dort ging die Saat zwar schnell auf, [6]aber als die Sonne heiß brannte, vertrockneten die Pflänzchen, weil ihre Wurzeln in der dünnen Erdschicht zu wenig Nahrung fanden. [7]Einige Körner fielen zwischen die Disteln, doch diese hatten die junge Saat bald überwuchert, so dass sie schließlich erstickte. [8]Die übrige Saat aber fiel auf fruchtbaren Boden und brachte das Dreißigfache, das Sechzigfache, ja sogar das Hundertfache der Aussaat als Ertrag. [9]Hört genau auf das, was ich euch sage!»

Matthäus 13,18–23 «Ich will euch nun das Gleichnis von dem Bauern erklären, der Getreide aussäte. [19]Wer die Botschaft von Gottes neuer Welt hört, sie aber nicht versteht, bei dem kommt der Satan und reißt die Saat aus seinem Herzen. Damit ist der gemeint, bei dem die Körner auf den Weg fielen. [20]Wie felsiger Boden ist ein Mensch, der die Botschaft hört und mit großer Begeisterung annimmt. [21]Aber sein Glaube hat keine starke Wurzel und deshalb keinen Bestand. Wenn dieser Mensch wegen seines Glaubens in Schwierigkeiten gerät oder gar verfolgt wird, wendet er sich wieder von Gott ab. [22]Der von Disteln überwucherte Boden entspricht einem Menschen, der die Botschaft zwar hört, aber die Sorgen des Alltags und die Verführung durch den Wohlstand ersticken Gottes Botschaft, so dass keine Frucht wachsen kann. [23]Aber es gibt auch fruchtbaren Boden: den Menschen, der Gottes Botschaft hört und versteht, so dass er Frucht bringt, dreißig-, sechzig- oder hundertfach.»

Matthäus 18,2–5 Jesus rief ein kleines Kind, stellte es in die Mitte [3]und sprach: «Das will ich euch sagen: Wenn ihr euch nicht ändert und so werdet wie die Kinder, kommt ihr nie in Gottes neue Welt. [4]Wer aber so klein und demütig sein kann wie ein Kind, der ist der Größte in Gottes neuer Welt. [5]Und wer solch ein Kind mir zuliebe aufnimmt, der nimmt mich auf.»

Markus 4,3–9 «Hört mir zu! Ein Bauer säte Getreide aus. [4]Dabei fielen ein paar Saatkörner auf den Weg. Sofort kamen die Vögel und pickten sie auf. [5/6]Andere Körner fielen auf felsigen Boden, wo nur wenig Erde war. Dort ging die Saat zwar schnell auf; aber als die Sonne heiß brannte, vertrockneten die Pflänzchen, weil ihre Wurzeln in der dünnen Erdschicht zu wenig Nahrung fanden. [7]Einige Körner fielen zwischen die Disteln, doch diese hatten die junge Saat bald überwuchert, so dass sie schließlich erstickte. [8]Die übrige Saat aber fiel auf fruchtbaren Boden, wuchs heran und brachte das Dreißigfache, das Sechzigfache, ja sogar das Hundertfache der Aussaat als Ertrag. [9]Hört genau auf das, was ich euch sage!»

Markus 4,13–20 Dann sagte er zu seinen Jüngern: «Aber ich sehe, dass auch ihr diesen einfachen Vergleich nicht verstanden habt. Wie wollt ihr dann all die anderen begreifen? [14]Was der Bauer im Gleichnis aussät, ist die Botschaft Gottes. [15]Die Menschen, bei denen die Saat auf den Weg fällt, haben die Botschaft zwar gehört. Aber dann kommt der Satan und nimmt ihnen alles wieder weg. [16]Wie felsiger Boden sind die Menschen, die zwar die Botschaft hören und mit großer Begeisterung annehmen. [17]Aber ihr Glaube hat keine starke Wurzel und deshalb keinen Bestand. Wenn diese Menschen wegen ihres Glaubens in Schwierigkeiten geraten oder gar verfolgt werden, wenden sie sich wieder von Gott ab. [18]Der von Disteln überwucherte Boden entspricht den Menschen, die zwar die Botschaft hören, [19]aber die Sorgen des Alltags, die Verführung durch den Wohlstand und die Gier nach all den Dingen dieses Lebens ersticken Gottes Botschaft, so dass keine Frucht wachsen kann.

20Aber es gibt auch fruchtbaren Boden: Menschen, die Gottes Botschaft hören und annehmen, so dass sie Frucht bringen, dreißig-, sechzig- oder hundertfach.»

Lukas 5,36–39 Noch mit einem anderen Beispiel ging er auf ihre Frage ein: «Niemand zerreißt ein neues Kleid, um damit ein altes zu flicken. Nicht nur, dass es um das neue Kleid zu schade wäre; sondern der neue Flicken passt auch gar nicht zum alten Kleid. 37Ebenso füllt niemand jungen, gärenden Wein in alte, brüchige Schläuche. Sonst platzen sie, der Wein läuft aus, und die Schläuche sind unbrauchbar. 38Nein, jungen Wein füllt man in neue Schläuche. 39Wer aber gern alten Wein trinkt, der will vom jungen Wein nichts wissen. ‹Der alte Wein ist immer noch der beste›, wird er sagen.»

Lukas 8,4–8 Als wieder einmal eine große Menschenmenge aus allen Städten zusammengekommen war, erzählte Jesus dieses Gleichnis: 5«Ein Bauer säte Getreide aus. Dabei fielen ein paar Saatkörner auf den Weg. Sie wurden zertreten und von den Vögeln aufgepickt. 6Andere Körner fielen auf felsigen Boden. Sie gingen auf, aber weil es nicht feucht genug war, vertrockneten sie. 7Einige Körner fielen zwischen die Disteln, in denen die junge Saat bald erstickte. 8Die übrige Saat aber fiel auf fruchtbaren Boden. Das Getreide wuchs heran und brachte das Hundertfache der Aussaat als Ertrag. Hört genau auf das, was ich euch sage!»

Lukas 8,11–15 «Euch aber will ich das Gleichnis erklären: Die Saat ist Gottes Botschaft. 12Der Mensch, bei dem die Saat auf den Weg fällt, hat die Botschaft zwar gehört. Aber dann kommt der Teufel und nimmt ihm die Botschaft aus dem Herzen, damit dieser Mensch nicht glaubt und gerettet wird. 13Wie felsiger Boden ist ein Mensch, der die Botschaft hört und mit großer Begeisterung annimmt. Aber sein Glaube hat keine starke Wurzel. Eine Zeit lang vertraut dieser Mensch Gott, doch wenn er wegen seines Glaubens in Schwierigkeiten gerät, wendet er sich wieder von Gott ab. 14Der von Disteln überwucherte Boden entspricht einem Menschen, der die Botschaft zwar hört, bei dem aber alles beim Alten bleibt. Denn die Sorgen des Alltags, die Verführung durch den Wohlstand und die Jagd nach den Freuden dieses Lebens ersticken Gottes Botschaft, so dass keine Frucht reifen kann. 15Aber es gibt auch fruchtbaren Boden: den Menschen, der Gottes Botschaft bereitwillig und aufrichtig annimmt. Er bewahrt sie im Herzen und lässt sich durch nichts beirren, bis sein Glaube schließlich reiche Frucht bringt.»

Apostelgeschichte 9,3–16 Kurz vor Damaskus umgab Saulus [, der später Paulus hieß,] plötzlich ein blendendes Licht vom Himmel. 4Er stürzte zu Boden und hörte eine Stimme: «Saul, Saul, warum verfolgst du mich?» 5«Wer bist du, Herr?», fragte Saulus. «Ich bin Jesus, den du verfolgst!», antwortete die Stimme. 6«Steh auf und geh in die Stadt. Dort wird man dir sagen, was du tun sollst.» 7Die Begleiter des Saulus standen sprachlos da, denn sie hatten zwar die Stimme gehört, aber niemanden gesehen. 8Als Saulus aufstand und die Augen öffnete, konnte er nicht mehr sehen. Da nahmen sie ihn an der Hand und führten ihn nach Damaskus. 9Drei Tage lang war er blind und wollte weder essen noch trinken. [10]In Damaskus wohnte ein Jünger Jesu, der Hananias hieß. Dem erschien der Herr in einer Vision. «Hananias», sagte er zu ihm. «Ja, Herr, hier bin ich», erwiderte der Mann. [11]Der Herr forderte ihn auf: «Geh zur Geraden Straße in das Haus des Judas, und frag dort nach einem Saulus von Tarsus. Er betet gerade [12]und hat in einer Vision einen Mann gesehen, der Hananias heißt. Dieser kam zu ihm und legte ihm die Hände auf, damit er wieder sehen kann.» [13]«Aber Herr», wandte Hananias ein, «ich habe schon von so vielen gehört, wie grausam dieser Saulus deine Gemeinde in Jerusalem verfolgt. [14]Außerdem haben wir erfahren, dass er eine Vollmacht der Hohenpriester hat, auch hier alle gefangen zu nehmen, die an dich glauben.» [15]Doch der Herr sprach zu Hananias: «Geh nur! Ich habe diesen Mann dazu auserwählt, mich bei allen Völkern und Herrschern der Erde, aber auch bei den Israeliten bekannt zu machen. [16]Dabei wird er erfahren, wie viel er um meinetwillen leiden muss.» (Siehe auch Apostelgeschichte 22,6–10.)

5

JESUS IM O-TON ZU SEINEN JÜNGERN

Was Jesus zu denen sagte, die an ihn glauben

Vor einigen Jahren eroberte ein Armband mit vier Buchstaben die christliche Welt im Sturm. Wohin man auch sah, überall sprang es einem ins Auge. WWJD: What would Jesus do? Was würde Jesus tun? – Nun, warum nicht? Wenn man eine Entscheidung treffen muss, kann es dann noch eine wichtigere Frage geben?

Ja. Es gibt eine Frage, die noch wichtiger ist. Eine Frage sollten Christen sich stellen, bevor sie eine Kursänderung vornehmen, vor jeder geistlichen Entscheidung, bevor sie eine Überzeugung oder eine Wertvorstellung übernehmen. Diese Frage lautet «WDJS»: What did Jesus say? Was hat Jesus gesagt? Diese Frage sollten Christen sich stellen, denn so oft können wir einfach nicht wissen, was Jesus tun würde, wir müssen es selbst herausfinden. Und dafür braucht es möglicherweise mehr Weisheit, Offenbarung, Einsicht und geistliche Reife, als wir in dem Augenblick gerade haben.

Andererseits hat Jesus den Christen, die seine Worte kennen und sich von ihnen in ihren Entscheidungen, Handlungen und Überzeugungen leiten lassen, unerhörte Verheißungen gegeben. Denken Sie nur an seine Verheißung in Johannes 8,31–32: «Wenn ihr an meinen Worten festhaltet und das tut, was ich euch gesagt habe, dann gehört ihr wirklich zu mir. Ihr werdet die Wahrheit erkennen, und die Wahrheit wird euch befreien!»

Jesus verspricht hier dreierlei, und niemand sonst könnte das versprechen und erfüllen: dass Sie einer seiner engen Nachfolger werden, dass Sie die vollkommene und ewig gültige Wahrheit finden und kennen und dass Sie von der stärksten Macht, die Ihr Herz und Ihr Denken versklavt, befreit werden. Sie halten fest an seinem Wort, Sie werden befreit von Ihrer selbstzentrierten Natur, und Sie genießen die Freiheit, den Frieden, die Macht und die Freude, die aus der engen Beziehung zu Jesus Christus erwachsen.

In Matthäus 7,24–25 gebraucht Jesus eine Analogie, er spricht von einem Mann, der ein Haus baut. Dieser Mann baut sein Haus auf einen Felsen, und mit diesem Bild verspricht Jesus ein Maß an Weisheit und unerschütterlicher Sicherheit auch in den stärksten inneren und äußeren Stürmen. Solch ein Maß an Weisheit und Sicherheit ist der Welt und leider auch den meisten Christen unbekannt.

Das waren jetzt nur einige wenige der über zwei Dutzend Verheißungen, die Jesus jedem gegeben hat, der an seinen Worten «festhält». So edel es auch sein mag, wenn man herauszufinden versucht, was Jesus in dieser oder jener Situation *tun* würde – zu diesem Ansinnen hat er keine Verheißung gegeben. Wollen Sie sich lieber auf Ihre eigene begrenzte Weisheit, Einsicht und Ge-fühlslage verlassen oder auf die felsenfeste Grundlage der Worte Jesu Christi?

Was Jesus zu seinen Nachfolgern sagte

In diesem Kapitel finden sich unter mehr als siebzig Stichwörtern Hunderte von Aussagen Jesu; sie sind gezielt an diejenigen gerichtet, die an Jesus Chris-tus glauben. Er machte mehr Aussagen darüber, wie seine Nachfolger leben sollten und was sie glauben sollten, als über irgendeinen anderen Themen-bereich. Unser liebevoller Retter hat sich viel mehr Zeit genommen für ent-scheidend wichtige Lektionen, Anweisungen und Ermutigungen an die, die ihm glaubten, als für Worte an die, die seinen Worten nicht gehorchten.

Die Bemerkungen Jesu Christi rüsten uns aus mit allem, was wir wissen sollten, um in jeder Situation seiner Leitung folgen zu können. Doch die atem-beraubenden Aussagen, die Sie in diesem Kapitel lesen, bieten Ihnen nicht nur Leitung. Sie enthalten auch Verheißungen, Offenbarung und Anregungen, die es uns ermöglichen, Gottes unvergleichliche Gnade und Macht zu erleben. Seine Worte lehren uns, wie wir ein außergewöhnliches Leben voller Frieden, Freude und Sinn führen können.

In diesem Kapitel finden Sie großartige Themen, zum Beispiel Jesu Offen-barungen über Angst, Sorgen und Unruhe und wie wir damit fertigwerden können, oder alles, was Jesus denen versprochen hat, die an seinen Worten festhalten. Oder wie man weise mit seinen Widersachern und Feinden um-geht. Allein unter dem Stichwort «An Jesu Worten festhalten» finden Sie über ein Dutzend Verheißungen für jeden, der die Lehren Jesu hört und befolgt. Diese Versprechen gelten nicht für die, die irgendeinem anderen Lehrer oder Lehrgebäude folgen.

Zwei meiner Lieblingsthemen in diesem Kapitel sind «Verheißungen Jesu» und «Gebote Jesu». Im Ersteren haben wir über hundert spezifische Verheißungen, die Jesus denen gegeben hat, die ihm tatsächlich ernsthaft nachfolgen. Sie finden Verheißungen zu alltäglichen Fragen und Situationen, aber auch Verheißungen, die Sie für die Ewigkeit brauchen. Unter dem Stichwort «Gebote Jesu» finden Sie eine Handvoll Anweisungen, die Jesus speziell seinen Aposteln gab; die anderen über hundertdreißig direkten oder impliziten Gebote hingegen gelten allen Christen – und diese Gebote zeigen uns, was Jesus sich von Herzen für uns und für unser Leben mit ihm wünscht.

Zwei weitere Themen machen wirklich stark, und sie können unser Leben verändern: «Geistliche Prioritäten» und «Gebet». Wenn wir unsere Prioritäten anders setzen als Jesus, werden wir viel verpassen von all dem, was er uns erleben lassen will – und wir werden in unserem Leben auf der Erde wohl kaum alles erreichen, was er für uns vorbereitet hat. So großartig ein zielgerichtetes Leben sein mag, ein «Auftrag ausgeführt»-Leben ist unendlich viel besser. Und wenn Sie schon einmal das Gefühl hatten, Ihre Gebete gingen nur bis zur Decke oder Ihr Gebetsleben ließe zu wünschen übrig, schauen Sie sich an, was Jesus über Gebet gesagt hat. Jesus hat uns alle Informationen gegeben, die wir brauchen, auch die Anweisungen und Verheißungen, die wir vor Augen haben sollten, wenn wir beten.

Für uns Christen des 21. Jahrhunderts hat der Abschnitt über «Reichtum und Besitz» sicher besondere Beachtung verdient. Im Vergleich zu der übrigen Weltbevölkerung können in der westlichen Welt auch viele Arme noch als reich gelten. Wenn Sie Christ sind und in der westlichen Welt leben, sollten Sie sich Jesu Lehren über Reichtum und Besitz besonders zu Herzen nehmen. Denn einige seiner ernstesten Aussprüche und Warnungen hat Jesus den Reichen gewidmet.

Andererseits gibt er uns wunderbare Anweisungen und Hoffnung. In der westlichen Welt legt man großen Wert darauf, Güter anzuhäufen. In Lukas 12,15 sagt Jesus: «Hütet euch vor der Habgier! Wenn jemand auch noch so viel Geld hat, das Leben kann er sich damit nicht kaufen.» Und in Matthäus 16,26: «Denn was gewinnt ein Mensch, wenn ihm die ganze Welt zufällt, er selbst aber dabei Schaden nimmt? Er kann sein Leben ja nicht wieder zurück-kaufen!»

Als Jesus sagte: «Eher geht ein Kamel durch ein Nadelöhr, als dass ein Rei-cher in Gottes neue Welt kommt!» (Markus 10,25), meinte er genau das. Diese Aussage war so schockierend, dass seine Jünger «entsetzt» waren und fragten (10,26): «Wer kann dann überhaupt gerettet werden?» Nach den damals übli-chen Maßstäben galten auch sie als reiche Leute. Auch wenn sie keinen Über-fluss an Besitztümern hatten, hatten sie doch ihre Berufe und mussten nicht ums tägliche Brot betteln. Jesus antwortete auf die bange Frage seiner Jünger: «Für Menschen ist es unmöglich, aber nicht für Gott. Für ihn ist alles möglich» (10,27).

Es gibt in Ihrem Leben keine Situation, für die nicht eine der machtvollen, aufschlussreichen Aussagen unseres Herrn Jesus eine Lösung bieten könnte. Lesen Sie seine Worte mit freudigem Herzen. Mögen Ihr Glaube stark und Ihre Wege eben werden, wenn Sie Ihr Leben auf seine Leitung und auf seine Warnungen bauen.

1 Abendmahl

Matthäus 26,26–29 Während sie aßen, nahm Jesus Brot, sprach das Dankgebet, teilte das Brot und gab jedem seiner Jünger ein Stück davon: «Nehmt und esst! Das ist mein Leib.» [27]Anschließend nahm er einen Becher Wein, dankte Gott und reichte ihn seinen Jüngern: «Trinkt alle daraus! [28]Das ist mein Blut, mit dem der neue Bund zwischen Gott und den Menschen besiegelt wird. Es wird zur Vergebung ihrer Sünden vergossen. [29]Ich sage euch: Von jetzt an werde ich keinen Wein mehr trinken, bis ich ihn wieder in der neuen Welt meines Vaters mit euch trinken werde.»

Markus 14,22–25 Während sie aßen, nahm Jesus Brot, sprach das Dankgebet, teilte das Brot und gab jedem seiner Jünger ein Stück davon: «Nehmt und esst! Das ist mein Leib!» [23]Anschließend nahm er einen Becher Wein, dankte Gott und reichte den Becher seinen Jüngern. Sie tranken alle daraus. [24]Jesus sagte: «Das ist mein Blut, mit dem der neue Bund zwischen Gott und den Menschen besiegelt wird. Es wird zur Vergebung ihrer Sünden vergossen. [25]Ich sage euch: Von jetzt an werde ich keinen Wein mehr trinken, bis ich ihn wieder mit euch in der neuen Welt Gottes trinken werde.»

Lukas 22,17–20 Jesus nahm einen Becher mit Wein, sprach das Dankgebet und sagte: «Nehmt den Becher und trinkt alle daraus. [18]Von jetzt an werde ich keinen Wein mehr trinken, bis die neue Welt Gottes gekommen ist.» [19]Dann nahm er Brot. Er dankte Gott dafür, teilte es und gab es ihnen mit den Worten: «Das ist mein Leib, der für euch hingegeben wird. Feiert dieses Mahl immer wieder, und denkt daran, was ich für euch getan habe, sooft ihr dieses Brot esst.» [20]Nach dem Essen nahm er den Becher mit Wein, reichte ihn den Jüngern und sagte: «Dies ist mein Blut, mit dem der neue Bund zwischen Gott und den Menschen besiegelt wird. Es wird für euch zur Vergebung der Sünden vergossen.»

1. Korinther 11,23–25 Denn Folgendes habe ich vom Herrn empfangen und euch überliefert: In der Nacht, in der unser Herr Jesus verraten wurde, nahm er das Brot, [24]dankte Gott dafür, brach es und sprach: «Das ist mein Leib, der für euch hingegeben wird. So oft ihr dieses Brot esst, denkt an mich und an das, was ich für euch getan habe!» [25]Nach dem Essen nahm er den Kelch und sprach: «Dieser Kelch ist der neue Bund zwischen Gott und euch, der durch mein Blut besiegelt wird. So oft ihr aus diesem Kelch trinkt, denkt an mich und an das, was ich für euch getan habe!»

2 Ablehnung und Christenverfolgung

Johannes 15,18–23 «Wenn die Menschen euch hassen, dann vergesst nicht, dass man mich schon vor euch gehasst hat. [19]Diese Welt würde euch lieben, wenn ihr zu ihr gehören würdet. Doch ihr gehört nicht mehr dazu. Ich selbst habe euch aus der Welt herausgerufen. Darum hasst sie euch. [20]Erinnert euch daran, dass ich gesagt habe: ‹Ein Knecht steht niemals höher als sein Herr!› Deshalb werden sie euch verfolgen, wie sie mich verfolgt haben. Und wenn sie auf das gehört haben, was ich gesagt habe, werden sie auch auf euch hören. [21]Das alles wird mit euch geschehen, weil ihr zu mir gehört; denn die

Welt kennt Gott nicht, der mich gesandt hat. [22]Wäre ich nicht in diese Welt gekommen und hätte die Menschen alles über Gott gelehrt, wären sie nicht schuldig. Aber jetzt gibt es keine Entschuldigung mehr dafür, dass sie Gott den Rücken kehren. [23]Denn wer mich hasst, der hasst auch meinen Vater.»

Johannes 16,1–4 «Ich sage euch das alles, damit ihr nicht an mir zu zweifeln beginnt und aufgebt. [2]Denn man wird euch aus der Gemeinschaft des jüdischen Volkes ausschließen. Ja, es wird so weit kommen, dass man meint, Gott einen Dienst zu erweisen, wenn man euch tötet. [3]Zu all dem werden Menschen fähig sein, weil sie meinen Vater und mich nicht kennen. [4]Ich sage euch das, damit ihr nicht überrascht seid, wenn dies alles eintrifft. Bisher war es nicht nötig, davon zu reden, weil ich ja bei euch war.»

Johannes 16,32–33 «Ihr sollt nämlich wissen: Die Zeit wird kommen – ja, sie ist schon da –, in der man euch auseinander treibt. Ihr werdet euch in Sicherheit bringen und mich allein lassen. Aber auch dann werde ich nicht allein sein, denn der Vater ist bei mir. [33]Dies alles habe ich euch gesagt, damit ihr durch mich Frieden habt. In der Welt habt ihr Angst, aber lasst euch nicht entmutigen: Ich habe die Welt besiegt.»

Johannes 17,14 «Ich habe ihnen deine Botschaft weitergegeben, und die Welt hasst sie deswegen, weil sie ebenso wie ich nicht zu ihr gehören.»

Johannes 18,19–24 Drinnen im Palast begann das Verhör. Der Hohepriester Hannas fragte Jesus nach seinen Jüngern und nach seiner Lehre. [20]Jesus antwortete:

«Was ich gelehrt habe, ist überall bekannt. Denn ich habe in aller Öffentlichkeit gepredigt, in den Synagogen und im Tempel, wo es jeder hören konnte. Niemals habe ich im Geheimen etwas anderes gelehrt. [21]Weshalb fragst du mich also? Frag doch alle, die mich gehört haben! Sie wissen, was ich gesagt habe.» [22]Da schlug ihm einer von den Wächtern, die neben ihm standen, ins Gesicht und rief: «Redet man so mit dem Hohenpriester?» [23]Jesus antwortete ihm: «Wenn ich etwas Böses gesagt habe, dann weise es mir nach! Habe ich aber die Wahrheit gesagt, weshalb schlägst du mich?» [24]Da ließ Hannas Jesus in Fesseln zum Hohenpriester Kaiphas bringen.

Matthäus 5,10–11 «Glücklich sind, die verfolgt werden, weil sie nach Gottes Willen leben. Denn ihnen gehört Gottes neue Welt. [11]Glücklich könnt ihr sein, wenn ihr verachtet, verfolgt und verleumdet werdet, weil ihr mir nachfolgt.»

Matthäus 5,44–46 «Ich sage aber: Liebt eure Feinde und betet für alle, die euch verfolgen! [45]So erweist ihr euch als Kinder eures Vaters im Himmel. Denn er lässt seine Sonne für Böse wie für Gute scheinen, und er lässt es regnen für Fromme und Gottlose. [46]Wollt ihr etwa noch dafür belohnt werden, dass ihr die Menschen liebt, die euch auch lieben? Das tun sogar die Zolleinnehmer, die sonst nur auf ihren Vorteil aus sind!»

Matthäus 10,16–23 «Hört mir zu: Ich schicke euch wie Schafe mitten unter die Wölfe. Seid klug wie Schlangen, aber ohne Verschlagenheit wie Tauben. [17]Nehmt euch in Acht vor den Menschen! Denn sie werden euch vor die Gerichte zerren, und in den Synagogen wird man euch auspeitschen. [18]Nur weil ihr zu mir gehört, werdet ihr vor Machthabern und Königen verhört werden. Dort werdet ihr meine Botschaft bezeugen, denn sie und alle Völker müssen von mir erfahren. [19]Wenn sie euch vor Gericht bringen, braucht ihr euch nicht darum zu sorgen, was ihr aussagen sollt! Denn zur rechten Zeit wird Gott euch das rechte Wort geben. [20]Nicht ihr werdet es sein, die Rede und Antwort stehen, sondern der Geist eures Vaters im Himmel wird durch euch sprechen. [21]In dieser Zeit wird ein Bruder den anderen dem Henker ausliefern. Väter werden ihre eigenen Kinder anzeigen. Kinder werden gegen ihre Eltern vorgehen und sie hinrichten lassen. [22]Alle Welt wird euch hassen, weil ihr euch zu mir bekennt. Aber wer bis zum Ende durchhält, wird gerettet. [23]Wenn man euch in der einen Stadt verfolgt, dann flieht in eine andere. Ich versichere euch: Noch ehe ihr meinen Auftrag in allen Städten Israels ausgeführt habt, wird der Menschensohn kommen.»

Matthäus 24,4–29 Jesus antwortete: «Lasst euch von keinem Menschen täuschen und verführen! [5]Denn viele werden auftreten und von sich behaupten: ‹Ich bin Christus!› Und sie werden viele Menschen in die Irre führen. [6]Wenn ihr von Kriegen und Unruhen hört, achtet darauf, aber erschreckt nicht! Das muss geschehen, doch es bedeutet noch nicht das Ende. [7]Die Völker und Königreiche der Erde werden Kriege gegeneinander führen. In vielen Teilen der Welt wird es Hungersnöte, Seuchen und Erdbeben geben. [8]Das ist aber erst der Anfang – so wie die ersten Wehen bei einer Geburt. [9]Dann werdet ihr gefoltert, getötet und in der ganzen Welt gehasst werden,

weil ihr zu mir gehört. [10]Manche werden sich vom Glauben abwenden, einander verraten und hassen. [11]Falsche Propheten werden auftreten und viele verführen. [12]Und weil Gottes Gebote missachtet werden, setzt sich das Böse überall durch. Die Liebe wird bei vielen Menschen erlöschen. [13]Aber wer bis ans Ende durchhält, wird gerettet. [14]Die rettende Botschaft von Gottes neuer Welt wird auf der ganzen Erde verkündet werden, damit alle Völker sie hören. Dann erst wird das Ende kommen. [15]Der Prophet Daniel redet von einer ‹abscheulichen Götzenstatue›. Versucht zu verstehen, was das Geschriebene bedeutet. Wenn ihr diese Götzenstatue im Tempel stehen seht, [16]dann sollen alle Bewohner Judäas ins Gebirge fliehen. [17]Wer sich gerade auf dem Dach seines Hauses aufhält, soll nicht erst im Haus sein Gepäck für die Flucht zusammensuchen. [18]Wer auf dem Feld arbeitet, soll nicht erst nach Hause laufen, um seinen Mantel zu holen. [19]Besonders hart trifft es Schwangere und Mütter mit Säuglingen. [20]Betet deshalb, dass ihr nicht im Winter oder am Sabbat fliehen müsst! [21]Denn es wird eine Zeit der Not kommen, wie sie die Welt in ihrer ganzen Geschichte noch nicht erlebt hat und wie sie auch nie wieder eintreten wird. [22]Wenn diese Leidenszeit nicht verkürzt würde, könnte niemand gerettet werden! Aber den Auserwählten Gottes zuliebe wird diese Zeit begrenzt. [23]Wenn dann jemand zu euch sagt: ‹Hier ist der Christus!› oder: ‹Dort ist er!›, glaubt ihm nicht! [24]Viele werden sich nämlich als ‹Christus› ausgeben, und es werden falsche Propheten auftreten. Sie vollbringen große Zeichen und Wunder, um – wenn möglich – sogar die Auserwählten Gottes irrezuführen. [25]Deshalb bleibt wachsam! Ich habe euch gewarnt! [26]Wenn euch jemand erzählt: ‹Der Retter ist draußen in der Wüste›, so geht nicht hin. Wenn er sich irgendwo verborgen halten soll, glaubt es nicht. [27]Denn der Menschensohn kommt für alle sichtbar – wie ein Blitz, der von Ost nach West am Himmel aufzuckt. [28]Dies wird so gewiss geschehen, wie sich die Geier um ein verendetes Tier scharen. [29]Unmittelbar nach dieser großen Schreckenszeit wird sich die Sonne verfinstern und der Mond nicht mehr scheinen. Die Sterne werden aus ihrer Bahn geschleudert, und die Kräfte des Weltalls geraten durcheinander.»

Markus 6,8–11 Dann befahl er ihnen [den Jüngern]: «Nehmt nichts mit außer einem Wanderstab! Ihr sollt kein Essen, keine Tasche und kein Geld bei euch haben. [9]Nur Schuhe dürft ihr tragen, aber kein zweites Hemd mitnehmen. [10]Wenn ihr in ein Haus kommt, dann bleibt dort, bis ihr weiterzieht. [11]Seid ihr aber in einer Stadt nicht willkommen, und will man eure Botschaft nicht hören, so geht fort und schüttelt den Staub von euren Füßen als Zeichen dafür, dass ihr die Stadt dem Urteil Gottes überlasst!» (Siehe auch Matthäus 10,9–15 und Lukas 9,1–5.)

Markus 13,9–20 «Seid wachsam! Man wird euch vor die Gerichte zerren, und in den Synagogen wird man euch auspeitschen. Nur weil ihr zu mir gehört, werdet ihr vor Machthabern und Königen verhört werden. Dort werdet ihr meine Botschaft bezeugen. [10]Das muss so geschehen, denn alle Völker sollen die rettende Botschaft hören, bevor das Ende kommt. [11]Wenn sie euch verhaften und vor Gericht bringen, braucht ihr euch nicht darum zu sorgen, was ihr aussagen sollt! Denn zur rechten Zeit wird Gott euch das rechte Wort geben. Nicht ihr werdet es sein, die Rede und Antwort stehen, sondern der Heilige Geist wird durch euch sprechen. [12]In dieser Zeit wird ein Bruder den anderen dem Henker ausliefern. Väter werden ihre eigenen Kinder anzeigen. Kinder werden gegen ihre Eltern vorgehen und sie hinrichten lassen. [13]Alle Welt wird euch hassen, weil ihr euch zu mir bekennt. Aber wer bis zum Ende durchhält, wird gerettet. [14]Die Heilige Schrift redet von einer ‹abscheulichen Götzenstatue›. Versucht zu verstehen, was das Geschriebene bedeutet! Wenn ihr diese Götzenstatue dort stehen seht, wo sie nicht hingehört – im Tempel –, dann sollen alle Bewohner Judäas ins Gebirge fliehen. [15]Wer sich gerade auf dem Dach seines Hauses aufhält, soll nicht erst im Haus sein Gepäck für die Flucht zusammensuchen. [16]Wer auf dem Feld arbeitet, soll nicht erst nach Hause laufen, um seinen Mantel zu holen. [17]Besonders hart trifft es Schwangere und Mütter mit Säuglingen. [18]Betet deshalb, dass ihr nicht im Winter fliehen müsst. [19]Denn es wird eine Zeit der Not kommen, wie sie die Welt seit der Schöpfung nicht erlebt hat und wie sie auch nie wieder eintreten wird. [20]Wenn diese Leidenszeit nicht verkürzt würde, könnte niemand gerettet werden. Aber seinen Auserwählten zuliebe hat Gott diese Zeit begrenzt.»

Lukas 6,22 «Glücklich seid ihr, wenn euch die Menschen hassen und aus ihrer Gemeinschaft ausschließen; wenn sie euch verachten und Schlechtes über euch erzählen, nur weil ihr zu mir gehört.»

Lukas 21,8–28 Jesus antwortete: «Lasst euch von keinem Menschen täuschen und verführen! Denn viele werden auftreten und von sich behaupten: ‹Ich bin Christus!› Und sie werden verkünden: ‹Jetzt ist die Zeit gekommen!› Glaubt ihnen nicht! [9]Wenn ihr von Kriegen und Unruhen hört, erschreckt nicht! Das muss geschehen, doch es bedeutet noch nicht das Ende.» [10]Dann sagte er zu ihnen: «Die Völker und Königreiche der Erde werden Kriege gegeneinander führen. [11]In vielen Teilen der Welt wird es Erdbeben, Hungersnöte und Seuchen geben. Unerklärliche Erscheinungen am Himmel werden alle Menschen in Angst und Schrecken versetzen. [12]Bevor das alles geschieht, wird man euch verfolgen. Nur weil ihr zu mir gehört, werden sie euch festnehmen und in den Synagogen vor Gericht stellen. Dann werden sie euch ins Gefängnis werfen, ja, vor Machthabern und Königen werdet ihr verhört werden. [13]Aber dadurch habt ihr Gelegenheit, meine Botschaft zu bezeugen. [14]Prägt es euch ein: Ihr sollt nicht schon vorher darüber nachgrübeln, wie ihr euch vor Gericht verteidigen könnt. [15]Ich selber werde euch Weisheit geben und euch zeigen, was ihr sagen sollt. Dann werden eure Gegner nichts mehr erwidern können. [16]Selbst eure nächsten Angehörigen, eure Eltern, Geschwister und Freunde werden euch verraten und euch verhaften lassen. Einige von euch wird man töten. [17]Alle Welt wird euch hassen, weil ihr zu mir gehört. [18]Aber ohne Gottes Willen wird euch kein Haar gekrümmt werden. [19]Bleibt standhaft, dann gewinnt ihr das ewige Leben. [20]Wenn die Feinde Israels Jerusalem belagern, dauert es nicht mehr lange, bis diese Stadt zerstört wird. [21]Dann sollen alle Bewohner Judäas ins Gebirge fliehen. Wer in Jerusalem wohnt, verlasse die Stadt so schnell wie möglich, und wer auf dem Land ist, suche in ihr keinen Schutz. [22]Die Tage des göttlichen Gerichts sind gekommen. Jetzt erfüllt sich, was in der Heiligen Schrift vorausgesagt ist. [23]Besonders hart trifft es Schwangere und Mütter mit Säuglingen. Denn überall wird große Not herrschen, wenn Gottes Zorn über sein Volk losbricht. [24]Die Menschen werden niedergemetzelt oder als Gefangene in die ganze Welt verschleppt. Jerusalem aber wird besetzt und zerstört sein, bis Gott die Herrschaft der nichtjüdischen Völker beendet. [25]Zu dieser Zeit werden Zeichen an Sonne, Mond und Sternen Unheil verkünden. Die Menschen fürchten sich und wissen nicht mehr weiter, weil Sturmfluten und Katastrophen über sie hereinbrechen. [26]Ungewissheit und Angst treiben sie zur Verzweiflung. Sogar die Kräfte des Weltalls geraten durcheinander. [27]Doch dann werden alle Völker sehen, wie der Menschensohn in den Wolken mit großer Macht und Herrlichkeit kommt. [28]Deshalb: Wenn sich dies alles ereignet, dann seid zuversichtlich – mit festem Blick und erhobenem Haupt! Denn eure Befreiung steht vor der Tür.»

Apostelgeschichte 9,3–16 Kurz vor Damaskus umgab Saulus [, der später Paulus hieß,] plötzlich ein blendendes Licht vom Himmel. [4]Er stürzte zu Boden und hörte eine Stimme: «Saul, Saul, warum verfolgst du mich?» [5]«Wer bist du, Herr?», fragte Saulus. «Ich bin Jesus, den du verfolgst!», antwortete die Stimme. [6]«Steh auf und geh in die Stadt. Dort wird man dir sagen, was du tun sollst.» [7]Die Begleiter des

Saulus standen sprachlos da, denn sie hatten zwar die Stimme gehört, aber niemanden gesehen. [8]Als Saulus aufstand und die Augen öffnete, konnte er nicht mehr sehen. Da nahmen sie ihn an der Hand und führten ihn nach Damaskus. [9]Drei Tage lang war er blind und wollte weder essen noch trinken. [10]In Damaskus wohnte ein Jünger Jesu, der Hananias hieß. Dem erschien der Herr in einer Vision. «Hananias», sagte er zu ihm. «Ja, Herr, hier bin ich», erwiderte der Mann. [11]Der Herr forderte ihn auf: «Geh zur Geraden Straße in das Haus des Judas, und frag dort nach einem Saulus von Tarsus. Er betet gerade [12]und hat in einer Vision einen Mann gesehen, der Hananias heißt. Dieser kam zu ihm und legte ihm die Hände auf, damit er wieder sehen kann.» [13]«Aber Herr», wandte Hananias ein, «ich habe schon von so vielen gehört, wie grausam dieser Saulus deine Gemeinde in Jerusalem verfolgt. [14]Außerdem haben wir erfahren, dass er eine Vollmacht der Hohenpriester hat, auch hier alle gefangen zu nehmen, die an dich glauben.» [15]Doch der Herr sprach zu Hananias: «Geh nur! Ich habe diesen Mann dazu auserwählt, mich bei allen Völkern und Herrschern der Erde, aber auch bei den Israeliten bekannt zu machen. [16]Dabei wird er erfahren, wie viel er um meinetwillen leiden muss.» (Siehe auch Apostelgeschichte 22,6–10.)

Apostelgeschichte 26,13–18 «Plötzlich umstrahlte mich [Paulus] und meine Begleiter mitten am Tag, o König, ein Licht vom Himmel, das heller als die Sonne war. [14]Wir stürzten zu Boden, und ich hörte eine Stimme in hebräischer Sprache: ‹Saul, Saul, warum verfolgst du mich? Dein Kampf gegen mich ist sinnlos.› [15]Ich fragte: ‹Herr, wer bist du?›, worauf er antwortete: ‹Ich bin Jesus, den du verfolgst! [16]Aber steh jetzt auf; denn ich bin dir erschienen, damit du mir dienst. Du sollst bezeugen, was du heute erlebt hast und was ich dir in Zukunft zeigen werde. [17]Ich will dich behüten vor deinem Volk und vor den Völkern, die nichts von mir wissen. Zu ihnen sende ich dich. [18]Du sollst ihnen die Augen öffnen, damit sie sich von der Finsternis dem Licht zuwenden und aus der Herrschaft des Satans zu Gott kommen. Dann werde ich ihnen die Sünden vergeben, und weil sie an mich glauben, haben sie einen Platz unter denen, die zu mir gehören.›»

Offenbarung 2,10 «Fürchte dich nicht vor dem, was dir noch bevorsteht. Der Teufel wird einige von euch ins Gefängnis bringen, um euch auf die Probe zu stellen. Zehn Tage lang werdet ihr leiden müssen. Doch wenn du mir treu bleibst bis zum Tod, werde ich dir als Siegespreis das ewige Leben geben.»

3 Angst, Sorgen, Unruhe

Johannes 6,19–20 Die Jünger waren schon vier bis fünf Kilometer vom Ufer entfernt, als sie plötzlich Jesus sahen. Er ging über das Wasser auf ihr Boot zu. Da packte sie die Angst. [20]Doch Jesus rief ihnen zu: «Fürchtet euch nicht! Ich bin es!»

Johannes 14,1–4 «Seid nicht bestürzt, und habt keine Angst!», ermutigte Jesus seine Jünger. «Vertraut Gott, und vertraut mir! [2]Denn im Haus meines Vaters gibt es viele Wohnungen. Sonst hätte ich euch nicht gesagt: Ich gehe hin, um dort alles für euch vorzubereiten. ³Und wenn alles bereit ist, werde ich kommen und euch zu mir holen. Dann werdet auch ihr dort sein, wo ich bin. ⁴Den Weg dorthin kennt ihr ja.»

Johannes 14,27–29 «Auch wenn ich nicht bei euch bleibe, sollt ihr doch Frieden haben. Meinen Frieden gebe ich euch; einen Frieden, den euch niemand auf der Welt geben kann. Seid deshalb ohne Sorge und Furcht! ²⁸Ihr habt gehört, was ich euch gesagt habe: Ich gehe jetzt, aber ich komme wieder. Wenn ihr mich wirklich lieben würdet, dann würdet ihr euch darüber freuen, dass ich jetzt zum Vater gehe; denn er ist größer als ich. ²⁹Ich sage euch das alles, bevor es geschieht, damit ihr an mich glaubt, wenn es eintrifft.»

Johannes 16,31–33 «Glaubt ihr wirklich?», fragte Jesus. ³²«Ihr sollt nämlich wissen: Die Zeit wird kommen – ja, sie ist schon da –, in der man euch auseinander treibt. Ihr werdet euch in Sicherheit bringen und mich allein lassen. Aber auch dann werde ich nicht allein sein, denn der Vater ist bei mir. ³³Dies alles habe ich euch gesagt, damit ihr durch mich Frieden habt. In der Welt habt ihr Angst, aber lasst euch nicht entmutigen: Ich habe die Welt besiegt.»

Johannes 20,21–22 Und Jesus sagte noch einmal: «Friede sei mit euch! Wie mich der Vater gesandt hat, so sende ich euch!» ²²Dann hauchte er sie an und sprach: «Empfangt den Heiligen Geist!»

Johannes 20,26–27 Acht Tage später hatten sich die Jünger wieder versammelt. Diesmal war Thomas bei ihnen. Und obwohl sie die Türen wieder abgeschlossen hatten, stand Jesus auf einmal in ihrer Mitte und grüßte sie: «Friede sei mit euch!» ²⁷Dann wandte er sich an Thomas: «Leg deinen Finger auf meine durchbohrten Hände! Gib mir deine Hand und leg sie in die Wunde an meiner Seite! Zweifle nicht länger, sondern glaube!»

Matthäus 5,4.9 «Glücklich sind die Trauernden, denn sie werden Trost finden. […] ⁹Glücklich sind, die Frieden stiften, denn Gott wird sie seine Kinder nennen.»

Matthäus 6,25–34 «Darum sage ich euch: Macht euch keine Sorgen um euren Lebensunterhalt, um Essen, Trinken und Kleidung. Leben bedeutet mehr als Essen und Trinken, und der Mensch ist wichtiger als seine Kleidung. ²⁶Seht euch die Vögel an! Sie säen nichts, sie ernten nichts und sammeln auch keine Vorräte. Euer Vater im Himmel versorgt sie. Meint ihr nicht, dass ihr ihm viel wichtiger seid? ²⁷Und wenn ihr euch noch so viel sorgt, könnt ihr doch euer Leben um keinen Augenblick verlängern. ²⁸Weshalb macht ihr euch so viele Sorgen um eure Kleidung? Seht euch an, wie die Lilien auf den Wiesen blühen! Sie können weder spinnen noch weben. ²⁹Ich sage euch, selbst König Salomo war in seiner ganzen Herrlichkeit nicht so prächtig gekleidet wie eine dieser Blumen. ³⁰Wenn Gott sogar das Gras so schön wachsen lässt, das heute auf der Wiese grünt, morgen aber schon verbrannt wird, wie könnte er euch dann vergessen? Vertraut ihr Gott so wenig? ³¹Zerbrecht euch also nicht mehr den Kopf mit Fragen wie: ‹Werden wir genug zu essen haben? Und was werden wir trinken? Was sollen wir anziehen?› ³²Mit solchen Dingen beschäftigen sich nur Menschen, die Gott nicht kennen. Euer Vater im Himmel weiß doch genau, dass ihr dies alles braucht. ³³Sorgt euch vor allem um Gottes neue Welt, und lebt nach Gottes Willen! Dann wird er euch mit allem anderen versorgen. ³⁴Deshalb sorgt euch nicht um morgen – der nächste Tag wird für sich selber sorgen! Es ist doch genug, wenn jeder Tag seine eigenen Lasten hat.»

Matthäus 8,25–26 Da weckten ihn die Jünger und riefen voller Angst: «Herr, hilf uns, wir gehen unter!» ²⁶Jesus antwortete: «Warum habt ihr Angst? Habt ihr denn kein Vertrauen zu mir?» Dann stand er auf und bedrohte den Wind und die Wellen. Sofort legte sich der Sturm, und es wurde ganz still.

Matthäus 10,24–26 «Ein Schüler steht nicht über seinem Lehrer, und ein Diener hat es nicht besser als sein Herr. ²⁵Sie können zufrieden sein, wenn es ihnen genauso geht wie ihren Lehrern und Herren. Wenn sie aber den Herrn des Hauses schon Obersten Teufel genannt haben, was werden sie erst zu seinen Angehörigen sagen? ²⁶Fürchtet euch nicht vor denen, die euch bedrohen. Denn jetzt kommt bald die Zeit, in der das Verborgene ans Licht kommt und alle Geheimnisse enthüllt werden.»

Matthäus 10,27–31 «Was ich euch im Dunkeln sage, das gebt am helllichten Tag weiter! Was ich euch ins Ohr flüstere, das ruft vor aller Welt laut hinaus! ²⁸Habt keine Angst vor den Menschen, die zwar den Körper, aber nicht die Seele töten können! Fürchtet vielmehr Gott, der Leib und Seele in der Hölle vernichten kann. ²⁹Welchen Wert hat schon ein Spatz auf dem Dach? Man kann zwei von ihnen für einen Spottpreis kaufen! Trotzdem fällt keiner tot zur Erde, wenn es euer Vater nicht will. ³⁰Bei

euch sind sogar die Haare auf dem Kopf alle gezählt. ³¹Darum habt keine Angst! Ihr seid Gott mehr wert als ein ganzer Spatzenschwarm.»

Matthäus 10,34–39 «Meint nur nicht, dass ich gekommen bin, um Frieden auf die Erde zu bringen. Nein, ich bringe Kampf! ³⁵Ich werde Vater und Sohn, Mutter und Tochter, Schwiegertochter und Schwiegermutter gegeneinander aufbringen. ³⁶Die schlimmsten Feinde werden in der eigenen Familie sein. ³⁷Wer seinen Vater oder seine Mutter, seinen Sohn oder seine Tochter mehr liebt als mich, der ist es nicht wert, mein Jünger zu sein. ³⁸Und wer nicht bereit ist, sein Kreuz auf sich zu nehmen und mir nachzufolgen, der kann nicht zu mir gehören. ³⁹Wer sich an sein Leben klammert, der wird es verlieren. Wer es aber für mich einsetzt, der wird es für immer gewinnen.»

Matthäus 11,28–30 «Kommt alle her zu mir, die ihr euch abmüht und unter eurer Last leidet! Ich werde euch Ruhe geben. ²⁹Lasst euch von mir in den Dienst nehmen, und lernt von mir! Ich meine es gut mit euch und sehe auf niemanden herab. Bei mir findet ihr Ruhe für euer Leben. ³⁰Mir zu dienen ist keine Bürde für euch, meine Last ist leicht.»

Matthäus 14,26–27 Als die Jünger ihn sahen, schrien sie vor Entsetzen, denn sie hielten ihn für ein Gespenst. ²⁷Aber Jesus sprach sie sofort an: «Habt keine Angst! Ich bin es doch, fürchtet euch nicht!» (Siehe auch Markus 6,49–50.)

Matthäus 17,1–8 Sechs Tage später ging Jesus mit Petrus, Jakobus und dessen Bruder Johannes auf einen hohen Berg. Sie waren dort ganz allein. ²Da wurde Jesus vor ihren Augen verwandelt: Sein Gesicht leuchtete wie die Sonne, und seine Kleider strahlten hell. ³Dann erschienen Mose und Elia und redeten mit Jesus. ⁴Petrus rief: «Herr, hier gefällt es uns! Wenn du willst, werden wir drei Hütten bauen, für dich, für Mose und für Elia.» ⁵Noch während er so redete, hüllte sie eine leuchtende Wolke ein, und aus der Wolke hörten sie eine Stimme: «Das ist mein geliebter Sohn, an dem ich meine Freude habe. Auf ihn sollt ihr hören.» ⁶Bei diesen Worten fielen die Jünger erschrocken zu Boden. ⁷Aber Jesus kam zu ihnen, berührte sie und sagte: «Steht auf! Fürchtet euch nicht!» ⁸Und als sie aufsahen, waren sie mit Jesus allein.

Matthäus 28,9–10 Sie waren noch nicht weit gekommen, als Jesus plötzlich vor ihnen stand. «Seid gegrüßt!», sagte er. Da fielen sie vor ihm nieder und umklammerten seine Füße. ¹⁰Jesus beruhigte sie: «Fürchtet euch nicht! Geht, sagt meinen Brüdern, sie sollen nach Galiläa kommen! Dort werden sie mich sehen.»

Markus 4,35–40 Am Abend dieses Tages sagte Jesus zu seinen Jüngern: «Lasst uns über den See ans andere Ufer fahren!» ³⁶Sie schickten die Menschen weg und ruderten mit dem Boot, in dem Jesus saß, auf den See hinaus. Einige andere Boote folgten ihnen. ³⁷Da brach ein gewaltiger Sturm los. Hohe Wellen schlugen ins Boot, es lief voll Wasser und drohte zu sinken. ³⁸Jesus aber schlief hinten im Boot auf einem Kissen. Da rüttelten ihn die Jünger wach und schrien voller Angst: «Herr, wir gehen unter! Merkst du das nicht?» ³⁹Sofort stand Jesus auf, bedrohte den Wind und rief in das Toben des Sees: «Sei still und schweig!» Da legte sich der Sturm, und es

wurde ganz still. ⁴⁰«Warum hattet ihr solche Angst?», fragte Jesus seine Jünger. «Habt ihr denn gar kein Vertrauen zu mir?»

Markus 5,35–36 Noch während er mit der Frau redete, kamen einige Leute aus dem Haus des Jaïrus gelaufen und riefen: «Deine Tochter ist gestorben. Es hat keinen Zweck mehr, den Meister zu holen.» ³⁶Jesus hörte das und sagte zu Jaïrus: «Verzweifle nicht! Vertrau mir ganz und gar!»

Markus 6,30–32 Die zwölf Jünger kehrten zu Jesus zurück und erzählten ihm, was sie auf ihrer Reise getan und den Menschen verkündet hatten. ³¹«Geht jetzt an einen einsamen, stillen Platz!», sagte Jesus zu ihnen. «Ihr habt Ruhe nötig!» Es waren nämlich so viele Menschen bei ihnen, dass sie nicht einmal Zeit zum Essen fanden. ³²Deshalb fuhren sie mit dem Boot an eine einsame Stelle.

Markus 9,49–50 «Niemand kann sich dem Feuer der Prüfung Gottes entziehen. Es gehört zum Leben so wie das Salz zum Opfer. ⁵⁰Salz ist gut und notwendig, solange es wirkt. Wenn es aber fade geworden ist, wodurch soll es seine Würzkraft wiedergewinnen? Deshalb achtet darauf, dass man an euch die Wirkung des Salzes sieht. Haltet Frieden untereinander.»

Lukas 5,10 Aber Jesus sagte zu Simon: «Fürchte dich nicht! Du wirst jetzt keine Fische mehr fangen, sondern Menschen für mich gewinnen.»

Lukas 12,4–7 «Meine Freunde! Habt keine Angst vor den Menschen, die euch zwar töten können, aber nicht mehr. ⁵Fürchtet vielmehr Gott, denn er kann euch töten und in die Hölle werfen. Ja, fürchtet ihn allein! ⁶Welchen Wert hat schon ein Spatz auf dem Dach? Man kann fünf von ihnen für einen Spottpreis kaufen. Und doch vergisst Gott keinen einzigen von ihnen. [7]Bei euch sind sogar die Haare auf dem Kopf alle gezählt. Darum habt keine Angst! Ihr seid Gott mehr wert als ein ganzer Spatzenschwarm!»

Lukas 12,22–34 Jesus sagte zu seinen Jüngern: «Macht euch keine Sorgen um euren Lebensunterhalt, um Essen und Kleidung. [23]Leben bedeutet mehr als Essen und Trinken, und der Mensch ist wichtiger als seine Kleidung. [24]Seht euch die Raben an! Sie säen nichts und ernten nichts, sie haben keine Vorratskammern und keine Scheunen; aber Gott versorgt sie doch. Meint ihr nicht, dass ihr ihm viel wichtiger seid? [25]Und wenn ihr euch noch so viel sorgt, könnt ihr doch euer Leben um keinen Augenblick verlängern. [26]Wenn ihr aber nicht einmal das könnt, was sorgt ihr euch um all die anderen Dinge? [27]Seht euch an, wie die Lilien blühen! Sie können weder spinnen noch weben. Ich sage euch, selbst König Salomo war in seiner ganzen Herrlichkeit nicht so prächtig gekleidet wie eine dieser Blumen. [28]Wenn Gott sogar das Gras so schön wachsen lässt, das heute auf der Wiese grünt, morgen aber schon verbrannt wird, wie könnte er euch dann vergessen? Vertraut ihr Gott so wenig? [29]Zerbrecht euch also nicht mehr den Kopf darüber, was ihr essen und trinken sollt! [30]Mit solchen Dingen beschäftigen sich nur Menschen, die Gott nicht kennen. Euer Vater im Himmel weiß doch genau, dass ihr dies alles braucht. [31]Sorgt euch vor allem um Gottes neue Welt, dann wird er euch mit allem anderen versorgen. [32]Du kleine Herde, du brauchst keine Angst vor der Zukunft zu haben! Denn dir will der Vater

sein Königreich schenken. [33]Verkauft euren Besitz, und gebt das Geld den Armen! Sammelt euch auf diese Weise einen Vorrat, der nicht alt wird und niemals verderben kann, einen Schatz im Himmel. Diesen Schatz kann kein Dieb stehlen und keine Motte zerfressen. [34]Wo eure Schätze sind, da wird auch euer Herz sein.»

Lukas 12,51–53 «Meint nur nicht, dass ich gekommen bin, um Frieden auf die Erde zu bringen! Nein, ich bringe Auseinandersetzung. [52]Von jetzt an wird man sich in einer Familie um meinetwillen miteinander entzweien: [53]der Vater mit dem Sohn und der Sohn mit dem Vater, die Mutter mit der Tochter und die Tochter mit der Mutter; die Schwiegermutter mit der Schwiegertochter und die Schwiegertochter mit der Schwiegermutter.»

Lukas 24,36–43 Noch während sie berichteten, stand Jesus plötzlich mitten im Kreis der Jünger. «Friede sei mit euch!», begrüßte er sie. [37]Die Jünger erschraken furchtbar. Sie dachten, ein Geist stünde vor ihnen. [38]«Warum habt ihr Angst?», fragte Jesus. «Wieso zweifelt ihr daran, dass ich es bin? [39]Seht doch die Wunden an meinen Händen und Füßen! Ich bin es wirklich. Hier, fasst mich an und überzeugt euch, dass ich kein Geist bin. Geister sind doch nicht aus Fleisch und Blut!» [40]Und er zeigte ihnen seine Hände und Füße. [41]Aber vor lauter Freude konnten sie es noch immer nicht fassen, dass Jesus vor ihnen stand. Endlich fragte er sie: «Habt ihr etwas zu essen hier?» [42]Sie brachten ihm ein Stück gebratenen Fisch, [43]den er vor ihren Augen aß.

Apostelgeschichte 18,9–11 Eines Nachts sprach der Herr in einer Vision zu Paulus:

«Hab keine Angst! Predige weiter und schweige nicht! ¹⁰Ich bin bei dir, und niemand soll es wagen, dir etwas anzutun. Denn viele Menschen in dieser Stadt werden an mich glauben.» ¹¹So blieb Paulus noch anderthalb Jahre in Korinth. Er unterwies dort die Menschen und erklärte ihnen die Botschaft Gottes.

4 Apostel

In diesem Abschnitt finden wir Anweisungen und Gebote, die Jesus speziell seinen Aposteln gab. Auch wenn sie nur diesen zwölf Männern gegeben wurden, können wir doch auch hier Jesu Willen klar erkennen, und in vielen Fällen können wir diese Prinzipien auch selbst anwenden. Zum Beispiel sagt Jesus den Aposteln in Johannes 20,21–22, dass er sie genauso aussendet, wie der Vater ihn gesandt hat. Obwohl er dieses Wort speziell zu seinen Jüngern sprach, können doch auch wir davon lernen: Jesus möchte, dass wir in die Welt hinausgehen mit derselben Liebe, Barmherzigkeit und Wahrheit, die er uns gebracht hat. (Siehe auch «Nachfolge (Jüngerschaft)», Seite 375.)

Johannes 15,26–27 «Wenn ich beim Vater bin, will ich euch jemanden senden, der euch zur Seite stehen wird, den Geist der Wahrheit. Er wird vom Vater kommen und bezeugen, wer ich bin. ²⁷Und auch ihr werdet meine Zeugen sein, denn ihr seid von Anfang an bei mir gewesen.»

Johannes 20,21–23 Und Jesus sagte noch einmal: «Friede sei mit euch! Wie mich der Vater gesandt hat, so sende ich euch!» ²²Dann hauchte er sie an und sprach: «Empfangt den Heiligen Geist! ²³Wem ihr die Sünde erlasst, dem ist sie erlassen. Und wem ihr die Schuld nicht vergebt, der bleibt schuldig.»

Johannes 21,15–18 Nach dem Essen fragte Jesus Simon Petrus: «Simon, Sohn des Johannes, liebst du mich mehr als die anderen hier?» – «Ja, Herr», antwortete ihm Petrus, «du weißt, dass ich dich lieb habe.» – «Dann hüte meine Lämmer», sagte Jesus. ¹⁶Jesus wiederholte seine Frage: «Simon, Sohn des Johannes, liebst du mich?» – «Ja, Herr, du weißt doch, dass ich dich liebe», antwortete Petrus noch einmal. Erneut sagte Jesus: «Dann hüte meine Schafe!» ¹⁷Und zum dritten Mal fragte Jesus: «Simon, Sohn des Johannes, hast du mich wirklich lieb?» Jetzt wurde Petrus traurig, weil Jesus ihm nun zum dritten Mal diese Frage stellte. Deshalb antwortete er: «Herr, du weißt alles. Du weißt doch auch, wie sehr ich dich liebe!» Darauf sagte Jesus: «Dann hüte meine Schafe! ¹⁸Ich sage dir die Wahrheit: Als du jung warst, hast du dir selbst den Gürtel umgebunden und bist gegangen, wohin du wolltest. Im Alter aber wirst du deine Hände ausstrecken; ein anderer wird dir den Gürtel darumbinden und dich dorthin führen, wo du nicht hingehen willst.»

Matthäus 10,5–20 Diese Zwölf sandte Jesus aus und gab ihnen folgenden Auftrag: «Geht nicht zu den Nichtjuden oder in die Städte der Samariter, ⁶sondern geht nur zu den Menschen aus dem Volk Israel, die sich von Gott entfernt haben. Sie sind wie Schafe, die ohne ihren Hirten verloren sind. ⁷Ihnen sollt ihr diese Nachricht bringen: ‹Jetzt beginnt Gottes neue Welt!› ⁸Heilt Kranke, weckt Tote auf, macht Aussätzige gesund und treibt Dämonen aus! Tut alles, ohne etwas dafür zu verlangen, denn ihr habt auch die Kraft dazu ohne Gegenleistung bekommen. [9]Nehmt kein Geld mit auf die Reise, weder Goldstücke noch Silber- oder Kupfermünzen, [10]auch keine Tasche, kein zweites Hemd, keine Schuhe und keinen Wanderstock. Denn weil ihr den Menschen dient, sollen sie für euch sorgen. [11]Wenn ihr in eine Stadt oder in ein Dorf kommt, dann sucht jemanden, der würdig ist, euch aufzunehmen. Dort bleibt, bis ihr weiterzieht. [12]Wenn ihr in ein Haus eintretet, dann sagt: ‹Friede sei mit euch!› [13]Wenn seine Bewohner euch und eure Botschaft annehmen, so wird der Friede, den ihr bringt, in diesem Haus bleiben. Tun sie dies nicht, so wird der Friede nicht bei ihnen sein. [14]Wenn ihr in einer Stadt oder in einem Haus nicht willkommen seid und man eure Botschaft nicht hören will, so geht fort und schüttelt den Staub von euren Füßen als Zeichen dafür, dass ihr die Stadt dem Urteil Gottes überlasst. [15]Ich sage euch: Den Einwohnern von Sodom und Gomorra wird es am Tag des Gerichts besser ergehen als den Menschen einer solchen Stadt. [16]Hört mir zu: Ich schicke euch wie Schafe mitten unter die Wölfe. Seid klug wie Schlangen, aber ohne Verschlagenheit wie Tauben. [17]Nehmt euch in Acht vor den Menschen! Denn sie werden euch vor die Gerichte zerren, und in den Synagogen wird man euch auspeitschen. [18]Nur weil ihr zu mir gehört, werdet ihr vor Machthabern und Königen verhört werden. Dort werdet ihr meine Botschaft bezeugen, denn sie und alle Völker müssen von mir erfahren. [19]Wenn sie euch vor Gericht bringen, braucht ihr euch nicht darum zu sorgen, was ihr aussagen sollt! Denn zur rechten Zeit wird Gott euch das rechte Wort geben. [20]Nicht ihr werdet es sein, die Rede und Antwort stehen, sondern der Geist eures Vaters im Himmel wird durch euch sprechen.»

Matthäus 16,17–20 «Du kannst wirklich glücklich sein, Simon, Sohn des Jona!», sagte Jesus. «Diese Erkenntnis hat dir mein Vater im Himmel gegeben; von sich aus kommt ein Mensch nicht zu dieser Einsicht. [18]Ich sage dir: Du bist Petrus. Auf diesen Felsen will ich meine Gemeinde bauen, und selbst die Macht des Todes wird sie nicht besiegen können. [19]Ich will dir die Schlüssel zu Gottes neuer Welt geben. Was du auf der Erde binden wirst, das soll auch im Himmel gebunden sein. Und was du auf der Erde lösen wirst, das soll auch im Himmel gelöst sein.» [20]Darauf verbot er seinen Jüngern streng, den Leuten zu sagen, dass er der Christus sei.

Matthäus 19,27–30 Jetzt fragte Petrus: «Aber wie ist es nun mit uns? Wir haben doch alles aufgegeben und sind mit dir gegangen. Was bekommen wir dafür?» [28]Jesus antwortete: «Das sollt ihr wissen, die ihr mit mir geht: Wenn der Menschensohn auf dem Thron der Herrlichkeit sitzen und über Gottes neue Welt herrschen wird, werdet ihr ebenfalls auf zwölf Thronen sitzen und die zwölf Stämme Israels richten. [29]Jeder, der sein Haus, seine Geschwister, seine Eltern, seine Frau, seine Kinder oder seinen Besitz zurücklässt, um mir zu folgen, wird dies alles hundertfach zurückerhalten und das ewige Leben empfangen. [30]Viele, die jetzt einen großen Namen haben, werden dann unbedeutend sein. Und andere, die heute die Letzten sind, werden dort zu den Ersten gehören.»

Matthäus 20,20–23 Da kam die Frau des Zebedäus mit ihren Söhnen Jakobus und Johannes zu Jesus. Sie warf sich vor ihm nieder und wollte ihn um etwas bitten. [21]«Was willst du?», fragte er. Sie antwortete: «Wenn deine Herrschaft begonnen hat, dann gib meinen beiden Söhnen die Ehrenplätze rechts und links neben dir!» [22]Jesus entgegnete: «Ihr wisst ja gar nicht, was ihr da verlangt. Könnt ihr denn auch das schwere Leiden tragen, das auf mich wartet?» – «Ja, das können wir!», antworteten sie. [23]Darauf erwiderte ihnen Jesus: «Ihr werdet tatsächlich leiden müssen, aber trotzdem kann ich nicht bestimmen, wer einmal die Plätze rechts und links neben mir einnehmen wird. Das hat bereits mein Vater entschieden.»

Matthäus 28,18–20 Da ging Jesus auf seine Jünger zu und sprach: «Ich habe von Gott alle Macht im Himmel und auf der Erde erhalten. [19]Geht hinaus in die ganze Welt, und ruft alle Menschen dazu auf, mir nachzufolgen! Tauft sie im Namen des Vaters, des Sohnes und des Heiligen Geistes! [20]Lehrt sie, so zu leben, wie ich es euch aufgetragen habe. Ihr dürft sicher sein: Ich bin immer bei euch, bis das Ende dieser Welt gekommen ist!»

Markus 6,7 Jesus rief seine zwölf Jünger zu sich und erteilte ihnen den Auftrag, jeweils zu zweit durch das ganze Land zu ziehen. Er gab ihnen die Vollmacht, böse Geister auszutreiben.[11]

Markus 10,35–40 Jakobus und Johannes, die Söhne des Zebedäus, gingen zu Jesus und sagten: «Lehrer, wirst du uns eine Bitte erfüllen?» [36]«Was wollt ihr?», fragte Jesus. [37]«Wenn deine Herrschaft begonnen hat, möchten wir gern die Ehrenplätze rechts und links neben dir einnehmen.» [38]Jesus entgegnete: «Ihr wisst ja gar nicht, was ihr da verlangt! Könnt ihr denn auch das schwere Leiden tragen, das auf mich wartet? Könnt ihr euer Leben hingeben, so wie ich es hingeben muss?» [39]«Ja, das können wir!», antworteten sie. Darauf erwiderte ihnen Jesus: «Ihr werdet tatsächlich leiden und euer Leben hingeben müssen. [40]Aber trotzdem kann ich nicht bestimmen, wer einmal die Plätze rechts und links neben mir einnehmen wird. Das hat bereits Gott entschieden.»

Markus 16,15–18 Dann sagte er zu ihnen [den Jüngern]: «Geht hinaus in die ganze Welt und verkündet allen Menschen die rettende Botschaft. [16]Denn wer glaubt und getauft ist, der wird gerettet werden. Wer aber nicht glaubt, der wird verurteilt werden. [17]Die Glaubenden aber werde ich durch folgende Wunder bestätigen: In meinem Namen werden sie Dämonen austreiben und in unbekannten Sprachen reden. [18]Gefährliche Schlangen und tödliches Gift werden ihnen nicht schaden, und Kranke, denen sie die Hände auflegen, werden gesund.»[12]

Lukas 9,1 Jesus rief seine zwölf Jünger zusammen und gab ihnen die Kraft und die

---

[11] Jesus hat offensichtlich an dieser Stelle etwas gesagt. Was genau, überliefert Markus nicht.

[12] In den frühesten Handschriften des Markus-Evangeliums ist Markus 16,9–20 nicht vorhanden.

Macht, alle Dämonen auszutreiben und Kranke zu heilen.[13]

Lukas 22,24–32 Die Jünger stritten sich darüber, wer unter ihnen der Wichtigste sei. [25]Da sagte ihnen Jesus: «In dieser Welt unterdrücken die Herrscher ihre Völker, und rücksichtslose Machthaber lassen sich als Wohltäter feiern. [26]Aber so darf es bei euch nicht sein. Der Erste unter euch soll sich allen anderen unterordnen, und wer euch führen will, muss allen dienen. [27]Wer ist denn der Herr? Wer sich bedienen lässt oder wer dient? Doch wohl derjenige, der sich bedienen lässt! Ich aber bin unter euch wie ein Diener. [28]Ihr seid mir in diesen Tagen der Gefahr und der Versuchung treu geblieben. [29]Deshalb verspreche ich euch: Ihr werdet mit mir zusammen in meinem Reich herrschen, das mein Vater mir übergeben hat. [30]Mit mir sollt ihr am selben Tisch essen und trinken. Ihr werdet auf Thronen sitzen und mit mir über die zwölf Stämme Israels Gericht halten.» [31]Zu Petrus gewandt, sagte Jesus: «Simon, Simon! Der Satan ist hinter euch her, die Spreu vom Weizen zu trennen. [32]Aber ich habe für dich gebetet, damit du den Glauben nicht verlierst. Wenn du dann zu mir zurückkehrst, so stärke den Glauben deiner Brüder!»

Apostelgeschichte 1,4–5 Als sie an einem dieser Tage miteinander aßen, sagte Jesus zu seinen Jüngern: «Verlasst Jerusalem nicht! Bleibt so lange hier, bis in Erfüllung gegangen ist, was euch der Vater durch mich versprochen hat. [5]Denn Johannes hat mit Wasser getauft; ihr aber werdet bald mit dem Heiligen Geist getauft werden.» (Siehe auch Apostelgeschichte 11,16.)

5 Der Auftrag des Christen

In Kapitel 1 sehen wir über zwanzig Aspekte des Auftrags, den Jesus auf der Erde ausführen sollte. Sein Leben war kurz, aber er führte jeden einzelnen Aspekt seines Auftrags aus, die meisten davon in den nicht einmal vier Jahren seines öffentlichen Dienstes. In diesem Abschnitt schauen wir auf die Aspekte des Auftrags, den zu erfüllen Jesus uns berufen hat. Manche sind eher allgemein gehalten, andere sind spezifischer. Wir sollen Frucht tragen, Samen ausstreuen und die Ernte einbringen.

In diesem Abschnitt sind viele außerordentliche Einsichten und Offenbarungen enthalten; versuchen Sie nicht, alles, was Jesus gesagt hat, in einem Zug durchzulesen. Unterstreichen Sie die Aussagen und Aufträge, von denen Sie empfinden, dass sie für Ihre spezifische Berufung und Ihre momentanen Möglichkeiten von Belang sind. Sie werden sehen, es reicht nicht aus, nur zielstrebig zu sein. Jesus möchte, dass wir «Auftrag-ausgeführt»-Christen sind, die sich von ihrem Auftrag motivieren lassen und den Auftrag ausführen, zu dem sie berufen sind. Jede dieser Bibelstellen ist Stoff für eine ganze Predigt oder sogar für mehrere Predigten; gehen Sie an jede einzelne mit einem betendem Herzen heran.

Johannes 4,35–38 «Habt ihr nicht selbst gesagt: ‹In vier Monaten beginnt die Ernte›?

---

[13] Jesus hat offensichtlich an dieser Stelle etwas gesagt. Was genau, überliefert Lukas nicht.

Macht doch eure Augen auf und seht euch um! Das Getreide ist schon reif für die Ernte. [36]Wer sie einbringt, bekommt schon jetzt seinen Lohn und sammelt Frucht für das ewige Leben. Beide sollen sich über die Ernte freuen: wer gesät hat und wer die Ernte einbringt. [37]Hier trifft das Sprichwort zu: ‹Einer sät, der andere erntet.› [38]Ich habe euch auf ein Feld geschickt, das ihr nicht bestellt habt, damit ihr dort ernten sollt. Andere haben sich vor euch abgemüht, und ihr erntet die Früchte ihrer Arbeit.»

Johannes 15,1–8 «Ich bin der wahre Weinstock, und mein Vater ist der Weingärtner. [2]Alle Reben am Weinstock, die keine Trauben tragen, schneidet er ab. Aber die Frucht tragenden Reben beschneidet er sorgfältig, damit sie noch mehr Frucht bringen. [3]Ihr seid schon gute Reben, weil ihr meine Botschaft gehört habt. [4]Bleibt fest mit mir verbunden, und ich werde ebenso mit euch verbunden bleiben! Denn so wie eine Rebe nur am Weinstock Früchte tragen kann, so werdet auch ihr nur Frucht bringen, wenn ihr mit mir verbunden bleibt. [5]Ich bin der Weinstock, und ihr seid die Reben. Wer bei mir bleibt, so wie ich bei ihm bleibe, der trägt viel Frucht. Denn ohne mich könnt ihr nichts ausrichten. [6]Wer ohne mich lebt, wird wie eine unfruchtbare Rebe abgeschnitten und weggeworfen. Die verdorrten Reben werden gesammelt, ins Feuer geworfen und verbrannt. [7]Wenn ihr aber fest mit mir verbunden bleibt und euch meine Worte zu Herzen nehmt, dürft ihr von Gott erbitten, was ihr wollt; ihr werdet es erhalten. [8]Wenn ihr viel Frucht bringt und euch so als meine Jünger erweist, wird die Herrlichkeit meines Vaters sichtbar.»

Johannes 15,11–15 «Das alles sage ich euch, damit meine Freude euch ganz erfüllt und eure Freude dadurch vollkommen wird. [12]Und so lautet mein Gebot: Liebt einander, wie ich euch geliebt habe. [13]Niemand liebt mehr als einer, der sein Leben für die Freunde hingibt. [14]Und ihr seid meine Freunde, wenn ihr tut, was ich euch aufgetragen habe. [15]Ich nenne euch nicht mehr Knechte; denn einem Knecht sagt der Herr nicht, was er vorhat. Ihr aber seid meine Freunde; denn ich habe euch alles anvertraut, was ich vom Vater gehört habe.»

Johannes 17,13–26 «Jetzt komme ich zu dir zurück. Aber dies alles wollte ich noch sagen, solange ich bei ihnen bin, damit meine Freude auch sie ganz erfüllt. [14]Ich habe ihnen deine Botschaft weitergegeben, und die Welt hasst sie deswegen, weil sie ebenso wie ich nicht zu ihr gehören. [15]Ich bitte dich nicht, sie aus der Welt zu nehmen, aber schütze sie vor der Macht des Bösen! [16]Sie gehören ebenso wenig zur Welt wie ich. [17]Lass ihnen deine Wahrheit leuchten, damit sie in immer engerer Gemeinschaft mit dir leben! Dein Wort ist die Wahrheit! [18]Wie du mich in die Welt gesandt hast, so sende ich sie in die Welt. [19]Für sie gebe ich mein Leben hin, damit ihr Leben ganz dir gehört. [20]Ich bitte aber nicht nur für sie, sondern für alle, die durch ihre Worte von mir hören werden und an mich glauben. [21]Sie alle sollen eins sein, genauso wie du, Vater, mit mir eins bist. So wie du in mir bist und ich in dir bin, sollen auch sie in uns fest miteinander verbunden sein. Dann wird die Welt glauben, dass du mich gesandt hast. [22]Deshalb habe ich ihnen auch die Herrlichkeit gegeben, die du mir anvertraut hast, damit sie die gleiche enge Gemeinschaft haben wie wir. ²³Ich bleibe in ihnen, und du bleibst in mir. Genau so sollen auch sie ganz eins sein. Und die Welt wird erkennen, dass du mich gesandt hast und dass du meine Jünger liebst, wie du mich liebst. ²⁴Vater, ich möchte, dass alle, die du mir gegeben hast, bei mir bleiben. Sie sollen an meiner Herrlichkeit teilhaben. Du hast mir die Herrlichkeit gegeben; denn du hast mich geliebt, längst bevor die Welt geschaffen wurde. ²⁵Guter und treuer Vater! Wenn die Welt dich auch nicht kennt, ich kenne dich, und diese hier haben erkannt, dass du mich gesandt hast. ²⁶Ich habe ihnen gezeigt, wer du bist. Das werde ich auch weiter tun, damit deine Liebe zu mir auch sie erfüllt, ja, damit ich selbst in ihnen lebe.»

Johannes 21,15–17 Nach dem Essen fragte Jesus Simon Petrus: «Simon, Sohn des Johannes, liebst du mich mehr als die anderen hier?» – «Ja, Herr», antwortete ihm Petrus, «du weißt, dass ich dich lieb habe.» – «Dann hüte meine Lämmer», sagte Jesus. ¹⁶Jesus wiederholte seine Frage: «Simon, Sohn des Johannes, liebst du mich?» – «Ja, Herr, du weißt doch, dass ich dich liebe», antwortete Petrus noch einmal. Erneut sagte Jesus: «Dann hüte meine Schafe!» ¹⁷Und zum dritten Mal fragte Jesus: «Simon, Sohn des Johannes, hast du mich wirklich lieb?» Jetzt wurde Petrus traurig, weil Jesus ihm nun zum dritten Mal diese Frage stellte. Deshalb antwortete er: «Herr, du weißt alles. Du weißt doch auch, wie sehr ich dich liebe!» Darauf sagte Jesus: «Dann hüte meine Schafe!»

Matthäus 4,19 Da forderte Jesus sie auf: «Kommt mit mir! Ich will euch zeigen, wie ihr Menschen für Gott gewinnen könnt.» (Siehe auch Markus 1,17.)

Matthäus 5,10–11 «Glücklich sind, die verfolgt werden, weil sie nach Gottes Willen leben. Denn ihnen gehört Gottes neue Welt. ¹¹Glücklich könnt ihr sein, wenn ihr verachtet, verfolgt und verleumdet werdet, weil ihr mir nachfolgt.»

Matthäus 5,13 «Ihr seid für die Welt wie Salz. Wenn das Salz aber fade geworden ist, wodurch soll es seine Würzkraft wiedergewinnen? Es ist nutzlos geworden, man schüttet es weg, und die Leute treten darauf herum.»

Matthäus 5,14–16 «Ihr seid das Licht, das die Welt erhellt. Eine Stadt, die hoch auf dem Berg liegt, kann nicht verborgen bleiben. ¹⁵Man zündet ja auch keine Öllampe an und stellt sie unter einen Eimer. Im Gegenteil: Man stellt sie so auf, dass sie allen im Haus Licht gibt. ¹⁶Genauso soll euer Licht vor allen Menschen leuchten. Sie werden eure guten Taten sehen und euren Vater im Himmel dafür loben.»

Matthäus 5,19–20 «Wenn jemand auch nur das geringste Gebot Gottes für ungültig erklärt oder andere dazu verleitet, der wird in Gottes neuer Welt nichts bedeuten. Wer aber anderen Gottes Gebote weitersagt und sich selbst danach richtet, der wird in Gottes neuer Welt großes Ansehen haben. ²⁰Ich warne euch: Wenn ihr das Gesetz Gottes nicht besser erfüllt als die Pharisäer und Schriftgelehrten, kommt ihr nicht in Gottes neue Welt.»

Matthäus 5,38–46 «Es heißt auch: ‹Auge um Auge, Zahn um Zahn!› ³⁹Ich sage euch aber: Leistet keine Gegenwehr, wenn man euch Böses antut! Wenn jemand dir eine Ohrfeige gibt, dann halte die andere Wange auch noch hin! ⁴⁰Wenn einer dich vor Gericht bringen will, um dein Hemd zu bekommen, so gib ihm auch noch den Mantel! ⁴¹Und wenn einer von dir verlangt, eine Meile mit ihm zu gehen, dann geh zwei Meilen mit ihm! ⁴²Gib jedem, der dich um etwas bittet, und weise keinen ab, der etwas von dir leihen will. ⁴³Es heißt bei euch: ‹Liebt eure Freunde und hasst eure Feinde!› ⁴⁴Ich sage aber: Liebt eure Feinde und betet für alle, die euch verfolgen! ⁴⁵So erweist ihr euch als Kinder eures Vaters im Himmel. Denn er lässt seine Sonne für Böse wie für Gute scheinen, und er lässt es regnen für Fromme und Gottlose.»

Matthäus 5,48 «Ihr aber sollt so vollkommen sein wie euer Vater im Himmel.»

Matthäus 6,19–21 «Häuft in dieser Welt keine Reichtümer an! Ihr wisst, wie schnell Motten und Rost sie zerfressen oder Diebe sie stehlen! ²⁰Sammelt euch vielmehr Schätze im Himmel, die unvergänglich sind und die kein Dieb mitnehmen kann. ²¹Wo nämlich eure Schätze sind, da wird auch euer Herz sein.»

Matthäus 6,24–34 «Niemand kann zwei Herren gleichzeitig dienen. Wer dem einen richtig dienen will, wird sich um die Wünsche des anderen nicht kümmern können. Er wird sich für den einen einsetzen und den anderen vernachlässigen. Auch ihr könnt nicht gleichzeitig für Gott und das Geld leben. ²⁵Darum sage ich euch: Macht euch keine Sorgen um euren Lebensunterhalt, um Essen, Trinken und Kleidung. Leben bedeutet mehr als Essen und Trinken, und der Mensch ist wichtiger als seine Kleidung. ²⁶Seht euch die Vögel an! Sie säen nichts, sie ernten nichts und sam-

meln auch keine Vorräte. Euer Vater im Himmel versorgt sie. Meint ihr nicht, dass ihr ihm viel wichtiger seid? ²⁷Und wenn ihr euch noch so viel sorgt, könnt ihr doch euer Leben um keinen Augenblick verlängern. ²⁸Weshalb macht ihr euch so viele Sorgen um eure Kleidung? Seht euch an, wie die Lilien auf den Wiesen blühen! Sie können weder spinnen noch weben. ²⁹Ich sage euch, selbst König Salomo war in seiner ganzen Herrlichkeit nicht so prächtig gekleidet wie eine dieser Blumen. ³⁰Wenn Gott sogar das Gras so schön wachsen lässt, das heute auf der Wiese grünt, morgen aber schon verbrannt wird, wie könnte er euch dann vergessen? Vertraut ihr Gott so wenig? ³¹Zerbrecht euch also nicht mehr den Kopf mit Fragen wie: ‹Werden wir genug zu essen haben? Und was werden wir trinken? Was sollen wir anziehen?› ³²Mit solchen Dingen beschäftigen sich nur Menschen, die Gott nicht kennen. Euer Vater im Himmel weiß doch genau, dass ihr dies alles braucht. ³³Sorgt euch vor allem um Gottes neue Welt, und lebt nach Gottes Willen! Dann wird er euch mit allem anderen versorgen. ³⁴Deshalb sorgt euch nicht um morgen – der nächste Tag wird für sich selber sorgen! Es ist doch genug, wenn jeder Tag seine eigenen Lasten hat.»

Matthäus 10,27 «Was ich euch im Dunkeln sage, das gebt am helllichten Tag weiter! Was ich euch ins Ohr flüstere, das ruft vor aller Welt laut hinaus!»

Matthäus 10,28–31 «Habt keine Angst vor den Menschen, die zwar den Körper, aber nicht die Seele töten können! Fürchtet vielmehr Gott, der Leib und Seele in der Hölle vernichten kann. ²⁹Welchen Wert hat schon ein Spatz auf dem Dach? Man kann zwei von ihnen für einen Spottpreis kaufen! Trotzdem fällt keiner tot zur Erde, wenn es euer Vater nicht will. [30]Bei euch sind sogar die Haare auf dem Kopf alle gezählt. [31]Darum habt keine Angst! Ihr seid Gott mehr wert als ein ganzer Spatzenschwarm.»

Matthäus 10,32–33 «Wer sich vor den Menschen zu mir bekennt, zu dem werde ich mich auch vor meinem Vater im Himmel bekennen. [33]Wer aber vor den Menschen nicht zu mir steht, zu dem werde ich auch vor meinem Vater im Himmel nicht stehen.»

Matthäus 10,34–39 «Meint nur nicht, dass ich gekommen bin, um Frieden auf die Erde zu bringen. Nein, ich bringe Kampf! [35]Ich werde Vater und Sohn, Mutter und Tochter, Schwiegertochter und Schwiegermutter gegeneinander aufbringen. [36]Die schlimmsten Feinde werden in der eigenen Familie sein. [37]Wer seinen Vater oder seine Mutter, seinen Sohn oder seine Tochter mehr liebt als mich, der ist es nicht wert, mein Jünger zu sein. [38]Und wer nicht bereit ist, sein Kreuz auf sich zu nehmen und mir nachzufolgen, der kann nicht zu mir gehören. [39]Wer sich an sein Leben klammert, der wird es verlieren. Wer es aber für mich einsetzt, der wird es für immer gewinnen.»

Matthäus 11,28–30 «Kommt alle her zu mir, die ihr euch abmüht und unter eurer Last leidet! Ich werde euch Ruhe geben. [29]Lasst euch von mir in den Dienst nehmen, und lernt von mir! Ich meine es gut mit euch und sehe auf niemanden herab. Bei mir findet ihr Ruhe für euer Leben. [30]Mir zu dienen ist keine Bürde für euch, meine Last ist leicht.»

Matthäus 12,50 «Denn wer den Willen meines Vaters im Himmel tut, der ist mein Bruder, meine Schwester und meine Mutter.»

Matthäus 13,16–17 «Aber ihr könnt glücklich sein, denn eure Augen können sehen und eure Ohren können hören. [17]Ich sage euch: Viele Propheten und Menschen, die Gott dienten, hätten gern gesehen, was ihr seht, und gehört, was ihr hört, aber die Zeit war noch nicht da.»

Matthäus 20,25–28 Da rief Jesus alle [Jünger] zusammen und sagte: «Ihr wisst, wie die Machthaber der Welt ihre Völker unterdrücken. Wer die Macht hat, nutzt sie rücksichtslos aus. [26]Aber so darf es bei euch nicht sein. Wer groß sein will, der soll den anderen dienen, [27]und wer der Erste sein will, der soll sich allen unterordnen. [28]Auch der Menschensohn ist nicht gekommen, um sich bedienen zu lassen. Er kam, um zu dienen und sein Leben hinzugeben, damit viele Menschen aus der Gewalt des Bösen befreit werden.»

Matthäus 28,18–20 Da ging Jesus auf seine Jünger zu und sprach: «Ich habe von Gott alle Macht im Himmel und auf der Erde erhalten. [19]Geht hinaus in die ganze Welt, und ruft alle Menschen dazu auf, mir nachzufolgen! Tauft sie im Namen des Vaters, des Sohnes und des Heiligen Geistes! [20]Lehrt sie, so zu leben, wie ich es euch aufgetragen habe. Ihr dürft sicher sein: Ich bin immer bei euch, bis das Ende dieser Welt gekommen ist!»

Markus 9,41 «Erfrischt euch ein Mensch mit einem Schluck Wasser, weil ihr zu Christus gehört, so wird er seinen Lohn erhalten. Darauf könnt ihr euch verlassen!»

Markus 16,15–18 Dann sagte er zu ihnen [den Jüngern]: «Geht hinaus in die ganze Welt und verkündet allen Menschen die rettende Botschaft. [16]Denn wer glaubt und getauft ist, der wird gerettet werden. Wer aber nicht glaubt, der wird verurteilt werden. [17]Die Glaubenden aber werde ich durch folgende Wunder bestätigen: In meinem Namen werden sie Dämonen austreiben und in unbekannten Sprachen reden. [18]Gefährliche Schlangen und tödliches Gift werden ihnen nicht schaden, und Kranke, denen sie die Hände auflegen, werden gesund.»[14]

Lukas 4,8 Wieder wehrte Jesus ab: «Nein! Denn es steht in der Heiligen Schrift: ‹Bete allein Gott, deinen Herrn, an und diene nur ihm!›» (Siehe auch Matthäus 4,10.)

Lukas 4,12 Aber Jesus wies ihn auch diesmal zurück: «Es steht aber auch in der Schrift: ‹Du sollst Gott, deinen Herrn, nicht herausfordern!›» (Siehe auch Matthäus 4,7.)

Lukas 5,9–10 Er [Simon Petrus] und alle anderen Fischer waren fassungslos über diesen Fang, [10]auch Jakobus und Johannes, die Söhne des Zebedäus, die Simon bei der Arbeit geholfen hatten. Aber Jesus sagte zu Simon: «Fürchte dich nicht! Du wirst jetzt keine Fische mehr fangen, sondern Menschen für mich gewinnen.»

Lukas 5,27–28 Als Jesus weiterzog, sah er den Zolleinnehmer Levi am Zoll sitzen. Jesus forderte ihn auf: «Komm, geh mit mir!» [28]Ohne zu zögern, verließ Levi alles und ging mit ihm.

Lukas 6,46–49 «Warum nennt ihr mich dauernd ‹Herr!›, wenn ihr doch nicht tut, was ich euch sage? [47]Wisst ihr, mit wem ich einen Menschen vergleiche, der meine Worte hört und danach handelt? [48]Er ist wie ein Mann, der sich ein Haus bauen wollte. Zuerst hob er eine Baugrube aus, dann baute er die Fundamente seines Hauses auf felsigen Grund. Als ein Unwetter kam und die Fluten gegen das Haus brandeten, konnten sie keinen Schaden anrichten, denn das Haus war auf Felsengrund gebaut. [49]Wer sich meine Worte allerdings nur anhört und nicht danach lebt, der ist wie einer, der beim Bauen auf das Fundament verzichtet und sein Haus auf weichen Boden baut. Bei einem Unwetter unterspülen die Fluten sein Haus, es gerät aus allen Fugen und stürzt krachend ein.»

Lukas 9,62 Ihm antwortete Jesus: «Wer beim Pflügen nach hinten blickt, den kann Gott in seiner neuen Welt nicht brauchen.»

Lukas 10,2–3 Er sagte zu ihnen [den Siebzig, die er aussandte]: «Die Ernte ist groß, aber es gibt nur wenige Arbeiter. Deshalb bittet den Herrn, dass er noch mehr Arbeiter aussendet, die seine Ernte einbringen. [3]Geht nun! Ich schicke euch wie Schafe mitten unter die Wölfe.»

Lukas 12,1 Hunderte, ja Tausende strömten zusammen, und das Gedränge wurde bedrohlich. Doch Jesus sprach zunächst nur zu seinen Jüngern: «Hütet euch vor den Pharisäern und ihrer Scheinheiligkeit, denn sie ist wie ein Sauerteig, der das ganze Brot durchsäuert.»

Lukas 12,22–23 Jesus sagte zu seinen Jüngern: «Macht euch keine Sorgen um euren Lebensunterhalt, um Essen und Kleidung. [23]Leben bedeutet mehr als Essen und

---

[14] In den frühesten Handschriften des Markus-Evangeliums ist Markus 16,9–20 nicht vorhanden.

Trinken, und der Mensch ist wichtiger als seine Kleidung.»

Lukas 12,29–34 «Zerbrecht euch also nicht mehr den Kopf darüber, was ihr essen und trinken sollt! [30]Mit solchen Dingen beschäftigen sich nur Menschen, die Gott nicht kennen. Euer Vater im Himmel weiß doch genau, dass ihr dies alles braucht. [31]Sorgt euch vor allem um Gottes neue Welt, dann wird er euch mit allem anderen versorgen. [32]Du kleine Herde, du brauchst keine Angst vor der Zukunft zu haben! Denn dir will der Vater sein Königreich schenken. [33]Verkauft euren Besitz, und gebt das Geld den Armen! Sammelt euch auf diese Weise einen Vorrat, der nicht alt wird und niemals verderben kann, einen Schatz im Himmel. Diesen Schatz kann kein Dieb stehlen und keine Motte zerfressen. [34]Wo eure Schätze sind, da wird auch euer Herz sein.»

Lukas 12,35–37 [35/36]«Ihr sollt so leben wie Diener, die darauf warten, dass ihr Herr von einer Hochzeit zurückkommt. Seid wie sie dienstbereit, und lasst eure Lampen angezündet. Wenn ihr Herr zurückkommt und klopft, können sie ihm schnell öffnen. [37]Ja, freuen können sich alle, die der Herr bei seiner Rückkehr noch wach antrifft! Ich sage euch: Der Herr wird sie bitten, am Tisch Platz zu nehmen, und er selbst wird sich eine Schürze umbinden und sie bedienen.»

Lukas 12,42–48 Jesus, der Herr, entgegnete: «Wie verhält sich denn ein kluger und zuverlässiger Verwalter? Sein Herr hat ihm die Verantwortung für alle Mitarbeiter übertragen; er soll sie zu jeder Zeit mit allem Nötigen versorgen. [43]Dieser Verwalter darf sich glücklich nennen, wenn sein Herr ihn bei der Rückkehr gewissenhaft bei der Arbeit findet. [44]Das sage ich euch: Einem so zuverlässigen Mann wird er die Verantwortung für seinen ganzen Besitz übertragen. [45]Wenn aber ein Verwalter unzuverlässig ist und im Stillen denkt: ‹Ach was, es dauert bestimmt noch lange, bis mein Herr kommt›, und er fängt an, seine Mitarbeiter zu schlagen, zu schlemmen und sich zu betrinken, [46]dann wird die Rückkehr seines Herrn ihn völlig überraschen. Sein Herr kommt, wenn er nicht damit rechnet. Er wird den unzuverlässigen Verwalter hart bestrafen und ihm den Lohn geben, den die Gottlosen verdienen. [47]Der Verwalter, der den Willen seines Herrn kennt, sich aber bewusst nicht danach richtet, wird schwer bestraft werden. [48]Wer dagegen falsch handelt, ohne es zu wissen, wird mit einer leichteren Strafe davonkommen. So wird von jedem, der viel bekommen hat, auch viel erwartet; denn wem viel anvertraut wurde, von dem verlangt man umso mehr.»

Lukas 13,6–9 Und dann erzählte Jesus ihnen dieses Gleichnis: «Ein Mann pflanzte in seinen Weinberg einen Feigenbaum. Jahr für Jahr sah er nach, ob der Baum Früchte trug. Aber vergeblich! [7]Endlich rief er seinen Gärtner: ‹Schon drei Jahre habe ich gewartet, aber noch nie hing an dem Baum auch nur eine einzige Feige. Hau ihn um. Er nimmt nur Platz weg.› [8]Aber der Gärtner bat: ‹Lass ihn noch ein Jahr stehen! Ich will diesen Baum gut düngen und sorgfältig pflegen. [9]Wenn er dann Früchte trägt, ist es gut; sonst kannst du ihn umhauen.›»

Lukas 17,7–10 «Wie ist das bei euch?», fragte Jesus seine Zuhörer. «Wenn euer

Knecht vom Feld oder von der Herde heimkommt, sagt ihr dann zu ihm: ‹Komm, setz dich an den Tisch und iss›? ⁸Oder werdet ihr ihm nicht erst den Auftrag geben: ‹Zieh dich um, mach mir etwas zu essen und deck den Tisch! Wenn ich gegessen habe, dann kannst du auch essen und trinken.› ⁹Kann der Knecht dafür einen besonderen Dank erwarten? Ich meine nicht! Es gehört doch schließlich zu seiner Arbeit. ¹⁰Das gilt auch für euch. Wenn ihr in meinem Dienst alles getan habt, was ich euch aufgetragen habe, dann sollt ihr sagen: ‹Wir sind einfache Knechte und haben nur unseren Auftrag ausgeführt!›»

Lukas 20,22–25 «Deshalb sage uns: Ist es eigentlich Gottes Wille, dass wir dem römischen Kaiser Steuern zahlen, oder nicht?» ²³Jesus durchschaute ihre Hinterhältigkeit und sagte: ²⁴«Zeigt mir ein Geldstück! Wessen Bild und Name ist hier eingeprägt?» Sie antworteten: «Das Bild und der Name des Kaisers!» ²⁵«Nun, dann gebt dem Kaiser, was ihm zusteht», antwortete Jesus, «und gebt Gott, was ihm gehört!» (Siehe auch Matthäus 22,17–21 und Markus 12,14–17.)

Lukas 22,31–32 Zu Petrus gewandt, sagte Jesus: «Simon, Simon! Der Satan ist hinter euch her, die Spreu vom Weizen zu trennen. ³²Aber ich habe für dich gebetet, damit du den Glauben nicht verlierst. Wenn du dann zu mir zurückkehrst, so stärke den Glauben deiner Brüder!»

Lukas 24,46–49 Er sagte: «Es steht doch dort geschrieben: Der Messias muss leiden und sterben, und er wird am dritten Tag von den Toten auferstehen. ⁴⁷Alle Völker sollen diese Botschaft hören: Gott wird jedem, der zu ihm umkehrt, die Schuld vergeben. Das soll zuerst in Jerusalem verkündet werden. ⁴⁸Ihr selbst habt miterlebt, dass Gottes Zusagen in Erfüllung gegangen sind. Ihr seid meine Zeugen. ⁴⁹Ich werde euch den Heiligen Geist geben, den mein Vater euch versprochen hat. Bleibt hier in Jerusalem, bis ihr diese Kraft von oben empfangen habt!»

Apostelgeschichte 1,8 «Aber ihr werdet den Heiligen Geist empfangen und durch seine Kraft meine Zeugen sein in Jerusalem und Judäa, in Samarien und auf der ganzen Erde.»

Offenbarung 2,2–5 «Ich weiß, wie viel Gutes du tust, weiß von all deiner Arbeit, und ich kenne auch deine Standhaftigkeit. Es ist gut, dass du die Bösen in eurer Mitte nicht duldest und die als Lügner entlarvst, die sich als Apostel ausgeben und es doch nicht sind. ³Geduldig hast du für mich Schweres ertragen und niemals aufgegeben. ⁴Aber das eine habe ich gegen dich: Deine Liebe ist nicht mehr so stark wie früher. ⁵Erinnere dich daran, mit welcher Hingabe du einmal begonnen hast. Was ist davon geblieben? Kehre um, und handle wieder so wie zu Beginn. Sonst werde ich kommen und deinen Leuchter von seinem Platz stoßen.»

Offenbarung 2,7 «Hört genau hin, und achtet darauf, was Gottes Geist den Gemeinden sagt. Denn wer durchhält und den Sieg erringt, dem will ich die Früchte vom Baum des Lebens zu essen geben, der in Gottes Paradies steht.»

Offenbarung 2,9–11 «Ich kenne alle deine Leiden und weiß, in welcher Armut du lebst; doch in Wirklichkeit bist du reich. Mir ist auch nicht entgangen, wie bösartig euch die Leute verleumden, die sich als fromme Juden ausgeben, in Wirklichkeit aber Gehilfen des Satans sind. [10]Fürchte dich nicht vor dem, was dir noch bevorsteht. Der Teufel wird einige von euch ins Gefängnis bringen, um euch auf die Probe zu stellen. Zehn Tage lang werdet ihr leiden müssen. Doch wenn du mir treu bleibst bis zum Tod, werde ich dir als Siegespreis das ewige Leben geben. [11]Hört genau hin, und achtet darauf, was Gottes Geist den Gemeinden sagt. Wer durchhält und den Sieg erringt, dem wird der zweite, der ewige Tod nichts anhaben können.»

Offenbarung 2,13 «Ich weiß, dass du in einer Stadt wohnst, die vom Satan regiert wird. Trotzdem bekennst du dich treu zu mir und hast deinen Glauben nicht widerrufen; selbst dann nicht, als Antipas, mein treuer Zeuge, in dieser Hochburg des Satans getötet wurde.»

Offenbarung 2,17 «Hört genau hin, und achtet darauf, was Gottes Geist den Gemeinden sagt. Wer durchhält und den Sieg erringt, wird Brot vom Himmel essen. Als Zeichen des Sieges werde ich ihm einen weißen Stein geben. Darauf steht ein neuer Name, den nur der kennt, der ihn erhält.»

Offenbarung 2,19 «Ich sehe alles, was du tust. Ich weiß, mit welcher Liebe du mir dienst und mit welcher Treue du am Glauben festhältst. Ich kenne deinen Dienst für andere und deine Geduld. Und heute setzt du dich noch mehr ein als früher.»

Offenbarung 2,25–26 «Haltet nur unerschütterlich an dem fest, was ihr habt, bis ich komme. [26]Denn wer durchhält und den Sieg erringt, wer bis zuletzt nach meinem Willen lebt und handelt, dem werde ich Macht über die Völker der Erde geben.»

Offenbarung 3,2–4 «Wach auf und stärke die wenigen, deren Glaube noch lebendig ist, bevor auch ihr Glaube stirbt. Denn so, wie du bisher gelebt hast, kannst du vor Gott nicht bestehen. [3]Hast du denn ganz vergessen, wie du Gottes Botschaft gehört und aufgenommen hast? Besinn dich wieder darauf, und kehr um zu Gott. Wenn du nicht wach wirst, werde ich plötzlich da sein, unerwartet wie ein Dieb. Und du wirst nicht wissen, wann ich komme. [4]Aber auch bei euch in Sardes sind einige, denen der Schmutz dieser Welt nichts anhaben konnte. Sie werden immer bei mir sein und weiße Kleider tragen; denn sie sind es wert.»

Offenbarung 3,8 «Ich weiß, was du getan und geleistet hast. Sieh, ich habe dir eine Tür geöffnet, die niemand verschließen kann. Deine Kraft ist klein; doch du hast an dem, was ich gesagt habe, festgehalten und dich unerschrocken zu mir bekannt.»

Offenbarung 3,10–12 «Du hast meine Aufforderung befolgt, geduldig auszuhalten. Deshalb will ich dich auch in der schweren Prüfung bewahren, die über die ganze Erde kommen wird, um alle Menschen auf die Probe zu stellen. [11]Ich komme schnell und unerwartet. Darum halte fest, was du hast, damit dir niemand deinen Siegespreis nehmen kann. [12]Denn wer durchhält und den Sieg erringt, den werde ich zu einer Säule im Tempel meines Gottes machen; er wird dort immer bleiben. Und er soll den Namen meines Gottes tragen und wird ein Bürger des neuen Jerusalem sein, der Stadt, die Gott vom Himmel herabkommen lässt. Auch meinen eigenen neuen Namen wird er erhalten.»

Offenbarung 3,15–18 «Ich kenne dich genau und weiß alles, was du tust. Du bist weder kalt noch heiß. Ach, wärst du doch das eine oder das andere! [16]Aber du bist lau, und deshalb werde ich dich ausspucken. [17]Du bildest dir ein: ‹Ich bin reich und habe alles, was ich brauche!› Da machst du dir selbst etwas vor! Du merkst gar nicht, wie jämmerlich du in Wirklichkeit dran bist: arm, blind und nackt. [18]Darum solltest du dich endlich um den wahren Reichtum bemühen, um das reine Gold, das im Feuer geläutert wurde. Nur dieses Gold macht dich reich, und nur von mir kannst du es bekommen. Lass dir auch die weißen Kleider von mir geben, damit du nicht länger nackt und bloß dastehst. Kauf dir Augensalbe, die deine blinden Augen heilt.»

6 Augen, mit den geistlichen Augen sehen

Johannes 4,31–36 Inzwischen hatten ihm seine Jünger zugeredet: «Meister, iss doch etwas!» [32]Aber er sagte zu ihnen: «Ich habe eine Speise, von der ihr nichts wisst.» [33]«Hat ihm wohl jemand etwas zu essen gebracht?», fragten sich die Jünger untereinander. [34]Aber Jesus erklärte ihnen: «Ich lebe davon, dass ich Gottes Willen erfülle und sein Werk zu Ende führe. Dazu hat er mich in diese Welt gesandt. [35]Habt ihr nicht selbst gesagt: ‹In vier Monaten beginnt die Ernte›? Macht doch eure Augen auf und seht euch um! Das Getreide ist schon reif für die Ernte. [36]Wer sie einbringt, bekommt schon jetzt seinen Lohn und sammelt Frucht für das ewige Leben. Beide sollen sich über die Ernte freuen: wer gesät hat und wer die Ernte einbringt.»

Matthäus 5,27–30 «Ihr wisst, dass es im Gesetz heißt: ‹Du sollst nicht die Ehe brechen!› [28]Ich sage euch aber: Schon wer eine Frau mit begehrlichen Blicken ansieht, der hat im Herzen mit ihr die Ehe gebrochen. [29]Wenn dich also dein rechtes Auge zur Sünde verführt, dann reiß es heraus und wirf es weg! Besser, du verlierst eins deiner Glieder, als dass du unversehrt in die Hölle geworfen wirst. [30]Und wenn dich deine rechte Hand zum Bösen verführt, so hack sie ab und wirf sie weg! Es ist besser, verstümmelt zu sein, als unversehrt in die Hölle geworfen zu werden.»

Matthäus 6,22–23 «Das Auge gibt dir Licht. Wenn deine Augen das Licht einlassen, wirst du auch im Licht leben. [23]Verschließen sich deine Augen dem Licht, lebst du in Dunkelheit. Wenn aber das Licht in deinem Innern erloschen ist, wie tief ist dann die Finsternis!»

Matthäus 7,3–5 «Warum siehst du jeden kleinen Splitter im Auge deines Bruders, aber den Balken in deinem eigenen Auge bemerkst du nicht? [4]Du sagst: ‹Mein Bruder, komm her! Ich will dir den Splitter aus dem Auge ziehen!› Dabei hast du selbst einen Balken im Auge! [5]Du Heuchler! Entferne zuerst den Balken aus deinem Auge, dann kannst du klar sehen, um auch den Splitter aus dem Auge deines Bruders zu ziehen.» (Siehe auch Lukas 6,41–42.)

Matthäus 13,13–17 «Deshalb rede ich in Gleichnissen. Denn sie sehen, aber sie erkennen nicht; sie hören, aber sie verstehen es nicht. [14]Damit erfüllt sich an ihnen, was der Prophet Jesaja vorausgesagt hat: ‹Ihr werdet hören und nicht verstehen, sehen und nicht erkennen. [15]Denn das Herz dieses Volkes ist hart und gleichgültig. Sie sind schwerhörig und verschließen die Augen. Deshalb sehen und hören sie nicht. Sie sind nicht einsichtig und wollen nicht zu mir umkehren, darum kann ich ihnen nicht helfen und sie heilen.› [16]Aber ihr könnt glücklich sein, denn eure Augen können sehen und eure Ohren können hören. [17]Ich sage euch: Viele Propheten und Menschen, die Gott dienten, hätten gern gesehen, was ihr seht, und gehört, was ihr hört, aber die Zeit war noch nicht da.»

Matthäus 18,9 «Wenn dich dein Auge zur Sünde verführt, dann reiß es heraus und wirf es weg. Es ist besser, einäugig das ewige Leben zu erhalten, als mit beiden Augen ins Feuer der Hölle geworfen zu werden.»

Markus 7,20–23 Und er fügte noch hinzu: «Was aus dem Inneren des Menschen kommt, das lässt ihn unrein werden. [21]Denn aus dem Inneren, aus dem Herzen der Menschen, kommen die bösen Gedanken wie: sexuelle Zügellosigkeit, Diebstahl, Mord, [22]Ehebruch, Habsucht, Bosheit, Betrügerei, ausschweifendes Leben, Neid, Verleumdung, Überheblichkeit und Unbesonnenheit. [23]Das kommt von innen heraus, und das macht die Menschen vor Gott unrein.»

Markus 8,17–19 Jesus merkte, worüber sie [die Jünger] sprachen, und fragte: «Weshalb macht ihr euch gleich Sorgen, wenn einmal nicht genug zu essen da ist? Werdet ihr denn nie verstehen, was ich meine? Könnt ihr gar nichts begreifen? Ist euer Herz denn noch immer so hart und unempfänglich? [18]Ihr habt doch Augen. Warum seht ihr nicht? Und ihr habt Ohren.

Warum hört ihr nicht? Habt ihr vergessen, [19]dass ich fünftausend Menschen mit fünf Broten gesättigt habe? Wie viel Körbe habt ihr mit Resten gefüllt?» Sie antworteten: «Zwölf.»

Markus 9,47–48 «Wenn dich dein Auge zur Sünde verführt, dann reiß es heraus. Es ist viel besser, einäugig in Gottes neue Welt zu gelangen, als mit zwei gesunden Augen schließlich ins Feuer der Hölle geworfen zu werden. [48]Dort wird die Qual nicht enden und das Feuer nicht verlöschen.»

Lukas 11,33–36 «Niemand zündet eine Öllampe an und versteckt sie dann oder stellt sie unter einen Eimer. Im Gegenteil! Man stellt die Lampe so auf, dass jeder, der hereinkommt, das Licht sieht. [34]Das Auge gibt dir Licht. Wenn deine Augen das Licht einlassen, wirst du auch im Licht leben. Verschließen sich deine Augen dem Licht, lebst du in Dunkelheit. [35]Deshalb achte darauf, dass das Licht in deinem Innern nicht erlischt! [36]Wenn du es einlässt und keine Finsternis in dir ist, dann lebst du im Licht – so, als würdest du von einer hellen Lampe angestrahlt.»

7 Ausharren in der Verfolgung der Endzeit

Matthäus 10,16–22 «Hört mir zu: Ich schicke euch wie Schafe mitten unter die Wölfe. Seid klug wie Schlangen, aber ohne Verschlagenheit wie Tauben. [17]Nehmt euch in Acht vor den Menschen! Denn sie werden euch vor die Gerichte zerren, und in den Synagogen wird man euch auspeitschen. [18]Nur weil ihr zu mir gehört, werdet ihr vor Machthabern und Königen verhört werden. Dort werdet ihr meine Botschaft bezeugen, denn sie und alle Völker müssen von mir erfahren. ¹⁹Wenn sie euch vor Gericht bringen, braucht ihr euch nicht darum zu sorgen, was ihr aussagen sollt! Denn zur rechten Zeit wird Gott euch das rechte Wort geben. ²⁰Nicht ihr werdet es sein, die Rede und Antwort stehen, sondern der Geist eures Vaters im Himmel wird durch euch sprechen. ²¹In dieser Zeit wird ein Bruder den anderen dem Henker ausliefern. Väter werden ihre eigenen Kinder anzeigen. Kinder werden gegen ihre Eltern vorgehen und sie hinrichten lassen. ²²Alle Welt wird euch hassen, weil ihr euch zu mir bekennt. Aber wer bis zum Ende durchhält, wird gerettet.»

Matthäus 13,3–13.18–23 Was er ihnen von Gott zu sagen hatte, erklärte er ihnen durch Gleichnisse. «Ein Bauer säte Getreide aus. ⁴Dabei fielen ein paar Saatkörner auf den Weg. Sofort kamen die Vögel und pickten sie auf. ⁵Andere Körner fielen auf felsigen Boden, wo nur wenig Erde war. Dort ging die Saat zwar schnell auf, ⁶aber als die Sonne heiß brannte, vertrockneten die Pflänzchen, weil ihre Wurzeln in der dünnen Erdschicht zu wenig Nahrung fanden. ⁷Einige Körner fielen zwischen die Disteln, doch diese hatten die junge Saat bald überwuchert, so dass sie schließlich erstickte. ⁸Die übrige Saat aber fiel auf fruchtbaren Boden und brachte das Dreißigfache, das Sechzigfache, ja sogar das Hundertfache der Aussaat als Ertrag. ⁹Hört genau auf das, was ich euch sage!» ¹⁰Später kamen seine Jünger und fragten ihn: «Weshalb verwendest du solche Gleichnisse, wenn du zu den Leuten redest?» ¹¹Jesus antwortete: «Euch lässt Gott die Geheim-

nisse seiner neuen Welt verstehen, anderen sind sie verborgen. ¹²Denn wer viel hat, der bekommt noch mehr dazu, ja, er wird mehr als genug haben! Wer aber nichts hat, dem wird selbst noch das Wenige, das er hat, genommen. ¹³Deshalb rede ich in Gleichnissen. Denn sie sehen, aber sie erkennen nicht; sie hören, aber sie verstehen es nicht. […] ¹⁸Ich will euch nun das Gleichnis von dem Bauern erklären, der Getreide aussäte. ¹⁹Wer die Botschaft von Gottes neuer Welt hört, sie aber nicht versteht, bei dem kommt der Satan und reißt die Saat aus seinem Herzen. Damit ist der gemeint, bei dem die Körner auf den Weg fielen. ²⁰Wie felsiger Boden ist ein Mensch, der die Botschaft hört und mit großer Begeisterung annimmt. ²¹Aber sein Glaube hat keine starke Wurzel und deshalb keinen Bestand. Wenn dieser Mensch wegen seines Glaubens in Schwierigkeiten gerät oder gar verfolgt wird, wendet er sich wieder von Gott ab. ²²Der von Disteln überwucherte Boden entspricht einem Menschen, der die Botschaft zwar hört, aber die Sorgen des Alltags und die Verführung durch den Wohlstand ersticken Gottes Botschaft, so dass keine Frucht wachsen kann. ²³Aber es gibt auch fruchtbaren Boden: den Menschen, der Gottes Botschaft hört und versteht, so dass er Frucht bringt, dreißig-, sechzig- oder hundertfach.»

Matthäus 24,9–13 «Dann werdet ihr gefoltert, getötet und in der ganzen Welt gehasst werden, weil ihr zu mir gehört. ¹⁰Manche werden sich vom Glauben abwenden, einander verraten und hassen. ¹¹Falsche Propheten werden auftreten und viele verführen. ¹²Und weil Gottes Gebote missachtet werden, setzt sich das Böse überall durch. Die Liebe wird bei vielen Menschen erlöschen. [13]Aber wer bis ans Ende durchhält, wird gerettet.»

Markus 4,2–20 Was er ihnen von Gott zu sagen hatte, erklärte er ihnen durch Gleichnisse: [3]«Hört mir zu! Ein Bauer säte Getreide aus. [4]Dabei fielen ein paar Saatkörner auf den Weg. Sofort kamen die Vögel und pickten sie auf. [5/6]Andere Körner fielen auf felsigen Boden, wo nur wenig Erde war. Dort ging die Saat zwar schnell auf; aber als die Sonne heiß brannte, vertrockneten die Pflänzchen, weil ihre Wurzeln in der dünnen Erdschicht zu wenig Nahrung fanden. [7]Einige Körner fielen zwischen die Disteln, doch diese hatten die junge Saat bald überwuchert, so dass sie schließlich erstickte. [8]Die übrige Saat aber fiel auf fruchtbaren Boden, wuchs heran und brachte das Dreißigfache, das Sechzigfache, ja sogar das Hundertfache der Aussaat als Ertrag. [9]Hört genau auf das, was ich euch sage!» [10]Später, als Jesus mit seinen zwölf Jüngern und den anderen Begleitern allein war, fragten sie ihn: «Warum erzählst du solche Gleichnisse?» [11]Er antwortete: «Euch lässt Gott die Geheimnisse seiner neuen Welt verstehen. Zu allen anderen aber rede ich durch Gleichnisse. [12]Denn ‹sie sollen sehen, aber nicht erkennen; sie sollen hören, aber nicht verstehen. Sonst würden sie zu Gott umkehren, und ihre Sünde würde ihnen vergeben.›» [13]Dann sagte er zu seinen Jüngern: «Aber ich sehe, dass auch ihr diesen einfachen Vergleich nicht verstanden habt. Wie wollt ihr dann all die anderen begreifen? [14]Was der Bauer im Gleichnis aussät, ist die Botschaft Gottes. [15]Die Menschen, bei denen die Saat auf den Weg fällt, haben die Bot-

schaft zwar gehört. Aber dann kommt der Satan und nimmt ihnen alles wieder weg. [16]Wie felsiger Boden sind die Menschen, die zwar die Botschaft hören und mit großer Begeisterung annehmen. [17]Aber ihr Glaube hat keine starke Wurzel und deshalb keinen Bestand. Wenn diese Menschen wegen ihres Glaubens in Schwierigkeiten geraten oder gar verfolgt werden, wenden sie sich wieder von Gott ab. [18]Der von Disteln überwucherte Boden entspricht den Menschen, die zwar die Botschaft hören, [19]aber die Sorgen des Alltags, die Verführung durch den Wohlstand und die Gier nach all den Dingen dieses Lebens ersticken Gottes Botschaft, so dass keine Frucht wachsen kann. [20]Aber es gibt auch fruchtbaren Boden: Menschen, die Gottes Botschaft hören und annehmen, so dass sie Frucht bringen, dreißig-, sechzig- oder hundertfach.»

Markus 13,9–13 «Seid wachsam! Man wird euch vor die Gerichte zerren, und in den Synagogen wird man euch auspeitschen. Nur weil ihr zu mir gehört, werdet ihr vor Machthabern und Königen verhört werden. Dort werdet ihr meine Botschaft bezeugen. [10]Das muss so geschehen, denn alle Völker sollen die rettende Botschaft hören, bevor das Ende kommt. [11]Wenn sie euch verhaften und vor Gericht bringen, braucht ihr euch nicht darum zu sorgen, was ihr aussagen sollt! Denn zur rechten Zeit wird Gott euch das rechte Wort geben. Nicht ihr werdet es sein, die Rede und Antwort stehen, sondern der Heilige Geist wird durch euch sprechen. [12]In dieser Zeit wird ein Bruder den anderen dem Henker ausliefern. Väter werden ihre eigenen Kinder anzeigen. Kinder werden gegen ihre Eltern vorgehen und sie hinrichten lassen. [13]Alle Welt wird euch hassen, weil ihr euch zu mir bekennt. Aber wer bis zum Ende durchhält, wird gerettet.»

Lukas 8,4–15 Als wieder einmal eine große Menschenmenge aus allen Städten zusammengekommen war, erzählte Jesus dieses Gleichnis: [5]«Ein Bauer säte Getreide aus. Dabei fielen ein paar Saatkörner auf den Weg. Sie wurden zertreten und von den Vögeln aufgepickt. [6]Andere Körner fielen auf felsigen Boden. Sie gingen auf, aber weil es nicht feucht genug war, vertrockneten sie. [7]Einige Körner fielen zwischen die Disteln, in denen die junge Saat bald erstickte. [8]Die übrige Saat aber fiel auf fruchtbaren Boden. Das Getreide wuchs heran und brachte das Hundertfache der Aussaat als Ertrag. Hört genau auf das, was ich euch sage!» [9]Später fragten ihn seine Jünger, was er mit diesem Gleichnis sagen wollte. [10]Jesus antwortete ihnen: «Euch lässt Gott die Geheimnisse seiner neuen Welt verstehen. Zu allen anderen aber rede ich in Gleichnissen. Denn sie sollen sehen, aber nicht erkennen, sie sollen hören, aber nicht verstehen. [11]Euch aber will ich das Gleichnis erklären: Die Saat ist Gottes Botschaft. [12]Der Mensch, bei dem die Saat auf den Weg fällt, hat die Botschaft zwar gehört. Aber dann kommt der Teufel und nimmt ihm die Botschaft aus dem Herzen, damit dieser Mensch nicht glaubt und gerettet wird. [13]Wie felsiger Boden ist ein Mensch, der die Botschaft hört und mit großer Begeisterung annimmt. Aber sein Glaube hat keine starke Wurzel. Eine Zeit lang vertraut dieser Mensch Gott, doch wenn er wegen seines Glaubens in Schwierigkeiten gerät, wendet er sich wieder von Gott ab. [14]Der von Disteln überwucherte Boden entspricht einem Menschen, der die Botschaft zwar hört, bei dem aber alles beim Alten bleibt. Denn die Sorgen des Alltags, die Verführung durch den Wohlstand und die Jagd nach den Freuden dieses Lebens ersticken Gottes Botschaft, so dass keine Frucht reifen kann. [15]Aber es gibt auch fruchtbaren Boden: den Menschen, der Gottes Botschaft bereitwillig und aufrichtig annimmt. Er bewahrt sie im Herzen und lässt sich durch nichts beirren, bis sein Glaube schließlich reiche Frucht bringt.»

Offenbarung 2,7 «Hört genau hin, und achtet darauf, was Gottes Geist den Gemeinden sagt. Denn wer durchhält und den Sieg erringt, dem will ich die Früchte vom Baum des Lebens zu essen geben, der in Gottes Paradies steht.»

Offenbarung 2,10 «Fürchte dich nicht vor dem, was dir noch bevorsteht. Der Teufel wird einige von euch ins Gefängnis bringen, um euch auf die Probe zu stellen. Zehn Tage lang werdet ihr leiden müssen. Doch wenn du mir treu bleibst bis zum Tod, werde ich dir als Siegespreis das ewige Leben geben.»

Offenbarung 2,17 «Hört genau hin, und achtet darauf, was Gottes Geist den Gemeinden sagt. Wer durchhält und den Sieg erringt, wird Brot vom Himmel essen. Als Zeichen des Sieges werde ich ihm einen weißen Stein geben. Darauf steht ein neuer Name, den nur der kennt, der ihn erhält.»

Offenbarung 2,25–26 «Haltet nur unerschütterlich an dem fest, was ihr habt, bis ich komme. [26]Denn wer durchhält und den Sieg erringt, wer bis zuletzt nach meinem Willen lebt und handelt, dem werde ich Macht über die Völker der Erde geben.»

Offenbarung 3,4 «Aber auch bei euch in Sardes sind einige, denen der Schmutz dieser Welt nichts anhaben konnte. Sie werden immer bei mir sein und weiße Kleider tragen; denn sie sind es wert.»

Offenbarung 3,12 «Denn wer durchhält und den Sieg erringt, den werde ich zu einer Säule im Tempel meines Gottes machen; er wird dort immer bleiben. Und er soll den Namen meines Gottes tragen und wird ein Bürger des neuen Jerusalem sein, der Stadt, die Gott vom Himmel herabkommen lässt. Auch meinen eigenen neuen Namen wird er erhalten.»

Offenbarung 3,21 «Wer durchhält und den Sieg erringt, wird mit mir auf meinem Thron sitzen, so wie auch ich mich als Sieger auf den Thron meines Vaters gesetzt habe.»

8 Dankbarkeit

Johannes 11,41–42 Sie [Lazarus' Freunde] schoben den Stein weg. Jesus sah zum Himmel auf und betete: «Vater, ich danke dir, dass du mein Gebet erhört hast! [42]Ich weiß, dass du mich immer erhörst, aber ich sage es wegen der vielen Menschen, die hier stehen. Sie sollen alles miterleben und glauben, dass du mich gesandt hast.»

Markus 5,18–19 Jesus wollte gerade in das Boot steigen, als ihn der Geheilte bat, bei ihm bleiben zu dürfen. [19]Aber Jesus erlaubte es ihm nicht. Er sagte: «Geh nach Hause zu deiner Familie und berichte, welch großes Wunder der Herr an dir getan

hat und wie barmherzig er zu dir gewesen ist!» (Siehe auch Lukas 8,38–39.)

Lukas 7,40–48 «Simon, ich will dir etwas erzählen», unterbrach ihn Jesus in seinen Gedanken. «Ja, ich höre zu, Lehrer», antwortete Simon. [41]«Ein reicher Mann hatte zwei Leuten Geld geliehen. Der eine Mann schuldete ihm fünfhundert Silberstücke, der andere fünfzig. [42]Weil sie das Geld aber nicht zurückzahlen konnten, schenkte er es beiden. Welcher der beiden Männer wird ihm nun am meisten dankbar sein?» [43]Simon antwortete: «Bestimmt der, dem er die größte Schuld erlassen hat.» – «Du hast Recht!», bestätigte ihm Jesus. [44]Dann blickte er die Frau an und sagte: «Sieh diese Frau, Simon! Ich kam in dein Haus, und du hast mir kein Wasser für meine Füße gegeben, was doch sonst selbstverständlich ist. Aber sie hat meine Füße mit ihren Tränen gewaschen und mit ihrem Haar getrocknet. [45]Du hast mich nicht mit einem Kuss begrüßt. Aber seit ich hier bin, hat diese Frau immer wieder meine Füße geküsst. [46]Du hast meine Stirn nicht mit Öl gesalbt, während sie dieses kostbare Öl sogar über meine Füße gegossen hat. [47]Ich sage dir: Ihre große Schuld ist ihr vergeben; und darum hat sie mir so viel Liebe gezeigt. Wem aber wenig vergeben wird, der liebt auch wenig.» [48]Zu der Frau sagte Jesus: «Deine Sünden sind dir vergeben.»

Lukas 10,19–20 «Ich habe euch die Macht gegeben, auf Schlangen und Skorpione zu treten und die Gewalt des Feindes zu brechen. Nichts wird euch schaden. [20]Doch freut euch nicht so sehr, dass euch die Dämonen gehorchen müssen; freut euch vielmehr darüber, dass eure Namen im Himmel aufgeschrieben sind!»

Lukas 17,17–19 Jesus fragte: «Habe ich nicht zehn Männer geheilt? Wo sind denn die anderen neun? [18]Weshalb kommt nur einer zurück, noch dazu ein Fremder, um sich bei Gott zu bedanken?» [19]Zu dem Samariter aber sagte er: «Steh wieder auf! Dein Glaube hat dir geholfen.»

9 Demut

Johannes 13,12–17 Nachdem Jesus ihnen die Füße gewaschen hatte, zog er sein Obergewand wieder an, kehrte zu seinem Platz am Tisch zurück und fragte seine Jünger: «Versteht ihr, was ich eben getan habe? [13]Ihr nennt mich Meister und Herr. Das ist auch richtig so, denn ich bin es. [14]Wie ich, euer Meister und Herr, euch jetzt die Füße gewaschen habe, so sollt auch ihr euch gegenseitig die Füße waschen. [15]Ich habe euch damit ein Beispiel gegeben, dem ihr folgen sollt. Handelt ebenso! [16]Ich sage euch die Wahrheit: Ein Diener steht niemals höher als sein Herr, und ein Botschafter untersteht dem, der ihn gesandt hat. [17]Wenn ihr das begreift und danach handelt, wird man euch glücklich schätzen.»

Matthäus 5,3–9 «Glücklich sind, die erkennen, wie arm sie vor Gott sind, denn ihnen gehört die neue Welt Gottes. [4]Glücklich sind die Trauernden, denn sie werden Trost finden. [5]Glücklich sind die Friedfertigen, denn sie werden die ganze Erde besitzen. [6]Glücklich sind, die nach Gerechtigkeit hungern und dürsten, denn sie sollen satt werden. [7]Glücklich sind die Barmherzigen, denn sie werden Barmherzigkeit erfahren. [8]Glücklich sind, die ein reines Herz haben, denn sie werden Gott

sehen. [9]Glücklich sind, die Frieden stiften, denn Gott wird sie seine Kinder nennen.»

Matthäus 11,29 «Lasst euch von mir in den Dienst nehmen, und lernt von mir! Ich meine es gut mit euch und sehe auf niemanden herab. Bei mir findet ihr Ruhe für euer Leben.»

Matthäus 18,2–4 Jesus rief ein kleines Kind, stellte es in die Mitte [3]und sprach: «Das will ich euch sagen: Wenn ihr euch nicht ändert und so werdet wie die Kinder, kommt ihr nie in Gottes neue Welt. [4]Wer aber so klein und demütig sein kann wie ein Kind, der ist der Größte in Gottes neuer Welt.»

Matthäus 20,25–28 Da rief Jesus alle [Jünger] zusammen und sagte: «Ihr wisst, wie die Machthaber der Welt ihre Völker unterdrücken. Wer die Macht hat, nutzt sie rücksichtslos aus. [26]Aber so darf es bei euch nicht sein. Wer groß sein will, der soll den anderen dienen, [27]und wer der Erste sein will, der soll sich allen unterordnen. [28]Auch der Menschensohn ist nicht gekommen, um sich bedienen zu lassen. Er kam, um zu dienen und sein Leben hinzugeben, damit viele Menschen aus der Gewalt des Bösen befreit werden.»

Matthäus 23,1–8 Dann sprach Jesus zu der Volksmenge und zu seinen Jüngern: [2]«Die Schriftgelehrten und Pharisäer sind dazu eingesetzt, euch das Gesetz des Mose auszulegen. [3]Richtet euch nach ihren Vorschriften! Folgt aber nicht ihrem Beispiel! Denn sie selber tun nicht, was sie von den anderen verlangen. [4]Sie bürden den Menschen unerträgliche Lasten auf, doch sie selbst rühren keinen Finger, um diese Lasten zu tragen. [5]Mit allem, was sie tun, stellen sie sich zur Schau. Am Arm tragen sie breite Gebetsriemen und an den Gewändern riesige Quasten. ⁶Bei euren Festen wollen sie die Ehrenplätze bekommen, und auch in der Synagoge sitzen sie stets in der ersten Reihe. ⁷Es gefällt ihnen, wenn man sie auf der Straße ehrfurchtsvoll grüßt und ‹Meister› nennt. ⁸Lasst ihr euch nicht so anreden! Nur Gott ist euer Meister, ihr seid untereinander alle Geschwister.»

Lukas 14,8–11 «Wenn du zu einer Hochzeit eingeladen wirst, dann setz dich nicht gleich oben auf den besten Platz. Es könnte ja noch jemand kommen, der angesehener ist als du. ⁹Mit ihm käme dann der Gastgeber zu dir: ‹Der Platz war für diesen Mann hier bestimmt!› Vor allen Gästen müsstest du dich an das Ende des Tisches setzen. ¹⁰Wäre es nicht besser, du setzt dich gleich dorthin? Wenn dich dann der Gastgeber begrüßt, wird er vielleicht zu dir sagen: ‹Mein Freund, für dich habe ich einen besseren Platz!› Du wirst damit vor allen Gästen geehrt. ¹¹Jeder, der sich selbst ehrt, wird gedemütigt werden; aber wer sich selbst erniedrigt, wird geehrt werden.»

Lukas 17,7–10 «Wie ist das bei euch?», fragte Jesus seine Zuhörer. «Wenn euer Knecht vom Feld oder von der Herde heimkommt, sagt ihr dann zu ihm: ‹Komm, setz dich an den Tisch und iss›? ⁸Oder werdet ihr ihm nicht erst den Auftrag geben: ‹Zieh dich um, mach mir etwas zu essen und deck den Tisch! Wenn ich gegessen habe, dann kannst du auch essen und trinken.› ⁹Kann der Knecht dafür einen besonderen Dank erwarten? Ich meine nicht! Es gehört doch schließlich zu seiner Arbeit. ¹⁰Das gilt auch für euch. Wenn ihr in meinem Dienst alles getan habt, was ich euch aufgetragen habe, dann sollt ihr sagen: ‹Wir sind einfache Knechte und haben nur unseren Auftrag ausgeführt!›»

Lukas 18,9–14 Jesus erzählte ein weiteres Gleichnis. Er hatte dabei besonders die Menschen im Blick, die selbstgerecht sind und auf andere herabsehen. ¹⁰«Zwei Männer gingen in den Tempel, um zu beten. Der eine war ein Pharisäer, der andere ein Zolleinnehmer. ¹¹Selbstsicher stand der Pharisäer dort und betete: ‹Ich danke dir, Gott, dass ich nicht so bin wie andere Leute: kein Räuber, kein Gottloser, kein Ehebrecher und schon gar nicht wie dieser Zolleinnehmer da hinten. ¹²Ich faste zweimal in der Woche und gebe von allen meinen Einkünften den zehnten Teil für Gott.› ¹³Der Zolleinnehmer dagegen blieb verlegen am Eingang stehen und wagte kaum aufzusehen. Schuldbewusst betete er: ‹Gott, vergib mir, ich weiß, dass ich ein Sünder bin!› ¹⁴Ihr könnt sicher sein, dieser Mann ging von seiner Schuld befreit nach Hause, nicht aber der Pharisäer. Denn wer sich selbst ehrt, wird gedemütigt werden; aber wer sich selbst erniedrigt, wird geehrt werden.»

10 Diener

Johannes 12,26 «Wer mir dienen will, der soll mir folgen. Denn wo ich bin, soll er auch sein. Und wer mir dient, den wird mein Vater ehren.»

Johannes 13,12–17 Nachdem Jesus ihnen die Füße gewaschen hatte, zog er sein Obergewand wieder an, kehrte zu seinem Platz am Tisch zurück und fragte seine Jünger: «Versteht ihr, was ich eben getan habe? ¹³Ihr nennt mich Meister und Herr. Das ist auch richtig so, denn ich bin es. ¹⁴Wie ich, euer Meister und Herr, euch jetzt die Füße gewaschen habe, so sollt auch ihr euch gegenseitig die Füße waschen. ¹⁵Ich habe euch damit ein Beispiel gegeben, dem ihr folgen sollt. Handelt ebenso! ¹⁶Ich sage euch die Wahrheit: Ein Diener steht niemals höher als sein Herr, und ein Botschafter untersteht dem, der ihn gesandt hat. ¹⁷Wenn ihr das begreift und danach handelt, wird man euch glücklich schätzen.»

Johannes 15,20–21 «Erinnert euch daran, dass ich gesagt habe: ‹Ein Knecht steht niemals höher als sein Herr!› Deshalb werden sie euch verfolgen, wie sie mich verfolgt haben. Und wenn sie auf das gehört haben, was ich gesagt habe, werden sie auch auf euch hören. ²¹Das alles wird mit euch geschehen, weil ihr zu mir gehört; denn die Welt kennt Gott nicht, der mich gesandt hat.»

Matthäus 6,24 «Niemand kann zwei Herren gleichzeitig dienen. Wer dem einen richtig dienen will, wird sich um die Wünsche des anderen nicht kümmern können. Er wird sich für den einen einsetzen und den anderen vernachlässigen. Auch ihr könnt nicht gleichzeitig für Gott und das Geld leben.» (Siehe auch Lukas 16,13.)

Matthäus 10,24–25 «Ein Schüler steht nicht über seinem Lehrer, und ein Diener hat es nicht besser als sein Herr. ²⁵Sie können zufrieden sein, wenn es ihnen genauso geht wie ihren Lehrern und Herren. Wenn sie aber den Herrn des Hauses schon Obersten Teufel genannt haben, was werden sie erst zu seinen Angehörigen sagen?»

Matthäus 10,42 «Wer einen meiner unbedeutendsten Jünger auch nur mit einem Schluck kaltem Wasser erfrischt, weil die-

ser zu mir gehört, der wird seinen Lohn erhalten. Darauf könnt ihr euch verlassen!»

Matthäus 18,23–35 «Man kann die neue Welt Gottes mit einem König vergleichen, der mit seinen Verwaltern abrechnen wollte. ²⁴Zu ihnen gehörte ein Mann, der ihm einen Millionenbetrag schuldete. ²⁵Aber er konnte diese Schuld nicht bezahlen. Deshalb wollte der König ihn, seine Frau, seine Kinder und seinen gesamten Besitz verkaufen lassen, um wenigstens einen Teil seines Geldes zu bekommen. ²⁶Doch der Mann fiel vor dem König nieder und flehte ihn an: ‹Herr, hab noch etwas Geduld! Ich will ja alles bezahlen.› ²⁷Da hatte der König Mitleid. Er gab ihn frei und erließ ihm seine Schulden. ²⁸Kaum war der Mann frei, ging er zu einem der anderen Verwalter, der ihm einen kleinen Betrag schuldete, packte ihn, würgte ihn und schrie: ‹Bezahl jetzt endlich deine Schulden!› ²⁹Da fiel der andere vor ihm nieder und bettelte: ‹Hab noch etwas Geduld! Ich will ja alles bezahlen.› ³⁰Aber der Verwalter wollte nicht warten und ließ ihn ins Gefängnis werfen, bis er alles bezahlt hätte. ³¹Als nun die anderen sahen, was sich da ereignet hatte, waren sie empört und berichteten es dem König. ³²Da ließ der König den Verwalter zu sich kommen und sagte: ‹Was bist du doch für ein hartherziger Mensch! Deine ganze Schuld habe ich dir erlassen, weil du mich darum gebeten hast. ³³Hättest du da nicht auch mit meinem anderen Verwalter Erbarmen haben können, so wie ich mit dir?› ³⁴Zornig übergab er ihn den Folterknechten. Sie sollten ihn erst dann wieder freilassen, wenn er alle seine Schulden zurückgezahlt hätte. ³⁵Auf die gleiche Art wird mein Vater im Himmel euch behandeln, wenn ihr euch weigert, eurem Bruder wirklich zu vergeben.»

Matthäus 20,25–28 Da rief Jesus alle [Jünger] zusammen und sagte: «Ihr wisst, wie die Machthaber der Welt ihre Völker unterdrücken. Wer die Macht hat, nutzt sie rücksichtslos aus. ²⁶Aber so darf es bei euch nicht sein. Wer groß sein will, der soll den anderen dienen, ²⁷und wer der Erste sein will, der soll sich allen unterordnen. ²⁸Auch der Menschensohn ist nicht gekommen, um sich bedienen zu lassen. Er kam, um zu dienen und sein Leben hinzugeben, damit viele Menschen aus der Gewalt des Bösen befreit werden.»

Matthäus 23,9–12 «Niemanden auf der Erde sollt ihr ‹Vater› nennen, denn nur einer ist euer Vater: Gott im Himmel. ¹⁰Ihr sollt euch auch nicht Lehrer nennen lassen, weil ihr nur einen Lehrer habt: Christus. ¹¹Wer unter euch groß sein will, der soll allen anderen dienen. ¹²Alle, die sich selbst ehren, werden gedemütigt werden. Wer sich aber selbst erniedrigt, wird geehrt werden.»

Matthäus 24,43–51 «Eins ist sicher: Wenn der Hausherr wüsste, wann ein Dieb bei ihm einbrechen will, würde er wach bleiben und sich vor dem Einbrecher schützen. ⁴⁴Seid also zu jeder Zeit bereit, denn der Menschensohn wird gerade dann kommen, wenn ihr am wenigsten damit rechnet! ⁴⁵Wie verhält sich denn ein kluger und zuverlässiger Verwalter?», fragte Jesus die Jünger. «Sein Herr hat ihm die Verantwortung für alle Mitarbeiter übertragen; er soll sie zu jeder Zeit mit allem Nötigen versorgen. ⁴⁶Dieser Verwalter darf sich glücklich nennen, wenn sein Herr ihn bei der Rückkehr gewissenhaft bei der Arbeit fin-

det. ⁴⁷Das sage ich euch: Einem so zuverlässigen Mann wird er die Verantwortung für seinen ganzen Besitz übertragen. ⁴⁸Wenn aber ein Verwalter unzuverlässig ist und im Stillen denkt: ‹Ach was, es dauert bestimmt noch lange, bis mein Herr kommt›, ⁴⁹und er fängt an, seine Mitarbeiter zu schlagen und Trinkgelage zu veranstalten, ⁵⁰dann wird die Rückkehr seines Herrn ihn völlig überraschen. Sein Herr kommt, wenn er nicht damit rechnet. ⁵¹Er wird den unzuverlässigen Verwalter hart bestrafen und ihm den Lohn geben, den die Heuchler verdienen. Er wird ihn hinausstoßen, dorthin, wo es nur Weinen und ohnmächtiges Jammern gibt.» (Siehe auch Lukas 12,42–46.)

Matthäus 25,14–30 «Es wird dann so sein wie bei dem Mann, der ins Ausland reisen wollte. Er rief alle seine Verwalter zusammen und beauftragte sie, während seiner Abwesenheit mit seinem Vermögen zu arbeiten. ¹⁵Dem einen gab er fünf Zentner Silberstücke, einem anderen zwei und dem dritten einen Zentner, jedem nach seinen Fähigkeiten. Danach reiste er ab. ¹⁶Der Mann mit den fünf Zentnern Silberstücke war so erfolgreich bei seinen Geschäften, dass er die Summe verdoppeln konnte. ¹⁷Auch der die zwei Zentner bekommen hatte, verdiente zwei hinzu. ¹⁸Der dritte aber vergrub sein Geld an einem sicheren Ort. ¹⁹Nach langer Zeit kehrte der Herr von seiner Reise zurück und forderte seine Verwalter auf, mit ihm abzurechnen. ²⁰Der Mann, der fünf Zentner Silbergeld erhalten hatte, brachte zehn Zentner. Er sagte: ‹Herr, fünf Zentner hast du mir gegeben. Hier, ich habe fünf dazuverdient.› ²¹Da lobte ihn sein Herr: ‹Du warst tüchtig und zuverlässig. In kleinen Dingen bist du treu gewesen, darum werde ich dir größere Aufgaben anvertrauen. Ich lade dich zu meinem Fest ein!› ²²Danach kam der Mann mit den zwei Zentnern. Er berichtete: ‹Herr, auch ich habe den Betrag verdoppeln können.› ²³Da lobte ihn der Herr: ‹Du warst tüchtig und zuverlässig. In kleinen Dingen bist du treu gewesen, darum werde ich dir größere Aufgaben anvertrauen. Ich lade dich zu meinem Fest ein!› ²⁴Schließlich kam der mit dem einen Zentner Silberstücke und erklärte: ‹Ich kenne dich als strengen Herrn und dachte: Du erntest, was andere gesät haben; du nimmst dir, was ich verdient habe. ²⁵Aus Angst habe ich das Geld sicher aufbewahrt. Hier hast du es wieder zurück!› ²⁶Zornig antwortete ihm darauf sein Herr: ‹Auf dich ist kein Verlass, und faul bist du auch noch! Wenn du schon der Meinung bist, dass ich ernte, was andere gesät haben, und mir nehme, was du verdient hast, ²⁷hättest du zumindest mein Vermögen bei einer Bank anlegen können! Dort hätte es wenigstens Zinsen gebracht! ²⁸Nehmt ihm das Geld weg, und gebt es dem, der die fünf Zentner hatte! ²⁹Denn wer viel hat, der bekommt noch mehr dazu, ja, er wird mehr als genug haben! Wer aber nichts hat, dem wird selbst noch das Wenige, das er hat, genommen. ³⁰Und jetzt werft diesen Nichtsnutz hinaus in die Finsternis, wo es nur Weinen und ohnmächtiges Jammern gibt!›»

Markus 9,33–35 Sie kamen nach Kapernaum. Als sie im Haus waren, fragte Jesus die Jünger: «Worüber habt ihr unterwegs gesprochen?» ³⁴Doch sie schwiegen verlegen; denn sie hatten sich darüber gestritten, wer von ihnen der Wichtigste sei. ³⁵Je-sus setzte sich, rief die zwölf Jünger zu sich und sagte: «Wer der Erste sein will, der soll sich allen anderen unterordnen und ihnen dienen.»

Lukas 12,35–40 ³⁵/³⁶«Ihr sollt so leben wie Diener, die darauf warten, dass ihr Herr von einer Hochzeit zurückkommt. Seid wie sie dienstbereit, und lasst eure Lampen angezündet. Wenn ihr Herr zurückkommt und klopft, können sie ihm schnell öffnen. ³⁷Ja, freuen können sich alle, die der Herr bei seiner Rückkehr noch wach antrifft! Ich sage euch: Der Herr wird sie bitten, am Tisch Platz zu nehmen, und er selbst wird sich eine Schürze umbinden und sie bedienen. ³⁸Vielleicht kommt er spät am Abend, vielleicht auch erst um Mitternacht. Aber wenn er kommt und seine Diener bereit antrifft, werden sie allen Grund zur Freude haben. ³⁹Eins ist sicher: Wenn der Hausherr wüsste, wann ein Dieb bei ihm einbrechen will, würde er wach bleiben und sich vor dem Einbrecher schützen. ⁴⁰Seid also zu jeder Zeit bereit, denn der Menschensohn wird gerade dann kommen, wenn ihr am wenigsten damit rechnet.»

Lukas 12,42–48 Jesus, der Herr, entgegnete: «Wie verhält sich denn ein kluger und zuverlässiger Verwalter? Sein Herr hat ihm die Verantwortung für alle Mitarbeiter übertragen; er soll sie zu jeder Zeit mit allem Nötigen versorgen. ⁴³Dieser Verwalter darf sich glücklich nennen, wenn sein Herr ihn bei der Rückkehr gewissenhaft bei der Arbeit findet. ⁴⁴Das sage ich euch: Einem so zuverlässigen Mann wird er die Verantwortung für seinen ganzen Besitz übertragen. ⁴⁵Wenn aber ein Verwalter unzuverlässig ist und im Stillen denkt: ‹Ach was, es dauert bestimmt noch lange, bis mein Herr kommt›, und er fängt an, seine Mitarbeiter zu schlagen, zu schlemmen und sich zu betrinken, [46]dann wird die Rückkehr seines Herrn ihn völlig überraschen. Sein Herr kommt, wenn er nicht damit rechnet. Er wird den unzuverlässigen Verwalter hart bestrafen und ihm den Lohn geben, den die Gottlosen verdienen. [47]Der Verwalter, der den Willen seines Herrn kennt, sich aber bewusst nicht danach richtet, wird schwer bestraft werden. [48]Wer dagegen falsch handelt, ohne es zu wissen, wird mit einer leichteren Strafe davonkommen. So wird von jedem, der viel bekommen hat, auch viel erwartet; denn wem viel anvertraut wurde, von dem verlangt man umso mehr.»

Lukas 17,7–10 «Wie ist das bei euch?», fragte Jesus seine Zuhörer. «Wenn euer Knecht vom Feld oder von der Herde heimkommt, sagt ihr dann zu ihm: ‹Komm, setz dich an den Tisch und iss›? [8]Oder werdet ihr ihm nicht erst den Auftrag geben: ‹Zieh dich um, mach mir etwas zu essen und deck den Tisch! Wenn ich gegessen habe, dann kannst du auch essen und trinken.› [9]Kann der Knecht dafür einen besonderen Dank erwarten? Ich meine nicht! Es gehört doch schließlich zu seiner Arbeit. [10]Das gilt auch für euch. Wenn ihr in meinem Dienst alles getan habt, was ich euch aufgetragen habe, dann sollt ihr sagen: ‹Wir sind einfache Knechte und haben nur unseren Auftrag ausgeführt!›»

Lukas 22,24–30 Die Jünger stritten sich darüber, wer unter ihnen der Wichtigste sei. [25]Da sagte ihnen Jesus: «In dieser Welt unterdrücken die Herrscher ihre Völker, und rücksichtslose Machthaber lassen sich als Wohltäter feiern. [26]Aber so darf es bei euch nicht sein. Der Erste unter euch soll sich allen anderen unterordnen, und wer euch führen will, muss allen dienen. [27]Wer ist denn der Herr? Wer sich bedienen lässt oder wer dient? Doch wohl derjenige, der sich bedienen lässt! Ich aber bin unter euch wie ein Diener. [28]Ihr seid mir in diesen Tagen der Gefahr und der Versuchung treu geblieben. [29]Deshalb verspreche ich euch: Ihr werdet mit mir zusammen in meinem Reich herrschen, das mein Vater mir übergeben hat. [30]Mit mir sollt ihr am selben Tisch essen und trinken. Ihr werdet auf Thronen sitzen und mit mir über die zwölf Stämme Israels Gericht halten.»

11 Dienst an anderen und für Gott

Johannes 13,12–17 Nachdem Jesus ihnen die Füße gewaschen hatte, zog er sein Obergewand wieder an, kehrte zu seinem Platz am Tisch zurück und fragte seine Jünger: «Versteht ihr, was ich eben getan habe? [13]Ihr nennt mich Meister und Herr. Das ist auch richtig so, denn ich bin es. [14]Wie ich, euer Meister und Herr, euch jetzt die Füße gewaschen habe, so sollt auch ihr euch gegenseitig die Füße waschen. [15]Ich habe euch damit ein Beispiel gegeben, dem ihr folgen sollt. Handelt ebenso! [16]Ich sage euch die Wahrheit: Ein Diener steht niemals höher als sein Herr, und ein Botschafter untersteht dem, der ihn gesandt hat. [17]Wenn ihr das begreift und danach handelt, wird man euch glücklich schätzen.»

Matthäus 20,25–28 Da rief Jesus alle [Jünger] zusammen und sagte: «Ihr wisst, wie die Machthaber der Welt ihre Völker unterdrücken. Wer die Macht hat, nutzt sie rücksichtslos aus. ²⁶Aber so darf es bei euch nicht sein. Wer groß sein will, der soll den anderen dienen, ²⁷und wer der Erste sein will, der soll sich allen unterordnen. ²⁸Auch der Menschensohn ist nicht gekommen, um sich bedienen zu lassen. Er kam, um zu dienen und sein Leben hinzugeben, damit viele Menschen aus der Gewalt des Bösen befreit werden.» (Siehe auch Markus 10,42–45.)

Matthäus 23,11–12 «Wer unter euch groß sein will, der soll allen anderen dienen. ¹²Alle, die sich selbst ehren, werden gedemütigt werden. Wer sich aber selbst erniedrigt, wird geehrt werden.»

Lukas 16,13 «Niemand kann zwei Herren gleichzeitig dienen. Wer dem einen richtig dienen will, wird sich um die Wünsche des anderen nicht kümmern können. Er wird sich für den einen einsetzen und den anderen vernachlässigen. Auch ihr könnt nicht gleichzeitig für Gott und das Geld leben.»

Lukas 17,7–10 «Wie ist das bei euch?», fragte Jesus seine Zuhörer. «Wenn euer Knecht vom Feld oder von der Herde heimkommt, sagt ihr dann zu ihm: ‹Komm, setz dich an den Tisch und iss›? ⁸Oder werdet ihr ihm nicht erst den Auftrag geben: ‹Zieh dich um, mach mir etwas zu essen und deck den Tisch! Wenn ich gegessen habe, dann kannst du auch essen und trinken.› ⁹Kann der Knecht dafür einen besonderen Dank erwarten? Ich meine nicht! Es gehört doch schließlich zu seiner Arbeit. ¹⁰Das gilt auch für euch. Wenn ihr in meinem Dienst alles getan habt, was ich euch aufgetragen habe, dann sollt ihr sagen: ‹Wir sind einfache Knechte und haben nur unseren Auftrag ausgeführt!›»

Lukas 19,12–27 «Ein Fürst trat eine weite Reise an. Er sollte zum König gekrönt werden und dann wieder in sein Land zurückkehren. ¹³Bevor er abreiste, rief er zehn seiner Knechte zu sich, gab jedem ein Pfund Silberstücke und sagte: ‹Setzt dieses Geld gewinnbringend ein! Ich komme bald zurück!› ¹⁴Viele Bürger seines Landes aber hassten ihn. Sie schickten eine Gesandtschaft hinter ihm her mit der Erklärung: ‹Diesen Mann werden wir nicht als König anerkennen!› ¹⁵Trotzdem wurde er gekrönt und kam als König in sein Land zurück. Er befahl die Knechte zu sich, denen er das Geld gegeben hatte, und wollte wissen: ‹Was habt ihr damit gemacht?› ¹⁶Der erste berichtete: ‹Herr, ich habe das Zehnfache deines Geldes als Gewinn erwirtschaftet.› ¹⁷‹Ausgezeichnet!›, rief der König. ‹Das hast du gut gemacht! Du hast dich in dieser kleinen Aufgabe bewährt. Ich vertraue dir die Verwaltung von zehn Städten an.› ¹⁸Darauf trat der nächste Mann vor und berichtete: ‹Herr, ich habe das Fünffache an Silberstücken hinzugewonnen.› ¹⁹‹Gut!›, antwortete sein Herr. ‹Du wirst Verwalter über fünf Städte.› ²⁰Nun trat ein anderer Knecht vor und sagte: ‹Herr, hier hast du dein Geld zurück. Ich habe es in ein Tuch eingewickelt und aufbewahrt! ²¹Ich fürchte dich als strengen Herrn. Denn du nimmst, was dir nicht gehört, und du erntest, was andere gesät haben.› ²²Da rief der König zornig: ‹Du richtest dich mit deinen eigenen Worten, du Nichtsnutz! Wenn du weißt, dass ich ein strenger Herr bin, dass ich nehme, was mir nicht gehört, und ernte, wo ich nicht angebaut habe, ²³warum hast du das Geld dann nicht zur Bank gebracht? Dann hätte ich wenigstens Zinsen dafür bekommen!› ²⁴Er forderte die Umstehenden auf: ‹Nehmt ihm das Geld ab und gebt es dem Mann, der zehn Pfund Silberstücke erwirtschaftet hat.› ²⁵‹Aber Herr›, widersprachen seine Leute, ‹der hat doch schon genug!› ²⁶Da sagte ihnen der König: ‹Ich versichere euch: Wer viel hat, der bekommt noch mehr dazu. Wer aber nichts hat, dem wird selbst noch das Wenige, das er hat, genommen! ²⁷Doch jetzt holt meine Feinde her, die mich nicht als König anerkennen wollten: Sie sollen vor meinen Augen hingerichtet werden!›»

Lukas 22,24–30 Die Jünger stritten sich darüber, wer unter ihnen der Wichtigste sei. ²⁵Da sagte ihnen Jesus: «In dieser Welt unterdrücken die Herrscher ihre Völker, und rücksichtslose Machthaber lassen sich als Wohltäter feiern. ²⁶Aber so darf es bei euch nicht sein. Der Erste unter euch soll sich allen anderen unterordnen, und wer euch führen will, muss allen dienen. ²⁷Wer ist denn der Herr? Wer sich bedienen lässt oder wer dient? Doch wohl derjenige, der sich bedienen lässt! Ich aber bin unter euch wie ein Diener. ²⁸Ihr seid mir in diesen Tagen der Gefahr und der Versuchung treu geblieben. ²⁹Deshalb verspreche ich euch: Ihr werdet mit mir zusammen in meinem Reich herrschen, das mein Vater mir übergeben hat. ³⁰Mit mir sollt ihr am selben Tisch essen und trinken. Ihr werdet auf Thronen sitzen und mit mir über die zwölf Stämme Israels Gericht halten.»

12 Einheit und Spaltung

Johannes 10,16 «Zu meiner Herde gehören auch Schafe, die jetzt noch in anderen Ställen sind. Auch sie muss ich herführen, und sie werden wie die übrigen meiner Stimme folgen. Dann wird es nur noch eine Herde und einen Hirten geben.»

Johannes 13,13–15 «Ihr nennt mich Meister und Herr. Das ist auch richtig so, denn ich bin es. ¹⁴Wie ich, euer Meister und Herr, euch jetzt die Füße gewaschen habe, so sollt auch ihr euch gegenseitig die Füße waschen. ¹⁵Ich habe euch damit ein Beispiel gegeben, dem ihr folgen sollt. Handelt ebenso!»

Johannes 13,34–35 «Heute gebe ich euch ein neues Gebot: Liebt einander! So wie ich euch geliebt habe, so sollt ihr euch auch untereinander lieben. ³⁵An eurer Liebe zueinander wird jeder erkennen, dass ihr meine Jünger seid.»

Johannes 17,20–23 «Ich bitte aber nicht nur für sie [die Jünger], sondern für alle, die durch ihre Worte von mir hören werden und an mich glauben. ²¹Sie alle sollen eins sein, genauso wie du, Vater, mit mir eins bist. So wie du in mir bist und ich in dir bin, sollen auch sie in uns fest miteinander verbunden sein. Dann wird die Welt glauben, dass du mich gesandt hast. ²²Deshalb habe ich ihnen auch die Herrlichkeit gegeben, die du mir anvertraut hast, damit sie die gleiche enge Gemeinschaft haben wie wir. ²³Ich bleibe in ihnen, und du bleibst in mir. Genau so sollen auch sie ganz eins sein. Und die Welt wird erkennen, dass du mich gesandt hast und dass du meine Jünger liebst, wie du mich liebst.»

Matthäus 23,7–8 «Es gefällt ihnen, wenn man sie auf der Straße ehrfurchtsvoll grüßt und ‹Meister› nennt. ⁸Lasst ihr euch nicht so anreden! Nur Gott ist euer Meister, ihr seid untereinander alle Geschwister.»

Lukas 11,17–23 Jesus kannte ihre Gedanken und sagte: «Ein Staat, in dem verschiedene Herrscher um die Macht kämpfen, steht vor dem Untergang; und eine Familie, die ständig in Zank und Streit lebt, bricht auseinander. [18]Wenn nun der Satan sich selbst bekämpfte, zerstörte er damit nicht sein eigenes Reich? Ihr behauptet, ich würde die Dämonen durch die Kraft des Obersten Teufels austreiben. [19]Wenn das tatsächlich so wäre: Welche Kraft nutzen dann eure eigenen Leute, um böse Geister auszutreiben? Sie selbst werden euch das Urteil sprechen. [20]Wenn ich aber die Dämonen durch Gottes Macht austreibe, so beginnt Gottes neue Welt jetzt – mitten unter euch! [21]Solange ein starker Mann gut bewaffnet ist und sein Haus bewacht, kann ihm niemand etwas rauben; [22]es sei denn, er wird von einem Stärkeren angegriffen und überwältigt. Dieser nimmt ihm die Waffen weg, auf die er vertraute, und reißt seinen ganzen Besitz an sich. [23]Ich sage euch: Wer nicht für mich ist, der ist gegen mich, und wer sich nicht für mich einsetzt, der führt die Menschen in die Irre.»

13 Endzeit und die große Trübsal

Matthäus 24,2–29 Da sagte Jesus zu ihnen: «Ja, seht es euch genau an! Aber ich kann euch versichern: Kein Stein wird hier auf dem anderen bleiben. Alles wird nur noch ein großer Trümmerhaufen sein.» [3]«Wann wird das geschehen?», fragten ihn später seine Jünger, als er mit ihnen am Abhang des Ölbergs saß. «Welche Ereignisse werden dein Kommen und das Ende der Welt ankündigen?» [4]Jesus antwortete:

«Lasst euch von keinem Menschen täuschen und verführen! [5]Denn viele werden auftreten und von sich behaupten: ‹Ich bin Christus!› Und sie werden viele Menschen in die Irre führen. [6]Wenn ihr von Kriegen und Unruhen hört, achtet darauf, aber erschreckt nicht! Das muss geschehen, doch es bedeutet noch nicht das Ende. [7]Die Völker und Königreiche der Erde werden Kriege gegeneinander führen. In vielen Teilen der Welt wird es Hungersnöte, Seuchen und Erdbeben geben. [8]Das ist aber erst der Anfang – so wie die ersten Wehen bei einer Geburt. [9]Dann werdet ihr gefoltert, getötet und in der ganzen Welt gehasst werden, weil ihr zu mir gehört. [10]Manche werden sich vom Glauben abwenden, einander verraten und hassen. [11]Falsche Propheten werden auftreten und viele verführen. [12]Und weil Gottes Gebote missachtet werden, setzt sich das Böse überall durch. Die Liebe wird bei vielen Menschen erlöschen. [13]Aber wer bis ans Ende durchhält, wird gerettet. [14]Die rettende Botschaft von Gottes neuer Welt wird auf der ganzen Erde verkündet werden, damit alle Völker sie hören. Dann erst wird das Ende kommen. [15]Der Prophet Daniel redet von einer ‹abscheulichen Götzenstatue›. Versucht zu verstehen, was das Geschriebene bedeutet. Wenn ihr diese Götzenstatue im Tempel stehen seht, [16]dann sollen alle Bewohner Judäas ins Gebirge fliehen. [17]Wer sich gerade auf dem Dach seines Hauses aufhält, soll nicht erst im Haus sein Gepäck für die Flucht zusammensuchen. [18]Wer auf dem Feld arbeitet, soll nicht erst nach Hause laufen, um seinen Mantel zu holen. [19]Besonders hart trifft es Schwangere und Mütter mit Säuglingen. [20]Betet deshalb, dass ihr nicht im Winter oder am Sabbat fliehen müsst! 21Denn es wird eine Zeit der Not kommen, wie sie die Welt in ihrer ganzen Geschichte noch nicht erlebt hat und wie sie auch nie wieder eintreten wird. 22Wenn diese Leidenszeit nicht verkürzt würde, könnte niemand gerettet werden! Aber den Auserwählten Gottes zuliebe wird diese Zeit begrenzt. 23Wenn dann jemand zu euch sagt: ‹Hier ist der Christus!› oder: ‹Dort ist er!›, glaubt ihm nicht! 24Viele werden sich nämlich als ‹Christus› ausgeben, und es werden falsche Propheten auftreten. Sie vollbringen große Zeichen und Wunder, um – wenn möglich – sogar die Auserwählten Gottes irrezuführen. 25Deshalb bleibt wachsam! Ich habe euch gewarnt! 26Wenn euch jemand erzählt: ‹Der Retter ist draußen in der Wüste›, so geht nicht hin. Wenn er sich irgendwo verborgen halten soll, glaubt es nicht. 27Denn der Menschensohn kommt für alle sichtbar – wie ein Blitz, der von Ost nach West am Himmel aufzuckt. 28Dies wird so gewiss geschehen, wie sich die Geier um ein verendetes Tier scharen. 29Unmittelbar nach dieser großen Schreckenszeit wird sich die Sonne verfinstern und der Mond nicht mehr scheinen. Die Sterne werden aus ihrer Bahn geschleudert, und die Kräfte des Weltalls geraten durcheinander.»

Matthäus 24,32–35 «Der Feigenbaum soll euch dafür ein Beispiel sein: Wenn seine Zweige saftig werden und Blätter treiben, dann wisst ihr, dass es bald Sommer ist. 33Wenn nun all diese Ereignisse eintreffen, könnt ihr sicher sein: Das Kommen des Menschensohnes steht unmittelbar bevor. 34Ja, ich sage euch: Dieses Volk wird nicht untergehen, bevor das alles geschieht.

35Himmel und Erde werden vergehen; meine Worte aber gelten für immer.»

Markus 13,2–26 Jesus erwiderte: «Ja, sieh es dir genau an! Kein Stein wird hier auf dem anderen bleiben. Alles wird nur noch ein großer Trümmerhaufen sein.» 3Als Jesus am Abhang des Ölbergs saß und zum Tempel auf der anderen Seite des Tales hinübersah, kamen Petrus, Jakobus, Johannes und Andreas zu ihm und fragten: 4«Wann wird das alles geschehen? An welchen Ereignissen werden wir das Ende erkennen?» 5Jesus antwortete: «Lasst euch von keinem Menschen täuschen und verführen! 6Denn viele werden auftreten und von sich behaupten: ‹Ich bin Christus!› Und sie werden viele Menschen in die Irre führen. 7Ihr werdet von Kriegen und Unruhen hören. Erschreckt nicht! Das muss geschehen, doch es bedeutet noch nicht das Ende. 8Die Völker und Königreiche der Erde werden Kriege gegeneinander führen. In vielen Teilen der Welt wird es Erdbeben und Hungersnöte geben. Das ist aber erst der Anfang – so wie die ersten Wehen bei einer Geburt. 9Seid wachsam! Man wird euch vor die Gerichte zerren, und in den Synagogen wird man euch auspeitschen. Nur weil ihr zu mir gehört, werdet ihr vor Machthabern und Königen verhört werden. Dort werdet ihr meine Botschaft bezeugen. 10Das muss so geschehen, denn alle Völker sollen die rettende Botschaft hören, bevor das Ende kommt. 11Wenn sie euch verhaften und vor Gericht bringen, braucht ihr euch nicht darum zu sorgen, was ihr aussagen sollt! Denn zur rechten Zeit wird Gott euch das rechte Wort geben. Nicht ihr werdet es sein, die Rede und Antwort stehen, sondern der Heilige Geist wird durch euch sprechen. ¹²In dieser Zeit wird ein Bruder den anderen dem Henker ausliefern. Väter werden ihre eigenen Kinder anzeigen. Kinder werden gegen ihre Eltern vorgehen und sie hinrichten lassen. ¹³Alle Welt wird euch hassen, weil ihr euch zu mir bekennt. Aber wer bis zum Ende durchhält, wird gerettet. ¹⁴Die Heilige Schrift redet von einer ‹abscheulichen Götzenstatue›. Versucht zu verstehen, was das Geschriebene bedeutet! Wenn ihr diese Götzenstatue dort stehen seht, wo sie nicht hingehört – im Tempel –, dann sollen alle Bewohner Judäas ins Gebirge fliehen. ¹⁵Wer sich gerade auf dem Dach seines Hauses aufhält, soll nicht erst im Haus sein Gepäck für die Flucht zusammensuchen. ¹⁶Wer auf dem Feld arbeitet, soll nicht erst nach Hause laufen, um seinen Mantel zu holen. ¹⁷Besonders hart trifft es Schwangere und Mütter mit Säuglingen. ¹⁸Betet deshalb, dass ihr nicht im Winter fliehen müsst. ¹⁹Denn es wird eine Zeit der Not kommen, wie sie die Welt seit der Schöpfung nicht erlebt hat und wie sie auch nie wieder eintreten wird. ²⁰Wenn diese Leidenszeit nicht verkürzt würde, könnte niemand gerettet werden. Aber seinen Auserwählten zuliebe hat Gott diese Zeit begrenzt. ²¹Wenn dann jemand zu euch sagt: ‹Hier ist der Christus!› oder: ‹Dort ist er!›, glaubt ihm nicht! ²²Viele werden sich nämlich als ‹Christus› ausgeben, und es werden falsche Propheten auftreten. Sie werden Zeichen und Wunder vollbringen, um – wenn möglich – sogar die Auserwählten Gottes irrezuführen. ²³Deshalb bleibt wachsam! Ich habe euch gewarnt! ²⁴Nach dieser großen Schreckenszeit wird sich die Sonne verfinstern und der Mond nicht

mehr scheinen. ²⁵Die Sterne werden aus ihrer Bahn geschleudert, und die Kräfte des Weltalls geraten durcheinander. ²⁶Alle sehen dann, wie der Menschensohn in großer Macht und Herrlichkeit in den Wolken des Himmels kommt.»

Markus 13,28–33 «Der Feigenbaum soll euch dafür ein Beispiel sein: Wenn seine Zweige saftig werden und Blätter treiben, dann wisst ihr, dass es bald Sommer ist. ²⁹Wenn nun all diese Ereignisse eintreffen, könnt ihr sicher sein: Das Kommen des Menschensohnes steht unmittelbar bevor. ³⁰Ja, ich sage euch: Dieses Volk wird nicht untergehen, bevor das alles geschieht! ³¹Himmel und Erde werden vergehen; meine Worte aber gelten für immer. ³²Niemand weiß, wann das Ende kommen wird, weder die Engel im Himmel noch der Sohn. Den Tag und die Stunde kennt nur der Vater. ³³Darum werdet nicht nachlässig und bleibt wach! Denn ihr wisst nicht, wann es so weit ist.»

Lukas 21,6–28 Aber Jesus erwiderte: «Ja, seht es euch genau an! Es kommt die Zeit, in der hier kein Stein auf dem anderen bleiben wird. Alles wird nur noch ein großer Trümmerhaufen sein.» ⁷Erschrocken wollten die Jünger wissen: «Lehrer, wann wird das geschehen? Woran erkennen wir, dass diese Dinge stattfinden werden?» ⁸Jesus antwortete: «Lasst euch von keinem Menschen täuschen und verführen! Denn viele werden auftreten und von sich behaupten: ‹Ich bin Christus!› Und sie werden verkünden: ‹Jetzt ist die Zeit gekommen!› Glaubt ihnen nicht! ⁹Wenn ihr von Kriegen und Unruhen hört, erschreckt nicht! Das muss geschehen, doch es bedeutet noch nicht das Ende.» ¹⁰Dann sagte er zu ihnen: «Die Völker und Königreiche der Erde werden Kriege gegeneinander führen. [11]In vielen Teilen der Welt wird es Erdbeben, Hungersnöte und Seuchen geben. Unerklärliche Erscheinungen am Himmel werden alle Menschen in Angst und Schrecken versetzen. [12]Bevor das alles geschieht, wird man euch verfolgen. Nur weil ihr zu mir gehört, werden sie euch festnehmen und in den Synagogen vor Gericht stellen. Dann werden sie euch ins Gefängnis werfen, ja, vor Machthabern und Königen werdet ihr verhört werden. [13]Aber dadurch habt ihr Gelegenheit, meine Botschaft zu bezeugen. [14]Prägt es euch ein: Ihr sollt nicht schon vorher darüber nachgrübeln, wie ihr euch vor Gericht verteidigen könnt. [15]Ich selber werde euch Weisheit geben und euch zeigen, was ihr sagen sollt. Dann werden eure Gegner nichts mehr erwidern können. [16]Selbst eure nächsten Angehörigen, eure Eltern, Geschwister und Freunde werden euch verraten und euch verhaften lassen. Einige von euch wird man töten. [17]Alle Welt wird euch hassen, weil ihr zu mir gehört. [18]Aber ohne Gottes Willen wird euch kein Haar gekrümmt werden. [19]Bleibt standhaft, dann gewinnt ihr das ewige Leben. [20]Wenn die Feinde Israels Jerusalem belagern, dauert es nicht mehr lange, bis diese Stadt zerstört wird. [21]Dann sollen alle Bewohner Judäas ins Gebirge fliehen. Wer in Jerusalem wohnt, verlasse die Stadt so schnell wie möglich, und wer auf dem Land ist, suche in ihr keinen Schutz. [22]Die Tage des göttlichen Gerichts sind gekommen. Jetzt erfüllt sich, was in der Heiligen Schrift vorausgesagt ist. [23]Besonders hart trifft es Schwangere und Mütter mit Säuglingen. Denn überall wird große Not herrschen, wenn Gottes Zorn über sein Volk losbricht. [24]Die Menschen werden niedergemetzelt oder als Gefangene in die ganze Welt verschleppt. Jerusalem aber wird besetzt und zerstört sein, bis Gott die Herrschaft der nichtjüdischen Völker beendet. [25]Zu dieser Zeit werden Zeichen an Sonne, Mond und Sternen Unheil verkünden. Die Menschen fürchten sich und wissen nicht mehr weiter, weil Sturmfluten und Katastrophen über sie hereinbrechen. [26]Ungewissheit und Angst treiben sie zur Verzweiflung. Sogar die Kräfte des Weltalls geraten durcheinander. [27]Doch dann werden alle Völker sehen, wie der Menschensohn in den Wolken mit großer Macht und Herrlichkeit kommt. [28]Deshalb: Wenn sich dies alles ereignet, dann seid zuversichtlich – mit festem Blick und erhobenem Haupt! Denn eure Befreiung steht vor der Tür.»

Lukas 21,29–36 Dann erzählte Jesus ein Gleichnis: «Seht euch den Feigenbaum an oder die anderen Bäume. [30]Wenn ihre Zweige Blätter treiben, dann wisst ihr, dass es bald Sommer ist. [31]So könnt ihr sicher sein, dass Gottes neue Welt nahe ist, wenn all diese Ereignisse eintreffen. [32]Ja, ich sage euch: Dieses Volk wird nicht untergehen, bevor das alles geschieht. [33]Himmel und Erde werden vergehen; meine Worte aber gelten für immer. [34]Passt auf, dass ihr euch nicht durch ein ausschweifendes Leben und Trunkenheit und auch nicht durch die Sorgen des Alltags vom Ziel ablenken lasst! Sonst wird dieser Tag euch überraschen [35]so wie eine Falle, die plötzlich zuschnappt. Denn er wird für alle Menschen auf dieser Welt völlig unerwartet kommen. [36]Bleibt wachsam und betet zu jeder Zeit, damit ihr dem entfliehen könnt, was auf euch zukommt. Dann könnt ihr ohne Furcht vor den Menschensohn treten.»

14 Erfüllung

Matthäus 5,3–9 «Glücklich sind, die erkennen, wie arm sie vor Gott sind, denn ihnen gehört die neue Welt Gottes. ⁴Glücklich sind die Trauernden, denn sie werden Trost finden. ⁵Glücklich sind die Friedfertigen, denn sie werden die ganze Erde besitzen. ⁶Glücklich sind, die nach Gerechtigkeit hungern und dürsten, denn sie sollen satt werden. ⁷Glücklich sind die Barmherzigen, denn sie werden Barmherzigkeit erfahren. ⁸Glücklich sind, die ein reines Herz haben, denn sie werden Gott sehen. ⁹Glücklich sind, die Frieden stiften, denn Gott wird sie seine Kinder nennen.»

Matthäus 6,25–33 «Darum sage ich euch: Macht euch keine Sorgen um euren Lebensunterhalt, um Essen, Trinken und Kleidung. Leben bedeutet mehr als Essen und Trinken, und der Mensch ist wichtiger als seine Kleidung. ²⁶Seht euch die Vögel an! Sie säen nichts, sie ernten nichts und sammeln auch keine Vorräte. Euer Vater im Himmel versorgt sie. Meint ihr nicht, dass ihr ihm viel wichtiger seid? ²⁷Und wenn ihr euch noch so viel sorgt, könnt ihr doch euer Leben um keinen Augenblick verlängern. ²⁸Weshalb macht ihr euch so viele Sorgen um eure Kleidung? Seht euch an, wie die Lilien auf den Wiesen blühen! Sie können weder spinnen noch weben. ²⁹Ich sage euch, selbst König Salomo war in seiner ganzen Herrlichkeit nicht so prächtig gekleidet wie eine dieser Blumen. ³⁰Wenn Gott sogar das Gras so schön wachsen lässt, das heute auf der Wiese grünt, morgen aber schon verbrannt wird, wie könnte er euch dann vergessen? Vertraut ihr Gott so wenig? ³¹Zerbrecht euch also nicht mehr den Kopf mit Fragen wie: ‹Werden wir genug zu essen haben? Und was werden wir trinken? Was sollen wir anziehen?› ³²Mit solchen Dingen beschäftigen sich nur Menschen, die Gott nicht kennen. Euer Vater im Himmel weiß doch genau, dass ihr dies alles braucht. ³³Sorgt euch vor allem um Gottes neue Welt, und lebt nach Gottes Willen! Dann wird er euch mit allem anderen versorgen.»

Matthäus 7,8 «Denn wer bittet, der bekommt. Wer sucht, der findet. Und wer anklopft, dem wird geöffnet.»

Lukas 12,16–21 An einem Beispiel erklärte er seinen Zuhörern, was er damit meinte: «Ein reicher Gutsbesitzer hatte eine besonders gute Ernte. ¹⁷Er überlegte: ‹Wo soll ich bloß alles unterbringen? Meine Scheunen sind voll; da geht nichts mehr rein.› ¹⁸Er beschloss: ‹Ich werde die alten Scheunen abreißen und neue bauen, so groß, dass ich das ganze Getreide, ja alles, was ich habe, darin unterbringen kann. ¹⁹Dann will ich mich zur Ruhe setzen. Ich habe für lange Zeit ausgesorgt. Jetzt lasse ich es mir gut gehen. Ich will gut essen und trinken und mein Leben genießen!› ²⁰Aber Gott sagte zu ihm: ‹Du Narr! Noch in dieser Nacht wirst du sterben. Wer bekommt dann deinen ganzen Reichtum, den du angehäuft hast?› ²¹So wird es allen gehen, die auf der Erde Reichtümer sammeln, aber mit leeren Händen vor Gott stehen.»

15 Erwählt von Jesus

Johannes 6,36–40 «Doch ich habe euch ja schon einmal gesagt: Ihr glaubt nicht an mich, obwohl ihr mich mit euren eigenen Augen seht. [37]Alle Menschen, die mir der Vater gibt, werden zu mir kommen, und keinen von ihnen werde ich zurückstoßen. [38]Denn ich bin nicht vom Himmel gekommen, um zu tun, was ich will, sondern um den Willen des Vaters zu erfüllen, der mich gesandt hat. [39]Und das ist Gottes Wille: Kein Einziger von denen, die er mir anvertraut hat, soll verloren gehen. Ich werde sie alle am letzten Tag zum Leben erwecken. [40]Denn nach dem Willen meines Vaters wird jeder, der den Sohn sieht und an ihn glaubt, für immer leben. Ich werde ihn am letzten Tag vom Tod auferwecken.»

Johannes 6,64–65 «Aber einige von euch glauben mir trotzdem nicht.» Jesus wusste nämlich von Anfang an, wer nicht an ihn glaubte und wer ihn später verraten würde. [65]«Deshalb», so erklärte er weiter, «habe ich euch gesagt: Keiner kann zu mir kommen, wenn ihn nicht der Vater zu mir führt!»

Johannes 10,27–30 «Meine Schafe erkennen meine Stimme; ich kenne sie, und sie folgen meinem Ruf. [28]Ihnen gebe ich das ewige Leben, und sie werden niemals umkommen. Niemand kann sie aus meiner Hand reißen. [29]Mein Vater hat sie mir gegeben, und er ist stärker als alle anderen Mächte. Deshalb kann sie auch keiner der Hand meines Vaters entreißen. [30]Ich und der Vater sind eins.»

Johannes 13,18 «Jetzt spreche ich nicht von euch allen; denn ich weiß, welche ich als meine Jünger ausgewählt habe. Aber was in der Heiligen Schrift vorausgesagt ist, muss sich erfüllen: ‹Einer, der mit mir zusammen das Brot isst, tritt mich mit Füßen.›»

Johannes 15,16–17 «Nicht ihr habt mich erwählt, sondern ich euch, damit ihr euch auf den Weg macht und Frucht bringt, die bleibt. Dann wird euch der Vater alles geben, worum ihr ihn in meinem Namen bittet. [17]Ich sage euch noch einmal: Liebt einander!»

Johannes 15,19 «Diese Welt würde euch lieben, wenn ihr zu ihr gehören würdet. Doch ihr gehört nicht mehr dazu. Ich selbst habe euch aus der Welt herausgerufen. Darum hasst sie euch.»

Johannes 17,2–4 «Du [Gott der Vater] hast ihm [Jesus Christus] Macht über die Menschen gegeben, damit er allen ewiges Leben schenkt, die du ihm anvertraut hast. [3]Und das allein ist ewiges Leben: dich, den einen wahren Gott, zu erkennen, und Jesus Christus, den du gesandt hast. [4]Ich habe hier auf der Erde den Menschen gezeigt, wie herrlich du bist. Ich habe deinen Auftrag erfüllt.»

Johannes 17,6 «Ich habe den Menschen gezeigt, wer du [Gott] bist, und zwar allen, die du aus der Welt herausgerufen und mir anvertraut hast. Dir gehörten sie schon immer, und du hast sie mir gegeben. Sie haben sich deine Worte zu Herzen genommen.»

Johannes 17,9–12 «Für sie [die Jünger] bitte ich dich jetzt: für die Menschen, die du mir anvertraut hast und die zu dir gehören; nicht für die ganze Welt. [10]Denn alles, was ich habe, das gehört dir, und was du hast, das gehört auch mir. An ihnen zeigt sich meine Herrlichkeit. [11]Ich verlasse jetzt die Welt und komme zu dir. Sie aber bleiben zurück. Heiliger Vater, erhalte sie in der Gemeinschaft mit dir, damit sie eins werden wie wir. [12]Solange ich bei ihnen war, habe ich sie in der Gemeinschaft mit dir erhalten, alle, die du mir anvertraut hast. Ich habe sie bewahrt, und keiner von ihnen ist verloren gegangen – außer dem einen, der verloren gehen musste, damit sich die Voraussage der Heiligen Schrift erfüllte.»

Matthäus 11,27 «Mein Vater hat mir alle Macht gegeben. Nur der Vater kennt den Sohn. Und nur der Sohn kennt den Vater und jeder, dem der Sohn ihn zeigt.»

Matthäus 20,1–16 «Mit der neuen Welt Gottes ist es wie mit einem Weinbauern, der frühmorgens Arbeiter für seinen Weinberg anwarb. [2]Er einigte sich mit ihnen auf den üblichen Tageslohn und ließ sie in seinem Weinberg arbeiten. [3]Ein paar Stunden später ging er noch einmal über den Marktplatz und sah dort Leute herumstehen, die arbeitslos waren. [4]Auch diese schickte er in seinen Weinberg und versprach ihnen einen angemessenen Lohn. [5]Zur Mittagszeit und gegen drei Uhr nachmittags stellte er noch mehr Arbeiter ein. [6]Als er um fünf Uhr in die Stadt kam, sah er wieder ein paar Leute untätig herumstehen. Er fragte sie: ‹Warum habt ihr heute nicht gearbeitet?› [7]‹Uns wollte niemand haben›, antworteten sie. ‹Geht doch und helft auch noch in meinem Weinberg mit!›, forderte er sie auf. [8]Am Abend beauftragte er seinen Verwalter: ‹Ruf die Leute zusammen, und zahl ihnen den Lohn aus! Fang beim Letzten an, und hör beim Ersten auf!› [9]Zuerst kamen also die zuletzt Eingestellten, und jeder von ihnen bekam den vollen Tageslohn.

[10]Jetzt meinten die anderen Arbeiter, sie würden mehr bekommen. Aber sie erhielten alle nur den vereinbarten Tageslohn. [11]Da beschwerten sie sich beim Weinbauern: [12]‹Diese Leute haben nur eine Stunde gearbeitet, und du zahlst ihnen dasselbe wie uns. Dabei haben wir uns den ganzen Tag in der brennenden Sonne abgerackert!› [13]‹Mein Freund›, entgegnete der Weinbauer einem von ihnen, ‹dir geschieht doch kein Unrecht! Haben wir uns nicht auf diesen Betrag geeinigt? [14]Nimm dein Geld und geh! Ich will den anderen genauso viel zahlen wie dir. [15]Schließlich darf ich doch wohl mit meinem Geld machen, was ich will! Oder ärgerst du dich, weil ich großzügig bin?› [16]Ebenso werden die Letzten einmal die Ersten sein, und die Ersten die Letzten.»

Matthäus 22,1–14 Jesus erzählte ihnen noch ein anderes Gleichnis: [2]«Mit der neuen Welt Gottes ist es wie mit einem König, der für seinen Sohn ein großes Hochzeitsfest vorbereitete. [3]Viele wurden zur Hochzeit eingeladen. Als die Vorbereitungen beendet waren, schickte er seine Diener, um die Gäste abzuholen. Aber keiner wollte kommen. [4]Er ließ sie durch andere Diener nochmals bitten: ‹Es ist alles fertig, die Ochsen und Mastkälber sind geschlachtet. Das Fest kann beginnen. Kommt!› [5]Aber den geladenen Gästen war das gleichgültig. Sie gingen weiter ihrer Arbeit nach. Der eine hatte auf dem Feld zu tun, der andere im Geschäft. [6]Einige wurden sogar handgreiflich, misshandelten und töteten die Diener des Königs. [7]Voller Zorn sandte der König seine Truppen aus, ließ die Mörder umbringen und ihre Stadt in Brand stecken. [8]Dann sagte er zu seinen

Dienern: ‹Die Hochzeitsfeier ist vorbereitet, aber die geladenen Gäste waren es nicht wert, an diesem Fest teilzunehmen. [9]Geht jetzt auf die Straßen und ladet alle ein, die euch über den Weg laufen!› [10]Das taten die Boten und brachten alle mit, die sie fanden: böse und gute Menschen. So füllte sich der Festsaal mit Gästen. [11]Als der König kam, um seine Gäste zu begrüßen, bemerkte er einen Mann, der nicht festlich angezogen war. [12]‹Mein Freund, wie bist du hier ohne Festgewand hereingekommen?›, fragte er ihn. Darauf konnte der Mann nichts antworten. [13]Da befahl der König: ‹Fesselt ihm Hände und Füße, und werft ihn hinaus in die Finsternis! Dort wird es nur Heulen und ohnmächtiges Jammern geben.› [14]Denn viele sind berufen, aber nur wenige sind auserwählt.»

Markus 13,18–20 «Betet deshalb, dass ihr nicht im Winter fliehen müsst. [19]Denn es wird eine Zeit der Not kommen, wie sie die Welt seit der Schöpfung nicht erlebt hat und wie sie auch nie wieder eintreten wird. [20]Wenn diese Leidenszeit nicht verkürzt würde, könnte niemand gerettet werden. Aber seinen Auserwählten zuliebe hat Gott diese Zeit begrenzt.»

Markus 13,22 «Viele werden sich nämlich als ‹Christus› ausgeben, und es werden falsche Propheten auftreten. Sie werden Zeichen und Wunder vollbringen, um – wenn möglich – sogar die Auserwählten Gottes irrezuführen.»

Lukas 18,6–8 Und Jesus, der Herr, fügte hinzu: «Ihr habt gehört, was dieser ungerechte Richter gesagt hat. [7]Meint ihr, Gott wird seinen Auserwählten nicht zum Recht verhelfen, wenn sie ihn Tag und Nacht darum bitten? Wird er sie etwa lange warten lassen? Nein! [8]Ich versichere euch: Er wird ihnen schnellstens helfen. Die Frage ist: Wird der Menschensohn, wenn er kommt, auf der Erde überhaupt noch Menschen finden, die diesen Glauben haben?»

16 Evangelisation

Johannes 15,26–27 «Wenn ich beim Vater bin, will ich euch jemanden senden, der euch zur Seite stehen wird, den Geist der Wahrheit. Er wird vom Vater kommen und bezeugen, wer ich bin. [27]Und auch ihr werdet meine Zeugen sein, denn ihr seid von Anfang an bei mir gewesen.»

Matthäus 5,14–16 «Ihr seid das Licht, das die Welt erhellt. Eine Stadt, die hoch auf dem Berg liegt, kann nicht verborgen bleiben. [15]Man zündet ja auch keine Öllampe an und stellt sie unter einen Eimer. Im Gegenteil: Man stellt sie so auf, dass sie allen im Haus Licht gibt. [16]Genauso soll euer Licht vor allen Menschen leuchten. Sie werden eure guten Taten sehen und euren Vater im Himmel dafür loben.»

Matthäus 7,6 «Werft, was heilig ist, nicht vor die Hunde! Sie werden euch angreifen und in Stücke reißen. Und werft eure Perlen nicht vor die Säue! Sie werden die Perlen nur zertreten!»

Matthäus 9,37–38 «Die Ernte ist groß, aber es gibt nur wenige Arbeiter», sagte Jesus zu seinen Jüngern. [38]«Darum bittet den Herrn, dass er noch mehr Arbeiter aussendet, die seine Ernte einbringen!»

Matthäus 10,5–10 Diese Zwölf sandte Jesus aus und gab ihnen folgenden Auftrag: «Geht nicht zu den Nichtjuden oder in die Städte der Samariter, [6]sondern geht nur zu den Menschen aus dem Volk Israel, die sich von Gott entfernt haben. Sie sind wie Schafe, die ohne ihren Hirten verloren sind. [7]Ihnen sollt ihr diese Nachricht bringen: ‹Jetzt beginnt Gottes neue Welt!› [8]Heilt Kranke, weckt Tote auf, macht Aussätzige gesund und treibt Dämonen aus! Tut alles, ohne etwas dafür zu verlangen, denn ihr habt auch die Kraft dazu ohne Gegenleistung bekommen. [9]Nehmt kein Geld mit auf die Reise, weder Goldstücke noch Silber- oder Kupfermünzen, [10]auch keine Tasche, kein zweites Hemd, keine Schuhe und keinen Wanderstock. Denn weil ihr den Menschen dient, sollen sie für euch sorgen.»

Matthäus 10,16–23 «Hört mir zu: Ich schicke euch wie Schafe mitten unter die Wölfe. Seid klug wie Schlangen, aber ohne Verschlagenheit wie Tauben. [17]Nehmt euch in Acht vor den Menschen! Denn sie werden euch vor die Gerichte zerren, und in den Synagogen wird man euch auspeitschen. [18]Nur weil ihr zu mir gehört, werdet ihr vor Machthabern und Königen verhört werden. Dort werdet ihr meine Botschaft bezeugen, denn sie und alle Völker müssen von mir erfahren. [19]Wenn sie euch vor Gericht bringen, braucht ihr euch nicht darum zu sorgen, was ihr aussagen sollt! Denn zur rechten Zeit wird Gott euch das rechte Wort geben. [20]Nicht ihr werdet es sein, die Rede und Antwort stehen, sondern der Geist eures Vaters im Himmel wird durch euch sprechen. [21]In dieser Zeit wird ein Bruder den anderen dem Henker ausliefern. Väter werden ihre eigenen Kinder anzeigen. Kinder werden gegen ihre Eltern vorgehen und sie hinrichten lassen. [22]Alle Welt wird euch hassen, weil ihr euch zu mir bekennt. Aber

wer bis zum Ende durchhält, wird gerettet. [23]Wenn man euch in der einen Stadt verfolgt, dann flieht in eine andere. Ich versichere euch: Noch ehe ihr meinen Auftrag in allen Städten Israels ausgeführt habt, wird der Menschensohn kommen.»

Matthäus 10,27–28.32–33 «Was ich euch im Dunkeln sage, das gebt am helllichten Tag weiter! Was ich euch ins Ohr flüstere, das ruft vor aller Welt laut hinaus! [28]Habt keine Angst vor den Menschen, die zwar den Körper, aber nicht die Seele töten können! Fürchtet vielmehr Gott, der Leib und Seele in der Hölle vernichten kann. […] [32]Wer sich vor den Menschen zu mir bekennt, zu dem werde ich mich auch vor meinem Vater im Himmel bekennen. [33]Wer aber vor den Menschen nicht zu mir steht, zu dem werde ich auch vor meinem Vater im Himmel nicht stehen.»

Markus 4,21–23 Dann fragte Jesus die Zuhörer: «Zündet man etwa eine Öllampe an, um sie dann unter einen Eimer oder unters Bett zu stellen? Im Gegenteil! Eine brennende Lampe stellt man so auf, dass sie den ganzen Raum erhellt. [22]Alles, was jetzt noch verborgen ist, wird einmal ans Licht kommen, und was jetzt noch ein Geheimnis ist, wird jeder verstehen. [23]Denkt genau darüber nach, was ich euch gesagt habe, und richtet euch danach!»

Markus 16,15 Dann sagte er zu ihnen [den Jüngern]: «Geht hinaus in die ganze Welt und verkündet allen Menschen die rettende Botschaft.»[15]

---

[15] In den frühesten Handschriften des Markus-Evangeliums ist Markus 16,9–20 nicht vorhanden.

Lukas 8,16–17 «Niemand zündet eine Öllampe an und versteckt sie dann unter einem Eimer oder stellt sie unters Bett. Im Gegenteil! Man stellt die Lampe so auf, dass jeder, der hereinkommt, das Licht sieht. [17]Alles, was jetzt noch verborgen ist, wird einmal ans Licht kommen, und was jetzt noch ein Geheimnis ist, wird jeder verstehen.»

Lukas 8,38–39 Der geheilte Mann bat darum, bei ihm bleiben zu dürfen. Aber Jesus beauftragte ihn: [39]«Geh nach Hause und berichte, welch großes Wunder Gott an dir getan hat.» Da ging der Mann und erzählte in der ganzen Stadt, was für ein Wunder Jesus an ihm getan hatte.

Lukas 11,33–36 «Niemand zündet eine Öllampe an und versteckt sie dann oder stellt sie unter einen Eimer. Im Gegenteil! Man stellt die Lampe so auf, dass jeder, der hereinkommt, das Licht sieht. [34]Das Auge gibt dir Licht. Wenn deine Augen das Licht einlassen, wirst du auch im Licht leben. Verschließen sich deine Augen dem Licht, lebst du in Dunkelheit. [35]Deshalb achte darauf, dass das Licht in deinem Innern nicht erlischt! [36]Wenn du es einlässt und keine Finsternis in dir ist, dann lebst du im Licht – so, als würdest du von einer hellen Lampe angestrahlt.»

Lukas 12,8–12 «Das sage ich euch: Wer sich vor den Menschen zu mir bekennt, zu dem wird sich auch der Menschensohn vor den Engeln bekennen. [9]Wer aber vor den Menschen nicht zu mir steht, zu dem wird auch der Menschensohn vor den Engeln Gottes nicht stehen. [10]Wer den Menschensohn beschimpft, dem kann vergeben werden. Wer aber den Heiligen Geist beschimpft, der wird niemals Vergebung finden. [11]Wenn ihr in den Synagogen vor Richtern und Machthabern verhört werdet, dann sorgt euch nicht darum, was ihr sagen oder wie ihr euch verteidigen sollt! [12]Denn der Heilige Geist wird euch zur rechten Zeit das rechte Wort geben.»

Lukas 12,42–48 Jesus, der Herr, entgegnete: «Wie verhält sich denn ein kluger und zuverlässiger Verwalter? Sein Herr hat ihm die Verantwortung für alle Mitarbeiter übertragen; er soll sie zu jeder Zeit mit allem Nötigen versorgen. [43]Dieser Verwalter darf sich glücklich nennen, wenn sein Herr ihn bei der Rückkehr gewissenhaft bei der Arbeit findet. [44]Das sage ich euch: Einem so zuverlässigen Mann wird er die Verantwortung für seinen ganzen Besitz übertragen. [45]Wenn aber ein Verwalter unzuverlässig ist und im Stillen denkt: ‹Ach was, es dauert bestimmt noch lange, bis mein Herr kommt›, und er fängt an, seine Mitarbeiter zu schlagen, zu schlemmen und sich zu betrinken, [46]dann wird die Rückkehr seines Herrn ihn völlig überraschen. Sein Herr kommt, wenn er nicht damit rechnet. Er wird den unzuverlässigen Verwalter hart bestrafen und ihm den Lohn geben, den die Gottlosen verdienen. [47]Der Verwalter, der den Willen seines Herrn kennt, sich aber bewusst nicht danach richtet, wird schwer bestraft werden. [48]Wer dagegen falsch handelt, ohne es zu wissen, wird mit einer leichteren Strafe davonkommen. So wird von jedem, der viel bekommen hat, auch viel erwartet; denn wem viel anvertraut wurde, von dem verlangt man umso mehr.»

Lukas 24,46–49 Er sagte: «Es steht doch dort geschrieben: Der Messias muss leiden und sterben, und er wird am dritten Tag von den Toten auferstehen. [47]Alle Völker sollen diese Botschaft hören: Gott wird jedem, der zu ihm umkehrt, die Schuld vergeben. Das soll zuerst in Jerusalem verkündet werden. [48]Ihr selbst habt miterlebt, dass Gottes Zusagen in Erfüllung gegangen sind. Ihr seid meine Zeugen. [49]Ich werde euch den Heiligen Geist geben, den mein Vater euch versprochen hat. Bleibt hier in Jerusalem, bis ihr diese Kraft von oben empfangen habt!»

Apostelgeschichte 1,8 «Aber ihr werdet den Heiligen Geist empfangen und durch seine Kraft meine Zeugen sein in Jerusalem und Judäa, in Samarien und auf der ganzen Erde.»

17 Evangelium

Matthäus 4,17 Von da an begann Jesus zu predigen: «Kehrt um zu Gott! Denn jetzt beginnt seine neue Welt!»

Matthäus 11,4–6 Jesus antwortete: «Geht zu Johannes zurück und erzählt ihm, was ihr hört und seht: [5]Blinde sehen, Gelähmte gehen, Aussätzige werden geheilt, Taube hören, Tote werden wieder lebendig, und den Armen wird die rettende Botschaft verkündet. [6]Und sagt ihm: Glücklich ist jeder, der nicht an mir Anstoß nimmt.» (Siehe auch Lukas 7,22.)

Matthäus 24,14 «Die rettende Botschaft von Gottes neuer Welt wird auf der ganzen Erde verkündet werden, damit alle Völker sie hören. Dann erst wird das Ende kommen.»

Matthäus 26,13 «Und ich sage euch: Überall in der Welt, wo Gottes rettende Botschaft verkündet wird, wird man auch von dieser Frau sprechen und von dem, was sie getan hat.»

Markus 1,15 «Jetzt ist die Zeit gekommen, in der Gottes neue Welt beginnt. Kehrt um zu Gott, und glaubt an die rettende Botschaft!»

Markus 13,9–10 «Seid wachsam! Man wird euch vor die Gerichte zerren, und in den Synagogen wird man euch auspeitschen. Nur weil ihr zu mir gehört, werdet ihr vor Machthabern und Königen verhört werden. Dort werdet ihr meine Botschaft bezeugen. [10]Das muss so geschehen, denn alle Völker sollen die rettende Botschaft hören, bevor das Ende kommt.»

Markus 16,15–16 Dann sagte er zu ihnen [den Jüngern]: «Geht hinaus in die ganze Welt und verkündet allen Menschen die rettende Botschaft. [16]Denn wer glaubt und getauft ist, der wird gerettet werden. Wer aber nicht glaubt, der wird verurteilt werden.» [16]

Lukas 4,18–21 «Der Geist des Herrn ruht auf mir, weil er mich berufen hat. Er hat mich gesandt, den Armen die frohe Botschaft zu bringen. Ich rufe Freiheit aus für die Gefangenen, den Blinden sage ich, dass sie sehen werden, und den Unterdrückten, dass sie bald von jeder Gewalt befreit sein sollen. [19]Ich rufe ihnen zu: Jetzt erlässt Gott eure Schuld.» [20]Jesus rollte die Buchrolle zusammen, gab sie dem Synagogendiener zurück und setzte sich. Alle blickten ihn erwartungsvoll an. [21]Er begann: «Heute hat sich diese Voraussage des Propheten erfüllt.»

---

[16] In den frühesten Handschriften des Markus-Evangeliums ist Markus 16,9–20 nicht vorhanden.

Lukas 4,43 Doch er wies sie ab: «Ich muss die rettende Botschaft von Gottes neuer Welt auch in alle anderen Städte bringen. Das ist mein Auftrag.»

Lukas 16,16 Weiter sagte Jesus: «Bis Johannes der Täufer kam, waren das Gesetz des Mose und die Lehren der Propheten die Maßstäbe für alles Handeln. Seit seinem Auftreten wird die rettende Botschaft von Gottes neuer Welt verkündet, und alle wollen unbedingt hinein.»

Apostelgeschichte 22,17–21 «Später kehrte ich [Paulus] nach Jerusalem zurück. Eines Tages betete ich im Tempel. Da erschien mir der Herr in einer Vision [18]und sagte: ‹Beeil dich und verlasse Jerusalem so schnell wie möglich, denn niemand wird dir glauben, was du von mir sagst.› [19]‹Herr›, antwortete ich, ‹jeder hier weiß, dass ich alle, die an dich glaubten, ins Gefängnis werfen und in den Synagogen auspeitschen ließ. [20]Als dein Zeuge Stephanus getötet wurde, stand ich dabei; ich hatte in die Steinigung eingewilligt und bewachte die Kleider seiner Mörder.› [21]Doch der Herr befahl: ‹Geh, denn ich will dich weit weg zu den Völkern senden, die mich nicht kennen.›»

Apostelgeschichte 23,11 In der folgenden Nacht trat der Herr zu Paulus und sagte: «Sei unbesorgt! So wie du in Jerusalem mein Zeuge gewesen bist, sollst du auch in Rom mein Zeuge sein!»

18 Familie

Johannes 8,35 «Ein Sklave kann sich nicht darauf verlassen, dass er immer in dem Haus bleibt, in dem er arbeitet. Dieses Recht hat nur der Sohn der Familie.»

Johannes 19,26–27 Als Jesus nun seine Mutter sah und neben ihr den Jünger, den er lieb hatte, sagte er zu ihr: «Er soll jetzt dein Sohn sein!» [27]Und zu dem Jünger sagte er: «Sie ist jetzt deine Mutter.» Da nahm der Jünger sie zu sich in sein Haus.

Matthäus 5,31–32 «Bisher hieß es: ‹Wer sich von seiner Frau trennen will, soll ihr eine Scheidungsurkunde geben.› [32]Ich sage euch aber: Wer sich von seiner Frau trennt, obwohl sie ihn nicht betrogen hat, der treibt sie zum Ehebruch. Und wer eine geschiedene Frau heiratet, der begeht Ehebruch.»

Matthäus 7,9–11 «Bittet Gott, und er wird euch geben! Sucht, und ihr werdet finden! Klopft an, und euch wird die Tür geöffnet! [8]Denn wer bittet, der bekommt. Wer sucht, der findet. Und wer anklopft, dem wird geöffnet. [9]Würde jemand von euch seinem Kind einen Stein geben, wenn es um ein Stück Brot bittet? [10]Oder eine giftige Schlange, wenn es um einen Fisch bittet? [11]Wenn schon ihr hartherzigen Menschen euren Kindern Gutes gebt, wie viel mehr wird euer Vater im Himmel denen Gutes schenken, die ihn darum bitten! [12]So wie ihr von den Menschen behandelt werden möchtet, so behandelt sie auch. Denn das ist die Botschaft des Gesetzes und der Propheten.» (Siehe auch Lukas 11,11–13.)

Matthäus 10,34–39 «Meint nur nicht, dass ich gekommen bin, um Frieden auf die Erde zu bringen. Nein, ich bringe Kampf! [35]Ich werde Vater und Sohn, Mutter und Tochter, Schwiegertochter und Schwiegermutter gegeneinander aufbringen. [36]Die schlimmsten Feinde werden in der eigenen Familie sein. [37]Wer seinen Vater oder seine

Mutter, seinen Sohn oder seine Tochter mehr liebt als mich, der ist es nicht wert, mein Jünger zu sein. ³⁸Und wer nicht bereit ist, sein Kreuz auf sich zu nehmen und mir nachzufolgen, der kann nicht zu mir gehören. ³⁹Wer sich an sein Leben klammert, der wird es verlieren. Wer es aber für mich einsetzt, der wird es für immer gewinnen.» (Siehe auch Lukas 12,51–53.)

Matthäus 12,48–50 Doch der fragte: «Wer ist meine Mutter? Wer sind meine Geschwister?» ⁴⁹Dann zeigte er auf seine Jünger: «Seht diese dort, sie sind meine Mutter und meine Geschwister. ⁵⁰Denn wer den Willen meines Vaters im Himmel tut, der ist mein Bruder, meine Schwester und meine Mutter.» (Siehe auch Lukas 8,21.)

Matthäus 15,3–6 Jesus fragte zurück: «Und weshalb brecht ihr mit euren Vorschriften die Gebote Gottes? ⁴So lautet ein Gebot Gottes: ‹Ehre deinen Vater und deine Mutter! Wer seinen Vater und seine Mutter verflucht, der soll sterben.› ⁵Ihr aber behauptet: Wenn jemand seinen hilfsbedürftigen Eltern erklärt: ‹Ich kann euch nicht helfen, weil ich mein Vermögen dem Tempel vermacht habe›, dann hat er nicht gegen Gottes Gebot verstoßen. ⁶Damit setzt ihr durch eure Vorschriften das Gebot Gottes außer Kraft.»

Matthäus 19,4–9 Jesus antwortete: «Lest ihr denn die Heilige Schrift nicht? Da heißt es doch, dass Gott am Anfang Mann und Frau schuf und sagte: ⁵‹Ein Mann verlässt seine Eltern und verbindet sich so eng mit seiner Frau, dass die beiden eins sind mit Leib und Seele.› ⁶Sie sind also eins und nicht länger zwei voneinander getrennte Menschen. Was nun Gott zusammengefügt hat, soll der Mensch nicht scheiden.»

⁷«Doch weshalb», fragten sie weiter, «hat Mose dann vorgeschrieben, dass der Mann seiner Frau eine Scheidungsurkunde gibt, wenn er sich von ihr trennt?» ⁸Jesus antwortete: «Mose erlaubte es, weil er euer hartes Herz kannte. Ursprünglich ist es aber anders gewesen. ⁹Ich sage euch: Jeder, der sich von seiner Frau trennt und eine andere heiratet, bricht die Ehe, es sei denn, seine Frau hat ihn betrogen.»

Matthäus 19,29 «Jeder, der sein Haus, seine Geschwister, seine Eltern, seine Frau, seine Kinder oder seinen Besitz zurücklässt, um mir zu folgen, wird dies alles hundertfach zurückerhalten und das ewige Leben empfangen.»

Matthäus 22,29–30 Jesus antwortete: «Ihr irrt euch, denn ihr kennt weder die Heilige Schrift noch die Macht Gottes. ³⁰Wenn die Toten auferstehen, werden sie nicht wie hier auf der Erde verheiratet sein, sondern wie die Engel Gottes im Himmel leben.»

Markus 10,3–12 Jesus fragte zurück: «Was hat Mose denn im Gesetz vorgeschrieben?» ⁴Sie antworteten: «Mose hat gesagt: ‹Wenn sich ein Mann von seiner Frau trennt, soll er ihr eine Scheidungsurkunde geben.›» ⁵Jesus entgegnete: «Das war nur ein Zugeständnis an euer hartes Herz. ⁶Aber Gott hat die Menschen von Anfang an als Mann und Frau geschaffen. ⁷‹Darum verlässt ein Mann seine Eltern und verbindet sich so eng mit seiner Frau, ⁸dass die beiden eins sind mit Leib und Seele.› Sie sind also eins und nicht länger zwei voneinander getrennte Menschen. ⁹Was Gott zusammengefügt hat, soll der Mensch nicht scheiden.» ¹⁰Als sie wieder im Haus waren, wollten seine Jünger noch mehr darüber hören. [11]Jesus sagte ihnen: «Wenn sich ein Mann von seiner Frau trennt und eine andere heiratet, dann ist das Ehebruch. [12]Auch eine Frau bricht die Ehe, wenn sie sich von ihrem Mann trennt und wieder heiratet.»

Lukas 14,25–33 Wie schon oft wurde Jesus von einer großen Menschenmenge begleitet. Er wandte sich zu ihnen um und sagte: [26]«Wenn einer mit mir gehen will, so muss ich für ihn wichtiger sein als seine Eltern, seine Frau, seine Kinder, seine Geschwister, ja wichtiger als das eigene Leben. Sonst kann er nicht mein Jünger sein. [27]Wer nicht bereit ist, sein Kreuz auf sich zu nehmen und mir nachzufolgen, der kann nicht zu mir gehören. [28]Stellt euch vor, jemand möchte einen Turm bauen. Wird er dann nicht vorher die Kosten überschlagen? [29]Er wird doch nicht einfach anfangen und riskieren, dass er bereits nach dem Bau des Fundaments aufhören muss. Die Leute würden ihn auslachen [30]und sagen: ‹Einen Turm wollte er bauen! Aber sein Geld reichte nur für das Fundament!› [31]Oder stellt euch vor, ein König muss gegen einen anderen König in den Krieg ziehen: Wird er dann nicht vorher mit seinen Beratern überlegen, ob seine Armee mit zehntausend Mann die feindlichen Truppen schlagen kann, die mit zwanzigtausend Mann anrücken? [32]Wenn nicht, dann wird er, solange die Feinde noch weit entfernt sind, Unterhändler schicken, um über einen Frieden zu verhandeln. [33]Überlegt auch ihr vorher, ob ihr wirklich bereit seid, alles für mich aufzugeben und mir nachzufolgen. Sonst könnt ihr nicht meine Jünger sein.»

Lukas 15,11–32 «Ein Mann hatte zwei Söhne», erzählte Jesus. [12]«Eines Tages sagte der jüngere zu ihm: ‹Vater, ich will jetzt schon meinen Anteil am Erbe ausbezahlt haben.› Da teilte der Vater sein Vermögen unter ihnen auf. [13]Nur wenige Tage später packte der jüngere Sohn alles zusammen, verließ seinen Vater und reiste ins Ausland. Dort leistete er sich, was immer er wollte. Er verschleuderte sein Geld, [14]bis er schließlich nichts mehr besaß. In dieser Zeit brach eine große Hungersnot aus. Es ging ihm sehr schlecht. [15]In seiner Verzweiflung bettelte er so lange bei einem Bauern, bis der ihn zum Schweinehüten auf die Felder schickte. [16]Oft quälte ihn der Hunger so, dass er sogar über das Schweinefutter froh gewesen wäre. Aber nicht einmal davon erhielt er etwas. [17]Da kam er zur Besinnung: ‹Bei meinem Vater hat jeder Arbeiter mehr als genug zu essen, und ich sterbe hier vor Hunger. [18]Ich will zu meinem Vater gehen und ihm sagen: Vater, ich bin schuldig geworden an Gott und an dir. [19]Sieh mich nicht länger als deinen Sohn an, ich bin es nicht mehr wert. Aber kann ich nicht als Arbeiter bei dir bleiben?› [20]Er machte sich auf den Weg und ging zurück zu seinem Vater. Der erkannte ihn schon von weitem. Voller Mitleid lief er ihm entgegen, fiel ihm um den Hals und küsste ihn. [21]Doch der Sohn sagte: ‹Vater, ich bin schuldig geworden an Gott und an dir. Sieh mich nicht länger als deinen Sohn an, ich bin es nicht mehr wert.› [22]Sein Vater aber befahl den Knechten: ‹Beeilt euch! Holt das schönste Gewand im Haus, und gebt es meinem Sohn. Bringt auch einen Ring und Sandalen für ihn! [23]Schlachtet das Mastkalb! Wir wollen essen und feiern! [24]Mein Sohn war tot, jetzt lebt er wieder. Er war verloren, jetzt ist er wiedergefunden.›

Und sie begannen ein fröhliches Fest. ²⁵Inzwischen kam der ältere Sohn nach Hause. Er hatte auf dem Feld gearbeitet und hörte schon von weitem die Tanzmusik. ²⁶Erstaunt fragte er einen Knecht: ‹Was wird denn hier gefeiert?› ²⁷‹Dein Bruder ist wieder da›, antwortete er ihm. ‹Dein Vater hat sich darüber so gefreut, dass er das Mastkalb schlachten ließ. Jetzt feiern sie ein großes Fest.› ²⁸Der ältere Bruder wurde wütend und wollte nicht ins Haus gehen. Da kam sein Vater zu ihm heraus und bat: ‹Komm und freu dich mit uns!› ²⁹Doch er entgegnete ihm bitter: ‹All diese Jahre habe ich mich für dich geschunden. Alles habe ich getan, was du von mir verlangt hast. Aber nie hast du mir auch nur eine junge Ziege gegeben, damit ich mit meinen Freunden einmal richtig hätte feiern können. ³⁰Und jetzt, wo dein Sohn zurückkommt, der dein Geld mit Huren durchgebracht hat, jetzt lässt du sogar das Mastkalb schlachten!› ³¹Sein Vater redete ihm zu: ‹Mein Sohn, du bist immer bei mir gewesen. Was ich habe, gehört auch dir. ³²Darum komm, wir haben allen Grund zu feiern. Denn dein Bruder war tot, jetzt hat er ein neues Leben begonnen. Er war verloren, jetzt ist er wiedergefunden!›»

Lukas 16,18 «Wer sich also von seiner Frau scheiden lässt und eine andere heiratet, der begeht Ehebruch; und wer eine geschiedene Frau heiratet, der begeht auch Ehebruch.»

Lukas 20,34–36 Jesus antwortete: «Die Ehe gibt es nur in dieser Welt. ³⁵Wer aber von den Toten aufersteht und in die zukünftige Welt kommen darf, der wird nicht mehr verheiratet sein. ³⁶Er wird auch nicht mehr sterben wie die Menschen hier auf der Erde, sondern wie die Engel ewig leben und zu den Kindern Gottes gehören. Denn er ist vom Tod zu einem neuen Leben auferstanden.»

19 Fasten

Matthäus 6,16–18 «Wenn ihr fastet, dann schaut nicht so drein wie die Heuchler! Sie setzen eine wehleidige Miene auf, damit jeder merkt, dass sie fasten. Ich sage euch: Diese Leute haben sich ihren Lohn schon selber ausbezahlt! ¹⁷Wenn du fastest, dann pflege dein Äußeres so, ¹⁸dass keiner etwas von deinem Verzicht merkt – außer deinem Vater im Himmel. Dein Vater, der auch das Verborgene sieht, wird dich belohnen.»

Matthäus 9,15 Jesus fragte: «Sollen die Hochzeitsgäste denn traurig sein, solange der Bräutigam noch bei ihnen ist? Die Zeit kommt früh genug, dass der Bräutigam ihnen genommen wird. Dann werden sie fasten.» (Siehe auch Lukas 5,34–35.)

Matthäus 17,19–21 Als sie später unter sich waren, fragten die Jünger Jesus: «Weshalb konnten wir diesen Dämon nicht austreiben?» ²⁰«Weil ihr nicht wirklich glaubt», antwortete Jesus. «Wenn euer Glaube nur so groß wäre wie ein Senfkorn, könntet ihr zu diesem Berg sagen: ‹Rücke von hier dorthin!›, und es würde geschehen. Nichts wäre euch unmöglich!»

Markus 2,19–20 Jesus antwortete ihnen: «Sollen die Hochzeitsgäste etwa fasten, wenn der Bräutigam bei ihnen ist? Nein, sie werden feiern, solange er da ist! ²⁰Die Zeit kommt ohnehin früh genug, dass der Bräutigam ihnen genommen wird. Dann werden sie fasten.»

Markus 9,28–29 Als Jesus mit seinen Jüngern ins Haus gegangen war, fragten sie ihn: «Weshalb konnten wir diesen Dämon nicht austreiben?» [29]Jesus antwortete: «Solche Geister können nur durch Gebet und Fasten vertrieben werden.»

20 Fleiß, Saat und Ernte

Johannes 4,31–38 Inzwischen hatten ihm seine Jünger zugeredet: «Meister, iss doch etwas!» [32]Aber er sagte zu ihnen: «Ich habe eine Speise, von der ihr nichts wisst.» [33]«Hat ihm wohl jemand etwas zu essen gebracht?», fragten sich die Jünger untereinander. [34]Aber Jesus erklärte ihnen: «Ich lebe davon, dass ich Gottes Willen erfülle und sein Werk zu Ende führe. Dazu hat er mich in diese Welt gesandt. [35]Habt ihr nicht selbst gesagt: ‹In vier Monaten beginnt die Ernte›? Macht doch eure Augen auf und seht euch um! Das Getreide ist schon reif für die Ernte. [36]Wer sie einbringt, bekommt schon jetzt seinen Lohn und sammelt Frucht für das ewige Leben. Beide sollen sich über die Ernte freuen: wer gesät hat und wer die Ernte einbringt. [37]Hier trifft das Sprichwort zu: ‹Einer sät, der andere erntet.› [38]Ich habe euch auf ein Feld geschickt, das ihr nicht bestellt habt, damit ihr dort ernten sollt. Andere haben sich vor euch abgemüht, und ihr erntet die Früchte ihrer Arbeit.»

Matthäus 9,37–38 «Die Ernte ist groß, aber es gibt nur wenige Arbeiter», sagte Jesus zu seinen Jüngern. [38]«Darum bittet den Herrn, dass er noch mehr Arbeiter aussendet, die seine Ernte einbringen!»

Matthäus 25,14–30 «Es wird dann so sein wie bei dem Mann, der ins Ausland reisen wollte. Er rief alle seine Verwalter zusammen und beauftragte sie, während seiner Abwesenheit mit seinem Vermögen zu arbeiten. [15]Dem einen gab er fünf Zentner Silberstücke, einem anderen zwei und dem dritten einen Zentner, jedem nach seinen Fähigkeiten. Danach reiste er ab. [16]Der Mann mit den fünf Zentnern Silberstücke war so erfolgreich bei seinen Geschäften, dass er die Summe verdoppeln konnte. [17]Auch der die zwei Zentner bekommen hatte, verdiente zwei hinzu. [18]Der dritte aber vergrub sein Geld an einem sicheren Ort. [19]Nach langer Zeit kehrte der Herr von seiner Reise zurück und forderte seine Verwalter auf, mit ihm abzurechnen. [20]Der Mann, der fünf Zentner Silbergeld erhalten hatte, brachte zehn Zentner. Er sagte: ‹Herr, fünf Zentner hast du mir gegeben. Hier, ich habe fünf dazuverdient.› [21]Da lobte ihn sein Herr: ‹Du warst tüchtig und zuverlässig. In kleinen Dingen bist du treu gewesen, darum werde ich dir größere Aufgaben anvertrauen. Ich lade dich zu meinem Fest ein!› [22]Danach kam der Mann mit den zwei Zentnern. Er berichtete: ‹Herr, auch ich habe den Betrag verdoppeln können.› [23]Da lobte ihn der Herr: ‹Du warst tüchtig und zuverlässig. In kleinen Dingen bist du treu gewesen, darum werde ich dir größere Aufgaben anvertrauen. Ich lade dich zu meinem Fest ein!› [24]Schließlich kam der mit dem einen Zentner Silberstücke und erklärte: ‹Ich kenne dich als strengen Herrn und dachte: Du erntest, was andere gesät haben; du nimmst dir, was ich verdient habe. [25]Aus Angst habe ich das Geld sicher aufbewahrt. Hier hast du es wieder zurück!› [26]Zornig antwortete ihm darauf sein Herr: ‹Auf dich ist kein Verlass, und faul bist du auch noch! Wenn du schon der Meinung bist, dass ich ernte, was andere gesät haben, und mir nehme, was du verdient hast, [27]hättest du zumindest mein Vermögen bei einer Bank anlegen können! Dort hätte es wenigstens Zinsen gebracht! [28]Nehmt ihm das Geld weg, und gebt es dem, der die fünf Zentner hatte! [29]Denn wer viel hat, der bekommt noch mehr dazu, ja, er wird mehr als genug haben! Wer aber nichts hat, dem wird selbst noch das Wenige, das er hat, genommen. [30]Und jetzt werft diesen Nichtsnutz hinaus in die Finsternis, wo es nur Weinen und ohnmächtiges Jammern gibt!›»

Markus 4,26–29 Jesus erklärte weiter: «Die neue Welt Gottes kann man vergleichen mit einem Bauern und der Saat, die er auf sein Feld sät. [27]Nach der Arbeit geht er nach Hause, schläft, steht wieder auf, und das tagaus, tagein. Im Laufe der Zeit wächst die Saat ohne sein Zutun heran. [28]Denn die Erde lässt die Frucht aufgehen und wachsen. Zuerst kommt der Halm, dann die Ähre und endlich als Frucht die Körner. [29]Wenn aus der Saat das reife Getreide geworden ist, lässt der Bauer es abmähen, denn die Erntezeit ist da.»

Lukas 14,25–33 Wie schon oft wurde Jesus von einer großen Menschenmenge begleitet. Er wandte sich zu ihnen um und sagte: [26]«Wenn einer mit mir gehen will, so muss ich für ihn wichtiger sein als seine Eltern, seine Frau, seine Kinder, seine Geschwister, ja wichtiger als das eigene Leben. Sonst kann er nicht mein Jünger sein. [27]Wer nicht bereit ist, sein Kreuz auf sich zu nehmen und mir nachzufolgen, der kann nicht zu mir gehören. [28]Stellt euch vor, jemand möchte einen Turm bauen.

Wird er dann nicht vorher die Kosten überschlagen? [29]Er wird doch nicht einfach anfangen und riskieren, dass er bereits nach dem Bau des Fundaments aufhören muss. Die Leute würden ihn auslachen [30]und sagen: ‹Einen Turm wollte er bauen! Aber sein Geld reichte nur für das Fundament!› [31]Oder stellt euch vor, ein König muss gegen einen anderen König in den Krieg ziehen: Wird er dann nicht vorher mit seinen Beratern überlegen, ob seine Armee mit zehntausend Mann die feindlichen Truppen schlagen kann, die mit zwanzigtausend Mann anrücken? [32]Wenn nicht, dann wird er, solange die Feinde noch weit entfernt sind, Unterhändler schicken, um über einen Frieden zu verhandeln. [33]Überlegt auch ihr vorher, ob ihr wirklich bereit seid, alles für mich aufzugeben und mir nachzufolgen. Sonst könnt ihr nicht meine Jünger sein.»

Lukas 14,34–35 «Salz ist lebensnotwendig. Wenn aber das Salz fade geworden ist, wodurch soll es seine Würzkraft wiedergewinnen? [35]Es taugt nicht einmal als Dünger. Man muss es wegwerfen. Hört genau auf das, was ich euch sage!»

21 Fokus

Matthäus 6,24–34 «Niemand kann zwei Herren gleichzeitig dienen. Wer dem einen richtig dienen will, wird sich um die Wünsche des anderen nicht kümmern können. Er wird sich für den einen einsetzen und den anderen vernachlässigen. Auch ihr könnt nicht gleichzeitig für Gott und das Geld leben. [25]Darum sage ich euch: Macht euch keine Sorgen um euren Lebensunterhalt, um Essen, Trinken und Kleidung. Leben bedeutet mehr als Essen und Trinken, und der Mensch ist wichtiger als seine Kleidung. ²⁶Seht euch die Vögel an! Sie säen nichts, sie ernten nichts und sammeln auch keine Vorräte. Euer Vater im Himmel versorgt sie. Meint ihr nicht, dass ihr ihm viel wichtiger seid? ²⁷Und wenn ihr euch noch so viel sorgt, könnt ihr doch euer Leben um keinen Augenblick verlängern. ²⁸Weshalb macht ihr euch so viele Sorgen um eure Kleidung? Seht euch an, wie die Lilien auf den Wiesen blühen! Sie können weder spinnen noch weben. ²⁹Ich sage euch, selbst König Salomo war in seiner ganzen Herrlichkeit nicht so prächtig gekleidet wie eine dieser Blumen. ³⁰Wenn Gott sogar das Gras so schön wachsen lässt, das heute auf der Wiese grünt, morgen aber schon verbrannt wird, wie könnte er euch dann vergessen? Vertraut ihr Gott so wenig? ³¹Zerbrecht euch also nicht mehr den Kopf mit Fragen wie: ‹Werden wir genug zu essen haben? Und was werden wir trinken? Was sollen wir anziehen?› ³²Mit solchen Dingen beschäftigen sich nur Menschen, die Gott nicht kennen. Euer Vater im Himmel weiß doch genau, dass ihr dies alles braucht. ³³Sorgt euch vor allem um Gottes neue Welt, und lebt nach Gottes Willen! Dann wird er euch mit allem anderen versorgen. ³⁴Deshalb sorgt euch nicht um morgen – der nächste Tag wird für sich selber sorgen! Es ist doch genug, wenn jeder Tag seine eigenen Lasten hat.»

Matthäus 10,34–39 «Meint nur nicht, dass ich gekommen bin, um Frieden auf die Erde zu bringen. Nein, ich bringe Kampf! ³⁵Ich werde Vater und Sohn, Mutter und Tochter, Schwiegertochter und Schwiegermutter gegeneinander aufbrin-

gen. ³⁶Die schlimmsten Feinde werden in der eigenen Familie sein. ³⁷Wer seinen Vater oder seine Mutter, seinen Sohn oder seine Tochter mehr liebt als mich, der ist es nicht wert, mein Jünger zu sein. ³⁸Und wer nicht bereit ist, sein Kreuz auf sich zu nehmen und mir nachzufolgen, der kann nicht zu mir gehören. ³⁹Wer sich an sein Leben klammert, der wird es verlieren. Wer es aber für mich einsetzt, der wird es für immer gewinnen.»

Matthäus 16,23–28 Aber Jesus wandte sich von ihm ab und rief: «Weg mit dir, Satan! Du willst mich hindern, meinen Auftrag zu erfüllen. Du verstehst Gottes Gedanken nicht, weil du nur menschlich denkst!» ²⁴Danach sprach Jesus zu seinen Jüngern: «Wer mir nachfolgen will, darf nicht mehr sich selbst in den Mittelpunkt stellen, sondern muss sein Kreuz auf sich nehmen und mir nachfolgen. ²⁵Wer sich an sein Leben klammert, der wird es verlieren. Wer aber sein Leben für mich einsetzt, der wird es für immer gewinnen. ²⁶Denn was gewinnt ein Mensch, wenn ihm die ganze Welt zufällt, er selbst aber dabei Schaden nimmt? Er kann sein Leben ja nicht wieder zurückkaufen! ²⁷Denn der Menschensohn wird mit seinen Engeln in der Herrlichkeit seines Vaters kommen und jeden nach seinen Taten richten. ²⁸Und ich sage euch: Einige von euch, die hier stehen, werden nicht sterben, bevor sie den Menschensohn in seiner Königsherrschaft haben kommen sehen.»

Lukas 10,41–42 Doch Jesus antwortete ihr: «Marta, Marta, du bist um so vieles besorgt und machst dir so viel Mühe. ⁴²Nur eines aber ist wirklich wichtig und gut! Maria hat sich für dieses eine entschieden, und das kann ihr niemand mehr nehmen.»

Lukas 12,22–34 Jesus sagte zu seinen Jüngern: «Macht euch keine Sorgen um euren Lebensunterhalt, um Essen und Kleidung. [23]Leben bedeutet mehr als Essen und Trinken, und der Mensch ist wichtiger als seine Kleidung. [24]Seht euch die Raben an! Sie säen nichts und ernten nichts, sie haben keine Vorratskammern und keine Scheunen; aber Gott versorgt sie doch. Meint ihr nicht, dass ihr ihm viel wichtiger seid? [25]Und wenn ihr euch noch so viel sorgt, könnt ihr doch euer Leben um keinen Augenblick verlängern. [26]Wenn ihr aber nicht einmal das könnt, was sorgt ihr euch um all die anderen Dinge? [27]Seht euch an, wie die Lilien blühen! Sie können weder spinnen noch weben. Ich sage euch, selbst König Salomo war in seiner ganzen Herrlichkeit nicht so prächtig gekleidet wie eine dieser Blumen. [28]Wenn Gott sogar das Gras so schön wachsen lässt, das heute auf der Wiese grünt, morgen aber schon verbrannt wird, wie könnte er euch dann vergessen? Vertraut ihr Gott so wenig? [29]Zerbrecht euch also nicht mehr den Kopf darüber, was ihr essen und trinken sollt! [30]Mit solchen Dingen beschäftigen sich nur Menschen, die Gott nicht kennen. Euer Vater im Himmel weiß doch genau, dass ihr dies alles braucht. [31]Sorgt euch vor allem um Gottes neue Welt, dann wird er euch mit allem anderen versorgen. [32]Du kleine Herde, du brauchst keine Angst vor der Zukunft zu haben! Denn dir will der Vater sein Königreich schenken. [33]Verkauft euren Besitz, und gebt das Geld den Armen! Sammelt euch auf diese Weise einen Vorrat, der nicht alt wird und niemals verder-ben kann, einen Schatz im Himmel. Diesen Schatz kann kein Dieb stehlen und keine Motte zerfressen. [34]Wo eure Schätze sind, da wird auch euer Herz sein.»

22 Freude

Johannes 10,10 «Der Dieb kommt, um zu stehlen, zu schlachten und zu vernichten. Ich aber bringe Leben – und dies im Überfluss.»

Johannes 15,9–14 «Wie mich der Vater liebt, so liebe ich euch. Bleibt in meiner Liebe! [10]Wenn ihr nach meinen Geboten lebt, wird meine Liebe euch umschließen. Auch ich richte mich nach den Geboten meines Vaters und lebe in seiner Liebe. [11]Das alles sage ich euch, damit meine Freude euch ganz erfüllt und eure Freude dadurch vollkommen wird. [12]Und so lautet mein Gebot: Liebt einander, wie ich euch geliebt habe. [13]Niemand liebt mehr als einer, der sein Leben für die Freunde hingibt. [14]Und ihr seid meine Freunde, wenn ihr tut, was ich euch aufgetragen habe.»

Johannes 16,20–24 «Ich sage euch die Wahrheit: Ihr werdet weinen und klagen, und die Menschen in dieser Welt werden sich darüber freuen. Ihr werdet traurig sein, doch eure Traurigkeit soll sich in Freude verwandeln! [21]Es wird so sein wie bei einer Frau, die ein Kind bekommt: Sie hat große Schmerzen, doch sobald ihr Kind geboren ist, sind Angst und Schmerzen vergessen. Sie ist nur noch glücklich darüber, dass ihr Kind zur Welt gekommen ist. [22]Auch ihr seid jetzt sehr traurig, aber ich werde euch wiedersehen. Dann werdet ihr froh und glücklich sein, und diese Freude kann euch niemand mehr nehmen. [23]Am Tag unseres Wiedersehens werden all eure Fragen beantwortet sein. Ich sage euch die Wahrheit: Wenn ihr den Vater um etwas bittet und euch dabei auf mich beruft, wird er es euch geben.»

Johannes 16,31–33 «Glaubt ihr wirklich?», fragte Jesus. [32]«Ihr sollt nämlich wissen: Die Zeit wird kommen – ja, sie ist schon da –, in der man euch auseinander treibt. Ihr werdet euch in Sicherheit bringen und mich allein lassen. Aber auch dann werde ich nicht allein sein, denn der Vater ist bei mir. [33]Dies alles habe ich euch gesagt, damit ihr durch mich Frieden habt. In der Welt habt ihr Angst, aber lasst euch nicht entmutigen: Ich habe die Welt besiegt.»

Johannes 17,13–14 «Jetzt komme ich zu dir [zu Gott dem Vater] zurück. Aber dies alles wollte ich noch sagen, solange ich bei ihnen bin, damit meine Freude auch sie ganz erfüllt. [14]Ich habe ihnen deine Botschaft weitergegeben, und die Welt hasst sie deswegen, weil sie ebenso wie ich nicht zu ihr gehören.»

Lukas 6,20–21 Jesus sah seine Jünger an und sagte: «Glücklich seid ihr Armen, denn euch gehört die neue Welt Gottes. [21]Glücklich seid ihr, die ihr jetzt hungern müsst, denn Gott wird euren Hunger stillen. Glücklich seid ihr, die ihr jetzt weint, denn ihr werdet lachen!»

Lukas 6,22–23 «Glücklich seid ihr, wenn euch die Menschen hassen und aus ihrer Gemeinschaft ausschließen; wenn sie euch verachten und Schlechtes über euch erzählen, nur weil ihr zu mir gehört. [23]Dann freut euch! Ja, ihr könnt jubeln, denn im Himmel werdet ihr dafür reich belohnt werden. So wie es euch er-

geht, ist es auch schon den Propheten ergangen.»

Lukas 10,17–20 Als die siebzig Jünger zurückgekehrt waren, berichteten sie voller Freude: «Herr, sogar die Dämonen mussten uns gehorchen, wenn wir deinen Namen nannten!» [18]Jesus antwortete: «Ich sah den Satan wie einen Blitz vom Himmel fallen. [19]Ich habe euch die Macht gegeben, auf Schlangen und Skorpione zu treten und die Gewalt des Feindes zu brechen. Nichts wird euch schaden. [20]Doch freut euch nicht so sehr, dass euch die Dämonen gehorchen müssen; freut euch vielmehr darüber, dass eure Namen im Himmel aufgeschrieben sind!»

23 Frucht bringen

Johannes 4,36–38 «Wer sie [die Ernte] einbringt, bekommt schon jetzt seinen Lohn und sammelt Frucht für das ewige Leben. Beide sollen sich über die Ernte freuen: wer gesät hat und wer die Ernte einbringt. [37]Hier trifft das Sprichwort zu: ‹Einer sät, der andere erntet.› [38]Ich habe euch auf ein Feld geschickt, das ihr nicht bestellt habt, damit ihr dort ernten sollt. Andere haben sich vor euch abgemüht, und ihr erntet die Früchte ihrer Arbeit.»

Johannes 15,1–4 «Ich bin der wahre Weinstock, und mein Vater ist der Weingärtner. [2]Alle Reben am Weinstock, die keine Trauben tragen, schneidet er ab. Aber die Frucht tragenden Reben beschneidet er sorgfältig, damit sie noch mehr Frucht bringen. [3]Ihr seid schon gute Reben, weil ihr meine Botschaft gehört habt. [4]Bleibt fest mit mir verbunden, und ich werde ebenso mit euch verbunden bleiben! Denn so wie eine Rebe nur am Weinstock Früchte tragen kann, so werdet auch ihr nur Frucht bringen, wenn ihr mit mir verbunden bleibt.»

Johannes 15,5–6 «Ich bin der Weinstock, und ihr seid die Reben. Wer bei mir bleibt, so wie ich bei ihm bleibe, der trägt viel Frucht. Denn ohne mich könnt ihr nichts ausrichten. [6]Wer ohne mich lebt, wird wie eine unfruchtbare Rebe abgeschnitten und weggeworfen. Die verdorrten Reben werden gesammelt, ins Feuer geworfen und verbrannt.»

Johannes 15,7–8 «Wenn ihr aber fest mit mir verbunden bleibt und euch meine Worte zu Herzen nehmt, dürft ihr von Gott erbitten, was ihr wollt; ihr werdet es erhalten. [8]Wenn ihr viel Frucht bringt und euch so als meine Jünger erweist, wird die Herrlichkeit meines Vaters sichtbar.»

Johannes 15,16 «Nicht ihr habt mich erwählt, sondern ich euch, damit ihr euch auf den Weg macht und Frucht bringt, die bleibt. Dann wird euch der Vater alles geben, worum ihr ihn in meinem Namen bittet.»

Matthäus 7,15–20 «Nehmt euch in Acht vor denen, die in Gottes Namen auftreten und falsche Lehren verbreiten! Sie tarnen sich als sanfte Schafe, aber in Wirklichkeit sind sie reißende Wölfe. [16]Wie man einen Baum an seiner Frucht erkennt, so erkennt man sie an dem, was sie tun. Weintrauben kann man nicht von Dornbüschen und Feigen nicht von Disteln ernten. [17]Ein guter Baum bringt gute Früchte und ein kranker Baum schlechte. [18]Ein guter Baum wird keine schlechten Früchte tragen und ein kranker Baum keine guten. [19]Jeder Baum, der keine guten Früchte

bringt, wird umgehauen und verbrannt. [20]Ebenso werdet ihr die falschen Propheten an ihren Taten erkennen.»

Matthäus 13,3–13.18–23 Was er ihnen von Gott zu sagen hatte, erklärte er ihnen durch Gleichnisse. «Ein Bauer säte Getreide aus. [4]Dabei fielen ein paar Saatkörner auf den Weg. Sofort kamen die Vögel und pickten sie auf. [5]Andere Körner fielen auf felsigen Boden, wo nur wenig Erde war. Dort ging die Saat zwar schnell auf, [6]aber als die Sonne heiß brannte, vertrockneten die Pflänzchen, weil ihre Wurzeln in der dünnen Erdschicht zu wenig Nahrung fanden. [7]Einige Körner fielen zwischen die Disteln, doch diese hatten die junge Saat bald überwuchert, so dass sie schließlich erstickte. [8]Die übrige Saat aber fiel auf fruchtbaren Boden und brachte das Dreißigfache, das Sechzigfache, ja sogar das Hundertfache der Aussaat als Ertrag. [9]Hört genau auf das, was ich euch sage!» [10]Später kamen seine Jünger und fragten ihn: «Weshalb verwendest du solche Gleichnisse, wenn du zu den Leuten redest?» [11]Jesus antwortete: «Euch lässt Gott die Geheimnisse seiner neuen Welt verstehen, anderen sind sie verborgen. [12]Denn wer viel hat, der bekommt noch mehr dazu, ja, er wird mehr als genug haben! Wer aber nichts hat, dem wird selbst noch das Wenige, das er hat, genommen. [13]Deshalb rede ich in Gleichnissen. Denn sie sehen, aber sie erkennen nicht; sie hören, aber sie verstehen es nicht. […] [18]Ich will euch nun das Gleichnis von dem Bauern erklären, der Getreide aussäte. [19]Wer die Botschaft von Gottes neuer Welt hört, sie aber nicht versteht, bei dem kommt der Satan und reißt die Saat aus seinem Herzen. Damit ist der gemeint, bei dem die Körner auf den Weg fielen. [20]Wie felsiger Boden ist ein Mensch, der die Botschaft hört und mit großer Begeisterung annimmt. [21]Aber sein Glaube hat keine starke Wurzel und deshalb keinen Bestand. Wenn dieser Mensch wegen seines Glaubens in Schwierigkeiten gerät oder gar verfolgt wird, wendet er sich wieder von Gott ab. [22]Der von Disteln überwucherte Boden entspricht einem Menschen, der die Botschaft zwar hört, aber die Sorgen des Alltags und die Verführung durch den Wohlstand ersticken Gottes Botschaft, so dass keine Frucht wachsen kann. [23]Aber es gibt auch fruchtbaren Boden: den Menschen, der Gottes Botschaft hört und versteht, so dass er Frucht bringt, dreißig-, sechzig- oder hundertfach.»

Markus 4,2–20 Was er ihnen von Gott zu sagen hatte, erklärte er ihnen durch Gleichnisse: [3]«Hört mir zu! Ein Bauer säte Getreide aus. [4]Dabei fielen ein paar Saatkörner auf den Weg. Sofort kamen die Vögel und pickten sie auf. [5/6]Andere Körner fielen auf felsigen Boden, wo nur wenig Erde war. Dort ging die Saat zwar schnell auf; aber als die Sonne heiß brannte, vertrockneten die Pflänzchen, weil ihre Wurzeln in der dünnen Erdschicht zu wenig Nahrung fanden. [7]Einige Körner fielen zwischen die Disteln, doch diese hatten die junge Saat bald überwuchert, so dass sie schließlich erstickte. [8]Die übrige Saat aber fiel auf fruchtbaren Boden, wuchs heran und brachte das Dreißigfache, das Sechzigfache, ja sogar das Hundertfache der Aussaat als Ertrag. [9]Hört genau auf das, was ich euch sage!» [10]Später, als Jesus mit seinen zwölf Jüngern und den anderen Begleitern allein war, fragten sie ihn: «Warum erzählst du solche Gleichnisse?» [11]Er antwortete: «Euch lässt Gott die Geheimnisse seiner neuen Welt verstehen. Zu allen anderen aber rede ich durch Gleichnisse. [12]Denn ‹sie sollen sehen, aber nicht erkennen; sie sollen hören, aber nicht verstehen. Sonst würden sie zu Gott umkehren, und ihre Sünde würde ihnen vergeben.›» [13]Dann sagte er zu seinen Jüngern: «Aber ich sehe, dass auch ihr diesen einfachen Vergleich nicht verstanden habt. Wie wollt ihr dann all die anderen begreifen? [14]Was der Bauer im Gleichnis aussät, ist die Botschaft Gottes. [15]Die Menschen, bei denen die Saat auf den Weg fällt, haben die Botschaft zwar gehört. Aber dann kommt der Satan und nimmt ihnen alles wieder weg. [16]Wie felsiger Boden sind die Menschen, die zwar die Botschaft hören und mit großer Begeisterung annehmen. [17]Aber ihr Glaube hat keine starke Wurzel und deshalb keinen Bestand. Wenn diese Menschen wegen ihres Glaubens in Schwierigkeiten geraten oder gar verfolgt werden, wenden sie sich wieder von Gott ab. [18]Der von Disteln überwucherte Boden entspricht den Menschen, die zwar die Botschaft hören, [19]aber die Sorgen des Alltags, die Verführung durch den Wohlstand und die Gier nach all den Dingen dieses Lebens ersticken Gottes Botschaft, so dass keine Frucht wachsen kann. [20]Aber es gibt auch fruchtbaren Boden: Menschen, die Gottes Botschaft hören und annehmen, so dass sie Frucht bringen, dreißig-, sechzig- oder hundertfach.»

Markus 4,24–25 «Eins steht fest: Mit dem Maßstab, den ihr an andere anlegt, werdet ihr selbst gemessen werden. Von euch wird man sogar noch mehr erwarten.

25Denn wer viel hat, der bekommt noch mehr dazu. Wer aber nichts hat, dem wird selbst noch das Wenige, das er hat, genommen.»

Lukas 6,43–45 «Ein guter Baum trägt keine schlechten Früchte und ein kranker Baum keine guten. 44So erkennt man jeden Baum an seinen Früchten. Von Dornbüschen kann man keine Feigen ernten und von Gestrüpp keine Weintrauben. 45Wenn ein guter Mensch spricht, zeigt sich, was an Gutem in seinem Herzen ist. Ein Mensch mit einem bösen Herzen ist innerlich voller Gift, und alle merken es, wenn er redet. Denn wovon das Herz erfüllt ist, das spricht der Mund aus!»

Lukas 8,4–15 Als wieder einmal eine große Menschenmenge aus allen Städten zusammengekommen war, erzählte Jesus dieses Gleichnis: 5«Ein Bauer säte Getreide aus. Dabei fielen ein paar Saatkörner auf den Weg. Sie wurden zertreten und von den Vögeln aufgepickt. 6Andere Körner fielen auf felsigen Boden. Sie gingen auf, aber weil es nicht feucht genug war, vertrockneten sie. 7Einige Körner fielen zwischen die Disteln, in denen die junge Saat bald erstickte. 8Die übrige Saat aber fiel auf fruchtbaren Boden. Das Getreide wuchs heran und brachte das Hundertfache der Aussaat als Ertrag. Hört genau auf das, was ich euch sage!» 9Später fragten ihn seine Jünger, was er mit diesem Gleichnis sagen wollte. 10Jesus antwortete ihnen: «Euch lässt Gott die Geheimnisse seiner neuen Welt verstehen. Zu allen anderen aber rede ich in Gleichnissen. Denn sie sollen sehen, aber nicht erkennen, sie sollen hören, aber nicht verstehen. 11Euch aber will ich das Gleichnis erklären: Die Saat ist

Gottes Botschaft. 12Der Mensch, bei dem die Saat auf den Weg fällt, hat die Botschaft zwar gehört. Aber dann kommt der Teufel und nimmt ihm die Botschaft aus dem Herzen, damit dieser Mensch nicht glaubt und gerettet wird. 13Wie felsiger Boden ist ein Mensch, der die Botschaft hört und mit großer Begeisterung annimmt. Aber sein Glaube hat keine starke Wurzel. Eine Zeit lang vertraut dieser Mensch Gott, doch wenn er wegen seines Glaubens in Schwierigkeiten gerät, wendet er sich wieder von Gott ab. 14Der von Disteln überwucherte Boden entspricht einem Menschen, der die Botschaft zwar hört, bei dem aber alles beim Alten bleibt. Denn die Sorgen des Alltags, die Verführung durch den Wohlstand und die Jagd nach den Freuden dieses Lebens ersticken Gottes Botschaft, so dass keine Frucht reifen kann. 15Aber es gibt auch fruchtbaren Boden: den Menschen, der Gottes Botschaft bereitwillig und aufrichtig annimmt. Er bewahrt sie im Herzen und lässt sich durch nichts beirren, bis sein Glaube schließlich reiche Frucht bringt.»

Lukas 13,6–9 Und dann erzählte Jesus ihnen dieses Gleichnis: «Ein Mann pflanzte in seinen Weinberg einen Feigenbaum. Jahr für Jahr sah er nach, ob der Baum Früchte trug. Aber vergeblich! 7Endlich rief er seinen Gärtner: ‹Schon drei Jahre habe ich gewartet, aber noch nie hing an dem Baum auch nur eine einzige Feige. Hau ihn um. Er nimmt nur Platz weg.› 8Aber der Gärtner bat: ‹Lass ihn noch ein Jahr stehen! Ich will diesen Baum gut düngen und sorgfältig pflegen. 9Wenn er dann Früchte trägt, ist es gut; sonst kannst du ihn umhauen.›»

24 Gebet

Johannes 14,12–14 «Ich sage euch die Wahrheit: Wer an mich glaubt, wird die gleichen Taten vollbringen wie ich – ja, sogar noch größere; denn ich gehe zum Vater. [13]Worum ihr in meinem Namen bitten werdet, das werde ich tun, damit durch den Sohn die Herrlichkeit des Vaters sichtbar wird. [14]Was ihr also in meinem Namen erbitten werdet, das werde ich tun.»

Johannes 15,7–8 «Wenn ihr aber fest mit mir verbunden bleibt und euch meine Worte zu Herzen nehmt, dürft ihr von Gott erbitten, was ihr wollt; ihr werdet es erhalten. [8]Wenn ihr viel Frucht bringt und euch so als meine Jünger erweist, wird die Herrlichkeit meines Vaters sichtbar.»

Johannes 16,23–24 «Am Tag unseres Wiedersehens werden all eure Fragen beantwortet sein. Ich sage euch die Wahrheit: Wenn ihr den Vater um etwas bittet und euch dabei auf mich beruft, wird er es euch geben. [24]Bisher habt ihr in meinem Namen nichts von Gott erbeten. Bittet ihn, und er wird es euch geben. Dann wird eure Freude vollkommen sein.»

Johannes 16,26–28 «Von diesem Tag an werdet ihr euch auf mich berufen, wenn ihr zu ihm betet. Und dann muss ich den Vater nicht mehr bitten, euer Gebet zu erhören. [27]Denn der Vater liebt euch, weil ihr mich liebt und daran glaubt, dass ich von Gott gekommen bin. [28]Ja, ich war beim Vater und bin in die Welt gekommen, und jetzt verlasse ich sie wieder, um zum Vater zurückzukehren.»

Matthäus 6,5–8 «Betet nicht wie die Heuchler! Sie beten gern in den Synagogen und an den Straßenecken, um gesehen zu werden. Ich sage euch: Diese Leute haben sich ihren Lohn schon selber ausbezahlt! [6]Wenn du beten willst, geh in dein Zimmer, schließ die Tür hinter dir zu, und bete zu deinem Vater. Und dein Vater, der auch das Verborgene sieht, wird dich dafür belohnen. [7]Leiere nicht endlose Gebete herunter wie Leute, die Gott nicht kennen. Sie meinen, sie würden bei Gott etwas erreichen, wenn sie nur viele Worte machen. [8]Folgt nicht ihrem schlechten Beispiel, denn euer Vater weiß genau, was ihr braucht, noch ehe ihr ihn um etwas bittet.»

Matthäus 6,9–13 «Ihr sollt deshalb so beten: ‹Unser Vater im Himmel! Dein heiliger Name soll geehrt werden. [10]Lass deine neue Welt beginnen. Dein Wille geschehe hier auf der Erde, wie er im Himmel geschieht. [11]Gib uns auch heute wieder, was wir zum Leben brauchen. [12]Vergib uns unsere Schuld, wie wir denen vergeben, die uns Unrecht getan haben. [13]Lass uns nicht in Versuchung geraten, dir untreu zu werden, und befreie uns vom Bösen.›»

Matthäus 7,7–11 «Bittet Gott, und er wird euch geben! Sucht, und ihr werdet finden! Klopft an, und euch wird die Tür geöffnet! [8]Denn wer bittet, der bekommt. Wer sucht, der findet. Und wer anklopft, dem wird geöffnet. [9]Würde jemand von euch seinem Kind einen Stein geben, wenn es um ein Stück Brot bittet? [10]Oder eine giftige Schlange, wenn es um einen Fisch bittet? [11]Wenn schon ihr hartherzigen Menschen euren Kindern Gutes gebt, wie viel mehr wird euer Vater im Himmel denen Gutes schenken, die ihn darum bitten!»

Matthäus 9,37–38 «Die Ernte ist groß, aber es gibt nur wenige Arbeiter», sagte

Jesus zu seinen Jüngern. ³⁸«Darum bittet den Herrn, dass er noch mehr Arbeiter aussendet, die seine Ernte einbringen!»

Matthäus 17,19–21 Als sie später unter sich waren, fragten die Jünger Jesus: «Weshalb konnten wir diesen Dämon nicht austreiben?» ²⁰«Weil ihr nicht wirklich glaubt», antwortete Jesus. «Wenn euer Glaube nur so groß wäre wie ein Senfkorn, könntet ihr zu diesem Berg sagen: ‹Rücke von hier dorthin!›, und es würde geschehen. Nichts wäre euch unmöglich!»

Matthäus 18,18–20 «Ich versichere euch: Was ihr auf der Erde binden werdet, das soll auch im Himmel gebunden sein. Und was ihr auf der Erde lösen werdet, das soll auch im Himmel gelöst sein. ¹⁹Aber auch das sage ich euch: Wenn zwei von euch hier auf der Erde meinen Vater im Himmel um etwas bitten wollen und darin übereinstimmen, dann wird er es ihnen geben. ²⁰Denn wo zwei oder drei in meinem Namen zusammenkommen, bin ich in ihrer Mitte.»

Matthäus 21,12–13 Dann ging Jesus in den Tempel, jagte alle Händler und Käufer hinaus, stieß die Tische der Geldwechsler und die Stände der Taubenhändler um ¹³und rief: ‹Ihr wisst doch, was Gott in der Heiligen Schrift sagt: ‹Mein Haus soll ein Ort des Gebets sein›, ihr aber habt eine Räuberhöhle daraus gemacht!»

Matthäus 21,18–22 Als Jesus am nächsten Morgen nach Jerusalem zurückkehrte, bekam er Hunger. ¹⁹Da sah er am Wegrand einen Feigenbaum. Er ging hin, fand aber nichts als Blätter an ihm. Da sagte Jesus zu dem Baum: «Du sollst in Zukunft nie wieder Feigen tragen!» Im selben Augenblick verdorrte der Baum. ²⁰Erstaunt fragten die Jünger: «Wie kommt es, dass der Feigenbaum so schnell vertrocknet ist?» ²¹Jesus erwiderte: «Wenn ihr wirklich glaubt und nicht zweifelt, könnt ihr nicht nur dies tun, sondern noch größere Wunder. Ihr könnt sogar zu diesem Berg sagen: ‹Hebe dich von der Stelle, und stürze dich ins Meer!›, und es wird geschehen. ²²Ihr werdet alles bekommen, wenn ihr im festen Glauben darum bittet.» (Siehe auch Markus 11,12–14.)

Matthäus 26,36–38 Dann ging Jesus mit seinen Jüngern in einen Garten, der Gethsemane heißt. Dort bat er sie: «Setzt euch hier hin, und wartet auf mich! Ich will ein Stück weiter gehen und beten.» ³⁷Petrus, Jakobus und Johannes nahm er mit. Tiefe Traurigkeit und Angst überfielen Jesus, ³⁸und er sagte zu ihnen: «Ich zerbreche beinahe unter der Last, die ich zu tragen habe. Bleibt bei mir, und wacht mit mir!» (Siehe auch Markus 14,32–34.)

Matthäus 26,42–46 Noch einmal ging er ein Stück weg, um zu beten: «Mein Vater, wenn mir dieses Leiden nicht erspart bleiben kann, bin ich bereit, deinen Willen zu erfüllen!» ⁴³Als er zurückkam, schliefen die Jünger schon wieder; die Augen waren ihnen zugefallen. ⁴⁴Er kehrte um und betete zum dritten Mal mit den gleichen Worten. ⁴⁵Dann kam er zu seinen Jüngern zurück und sagte: «Ihr schlaft immer noch und ruht euch aus? Aber jetzt ist die Stunde gekommen: Der Menschensohn wird den gottlosen Menschen ausgeliefert. ⁴⁶Steht auf, lasst uns gehen! Der Verräter ist schon da.» (Siehe auch Markus 14,39–42.)

Markus 9,25–29 Als Jesus sah, dass die Menschenmenge immer größer wurde, bedrohte er den bösen Geist: «Du stummer und tauber Geist, ich befehle dir: Verlass dieses Kind, und kehre nie wieder zu ihm zurück.» [26]Da stieß der Dämon einen Schrei aus, zerrte den Jungen heftig hin und her und verließ ihn. Der Junge lag regungslos da, so dass die meisten sagten: «Er ist tot!» [27]Aber Jesus nahm seine Hand und half ihm aufzustehen. [28]Als Jesus mit seinen Jüngern ins Haus gegangen war, fragten sie ihn: «Weshalb konnten wir diesen Dämon nicht austreiben?» [29]Jesus antwortete: «Solche Geister können nur durch Gebet und Fasten vertrieben werden.»

Markus 11,15–17 Sie kamen nach Jerusalem, und Jesus ging in den Tempel. Dort jagte er alle Händler und Käufer hinaus; die Tische der Geldwechsler und die Stände der Taubenhändler stieß er um. [16]Er duldete noch nicht einmal, dass jemand irgendetwas durch den Tempelvorhof trug. [17]«Ihr wisst doch, was Gott in der Heiligen Schrift sagt», rief Jesus der Menschenmenge zu: «‹Mein Haus soll für alle Völker ein Ort des Gebets sein›, ihr aber habt eine Räuberhöhle daraus gemacht.»

Markus 11,22–24 Da antwortete Jesus: «Ihr müsst Gott ganz vertrauen! [23]Denn das ist sicher: Wenn ihr glaubt und nicht im Geringsten daran zweifelt, dass es wirklich geschieht, könnt ihr zu diesem Berg hier sagen: ‹Hebe dich von der Stelle, und stürze dich ins Meer!›, und es wird geschehen. [24]Ja, ich sage euch: Um was ihr auch bittet – glaubt fest, dass ihr es schon bekommen habt, und Gott wird es euch geben!»

Lukas 11,5–10 Dann sagte Jesus zu den Jüngern: «Stellt euch vor, einer von euch hat einen Freund. Mitten in der Nacht geht er zu ihm, klopft an die Tür und bittet ihn: ‹Leih mir doch bitte drei Brote. [6]Ich habe unerwartet Besuch bekommen und nichts im Haus, was ich ihm anbieten könnte.› [7]Vielleicht würde der Freund dann antworten: ‹Stör mich nicht! Ich habe die Tür schon abgeschlossen und liege im Bett. Außerdem könnten die Kinder in meinem Bett aufwachen. Ich kann jetzt nicht aufstehen und dir etwas geben.› [8]Das eine ist sicher: Wenn er schon nicht aufstehen und dem Mann etwas geben will, weil er sein Freund ist, so wird er schließlich doch aus seinem Bett steigen und ihm alles Nötige geben, weil der andere so unverschämt ist und ihm einfach keine Ruhe lässt. [9]Darum sage ich euch: Bittet Gott, und er wird euch geben! Sucht, und ihr werdet finden! Klopft an, und euch wird die Tür geöffnet! [10]Denn wer bittet, der bekommt. Wer sucht, der findet. Und wer anklopft, dem wird geöffnet.»

Lukas 11,11–13 «Welcher Vater würde seinem Sohn denn eine Schlange geben, wenn er ihn um einen Fisch bittet, [12]oder einen Skorpion, wenn er ein Ei haben möchte? [13]Wenn schon ihr hartherzigen Menschen euren Kindern Gutes gebt, wie viel mehr wird der Vater im Himmel denen den Heiligen Geist schenken, die ihn darum bitten.»

Lukas 18,1–8 Wie wichtig es ist, Gott unermüdlich um alles zu bitten, machte Jesus durch ein Gleichnis deutlich: [2]«In einer Stadt lebte ein Richter, dem Gott und die Menschen gleichgültig waren. [3]Tag für Tag bestürmte ihn eine Witwe mit ihrer Not: ‹Verhilf mir doch endlich zu meinem Recht!› [4]Immer wieder stieß sie bei ihm auf taube Ohren, aber schließlich sagte er sich:

‹Mir sind zwar Gott und die Menschen gleichgültig, [5]aber diese Frau lässt mir einfach keine Ruhe. Ich muss ihr zu ihrem Recht verhelfen, sonst wird sie am Ende noch handgreiflich.›» [6]Und Jesus, der Herr, fügte hinzu: «Ihr habt gehört, was dieser ungerechte Richter gesagt hat. [7]Meint ihr, Gott wird seinen Auserwählten nicht zum Recht verhelfen, wenn sie ihn Tag und Nacht darum bitten? Wird er sie etwa lange warten lassen? Nein! [8]Ich versichere euch: Er wird ihnen schnellstens helfen. Die Frage ist: Wird der Menschensohn, wenn er kommt, auf der Erde überhaupt noch Menschen finden, die diesen Glauben haben?»

Lukas 18,9–14 Jesus erzählte ein weiteres Gleichnis. Er hatte dabei besonders die Menschen im Blick, die selbstgerecht sind und auf andere herabsehen. [10]«Zwei Männer gingen in den Tempel, um zu beten. Der eine war ein Pharisäer, der andere ein Zolleinnehmer. [11]Selbstsicher stand der Pharisäer dort und betete: ‹Ich danke dir, Gott, dass ich nicht so bin wie andere Leute: kein Räuber, kein Gottloser, kein Ehebrecher und schon gar nicht wie dieser Zolleinnehmer da hinten. [12]Ich faste zweimal in der Woche und gebe von allen meinen Einkünften den zehnten Teil für Gott.› [13]Der Zolleinnehmer dagegen blieb verlegen am Eingang stehen und wagte kaum aufzusehen. Schuldbewusst betete er: ‹Gott, vergib mir, ich weiß, dass ich ein Sünder bin!› [14]Ihr könnt sicher sein, dieser Mann ging von seiner Schuld befreit nach Hause, nicht aber der Pharisäer. Denn wer sich selbst ehrt, wird gedemütigt werden; aber wer sich selbst erniedrigt, wird geehrt werden.»

Lukas 19,45–46 Kaum hatte Jesus den Tempel betreten, da begann er, die Händler hinauszujagen, [46]und rief: «Ihr wisst doch, was Gott in der Heiligen Schrift sagt: ‹Mein Haus soll ein Ort des Gebets sein›, ihr aber habt eine Räuberhöhle daraus gemacht!»

Lukas 22,31–32 Zu Petrus gewandt, sagte Jesus: «Simon, Simon! Der Satan ist hinter euch her, die Spreu vom Weizen zu trennen. [32]Aber ich habe für dich gebetet, damit du den Glauben nicht verlierst. Wenn du dann zu mir zurückkehrst, so stärke den Glauben deiner Brüder!»

Lukas 22,40 Dort angekommen sagte er zu ihnen: «Betet darum, dass ihr der kommenden Versuchung widerstehen könnt!»

Lukas 22,46 Jesus rüttelte sie wach: «Wie könnt ihr jetzt nur schlafen! Steht auf und betet, damit ihr der Versuchung widersteht!»

25 Gebote Jesu

In Matthäus 11,28 lässt Jesus eine der wunderschönsten Einladungen überhaupt ergehen. Uns alle, die wir mit Sünde und Egoismus, Sorgen, Schuld, Depression und Verzweiflung zu kämpfen haben, lädt er ein, zu ihm zu kommen. Er verspricht, sich mit uns «zusammenzujochen», und sagt, dass er uns sanft leiten wird. Er verspricht, unsere Last zu tragen. In diesem Abschnitt finden Sie über hundertdreißig direkte oder implizite Gebote, die Jesus seinen Nachfolgern gibt. Einige davon waren nur für seine Jünger gedacht, aber sie zeigen Prinzipien, die auch uns gelten. Die meisten sind an alle gerichtet, die Jesus Christus nachfolgen, aber keines seiner Gebote wurde gegeben, um uns eine Last aufzuerlegen. Sie wurden gegeben, damit wir zum Gipfel der Freude, der Erfüllung und des Erfolgs aufsteigen können, der in Ewigkeit bleibt und nicht mit dem Tod endet.

Die religiösen Leiter zur Zeit Jesu benutzten die Gebote Gottes für ihre eigenen Zwecke und fügten ihnen Menschengebote hinzu, um die Leute zu manipulieren. Sie stellten schwere Forderungen an sie, denen sie bei aller Anstrengung doch nie gerecht werden konnten und die ihnen Schuldgefühle eintrugen, vor denen es kein Entrinnen gab. Unser liebevoller Retter macht es mit seinen Anweisungen und Geboten ganz anders. Er gibt sie als ein Licht, das uns hilft, durch die Dunkelheit und Irrlichter dieses Lebens und die Verlockungen dieser Welt hindurch unseren Weg zu finden. Oh, was für einen großartigen Retter haben wir!

Als Hilfe beim Durcharbeiten dieses wunderbaren Themas empfehle ich Ihnen wärmstens, nehmen Sie einen Stift oder einen Textmarker und streichen Sie in jeder Aussage die Gebote und Offenbarungen Jesu an.

Johannes 4,35 «Habt ihr nicht selbst gesagt: ‹In vier Monaten beginnt die Ernte›? Macht doch eure Augen auf und seht euch um! Das Getreide ist schon reif für die Ernte.»

Johannes 6,27 «Bemüht euch doch nicht nur um das vergängliche Brot, das ihr zum täglichen Leben braucht! Setzt alles dafür ein, die Nahrung zu bekommen, die bis ins ewige Leben reicht. Diese wird der Menschensohn euch geben. Denn Gott, der Vater, hat ihn dazu bestimmt und ihm die Macht gegeben.»

Johannes 13,34–35 «Heute gebe ich euch ein neues Gebot: Liebt einander! So wie ich euch geliebt habe, so sollt ihr euch auch untereinander lieben. [35]An eurer Liebe zueinander wird jeder erkennen, dass ihr meine Jünger seid.»

Johannes 14,1 «Seid nicht bestürzt, und habt keine Angst!», ermutigte Jesus seine Jünger. «Vertraut Gott, und vertraut mir!»

Johannes 14,11 «Glaubt mir doch, dass der Vater und ich eins sind. Und wenn ihr schon meinen Worten nicht glaubt, dann glaubt doch wenigstens meinen Taten!»

Johannes 14,23 «Wer mich liebt, richtet sich nach dem, was ich ihm gesagt habe. Auch mein Vater wird ihn lieben, und wir beide werden zu ihm kommen und immer bei ihm bleiben.»

Johannes 15,4 «Bleibt fest mit mir verbunden, und ich werde ebenso mit euch verbunden bleiben! Denn so wie eine Rebe nur am Weinstock Früchte tragen kann, so werdet auch ihr nur Frucht bringen, wenn ihr mit mir verbunden bleibt.»

Johannes 15,7–8 «Wenn ihr aber fest mit mir verbunden bleibt und euch meine Worte zu Herzen nehmt, dürft ihr von Gott erbitten, was ihr wollt; ihr werdet es erhalten. [8]Wenn ihr viel Frucht bringt und euch so als meine Jünger erweist, wird die Herrlichkeit meines Vaters sichtbar.»

Johannes 15,9–14 «Wie mich der Vater liebt, so liebe ich euch. Bleibt in meiner Liebe! [10]Wenn ihr nach meinen Geboten lebt, wird meine Liebe euch umschließen. Auch ich richte mich nach den Geboten meines Vaters und lebe in seiner Liebe. [11]Das alles sage ich euch, damit meine Freude euch ganz erfüllt und eure Freude dadurch vollkommen wird. [12]Und so lautet mein Gebot: Liebt einander, wie ich euch geliebt habe. [13]Niemand liebt mehr als einer, der sein Leben für die Freunde hingibt. [14]Und ihr seid meine Freunde, wenn ihr tut, was ich euch aufgetragen habe.»

Johannes 15,17 «Ich sage euch noch einmal: Liebt einander!»

Johannes 15,27 «Und auch ihr werdet meine Zeugen sein, denn ihr seid von Anfang an bei mir gewesen.»

Johannes 20,22 Dann hauchte er sie an und sprach: «Empfangt den Heiligen Geist!»

Johannes 20,27 Dann wandte er sich an Thomas: «Leg deinen Finger auf meine durchbohrten Hände! Gib mir deine Hand und leg sie in die Wunde an meiner Seite! Zweifle nicht länger, sondern glaube!»

Johannes 21,15–17 Nach dem Essen fragte Jesus Simon Petrus: «Simon, Sohn des Johannes, liebst du mich mehr als die anderen hier?» – «Ja, Herr», antwortete ihm Petrus, «du weißt, dass ich dich lieb habe.» – «Dann hüte meine Lämmer», sagte Jesus. [16]Jesus wiederholte seine Frage: «Simon, Sohn des Johannes, liebst du mich?» – «Ja, Herr, du weißt doch, dass ich dich liebe», antwortete Petrus noch einmal. Erneut sagte Jesus: «Dann hüte meine Schafe!» [17]Und zum dritten Mal fragte Jesus: «Simon, Sohn des Johannes, hast du mich wirklich lieb?» Jetzt wurde Petrus traurig, weil Jesus ihm nun zum dritten Mal diese Frage stellte. Deshalb antwortete er: «Herr, du weißt alles. Du weißt doch auch, wie sehr ich dich liebe!» Darauf sagte Jesus: «Dann hüte meine Schafe!»

Johannes 21,18–19 «Ich sage dir die Wahrheit: Als du jung warst, hast du dir selbst den Gürtel umgebunden und bist gegangen, wohin du wolltest. Im Alter aber wirst du deine Hände ausstrecken; ein anderer wird dir den Gürtel darumbinden und dich dorthin führen, wo du nicht hingehen willst.» [19]Damit deutete Jesus an, durch welchen Tod Petrus einmal Gott ehren würde. Dann forderte Jesus ihn auf: «Folge mir nach!»

Johannes 21,22–23 Jesus erwiderte: «Wenn ich will, dass er so lange lebt, bis ich wiederkomme, was geht es dich an? Folge du mir nach!» [23]So entstand unter denen, die sich zu Jesus bekannten, das Gerücht: «Dieser Jünger wird nicht sterben.» Aber das hatte Jesus nicht gesagt, sondern: «Wenn ich will, dass er so lange lebt, bis ich wiederkomme, was geht es dich an?»

Matthäus 4,10 Aber Jesus wies ihn ab: «Weg mit dir, Satan, denn es steht in der Heiligen Schrift ‹Bete allein Gott, deinen Herrn, an und diene nur ihm!›» (Siehe auch Lukas 4,8.)

Matthäus 4,17 Von da an begann Jesus zu predigen: «Kehrt um zu Gott! Denn jetzt beginnt seine neue Welt!»

Matthäus 4,19 Da forderte Jesus sie auf: «Kommt mit mir! Ich will euch zeigen, wie ihr Menschen für Gott gewinnen könnt.» (Siehe auch Markus 1,17.)

Matthäus 5,11–12 «Glücklich könnt ihr sein, wenn ihr verachtet, verfolgt und verleumdet werdet, weil ihr mir nachfolgt. [12]Ja, freut euch und jubelt, denn im Himmel werdet ihr dafür reich belohnt werden! Genauso haben sie die Propheten früher auch verfolgt.»

Matthäus 5,14–16 «Ihr seid das Licht, das die Welt erhellt. Eine Stadt, die hoch auf dem Berg liegt, kann nicht verborgen bleiben. [15]Man zündet ja auch keine Öl-lampe an und stellt sie unter einen Eimer. Im Gegenteil: Man stellt sie so auf, dass sie allen im Haus Licht gibt. [16]Genauso soll euer Licht vor allen Menschen leuchten. Sie werden eure guten Taten sehen und eu-ren Vater im Himmel dafür loben.»

Matthäus 5,19 «Wenn jemand auch nur das geringste Gebot Gottes für ungültig er-klärt oder andere dazu verleitet, der wird in Gottes neuer Welt nichts bedeuten. Wer aber anderen Gottes Gebote weitersagt und sich selbst danach richtet, der wird in Gottes neuer Welt großes Ansehen haben.»

Matthäus 5,25 «Setz alles daran, dich noch auf dem Weg zum Gericht mit dei-nem Gegner zu einigen. Sonst wird der Richter dich verurteilen, und der Gerichts-diener wird dich ins Gefängnis stecken.»

Matthäus 5,27–30 «Ihr wisst, dass es im Gesetz heißt: ‹Du sollst nicht die Ehe brechen!› [28]Ich sage euch aber: Schon wer eine Frau mit begehrlichen Blicken ansieht, der hat im Herzen mit ihr die Ehe gebrochen. [29]Wenn dich also dein rechtes Auge zur Sünde verführt, dann reiß es heraus und wirf es weg! Besser, du verlierst eins deiner Glieder, als dass du unversehrt in die Hölle geworfen wirst. [30]Und wenn dich deine rechte Hand zum Bösen verführt, so hack sie ab und wirf sie weg! Es ist besser, verstüm-melt zu sein, als unversehrt in die Hölle geworfen zu werden.»

Matthäus 5,31–32 «Bisher hieß es: ‹Wer sich von seiner Frau trennen will, soll ihr eine Scheidungsurkunde geben.› [32]Ich sage euch aber: Wer sich von seiner Frau trennt, obwohl sie ihn nicht betrogen hat, der treibt sie zum Ehebruch. Und wer eine geschiedene Frau heiratet, der begeht Ehe-bruch.»

Matthäus 5,33–37 «Ihr kennt auch diese Anweisung des Gesetzes: ‹Du sollst keinen Meineid schwören und alles halten, was du vor Gott versprochen hast.› [34]Ich sage euch aber: Schwört überhaupt nicht! Schwört weder beim Himmel – denn er ist Gottes Thron – [35]noch bei der Erde – denn sie ist der Schemel, auf dem seine Füße ru-hen. Beruft euch auch nicht auf Jerusalem, denn sie ist die Stadt Gottes. [36]Verbürge dich auch nicht mit deinem Kopf für etwas, denn du kannst ja nicht einmal ein einziges Haar weiß oder schwarz wachsen lassen. [37]Sag einfach ‹Ja› oder ‹Nein›. Alle anderen Beteuerungen zeigen nur, dass du dich vom Bösen bestimmen lässt.»

Matthäus 5,38–48 «Es heißt auch: ‹Auge um Auge, Zahn um Zahn!› [39]Ich sage euch aber: Leistet keine Gegenwehr, wenn man euch Böses antut! Wenn je-mand dir eine Ohrfeige gibt, dann halte die andere Wange auch noch hin! [40]Wenn einer dich vor Gericht bringen will, um dein Hemd zu bekommen, so gib ihm auch noch den Mantel! [41]Und wenn einer von dir verlangt, eine Meile mit ihm zu ge-hen, dann geh zwei Meilen mit ihm! [42]Gib jedem, der dich um etwas bittet, und weise keinen ab, der etwas von dir leihen will. [43]Es heißt bei euch: ‹Liebt eure Freunde und hasst eure Feinde!› [44]Ich sage aber: Liebt eure Feinde und betet für alle, die euch verfolgen! [45]So erweist ihr euch als Kinder eures Vaters im Himmel. Denn er lässt seine Sonne für Böse wie für Gute scheinen, und er lässt es regnen für Fromme und Gottlose. [46]Wollt ihr etwa noch dafür belohnt werden, dass ihr die

Menschen liebt, die euch auch lieben? Das tun sogar die Zolleinnehmer, die sonst nur auf ihren Vorteil aus sind! ⁴⁷Wenn ihr nur euren Freunden liebevoll begegnet, ist das etwas Besonderes? Das tun auch die, die von Gott nichts wissen. ⁴⁸Ihr aber sollt so vollkommen sein wie euer Vater im Himmel.»

Matthäus 6,1–4 «Hütet euch davor, nur deshalb Gutes zu tun, damit die Leute euch bewundern. Sonst könnt ihr von eurem Vater im Himmel keinen Lohn mehr erwarten. ²Wenn du einem Armen etwas gibst, dann posaune es nicht hinaus wie die Heuchler. Sie reden davon in den Synagogen und an jeder Straßenecke, um von allen gelobt zu werden. Das sage ich euch: Diese Leute haben sich ihren Lohn schon selber ausbezahlt. ³Wenn du jemandem hilfst, dann soll deine linke Hand nicht wissen, was die rechte tut; ⁴niemand soll davon erfahren. Dein Vater, der auch das Verborgene sieht, wird dich dafür belohnen.»

Matthäus 6,31–34 «Zerbrecht euch also nicht mehr den Kopf mit Fragen wie: ‹Werden wir genug zu essen haben? Und was werden wir trinken? Was sollen wir anziehen?› ³²Mit solchen Dingen beschäftigen sich nur Menschen, die Gott nicht kennen. Euer Vater im Himmel weiß doch genau, dass ihr dies alles braucht. ³³Sorgt euch vor allem um Gottes neue Welt, und lebt nach Gottes Willen! Dann wird er euch mit allem anderen versorgen. ³⁴Deshalb sorgt euch nicht um morgen – der nächste Tag wird für sich selber sorgen! Es ist doch genug, wenn jeder Tag seine eigenen Lasten hat.»

Matthäus 7,13–14 «Geht durch das enge Tor! Denn das Tor zum Verderben ist breit und ebenso der Weg dorthin! Viele Menschen gehen ihn. ¹⁴Aber das Tor, das zum Leben führt, ist eng, und der Weg dorthin ist schmal. Deshalb finden ihn nur wenige.»

Matthäus 7,21–27 «Nicht, wer mich dauernd ‹Herr› nennt, wird in Gottes neue Welt kommen, sondern wer den Willen meines Vaters im Himmel tut. ²²Am Tag des Gerichts werden zwar viele sagen: ‹Aber Herr, wir haben doch als deine Propheten das weitergesagt, was du selbst uns aufgetragen hast! Wir haben doch in deinem Namen Dämonen ausgetrieben und mächtige Taten vollbracht!› ²³Aber ich werde ihnen antworten: ‹Ich kenne euch nicht, denn ihr habt nicht nach meinem Willen gelebt. Geht mir aus den Augen!› ²⁴Wer meine Worte hört und danach handelt, der ist klug. Man kann ihn mit einem Mann vergleichen, der sein Haus auf felsigen Grund baut. ²⁵Wenn ein Wolkenbruch niedergeht, das Hochwasser steigt und der Sturm am Haus rüttelt, wird es trotzdem nicht einstürzen, weil es auf Felsengrund gebaut ist. ²⁶Wer sich meine Worte nur anhört, aber nicht danach lebt, der ist so unvernünftig wie einer, der sein Haus auf Sand baut. ²⁷Denn wenn ein Wolkenbruch kommt, die Flut das Land überschwemmt und der Sturm um das Haus tobt, wird es aus allen Fugen geraten und krachend einstürzen.»

Matthäus 8,21–22 Einer, der zu seinen Jüngern gehörte, bat Jesus: «Herr, ich will erst noch meinen Vater bestatten, aber dann möchte ich mit dir ziehen.» ²²Doch Jesus erwiderte: «Komm jetzt mit mir, und überlass es den Toten, ihre Toten zu begraben!»

Matthäus 9,9 Als Jesus durch die Stadt ging, sah er den Zolleinnehmer Matthäus am Zoll sitzen. Jesus forderte ihn auf: «Komm, geh mit mir!» Sofort stand Matthäus auf und folgte ihm.

Matthäus 9,12–13 Jesus hörte das und antwortete: «Die Gesunden brauchen keinen Arzt, sondern die Kranken! [13]Begreift doch endlich, was Gott meint, wenn er sagt: ‹Nicht auf eure Opfer oder Gaben kommt es mir an, sondern darauf, dass ihr barmherzig seid.› Ich bin gekommen, um Menschen in die Gemeinschaft mit Gott zu rufen, die ohne ihn leben – und nicht solche, die sich sowieso an seine Gebote halten.»

Matthäus 10,5–10 Diese Zwölf sandte Jesus aus und gab ihnen folgenden Auftrag: «Geht nicht zu den Nichtjuden oder in die Städte der Samariter, [6]sondern geht nur zu den Menschen aus dem Volk Israel, die sich von Gott entfernt haben. Sie sind wie Schafe, die ohne ihren Hirten verloren sind. [7]Ihnen sollt ihr diese Nachricht bringen: ‹Jetzt beginnt Gottes neue Welt!› [8]Heilt Kranke, weckt Tote auf, macht Aussätzige gesund und treibt Dämonen aus! Tut alles, ohne etwas dafür zu verlangen, denn ihr habt auch die Kraft dazu ohne Gegenleistung bekommen. [9]Nehmt kein Geld mit auf die Reise, weder Goldstücke noch Silber- oder Kupfermünzen, [10]auch keine Tasche, kein zweites Hemd, keine Schuhe und keinen Wanderstock. Denn weil ihr den Menschen dient, sollen sie für euch sorgen.»

Matthäus 10,16–20 «Hört mir zu: Ich schicke euch wie Schafe mitten unter die Wölfe. Seid klug wie Schlangen, aber ohne Verschlagenheit wie Tauben. [17]Nehmt euch in Acht vor den Menschen! Denn sie werden euch vor die Gerichte zerren, und in den Synagogen wird man euch auspeitschen. [18]Nur weil ihr zu mir gehört, werdet ihr vor Machthabern und Königen verhört werden. Dort werdet ihr meine Botschaft bezeugen, denn sie und alle Völker müssen von mir erfahren. [19]Wenn sie euch vor Gericht bringen, braucht ihr euch nicht darum zu sorgen, was ihr aussagen sollt! Denn zur rechten Zeit wird Gott euch das rechte Wort geben. [20]Nicht ihr werdet es sein, die Rede und Antwort stehen, sondern der Geist eures Vaters im Himmel wird durch euch sprechen.»

Matthäus 10,24–26 «Ein Schüler steht nicht über seinem Lehrer, und ein Diener hat es nicht besser als sein Herr. [25]Sie können zufrieden sein, wenn es ihnen genauso geht wie ihren Lehrern und Herren. Wenn sie aber den Herrn des Hauses schon Obersten Teufel genannt haben, was werden sie erst zu seinen Angehörigen sagen? [26]Fürchtet euch nicht vor denen, die euch bedrohen. Denn jetzt kommt bald die Zeit, in der das Verborgene ans Licht kommt und alle Geheimnisse enthüllt werden.»

Matthäus 10,27 «Was ich euch im Dunkeln sage, das gebt am helllichten Tag weiter! Was ich euch ins Ohr flüstere, das ruft vor aller Welt laut hinaus!»

Matthäus 10,28–33 «Habt keine Angst vor den Menschen, die zwar den Körper, aber nicht die Seele töten können! Fürchtet vielmehr Gott, der Leib und Seele in der Hölle vernichten kann. [29]Welchen Wert hat schon ein Spatz auf dem Dach? Man kann zwei von ihnen für einen Spottpreis kaufen! Trotzdem fällt keiner tot zur Erde, wenn es euer Vater nicht will. ³⁰Bei euch sind sogar die Haare auf dem Kopf alle gezählt. ³¹Darum habt keine Angst! Ihr seid Gott mehr wert als ein ganzer Spatzenschwarm. ³²Wer sich vor den Menschen zu mir bekennt, zu dem werde ich mich auch vor meinem Vater im Himmel bekennen. ³³Wer aber vor den Menschen nicht zu mir steht, zu dem werde ich auch vor meinem Vater im Himmel nicht stehen.»

Matthäus 11,28–30 «Kommt alle her zu mir, die ihr euch abmüht und unter eurer Last leidet! Ich werde euch Ruhe geben. ²⁹Lasst euch von mir in den Dienst nehmen, und lernt von mir! Ich meine es gut mit euch und sehe auf niemanden herab. Bei mir findet ihr Ruhe für euer Leben. ³⁰Mir zu dienen ist keine Bürde für euch, meine Last ist leicht.»

Matthäus 12,9–13 Nach diesen Worten ging er weiter und kam in ihre Synagoge. ¹⁰Dort war ein Mann mit einer verkrüppelten Hand. Die Pharisäer fragten ihn: «Erlaubt das Gesetz Gottes, am Sabbat zu heilen?» Sie suchten damit einen Vorwand, um Anklage gegen ihn zu erheben. ¹¹Jesus antwortete: «Wenn jemand von euch nur ein einziges Schaf besitzt, und das fällt am Sabbat in den Brunnen, wird er es nicht sofort herausholen? ¹²Und ein Mensch ist doch viel mehr wert als ein Schaf! Also ist es erlaubt, am Sabbat Gutes zu tun.» ¹³Dann forderte er den Mann auf: «Streck deine Hand aus!» Er streckte sie aus, und die Hand war gesund. (Siehe auch Lukas 6,6–10.)

Matthäus 14,26–27 Als die Jünger ihn sahen, schrien sie vor Entsetzen, denn sie hielten ihn für ein Gespenst. ²⁷Aber Jesus sprach sie sofort an: «Habt keine Angst! Ich bin es doch, fürchtet euch nicht!» (Siehe auch Markus 6,49–50.)

Matthäus 14,29 «Komm her!», antwortete Jesus. Petrus stieg aus dem Boot und ging Jesus auf dem Wasser entgegen.

Matthäus 15,10–11.16–20 Dann rief Jesus die Menschenmenge zu sich: «Hört, was ich euch sage, und begreift doch: ¹¹Nicht was ein Mensch zu sich nimmt, macht ihn unrein, sondern das, was er von sich gibt.» […] ¹⁶Jesus fragte: «Selbst ihr habt es immer noch nicht begriffen? ¹⁷Wisst ihr denn nicht, dass alles, was ein Mensch zu sich nimmt, zuerst in den Magen kommt und dann ausgeschieden wird? ¹⁸Aber die bösen Worte, die ein Mensch von sich gibt, kommen aus seinem Herzen, und nur sie lassen ihn unrein werden! ¹⁹Aus dem Herzen kommen die bösen Gedanken wie: Mord, Ehebruch, sexuelle Zügellosigkeit, Diebstahl, Lüge und Verleumdung. ²⁰Durch sie wird der Mensch vor Gott unrein, nicht dadurch, dass man mit ungewaschenen Händen isst.»

Matthäus 18,8–9 «Deshalb: Wenn deine Hand oder dein Fuß dich zum Bösen verführen, hack sie ab und wirf sie weg. Es ist besser, du gehst verkrüppelt und lahm ins ewige Leben als mit gesunden Händen und Füßen ins ewige Feuer. ⁹Wenn dich dein Auge zur Sünde verführt, dann reiß es heraus und wirf es weg. Es ist besser, einäugig das ewige Leben zu erhalten, als mit beiden Augen ins Feuer der Hölle geworfen zu werden.»

Matthäus 18,10.12–14 «Hütet euch davor, hochmütig auf die herabzusehen, die euch gering erscheinen. Denn ich sage euch: Ihre Engel haben immer Zugang zu meinem Vater im Himmel. […] ¹²Was meint ihr: Wenn ein Mann hundert Schafe hat und eins läuft ihm davon, was wird er tun? Lässt er nicht die neunundneunzig in den Bergen zurück, um das verirrte Schaf zu suchen? [13]Und ich versichere euch: Wenn er es endlich gefunden hat, freut er sich über dieses eine mehr als über die neunundneunzig, die sich nicht verlaufen hatten. [14]Ebenso will mein Vater nicht, dass auch nur einer, und sei es der Geringste, verloren geht.»

Matthäus 18,15–17 «Wenn dein Bruder Schuld auf sich geladen hat, dann geh zu ihm und sag ihm, was er falsch gemacht hat. Wenn er auf dich hört, hast du deinen Bruder zurückgewonnen. [16]Will er davon nichts wissen, nimm einen oder zwei andere mit, denn durch die Aussage von zwei oder drei Zeugen wird die Sache eindeutig bestätigt. [17]Wenn dein Bruder auch dann nicht hören will, bring den Fall vor die Gemeinde. Nimmt er selbst das Urteil der Gemeinde nicht an, dann behandle ihn wie einen, der von Gott nichts wissen will und ihn verachtet.»

Matthäus 18,21–22 Da fragte Petrus: «Herr, wie oft muss ich meinem Bruder vergeben, wenn er mir Unrecht tut? Ist siebenmal denn nicht genug?» [22]«Nein», antwortete Jesus. «Nicht nur siebenmal, sondern siebzig mal siebenmal.»

Matthäus 23,23–26 «Wehe euch, ihr Schriftgelehrten und Pharisäer! Ihr Scheinheiligen! Sogar von Küchenkräutern wie Minze, Dill und Kümmel gebt ihr Gott den zehnten Teil. Aber die viel wichtigeren Forderungen Gottes nach Gerechtigkeit, Barmherzigkeit und Glauben sind euch gleichgültig. Doch gerade darum geht es hier: Das Wesentliche tun und das andere nicht unterlassen. [24]Ihr aber entfernt jede kleine Mücke aus eurem Essen, doch ganze Kamele schluckt ihr bedenkenlos hinunter. Andere wollt ihr führen und seid doch selber blind! [25]Wehe euch, ihr Schriftgelehrten und Pharisäer! Ihr Heuchler! Ihr poliert eure Becher und Schüsseln außen auf Hochglanz, so wie das Gesetz es erfordert. Doch gefüllt sind sie mit dem, was ihr in eurer maßlosen Gier anderen abgenommen habt. [26]Ihr blinden Verführer, reinigt eure Becher erst einmal von innen, dann werden sie auch außen sauber sein.»

Matthäus 24,4–6 Jesus antwortete: «Lasst euch von keinem Menschen täuschen und verführen! [5]Denn viele werden auftreten und von sich behaupten: ‹Ich bin Christus!› Und sie werden viele Menschen in die Irre führen. [6]Wenn ihr von Kriegen und Unruhen hört, achtet darauf, aber erschreckt nicht! Das muss geschehen, doch es bedeutet noch nicht das Ende.» (Siehe auch Markus 13,5–7.)

Matthäus 24,42–46 «Deshalb seid jederzeit bereit! Denn ihr wisst nicht, wann euer Herr kommen wird. [43]Eins ist sicher: Wenn der Hausherr wüsste, wann ein Dieb bei ihm einbrechen will, würde er wach bleiben und sich vor dem Einbrecher schützen. [44]Seid also zu jeder Zeit bereit, denn der Menschensohn wird gerade dann kommen, wenn ihr am wenigsten damit rechnet! [45]Wie verhält sich denn ein kluger und zuverlässiger Verwalter?», fragte Jesus die Jünger. «Sein Herr hat ihm die Verantwortung für alle Mitarbeiter übertragen; er soll sie zu jeder Zeit mit allem Nötigen versorgen. [46]Dieser Verwalter darf sich glücklich nennen, wenn sein Herr ihn bei der

Rückkehr gewissenhaft bei der Arbeit findet.» (Siehe auch Lukas 12,39–40.)

Matthäus 25,13 «Deshalb seid wach und haltet euch bereit! Denn ihr wisst weder an welchem Tag noch zu welchem Zeitpunkt der Menschensohn kommen wird.»

Matthäus 28,9–10 Sie waren noch nicht weit gekommen, als Jesus plötzlich vor ihnen stand. «Seid gegrüßt!», sagte er. Da fielen sie vor ihm nieder und umklammerten seine Füße. [10]Jesus beruhigte sie: «Fürchtet euch nicht! Geht, sagt meinen Brüdern, sie sollen nach Galiläa kommen! Dort werden sie mich sehen.»

Matthäus 28,19–20 «Geht hinaus in die ganze Welt, und ruft alle Menschen dazu auf, mir nachzufolgen! Tauft sie im Namen des Vaters, des Sohnes und des Heiligen Geistes! [20]Lehrt sie, so zu leben, wie ich es euch aufgetragen habe. Ihr dürft sicher sein: Ich bin immer bei euch, bis das Ende dieser Welt gekommen ist!»

Markus 1,15 «Jetzt ist die Zeit gekommen, in der Gottes neue Welt beginnt. Kehrt um zu Gott, und glaubt an die rettende Botschaft!»

Markus 2,14 Als er weiterging, sah er Levi, den Sohn des Alphäus, am Zoll sitzen. Jesus forderte ihn auf: «Komm, geh mit mir!» Sofort stand Levi auf und folgte ihm.

Markus 3,9 Als immer mehr Menschen dazukamen, beauftragte er seine Jünger, ein Boot bereitzuhalten, wenn ihn die Menschen zu sehr bedrängen sollten.[17]

Markus 4,24–25 «Eins steht fest: Mit dem Maßstab, den ihr an andere anlegt, werdet ihr selbst gemessen werden. Von euch wird man sogar noch mehr erwarten. [25]Denn wer viel hat, der bekommt noch mehr dazu. Wer aber nichts hat, dem wird selbst noch das Wenige, das er hat, genommen.»

Markus 5,18–19 Jesus wollte gerade in das Boot steigen, als ihn der Geheilte bat, bei ihm bleiben zu dürfen. [19]Aber Jesus erlaubte es ihm nicht. Er sagte: «Geh nach Hause zu deiner Familie und berichte, welch großes Wunder der Herr an dir getan hat und wie barmherzig er zu dir gewesen ist!» (Siehe auch Lukas 8,38–39.)

Markus 5,36 Jesus hörte das und sagte zu Jaïrus [dem Synagogenvorsteher]: «Verzweifle nicht! Vertrau mir ganz und gar!»

Markus 7,14–23 Dann rief Jesus die Menschenmenge zu sich. «Hört, was ich euch sage, und begreift doch: [15]Nicht, was ein Mensch zu sich nimmt, macht ihn unrein, sondern das, was er von sich gibt. Denkt genau darüber nach, was ich euch gesagt habe, und richtet euch danach!» [17]Danach ging Jesus in ein Haus und war mit seinen Jüngern allein. Hier fragten sie ihn, was er mit dieser Rede gemeint hatte. [18]«Selbst ihr habt es immer noch nicht begriffen?», erwiderte Jesus. «Wisst ihr nicht, dass alles, was ein Mensch zu sich nimmt, ihn nicht verunreinigen kann? [19]Denn was ihr esst, geht nicht in euer Herz hinein; es kommt in den Magen und wird dann wieder ausgeschieden.» Damit wollte Jesus sagen, dass im Grunde jede Nahrung rein ist. [20]Und er fügte noch hinzu: «Was aus dem Inneren des Menschen kommt, das lässt ihn unrein werden. [21]Denn aus dem

---

[17] Jesus hat offensichtlich an dieser Stelle etwas gesagt. Was genau, überliefert Markus nicht.

Inneren, aus dem Herzen der Menschen, kommen die bösen Gedanken wie: sexuelle Zügellosigkeit, Diebstahl, Mord, ²²Ehebruch, Habsucht, Bosheit, Betrügerei, ausschweifendes Leben, Neid, Verleumdung, Überheblichkeit und Unbesonnenheit. ²³Das kommt von innen heraus, und das macht die Menschen vor Gott unrein.»

Markus 11,22–25 Da antwortete Jesus: «Ihr müsst Gott ganz vertrauen! ²³Denn das ist sicher: Wenn ihr glaubt und nicht im Geringsten daran zweifelt, dass es wirklich geschieht, könnt ihr zu diesem Berg hier sagen: ‹Hebe dich von der Stelle, und stürze dich ins Meer!›, und es wird geschehen. ²⁴Ja, ich sage euch: Um was ihr auch bittet – glaubt fest, dass ihr es schon bekommen habt, und Gott wird es euch geben! ²⁵Aber wenn ihr ihn um etwas bittet, sollt ihr vorher den Menschen vergeben, mit denen ihr nicht zurechtkommt. Dann wird euch der Vater im Himmel eure Schuld auch vergeben.»

Markus 12,14–17 «Lehrer», sagten sie scheinheilig, «wir wissen, dass es dir allein um die Wahrheit geht. Du redest den Leuten nicht nach dem Mund – ganz gleich, wie viel Ansehen sie besitzen. Nein, du sagst uns frei heraus, wie wir nach Gottes Willen leben sollen. Deshalb verrate uns: Ist es eigentlich Gottes Wille, dass wir dem römischen Kaiser Steuern zahlen? Sollen wir bezahlen oder nicht?» ¹⁵Jesus durchschaute ihre Falschheit und sagte: «Warum wollt ihr mir eine Falle stellen? Zeigt mir ein Geldstück!» ¹⁶Sie gaben ihm eine römische Münze. Er fragte sie: «Wessen Bild und Name ist hier eingeprägt?» Sie antworteten: «Das Bild und der Name des Kaisers!» ¹⁷«Nun, dann gebt dem Kaiser, was ihm zusteht, und gebt Gott, was ihm gehört.» Seine Zuhörer waren überrascht: Diese Antwort hatten sie nicht erwartet. (Siehe auch Matthäus 22,16–21 und Lukas 20,21–25.)

Markus 13,9–11 «Seid wachsam! Man wird euch vor die Gerichte zerren, und in den Synagogen wird man euch auspeitschen. Nur weil ihr zu mir gehört, werdet ihr vor Machthabern und Königen verhört werden. Dort werdet ihr meine Botschaft bezeugen. ¹⁰Das muss so geschehen, denn alle Völker sollen die rettende Botschaft hören, bevor das Ende kommt. ¹¹Wenn sie euch verhaften und vor Gericht bringen, braucht ihr euch nicht darum zu sorgen, was ihr aussagen sollt! Denn zur rechten Zeit wird Gott euch das rechte Wort geben. Nicht ihr werdet es sein, die Rede und Antwort stehen, sondern der Heilige Geist wird durch euch sprechen.»

Markus 13,32–37 «Niemand weiß, wann das Ende kommen wird, weder die Engel im Himmel noch der Sohn. Den Tag und die Stunde kennt nur der Vater. ³³Darum werdet nicht nachlässig und bleibt wach! Denn ihr wisst nicht, wann es so weit ist. ³⁴Es ist genau wie bei einem Mann, der auf Reisen geht. Bevor er sein Haus verlässt, weist er jedem seiner Knechte eine bestimmte Arbeit zu und befiehlt dem Pförtner, wachsam zu sein. ³⁵Genauso sollt auch ihr wach bleiben. Ihr wisst ja nicht, wann der Herr kommen wird, ob am Abend oder um Mitternacht, im Morgengrauen oder nach Sonnenaufgang. ³⁶Deshalb sollt ihr zu jeder Stunde auf seine Ankunft vorbereitet sein und nicht etwa schlafen. ³⁷Was ich euch sage, gilt auch für alle anderen Menschen: Ihr müsst immer wach und bereit sein!»

Markus 16,15–16 Dann sagte er zu ihnen [den Jüngern]: «Geht hinaus in die ganze Welt und verkündet allen Menschen die rettende Botschaft. ¹⁶Denn wer glaubt und getauft ist, der wird gerettet werden. Wer aber nicht glaubt, der wird verurteilt werden.» ¹⁸

Lukas 4,12 Aber Jesus wies ihn auch diesmal zurück: «Es steht aber auch in der Schrift: ‹Du sollst Gott, deinen Herrn, nicht herausfordern!›» (Siehe auch Matthäus 4,7.)

Lukas 5,10 Und Jesus sprach zu Simon: «Fürchte dich nicht; von nun an sollst du Menschen fangen!» (Schlachterbibel).

Lukas 5,27–28 Als Jesus weiterzog, sah er den Zolleinnehmer Levi am Zoll sitzen. Jesus forderte ihn auf: «Komm, geh mit mir!» ²⁸Ohne zu zögern, verließ Levi alles und ging mit ihm.

Lukas 6,27–31 «Euch allen sage ich: Liebt eure Feinde und tut denen Gutes, die euch hassen. ²⁸Segnet die Menschen, die euch Böses wünschen, und betet für alle, die euch beleidigen. ²⁹Wenn jemand dir eine Ohrfeige gibt, dann halte die andere Wange auch noch hin. Wenn dir einer den Mantel wegnimmt, dann weigere dich nicht, ihm auch noch das Hemd zu geben. ³⁰Gib jedem, der dich um etwas bittet, und fordere nicht zurück, was man dir genommen hat. ³¹So wie ihr von anderen behandelt werden möchtet, so behandelt sie auch.»

Lukas 6,35–36 «Ihr aber sollt eure Feinde lieben und den Menschen Gutes tun. Ihr sollt ihnen helfen, ohne einen Dank oder eine Gegenleistung zu erwarten. Dann werdet ihr reich belohnt werden: Ihr werdet Kinder des höchsten Gottes sein. Denn auch er ist gütig zu Undankbaren und Bösen. ³⁶Seid so barmherzig wie euer Vater im Himmel!»

Lukas 6,37–38 «Richtet nicht über andere, dann werdet ihr auch nicht gerichtet werden! Verurteilt keinen Menschen, dann werdet auch ihr nicht verurteilt! Wenn ihr bereit seid, anderen zu vergeben, dann wird auch euch vergeben werden. ³⁸Gebt, was ihr habt, dann werdet ihr so reich beschenkt werden, dass ihr gar nicht alles aufnehmen könnt. Mit dem Maßstab, den ihr an andere legt, wird man auch euch messen.»

Lukas 8,18 «Entscheidend ist, wie ihr mir zuhört. Denn wer viel hat, der bekommt noch mehr dazu. Wer aber nichts hat, dem wird selbst noch das Wenige, was er zu haben meint, genommen.»

Lukas 9,61–62 Noch einer sagte zu Jesus: «Ich will mit dir gehen, Herr. Sobald ich mich von meiner Familie verabschiedet habe, komme ich mit.» ⁶²Ihm antwortete Jesus: «Wer beim Pflügen nach hinten blickt, den kann Gott in seiner neuen Welt nicht brauchen.»

Lukas 10,2 Er sagte zu ihnen [den siebzig Jüngern, die er aussandte]: «Die Ernte ist groß, aber es gibt nur wenige Arbeiter. Deshalb bittet den Herrn, dass er noch mehr Arbeiter aussendet, die seine Ernte einbringen.»

Lukas 10,29–37 Aber der Mann [ein Schriftgelehrter] gab sich damit nicht zu-

---

¹⁸ In den frühesten Handschriften des Markus-Evangeliums ist Markus 16,9–20 nicht vorhanden.

frieden und fragte weiter: «Wer gehört denn eigentlich zu meinen Mitmenschen?» ³⁰Jesus antwortete ihm mit einer Geschichte: «Ein Mann wanderte von Jerusalem nach Jericho. Unterwegs wurde er von Räubern überfallen. Sie schlugen ihn zusammen, raubten ihn aus und ließen ihn halb tot liegen. Dann machten sie sich davon. ³¹Zufällig kam bald darauf ein Priester vorbei. Er sah den Mann liegen und ging schnell auf der anderen Straßenseite weiter. ³²Genauso verhielt sich ein Tempeldiener. Er sah zwar den verletzten Mann, aber er blieb nicht stehen, sondern machte einen großen Bogen um ihn. ³³Dann kam einer der verachteten Samariter vorbei. Als er den Verletzten sah, hatte er Mitleid mit ihm. ³⁴Er beugte sich zu ihm hinunter, behandelte seine Wunden mit Öl und Wein und verband sie. Dann hob er ihn auf sein Reittier und brachte ihn in den nächsten Gasthof, wo er den Kranken besser pflegen und versorgen konnte. ³⁵Als er am nächsten Tag weiterreisen musste, gab er dem Wirt zwei Silberstücke und bat ihn: ‹Pflege den Mann gesund! Sollte das Geld nicht reichen, werde ich dir den Rest auf meiner Rückreise bezahlen!› ³⁶Was meinst du?», fragte Jesus jetzt den Schriftgelehrten. «Welcher von den dreien hat an dem Überfallenen als Mitmensch gehandelt?» ³⁷Der Schriftgelehrte erwiderte: «Natürlich der Mann, der ihm geholfen hat.» – «Dann geh und folge seinem Beispiel!», forderte Jesus ihn auf.

Lukas 11,9–10 «Darum sage ich euch: Bittet Gott, und er wird euch geben! Sucht, und ihr werdet finden! Klopft an, und euch wird die Tür geöffnet! ¹⁰Denn wer bittet, der bekommt. Wer sucht, der findet. Und wer anklopft, dem wird geöffnet.»

Lukas 11,33–36 «Niemand zündet eine Öllampe an und versteckt sie dann oder stellt sie unter einen Eimer. Im Gegenteil! Man stellt die Lampe so auf, dass jeder, der hereinkommt, das Licht sieht. ³⁴Das Auge gibt dir Licht. Wenn deine Augen das Licht einlassen, wirst du auch im Licht leben. Verschließen sich deine Augen dem Licht, lebst du in Dunkelheit. ³⁵Deshalb achte darauf, dass das Licht in deinem Innern nicht erlischt! ³⁶Wenn du es einlässt und keine Finsternis in dir ist, dann lebst du im Licht – so, als würdest du von einer hellen Lampe angestrahlt.»

Lukas 11,39–41 Da sagte Jesus, der Herr, zu ihm: «Ihr Pharisäer poliert eure Becher und Schüsseln außen auf Hochglanz, so wie das Gesetz es erfordert. Doch gefüllt sind sie mit dem, was ihr in eurer maßlosen Gier anderen abgenommen habt. ⁴⁰Ihr Dummköpfe! Ihr wisst doch ganz genau, dass Gott beides geschaffen hat – Äußeres und Inneres. ⁴¹Eure Schüsseln und Becher sind voll. Gebt das, was darin ist, den Armen, dann seid ihr auch vor Gott rein!»

Lukas 12,1–3 Hunderte, ja Tausende strömten zusammen, und das Gedränge wurde bedrohlich. Doch Jesus sprach zunächst nur zu seinen Jüngern: «Hütet euch vor den Pharisäern und ihrer Scheinheiligkeit, denn sie ist wie ein Sauerteig, der das ganze Brot durchsäuert. ²Jetzt kommt bald die Zeit, in der das Verborgene ans Licht kommt und alle Geheimnisse enthüllt werden. ³Was ihr im Geheimen redet, werden alle erfahren, und was ihr hinter vorgehaltener Hand flüstert, wird alle Welt zu hören bekommen.»

Lukas 12,4–5 «Meine Freunde! Habt keine Angst vor den Menschen, die euch zwar töten können, aber nicht mehr. ⁵Fürchtet vielmehr Gott, denn er kann euch töten und in die Hölle werfen. Ja, fürchtet ihn allein!»

Lukas 12,6–7 «Welchen Wert hat schon ein Spatz auf dem Dach? Man kann fünf von ihnen für einen Spottpreis kaufen. Und doch vergisst Gott keinen einzigen von ihnen. ⁷Bei euch sind sogar die Haare auf dem Kopf alle gezählt. Darum habt keine Angst! Ihr seid Gott mehr wert als ein ganzer Spatzenschwarm!»

Lukas 12,8–12 «Das sage ich euch: Wer sich vor den Menschen zu mir bekennt, zu dem wird sich auch der Menschensohn vor den Engeln bekennen. ⁹Wer aber vor den Menschen nicht zu mir steht, zu dem wird auch der Menschensohn vor den Engeln Gottes nicht stehen. ¹⁰Wer den Menschensohn beschimpft, dem kann vergeben werden. Wer aber den Heiligen Geist beschimpft, der wird niemals Vergebung finden. ¹¹Wenn ihr in den Synagogen vor Richtern und Machthabern verhört werdet, dann sorgt euch nicht darum, was ihr sagen oder wie ihr euch verteidigen sollt! ¹²Denn der Heilige Geist wird euch zur rechten Zeit das rechte Wort geben.»

Lukas 12,15 Dann wandte er sich an alle: «Hütet euch vor der Habgier! Wenn jemand auch noch so viel Geld hat, das Leben kann er sich damit nicht kaufen.»

Lukas 12,22–23 Jesus sagte zu seinen Jüngern: «Macht euch keine Sorgen um euren Lebensunterhalt, um Essen und Kleidung. ²³Leben bedeutet mehr als Essen und Trinken, und der Mensch ist wichtiger als seine Kleidung.»

Lukas 12,29–31 «Zerbrecht euch also nicht mehr den Kopf darüber, was ihr essen und trinken sollt! ³⁰Mit solchen Dingen beschäftigen sich nur Menschen, die Gott nicht kennen. Euer Vater im Himmel weiß doch genau, dass ihr dies alles braucht. ³¹Sorgt euch vor allem um Gottes neue Welt, dann wird er euch mit allem anderen versorgen.»

Lukas 12,32–34 «Du kleine Herde, du brauchst keine Angst vor der Zukunft zu haben! Denn dir will der Vater sein Königreich schenken. ³³Verkauft euren Besitz, und gebt das Geld den Armen! Sammelt euch auf diese Weise einen Vorrat, der nicht alt wird und niemals verderben kann, einen Schatz im Himmel. Diesen Schatz kann kein Dieb stehlen und keine Motte zerfressen. ³⁴Wo eure Schätze sind, da wird auch euer Herz sein.»

Lukas 12,35–36 «Ihr sollt so leben wie Diener, die darauf warten, dass ihr Herr von einer Hochzeit zurückkommt. Seid wie sie dienstbereit, und lasst eure Lampen angezündet. Wenn ihr Herr zurückkommt und klopft, können sie ihm schnell öffnen.»

Lukas 12,48 «Wer dagegen falsch handelt, ohne es zu wissen, wird mit einer leichteren Strafe davonkommen. So wird von jedem, der viel bekommen hat, auch viel erwartet; denn wem viel anvertraut wurde, von dem verlangt man umso mehr.»

Lukas 17,3–6 «Nehmt euch in Acht! Wenn dein Bruder Schuld auf sich geladen hat, dann sag ihm, was er falsch gemacht hat. Tut es ihm leid, dann vergib ihm! ⁴Und wenn er dir siebenmal am Tag Unrecht tut und dich immer wieder um Vergebung bittet: Vergib ihm!» [5]Die Jünger baten Jesus, den Herrn: «Hilf uns, dass unser Glaube größer wird!» [6]Darauf antwortete er: «Selbst wenn euer Glaube so winzig wäre wie ein Senfkorn, könntet ihr diesem Maulbeerbaum befehlen: ‹Reiß dich aus der Erde und verpflanze dich ins Meer!› – es würde sofort geschehen.»

Lukas 17,7–10 «Wie ist das bei euch?», fragte Jesus seine Zuhörer. «Wenn euer Knecht vom Feld oder von der Herde heimkommt, sagt ihr dann zu ihm: ‹Komm, setz dich an den Tisch und iss›? [8]Oder werdet ihr ihm nicht erst den Auftrag geben: ‹Zieh dich um, mach mir etwas zu essen und deck den Tisch! Wenn ich gegessen habe, dann kannst du auch essen und trinken.› [9]Kann der Knecht dafür einen besonderen Dank erwarten? Ich meine nicht! Es gehört doch schließlich zu seiner Arbeit. [10]Das gilt auch für euch. Wenn ihr in meinem Dienst alles getan habt, was ich euch aufgetragen habe, dann sollt ihr sagen: ‹Wir sind einfache Knechte und haben nur unseren Auftrag ausgeführt!›»

Lukas 21,8–9 Jesus antwortete: «Lasst euch von keinem Menschen täuschen und verführen! Denn viele werden auftreten und von sich behaupten: ‹Ich bin Christus!› Und sie werden verkünden: ‹Jetzt ist die Zeit gekommen!› Glaubt ihnen nicht! [9]Wenn ihr von Kriegen und Unruhen hört, erschreckt nicht! Das muss geschehen, doch es bedeutet noch nicht das Ende.»

Lukas 21,12–15 «Bevor das alles geschieht, wird man euch verfolgen. Nur weil ihr zu mir gehört, werden sie euch festnehmen und in den Synagogen vor Gericht stellen. Dann werden sie euch ins Ge-fängnis werfen, ja, vor Machthabern und Königen werdet ihr verhört werden. [13]Aber dadurch habt ihr Gelegenheit, meine Botschaft zu bezeugen. [14]Prägt es euch ein: Ihr sollt nicht schon vorher darüber nachgrübeln, wie ihr euch vor Gericht verteidigen könnt. [15]Ich selber werde euch Weisheit geben und euch zeigen, was ihr sagen sollt. Dann werden eure Gegner nichts mehr erwidern können.»

Lukas 22,19 Dann nahm er Brot. Er dankte Gott dafür, teilte es und gab es ihnen [den Jüngern] mit den Worten: «Das ist mein Leib, der für euch hingegeben wird. Feiert dieses Mahl immer wieder, und denkt daran, was ich für euch getan habe, sooft ihr dieses Brot esst.»

Lukas 22,25–27 Da sagte ihnen [den Jüngern] Jesus: «In dieser Welt unterdrücken die Herrscher ihre Völker, und rücksichtslose Machthaber lassen sich als Wohltäter feiern. [26]Aber so darf es bei euch nicht sein. Der Erste unter euch soll sich allen anderen unterordnen, und wer euch führen will, muss allen dienen. [27]Wer ist denn der Herr? Wer sich bedienen lässt oder wer dient? Doch wohl derjenige, der sich bedienen lässt! Ich aber bin unter euch wie ein Diener.»

Lukas 22,32 «Aber ich habe für dich [Simon] gebetet, damit du den Glauben nicht verlierst. Wenn du dann zu mir zurückkehrst, so stärke den Glauben deiner Brüder!»

Lukas 22,46 Jesus rüttelte sie wach: «Wie könnt ihr jetzt nur schlafen! Steht auf und betet, damit ihr der Versuchung widersteht!»

Lukas 24,49 «Ich werde euch den Heiligen Geist geben, den mein Vater euch versprochen hat. Bleibt hier in Jerusalem, bis ihr diese Kraft von oben empfangen habt!»

Apostelgeschichte 1,4–5 Als sie an einem dieser Tage miteinander aßen, sagte Jesus zu seinen Jüngern: «Verlasst Jerusalem nicht! Bleibt so lange hier, bis in Erfüllung gegangen ist, was euch der Vater durch mich versprochen hat. ⁵Denn Johannes hat mit Wasser getauft; ihr aber werdet bald mit dem Heiligen Geist getauft werden.» (Siehe auch Apostelgeschichte 11,16.)

Apostelgeschichte 1,8 «Aber ihr werdet den Heiligen Geist empfangen und durch seine Kraft meine Zeugen sein in Jerusalem und Judäa, in Samarien und auf der ganzen Erde.»

26 Geduld

Lukas 21,8–19 Jesus antwortete: «Lasst euch von keinem Menschen täuschen und verführen! Denn viele werden auftreten und von sich behaupten: ‹Ich bin Christus!› Und sie werden verkünden: ‹Jetzt ist die Zeit gekommen!› Glaubt ihnen nicht! ⁹Wenn ihr von Kriegen und Unruhen hört, erschreckt nicht! Das muss geschehen, doch es bedeutet noch nicht das Ende.» ¹⁰Dann sagte er zu ihnen: «Die Völker und Königreiche der Erde werden Kriege gegeneinander führen. ¹¹In vielen Teilen der Welt wird es Erdbeben, Hungersnöte und Seuchen geben. Unerklärliche Erscheinungen am Himmel werden alle Menschen in Angst und Schrecken versetzen. ¹²Bevor das alles geschieht, wird man euch verfolgen. Nur weil ihr zu mir gehört, werden sie euch festnehmen und in den Synagogen vor Gericht stellen. Dann werden sie euch ins Gefängnis werfen, ja, vor Machthabern und Königen werdet ihr verhört werden. ¹³Aber dadurch habt ihr Gelegenheit, meine Botschaft zu bezeugen. ¹⁴Prägt es euch ein: Ihr sollt nicht schon vorher darüber nachgrübeln, wie ihr euch vor Gericht verteidigen könnt. ¹⁵Ich selber werde euch Weisheit geben und euch zeigen, was ihr sagen sollt. Dann werden eure Gegner nichts mehr erwidern können. ¹⁶Selbst eure nächsten Angehörigen, eure Eltern, Geschwister und Freunde werden euch verraten und euch verhaften lassen. Einige von euch wird man töten. ¹⁷Alle Welt wird euch hassen, weil ihr zu mir gehört. ¹⁸Aber ohne Gottes Willen wird euch kein Haar gekrümmt werden. ¹⁹Bleibt standhaft, dann gewinnt ihr das ewige Leben.»

Offenbarung 3,10–11 «Du hast meine Aufforderung befolgt, geduldig auszuhalten. Deshalb will ich dich auch in der schweren Prüfung bewahren, die über die ganze Erde kommen wird, um alle Menschen auf die Probe zu stellen. ¹¹Ich komme schnell und unerwartet. Darum halte fest, was du hast, damit dir niemand deinen Siegespreis nehmen kann.»

27 In der Gegenwart leben

Johannes 4,35–38 «Habt ihr nicht selbst gesagt: ‹In vier Monaten beginnt die Ernte›? Macht doch eure Augen auf und seht euch um! Das Getreide ist schon reif für die Ernte. ³⁶Wer sie einbringt, bekommt schon jetzt seinen Lohn und sammelt Frucht für das ewige Leben. Beide sollen sich über die Ernte freuen: wer gesät hat und wer die Ernte einbringt. ³⁷Hier trifft das Sprichwort zu: ‹Einer sät, der andere erntet.› ³⁸Ich habe euch auf ein Feld geschickt, das ihr nicht bestellt habt, damit ihr dort ernten sollt. Andere haben sich vor euch abgemüht, und ihr erntet die Früchte ihrer Arbeit.»

Matthäus 6,11 «Gib uns auch heute wieder, was wir zum Leben brauchen.»

Matthäus 6,31–34 «Zerbrecht euch also nicht mehr den Kopf mit Fragen wie: ‹Werden wir genug zu essen haben? Und was werden wir trinken? Was sollen wir anziehen?› [32]Mit solchen Dingen beschäftigen sich nur Menschen, die Gott nicht kennen. Euer Vater im Himmel weiß doch genau, dass ihr dies alles braucht. [33]Sorgt euch vor allem um Gottes neue Welt, und lebt nach Gottes Willen! Dann wird er euch mit allem anderen versorgen. [34]Deshalb sorgt euch nicht um morgen – der nächste Tag wird für sich selber sorgen! Es ist doch genug, wenn jeder Tag seine eigenen Lasten hat.»

Lukas 9,61–62 Noch einer sagte zu Jesus: «Ich will mit dir gehen, Herr. Sobald ich mich von meiner Familie verabschiedet habe, komme ich mit.» [62]Ihm antwortete Jesus: «Wer beim Pflügen nach hinten blickt, den kann Gott in seiner neuen Welt nicht brauchen.»

Lukas 10,2–12 Er sagte zu ihnen [den Siebzig, die er aussandte]: «Die Ernte ist groß, aber es gibt nur wenige Arbeiter. Deshalb bittet den Herrn, dass er noch mehr Arbeiter aussendet, die seine Ernte einbringen. [3]Geht nun! Ich schicke euch wie Schafe mitten unter die Wölfe. [4]Nehmt kein Geld, keine Tasche, keine Schuhe mit, und wenn ihr unterwegs Leute trefft, dann führt keine langen Gespräche! [5]Wenn ihr in ein Haus eintretet, dann sagt: ‹Friede sei mit euch allen!› [6]Wollen die Menschen Gottes Frieden annehmen, wird der Friede, den ihr ihnen bringt, bei ihnen bleiben. Lehnt man aber eure Friedensbotschaft ab, dann wird auch Gottes Friede nicht in diesem Haus sein. [7]Deshalb bleibt dort, wo man euch aufnimmt, esst und trinkt, was man euch anbietet. Denn weil ihr den Menschen dient, sollen sie für euch sorgen. Bleibt in dem einen Haus, und geht in kein anderes. [8]Wenn ihr in eine Stadt kommt, in der euch die Leute bereitwillig aufnehmen, dann esst, was man euch anbietet. [9]Heilt die Kranken, und sagt allen Menschen: ‹Jetzt beginnt Gottes neue Welt bei euch.› [10]Will man aber irgendwo nichts von euch wissen, dann verlasst diese Stadt und sagt den Einwohnern: [11]‹Ihr habt euch selbst das Urteil gesprochen. Sogar den Staub eurer Straßen schütteln wir von unseren Füßen. Doch merkt euch das eine: Gottes neue Welt hat begonnen!› [12]Ich sage euch: Den Einwohnern von Sodom wird es am Tag des Gerichts besser ergehen als den Menschen einer solchen Stadt.»

Lukas 12,16–21 An einem Beispiel erklärte er seinen Zuhörern, was er damit meinte: «Ein reicher Gutsbesitzer hatte eine besonders gute Ernte. [17]Er überlegte: ‹Wo soll ich bloß alles unterbringen? Meine Scheunen sind voll; da geht nichts mehr rein.› [18]Er beschloss: ‹Ich werde die alten Scheunen abreißen und neue bauen, so groß, dass ich das ganze Getreide, ja alles, was ich habe, darin unterbringen kann. [19]Dann will ich mich zur Ruhe setzen. Ich habe für lange Zeit ausgesorgt. Jetzt lasse ich es mir gut gehen. Ich will gut essen und trinken und mein Leben genießen!› [20]Aber Gott sagte zu ihm: ‹Du Narr! Noch in dieser Nacht wirst du sterben. Wer bekommt dann deinen ganzen Reichtum, den du angehäuft hast?› 21So wird es allen gehen, die auf der Erde Reichtümer sammeln, aber mit leeren Händen vor Gott stehen.»

28 Gehorsam und gute Werke

Johannes 4,49–53 Aber der Beamte flehte ihn an: «Herr, komm doch schnell, sonst stirbt mein Kind!» 50«Geh nach Hause», sagte Jesus, «dein Sohn ist gesund!» Der Mann glaubte ihm und ging nach Hause. 51Noch während er unterwegs war, kamen ihm einige seiner Diener entgegen. «Dein Kind ist gesund!», riefen sie. 52Der Vater erkundigte sich: «Seit wann geht es ihm besser?» Sie antworteten: «Gestern Mittag gegen ein Uhr hatte er plötzlich kein Fieber mehr.» 53Da erinnerte sich der Vater, dass Jesus genau in dieser Stunde gesagt hatte: «Dein Sohn ist gesund!» Seitdem glaubte dieser Mann mit allen, die in seinem Haus lebten, an Jesus.

Johannes 5,5–14 Einer von den Menschen, die dort lagen, war schon seit achtunddreißig Jahren krank. 6Als Jesus ihn sah und erfuhr, dass er schon so lange an seiner Krankheit litt, fragte er ihn: «Willst du gesund werden?» 7«Ach Herr», entgegnete der Kranke, «ich habe niemanden, der mir in den Teich hilft, wenn sich das Wasser bewegt. Versuche ich es aber allein, komme ich immer zu spät.» 8Da forderte ihn Jesus auf: «Steh auf, roll deine Matte zusammen und geh!» 9Im selben Augenblick war der Mann geheilt. Er nahm seine Matte und ging seines Weges. Das geschah an einem Sabbat. 10Einige der Juden, die den Geheilten sahen, hielten ihm vor: «Heute ist doch Sabbat! Da darf man keine Matte tragen!»

11«Aber der Mann, der mich heilte, hat es mir ausdrücklich befohlen», antwortete er ihnen. 12«Wer hat dir so etwas befohlen?», fragten sie nun. 13Doch das wusste der Mann nicht, denn Jesus hatte den Teich wegen der großen Menschenmenge bereits wieder verlassen. 14Später traf Jesus den Geheilten im Tempel und sagte zu ihm: «Du bist gesund geworden. Sündige nicht mehr, damit du nicht etwas Schlimmeres als deine Krankheit erlebst!»

Johannes 6,5–13 Als Jesus die vielen Menschen kommen sah, fragte er Philippus: «Wo können wir für alle diese Leute Brot kaufen?» 6Er fragte dies, um zu sehen, ob Philippus ihm vertraute; denn er wusste, wie er die Menschen versorgen würde. 7Philippus überlegte: «Wir müssten 200 Silberstücke ausgeben, wenn wir für jeden auch nur ein kleines Stückchen Brot kaufen wollten.» 8Da brachte Andreas, der Bruder von Simon Petrus, ein Kind zu ihnen: 9«Hier ist ein Junge, der hat fünf Gerstenbrote und zwei Fische mitgebracht. Aber was ist das schon für so viele Menschen!» 10Jetzt forderte Jesus die Jünger auf: «Sagt den Leuten, dass sie sich hinsetzen sollen!» Etwa fünftausend Männer lagerten sich auf dem Boden, der dort von dichtem Gras bewachsen war. 11Dann nahm Jesus die fünf Gerstenbrote, dankte Gott dafür und ließ sie an die Menschen austeilen, ebenso die beiden Fische. Jeder bekam so viel, wie er wollte. 12Als alle satt waren, sagte Jesus zu seinen Jüngern: «Sammelt die Reste ein, damit nichts verdirbt!» 13Und die Jünger füllten noch zwölf Körbe mit den Resten. So viel war von den fünf Gerstenbroten übrig geblieben.

Johannes 8,51 «Ich sage euch die Wahrheit: Wer meine Botschaft annimmt und danach lebt, wird niemals sterben.»

Johannes 10,27 «Meine Schafe erkennen meine Stimme; ich kenne sie, und sie folgen meinem Ruf.»

Johannes 14,12 «Ich sage euch die Wahrheit: Wer an mich glaubt, wird die gleichen Taten vollbringen wie ich – ja, sogar noch größere; denn ich gehe zum Vater.»

Johannes 14,15 «Wenn ihr mich liebt, werdet ihr so leben, wie ich es euch gesagt habe.»

Johannes 14,21 «Wer meine Gebote annimmt und danach lebt, der liebt mich. Und wer mich liebt, den wird mein Vater lieben. Auch ich werde ihn lieben und mich ihm zu erkennen geben.»

Johannes 14,23–24 «Wer mich liebt, richtet sich nach dem, was ich ihm gesagt habe. Auch mein Vater wird ihn lieben, und wir beide werden zu ihm kommen und immer bei ihm bleiben. [24]Wer mich aber nicht liebt, der lebt auch nicht nach dem, was ich sage. Meine Worte kommen nicht von mir, sondern von meinem Vater, der mich gesandt hat.»

Johannes 15,10 «Wenn ihr nach meinen Geboten lebt, wird meine Liebe euch umschließen. Auch ich richte mich nach den Geboten meines Vaters und lebe in seiner Liebe.»

Johannes 15,14 «Und ihr seid meine Freunde, wenn ihr tut, was ich euch aufgetragen habe.»

Johannes 15,16–17 «Nicht ihr habt mich erwählt, sondern ich euch, damit ihr euch auf den Weg macht und Frucht bringt, die bleibt. Dann wird euch der Vater alles geben, worum ihr ihn in meinem Namen bittet. [17]Ich sage euch noch einmal: Liebt einander!»

Matthäus 5,14–20 «Ihr seid das Licht, das die Welt erhellt. Eine Stadt, die hoch auf dem Berg liegt, kann nicht verborgen bleiben. [15]Man zündet ja auch keine Öllampe an und stellt sie unter einen Eimer. Im Gegenteil: Man stellt sie so auf, dass sie allen im Haus Licht gibt. [16]Genauso soll euer Licht vor allen Menschen leuchten. Sie werden eure guten Taten sehen und euren Vater im Himmel dafür loben. [17]Meint nur nicht, ich sei gekommen, das Gesetz und die Worte der Propheten aufzuheben. Ich werde vielmehr beides bekräftigen und erfüllen. [18]Denn das sage ich euch: Auch der kleinste Buchstabe im Gesetz Gottes behält seine Gültigkeit, solange Himmel und Erde bestehen. [19]Wenn jemand auch nur das geringste Gebot Gottes für ungültig erklärt oder andere dazu verleitet, der wird in Gottes neuer Welt nichts bedeuten. Wer aber anderen Gottes Gebote weitersagt und sich selbst danach richtet, der wird in Gottes neuer Welt großes Ansehen haben. [20]Ich warne euch: Wenn ihr das Gesetz Gottes nicht besser erfüllt als die Pharisäer und Schriftgelehrten, kommt ihr nicht in Gottes neue Welt.»

Matthäus 7,21–27 «Nicht, wer mich dauernd ‹Herr› nennt, wird in Gottes neue Welt kommen, sondern wer den Willen meines Vaters im Himmel tut. [22]Am Tag des Gerichts werden zwar viele sagen: ‹Aber Herr, wir haben doch als deine Propheten das weitergesagt, was du selbst uns aufgetragen hast! Wir haben doch in deinem Namen Dämonen ausgetrieben und mächtige Taten vollbracht!› [23]Aber ich werde ihnen antworten: ‹Ich kenne euch nicht, denn ihr habt nicht nach meinem Willen gelebt. Geht mir aus den Augen!› ²⁴Wer meine Worte hört und danach handelt, der ist klug. Man kann ihn mit einem Mann vergleichen, der sein Haus auf felsigen Grund baut. ²⁵Wenn ein Wolkenbruch niedergeht, das Hochwasser steigt und der Sturm am Haus rüttelt, wird es trotzdem nicht einstürzen, weil es auf Felsengrund gebaut ist. ²⁶Wer sich meine Worte nur anhört, aber nicht danach lebt, der ist so unvernünftig wie einer, der sein Haus auf Sand baut. ²⁷Denn wenn ein Wolkenbruch kommt, die Flut das Land überschwemmt und der Sturm um das Haus tobt, wird es aus allen Fugen geraten und krachend einstürzen.»

Matthäus 12,49–50 Dann zeigte er auf seine Jünger: «Seht diese dort, sie sind meine Mutter und meine Geschwister. ⁵⁰Denn wer den Willen meines Vaters im Himmel tut, der ist mein Bruder, meine Schwester und meine Mutter.» (Siehe auch Markus 3,35.)

Matthäus 14,15–20 Gegen Abend kamen die Jünger zu ihm und sagten: «Es ist spät geworden. Schick die Leute weg, damit sie in die Dörfer gehen und dort etwas zu essen kaufen können! Hier gibt es doch nichts!» ¹⁶Aber Jesus antwortete: «Das ist nicht nötig. Gebt *ihr* ihnen zu essen!» ¹⁷«Wir haben ja nur fünf Brote und zwei Fische», wandten seine Jünger ein. ¹⁸«Dann bringt sie her!», sagte Jesus. ¹⁹Er forderte die Leute auf, sich ins Gras zu setzen. Er nahm die fünf Brote und die beiden Fische, sah zum Himmel auf und dankte Gott. Dann teilte er das Brot, reichte es seinen Jüngern, und die Jünger

gaben es an die Menge weiter. ²⁰Alle aßen sich satt. Als man anschließend die Reste einsammelte, da waren es noch zwölf volle Körbe.

Matthäus 15,32–38 Danach rief Jesus seine Jünger zu sich und sagte: «Die Leute tun mir leid. Sie sind jetzt schon drei Tage bei mir und haben nichts mehr zu essen. Ich will sie nicht hungrig wegschicken, sie würden den weiten Weg nach Hause nicht schaffen.» ³³Aber die Jünger antworteten: «Woher sollen wir hier in dieser verlassenen Gegend genügend Brot bekommen, damit so viele Menschen satt werden?» ³⁴Jesus fragte: «Wie viele Brote habt ihr denn?» Sie antworteten: «Sieben Brote und ein paar kleine Fische!» ³⁵Da forderte Jesus die Menschen auf, sich zum Essen niederzulassen. ³⁶Nun nahm er die sieben Brote und die Fische. Er dankte Gott für das Essen, teilte die Brote und Fische und gab sie den Jüngern, die sie an die Leute weiterreichten. ³⁷/³⁸Jeder aß, bis er satt war; etwa viertausend Männer waren dabei, die Frauen und Kinder nicht mitgerechnet. Anschließend sammelten die Jünger die Reste ein: Sieben Körbe voll waren noch übrig geblieben.

Matthäus 26,42–46 Noch einmal ging er ein Stück weg, um zu beten: «Mein Vater, wenn mir dieses Leiden nicht erspart bleiben kann, bin ich bereit, deinen Willen zu erfüllen!» ⁴³Als er zurückkam, schliefen die Jünger schon wieder; die Augen waren ihnen zugefallen. ⁴⁴Er kehrte um und betete zum dritten Mal mit den gleichen Worten. ⁴⁵Dann kam er zu seinen Jüngern zurück und sagte: «Ihr schlaft immer noch und ruht euch aus? Aber jetzt ist die Stunde gekommen: Der Menschensohn wird den gottlosen Menschen ausgeliefert. [46]Steht auf, lasst uns gehen! Der Verräter ist schon da.» (Siehe auch Markus 14,39–42.)

Markus 6,35–43 [35/36]Gegen Abend kamen seine Jünger zu ihm und sagten: «Es wird bald dunkel. Schick die Leute weg, damit sie in die Dörfer oder auf die Höfe in der Umgebung gehen und etwas zu essen kaufen können. Hier gibt es doch nichts.» [37]Aber Jesus forderte sie auf: «Gebt *ihr* ihnen zu essen!» – «Was können wir ihnen denn geben?», fragten die Jünger verwundert. «Sollen wir etwa für 200 Silberstücke Brot kaufen, um sie alle zu verpflegen?» [38]«Wie viel Brot habt ihr denn bei euch?», erkundigte sich Jesus. «Seht einmal nach!» Kurz darauf kamen sie zurück und berichteten: «Fünf Brote und zwei Fische haben wir.» [39]Da ordnete Jesus an, dass sich die Leute in Gruppen ins Gras setzen sollten. [40]So bildeten sie Gruppen von jeweils fünfzig oder hundert Personen. [41]Jetzt nahm Jesus die fünf Brote und die beiden Fische, sah zum Himmel auf und dankte Gott. Er teilte das Brot, reichte es seinen Jüngern, und die Jünger gaben es an die Menge weiter. Ebenso ließ er auch die Fische verteilen. [42]Alle aßen sich satt. [43]Als man anschließend die Reste einsammelte, waren es noch zwölf volle Körbe mit Brot. Auch von den Fischen war noch etwas übrig.

Markus 11,1–3 Jesus und seine Jünger kamen in die Nähe von Jerusalem. Sie erreichten Betfage und Betanien, zwei Ortschaften, die am Ölberg liegen. Jesus schickte zwei Jünger voraus [2]mit dem Auftrag: «Geht in das Dorf da vorne! Gleich am Eingang werdet ihr einen jungen Esel finden, der dort angebunden ist. Auf ihm ist noch nie jemand geritten. Bindet ihn los und bringt ihn her. [3]Sollte jemand fragen, was ihr da macht, dann sagt einfach: ‹Unser Herr braucht das Tier, aber er wird es bald wieder zurückschicken.›» (Siehe auch Matthäus 21,2–3 und Lukas 19,29–31.)

Markus 14,12–16 Am ersten Tag des Festes der ungesäuerten Brote, an dem das Passahlamm geschlachtet wurde, fragten die Jünger Jesus: «Wo sollen wir für dich das Passahmahl vorbereiten?» [13]«Geht in die Stadt», beauftragte Jesus zwei von ihnen. «Dort wird euch ein Mann begegnen, der einen Wasserkrug trägt. Diesem Mann folgt, [14]bis er in ein Haus geht. Dem Besitzer des Hauses sollt ihr sagen: ‹Unser Lehrer lässt fragen: Wo ist der Raum, in dem er mit seinen Jüngern das Passahmahl feiern kann?› [15]Er wird euch einen großen Raum im Obergeschoss zeigen, der mit Polstern ausgestattet und für das Festmahl hergerichtet ist. Bereitet dort alles Weitere vor.» [16]Die beiden Jünger gingen in die Stadt und trafen alles so an, wie Jesus es ihnen gesagt hatte. Dann bereiteten sie das Passahmahl vor.

Lukas 5,4–6 Anschließend sagte er zu Simon: «Fahrt jetzt weiter hinaus auf den See, und werft eure Netze aus!» [5]«Herr», erwiderte Simon, «wir haben die ganze Nacht gearbeitet und nichts gefangen. Aber weil du es sagst, will ich es wagen.» [6]Sie warfen ihre Netze aus und fingen so viele Fische, dass die Netze zu reißen anfingen.

Lukas 6,46–49 «Warum nennt ihr mich dauernd ‹Herr!›, wenn ihr doch nicht tut, was ich euch sage? [47]Wisst ihr, mit wem ich einen Menschen vergleiche, der meine Worte hört und danach handelt? [48]Er ist wie ein Mann, der sich ein Haus bauen wollte. Zuerst hob er eine Baugrube aus, dann baute er die Fundamente seines Hauses auf felsigen Grund. Als ein Unwetter kam und die Fluten gegen das Haus brandeten, konnten sie keinen Schaden anrichten, denn das Haus war auf Felsengrund gebaut. ⁴⁹Wer sich meine Worte allerdings nur anhört und nicht danach lebt, der ist wie einer, der beim Bauen auf das Fundament verzichtet und sein Haus auf weichen Boden baut. Bei einem Unwetter unterspülen die Fluten sein Haus, es gerät aus allen Fugen und stürzt krachend ein.»

Lukas 8,11–15 «Euch aber will ich das Gleichnis erklären: Die Saat ist Gottes Botschaft. ¹²Der Mensch, bei dem die Saat auf den Weg fällt, hat die Botschaft zwar gehört. Aber dann kommt der Teufel und nimmt ihm die Botschaft aus dem Herzen, damit dieser Mensch nicht glaubt und gerettet wird. ¹³Wie felsiger Boden ist ein Mensch, der die Botschaft hört und mit großer Begeisterung annimmt. Aber sein Glaube hat keine starke Wurzel. Eine Zeit lang vertraut dieser Mensch Gott, doch wenn er wegen seines Glaubens in Schwierigkeiten gerät, wendet er sich wieder von Gott ab. ¹⁴Der von Disteln überwucherte Boden entspricht einem Menschen, der die Botschaft zwar hört, bei dem aber alles beim Alten bleibt. Denn die Sorgen des Alltags, die Verführung durch den Wohlstand und die Jagd nach den Freuden dieses Lebens ersticken Gottes Botschaft, so dass keine Frucht reifen kann. ¹⁵Aber es gibt auch fruchtbaren Boden: den Menschen, der Gottes Botschaft bereitwillig und aufrichtig annimmt. Er bewahrt sie im Herzen und lässt sich durch nichts beirren, bis sein Glaube schließlich reiche Frucht bringt.»

Lukas 8,21 Aber Jesus antwortete: «Meine Mutter und meine Geschwister – das sind alle, die Gottes Botschaft hören und danach leben.»

Lukas 9,12–17 Es war spät geworden. Da kamen die zwölf Jünger zu Jesus und sagten: «Es wird Zeit, dass die Leute gehen, damit sie in den umliegenden Dörfern und Höfen übernachten und etwas zu essen kaufen können. Hier gibt es doch nichts!» ¹³«Gebt *ihr* ihnen zu essen!», forderte Jesus sie auf. «Aber wir haben nur fünf Brote und zwei Fische!», entgegneten die Jünger. «Oder sollen wir etwa für all die Leute Essen besorgen?» ¹⁴Es hatten sich etwa fünftausend Menschen um Jesus versammelt. «Sagt ihnen, sie sollen sich in Gruppen von je fünfzig Personen setzen!», ordnete Jesus an. ¹⁵Und so geschah es. ¹⁶Jesus nahm die fünf Brote und die zwei Fische, sah zum Himmel auf und segnete sie. Er teilte Brot und Fische, reichte sie seinen Jüngern, und die Jünger gaben sie an die Menge weiter. ¹⁷Alle aßen sich satt. Als man anschließend die Reste einsammelte, da waren es noch zwölf volle Körbe.

Lukas 11,28 Darauf erwiderte Jesus: «Ja, aber noch glücklicher sind die Menschen, die Gottes Botschaft hören und danach leben.»

Lukas 22,7–16 Am ersten Tag des Festes der ungesäuerten Brote, an dem das Passahlamm geschlachtet werden musste, ⁸gab Jesus seinen Jüngern Petrus und Johannes den Auftrag: «Bereitet alles vor, damit wir gemeinsam das Passahmahl essen können.» ⁹«Wo sollen wir denn das Fest feiern?», fragten sie. ¹⁰Er antwortete:

«Wenn ihr nach Jerusalem kommt, wird euch ein Mann begegnen, der einen Wasserkrug trägt. Geht ihm nach bis zu dem Haus, das er betritt. ¹¹Sagt dem Hausherrn: ‹Unser Lehrer lässt fragen: Wo ist der Raum, in dem er mit seinen Jüngern das Passahmahl feiern kann?› ¹²Er wird euch im Obergeschoss einen großen Raum zeigen, der mit Polstern ausgestattet ist. Dort bereitet das Essen zu.» ¹³Die beiden Jünger gingen in die Stadt und trafen alles so an, wie Jesus es ihnen gesagt hatte. Dann bereiteten sie das Passahmahl vor. ¹⁴Als die Stunde für das Passahmahl da war, nahm Jesus mit den Aposteln an der Festtafel Platz. ¹⁵«Wie sehr habe ich mich danach gesehnt, mit euch das Passahmahl zu essen, bevor ich leiden muss», sagte er. ¹⁶«Ihr sollt wissen: Ich werde das Passahmahl erst wieder in der neuen Welt Gottes mit euch feiern. Dann hat sich erfüllt, wofür das Fest jetzt nur ein Zeichen ist.»

Apostelgeschichte 9,3–16 Kurz vor Damaskus umgab Saulus [, der später Paulus hieß,] plötzlich ein blendendes Licht vom Himmel. ⁴Er stürzte zu Boden und hörte eine Stimme: «Saul, Saul, warum verfolgst du mich?» ⁵«Wer bist du, Herr?», fragte Saulus. «Ich bin Jesus, den du verfolgst!», antwortete die Stimme. ⁶«Steh auf und geh in die Stadt. Dort wird man dir sagen, was du tun sollst.» ⁷Die Begleiter des Saulus standen sprachlos da, denn sie hatten zwar die Stimme gehört, aber niemanden gesehen. ⁸Als Saulus aufstand und die Augen öffnete, konnte er nicht mehr sehen. Da nahmen sie ihn an der Hand und führten ihn nach Damaskus. ⁹Drei Tage lang war er blind und wollte weder essen noch trinken. ¹⁰In Damaskus wohnte ein Jünger Jesu, der Hananias hieß. Dem erschien der Herr in einer Vision. «Hananias», sagte er zu ihm. «Ja, Herr, hier bin ich», erwiderte der Mann. ¹¹Der Herr forderte ihn auf: «Geh zur Geraden Straße in das Haus des Judas, und frag dort nach einem Saulus von Tarsus. Er betet gerade ¹²und hat in einer Vision einen Mann gesehen, der Hananias heißt. Dieser kam zu ihm und legte ihm die Hände auf, damit er wieder sehen kann.» ¹³«Aber Herr», wandte Hananias ein, «ich habe schon von so vielen gehört, wie grausam dieser Saulus deine Gemeinde in Jerusalem verfolgt. ¹⁴Außerdem haben wir erfahren, dass er eine Vollmacht der Hohenpriester hat, auch hier alle gefangen zu nehmen, die an dich glauben.» ¹⁵Doch der Herr sprach zu Hananias: «Geh nur! Ich habe diesen Mann dazu auserwählt, mich bei allen Völkern und Herrschern der Erde, aber auch bei den Israeliten bekannt zu machen. ¹⁶Dabei wird er erfahren, wie viel er um meinetwillen leiden muss.» (Siehe auch Apostelgeschichte 22,6–10.)

29 Der Geist gegen das Fleisch

Johannes 3,5–8 «Ich sage dir die Wahrheit!», entgegnete Jesus. «Nur wer durch Wasser und durch Gottes Geist neu geboren wird, kann in Gottes neue Welt kommen! ⁶Ein Mensch kann immer nur menschliches Leben zur Welt bringen. Wer aber durch Gottes Geist geboren wird, bekommt neues Leben. ⁷Wundere dich deshalb nicht, wenn ich dir gesagt habe: Ihr müsst neu geboren werden. ⁸Es ist damit wie beim Wind: Er weht, wie er will. Du hörst ihn, aber du kannst nicht erklären, woher er kommt und wohin er geht. So ist es auch mit der Geburt aus Gottes Geist.»

Johannes 4,23–24 «Doch es kommt die Zeit – ja, sie ist schon da –, in der die Menschen den Vater überall anbeten werden, weil sie von seinem Geist und seiner Wahrheit erfüllt sind. Von diesen Menschen will der Vater angebetet werden. 24Denn Gott ist Geist. Und wer Gott anbeten will, muss von seinem Geist erfüllt sein und in seiner Wahrheit leben.»

Matthäus 26,40–41 Und er kommt zu den Jüngern und findet sie schlafend und spricht zu Petrus: «Könnt ihr also nicht eine Stunde mit mir wachen? 41Wacht und betet, damit ihr nicht in Versuchung kommt! Der Geist ist willig, aber das Fleisch ist schwach» (Schlachterbibel).

Markus 14,37–38 Und er kommt und findet sie schlafend. Und er spricht zu Petrus: «Simon, schläfst du? Konntest du nicht eine Stunde wachen? 38Wacht und betet, damit ihr nicht in Versuchung kommt! Der Geist ist willig, aber das Fleisch ist schwach» (Schlachterbibel).

30 Geistliche Prioritäten

Am Ende eines Tages, einer Woche, eines Jahres hat man manchmal das Gefühl, nicht wirklich viel erreicht zu haben. Kennen Sie das auch? Es kann entmutigend sein, wenn man sich zwar um viele weniger wichtige Dinge gekümmert hat, aber in seiner wichtigsten Angelegenheit ist man nicht vorangekommen – im geistlichen Leben. Da ist es gut zu wissen: Wie entmutigt Sie auch sein mögen, alles kann sich innerhalb von Minuten ändern.

Wenn jemand weiß, was wirklich wichtig ist, dann ist es Jesus. Wie gut, dass er uns nicht im Ungewissen lässt. In den Bibelstellen in diesem Abschnitt zeigt Jesus ganz klar, was für Gott am wichtigsten ist und was Ihnen am wichtigsten sein sollte.

Wenn Sie die Prioritäten erkennen, die er Ihnen vorlegt, schreiben Sie sich auf, was das für Ihren Alltag bedeutet und wie Sie seine Prioritäten für Ihr eigenes Leben übernehmen können. Wenn Ihre Einstellungen und Tätigkeiten von den Prioritäten Jesu geprägt sind, werden Ihre Freude und das Gefühl der Erfüllung und Befriedigung in einem Maße zunehmen, wie es sonst nicht möglich wäre.

Johannes 6,27 «Bemüht euch doch nicht nur um das vergängliche Brot, das ihr zum täglichen Leben braucht! Setzt alles dafür ein, die Nahrung zu bekommen, die bis ins ewige Leben reicht. Diese wird der Menschensohn euch geben. Denn Gott, der Vater, hat ihn dazu bestimmt und ihm die Macht gegeben.»

Johannes 6,63 «Gottes Geist allein schafft Leben. Ein Mensch kann dies nicht. Die Worte aber, die ich euch gesagt habe, sind aus Gottes Geist; deshalb bringen sie euch das Leben.»

Johannes 12,25–26 «Wer an seinem Leben festhält, wird es verlieren. Wer aber sein Leben loslässt, wird es für alle Ewigkeit gewinnen. 26Wer mir dienen will, der soll mir folgen. Denn wo ich bin, soll auch sein. Und wer mir dient, den wird mein Vater ehren.»

Johannes 21,15–17 Nach dem Essen fragte Jesus Simon Petrus: «Simon, Sohn des Johannes, liebst du mich mehr als die anderen hier?» – «Ja, Herr», antwortete ihm Petrus, «du weißt, dass ich dich lieb habe.» – «Dann hüte meine Lämmer», sagte Jesus. [16]Jesus wiederholte seine Frage: «Simon, Sohn des Johannes, liebst du mich?» – «Ja, Herr, du weißt doch, dass ich dich liebe», antwortete Petrus noch einmal. Erneut sagte Jesus: «Dann hüte meine Schafe!» [17]Und zum dritten Mal fragte Jesus: «Simon, Sohn des Johannes, hast du mich wirklich lieb?» Jetzt wurde Petrus traurig, weil Jesus ihm nun zum dritten Mal diese Frage stellte. Deshalb antwortete er: «Herr, du weißt alles. Du weißt doch auch, wie sehr ich dich liebe!» Darauf sagte Jesus: «Dann hüte meine Schafe!»

Matthäus 4,4 Aber Jesus wehrte ab: «Nein, denn es steht in der Heiligen Schrift: ‹Der Mensch lebt nicht allein von Brot, sondern von allem, was Gott ihm zusagt!›» (Siehe auch Lukas 4,4.)

Matthäus 4,10 Aber Jesus wies ihn ab: «Weg mit dir, Satan, denn es steht in der Heiligen Schrift: ‹Bete allein Gott, deinen Herrn, an und diene nur ihm!›» (Siehe auch Lukas 4,8.)

Matthäus 5,3–9 «Glücklich sind, die erkennen, wie arm sie vor Gott sind, denn ihnen gehört die neue Welt Gottes. [4]Glücklich sind die Trauernden, denn sie werden Trost finden. [5]Glücklich sind die Friedfertigen, denn sie werden die ganze Erde besitzen. [6]Glücklich sind, die nach Gerechtigkeit hungern und dürsten, denn sie sollen satt werden. [7]Glücklich sind die Barmherzigen, denn sie werden Barmherzigkeit erfahren. [8]Glücklich sind, die ein reines Herz haben, denn sie werden Gott sehen. [9]Glücklich sind, die Frieden stiften, denn Gott wird sie seine Kinder nennen.»

Matthäus 5,27–30 «Ihr wisst, dass es im Gesetz heißt: ‹Du sollst nicht die Ehe brechen!› [28]Ich sage euch aber: Schon wer eine Frau mit begehrlichen Blicken ansieht, der hat im Herzen mit ihr die Ehe gebrochen. [29]Wenn dich also dein rechtes Auge zur Sünde verführt, dann reiß es heraus und wirf es weg! Besser, du verlierst eins deiner Glieder, als dass du unversehrt in die Hölle geworfen wirst. [30]Und wenn dich deine rechte Hand zum Bösen verführt, so hack sie ab und wirf sie weg! Es ist besser, verstümmelt zu sein, als unversehrt in die Hölle geworfen zu werden.»

Matthäus 6,1–4 «Hütet euch davor, nur deshalb Gutes zu tun, damit die Leute euch bewundern. Sonst könnt ihr von eurem Vater im Himmel keinen Lohn mehr erwarten. [2]Wenn du einem Armen etwas gibst, dann posaune es nicht hinaus wie die Heuchler. Sie reden davon in den Synagogen und an jeder Straßenecke, um von allen gelobt zu werden. Das sage ich euch: Diese Leute haben sich ihren Lohn schon selber ausbezahlt. [3]Wenn du jemandem hilfst, dann soll deine linke Hand nicht wissen, was die rechte tut; [4]niemand soll davon erfahren. Dein Vater, der auch das Verborgene sieht, wird dich dafür belohnen.»

Matthäus 6,19–21 «Häuft in dieser Welt keine Reichtümer an! Ihr wisst, wie schnell Motten und Rost sie zerfressen oder Diebe sie stehlen! [20]Sammelt euch vielmehr Schätze im Himmel, die unvergänglich sind und die kein Dieb mitnehmen kann. [21]Wo nämlich eure Schätze sind, da wird auch euer Herz sein.»

Matthäus 6,22–23 «Das Auge gibt dir Licht. Wenn deine Augen das Licht einlassen, wirst du auch im Licht leben. [23]Verschließen sich deine Augen dem Licht, lebst du in Dunkelheit. Wenn aber das Licht in deinem Innern erloschen ist, wie tief ist dann die Finsternis!»

Matthäus 6,24–34 «Niemand kann zwei Herren gleichzeitig dienen. Wer dem einen richtig dienen will, wird sich um die Wünsche des anderen nicht kümmern können. Er wird sich für den einen einsetzen und den anderen vernachlässigen. Auch ihr könnt nicht gleichzeitig für Gott und das Geld leben. [25]Darum sage ich euch: Macht euch keine Sorgen um euren Lebensunterhalt, um Essen, Trinken und Kleidung. Leben bedeutet mehr als Essen und Trinken, und der Mensch ist wichtiger als seine Kleidung. [26]Seht euch die Vögel an! Sie säen nichts, sie ernten nichts und sammeln auch keine Vorräte. Euer Vater im Himmel versorgt sie. Meint ihr nicht, dass ihr ihm viel wichtiger seid? [27]Und wenn ihr euch noch so viel sorgt, könnt ihr doch euer Leben um keinen Augenblick verlängern. [28]Weshalb macht ihr euch so viele Sorgen um eure Kleidung? Seht euch an, wie die Lilien auf den Wiesen blühen! Sie können weder spinnen noch weben. [29]Ich sage euch, selbst König Salomo war in seiner ganzen Herrlichkeit nicht so prächtig gekleidet wie eine dieser Blumen. [30]Wenn Gott sogar das Gras so schön wachsen lässt, das heute auf der Wiese grünt, morgen aber schon verbrannt wird, wie könnte er euch dann vergessen? Vertraut ihr Gott so wenig? [31]Zerbrecht euch also nicht mehr den Kopf mit Fragen wie: ‹Werden wir genug zu essen haben? Und was werden wir trinken? Was sollen wir anziehen?› [32]Mit solchen Dingen beschäftigen sich nur Menschen, die Gott nicht kennen. Euer Vater im Himmel weiß doch genau, dass ihr dies alles braucht. [33]Sorgt euch vor allem um Gottes neue Welt, und lebt nach Gottes Willen! Dann wird er euch mit allem anderen versorgen. [34]Deshalb sorgt euch nicht um morgen – der nächste Tag wird für sich selber sorgen! Es ist doch genug, wenn jeder Tag seine eigenen Lasten hat.»

Matthäus 7,21–27 «Nicht, wer mich dauernd ‹Herr› nennt, wird in Gottes neue Welt kommen, sondern wer den Willen meines Vaters im Himmel tut. [22]Am Tag des Gerichts werden zwar viele sagen: ‹Aber Herr, wir haben doch als deine Propheten das weitergesagt, was du selbst uns aufgetragen hast! Wir haben doch in deinem Namen Dämonen ausgetrieben und mächtige Taten vollbracht!› [23]Aber ich werde ihnen antworten: ‹Ich kenne euch nicht, denn ihr habt nicht nach meinem Willen gelebt. Geht mir aus den Augen!› [24]Wer meine Worte hört und danach handelt, der ist klug. Man kann ihn mit einem Mann vergleichen, der sein Haus auf felsigen Grund baut. [25]Wenn ein Wolkenbruch niedergeht, das Hochwasser steigt und der Sturm am Haus rüttelt, wird es trotzdem nicht einstürzen, weil es auf Felsengrund gebaut ist. [26]Wer sich meine Worte nur anhört, aber nicht danach lebt, der ist so unvernünftig wie einer, der sein Haus auf Sand baut. [27]Denn wenn ein Wolkenbruch kommt, die Flut das Land überschwemmt und der Sturm um das Haus tobt, wird es aus allen Fugen geraten und krachend einstürzen.»

Matthäus 8,19–22 Da kam ein Schriftgelehrter zu ihm und sagte: «Lehrer, ich will mit dir gehen, ganz gleich wohin!» [20]Jesus antwortete ihm: «Die Füchse haben ihren Bau, die Vögel ihre Nester; aber der Menschensohn hat keinen Platz, an dem er sich ausruhen kann.» [21]Einer, der zu seinen Jüngern gehörte, bat Jesus: «Herr, ich will erst noch meinen Vater bestatten, aber dann möchte ich mit dir ziehen.» [22]Doch Jesus erwiderte: «Komm jetzt mit mir, und überlass es den Toten, ihre Toten zu begraben!»

Matthäus 9,12–13 Jesus hörte das und antwortete: «Die Gesunden brauchen keinen Arzt, sondern die Kranken! [13]Begreift doch endlich, was Gott meint, wenn er sagt: ‹Nicht auf eure Opfer oder Gaben kommt es mir an, sondern darauf, dass ihr barmherzig seid.› Ich bin gekommen, um Menschen in die Gemeinschaft mit Gott zu rufen, die ohne ihn leben – und nicht solche, die sich sowieso an seine Gebote halten.»

Matthäus 9,15–17 Jesus fragte: «Sollen die Hochzeitsgäste denn traurig sein, solange der Bräutigam noch bei ihnen ist? Die Zeit kommt früh genug, dass der Bräutigam ihnen genommen wird. Dann werden sie fasten. [16]Niemand flickt ein altes Kleid mit neuem Stoff. Der alte Stoff würde an der Flickstelle doch wieder reißen, und das Loch würde nur noch größer. [17]Ebenso füllt niemand jungen, gärenden Wein in alte, brüchige Schläuche. Sonst platzen sie, der Wein läuft aus, und die Schläuche sind unbrauchbar. Nein, jungen Wein füllt man in neue Schläuche! Nur so bleibt beides erhalten.»

Matthäus 10,24–26 «Ein Schüler steht nicht über seinem Lehrer, und ein Diener hat es nicht besser als sein Herr. [25]Sie können zufrieden sein, wenn es ihnen genauso geht wie ihren Lehrern und Herren. Wenn

sie aber den Herrn des Hauses schon Obersten Teufel genannt haben, was werden sie erst zu seinen Angehörigen sagen? [26]Fürchtet euch nicht vor denen, die euch bedrohen. Denn jetzt kommt bald die Zeit, in der das Verborgene ans Licht kommt und alle Geheimnisse enthüllt werden.»

Matthäus 13,44–46 «Die neue Welt Gottes ist wie ein verborgener Schatz, den ein Mann in einem Acker entdeckte und wieder vergrub. In seiner Freude verkaufte er sein gesamtes Hab und Gut und kaufte dafür den Acker mit dem Schatz. [45]Mit der neuen Welt Gottes ist es wie mit einem Kaufmann, der auf der Suche nach kostbaren Perlen ist. [46]Er entdeckt eine Perle von unschätzbarem Wert. Deshalb verkauft er alles, was er hat, und kauft dafür die Perle.»

Matthäus 18,8–9 «Deshalb: Wenn deine Hand oder dein Fuß dich zum Bösen verführen, hack sie ab und wirf sie weg. Es ist besser, du gehst verkrüppelt und lahm ins ewige Leben als mit gesunden Händen und Füßen ins ewige Feuer. [9]Wenn dich dein Auge zur Sünde verführt, dann reiß es heraus und wirf es weg. Es ist besser, einäugig das ewige Leben zu erhalten, als mit beiden Augen ins Feuer der Hölle geworfen zu werden.»

Matthäus 19,27–30 Jetzt fragte Petrus: «Aber wie ist es nun mit uns? Wir haben doch alles aufgegeben und sind mit dir gegangen. Was bekommen wir dafür?» [28]Jesus antwortete: «Das sollt ihr wissen, die ihr mit mir geht: Wenn der Menschensohn auf dem Thron der Herrlichkeit sitzen und über Gottes neue Welt herrschen wird, werdet ihr ebenfalls auf zwölf Thronen sitzen und die zwölf Stämme Israels richten.

²⁹Jeder, der sein Haus, seine Geschwister, seine Eltern, seine Frau, seine Kinder oder seinen Besitz zurücklässt, um mir zu folgen, wird dies alles hundertfach zurückerhalten und das ewige Leben empfangen. ³⁰Viele, die jetzt einen großen Namen haben, werden dann unbedeutend sein. Und andere, die heute die Letzten sind, werden dort zu den Ersten gehören.»

Matthäus 20,1–16 «Mit der neuen Welt Gottes ist es wie mit einem Weinbauern, der frühmorgens Arbeiter für seinen Weinberg anwarb. ²Er einigte sich mit ihnen auf den üblichen Tageslohn und ließ sie in seinem Weinberg arbeiten. ³Ein paar Stunden später ging er noch einmal über den Marktplatz und sah dort Leute herumstehen, die arbeitslos waren. ⁴Auch diese schickte er in seinen Weinberg und versprach ihnen einen angemessenen Lohn. ⁵Zur Mittagszeit und gegen drei Uhr nachmittags stellte er noch mehr Arbeiter ein. ⁶Als er um fünf Uhr in die Stadt kam, sah er wieder ein paar Leute untätig herumstehen. Er fragte sie: ‹Warum habt ihr heute nicht gearbeitet?› ⁷‹Uns wollte niemand haben›, antworteten sie. ‹Geht doch und helft auch noch in meinem Weinberg mit!›, forderte er sie auf. ⁸Am Abend beauftragte er seinen Verwalter: ‹Ruf die Leute zusammen, und zahl ihnen den Lohn aus! Fang beim Letzten an, und hör beim Ersten auf!› ⁹Zuerst kamen also die zuletzt Eingestellten, und jeder von ihnen bekam den vollen Tageslohn. ¹⁰Jetzt meinten die anderen Arbeiter, sie würden mehr bekommen. Aber sie erhielten alle nur den vereinbarten Tageslohn. ¹¹Da beschwerten sie sich beim Weinbauern: ¹²‹Diese Leute haben nur eine Stunde gearbeitet, und du zahlst ihnen dasselbe wie uns. Dabei haben wir uns den ganzen Tag in der brennenden Sonne abgerackert!› ¹³‹Mein Freund›, entgegnete der Weinbauer einem von ihnen, ‹dir geschieht doch kein Unrecht! Haben wir uns nicht auf diesen Betrag geeinigt? ¹⁴Nimm dein Geld und geh! Ich will den anderen genauso viel zahlen wie dir. ¹⁵Schließlich darf ich doch wohl mit meinem Geld machen, was ich will! Oder ärgerst du dich, weil ich großzügig bin?› ¹⁶Ebenso werden die Letzten einmal die Ersten sein, und die Ersten die Letzten.»

Matthäus 20,25–28 Da rief Jesus alle [Jünger] zusammen und sagte: «Ihr wisst, wie die Machthaber der Welt ihre Völker unterdrücken. Wer die Macht hat, nutzt sie rücksichtslos aus. ²⁶Aber so darf es bei euch nicht sein. Wer groß sein will, der soll den anderen dienen, ²⁷und wer der Erste sein will, der soll sich allen unterordnen. ²⁸Auch der Menschensohn ist nicht gekommen, um sich bedienen zu lassen. Er kam, um zu dienen und sein Leben hinzugeben, damit viele Menschen aus der Gewalt des Bösen befreit werden.»

Matthäus 26,10–13 Als Jesus ihren Ärger bemerkte, sagte er: «Warum kränkt ihr die Frau? Sie hat etwas Gutes für mich getan. ¹¹Arme, die eure Hilfe nötig haben, wird es immer geben, ich dagegen bin nicht mehr lange bei euch. ¹²Mit diesem Salböl hat sie meinen Körper für mein Begräbnis vorbereitet. ¹³Und ich sage euch: Überall in der Welt, wo Gottes rettende Botschaft verkündet wird, wird man auch von dieser Frau sprechen und von dem, was sie getan hat.»

Markus 4,9 «Hört genau auf das, was ich euch sage!»

Markus 8,33–37 Aber Jesus wandte sich von ihm ab, schaute die anderen Jünger an und rief: «Weg mit dir, Satan! Du verstehst Gottes Gedanken nicht, weil du nur menschlich denkst! ³⁴Hört her!», rief Jesus seinen Jüngern und den Menschen zu, die bei ihm waren. «Wer mir nachfolgen will, der darf nicht mehr sich selbst in den Mittelpunkt stellen, sondern muss sein Kreuz auf sich nehmen und mir nachfolgen. ³⁵Wer sich an sein Leben klammert, der wird es verlieren. Wer aber sein Leben für mich und für Gottes rettende Botschaft einsetzt, der wird es für immer gewinnen. ³⁶Denn was gewinnt ein Mensch, wenn ihm die ganze Welt zufällt, er selbst aber dabei Schaden nimmt? ³⁷Er kann sein Leben ja nicht wieder zurückkaufen!»

Markus 9,35–37 Jesus setzte sich, rief die zwölf Jünger zu sich und sagte: «Wer der Erste sein will, der soll sich allen anderen unterordnen und ihnen dienen.» ³⁶Er rief ein kleines Kind, stellte es in die Mitte und umarmte es. Dann sagte er: ³⁷«Wer solch ein Kind mir zuliebe aufnimmt, der nimmt mich auf. Und wer mich aufnimmt, der nimmt damit Gott selbst auf, weil Gott mich gesandt hat.»

Markus 9,42–43.45.47–48 «Wer in einem Menschen den Glauben, wie ihn ein Kind hat, zerstört, für den wäre es noch das Beste, mit einem Mühlstein um den Hals ins Meer geworfen zu werden. […] ⁴³Wenn deine Hand dich zum Bösen verführt, dann hack sie ab! Es ist besser, du gehst verstümmelt in das ewige Leben als mit beiden Händen in das unauslöschliche Feuer der Hölle. […] ⁴⁵Wenn dich dein Fuß auf Abwege führt, dann hack ihn ab! Es ist besser für dich, mit nur einem Fuß zum ewigen Leben zu kommen, als mit beiden Füßen geradewegs in die Hölle zu marschieren. ⁴⁷Wenn dich dein Auge zur Sünde verführt, dann reiß es heraus. Es ist viel besser, einäugig in Gottes neue Welt zu gelangen, als mit zwei gesunden Augen schließlich ins Feuer der Hölle geworfen zu werden. ⁴⁸Dort wird die Qual nicht enden und das Feuer nicht verlöschen.»

Markus 9,50 «Salz ist gut und notwendig, solange es wirkt. Wenn es aber fade geworden ist, wodurch soll es seine Würzkraft wiedergewinnen? Deshalb achtet darauf, dass man an euch die Wirkung des Salzes sieht. Haltet Frieden untereinander.»

Markus 10,29–31 Jesus antwortete: «Das sollt ihr wissen: Jeder, der sein Haus, seine Geschwister, seine Eltern, seine Kinder oder seinen Besitz zurücklässt, um mir zu folgen und die rettende Botschaft von Gott weiterzusagen, ³⁰der wird schon hier alles hundertfach zurückerhalten: Häuser, Geschwister, Eltern, Kinder und Besitz. All dies wird ihm – wenn auch mitten unter Verfolgungen – hier auf dieser Erde gehören und außerdem in der zukünftigen Welt das ewige Leben. ³¹Viele, die jetzt einen großen Namen haben, werden dann unbedeutend sein. Und andere, die heute die Letzten sind, werden dort zu den Ersten gehören.»

Markus 12,14–17 «Lehrer», sagten sie scheinheilig, «wir wissen, dass es dir allein um die Wahrheit geht. Du redest den Leuten nicht nach dem Mund – ganz gleich, wie viel Ansehen sie besitzen. Nein, du sagst uns frei heraus, wie wir nach Gottes Willen leben sollen. Deshalb verrate uns: Ist es eigentlich Gottes Wille, dass wir dem römischen Kaiser Steuern zahlen?

Sollen wir bezahlen oder nicht?» ¹⁵Jesus durchschaute ihre Falschheit und sagte: «Warum wollt ihr mir eine Falle stellen? Zeigt mir ein Geldstück!» ¹⁶Sie gaben ihm eine römische Münze. Er fragte sie: «Wessen Bild und Name ist hier eingeprägt?» Sie antworteten: «Das Bild und der Name des Kaisers!» ¹⁷«Nun, dann gebt dem Kaiser, was ihm zusteht, und gebt Gott, was ihm gehört.» Seine Zuhörer waren überrascht: Diese Antwort hatten sie nicht erwartet. (Siehe auch Matthäus 22,16–21 und Lukas 20,21–25.)

Lukas 6,46–49 «Warum nennt ihr mich dauernd ‹Herr!›, wenn ihr doch nicht tut, was ich euch sage? ⁴⁷Wisst ihr, mit wem ich einen Menschen vergleiche, der meine Worte hört und danach handelt? ⁴⁸Er ist wie ein Mann, der sich ein Haus bauen wollte. Zuerst hob er eine Baugrube aus, dann baute er die Fundamente seines Hauses auf felsigen Grund. Als ein Unwetter kam und die Fluten gegen das Haus brandeten, konnten sie keinen Schaden anrichten, denn das Haus war auf Felsengrund gebaut. ⁴⁹Wer sich meine Worte allerdings nur anhört und nicht danach lebt, der ist wie einer, der beim Bauen auf das Fundament verzichtet und sein Haus auf weichen Boden baut. Bei einem Unwetter unterspülen die Fluten sein Haus, es gerät aus allen Fugen und stürzt krachend ein.»

Lukas 7,40–47 «Simon, ich will dir etwas erzählen», unterbrach ihn Jesus in seinen Gedanken. «Ja, ich höre zu, Lehrer», antwortete Simon. ⁴¹«Ein reicher Mann hatte zwei Leuten Geld geliehen. Der eine Mann schuldete ihm fünfhundert Silberstücke, der andere fünfzig. ⁴²Weil sie das Geld aber nicht zurückzahlen konnten, schenkte

er es beiden. Welcher der beiden Männer wird ihm nun am meisten dankbar sein?» ⁴³Simon antwortete: «Bestimmt der, dem er die größte Schuld erlassen hat.» – «Du hast Recht!», bestätigte ihm Jesus. ⁴⁴Dann blickte er die Frau an und sagte: «Sieh diese Frau, Simon! Ich kam in dein Haus, und du hast mir kein Wasser für meine Füße gegeben, was doch sonst selbstverständlich ist. Aber sie hat meine Füße mit ihren Tränen gewaschen und mit ihrem Haar getrocknet. ⁴⁵Du hast mich nicht mit einem Kuss begrüßt. Aber seit ich hier bin, hat diese Frau immer wieder meine Füße geküsst. ⁴⁶Du hast meine Stirn nicht mit Öl gesalbt, während sie dieses kostbare Öl sogar über meine Füße gegossen hat. ⁴⁷Ich sage dir: Ihre große Schuld ist ihr vergeben; und darum hat sie mir so viel Liebe gezeigt. Wem aber wenig vergeben wird, der liebt auch wenig.»

Lukas 9,23–26 Danach wandte sich Jesus an alle: «Wer mir nachfolgen will, darf nicht mehr sich selbst in den Mittelpunkt stellen, sondern muss sein Kreuz täglich auf sich nehmen und mir nachfolgen. ²⁴Wer sich an sein Leben klammert, der wird es verlieren. Wer aber sein Leben für mich einsetzt, der wird es für immer gewinnen. ²⁵Denn was gewinnt ein Mensch, wenn ihm die ganze Welt zufällt, er aber dabei sich selbst verliert oder Schaden nimmt? ²⁶Wer sich schämt, sich zu mir und meiner Botschaft zu bekennen, den wird auch der Menschensohn nicht kennen, wenn er in seiner Macht und in der Herrlichkeit des Vaters und der heiligen Engel kommen wird.»

Lukas 10,38–42 Jesus kam mit seinen Jüngern in ein Dorf, wo sie bei einer Frau aufgenommen wurden, die Marta hieß. [39]Maria, ihre Schwester, setzte sich zu Jesu Füßen hin und hörte ihm aufmerksam zu. [40]Marta aber war unentwegt mit der Bewirtung ihrer Gäste beschäftigt. Schließlich kam sie zu Jesus und fragte: «Herr, siehst du nicht, dass meine Schwester mir die ganze Arbeit überlässt? Kannst du ihr nicht sagen, dass sie mir helfen soll?» [41]Doch Jesus antwortete ihr: «Marta, Marta, du bist um so vieles besorgt und machst dir so viel Mühe. [42]Nur eines aber ist wirklich wichtig und gut! Maria hat sich für dieses eine entschieden, und das kann ihr niemand mehr nehmen.»

Lukas 12,4–7 «Meine Freunde! Habt keine Angst vor den Menschen, die euch zwar töten können, aber nicht mehr. [5]Fürchtet vielmehr Gott, denn er kann euch töten und in die Hölle werfen. Ja, fürchtet ihn allein! [6]Welchen Wert hat schon ein Spatz auf dem Dach? Man kann fünf von ihnen für einen Spottpreis kaufen. Und doch vergisst Gott keinen einzigen von ihnen. [7]Bei euch sind sogar die Haare auf dem Kopf alle gezählt. Darum habt keine Angst! Ihr seid Gott mehr wert als ein ganzer Spatzenschwarm!»

Lukas 12,13–21 Da rief einer aus der Menge: «Lehrer, sag doch meinem Bruder, er soll unser Erbe gerecht mit mir teilen.» [14]Aber Jesus wies ihn zurück: «Bin ich etwa euer Richter oder euer Vermittler in Erbstreitigkeiten?» [15]Dann wandte er sich an alle: «Hütet euch vor der Habgier! Wenn jemand auch noch so viel Geld hat, das Leben kann er sich damit nicht kaufen.» [16]An einem Beispiel erklärte er seinen Zuhörern, was er damit meinte: «Ein reicher Gutsbesitzer hatte eine besonders gute Ernte. [17]Er überlegte: ‹Wo soll ich bloß alles unterbringen? Meine Scheunen sind voll; da geht nichts mehr rein.› [18]Er beschloss: ‹Ich werde die alten Scheunen abreißen und neue bauen, so groß, dass ich das ganze Getreide, ja alles, was ich habe, darin unterbringen kann. [19]Dann will ich mich zur Ruhe setzen. Ich habe für lange Zeit ausgesorgt. Jetzt lasse ich es mir gut gehen. Ich will gut essen und trinken und mein Leben genießen!› [20]Aber Gott sagte zu ihm: ‹Du Narr! Noch in dieser Nacht wirst du sterben. Wer bekommt dann deinen ganzen Reichtum, den du angehäuft hast?› [21]So wird es allen gehen, die auf der Erde Reichtümer sammeln, aber mit leeren Händen vor Gott stehen.»

Lukas 12,22–34 Jesus sagte zu seinen Jüngern: «Macht euch keine Sorgen um euren Lebensunterhalt, um Essen und Kleidung. [23]Leben bedeutet mehr als Essen und Trinken, und der Mensch ist wichtiger als seine Kleidung. [24]Seht euch die Raben an! Sie säen nichts und ernten nichts, sie haben keine Vorratskammern und keine Scheunen; aber Gott versorgt sie doch. Meint ihr nicht, dass ihr ihm viel wichtiger seid? [25]Und wenn ihr euch noch so viel sorgt, könnt ihr doch euer Leben um keinen Augenblick verlängern. [26]Wenn ihr aber nicht einmal das könnt, was sorgt ihr euch um all die anderen Dinge? [27]Seht euch an, wie die Lilien blühen! Sie können weder spinnen noch weben. Ich sage euch, selbst König Salomo war in seiner ganzen Herrlichkeit nicht so prächtig gekleidet wie eine dieser Blumen. [28]Wenn Gott sogar das Gras so schön wachsen lässt, das heute auf der Wiese grünt, morgen aber schon verbrannt wird, wie könnte er euch dann vergessen?

Vertraut ihr Gott so wenig? ²⁹Zerbrecht euch also nicht mehr den Kopf darüber, was ihr essen und trinken sollt! ³⁰Mit solchen Dingen beschäftigen sich nur Menschen, die Gott nicht kennen. Euer Vater im Himmel weiß doch genau, dass ihr dies alles braucht. ³¹Sorgt euch vor allem um Gottes neue Welt, dann wird er euch mit allem anderen versorgen. ³²Du kleine Herde, du brauchst keine Angst vor der Zukunft zu haben! Denn dir will der Vater sein Königreich schenken. ³³Verkauft euren Besitz, und gebt das Geld den Armen! Sammelt euch auf diese Weise einen Vorrat, der nicht alt wird und niemals verderben kann, einen Schatz im Himmel. Diesen Schatz kann kein Dieb stehlen und keine Motte zerfressen. ³⁴Wo eure Schätze sind, da wird auch euer Herz sein.»

Lukas 12,35–40 ³⁵/³⁶«Ihr sollt so leben wie Diener, die darauf warten, dass ihr Herr von einer Hochzeit zurückkommt. Seid wie sie dienstbereit, und lasst eure Lampen angezündet. Wenn ihr Herr zurückkommt und klopft, können sie ihm schnell öffnen. ³⁷Ja, freuen können sich alle, die der Herr bei seiner Rückkehr noch wach antrifft! Ich sage euch: Der Herr wird sie bitten, am Tisch Platz zu nehmen, und er selbst wird sich eine Schürze umbinden und sie bedienen. ³⁸Vielleicht kommt er spät am Abend, vielleicht auch erst um Mitternacht. Aber wenn er kommt und seine Diener bereit antrifft, werden sie allen Grund zur Freude haben. ³⁹Eins ist sicher: Wenn der Hausherr wüsste, wann ein Dieb bei ihm einbrechen will, würde er wach bleiben und sich vor dem Einbrecher schützen. ⁴⁰Seid also zu jeder Zeit bereit, denn der Menschensohn wird gerade dann kommen, wenn ihr am wenigsten damit rechnet.»

Lukas 12,42–53 Jesus, der Herr, entgegnete: «Wie verhält sich denn ein kluger und zuverlässiger Verwalter? Sein Herr hat ihm die Verantwortung für alle Mitarbeiter übertragen; er soll sie zu jeder Zeit mit allem Nötigen versorgen. ⁴³Dieser Verwalter darf sich glücklich nennen, wenn sein Herr ihn bei der Rückkehr gewissenhaft bei der Arbeit findet. ⁴⁴Das sage ich euch: Einem so zuverlässigen Mann wird er die Verantwortung für seinen ganzen Besitz übertragen. ⁴⁵Wenn aber ein Verwalter unzuverlässig ist und im Stillen denkt: ‹Ach was, es dauert bestimmt noch lange, bis mein Herr kommt›, und er fängt an, seine Mitarbeiter zu schlagen, zu schlemmen und sich zu betrinken, ⁴⁶dann wird die Rückkehr seines Herrn ihn völlig überraschen. Sein Herr kommt, wenn er nicht damit rechnet. Er wird den unzuverlässigen Verwalter hart bestrafen und ihm den Lohn geben, den die Gottlosen verdienen. ⁴⁷Der Verwalter, der den Willen seines Herrn kennt, sich aber bewusst nicht danach richtet, wird schwer bestraft werden. ⁴⁸Wer dagegen falsch handelt, ohne es zu wissen, wird mit einer leichteren Strafe davonkommen. So wird von jedem, der viel bekommen hat, auch viel erwartet; denn wem viel anvertraut wurde, von dem verlangt man umso mehr. ⁴⁹Ich bin gekommen, um auf der Erde ein Feuer zu entfachen. Wie froh wäre ich, es würde schon brennen! ⁵⁰Vorher muss ich aber noch Schweres erleiden. Es ist für mich eine große Last, bis alles vollbracht ist. ⁵¹Meint nur nicht, dass ich gekommen bin, um Frieden auf die Erde zu bringen! Nein, ich bringe Auseinandersetzung. [52]Von jetzt an wird man sich in einer Familie um meinetwillen miteinander entzweien: [53]der Vater mit dem Sohn und der Sohn mit dem Vater, die Mutter mit der Tochter und die Tochter mit der Mutter; die Schwiegermutter mit der Schwiegertochter und die Schwiegertochter mit der Schwiegermutter.»

Lukas 13,22–30 Auf dem Weg nach Jerusalem [23]fragte ihn ein Mann: «Herr, stimmt es wirklich, dass nur wenige Menschen gerettet werden?» Jesus antwortete ihm: [24]«Das Tor zu Gottes neuer Welt ist schmal! Ihr müsst schon alles daransetzen, wenn ihr hineinkommen wollt. Viele versuchen es, aber nur wenigen wird es gelingen. [25]Hat der Hausherr erst einmal das Tor verschlossen, werdet ihr draußen stehen. So viel ihr dann auch klopft und bettelt: ‹Herr, mach uns doch auf!› – es ist umsonst! Er wird euch antworten: ‹Was wollt ihr von mir, ich kenne euch nicht!› [26]Ihr werdet rufen: ‹Aber wir haben doch mit dir gegessen und getrunken! Du hast bei uns gepredigt!› [27]Doch der Herr wird euch erwidern: ‹Ich habe doch schon einmal gesagt, dass ich euch nicht kenne. Menschen, die Unrecht tun, haben hier nichts verloren. Geht endlich weg!› [28]Wenn ihr dann draußen seid und seht, dass Abraham, Isaak, Jakob und alle Propheten in der neuen Welt Gottes sind, dann werdet ihr verzweifelt heulen und schreien. [29]Aus der ganzen Welt, aus Ost und West, aus Nord und Süd werden die Menschen in Gottes neue Welt, zu Gottes Fest kommen. [30]Vergesst nicht: Viele, die hier nichts gelten, werden dort hoch geehrt sein, aber viele, die hier einen großen Namen haben, werden dort unbekannt sein.»

Lukas 14,12–14 Schließlich sagte Jesus zu seinem Gastgeber: «Zu einem Essen solltest du nicht deine Freunde, Geschwister, Verwandten oder die reichen Nachbarn einladen. Sie werden dir danken und dich wieder einladen. Dann hast du deine Belohnung schon gehabt. [13]Bitte lieber die Armen, Verkrüppelten, Gelähmten und Blinden an deinen Tisch. [14]Dann wirst du glücklich sein, denn du hast Menschen geholfen, die sich dir nicht erkenntlich zeigen können. Gott wird dich dafür belohnen, wenn er die von den Toten auferweckt, die nach seinem Willen gelebt haben.»

Lukas 14,25–35 Wie schon oft wurde Jesus von einer großen Menschenmenge begleitet. Er wandte sich zu ihnen um und sagte: [26]«Wenn einer mit mir gehen will, so muss ich für ihn wichtiger sein als seine Eltern, seine Frau, seine Kinder, seine Geschwister, ja wichtiger als das eigene Leben. Sonst kann er nicht mein Jünger sein. [27]Wer nicht bereit ist, sein Kreuz auf sich zu nehmen und mir nachzufolgen, der kann nicht zu mir gehören. [28]Stellt euch vor, jemand möchte einen Turm bauen. Wird er dann nicht vorher die Kosten überschlagen? [29]Er wird doch nicht einfach anfangen und riskieren, dass er bereits nach dem Bau des Fundaments aufhören muss. Die Leute würden ihn auslachen [30]und sagen: ‹Einen Turm wollte er bauen! Aber sein Geld reichte nur für das Fundament!› [31]Oder stellt euch vor, ein König muss gegen einen anderen König in den Krieg ziehen: Wird er dann nicht vorher mit seinen Beratern überlegen, ob seine Armee mit zehntausend Mann die feindlichen Truppen schlagen kann, die mit zwanzigtausend Mann anrücken? [32]Wenn nicht, dann wird er, solange die Feinde noch weit entfernt sind, Unterhändler schicken, um über einen Frieden zu verhandeln. ³³Überlegt auch ihr vorher, ob ihr wirklich bereit seid, alles für mich aufzugeben und mir nachzufolgen. Sonst könnt ihr nicht meine Jünger sein. ³⁴Salz ist lebensnotwendig. Wenn aber das Salz fade geworden ist, wodurch soll es seine Würzkraft wiedergewinnen? ³⁵Es taugt nicht einmal als Dünger. Man muss es wegwerfen. Hört genau auf das, was ich euch sage!»

Lukas 16,9–12 Jesus erklärte seinen Jüngern: «Ich sage euch: So klug wie dieser ungerechte Verwalter sollt auch ihr das Geld einsetzen. Macht euch Freunde damit! Dann werdet ihr, wenn euch das Geld nichts mehr nützen kann, einen Platz im Himmel bekommen. ¹⁰Doch bedenkt: Nur wer im Kleinen ehrlich ist, wird es auch im Großen sein. Wenn ihr bei kleinen Dingen unzuverlässig seid, werdet ihr es auch bei großen sein. ¹¹Geht ihr also schon mit Geld unehrlich um, wer wird euch dann die Reichtümer des Himmels anvertrauen wollen? ¹²Verwaltet ihr das Geld anderer Leute nachlässig, wer wird euch dann das schenken, was euch gehören soll?»

Lukas 16,13 «Niemand kann zwei Herren gleichzeitig dienen. Wer dem einen richtig dienen will, wird sich um die Wünsche des anderen nicht kümmern können. Er wird sich für den einen einsetzen und den anderen vernachlässigen. Auch ihr könnt nicht gleichzeitig für Gott und das Geld leben.»

Lukas 16,14–15 Die geldgierigen Pharisäer spotteten über diese Worte. ¹⁵Deshalb sagte Jesus zu ihnen: «Ihr legt großen Wert darauf, dass alle Menschen euch für unta-

delig halten. Aber Gott kennt euer Herz. Er verabscheut, womit ihr die Menschen beeindrucken wollt.»

Lukas 22,24–30 Die Jünger stritten sich darüber, wer unter ihnen der Wichtigste sei. ²⁵Da sagte ihnen Jesus: «In dieser Welt unterdrücken die Herrscher ihre Völker, und rücksichtslose Machthaber lassen sich als Wohltäter feiern. ²⁶Aber so darf es bei euch nicht sein. Der Erste unter euch soll sich allen anderen unterordnen, und wer euch führen will, muss allen dienen. ²⁷Wer ist denn der Herr? Wer sich bedienen lässt oder wer dient? Doch wohl derjenige, der sich bedienen lässt! Ich aber bin unter euch wie ein Diener. ²⁸Ihr seid mir in diesen Tagen der Gefahr und der Versuchung treu geblieben. ²⁹Deshalb verspreche ich euch: Ihr werdet mit mir zusammen in meinem Reich herrschen, das mein Vater mir übergeben hat. ³⁰Mit mir sollt ihr am selben Tisch essen und trinken. Ihr werdet auf Thronen sitzen und mit mir über die zwölf Stämme Israels Gericht halten.»

31 Geistliche Reife

Matthäus 5,6 «Glücklich sind, die nach Gerechtigkeit hungern und dürsten, denn sie sollen satt werden.»

Matthäus 5,38–48 «Es heißt auch: ‹Auge um Auge, Zahn um Zahn!› ³⁹Ich sage euch aber: Leistet keine Gegenwehr, wenn man euch Böses antut! Wenn jemand dir eine Ohrfeige gibt, dann halte die andere Wange auch noch hin! ⁴⁰Wenn einer dich vor Gericht bringen will, um dein Hemd zu bekommen, so gib ihm auch noch den Mantel! ⁴¹Und wenn einer von dir verlangt, eine Meile mit ihm zu gehen, dann geh zwei Meilen mit ihm! ⁴²Gib jedem, der dich um etwas bittet, und weise keinen ab, der etwas von dir leihen will. ⁴³Es heißt bei euch: ‹Liebt eure Freunde und hasst eure Feinde!› ⁴⁴Ich sage aber: Liebt eure Feinde und betet für alle, die euch verfolgen! ⁴⁵So erweist ihr euch als Kinder eures Vaters im Himmel. Denn er lässt seine Sonne für Böse wie für Gute scheinen, und er lässt es regnen für Fromme und Gottlose. ⁴⁶Wollt ihr etwa noch dafür belohnt werden, dass ihr die Menschen liebt, die euch auch lieben? Das tun sogar die Zolleinnehmer, die sonst nur auf ihren Vorteil aus sind! ⁴⁷Wenn ihr nur euren Freunden liebevoll begegnet, ist das etwas Besonderes? Das tun auch die, die von Gott nichts wissen. ⁴⁸Ihr aber sollt so vollkommen sein wie euer Vater im Himmel.»

Matthäus 7,24–25 «Wer meine Worte hört und danach handelt, der ist klug. Man kann ihn mit einem Mann vergleichen, der sein Haus auf felsigen Grund baut. ²⁵Wenn ein Wolkenbruch niedergeht, das Hochwasser steigt und der Sturm am Haus rüttelt, wird es trotzdem nicht einstürzen, weil es auf Felsengrund gebaut ist.»

Offenbarung 2,19 «Ich sehe alles, was du tust. Ich weiß, mit welcher Liebe du mir dienst und mit welcher Treue du am Glauben festhältst. Ich kenne deinen Dienst für andere und deine Geduld. Und heute setzt du dich noch mehr ein als früher.»

32 Gemeinde

Matthäus 16,16–19 Da antwortete Petrus: «Du bist Christus, der von Gott gesandte Retter, der Sohn des lebendigen Gottes!» ¹⁷«Du kannst wirklich glücklich sein, Simon, Sohn des Jona!», sagte Jesus. «Diese Erkenntnis hat dir mein Vater im Himmel gegeben; von sich aus kommt ein Mensch nicht zu dieser Einsicht. ¹⁸Ich sage dir: Du bist Petrus. Auf diesen Felsen will ich meine Gemeinde bauen, und selbst die Macht des Todes wird sie nicht besiegen können. ¹⁹Ich will dir die Schlüssel zu Gottes neuer Welt geben. Was du auf der Erde binden wirst, das soll auch im Himmel gebunden sein. Und was du auf der Erde lösen wirst, das soll auch im Himmel gelöst sein.»

Matthäus 18,15–17 «Wenn dein Bruder Schuld auf sich geladen hat, dann geh zu ihm und sag ihm, was er falsch gemacht hat. Wenn er auf dich hört, hast du deinen Bruder zurückgewonnen. ¹⁶Will er davon nichts wissen, nimm einen oder zwei andere mit, denn durch die Aussage von zwei oder drei Zeugen wird die Sache eindeutig bestätigt. ¹⁷Wenn dein Bruder auch dann nicht hören will, bring den Fall vor die Gemeinde. Nimmt er selbst das Urteil der Gemeinde nicht an, dann behandle ihn wie einen, der von Gott nichts wissen will und ihn verachtet.»

Offenbarung 2,1–7 «Schreib an den Engel der Gemeinde in *Ephesus:* Der in seiner rechten Hand die sieben Sterne hält und zwischen den sieben goldenen Leuchtern umhergeht, der lässt dieser Gemeinde sagen: ²Ich weiß, wie viel Gutes du tust, weiß von all deiner Arbeit, und ich kenne auch deine Standhaftigkeit. Es ist gut, dass du die Bösen in eurer Mitte nicht duldest und die als Lügner entlarvst, die sich als Apostel ausgeben und es doch nicht sind. ³Geduldig hast du für mich Schweres ertragen und niemals aufgegeben. [4]Aber das eine habe ich gegen dich: Deine Liebe ist nicht mehr so stark wie früher. [5]Erinnere dich daran, mit welcher Hingabe du einmal begonnen hast. Was ist davon geblieben? Kehre um, und handle wieder so wie zu Beginn. Sonst werde ich kommen und deinen Leuchter von seinem Platz stoßen. [6]Eins aber will ich dir zugute halten: Dir ist das Treiben der Nikolaïten ebenso verhasst wie mir. [7]Hört genau hin, und achtet darauf, was Gottes Geist den Gemeinden sagt. Denn wer durchhält und den Sieg erringt, dem will ich die Früchte vom Baum des Lebens zu essen geben, der in Gottes Paradies steht.»

Offenbarung 2,8–11 «An den Engel der Gemeinde in *Smyrna* schreibe: Diese Botschaft kommt von dem, der zugleich der Erste und der Letzte ist, der tot war und nun wieder lebt. [9]Ich kenne alle deine Leiden und weiß, in welcher Armut du lebst; doch in Wirklichkeit bist du reich. Mir ist auch nicht entgangen, wie bösartig euch die Leute verleumden, die sich als fromme Juden ausgeben, in Wirklichkeit aber Gehilfen des Satans sind. [10]Fürchte dich nicht vor dem, was dir noch bevorsteht. Der Teufel wird einige von euch ins Gefängnis bringen, um euch auf die Probe zu stellen. Zehn Tage lang werdet ihr leiden müssen. Doch wenn du mir treu bleibst bis zum Tod, werde ich dir als Siegespreis das ewige Leben geben. [11]Hört genau hin, und achtet darauf, was Gottes Geist den Gemeinden sagt. Wer durchhält und den Sieg erringt, dem wird der zweite, der ewige Tod nichts anhaben können.»

Offenbarung 2,12–17 «Schreib an den Engel der Gemeinde in *Pergamon:* Das lässt dir der sagen, der das scharfe, doppelschneidige Schwert trägt. [13]Ich weiß, dass du in einer Stadt wohnst, die vom Satan regiert wird. Trotzdem bekennst du dich treu zu mir und hast deinen Glauben nicht widerrufen; selbst dann nicht, als Antipas, mein treuer Zeuge, in dieser Hochburg des Satans getötet wurde. [14]Und doch habe ich etwas an dir auszusetzen: Du duldest in eurer Mitte Leute, die an der Lehre Bileams festhalten. Aber Bileam brachte Balak dazu, das Volk Israel ins Verderben zu stürzen. Er verführte sie, das Fleisch von Götzenopfern zu essen, und verleitete sie zu sexueller Zügellosigkeit. [15]Es gibt unter euch Leute, die den Nikolaïten und ihrer Irrlehre folgen. [16]Kehr zu mir um, sonst werde ich sehr schnell zu dir kommen und gegen diese Leute mit dem Schwert aus meinem Mund kämpfen. [17]Hört genau hin, und achtet darauf, was Gottes Geist den Gemeinden sagt. Wer durchhält und den Sieg erringt, wird Brot vom Himmel essen. Als Zeichen des Sieges werde ich ihm einen weißen Stein geben. Darauf steht ein neuer Name, den nur der kennt, der ihn erhält.»

Offenbarung 2,18–29 «Schreib an den Engel der Gemeinde in *Thyatira:* Dies sagt dir der Sohn Gottes, dessen Augen wie die Flammen eines Feuers glühen und dessen Füße wie flüssiges Golderz glänzen. [19]Ich sehe alles, was du tust. Ich weiß, mit welcher Liebe du mir dienst und mit welcher Treue du am Glauben festhältst. Ich kenne deinen Dienst für andere und deine Geduld. Und heute setzt du dich noch mehr ein als früher. [20]Trotzdem habe ich etwas an dir auszusetzen: Du unternimmst nichts gegen Isebel, die sich als Prophetin ausgibt.

Durch ihre Lehre verführt sie die Gläubigen zu sexueller Zügellosigkeit und ermuntert sie, ohne Bedenken das Fleisch der Götzenopfer zu essen. [21]Diese Frau hat genug Zeit gehabt, ihr Leben zu ändern. Aber sie weigert sich, zu mir umzukehren. [22]Darum werfe ich sie aufs Bett, zusammen mit all ihren Liebhabern. Dort werden sie leiden müssen, wenn sie nicht ihr böses Treiben beenden. [23]Isebels Kinder werde ich dem Tod ausliefern. Dann werden alle Gemeinden wissen, dass ich die Menschen durch und durch kenne, selbst ihre geheimsten Gedanken und Wünsche. Und jeder wird den Lohn von mir bekommen, den er verdient. [24]Allen anderen in Thyatira, die der Irrlehre nicht gefolgt sind und sich auf diese so genannten tiefen Erkenntnisse über den Satan nicht eingelassen haben, will ich keine zusätzlichen Lasten auferlegen. [25]Haltet nur unerschütterlich an dem fest, was ihr habt, bis ich komme. [26]Denn wer durchhält und den Sieg erringt, wer bis zuletzt nach meinem Willen lebt und handelt, dem werde ich Macht über die Völker der Erde geben. [27]Mit eiserner Strenge wird er über sie herrschen und sie zerschlagen wie Tongefäße. [28]Und wie mein Vater mir Macht und Herrschaft gab, will ich sie auch jedem geben, der im Glauben fest bleibt. Als Zeichen der Macht schenke ich ihm den Morgenstern. [29]Hört genau hin, und achtet darauf, was Gottes Geist den Gemeinden sagt.»

Offenbarung 3,1–6 «Schreib an den Engel der Gemeinde in *Sardes:* Das sagt der, dem die sieben Geister Gottes dienen und der die sieben Sterne in seiner Hand hält. Ich weiß alles, was du tust. Du giltst als lebendige Gemeinde, aber in Wirklichkeit bist du tot. [2]Wach auf und stärke die wenigen, deren Glaube noch lebendig ist, bevor auch ihr Glaube stirbt. Denn so, wie du bisher gelebt hast, kannst du vor Gott nicht bestehen. [3]Hast du denn ganz vergessen, wie du Gottes Botschaft gehört und aufgenommen hast? Besinn dich wieder darauf, und kehr um zu Gott. Wenn du nicht wach wirst, werde ich plötzlich da sein, unerwartet wie ein Dieb. Und du wirst nicht wissen, wann ich komme. [4]Aber auch bei euch in Sardes sind einige, denen der Schmutz dieser Welt nichts anhaben konnte. Sie werden immer bei mir sein und weiße Kleider tragen; denn sie sind es wert. [5]Wer durchhält und den Sieg erringt, der wird solch ein weißes Kleid tragen. Ich werde seinen Namen nicht aus dem Buch des Lebens streichen, sondern mich vor meinem Vater und seinen Engeln zu ihm bekennen. [6]Hört genau hin, und achtet darauf, was Gottes Geist den Gemeinden sagt!»

Offenbarung 3,7–13 «Schreib an den Engel der Gemeinde in *Philadelphia:* Das sagt dir der eine, der heilig und wahrhaftig ist. Er allein hat als Nachkomme Davids den Schlüssel zum Heil. Wo er aufschließt, kann niemand mehr zuschließen; wo er aber zuschließt, kann niemand mehr öffnen. [8]Ich weiß, was du getan und geleistet hast. Sieh, ich habe dir eine Tür geöffnet, die niemand verschließen kann. Deine Kraft ist klein; doch du hast an dem, was ich gesagt habe, festgehalten und dich unerschrocken zu mir bekannt. [9]Achte jetzt auf alles, was geschehen wird: Es werden Leute zu dir kommen, die sich als fromme Juden ausgeben. Aber sie lügen; in Wirklichkeit sind sie Anhänger des Satans.

Diese Männer werde ich dazu bewegen, dass sie vor dir auf die Knie fallen; denn sie sollen erkennen, dass ich dich liebe. [10]Du hast meine Aufforderung befolgt, geduldig auszuhalten. Deshalb will ich dich auch in der schweren Prüfung bewahren, die über die ganze Erde kommen wird, um alle Menschen auf die Probe zu stellen. [11]Ich komme schnell und unerwartet. Darum halte fest, was du hast, damit dir niemand deinen Siegespreis nehmen kann. [12]Denn wer durchhält und den Sieg erringt, den werde ich zu einer Säule im Tempel meines Gottes machen; er wird dort immer bleiben. Und er soll den Namen meines Gottes tragen und wird ein Bürger des neuen Jerusalem sein, der Stadt, die Gott vom Himmel herabkommen lässt. Auch meinen eigenen neuen Namen wird er erhalten. [13]Hört genau hin, und achtet darauf, was Gottes Geist den Gemeinden sagt.»

Offenbarung 3,14–22 «An den Engel der Gemeinde in *Laodizea* schreibe: Dies sagt dir der eine, der die Erfüllung aller Zusagen Gottes ist. Christus ist Gottes treuer und wahrhaftiger Zeuge. Er ist der Ursprung von allem, was Gott geschaffen hat. [15]Ich kenne dich genau und weiß alles, was du tust. Du bist weder kalt noch heiß. Ach, wärst du doch das eine oder das andere! [16]Aber du bist lau, und deshalb werde ich dich ausspucken. [17]Du bildest dir ein: ‹Ich bin reich und habe alles, was ich brauche!› Da machst du dir selbst etwas vor! Du merkst gar nicht, wie jämmerlich du in Wirklichkeit dran bist: arm, blind und nackt. [18]Darum solltest du dich endlich um den wahren Reichtum bemühen, um das reine Gold, das im Feuer geläutert wurde.

Nur dieses Gold macht dich reich, und nur von mir kannst du es bekommen. Lass dir auch die weißen Kleider von mir geben, damit du nicht länger nackt und bloß dastehst. Kauf dir Augensalbe, die deine blinden Augen heilt. [19]Bei allen, die ich liebe, decke ich die Schuld auf und erziehe sie mit Strenge. Nimm dir das zu Herzen, und kehr um zu Gott! [20]Merkst du es denn nicht? Noch stehe ich vor deiner Tür und klopfe an. Wer jetzt auf meine Stimme hört und mir die Tür öffnet, zu dem werde ich hineingehen und Gemeinschaft mit ihm haben. [21]Wer durchhält und den Sieg erringt, wird mit mir auf meinem Thron sitzen, so wie auch ich mich als Sieger auf den Thron meines Vaters gesetzt habe. [22]Hört genau hin, und achtet darauf, was Gottes Geist den Gemeinden sagt.»

33 Gerechtigkeit suchen

Johannes 14,15–16 «Wenn ihr mich liebt, werdet ihr so leben, wie ich es euch gesagt habe. [16]Dann werde ich den Vater bitten, dass er euch an meiner Stelle einen Helfer gibt, der für immer bei euch bleibt.»

Johannes 14,26–27 «Der Heilige Geist, den euch der Vater an meiner Stelle als Helfer senden wird, er wird euch an all das erinnern, was ich euch gesagt habe, und euch meine Worte erklären. [27]Auch wenn ich nicht bei euch bleibe, sollt ihr doch Frieden haben. Meinen Frieden gebe ich euch; einen Frieden, den euch niemand auf der Welt geben kann. Seid deshalb ohne Sorge und Furcht!»

Johannes 17,15–19 «Ich bitte dich [Gott] nicht, sie aus der Welt zu nehmen, aber schütze sie vor der Macht des Bösen!

¹⁶Sie gehören ebenso wenig zur Welt wie ich. ¹⁷Lass ihnen deine Wahrheit leuchten, damit sie in immer engerer Gemeinschaft mit dir leben! Dein Wort ist die Wahrheit! ¹⁸Wie du mich in die Welt gesandt hast, so sende ich sie in die Welt. ¹⁹Für sie gebe ich mein Leben hin, damit ihr Leben ganz dir gehört.»

Matthäus 5,6 «Glücklich sind, die nach Gerechtigkeit hungern und dürsten, denn sie sollen satt werden.»

Matthäus 5,10–11 «Glücklich sind, die verfolgt werden, weil sie nach Gottes Willen leben. Denn ihnen gehört Gottes neue Welt. ¹¹Glücklich könnt ihr sein, wenn ihr verachtet, verfolgt und verleumdet werdet, weil ihr mir nachfolgt.»

Matthäus 5,19–20 «Wenn jemand auch nur das geringste Gebot Gottes für ungültig erklärt oder andere dazu verleitet, der wird in Gottes neuer Welt nichts bedeuten. Wer aber anderen Gottes Gebote weitersagt und sich selbst danach richtet, der wird in Gottes neuer Welt großes Ansehen haben. ²⁰Ich warne euch: Wenn ihr das Gesetz Gottes nicht besser erfüllt als die Pharisäer und Schriftgelehrten, kommt ihr nicht in Gottes neue Welt.»

Matthäus 5,29–30 «Wenn dich also dein rechtes Auge zur Sünde verführt, dann reiß es heraus und wirf es weg! Besser, du verlierst eins deiner Glieder, als dass du unversehrt in die Hölle geworfen wirst. ³⁰Und wenn dich deine rechte Hand zum Bösen verführt, so hack sie ab und wirf sie weg! Es ist besser, verstümmelt zu sein, als unversehrt in die Hölle geworfen zu werden.»

Matthäus 5,48 «Ihr aber sollt so vollkommen sein wie euer Vater im Himmel.»

Matthäus 6,31–34 «Zerbrecht euch also nicht mehr den Kopf mit Fragen wie: ‹Werden wir genug zu essen haben? Und was werden wir trinken? Was sollen wir anziehen?› ³²Mit solchen Dingen beschäftigen sich nur Menschen, die Gott nicht kennen. Euer Vater im Himmel weiß doch genau, dass ihr dies alles braucht. ³³Sorgt euch vor allem um Gottes neue Welt, und lebt nach Gottes Willen! Dann wird er euch mit allem anderen versorgen. ³⁴Deshalb sorgt euch nicht um morgen – der nächste Tag wird für sich selber sorgen! Es ist doch genug, wenn jeder Tag seine eigenen Lasten hat.»

Matthäus 13,37–43 Jesus antwortete: «Der Menschensohn selbst ist der Bauer, der die gute Saat aussät. ³⁸Der Acker ist die Welt, die Saat sind die Menschen, die zu Gottes neuer Welt gehören, und das Unkraut sind die Leute, die dem Satan gehorchen. ³⁹Der Feind, der das Unkraut zwischen den Weizen sät, ist der Teufel. Die Ernte ist das Ende der Welt, und die Erntearbeiter sind die Engel. ⁴⁰Wie das Unkraut vom Weizen getrennt und verbrannt wird, so wird es auch am Ende der Welt sein: ⁴¹Der Menschensohn wird seine Engel senden. Sie werden aus der neuen Welt Gottes alle, die Unrecht tun und andere zur Sünde verführen, aussondern ⁴²und sie in den brennenden Ofen werfen. Dort wird nur Heulen und ohnmächtiges Jammern zu hören sein. ⁴³Aber alle, die Gottes Willen tun, werden in der neuen Welt ihres Vaters leuchten wie die Sonne. Hört genau auf das, was ich euch sage!»

Matthäus 19,17–21 Jesus entgegnete: «Wieso fragst du mich nach dem Guten? Es gibt nur einen, der gut ist, und das ist

Gott. Du kannst ewiges Leben bekommen, wenn du Gottes Gebote befolgst.» [18]«Welche denn?», fragte der Mann, und Jesus antwortete: «Du sollst nicht töten! Du sollst nicht die Ehe brechen. Du sollst nicht stehlen! Sag nichts Unwahres über deinen Mitmenschen! [19]Ehre deinen Vater und deine Mutter, und liebe deinen Mitmenschen wie dich selbst.» [20]«Daran habe ich mich immer gehalten! Was muss ich denn noch tun?», wollte der junge Mann wissen. [21]Jesus antwortete: «Wenn du vollkommen sein willst, dann verkauf, was du hast, und gib das Geld den Armen. Damit wirst du im Himmel einen Reichtum gewinnen, der niemals verloren geht. Und dann komm, und folge mir nach.»

34 Glaube (für den Gläubigen)

(Siehe auch «An Jesus Christus glauben», Seite 538.)

Johannes 2,1–10 Zwei Tage später wurde in dem Dorf Kana in Galiläa eine Hochzeit gefeiert. Maria, die Mutter Jesu, war dort, [2]und auch Jesus hatte man mit seinen Jüngern eingeladen. [3]Während des Festes ging der Wein aus. Maria sagte zu ihrem Sohn: «Es ist kein Wein mehr da!» [4]Doch Jesus antwortete ihr: «Schreib mir nicht vor, was ich zu tun habe! Meine Zeit ist noch nicht gekommen!» [5]Da sagte seine Mutter zu den Dienern: «Was immer er euch befiehlt, das tut!» [6]Nun gab es im Haus sechs steinerne Wasserkrüge. Man benutzte sie für die Waschungen, die das jüdische Gesetz verlangt. Jeder von ihnen fasste achtzig bis hundertzwanzig Liter. [7]Jesus forderte die Diener auf: «Füllt diese Krüge mit Wasser!» Sie füllten die Gefäße bis zum Rand. [8]Dann ordnete er an: «Nun bringt dem Mann, der für das Festmahl verantwortlich ist, eine Kostprobe davon!» [9]Dieser probierte den Wein, der vorher Wasser gewesen war. Er wusste allerdings nicht, woher der Wein kam. Nur die Diener wussten Bescheid. Da rief er den Bräutigam zu sich [10]und warf ihm vor: «Jeder bietet doch zuerst den besten Wein an! Und erst später, wenn alle Gäste schon betrunken sind, kommt der billigere Wein auf den Tisch. Aber du hast den besten Wein bis jetzt zurückgehalten!»

Johannes 4,49–53 Aber der Beamte flehte ihn an: «Herr, komm doch schnell, sonst stirbt mein Kind!» [50]«Geh nach Hause», sagte Jesus, «dein Sohn ist gesund!» Der Mann glaubte ihm und ging nach Hause. [51]Noch während er unterwegs war, kamen ihm einige seiner Diener entgegen. «Dein Kind ist gesund!», riefen sie. [52]Der Vater erkundigte sich: «Seit wann geht es ihm besser?» Sie antworteten: «Gestern Mittag gegen ein Uhr hatte er plötzlich kein Fieber mehr.» [53]Da erinnerte sich der Vater, dass Jesus genau in dieser Stunde gesagt hatte: «Dein Sohn ist gesund!» Seitdem glaubte dieser Mann mit allen, die in seinem Haus lebten, an Jesus.

Johannes 5,5–14 Einer von den Menschen, die dort lagen, war schon seit achtunddreißig Jahren krank. [6]Als Jesus ihn sah und erfuhr, dass er schon so lange an seiner Krankheit litt, fragte er ihn: «Willst du gesund werden?» [7]«Ach Herr», entgegnete der Kranke, «ich habe niemanden, der mir in den Teich hilft, wenn sich das Wasser bewegt. Versuche ich es aber allein, komme ich immer zu spät.» [8]Da forderte ihn Jesus auf: «Steh auf, roll deine Matte zusammen und geh!» ⁹Im selben Augenblick war der Mann geheilt. Er nahm seine Matte und ging seines Weges. Das geschah an einem Sabbat. ¹⁰Einige der Juden, die den Geheilten sahen, hielten ihm vor: «Heute ist doch Sabbat! Da darf man keine Matte tragen!» ¹¹«Aber der Mann, der mich heilte, hat es mir ausdrücklich befohlen», antwortete er ihnen. ¹²«Wer hat dir so etwas befohlen?», fragten sie nun. ¹³Doch das wusste der Mann nicht, denn Jesus hatte den Teich wegen der großen Menschenmenge bereits wieder verlassen. ¹⁴Später traf Jesus den Geheilten im Tempel und sagte zu ihm: «Du bist gesund geworden. Sündige nicht mehr, damit du nicht etwas Schlimmeres als deine Krankheit erlebst!»

Johannes 6,5–13 Als Jesus die vielen Menschen kommen sah, fragte er Philippus: «Wo können wir für alle diese Leute Brot kaufen?» ⁶Er fragte dies, um zu sehen, ob Philippus ihm vertraute; denn er wusste, wie er die Menschen versorgen würde. ⁷Philippus überlegte: «Wir müssten 200 Silberstücke ausgeben, wenn wir für jeden auch nur ein kleines Stückchen Brot kaufen wollten.» ⁸Da brachte Andreas, der Bruder von Simon Petrus, ein Kind zu ihnen: ⁹«Hier ist ein Junge, der hat fünf Gerstenbrote und zwei Fische mitgebracht. Aber was ist das schon für so viele Menschen!» ¹⁰Jetzt forderte Jesus die Jünger auf: «Sagt den Leuten, dass sie sich hinsetzen sollen!» Etwa fünftausend Männer lagerten sich auf dem Boden, der dort von dichtem Gras bewachsen war. ¹¹Dann nahm Jesus die fünf Gerstenbrote, dankte Gott dafür und ließ sie an die Menschen austeilen, ebenso die beiden Fische. Jeder bekam so viel, wie er wollte. ¹²Als alle satt waren, sagte Jesus zu seinen Jüngern: «Sammelt die Reste ein, damit nichts verdirbt!» ¹³Und die Jünger füllten noch zwölf Körbe mit den Resten. So viel war von den fünf Gerstenbroten übrig geblieben.

Johannes 11,11–15 Nachdem er das seinen Jüngern gesagt hatte, meinte er: «Unser Freund Lazarus ist eingeschlafen, aber ich will hingehen und ihn aufwecken!» ¹²Die Jünger erwiderten: «Wenn er schläft, wird er bald wieder gesund sein.» ¹³Sie glaubten nämlich, Jesus hätte vom gewöhnlichen Schlaf gesprochen, aber er redete vom Tod des Lazarus. ¹⁴Deshalb sagte Jesus ihnen offen: «Lazarus ist tot! ¹⁵Doch euretwegen bin ich froh, dass ich nicht bei ihm gewesen bin. Denn nun könnt ihr lernen, was Glauben heißt. Wir wollen jetzt gemeinsam zu ihm gehen!»

Johannes 20,13–16 «Warum weinst du?», fragten die Engel. «Sie haben meinen Herrn weggenommen, und ich weiß nicht, wo sie ihn hingebracht haben», antwortete Maria aus Magdala. ¹⁴Als Maria sich umblickte, sah sie Jesus vor sich stehen. Aber sie erkannte ihn nicht. ¹⁵Er fragte sie: «Warum weinst du, und wen suchst du?» Maria hielt Jesus für den Gärtner und fragte deshalb: «Hast du ihn weggenommen? Dann sag mir doch, wohin du ihn gebracht hast. Ich will ihn holen.» ¹⁶«Maria!», sagte Jesus nun. Sie wandte sich ihm zu und rief: «Rabbuni!» Das ist Hebräisch und heißt: «Mein Meister.»

Johannes 21,4–6.9–12 Im Morgengrauen stand Jesus am Ufer. Doch die Jünger erkannten ihn nicht. ⁵Jesus rief ihnen zu: «Kinder, habt ihr ein paar Fische zu essen?» – «Nein», antworteten sie. ⁶Da forderte er sie auf: «Werft das Netz auf der rechten Seite des Bootes aus, dann werdet ihr einen guten Fang machen!» Sie folgten seinem Rat und fingen so viele Fische, dass sie das Netz nicht mehr einholen konnten. ⁹Als sie aus dem Boot stiegen, sahen sie ein Kohlenfeuer, auf dem Fische brieten. Auch Brot lag bereit. ¹⁰Jesus bat die Jünger: «Bringt ein paar von den Fischen her, die ihr gerade gefangen habt!» ¹¹Simon Petrus ging zum Boot und zog das Netz an Land. Es war gefüllt mit hundertdreiundfünfzig großen Fischen. Und obwohl es so viele waren, zerriss das Netz nicht. ¹²«Kommt her und esst!», sagte Jesus.

Matthäus 8,2–4 Da kam ein Aussätziger und fiel vor Jesus nieder: «Herr, wenn du willst, kannst du mich heilen!» ³Jesus streckte die Hand aus, berührte ihn und sagte: «Ich will es tun! Sei gesund!» Im selben Augenblick war der Mann von seiner Krankheit geheilt. ⁴Da befahl ihm Jesus: «Sag niemandem etwas, sondern geh sofort zum Priester, und lass dich von ihm untersuchen. Bring das Opfer dar, wie es Mose vorgeschrieben hat. So werden die Priester sehen, dass ich im Auftrag Gottes handle.» (Siehe auch Markus 1,40–44 und Lukas 5,12–14.)

Matthäus 9,23–25 Jesus kam zum Haus des Synagogenvorstehers. Als er den Tumult der Leute sah und die Trauermusik hörte, sagte er: ²⁴«Geht alle hinaus! Das Mädchen ist nicht tot, es schläft nur.» Da lachten sie ihn aus. ²⁵Als die Leute endlich hinausgetrieben waren, trat Jesus in das Zimmer des Mädchens und nahm die Hand des Kindes. Da stand das Mädchen auf und war gesund.

Matthäus 9,27–30 Als Jesus weiterging, liefen ihm zwei Blinde nach und schrien: «Du Sohn Davids! Hilf uns doch!» ²⁸Sie folgten ihm bis in das Haus, in dem er wohnte. Jesus fragte sie: «Glaubt ihr denn, dass ich euch helfen kann?» – «Ja, Herr!», antworteten sie. ²⁹Da berührte er ihre Augen und sagte: «Was ihr mir zutraut, das soll sich erfüllen.» ³⁰Sofort konnten sie sehen. Jesus aber befahl ihnen nachdrücklich: «Niemand darf von eurer Heilung erfahren.»

Matthäus 14,15–20 Gegen Abend kamen die Jünger zu ihm und sagten: «Es ist spät geworden. Schick die Leute weg, damit sie in die Dörfer gehen und dort etwas zu essen kaufen können! Hier gibt es doch nichts!» ¹⁶Aber Jesus antwortete: «Das ist nicht nötig. Gebt *ihr* ihnen zu essen!» ¹⁷«Wir haben ja nur fünf Brote und zwei Fische», wandten seine Jünger ein. ¹⁸«Dann bringt sie her!», sagte Jesus. ¹⁹Er forderte die Leute auf, sich ins Gras zu setzen. Er nahm die fünf Brote und die beiden Fische, sah zum Himmel auf und dankte Gott. Dann teilte er das Brot, reichte es seinen Jüngern, und die Jünger gaben es an die Menge weiter. ²⁰Alle aßen sich satt. Als man anschließend die Reste einsammelte, da waren es noch zwölf volle Körbe.

Matthäus 15,32–38 Danach rief Jesus seine Jünger zu sich und sagte: «Die Leute tun mir leid. Sie sind jetzt schon drei Tage bei mir und haben nichts mehr zu essen. Ich will sie nicht hungrig wegschicken, sie würden den weiten Weg nach Hause nicht schaffen.» ³³Aber die Jünger antworteten: «Woher sollen wir hier in dieser verlassenen Gegend genügend Brot bekommen, damit so viele Menschen satt werden?» ³⁴Jesus fragte: «Wie viele Brote habt ihr denn?» Sie antworteten: «Sieben Brote und ein paar kleine Fische!» ³⁵Da forderte Jesus die Menschen auf, sich zum Essen niederzulassen. ³⁶Nun nahm er die sieben Brote und die Fische. Er dankte Gott für das Essen, teilte die Brote und Fische und gab sie den Jüngern, die sie an die Leute weiterreichten. ³⁷/³⁸Jeder aß, bis er satt war; etwa viertausend Männer waren dabei, die Frauen und Kinder nicht mitgerechnet. Anschließend sammelten die Jünger die Reste ein: Sieben Körbe voll waren noch übrig geblieben.

Matthäus 16,5–12 Als sie an das andere Seeufer gekommen waren, stellten seine Jünger fest, dass sie vergessen hatten, Brot mitzunehmen. ⁶Da warnte sie Jesus: «Hütet euch vor dem Sauerteig der Pharisäer und Sadduzäer!» ⁷Die Jünger überlegten, was er wohl damit meinte: «Das sagt er bestimmt, weil wir das Brot vergessen haben.» ⁸Jesus merkte, worüber sie sprachen, und fragte: «Weshalb macht ihr euch gleich Sorgen, wenn einmal nichts zu essen da ist? Traut ihr mir so wenig zu? ⁹Werdet ihr denn nie zur Einsicht kommen? Habt ihr vergessen, dass ich fünftausend Menschen mit fünf Broten gesättigt habe? Und wie viele Körbe habt ihr mit Resten gefüllt? ¹⁰Oder denkt an die sieben Brote, die ich an viertausend Menschen verteilt habe! Und wie viel ist damals übrig geblieben! ¹¹Wie kommt ihr auf den Gedanken, dass ich vom Essen rede, wenn ich euch sage: Hütet euch vor dem Sauerteig der Pharisäer und Sadduzäer?» ¹²Erst jetzt begriffen sie, dass Jesus mit dem Sauerteig die falschen Lehren der Pharisäer und Saddu-

zäer gemeint hatte. (Siehe auch Markus 8,14–15.)

Matthäus 16,13–16 Als Jesus in die Gegend von Cäsarea Philippi kam, fragte er seine Jünger: «Für wen halten die Leute den Menschensohn?» ¹⁴Die Jünger erwiderten: «Einige meinen, du seist Johannes der Täufer. Andere halten dich für Elia, für Jeremia oder einen anderen Propheten.» ¹⁵«Und für wen haltet ihr mich?», fragte er sie. ¹⁶Da antwortete Petrus: «Du bist Christus, der von Gott gesandte Retter, der Sohn des lebendigen Gottes!» ¹⁷«Du kannst wirklich glücklich sein, Simon, Sohn des Jona!», sagte Jesus. «Diese Erkenntnis hat dir mein Vater im Himmel gegeben; von sich aus kommt ein Mensch nicht zu dieser Einsicht.»

Matthäus 20,30–34 Zwei blinde Männer saßen an der Straße. Als sie hörten, dass Jesus vorüberkam, riefen sie: «Herr, du Sohn Davids, hab Erbarmen mit uns!» ³¹Die Leute fuhren sie an: «Haltet den Mund!» Aber die Blinden schrien nur noch lauter: «Herr, du Sohn Davids, hab Erbarmen mit uns!» ³²Da blieb Jesus stehen, rief sie zu sich und fragte: «Was soll ich für euch tun?» ³³«Herr», flehten ihn die Blinden an, «wir möchten sehen können!» ³⁴Jesus hatte Mitleid mit ihnen und berührte ihre Augen. Im selben Augenblick konnten sie sehen, und sie gingen mit ihm.

Markus 3,1–5 Als Jesus wie gewohnt zur Synagoge ging, war dort ein Mann mit einer verkrüppelten Hand. ²Seine Gegner warteten gespannt darauf, wie Jesus sich verhalten würde. Sollte er es nämlich wagen, auch am Sabbat zu heilen, so könnten sie Anklage gegen ihn erheben. ³Jesus rief den Mann mit der verkrüppelten Hand zu sich: «Steh auf und komm hierher, damit alle dich sehen können!» ⁴Dann fragte er die Anwesenden: «Soll man am Sabbat Gutes tun oder Böses? Soll man das Leben eines Menschen retten, oder soll man ihn zugrunde gehen lassen?» Doch er bekam keine Antwort. ⁵Zornig sah Jesus einen nach dem anderen an, traurig über ihre Hartherzigkeit. Zu dem Mann aber sagte er: «Streck deine Hand aus!» Er streckte sie aus, und die Hand war gesund. (Siehe auch Lukas 6,6–10.)

Markus 5,38–42 Als sie im Haus des Jaïrus ankamen, sah Jesus die vielen Menschen und hörte ihr Weinen und Jammern. ³⁹«Weshalb macht ihr solchen Lärm?», fragte er sie. «Warum weint ihr? Das Kind ist nicht tot, es schläft nur.» ⁴⁰Da lachten sie ihn aus. Jesus schickte sie alle weg; nur die Eltern und seine drei Jünger gingen mit zum Bett des Mädchens. ⁴¹Dann fasste er die Tochter des Jaïrus an der Hand und sagte: «Talita kum!» Das heißt übersetzt: «Mädchen, steh auf!» ⁴²Da stand das zwölfjährige Kind auf und ging im Zimmer umher. Ihre Eltern waren fassungslos. Sie wussten nicht, was sie sagen sollten. ⁴³Jesus verbot ihnen aber nachdrücklich, anderen davon zu erzählen. «Und nun gebt dem Kind etwas zu essen!», sagte er.

Markus 6,35–43 ³⁵/³⁶Gegen Abend kamen seine Jünger zu ihm und sagten: «Es wird bald dunkel. Schick die Leute weg, damit sie in die Dörfer oder auf die Höfe in der Umgebung gehen und etwas zu essen kaufen können. Hier gibt es doch nichts.» ³⁷Aber Jesus forderte sie auf: «Gebt *ihr* ihnen zu essen!» – «Was können wir ihnen denn geben?», fragten die Jünger verwundert. «Sollen wir etwa für 200 Silberstücke Brot kaufen, um sie alle zu verpflegen?» ³⁸«Wie viel Brot habt ihr denn bei euch?», erkundigte sich Jesus. «Seht einmal nach!» Kurz darauf kamen sie zurück und berichteten: «Fünf Brote und zwei Fische haben wir.» ³⁹Da ordnete Jesus an, dass sich die Leute in Gruppen ins Gras setzen sollten. ⁴⁰So bildeten sie Gruppen von jeweils fünfzig oder hundert Personen. ⁴¹Jetzt nahm Jesus die fünf Brote und die beiden Fische, sah zum Himmel auf und dankte Gott. Er teilte das Brot, reichte es seinen Jüngern, und die Jünger gaben es an die Menge weiter. Ebenso ließ er auch die Fische verteilen. ⁴²Alle aßen sich satt. ⁴³Als man anschließend die Reste einsammelte, waren es noch zwölf volle Körbe mit Brot. Auch von den Fischen war noch etwas übrig.

Markus 7,32–35 Dort wurde ein Taubstummer zu ihm gebracht, damit er dem Mann die Hände auflegte und ihn heilte. ³³Jesus führte den Kranken von der Menschenmenge weg. Er legte seine Finger in die Ohren des Mannes, berührte dessen Zunge mit Speichel, ³⁴sah auf zum Himmel, seufzte und sprach: «Öffne dich!» ³⁵Im selben Augenblick konnte der Taubstumme hören und sprechen.

Markus 8,22–26 In Betsaida brachten die Leute einen Blinden zu Jesus. Sie baten ihn, den Mann zu heilen. ²³Jesus nahm den Blinden bei der Hand und führte ihn zum Dorf hinaus. Dann strich er etwas Speichel auf seine Augen, legte ihm die Hände auf und fragte: «Kannst du etwas sehen?» ²⁴Der Mann blickte auf. «Ja», sagte er, «ich sehe Menschen herumlaufen. Aber ich kann sie nicht klar erkennen. Es könnten genauso gut Bäume sein.» ²⁵Da legte ihm Jesus noch einmal die Hände auf die Augen. Jetzt sah der Mann deutlich; alles konnte er genau erkennen. Er war geheilt. ²⁶Aber Jesus befahl ihm: «Geh nicht erst in das Dorf zurück, sondern geh gleich nach Hause!»

Markus 10,46–52 Dann kamen Jesus und seine Jünger nach Jericho. Als sie die Stadt wieder verlassen wollten, folgte ihnen eine große Menschenmenge. Am Weg saß ein Blinder und bettelte. Es war Bartimäus, der Sohn des Timäus. ⁴⁷Als er hörte, dass Jesus von Nazareth vorbeikam, begann er laut zu rufen: «Jesus, du Sohn Davids, hab Erbarmen mit mir!» ⁴⁸Die Leute fuhren ihn an: «Halt den Mund!» Aber er schrie nur noch lauter: «Du Sohn Davids, hab Erbarmen mit mir!» ⁴⁹Da blieb Jesus stehen: «Ruft ihn her zu mir.» Ein paar von den Leuten liefen zu dem Blinden und sagten zu ihm: «Nur Mut! Komm mit! Jesus ruft dich.» ⁵⁰Bartimäus ließ sein Gewand zu Boden fallen, sprang auf und kam zu Jesus. ⁵¹«Was soll ich für dich tun?», fragte ihn Jesus. «Meister», flehte ihn der Blinde an, «ich möchte sehen können!» ⁵²Darauf antwortete Jesus: «Geh! Dein Glaube hat dir geholfen.» Im selben Augenblick konnte der Blinde sehen, und er ging mit Jesus.

Lukas 5,4–6 Anschließend sagte er zu Simon: «Fahrt jetzt weiter hinaus auf den See, und werft eure Netze aus!» ⁵«Herr», erwiderte Simon, «wir haben die ganze Nacht gearbeitet und nichts gefangen. Aber weil du es sagst, will ich es wagen.» ⁶Sie warfen ihre Netze aus und fingen so viele Fische, dass die Netze zu reißen anfingen.

Lukas 8,22–25 Eines Tages stiegen Jesus und seine Jünger in ein Boot, und er forderte sie auf: «Lasst uns über den See ans andere Ufer fahren!» Sie ruderten los. ²³Unterwegs schlief Jesus ein. Mitten auf dem See brach plötzlich ein gewaltiger Sturm los, und die Wellen schlugen ins Boot. In höchster Not ²⁴rüttelten die Jünger Jesus wach: «Herr!», schrien sie, «Herr, wir gehen unter!» Jesus stand auf und bedrohte den Wind und die Wellen. Da legte sich der Sturm, und es wurde ganz still. ²⁵«Wo ist denn euer Glaube?», wollte Jesus von ihnen wissen. Entsetzt und erstaunt fragten sich die Jünger untereinander: «Was ist das für ein Mensch? Selbst Wind und Wellen gehorchen ihm, wenn er es befiehlt!» (Siehe auch Matthäus 8,23–27 und Markus 4,35–41.)

Lukas 9,12–17 Es war spät geworden. Da kamen die zwölf Jünger zu Jesus und sagten: «Es wird Zeit, dass die Leute gehen, damit sie in den umliegenden Dörfern und Höfen übernachten und etwas zu essen kaufen können. Hier gibt es doch nichts!» ¹³«Gebt *ihr* ihnen zu essen!», forderte Jesus sie auf. «Aber wir haben nur fünf Brote und zwei Fische!», entgegneten die Jünger. «Oder sollen wir etwa für all die Leute Essen besorgen?» ¹⁴Es hatten sich etwa fünftausend Menschen um Jesus versammelt. «Sagt ihnen, sie sollen sich in Gruppen von je fünfzig Personen setzen!», ordnete Jesus an. ¹⁵Und so geschah es. ¹⁶Jesus nahm die fünf Brote und die zwei Fische, sah zum Himmel auf und segnete sie. Er teilte Brot und Fische, reichte sie seinen Jüngern, und die Jünger gaben sie an die Menge weiter. ¹⁷Alle aßen sich satt. Als man anschließend die Reste einsammelte, da waren es noch zwölf volle Körbe.

Lukas 17,12–14 Auf dem Weg nach Jerusalem kamen Jesus und seine Jünger durch das Grenzgebiet zwischen Galiläa und Samarien. ¹²In einem Dorf begegneten ihnen zehn Aussätzige. Im vorgeschriebenen Abstand blieben sie stehen ¹³und riefen: «Jesus, Meister! Hab doch Erbarmen mit uns!» ¹⁴Er sah sie an und forderte sie auf: «Geht zu den Priestern und zeigt ihnen, dass ihr geheilt seid!» Auf dem Weg dorthin wurden sie gesund.

Lukas 18,35.38.40–42 Jesus und seine Jünger waren unterwegs nach Jericho. In der Nähe der Stadt saß ein Blinder am Straßenrand und bettelte. ³⁶Er hörte den Lärm der vorbeiziehenden Menge und fragte neugierig: «Was ist da los?» ³⁷Einige riefen ihm zu: «Jesus von Nazareth kommt nach Jericho!» […] ³⁸Als er das hörte, schrie er laut: «Jesus, du Sohn Davids, hab Erbarmen mit mir!» ³⁹Die Leute fuhren ihn an: «Halt den Mund!» Er aber schrie nur noch lauter: «Du Sohn Davids, hab Erbarmen mit mir!» […] ⁴⁰Jesus blieb stehen und ließ den Mann zu sich führen. ⁴¹Dann fragte er ihn: «Was soll ich für dich tun?» – «Herr», flehte ihn der Blinde an, «ich möchte sehen können!» ⁴²«Du sollst wieder sehen!», sagte Jesus zu ihm. «Dein Glaube hat dir geholfen.»

Lukas 22,7–16 Am ersten Tag des Festes der ungesäuerten Brote, an dem das Passahlamm geschlachtet werden musste, ⁸gab Jesus seinen Jüngern Petrus und Johannes den Auftrag: «Bereitet alles vor, damit wir gemeinsam das Passahmahl essen können.» ⁹«Wo sollen wir denn das Fest feiern?», fragten sie. ¹⁰Er antwortete: «Wenn ihr nach Jerusalem kommt, wird euch ein Mann begegnen, der einen Wasserkrug trägt. Geht ihm nach bis zu dem Haus, das er betritt. ¹¹Sagt dem Hausherrn: ‹Unser Lehrer lässt fragen: Wo ist der Raum, in dem er mit seinen Jüngern das Passahmahl feiern kann?› ¹²Er wird euch im Obergeschoss einen großen Raum zeigen, der mit Polstern ausgestattet ist. Dort bereitet das Essen zu.» ¹³Die beiden Jünger gingen in die Stadt und trafen alles so an, wie Jesus es ihnen gesagt hatte. Dann bereiteten sie das Passahmahl vor. ¹⁴Als die Stunde für das Passahmahl da war, nahm Jesus mit den Aposteln an der Festtafel Platz. ¹⁵«Wie sehr habe ich mich danach gesehnt, mit euch das Passahmahl zu essen, bevor ich leiden muss», sagte er. ¹⁶«Ihr sollt wissen: Ich werde das Passahmahl erst wieder in der neuen Welt Gottes mit euch feiern. Dann hat sich erfüllt, wofür das Fest jetzt nur ein Zeichen ist.»

Apostelgeschichte 26,13–18 «Plötzlich umstrahlte mich [Paulus] und meine Begleiter mitten am Tag, o König, ein Licht vom Himmel, das heller als die Sonne war. ¹⁴Wir stürzten zu Boden, und ich hörte eine Stimme in hebräischer Sprache: ‹Saul, Saul, warum verfolgst du mich? Dein Kampf gegen mich ist sinnlos.› ¹⁵Ich fragte: ‹Herr, wer bist du?›, worauf er antwortete: ‹Ich bin Jesus, den du verfolgst! ¹⁶Aber steh jetzt auf; denn ich bin dir erschienen, damit du mir dienst. Du sollst bezeugen, was du heute erlebt hast und was ich dir in Zukunft zeigen werde. ¹⁷Ich will dich behüten vor deinem Volk und vor den Völkern, die nichts von mir wissen. Zu ihnen sende ich dich. ¹⁸Du sollst ihnen die Augen öffnen, damit sie sich von der Finsternis dem Licht zuwenden und aus der Herrschaft des Satans zu Gott kommen. Dann werde ich ihnen die Sünden vergeben, und weil sie an mich glauben, haben sie einen Platz unter denen, die zu mir gehören.›»

35 Gott ehren und verherrlichen; die Herrlichkeit Gottes

Johannes 4,23–24 «Doch es kommt die Zeit – ja, sie ist schon da –, in der die Menschen den Vater überall anbeten werden, weil sie von seinem Geist und seiner Wahrheit erfüllt sind. Von diesen Menschen will der Vater angebetet werden. [24]Denn Gott ist Geist. Und wer Gott anbeten will, muss von seinem Geist erfüllt sein und in seiner Wahrheit leben.»

Johannes 5,21–23 «So wie der Vater Tote auferweckt und ihnen neues Leben gibt, so hat auch der Sohn die Macht dazu, neues Leben zu geben, wem er will. [22]Denn nicht der Vater spricht das Urteil über die Menschen, er hat das Richteramt vielmehr dem Sohn übertragen, [23]damit alle den Sohn ehren, genauso wie den Vater. Wer aber den Sohn nicht als Herrn anerkennen will, der verachtet auch die Herrschaft des Vaters, der ja den Sohn gesandt hat.»

Johannes 7,17–19 «Wer von euch bereit ist, Gottes Willen zu tun, der wird erkennen, ob diese Worte von Gott kommen oder ob es meine eigenen Gedanken sind. [18]Wer seine eigene Lehre verbreitet, dem geht es um das eigene Ansehen. Wer aber Anerkennung und Ehre für den sucht, der ihn gesandt hat, der ist vertrauenswürdig und tut nichts, was seinem Auftrag widerspricht. [19]Mose hat euch das Gesetz gegeben; aber keiner von euch lebt nach diesem Gesetz! Mit welchem Recht also wollt ihr mich töten?»

Johannes 11,4 Als Jesus das hörte, [dass Lazarus krank war,] sagte er: «Diese Krankheit führt letztlich nicht zum Tod, sondern durch sie soll die Macht Gottes sichtbar werden, und auch der Sohn Gottes wird dadurch geehrt.»

Johannes 11,40 «Habe ich dir nicht gesagt», entgegnete ihr Jesus, «du wirst die Herrlichkeit Gottes sehen, wenn du nur glaubst?»

Johannes 13,31–33 Als Judas fort war, sagte Jesus: «Jetzt zeigt Gott, wer der Menschensohn wirklich ist, und dadurch wird auch die Herrlichkeit Gottes sichtbar. [32]Wenn der Menschensohn erst Gottes Herrlichkeit gezeigt hat, dann wird auch Gott die Herrlichkeit des Menschensohns sichtbar machen. Und das geschieht bald! [33]Denn bei euch, meine lieben Kinder, werde ich nur noch kurze Zeit sein. Ihr werdet mich suchen. Doch was ich den Juden gesagt habe, muss ich jetzt auch euch sagen: Wohin ich gehen werde, dahin könnt ihr mir nicht folgen.»

Johannes 14,12–13 «Ich sage euch die Wahrheit: Wer an mich glaubt, wird die gleichen Taten vollbringen wie ich – ja, sogar noch größere; denn ich gehe zum Vater. [13]Worum ihr in meinem Namen bitten werdet, das werde ich tun, damit durch den Sohn die Herrlichkeit des Vaters sichtbar wird.»

Johannes 15,5–8 «Ich bin der Weinstock, und ihr seid die Reben. Wer bei mir bleibt, so wie ich bei ihm bleibe, der trägt viel Frucht. Denn ohne mich könnt ihr nichts ausrichten. [6]Wer ohne mich lebt, wird wie eine unfruchtbare Rebe abgeschnitten und weggeworfen. Die verdorrten Reben werden gesammelt, ins Feuer geworfen und verbrannt. ⁷Wenn ihr aber fest mit mir verbunden bleibt und euch meine Worte zu Herzen nehmt, dürft ihr von Gott erbitten, was ihr wollt; ihr werdet es erhalten. ⁸Wenn ihr viel Frucht bringt und euch so als meine Jünger erweist, wird die Herrlichkeit meines Vaters sichtbar.»

Johannes 17,1–5 Nach diesen Worten sah Jesus zum Himmel auf und betete: «Vater, die Zeit ist gekommen! Lass jetzt die Herrlichkeit deines Sohnes erkennbar werden, damit dein Sohn deine Herrlichkeit sichtbar macht. ²Du hast ihm Macht über die Menschen gegeben, damit er allen ewiges Leben schenkt, die du ihm anvertraut hast. ³Und das allein ist ewiges Leben: dich, den einen wahren Gott, zu erkennen, und Jesus Christus, den du gesandt hast. ⁴Ich habe hier auf der Erde den Menschen gezeigt, wie herrlich du bist. Ich habe deinen Auftrag erfüllt. ⁵Und nun, Vater, gib mir wieder Anteil an der Herrlichkeit, die ich bei dir hatte, bevor die Welt erschaffen wurde.»

Matthäus 5,14–16 «Ihr seid das Licht, das die Welt erhellt. Eine Stadt, die hoch auf dem Berg liegt, kann nicht verborgen bleiben. ¹⁵Man zündet ja auch keine Öllampe an und stellt sie unter einen Eimer. Im Gegenteil: Man stellt sie so auf, dass sie allen im Haus Licht gibt. ¹⁶Genauso soll euer Licht vor allen Menschen leuchten. Sie werden eure guten Taten sehen und euren Vater im Himmel dafür loben.»

Matthäus 6,13 «‹Lass uns nicht in Versuchung geraten, dir untreu zu werden, und befreie uns vom Bösen.›»

Matthäus 23,6–12 «Bei euren Festen wollen sie die Ehrenplätze bekommen, und auch in der Synagoge sitzen sie stets in der ersten Reihe. ⁷Es gefällt ihnen, wenn man sie auf der Straße ehrfurchtsvoll grüßt und ‹Meister› nennt. ⁸Lasst ihr euch nicht so anreden! Nur Gott ist euer Meister, ihr seid untereinander alle Geschwister. ⁹Niemanden auf der Erde sollt ihr ‹Vater› nennen, denn nur einer ist euer Vater: Gott im Himmel. ¹⁰Ihr sollt euch auch nicht Lehrer nennen lassen, weil ihr nur einen Lehrer habt: Christus. ¹¹Wer unter euch groß sein will, der soll allen anderen dienen. ¹²Alle, die sich selbst ehren, werden gedemütigt werden. Wer sich aber selbst erniedrigt, wird geehrt werden.»

Markus 7,6–9 Jesus antwortete: «Wie Recht hat Jesaja, wenn er von euch Heuchlern schreibt: ‹Diese Leute ehren Gott mit den Lippen, aber mit dem Herzen sind sie nicht dabei. ⁷Ihr Gottesdienst ist wertlos, weil sie ihre menschlichen Gesetze als Gebote Gottes ausgeben.› ⁸/⁹Ja, ihr beachtet Gottes Gebote nicht, sondern ersetzt sie durch eure Vorschriften! Dabei geht ihr sehr geschickt vor.»

Lukas 17,17–18 Jesus fragte: «Habe ich nicht zehn Männer geheilt? Wo sind denn die anderen neun? ¹⁸Weshalb kommt nur einer zurück, noch dazu ein Fremder, um sich bei Gott zu bedanken?»

36 Gott erheben, nicht sich selbst

Matthäus 23,7–12 «Es gefällt ihnen, wenn man sie auf der Straße ehrfurchtsvoll grüßt und ‹Meister› nennt. ⁸Lasst ihr euch nicht so anreden! Nur Gott ist euer Meister, ihr seid untereinander alle Geschwister. ⁹Niemanden auf der Erde sollt ihr ‹Vater› nennen, denn nur einer ist euer Vater: Gott im Himmel. ¹⁰Ihr sollt euch auch nicht Lehrer nennen lassen, weil ihr nur einen Lehrer habt: Christus. [12]Alle, die sich selbst ehren, werden gedemütigt werden. Wer sich aber selbst erniedrigt, wird geehrt werden.»

Lukas 14,7–11 Als Jesus bemerkte, wie sich die Gäste nach den besten Plätzen drängten, nahm er dies als Beispiel und sagte: [8]«Wenn du zu einer Hochzeit eingeladen wirst, dann setz dich nicht gleich oben auf den besten Platz. Es könnte ja noch jemand kommen, der angesehener ist als du. [9]Mit ihm käme dann der Gastgeber zu dir: ‹Der Platz war für diesen Mann hier bestimmt!› Vor allen Gästen müsstest du dich an das Ende des Tisches setzen. [10]Wäre es nicht besser, du setzt dich gleich dorthin? Wenn dich dann der Gastgeber begrüßt, wird er vielleicht zu dir sagen: ‹Mein Freund, für dich habe ich einen besseren Platz!› Du wirst damit vor allen Gästen geehrt. [11]Jeder, der sich selbst ehrt, wird gedemütigt werden; aber wer sich selbst erniedrigt, wird geehrt werden.»

Lukas 16,14–15 Die geldgierigen Pharisäer spotteten über diese Worte. [15]Deshalb sagte Jesus zu ihnen: «Ihr legt großen Wert darauf, dass alle Menschen euch für untadelig halten. Aber Gott kennt euer Herz. Er verabscheut, womit ihr die Menschen beeindrucken wollt.»

Lukas 18,9–14 Jesus erzählte ein weiteres Gleichnis. Er hatte dabei besonders die Menschen im Blick, die selbstgerecht sind und auf andere herabsehen. [10]«Zwei Männer gingen in den Tempel, um zu beten. Der eine war ein Pharisäer, der andere ein Zolleinnehmer. [11]Selbstsicher stand der Pharisäer dort und betete: ‹Ich danke dir, Gott, dass ich nicht so bin wie andere Leute: kein Räuber, kein Gottloser, kein Ehe-

brecher und schon gar nicht wie dieser Zolleinnehmer da hinten. [12]Ich faste zweimal in der Woche und gebe von allen meinen Einkünften den zehnten Teil für Gott.› [13]Der Zolleinnehmer dagegen blieb verlegen am Eingang stehen und wagte kaum aufzusehen. Schuldbewusst betete er: ‹Gott, vergib mir, ich weiß, dass ich ein Sünder bin!› [14]Ihr könnt sicher sein, dieser Mann ging von seiner Schuld befreit nach Hause, nicht aber der Pharisäer. Denn wer sich selbst ehrt, wird gedemütigt werden; aber wer sich selbst erniedrigt, wird geehrt werden.»

37 Gott und Jesus Christus kennen

Johannes 10,14–16 «Ich aber bin der gute Hirte und kenne meine Schafe, und sie kennen mich; [15]genauso wie mich mein Vater kennt und ich den Vater kenne. Ich gebe mein Leben für die Schafe. [16]Zu meiner Herde gehören auch Schafe, die jetzt noch in anderen Ställen sind. Auch sie muss ich herführen, und sie werden wie die übrigen meiner Stimme folgen. Dann wird es nur noch eine Herde und einen Hirten geben.»

Johannes 10,27–30 «Meine Schafe erkennen meine Stimme; ich kenne sie, und sie folgen meinem Ruf. [28]Ihnen gebe ich das ewige Leben, und sie werden niemals umkommen. Niemand kann sie aus meiner Hand reißen. [29]Mein Vater hat sie mir gegeben, und er ist stärker als alle anderen Mächte. Deshalb kann sie auch keiner der Hand meines Vaters entreißen. [30]Ich und der Vater sind eins.»

Johannes 14,6–7 Jesus antwortete: «Ich bin der Weg, ich bin die Wahrheit, und ich bin das Leben! Ohne mich kann niemand zum Vater kommen. [7]Kennt ihr mich, dann kennt ihr auch meinen Vater. Von jetzt an kennt ihr ihn; ja, ihr habt ihn schon gesehen!»

Johannes 14,9–11 Jesus entgegnete ihm: «Ich bin nun schon so lange bei euch, und du kennst mich noch immer nicht, Philippus? Wer mich gesehen hat, der hat auch den Vater gesehen. Wie also kannst du bitten: ‹Zeig uns den Vater›? [10]Glaubst du nicht, dass ich im Vater bin und der Vater in mir ist? Was ich euch sage, habe ich mir nicht selbst ausgedacht. Mein Vater, der in mir lebt, handelt durch mich. [11]Glaubt mir doch, dass der Vater und ich eins sind. Und wenn ihr schon meinen Worten nicht glaubt, dann glaubt doch wenigstens meinen Taten!»

Johannes 14,15 «Wenn ihr mich liebt, werdet ihr so leben, wie ich es euch gesagt habe.»

Johannes 14,23–24 «Wer mich liebt, richtet sich nach dem, was ich ihm gesagt habe. Auch mein Vater wird ihn lieben, und wir beide werden zu ihm kommen und immer bei ihm bleiben. [24]Wer mich aber nicht liebt, der lebt auch nicht nach dem, was ich sage. Meine Worte kommen nicht von mir, sondern von meinem Vater, der mich gesandt hat.»

Johannes 15,5–7 «Ich bin der Weinstock, und ihr seid die Reben. Wer bei mir bleibt, so wie ich bei ihm bleibe, der trägt viel Frucht. Denn ohne mich könnt ihr nichts ausrichten. [6]Wer ohne mich lebt, wird wie eine unfruchtbare Rebe abgeschnitten und weggeworfen. Die verdorrten Reben werden gesammelt, ins Feuer geworfen und verbrannt. [7]Wenn ihr aber fest mit mir verbunden bleibt und euch meine Worte zu Herzen nehmt, dürft ihr von Gott erbitten, was ihr wollt; ihr werdet es erhalten.»

Johannes 15,9–17 «Wie mich der Vater liebt, so liebe ich euch. Bleibt in meiner Liebe! [10]Wenn ihr nach meinen Geboten lebt, wird meine Liebe euch umschließen. Auch ich richte mich nach den Geboten meines Vaters und lebe in seiner Liebe. [11]Das alles sage ich euch, damit meine Freude euch ganz erfüllt und eure Freude dadurch vollkommen wird. [12]Und so lautet mein Gebot: Liebt einander, wie ich euch geliebt habe. [13]Niemand liebt mehr als einer, der sein Leben für die Freunde hingibt. [14]Und ihr seid meine Freunde, wenn ihr tut, was ich euch aufgetragen habe. [15]Ich nenne euch nicht mehr Knechte; denn einem Knecht sagt der Herr nicht, was er vorhat. Ihr aber seid meine Freunde; denn ich habe euch alles anvertraut, was ich vom Vater gehört habe. [16]Nicht ihr habt mich erwählt, sondern ich euch, damit ihr euch auf den Weg macht und Frucht bringt, die bleibt. Dann wird euch der Vater alles geben, worum ihr ihn in meinem Namen bittet. [17]Ich sage euch noch einmal: Liebt einander!»

Johannes 15,20–21 «Erinnert euch daran, dass ich gesagt habe: ‹Ein Knecht steht niemals höher als sein Herr!› Deshalb werden sie euch verfolgen, wie sie mich verfolgt haben. Und wenn sie auf das gehört haben, was ich gesagt habe, werden sie auch auf euch hören. [21]Das alles wird mit euch geschehen, weil ihr zu mir gehört; denn die Welt kennt Gott nicht, der mich gesandt hat.»

Johannes 16,1–3 «Ich sage euch das alles, damit ihr nicht an mir zu zweifeln beginnt und aufgebt. ²Denn man wird euch aus der Gemeinschaft des jüdischen Volkes ausschließen. Ja, es wird so weit kommen, dass man meint, Gott einen Dienst zu erweisen, wenn man euch tötet. ³Zu all dem werden Menschen fähig sein, weil sie meinen Vater und mich nicht kennen.»

Johannes 17,3–4 «Und das allein ist ewiges Leben: dich, den einen wahren Gott, zu erkennen, und Jesus Christus, den du gesandt hast. ⁴Ich habe hier auf der Erde den Menschen gezeigt, wie herrlich du bist. Ich habe deinen Auftrag erfüllt.»

Matthäus 7,21–23 «Nicht, wer mich dauernd ‹Herr› nennt, wird in Gottes neue Welt kommen, sondern wer den Willen meines Vaters im Himmel tut. ²²Am Tag des Gerichts werden zwar viele sagen: ‹Aber Herr, wir haben doch als deine Propheten das weitergesagt, was du selbst uns aufgetragen hast! Wir haben doch in deinem Namen Dämonen ausgetrieben und mächtige Taten vollbracht!› ²³Aber ich werde ihnen antworten: ‹Ich kenne euch nicht, denn ihr habt nicht nach meinem Willen gelebt. Geht mir aus den Augen!›»

Lukas 13,22–30 Auf dem Weg nach Jerusalem ²³fragte ihn ein Mann: «Herr, stimmt es wirklich, dass nur wenige Menschen gerettet werden?» Jesus antwortete ihm: ²⁴«Das Tor zu Gottes neuer Welt ist schmal! Ihr müsst schon alles daransetzen, wenn ihr hineinkommen wollt. Viele versuchen es, aber nur wenigen wird es gelingen. ²⁵Hat der Hausherr erst einmal das Tor verschlossen, werdet ihr draußen stehen. So viel ihr dann auch klopft und bettelt: ‹Herr, mach uns doch auf!› – es ist umsonst! Er wird euch antworten: ‹Was wollt ihr von mir, ich kenne euch nicht!› ²⁶Ihr

werdet rufen: ‹Aber wir haben doch mit dir gegessen und getrunken! Du hast bei uns gepredigt!› ²⁷Doch der Herr wird euch erwidern: ‹Ich habe doch schon einmal gesagt, dass ich euch nicht kenne. Menschen, die Unrecht tun, haben hier nichts verloren. Geht endlich weg!› ²⁸Wenn ihr dann draußen seid und seht, dass Abraham, Isaak, Jakob und alle Propheten in der neuen Welt Gottes sind, dann werdet ihr verzweifelt heulen und schreien. ²⁹Aus der ganzen Welt, aus Ost und West, aus Nord und Süd werden die Menschen in Gottes neue Welt, zu Gottes Fest kommen. ³⁰Vergesst nicht: Viele, die hier nichts gelten, werden dort hoch geehrt sein, aber viele, die hier einen großen Namen haben, werden dort unbekannt sein.»

38 Gottesfurcht

Matthäus 10,27–31 «Was ich euch im Dunkeln sage, das gebt am helllichten Tag weiter! Was ich euch ins Ohr flüstere, das ruft vor aller Welt laut hinaus! ²⁸Habt keine Angst vor den Menschen, die zwar den Körper, aber nicht die Seele töten können! Fürchtet vielmehr Gott, der Leib und Seele in der Hölle vernichten kann. ²⁹Welchen Wert hat schon ein Spatz auf dem Dach? Man kann zwei von ihnen für einen Spottpreis kaufen! Trotzdem fällt keiner tot zur Erde, wenn es euer Vater nicht will. ³⁰Bei euch sind sogar die Haare auf dem Kopf alle gezählt. ³¹Darum habt keine Angst! Ihr seid Gott mehr wert als ein ganzer Spatzenschwarm.»

Lukas 12,4–7 «Meine Freunde! Habt keine Angst vor den Menschen, die euch zwar töten können, aber nicht mehr.

[5]Fürchtet vielmehr Gott, denn er kann euch töten und in die Hölle werfen. Ja, fürchtet ihn allein! [6]Welchen Wert hat schon ein Spatz auf dem Dach? Man kann fünf von ihnen für einen Spottpreis kaufen. Und doch vergisst Gott keinen einzigen von ihnen. [7]Bei euch sind sogar die Haare auf dem Kopf alle gezählt. Darum habt keine Angst! Ihr seid Gott mehr wert als ein ganzer Spatzenschwarm!»

39 Haltungen

Matthäus 5,3–9 «Glücklich sind, die erkennen, wie arm sie vor Gott sind, denn ihnen gehört die neue Welt Gottes. [4]Glücklich sind die Trauernden, denn sie werden Trost finden. [5]Glücklich sind die Friedfertigen, denn sie werden die ganze Erde besitzen. [6]Glücklich sind, die nach Gerechtigkeit hungern und dürsten, denn sie sollen satt werden. [7]Glücklich sind die Barmherzigen, denn sie werden Barmherzigkeit erfahren. [8]Glücklich sind, die ein reines Herz haben, denn sie werden Gott sehen. [9]Glücklich sind, die Frieden stiften, denn Gott wird sie seine Kinder nennen.»

Matthäus 5,13 «Ihr seid für die Welt wie Salz. Wenn das Salz aber fade geworden ist, wodurch soll es seine Würzkraft wiedergewinnen? Es ist nutzlos geworden, man schüttet es weg, und die Leute treten darauf herum.»

Matthäus 5,14–16 «Ihr seid das Licht, das die Welt erhellt. Eine Stadt, die hoch auf dem Berg liegt, kann nicht verborgen bleiben. [15]Man zündet ja auch keine Öllampe an und stellt sie unter einen Eimer. Im Gegenteil: Man stellt sie so auf, dass sie allen im Haus Licht gibt. [16]Genauso soll euer Licht vor allen Menschen leuchten. Sie werden eure guten Taten sehen und euren Vater im Himmel dafür loben.»

Matthäus 5,38–48 «Es heißt auch: ‹Auge um Auge, Zahn um Zahn!› [39]Ich sage euch aber: Leistet keine Gegenwehr, wenn man euch Böses antut! Wenn jemand dir eine Ohrfeige gibt, dann halte die andere Wange auch noch hin! [40]Wenn einer dich vor Gericht bringen will, um dein Hemd zu bekommen, so gib ihm auch noch den Mantel! [41]Und wenn einer von dir verlangt, eine Meile mit ihm zu gehen, dann geh zwei Meilen mit ihm! [42]Gib jedem, der dich um etwas bittet, und weise keinen ab, der etwas von dir leihen will. [43]Es heißt bei euch: ‹Liebt eure Freunde und hasst eure Feinde!› [44]Ich sage aber: Liebt eure Feinde und betet für alle, die euch verfolgen! [45]So erweist ihr euch als Kinder eures Vaters im Himmel. Denn er lässt seine Sonne für Böse wie für Gute scheinen, und er lässt es regnen für Fromme und Gottlose. [46]Wollt ihr etwa noch dafür belohnt werden, dass ihr die Menschen liebt, die euch auch lieben? Das tun sogar die Zolleinnehmer, die sonst nur auf ihren Vorteil aus sind! [47]Wenn ihr nur euren Freunden liebevoll begegnet, ist das etwas Besonderes? Das tun auch die, die von Gott nichts wissen. [48]Ihr aber sollt so vollkommen sein wie euer Vater im Himmel.»

Lukas 12,35–40 [35/36]«Ihr sollt so leben wie Diener, die darauf warten, dass ihr Herr von einer Hochzeit zurückkommt. Seid wie sie dienstbereit, und lasst eure Lampen angezündet. Wenn ihr Herr zurückkommt und klopft, können sie ihm schnell öffnen. [37]Ja, freuen können sich alle, die der Herr bei seiner Rückkehr noch wach antrifft! Ich sage euch: Der Herr wird sie bitten, am Tisch Platz zu nehmen, und er selbst wird sich eine Schürze umbinden und sie bedienen. [38]Vielleicht kommt er spät am Abend, vielleicht auch erst um Mitternacht. Aber wenn er kommt und seine Diener bereit antrifft, werden sie allen Grund zur Freude haben. [39]Eins ist sicher: Wenn der Hausherr wüsste, wann ein Dieb bei ihm einbrechen will, würde er wach bleiben und sich vor dem Einbrecher schützen. [40]Seid also zu jeder Zeit bereit, denn der Menschensohn wird gerade dann kommen, wenn ihr am wenigsten damit rechnet.»

Lukas 12,42–48 Jesus, der Herr, entgegnete: «Wie verhält sich denn ein kluger und zuverlässiger Verwalter? Sein Herr hat ihm die Verantwortung für alle Mitarbeiter übertragen; er soll sie zu jeder Zeit mit allem Nötigen versorgen. [43]Dieser Verwalter darf sich glücklich nennen, wenn sein Herr ihn bei der Rückkehr gewissenhaft bei der Arbeit findet. [44]Das sage ich euch: Einem so zuverlässigen Mann wird er die Verantwortung für seinen ganzen Besitz übertragen. [45]Wenn aber ein Verwalter unzuverlässig ist und im Stillen denkt: ‹Ach was, es dauert bestimmt noch lange, bis mein Herr kommt›, und er fängt an, seine Mitarbeiter zu schlagen, zu schlemmen und sich zu betrinken, [46]dann wird die Rückkehr seines Herrn ihn völlig überraschen. Sein Herr kommt, wenn er nicht damit rechnet. Er wird den unzuverlässigen Verwalter hart bestrafen und ihm den Lohn geben, den die Gottlosen verdienen. [47]Der Verwalter, der den Willen seines Herrn kennt, sich aber bewusst nicht danach richtet, wird

schwer bestraft werden. [48]Wer dagegen falsch handelt, ohne es zu wissen, wird mit einer leichteren Strafe davonkommen. So wird von jedem, der viel bekommen hat, auch viel erwartet; denn wem viel anvertraut wurde, von dem verlangt man umso mehr.»

Lukas 17,7–10 «Wie ist das bei euch?», fragte Jesus seine Zuhörer. «Wenn euer Knecht vom Feld oder von der Herde heimkommt, sagt ihr dann zu ihm: ‹Komm, setz dich an den Tisch und iss›? [8]Oder werdet ihr ihm nicht erst den Auftrag geben: ‹Zieh dich um, mach mir etwas zu essen und deck den Tisch! Wenn ich gegessen habe, dann kannst du auch essen und trinken.› [9]Kann der Knecht dafür einen besonderen Dank erwarten? Ich meine nicht! Es gehört doch schließlich zu seiner Arbeit. [10]Das gilt auch für euch. Wenn ihr in meinem Dienst alles getan habt, was ich euch aufgetragen habe, dann sollt ihr sagen: ‹Wir sind einfache Knechte und haben nur unseren Auftrag ausgeführt!›»

Lukas 18,1–8 Wie wichtig es ist, Gott unermüdlich um alles zu bitten, machte Jesus durch ein Gleichnis deutlich: [2]«In einer Stadt lebte ein Richter, dem Gott und die Menschen gleichgültig waren. [3]Tag für Tag bestürmte ihn eine Witwe mit ihrer Not: ‹Verhilf mir doch endlich zu meinem Recht!› [4]Immer wieder stieß sie bei ihm auf taube Ohren, aber schließlich sagte er sich: ‹Mir sind zwar Gott und die Menschen gleichgültig, [5]aber diese Frau lässt mir einfach keine Ruhe. Ich muss ihr zu ihrem Recht verhelfen, sonst wird sie am Ende noch handgreiflich.›» [6]Und Jesus, der Herr, fügte hinzu: «Ihr habt gehört, was dieser ungerechte Richter gesagt hat. [7]Meint ihr, Gott wird seinen Auserwählten nicht zum Recht verhelfen, wenn sie ihn Tag und Nacht darum bitten? Wird er sie etwa lange warten lassen? Nein! [8]Ich versichere euch: Er wird ihnen schnellstens helfen. Die Frage ist: Wird der Menschensohn, wenn er kommt, auf der Erde überhaupt noch Menschen finden, die diesen Glauben haben?»

40 Haushalterschaft, Großzügigkeit und Geben

Matthäus 5,38–48 «Es heißt auch: ‹Auge um Auge, Zahn um Zahn!› [39]Ich sage euch aber: Leistet keine Gegenwehr, wenn man euch Böses antut! Wenn jemand dir eine Ohrfeige gibt, dann halte die andere Wange auch noch hin! [40]Wenn einer dich vor Gericht bringen will, um dein Hemd zu bekommen, so gib ihm auch noch den Mantel! [41]Und wenn einer von dir verlangt, eine Meile mit ihm zu gehen, dann geh zwei Meilen mit ihm! [42]Gib jedem, der dich um etwas bittet, und weise keinen ab, der etwas von dir leihen will. [43]Es heißt bei euch: ‹Liebt eure Freunde und hasst eure Feinde!› [44]Ich sage aber: Liebt eure Feinde und betet für alle, die euch verfolgen! [45]So erweist ihr euch als Kinder eures Vaters im Himmel. Denn er lässt seine Sonne für Böse wie für Gute scheinen, und er lässt es regnen für Fromme und Gottlose. [46]Wollt ihr etwa noch dafür belohnt werden, dass ihr die Menschen liebt, die euch auch lieben? Das tun sogar die Zolleinnehmer, die sonst nur auf ihren Vorteil aus sind! [47]Wenn ihr nur euren Freunden liebevoll begegnet, ist das etwas Besonderes? Das tun auch die, die von Gott nichts wissen. [48]Ihr aber sollt so vollkommen sein wie euer Vater im Himmel.»

Matthäus 10,5–10 Diese Zwölf sandte Jesus aus und gab ihnen folgenden Auftrag: «Geht nicht zu den Nichtjuden oder in die Städte der Samariter, [6]sondern geht nur zu den Menschen aus dem Volk Israel, die sich von Gott entfernt haben. Sie sind wie Schafe, die ohne ihren Hirten verloren sind. [7]Ihnen sollt ihr diese Nachricht bringen: ‹Jetzt beginnt Gottes neue Welt!› [8]Heilt Kranke, weckt Tote auf, macht Aussätzige gesund und treibt Dämonen aus! Tut alles, ohne etwas dafür zu verlangen, denn ihr habt auch die Kraft dazu ohne Gegenleistung bekommen. [9]Nehmt kein Geld mit auf die Reise, weder Goldstücke noch Silber- oder Kupfermünzen, [10]auch keine Tasche, kein zweites Hemd, keine Schuhe und keinen Wanderstock. Denn weil ihr den Menschen dient, sollen sie für euch sorgen.»

Matthäus 10,40–42 «Wer euch aufnimmt, der nimmt mich auf, und wer mich aufnimmt, der nimmt Gott auf, der mich gesandt hat. [41]Wer einen Propheten aufnimmt, weil Gott diesen beauftragt hat, der wird auch wie ein Prophet belohnt werden. Und wer einen Menschen aufnimmt, weil dieser nach Gottes Willen lebt, wird denselben Lohn wie dieser empfangen. [42]Wer einen meiner unbedeutendsten Jünger auch nur mit einem Schluck kaltem Wasser erfrischt, weil dieser zu mir gehört, der wird seinen Lohn erhalten. Darauf könnt ihr euch verlassen!»

Matthäus 19,21 Jesus antwortete: «Wenn du vollkommen sein willst, dann verkauf, was du hast, und gib das Geld den Armen. Damit wirst du im Himmel einen Reichtum gewinnen, der niemals verloren geht. Und dann komm, und folge mir nach.»

Matthäus 25,14–30 «Es wird dann so sein wie bei dem Mann, der ins Ausland reisen wollte. Er rief alle seine Verwalter zusammen und beauftragte sie, während seiner Abwesenheit mit seinem Vermögen zu arbeiten. [15]Dem einen gab er fünf Zentner Silberstücke, einem anderen zwei und dem dritten einen Zentner, jedem nach seinen Fähigkeiten. Danach reiste er ab. [16]Der Mann mit den fünf Zentnern Silberstücke war so erfolgreich bei seinen Geschäften, dass er die Summe verdoppeln konnte. [17]Auch der die zwei Zentner bekommen hatte, verdiente zwei hinzu. [18]Der dritte aber vergrub sein Geld an einem sicheren Ort. [19]Nach langer Zeit kehrte der Herr von seiner Reise zurück und forderte seine Verwalter auf, mit ihm abzurechnen. [20]Der Mann, der fünf Zentner Silbergeld erhalten hatte, brachte zehn Zentner. Er sagte: ‹Herr, fünf Zentner hast du mir gegeben. Hier, ich habe fünf dazuverdient.› [21]Da lobte ihn sein Herr: ‹Du warst tüchtig und zuverlässig. In kleinen Dingen bist du treu gewesen, darum werde ich dir größere Aufgaben anvertrauen. Ich lade dich zu meinem Fest ein!› [22]Danach kam der Mann mit den zwei Zentnern. Er berichtete: ‹Herr, auch ich habe den Betrag verdoppeln können.› [23]Da lobte ihn der Herr: ‹Du warst tüchtig und zuverlässig. In kleinen Dingen bist du treu gewesen, darum werde ich dir größere Aufgaben anvertrauen. Ich lade dich zu meinem Fest ein!› [24]Schließlich kam der mit dem einen Zentner Silberstücke und erklärte: ‹Ich kenne dich als strengen Herrn und dachte: Du erntest, was andere gesät haben; du nimmst dir, was ich verdient habe. [25]Aus Angst habe ich das Geld sicher aufbewahrt. Hier hast du es wieder zurück!› [26]Zornig antwortete ihm darauf sein Herr: ‹Auf dich ist kein Verlass, und faul bist du auch noch! Wenn du schon der Meinung bist, dass ich ernte, was andere gesät haben, und mir nehme, was du verdient hast, [27]hättest du zumindest mein Vermögen bei einer Bank anlegen können! Dort hätte es wenigstens Zinsen gebracht! [28]Nehmt ihm das Geld weg, und gebt es dem, der die fünf Zentner hatte! [29]Denn wer viel hat, der bekommt noch mehr dazu, ja, er wird mehr als genug haben! Wer aber nichts hat, dem wird selbst noch das Wenige, das er hat, genommen. [30]Und jetzt werft diesen Nichtsnutz hinaus in die Finsternis, wo es nur Weinen und ohnmächtiges Jammern gibt!›»

Markus 4,24–25 «Eins steht fest: Mit dem Maßstab, den ihr an andere anlegt, werdet ihr selbst gemessen werden. Von euch wird man sogar noch mehr erwarten. [25]Denn wer viel hat, der bekommt noch mehr dazu. Wer aber nichts hat, dem wird selbst noch das Wenige, das er hat, genommen.»

Markus 10,21 Jesus sah ihn [einen reichen jungen Mann] voller Liebe an: «Etwas fehlt dir noch: Verkaufe alles, was du hast, und gib das Geld den Armen. Damit wirst du im Himmel einen Reichtum gewinnen, der niemals verloren geht. Und dann komm und folge mir nach!»

Markus 12,38–40 Jesus redete weiter zu ihnen: «Hütet euch vor den Schriftgelehrten! Sie laufen gern in langen Gewändern herum und genießen es, wenn die Leute sie auf der Straße ehrfurchtsvoll grüßen. [39]In der Synagoge sitzen sie stets in der ersten Reihe, und es gefällt ihnen, wenn sie bei euren Festen die Ehrenplätze bekommen. [40]Gierig reißen sie den Besitz der Witwen an sich; dabei tarnen sie ihre bösen Absichten mit langen Gebeten. Gottes Strafe wird sie besonders hart treffen.»

Markus 12,42–44 Dann aber kam eine arme Witwe und warf zwei der kleinsten Münzen in den Opferkasten. [43]Jesus rief seine Jünger zu sich und sagte: «Eines ist sicher: Diese arme Witwe hat mehr gegeben als alle anderen. [44]Die Reichen haben nur etwas von ihrem Überfluss gegeben, aber diese Frau ist arm und gab alles, was sie hatte – sogar das, was sie dringend zum Leben gebraucht hätte.»

Lukas 6,27–36 «Euch allen sage ich: Liebt eure Feinde und tut denen Gutes, die euch hassen. [28]Segnet die Menschen, die euch Böses wünschen, und betet für alle, die euch beleidigen. [29]Wenn jemand dir eine Ohrfeige gibt, dann halte die andere Wange auch noch hin. Wenn dir einer den Mantel wegnimmt, dann weigere dich nicht, ihm auch noch das Hemd zu geben. [30]Gib jedem, der dich um etwas bittet, und fordere nicht zurück, was man dir genommen hat. [31]So wie ihr von anderen behandelt werden möchtet, so behandelt sie auch. [32]Oder wollt ihr dafür belohnt werden, dass ihr die Menschen liebt, die euch auch lieben? Das tun selbst die Leute, die von Gott nichts wissen wollen. [33]Ist es etwas Besonderes, denen Gutes zu tun, die auch zu euch gut sind? Das können auch Menschen, die Gott ablehnen. [34]Was ist schon dabei, Leuten Geld zu leihen, von denen man genau weiß, dass sie es zurück-

zahlen? Dazu braucht man nichts von Gott zu wissen. [35]Ihr aber sollt eure Feinde lieben und den Menschen Gutes tun. Ihr sollt ihnen helfen, ohne einen Dank oder eine Gegenleistung zu erwarten. Dann werdet ihr reich belohnt werden: Ihr werdet Kinder des höchsten Gottes sein. Denn auch er ist gütig zu Undankbaren und Bösen. [36]Seid so barmherzig wie euer Vater im Himmel!»

Lukas 6,38 «Gebt, was ihr habt, dann werdet ihr so reich beschenkt werden, dass ihr gar nicht alles aufnehmen könnt. Mit dem Maßstab, den ihr an andere legt, wird man auch euch messen.»

Lukas 12,35–40 [35/36]«Ihr sollt so leben wie Diener, die darauf warten, dass ihr Herr von einer Hochzeit zurückkommt. Seid wie sie dienstbereit, und lasst eure Lampen angezündet. Wenn ihr Herr zurückkommt und klopft, können sie ihm schnell öffnen. [37]Ja, freuen können sich alle, die der Herr bei seiner Rückkehr noch wach antrifft! Ich sage euch: Der Herr wird sie bitten, am Tisch Platz zu nehmen, und er selbst wird sich eine Schürze umbinden und sie bedienen. [38]Vielleicht kommt er spät am Abend, vielleicht auch erst um Mitternacht. Aber wenn er kommt und seine Diener bereit antrifft, werden sie allen Grund zur Freude haben. [39]Eins ist sicher: Wenn der Hausherr wüsste, wann ein Dieb bei ihm einbrechen will, würde er wach bleiben und sich vor dem Einbrecher schützen. [40]Seid also zu jeder Zeit bereit, denn der Menschensohn wird gerade dann kommen, wenn ihr am wenigsten damit rechnet.»

Lukas 12,42–48 Jesus, der Herr, entgegnete: «Wie verhält sich denn ein kluger und zuverlässiger Verwalter? Sein Herr hat ihm die Verantwortung für alle Mitarbeiter übertragen; er soll sie zu jeder Zeit mit allem Nötigen versorgen. [43]Dieser Verwalter darf sich glücklich nennen, wenn sein Herr ihn bei der Rückkehr gewissenhaft bei der Arbeit findet. [44]Das sage ich euch: Einem so zuverlässigen Mann wird er die Verantwortung für seinen ganzen Besitz übertragen. [45]Wenn aber ein Verwalter unzuverlässig ist und im Stillen denkt: ‹Ach was, es dauert bestimmt noch lange, bis mein Herr kommt›, und er fängt an, seine Mitarbeiter zu schlagen, zu schlemmen und sich zu betrinken, [46]dann wird die Rückkehr seines Herrn ihn völlig überraschen. Sein Herr kommt, wenn er nicht damit rechnet. Er wird den unzuverlässigen Verwalter hart bestrafen und ihm den Lohn geben, den die Gottlosen verdienen. [47]Der Verwalter, der den Willen seines Herrn kennt, sich aber bewusst nicht danach richtet, wird schwer bestraft werden. [48]Wer dagegen falsch handelt, ohne es zu wissen, wird mit einer leichteren Strafe davonkommen. So wird von jedem, der viel bekommen hat, auch viel erwartet; denn wem viel anvertraut wurde, von dem verlangt man umso mehr.»

Lukas 16,9–12 Jesus erklärte seinen Jüngern: «Ich sage euch: So klug wie dieser ungerechte Verwalter sollt auch ihr das Geld einsetzen. Macht euch Freunde damit! Dann werdet ihr, wenn euch das Geld nichts mehr nützen kann, einen Platz im Himmel bekommen. [10]Doch bedenkt: Nur wer im Kleinen ehrlich ist, wird es auch im Großen sein. Wenn ihr bei kleinen Dingen unzuverlässig seid, werdet ihr es auch bei großen sein. [11]Geht ihr also schon mit Geld unehrlich um, wer wird euch dann die Reichtümer des Himmels anvertrauen wollen? [12]Verwaltet ihr das Geld anderer Leute nachlässig, wer wird euch dann das schenken, was euch gehören soll?»

Lukas 19,12–27 «Ein Fürst trat eine weite Reise an. Er sollte zum König gekrönt werden und dann wieder in sein Land zurückkehren. [13]Bevor er abreiste, rief er zehn seiner Knechte zu sich, gab jedem ein Pfund Silberstücke und sagte: ‹Setzt dieses Geld gewinnbringend ein! Ich komme bald zurück!› [14]Viele Bürger seines Landes aber hassten ihn. Sie schickten eine Gesandtschaft hinter ihm her mit der Erklärung: ‹Diesen Mann werden wir nicht als König anerkennen!› [15]Trotzdem wurde er gekrönt und kam als König in sein Land zurück. Er befahl die Knechte zu sich, denen er das Geld gegeben hatte, und wollte wissen: ‹Was habt ihr damit gemacht?› [16]Der erste berichtete: ‹Herr, ich habe das Zehnfache deines Geldes als Gewinn erwirtschaftet.› [17]‹Ausgezeichnet!›, rief der König. ‹Das hast du gut gemacht! Du hast dich in dieser kleinen Aufgabe bewährt. Ich vertraue dir die Verwaltung von zehn Städten an.› [18]Darauf trat der nächste Mann vor und berichtete: ‹Herr, ich habe das Fünffache an Silberstücken hinzugewonnen.› [19]‹Gut!›, antwortete sein Herr. ‹Du wirst Verwalter über fünf Städte.› [20]Nun trat ein anderer Knecht vor und sagte: ‹Herr, hier hast du dein Geld zurück. Ich habe es in ein Tuch eingewickelt und aufbewahrt! [21]Ich fürchte dich als strengen Herrn. Denn du nimmst, was dir nicht gehört, und du erntest, was andere gesät haben.› [22]Da rief der König zornig: ‹Du richtest dich mit deinen eigenen Worten, du Nichtsnutz! Wenn du weißt, dass ich ein strenger Herr bin, dass

ich nehme, was mir nicht gehört, und ernte, wo ich nicht angebaut habe, ²³warum
hast du das Geld dann nicht zur Bank gebracht? Dann hätte ich wenigstens Zinsen
dafür bekommen!› ²⁴Er forderte die Umstehenden auf: ‹Nehmt ihm das Geld ab und
gebt es dem Mann, der zehn Pfund Silberstücke erwirtschaftet hat.› ²⁵‹Aber Herr›,
widersprachen seine Leute, ‹der hat doch
schon genug!› ²⁶Da sagte ihnen der König:
‹Ich versichere euch: Wer viel hat, der bekommt noch mehr dazu. Wer aber nichts
hat, dem wird selbst noch das Wenige, das
er hat, genommen! ²⁷Doch jetzt holt meine
Feinde her, die mich nicht als König anerkennen wollten: Sie sollen vor meinen Augen hingerichtet werden!›»

Lukas 21,3–4 «Eins ist sicher», meinte
Jesus, «diese arme Witwe hat mehr gegeben als alle anderen. ⁴Die Reichen haben
nur etwas von ihrem Überfluss gegeben;
aber diese Frau ist arm und gab alles, was
sie hatte – sogar das, was sie dringend zum
Leben gebraucht hätte.»

Apostelgeschichte 20,35 «Damit wollte
ich [Paulus] euch zeigen, wie man arbeiten
muss, um den Armen zu helfen und das zu
erfüllen, was unser Herr Jesus selbst gesagt
hat: ‹Geben macht glücklicher als Nehmen.›»

41 Heilung

Johannes 17,15–19 «Ich bitte dich
[Gott] nicht, sie aus der Welt zu nehmen,
aber schütze sie vor der Macht des Bösen!
¹⁶Sie gehören ebenso wenig zur Welt wie
ich. ¹⁷Lass ihnen deine Wahrheit leuchten,
damit sie in immer engerer Gemeinschaft
mit dir leben! Dein Wort ist die Wahrheit!

¹⁸Wie du mich in die Welt gesandt hast, so
sende ich sie in die Welt. ¹⁹Für sie gebe ich
mein Leben hin, damit ihr Leben ganz dir
gehört.»

Matthäus 5,29–30 «Wenn dich also
dein rechtes Auge zur Sünde verführt,
dann reiß es heraus und wirf es weg! Besser, du verlierst eins deiner Glieder, als
dass du unversehrt in die Hölle geworfen
wirst. ³⁰Und wenn dich deine rechte Hand
zum Bösen verführt, so hack sie ab und wirf
sie weg! Es ist besser, verstümmelt zu sein,
als unversehrt in die Hölle geworfen zu
werden.»

Matthäus 5,48 «Ihr aber sollt so vollkommen sein wie euer Vater im Himmel.»

42 Heilung

Johannes 4,49–53 Aber der Beamte
flehte ihn an: «Herr, komm doch schnell,
sonst stirbt mein Kind!» ⁵⁰«Geh nach Hause», sagte Jesus, «dein Sohn ist gesund!»
Der Mann glaubte ihm und ging nach
Hause. ⁵¹Noch während er unterwegs war,
kamen ihm einige seiner Diener entgegen.
«Dein Kind ist gesund!», riefen sie. ⁵²Der
Vater erkundigte sich: «Seit wann geht es
ihm besser?» Sie antworteten: «Gestern
Mittag gegen ein Uhr hatte er plötzlich
kein Fieber mehr.» ⁵³Da erinnerte sich der
Vater, dass Jesus genau in dieser Stunde gesagt hatte: «Dein Sohn ist gesund!» Seitdem glaubte dieser Mann mit allen, die in
seinem Haus lebten, an Jesus.

Johannes 5,5–14 Einer von den Menschen, die dort lagen, war schon seit achtunddreißig Jahren krank. ⁶Als Jesus ihn sah
und erfuhr, dass er schon so lange an seiner
Krankheit litt, fragte er ihn: «Willst du ge-

sund werden?» ⁷«Ach Herr», entgegnete der Kranke, «ich habe niemanden, der mir in den Teich hilft, wenn sich das Wasser bewegt. Versuche ich es aber allein, komme ich immer zu spät.» ⁸Da forderte ihn Jesus auf: «Steh auf, roll deine Matte zusammen und geh!» ⁹Im selben Augenblick war der Mann geheilt. Er nahm seine Matte und ging seines Weges. Das geschah an einem Sabbat. ¹⁰Einige der Juden, die den Geheilten sahen, hielten ihm vor: «Heute ist doch Sabbat! Da darf man keine Matte tragen!» ¹¹«Aber der Mann, der mich heilte, hat es mir ausdrücklich befohlen», antwortete er ihnen. ¹²«Wer hat dir so etwas befohlen?», fragten sie nun. ¹³Doch das wusste der Mann nicht, denn Jesus hatte den Teich wegen der großen Menschenmenge bereits wieder verlassen. ¹⁴Später traf Jesus den Geheilten im Tempel und sagte zu ihm: «Du bist gesund geworden. Sündige nicht mehr, damit du nicht etwas Schlimmeres als deine Krankheit erlebst!»

Johannes 9,1–7 Unterwegs sah Jesus einen Mann, der von Geburt an blind war. ²«Meister», fragten die Jünger, «wer ist schuld daran, dass dieser Mann blind ist? Hat er selbst Schuld auf sich geladen oder seine Eltern?» ³«Weder noch», antwortete Jesus. «Vielmehr soll an ihm die Macht Gottes sichtbar werden. ⁴Ich muss die Aufgaben, die Gott mir gegeben hat, erfüllen, solange es Tag ist. Bald kommt die Nacht, in der niemand mehr etwas tun kann. ⁵Doch solange ich in der Welt bin, werde ich für diese Welt das Licht sein.» ⁶Er spuckte auf die Erde, rührte mit dem Speichel einen Brei an und strich ihn auf die Augen des Blinden. ⁷Dann forderte er ihn auf: «Geh jetzt zum Teich Siloah, und

wasch dich dort.» (Siloah heißt: «Der Gesandte.») Der Blinde ging hin, wusch sich, und als er zurückkam, konnte er sehen.

Matthäus 8,2–4 Da kam ein Aussätziger und fiel vor Jesus nieder: «Herr, wenn du willst, kannst du mich heilen!» ³Jesus streckte die Hand aus, berührte ihn und sagte: «Ich will es tun! Sei gesund!» Im selben Augenblick war der Mann von seiner Krankheit geheilt. ⁴Da befahl ihm Jesus: «Sag niemandem etwas, sondern geh sofort zum Priester, und lass dich von ihm untersuchen. Bring das Opfer dar, wie es Mose vorgeschrieben hat. So werden die Priester sehen, dass ich im Auftrag Gottes handle.» (Siehe auch Markus 1,40–44 und Lukas 5,12–14.)

Matthäus 8,14–17 Als Jesus in das Haus des Petrus kam, lag dessen Schwiegermutter mit hohem Fieber im Bett. ¹⁵Jesus ergriff ihre Hand, und sofort war das Fieber verschwunden. Sie konnte sogar aufstehen und für ihre Gäste sorgen. ¹⁶Am selben Abend brachte man viele von Dämonen beherrschte Menschen zu Jesus. Er brauchte nur ein Wort zu sagen, und die Besessenen wurden frei und alle Kranken geheilt. ¹⁷Dies geschah, damit sich die Vorhersage des Propheten Jesaja erfüllte: «Er nahm unsere Leiden auf sich und heilte unsere Krankheiten.»¹⁹

Matthäus 9,22 Jesus drehte sich um, sah sie an und sagte: «Sei unbesorgt, meine Tochter! Dein Glaube hat dir geholfen.» Im selben Augenblick war die Frau gesund.

Matthäus 9,23–25 Jesus kam zum Haus

---

¹⁹ Jesus hat offensichtlich an dieser Stelle etwas gesagt. Was genau, überliefert Matthäus nicht.

des Synagogenvorstehers. Als er den Tumult der Leute sah und die Trauermusik hörte, sagte er: [24]«Geht alle hinaus! Das Mädchen ist nicht tot, es schläft nur.» Da lachten sie ihn aus. [25]Als die Leute endlich hinausgetrieben waren, trat Jesus in das Zimmer des Mädchens und nahm die Hand des Kindes. Da stand das Mädchen auf und war gesund.

Matthäus 9,27–30 Als Jesus weiterging, liefen ihm zwei Blinde nach und schrien: «Du Sohn Davids! Hilf uns doch!» [28]Sie folgten ihm bis in das Haus, in dem er wohnte. Jesus fragte sie: «Glaubt ihr denn, dass ich euch helfen kann?» – «Ja, Herr!», antworteten sie. [29]Da berührte er ihre Augen und sagte: «Was ihr mir zutraut, das soll sich erfüllen.» [30]Sofort konnten sie sehen. Jesus aber befahl ihnen nachdrücklich: «Niemand darf von eurer Heilung erfahren.»

Matthäus 10,5–8 Diese Zwölf sandte Jesus aus und gab ihnen folgenden Auftrag: «Geht nicht zu den Nichtjuden oder in die Städte der Samariter, [6]sondern geht nur zu den Menschen aus dem Volk Israel, die sich von Gott entfernt haben. Sie sind wie Schafe, die ohne ihren Hirten verloren sind. [7]Ihnen sollt ihr diese Nachricht bringen: ‹Jetzt beginnt Gottes neue Welt!› [8]Heilt Kranke, weckt Tote auf, macht Aussätzige gesund und treibt Dämonen aus! Tut alles, ohne etwas dafür zu verlangen, denn ihr habt auch die Kraft dazu ohne Gegenleistung bekommen.»

Matthäus 20,30–34 Zwei blinde Männer saßen an der Straße. Als sie hörten, dass Jesus vorüberkam, riefen sie: «Herr, du Sohn Davids, hab Erbarmen mit uns!» [31]Die Leute fuhren sie an: «Haltet den Mund!» Aber die Blinden schrien nur noch lauter: «Herr, du Sohn Davids, hab Erbarmen mit uns!» [32]Da blieb Jesus stehen, rief sie zu sich und fragte: «Was soll ich für euch tun?» [33]«Herr», flehten ihn die Blinden an, «wir möchten sehen können!» [34]Jesus hatte Mitleid mit ihnen und berührte ihre Augen. Im selben Augenblick konnten sie sehen, und sie gingen mit ihm.

Markus 2,8–9 Jesus durchschaute sie und fragte: «Wie könnt ihr nur so etwas denken! [9]Ist es leichter zu sagen: ‹Dir sind deine Sünden vergeben› oder diesen Gelähmten zu heilen?»

Markus 3,1–5 Als Jesus wie gewohnt zur Synagoge ging, war dort ein Mann mit einer verkrüppelten Hand. [2]Seine Gegner warteten gespannt darauf, wie Jesus sich verhalten würde. Sollte er es nämlich wagen, auch am Sabbat zu heilen, so könnten sie Anklage gegen ihn erheben. [3]Jesus rief den Mann mit der verkrüppelten Hand zu sich: «Steh auf und komm hierher, damit alle dich sehen können!» [4]Dann fragte er die Anwesenden: «Soll man am Sabbat Gutes tun oder Böses? Soll man das Leben eines Menschen retten, oder soll man ihn zugrunde gehen lassen?» Doch er bekam keine Antwort. [5]Zornig sah Jesus einen nach dem anderen an, traurig über ihre Hartherzigkeit. Zu dem Mann aber sagte er: «Streck deine Hand aus!» Er streckte sie aus, und die Hand war gesund. (Siehe auch Lukas 6,6–10.)

Markus 5,38–42 Als sie im Haus des Jaïrus ankamen, sah Jesus die vielen Menschen und hörte ihr Weinen und Jammern. [39]«Weshalb macht ihr solchen Lärm?», fragte er sie. «Warum weint ihr? Das Kind ist nicht tot, es schläft nur.» [40]Da lachten sie ihn aus. Jesus schickte sie alle weg; nur die Eltern und seine drei Jünger gingen mit zum Bett des Mädchens. ⁴¹Dann fasste er die Tochter des Jaïrus an der Hand und sagte: «Talita kum!» Das heißt übersetzt: «Mädchen, steh auf!» ⁴²Da stand das zwölfjährige Kind auf und ging im Zimmer umher. Ihre Eltern waren fassungslos. Sie wussten nicht, was sie sagen sollten. ⁴³Jesus verbot ihnen aber nachdrücklich, anderen davon zu erzählen. «Und nun gebt dem Kind etwas zu essen!», sagte er.

Markus 7,32–35 Dort wurde ein Taubstummer zu ihm gebracht, damit er dem Mann die Hände auflegte und ihn heilte. ³³Jesus führte den Kranken von der Menschenmenge weg. Er legte seine Finger in die Ohren des Mannes, berührte dessen Zunge mit Speichel, ³⁴sah auf zum Himmel, seufzte und sprach: «Öffne dich!» ³⁵Im selben Augenblick konnte der Taubstumme hören und sprechen.

Markus 8,22–26 In Betsaida brachten die Leute einen Blinden zu Jesus. Sie baten ihn, den Mann zu heilen. ²³Jesus nahm den Blinden bei der Hand und führte ihn zum Dorf hinaus. Dann strich er etwas Speichel auf seine Augen, legte ihm die Hände auf und fragte: «Kannst du etwas sehen?» ²⁴Der Mann blickte auf. «Ja», sagte er, «ich sehe Menschen herumlaufen. Aber ich kann sie nicht klar erkennen. Es könnten genauso gut Bäume sein.» ²⁵Da legte Jesus ihm noch einmal die Hände auf die Augen. Jetzt sah der Mann deutlich; alles konnte er genau erkennen. Er war geheilt. ²⁶Aber Jesus befahl ihm: «Geh nicht erst in das Dorf zurück, sondern geh gleich nach Hause!»

Markus 10,46–52 Dann kamen Jesus und seine Jünger nach Jericho. Als sie die Stadt wieder verlassen wollten, folgte ihnen eine große Menschenmenge. Am Weg saß ein Blinder und bettelte. Es war Bartimäus, der Sohn des Timäus. ⁴⁷Als er hörte, dass Jesus von Nazareth vorbeikam, begann er laut zu rufen: «Jesus, du Sohn Davids, hab Erbarmen mit mir!» ⁴⁸Die Leute fuhren ihn an: «Halt den Mund!» Aber er schrie nur noch lauter: «Du Sohn Davids, hab Erbarmen mit mir!» ⁴⁹Da blieb Jesus stehen: «Ruft ihn her zu mir.» Ein paar von den Leuten liefen zu dem Blinden und sagten zu ihm: «Nur Mut! Komm mit! Jesus ruft dich.» ⁵⁰Bartimäus ließ sein Gewand zu Boden fallen, sprang auf und kam zu Jesus. ⁵¹«Was soll ich für dich tun?», fragte ihn Jesus. «Meister», flehte ihn der Blinde an, «ich möchte sehen können!» ⁵²Darauf antwortete Jesus: «Geh! Dein Glaube hat dir geholfen.» Im selben Augenblick konnte der Blinde sehen, und er ging mit Jesus.

Markus 16,15–18 Dann sagte er zu ihnen [den Jüngern]: «Geht hinaus in die ganze Welt und verkündet allen Menschen die rettende Botschaft. ¹⁶Denn wer glaubt und getauft ist, der wird gerettet werden. Wer aber nicht glaubt, der wird verurteilt werden. ¹⁷Die Glaubenden aber werde ich durch folgende Wunder bestätigen: In meinem Namen werden sie Dämonen austreiben und in unbekannten Sprachen reden. ¹⁸Gefährliche Schlangen und tödliches Gift werden ihnen nicht schaden, und Kranke, denen sie die Hände auflegen, werden gesund.»[20]

---

[20] In den frühesten Handschriften des Markus-Evangeliums ist Markus 16,9–20 nicht vorhanden.

Lukas 4,18–21 «Der Geist des Herrn ruht auf mir, weil er mich berufen hat. Er hat mich gesandt, den Armen die frohe Botschaft zu bringen. Ich rufe Freiheit aus für die Gefangenen, den Blinden sage ich, dass sie sehen werden, und den Unterdrückten, dass sie bald von jeder Gewalt befreit sein sollen. [19]Ich rufe ihnen zu: Jetzt erlässt Gott eure Schuld.» [20]Jesus rollte die Buchrolle zusammen, gab sie dem Synagogendiener zurück und setzte sich. Alle blickten ihn erwartungsvoll an. [21]Er begann: «Heute hat sich diese Voraussage des Propheten erfüllt.»

Lukas 4,24–27 «Aber ihr wisst doch: Ein Prophet gilt nichts in seiner Heimatstadt. [25]Denkt an Elia! Damals gab es genug Witwen in Israel, die Hilfe brauchten; denn es hatte dreieinhalb Jahre nicht geregnet, und alle Menschen im Land hungerten. [26]Aber nicht zu ihnen wurde Elia geschickt, sondern zu einer nichtjüdischen Witwe in Zarpat bei Sidon. [27]Oder erinnert euch an den Propheten Elisa! Es gab unzählige Aussätzige in Israel, aber von ihnen wurde keiner geheilt. Naaman, der Syrer, war der Einzige.»

Lukas 7,12–15 Als er sich dem Stadttor näherte, kam ihm ein Trauerzug entgegen. Der Verstorbene war der einzige Sohn einer Witwe. Viele Trauergäste aus der Stadt begleiteten die Frau. [13]Als Jesus, der Herr, sie sah, war er von ihrem Leid tief bewegt. «Weine nicht!», tröstete er sie. [14]Er ging zu der Bahre und legte seine Hand darauf. Die Träger blieben stehen. Jesus sagte zu dem toten Jungen: «Ich befehle dir: Steh auf!» [15]Da setzte sich der Junge auf und begann zu sprechen. So gab Jesus der Mutter ihr Kind zurück.

Lukas 10,2–9 Er sagte zu ihnen [den Siebzig, die er aussandte]: «Die Ernte ist groß, aber es gibt nur wenige Arbeiter. Deshalb bittet den Herrn, dass er noch mehr Arbeiter aussendet, die seine Ernte einbringen. [3]Geht nun! Ich schicke euch wie Schafe mitten unter die Wölfe. [4]Nehmt kein Geld, keine Tasche, keine Schuhe mit, und wenn ihr unterwegs Leute trefft, dann führt keine langen Gespräche! [5]Wenn ihr in ein Haus eintretet, dann sagt: ‹Friede sei mit euch allen!› [6]Wollen die Menschen Gottes Frieden annehmen, wird der Friede, den ihr ihnen bringt, bei ihnen bleiben. Lehnt man aber eure Friedensbotschaft ab, dann wird auch Gottes Friede nicht in diesem Haus sein. [7]Deshalb bleibt dort, wo man euch aufnimmt, esst und trinkt, was man euch anbietet. Denn weil ihr den Menschen dient, sollen sie für euch sorgen. Bleibt in dem einen Haus, und geht in kein anderes. [8]Wenn ihr in eine Stadt kommt, in der euch die Leute bereitwillig aufnehmen, dann esst, was man euch anbietet. [9]Heilt die Kranken, und sagt allen Menschen: ‹Jetzt beginnt Gottes neue Welt bei euch.›»

Lukas 13,10–13 Am Sabbat lehrte Jesus in einer Synagoge. [11]Eine Frau hörte ihm zu, die ein böser Geist krank gemacht hatte: Seit achtzehn Jahren saß sie gebeugt da und konnte sich nicht mehr aufrichten. [12]Als Jesus sie sah, rief er sie zu sich: «Frau, du sollst von deinem Leiden erlöst sein!» [13]Er legte seine Hände auf sie. Da richtete sie sich auf und dankte Gott von ganzem Herzen.

Lukas 13,14–16 Aber der Vorsteher der Synagoge entrüstete sich darüber, dass Jesus die Frau am Sabbat geheilt hatte. Er sagte zu den Versammelten: «Die Woche hat sechs Arbeitstage. An denen könnt ihr kommen und euch heilen lassen, aber nicht ausgerechnet am Sabbat!» ¹⁵Doch Jesus, der Herr, erwiderte ihm: «Ihr Heuchler! Ihr bindet doch eure Ochsen und Esel auch am Sabbat los und führt sie zur Tränke. ¹⁶Und mir verbietet ihr, diese Frau am Sabbat aus der Gefangenschaft Satans zu befreien! Achtzehn Jahre lang war sie krank. Gehört sie nicht auch zu Gottes auserwähltem Volk?»

Lukas 17,12–14 Auf dem Weg nach Jerusalem kamen Jesus und seine Jünger durch das Grenzgebiet zwischen Galiläa und Samarien. ¹²In einem Dorf begegneten ihnen zehn Aussätzige. Im vorgeschriebenen Abstand blieben sie stehen ¹³und riefen: «Jesus, Meister! Hab doch Erbarmen mit uns!» ¹⁴Er sah sie an und forderte sie auf: «Geht zu den Priestern und zeigt ihnen, dass ihr geheilt seid!» Auf dem Weg dorthin wurden sie gesund.

Lukas 17,17–19 Jesus fragte: «Habe ich nicht zehn Männer geheilt? Wo sind denn die anderen neun? ¹⁸Weshalb kommt nur einer zurück, noch dazu ein Fremder, um sich bei Gott zu bedanken?» ¹⁹Zu dem Samariter aber sagte er: «Steh wieder auf! Dein Glaube hat dir geholfen.»

Lukas 18,35–42 Jesus und seine Jünger waren unterwegs nach Jericho. In der Nähe der Stadt saß ein Blinder am Straßenrand und bettelte. ³⁶Er hörte den Lärm der vorbeiziehenden Menge und fragte neugierig: «Was ist da los?» ³⁷Einige riefen ihm zu: «Jesus von Nazareth kommt nach Jericho!» ³⁸Als er das hörte, schrie er laut: «Jesus, du Sohn Davids, hab Erbarmen mit mir!» ³⁹Die Leute fuhren ihn an: «Halt den Mund!» Er aber schrie nur noch lauter: «Du Sohn Davids, hab Erbarmen mit mir!» ⁴⁰Jesus blieb stehen und ließ den Mann zu sich führen. ⁴¹Dann fragte er ihn: «Was soll ich für dich tun?» – «Herr», flehte ihn der Blinde an, «ich möchte sehen können!» ⁴²«Du sollst wieder sehen!», sagte Jesus zu ihm. «Dein Glaube hat dir geholfen.»

Apostelgeschichte 9,3–16 Kurz vor Damaskus umgab Saulus [, der später Paulus hieß,] plötzlich ein blendendes Licht vom Himmel. ⁴Er stürzte zu Boden und hörte eine Stimme: «Saul, Saul, warum verfolgst du mich?» ⁵«Wer bist du, Herr?», fragte Saulus. «Ich bin Jesus, den du verfolgst!», antwortete die Stimme. ⁶«Steh auf und geh in die Stadt. Dort wird man dir sagen, was du tun sollst.» ⁷Die Begleiter des Saulus standen sprachlos da, denn sie hatten zwar die Stimme gehört, aber niemanden gesehen. ⁸Als Saulus aufstand und die Augen öffnete, konnte er nicht mehr sehen. Da nahmen sie ihn an der Hand und führten ihn nach Damaskus. ⁹Drei Tage lang war er blind und wollte weder essen noch trinken. ¹⁰In Damaskus wohnte ein Jünger Jesu, der Hananias hieß. Dem erschien der Herr in einer Vision. «Hananias», sagte er zu ihm. «Ja, Herr, hier bin ich», erwiderte der Mann. ¹¹Der Herr forderte ihn auf: «Geh zur Geraden Straße in das Haus des Judas, und frag dort nach einem Saulus von Tarsus. Er betet gerade ¹²und hat in einer Vision einen Mann gesehen, der Hananias heißt. Dieser kam zu ihm und legte ihm die Hände auf, damit er wieder sehen kann.» ¹³«Aber Herr», wandte Hananias ein, «ich habe schon von so vielen gehört, wie grausam dieser Saulus deine Gemeinde in Jerusalem verfolgt. [14]Außerdem haben wir erfahren, dass er eine Vollmacht der Hohenpriester hat, auch hier alle gefangen zu nehmen, die an dich glauben.» [15]Doch der Herr sprach zu Hananias: «Geh nur! Ich habe diesen Mann dazu auserwählt, mich bei allen Völkern und Herrschern der Erde, aber auch bei den Israeliten bekannt zu machen. [16]Dabei wird er erfahren, wie viel er um meinetwillen leiden muss.» (Siehe auch Apostelgeschichte 22,6–10.)

43 Herren und Verantwortungsträger

Johannes 8,32–34 «Ihr werdet die Wahrheit erkennen, und die Wahrheit wird euch frei machen!» [33]Sie antworteten ihm: «Wir sind Abrahams Same und sind nie jemandes Knechte gewesen; wie kannst du da sagen: Ihr sollt frei werden?» [34]Jesus antwortete ihnen: «Wahrlich, wahrlich, ich sage euch: Jeder, der die Sünde tut, ist ein Knecht der Sünde» (Schlachterbibel).

Johannes 13,12–17 Nachdem Jesus ihnen die Füße gewaschen hatte, zog er sein Obergewand wieder an, kehrte zu seinem Platz am Tisch zurück und fragte seine Jünger: «Versteht ihr, was ich eben getan habe? [13]Ihr nennt mich Meister und Herr. Das ist auch richtig so, denn ich bin es. [14]Wie ich, euer Meister und Herr, euch jetzt die Füße gewaschen habe, so sollt auch ihr euch gegenseitig die Füße waschen. [15]Ich habe euch damit ein Beispiel gegeben, dem ihr folgen sollt. Handelt ebenso! [16]Ich sage euch die Wahrheit: Ein Diener steht niemals höher als sein Herr, und ein Botschafter untersteht dem, der ihn gesandt hat. [17]Wenn ihr das begreift

und danach handelt, wird man euch glücklich schätzen.»

Johannes 15,15–17 «Ich nenne euch nicht mehr Knechte; denn einem Knecht sagt der Herr nicht, was er vorhat. Ihr aber seid meine Freunde; denn ich habe euch alles anvertraut, was ich vom Vater gehört habe. [16]Nicht ihr habt mich erwählt, sondern ich euch, damit ihr euch auf den Weg macht und Frucht bringt, die bleibt. Dann wird euch der Vater alles geben, worum ihr ihn in meinem Namen bittet. [17]Ich sage euch noch einmal: Liebt einander!»

Matthäus 6,24 «Niemand kann zwei Herren gleichzeitig dienen. Wer dem einen richtig dienen will, wird sich um die Wünsche des anderen nicht kümmern können. Er wird sich für den einen einsetzen und den anderen vernachlässigen. Auch ihr könnt nicht gleichzeitig für Gott und das Geld leben.»

Matthäus 10,24 «Ein Schüler steht nicht über seinem Lehrer, und ein Diener hat es nicht besser als sein Herr.»

Matthäus 23,7–8 «Es gefällt ihnen, wenn man sie auf der Straße ehrfurchtsvoll grüßt und ‹Meister› nennt. [8]Lasst ihr euch nicht so anreden! Nur Gott ist euer Meister, ihr seid untereinander alle Geschwister.»

Matthäus 24,45–46 «Wie verhält sich denn ein kluger und zuverlässiger Verwalter?», fragte Jesus die Jünger. «Sein Herr hat ihm die Verantwortung für alle Mitarbeiter übertragen; er soll sie zu jeder Zeit mit allem Nötigen versorgen. [46]Dieser Verwalter darf sich glücklich nennen, wenn sein Herr ihn bei der Rückkehr gewissenhaft bei der Arbeit findet.»

Matthäus 28,18 Da ging Jesus auf seine Jünger zu und sprach: «Ich habe von Gott alle Macht im Himmel und auf der Erde erhalten.»

Lukas 16,13 «Niemand kann zwei Herren gleichzeitig dienen. Wer dem einen richtig dienen will, wird sich um die Wünsche des anderen nicht kümmern können. Er wird sich für den einen einsetzen und den anderen vernachlässigen. Auch ihr könnt nicht gleichzeitig für Gott und das Geld leben.»

44 Der Hirte und seine Schafe (Jesus führt und versorgt seine Nachfolger)

Johannes 3,14–18 «Du weißt doch, wie Mose in der Wüste eine Schlange aus Bronze an einem Pfahl aufrichtete, damit jeder, der sie ansah, am Leben blieb. Genauso muss auch der Menschensohn erhöht werden. [15]Jeder, der ihm vertraut, wird das ewige Leben haben. [16]Denn Gott hat die Menschen so sehr geliebt, dass er seinen einzigen Sohn für sie hergab. Jeder, der an ihn glaubt, wird nicht zugrunde gehen, sondern das ewige Leben haben. [17]Gott hat nämlich seinen Sohn nicht zu den Menschen gesandt, um über sie Gericht zu halten, sondern um sie zu retten. [18]Wer an ihn glaubt, der wird nicht verurteilt werden. Wer aber nicht an den einzigen Sohn Gottes glaubt, über den ist wegen seines Unglaubens das Urteil schon gesprochen.»

Johannes 10,1–5 Weiter sagte Jesus: «Ich sage euch die Wahrheit: Wer nicht durch die Tür in den Schafstall geht, sondern heimlich einsteigt, der ist ein Dieb und Räuber. [2]Der Hirte geht durch die Tür zu seinen Schafen. [3]Ihm öffnet der Wächter die Tür, und die Schafe erkennen ihn schon an seiner Stimme. Dann ruft der Hirte jedes mit seinem Namen und führt sie auf die Weide. [4]Wenn seine Schafe den Stall verlassen haben, geht er vor ihnen her, und die Schafe folgen ihm, weil sie seine Stimme kennen. [5]Einem Fremden würden sie niemals folgen. Ihm laufen sie davon, weil sie seine Stimme nicht kennen.»

Johannes 10,11–16 «Ich bin der gute Hirte. Ein guter Hirte setzt sein Leben für die Schafe ein. [12]Anders ist es mit einem, dem die Schafe nicht gehören und der nur wegen des Geldes als Hirte arbeitet. Er wird fliehen, wenn der Wolf kommt, und die Schafe sich selbst überlassen. Der Wolf wird über die Schafe herfallen und die Herde auseinander jagen. [13]Einem solchen Mann liegt nichts an den Schafen. [14]Ich aber bin der gute Hirte und kenne meine Schafe, und sie kennen mich; [15]genauso wie mich mein Vater kennt und ich den Vater kenne. Ich gebe mein Leben für die Schafe. [16]Zu meiner Herde gehören auch Schafe, die jetzt noch in anderen Ställen sind. Auch sie muss ich herführen, und sie werden wie die übrigen meiner Stimme folgen. Dann wird es nur noch eine Herde und einen Hirten geben.»

Johannes 10,27–29 «Meine Schafe erkennen meine Stimme; ich kenne sie, und sie folgen meinem Ruf. [28]Ihnen gebe ich das ewige Leben, und sie werden niemals umkommen. Niemand kann sie aus meiner Hand reißen. [29]Mein Vater hat sie mir gegeben, und er ist stärker als alle anderen Mächte. Deshalb kann sie auch keiner der Hand meines Vaters entreißen.»

Johannes 12,25–26 «Wer an seinem Leben festhält, wird es verlieren. Wer aber sein Leben loslässt, wird es für alle Ewigkeit gewinnen. ²⁶Wer mir dienen will, der soll mir folgen. Denn wo ich bin, soll er auch sein. Und wer mir dient, den wird mein Vater ehren.»

Johannes 12,44–46 Laut verkündete Jesus: «Wer an mich glaubt, der glaubt in Wahrheit an den, der mich gesandt hat. ⁴⁵Und wenn ihr mich seht, dann seht ihr den, der mich gesandt hat! ⁴⁶Ich bin als das Licht in die Welt gekommen, damit jeder, der an mich glaubt, nicht länger in der Dunkelheit leben muss.»

Johannes 13,7–10 Jesus antwortete ihm: «Das verstehst du jetzt noch nicht. Aber später wirst du es verstehen.» ⁸Doch Petrus blieb dabei: «Niemals sollst du mir die Füße waschen!» Worauf Jesus erwiderte: «Wenn ich dir nicht die Füße wasche, gehörst du nicht zu mir.» ⁹Da sagte Petrus: «Herr, dann wasch mir nicht nur die Füße, sondern auch die Hände und das Gesicht!» ¹⁰Jesus antwortete: «Wer gebadet hat, der ist ganz rein. Ihm braucht man nur noch den Straßenstaub von den Füßen zu waschen. Ihr seid alle rein – außer einem.»

Johannes 13,12–17 Nachdem Jesus ihnen die Füße gewaschen hatte, zog er sein Obergewand wieder an, kehrte zu seinem Platz am Tisch zurück und fragte seine Jünger: «Versteht ihr, was ich eben getan habe? ¹³Ihr nennt mich Meister und Herr. Das ist auch richtig so, denn ich bin es. ¹⁴Wie ich, euer Meister und Herr, euch jetzt die Füße gewaschen habe, so sollt auch ihr euch gegenseitig die Füße waschen. ¹⁵Ich habe euch damit ein Beispiel gegeben, dem ihr folgen sollt. Handelt ebenso! ¹⁶Ich sage euch die Wahrheit: Ein Diener steht niemals höher als sein Herr,

und ein Botschafter untersteht dem, der ihn gesandt hat. ¹⁷Wenn ihr das begreift und danach handelt, wird man euch glücklich schätzen.»

Johannes 13,20 «Ich sage euch die Wahrheit: Wer einen Menschen aufnimmt, den ich senden werde, der nimmt mich auf. Und wer mich aufnimmt, der nimmt den Vater auf, der mich gesandt hat.»

Johannes 15,2–5 «Alle Reben am Weinstock, die keine Trauben tragen, schneidet er [Gott der Vater] ab. Aber die Frucht tragenden Reben beschneidet er sorgfältig, damit sie noch mehr Frucht bringen. ³Ihr seid schon gute Reben, weil ihr meine Botschaft gehört habt. ⁴Bleibt fest mit mir verbunden, und ich werde ebenso mit euch verbunden bleiben! Denn so wie eine Rebe nur am Weinstock Früchte tragen kann, so werdet auch ihr nur Frucht bringen, wenn ihr mit mir verbunden bleibt. ⁵Ich bin der Weinstock, und ihr seid die Reben. Wer bei mir bleibt, so wie ich bei ihm bleibe, der trägt viel Frucht. Denn ohne mich könnt ihr nichts ausrichten.»

Johannes 17,6–11 «Ich habe den Menschen gezeigt, wer du bist, und zwar allen, die du aus der Welt herausgerufen und mir anvertraut hast. Dir gehörten sie schon immer, und du hast sie mir gegeben. Sie haben sich deine Worte zu Herzen genommen, ⁷und jetzt wissen sie, dass alles, was ich habe, von dir ist. ⁸Denn was du mir gesagt hast, habe ich ihnen weitergegeben. Sie haben deine Botschaft angenommen und erkannt, dass ich von dir herkomme; sie glauben daran, dass du mich gesandt hast. ⁹Für sie bitte ich dich jetzt: für die Menschen, die du mir anvertraut hast und die zu dir gehören; nicht für die ganze

Welt. [10]Denn alles, was ich habe, das gehört dir, und was du hast, das gehört auch mir. An ihnen zeigt sich meine Herrlichkeit. [11]Ich verlasse jetzt die Welt und komme zu dir. Sie aber bleiben zurück. Heiliger Vater, erhalte sie in der Gemeinschaft mit dir, damit sie eins werden wie wir.»

Johannes 17,20–26 «Ich bitte aber nicht nur für sie [die Jünger], sondern für alle, die durch ihre Worte von mir hören werden und an mich glauben. [21]Sie alle sollen eins sein, genauso wie du, Vater, mit mir eins bist. So wie du in mir bist und ich in dir bin, sollen auch sie in uns fest miteinander verbunden sein. Dann wird die Welt glauben, dass du mich gesandt hast. [22]Deshalb habe ich ihnen auch die Herrlichkeit gegeben, die du mir anvertraut hast, damit sie die gleiche enge Gemeinschaft haben wie wir. [23]Ich bleibe in ihnen, und du bleibst in mir. Genau so sollen auch sie ganz eins sein. Und die Welt wird erkennen, dass du mich gesandt hast und dass du meine Jünger liebst, wie du mich liebst. [24]Vater, ich möchte, dass alle, die du mir gegeben hast, bei mir bleiben. Sie sollen an meiner Herrlichkeit teilhaben. Du hast mir die Herrlichkeit gegeben; denn du hast mich geliebt, längst bevor die Welt geschaffen wurde. [25]Guter und treuer Vater! Wenn die Welt dich auch nicht kennt, ich kenne dich, und diese hier haben erkannt, dass du mich gesandt hast. [26]Ich habe ihnen gezeigt, wer du bist. Das werde ich auch weiter tun, damit deine Liebe zu mir auch sie erfüllt, ja, damit ich selbst in ihnen lebe.»

Matthäus 18,10.12–14 «Hütet euch davor, hochmütig auf die herabzusehen, die euch gering erscheinen. Denn ich sage euch: Ihre Engel haben immer Zugang zu meinem Vater im Himmel. [...] [12]Was meint ihr: Wenn ein Mann hundert Schafe hat und eins läuft ihm davon, was wird er tun? Lässt er nicht die neunundneunzig in den Bergen zurück, um das verirrte Schaf zu suchen? [13]Und ich versichere euch: Wenn er es endlich gefunden hat, freut er sich über dieses eine mehr als über die neunundneunzig, die sich nicht verlaufen hatten. [14]Ebenso will mein Vater nicht, dass auch nur einer, und sei es der Geringste, verloren geht.»

Matthäus 18,18–20 «Ich versichere euch: Was ihr auf der Erde binden werdet, das soll auch im Himmel gebunden sein. Und was ihr auf der Erde lösen werdet, das soll auch im Himmel gelöst sein. [19]Aber auch das sage ich euch: Wenn zwei von euch hier auf der Erde meinen Vater im Himmel um etwas bitten wollen und darin übereinstimmen, dann wird er es ihnen geben. [20]Denn wo zwei oder drei in meinem Namen zusammenkommen, bin ich in ihrer Mitte.»

Matthäus 26,31–32 Unterwegs sagte Jesus zu seinen Jüngern: «In dieser Nacht werdet ihr euch alle von mir abwenden. Denn es steht geschrieben: ‹Ich werde der Herde den Hirten nehmen, und die Schafe werden auseinander laufen.› [32]Aber nach meiner Auferstehung werde ich nach Galiläa gehen, und dort werdet ihr mich wiedersehen.» (Siehe auch Markus 14,27–28.)

Markus 3,33–35 Er gab zur Antwort: «Wer ist meine Mutter, und wer sind meine Geschwister?» [34]Dann sah er seine Zuhörer an und sagte: «Seht diese dort, sie sind meine Mutter und meine Geschwister. ³⁵Wer Gottes Willen tut, ist für mich Bruder, Schwester und Mutter!»

Markus 4,9.11 «Hört genau auf das, was ich euch sage! […] ¹¹Euch lässt Gott die Geheimnisse seiner neuen Welt verstehen. Zu allen anderen aber rede ich durch Gleichnisse.»

Markus 6,30–32 Die zwölf Jünger kehrten zu Jesus zurück und erzählten ihm, was sie auf ihrer Reise getan und den Menschen verkündet hatten. ³¹«Geht jetzt an einen einsamen, stillen Platz!», sagte Jesus zu ihnen. «Ihr habt Ruhe nötig!» Es waren nämlich so viele Menschen bei ihnen, dass sie nicht einmal Zeit zum Essen fanden. ³²Deshalb fuhren sie mit dem Boot an eine einsame Stelle.

Lukas 8,16 «Niemand zündet eine Öllampe an und versteckt sie dann unter einem Eimer oder stellt sie unters Bett. Im Gegenteil! Man stellt die Lampe so auf, dass jeder, der hereinkommt, das Licht sieht.»

Lukas 8,21 Aber Jesus antwortete: «Meine Mutter und meine Geschwister – das sind alle, die Gottes Botschaft hören und danach leben.»

Lukas 15,4–7 «Wenn ein Mensch hundert Schafe hat und eins geht verloren, was wird er tun? Lässt er nicht die neunundneunzig in der Wüste zurück, um das verlorene Schaf so lange zu suchen, bis er es gefunden hat? ⁵Dann wird er es glücklich auf seinen Schultern nach Hause tragen ⁶und seinen Freunden und Nachbarn zurufen: ‹Kommt her, freut euch mit mir, ich habe mein Schaf wiedergefunden!› ⁷Ich sage euch: So wird man sich auch im Himmel freuen über einen Sünder, der zu Gott

umkehrt – mehr als über neunundneunzig andere, die nach Gottes Willen leben und nicht zu ihm umkehren müssen.»

45 Jesu Familie

Matthäus 12,48–50 Doch der fragte: «Wer ist meine Mutter? Wer sind meine Geschwister?» ⁴⁹Dann zeigte er auf seine Jünger: «Seht diese dort, sie sind meine Mutter und meine Geschwister. ⁵⁰Denn wer den Willen meines Vaters im Himmel tut, der ist mein Bruder, meine Schwester und meine Mutter.»

Markus 3,33–35 Er gab zur Antwort: «Wer ist meine Mutter, und wer sind meine Geschwister?» ³⁴Dann sah er seine Zuhörer an und sagte: «Seht diese dort, sie sind meine Mutter und meine Geschwister. ³⁵Wer Gottes Willen tut, ist für mich Bruder, Schwester und Mutter!»

Lukas 8,21 Aber Jesus antwortete: «Meine Mutter und meine Geschwister – das sind alle, die Gottes Botschaft hören und danach leben.»

46 Jesu Leib (im Abendmahl)

Johannes 6,47–51 «Ich sage euch die Wahrheit: Wer an mich glaubt, der hat jetzt schon das ewige Leben! ⁴⁸Ich selbst bin das Brot, das euch dieses Leben gibt! ⁴⁹Eure Vorfahren haben in der Wüste das Manna, das Brot vom Himmel, gegessen und sind doch alle gestorben. ⁵⁰Aber hier ist das wahre Brot, das vom Himmel kommt. Wer davon isst, wird nicht sterben. ⁵¹Ich bin dieses Brot, das von Gott gekommen ist und euch das Leben gibt. Jeder, der dieses Brot isst, wird ewig leben. Dieses Brot ist mein

Leib, den ich hingeben werde, damit die Welt leben kann.»

Johannes 6,61–64 Jesus wusste, dass selbst seine Jünger entrüstet waren, und fragte sie deshalb: «Nehmt ihr schon daran Anstoß? ⁶²Was werdet ihr erst sagen, wenn ihr seht, wie der Menschensohn dahin zurückkehrt, woher er gekommen ist? ⁶³Gottes Geist allein schafft Leben. Ein Mensch kann dies nicht. Die Worte aber, die ich euch gesagt habe, sind aus Gottes Geist; deshalb bringen sie euch das Leben. ⁶⁴Aber einige von euch glauben mir trotzdem nicht.»

Matthäus 26,26–29 Während sie aßen, nahm Jesus Brot, sprach das Dankgebet, teilte das Brot und gab jedem seiner Jünger ein Stück davon: «Nehmt und esst! Das ist mein Leib.» ²⁷Anschließend nahm er einen Becher Wein, dankte Gott und reichte ihn seinen Jüngern: «Trinkt alle daraus! ²⁸Das ist mein Blut, mit dem der neue Bund zwischen Gott und den Menschen besiegelt wird. Es wird zur Vergebung ihrer Sünden vergossen. ²⁹Ich sage euch: Von jetzt an werde ich keinen Wein mehr trinken, bis ich ihn wieder in der neuen Welt meines Vaters mit euch trinken werde.» (Siehe auch Markus 14,22–25.)

Lukas 22,19 Dann nahm er Brot. Er dankte Gott dafür, teilte es und gab es ihnen [den Jüngern] mit den Worten: «Das ist mein Leib, der für euch hingegeben wird. Feiert dieses Mahl immer wieder, und denkt daran, was ich für euch getan habe, sooft ihr dieses Brot esst.»

1. Korinther 11,23–26 Denn Folgendes habe ich vom Herrn empfangen und euch überliefert: In der Nacht, in der unser Herr Jesus verraten wurde, nahm er das Brot, ²⁴dankte Gott dafür, brach es und sprach: «Das ist mein Leib, der für euch hingegeben wird. So oft ihr dieses Brot esst, denkt an mich und an das, was ich für euch getan habe!» ²⁵Nach dem Essen nahm er den Kelch und sprach: «Dieser Kelch ist der neue Bund zwischen Gott und euch, der durch mein Blut besiegelt wird. So oft ihr aus diesem Kelch trinkt, denkt an mich und an das, was ich für euch getan habe!» ²⁶Denn jedes Mal, wenn ihr dieses Brot esst und aus diesem Kelch trinkt, verkündet ihr, was der Herr durch seinen Tod für uns getan hat, bis er kommt.

47 An Jesu Worten festhalten

Johannes 5,24 «Ich sage euch die Wahrheit: Wer meine Botschaft hört und an den glaubt, der mich gesandt hat, der wird ewig leben. Ihn wird das Urteil Gottes nicht treffen, denn er hat die Grenze vom Tod zum Leben schon überschritten.»

Johannes 6,63 «Gottes Geist allein schafft Leben. Ein Mensch kann dies nicht. Die Worte aber, die ich euch gesagt habe, sind aus Gottes Geist; deshalb bringen sie euch das Leben.»

Johannes 8,31–32 Zu den Juden, die nun an ihn glaubten, sagte Jesus: «Wenn ihr an meinen Worten festhaltet und das tut, was ich euch gesagt habe, dann gehört ihr wirklich zu mir. ³²Ihr werdet die Wahrheit erkennen, und die Wahrheit wird euch befreien!»

Johannes 8,37–38 «Ich weiß natürlich auch, dass ihr Nachkommen Abrahams seid. Und trotzdem wollt ihr mich töten, weil ihr meine Worte nicht zu Herzen nehmt. ³⁸Ich spreche von dem, was ich bei meinem Vater gesehen habe. Und ihr tut, was ihr von eurem Vater gehört habt.»

Johannes 8,51 «Ich sage euch die Wahrheit: Wer meine Botschaft annimmt und danach lebt, wird niemals sterben.»

Johannes 11,25–26 Darauf erwiderte ihr [Marta] Jesus: «Ich bin die Auferstehung, und ich bin das Leben. Wer mir vertraut, der wird leben, selbst wenn er stirbt. ²⁶Und wer lebt und mir vertraut, wird niemals sterben. Glaubst du das?»

Johannes 12,47–50 «Wenn jemand auf meine Botschaft hört und nicht danach handelt, so werde ich ihn nicht verurteilen. Denn ich bin nicht als Richter der Welt gekommen, sondern als ihr Retter. ⁴⁸Wer mich ablehnt und nicht nach meiner Botschaft lebt, der hat schon seinen Richter gefunden. Was ich verkündet habe, wird ihn am Tag des Gerichts verurteilen. ⁴⁹Denn ich habe nicht eigenmächtig zu euch geredet. Der Vater hat mich gesandt und mir gesagt, was ich reden und verkünden soll. ⁵⁰Und das ist gewiss: Was er mir aufgetragen hat, euch zu sagen, führt euch zum ewigen Leben! Deshalb gebe ich euch alles so weiter, wie der Vater es mir gesagt hat.»

Johannes 14,10 «Glaubst du nicht, dass ich im Vater bin und der Vater in mir ist? Was ich euch sage, habe ich mir nicht selbst ausgedacht. Mein Vater, der in mir lebt, handelt durch mich.»

Johannes 14,23–26 «Wer mich liebt, richtet sich nach dem, was ich ihm gesagt habe. Auch mein Vater wird ihn lieben, und wir beide werden zu ihm kommen und immer bei ihm bleiben. ²⁴Wer mich aber nicht liebt, der lebt auch nicht nach dem, was ich sage. Meine Worte kommen nicht von mir, sondern von meinem Vater,

der mich gesandt hat. ²⁵Ich sage euch dies alles, solange ich noch bei euch bin. ²⁶Der Heilige Geist, den euch der Vater an meiner Stelle als Helfer senden wird, er wird euch an all das erinnern, was ich euch gesagt habe, und euch meine Worte erklären.»

Johannes 15,3–4 «Ihr seid schon gute Reben, weil ihr meine Botschaft gehört habt. ⁴Bleibt fest mit mir verbunden, und ich werde ebenso mit euch verbunden bleiben! Denn so wie eine Rebe nur am Weinstock Früchte tragen kann, so werdet auch ihr nur Frucht bringen, wenn ihr mit mir verbunden bleibt.»

Johannes 15,5–8 «Ich bin der Weinstock, und ihr seid die Reben. Wer bei mir bleibt, so wie ich bei ihm bleibe, der trägt viel Frucht. Denn ohne mich könnt ihr nichts ausrichten. ⁶Wer ohne mich lebt, wird wie eine unfruchtbare Rebe abgeschnitten und weggeworfen. Die verdorrten Reben werden gesammelt, ins Feuer geworfen und verbrannt. ⁷Wenn ihr aber fest mit mir verbunden bleibt und euch meine Worte zu Herzen nehmt, dürft ihr von Gott erbitten, was ihr wollt; ihr werdet es erhalten. ⁸Wenn ihr viel Frucht bringt und euch so als meine Jünger erweist, wird die Herrlichkeit meines Vaters sichtbar.»

Johannes 15,9–11 «Wie mich der Vater liebt, so liebe ich euch. Bleibt in meiner Liebe! ¹⁰Wenn ihr nach meinen Geboten lebt, wird meine Liebe euch umschließen. Auch ich richte mich nach den Geboten meines Vaters und lebe in seiner Liebe. ¹¹Das alles sage ich euch, damit meine Freude euch ganz erfüllt und eure Freude dadurch vollkommen wird.»

Johannes 17,13–17 «Jetzt komme ich zu

dir [zu Gott dem Vater] zurück. Aber dies alles wollte ich noch sagen, solange ich bei ihnen bin, damit meine Freude auch sie ganz erfüllt. ¹⁴Ich habe ihnen deine Botschaft weitergegeben, und die Welt hasst sie deswegen, weil sie ebenso wie ich nicht zu ihr gehören. ¹⁵Ich bitte dich nicht, sie aus der Welt zu nehmen, aber schütze sie vor der Macht des Bösen! ¹⁶Sie gehören ebenso wenig zur Welt wie ich. ¹⁷Lass ihnen deine Wahrheit leuchten, damit sie in immer engerer Gemeinschaft mit dir leben! Dein Wort ist die Wahrheit!»

Matthäus 4,4 Aber Jesus wehrte ab: «Nein, denn es steht in der Heiligen Schrift: ‹Der Mensch lebt nicht allein von Brot, sondern von allem, was Gott ihm zusagt!›» (Siehe auch Lukas 4,4.)

Matthäus 7,21–27 «Nicht, wer mich dauernd ‹Herr› nennt, wird in Gottes neue Welt kommen, sondern wer den Willen meines Vaters im Himmel tut. ²²Am Tag des Gerichts werden zwar viele sagen: ‹Aber Herr, wir haben doch als deine Propheten das weitergesagt, was du selbst uns aufgetragen hast! Wir haben doch in deinem Namen Dämonen ausgetrieben und mächtige Taten vollbracht!› ²³Aber ich werde ihnen antworten: ‹Ich kenne euch nicht, denn ihr habt nicht nach meinem Willen gelebt. Geht mir aus den Augen!› ²⁴Wer meine Worte hört und danach handelt, der ist klug. Man kann ihn mit einem Mann vergleichen, der sein Haus auf felsigen Grund baut. ²⁵Wenn ein Wolkenbruch niedergeht, das Hochwasser steigt und der Sturm am Haus rüttelt, wird es trotzdem nicht einstürzen, weil es auf Felsengrund gebaut ist. ²⁶Wer sich meine Worte nur anhört, aber nicht danach lebt, der ist so unvernünftig wie einer, der sein Haus auf Sand baut. ²⁷Denn wenn ein Wolkenbruch kommt, die Flut das Land überschwemmt und der Sturm um das Haus tobt, wird es aus allen Fugen geraten und krachend einstürzen.»

Matthäus 24,34–35 «Ja, ich sage euch: Dieses Volk wird nicht untergehen, bevor das alles geschieht. ³⁵Himmel und Erde werden vergehen; meine Worte aber gelten für immer.» (Siehe auch Markus 13,30–31 und Lukas 21,32–33.)

Markus 4,13–20 Dann sagte er zu seinen Jüngern: «Aber ich sehe, dass auch ihr diesen einfachen Vergleich nicht verstanden habt. Wie wollt ihr dann all die anderen begreifen? ¹⁴Was der Bauer im Gleichnis aussät, ist die Botschaft Gottes. ¹⁵Die Menschen, bei denen die Saat auf den Weg fällt, haben die Botschaft zwar gehört. Aber dann kommt der Satan und nimmt ihnen alles wieder weg. ¹⁶Wie felsiger Boden sind die Menschen, die zwar die Botschaft hören und mit großer Begeisterung annehmen. ¹⁷Aber ihr Glaube hat keine starke Wurzel und deshalb keinen Bestand. Wenn diese Menschen wegen ihres Glaubens in Schwierigkeiten geraten oder gar verfolgt werden, wenden sie sich wieder von Gott ab. ¹⁸Der von Disteln überwucherte Boden entspricht den Menschen, die zwar die Botschaft hören, ¹⁹aber die Sorgen des Alltags, die Verführung durch den Wohlstand und die Gier nach all den Dingen dieses Lebens ersticken Gottes Botschaft, so dass keine Frucht wachsen kann. ²⁰Aber es gibt auch fruchtbaren Boden: Menschen, die Gottes Botschaft hören und annehmen, so dass sie Frucht bringen, dreißig-, sechzig- oder hundertfach.»

Markus 7,6–13 Jesus antwortete: «Wie Recht hat Jesaja, wenn er von euch Heuchlern schreibt: ‹Diese Leute ehren Gott mit den Lippen, aber mit dem Herzen sind sie nicht dabei. [7]Ihr Gottesdienst ist wertlos, weil sie ihre menschlichen Gesetze als Gebote Gottes ausgeben.› [8/9]Ja, ihr beachtet Gottes Gebote nicht, sondern ersetzt sie durch eure Vorschriften! Dabei geht ihr sehr geschickt vor. [10]So hat euch Mose das Gebot gegeben: ‹Ehre deinen Vater und deine Mutter!› Und: ‹Wer seinen Vater oder seine Mutter verflucht, der soll sterben!› [11]Ihr aber behauptet: Wenn jemand seinen hilfsbedürftigen Eltern erklärt: ‹Ich kann euch nicht helfen, weil ich mein Vermögen dem Tempel vermacht habe›, dann hat er nicht gegen Gottes Gebot verstoßen. [12]In Wirklichkeit habt ihr damit aber nur erreicht, dass niemand mehr seinem Vater oder seiner Mutter helfen kann. [13]Ihr setzt also durch eure Vorschriften das Gebot Gottes außer Kraft. Und das ist nur *ein* Beispiel für viele.»

Lukas 6,46–49 «Warum nennt ihr mich dauernd ‹Herr!›, wenn ihr doch nicht tut, was ich euch sage? [47]Wisst ihr, mit wem ich einen Menschen vergleiche, der meine Worte hört und danach handelt? [48]Er ist wie ein Mann, der sich ein Haus bauen wollte. Zuerst hob er eine Baugrube aus, dann baute er die Fundamente seines Hauses auf felsigen Grund. Als ein Unwetter kam und die Fluten gegen das Haus brandeten, konnten sie keinen Schaden anrichten, denn das Haus war auf Felsengrund gebaut. [49]Wer sich meine Worte allerdings nur anhört und nicht danach lebt, der ist wie einer, der beim Bauen auf das Fundament verzichtet und sein Haus auf weichen Boden baut. Bei einem Unwetter unterspülen die Fluten sein Haus, es gerät aus allen Fugen und stürzt krachend ein.»

Lukas 8,21 Aber Jesus antwortete: «Meine Mutter und meine Geschwister – das sind alle, die Gottes Botschaft hören und danach leben.»

Lukas 9,23–26 Danach wandte sich Jesus an alle: «Wer mir nachfolgen will, darf nicht mehr sich selbst in den Mittelpunkt stellen, sondern muss sein Kreuz täglich auf sich nehmen und mir nachfolgen. [24]Wer sich an sein Leben klammert, der wird es verlieren. Wer aber sein Leben für mich einsetzt, der wird es für immer gewinnen. [25]Denn was gewinnt ein Mensch, wenn ihm die ganze Welt zufällt, er aber dabei sich selbst verliert oder Schaden nimmt? [26]Wer sich schämt, sich zu mir und meiner Botschaft zu bekennen, den wird auch der Menschensohn nicht kennen, wenn er in seiner Macht und in der Herrlichkeit des Vaters und der heiligen Engel kommen wird.»

Lukas 11,28 Darauf erwiderte Jesus: «Ja, aber noch glücklicher sind die Menschen, die Gottes Botschaft hören und danach leben.»

48 Jesus ehren und verherrlichen; die Herrlichkeit Christi

Johannes 5,21–23 «So wie der Vater Tote auferweckt und ihnen neues Leben gibt, so hat auch der Sohn die Macht dazu, neues Leben zu geben, wem er will. [22]Denn nicht der Vater spricht das Urteil über die Menschen, er hat das Richteramt vielmehr dem Sohn übertragen, [23]damit alle den Sohn ehren, genauso wie den Vater. Wer aber den Sohn nicht als Herrn anerkennen will, der verachtet auch die Herrschaft des Vaters, der ja den Sohn gesandt hat.»

Johannes 5,41–43 «Ich suche nicht die Anerkennung von Menschen! [42]Ich kenne euch und weiß genau, dass ihr Gottes Liebe nicht in euch habt. [43]Mein Vater hat mich zu euch geschickt, doch ihr lehnt mich ab. Wenn aber jemand in eigenem Auftrag zu euch kommt, den werdet ihr aufnehmen.»

Johannes 8,31 Zu den Juden, die nun an ihn glaubten, sagte Jesus: «Wenn ihr an meinen Worten festhaltet und das tut, was ich euch gesagt habe, dann gehört ihr wirklich zu mir.»

Johannes 8,54–56 Jesus entgegnete: «Würde ich mich selbst loben, könntet ihr mir zu Recht misstrauen. Aber mich ehrt mein Vater. Ihr nennt ihn zwar euren Gott. [55]Doch ihr kennt ihn überhaupt nicht. Ich kenne ihn. Wenn ich sagen würde, ich kenne ihn nicht, dann wäre ich ein Lügner wie ihr. Doch ich kenne ihn und erfülle seinen Auftrag. [56]Euer Vater Abraham freute sich auf den Tag, an dem ich kommen würde. Er hat mein Kommen gesehen und war froh darüber.»

Johannes 11,4 Als Jesus das hörte, [dass Lazarus krank war,] sagte er: «Diese Krankheit führt letztlich nicht zum Tod, sondern durch sie soll die Macht Gottes sichtbar werden, und auch der Sohn Gottes wird dadurch geehrt.»

Johannes 12,23–24 Er sagte ihnen: «Die Stunde ist gekommen. Jetzt soll der Menschensohn gerühmt und geehrt werden. [24]Ich sage euch die Wahrheit: Ein Weizenkorn, das nicht in den Boden kommt und stirbt, bleibt ein einzelnes Korn. In der Erde aber keimt es und bringt viel Frucht, obwohl es selbst dabei stirbt.»

Johannes 12,26 «Wer mir dienen will, der soll mir folgen. Denn wo ich bin, soll er auch sein. Und wer mir dient, den wird mein Vater ehren.»

Johannes 13,31–33 Als Judas fort war, sagte Jesus: «Jetzt zeigt Gott, wer der Menschensohn wirklich ist, und dadurch wird auch die Herrlichkeit Gottes sichtbar. [32]Wenn der Menschensohn erst Gottes Herrlichkeit gezeigt hat, dann wird auch Gott die Herrlichkeit des Menschensohns sichtbar machen. Und das geschieht bald! [33]Denn bei euch, meine lieben Kinder, werde ich nur noch kurze Zeit sein. Ihr werdet mich suchen. Doch was ich den Juden gesagt habe, muss ich jetzt auch euch sagen: Wohin ich gehen werde, dahin könnt ihr mir nicht folgen.»

Johannes 14,15 «Wenn ihr mich liebt, werdet ihr so leben, wie ich es euch gesagt habe.»

Johannes 14,23–24 «Wer mich liebt, richtet sich nach dem, was ich ihm gesagt habe. Auch mein Vater wird ihn lieben, und wir beide werden zu ihm kommen und immer bei ihm bleiben. [24]Wer mich aber nicht liebt, der lebt auch nicht nach dem, was ich sage. Meine Worte kommen nicht von mir, sondern von meinem Vater, der mich gesandt hat.»

Johannes 17,1–5 Nach diesen Worten sah Jesus zum Himmel auf und betete: «Vater, die Zeit ist gekommen! Lass jetzt die Herrlichkeit deines Sohnes erkennbar werden, damit dein Sohn deine Herrlichkeit sichtbar macht. [2]Du hast ihm Macht über die Menschen gegeben, damit er allen ewiges Leben schenkt, die du ihm anvertraut hast. ³Und das allein ist ewiges Leben: dich, den einen wahren Gott, zu erkennen, und Jesus Christus, den du gesandt hast. ⁴Ich habe hier auf der Erde den Menschen gezeigt, wie herrlich du bist. Ich habe deinen Auftrag erfüllt. ⁵Und nun, Vater, gib mir wieder Anteil an der Herrlichkeit, die ich bei dir hatte, bevor die Welt erschaffen wurde.»

Johannes 17,9–10 «Für sie [die Jünger] bitte ich dich jetzt: für die Menschen, die du mir anvertraut hast und die zu dir gehören; nicht für die ganze Welt. ¹⁰Denn alles, was ich habe, das gehört dir, und was du hast, das gehört auch mir. An ihnen zeigt sich meine Herrlichkeit.»

Johannes 17,22–23 «Deshalb habe ich ihnen auch die Herrlichkeit gegeben, die du [Gott] mir anvertraut hast, damit sie die gleiche enge Gemeinschaft haben wie wir. ²³Ich bleibe in ihnen, und du bleibst in mir. Genau so sollen auch sie ganz eins sein. Und die Welt wird erkennen, dass du mich gesandt hast und dass du meine Jünger liebst, wie du mich liebst.»

Johannes 17,24 «Vater, ich möchte, dass alle, die du mir gegeben hast, bei mir bleiben. Sie sollen an meiner Herrlichkeit teilhaben. Du hast mir die Herrlichkeit gegeben; denn du hast mich geliebt, längst bevor die Welt geschaffen wurde.»

Matthäus 7,21–25 «Nicht, wer mich dauernd ‹Herr› nennt, wird in Gottes neue Welt kommen, sondern wer den Willen meines Vaters im Himmel tut. ²²Am Tag des Gerichts werden zwar viele sagen: ‹Aber Herr, wir haben doch als deine Propheten das weitergesagt, was du selbst uns

aufgetragen hast! Wir haben doch in deinem Namen Dämonen ausgetrieben und mächtige Taten vollbracht!› ²³Aber ich werde ihnen antworten: ‹Ich kenne euch nicht, denn ihr habt nicht nach meinem Willen gelebt. Geht mir aus den Augen!› ²⁴Wer meine Worte hört und danach handelt, der ist klug. Man kann ihn mit einem Mann vergleichen, der sein Haus auf felsigen Grund baut. ²⁵Wenn ein Wolkenbruch niedergeht, das Hochwasser steigt und der Sturm am Haus rüttelt, wird es trotzdem nicht einstürzen, weil es auf Felsengrund gebaut ist.»

Matthäus 15,8–9 «Diese Leute ehren Gott mit den Lippen, aber mit dem Herzen sind sie nicht dabei. ⁹Ihr Gottesdienst ist wertlos, weil sie ihre menschlichen Gesetze als Gebote Gottes ausgeben.»

Matthäus 16,27 «Denn der Menschensohn wird mit seinen Engeln in der Herrlichkeit seines Vaters kommen und jeden nach seinen Taten richten.»

Matthäus 19,28 Jesus antwortete [den Jüngern]: «Das sollt ihr wissen, die ihr mit mir geht: Wenn der Menschensohn auf dem Thron der Herrlichkeit sitzen und über Gottes neue Welt herrschen wird, werdet ihr ebenfalls auf zwölf Thronen sitzen und die zwölf Stämme Israels richten.»

Matthäus 23,6–12 «Bei euren Festen wollen sie die Ehrenplätze bekommen, und auch in der Synagoge sitzen sie stets in der ersten Reihe. ⁷Es gefällt ihnen, wenn man sie auf der Straße ehrfurchtsvoll grüßt und ‹Meister› nennt. ⁸Lasst ihr euch nicht so anreden! Nur Gott ist euer Meister, ihr seid untereinander alle Geschwister. ⁹Niemanden auf der Erde sollt ihr ‹Vater› nennen, denn nur einer ist euer Vater: Gott im

Himmel. [10]Ihr sollt euch auch nicht Lehrer nennen lassen, weil ihr nur einen Lehrer habt: Christus. [11]Wer unter euch groß sein will, der soll allen anderen dienen. [12]Alle, die sich selbst ehren, werden gedemütigt werden. Wer sich aber selbst erniedrigt, wird geehrt werden.»

Matthäus 23,39 «Und ich sage euch: Mich werdet ihr erst dann wiedersehen, wenn ihr rufen werdet: ‹Gelobt sei, der im Namen des Herrn zu uns kommt!›»

Matthäus 24,30 «Dann wird das Zeichen des Menschensohnes am Himmel erscheinen. Die Menschen auf der ganzen Erde werden vor Entsetzen jammern und heulen. Alle sehen dann, wie der Menschensohn in großer Macht und Herrlichkeit in den Wolken des Himmels kommt.»

Matthäus 25,31–32 «Wenn der Menschensohn in seiner ganzen Herrlichkeit, begleitet von allen Engeln, kommt, dann wird er auf dem Thron Gottes sitzen. [32]Alle Völker werden vor ihm erscheinen, und er wird die Menschen in zwei Gruppen teilen, so wie ein Hirte die Schafe von den Böcken trennt.»

Markus 13,26–27 «Alle sehen dann, wie der Menschensohn in großer Macht und Herrlichkeit in den Wolken des Himmels kommt. [27]Er wird seine Engel aussenden, und sie werden seine Auserwählten aus allen Teilen der Welt zu ihm bringen.»

Lukas 21,25–27 «Zu dieser Zeit werden Zeichen an Sonne, Mond und Sternen Unheil verkünden. Die Menschen fürchten sich und wissen nicht mehr weiter, weil Sturmfluten und Katastrophen über sie hereinbrechen. [26]Ungewissheit und Angst treiben sie zur Verzweiflung. Sogar die Kräfte des Weltalls geraten durcheinander.

[27]Doch dann werden alle Völker sehen, wie der Menschensohn in den Wolken mit großer Macht und Herrlichkeit kommt. [28]Deshalb: Wenn sich dies alles ereignet, dann seid zuversichtlich – mit festem Blick und erhobenem Haupt! Denn eure Befreiung steht vor der Tür.»

Lukas 24,25–26 Darauf sagte Jesus zu ihnen [zwei Jüngern auf dem Weg nach Emmaus]: «Wie wenig versteht ihr doch! Warum begreift und glaubt ihr nicht, was die Propheten gesagt haben? [26]Musste Christus nicht all dies erleiden, bevor Gott ihn zum Herrn über alles einsetzt?»

49 Jesus lebt im Gläubigen

Johannes 14,20–21 «Dann werdet ihr erkennen, dass ich eins bin mit meinem Vater und dass ihr in mir seid und ich in euch bin. [21]Wer meine Gebote annimmt und danach lebt, der liebt mich. Und wer mich liebt, den wird mein Vater lieben. Auch ich werde ihn lieben und mich ihm zu erkennen geben.»

Johannes 14,23–24 «Wer mich liebt, richtet sich nach dem, was ich ihm gesagt habe. Auch mein Vater wird ihn lieben, und wir beide werden zu ihm kommen und immer bei ihm bleiben. [24]Wer mich aber nicht liebt, der lebt auch nicht nach dem, was ich sage. Meine Worte kommen nicht von mir, sondern von meinem Vater, der mich gesandt hat.»

Johannes 15,4–5 «Bleibt fest mit mir verbunden, und ich werde ebenso mit euch verbunden bleiben! Denn so wie eine Rebe nur am Weinstock Früchte tragen kann, so werdet auch ihr nur Frucht bringen, wenn ihr mit mir verbunden bleibt. [5]Ich bin der Weinstock, und ihr seid die Reben. Wer bei mir bleibt, so wie ich bei ihm bleibe, der trägt viel Frucht. Denn ohne mich könnt ihr nichts ausrichten.»

Johannes 17,20–23 «Ich bitte aber nicht nur für sie [die Jünger], sondern für alle, die durch ihre Worte von mir hören werden und an mich glauben. [21]Sie alle sollen eins sein, genauso wie du, Vater, mit mir eins bist. So wie du in mir bist und ich in dir bin, sollen auch sie in uns fest miteinander verbunden sein. Dann wird die Welt glauben, dass du mich gesandt hast. [22]Deshalb habe ich ihnen auch die Herrlichkeit gegeben, die du mir anvertraut hast, damit sie die gleiche enge Gemeinschaft haben wie wir. [23]Ich bleibe in ihnen, und du bleibst in mir. Genau so sollen auch sie ganz eins sein. Und die Welt wird erkennen, dass du mich gesandt hast und dass du meine Jünger liebst, wie du mich liebst.»

Offenbarung 3,19–20 «Bei allen, die ich liebe, decke ich die Schuld auf und erziehe sie mit Strenge. Nimm dir das zu Herzen, und kehr um zu Gott! [20]Merkst du es denn nicht? Noch stehe ich vor deiner Tür und klopfe an. Wer jetzt auf meine Stimme hört und mir die Tür öffnet, zu dem werde ich hineingehen und Gemeinschaft mit ihm haben.»

50 Kinder Gottes

Johannes 8,41–47 «Wir haben nur einen Vater: Gott selbst!» [42]Doch Jesus entgegnete ihnen: «Wenn es tatsächlich so wäre, dann würdet ihr mich lieben; denn ich komme ja von Gott zu euch; in seinem Auftrag und nicht aus eigenem Entschluss.

[43]Aber ich will euch sagen, weshalb ihr mich nicht versteht: weil ihr meine Worte überhaupt nicht hören könnt! [44]Denn ihr seid Kinder des Teufels. Und deshalb handelt ihr so, wie es eurem Vater gefällt. Der war schon von Anfang an ein Mörder, wollte mit der Wahrheit nichts zu tun haben und war ihr schlimmster Feind. Sein ganzes Wesen ist Lüge, er ist der Lügner schlechthin – ja, der Vater jeder Lüge. [45]Mir aber glaubt ihr nicht, weil ich die Wahrheit sage. [46]Oder kann mir einer von euch auch nur eine einzige Sünde nachweisen? Wenn ich euch die Wahrheit sage, warum glaubt ihr mir dann nicht? [47]Wer Gott zum Vater hat, der hört, was Gott sagt. Ihr aber habt Gott nicht zum Vater, und deshalb hört ihr auch seine Worte nicht.»

Johannes 12,36 «Solange ihr das Licht habt, glaubt an das Licht, damit ihr Kinder des Lichtes werdet!» Dies redete Jesus und ging hinweg und verbarg sich vor ihnen (Schlachterbibel).

Matthäus 5,9 «Glücklich sind, die Frieden stiften, denn Gott wird sie seine Kinder nennen.»

Matthäus 5,43–48 «Es heißt bei euch: ‹Liebt eure Freunde und hasst eure Feinde!› [44]Ich sage aber: Liebt eure Feinde und betet für alle, die euch verfolgen! [45]So erweist ihr euch als Kinder eures Vaters im Himmel. Denn er lässt seine Sonne für Böse wie für Gute scheinen, und er lässt es regnen für Fromme und Gottlose. [46]Wollt ihr etwa noch dafür belohnt werden, dass ihr die Menschen liebt, die euch auch lieben? Das tun sogar die Zolleinnehmer, die sonst nur auf ihren Vorteil aus sind! [47]Wenn ihr nur euren Freunden liebevoll begegnet, ist das etwas Besonderes? Das tun auch die, die von Gott nichts wissen. [48]Ihr aber sollt so vollkommen sein wie euer Vater im Himmel.»

Matthäus 7,11 «Wenn schon ihr hartherzigen Menschen euren Kindern Gutes gebt, wie viel mehr wird euer Vater im Himmel denen Gutes schenken, die ihn darum bitten!»

Matthäus 12,49–50 Dann zeigte er auf seine Jünger: «Seht diese dort, sie sind meine Mutter und meine Geschwister. [50]Denn wer den Willen meines Vaters im Himmel tut, der ist mein Bruder, meine Schwester und meine Mutter.»

Matthäus 13,37–43 Jesus antwortete: «Der Menschensohn selbst ist der Bauer, der die gute Saat aussät. [38]Der Acker ist die Welt, die Saat sind die Menschen, die zu Gottes neuer Welt gehören, und das Unkraut sind die Leute, die dem Satan gehorchen. [39]Der Feind, der das Unkraut zwischen den Weizen sät, ist der Teufel. Die Ernte ist das Ende der Welt, und die Erntearbeiter sind die Engel. [40]Wie das Unkraut vom Weizen getrennt und verbrannt wird, so wird es auch am Ende der Welt sein: [41]Der Menschensohn wird seine Engel senden. Sie werden aus der neuen Welt Gottes alle, die Unrecht tun und andere zur Sünde verführen, aussondern [42]und sie in den brennenden Ofen werfen. Dort wird nur Heulen und ohnmächtiges Jammern zu hören sein. [43]Aber alle, die Gottes Willen tun, werden in der neuen Welt ihres Vaters leuchten wie die Sonne. Hört genau auf das, was ich euch sage!»

Lukas 6,32–36 «Oder wollt ihr dafür belohnt werden, dass ihr die Menschen liebt, die euch auch lieben? Das tun selbst die Leute, die von Gott nichts wissen wollen. [33]Ist es etwas Besonderes, denen Gutes zu tun, die auch zu euch gut sind? Das können auch Menschen, die Gott ablehnen. [34]Was ist schon dabei, Leuten Geld zu leihen, von denen man genau weiß, dass sie es zurückzahlen? Dazu braucht man nichts von Gott zu wissen. [35]Ihr aber sollt eure Feinde lieben und den Menschen Gutes tun. Ihr sollt ihnen helfen, ohne einen Dank oder eine Gegenleistung zu erwarten. Dann werdet ihr reich belohnt werden: Ihr werdet Kinder des höchsten Gottes sein. Denn auch er ist gütig zu Undankbaren und Bösen. [36]Seid so barmherzig wie euer Vater im Himmel!»

Lukas 20,34–36 Jesus antwortete: «Die Ehe gibt es nur in dieser Welt. [35]Wer aber von den Toten aufersteht und in die zukünftige Welt kommen darf, der wird nicht mehr verheiratet sein. [36]Er wird auch nicht mehr sterben wie die Menschen hier auf der Erde, sondern wie die Engel ewig leben und zu den Kindern Gottes gehören. Denn er ist vom Tod zu einem neuen Leben auferstanden.»

51 Kleine Anfänge, große Wirkungen

Matthäus 10,42 «Wer einen meiner unbedeutendsten Jünger auch nur mit einem Schluck kaltem Wasser erfrischt, weil dieser zu mir gehört, der wird seinen Lohn erhalten. Darauf könnt ihr euch verlassen!»

Matthäus 13,33 «Man kann Gottes neue Welt auch mit einem Sauerteig vergleichen, den eine Frau unter eine große Menge Mehl mischt, bis alles durchsäuert ist.» (Siehe auch Lukas 13,20–21.)

Markus 4,26–29 Jesus erklärte weiter: «Die neue Welt Gottes kann man vergleichen mit einem Bauern und der Saat, die er auf sein Feld sät. ²⁷Nach der Arbeit geht er nach Hause, schläft, steht wieder auf, und das tagaus, tagein. Im Laufe der Zeit wächst die Saat ohne sein Zutun heran. ²⁸Denn die Erde lässt die Frucht aufgehen und wachsen. Zuerst kommt der Halm, dann die Ähre und endlich als Frucht die Körner. ²⁹Wenn aus der Saat das reife Getreide geworden ist, lässt der Bauer es abmähen, denn die Erntezeit ist da.»

Markus 4,30–32 Schließlich fragte Jesus: «Womit sollen wir die neue Welt Gottes noch vergleichen? Welches Bild könnte euch helfen, sie zu verstehen? ³¹Mit Gottes neuer Welt ist es wie mit einem Senfkorn, das auf ein Feld gesät wird. Es ist der kleinste Same, den es gibt. ³²Wenn er aber in den Boden gesät wird, wächst er schnell heran und wird größer als andere Sträucher. Er bekommt starke Zweige, in denen die Vögel sogar ihre Nester bauen können.»

52 Lebendiges Wasser

Johannes 4,7–11.13–14 Da kam eine Samariterin aus der nahe gelegenen Stadt zum Brunnen, um Wasser zu holen. Jesus bat sie: «Gib mir etwas zu trinken!» ⁸Denn seine Jünger waren in die Stadt gegangen, um etwas zu essen einzukaufen. ⁹Die Frau war überrascht, denn normalerweise wollten die Juden nichts mit den Samaritern zu tun haben. Sie sagte: «Du bist doch ein Jude! Wieso bittest du mich um Wasser? Schließlich bin ich eine samaritische Frau!» ¹⁰Jesus antwortete ihr: «Wenn du wüsstest, was Gott dir geben will und wer dich hier um Wasser bittet, würdest du mich um das

Wasser bitten, das du wirklich zum Leben brauchst. Und ich würde es dir geben.» ¹¹«Aber Herr», meinte da die Frau, «du hast doch gar nichts, womit du Wasser schöpfen kannst, und der Brunnen ist tief! Wo willst du denn das Wasser für mich hernehmen?» […] ¹³Jesus erwiderte: «Wer dieses Wasser trinkt, wird bald wieder durstig sein. ¹⁴Wer aber von dem Wasser trinkt, das ich ihm gebe, der wird nie wieder Durst bekommen. Dieses Wasser wird in ihm zu einer Quelle, die bis ins ewige Leben hinein fließt.»

Johannes 7,37–38 Am letzten Tag, dem Höhepunkt des großen Festes, trat Jesus wieder vor die Menschenmenge und rief laut: «Wer Durst hat, der soll zu mir kommen und trinken! ³⁸Wer mir vertraut, wird erfahren, was die Heilige Schrift sagt: Von ihm wird Leben spendendes Wasser ausgehen wie ein starker Strom.»

53 Liebe

Johannes 13,34–35 «Heute gebe ich euch ein neues Gebot: Liebt einander! So wie ich euch geliebt habe, so sollt ihr euch auch untereinander lieben. ³⁵An eurer Liebe zueinander wird jeder erkennen, dass ihr meine Jünger seid.»

Johannes 15,11–13 «Das alles sage ich euch, damit meine Freude euch ganz erfüllt und eure Freude dadurch vollkommen wird. ¹²Und so lautet mein Gebot: Liebt einander, wie ich euch geliebt habe. ¹³Niemand liebt mehr als einer, der sein Leben für die Freunde hingibt.»

Johannes 15,16–17 «Nicht ihr habt mich erwählt, sondern ich euch, damit ihr euch auf den Weg macht und Frucht bringt, die bleibt. Dann wird euch der Vater alles geben, worum ihr ihn in meinem Namen bittet. [17]Ich sage euch noch einmal: Liebt einander!»

Matthäus 5,43–46 «Es heißt bei euch: ‹Liebt eure Freunde und hasst eure Feinde!› [44]Ich sage aber: Liebt eure Feinde und betet für alle, die euch verfolgen! [45]So erweist ihr euch als Kinder eures Vaters im Himmel. Denn er lässt seine Sonne für Böse wie für Gute scheinen, und er lässt es regnen für Fromme und Gottlose. [46]Wollt ihr etwa noch dafür belohnt werden, dass ihr die Menschen liebt, die euch auch lieben? Das tun sogar die Zolleinnehmer, die sonst nur auf ihren Vorteil aus sind!»

Matthäus 19,19 «Ehre deinen Vater und deine Mutter, und liebe deinen Mitmenschen wie dich selbst.»

Markus 12,30–31 «Ihn [Gott] sollt ihr von ganzem Herzen lieben, mit ganzer Hingabe, mit eurem ganzen Verstand und mit all eurer Kraft.› [31]Ebenso wichtig ist das andere Gebot: ‹Liebe deinen Mitmenschen wie dich selbst!› Kein anderes Gebot ist wichtiger als diese beiden.»

Lukas 6,27–36 «Euch allen sage ich: Liebt eure Feinde und tut denen Gutes, die euch hassen. [28]Segnet die Menschen, die euch Böses wünschen, und betet für alle, die euch beleidigen. [29]Wenn jemand dir eine Ohrfeige gibt, dann halte die andere Wange auch noch hin. Wenn dir einer den Mantel wegnimmt, dann weigere dich nicht, ihm auch noch das Hemd zu geben. [30]Gib jedem, der dich um etwas bittet, und fordere nicht zurück, was man dir genommen hat. [31]So wie ihr von anderen behandelt werden möchtet, so behandelt sie auch. [32]Oder wollt ihr dafür belohnt wer-den, dass ihr die Menschen liebt, die euch auch lieben? Das tun selbst die Leute, die von Gott nichts wissen wollen. [33]Ist es et-was Besonderes, denen Gutes zu tun, die auch zu euch gut sind? Das können auch Menschen, die Gott ablehnen. [34]Was ist schon dabei, Leuten Geld zu leihen, von denen man genau weiß, dass sie es zurück-zahlen? Dazu braucht man nichts von Gott zu wissen. [35]Ihr aber sollt eure Feinde lie-ben und den Menschen Gutes tun. Ihr sollt ihnen helfen, ohne einen Dank oder eine Gegenleistung zu erwarten. Dann werdet ihr reich belohnt werden: Ihr werdet Kinder des höchsten Gottes sein. Denn auch er ist gütig zu Undankbaren und Bösen. [36]Seid so barmherzig wie euer Vater im Himmel!»

Lukas 10,29–37 Aber der Mann [ein Schriftgelehrter] gab sich damit nicht zu-frieden und fragte weiter: «Wer gehört denn eigentlich zu meinen Mitmenschen?» [30]Jesus antwortete ihm mit einer Geschich-te: «Ein Mann wanderte von Jerusalem nach Jericho. Unterwegs wurde er von Räubern überfallen. Sie schlugen ihn zu-sammen, raubten ihn aus und ließen ihn halb tot liegen. Dann machten sie sich da-von. [31]Zufällig kam bald darauf ein Priester vorbei. Er sah den Mann liegen und ging schnell auf der anderen Straßenseite wei-ter. [32]Genauso verhielt sich ein Tempeldie-ner. Er sah zwar den verletzten Mann, aber er blieb nicht stehen, sondern machte ei-nen großen Bogen um ihn. [33]Dann kam ei-ner der verachteten Samariter vorbei. Als er den Verletzten sah, hatte er Mitleid mit ihm. [34]Er beugte sich zu ihm hinunter, be-handelte seine Wunden mit Öl und Wein und verband sie. Dann hob er ihn auf sein Reittier und brachte ihn in den nächsten

Gasthof, wo er den Kranken besser pflegen und versorgen konnte. [35]Als er am nächsten Tag weiterreisen musste, gab er dem Wirt zwei Silberstücke und bat ihn: ‹Pflege den Mann gesund! Sollte das Geld nicht reichen, werde ich dir den Rest auf meiner Rückreise bezahlen!› [36]Was meinst du?», fragte Jesus jetzt den Schriftgelehrten. «Welcher von den dreien hat an dem Überfallenen als Mitmensch gehandelt?» [37]Der Schriftgelehrte erwiderte: «Natürlich der Mann, der ihm geholfen hat.» – «Dann geh und folge seinem Beispiel!», forderte Jesus ihn auf.

54 Liebe zu Jesus

Johannes 10,27 «Meine Schafe erkennen meine Stimme; ich kenne sie, und sie folgen meinem Ruf.»

Johannes 14,15–16 «Wenn ihr mich liebt, werdet ihr so leben, wie ich es euch gesagt habe. [16]Dann werde ich den Vater bitten, dass er euch an meiner Stelle einen Helfer gibt, der für immer bei euch bleibt.»

Johannes 14,21 «Wer meine Gebote annimmt und danach lebt, der liebt mich. Und wer mich liebt, den wird mein Vater lieben. Auch ich werde ihn lieben und mich ihm zu erkennen geben.»

Johannes 14,23–24 «Wer mich liebt, richtet sich nach dem, was ich ihm gesagt habe. Auch mein Vater wird ihn lieben, und wir beide werden zu ihm kommen und immer bei ihm bleiben. [24]Wer mich aber nicht liebt, der lebt auch nicht nach dem, was ich sage. Meine Worte kommen nicht von mir, sondern von meinem Vater, der mich gesandt hat.»

Johannes 21,15–17 Nach dem Essen fragte Jesus Simon Petrus: «Simon, Sohn des Johannes, liebst du mich mehr als die anderen hier?» – «Ja, Herr», antwortete ihm Petrus, «du weißt, dass ich dich lieb habe.» – «Dann hüte meine Lämmer», sagte Jesus. [16]Jesus wiederholte seine Frage: «Simon, Sohn des Johannes, liebst du mich?» – «Ja, Herr, du weißt doch, dass ich dich liebe», antwortete Petrus noch einmal. Erneut sagte Jesus: «Dann hüte meine Schafe!» [17]Und zum dritten Mal fragte Jesus: «Simon, Sohn des Johannes, hast du mich wirklich lieb?» Jetzt wurde Petrus traurig, weil Jesus ihm nun zum dritten Mal diese Frage stellte. Deshalb antwortete er: «Herr, du weißt alles. Du weißt doch auch, wie sehr ich dich liebe!» Darauf sagte Jesus: «Dann hüte meine Schafe!»

Lukas 7,41–48 «Ein reicher Mann hatte zwei Leuten Geld geliehen. Der eine Mann schuldete ihm fünfhundert Silberstücke, der andere fünfzig. [42]Weil sie das Geld aber nicht zurückzahlen konnten, schenkte er es beiden. Welcher der beiden Männer wird ihm nun am meisten dankbar sein?» [43]Simon antwortete: «Bestimmt der, dem er die größte Schuld erlassen hat.» – «Du hast Recht!», bestätigte ihm Jesus. [44]Dann blickte er die Frau an und sagte: «Sieh diese Frau, Simon! Ich kam in dein Haus, und du hast mir kein Wasser für meine Füße gegeben, was doch sonst selbstverständlich ist. Aber sie hat meine Füße mit ihren Tränen gewaschen und mit ihrem Haar getrocknet. [45]Du hast mich nicht mit einem Kuss begrüßt. Aber seit ich hier bin, hat diese Frau immer wieder meine Füße geküsst. [46]Du hast meine Stirn nicht mit Öl gesalbt, während sie dieses kostbare Öl sogar über meine Füße gegossen hat. ⁴⁷Ich sage dir: Ihre große Schuld ist ihr vergeben; und darum hat sie mir so viel Liebe gezeigt. Wem aber wenig vergeben wird, der liebt auch wenig.» ⁴⁸Zu der Frau sagte Jesus: «Deine Sünden sind dir vergeben.»

Lukas 10,41–42 Doch Jesus antwortete ihr: «Marta, Marta, du bist um so vieles besorgt und machst dir so viel Mühe. ⁴²Nur eines aber ist wirklich wichtig und gut! Maria hat sich für dieses eine entschieden, und das kann ihr niemand mehr nehmen.»

55 Lob und Anerkennung

Johannes 5,41–44 «Ich suche nicht die Anerkennung von Menschen! ⁴²Ich kenne euch und weiß genau, dass ihr Gottes Liebe nicht in euch habt. ⁴³Mein Vater hat mich zu euch geschickt, doch ihr lehnt mich ab. Wenn aber jemand in eigenem Auftrag zu euch kommt, den werdet ihr aufnehmen. ⁴⁴Kein Wunder, dass ihr nicht glauben könnt! Denn ihr seid doch nur darauf aus, voreinander etwas zu gelten. Aber euch ist völlig gleichgültig, ob ihr vor dem einzigen Gott bestehen könnt.»

Matthäus 5,16 «Genauso soll euer Licht vor allen Menschen leuchten. Sie werden eure guten Taten sehen und euren Vater im Himmel dafür loben.»

Matthäus 11,25–26 Jesus betete: «Mein Vater, Herr über Himmel und Erde! Ich danke dir, dass du die Wahrheit vor den Klugen und Gebildeten verbirgst und sie den Unwissenden enthüllst. ²⁶Ja, Vater, so entspricht es deinem Willen.»

Matthäus 21,16 «Hörst du denn nicht, was die Kinder da schreien?» – «Ja, ich

höre es», antwortete Jesus. «Habt ihr nie gelesen: ‹Aus dem Mund der kleinen Kinder erklingt dein Lob!›?»

Lukas 11,2–4 Jesus antwortete ihnen: «So sollt ihr beten: ‹Unser Vater im Himmel! Dein heiliger Name soll geehrt werden. Lass deine neue Welt beginnen. ³Gib uns auch heute wieder, was wir zum Leben brauchen. ⁴Vergib uns unsere Schuld, wie wir denen vergeben, die uns Unrecht getan haben. Lass uns nicht in Versuchung geraten, dir untreu zu werden.›»

Lukas 17,17–18 Jesus fragte: «Habe ich nicht zehn Männer geheilt? Wo sind denn die anderen neun? ¹⁸Weshalb kommt nur einer zurück, noch dazu ein Fremder, um sich bei Gott zu bedanken?»

Lukas 19,37–40 Als sie auf der Höhe des Ölbergs angekommen waren, jubelten und sangen die Menschen. Sie dankten Gott für die vielen Wunder, die Jesus getan hatte. ³⁸Laut sangen sie: «Gelobt sei der König, der im Auftrag des Herrn kommt! Gott hat Frieden mit uns geschlossen. Lob und Ehre dem Allerhöchsten!» ³⁹Empört riefen da einige Pharisäer aus der Menge: «Lehrer, verbiete das deinen Jüngern!» ⁴⁰Er antwortete ihnen nur: «Glaubt mir: Wenn sie schweigen, dann werden die Steine am Weg schreien.»

56 Missionsbefehl

Matthäus 28,18–20 Da ging Jesus auf seine Jünger zu und sprach: «Ich habe von Gott alle Macht im Himmel und auf der Erde erhalten. ¹⁹Geht hinaus in die ganze Welt, und ruft alle Menschen dazu auf, mir nachzufolgen! Tauft sie im Namen des Vaters, des Sohnes und des Heiligen Geistes!

[20]Lehrt sie, so zu leben, wie ich es euch aufgetragen habe. Ihr dürft sicher sein: Ich bin immer bei euch, bis das Ende dieser Welt gekommen ist!»

Markus 16,15–16 Dann sagte er zu ihnen [den Jüngern]: «Geht hinaus in die ganze Welt und verkündet allen Menschen die rettende Botschaft. [16]Denn wer glaubt und getauft ist, der wird gerettet werden. Wer aber nicht glaubt, der wird verurteilt werden.» [21]

Apostelgeschichte 1,7–8 Darauf antwortete Jesus: «Die Zeit dafür hat allein Gott der Vater bestimmt. Euch steht es nicht zu, das zu wissen. [8]Aber ihr werdet den Heiligen Geist empfangen und durch seine Kraft meine Zeugen sein in Jerusalem und Judäa, in Samarien und auf der ganzen Erde.»

57 Nachfolge (Jüngerschaft)

Johannes 1,35–43 Johannes der Täufer und zwei seiner Jünger waren am nächsten Tag wieder an dieser Stelle, [36]als Jesus vorüberging. Da zeigte Johannes auf ihn und sagte: «Seht, dies ist Gottes Opferlamm!» [37]Als die beiden Jünger das hörten, folgten sie Jesus. [38]Jesus drehte sich zu ihnen um, sah sie kommen und fragte: «Was sucht ihr?» Sie antworteten: «Wo wohnst du, Meister?» [39]«Kommt mit und seht selbst, wo ich wohne!», sagte Jesus. Es war ungefähr vier Uhr nachmittags, als sie mit Jesus gingen; und sie blieben bei ihm bis zum Abend. [40]Einer der beiden, die Jesus auf das Wort des Johannes hin gefolgt waren, hieß Andreas. Er war der Bruder von Simon Petrus. [41]Wenig später traf er seinen Bruder Simon und erzählte ihm: «Wir haben den Messias gefunden, den von Gott versprochenen Retter!» [42]Dann nahm Andreas seinen Bruder mit zu Jesus. Der sah ihn an und sagte: «Du bist Simon, der Sohn des Johannes. Du sollst Petrus heißen!»

Johannes 3,19–21 «Und so vollzieht sich das Urteil: Das Licht ist in die Welt gekommen, aber die Menschen lieben die Finsternis mehr als das Licht. Denn alles, was sie tun, ist böse. [20]Wer Böses tut, scheut das Licht und bleibt lieber im Dunkeln, damit niemand seine Taten sehen kann. [21]Wer aber die Wahrheit Gottes liebt und das tut, was er will, der tritt ins Licht! An ihm zeigt sich: Gott selber bestimmt sein Handeln.»

Johannes 5,21–24 «So wie der Vater Tote auferweckt und ihnen neues Leben gibt, so hat auch der Sohn die Macht dazu, neues Leben zu geben, wem er will. [22]Denn nicht der Vater spricht das Urteil über die Menschen, er hat das Richteramt vielmehr dem Sohn übertragen. [23]damit alle den Sohn ehren, genauso wie den Vater. Wer aber den Sohn nicht als Herrn anerkennen will, der verachtet auch die Herrschaft des Vaters, der ja den Sohn gesandt hat. [24]Ich sage euch die Wahrheit: Wer meine Botschaft hört und an den glaubt, der mich gesandt hat, der wird ewig leben. Ihn wird das Urteil Gottes nicht treffen, denn er hat die Grenze vom Tod zum Leben schon überschritten.»

---

[21] In den frühesten Handschriften des Markus-Evangeliums ist Markus 16,9–20 nicht vorhanden.

Johannes 6,26–27 Jesus antwortete ihnen: «Ich weiß, weshalb ihr zu mir kommt: doch nur, weil ihr von mir Brot bekommen habt und satt geworden seid; nicht weil ihr verstanden hättet, was dieses Wunder bedeutet! [27]Bemüht euch doch nicht nur um das vergängliche Brot, das ihr zum täglichen Leben braucht! Setzt alles dafür ein, die Nahrung zu bekommen, die bis ins ewige Leben reicht. Diese wird der Menschensohn euch geben. Denn Gott, der Vater, hat ihn dazu bestimmt und ihm die Macht gegeben.»

Johannes 6,35–37 «Ich bin das Brot des Lebens», sagte Jesus zu ihnen. «Wer zu mir kommt, wird niemals wieder Hunger leiden, und wer an mich glaubt, wird nie wieder Durst haben. [36]Doch ich habe euch ja schon einmal gesagt: Ihr glaubt nicht an mich, obwohl ihr mich mit euren eigenen Augen seht. [37]Alle Menschen, die mir der Vater gibt, werden zu mir kommen, und keinen von ihnen werde ich zurückstoßen.»

Johannes 6,43–44 Jesus antwortete auf ihre Vorwürfe: «Warum empört ihr euch so? [44]Keiner kann zu mir kommen, wenn nicht der Vater, der mich gesandt hat, ihn zu mir bringt. Und alle diese Menschen, die er mir gibt, will ich am letzten Tag zum Leben erwecken.»

Johannes 6,63–65 «Gottes Geist allein schafft Leben. Ein Mensch kann dies nicht. Die Worte aber, die ich euch gesagt habe, sind aus Gottes Geist; deshalb bringen sie euch das Leben. [64]Aber einige von euch glauben mir trotzdem nicht.» Jesus wusste nämlich von Anfang an, wer nicht an ihn glaubte und wer ihn später verraten würde. [65]«Deshalb», so erklärte er weiter, «habe ich euch gesagt: Keiner kann zu mir kommen, wenn ihn nicht der Vater zu mir führt!»

Johannes 7,37–38 Am letzten Tag, dem Höhepunkt des großen Festes, trat Jesus wieder vor die Menschenmenge und rief laut: «Wer Durst hat, der soll zu mir kommen und trinken! [38]Wer mir vertraut, wird erfahren, was die Heilige Schrift sagt: Von ihm wird Leben spendendes Wasser ausgehen wie ein starker Strom.»

Johannes 8,31–32 Zu den Juden, die nun an ihn glaubten, sagte Jesus: «Wenn ihr an meinen Worten festhaltet und das tut, was ich euch gesagt habe, dann gehört ihr wirklich zu mir. [32]Ihr werdet die Wahrheit erkennen, und die Wahrheit wird euch befreien!»

Johannes 10,9–10 «Ich allein bin die Tür. Wer durch mich zu meiner Herde kommt, der wird gerettet werden. Er kann durch diese Tür ein- und ausgehen, und er wird saftig grüne Weiden finden. [10]Der Dieb kommt, um zu stehlen, zu schlachten und zu vernichten. Ich aber bringe Leben – und dies im Überfluss.»

Johannes 10,14–16 «Ich aber bin der gute Hirte und kenne meine Schafe, und sie kennen mich; [15]genauso wie mich mein Vater kennt und ich den Vater kenne. Ich gebe mein Leben für die Schafe. [16]Zu meiner Herde gehören auch Schafe, die jetzt noch in anderen Ställen sind. Auch sie muss ich herführen, und sie werden wie die übrigen meiner Stimme folgen. Dann wird es nur noch eine Herde und einen Hirten geben.»

Johannes 10,27–30 «Meine Schafe erkennen meine Stimme; ich kenne sie, und sie folgen meinem Ruf. [28]Ihnen gebe ich das ewige Leben, und sie werden niemals umkommen. Niemand kann sie aus meiner Hand reißen. 29Mein Vater hat sie mir gegeben, und er ist stärker als alle anderen Mächte. Deshalb kann sie auch keiner der Hand meines Vaters entreißen. 30Ich und der Vater sind eins.»

Johannes 12,25–26 «Wer an seinem Leben festhält, wird es verlieren. Wer aber sein Leben loslässt, wird es für alle Ewigkeit gewinnen. 26Wer mir dienen will, der soll mir folgen. Denn wo ich bin, soll er auch sein. Und wer mir dient, den wird mein Vater ehren.»

Johannes 12,44–46 Laut verkündete Jesus: «Wer an mich glaubt, der glaubt in Wahrheit an den, der mich gesandt hat. 45Und wenn ihr mich seht, dann seht ihr den, der mich gesandt hat! 46Ich bin als das Licht in die Welt gekommen, damit jeder, der an mich glaubt, nicht länger in der Dunkelheit leben muss.»

Johannes 13,8–17 Doch Petrus blieb dabei: «Niemals sollst du mir die Füße waschen!» Worauf Jesus erwiderte: «Wenn ich dir nicht die Füße wasche, gehörst du nicht zu mir.» 9Da sagte Petrus: «Herr, dann wasch mir nicht nur die Füße, sondern auch die Hände und das Gesicht!» 10Jesus antwortete: «Wer gebadet hat, der ist ganz rein. Ihm braucht man nur noch den Straßenstaub von den Füßen zu waschen. Ihr seid alle rein – außer einem.» 11Jesus wusste nämlich, wer ihn verraten würde. Deshalb sagte er: «Ihr seid nicht alle rein.» 12Nachdem Jesus ihnen die Füße gewaschen hatte, zog er sein Obergewand wieder an, kehrte zu seinem Platz am Tisch zurück und fragte seine Jünger: «Versteht ihr, was ich eben getan habe? 13Ihr

nennt mich Meister und Herr. Das ist auch richtig so, denn ich bin es. 14Wie ich, euer Meister und Herr, euch jetzt die Füße gewaschen habe, so sollt auch ihr euch gegenseitig die Füße waschen. 15Ich habe euch damit ein Beispiel gegeben, dem ihr folgen sollt. Handelt ebenso! 16Ich sage euch die Wahrheit: Ein Diener steht niemals höher als sein Herr, und ein Botschafter untersteht dem, der ihn gesandt hat. 17Wenn ihr das begreift und danach handelt, wird man euch glücklich schätzen.»

Johannes 13,20 «Ich sage euch die Wahrheit: Wer einen Menschen aufnimmt, den ich senden werde, der nimmt mich auf. Und wer mich aufnimmt, der nimmt den Vater auf, der mich gesandt hat.»

Johannes 13,34–35 «Heute gebe ich euch ein neues Gebot: Liebt einander! So wie ich euch geliebt habe, so sollt ihr euch auch untereinander lieben. 35An eurer Liebe zueinander wird jeder erkennen, dass ihr meine Jünger seid.»

Johannes 14,1–4 «Seid nicht bestürzt, und habt keine Angst!», ermutigte Jesus seine Jünger. «Vertraut Gott, und vertraut mir! 2Denn im Haus meines Vaters gibt es viele Wohnungen. Sonst hätte ich euch nicht gesagt: Ich gehe hin, um dort alles für euch vorzubereiten. 3Und wenn alles bereit ist, werde ich kommen und euch zu mir holen. Dann werdet auch ihr dort sein, wo ich bin. 4Den Weg dorthin kennt ihr ja.»

Johannes 14,12–16 «Ich sage euch die Wahrheit: Wer an mich glaubt, wird die gleichen Taten vollbringen wie ich – ja, sogar noch größere; denn ich gehe zum Vater. 13Worum ihr in meinem Namen bitten werdet, das werde ich tun, damit durch den Sohn die Herrlichkeit des Vaters sichtbar wird. [14]Was ihr also in meinem Namen erbitten werdet, das werde ich tun.»

Johannes 14,20–21 «Dann werdet ihr erkennen, dass ich eins bin mit meinem Vater und dass ihr in mir seid und ich in euch bin. [21]Wer meine Gebote annimmt und danach lebt, der liebt mich. Und wer mich liebt, den wird mein Vater lieben. Auch ich werde ihn lieben und mich ihm zu erkennen geben.»

Johannes 14,23–24 «Wer mich liebt, richtet sich nach dem, was ich ihm gesagt habe. Auch mein Vater wird ihn lieben, und wir beide werden zu ihm kommen und immer bei ihm bleiben. [24]Wer mich aber nicht liebt, der lebt auch nicht nach dem, was ich sage. Meine Worte kommen nicht von mir, sondern von meinem Vater, der mich gesandt hat.»

Johannes 15,1–21 «Ich bin der wahre Weinstock, und mein Vater ist der Weingärtner. [2]Alle Reben am Weinstock, die keine Trauben tragen, schneidet er ab. Aber die Frucht tragenden Reben beschneidet er sorgfältig, damit sie noch mehr Frucht bringen. [3]Ihr seid schon gute Reben, weil ihr meine Botschaft gehört habt. [4]Bleibt fest mit mir verbunden, und ich werde ebenso mit euch verbunden bleiben! Denn so wie eine Rebe nur am Weinstock Früchte tragen kann, so werdet auch ihr nur Frucht bringen, wenn ihr mit mir verbunden bleibt. [5]Ich bin der Weinstock, und ihr seid die Reben. Wer bei mir bleibt, so wie ich bei ihm bleibe, der trägt viel Frucht. Denn ohne mich könnt ihr nichts ausrichten. [6]Wer ohne mich lebt, wird wie eine unfruchtbare Rebe abgeschnitten und weggeworfen. Die verdorrten Reben werden gesammelt, ins Feuer geworfen und verbrannt. [7]Wenn ihr aber fest mit mir verbunden bleibt und euch meine Worte zu Herzen nehmt, dürft ihr von Gott erbitten, was ihr wollt; ihr werdet es erhalten. [8]Wenn ihr viel Frucht bringt und euch so als meine Jünger erweist, wird die Herrlichkeit meines Vaters sichtbar. [9]Wie mich der Vater liebt, so liebe ich euch. Bleibt in meiner Liebe! [10]Wenn ihr nach meinen Geboten lebt, wird meine Liebe euch umschließen. Auch ich richte mich nach den Geboten meines Vaters und lebe in seiner Liebe. [11]Das alles sage ich euch, damit meine Freude euch ganz erfüllt und eure Freude dadurch vollkommen wird. [12]Und so lautet mein Gebot: Liebt einander, wie ich euch geliebt habe. [13]Niemand liebt mehr als einer, der sein Leben für die Freunde hingibt. [14]Und ihr seid meine Freunde, wenn ihr tut, was ich euch aufgetragen habe. [15]Ich nenne euch nicht mehr Knechte; denn einem Knecht sagt der Herr nicht, was er vorhat. Ihr aber seid meine Freunde; denn ich habe euch alles anvertraut, was ich vom Vater gehört habe. [16]Nicht ihr habt mich erwählt, sondern ich euch, damit ihr euch auf den Weg macht und Frucht bringt, die bleibt. Dann wird euch der Vater alles geben, worum ihr ihn in meinem Namen bittet. [17]Ich sage euch noch einmal: Liebt einander! [18]Wenn die Menschen euch hassen, dann vergesst nicht, dass man mich schon vor euch gehasst hat. [19]Diese Welt würde euch lieben, wenn ihr zu ihr gehören würdet. Doch ihr gehört nicht mehr dazu. Ich selbst habe euch aus der Welt herausgerufen. Darum hasst sie euch. [20]Erinnert euch daran, dass ich gesagt habe: ‹Ein Knecht steht niemals höher als sein Herr!› Deshalb werden sie euch verfolgen, wie sie mich verfolgt haben. Und wenn sie auf das gehört haben, was ich gesagt habe, werden sie auch auf euch hören. 21Das alles wird mit euch geschehen, weil ihr zu mir gehört; denn die Welt kennt Gott nicht, der mich gesandt hat.»

Johannes 15,27 «Und auch ihr werdet meine Zeugen sein, denn ihr seid von Anfang an bei mir gewesen.»

Johannes 17,6–8 «Ich habe den Menschen gezeigt, wer du [Gott] bist, und zwar allen, die du aus der Welt herausgerufen und mir anvertraut hast. Dir gehörten sie schon immer, und du hast sie mir gegeben. Sie haben sich deine Worte zu Herzen genommen, 7und jetzt wissen sie, dass alles, was ich habe, von dir ist. 8Denn was du mir gesagt hast, habe ich ihnen weitergegeben. Sie haben deine Botschaft angenommen und erkannt, dass ich von dir herkomme; sie glauben daran, dass du mich gesandt hast.»

Matthäus 4,4 Aber Jesus wehrte ab: «Nein, denn es steht in der Heiligen Schrift: ‹Der Mensch lebt nicht allein von Brot, sondern von allem, was Gott ihm zusagt!›» (Siehe auch Lukas 4,4.)

Matthäus 4,19 Da forderte Jesus sie auf: «Kommt mit mir! Ich will euch zeigen, wie ihr Menschen für Gott gewinnen könnt.» (Siehe auch Markus 1,17.)

Matthäus 7,20–25 «Ebenso werdet ihr die falschen Propheten an ihren Taten erkennen. 21Nicht, wer mich dauernd ‹Herr› nennt, wird in Gottes neue Welt kommen, sondern wer den Willen meines Vaters im Himmel tut. 22Am Tag des Gerichts werden

zwar viele sagen: ‹Aber Herr, wir haben doch als deine Propheten das weitergesagt, was du selbst uns aufgetragen hast! Wir haben doch in deinem Namen Dämonen ausgetrieben und mächtige Taten vollbracht!› 23Aber ich werde ihnen antworten: ‹Ich kenne euch nicht, denn ihr habt nicht nach meinem Willen gelebt. Geht mir aus den Augen!› 24Wer meine Worte hört und danach handelt, der ist klug. Man kann ihn mit einem Mann vergleichen, der sein Haus auf felsigen Grund baut. 25Wenn ein Wolkenbruch niedergeht, das Hochwasser steigt und der Sturm am Haus rüttelt, wird es trotzdem nicht einstürzen, weil es auf Felsengrund gebaut ist.»

Matthäus 8,19–22 Da kam ein Schriftgelehrter zu ihm und sagte: «Lehrer, ich will mit dir gehen, ganz gleich wohin!» 20Jesus antwortete ihm: «Die Füchse haben ihren Bau, die Vögel ihre Nester; aber der Menschensohn hat keinen Platz, an dem er sich ausruhen kann.» 21Einer, der zu seinen Jüngern gehörte, bat Jesus: «Herr, ich will erst noch meinen Vater bestatten, aber dann möchte ich mit dir ziehen.» 22Doch Jesus erwiderte: «Komm jetzt mit mir, und überlass es den Toten, ihre Toten zu begraben!»

Matthäus 10,24–26 «Ein Schüler steht nicht über seinem Lehrer, und ein Diener hat es nicht besser als sein Herr. 25Sie können zufrieden sein, wenn es ihnen genauso geht wie ihren Lehrern und Herren. Wenn sie aber den Herrn des Hauses schon Obersten Teufel genannt haben, was werden sie erst zu seinen Angehörigen sagen? 26Fürchtet euch nicht vor denen, die euch bedrohen. Denn jetzt kommt bald die Zeit, in der das Verborgene ans Licht kommt und alle Geheimnisse enthüllt werden.»

Matthäus 10,32–33 «Wer sich vor den Menschen zu mir bekennt, zu dem werde ich mich auch vor meinem Vater im Himmel bekennen. [33]Wer aber vor den Menschen nicht zu mir steht, zu dem werde ich auch vor meinem Vater im Himmel nicht stehen.»

Matthäus 10,34–39 «Meint nur nicht, dass ich gekommen bin, um Frieden auf die Erde zu bringen. Nein, ich bringe Kampf! [35]Ich werde Vater und Sohn, Mutter und Tochter, Schwiegertochter und Schwiegermutter gegeneinander aufbringen. [36]Die schlimmsten Feinde werden in der eigenen Familie sein. [37]Wer seinen Vater oder seine Mutter, seinen Sohn oder seine Tochter mehr liebt als mich, der ist es nicht wert, mein Jünger zu sein. [38]Und wer nicht bereit ist, sein Kreuz auf sich zu nehmen und mir nachzufolgen, der kann nicht zu mir gehören. [39]Wer sich an sein Leben klammert, der wird es verlieren. Wer es aber für mich einsetzt, der wird es für immer gewinnen.»

Matthäus 11,28–30 «Kommt alle her zu mir, die ihr euch abmüht und unter eurer Last leidet! Ich werde euch Ruhe geben. [29]Lasst euch von mir in den Dienst nehmen, und lernt von mir! Ich meine es gut mit euch und sehe auf niemanden herab. Bei mir findet ihr Ruhe für euer Leben. [30]Mir zu dienen ist keine Bürde für euch, meine Last ist leicht.»

Matthäus 16,23–27 Aber Jesus wandte sich von ihm ab und rief: «Weg mit dir, Satan! Du willst mich hindern, meinen Auftrag zu erfüllen. Du verstehst Gottes Gedanken nicht, weil du nur menschlich denkst!» [24]Danach sprach Jesus zu seinen Jüngern: «Wer mir nachfolgen will, darf nicht mehr sich selbst in den Mittelpunkt stellen, sondern muss sein Kreuz auf sich nehmen und mir nachfolgen. [25]Wer sich an sein Leben klammert, der wird es verlieren. Wer aber sein Leben für mich einsetzt, der wird es für immer gewinnen. [26]Denn was gewinnt ein Mensch, wenn ihm die ganze Welt zufällt, er selbst aber dabei Schaden nimmt? Er kann sein Leben ja nicht wieder zurückkaufen! [27]Denn der Menschensohn wird mit seinen Engeln in der Herrlichkeit seines Vaters kommen und jeden nach seinen Taten richten.»

Matthäus 18,18–20 «Ich versichere euch: Was ihr auf der Erde binden werdet, das soll auch im Himmel gebunden sein. Und was ihr auf der Erde lösen werdet, das soll auch im Himmel gelöst sein. [19]Aber auch das sage ich euch: Wenn zwei von euch hier auf der Erde meinen Vater im Himmel um etwas bitten wollen und darin übereinstimmen, dann wird er es ihnen geben. [20]Denn wo zwei oder drei in meinem Namen zusammenkommen, bin ich in ihrer Mitte.»

Matthäus 19,21 Jesus antwortete: «Wenn du vollkommen sein willst, dann verkauf, was du hast, und gib das Geld den Armen. Damit wirst du im Himmel einen Reichtum gewinnen, der niemals verloren geht. Und dann komm, und folge mir nach.»

Matthäus 19,27–30 Jetzt fragte Petrus: «Aber wie ist es nun mit uns? Wir haben doch alles aufgegeben und sind mit dir gegangen. Was bekommen wir dafür?» [28]Jesus antwortete: «Das sollt ihr wissen, die ihr mit mir geht: Wenn der Menschensohn auf dem Thron der Herrlichkeit sitzen und über Gottes neue Welt herrschen wird, werdet ihr ebenfalls auf zwölf Thronen sitzen und die zwölf Stämme Israels richten. [29]Jeder, der sein Haus, seine Geschwister, seine Eltern, seine Frau, seine Kinder oder seinen Besitz zurücklässt, um mir zu folgen, wird dies alles hundertfach zurückerhalten und das ewige Leben empfangen. [30]Viele, die jetzt einen großen Namen haben, werden dann unbedeutend sein. Und andere, die heute die Letzten sind, werden dort zu den Ersten gehören.»

Matthäus 28,18–20 Da ging Jesus auf seine Jünger zu und sprach: «Ich habe von Gott alle Macht im Himmel und auf der Erde erhalten. [19]Geht hinaus in die ganze Welt, und ruft alle Menschen dazu auf, mir nachzufolgen! Tauft sie im Namen des Vaters, des Sohnes und des Heiligen Geistes! [20]Lehrt sie, so zu leben, wie ich es euch aufgetragen habe. Ihr dürft sicher sein: Ich bin immer bei euch, bis das Ende dieser Welt gekommen ist!»

Markus 3,33–35 Er gab zur Antwort: «Wer ist meine Mutter, und wer sind meine Geschwister?» [34]Dann sah er seine Zuhörer an und sagte: «Seht diese dort, sie sind meine Mutter und meine Geschwister. [35]Wer Gottes Willen tut, ist für mich Bruder, Schwester und Mutter!»

Markus 8,34 «Hört her!», rief Jesus seinen Jüngern und den Menschen zu, die bei ihm waren. «Wer mir nachfolgen will, der darf nicht mehr sich selbst in den Mittelpunkt stellen, sondern muss sein Kreuz auf sich nehmen und mir nachfolgen.»

Markus 9,38–42 Johannes sagte zu Jesus: «Lehrer, wir haben einen Mann gesehen, der in deinem Namen Dämonen austrieb. Aber wir haben es ihm verboten, weil er ja gar nicht mit uns geht.» [39]«Das hättet ihr nicht tun sollen!», erwiderte Jesus. «Wer in meinem Namen Wunder vollbringt, wird nicht gleichzeitig schlecht von mir reden. [40]Wer nicht gegen uns ist, der ist für uns. [41]Erfrischt euch ein Mensch mit einem Schluck Wasser, weil ihr zu Christus gehört, so wird er seinen Lohn erhalten. Darauf könnt ihr euch verlassen. [42]Wer in einem Menschen den Glauben, wie ihn ein Kind hat, zerstört, für den wäre es noch das Beste, mit einem Mühlstein um den Hals ins Meer geworfen zu werden.»

Markus 10,18–21 Jesus entgegnete: «Weshalb nennst du mich gut? Es gibt nur einen, der gut ist, und das ist Gott. [19]Du kennst doch seine Gebote: Du sollst nicht töten! Du sollst nicht die Ehe brechen! Du sollst nicht stehlen! Sag nichts Unwahres über deinen Mitmenschen! Du sollst nicht betrügen! Ehre deinen Vater und deine Mutter!» [20]«Lehrer», antwortete der junge Mann, «an diese Gebote habe ich mich von Jugend an gehalten.» [21]Jesus sah ihn voller Liebe an: «Etwas fehlt dir noch: Verkaufe alles, was du hast, und gib das Geld den Armen. Damit wirst du im Himmel einen Reichtum gewinnen, der niemals verloren geht. Und dann komm und folge mir nach!»

Lukas 5,9–10 Er [Simon Petrus] und alle anderen Fischer waren fassungslos über diesen Fang, [10]auch Jakobus und Johannes, die Söhne des Zebedäus, die Simon bei der Arbeit geholfen hatten. Aber Jesus sagte zu Simon: «Fürchte dich nicht! Du wirst jetzt keine Fische mehr fangen, sondern Menschen für mich gewinnen.»

Lukas 5,27–28 Als Jesus weiterzog, sah er den Zolleinnehmer Levi am Zoll sitzen. Jesus forderte ihn auf: «Komm, geh mit mir!» [28]Ohne zu zögern, verließ Levi alles und ging mit ihm.

Lukas 6,39–40 Wenn Jesus zu den Menschen sprach, gebrauchte er immer wieder Gleichnisse: «Wie kann ein Blinder einen anderen Blinden führen? Werden sie nicht beide in den Abgrund stürzen? [40]Ein Schüler steht nicht über seinem Lehrer. Im besten Fall kann er werden wie sein Lehrer, wenn er alles von ihm gelernt hat.»

Lukas 6,46–49 «Warum nennt ihr mich dauernd ‹Herr›, wenn ihr doch nicht tut, was ich euch sage? [47]Wisst ihr, mit wem ich einen Menschen vergleiche, der meine Worte hört und danach handelt? [48]Er ist wie ein Mann, der sich ein Haus bauen wollte. Zuerst hob er eine Baugrube aus, dann baute er die Fundamente seines Hauses auf felsigen Grund. Als ein Unwetter kam und die Fluten gegen das Haus brandeten, konnten sie keinen Schaden anrichten, denn das Haus war auf Felsengrund gebaut. [49]Wer sich meine Worte allerdings nur anhört und nicht danach lebt, der ist wie einer, der beim Bauen auf das Fundament verzichtet und sein Haus auf weichen Boden baut. Bei einem Unwetter unterspülen die Fluten sein Haus, es gerät aus allen Fugen und stürzt krachend ein.»

Lukas 8,16–17 «Niemand zündet eine Öllampe an und versteckt sie dann unter einem Eimer oder stellt sie unters Bett. Im Gegenteil! Man stellt die Lampe so auf, dass jeder, der hereinkommt, das Licht sieht. [17]Alles, was jetzt noch verborgen ist, wird einmal ans Licht kommen, und was jetzt noch ein Geheimnis ist, wird jeder verstehen.»

Lukas 9,23–26 Danach wandte sich Jesus an alle: «Wer mir nachfolgen will, darf nicht mehr sich selbst in den Mittelpunkt stellen, sondern muss sein Kreuz täglich auf sich nehmen und mir nachfolgen. [24]Wer sich an sein Leben klammert, der wird es verlieren. Wer aber sein Leben für mich einsetzt, der wird es für immer gewinnen. [25]Denn was gewinnt ein Mensch, wenn ihm die ganze Welt zufällt, er aber dabei sich selbst verliert oder Schaden nimmt? [26]Wer sich schämt, sich zu mir und meiner Botschaft zu bekennen, den wird auch der Menschensohn nicht kennen, wenn er in seiner Macht und in der Herrlichkeit des Vaters und der heiligen Engel kommen wird.»

Lukas 9,57–58 Unterwegs wurde Jesus von einem Mann angesprochen: «Herr, ich will mit dir gehen, ganz gleich wohin.» [58]Jesus antwortete ihm: «Die Füchse haben ihren Bau, die Vögel ihre Nester, aber der Menschensohn hat keinen Platz, an dem er sich ausruhen kann.»

Lukas 9,59–60 Einen anderen forderte Jesus auf: «Komm mit mir!» Er erwiderte: «Ja, Herr, aber vorher lass mich noch meinen Vater bestatten.» [60]Da antwortete Jesus: «Überlass es den Toten, ihre Toten zu begraben. Du aber sollst die Botschaft von Gottes neuer Welt verkünden.»

Lukas 10,2–12 Er sagte zu ihnen [den Siebzig, die er aussandte]: «Die Ernte ist groß, aber es gibt nur wenige Arbeiter. Deshalb bittet den Herrn, dass er noch mehr Arbeiter aussendet, die seine Ernte einbringen. [3]Geht nun! Ich schicke euch wie Schafe mitten unter die Wölfe. [4]Nehmt kein Geld, keine Tasche, keine Schuhe mit, und wenn ihr unterwegs Leute trefft, dann führt keine langen Gespräche! ⁵Wenn ihr in ein Haus eintretet, dann sagt: ‹Friede sei mit euch allen!› ⁶Wollen die Menschen Gottes Frieden annehmen, wird der Friede, den ihr ihnen bringt, bei ihnen bleiben. Lehnt man aber eure Friedensbotschaft ab, dann wird auch Gottes Friede nicht in diesem Haus sein. ⁷Deshalb bleibt dort, wo man euch aufnimmt, esst und trinkt, was man euch anbietet. Denn weil ihr den Menschen dient, sollen sie für euch sorgen. Bleibt in dem einen Haus, und geht in kein anderes. ⁸Wenn ihr in eine Stadt kommt, in der euch die Leute bereitwillig aufnehmen, dann esst, was man euch anbietet. ⁹Heilt die Kranken, und sagt allen Menschen: ‹Jetzt beginnt Gottes neue Welt bei euch.› ¹⁰Will man aber irgendwo nichts von euch wissen, dann verlasst diese Stadt und sagt den Einwohnern: ¹¹‹Ihr habt euch selbst das Urteil gesprochen. Sogar den Staub eurer Straßen schütteln wir von unseren Füßen. Doch merkt euch das eine: Gottes neue Welt hat begonnen!› ¹²Ich sage euch: Den Einwohnern von Sodom wird es am Tag des Gerichts besser ergehen als den Menschen einer solchen Stadt.» (Siehe auch Matthäus 9,37–38.)

Lukas 12,8–9 «Das sage ich euch: Wer sich vor den Menschen zu mir bekennt, zu dem wird sich auch der Menschensohn vor den Engeln bekennen. ⁹Wer aber vor den Menschen nicht zu mir steht, zu dem wird auch der Menschensohn vor den Engeln Gottes nicht stehen.»

Lukas 14,25–35 Wie schon oft wurde Jesus von einer großen Menschenmenge begleitet. Er wandte sich zu ihnen um und sagte: ²⁶«Wenn einer mit mir gehen will, so muss ich für ihn wichtiger sein als seine Eltern, seine Frau, seine Kinder, seine Geschwister, ja wichtiger als das eigene Leben. Sonst kann er nicht mein Jünger sein. ²⁷Wer nicht bereit ist, sein Kreuz auf sich zu nehmen und mir nachzufolgen, der kann nicht zu mir gehören. ²⁸Stellt euch vor, jemand möchte einen Turm bauen. Wird er dann nicht vorher die Kosten überschlagen? ²⁹Er wird doch nicht einfach anfangen und riskieren, dass er bereits nach dem Bau des Fundaments aufhören muss. Die Leute würden ihn auslachen ³⁰und sagen: ‹Einen Turm wollte er bauen! Aber sein Geld reichte nur für das Fundament!› ³¹Oder stellt euch vor, ein König muss gegen einen anderen König in den Krieg ziehen: Wird er dann nicht vorher mit seinen Beratern überlegen, ob seine Armee mit zehntausend Mann die feindlichen Truppen schlagen kann, die mit zwanzigtausend Mann anrücken? ³²Wenn nicht, dann wird er, solange die Feinde noch weit entfernt sind, Unterhändler schicken, um über einen Frieden zu verhandeln. ³³Überlegt auch ihr vorher, ob ihr wirklich bereit seid, alles für mich aufzugeben und mir nachzufolgen. Sonst könnt ihr nicht meine Jünger sein. ³⁴Salz ist lebensnotwendig. Wenn aber das Salz fade geworden ist, wodurch soll es seine Würzkraft wiedergewinnen? ³⁵Es taugt nicht einmal als Dünger. Man muss es wegwerfen. Hört genau auf das, was ich euch sage!»

Apostelgeschichte 1,4–5 Als sie an einem dieser Tage miteinander aßen, sagte Jesus zu seinen Jüngern: «Verlasst Jerusalem nicht! Bleibt so lange hier, bis in Erfüllung gegangen ist, was euch der Vater durch mich versprochen hat. ⁵Denn Johannes hat mit Wasser getauft; ihr aber werdet bald mit dem Heiligen Geist getauft werden.» (Siehe auch Apostelgeschichte 11,16.)

Offenbarung 2,10 «Fürchte dich nicht vor dem, was dir noch bevorsteht. Der Teufel wird einige von euch ins Gefängnis bringen, um euch auf die Probe zu stellen. Zehn Tage lang werdet ihr leiden müssen. Doch wenn du mir treu bleibst bis zum Tod, werde ich dir als Siegespreis das ewige Leben geben.»

Offenbarung 2,19 «Ich sehe alles, was du tust. Ich weiß, mit welcher Liebe du mir dienst und mit welcher Treue du am Glauben festhältst. Ich kenne deinen Dienst für andere und deine Geduld. Und heute setzt du dich noch mehr ein als früher.»

Offenbarung 3,4–5 «Aber auch bei euch in Sardes sind einige, denen der Schmutz dieser Welt nichts anhaben konnte. Sie werden immer bei mir sein und weiße Kleider tragen; denn sie sind es wert. ⁵Wer durchhält und den Sieg erringt, der wird solch ein weißes Kleid tragen. Ich werde seinen Namen nicht aus dem Buch des Lebens streichen, sondern mich vor meinem Vater und seinen Engeln zu ihm bekennen.»

Offenbarung 3,8–12 «Ich weiß, was du getan und geleistet hast. Sieh, ich habe dir eine Tür geöffnet, die niemand verschließen kann. Deine Kraft ist klein; doch du hast an dem, was ich gesagt habe, festgehalten und dich unerschrocken zu mir bekannt. ⁹Achte jetzt auf alles, was geschehen wird: Es werden Leute zu dir kommen, die sich als fromme Juden ausgeben. Aber sie lügen; in Wirklichkeit sind sie Anhänger des Satans. Diese Männer werde ich dazu bewegen, dass sie vor dir auf die Knie fallen; denn sie sollen erkennen, dass ich dich liebe. ¹⁰Du hast meine Aufforderung befolgt, geduldig auszuhalten. Deshalb will ich dich auch in der schweren Prüfung bewahren, die über die ganze Erde kommen wird, um alle Menschen auf die Probe zu stellen. ¹¹Ich komme schnell und unerwartet. Darum halte fest, was du hast, damit dir niemand deinen Siegespreis nehmen kann. ¹²Denn wer durchhält und den Sieg erringt, den werde ich zu einer Säule im Tempel meines Gottes machen; er wird dort immer bleiben. Und er soll den Namen meines Gottes tragen und wird ein Bürger des neuen Jerusalem sein, der Stadt, die Gott vom Himmel herabkommen lässt. Auch meinen eigenen neuen Namen wird er erhalten.»

Offenbarung 3,15–22 «Ich kenne dich genau und weiß alles, was du tust. Du bist weder kalt noch heiß. Ach, wärst du doch das eine oder das andere! ¹⁶Aber du bist lau, und deshalb werde ich dich ausspucken. ¹⁷Du bildest dir ein: ‹Ich bin reich und habe alles, was ich brauche!› Da machst du dir selbst etwas vor! Du merkst gar nicht, wie jämmerlich du in Wirklichkeit dran bist: arm, blind und nackt. ¹⁸Darum solltest du dich endlich um den wahren Reichtum bemühen, um das reine Gold, das im Feuer geläutert wurde. Nur dieses Gold macht dich reich, und nur von mir kannst du es bekommen. Lass dir auch die weißen Kleider von mir geben, damit du nicht länger nackt und bloß dastehst. Kauf dir Augensalbe, die deine blinden Augen heilt. ¹⁹Bei allen, die ich liebe, decke ich die Schuld auf und erziehe sie mit

Strenge. Nimm dir das zu Herzen, und kehr um zu Gott! ²⁰Merkst du es denn nicht? Noch stehe ich vor deiner Tür und klopfe an. Wer jetzt auf meine Stimme hört und mir die Tür öffnet, zu dem werde ich hineingehen und Gemeinschaft mit ihm haben. ²¹Wer durchhält und den Sieg erringt, wird mit mir auf meinem Thron sitzen, so wie auch ich mich als Sieger auf den Thron meines Vaters gesetzt habe. ²²Hört genau hin, und achtet darauf, was Gottes Geist den Gemeinden sagt.»

58 Offenbarung von Gottes Wahrheit

Johannes 14,6–7 Jesus antwortete: «Ich bin der Weg, ich bin die Wahrheit, und ich bin das Leben! Ohne mich kann niemand zum Vater kommen. ⁷Kennt ihr mich, dann kennt ihr auch meinen Vater. Von jetzt an kennt ihr ihn; ja, ihr habt ihn schon gesehen!»

Johannes 16,13 «Wenn aber der Geist der Wahrheit kommt, hilft er euch dabei, die Wahrheit vollständig zu erfassen. Denn er redet nicht in seinem eigenen Auftrag, sondern wird nur das sagen, was er gehört hat. Auch was euch in Zukunft erwartet, wird er euch verkünden.»

Johannes 18,37 Da fragte ihn Pilatus: «Dann bist du also doch ein König?» Jesus antwortete: «Ja, du hast Recht. Ich bin ein König. Und dazu bin ich Mensch geworden und in diese Welt gekommen, um ihr die Wahrheit zu bezeugen. Wer bereit ist, auf die Wahrheit zu hören, der hört auf mich.»

Matthäus 10,24–26 «Ein Schüler steht nicht über seinem Lehrer, und ein Diener hat es nicht besser als sein Herr. ²⁵Sie können zufrieden sein, wenn es ihnen genauso geht wie ihren Lehrern und Herren. Wenn sie aber den Herrn des Hauses schon Obersten Teufel genannt haben, was werden sie erst zu seinen Angehörigen sagen? ²⁶Fürchtet euch nicht vor denen, die euch bedrohen. Denn jetzt kommt bald die Zeit, in der das Verborgene ans Licht kommt und alle Geheimnisse enthüllt werden.»

Matthäus 11,25–26 Jesus betete: «Mein Vater, Herr über Himmel und Erde! Ich danke dir, dass du die Wahrheit vor den Klugen und Gebildeten verbirgst und sie den Unwissenden enthüllst. ²⁶Ja, Vater, so entspricht es deinem Willen.»

Matthäus 11,27 «Mein Vater hat mir alle Macht gegeben. Nur der Vater kennt den Sohn. Und nur der Sohn kennt den Vater und jeder, dem der Sohn ihn zeigt.»

Matthäus 13,11–15 Jesus antwortete: «Euch lässt Gott die Geheimnisse seiner neuen Welt verstehen, anderen sind sie verborgen. ¹²Denn wer viel hat, der bekommt noch mehr dazu, ja, er wird mehr als genug haben! Wer aber nichts hat, dem wird selbst noch das Wenige, das er hat, genommen. ¹³Deshalb rede ich in Gleichnissen. Denn sie sehen, aber sie erkennen nicht; sie hören, aber sie verstehen es nicht. ¹⁴Damit erfüllt sich an ihnen, was der Prophet Jesaja vorausgesagt hat: ‹Ihr werdet hören und nicht verstehen, sehen und nicht erkennen. ¹⁵Denn das Herz dieses Volkes ist hart und gleichgültig. Sie sind schwerhörig und verschließen die Augen. Deshalb sehen und hören sie nicht. Sie sind nicht einsichtig und wollen nicht zu mir umkehren, darum kann ich ihnen nicht helfen und sie heilen.›»

Matthäus 16,17 «Du kannst wirklich glücklich sein, Simon, Sohn des Jona!», sagte Jesus. «Diese Erkenntnis hat dir mein Vater im Himmel gegeben; von sich aus kommt ein Mensch nicht zu dieser Einsicht.»

59 Opfer und Selbstverleugnung

Matthäus 10,34–39 «Meint nur nicht, dass ich gekommen bin, um Frieden auf die Erde zu bringen. Nein, ich bringe Kampf! 35Ich werde Vater und Sohn, Mutter und Tochter, Schwiegertochter und Schwiegermutter gegeneinander aufbringen. 36Die schlimmsten Feinde werden in der eigenen Familie sein. 37Wer seinen Vater oder seine Mutter, seinen Sohn oder seine Tochter mehr liebt als mich, der ist es nicht wert, mein Jünger zu sein. 38Und wer nicht bereit ist, sein Kreuz auf sich zu nehmen und mir nachzufolgen, der kann nicht zu mir gehören. 39Wer sich an sein Leben klammert, der wird es verlieren. Wer es aber für mich einsetzt, der wird es für immer gewinnen.»

Matthäus 16,24–26 Danach sprach Jesus zu seinen Jüngern: «Wer mir nachfolgen will, darf nicht mehr sich selbst in den Mittelpunkt stellen, sondern muss sein Kreuz auf sich nehmen und mir nachfolgen. 25Wer sich an sein Leben klammert, der wird es verlieren. Wer aber sein Leben für mich einsetzt, der wird es für immer gewinnen. 26Denn was gewinnt ein Mensch, wenn ihm die ganze Welt zufällt, er selbst aber dabei Schaden nimmt? Er kann sein Leben ja nicht wieder zurückkaufen!»

Matthäus 19,27–30 Jetzt fragte Petrus: «Aber wie ist es nun mit uns? Wir haben doch alles aufgegeben und sind mit dir gegangen. Was bekommen wir dafür?» 28Jesus antwortete: «Das sollt ihr wissen, die ihr mit mir geht: Wenn der Menschensohn auf dem Thron der Herrlichkeit sitzen und über Gottes neue Welt herrschen wird, werdet ihr ebenfalls auf zwölf Thronen sitzen und die zwölf Stämme Israels richten. 29Jeder, der sein Haus, seine Geschwister, seine Eltern, seine Frau, seine Kinder oder seinen Besitz zurücklässt, um mir zu folgen, wird dies alles hundertfach zurückerhalten und das ewige Leben empfangen. 30Viele, die jetzt einen großen Namen haben, werden dann unbedeutend sein. Und andere, die heute die Letzten sind, werden dort zu den Ersten gehören.»

Markus 8,34–38 «Hört her!», rief Jesus seinen Jüngern und den Menschen zu, die bei ihm waren. «Wer mir nachfolgen will, der darf nicht mehr sich selbst in den Mittelpunkt stellen, sondern muss sein Kreuz auf sich nehmen und mir nachfolgen. 35Wer sich an sein Leben klammert, der wird es verlieren. Wer aber sein Leben für mich und für Gottes rettende Botschaft einsetzt, der wird es für immer gewinnen. 36Denn was gewinnt ein Mensch, wenn ihm die ganze Welt zufällt, er selbst aber dabei Schaden nimmt? 37Er kann sein Leben ja nicht wieder zurückkaufen! 38Wer sich hier vor den gottlosen Menschen schämt, sich zu mir und meiner Botschaft zu bekennen, den wird auch der Menschensohn nicht kennen, wenn er mit den heiligen Engeln in der Herrlichkeit seines Vaters kommen wird.»

Markus 10,29–31 Jesus antwortete: «Das sollt ihr wissen: Jeder, der sein Haus, seine Geschwister, seine Eltern, seine Kinder oder seinen Besitz zurücklässt, um mir zu folgen und die rettende Botschaft von Gott weiterzusagen, ³⁰der wird schon hier alles hundertfach zurückerhalten: Häuser, Geschwister, Eltern, Kinder und Besitz. All dies wird ihm – wenn auch mitten unter Verfolgungen – hier auf dieser Erde gehören und außerdem in der zukünftigen Welt das ewige Leben. ³¹Viele, die jetzt einen großen Namen haben, werden dann unbedeutend sein. Und andere, die heute die Letzten sind, werden dort zu den Ersten gehören.»

Markus 12,38–40 Jesus redete weiter zu ihnen: «Hütet euch vor den Schriftgelehrten! Sie laufen gern in langen Gewändern herum und genießen es, wenn die Leute sie auf der Straße ehrfurchtsvoll grüßen. ³⁹In der Synagoge sitzen sie stets in der ersten Reihe, und es gefällt ihnen, wenn sie bei euren Festen die Ehrenplätze bekommen. ⁴⁰Gierig reißen sie den Besitz der Witwen an sich; dabei tarnen sie ihre bösen Absichten mit langen Gebeten. Gottes Strafe wird sie besonders hart treffen.»

Markus 12,42–44 Dann aber kam eine arme Witwe und warf zwei der kleinsten Münzen in den Opferkasten. ⁴³Jesus rief seine Jünger zu sich und sagte: «Eines ist sicher: Diese arme Witwe hat mehr gegeben als alle anderen. ⁴⁴Die Reichen haben nur etwas von ihrem Überfluss gegeben, aber diese Frau ist arm und gab alles, was sie hatte – sogar das, was sie dringend zum Leben gebraucht hätte.» (Siehe auch Lukas 21,3–4.)

Lukas 9,23 Danach wandte sich Jesus an alle: «Wer mir nachfolgen will, darf nicht mehr sich selbst in den Mittelpunkt stellen, sondern muss sein Kreuz täglich auf sich nehmen und mir nachfolgen.»

Lukas 14,25–33 Wie schon oft wurde Jesus von einer großen Menschenmenge begleitet. Er wandte sich zu ihnen um und sagte: ²⁶«Wenn einer mit mir gehen will, so muss ich für ihn wichtiger sein als seine Eltern, seine Frau, seine Kinder, seine Geschwister, ja wichtiger als das eigene Leben. Sonst kann er nicht mein Jünger sein. ²⁷Wer nicht bereit ist, sein Kreuz auf sich zu nehmen und mir nachzufolgen, der kann nicht zu mir gehören. ²⁸Stellt euch vor, jemand möchte einen Turm bauen. Wird er dann nicht vorher die Kosten überschlagen? ²⁹Er wird doch nicht einfach anfangen und riskieren, dass er bereits nach dem Bau des Fundaments aufhören muss. Die Leute würden ihn auslachen ³⁰und sagen: ‹Einen Turm wollte er bauen! Aber sein Geld reichte nur für das Fundament!› ³¹Oder stellt euch vor, ein König muss gegen einen anderen König in den Krieg ziehen: Wird er dann nicht vorher mit seinen Beratern überlegen, ob seine Armee mit zehntausend Mann die feindlichen Truppen schlagen kann, die mit zwanzigtausend Mann anrücken? ³²Wenn nicht, dann wird er, solange die Feinde noch weit entfernt sind, Unterhändler schicken, um über einen Frieden zu verhandeln. ³³Überlegt auch ihr vorher, ob ihr wirklich bereit seid, alles für mich aufzugeben und mir nachzufolgen. Sonst könnt ihr nicht meine Jünger sein.»

Lukas 18,29–30 Jesus antwortete: «Das sollt ihr wissen: Jeder, der sein Haus, seine Eltern, seine Geschwister, seine Frau oder seine Kinder zurücklässt, um sich für Gottes neue Welt einzusetzen, ³⁰der wird dafür reich belohnt werden: hier schon, in dieser Welt, und erst recht in der zukünftigen Welt mit dem ewigen Leben.»

60 Die Propheten

Matthäus 11,11–15 «Ja, ich versichere euch: Von allen Menschen, die je geboren wurden, ist keiner bedeutender als Johannes der Täufer. Trotzdem ist der Geringste in Gottes neuer Welt größer als er. [12]Seit Johannes der Täufer da ist, beginnt Gottes neue Welt, wenn auch andere das mit Gewalt verhindern wollen. [13]Das ganze Gesetz und die Propheten bis hin zu Johannes haben darauf hingewiesen. [14]Wenn ihr es begreifen könnt: Johannes ist Elia, dessen Kommen angekündigt wurde. [15]Hört genau auf das, was ich euch sage.»

Matthäus 11,16–19 «Wie soll ich die Menschen von heute beschreiben? Sie sind wie spielende Kinder auf der Straße, die ihren Freunden zurufen: [17]‹Wir haben Hochzeitslieder gespielt, und ihr habt nicht getanzt. Dann haben wir Klagelieder gesungen, und ihr habt nicht geweint.› [18]Johannes fastete oft und trank keinen Wein. Da habt ihr gesagt: ‹Der ist ja von einem bösen Geist besessen!› [19]Nun ist der Menschensohn gekommen, isst und trinkt wie jeder andere, und ihr beschimpft ihn: ‹Er frisst und säuft, und seine Freunde sind die Zolleinnehmer und anderes Gesindel!› Doch wie Recht die Weisheit Gottes hat, erweist sich in dem, was sie bewirkt.»

Matthäus 13,54–57 [Jesus] kehrte in seinen Heimatort Nazareth zurück und sprach dort in der Synagoge. Alle staunten über ihn und fragten: «Woher hat er diese Weisheit und die Macht, Wunder zu tun? [55]Er ist doch der Sohn eines Zimmermanns, und wir kennen Maria, seine Mutter, und seine Brüder Jakobus, Josef, Simon und Judas. [56]Und auch seine Schwestern leben alle unter uns. Woher hat er das alles nur?» [57]Sie ärgerten sich über ihn. Da sagte Jesus: «Nirgendwo gilt ein Prophet weniger als in seiner Heimat und in seiner eigenen Familie.»

Matthäus 21,23–27 Dann ging Jesus in den Tempel und sprach zu den Menschen. Sofort stellten ihn die Hohenpriester und die führenden Männer des Volkes zur Rede: «Woher nimmst du dir das Recht, hier so aufzutreten? Wer gab dir die Vollmacht dazu?» [24]Jesus erwiderte: «Ich will euch eine Gegenfrage stellen. Wenn ihr die beantwortet, werde ich euch sagen, wer mir die Vollmacht gegeben hat. [25]War Johannes der Täufer von Gott beauftragt zu taufen oder nicht?» Sie überlegten: «Wenn wir antworten: ‹Gott hat ihn gesandt›, dann wird er fragen: ‹Warum habt ihr ihm dann nicht geglaubt?› [26]Wenn wir aber bestreiten, dass Gott ihn gesandt hat, bekommen wir Ärger mit dem Volk. Denn alle sind davon überzeugt, dass Johannes ein Prophet war.» [27]So antworteten sie schließlich: «Wir wissen es nicht!» Worauf Jesus entgegnete: «Dann sage ich euch auch nicht, wer mir die Vollmacht gegeben hat.» (Siehe auch Markus 11,27–33 und Lukas 20,1–8.)

Matthäus 26,55–56 Danach wandte sich Jesus an die Männer, die ihn festgenommen hatten: «Bin ich denn ein Verbrecher, dass ihr euch mit Schwertern und Knüppeln bewaffnet habt, um mich zu verhaften? Jeden Tag habe ich öffentlich im Tempel gesprochen. Warum habt ihr mich nicht dort festgenommen? [56]Aber auch dies geschieht, damit sich die Vorhersagen der Propheten erfüllen.» Entsetzt verließen ihn alle Jünger und flohen.

Lukas 4,24–27 «Aber ihr wisst doch: Ein Prophet gilt nichts in seiner Heimatstadt. [25]Denkt an Elia! Damals gab es genug Witwen in Israel, die Hilfe brauchten; denn es hatte dreieinhalb Jahre nicht geregnet, und alle Menschen im Land hungerten. [26]Aber nicht zu ihnen wurde Elia geschickt, sondern zu einer nichtjüdischen Witwe in Zarpat bei Sidon. [27]Oder erinnert euch an den Propheten Elisa! Es gab unzählige Aussätzige in Israel, aber von ihnen wurde keiner geheilt. Naaman, der Syrer, war der Einzige.»

Lukas 7,24–27 Als die Jünger des Johannes gegangen waren, wandte sich Jesus an die Menschen, die sich um ihn versammelt hatten, und fragte: «Was habt ihr von Johannes erwartet, als ihr zu ihm in die Wüste hinausgegangen seid? Wolltet ihr ein Schilfrohr sehen, das bei jedem Windhauch hin- und herschwankt? [25]Oder wolltet ihr einen Mann in vornehmer Kleidung sehen, der in Saus und Braus lebt? Dann hättet ihr in die Königspaläste gehen müssen. [26]Oder wolltet ihr einem Propheten begegnen? Ja, Johannes ist ein Prophet, und mehr als das. [27]Er ist der Mann, von dem es in der Heiligen Schrift heißt: ‹Ich sende meinen Boten dir voraus, der dein Kommen ankündigt und die Menschen darauf vorbereitet.›» (Siehe auch Matthäus 11,7–10.)

Lukas 24,15–27 Während sie miteinander sprachen und nachdachten, kam Jesus und ging mit ihnen. [16]Aber sie – wie mit Blindheit geschlagen – erkannten ihn nicht. [17]«Worüber unterhaltet ihr euch?», fragte sie Jesus. Die Jünger blieben traurig stehen, [18]und verwundert bemerkte Kleopas, einer von den beiden: «Ich glaube, du bist der Einzige in Jerusalem, der nichts von den Ereignissen der letzten Tage gehört hat.» [19]«Was ist denn geschehen?», wollte Jesus wissen. «Hast du etwa nichts von Jesus gehört, dem Mann aus Nazareth?», antworteten die Jünger. «Er war ein Prophet, den Gott geschickt hatte. Jeder im Volk konnte das an seinen Worten und Taten erkennen. [20]Aber unsere Hohenpriester und die führenden Männer des Volkes haben ihn an die Römer ausgeliefert. Er wurde zum Tode verurteilt und dann ans Kreuz geschlagen. [21]Dabei hatten wir gehofft, dass er der von Gott versprochene Retter ist, der Israel befreit. Das war vor drei Tagen. [22]Heute Morgen wurden wir sehr beunruhigt durch einige Frauen, die zu uns gehören. Schon vor Sonnenaufgang waren sie zum Grab gegangen; [23]aber der Leichnam Jesu war nicht mehr da. Die Frauen erzählten, ihnen seien Engel erschienen, die sagten: ‹Jesus lebt!› [24]Einige von uns sind gleich zum Grab gelaufen. Es war tatsächlich leer, wie die Frauen berichtet hatten. Aber Jesus haben sie nicht gesehen.» [25]Darauf sagte Jesus zu ihnen: «Wie wenig versteht ihr doch! Warum begreift und glaubt ihr nicht, was die Propheten gesagt haben? [26]Musste Christus nicht all dies erleiden, bevor Gott ihn zum Herrn über alles einsetzt?» [27]Dann erklärte Jesus, was in der Heiligen Schrift über ihn gesagt wird – von den Büchern Mose angefangen bis zu den Propheten.

61 Rechtfertigung

Johannes 3,14–19 «Du weißt doch, wie Mose in der Wüste eine Schlange aus Bronze an einem Pfahl aufrichtete, damit jeder, der sie ansah, am Leben blieb. Genauso muss auch der Menschensohn erhöht werden. [15]Jeder, der ihm vertraut, wird das ewige Leben haben. [16]Denn Gott hat die Menschen so sehr geliebt, dass er seinen einzigen Sohn für sie hergab. Jeder, der an ihn glaubt, wird nicht zugrunde gehen, sondern das ewige Leben haben. [17]Gott hat nämlich seinen Sohn nicht zu den Menschen gesandt, um über sie Gericht zu halten, sondern um sie zu retten. [18]Wer an ihn glaubt, der wird nicht verurteilt werden. Wer aber nicht an den einzigen Sohn Gottes glaubt, über den ist wegen seines Unglaubens das Urteil schon gesprochen. [19]Und so vollzieht sich das Urteil: Das Licht ist in die Welt gekommen, aber die Menschen lieben die Finsternis mehr als das Licht. Denn alles, was sie tun, ist böse.»

Matthäus 7,22–23 «Am Tag des Gerichts werden zwar viele sagen: ‹Aber Herr, wir haben doch als deine Propheten das weitergesagt, was du selbst uns aufgetragen hast! Wir haben doch in deinem Namen Dämonen ausgetrieben und mächtige Taten vollbracht!› [23]Aber ich werde ihnen antworten: ‹Ich kenne euch nicht, denn ihr habt nicht nach meinem Willen gelebt. Geht mir aus den Augen!›»

Matthäus 12,33–37 «Wie der Baum, so die Frucht! Ein guter Baum trägt gute Früchte, ein schlechter Baum trägt schlechte Früchte. [34]Ihr Schlangenbrut! Wie könnt ihr durch und durch bösen Leute überhaupt etwas Gutes reden? Wovon das Herz erfüllt ist, das spricht der Mund aus! [35]Wenn ein guter Mensch spricht, zeigt sich, was an Gutem in ihm ist. Ein Mensch mit einem bösen Herzen ist innerlich voller Gift, und alle merken es, wenn er redet. [36]Ich sage euch das, weil ihr am Gerichtstag Rechenschaft ablegen müsst über jedes unnütze Wort, das ihr geredet habt. [37]Eure Worte sind der Maßstab, nach dem ihr freigesprochen oder verurteilt werdet.»

Lukas 16,14–15 Die geldgierigen Pharisäer spotteten über diese Worte. [15]Deshalb sagte Jesus zu ihnen: «Ihr legt großen Wert darauf, dass alle Menschen euch für untadelig halten. Aber Gott kennt euer Herz. Er verabscheut, womit ihr die Menschen beeindrucken wollt.»

Lukas 18,9–14 Jesus erzählte ein weiteres Gleichnis. Er hatte dabei besonders die Menschen im Blick, die selbstgerecht sind und auf andere herabsehen. [10]«Zwei Männer gingen in den Tempel, um zu beten. Der eine war ein Pharisäer, der andere ein Zolleinnehmer. [11]Selbstsicher stand der Pharisäer dort und betete: ‹Ich danke dir, Gott, dass ich nicht so bin wie andere Leute: kein Räuber, kein Gottloser, kein Ehebrecher und schon gar nicht wie dieser Zolleinnehmer da hinten. [12]Ich faste zweimal in der Woche und gebe von allen meinen Einkünften den zehnten Teil für Gott.› [13]Der Zolleinnehmer dagegen blieb verlegen am Eingang stehen und wagte kaum aufzusehen. Schuldbewusst betete er: ‹Gott, vergib mir, ich weiß, dass ich ein Sünder bin!› [14]Ihr könnt sicher sein, dieser Mann ging von seiner Schuld befreit nach Hause, nicht aber der Pharisäer. Denn wer sich selbst ehrt, wird gedemütigt werden; aber wer sich selbst erniedrigt, wird geehrt werden.»

62 Reichtum und Besitz

Matthäus 6,19–21 «Häuft in dieser Welt keine Reichtümer an! Ihr wisst, wie schnell Motten und Rost sie zerfressen oder Diebe sie stehlen! ²⁰Sammelt euch vielmehr Schätze im Himmel, die unvergänglich sind und die kein Dieb mitnehmen kann. ²¹Wo nämlich eure Schätze sind, da wird auch euer Herz sein.»

Matthäus 6,24 «Niemand kann zwei Herren gleichzeitig dienen. Wer dem einen richtig dienen will, wird sich um die Wünsche des anderen nicht kümmern können. Er wird sich für den einen einsetzen und den anderen vernachlässigen. Auch ihr könnt nicht gleichzeitig für Gott und das Geld leben.»

Matthäus 6,30–34 «Wenn Gott sogar das Gras so schön wachsen lässt, das heute auf der Wiese grünt, morgen aber schon verbrannt wird, wie könnte er euch dann vergessen? Vertraut ihr Gott so wenig? ³¹Zerbrecht euch also nicht mehr den Kopf mit Fragen wie: ‹Werden wir genug zu essen haben? Und was werden wir trinken? Was sollen wir anziehen?› ³²Mit solchen Dingen beschäftigen sich nur Menschen, die Gott nicht kennen. Euer Vater im Himmel weiß doch genau, dass ihr dies alles braucht. ³³Sorgt euch vor allem um Gottes neue Welt, und lebt nach Gottes Willen! Dann wird er euch mit allem anderen versorgen. ³⁴Deshalb sorgt euch nicht um morgen – der nächste Tag wird für sich selber sorgen! Es ist doch genug, wenn jeder Tag seine eigenen Lasten hat.»

Matthäus 16,24–27 Danach sprach Jesus zu seinen Jüngern: «Wer mir nachfolgen will, darf nicht mehr sich selbst in den Mittelpunkt stellen, sondern muss sein Kreuz auf sich nehmen und mir nachfolgen. ²⁵Wer sich an sein Leben klammert, der wird es verlieren. Wer aber sein Leben für mich einsetzt, der wird es für immer gewinnen. ²⁶Denn was gewinnt ein Mensch, wenn ihm die ganze Welt zufällt, er selbst aber dabei Schaden nimmt? Er kann sein Leben ja nicht wieder zurückkaufen! ²⁷Denn der Menschensohn wird mit seinen Engeln in der Herrlichkeit seines Vaters kommen und jeden nach seinen Taten richten.»

Matthäus 19,17–21 Jesus entgegnete: «Wieso fragst du mich nach dem Guten? Es gibt nur einen, der gut ist, und das ist Gott. Du kannst ewiges Leben bekommen, wenn du Gottes Gebote befolgst.» ¹⁸«Welche denn?», fragte der Mann, und Jesus antwortete: «Du sollst nicht töten! Du sollst nicht die Ehe brechen. Du sollst nicht stehlen! Sag nichts Unwahres über deinen Mitmenschen! ¹⁹Ehre deinen Vater und deine Mutter, und liebe deinen Mitmenschen wie dich selbst.» ²⁰«Daran habe ich mich immer gehalten! Was muss ich denn noch tun?», wollte der junge Mann wissen. ²¹Jesus antwortete: «Wenn du vollkommen sein willst, dann verkauf, was du hast, und gib das Geld den Armen. Damit wirst du im Himmel einen Reichtum gewinnen, der niemals verloren geht. Und dann komm, und folge mir nach.»

Matthäus 19,23–26 Da sagte Jesus zu seinen Jüngern: «Eins ist sicher: Ein Reicher hat es sehr schwer, in Gottes neue Welt zu kommen. ²⁴Eher geht ein Kamel durch ein

Nadelöhr, als dass ein Reicher in Gottes neue Welt kommt.» [25]Darüber waren die Jünger entsetzt und fragten sich: «Wer kann dann überhaupt gerettet werden?» [26]Jesus sah sie an und sagte: «Für Menschen ist es unmöglich, aber für Gott ist alles möglich!»

Markus 4,18–19 «Der von Disteln überwucherte Boden entspricht den Menschen, die zwar die Botschaft hören, [19]aber die Sorgen des Alltags, die Verführung durch den Wohlstand und die Gier nach all den Dingen dieses Lebens ersticken Gottes Botschaft, so dass keine Frucht wachsen kann.»

Markus 10,18–21 Jesus entgegnete: «Weshalb nennst du mich gut? Es gibt nur einen, der gut ist, und das ist Gott. [19]Du kennst doch seine Gebote: Du sollst nicht töten! Du sollst nicht die Ehe brechen! Du sollst nicht stehlen! Sag nichts Unwahres über deinen Mitmenschen! Du sollst nicht betrügen! Ehre deinen Vater und deine Mutter!» [20]«Lehrer», antwortete der junge Mann, «an diese Gebote habe ich mich von Jugend an gehalten.» [21]Jesus sah ihn voller Liebe an: «Etwas fehlt dir noch: Verkaufe alles, was du hast, und gib das Geld den Armen. Damit wirst du im Himmel einen Reichtum gewinnen, der niemals verloren geht. Und dann komm und folge mir nach!»

Markus 10,23–27 Da schaute Jesus seine Jünger an und sagte zu ihnen: «Wie schwer ist es doch für die Reichen, in Gottes neue Welt zu kommen!» [24]Er sah, wie entsetzt seine Jünger über diese Worte waren. Deshalb betonte er noch einmal: «Ja, wie schwer ist es doch, in die neue Welt Gottes zu gelangen! [25]Eher geht ein Kamel durch ein Nadelöhr, als dass ein Reicher in

Gottes neue Welt kommt!» [26]Darüber erschraken die Jünger noch mehr, und sie fragten sich: «Wer kann dann überhaupt gerettet werden?» [27]Jesus sah sie an und sagte: «Für Menschen ist es unmöglich, aber nicht für Gott. Für ihn ist alles möglich!»

Markus 12,16–17 Sie gaben ihm eine römische Münze. Er fragte sie: «Wessen Bild und Name ist hier eingeprägt?» Sie antworteten: «Das Bild und der Name des Kaisers!» [17]«Nun, dann gebt dem Kaiser, was ihm zusteht, und gebt Gott, was ihm gehört.» Seine Zuhörer waren überrascht: Diese Antwort hatten sie nicht erwartet.

Lukas 6,24–25 «Doch wehe euch, ihr Reichen! Ihr habt euer Glück schon auf Erden genossen. [25]Wehe euch, ihr Satten! Ihr werdet Hunger leiden. Wehe euch, die ihr jetzt sorglos lacht! Ihr werdet trauern und weinen.»

Lukas 9,23–26 Danach wandte sich Jesus an alle: «Wer mir nachfolgen will, darf nicht mehr sich selbst in den Mittelpunkt stellen, sondern muss sein Kreuz täglich auf sich nehmen und mir nachfolgen. [24]Wer sich an sein Leben klammert, der wird es verlieren. Wer aber sein Leben für mich einsetzt, der wird es für immer gewinnen. [25]Denn was gewinnt ein Mensch, wenn ihm die ganze Welt zufällt, er aber dabei sich selbst verliert oder Schaden nimmt? [26]Wer sich schämt, sich zu mir und meiner Botschaft zu bekennen, den wird auch der Menschensohn nicht kennen, wenn er in seiner Macht und in der Herrlichkeit des Vaters und der heiligen Engel kommen wird.»

Lukas 12,13–21 Da rief einer aus der Menge: «Lehrer, sag doch meinem Bruder, er soll unser Erbe gerecht mit mir teilen.» [14]Aber Jesus wies ihn zurück: «Bin ich etwa euer Richter oder euer Vermittler in Erbstreitigkeiten?» [15]Dann wandte er sich an alle: «Hütet euch vor der Habgier! Wenn jemand auch noch so viel Geld hat, das Leben kann er sich damit nicht kaufen.» [16]An einem Beispiel erklärte er seinen Zuhörern, was er damit meinte: «Ein reicher Gutsbesitzer hatte eine besonders gute Ernte. [17]Er überlegte: ‹Wo soll ich bloß alles unterbringen? Meine Scheunen sind voll; da geht nichts mehr rein.› [18]Er beschloss: ‹Ich werde die alten Scheunen abreißen und neue bauen, so groß, dass ich das ganze Getreide, ja alles, was ich habe, darin unterbringen kann. [19]Dann will ich mich zur Ruhe setzen. Ich habe für lange Zeit ausgesorgt. Jetzt lasse ich es mir gut gehen. Ich will gut essen und trinken und mein Leben genießen!› [20]Aber Gott sagte zu ihm: ‹Du Narr! Noch in dieser Nacht wirst du sterben. Wer bekommt dann deinen ganzen Reichtum, den du angehäuft hast?› [21]So wird es allen gehen, die auf der Erde Reichtümer sammeln, aber mit leeren Händen vor Gott stehen.»

Lukas 16,9–12 Jesus erklärte seinen Jüngern: «Ich sage euch: So klug wie dieser ungerechte Verwalter sollt auch ihr das Geld einsetzen. Macht euch Freunde damit! Dann werdet ihr, wenn euch das Geld nichts mehr nützen kann, einen Platz im Himmel bekommen. [10]Doch bedenkt: Nur wer im Kleinen ehrlich ist, wird es auch im Großen sein. Wenn ihr bei kleinen Dingen unzuverlässig seid, werdet ihr es auch bei großen sein. [11]Geht ihr also schon mit Geld unehrlich um, wer wird euch dann die Reichtümer des Himmels anvertrauen

wollen? [12]Verwaltet ihr das Geld anderer Leute nachlässig, wer wird euch dann das schenken, was euch gehören soll?»

Lukas 16,13 «Niemand kann zwei Herren gleichzeitig dienen. Wer dem einen richtig dienen will, wird sich um die Wünsche des anderen nicht kümmern können. Er wird sich für den einen einsetzen und den anderen vernachlässigen. Auch ihr könnt nicht gleichzeitig für Gott und das Geld leben.»

Lukas 16,14–15 Die geldgierigen Pharisäer spotteten über diese Worte. [15]Deshalb sagte Jesus zu ihnen: «Ihr legt großen Wert darauf, dass alle Menschen euch für untadelig halten. Aber Gott kennt euer Herz. Er verabscheut, womit ihr die Menschen beeindrucken wollt.»

Lukas 16,19–31 «Da lebte einmal ein reicher Mann», erzählte Jesus. «Er war immer sehr vornehm gekleidet und konnte sich Tag für Tag jeden Luxus leisten. [20]Vor dem Portal seines Hauses aber lag Lazarus, bettelarm und schwer krank. Sein Körper war über und über mit Geschwüren bedeckt. [21]Während er dort um die Abfälle aus der Küche bettelte, kamen die Hunde und beleckten seine offenen Wunden. [22]Lazarus starb, und die Engel brachten ihn in den Himmel; dort durfte er den Ehrenplatz an Abrahams Seite einnehmen. Auch der reiche Mann starb und wurde begraben. [23]Als er im Totenreich unter Qualen erwachte, blickte er auf und erkannte in weiter Ferne Abraham, der Lazarus bei sich hatte. [24]‹Vater Abraham›, rief der Reiche laut, ‹hab Mitleid mit mir! Schick mir doch Lazarus! Er soll seine Fingerspitze ins Wasser tauchen und damit meine Zunge kühlen. Ich leide in diesen Flammen furchtbare Qualen!› ²⁵Aber Abraham erwiderte: ‹Mein Sohn, erinnere dich! Du hast in deinem Leben alles gehabt, Lazarus hatte nichts. Jetzt geht es ihm gut, und du musst leiden. ²⁶Außerdem liegt zwischen uns ein tiefer Abgrund. Niemand kann von der einen Seite zur anderen kommen, selbst wenn er es wollte.› ²⁷‹Vater Abraham›, bat jetzt der Reiche, ‹dann schick Lazarus doch wenigstens in das Haus meines Vaters ²⁸zu meinen fünf Brüdern. Er soll sie warnen, damit sie nach ihrem Tod nicht auch an diesen qualvollen Ort kommen.› ²⁹Aber Abraham entgegnete: ‹Deine Brüder sollen auf das hören, was sie bei Mose und den Propheten lesen können.› ³⁰Der Reiche widersprach: ‹Nein, Vater Abraham, erst wenn einer von den Toten zu ihnen käme, würden sie ihr Leben ändern.› ³¹Doch Abraham blieb dabei: ‹Wenn sie nicht auf Mose und die Propheten hören, werden sie sich auch nicht überzeugen lassen, wenn einer von den Toten aufersteht.›»

Lukas 18,19–27 Jesus entgegnete: «Weshalb nennst du mich gut? Es gibt nur einen, der gut ist, und das ist Gott. ²⁰Du kennst doch seine Gebote: Du sollst nicht die Ehe brechen! Du sollst nicht töten! Du sollst nicht stehlen! Sag nichts Unwahres über deinen Mitmenschen! Ehre deinen Vater und deine Mutter!» ²¹Der Mann antwortete: «An diese Gebote habe ich mich von Jugend an gehalten.» ²²«Aber etwas fehlt dir noch», sagte Jesus. «Verkauf alles, was du hast, und verteil das Geld an die Armen. Damit wirst du im Himmel einen Reichtum gewinnen, der niemals verloren geht. Und dann komm und folge mir nach!» ²³Als der Mann das hörte, wurde er traurig, denn er war sehr reich. ²⁴Jesus

merkte es und sagte: «Wie schwer ist es doch für die Reichen, in Gottes neue Welt zu kommen! ²⁵Eher geht ein Kamel durch ein Nadelöhr, als dass ein Reicher in Gottes neue Welt kommt.» ²⁶«Wer kann dann überhaupt gerettet werden?», fragten ihn seine Zuhörer entsetzt. ²⁷Er antwortete: «Für Menschen ist es unmöglich, aber nicht für Gott.»

Offenbarung 3,15–18 «Ich kenne dich genau und weiß alles, was du tust. Du bist weder kalt noch heiß. Ach, wärst du doch das eine oder das andere! ¹⁶Aber du bist lau, und deshalb werde ich dich ausspucken. ¹⁷Du bildest dir ein: ‹Ich bin reich und habe alles, was ich brauche!› Da machst du dir selbst etwas vor! Du merkst gar nicht, wie jämmerlich du in Wirklichkeit dran bist: arm, blind und nackt. ¹⁸Darum solltest du dich endlich um den wahren Reichtum bemühen, um das reine Gold, das im Feuer geläutert wurde. Nur dieses Gold macht dich reich, und nur von mir kannst du es bekommen. Lass dir auch die weißen Kleider von mir geben, damit du nicht länger nackt und bloß dastehst. Kauf dir Augensalbe, die deine blinden Augen heilt.»

63 Reinheit

Matthäus 5,8 «Glücklich sind, die ein reines Herz haben, denn sie werden Gott sehen.»

64 Reinigung und falsche Reinheit

Johannes 15,3–4 «Ihr seid schon gute Reben, weil ihr meine Botschaft gehört habt. ⁴Bleibt fest mit mir verbunden, und ich werde ebenso mit euch verbunden bleiben! Denn so wie eine Rebe nur am Weinstock Früchte tragen kann, so werdet auch ihr nur Frucht bringen, wenn ihr mit mir verbunden bleibt.»

Johannes 17,17–19 «Lass ihnen deine Wahrheit leuchten, damit sie in immer engerer Gemeinschaft mit dir leben! Dein Wort ist die Wahrheit! ¹⁸Wie du mich in die Welt gesandt hast, so sende ich sie in die Welt. ¹⁹Für sie gebe ich mein Leben hin, damit ihr Leben ganz dir gehört.»

Matthäus 23,25–28 «Wehe euch, ihr Schriftgelehrten und Pharisäer! Ihr Heuchler! Ihr poliert eure Becher und Schüsseln außen auf Hochglanz, so wie das Gesetz es erfordert. Doch gefüllt sind sie mit dem, was ihr in eurer maßlosen Gier anderen abgenommen habt. ²⁶Ihr blinden Verführer, reinigt eure Becher erst einmal von innen, dann werden sie auch außen sauber sein. ²⁷Wehe euch, ihr Schriftgelehrten und Pharisäer! Ihr seid wie die gepflegten Grabstätten: von außen sauber und geschmückt, aber innen ist alles voll stinkender Verwesung. ²⁸Ihr steht vor den Leuten als solche da, die Gott ehren, aber in Wirklichkeit seid ihr voller Bosheit und Heuchelei.»

Lukas 17,17–19 Jesus fragte: «Habe ich nicht zehn Männer geheilt? Wo sind denn die anderen neun? ¹⁸Weshalb kommt nur einer zurück, noch dazu ein Fremder, um sich bei Gott zu bedanken?» ¹⁹Zu dem Samariter aber sagte er: «Steh wieder auf! Dein Glaube hat dir geholfen.»

65 Salz

Matthäus 5,13 «Ihr seid für die Welt wie Salz. Wenn das Salz aber fade geworden ist, wodurch soll es seine Würzkraft wiedergewinnen? Es ist nutzlos geworden, man schüttet es weg, und die Leute treten darauf herum.»

Markus 9,50 «Salz ist gut und notwendig, solange es wirkt. Wenn es aber fade geworden ist, wodurch soll es seine Würzkraft wiedergewinnen? Deshalb achtet darauf, dass man an euch die Wirkung des Salzes sieht. Haltet Frieden untereinander.»

Lukas 14,34–35 «Salz ist lebensnotwendig. Wenn aber das Salz fade geworden ist, wodurch soll es seine Würzkraft wiedergewinnen? ³⁵Es taugt nicht einmal als Dünger. Man muss es wegwerfen. Hört genau auf das, was ich euch sage!»

66 Sanftmut

Matthäus 5,3.5 «Glücklich sind, die erkennen, wie arm sie vor Gott sind, denn ihnen gehört die neue Welt Gottes. ⁵Glücklich sind die Friedfertigen, denn sie werden die ganze Erde besitzen.»

Matthäus 5,38–42 «Es heißt auch: ‹Auge um Auge, Zahn um Zahn!› ³⁹Ich sage euch aber: Leistet keine Gegenwehr, wenn man euch Böses antut! Wenn jemand dir eine Ohrfeige gibt, dann halte die andere Wange auch noch hin! ⁴⁰Wenn einer dich vor Gericht bringen will, um dein Hemd zu bekommen, so gib ihm auch noch den Mantel! ⁴¹Und wenn einer von dir verlangt, eine Meile mit ihm zu gehen, dann geh zwei Meilen mit ihm! ⁴²Gib jedem, der dich um etwas bittet, und weise keinen ab, der etwas von dir leihen will.»

Matthäus 10,16 «Hört mir zu: Ich schicke euch wie Schafe mitten unter die Wölfe. Seid klug wie Schlangen, aber ohne Verschlagenheit wie Tauben.»

Matthäus 11,28–29 «Kommt alle her zu mir, die ihr euch abmüht und unter eurer Last leidet! Ich werde euch Ruhe geben. [29]Lasst euch von mir in den Dienst nehmen, und lernt von mir! Ich meine es gut mit euch und sehe auf niemanden herab. Bei mir findet ihr Ruhe für euer Leben.»

67 Segnungen

Matthäus 5,3–9 «Glücklich sind, die erkennen, wie arm sie vor Gott sind, denn ihnen gehört die neue Welt Gottes. [4]Glücklich sind die Trauernden, denn sie werden Trost finden. [5]Glücklich sind die Friedfertigen, denn sie werden die ganze Erde besitzen. [6]Glücklich sind, die nach Gerechtigkeit hungern und dürsten, denn sie sollen satt werden. [7]Glücklich sind die Barmherzigen, denn sie werden Barmherzigkeit erfahren. [8]Glücklich sind, die ein reines Herz haben, denn sie werden Gott sehen. [9]Glücklich sind, die Frieden stiften, denn Gott wird sie seine Kinder nennen.»

Matthäus 5,10–11 «Glücklich sind, die verfolgt werden, weil sie nach Gottes Willen leben. Denn ihnen gehört Gottes neue Welt. [11]Glücklich könnt ihr sein, wenn ihr verachtet, verfolgt und verleumdet werdet, weil ihr mir nachfolgt.»

Matthäus 11,6 «Glücklich ist jeder, der nicht an mir Anstoß nimmt.» (Siehe auch Lukas 7,23.)

Lukas 14,12–14 Schließlich sagte Jesus zu seinem Gastgeber: «Zu einem Essen solltest du nicht deine Freunde, Geschwister, Verwandten oder die reichen Nachbarn einladen. Sie werden dir danken und dich wieder einladen. Dann hast du deine Belohnung schon gehabt. [13]Bitte lieber die Armen, Verkrüppelten, Gelähmten und Blinden an deinen Tisch. [14]Dann wirst du glücklich sein, denn du hast Menschen geholfen, die sich dir nicht erkenntlich zeigen können. Gott wird dich dafür belohnen, wenn er die von den Toten auferweckt, die nach seinem Willen gelebt haben.»

Lukas 14,15–24 Als einer von den Gästen das hörte, rief er: «Was für ein Glück muss das sein, in der neuen Welt Gottes zum Fest eingeladen zu werden!» [16]Jesus antwortete mit einer Geschichte: «Ein Mann bereitete ein großes Festessen vor, zu dem er viele Gäste einlud. [17]Als alles fertig war, schickte er seinen Boten zu den Eingeladenen: ‹Alles ist vorbereitet, kommt!› [18]Aber niemand kam. Jeder hatte auf einmal Ausreden. Einer sagte: ‹Ich habe ein Grundstück gekauft, das muss ich unbedingt besichtigen. Bitte entschuldige mich!› [19]Ein anderer: ‹Es geht leider nicht. Ich habe mir fünf Gespanne Ochsen angeschafft. Die muss ich jetzt ansehen!› [20]Ein dritter entschuldigte sich: ‹Ich habe gerade geheiratet. Du wirst verstehen, dass ich nicht kommen kann.› [21]Der Bote kehrte zurück und berichtete alles seinem Herrn. Der wurde sehr zornig: ‹Geh gleich auf die Straßen, auf alle Plätze der Stadt, und hole die Bettler, Verkrüppelten, Gelähmten und Blinden herein!› [22]Der Bote kam zurück und berichtete: ‹Es sind viele gekommen, aber noch immer sind Plätze frei!› [23]‹Geh auf die Landstraßen›, befahl der Herr, ‹und wer auch immer dir über den Weg läuft, den bring her! Alle sind eingeladen. Mein Haus soll voll werden. [24]Aber von denen, die ich zuerst eingeladen habe, wird keiner auch nur einen einzigen Bissen bekommen.›»

Apostelgeschichte 20,35 «Damit wollte ich [Paulus] euch zeigen, wie man arbeiten muss, um den Armen zu helfen und das zu erfüllen, was unser Herr Jesus selbst gesagt hat: ‹Geben macht glücklicher als Nehmen.›»

Offenbarung 22,7 «Macht euch bereit! Ich komme bald. Wirklich glücklich ist, wer sich an die prophetischen Worte dieses Buches hält!»

Offenbarung 22,14 «Glücklich werden alle sein, die ihre Kleider rein gewaschen haben. Sie dürfen durch die Tore in die Stadt hineingehen und die Früchte von den Bäumen des Lebens essen.»

68 Sicherheit

Johannes 3,14–18 «Du weißt doch, wie Mose in der Wüste eine Schlange aus Bronze an einem Pfahl aufrichtete, damit jeder, der sie ansah, am Leben blieb. Genauso muss auch der Menschensohn erhöht werden. [15]Jeder, der ihm vertraut, wird das ewige Leben haben. [16]Denn Gott hat die Menschen so sehr geliebt, dass er seinen einzigen Sohn für sie hergab. Jeder, der an ihn glaubt, wird nicht zugrunde gehen, sondern das ewige Leben haben. [17]Gott hat nämlich seinen Sohn nicht zu den Menschen gesandt, um über sie Gericht zu halten, sondern um sie zu retten. [18]Wer an ihn glaubt, der wird nicht verurteilt werden. Wer aber nicht an den einzigen Sohn Gottes glaubt, über den ist wegen seines Unglaubens das Urteil schon gesprochen.»

Johannes 10,27–30 «Meine Schafe erkennen meine Stimme; ich kenne sie, und sie folgen meinem Ruf. [28]Ihnen gebe ich das ewige Leben, und sie werden niemals umkommen. Niemand kann sie aus meiner Hand reißen. [29]Mein Vater hat sie mir gegeben, und er ist stärker als alle anderen Mächte. Deshalb kann sie auch keiner der Hand meines Vaters entreißen. [30]Ich und der Vater sind eins.»

Johannes 14,2–4 «Denn im Haus meines Vaters gibt es viele Wohnungen. Sonst hätte ich euch nicht gesagt: Ich gehe hin, um dort alles für euch vorzubereiten. [3]Und wenn alles bereit ist, werde ich kommen und euch zu mir holen. Dann werdet auch ihr dort sein, wo ich bin. [4]Den Weg dorthin kennt ihr ja.»

Johannes 17,1–4 Nach diesen Worten sah Jesus zum Himmel auf und betete: «Vater, die Zeit ist gekommen! Lass jetzt die Herrlichkeit deines Sohnes erkennbar werden, damit dein Sohn deine Herrlichkeit sichtbar macht. [2]Du hast ihm Macht über die Menschen gegeben, damit er allen ewiges Leben schenkt, die du ihm anvertraut hast. [3]Und das allein ist ewiges Leben: dich, den einen wahren Gott, zu erkennen, und Jesus Christus, den du gesandt hast. [4]Ich habe hier auf der Erde den Menschen gezeigt, wie herrlich du bist. Ich habe deinen Auftrag erfüllt.»

69 Treue

Matthäus 10,21–22 «In dieser Zeit wird ein Bruder den anderen dem Henker ausliefern. Väter werden ihre eigenen Kinder anzeigen. Kinder werden gegen ihre Eltern vorgehen und sie hinrichten lassen. [22]Alle

Welt wird euch hassen, weil ihr euch zu mir bekennt. Aber wer bis zum Ende durchhält, wird gerettet.»

Matthäus 11,6 «Glücklich ist jeder, der nicht an mir Anstoß nimmt.» (Siehe auch Lukas 7,23.)

Matthäus 23,23 «Wehe euch, ihr Schriftgelehrten und Pharisäer! Ihr Scheinheiligen! Sogar von Küchenkräutern wie Minze, Dill und Kümmel gebt ihr Gott den zehnten Teil. Aber die viel wichtigeren Forderungen Gottes nach Gerechtigkeit, Barmherzigkeit und Glauben sind euch gleichgültig. Doch gerade darum geht es hier: Das Wesentliche tun und das andere nicht unterlassen.»

Matthäus 24,42–51 «Deshalb seid jederzeit bereit! Denn ihr wisst nicht, wann euer Herr kommen wird. [43]Eins ist sicher: Wenn der Hausherr wüsste, wann ein Dieb bei ihm einbrechen will, würde er wach bleiben und sich vor dem Einbrecher schützen. [44]Seid also zu jeder Zeit bereit, denn der Menschensohn wird gerade dann kommen, wenn ihr am wenigsten damit rechnet! [45]Wie verhält sich denn ein kluger und zuverlässiger Verwalter?», fragte Jesus die Jünger. «Sein Herr hat ihm die Verantwortung für alle Mitarbeiter übertragen; er soll sie zu jeder Zeit mit allem Nötigen versorgen. [46]Dieser Verwalter darf sich glücklich nennen, wenn sein Herr ihn bei der Rückkehr gewissenhaft bei der Arbeit findet. [47]Das sage ich euch: Einem so zuverlässigen Mann wird er die Verantwortung für seinen ganzen Besitz übertragen. [48]Wenn aber ein Verwalter unzuverlässig ist und im Stillen denkt: ‹Ach was, es dauert bestimmt noch lange, bis mein Herr kommt›, [49]und er fängt an, seine Mitarbei-ter zu schlagen und Trinkgelage zu veranstalten, [50]dann wird die Rückkehr seines Herrn ihn völlig überraschen. Sein Herr kommt, wenn er nicht damit rechnet. [51]Er wird den unzuverlässigen Verwalter hart bestrafen und ihm den Lohn geben, den die Heuchler verdienen. Er wird ihn hinausstoßen, dorthin, wo es nur Weinen und ohnmächtiges Jammern gibt.»

Matthäus 25,1–13 «Wenn der Menschensohn seine Herrschaft antritt, wird es sein wie bei zehn Mädchen, die bei einer Hochzeit als Brautjungfern mit ihren Lampen den Bräutigam abholen sollten. [2–4]Nur fünf von ihnen waren so klug, sich ausreichend mit Öl für ihre Lampen zu versorgen. Die anderen dachten überhaupt nicht daran, genügend Öl mitzunehmen. [5]Als sich die Ankunft des Bräutigams verzögerte, wurden sie alle müde und schliefen ein. [6]Plötzlich um Mitternacht wurden sie mit dem Ruf geweckt: ‹Der Bräutigam kommt! Steht auf und geht ihm entgegen!› [7]Da sprangen die Mädchen auf und bereiteten ihre Lampen vor. [8]Die fünf, die nicht genügend Öl hatten, baten die anderen: ‹Gebt uns etwas von eurem Öl! Unsere Lampen gehen aus.› [9]Aber die Klugen antworteten: ‹Unser Öl reicht gerade für uns selbst. Geht doch in den Laden, und kauft euch welches!› [10]Da gingen sie los. In der Zwischenzeit kam der Bräutigam, und die Mädchen, die genügend Öl für ihre Lampen hatten, begleiteten ihn in den Festsaal. Dann wurde die Tür verschlossen. [11]Später kamen auch die fünf anderen. Sie standen draußen und riefen: ‹Herr, mach uns die Tür auf!› [12]Aber er erwiderte: ‹Was wollt ihr denn? Ich kenne euch nicht!› [13]Deshalb seid wach und haltet euch bereit! Denn ihr wisst weder an welchem Tag noch zu welchem Zeitpunkt der Menschensohn kommen wird.»

Matthäus 25,14–30 «Es wird dann so sein wie bei dem Mann, der ins Ausland reisen wollte. Er rief alle seine Verwalter zusammen und beauftragte sie, während seiner Abwesenheit mit seinem Vermögen zu arbeiten. [15]Dem einen gab er fünf Zentner Silberstücke, einem anderen zwei und dem dritten einen Zentner, jedem nach seinen Fähigkeiten. Danach reiste er ab. [16]Der Mann mit den fünf Zentnern Silberstücke war so erfolgreich bei seinen Geschäften, dass er die Summe verdoppeln konnte. [17]Auch der die zwei Zentner bekommen hatte, verdiente zwei hinzu. [18]Der dritte aber vergrub sein Geld an einem sicheren Ort. [19]Nach langer Zeit kehrte der Herr von seiner Reise zurück und forderte seine Verwalter auf, mit ihm abzurechnen. [20]Der Mann, der fünf Zentner Silbergeld erhalten hatte, brachte zehn Zentner. Er sagte: ‹Herr, fünf Zentner hast du mir gegeben. Hier, ich habe fünf dazuverdient.› [21]Da lobte ihn sein Herr: ‹Du warst tüchtig und zuverlässig. In kleinen Dingen bist du treu gewesen, darum werde ich dir größere Aufgaben anvertrauen. Ich lade dich zu meinem Fest ein!› [22]Danach kam der Mann mit den zwei Zentnern. Er berichtete: ‹Herr, auch ich habe den Betrag verdoppeln können.› [23]Da lobte ihn der Herr: ‹Du warst tüchtig und zuverlässig. In kleinen Dingen bist du treu gewesen, darum werde ich dir größere Aufgaben anvertrauen. Ich lade dich zu meinem Fest ein!› [24]Schließlich kam der mit dem einen Zentner Silberstücke und erklärte: ‹Ich kenne dich als strengen Herrn und dachte: Du erntest, was andere gesät ha-

ben; du nimmst dir, was ich verdient habe. [25]Aus Angst habe ich das Geld sicher aufbewahrt. Hier hast du es wieder zurück!› [26]Zornig antwortete ihm darauf sein Herr: ‹Auf dich ist kein Verlass, und faul bist du auch noch! Wenn du schon der Meinung bist, dass ich ernte, was andere gesät haben, und mir nehme, was du verdient hast, [27]hättest du zumindest mein Vermögen bei einer Bank anlegen können! Dort hätte es wenigstens Zinsen gebracht! [28]Nehmt ihm das Geld weg, und gebt es dem, der die fünf Zentner hatte! [29]Denn wer viel hat, der bekommt noch mehr dazu, ja, er wird mehr als genug haben! Wer aber nichts hat, dem wird selbst noch das Wenige, das er hat, genommen. [30]Und jetzt werft diesen Nichtsnutz hinaus in die Finsternis, wo es nur Weinen und ohnmächtiges Jammern gibt!›»

Lukas 12,42–48 Jesus, der Herr, entgegnete: «Wie verhält sich denn ein kluger und zuverlässiger Verwalter? Sein Herr hat ihm die Verantwortung für alle Mitarbeiter übertragen; er soll sie zu jeder Zeit mit allem Nötigen versorgen. [43]Dieser Verwalter darf sich glücklich nennen, wenn sein Herr ihn bei der Rückkehr gewissenhaft bei der Arbeit findet. [44]Das sage ich euch: Einem so zuverlässigen Mann wird er die Verantwortung für seinen ganzen Besitz übertragen. [45]Wenn aber ein Verwalter unzuverlässig ist und im Stillen denkt: ‹Ach was, es dauert bestimmt noch lange, bis mein Herr kommt›, und er fängt an, seine Mitarbeiter zu schlagen, zu schlemmen und sich zu betrinken, [46]dann wird die Rückkehr seines Herrn ihn völlig überraschen. Sein Herr kommt, wenn er nicht damit rechnet. Er wird den unzuverlässigen Verwalter hart bestrafen und ihm den Lohn geben, den die Gottlosen verdienen. [47]Der Verwalter, der den Willen seines Herrn kennt, sich aber bewusst nicht danach richtet, wird schwer bestraft werden. [48]Wer dagegen falsch handelt, ohne es zu wissen, wird mit einer leichteren Strafe davonkommen. So wird von jedem, der viel bekommen hat, auch viel erwartet; denn wem viel anvertraut wurde, von dem verlangt man umso mehr.»

Lukas 15,4–7 «Wenn ein Mensch hundert Schafe hat und eins geht verloren, was wird er tun? Lässt er nicht die neunundneunzig in der Wüste zurück, um das verlorene Schaf so lange zu suchen, bis er es gefunden hat? [5]Dann wird er es glücklich auf seinen Schultern nach Hause tragen [6]und seinen Freunden und Nachbarn zurufen: ‹Kommt her, freut euch mit mir, ich habe mein Schaf wiedergefunden!› [7]Ich sage euch: So wird man sich auch im Himmel freuen über einen Sünder, der zu Gott umkehrt – mehr als über neunundneunzig andere, die nach Gottes Willen leben und nicht zu ihm umkehren müssen.»

Lukas 16,9–13 Jesus erklärte seinen Jüngern: «Ich sage euch: So klug wie dieser ungerechte Verwalter sollt auch ihr das Geld einsetzen. Macht euch Freunde damit! Dann werdet ihr, wenn euch das Geld nichts mehr nützen kann, einen Platz im Himmel bekommen. [10]Doch bedenkt: Nur wer im Kleinen ehrlich ist, wird es auch im Großen sein. Wenn ihr bei kleinen Dingen unzuverlässig seid, werdet ihr es auch bei großen sein. [11]Geht ihr also schon mit Geld unehrlich um, wer wird euch dann die Reichtümer des Himmels anvertrauen wollen? [12]Verwaltet ihr das Geld anderer

Leute nachlässig, wer wird euch dann das schenken, was euch gehören soll? [13]Niemand kann zwei Herren gleichzeitig dienen. Wer dem einen richtig dienen will, wird sich um die Wünsche des anderen nicht kümmern können. Er wird sich für den einen einsetzen und den anderen vernachlässigen. Auch ihr könnt nicht gleichzeitig für Gott und das Geld leben.»

Lukas 19,12–26 «Ein Fürst trat eine weite Reise an. Er sollte zum König gekrönt werden und dann wieder in sein Land zurückkehren. [13]Bevor er abreiste, rief er zehn seiner Knechte zu sich, gab jedem ein Pfund Silberstücke und sagte: ‹Setzt dieses Geld gewinnbringend ein! Ich komme bald zurück!› [14]Viele Bürger seines Landes aber hassten ihn. Sie schickten eine Gesandtschaft hinter ihm her mit der Erklärung: ‹Diesen Mann werden wir nicht als König anerkennen!› [15]Trotzdem wurde er gekrönt und kam als König in sein Land zurück. Er befahl die Knechte zu sich, denen er das Geld gegeben hatte, und wollte wissen: ‹Was habt ihr damit gemacht?› [16]Der erste berichtete: ‹Herr, ich habe das Zehnfache deines Geldes als Gewinn erwirtschaftet.› [17]‹Ausgezeichnet!›, rief der König. ‹Das hast du gut gemacht! Du hast dich in dieser kleinen Aufgabe bewährt. Ich vertraue dir die Verwaltung von zehn Städten an.› [18]Darauf trat der nächste Mann vor und berichtete: ‹Herr, ich habe das Fünffache an Silberstücken hinzugewonnen.› [19]‹Gut!›, antwortete sein Herr. ‹Du wirst Verwalter über fünf Städte.› [20]Nun trat ein anderer Knecht vor und sagte: ‹Herr, hier hast du dein Geld zurück. Ich habe es in ein Tuch eingewickelt und aufbewahrt! [21]Ich fürchte dich als strengen Herrn. Denn du nimmst, was dir nicht gehört, und du erntest, was andere gesät haben.› ²²Da rief der König zornig: ‹Du richtest dich mit deinen eigenen Worten, du Nichtsnutz! Wenn du weißt, dass ich ein strenger Herr bin, dass ich nehme, was mir nicht gehört, und ernte, wo ich nicht angebaut habe, ²³warum hast du das Geld dann nicht zur Bank gebracht? Dann hätte ich wenigstens Zinsen dafür bekommen!› ²⁴Er forderte die Umstehenden auf: ‹Nehmt ihm das Geld ab und gebt es dem Mann, der zehn Pfund Silberstücke erwirtschaftet hat.› ²⁵‹Aber Herr›, widersprachen seine Leute, ‹der hat doch schon genug!› ²⁶Da sagte ihnen der König: ‹Ich versichere euch: Wer viel hat, der bekommt noch mehr dazu. Wer aber nichts hat, dem wird selbst noch das Wenige, das er hat, genommen!›»

Lukas 21,19 «Bleibt standhaft, dann gewinnt ihr das ewige Leben.»

Offenbarung 2,10 «Fürchte dich nicht vor dem, was dir noch bevorsteht. Der Teufel wird einige von euch ins Gefängnis bringen, um euch auf die Probe zu stellen. Zehn Tage lang werdet ihr leiden müssen. Doch wenn du mir treu bleibst bis zum Tod, werde ich dir als Siegespreis das ewige Leben geben.»

70 Vergebung

(Siehe auch Seite 221 und 570.)

Johannes 3,14–21 «Du weißt doch, wie Mose in der Wüste eine Schlange aus Bronze an einem Pfahl aufrichtete, damit jeder, der sie ansah, am Leben blieb. Genauso muss auch der Menschensohn erhöht werden. ¹⁵Jeder, der ihm vertraut, wird das ewige Leben haben. ¹⁶Denn Gott hat die Menschen so sehr geliebt, dass er seinen einzigen Sohn für sie hergab. Jeder, der an ihn glaubt, wird nicht zugrunde gehen, sondern das ewige Leben haben. ¹⁷Gott hat nämlich seinen Sohn nicht zu den Menschen gesandt, um über sie Gericht zu halten, sondern um sie zu retten. ¹⁸Wer an ihn glaubt, der wird nicht verurteilt werden. Wer aber nicht an den einzigen Sohn Gottes glaubt, über den ist wegen seines Unglaubens das Urteil schon gesprochen. ¹⁹Und so vollzieht sich das Urteil: Das Licht ist in die Welt gekommen, aber die Menschen lieben die Finsternis mehr als das Licht. Denn alles, was sie tun, ist böse. ²⁰Wer Böses tut, scheut das Licht und bleibt lieber im Dunkeln, damit niemand seine Taten sehen kann. ²¹Wer aber die Wahrheit Gottes liebt und das tut, was er will, der tritt ins Licht! An ihm zeigt sich: Gott selber bestimmt sein Handeln.»

Johannes 8,7–11 Als sie nicht locker ließen, richtete er sich auf und sagte: «Wer von euch noch nie gesündigt hat, soll den ersten Stein auf sie werfen!» ⁸Dann bückte er sich wieder und schrieb weiter auf die Erde. ⁹Als die Menschen das hörten, gingen sie einer nach dem anderen davon – die älteren zuerst. Schließlich war Jesus mit der Frau allein. ¹⁰Da stand er auf und fragte sie: «Wo sind jetzt deine Ankläger? Hat dich denn keiner verurteilt?» ¹¹«Nein, Herr», antwortete sie. «Dann verurteile ich dich auch nicht», entgegnete ihr Jesus. «Geh, aber sündige nun nicht mehr!»

Johannes 8,21.23–24 Später sagte Jesus noch einmal zu ihnen: «Ich gehe fort. Ihr werdet mich dann verzweifelt suchen, aber ihr werdet in euren Sünden umkommen. Ihr könnt nicht dorthin gehen, wo ich sein werde.» [...] ²³Dazu sagte ihnen Jesus: «Ihr seid von hier unten; ich komme von oben. Ihr gehört zu dieser Welt; ich gehöre nicht zu dieser Welt. ²⁴Deshalb habe ich gesagt: Ihr werdet in euren Sünden umkommen. Wenn ihr nicht glaubt, dass ich es bin, gibt es keine Rettung für euch.»

Johannes 20,22–23 Dann hauchte er sie an und sprach: «Empfangt den Heiligen Geist! ²³Wem ihr die Sünde erlasst, dem ist sie erlassen. Und wem ihr die Schuld nicht vergebt, der bleibt schuldig.»

Matthäus 6,9–13 «Ihr sollt deshalb so beten: ‹Unser Vater im Himmel! Dein heiliger Name soll geehrt werden. ¹⁰Lass deine neue Welt beginnen. Dein Wille geschehe hier auf der Erde, wie er im Himmel geschieht. ¹¹Gib uns auch heute wieder, was wir zum Leben brauchen. ¹²Vergib uns unsere Schuld, wie wir denen vergeben, die uns Unrecht getan haben. ¹³Lass uns nicht in Versuchung geraten, dir untreu zu werden, und befreie uns vom Bösen.›»

Matthäus 6,14–15 «Euer Vater im Himmel wird euch vergeben, wenn ihr den Menschen vergebt, die euch Unrecht getan haben. ¹⁵Wenn ihr ihnen aber nicht vergeben wollt, dann wird Gott auch eure Schuld nicht vergeben.»

Matthäus 9,2–6 Dort brachten sie auf einer Trage einen Gelähmten zu ihm. Als Jesus ihren festen Glauben sah, sagte er zu dem Gelähmten: «Hab keine Angst, mein Sohn! Deine Sünden sind dir vergeben.» ³«Dieser Gotteslästerer!», dachten sich einige Schriftgelehrte. ⁴Jesus durchschaute sie und fragte: «Warum habt ihr so böse Gedanken? ⁵Ist es leichter zu sagen: ‹Dir sind deine Sünden vergeben!› oder diesen Gelähmten zu heilen? ⁶Aber ich will euch zeigen, dass der Menschensohn die Macht hat, hier auf der Erde Sünden zu vergeben!» Und er forderte den Gelähmten auf: «Steh auf, nimm deine Trage und geh nach Hause!»

Matthäus 12,31–32 «Darum sage ich euch: Jede Sünde, ja sogar Gotteslästerung, kann vergeben werden. Wer aber den Heiligen Geist verlästert, der wird keine Vergebung finden. ³²Wer den Menschensohn beschimpft, dem kann vergeben werden. Wer aber den Heiligen Geist beschimpft, der wird niemals Vergebung finden, weder jetzt noch in der zukünftigen Welt.»

Matthäus 18,15–17 «Wenn dein Bruder Schuld auf sich geladen hat, dann geh zu ihm und sag ihm, was er falsch gemacht hat. Wenn er auf dich hört, hast du deinen Bruder zurückgewonnen. ¹⁶Will er davon nichts wissen, nimm einen oder zwei andere mit, denn durch die Aussage von zwei oder drei Zeugen wird die Sache eindeutig bestätigt. ¹⁷Wenn dein Bruder auch dann nicht hören will, bring den Fall vor die Gemeinde. Nimmt er selbst das Urteil der Gemeinde nicht an, dann behandle ihn wie einen, der von Gott nichts wissen will und ihn verachtet.»

Matthäus 18,21–35 Da fragte Petrus: «Herr, wie oft muss ich meinem Bruder vergeben, wenn er mir Unrecht tut? Ist siebenmal denn nicht genug?» ²²«Nein», antwortete Jesus. «Nicht nur siebenmal, sondern siebzig mal siebenmal. ²³Man kann die neue Welt Gottes mit einem König vergleichen, der mit seinen Verwaltern abrechnen wollte. ²⁴Zu ihnen gehörte ein Mann, der ihm einen Millionenbetrag schuldete. ²⁵Aber er konnte diese Schuld nicht bezahlen. Deshalb wollte der König ihn, seine Frau, seine Kinder und seinen gesamten Besitz verkaufen lassen, um wenigstens einen Teil seines Geldes zu bekommen. ²⁶Doch der Mann fiel vor dem König nieder und flehte ihn an: ‹Herr, hab noch etwas Geduld! Ich will ja alles bezahlen.› ²⁷Da hatte der König Mitleid. Er gab ihn frei und erließ ihm seine Schulden. ²⁸Kaum war der Mann frei, ging er zu einem der anderen Verwalter, der ihm einen kleinen Betrag schuldete, packte ihn, würgte ihn und schrie: ‹Bezahl jetzt endlich deine Schulden!› ²⁹Da fiel der andere vor ihm nieder und bettelte: ‹Hab noch etwas Geduld! Ich will ja alles bezahlen.› ³⁰Aber der Verwalter wollte nicht warten und ließ ihn ins Gefängnis werfen, bis er alles bezahlt hätte. ³¹Als nun die anderen sahen, was sich da ereignet hatte, waren sie empört und berichteten es dem König. ³²Da ließ der König den Verwalter zu sich kommen und sagte: ‹Was bist du doch für ein hartherziger Mensch! Deine ganze Schuld habe ich dir erlassen, weil du mich darum gebeten hast. ³³Hättest du da nicht auch mit meinem anderen Verwalter Erbarmen haben können, so wie ich mit dir?› ³⁴Zornig übergab er ihn den Folterknechten. Sie sollten ihn erst dann wieder freilassen, wenn er alle seine Schulden zurückgezahlt hätte. ³⁵Auf die gleiche Art wird mein Vater im Himmel euch behandeln, wenn ihr euch weigert, eurem Bruder wirklich zu vergeben.»

Markus 2,3–11 Da kamen vier Männer, die einen Gelähmten trugen. ⁴Weil sie wegen der vielen Menschen nicht bis zu Jesus kommen konnten, deckten sie über ihm das Dach ab. Durch diese Öffnung ließen sie den Gelähmten auf seiner Trage hinunter. ⁵Als Jesus ihren festen Glauben sah, sagte er zu dem Gelähmten: «Mein Sohn, deine Sünden sind dir vergeben!» ⁶Aber einige der anwesenden Schriftgelehrten dachten: ⁷«Das ist Gotteslästerung! Was bildet der sich ein! Nur Gott allein kann Sünden vergeben.» ⁸Jesus durchschaute sie und fragte: «Wie könnt ihr nur so etwas denken! ⁹Ist es leichter zu sagen: ‹Dir sind deine Sünden vergeben› oder diesen Gelähmten zu heilen? ¹⁰Aber ich will euch zeigen, dass der Menschensohn die Macht hat, hier auf der Erde Sünden zu vergeben.» Und er forderte den Gelähmten auf: ¹¹«Steh auf, nimm deine Trage, und geh nach Hause!»

Markus 2,17 Jesus hörte das und antwortete: «Die Gesunden brauchen keinen Arzt, sondern die Kranken. Ich bin gekommen, um Menschen in die Gemeinschaft mit Gott zu rufen, die ohne ihn leben – und nicht solche, die sich sowieso an seine Gebote halten.»

Markus 3,28–30 «Das eine will ich euch sagen: Jede Sünde und jede Gotteslästerung kann den Menschen vergeben werden. ²⁹Wer aber den Heiligen Geist verlästert, der wird niemals Vergebung finden; seine Sünde lastet für immer auf ihm.» ³⁰Das sagte er zu den Schriftgelehrten, weil sie behauptet hatten: «Er ist von einem bösen Geist besessen.»

Markus 11,24–25 «Ja, ich sage euch: Um was ihr auch bittet – glaubt fest, dass ihr es schon bekommen habt, und Gott wird es euch geben! ²⁵Aber wenn ihr ihn um etwas bittet, sollt ihr vorher den Menschen vergeben, mit denen ihr nicht zurechtkommt. Dann wird euch der Vater im Himmel eure Schuld auch vergeben.»

Lukas 5,18–24 Da brachten einige Männer einen Gelähmten auf einer Trage. Sie versuchten, sich durch die Menge zu drängen und den Kranken zu Jesus zu bringen. ¹⁹Aber sie kamen an den vielen Menschen nicht vorbei. Kurz entschlossen stiegen sie auf das Dach, deckten die Ziegel ab und ließen den Mann auf seiner Trage durch die Öffnung zu Jesus hinunter. ²⁰Als Jesus ihren festen Glauben sah, sagte er zu dem Gelähmten: «Deine Sünden sind dir vergeben!» ²¹«Was bildet sich dieser Mensch eigentlich ein?», entrüsteten sich da die Pharisäer und Schriftgelehrten. «Das ist Gotteslästerung! Nur Gott kann Sünden vergeben!» ²²Jesus durchschaute sie und fragte: «Wie könnt ihr nur so etwas denken? ²³Ist es leichter zu sagen: ‹Dir sind deine Sünden vergeben›, oder diesen Gelähmten zu heilen? ²⁴Aber ich will euch zeigen, dass der Menschensohn die Macht hat, schon hier auf der Erde Sünden zu vergeben.» Und er forderte den Gelähmten auf: «Steh auf, nimm deine Trage und geh nach Hause!»

Lukas 6,37–38 «Richtet nicht über andere, dann werdet ihr auch nicht gerichtet werden! Verurteilt keinen Menschen, dann werdet auch ihr nicht verurteilt! Wenn ihr bereit seid, anderen zu vergeben, dann wird auch euch vergeben werden. ³⁸Gebt, was ihr habt, dann werdet ihr so reich beschenkt werden, dass ihr gar nicht alles aufnehmen könnt. Mit dem Maßstab, den ihr an andere legt, wird man auch euch messen.»

Lukas 7,41–50 «Ein reicher Mann hatte zwei Leuten Geld geliehen. Der eine Mann schuldete ihm fünfhundert Silberstücke, der andere fünfzig. ⁴²Weil sie das Geld aber nicht zurückzahlen konnten, schenkte er es beiden. Welcher der beiden Männer wird ihm nun am meisten dankbar sein?» ⁴³Simon antwortete: «Bestimmt der, dem er die größte Schuld erlassen hat.» – «Du hast Recht!», bestätigte ihm Jesus. ⁴⁴Dann blickte er die Frau an und sagte: «Sieh diese Frau, Simon! Ich kam in dein Haus, und du hast mir kein Wasser für meine Füße gegeben, was doch sonst selbstverständlich ist. Aber sie hat meine Füße mit ihren Tränen gewaschen und mit ihrem Haar getrocknet. ⁴⁵Du hast mich nicht mit einem Kuss begrüßt. Aber seit ich hier bin, hat diese Frau immer wieder meine Füße geküsst. ⁴⁶Du hast meine Stirn nicht mit Öl gesalbt, während sie dieses kostbare Öl sogar über meine Füße gegossen hat. ⁴⁷Ich sage dir: Ihre große Schuld ist ihr vergeben; und darum hat sie mir so viel Liebe gezeigt. Wem aber wenig vergeben wird, der liebt auch wenig.» ⁴⁸Zu der Frau sagte Jesus: «Deine Sünden sind dir vergeben.» ⁴⁹Da tuschelten die anderen Gäste untereinander: «Was ist das nur für ein Mensch! Kann der denn Sünden vergeben?» ⁵⁰Jesus aber sagte zu der Frau: «Dein Glaube hat dich gerettet! Geh in Frieden.»

Lukas 12,10 «Wer den Menschensohn beschimpft, dem kann vergeben werden. Wer aber den Heiligen Geist beschimpft, der wird niemals Vergebung finden.»

Lukas 17,3–6 «Nehmt euch in Acht! Wenn dein Bruder Schuld auf sich geladen hat, dann sag ihm, was er falsch gemacht hat. Tut es ihm leid, dann vergib ihm! ⁴Und wenn er dir siebenmal am Tag Unrecht tut und dich immer wieder um Vergebung bittet: Vergib ihm!» ⁵Die Jünger baten Jesus, den Herrn: «Hilf uns, dass unser Glaube größer wird!» ⁶Darauf antwortete er: «Selbst wenn euer Glaube so winzig wäre wie ein Senfkorn, könntet ihr diesem Maulbeerbaum befehlen: ‹Reiß dich aus der Erde und verpflanze dich ins Meer!› – es würde sofort geschehen.»

Lukas 23,34 Jesus betete: «Vater, vergib ihnen, denn sie wissen nicht, was sie tun!»

Lukas 23,42–43 Zu Jesus sagte er [ein Verbrecher]: «Denk an mich, wenn du in dein Königreich kommst!» ⁴³Da antwortete ihm Jesus: «Ich versichere dir: Noch heute wirst du mit mir im Paradies sein.»

Apostelgeschichte 26,13–18 «Plötzlich umstrahlte mich [Paulus] und meine Begleiter mitten am Tag, o König, ein Licht vom Himmel, das heller als die Sonne war. ¹⁴Wir stürzten zu Boden, und ich hörte eine Stimme in hebräischer Sprache: ‹Saul, Saul, warum verfolgst du mich? Dein Kampf gegen mich ist sinnlos.› ¹⁵Ich fragte: ‹Herr, wer bist du?›, worauf er antwortete: ‹Ich bin Jesus, den du verfolgst! ¹⁶Aber steh jetzt auf; denn ich bin dir erschienen, damit du mir dienst. Du sollst bezeugen, was du heute erlebt hast und was ich dir in Zukunft zeigen werde. ¹⁷Ich will dich behüten vor deinem Volk und vor den Völkern, die nichts von mir wissen. Zu ihnen sende ich dich. ¹⁸Du sollst ihnen die Augen öffnen, damit sie sich von der Finsternis dem Licht zuwenden und aus der Herrschaft des Satans zu Gott kommen. Dann werde ich ihnen die Sünden vergeben, und weil sie an mich glauben, haben sie einen Platz unter denen, die zu mir gehören.›»

71 Verheißungen Jesu

In diesem Abschnitt finden Sie über hundert Verheißungen, die unser Retter denen gibt, die ihm nachfolgen und tun, was er sagt. Entdecken Sie seine Verheißungen für das ewige Leben, Gebetserhörungen, Zufriedenheit, Vergebung, Lohn, Friede, Wunder und ewige Segnungen, um nur einige wenige zu nennen. Die meisten seiner Verheißungen sind an Bedingungen geknüpft; sie rufen dazu auf, eine Bedingung zu erfüllen, und wenn wir dieser gerecht werden, verspricht Jesus, dass wir eine Nutzen davon haben, dass ein Segen folgt. Als ich selbst dieses Thema erarbeitet habe, hat es mir geholfen, die Bedingung zu unterstreichen, die zu erfüllen Jesus mich bittet, und ebenso den Vorteil, den zu verschaffen er mir verspricht.

Verlieren Sie dabei nicht aus den Augen, dass eine Verheißung an eine bestimmte Einzelperson oder eine bestimmte Gruppe so spezifisch sein kann, dass sie nur für diese eine Person oder diese eine Gruppe gilt. Solch eine Verheißung *kann* ein allgemeines Prinzip beinhalten, das muss aber nicht unbedingt der Fall sein.

Einige Verheißungen scheinen auf den ersten Blick der Wirklichkeit zu widersprechen. Doch diese scheinbaren Widersprüche lösen sich schnell auf, wenn man den Zusammenhang beachtet oder die Bedeutung der Wörter in der Ursprache nachschlägt.

So verspricht Jesus in Johannes 8,51: «Wer meine Botschaft annimmt und danach lebt, wird niemals sterben.» Wir alle werden körperlich sterben, deshalb steht das auf den ersten Blick im Widerspruch zur Realität. Es könnte bedeuten, dass Sie dem *geistlichen* Tod entgehen, wenn Sie wirklich an Jesu Wort festhalten. Oder es könnte bedeuten, dass Sie einfach einschlafen und ohne Todeskampf in der Ewigkeit erwachen. Wie dem auch sein mag, es ist eine großartige Verheißung.

Nehmen Sie diesen Abschnitt mit einem betenden Herzen in sich auf und beginnen Sie, mit den Verheißungen Jesu zu leben. Sie werden übernatürliche Veränderungen erleben, für die die Welt keine Erklärung hat.

Johannes 3,14–18 «Du weißt doch, wie Mose in der Wüste eine Schlange aus Bronze an einem Pfahl aufrichtete, damit jeder, der sie ansah, am Leben blieb. Genauso muss auch der Menschensohn erhöht werden. [15]Jeder, der ihm vertraut, wird das ewige Leben haben. [16]Denn Gott hat die Menschen so sehr geliebt, dass er seinen einzigen Sohn für sie hergab. Jeder, der an ihn glaubt, wird nicht zugrunde gehen, sondern das ewige Leben haben. [17]Gott hat nämlich seinen Sohn nicht zu den Menschen gesandt, um über sie Gericht zu halten, sondern um sie zu retten. [18]Wer an ihn glaubt, der wird nicht verurteilt werden. Wer aber nicht an den einzigen Sohn Gottes glaubt, über den ist wegen seines Unglaubens das Urteil schon gesprochen.»

Johannes 4,13–14 Jesus erwiderte: «Wer dieses Wasser trinkt, wird bald wieder durstig sein. [14]Wer aber von dem Wasser trinkt, das ich ihm gebe, der wird nie wieder Durst bekommen. Dieses Wasser wird in ihm zu einer Quelle, die bis ins ewige Leben hinein fließt.»

Johannes 5,24–25 «Ich sage euch die Wahrheit: Wer meine Botschaft hört und an den glaubt, der mich gesandt hat, der wird ewig leben. Ihn wird das Urteil Gottes nicht treffen, denn er hat die Grenze vom Tod zum Leben schon überschritten. [25]Ich versichere euch: Die Zeit wird kommen, ja, sie hat schon begonnen, in der die Toten die Stimme des Sohnes Gottes hören werden. Und wer diesen Ruf hört, der wird leben.»

Johannes 5,28–29 «Wundert euch nicht darüber! Der Tag wird kommen, an dem die Toten in ihren Gräbern die Stimme des Sohnes hören werden. [29]Dann werden alle Menschen auferstehen: Die Gutes getan haben, werden ewig leben, die aber Böses getan haben, werden verurteilt.»

Johannes 6,35 «Ich bin das Brot des Lebens», sagte Jesus zu ihnen. «Wer zu mir kommt, wird niemals wieder Hunger leiden, und wer an mich glaubt, wird nie wieder Durst haben.»

Johannes 6,37 «Alle Menschen, die mir der Vater gibt, werden zu mir kommen, und keinen von ihnen werde ich zurückstoßen.»

Johannes 6,40 «Denn nach dem Willen meines Vaters wird jeder, der den Sohn sieht und an ihn glaubt, für immer leben. Ich werde ihn am letzten Tag vom Tod auferwecken.»

Johannes 6,44 «Keiner kann zu mir kommen, wenn nicht der Vater, der mich gesandt hat, ihn zu mir bringt. Und alle diese Menschen, die er mir gibt, will ich am letzten Tag zum Leben erwecken.»

Johannes 6,54–57 Darauf erwiderte Jesus: «Das eine steht unumstößlich fest: Wenn ihr den Leib des Menschensohnes nicht esst und sein Blut nicht trinkt, habt ihr kein Leben in euch. [54]Nur wer meinen Leib isst und mein Blut trinkt, der hat ewiges Leben, und ihn werde ich am letzten Tag auferwecken. [55]Denn mein Leib ist die lebensnotwendige Nahrung und mein Blut der Leben spendende Trank. [56]Wer meinen Leib isst und mein Blut trinkt, der bleibt in mir, und ich bleibe in ihm. [57]Ich lebe durch die Kraft des lebendigen Gottes, der mich gesandt hat. Ebenso wird jeder, der meinen Leib isst, durch mich leben.»

Johannes 7,37–38 Am letzten Tag, dem Höhepunkt des großen Festes, trat Jesus wieder vor die Menschenmenge und rief laut: «Wer Durst hat, der soll zu mir kommen und trinken! [38]Wer mir vertraut, wird erfahren, was die Heilige Schrift sagt: Von ihm wird Leben spendendes Wasser ausgehen wie ein starker Strom.»

Johannes 8,12 Ein anderes Mal sagte Jesus zu den Menschen: «Ich bin das Licht für die Welt. Wer mir nachfolgt, irrt nicht mehr in der Dunkelheit umher, sondern folgt dem Licht, das ihn zum Leben führt.»

Johannes 8,31–32 Zu den Juden, die nun an ihn glaubten, sagte Jesus: «Wenn ihr an meinen Worten festhaltet und das tut, was ich euch gesagt habe, dann gehört ihr wirklich zu mir. [32]Ihr werdet die Wahrheit erkennen, und die Wahrheit wird euch befreien!»

Johannes 8,51 «Ich sage euch die Wahrheit: Wer meine Botschaft annimmt und danach lebt, wird niemals sterben.»

Johannes 10,9–10 «Ich allein bin die Tür. Wer durch mich zu meiner Herde kommt, der wird gerettet werden. Er kann durch diese Tür ein- und ausgehen, und er wird saftig grüne Weiden finden. [10]Der Dieb kommt, um zu stehlen, zu schlachten und zu vernichten. Ich aber bringe Leben – und dies im Überfluss.»

Johannes 10,14–16 «Ich aber bin der gute Hirte und kenne meine Schafe, und sie kennen mich; [15]genauso wie mich mein Vater kennt und ich den Vater kenne. Ich gebe mein Leben für die Schafe. [16]Zu meiner Herde gehören auch Schafe, die jetzt noch in anderen Ställen sind. Auch sie muss ich herführen, und sie werden wie die übrigen meiner Stimme folgen. Dann wird es nur noch eine Herde und einen Hirten geben.»

Johannes 10,27–29 «Meine Schafe erkennen meine Stimme; ich kenne sie, und sie folgen meinem Ruf. [28]Ihnen gebe ich das ewige Leben, und sie werden niemals umkommen. Niemand kann sie aus meiner Hand reißen. [29]Mein Vater hat sie mir gegeben, und er ist stärker als alle anderen Mächte. Deshalb kann sie auch keiner der Hand meines Vaters entreißen.»

Johannes 11,25–26 Darauf erwiderte ihr [Marta] Jesus: «Ich bin die Auferstehung, und ich bin das Leben. Wer mir vertraut, der wird leben, selbst wenn er stirbt. [26]Und wer lebt und mir vertraut, wird niemals sterben. Glaubst du das?»

Johannes 12,25–26 «Wer an seinem Leben festhält, wird es verlieren. Wer aber sein Leben loslässt, wird es für alle Ewigkeit gewinnen. [26]Wer mir dienen will, der soll mir folgen. Denn wo ich bin, soll er auch sein. Und wer mir dient, den wird mein Vater ehren.»

Johannes 12,46 «Ich bin als das Licht in die Welt gekommen, damit jeder, der an mich glaubt, nicht länger in der Dunkelheit leben muss.»

Johannes 14,2–4 «Denn im Haus meines Vaters gibt es viele Wohnungen. Sonst hätte ich euch nicht gesagt: Ich gehe hin, um dort alles für euch vorzubereiten. ³Und wenn alles bereit ist, werde ich kommen und euch zu mir holen. Dann werdet auch ihr dort sein, wo ich bin. ⁴Den Weg dorthin kennt ihr ja.»

Johannes 14,12–14 «Ich sage euch die Wahrheit: Wer an mich glaubt, wird die gleichen Taten vollbringen wie ich – ja, sogar noch größere; denn ich gehe zum Vater. ¹³Worum ihr in meinem Namen bitten werdet, das werde ich tun, damit durch den Sohn die Herrlichkeit des Vaters sichtbar wird. ¹⁴Was ihr also in meinem Namen erbitten werdet, das werde ich tun.»

Johannes 14,18 «Nein, ich lasse euch nicht allein zurück. Ich komme wieder zu euch.»

Johannes 14,19 «Schon bald werde ich nicht mehr auf dieser Welt sein, und niemand wird mich mehr sehen. Nur ihr, ihr werdet mich sehen. Und weil ich lebe, werdet auch ihr leben.»

Johannes 14,20 «Dann werdet ihr erkennen, dass ich eins bin mit meinem Vater und dass ihr in mir seid und ich in euch bin.»

Johannes 14,21 «Wer meine Gebote annimmt und danach lebt, der liebt mich. Und wer mich liebt, den wird mein Vater lieben. Auch ich werde ihn lieben und mich ihm zu erkennen geben.»

Johannes 14,23 «Wer mich liebt, richtet sich nach dem, was ich ihm gesagt habe. Auch mein Vater wird ihn lieben, und wir beide werden zu ihm kommen und immer bei ihm bleiben.»

Johannes 14,26 «Der Heilige Geist, den euch der Vater an meiner Stelle als Helfer senden wird, er wird euch an all das erinnern, was ich euch gesagt habe, und euch meine Worte erklären.»

Johannes 14,27 «Auch wenn ich nicht bei euch bleibe, sollt ihr doch Frieden haben. Meinen Frieden gebe ich euch; einen Frieden, den euch niemand auf der Welt geben kann. Seid deshalb ohne Sorge und Furcht!»

Johannes 15,5 «Ich bin der Weinstock, und ihr seid die Reben. Wer bei mir bleibt, so wie ich bei ihm bleibe, der trägt viel Frucht. Denn ohne mich könnt ihr nichts ausrichten.»

Johannes 15,7 «Wenn ihr aber fest mit mir verbunden bleibt und euch meine Worte zu Herzen nehmt, dürft ihr von Gott erbitten, was ihr wollt; ihr werdet es erhalten.»

Johannes 15,10 «Wenn ihr nach meinen Geboten lebt, wird meine Liebe euch umschließen. Auch ich richte mich nach den Geboten meines Vaters und lebe in seiner Liebe.»

Johannes 15,11 «Das alles sage ich euch, damit meine Freude euch ganz erfüllt und eure Freude dadurch vollkommen wird.»

Johannes 15,16 «Nicht ihr habt mich erwählt, sondern ich euch, damit ihr euch auf den Weg macht und Frucht bringt, die bleibt. Dann wird euch der Vater alles geben, worum ihr ihn in meinem Namen bittet.»

Johannes 15,26 «Wenn ich beim Vater bin, will ich euch jemanden senden, der euch zur Seite stehen wird, den Geist der Wahrheit. Er wird vom Vater kommen und bezeugen, wer ich bin.»

Johannes 16,12–15 «Ich hätte euch

noch viel mehr zu sagen, aber jetzt würde es euch überfordern. ¹³Wenn aber der Geist der Wahrheit kommt, hilft er euch dabei, die Wahrheit vollständig zu erfassen. Denn er redet nicht in seinem eigenen Auftrag, sondern wird nur das sagen, was er gehört hat. Auch was euch in Zukunft erwartet, wird er euch verkünden. ¹⁴So wird er meine Herrlichkeit sichtbar machen; denn alles, was er euch zeigt, kommt von mir. ¹⁵Was der Vater hat, gehört auch mir. Deshalb kann ich mit Recht sagen: Alles, was er euch zeigt, kommt von mir.»

Johannes 16,23–24 «Am Tag unseres Wiedersehens werden all eure Fragen beantwortet sein. Ich sage euch die Wahrheit: Wenn ihr den Vater um etwas bittet und euch dabei auf mich beruft, wird er es euch geben. ²⁴Bisher habt ihr in meinem Namen nichts von Gott erbeten. Bittet ihn, und er wird es euch geben. Dann wird eure Freude vollkommen sein.»

Johannes 16,33 «Dies alles habe ich euch gesagt, damit ihr durch mich Frieden habt. In der Welt habt ihr Angst, aber lasst euch nicht entmutigen: Ich habe die Welt besiegt.»

Matthäus 5,3–11 «Glücklich sind, die erkennen, wie arm sie vor Gott sind, denn ihnen gehört die neue Welt Gottes. ⁴Glücklich sind die Trauernden, denn sie werden Trost finden. ⁵Glücklich sind die Friedfertigen, denn sie werden die ganze Erde besitzen. ⁶Glücklich sind, die nach Gerechtigkeit hungern und dürsten, denn sie sollen satt werden. ⁷Glücklich sind die Barmherzigen, denn sie werden Barmherzigkeit erfahren. ⁸Glücklich sind, die ein reines Herz haben, denn sie werden Gott sehen. ⁹Glücklich sind, die Frieden stiften, denn Gott wird sie seine Kinder nennen. ¹⁰Glücklich sind, die verfolgt werden, weil sie nach Gottes Willen leben. Denn ihnen gehört Gottes neue Welt. ¹¹Glücklich könnt ihr sein, wenn ihr verachtet, verfolgt und verleumdet werdet, weil ihr mir nachfolgt.»

Matthäus 5,19 «Wenn jemand auch nur das geringste Gebot Gottes für ungültig erklärt oder andere dazu verleitet, der wird in Gottes neuer Welt nichts bedeuten. Wer aber anderen Gottes Gebote weitersagt und sich selbst danach richtet, der wird in Gottes neuer Welt großes Ansehen haben.»

Matthäus 6,3–4 «Wenn du jemandem hilfst, dann soll deine linke Hand nicht wissen, was die rechte tut; ⁴niemand soll davon erfahren. Dein Vater, der auch das Verborgene sieht, wird dich dafür belohnen.»

Matthäus 6,6 «Wenn du beten willst, geh in dein Zimmer, schließ die Tür hinter dir zu, und bete zu deinem Vater. Und dein Vater, der auch das Verborgene sieht, wird dich dafür belohnen.»

Matthäus 6,14 «Euer Vater im Himmel wird euch vergeben, wenn ihr den Menschen vergebt, die euch Unrecht getan haben.»

Matthäus 6,33 «Sorgt euch vor allem um Gottes neue Welt, und lebt nach Gottes Willen! Dann wird er euch mit allem anderen versorgen.»

Matthäus 7,7–8 «Bittet Gott, und er wird euch geben! Sucht, und ihr werdet finden! Klopft an, und euch wird die Tür geöffnet! ⁸Denn wer bittet, der bekommt. Wer sucht, der findet. Und wer anklopft, dem wird geöffnet.» (Siehe auch Lukas 11,9–10.)

Matthäus 7,11 «Wenn schon ihr hartherzigen Menschen euren Kindern Gutes gebt, wie viel mehr wird euer Vater im Himmel denen Gutes schenken, die ihn darum bitten!»

Matthäus 7,21.24–25 «Nicht, wer mich dauernd ‹Herr› nennt, wird in Gottes neue Welt kommen, sondern wer den Willen meines Vaters im Himmel tut. [...] ²⁴Wer meine Worte hört und danach handelt, der ist klug. Man kann ihn mit einem Mann vergleichen, der sein Haus auf felsigen Grund baut. ²⁵Wenn ein Wolkenbruch niedergeht, das Hochwasser steigt und der Sturm am Haus rüttelt, wird es trotzdem nicht einstürzen, weil es auf Felsengrund gebaut ist.»

Matthäus 10,32 «Wer sich vor den Menschen zu mir bekennt, zu dem werde ich mich auch vor meinem Vater im Himmel bekennen.»

Matthäus 10,42 «Wer einen meiner unbedeutendsten Jünger auch nur mit einem Schluck kaltem Wasser erfrischt, weil dieser zu mir gehört, der wird seinen Lohn erhalten. Darauf könnt ihr euch verlassen!»

Matthäus 11,6 «Glücklich ist jeder, der nicht an mir Anstoß nimmt.»

Matthäus 11,28–30 «Kommt alle her zu mir, die ihr euch abmüht und unter eurer Last leidet! Ich werde euch Ruhe geben. ²⁹Lasst euch von mir in den Dienst nehmen, und lernt von mir! Ich meine es gut mit euch und sehe auf niemanden herab. Bei mir findet ihr Ruhe für euer Leben. ³⁰Mir zu dienen ist keine Bürde für euch, meine Last ist leicht.»

Matthäus 12,49 Dann zeigte er auf seine Jünger: «Seht diese dort, sie sind meine Mutter und meine Geschwister.

⁵⁰Denn wer den Willen meines Vaters im Himmel tut, der ist mein Bruder, meine Schwester und meine Mutter.»

Matthäus 18,18–20 «Ich versichere euch: Was ihr auf der Erde binden werdet, das soll auch im Himmel gebunden sein. Und was ihr auf der Erde lösen werdet, das soll auch im Himmel gelöst sein. ¹⁹Aber auch das sage ich euch: Wenn zwei von euch hier auf der Erde meinen Vater im Himmel um etwas bitten wollen und darin übereinstimmen, dann wird er es ihnen geben. ²⁰Denn wo zwei oder drei in meinem Namen zusammenkommen, bin ich in ihrer Mitte.»

Matthäus 19,29–30 «Jeder, der sein Haus, seine Geschwister, seine Eltern, seine Frau, seine Kinder oder seinen Besitz zurücklässt, um mir zu folgen, wird dies alles hundertfach zurückerhalten und das ewige Leben empfangen. ³⁰Viele, die jetzt einen großen Namen haben, werden dann unbedeutend sein. Und andere, die heute die Letzten sind, werden dort zu den Ersten gehören.»

Matthäus 21,18–22 Als Jesus am nächsten Morgen nach Jerusalem zurückkehrte, bekam er Hunger. ¹⁹Da sah er am Wegrand einen Feigenbaum. Er ging hin, fand aber nichts als Blätter an ihm. Da sagte Jesus zu dem Baum: «Du sollst in Zukunft nie wieder Feigen tragen!» Im selben Augenblick verdorrte der Baum. ²⁰Erstaunt fragten die Jünger: «Wie kommt es, dass der Feigenbaum so schnell vertrocknet ist?» ²¹Jesus erwiderte: «Wenn ihr wirklich glaubt und nicht zweifelt, könnt ihr nicht nur dies tun, sondern noch größere Wunder. Ihr könnt sogar zu diesem Berg sagen: ‹Hebe dich von der Stelle, und stürze dich ins Meer!›, und es wird geschehen. [22]Ihr werdet alles bekommen, wenn ihr im festen Glauben darum bittet.» (Siehe auch Markus 11,12–14.)

Matthäus 25,34–36 «Dann wird der König zu denen an seiner rechten Seite sagen: ‹Kommt her! Euch hat mein Vater gesegnet. Nehmt die neue Welt Gottes in Besitz, die er seit Erschaffung der Welt für euch als Erbe bereithält! [35]Denn als ich hungrig war, habt ihr mir zu essen gegeben. Als ich Durst hatte, bekam ich von euch etwas zu trinken. Ich war ein Fremder bei euch, und ihr habt mich aufgenommen. [36]Ich war nackt, ihr habt mir Kleidung gegeben. Ich war krank, und ihr habt mich besucht. Ich war im Gefängnis, und ihr seid zu mir gekommen.›»

Matthäus 28,18–20 Da ging Jesus auf seine Jünger zu und sprach: «Ich habe von Gott alle Macht im Himmel und auf der Erde erhalten. [19]Geht hinaus in die ganze Welt, und ruft alle Menschen dazu auf, mir nachzufolgen! Tauft sie im Namen des Vaters, des Sohnes und des Heiligen Geistes! [20]Lehrt sie, so zu leben, wie ich es euch aufgetragen habe. Ihr dürft sicher sein: Ich bin immer bei euch, bis das Ende dieser Welt gekommen ist!»

Lukas 6,35 «Ihr aber sollt eure Feinde lieben und den Menschen Gutes tun. Ihr sollt ihnen helfen, ohne einen Dank oder eine Gegenleistung zu erwarten. Dann werdet ihr reich belohnt werden: Ihr werdet Kinder des höchsten Gottes sein. Denn auch er ist gütig zu Undankbaren und Bösen.»

Lukas 6,37–38 «Richtet nicht über andere, dann werdet ihr auch nicht gerichtet werden! Verurteilt keinen Menschen, dann werdet auch ihr nicht verurteilt! Wenn ihr bereit seid, anderen zu vergeben, dann wird auch euch vergeben werden. [38]Gebt, was ihr habt, dann werdet ihr so reich beschenkt werden, dass ihr gar nicht alles aufnehmen könnt. Mit dem Maßstab, den ihr an andere legt, wird man auch euch messen.»

Lukas 9,48 [Jesus] sagte: «Wer solch ein Kind mir zuliebe aufnimmt, der nimmt mich auf. Und wer mich aufnimmt, der nimmt damit Gott selbst auf, weil Gott mich gesandt hat. Wer der Geringste unter euch allen ist, der ist wirklich groß.»

Lukas 11,11–13 «Welcher Vater würde seinem Sohn denn eine Schlange geben, wenn er ihn um einen Fisch bittet, [12]oder einen Skorpion, wenn er ein Ei haben möchte? [13]Wenn schon ihr hartherzigen Menschen euren Kindern Gutes gebt, wie viel mehr wird der Vater im Himmel denen den Heiligen Geist schenken, die ihn darum bitten.»

Lukas 11,28 Darauf erwiderte Jesus: «Ja, aber noch glücklicher sind die Menschen, die Gottes Botschaft hören und danach leben.»

Lukas 21,33 «Himmel und Erde werden vergehen; meine Worte aber gelten für immer.»

72 Versöhnung zwischen Menschen

Matthäus 5,21–24 «Wie ihr wisst, wurde unseren Vorfahren gesagt: ‹Du sollst nicht töten! Wer aber einen Mord begeht, muss vor ein Gericht.› [22]Doch ich sage euch: Schon wer auf seinen Bruder zornig ist, den erwartet das Gericht. Wer zu seinem Bruder sagt: ‹Du Idiot!›, der wird vom Obersten Gericht verurteilt werden, und wer ihn verflucht, dem ist das Feuer der Hölle sicher. ²³Wenn du eine Opfergabe zum Altar bringst und dir fällt plötzlich ein, dass dein Bruder dir etwas vorzuwerfen hat, ²⁴dann lass dein Opfer am Altar zurück, geh zu deinem Bruder und versöhne dich mit ihm. Erst danach bring Gott dein Opfer dar.»

Matthäus 18,15–17 «Wenn dein Bruder Schuld auf sich geladen hat, dann geh zu ihm und sag ihm, was er falsch gemacht hat. Wenn er auf dich hört, hast du deinen Bruder zurückgewonnen. ¹⁶Will er davon nichts wissen, nimm einen oder zwei andere mit, denn durch die Aussage von zwei oder drei Zeugen wird die Sache eindeutig bestätigt. ¹⁷Wenn dein Bruder auch dann nicht hören will, bring den Fall vor die Gemeinde. Nimmt er selbst das Urteil der Gemeinde nicht an, dann behandle ihn wie einen, der von Gott nichts wissen will und ihn verachtet.»

Matthäus 18,21–35 Da fragte Petrus: «Herr, wie oft muss ich meinem Bruder vergeben, wenn er mir Unrecht tut? Ist siebenmal denn nicht genug?» ²²«Nein», antwortete Jesus. «Nicht nur siebenmal, sondern siebzig mal siebenmal. ²³Man kann die neue Welt Gottes mit einem König vergleichen, der mit seinen Verwaltern abrechnen wollte. ²⁴Zu ihnen gehörte ein Mann, der ihm einen Millionenbetrag schuldete. ²⁵Aber er konnte diese Schuld nicht bezahlen. Deshalb wollte der König ihn, seine Frau, seine Kinder und seinen gesamten Besitz verkaufen lassen, um wenigstens einen Teil seines Geldes zu bekommen. ²⁶Doch der Mann fiel vor dem König nieder und flehte ihn an: ‹Herr, hab noch etwas Geduld! Ich will ja alles bezah-

len.› ²⁷Da hatte der König Mitleid. Er gab ihn frei und erließ ihm seine Schulden. ²⁸Kaum war der Mann frei, ging er zu einem der anderen Verwalter, der ihm einen kleinen Betrag schuldete, packte ihn, würgte ihn und schrie: ‹Bezahl jetzt endlich deine Schulden!› ²⁹Da fiel der andere vor ihm nieder und bettelte: ‹Hab noch etwas Geduld! Ich will ja alles bezahlen.› ³⁰Aber der Verwalter wollte nicht warten und ließ ihn ins Gefängnis werfen, bis er alles bezahlt hätte. ³¹Als nun die anderen sahen, was sich da ereignet hatte, waren sie empört und berichteten es dem König. ³²Da ließ der König den Verwalter zu sich kommen und sagte: ‹Was bist du doch für ein hartherziger Mensch! Deine ganze Schuld habe ich dir erlassen, weil du mich darum gebeten hast. ³³Hättest du da nicht auch mit meinem anderen Verwalter Erbarmen haben können, so wie ich mit dir?› ³⁴Zornig übergab er ihn den Folterknechten. Sie sollten ihn erst dann wieder freilassen, wenn er alle seine Schulden zurückgezahlt hätte. ³⁵Auf die gleiche Art wird mein Vater im Himmel euch behandeln, wenn ihr euch weigert, eurem Bruder wirklich zu vergeben.»

Lukas 12,58 «Wenn man dich vor Gericht stellt, dann setz alles daran, dich noch auf dem Weg dorthin mit deinem Gegner zu einigen. Sonst wird dich der Richter verurteilen, und der Gerichtsdiener wird dich ins Gefängnis stecken.»

Lukas 17,3–4 «Nehmt euch in Acht! Wenn dein Bruder Schuld auf sich geladen hat, dann sag ihm, was er falsch gemacht hat. Tut es ihm leid, dann vergib ihm! ⁴Und wenn er dir siebenmal am Tag Unrecht tut und dich immer wieder um Vergebung bittet: Vergib ihm!»

73 Versuchung

Matthäus 18,6–9 «Wer in einem Menschen den Glauben, wie ihn ein Kind hat, zerstört, für den wäre es noch das Beste, mit einem Mühlstein um den Hals ins tiefe Meer geworfen zu werden. [7]Wehe der Welt, denn sie verführt zum Unglauben! Solche Versuchungen können ja nicht ausbleiben. Aber wehe dem, der daran schuld ist! [8]Deshalb: Wenn deine Hand oder dein Fuß dich zum Bösen verführt, hack sie ab und wirf sie weg. Es ist besser, du gehst verkrüppelt und lahm ins ewige Leben als mit gesunden Händen und Füßen ins ewige Feuer. [9]Wenn dich dein Auge zur Sünde verführt, dann reiß es heraus und wirf es weg. Es ist besser, einäugig das ewige Leben zu erhalten, als mit beiden Augen ins Feuer der Hölle geworfen zu werden.»

Matthäus 26,41 «Bleibt wach und betet, damit ihr der Versuchung widerstehen könnt. Ich weiß, ihr wollt das Beste, aber aus eigener Kraft könnt ihr es nicht erreichen.» (Siehe auch Markus 14,38.)

Lukas 11,2–4 Jesus antwortete ihnen: «So sollt ihr beten: ‹Unser Vater im Himmel! Dein heiliger Name soll geehrt werden. Lass deine neue Welt beginnen. [3]Gib uns auch heute wieder, was wir zum Leben brauchen. [4]Vergib uns unsere Schuld, wie wir denen vergeben, die uns Unrecht getan haben. Lass uns nicht in Versuchung geraten, dir untreu zu werden.›»

74 Wachsamkeit

Matthäus 24,4–29 Jesus antwortete: «Lasst euch von keinem Menschen täuschen und verführen! [5]Denn viele werden auftreten und von sich behaupten: ‹Ich bin Christus!› Und sie werden viele Menschen in die Irre führen. [6]Wenn ihr von Kriegen und Unruhen hört, achtet darauf, aber erschreckt nicht! Das muss geschehen, doch es bedeutet noch nicht das Ende. [7]Die Völker und Königreiche der Erde werden Kriege gegeneinander führen. In vielen Teilen der Welt wird es Hungersnöte, Seuchen und Erdbeben geben. [8]Das ist aber erst der Anfang – so wie die ersten Wehen bei einer Geburt. [9]Dann werdet ihr gefoltert, getötet und in der ganzen Welt gehasst werden, weil ihr zu mir gehört. [10]Manche werden sich vom Glauben abwenden, einander verraten und hassen. [11]Falsche Propheten werden auftreten und viele verführen. [12]Und weil Gottes Gebote missachtet werden, setzt sich das Böse überall durch. Die Liebe wird bei vielen Menschen erlöschen. [13]Aber wer bis ans Ende durchhält, wird gerettet. [14]Die rettende Botschaft von Gottes neuer Welt wird auf der ganzen Erde verkündet werden, damit alle Völker sie hören. Dann erst wird das Ende kommen. [15]Der Prophet Daniel redet von einer ‹abscheulichen Götzenstatue›. Versucht zu verstehen, was das Geschriebene bedeutet. Wenn ihr diese Götzenstatue im Tempel stehen seht, [16]dann sollen alle Bewohner Judäas ins Gebirge fliehen. [17]Wer sich gerade auf dem Dach seines Hauses aufhält, soll nicht erst im Haus sein Gepäck für die Flucht zusammensuchen. [18]Wer auf dem Feld arbeitet, soll nicht erst nach Hause laufen, um seinen Mantel zu holen. [19]Besonders hart trifft es Schwangere und Mütter mit Säuglingen. [20]Betet deshalb, dass ihr nicht im Winter oder am Sabbat fliehen müsst! [21]Denn es wird eine Zeit der Not kommen, wie sie die Welt in ihrer ganzen Geschichte noch nicht erlebt hat und wie sie auch nie wieder eintreten wird. ²²Wenn diese Leidenszeit nicht verkürzt würde, könnte niemand gerettet werden! Aber den Auserwählten Gottes zuliebe wird diese Zeit begrenzt. ²³Wenn dann jemand zu euch sagt: ‹Hier ist der Christus!› oder: ‹Dort ist er!›, glaubt ihm nicht! ²⁴Viele werden sich nämlich als ‹Christus› ausgeben, und es werden falsche Propheten auftreten. Sie vollbringen große Zeichen und Wunder, um – wenn möglich – sogar die Auserwählten Gottes irrezuführen. ²⁵Deshalb bleibt wachsam! Ich habe euch gewarnt! ²⁶Wenn euch jemand erzählt: ‹Der Retter ist draußen in der Wüste›, so geht nicht hin. Wenn er sich irgendwo verborgen halten soll, glaubt es nicht. ²⁷Denn der Menschensohn kommt für alle sichtbar – wie ein Blitz, der von Ost nach West am Himmel aufzuckt. ²⁸Dies wird so gewiss geschehen, wie sich die Geier um ein verendetes Tier scharen. ²⁹Unmittelbar nach dieser großen Schreckenszeit wird sich die Sonne verfinstern und der Mond nicht mehr scheinen. Die Sterne werden aus ihrer Bahn geschleudert, und die Kräfte des Weltalls geraten durcheinander.»

Matthäus 25,1–13 «Wenn der Menschensohn seine Herrschaft antritt, wird es sein wie bei zehn Mädchen, die bei einer Hochzeit als Brautjungfern mit ihren Lampen den Bräutigam abholen sollten. ²⁻⁴Nur fünf von ihnen waren so klug, sich ausreichend mit Öl für ihre Lampen zu versorgen. Die anderen dachten überhaupt nicht daran, genügend Öl mitzunehmen. ⁵Als sich die Ankunft des Bräutigams verzögerte, wurden sie alle müde und schliefen ein. ⁶Plötz-

lich um Mitternacht wurden sie mit dem Ruf geweckt: ‹Der Bräutigam kommt! Steht auf und geht ihm entgegen!› ⁷Da sprangen die Mädchen auf und bereiteten ihre Lampen vor. ⁸Die fünf, die nicht genügend Öl hatten, baten die anderen: ‹Gebt uns etwas von eurem Öl! Unsere Lampen gehen aus.› ⁹Aber die Klugen antworteten: ‹Unser Öl reicht gerade für uns selbst. Geht doch in den Laden, und kauft euch welches!› ¹⁰Da gingen sie los. In der Zwischenzeit kam der Bräutigam, und die Mädchen, die genügend Öl für ihre Lampen hatten, begleiteten ihn in den Festsaal. Dann wurde die Tür verschlossen. ¹¹Später kamen auch die fünf anderen. Sie standen draußen und riefen: ‹Herr, mach uns die Tür auf!› ¹²Aber er erwiderte: ‹Was wollt ihr denn? Ich kenne euch nicht!› ¹³Deshalb seid wach und haltet euch bereit! Denn ihr wisst weder an welchem Tag noch zu welchem Zeitpunkt der Menschensohn kommen wird.»

Markus 13,5 Jesus antwortete: «Lasst euch von keinem Menschen täuschen und verführen!»

Markus 13,28–37 «Der Feigenbaum soll euch dafür ein Beispiel sein: Wenn seine Zweige saftig werden und Blätter treiben, dann wisst ihr, dass es bald Sommer ist. ²⁹Wenn nun all diese Ereignisse eintreffen, könnt ihr sicher sein: Das Kommen des Menschensohnes steht unmittelbar bevor. ³⁰Ja, ich sage euch: Dieses Volk wird nicht untergehen, bevor das alles geschieht! ³¹Himmel und Erde werden vergehen; meine Worte aber gelten für immer. ³²Niemand weiß, wann das Ende kommen wird, weder die Engel im Himmel noch der Sohn. Den Tag und die Stunde kennt nur der Vater. ³³Darum werdet nicht nachlässig und bleibt wach! Denn ihr wisst nicht, wann es so weit ist. [34]Es ist genau wie bei einem Mann, der auf Reisen geht. Bevor er sein Haus verlässt, weist er jedem seiner Knechte eine bestimmte Arbeit zu und befiehlt dem Pförtner, wachsam zu sein. [35]Genauso sollt auch ihr wach bleiben. Ihr wisst ja nicht, wann der Herr kommen wird, ob am Abend oder um Mitternacht, im Morgengrauen oder nach Sonnenaufgang. [36]Deshalb sollt ihr zu jeder Stunde auf seine Ankunft vorbereitet sein und nicht etwa schlafen. [37]Was ich euch sage, gilt auch für alle anderen Menschen: Ihr müsst immer wach und bereit sein!»

75 Weisheit und Verständnis

Johannes 6,45 «Bei den Propheten heißt es: ‹Alle werden von Gott lernen!› Wer also auf den Vater hört und von ihm lernt, der kommt zu mir.»

Johannes 7,16–19 Jesus beantwortete ihre Frage: «Was ich euch sage, sind nicht meine eigenen Gedanken. Es sind die Worte Gottes, der mich gesandt hat. [17]Wer von euch bereit ist, Gottes Willen zu tun, der wird erkennen, ob diese Worte von Gott kommen oder ob es meine eigenen Gedanken sind. [18]Wer seine eigene Lehre verbreitet, dem geht es um das eigene Ansehen. Wer aber Anerkennung und Ehre für den sucht, der ihn gesandt hat, der ist vertrauenswürdig und tut nichts, was seinem Auftrag widerspricht. [19]Mose hat euch das Gesetz gegeben; aber keiner von euch lebt nach diesem Gesetz! Mit welchem Recht also wollt ihr mich töten?»

Johannes 8,12 Ein anderes Mal sagte Jesus zu den Menschen: «Ich bin das Licht für die Welt. Wer mir nachfolgt, irrt nicht mehr in der Dunkelheit umher, sondern folgt dem Licht, das ihn zum Leben führt.»

Johannes 8,31–32 Zu den Juden, die nun an ihn glaubten, sagte Jesus: «Wenn ihr an meinen Worten festhaltet und das tut, was ich euch gesagt habe, dann gehört ihr wirklich zu mir. [32]Ihr werdet die Wahrheit erkennen, und die Wahrheit wird euch befreien!»

Johannes 9,39 Jesus sagte: «Ich bin in diese Welt gekommen, damit sich an mir die Geister scheiden. Blinde sollen sehen können; aber alle Sehenden sollen blind werden.»

Johannes 12,46 «Ich bin als das Licht in die Welt gekommen, damit jeder, der an mich glaubt, nicht länger in der Dunkelheit leben muss.»

Johannes 14,6 Jesus antwortete: «Ich bin der Weg, ich bin die Wahrheit, und ich bin das Leben! Ohne mich kann niemand zum Vater kommen.»

Johannes 14,16 «Dann werde ich den Vater bitten, dass er euch an meiner Stelle einen Helfer gibt, der für immer bei euch bleibt.»

Johannes 16,12–14 «Ich hätte euch noch viel mehr zu sagen, aber jetzt würde es euch überfordern. [13]Wenn aber der Geist der Wahrheit kommt, hilft er euch dabei, die Wahrheit vollständig zu erfassen. Denn er redet nicht in seinem eigenen Auftrag, sondern wird nur das sagen, was er gehört hat. Auch was euch in Zukunft erwartet, wird er euch verkünden. [14]So wird er meine Herrlichkeit sichtbar machen; denn alles, was er euch zeigt, kommt von mir.»

Johannes 17,3 «Und das allein ist ewiges Leben: dich, den einen wahren Gott, zu erkennen, und Jesus Christus, den du gesandt hast.»

Johannes 17,7–8 «Und jetzt wissen sie, dass alles, was ich habe, von dir ist. ⁸Denn was du mir gesagt hast, habe ich ihnen weitergegeben. Sie haben deine Botschaft angenommen und erkannt, dass ich von dir herkomme; sie glauben daran, dass du mich gesandt hast.»

Johannes 17,17 «Lass ihnen deine Wahrheit leuchten, damit sie in immer engerer Gemeinschaft mit dir leben! Dein Wort ist die Wahrheit!»

Johannes 17,19 «Für sie gebe ich mein Leben hin, damit ihr Leben ganz dir gehört.»

Johannes 18,37 Da fragte ihn Pilatus: «Dann bist du also doch ein König?» Jesus antwortete: «Ja, du hast Recht. Ich bin ein König. Und dazu bin ich Mensch geworden und in diese Welt gekommen, um ihr die Wahrheit zu bezeugen. Wer bereit ist, auf die Wahrheit zu hören, der hört auf mich.»

Matthäus 6,22–23 «Das Auge gibt dir Licht. Wenn deine Augen das Licht einlassen, wirst du auch im Licht leben. ²³Verschließen sich deine Augen dem Licht, lebst du in Dunkelheit. Wenn aber das Licht in deinem Innern erloschen ist, wie tief ist dann die Finsternis!» (Siehe auch Lukas 11,34–36.)

Matthäus 7,21–27 «Nicht, wer mich dauernd ‹Herr› nennt, wird in Gottes neue Welt kommen, sondern wer den Willen meines Vaters im Himmel tut. ²²Am Tag des Gerichts werden zwar viele sagen: ‹Aber Herr, wir haben doch als deine Propheten das weitergesagt, was du selbst uns aufgetragen hast! Wir haben doch in deinem Namen Dämonen ausgetrieben und

mächtige Taten vollbracht!› ²³Aber ich werde ihnen antworten: ‹Ich kenne euch nicht, denn ihr habt nicht nach meinem Willen gelebt. Geht mir aus den Augen!› ²⁴Wer meine Worte hört und danach handelt, der ist klug. Man kann ihn mit einem Mann vergleichen, der sein Haus auf felsigen Grund baut. ²⁵Wenn ein Wolkenbruch niedergeht, das Hochwasser steigt und der Sturm am Haus rüttelt, wird es trotzdem nicht einstürzen, weil es auf Felsengrund gebaut ist. ²⁶Wer sich meine Worte nur anhört, aber nicht danach lebt, der ist so unvernünftig wie einer, der sein Haus auf Sand baut. ²⁷Denn wenn ein Wolkenbruch kommt, die Flut das Land überschwemmt und der Sturm um das Haus tobt, wird es aus allen Fugen geraten und krachend einstürzen.»

Matthäus 10,16–20 «Hört mir zu: Ich schicke euch wie Schafe mitten unter die Wölfe. Seid klug wie Schlangen, aber ohne Verschlagenheit wie Tauben. ¹⁷Nehmt euch in Acht vor den Menschen! Denn sie werden euch vor die Gerichte zerren, und in den Synagogen wird man euch auspeitschen. ¹⁸Nur weil ihr zu mir gehört, werdet ihr vor Machthabern und Königen verhört werden. Dort werdet ihr meine Botschaft bezeugen, denn sie und alle Völker müssen von mir erfahren. ¹⁹Wenn sie euch vor Gericht bringen, braucht ihr euch nicht darum zu sorgen, was ihr aussagen sollt! Denn zur rechten Zeit wird Gott euch das rechte Wort geben. ²⁰Nicht ihr werdet es sein, die Rede und Antwort stehen, sondern der Geist eures Vaters im Himmel wird durch euch sprechen. ²¹In dieser Zeit wird ein Bruder den anderen dem Henker ausliefern. Väter werden ihre eigenen Kinder anzeigen. Kinder werden gegen ihre Eltern vorgehen und sie hinrichten lassen. ²²Alle Welt wird euch hassen, weil ihr euch zu mir bekennt. Aber wer bis zum Ende durchhält, wird gerettet. ²³Wenn man euch in der einen Stadt verfolgt, dann flieht in eine andere. Ich versichere euch: Noch ehe ihr meinen Auftrag in allen Städten Israels ausgeführt habt, wird der Menschensohn kommen.»

Matthäus 11,16–19 «Wie soll ich die Menschen von heute beschreiben? Sie sind wie spielende Kinder auf der Straße, die ihren Freunden zurufen: ¹⁷‹Wir haben Hochzeitslieder gespielt, und ihr habt nicht getanzt. Dann haben wir Klagelieder gesungen, und ihr habt nicht geweint.› ¹⁸Johannes fastete oft und trank keinen Wein. Da habt ihr gesagt: ‹Der ist ja von einem bösen Geist besessen!› ¹⁹Nun ist der Menschensohn gekommen, isst und trinkt wie jeder andere, und ihr beschimpft ihn: ‹Er frisst und säuft, und seine Freunde sind die Zolleinnehmer und anderes Gesindel!› Doch wie Recht die Weisheit Gottes hat, erweist sich in dem, was sie bewirkt.»

Matthäus 11,25–26 Jesus betete: «Mein Vater, Herr über Himmel und Erde! Ich danke dir, dass du die Wahrheit vor den Klugen und Gebildeten verbirgst und sie den Unwissenden enthüllst. ²⁶Ja, Vater, so entspricht es deinem Willen.»

Matthäus 13,10–17 Später kamen seine Jünger und fragten ihn: «Weshalb verwendest du solche Gleichnisse, wenn du zu den Leuten redest?» ¹¹Jesus antwortete: «Euch lässt Gott die Geheimnisse seiner neuen Welt verstehen, anderen sind sie verborgen. ¹²Denn wer viel hat, der bekommt noch mehr dazu, ja, er wird mehr als genug haben! Wer aber nichts hat, dem wird selbst noch das Wenige, das er hat, genommen. ¹³Deshalb rede ich in Gleichnissen. Denn sie sehen, aber sie erkennen nicht; sie hören, aber sie verstehen es nicht. ¹⁴Damit erfüllt sich an ihnen, was der Prophet Jesaja vorausgesagt hat: ‹Ihr werdet hören und nicht verstehen, sehen und nicht erkennen. ¹⁵Denn das Herz dieses Volkes ist hart und gleichgültig. Sie sind schwerhörig und verschließen die Augen. Deshalb sehen und hören sie nicht. Sie sind nicht einsichtig und wollen nicht zu mir umkehren, darum kann ich ihnen nicht helfen und sie heilen.› ¹⁶Aber ihr könnt glücklich sein, denn eure Augen können sehen und eure Ohren können hören. ¹⁷Ich sage euch: Viele Propheten und Menschen, die Gott dienten, hätten gern gesehen, was ihr seht, und gehört, was ihr hört, aber die Zeit war noch nicht da.»

Matthäus 16,17 «Du kannst wirklich glücklich sein, Simon, Sohn des Jona!», sagte Jesus. «Diese Erkenntnis hat dir mein Vater im Himmel gegeben; von sich aus kommt ein Mensch nicht zu dieser Einsicht.»

Lukas 11,52 «Wehe euch, ihr Schriftgelehrten! Denn durch eure Lehren verhindert ihr, dass die Menschen den Weg zur Wahrheit finden. Ihr selbst seid nicht in Gottes neue Welt hineingegangen, und ihr versperrt auch noch allen, die hineinwollen, den Zugang.»

Lukas 12,11–12 «Wenn ihr in den Synagogen vor Richtern und Machthabern verhört werdet, dann sorgt euch nicht darum, was ihr sagen oder wie ihr euch verteidigen sollt! ¹²Denn der Heilige Geist wird euch zur rechten Zeit das rechte Wort geben.»

Lukas 12,16–21 An einem Beispiel erklärte er seinen Zuhörern, was er damit meinte: «Ein reicher Gutsbesitzer hatte eine besonders gute Ernte. [17]Er überlegte: ‹Wo soll ich bloß alles unterbringen? Meine Scheunen sind voll; da geht nichts mehr rein.› [18]Er beschloss: ‹Ich werde die alten Scheunen abreißen und neue bauen, so groß, dass ich das ganze Getreide, ja alles, was ich habe, darin unterbringen kann. [19]Dann will ich mich zur Ruhe setzen. Ich habe für lange Zeit ausgesorgt. Jetzt lasse ich es mir gut gehen. Ich will gut essen und trinken und mein Leben genießen!› [20]Aber Gott sagte zu ihm: ‹Du Narr! Noch in dieser Nacht wirst du sterben. Wer bekommt dann deinen ganzen Reichtum, den du angehäuft hast?› [21]So wird es allen gehen, die auf der Erde Reichtümer sammeln, aber mit leeren Händen vor Gott stehen.»

Lukas 14,27–33 Wie schon oft wurde Jesus von einer großen Menschenmenge begleitet. Er wandte sich zu ihnen um und sagte: [26]«Wenn einer mit mir gehen will, so muss ich für ihn wichtiger sein als seine Eltern, seine Frau, seine Kinder, seine Geschwister, ja wichtiger als das eigene Leben. Sonst kann er nicht mein Jünger sein. [27]Wer nicht bereit ist, sein Kreuz auf sich zu nehmen und mir nachzufolgen, der kann nicht zu mir gehören. [28]Stellt euch vor, jemand möchte einen Turm bauen. Wird er dann nicht vorher die Kosten überschlagen? [29]Er wird doch nicht einfach anfangen und riskieren, dass er bereits nach dem Bau des Fundaments aufhören muss. Die Leute würden ihn auslachen [30]und sagen: ‹Einen Turm wollte er bauen! Aber sein Geld reichte nur für das Fundament!› [31]Oder stellt euch vor, ein König muss gegen einen anderen König in den Krieg ziehen: Wird er dann nicht vorher mit seinen Beratern überlegen, ob seine Armee mit zehntausend Mann die feindlichen Truppen schlagen kann, die mit zwanzigtausend Mann anrücken? [32]Wenn nicht, dann wird er, solange die Feinde noch weit entfernt sind, Unterhändler schicken, um über einen Frieden zu verhandeln. [33]Überlegt auch ihr vorher, ob ihr wirklich bereit seid, alles für mich aufzugeben und mir nachzufolgen. Sonst könnt ihr nicht meine Jünger sein.»

Lukas 16,8 Jesus, der Herr, lobte das vorausplanende Handeln des gerissenen Verwalters. Denn im Umgang mit ihresgleichen sind die Menschen dieser Welt klüger und geschickter als die, die sich zu Gott bekennen.[22]

Lukas 21,14–15 «Prägt es euch ein: Ihr sollt nicht schon vorher darüber nachgrübeln, wie ihr euch vor Gericht verteidigen könnt. [15]Ich selber werde euch Weisheit geben und euch zeigen, was ihr sagen sollt. Dann werden eure Gegner nichts mehr erwidern können.»

76 Wünsche

Johannes 15,7–8 «Wenn ihr aber fest mit mir verbunden bleibt und euch meine Worte zu Herzen nehmt, dürft ihr von Gott erbitten, was ihr wollt; ihr werdet es erhalten. [8]Wenn ihr viel Frucht bringt und euch so als meine Jünger erweist, wird die Herrlichkeit meines Vaters sichtbar.»

---

[22] Jesus hat offensichtlich an dieser Stelle etwas gesagt. Was genau, überliefert Lukas nicht.

Matthäus 5,3–9 «Glücklich sind, die erkennen, wie arm sie vor Gott sind, denn ihnen gehört die neue Welt Gottes. 4Glücklich sind die Trauernden, denn sie werden Trost finden. 5Glücklich sind die Friedfertigen, denn sie werden die ganze Erde besitzen. 6Glücklich sind, die nach Gerechtigkeit hungern und dürsten, denn sie sollen satt werden. 7Glücklich sind die Barmherzigen, denn sie werden Barmherzigkeit erfahren. 8Glücklich sind, die ein reines Herz haben, denn sie werden Gott sehen. 9Glücklich sind, die Frieden stiften, denn Gott wird sie seine Kinder nennen.»

Matthäus 6,9–13 «Ihr sollt deshalb so beten: ‹Unser Vater im Himmel! Dein heiliger Name soll geehrt werden. 10Lass deine neue Welt beginnen. Dein Wille geschehe hier auf der Erde, wie er im Himmel geschieht. 11Gib uns auch heute wieder, was wir zum Leben brauchen. 12Vergib uns unsere Schuld, wie wir denen vergeben, die uns Unrecht getan haben. 13Lass uns nicht in Versuchung geraten, dir untreu zu werden, und befreie uns vom Bösen.›»

Matthäus 6,19–21 «Häuft in dieser Welt keine Reichtümer an! Ihr wisst, wie schnell Motten und Rost sie zerfressen oder Diebe sie stehlen! 20Sammelt euch vielmehr Schätze im Himmel, die unvergänglich sind und die kein Dieb mitnehmen kann. 21Wo nämlich eure Schätze sind, da wird auch euer Herz sein.»

Matthäus 6,24–33 «Niemand kann zwei Herren gleichzeitig dienen. Wer dem einen richtig dienen will, wird sich um die Wünsche des anderen nicht kümmern können. Er wird sich für den einen einsetzen und den anderen vernachlässigen. Auch ihr könnt nicht gleichzeitig für Gott und das Geld leben. 25Darum sage ich euch: Macht euch keine Sorgen um euren Lebensunterhalt, um Essen, Trinken und Kleidung. Leben bedeutet mehr als Essen und Trinken, und der Mensch ist wichtiger als seine Kleidung. 26Seht euch die Vögel an! Sie säen nichts, sie ernten nichts und sammeln auch keine Vorräte. Euer Vater im Himmel versorgt sie. Meint ihr nicht, dass ihr ihm viel wichtiger seid? 27Und wenn ihr euch noch so viel sorgt, könnt ihr doch euer Leben um keinen Augenblick verlängern. 28Weshalb macht ihr euch so viele Sorgen um eure Kleidung? Seht euch an, wie die Lilien auf den Wiesen blühen! Sie können weder spinnen noch weben. 29Ich sage euch, selbst König Salomo war in seiner ganzen Herrlichkeit nicht so prächtig gekleidet wie eine dieser Blumen. 30Wenn Gott sogar das Gras so schön wachsen lässt, das heute auf der Wiese grünt, morgen aber schon verbrannt wird, wie könnte er euch dann vergessen? Vertraut ihr Gott so wenig? 31Zerbrecht euch also nicht mehr den Kopf mit Fragen wie: ‹Werden wir genug zu essen haben? Und was werden wir trinken? Was sollen wir anziehen?› 32Mit solchen Dingen beschäftigen sich nur Menschen, die Gott nicht kennen. Euer Vater im Himmel weiß doch genau, dass ihr dies alles braucht. 33Sorgt euch vor allem um Gottes neue Welt, und lebt nach Gottes Willen! Dann wird er euch mit allem anderen versorgen.»

Matthäus 7,7–12 «Bittet Gott, und er wird euch geben! Sucht, und ihr werdet finden! Klopft an, und euch wird die Tür geöffnet! 8Denn wer bittet, der bekommt. Wer sucht, der findet. Und wer anklopft, dem wird geöffnet. 9Würde jemand von euch seinem Kind einen Stein geben, wenn es um ein Stück Brot bittet? [10]Oder eine giftige Schlange, wenn es um einen Fisch bittet? [11]Wenn schon ihr hartherzigen Menschen euren Kindern Gutes gebt, wie viel mehr wird euer Vater im Himmel denen Gutes schenken, die ihn darum bitten! [12]So wie ihr von den Menschen behandelt werden möchtet, so behandelt sie auch. Denn das ist die Botschaft des Gesetzes und der Propheten.»

Lukas 11,9–13 «Darum sage ich euch: Bittet Gott, und er wird euch geben! Sucht, und ihr werdet finden! Klopft an, und euch wird die Tür geöffnet! [10]Denn wer bittet, der bekommt. Wer sucht, der findet. Und wer anklopft, dem wird geöffnet. [11]Welcher Vater würde seinem Sohn denn eine Schlange geben, wenn er ihn um einen Fisch bittet, [12]oder einen Skorpion, wenn er ein Ei haben möchte? [13]Wenn schon ihr hartherzigen Menschen euren Kindern Gutes gebt, wie viel mehr wird der Vater im Himmel denen den Heiligen Geist schenken, die ihn darum bitten.»

77 Würdigkeit, gewürdigt werden

Matthäus 10,34–39 «Meint nur nicht, dass ich gekommen bin, um Frieden auf die Erde zu bringen. Nein, ich bringe Kampf! [35]Ich werde Vater und Sohn, Mutter und Tochter, Schwiegertochter und Schwiegermutter gegeneinander aufbringen. [36]Die schlimmsten Feinde werden in der eigenen Familie sein. [37]Wer seinen Vater oder seine Mutter, seinen Sohn oder seine Tochter mehr liebt als mich, der ist es nicht wert, mein Jünger zu sein. [38]Und wer nicht bereit ist, sein Kreuz auf sich zu neh-

men und mir nachzufolgen, der kann nicht zu mir gehören. [39]Wer sich an sein Leben klammert, der wird es verlieren. Wer es aber für mich einsetzt, der wird es für immer gewinnen.»

Lukas 20,34–36 Und Jesus antwortete ihnen und sprach: «Die Kinder dieser Weltzeit heiraten und lassen sich heiraten; [35]diejenigen aber, die gewürdigt werden, jene Weltzeit zu erlangen und die Auferstehung aus den Toten, die werden weder heiraten noch sich heiraten lassen, [36]denn sie können nicht mehr sterben; denn sie sind den Engeln gleich und Söhne Gottes, da sie Söhne der Auferstehung sind» (Schlachterbibel).

Lukas 21,34–36 «Habt aber acht auf euch selbst, dass eure Herzen nicht beschwert werden durch Rausch und Trunkenheit und Sorgen des Lebens, und jener Tag unversehens über euch kommt! [35]Denn wie ein Fallstrick wird er über alle kommen, die auf dem ganzen Erdboden wohnen. [36]Darum wacht jederzeit und bittet, dass ihr gewürdigt werdet, diesem allem zu entfliehen, was geschehen soll, und vor dem Sohn des Menschen zu stehen!» (Schlachterbibel).

78 Widersacher und menschliche Feinde

Matthäus 5,25–26 «Setz alles daran, dich noch auf dem Weg zum Gericht mit deinem Gegner zu einigen. Sonst wird der Richter dich verurteilen, und der Gerichtsdiener wird dich ins Gefängnis stecken. [26]Und ich sage dir: Von dort wirst du nicht eher wieder herauskommen, bis du auch den letzten Rest deiner Schuld bezahlt hast.»

Matthäus 5,38–48 «Es heißt auch: ‹Auge um Auge, Zahn um Zahn!› ³⁹Ich sage euch aber: Leistet keine Gegenwehr, wenn man euch Böses antut! Wenn jemand dir eine Ohrfeige gibt, dann halte die andere Wange auch noch hin! ⁴⁰Wenn einer dich vor Gericht bringen will, um dein Hemd zu bekommen, so gib ihm auch noch den Mantel! ⁴¹Und wenn einer von dir verlangt, eine Meile mit ihm zu gehen, dann geh zwei Meilen mit ihm! ⁴²Gib jedem, der dich um etwas bittet, und weise keinen ab, der etwas von dir leihen will. ⁴³Es heißt bei euch: ‹Liebt eure Freunde und hasst eure Feinde!› ⁴⁴Ich sage aber: Liebt eure Feinde und betet für alle, die euch verfolgen! ⁴⁵So erweist ihr euch als Kinder eures Vaters im Himmel. Denn er lässt seine Sonne für Böse wie für Gute scheinen, und er lässt es regnen für Fromme und Gottlose. ⁴⁶Wollt ihr etwa noch dafür belohnt werden, dass ihr die Menschen liebt, die euch auch lieben? Das tun sogar die Zolleinnehmer, die sonst nur auf ihren Vorteil aus sind! ⁴⁷Wenn ihr nur euren Freunden liebevoll begegnet, ist das etwas Besonderes? Das tun auch die, die von Gott nichts wissen. ⁴⁸Ihr aber sollt so vollkommen sein wie euer Vater im Himmel.»

Matthäus 10,16–23 «Hört mir zu: Ich schicke euch wie Schafe mitten unter die Wölfe. Seid klug wie Schlangen, aber ohne Verschlagenheit wie Tauben. ¹⁷Nehmt euch in Acht vor den Menschen! Denn sie werden euch vor die Gerichte zerren, und in den Synagogen wird man euch auspeitschen. ¹⁸Nur weil ihr zu mir gehört, werdet ihr vor Machthabern und Königen verhört werden. Dort werdet ihr meine Botschaft bezeugen, denn sie und alle Völker müssen von mir erfahren. ¹⁹Wenn sie euch vor Gericht bringen, braucht ihr euch nicht darum zu sorgen, was ihr aussagen sollt! Denn zur rechten Zeit wird Gott euch das rechte Wort geben. ²⁰Nicht ihr werdet es sein, die Rede und Antwort stehen, sondern der Geist eures Vaters im Himmel wird durch euch sprechen. ²¹In dieser Zeit wird ein Bruder den anderen dem Henker ausliefern. Väter werden ihre eigenen Kinder anzeigen. Kinder werden gegen ihre Eltern vorgehen und sie hinrichten lassen. ²²Alle Welt wird euch hassen, weil ihr euch zu mir bekennt. Aber wer bis zum Ende durchhält, wird gerettet. ²³Wenn man euch in der einen Stadt verfolgt, dann flieht in eine andere. Ich versichere euch: Noch ehe ihr meinen Auftrag in allen Städten Israels ausgeführt habt, wird der Menschensohn kommen.»

Lukas 6,27–36 «Euch allen sage ich: Liebt eure Feinde und tut denen Gutes, die euch hassen. ²⁸Segnet die Menschen, die euch Böses wünschen, und betet für alle, die euch beleidigen. ²⁹Wenn jemand dir eine Ohrfeige gibt, dann halte die andere Wange auch noch hin. Wenn dir einer den Mantel wegnimmt, dann weigere dich nicht, ihm auch noch das Hemd zu geben. ³⁰Gib jedem, der dich um etwas bittet, und fordere nicht zurück, was man dir genommen hat. ³¹So wie ihr von anderen behandelt werden möchtet, so behandelt sie auch. ³²Oder wollt ihr dafür belohnt werden, dass ihr die Menschen liebt, die euch auch lieben? Das tun selbst die Leute, die von Gott nichts wissen wollen. ³³Ist es etwas Besonderes, denen Gutes zu tun, die auch zu euch gut sind? Das können auch

Menschen, die Gott ablehnen. [34]Was ist schon dabei, Leuten Geld zu leihen, von denen man genau weiß, dass sie es zurückzahlen? Dazu braucht man nichts von Gott zu wissen. [35]Ihr aber sollt eure Feinde lieben und den Menschen Gutes tun. Ihr sollt ihnen helfen, ohne einen Dank oder eine Gegenleistung zu erwarten. Dann werdet ihr reich belohnt werden: Ihr werdet Kinder des höchsten Gottes sein. Denn auch er ist gütig zu Undankbaren und Bösen.»

Lukas 12,58–59 «Wenn man dich vor Gericht stellt, dann setz alles daran, dich noch auf dem Weg dorthin mit deinem Gegner zu einigen. Sonst wird dich der Richter verurteilen, und der Gerichtsdiener wird dich ins Gefängnis stecken. [59]Und ich sage dir: Von dort wirst du nicht eher wieder herauskommen, bis du auch den letzten Rest deiner Schuld bezahlt hast.»

79 Zeichen und Wunder

Johannes 2,1–10 Zwei Tage später wurde in dem Dorf Kana in Galiläa eine Hochzeit gefeiert. Maria, die Mutter Jesu, war dort, [2]und auch Jesus hatte man mit seinen Jüngern eingeladen. [3]Während des Festes ging der Wein aus. Maria sagte zu ihrem Sohn: «Es ist kein Wein mehr da!» [4]Doch Jesus antwortete ihr: «Schreib mir nicht vor, was ich zu tun habe! Meine Zeit ist noch nicht gekommen!» [5]Da sagte seine Mutter zu den Dienern: «Was immer er euch befiehlt, das tut!» [6]Nun gab es im Haus sechs steinerne Wasserkrüge. Man benutzte sie für die Waschungen, die das jüdische Gesetz verlangt. Jeder von ihnen fasste achtzig bis hundertzwanzig Liter. [7]Jesus forderte die Diener auf: «Füllt diese Krüge mit Wasser!» Sie füllten die Gefäße bis zum Rand. [8]Dann ordnete er an: «Nun bringt dem Mann, der für das Festmahl verantwortlich ist, eine Kostprobe davon!» [9]Dieser probierte den Wein, der vorher Wasser gewesen war. Er wusste allerdings nicht, woher der Wein kam. Nur die Diener wussten Bescheid. Da rief er den Bräutigam zu sich [10]und warf ihm vor: «Jeder bietet doch zuerst den besten Wein an! Und erst später, wenn alle Gäste schon betrunken sind, kommt der billigere Wein auf den Tisch. Aber du hast den besten Wein bis jetzt zurückgehalten!»

Johannes 4,49–53 Aber der Beamte flehte ihn an: «Herr, komm doch schnell, sonst stirbt mein Kind!» [50]«Geh nach Hause», sagte Jesus, «dein Sohn ist gesund!» Der Mann glaubte ihm und ging nach Hause. [51]Noch während er unterwegs war, kamen ihm einige seiner Diener entgegen. «Dein Kind ist gesund!», riefen sie. [52]Der Vater erkundigte sich: «Seit wann geht es ihm besser?» Sie antworteten: «Gestern Mittag gegen ein Uhr hatte er plötzlich kein Fieber mehr.» [53]Da erinnerte sich der Vater, dass Jesus genau in dieser Stunde gesagt hatte: «Dein Sohn ist gesund!» Seitdem glaubte dieser Mann mit allen, die in seinem Haus lebten, an Jesus.

Johannes 5,5–14 Einer von den Menschen, die dort lagen, war schon seit achtunddreißig Jahren krank. [6]Als Jesus ihn sah und erfuhr, dass er schon so lange an seiner Krankheit litt, fragte er ihn: «Willst du gesund werden?» [7]«Ach Herr», entgegnete der Kranke, «ich habe niemanden, der mir in den Teich hilft, wenn sich das Wasser bewegt. Versuche ich es aber allein, komme ich immer zu spät.» [8]Da forderte ihn Jesus auf: «Steh auf, roll deine Matte zusammen und geh!» [9]Im selben Augenblick war der Mann geheilt. Er nahm seine Matte und ging seines Weges. Das geschah an einem Sabbat. [10]Einige der Juden, die den Geheilten sahen, hielten ihm vor: «Heute ist doch Sabbat! Da darf man keine Matte tragen!» [11]«Aber der Mann, der mich heilte, hat es mir ausdrücklich befohlen», antwortete er ihnen. [12]«Wer hat dir so etwas befohlen?», fragten sie nun. [13]Doch das wusste der Mann nicht, denn Jesus hatte den Teich wegen der großen Menschenmenge bereits wieder verlassen. [14]Später traf Jesus den Geheilten im Tempel und sagte zu ihm: «Du bist gesund geworden. Sündige nicht mehr, damit du nicht etwas Schlimmeres als deine Krankheit erlebst!»

Johannes 6,5–13 Als Jesus die vielen Menschen kommen sah, fragte er Philippus: «Wo können wir für alle diese Leute Brot kaufen?» [6]Er fragte dies, um zu sehen, ob Philippus ihm vertraute; denn er wusste, wie er die Menschen versorgen würde. [7]Philippus überlegte: «Wir müssten 200 Silberstücke ausgeben, wenn wir für jeden auch nur ein kleines Stückchen Brot kaufen wollten.» [8]Da brachte Andreas, der Bruder von Simon Petrus, ein Kind zu ihnen: [9]«Hier ist ein Junge, der hat fünf Gerstenbrote und zwei Fische mitgebracht. Aber was ist das schon für so viele Menschen!» [10]Jetzt forderte Jesus die Jünger auf: «Sagt den Leuten, dass sie sich hinsetzen sollen!» Etwa fünftausend Männer lagerten sich auf dem Boden, der dort von dichtem Gras bewachsen war. [11]Dann nahm Jesus die fünf Gerstenbrote, dankte Gott dafür und ließ sie an die Menschen austeilen, ebenso die beiden Fische. Jeder

bekam so viel, wie er wollte. [12]Als alle satt waren, sagte Jesus zu seinen Jüngern: «Sammelt die Reste ein, damit nichts verdirbt!» [13]Und die Jünger füllten noch zwölf Körbe mit den Resten. So viel war von den fünf Gerstenbroten übrig geblieben.

Johannes 11,11–15 Nachdem er das seinen Jüngern gesagt hatte, meinte er: «Unser Freund Lazarus ist eingeschlafen, aber ich will hingehen und ihn aufwecken!» [12]Die Jünger erwiderten: «Wenn er schläft, wird er bald wieder gesund sein.» [13]Sie glaubten nämlich, Jesus hätte vom gewöhnlichen Schlaf gesprochen, aber er redete vom Tod des Lazarus. [14]Deshalb sagte Jesus ihnen offen: «Lazarus ist tot! [15]Doch euretwegen bin ich froh, dass ich nicht bei ihm gewesen bin. Denn nun könnt ihr lernen, was Glauben heißt. Wir wollen jetzt gemeinsam zu ihm gehen!»

Johannes 11,21–23 Marta sagte zu Jesus: «Herr, wärst du hier gewesen, würde mein Bruder noch leben. [22]Aber auch jetzt weiß ich, dass Gott dir alles geben wird, worum du ihn bittest.» [23]«Dein Bruder wird auferstehen!», versicherte ihr Jesus.

Johannes 14,12–14 «Ich sage euch die Wahrheit: Wer an mich glaubt, wird die gleichen Taten vollbringen wie ich – ja, sogar noch größere; denn ich gehe zum Vater. [13]Worum ihr in meinem Namen bitten werdet, das werde ich tun, damit durch den Sohn die Herrlichkeit des Vaters sichtbar wird. [14]Was ihr also in meinem Namen erbitten werdet, das werde ich tun.»

Johannes 21,4–6.9–12 Im Morgengrauen stand Jesus am Ufer. Doch die Jünger erkannten ihn nicht. [5]Jesus rief ihnen zu: «Kinder, habt ihr ein paar Fische zu essen?» – «Nein», antworteten sie. [6]Da forderte er sie auf: «Werft das Netz auf der rechten Seite des Bootes aus, dann werdet ihr einen guten Fang machen!» Sie folgten seinem Rat und fingen so viele Fische, dass sie das Netz nicht mehr einholen konnten. [9]Als sie aus dem Boot stiegen, sahen sie ein Kohlenfeuer, auf dem Fische brieten. Auch Brot lag bereit. [10]Jesus bat die Jünger: «Bringt ein paar von den Fischen her, die ihr gerade gefangen habt!» [11]Simon Petrus ging zum Boot und zog das Netz an Land. Es war gefüllt mit hundertdreiundfünfzig großen Fischen. Und obwohl es so viele waren, zerriss das Netz nicht. [12]«Kommt her und esst!», sagte Jesus.

Matthäus 7,21–23 «Nicht, wer mich dauernd ‹Herr› nennt, wird in Gottes neue Welt kommen, sondern wer den Willen meines Vaters im Himmel tut. [22]Am Tag des Gerichts werden zwar viele sagen: ‹Aber Herr, wir haben doch als deine Propheten das weitergesagt, was du selbst uns aufgetragen hast! Wir haben doch in deinem Namen Dämonen ausgetrieben und mächtige Taten vollbracht!› [23]Aber ich werde ihnen antworten: ‹Ich kenne euch nicht, denn ihr habt nicht nach meinem Willen gelebt. Geht mir aus den Augen!›»

Matthäus 14,15–20 Gegen Abend kamen die Jünger zu ihm und sagten: «Es ist spät geworden. Schick die Leute weg, damit sie in die Dörfer gehen und dort etwas zu essen kaufen können! Hier gibt es doch nichts!» [16]Aber Jesus antwortete: «Das ist nicht nötig. Gebt *ihr* ihnen zu essen!» [17]«Wir haben ja nur fünf Brote und zwei Fische», wandten seine Jünger ein. [18]«Dann bringt sie her!», sagte Jesus. [19]Er forderte die Leute auf, sich ins Gras zu setzen. Er nahm die fünf Brote und die beiden Fische,

sah zum Himmel auf und dankte Gott. Dann teilte er das Brot, reichte es seinen Jüngern, und die Jünger gaben es an die Menge weiter. [20]Alle aßen sich satt. Als man anschließend die Reste einsammelte, da waren es noch zwölf volle Körbe.

Markus 6,35–43 [35/36]Gegen Abend kamen seine Jünger zu ihm und sagten: «Es wird bald dunkel. Schick die Leute weg, damit sie in die Dörfer oder auf die Höfe in der Umgebung gehen und etwas zu essen kaufen können. Hier gibt es doch nichts.» [37]Aber Jesus forderte sie auf: «Gebt *ihr* ihnen zu essen!» – «Was können wir ihnen denn geben?», fragten die Jünger verwundert. «Sollen wir etwa für 200 Silberstücke Brot kaufen, um sie alle zu verpflegen?» [38]«Wie viel Brot habt ihr denn bei euch?», erkundigte sich Jesus. «Seht einmal nach!» Kurz darauf kamen sie zurück und berichteten: «Fünf Brote und zwei Fische haben wir.» [39]Da ordnete Jesus an, dass sich die Leute in Gruppen ins Gras setzen sollten. [40]So bildeten sie Gruppen von jeweils fünfzig oder hundert Personen. [41]Jetzt nahm Jesus die fünf Brote und die beiden Fische, sah zum Himmel auf und dankte Gott. Er teilte das Brot, reichte es seinen Jüngern, und die Jünger gaben es an die Menge weiter. Ebenso ließ er auch die Fische verteilen. [42]Alle aßen sich satt. [43]Als man anschließend die Reste einsammelte, waren es noch zwölf volle Körbe mit Brot. Auch von den Fischen war noch etwas übrig.

Markus 9,38–40 Johannes sagte zu Jesus: «Lehrer, wir haben einen Mann gesehen, der in deinem Namen Dämonen austrieb. Aber wir haben es ihm verboten, weil er ja gar nicht mit uns geht.» [39]«Das hättet ihr nicht tun sollen!», erwiderte Jesus. «Wer in meinem Namen Wunder vollbringt, wird nicht gleichzeitig schlecht von mir reden. ⁴⁰Wer nicht gegen uns ist, der ist für uns.»

Markus 16,14–18 Wenig später erschien Jesus den elf Jüngern, während sie gemeinsam aßen. Er wies sie zurecht, weil sie in ihrem Unglauben und Starrsinn nicht einmal denen glauben wollten, die ihn nach seiner Auferstehung gesehen hatten. ¹⁵Dann sagte er zu ihnen: «Geht hinaus in die ganze Welt und verkündet allen Menschen die rettende Botschaft. ¹⁶Denn wer glaubt und getauft ist, der wird gerettet werden. Wer aber nicht glaubt, der wird verurteilt werden. ¹⁷Die Glaubenden aber werde ich durch folgende Wunder bestätigen: In meinem Namen werden sie Dämonen austreiben und in unbekannten Sprachen reden. ¹⁸Gefährliche Schlangen und tödliches Gift werden ihnen nicht schaden, und Kranke, denen sie die Hände auflegen, werden gesund.»[23]

Lukas 8,22–25 Eines Tages stiegen Jesus und seine Jünger in ein Boot, und er forderte sie auf: «Lasst uns über den See ans andere Ufer fahren!» Sie ruderten los. ²³Unterwegs schlief Jesus ein. Mitten auf dem See brach plötzlich ein gewaltiger Sturm los, und die Wellen schlugen ins Boot. In höchster Not ²⁴rüttelten die Jünger Jesus wach: «Herr!», schrien sie, «Herr, wir gehen unter!» Jesus stand auf und bedrohte den Wind und die Wellen. Da legte sich der Sturm, und es wurde ganz still. ²⁵«Wo ist denn euer Glaube?», wollte Jesus von ihnen wissen. Entsetzt und erstaunt fragten sich die Jünger un-

tereinander: «Was ist das für ein Mensch? Selbst Wind und Wellen gehorchen ihm, wenn er es befiehlt!» (Siehe auch Matthäus 8,23–27 und Markus 4,35–41.)

Lukas 9,12–17 Es war spät geworden. Da kamen die zwölf Jünger zu Jesus und sagten: «Es wird Zeit, dass die Leute gehen, damit sie in den umliegenden Dörfern und Höfen übernachten und etwas zu essen kaufen können. Hier gibt es doch nichts!» ¹³«Gebt *ihr* ihnen zu essen!», forderte Jesus sie auf. «Aber wir haben nur fünf Brote und zwei Fische!», entgegneten die Jünger. «Oder sollen wir etwa für all die Leute Essen besorgen?» ¹⁴Es hatten sich etwa fünftausend Menschen um Jesus versammelt. «Sagt ihnen, sie sollen sich in Gruppen von je fünfzig Personen setzen!», ordnete Jesus an. ¹⁵Und so geschah es. ¹⁶Jesus nahm die fünf Brote und die zwei Fische, sah zum Himmel auf und segnete sie. Er teilte Brot und Fische, reichte sie seinen Jüngern, und die Jünger gaben sie an die Menge weiter. ¹⁷Alle aßen sich satt. Als man anschließend die Reste einsammelte, da waren es noch zwölf volle Körbe.

Lukas 10,17–20 Als die siebzig Jünger zurückgekehrt waren, berichteten sie voller Freude: «Herr, sogar die Dämonen mussten uns gehorchen, wenn wir deinen Namen nannten!» ¹⁸Jesus antwortete: «Ich sah den Satan wie einen Blitz vom Himmel fallen. ¹⁹Ich habe euch die Macht gegeben, auf Schlangen und Skorpione zu treten und die Gewalt des Feindes zu brechen. Nichts wird euch schaden. ²⁰Doch freut euch nicht so sehr, dass euch die Dämonen gehorchen müssen; freut euch vielmehr darüber, dass eure Namen im Himmel aufgeschrieben sind!»

---

[23] In den frühesten Handschriften des Markus-Evangeliums ist Markus 16,9–20 nicht vorhanden.

6

JESUS IM O-TON
ÜBER DIE MENSCHHEIT

*Was Jesus über unsere Natur, unsere Kämpfe
und unsere Zukunft gesagt hat*

«Es hat sich doch richtig angefühlt, warum ist es dann so schlecht ausgegangen?» Diese Frage haben wir alle schon zwei, drei Mal gestellt, oder auch öfter. Unsere Gefühle scheinen die stärkste Antriebskraft unseres Lebens zu sein. Leider können sie uns zu Entscheidungen bringen, die irgendwo zwischen suboptimal und katastrophal liegen. Unsere Gefühle können uns zur Faulheit raten, wenn wir fleißig sein sollten, zur Panik, wenn wir Ruhe bewahren müssten, oder uns zu sorglos machen, wenn wir besser vorsichtig wären. Genauso schädlich: Unsere Gefühle können uns auf eine falsche Fährte locken, zu einer Handlung verleiten, die dem Kurs, den Jesus uns anbietet, auf ganzer Linie zuwiderläuft.

Viele unserer gröbsten Fehler machen wir, weil wir die letzte Wahrheit über eine Situation nicht kennen und uns auch der schweren Konsequenzen eines falschen Kurses oder einer schlechten Tat nicht bewusst sind. Wir haben eine eingebaute Schieflage. Unsere Selbstzentriertheit verschleiert nicht nur unseren Blick, sie beeinflusst auch unser Verhalten – so, wie ein Magnet ein nahe gelegenes Stück Eisen zu sich hindreht. Selbstzentriertheit übt eine fast unwiderstehliche Anziehungskraft aus. Sie schafft es, dass wir das tun, was wir *wollen*, anstatt zu tun, was wir *sollen*, ohne dass uns klar wird, welchen Schaden diese Entscheidung anrichten könnte.

Titanische Fehler

Als die Titanic am 14. April 1912 kurz vor Mitternacht einen Eisberg rammte, wollten die Passagiere es nicht glauben, dass sie in Lebensgefahr waren. Im Gegenteil, sie machten eine Stunde lang weiter, als sei nichts geschehen. Als sie die Rettungsboote besteigen sollten, weigerten sich zuerst die meisten. Welcher Mensch mit klarem Verstand würde die Sicherheit und den Komfort des größten und komfortabelsten Luxusdampfers der Welt aufgeben, sich in ein winziges Boot zwängen und sich in einer eiskalten Nacht der hohen See des Nordatlantiks aussetzen? Als die Bitten des Personals zu Aufforderungen wurden, waren einige Passagiere so verärgert, dass sie die Crew-Mitglieder, die ihnen doch das Leben retten wollten, mit Hohn und Spott bedachten.

Warum nur leisteten sie Widerstand, wo man sie doch retten wollte? Erstens: Die Passagiere trauten ihrem Sicherheitsgefühl mehr als den Worten der Mannschaft. Zweitens: Sie trafen Entscheidungen, ohne die harte Realität ihrer Lage wirklich zu kennen. Ihnen war nicht bewusst, wie schwer der Schiffsrumpf beschädigt worden war, und sie hatten auch keine Ahnung, dass die Rettungsboote nur für die Hälfte der Passagiere reichten. So waren die ersten Boote, die zu Wasser gelassen wurden, halb leer. Als die Mehrzahl der Fahrgäste endlich begriff, wie es wirklich um sie stand, war es zu spät.

Weitaus tragischer als die Katastrophe auf der Titanic ist die unumkehrbare, *in Ewigkeit* während Katastrophe, die jedem Menschen droht. Wir nehmen die Macht und die uns angeborene Schieflage unserer menschlichen Natur nicht ernst, und wir begreifen auch nicht, dass unsere Entscheidungen ewige Konsequenzen nach sich ziehen. Also fällen wir ebenso selbstmörderische Entscheidungen wie die meisten Passagiere damals auf der Titanic. Wenn wir unseren Empfindungen vertrauen, entscheiden wir aufgrund unserer begrenzten (und oft unzutreffenden) Einschätzung unserer Situation. Wir bleiben lieber dort, wo wir uns wohlfühlen, oder wir gehen in die falsche Richtung anstatt in die beste.

Auch hier sind die unvergleichlichen Worte Jesu Christi ein Leuchtturm, der mit seinem göttlichen Licht unseren Weg erhellt. Er kennt die Menschheit und weiß, wie wir verdrahtet sind. Er kennt unsere Schwächen und unser Versagen. Und er kennt sogar unsere Zukunft. Er kennt auch die Realitäten, die unser Leben beeinflusst haben und noch beeinflussen, und sieht ihnen auf den

Grund. Deshalb sind seine Bewertungen höchst zuverlässig; wir können ihnen volles Vertrauen schenken.

Und das Wichtigste: Jesus Christus sieht alles aus einer *Ewigkeit*sperspektive, und er weiß auch, was *Gott* am wichtigsten ist. In Lukas 9,25 fragt er: «Denn was gewinnt ein Mensch, wenn ihm die ganze Welt zufällt, er aber dabei sich selbst verliert oder Schaden nimmt?» Von Natur aus bewerten wir beinahe jede Situation danach, welche unmittelbare Auswirkung sie darauf haben könnte, was wir uns wünschen, und handeln dann entsprechend. Folglich opfern wir oft das, was uns unermesslichen, ewigen Nutzen bringen würde, einer vorübergehenden Befriedigung.

Die Aussagen Jesu in diesem Kapitel zeigen Ihnen Gottes Sicht über die Menschheit und über die Punkte, die uns so oft in eine Richtung lenken, die uns nicht guttut.

Viele der Äußerungen Jesu Christi sind für uns nicht leicht zu akzeptieren, ähnlich wie die dringlichen, aber unwillkommenen Anweisungen, die damals den in Lebensgefahr schwebenden Titanic-Passagieren erteilt wurden. Aber wenn uns klar wird, dass Jesu Äußerungen auf ewigen Realitäten beruhen und dass dahinter die Absicht steht, uns eine zuverlässige Quelle echter Liebe, Freude und Geborgenheit zu erschließen, dann sehen wir sie als das, was sie wirklich sind – mächtige Offenbarungen der unfassbaren Liebe Gottes.

Wie kann ein liebender Gott das zulassen?

Das ist vielleicht die häufigste Frage von Menschen, die im Leben zu kämpfen haben: «Wenn Gott ein Gott der Liebe ist und wenn er allmächtig ist, wie kann er dann all das zulassen?» Diese Frage könnte sogar Salomo überfordern, aber nicht die Weisheit in den Worten Jesu. In Markus 12,30–31 sagt Jesus uns, welche die größten aller Gebote Gottes sind: «Du sollst den Herrn, deinen Gott, lieben mit deinem ganzen Herzen und mit deiner ganzen Seele und mit deinem ganzen Denken und mit deiner ganzen Kraft» und «Du sollst deinen Nächsten lieben wie dich selbst» (Schlachterbibel).

Viel zu oft lieben wir uns selbst mehr, als wir Gott lieben, und deshalb lieben wir uns selbst auch mehr, als wir andere Menschen lieben. Wenn aber der Egoismus zunimmt, wachsen auch die schrecklichen Folgen, die dieser nach sich ziehen kann. In Johannes 3,19 zeigte Jesus eine tragische Seite unseres Menschseins auf. Er sagte: «Die Menschen lieben die Finsternis mehr als das Licht. Denn alles, was sie tun, ist böse.» Anders ausgedrückt: Wenn unsere Ichbezogenheit sich ungehemmt austoben kann, kann sie zur Gewissenlosigkeit werden – und dann findet auch der größte Verbrecher eine Rechtfertigung für sein schreckliches Verhalten.

Doch selbst wenn wir erkennen, welche Tragödien die ungezügelte Menschheit anrichten kann, übersehen wir leicht, dass Gott oft einschreitet, um noch Schlimmeres zu verhindern. Seine Vollkommenheit, die sich in unendlicher Liebe, uneingeschränkter Gerechtigkeit und ultimativer Heiligkeit äußert, verschont uns vor der vollen Härte der irdischen Folgen, die unsere törichten Entscheidungen zeitigen. Gott kann alles, außer einem: Er kann sich nicht verbiegen. Gott ist durch und durch Liebe, und er ist durch und durch gerecht – und sein guter und ewig gültiger Plan für die Menschheit spiegelt beides uneingeschränkt wider.

Aber das erklärt immer noch nicht, warum Gott auch Schlimmes zulässt. Gott ist unendlich intelligent, und sein Handeln mit der Menschheit ist nicht kurzsichtig, sondern geschieht aus seiner Ewigkeitsperspektive heraus. Unser kurzes Erdenleben ist wie ein Tropfen in den Ozeanen der Ewigkeiten. Katastrophen, Tragödien und der Tod scheinen uns die letzte Seite im Buch des Lebens zu sein, doch in Wahrheit sind sie nur die ersten Seiten des Vorworts.

Die Aussagen Jesu Christi in diesem Kapitel werfen Licht auf unsere Herzen, unser Denken und unsere natürlichen Neigungen. Sehen Sie, warum weltliches Glück niemals anhaltende Zufriedenheit oder beständige Freude geben kann. Sehen Sie, warum Frauen öfter richtig liegen als Männer und warum wir uns so leicht selbst in die Tasche lügen.

Gegen Ende des Kapitels erfahren Sie, welchen unvorstellbaren Wert Gott Ihnen beimisst. Lesen Sie die Worte Jesu, und verstehen Sie die wahre Natur des Menschen und insbesondere, dass Sie Gott brauchen – und erkennen Sie seine Liebe und seine wunderbare Gnade tiefer als je zuvor.

1 Anmaßung

Matthäus 7,21–23 «Nicht, wer mich dauernd ‹Herr› nennt, wird in Gottes neue Welt kommen, sondern wer den Willen meines Vaters im Himmel tut. [22]Am Tag des Gerichts werden zwar viele sagen: ‹Aber Herr, wir haben doch als deine Propheten das weitergesagt, was du selbst uns aufgetragen hast! Wir haben doch in deinem Namen Dämonen ausgetrieben und mächtige Taten vollbracht!› [23]Aber ich werde ihnen antworten: ‹Ich kenne euch nicht, denn ihr habt nicht nach meinem Willen gelebt. Geht mir aus den Augen!›»

Lukas 12,13–21 Da rief einer aus der Menge: «Lehrer, sag doch meinem Bruder, er soll unser Erbe gerecht mit mir teilen.» [14]Aber Jesus wies ihn zurück: «Bin ich etwa euer Richter oder euer Vermittler in Erbstreitigkeiten?» [15]Dann wandte er sich an alle: «Hütet euch vor der Habgier! Wenn jemand auch noch so viel Geld hat, das Leben kann er sich damit nicht kaufen.» [16]An einem Beispiel erklärte er seinen Zuhörern, was er damit meinte: «Ein reicher Gutsbesitzer hatte eine besonders gute Ernte. [17]Er überlegte: ‹Wo soll ich bloß alles unterbringen? Meine Scheunen sind voll; da geht nichts mehr rein.› [18]Er beschloss: ‹Ich werde die alten Scheunen abreißen und neue bauen, so groß, dass ich das ganze Getreide, ja alles, was ich habe, darin unterbringen kann. [19]Dann will ich mich zur Ruhe setzen. Ich habe für lange Zeit ausgesorgt. Jetzt lasse ich es mir gut gehen. Ich will gut essen und trinken und mein Leben genießen!› [20]Aber Gott sagte zu ihm: ‹Du Narr! Noch in dieser Nacht wirst du sterben. Wer bekommt dann deinen ganzen Reichtum, den du angehäuft hast?› [21]So wird es allen gehen, die auf der Erde Reichtümer sammeln, aber mit leeren Händen vor Gott stehen.»

2 Die Armen

Matthäus 5,42 «Gib jedem, der dich um etwas bittet, und weise keinen ab, der etwas von dir leihen will.»

Matthäus 11,4–5 Jesus antwortete: «Geht zu Johannes zurück und erzählt ihm, was ihr hört und seht: [5]Blinde sehen, Gelähmte gehen, Aussätzige werden geheilt, Taube hören, Tote werden wieder lebendig, und den Armen wird die rettende Botschaft verkündet.»

Matthäus 25,33–46 «Rechts werden die Schafe und links die Böcke stehen. [34]Dann wird der König zu denen an seiner rechten Seite sagen: ‹Kommt her! Euch hat mein Vater gesegnet. Nehmt die neue Welt Gottes in Besitz, die er seit Erschaffung der Welt für euch als Erbe bereithält! [35]Denn als ich hungrig war, habt ihr mir zu essen gegeben. Als ich Durst hatte, bekam ich von euch etwas zu trinken. Ich war ein Fremder bei euch, und ihr habt mich aufgenommen. [36]Ich war nackt, ihr habt mir Kleidung gegeben. Ich war krank, und ihr habt mich besucht. Ich war im Gefängnis, und ihr seid zu mir gekommen.› [37]Dann werden sie, die nach Gottes Willen gelebt haben, fragen: ‹Herr, wann bist du denn hungrig gewesen und wir haben dir zu essen gegeben? Oder durstig und wir gaben dir zu trinken? [38]Wann haben wir dir Gastfreundschaft gewährt, und wann bist du nackt gewesen und wir haben dir Kleider gebracht? [39]Wann warst du denn krank oder im Gefängnis und wir haben dich besucht?› [40]Der König wird ihnen dann antworten: ‹Das will ich euch sagen. Was ihr für einen meiner geringsten Brüder getan habt, das habt ihr für mich getan!› [41]Zu denen an seiner linken Seite aber wird er sagen: ‹Geht mir aus den Augen, ihr Verfluchten, ins ewige Feuer, das für den Teufel und seine Helfer bestimmt ist! [42]Denn ich war hungrig, aber ihr habt mir nichts zu essen gegeben. Ich war durstig, aber ihr habt mir nichts zu trinken gegeben. [43]Ich war ein Fremder unter euch, aber ihr habt mich nicht aufgenommen. Ich war nackt, aber ihr wolltet mir nichts zum Anziehen geben. Ich war krank und im Gefängnis, aber ihr habt mich nicht besucht.› [44]Dann werden auch sie ihn fragen: ‹Herr, wann haben wir dich denn hungrig oder durstig, ohne Unterkunft, nackt, krank oder im Gefängnis gesehen und dir nicht geholfen?› [45]Darauf wird ihnen der König antworten: ‹Lasst es euch gesagt sein: Die Hilfe, die ihr meinen geringsten Brüdern verweigert habt, die habt ihr mir verweigert.› [46]Und sie werden der ewigen Strafe ausgeliefert sein. Aber die Gottes Willen getan haben, erwartet unvergängliches Leben.»

Matthäus 26,10–11 Als Jesus ihren Ärger bemerkte, sagte er: «Warum kränkt ihr die Frau? Sie hat etwas Gutes für mich getan. [11]Arme, die eure Hilfe nötig haben, wird es immer geben, ich dagegen bin nicht mehr lange bei euch.»

Markus 12,42–44 Dann aber kam eine arme Witwe und warf zwei der kleinsten Münzen in den Opferkasten. [43]Jesus rief seine Jünger zu sich und sagte: «Eines ist sicher: Diese arme Witwe hat mehr gegeben als alle anderen. [44]Die Reichen haben nur etwas von ihrem Überfluss gegeben, aber diese Frau ist arm und gab alles, was sie hatte – sogar das, was sie dringend zum Leben gebraucht hätte.»

Markus 14,7 «Arme, die eure Hilfe nötig haben, wird es immer geben. Ihnen könnt ihr jederzeit helfen. Ich dagegen bin nicht mehr lange bei euch.»

Lukas 4,18–21 «Der Geist des Herrn ruht auf mir, weil er mich berufen hat. Er hat mich gesandt, den Armen die frohe Botschaft zu bringen. Ich rufe Freiheit aus für die Gefangenen, den Blinden sage ich, dass sie sehen werden, und den Unterdrückten, dass sie bald von jeder Gewalt befreit sein sollen. [19]Ich rufe ihnen zu: Jetzt erlässt Gott eure Schuld.» [20]Jesus rollte die Buchrolle zusammen, gab sie dem Synagogendiener zurück und setzte sich. Alle blickten ihn erwartungsvoll an. [21]Er begann: «Heute hat sich diese Voraussage des Propheten erfüllt.»

Lukas 6,20–21 Jesus sah seine Jünger an und sagte: «Glücklich seid ihr Armen, denn euch gehört die neue Welt Gottes. [21]Glücklich seid ihr, die ihr jetzt hungern müsst, denn Gott wird euren Hunger stillen. Glücklich seid ihr, die ihr jetzt weint, denn ihr werdet lachen!»

Lukas 6,30–36 «Gib jedem, der dich um etwas bittet, und fordere nicht zurück, was man dir genommen hat. [31]So wie ihr von anderen behandelt werden möchtet, so behandelt sie auch. [32]Oder wollt ihr dafür belohnt werden, dass ihr die Menschen liebt, die euch auch lieben? Das tun selbst die Leute, die von Gott nichts wissen wollen. [33]Ist es etwas Besonderes, denen Gutes zu tun, die auch zu euch gut sind? Das können auch Menschen, die Gott ablehnen. [34]Was ist schon dabei, Leuten Geld zu leihen, von denen man genau weiß, dass sie es zurückzahlen? Dazu braucht man nichts von Gott zu wissen. [35]Ihr aber sollt eure Feinde lieben und den Menschen Gutes tun. Ihr sollt ihnen helfen, ohne einen Dank oder eine Gegenleistung zu erwarten. Dann werdet ihr reich belohnt werden: Ihr werdet Kinder des höchsten Gottes sein. Denn auch er ist gütig zu Undankbaren und Bösen. [36]Seid so barmherzig wie euer Vater im Himmel!»

Lukas 16,19–25 «Da lebte einmal ein reicher Mann», erzählte Jesus. «Er war immer sehr vornehm gekleidet und konnte sich Tag für Tag jeden Luxus leisten. [20]Vor dem Portal seines Hauses aber lag Lazarus, bettelarm und schwer krank. Sein Körper war über und über mit Geschwüren bedeckt. [21]Während er dort um die Abfälle aus der Küche bettelte, kamen die Hunde und beleckten seine offenen Wunden. [22]Lazarus starb, und die Engel brachten ihn in den Himmel; dort durfte er den Ehrenplatz an Abrahams Seite einnehmen. Auch der reiche Mann starb und wurde begraben. [23]Als er im Totenreich unter Qualen erwachte, blickte er auf und erkannte in weiter Ferne Abraham, der Lazarus bei sich hatte. [24]‹Vater Abraham›, rief der Reiche laut, ‹hab Mitleid mit mir! Schick mir doch Lazarus! Er soll seine Fingerspitze ins Wasser tauchen und damit meine Zunge kühlen. Ich leide in diesen Flammen furchtbare Qualen!› [25]Aber Abraham erwiderte: ‹Mein Sohn, erinnere dich! Du hast in deinem Leben alles gehabt, Lazarus hatte nichts. Jetzt geht es ihm gut, und du musst leiden.›»

3 Augen, geistliches Sehen

Johannes 4,31–36 Inzwischen hatten ihm seine Jünger zugeredet: «Meister, iss doch etwas!» [32]Aber er sagte zu ihnen: «Ich habe eine Speise, von der ihr nichts wisst.» [33]«Hat ihm wohl jemand etwas zu essen gebracht?», fragten sich die Jünger untereinander. [34]Aber Jesus erklärte ihnen: «Ich lebe davon, dass ich Gottes Willen erfülle und sein Werk zu Ende führe. Dazu hat er mich in diese Welt gesandt. [35]Habt ihr nicht selbst gesagt: ‹In vier Monaten beginnt die Ernte›? Macht doch eure Augen auf und seht euch um! Das Getreide ist schon reif für die Ernte. [36]Wer sie einbringt, bekommt schon jetzt seinen Lohn und sammelt Frucht für das ewige Leben. Beide sollen sich über die Ernte freuen: wer gesät hat und wer die Ernte einbringt.»

Matthäus 5,27–30 «Ihr wisst, dass es im Gesetz heißt: ‹Du sollst nicht die Ehe brechen!› [28]Ich sage euch aber: Schon wer eine Frau mit begehrlichen Blicken ansieht, der hat im Herzen mit ihr die Ehe gebrochen. [29]Wenn dich also dein rechtes Auge zur Sünde verführt, dann reiß es heraus und wirf es weg! Besser, du verlierst eins deiner Glieder, als dass du unversehrt in die Hölle geworfen wirst. [30]Und wenn dich deine rechte Hand zum Bösen verführt, so hack sie ab und wirf sie weg! Es ist besser, verstümmelt zu sein, als unversehrt in die Hölle geworfen zu werden.»

Matthäus 6,22–23 «Das Auge gibt dir Licht. Wenn deine Augen das Licht einlassen, wirst du auch im Licht leben. [23]Verschließen sich deine Augen dem Licht, lebst du in Dunkelheit. Wenn aber das

Licht in deinem Innern erloschen ist, wie tief ist dann die Finsternis!»

Matthäus 7,3–5 «Warum siehst du jeden kleinen Splitter im Auge deines Bruders, aber den Balken in deinem eigenen Auge bemerkst du nicht? 4Du sagst: ‹Mein Bruder, komm her! Ich will dir den Splitter aus dem Auge ziehen!› Dabei hast du selbst einen Balken im Auge! 5Du Heuchler! Entferne zuerst den Balken aus deinem Auge, dann kannst du klar sehen, um auch den Splitter aus dem Auge deines Bruders zu ziehen.»

Matthäus 13,13–17 «Deshalb rede ich in Gleichnissen. Denn sie sehen, aber sie erkennen nicht; sie hören, aber sie verstehen es nicht. 14Damit erfüllt sich an ihnen, was der Prophet Jesaja vorausgesagt hat: ‹Ihr werdet hören und nicht verstehen, sehen und nicht erkennen. 15Denn das Herz dieses Volkes ist hart und gleichgültig. Sie sind schwerhörig und verschließen die Augen. Deshalb sehen und hören sie nicht. Sie sind nicht einsichtig und wollen nicht zu mir umkehren, darum kann ich ihnen nicht helfen und sie heilen.› 16Aber ihr könnt glücklich sein, denn eure Augen können sehen und eure Ohren können hören. 17Ich sage euch: Viele Propheten und Menschen, die Gott dienten, hätten gern gesehen, was ihr seht, und gehört, was ihr hört, aber die Zeit war noch nicht da.»

Matthäus 18,9 «Wenn dich dein Auge zur Sünde verführt, dann reiß es heraus und wirf es weg. Es ist besser, einäugig das ewige Leben zu erhalten, als mit beiden Augen ins Feuer der Hölle geworfen zu werden.»

Markus 7,20–23 Und er fügte noch hinzu: «Was aus dem Inneren des Menschen kommt, das lässt ihn unrein werden. 21Denn aus dem Inneren, aus dem Herzen der Menschen, kommen die bösen Gedanken wie: sexuelle Zügellosigkeit, Diebstahl, Mord, 22Ehebruch, Habsucht, Bosheit, Betrügerei, ausschweifendes Leben, Neid, Verleumdung, Überheblichkeit und Unbesonnenheit. 23Das kommt von innen heraus, und das macht die Menschen vor Gott unrein.»

Markus 8,17–19 Jesus merkte, worüber sie [die Jünger] sprachen, und fragte: «Weshalb macht ihr euch gleich Sorgen, wenn einmal nicht genug zu essen da ist? Werdet ihr denn nie verstehen, was ich meine? Könnt ihr gar nichts begreifen? Ist euer Herz denn noch immer so hart und unempfänglich? 18Ihr habt doch Augen. Warum seht ihr nicht? Und ihr habt Ohren. Warum hört ihr nicht? Habt ihr vergessen, 19dass ich fünftausend Menschen mit fünf Broten gesättigt habe? Wie viel Körbe habt ihr mit Resten gefüllt?» Sie antworteten: «Zwölf.»

Markus 9,47–48 «Wenn dich dein Auge zur Sünde verführt, dann reiß es heraus. Es ist viel besser, einäugig in Gottes neue Welt zu gelangen, als mit zwei gesunden Augen schließlich ins Feuer der Hölle geworfen zu werden. 48Dort wird die Qual nicht enden und das Feuer nicht verlöschen.»

Lukas 6,41–42 «Warum siehst du jeden kleinen Splitter im Auge deines Bruders, aber den Balken in deinem Auge bemerkst du nicht? 42Du sagst: ‹Mein Bruder, komm her! Ich will dir den Splitter aus dem Auge ziehen!› Dabei erkennst du nicht, dass du selbst einen Balken in deinem Auge hast. Du Heuchler! Entferne zuerst den Balken aus deinem Auge, dann kannst du klar sehen, um auch den Splitter aus dem Auge deines Bruders zu ziehen.»

Lukas 11,33–36 «Niemand zündet eine Öllampe an und versteckt sie dann oder stellt sie unter einen Eimer. Im Gegenteil! Man stellt die Lampe so auf, dass jeder, der hereinkommt, das Licht sieht. [34]Das Auge gibt dir Licht. Wenn deine Augen das Licht einlassen, wirst du auch im Licht leben. Verschließen sich deine Augen dem Licht, lebst du in Dunkelheit. [35]Deshalb achte darauf, dass das Licht in deinem Innern nicht erlischt! [36]Wenn du es einlässt und keine Finsternis in dir ist, dann lebst du im Licht – so, als würdest du von einer hellen Lampe angestrahlt.»

4 Das Böse

Johannes 3,19–20 «Und so vollzieht sich das Urteil: Das Licht ist in die Welt gekommen, aber die Menschen lieben die Finsternis mehr als das Licht. Denn alles, was sie tun, ist böse. [20]Wer Böses tut, scheut das Licht und bleibt lieber im Dunkeln, damit niemand seine Taten sehen kann.»

Johannes 5,28–29 «Wundert euch nicht darüber! Der Tag wird kommen, an dem die Toten in ihren Gräbern die Stimme des Sohnes hören werden. [29]Dann werden alle Menschen auferstehen: Die Gutes getan haben, werden ewig leben, die aber Böses getan haben, werden verurteilt.»

Johannes 7,7–8 «Denn die Welt hat ja keinen Grund, euch zu hassen. Aber mich hasst sie, weil ich ihr böses Tun beim Namen nenne. [8]Geht ihr nur zum Fest! Ich komme nicht mit. Denn die Zeit zum Handeln ist für mich noch nicht da.»

Matthäus 6,9–13 «Ihr sollt deshalb so beten: ‹Unser Vater im Himmel! Dein heiliger Name soll geehrt werden. [10]Lass deine neue Welt beginnen. Dein Wille geschehe hier auf der Erde, wie er im Himmel geschieht. [11]Gib uns auch heute wieder, was wir zum Leben brauchen. [12]Vergib uns unsere Schuld, wie wir denen vergeben, die uns Unrecht getan haben. [13]Lass uns nicht in Versuchung geraten, dir untreu zu werden, und befreie uns vom Bösen.›» (Siehe auch Lukas 11,2–4.)

Matthäus 9,2.4–5 Dort brachten sie auf einer Trage einen Gelähmten zu ihm. Als Jesus ihren festen Glauben sah, sagte er zu dem Gelähmten: «Hab keine Angst, mein Sohn! Deine Sünden sind dir vergeben.» […] [4]Jesus durchschaute sie und fragte: «Warum habt ihr so böse Gedanken? [5]Ist es leichter zu sagen: ‹Dir sind deine Sünden vergeben!› oder diesen Gelähmten zu heilen?»

Matthäus 15,10–11.18–20 Dann rief Jesus die Menschenmenge zu sich: «Hört, was ich euch sage, und begreift doch: [11]Nicht was ein Mensch zu sich nimmt, macht ihn unrein, sondern das, was er von sich gibt. […] [18]Aber die bösen Worte, die ein Mensch von sich gibt, kommen aus seinem Herzen, und nur sie lassen ihn unrein werden! [19]Aus dem Herzen kommen die bösen Gedanken wie: Mord, Ehebruch, sexuelle Zügellosigkeit, Diebstahl, Lüge und Verleumdung. [20]Durch sie wird der Mensch vor Gott unrein, nicht dadurch, dass man mit ungewaschenen Händen isst.»

Lukas 11,29 Von allen Seiten drängten sich die Leute um Jesus. Da sagte er zu ihnen: «Die Menschen von heute sind voller Bosheit. Sie verlangen einen Beweis dafür, dass Gott mich gesandt hat; aber sie werden nur das Wunder zu sehen bekommen, das am Propheten Jona geschah.»

Lukas 11,39–44 Da sagte Jesus, der Herr, zu ihm: «Ihr Pharisäer poliert eure Becher und Schüsseln außen auf Hochglanz, so wie das Gesetz es erfordert. Doch gefüllt sind sie mit dem, was ihr in eurer maßlosen Gier anderen abgenommen habt. [40]Ihr Dummköpfe! Ihr wisst doch ganz genau, dass Gott beides geschaffen hat – Äußeres und Inneres. [41]Eure Schüsseln und Becher sind voll. Gebt das, was darin ist, den Armen, dann seid ihr auch vor Gott rein! [42]Wehe euch, ihr Pharisäer! Sogar von Küchenkräutern wie Minze und Raute und auch von allen anderen Gewürzen gebt ihr Gott den zehnten Teil. Aber Gerechtigkeit und die Liebe zu Gott sind euch gleichgültig! Doch gerade darum geht es hier: Das Wesentliche tun und das andere nicht unterlassen! [43]Ich warne euch, ihr Pharisäer! In der Synagoge sitzt ihr stets in der ersten Reihe, und es gefällt euch, wenn man euch auf der Straße ehrfurchtsvoll grüßt. [44]Wehe euch, ihr Pharisäer! Wer mit euch zu tun hat, der weiß nicht, dass er sich verunreinigt. Denn ihr seid wie Gräber, die vom Gras überwuchert sind und über die man geht, ohne es zu wissen.»

Offenbarung 2,2–3 «Ich weiß, wie viel Gutes du tust, weiß von all deiner Arbeit, und ich kenne auch deine Standhaftigkeit. Es ist gut, dass du die Bösen in eurer Mitte nicht duldest und die als Lügner entlarvst, die sich als Apostel ausgeben und es doch nicht sind. [3]Geduldig hast du für mich Schweres ertragen und niemals aufgegeben.»

Johannes 3,18–20 «Wer an ihn [Jesus Christus] glaubt, der wird nicht verurteilt werden. Wer aber nicht an den einzigen Sohn Gottes glaubt, über den ist wegen seines Unglaubens das Urteil schon gesprochen. [19]Und so vollzieht sich das Urteil: Das Licht ist in die Welt gekommen, aber die Menschen lieben die Finsternis mehr als das Licht. Denn alles, was sie tun, ist böse. [20]Wer Böses tut, scheut das Licht und bleibt lieber im Dunkeln, damit niemand seine Taten sehen kann.»

Johannes 8,34 Jesus erwiderte ihnen: «Ich sage euch die Wahrheit: Jeder, der sündigt, ist ein Gefangener der Sünde.»

Johannes 8,44 «Denn ihr seid Kinder des Teufels. Und deshalb handelt ihr so, wie es eurem Vater gefällt. Der war schon von Anfang an ein Mörder, wollte mit der Wahrheit nichts zu tun haben und war ihr schlimmster Feind. Sein ganzes Wesen ist Lüge, er ist der Lügner schlechthin – ja, der Vater jeder Lüge.»

Matthäus 5,44–46 «Ich sage aber: Liebt eure Feinde und betet für alle, die euch verfolgen! [45]So erweist ihr euch als Kinder eures Vaters im Himmel. Denn er lässt seine Sonne für Böse wie für Gute scheinen, und er lässt es regnen für Fromme und Gottlose. [46]Wollt ihr etwa noch dafür belohnt werden, dass ihr die Menschen liebt, die euch auch lieben? Das tun sogar die Zolleinnehmer, die sonst nur auf ihren Vorteil aus sind!»

Matthäus 12,34–35 «Ihr Schlangenbrut! Wie könnt ihr durch und durch bösen Leute überhaupt etwas Gutes reden? Wovon das Herz erfüllt ist, das spricht der

Mund aus! [35]Wenn ein guter Mensch spricht, zeigt sich, was an Gutem in ihm ist. Ein Mensch mit einem bösen Herzen ist innerlich voller Gift, und alle merken es, wenn er redet.»

Matthäus 12,39 Jesus antwortete ihnen: «Nur böse, gottlose Menschen können dafür noch Beweise verlangen. Ihr werdet aber nur das gleiche Wunder zu sehen bekommen, das am Propheten Jona geschah.»

Matthäus 13,47–50 «Man kann Gottes neue Welt auch mit einem Netz vergleichen, das ins Meer geworfen wird und in dem viele verschiedene Fische gefangen werden. [48]Wenn das Netz voll ist, zieht man es an Land, setzt sich hin und sortiert die guten Fische in Körbe. Die ungenießbaren aber werden weggeworfen. [49]So wird es auch am Ende der Welt sein. Die Engel werden kommen und die gottlosen Menschen von denen trennen, die so leben, wie Gott es will. [50]Sie werden die Gottlosen in den brennenden Ofen werfen. Dort wird nur Heulen und ohnmächtiges Jammern zu hören sein.»

Matthäus 16,4 «Dieses böse, gottlose Volk verlangt einen Beweis. Doch sie werden kein anderes Wunder zu sehen bekommen als das, was an dem Propheten Jona geschah.» Mit diesen Worten ließ Jesus sie stehen und ging weg.

Matthäus 18,23–35 «Man kann die neue Welt Gottes mit einem König vergleichen, der mit seinen Verwaltern abrechnen wollte. [24]Zu ihnen gehörte ein Mann, der ihm einen Millionenbetrag schuldete. [25]Aber er konnte diese Schuld nicht bezahlen. Deshalb wollte der König ihn, seine Frau, seine Kinder und seinen gesamten Besitz verkaufen lassen, um wenigstens einen Teil seines Geldes zu bekommen. [26]Doch der Mann fiel vor dem König nieder und flehte ihn an: ‹Herr, hab noch etwas Geduld! Ich will ja alles bezahlen.› [27]Da hatte der König Mitleid. Er gab ihn frei und erließ ihm seine Schulden. [28]Kaum war der Mann frei, ging er zu einem der anderen Verwalter, der ihm einen kleinen Betrag schuldete, packte ihn, würgte ihn und schrie: ‹Bezahl jetzt endlich deine Schulden!› [29]Da fiel der andere vor ihm nieder und bettelte: ‹Hab noch etwas Geduld! Ich will ja alles bezahlen.› [30]Aber der Verwalter wollte nicht warten und ließ ihn ins Gefängnis werfen, bis er alles bezahlt hätte. [31]Als nun die anderen sahen, was sich da ereignet hatte, waren sie empört und berichteten es dem König. [32]Da ließ der König den Verwalter zu sich kommen und sagte: ‹Was bist du doch für ein hartherziger Mensch! Deine ganze Schuld habe ich dir erlassen, weil du mich darum gebeten hast. [33]Hättest du da nicht auch mit meinem anderen Verwalter Erbarmen haben können, so wie ich mit dir?› [34]Zornig übergab er ihn den Folterknechten. Sie sollten ihn erst dann wieder freilassen, wenn er alle seine Schulden zurückgezahlt hätte. [35]Auf die gleiche Art wird mein Vater im Himmel euch behandeln, wenn ihr euch weigert, eurem Bruder wirklich zu vergeben.»

Matthäus 22,18 Jesus durchschaute ihre Hinterhältigkeit. «Ihr Heuchler!», rief er. «Warum wollt ihr mir eine Falle stellen?» (Siehe auch Markus 12,15.)

Matthäus 24,48–51 «Wenn aber ein Verwalter unzuverlässig ist und im Stillen denkt: ‹Ach was, es dauert bestimmt noch lange, bis mein Herr kommt›, [49]und er fängt an, seine Mitarbeiter zu schlagen und Trinkgelage zu veranstalten, [50]dann wird die Rückkehr seines Herrn ihn völlig überraschen. Sein Herr kommt, wenn er nicht damit rechnet. [51]Er wird den unzuverlässigen Verwalter hart bestrafen und ihm den Lohn geben, den die Heuchler verdienen. Er wird ihn hinausstoßen, dorthin, wo es nur Weinen und ohnmächtiges Jammern gibt.»

Matthäus 25,24–30 «Schließlich kam der mit dem einen Zentner Silberstücke und erklärte: ‹Ich kenne dich als strengen Herrn und dachte: Du erntest, was andere gesät haben; du nimmst dir, was ich verdient habe. [25]Aus Angst habe ich das Geld sicher aufbewahrt. Hier hast du es wieder zurück!› [26]Zornig antwortete ihm darauf sein Herr: ‹Auf dich ist kein Verlass, und faul bist du auch noch! Wenn du schon der Meinung bist, dass ich ernte, was andere gesät haben, und mir nehme, was du verdient hast, [27]hättest du zumindest mein Vermögen bei einer Bank anlegen können! Dort hätte es wenigstens Zinsen gebracht! [28]Nehmt ihm das Geld weg, und gebt es dem, der die fünf Zentner hatte! [29]Denn wer viel hat, der bekommt noch mehr dazu, ja, er wird mehr als genug haben! Wer aber nichts hat, dem wird selbst noch das Wenige, das er hat, genommen. [30]Und jetzt werft diesen Nichtsnutz hinaus in die Finsternis, wo es nur Weinen und ohnmächtiges Jammern gibt!›»

Markus 7,18–23 «Selbst ihr habt es immer noch nicht begriffen?», erwiderte Jesus. «Wisst ihr nicht, dass alles, was ein Mensch zu sich nimmt, ihn nicht verunreinigen kann? [19]Denn was ihr esst, geht nicht in euer Herz hinein; es kommt in den Ma-gen und wird dann wieder ausgeschieden.» Damit wollte Jesus sagen, dass im Grunde jede Nahrung rein ist. [20]Und er fügte noch hinzu: «Was aus dem Inneren des Menschen kommt, das lässt ihn unrein werden. [21]Denn aus dem Inneren, aus dem Herzen der Menschen, kommen die bösen Gedanken wie: sexuelle Zügellosigkeit, Diebstahl, Mord, [22]Ehebruch, Habsucht, Bosheit, Betrügerei, ausschweifendes Leben, Neid, Verleumdung, Überheblichkeit und Unbesonnenheit. [23]Das kommt von innen heraus, und das macht die Menschen vor Gott unrein.»

Lukas 6,35–36 «Ihr aber sollt eure Feinde lieben und den Menschen Gutes tun. Ihr sollt ihnen helfen, ohne einen Dank oder eine Gegenleistung zu erwarten. Dann werdet ihr reich belohnt werden: Ihr werdet Kinder des höchsten Gottes sein. Denn auch er ist gütig zu Undankbaren und Bösen. [36]Seid so barmherzig wie euer Vater im Himmel!»

Lukas 11,5–13 Dann sagte Jesus zu den Jüngern: «Stellt euch vor, einer von euch hat einen Freund. Mitten in der Nacht geht er zu ihm, klopft an die Tür und bittet ihn: ‹Leih mir doch bitte drei Brote. [6]Ich habe unerwartet Besuch bekommen und nichts im Haus, was ich ihm anbieten könnte.› [7]Vielleicht würde der Freund dann antworten: ‹Stör mich nicht! Ich habe die Tür schon abgeschlossen und liege im Bett. Außerdem könnten die Kinder in meinem Bett aufwachen. Ich kann jetzt nicht aufstehen und dir etwas geben.› [8]Das eine ist sicher: Wenn er schon nicht aufstehen und dem Mann etwas geben will, weil er sein Freund ist, so wird er schließlich doch aus seinem Bett steigen und ihm alles Nötige geben, weil der andere so unverschämt ist und ihm einfach keine Ruhe lässt. [9]Darum sage ich euch: Bittet Gott, und er wird euch geben! Sucht, und ihr werdet finden! Klopft an, und euch wird die Tür geöffnet! [10]Denn wer bittet, der bekommt. Wer sucht, der findet. Und wer anklopft, dem wird geöffnet. [11]Welcher Vater würde seinem Sohn denn eine Schlange geben, wenn er ihn um einen Fisch bittet, [12]oder einen Skorpion, wenn er ein Ei haben möchte? [13]Wenn schon ihr hartherzigen Menschen euren Kindern Gutes gebt, wie viel mehr wird der Vater im Himmel denen den Heiligen Geist schenken, die ihn darum bitten.» (Siehe auch Matthäus 7,7–11.)

Lukas 11,39–41 Da sagte Jesus, der Herr, zu ihm: «Ihr Pharisäer poliert eure Becher und Schüsseln außen auf Hochglanz, so wie das Gesetz es erfordert. Doch gefüllt sind sie mit dem, was ihr in eurer maßlosen Gier anderen abgenommen habt. [40]Ihr Dummköpfe! Ihr wisst doch ganz genau, dass Gott beides geschaffen hat – Äußeres und Inneres. [41]Eure Schüsseln und Becher sind voll. Gebt das, was darin ist, den Armen, dann seid ihr auch vor Gott rein!»

Lukas 19,9–10 Da sagte Jesus zu ihm [Zachäus]: «Heute hat Gott dir und allen, die in deinem Haus leben, Rettung gebracht. Denn auch du bist ein Nachkomme Abrahams. [10]Der Menschensohn ist gekommen, Verlorene zu suchen und zu retten.»

Lukas 22,52–53 Dann fragte Jesus die Hohenpriester, die Offiziere der Tempelwache und die führenden Männer des Volkes, die alle mitgekommen waren: «Bin ich denn ein Verbrecher, dass ihr euch mit Schwertern und Knüppeln bewaffnet habt, um mich zu verhaften? [53]Jeden Tag war ich im Tempel. Warum habt ihr mich nicht dort festgenommen? Aber jetzt ist eure Stunde da. Jetzt hat die Finsternis Macht.»

Offenbarung 3,15–18 «Ich kenne dich genau und weiß alles, was du tust. Du bist weder kalt noch heiß. Ach, wärst du doch das eine oder das andere! [16]Aber du bist lau, und deshalb werde ich dich ausspucken. [17]Du bildest dir ein: ‹Ich bin reich und habe alles, was ich brauche!› Da machst du dir selbst etwas vor! Du merkst gar nicht, wie jämmerlich du in Wirklichkeit dran bist: arm, blind und nackt. [18]Darum solltest du dich endlich um den wahren Reichtum bemühen, um das reine Gold, das im Feuer geläutert wurde. Nur dieses Gold macht dich reich, und nur von mir kannst du es bekommen. Lass dir auch die weißen Kleider von mir geben, damit du nicht länger nackt und bloß dastehst. Kauf dir Augensalbe, die deine blinden Augen heilt.»

6 Das Denken

Matthäus 6,22–23 «Das Auge gibt dir Licht. Wenn deine Augen das Licht einlassen, wirst du auch im Licht leben. [23]Verschließen sich deine Augen dem Licht, lebst du in Dunkelheit. Wenn aber das Licht in deinem Innern erloschen ist, wie tief ist dann die Finsternis!»

Matthäus 15,18–20 «Aber die bösen Worte, die ein Mensch von sich gibt, kommen aus seinem Herzen, und nur sie lassen ihn unrein werden! [19]Aus dem Herzen kommen die bösen Gedanken wie: Mord, Ehebruch, sexuelle Zügellosigkeit, Diebstahl, Lüge und Verleumdung. ²⁰Durch sie wird der Mensch vor Gott unrein, nicht dadurch, dass man mit ungewaschenen Händen isst.»

Matthäus 22,37–38 Jesus antwortete ihm: «‹Du sollst den Herrn, deinen Gott, lieben von ganzem Herzen, mit ganzer Hingabe und mit deinem ganzen Verstand!› ³⁸Das ist das erste und wichtigste Gebot.»

Markus 7,20–23 Und er fügte noch hinzu: «Was aus dem Inneren des Menschen kommt, das lässt ihn unrein werden. ²¹Denn aus dem Inneren, aus dem Herzen der Menschen, kommen die bösen Gedanken wie: sexuelle Zügellosigkeit, Diebstahl, Mord, ²²Ehebruch, Habsucht, Bosheit, Betrügerei, ausschweifendes Leben, Neid, Verleumdung, Überheblichkeit und Unbesonnenheit. ²³Das kommt von innen heraus, und das macht die Menschen vor Gott unrein.»

Markus 12,29–30 Jesus antwortete: «Dies ist das wichtigste Gebot: ‹Hört, ihr Israeliten! Der Herr ist unser Gott, der Herr allein. ³⁰Ihn [Gott, den Herrn] sollt ihr von ganzem Herzen lieben, mit ganzer Hingabe, mit eurem ganzen Verstand und mit all eurer Kraft.›»

Lukas 10,27–28 Der Schriftgelehrte antwortete: «Du sollst den Herrn, deinen Gott, lieben von ganzem Herzen, mit ganzer Hingabe, mit all deiner Kraft und mit deinem ganzen Verstand. Und auch deinen Mitmenschen sollst du so lieben wie dich selbst.» – «Richtig!», erwiderte Jesus. «Tu das, und du wirst ewig leben.»

Lukas 12,29–31 «Zerbrecht euch also nicht mehr den Kopf darüber, was ihr essen und trinken sollt! ³⁰Mit solchen Dingen be-schäftigen sich nur Menschen, die Gott nicht kennen. Euer Vater im Himmel weiß doch genau, dass ihr dies alles braucht. ³¹Sorgt euch vor allem um Gottes neue Welt, dann wird er euch mit allem anderen versorgen.»

7 Ehrlichkeit, Aufrichtigkeit

Matthäus 5,33–37 «Ihr kennt auch diese Anweisung des Gesetzes: ‹Du sollst keinen Meineid schwören und alles halten, was du vor Gott versprochen hast.› ³⁴Ich sage euch aber: Schwört überhaupt nicht! Schwört weder beim Himmel – denn er ist Gottes Thron – ³⁵noch bei der Erde – denn sie ist der Schemel, auf dem seine Füße ruhen. Beruft euch auch nicht auf Jerusalem, denn sie ist die Stadt Gottes. ³⁶Verbürge dich auch nicht mit deinem Kopf für etwas, denn du kannst ja nicht einmal ein einziges Haar weiß oder schwarz wachsen lassen. ³⁷Sag einfach ‹Ja› oder ‹Nein›. Alle anderen Beteuerungen zeigen nur, dass du dich vom Bösen bestimmen lässt.»

8 Eifersucht

Lukas 15,11–32 «Ein Mann hatte zwei Söhne», erzählte Jesus. ¹²«Eines Tages sagte der jüngere zu ihm: ‹Vater, ich will jetzt schon meinen Anteil am Erbe ausbezahlt haben.› Da teilte der Vater sein Vermögen unter ihnen auf. ¹³Nur wenige Tage später packte der jüngere Sohn alles zusammen, verließ seinen Vater und reiste ins Ausland. Dort leistete er sich, was immer er wollte. Er verschleuderte sein Geld, ¹⁴bis er schließlich nichts mehr besaß. In dieser Zeit brach eine große Hungersnot aus. Es ging ihm sehr schlecht. ¹⁵In seiner Verzweiflung bettelte er so lange bei einem Bauern, bis der ihn zum Schweinehüten auf die Felder schickte. ¹⁶Oft quälte ihn der Hunger so, dass er sogar über das Schweinefutter froh gewesen wäre. Aber nicht einmal davon erhielt er etwas. ¹⁷Da kam er zur Besinnung: ‹Bei meinem Vater hat jeder Arbeiter mehr als genug zu essen, und ich sterbe hier vor Hunger. ¹⁸Ich will zu meinem Vater gehen und ihm sagen: Vater, ich bin schuldig geworden an Gott und an dir. ¹⁹Sieh mich nicht länger als deinen Sohn an, ich bin es nicht mehr wert. Aber kann ich nicht als Arbeiter bei dir bleiben?› ²⁰Er machte sich auf den Weg und ging zurück zu seinem Vater. Der erkannte ihn schon von weitem. Voller Mitleid lief er ihm entgegen, fiel ihm um den Hals und küsste ihn. ²¹Doch der Sohn sagte: ‹Vater, ich bin schuldig geworden an Gott und an dir. Sieh mich nicht länger als deinen Sohn an, ich bin es nicht mehr wert.› ²²Sein Vater aber befahl den Knechten: ‹Beeilt euch! Holt das schönste Gewand im Haus, und gebt es meinem Sohn. Bringt auch einen Ring und Sandalen für ihn! ²³Schlachtet das Mastkalb! Wir wollen essen und feiern! ²⁴Mein Sohn war tot, jetzt lebt er wieder. Er war verloren, jetzt ist er wiedergefunden.› Und sie begannen ein fröhliches Fest. ²⁵Inzwischen kam der ältere Sohn nach Hause. Er hatte auf dem Feld gearbeitet und hörte schon von weitem die Tanzmusik. ²⁶Erstaunt fragte er einen Knecht: ‹Was wird denn hier gefeiert?› ²⁷‹Dein Bruder ist wieder da›, antwortete er ihm. ‹Dein Vater hat sich darüber so gefreut, dass er das Mastkalb schlachten ließ. Jetzt feiern sie ein großes Fest.› ²⁸Der ältere Bruder wurde wütend und wollte nicht ins Haus gehen. Da kam sein Vater zu ihm heraus und bat: ‹Komm und freu dich mit uns!› ²⁹Doch er entgegnete ihm bitter: ‹All diese Jahre habe ich mich für dich geschunden. Alles habe ich getan, was du von mir verlangt hast. Aber nie hast du mir auch nur eine junge Ziege gegeben, damit ich mit meinen Freunden einmal richtig hätte feiern können. ³⁰Und jetzt, wo dein Sohn zurückkommt, der dein Geld mit Huren durchgebracht hat, jetzt lässt du sogar das Mastkalb schlachten!› ³¹Sein Vater redete ihm zu: ‹Mein Sohn, du bist immer bei mir gewesen. Was ich habe, gehört auch dir. ³²Darum komm, wir haben allen Grund zu feiern. Denn dein Bruder war tot, jetzt hat er ein neues Leben begonnen. Er war verloren, jetzt ist er wiedergefunden!›»

9 Eltern

Matthäus 10,34–37 «Meint nur nicht, dass ich gekommen bin, um Frieden auf die Erde zu bringen. Nein, ich bringe Kampf! ³⁵Ich werde Vater und Sohn, Mutter und Tochter, Schwiegertochter und Schwiegermutter gegeneinander aufbringen. ³⁶Die schlimmsten Feinde werden in der eigenen Familie sein. ³⁷Wer seinen Vater oder seine Mutter, seinen Sohn oder seine Tochter mehr liebt als mich, der ist es nicht wert, mein Jünger zu sein.»

Matthäus 15,3–9 Jesus fragte zurück: «Und weshalb brecht ihr mit euren Vorschriften die Gebote Gottes? ⁴So lautet ein Gebot Gottes: ‹Ehre deinen Vater und deine Mutter! Wer seinen Vater und seine Mutter verflucht, der soll sterben.› ⁵Ihr aber behauptet: Wenn jemand seinen hilfsbedürftigen Eltern erklärt: ‹Ich kann euch nicht helfen, weil ich mein Vermögen dem Tempel vermacht habe›, dann hat er nicht gegen Gottes Gebot verstoßen. ⁶Damit setzt ihr durch eure Vorschriften das Gebot Gottes außer Kraft. ⁷Ihr scheinheiligen Heuchler! Wie Recht hat Jesaja, wenn er von euch schreibt: ⁸‹Diese Leute ehren Gott mit den Lippen, aber mit dem Herzen sind sie nicht dabei. ⁹Ihr Gottesdienst ist wertlos, weil sie ihre menschlichen Gesetze als Gebote Gottes ausgeben.›»

Matthäus 19,29 «Jeder, der sein Haus, seine Geschwister, seine Eltern, seine Frau, seine Kinder oder seinen Besitz zurücklässt, um mir zu folgen, wird dies alles hundertfach zurückerhalten und das ewige Leben empfangen.»

Markus 10,29–30 Jesus antwortete: «Das sollt ihr wissen: Jeder, der sein Haus, seine Geschwister, seine Eltern, seine Kinder oder seinen Besitz zurücklässt, um mir zu folgen und die rettende Botschaft von Gott weiterzusagen, ³⁰der wird schon hier alles hundertfach zurückerhalten: Häuser, Geschwister, Eltern, Kinder und Besitz. All dies wird ihm – wenn auch mitten unter Verfolgungen – hier auf dieser Erde gehören und außerdem in der zukünftigen Welt das ewige Leben.»

10 Essen

Matthäus 15,10–11 Dann rief Jesus die Menschenmenge zu sich: «Hört, was ich euch sage, und begreift doch: ¹¹Nicht was ein Mensch zu sich nimmt, macht ihn unrein, sondern das, was er von sich gibt.»

Matthäus 15,16–20 Jesus fragte: «Selbst ihr habt es immer noch nicht begriffen? ¹⁷Wisst ihr denn nicht, dass alles, was ein Mensch zu sich nimmt, zuerst in den Magen kommt und dann ausgeschieden wird? ¹⁸Aber die bösen Worte, die ein Mensch von sich gibt, kommen aus seinem Herzen, und nur sie lassen ihn unrein werden! ¹⁹Aus dem Herzen kommen die bösen Gedanken wie: Mord, Ehebruch, sexuelle Zügellosigkeit, Diebstahl, Lüge und Verleumdung. ²⁰Durch sie wird der Mensch vor Gott unrein, nicht dadurch, dass man mit ungewaschenen Händen isst.»

Markus 7,15.17–20 Dann rief Jesus die Menschenmenge zu sich. «Hört, was ich euch sage, und begreift doch: ¹⁵Nicht, was ein Mensch zu sich nimmt, macht ihn unrein, sondern das, was er von sich gibt.» […] ¹⁷Danach ging Jesus in ein Haus und war mit seinen Jüngern allein. Hier fragten sie ihn, was er mit dieser Rede gemeint hatte. ¹⁸«Selbst ihr habt es immer noch nicht begriffen?», erwiderte Jesus. «Wisst ihr nicht, dass alles, was ein Mensch zu sich nimmt, ihn nicht verunreinigen kann? ¹⁹Denn was ihr esst, geht nicht in euer Herz hinein; es kommt in den Magen und wird dann wieder ausgeschieden.» Damit wollte Jesus sagen, dass im Grunde jede Nahrung rein ist.

11 Falsche Lehre

Markus 7,6–13 Jesus antwortete: «Wie Recht hat Jesaja, wenn er von euch Heuchlern schreibt: ‹Diese Leute ehren Gott mit den Lippen, aber mit dem Herzen sind sie nicht dabei. ⁷Ihr Gottesdienst ist wertlos, weil sie ihre menschlichen Gesetze als Gebote Gottes ausgeben.› ⁸/⁹Ja, ihr beachtet Gottes Gebote nicht, sondern ersetzt sie durch eure Vorschriften! Dabei geht ihr sehr geschickt vor. [10]So hat euch Mose das Gebot gegeben: ‹Ehre deinen Vater und deine Mutter!› Und: ‹Wer seinen Vater oder seine Mutter verflucht, der soll sterben!› [11]Ihr aber behauptet: Wenn jemand seinen hilfsbedürftigen Eltern erklärt: ‹Ich kann euch nicht helfen, weil ich mein Vermögen dem Tempel vermacht habe›, dann hat er nicht gegen Gottes Gebot verstoßen. [12]In Wirklichkeit habt ihr damit aber nur erreicht, dass niemand mehr seinem Vater oder seiner Mutter helfen kann. [13]Ihr setzt also durch eure Vorschriften das Gebot Gottes außer Kraft. Und das ist nur *ein* Beispiel für viele.»

12 Falsche Propheten

Johannes 10,1–5 Weiter sagte Jesus: «Ich sage euch die Wahrheit: Wer nicht durch die Tür in den Schafstall geht, sondern heimlich einsteigt, der ist ein Dieb und Räuber. [2]Der Hirte geht durch die Tür zu seinen Schafen. [3]Ihm öffnet der Wächter die Tür, und die Schafe erkennen ihn schon an seiner Stimme. Dann ruft der Hirte jedes mit seinem Namen und führt sie auf die Weide. [4]Wenn seine Schafe den Stall verlassen haben, geht er vor ihnen her, und die Schafe folgen ihm, weil sie seine Stimme kennen. [5]Einem Fremden würden sie niemals folgen. Ihm laufen sie davon, weil sie seine Stimme nicht kennen.»

Johannes 10,7–16 Deshalb erklärte er ihnen: «Ich sage euch die Wahrheit: Ich selbst bin die Tür, die zu den Schafen führt. [8]Alle, die sich vor mir als eure Hirten ausgaben, waren Diebe und Räuber. Aber die Schafe haben nicht auf sie gehört. [9]Ich allein bin die Tür. Wer durch mich zu meiner Herde kommt, der wird gerettet werden. Er kann durch diese Tür ein- und ausgehen, und er wird saftig grüne Weiden finden. [10]Der Dieb kommt, um zu stehlen, zu schlachten und zu vernichten. Ich aber bringe Leben – und dies im Überfluss. [11]Ich bin der gute Hirte. Ein guter Hirte setzt sein Leben für die Schafe ein. [12]Anders ist es mit einem, dem die Schafe nicht gehören und der nur wegen des Geldes als Hirte arbeitet. Er wird fliehen, wenn der Wolf kommt, und die Schafe sich selbst überlassen. Der Wolf wird über die Schafe herfallen und die Herde auseinander jagen. [13]Einem solchen Mann liegt nichts an den Schafen. [14]Ich aber bin der gute Hirte und kenne meine Schafe, und sie kennen mich; [15]genauso wie mich mein Vater kennt und ich den Vater kenne. Ich gebe mein Leben für die Schafe. [16]Zu meiner Herde gehören auch Schafe, die jetzt noch in anderen Ställen sind. Auch sie muss ich herführen, und sie werden wie die übrigen meiner Stimme folgen. Dann wird es nur noch eine Herde und einen Hirten geben.»

Matthäus 7,15–20 «Nehmt euch in Acht vor denen, die in Gottes Namen auftreten und falsche Lehren verbreiten! Sie tarnen sich als sanfte Schafe, aber in Wirklichkeit sind sie reißende Wölfe. [16]Wie man einen Baum an seiner Frucht erkennt, so erkennt man sie an dem, was sie tun. Weintrauben kann man nicht von Dornbüschen und Feigen nicht von Disteln ernten. [17]Ein guter Baum bringt gute Früchte und ein kranker Baum schlechte. [18]Ein guter Baum wird keine schlechten Früchte tragen und ein kranker Baum keine guten. [19]Jeder Baum, der keine guten Früchte bringt, wird umgehauen und verbrannt. [20]Ebenso werdet ihr die falschen Propheten an ihren Taten erkennen.»

Matthäus 24,4–5 Jesus antwortete: «Lasst euch von keinem Menschen täuschen und verführen! [5]Denn viele werden auftreten und von sich behaupten: ‹Ich bin Christus!› Und sie werden viele Menschen in die Irre führen.»

Matthäus 24,15–16 «Der Prophet Daniel redet von einer ‹abscheulichen Götzenstatue›. Versuch zu verstehen, was das Geschriebene bedeutet. Wenn ihr diese Götzenstatue im Tempel stehen seht, [16]dann sollen alle Bewohner Judäas ins Gebirge fliehen.»

Matthäus 24,23–27 «Wenn dann jemand zu euch sagt: ‹Hier ist der Christus!› oder: ‹Dort ist er!›, glaubt ihm nicht! [24]Viele werden sich nämlich als ‹Christus› ausgeben, und es werden falsche Propheten auftreten. Sie vollbringen große Zeichen und Wunder, um – wenn möglich – sogar die Auserwählten Gottes irrezuführen. [25]Deshalb bleibt wachsam! Ich habe euch gewarnt! [26]Wenn euch jemand erzählt: ‹Der Retter ist draußen in der Wüste›, so geht nicht hin. Wenn er sich irgendwo verborgen halten soll, glaubt es nicht. [27]Denn der Menschensohn kommt für alle sichtbar – wie ein Blitz, der von Ost nach West am Himmel aufzuckt.»

Markus 13,5–6 Jesus antwortete: «Lasst euch von keinem Menschen täuschen und verführen! [6]Denn viele werden auftreten und von sich behaupten: ‹Ich bin Christus!› Und sie werden viele Menschen in die Irre führen.»

Markus 13,14 «Die Heilige Schrift redet von einer ‹abscheulichen Götzenstatue›. Versucht zu verstehen, was das Geschriebene bedeutet! Wenn ihr diese Götzenstatue dort stehen seht, wo sie nicht hingehört – im Tempel –, dann sollen alle Bewohner Judäas ins Gebirge fliehen.»

Lukas 17,22–24 Zu seinen Jüngern aber sagte er: «Die Zeit wird kommen, wo ihr alles dafür geben würdet, auch nur einen einzigen Tag die Herrlichkeit des Menschensohnes mitzuerleben. Aber dieser Wunsch wird sich nicht erfüllen. [23]Man wird euch zwar einreden wollen: ‹Hier ist er!› oder ‹Dort ist er!› Geht niemals dorthin, und lauft solchen Leuten nicht nach! [24]Denn der Menschensohn kommt für alle sichtbar – wie ein Blitz, der den ganzen Horizont erhellt.»

Lukas 21,8 Jesus antwortete: «Lasst euch von keinem Menschen täuschen und verführen! Denn viele werden auftreten und von sich behaupten: ‹Ich bin Christus!› Und sie werden verkünden: ‹Jetzt ist die Zeit gekommen!› Glaubt ihnen nicht!»

13 Feinde Christi

Johannes 8,37–49 «Ich weiß natürlich auch, dass ihr Nachkommen Abrahams seid. Und trotzdem wollt ihr mich töten, weil ihr meine Worte nicht zu Herzen nehmt. [38]Ich spreche von dem, was ich bei meinem Vater gesehen habe. Und ihr tut, was ihr von eurem Vater gehört habt.» [39]«Unser Vater ist Abraham», erklärten sie. «Nein», widersprach ihnen Jesus, «wenn er es wirklich wäre, würdet ihr auch so handeln wie er. [40]Weil ich euch die Wahrheit sage, die ich von Gott gehört habe, wollt ihr mich töten. Das hätte Abraham nie getan. [41]Nein, ihr handelt genau wie euer wirklicher Vater.» – «Wir sind doch schließlich nicht im Ehebruch gezeugt worden», wandten sie ein. «Wir haben nur einen Vater: Gott selbst!» 42Doch Jesus entgegnete ihnen: «Wenn es tatsächlich so wäre, dann würdet ihr mich lieben; denn ich komme ja von Gott zu euch; in seinem Auftrag und nicht aus eigenem Entschluss. 43Aber ich will euch sagen, weshalb ihr mich nicht versteht: weil ihr meine Worte überhaupt nicht hören könnt! 44Denn ihr seid Kinder des Teufels. Und deshalb handelt ihr so, wie es eurem Vater gefällt. Der war schon von Anfang an ein Mörder, wollte mit der Wahrheit nichts zu tun haben und war ihr schlimmster Feind. Sein ganzes Wesen ist Lüge, er ist der Lügner schlechthin – ja, der Vater jeder Lüge. 45Mir aber glaubt ihr nicht, weil ich die Wahrheit sage. 46Oder kann mir einer von euch auch nur eine einzige Sünde nachweisen? Wenn ich euch die Wahrheit sage, warum glaubt ihr mir dann nicht? 47Wer Gott zum Vater hat, der hört, was Gott sagt. Ihr aber habt Gott nicht zum Vater, und deshalb hört ihr auch seine Worte nicht.» 48«Also hatten wir doch Recht», schimpften die Juden. «Du bist ein Samariter, von bösen Geistern besessen!» 49«Nein», antwortete Jesus, «ich habe keinen bösen Geist, sondern ich ehre meinen Vater. Aber ihr zieht meine Ehre in den Schmutz.»

Matthäus 5,10–11 «Glücklich sind, die verfolgt werden, weil sie nach Gottes Willen leben. Denn ihnen gehört Gottes neue Welt. 11Glücklich könnt ihr sein, wenn ihr verachtet, verfolgt und verleumdet werdet, weil ihr mir nachfolgt.»

Matthäus 5,38–48 «Es heißt auch: ‹Auge um Auge, Zahn um Zahn!› 39Ich sage euch aber: Leistet keine Gegenwehr, wenn man euch Böses antut! Wenn jemand dir eine Ohrfeige gibt, dann halte die andere Wange auch noch hin! 40Wenn einer dich vor Gericht bringen will, um dein Hemd zu bekommen, so gib ihm auch noch den Mantel! 41Und wenn einer von dir verlangt, eine Meile mit ihm zu gehen, dann geh zwei Meilen mit ihm! 42Gib jedem, der dich um etwas bittet, und weise keinen ab, der etwas von dir leihen will. 43Es heißt bei euch: ‹Liebt eure Freunde und hasst eure Feinde!› 44Ich sage aber: Liebt eure Feinde und betet für alle, die euch verfolgen! 45So erweist ihr euch als Kinder eures Vaters im Himmel. Denn er lässt seine Sonne für Böse wie für Gute scheinen, und er lässt es regnen für Fromme und Gottlose. 46Wollt ihr etwa noch dafür belohnt werden, dass ihr die Menschen liebt, die euch auch lieben? Das tun sogar die Zolleinnehmer, die sonst nur auf ihren Vorteil aus sind! 47Wenn ihr nur euren Freunden liebevoll begegnet, ist das etwas Besonderes? Das tun auch die, die von Gott nichts wissen. 48Ihr aber sollt so vollkommen sein wie euer Vater im Himmel.»

Matthäus 10,21–26 «In dieser Zeit wird ein Bruder den anderen dem Henker ausliefern. Väter werden ihre eigenen Kinder anzeigen. Kinder werden gegen ihre Eltern vorgehen und sie hinrichten lassen. 22Alle Welt wird euch hassen, weil ihr euch zu mir bekennt. Aber wer bis zum Ende durchhält, wird gerettet. 23Wenn man euch in der einen Stadt verfolgt, dann flieht in eine andere. Ich versichere euch: Noch ehe ihr meinen Auftrag in allen Städten Israels ausgeführt habt, wird der Menschensohn kommen. ²⁴Ein Schüler steht nicht über seinem Lehrer, und ein Diener hat es nicht besser als sein Herr. ²⁵Sie können zufrieden sein, wenn es ihnen genauso geht wie ihren Lehrern und Herren. Wenn sie aber den Herrn des Hauses schon Obersten Teufel genannt haben, was werden sie erst zu seinen Angehörigen sagen?»

Matthäus 24,9–10 «Dann werdet ihr gefoltert, getötet und in der ganzen Welt gehasst werden, weil ihr zu mir gehört. ¹⁰Manche werden sich vom Glauben abwenden, einander verraten und hassen.»

Markus 9,38–42 Johannes sagte zu Jesus: «Lehrer, wir haben einen Mann gesehen, der in deinem Namen Dämonen austrieb. Aber wir haben es ihm verboten, weil er ja gar nicht mit uns geht.» ³⁹«Das hättet ihr nicht tun sollen!», erwiderte Jesus. «Wer in meinem Namen Wunder vollbringt, wird nicht gleichzeitig schlecht von mir reden. ⁴⁰Wer nicht gegen uns ist, der ist für uns. ⁴¹Erfrischt euch ein Mensch mit einem Schluck Wasser, weil ihr zu Christus gehört, so wird er seinen Lohn erhalten. Darauf könnt ihr euch verlassen. ⁴²Wer in einem Menschen den Glauben, wie ihn ein Kind hat, zerstört, für den wäre es noch das Beste, mit einem Mühlstein um den Hals ins Meer geworfen zu werden.»

Markus 13,9–13 «Seid wachsam! Man wird euch vor die Gerichte zerren, und in den Synagogen wird man euch auspeitschen. Nur weil ihr zu mir gehört, werdet ihr vor Machthabern und Königen verhört werden. Dort werdet ihr meine Botschaft bezeugen. ¹⁰Das muss so geschehen, denn alle Völker sollen die rettende Botschaft hören, bevor das Ende kommt. ¹¹Wenn sie euch verhaften und vor Gericht bringen, braucht ihr euch nicht darum zu sorgen, was ihr aussagen sollt! Denn zur rechten Zeit wird Gott euch das rechte Wort geben. Nicht ihr werdet es sein, die Rede und Antwort stehen, sondern der Heilige Geist wird durch euch sprechen. ¹²In dieser Zeit wird ein Bruder den anderen dem Henker ausliefern. Väter werden ihre eigenen Kinder anzeigen. Kinder werden gegen ihre Eltern vorgehen und sie hinrichten lassen. ¹³Alle Welt wird euch hassen, weil ihr euch zu mir bekennt. Aber wer bis zum Ende durchhält, wird gerettet.»

Lukas 11,17–26 Jesus kannte ihre Gedanken und sagte: «Ein Staat, in dem verschiedene Herrscher um die Macht kämpfen, steht vor dem Untergang; und eine Familie, die ständig in Zank und Streit lebt, bricht auseinander. ¹⁸Wenn nun der Satan sich selbst bekämpfte, zerstörte er damit nicht sein eigenes Reich? Ihr behauptet, ich würde die Dämonen durch die Kraft des Obersten Teufels austreiben. ¹⁹Wenn das tatsächlich so wäre: Welche Kraft nutzen dann eure eigenen Leute, um böse Geister auszutreiben? Sie selbst werden euch das Urteil sprechen. ²⁰Wenn ich aber die Dämonen durch Gottes Macht austreibe, so beginnt Gottes neue Welt jetzt – mitten unter euch! ²¹Solange ein starker Mann gut bewaffnet ist und sein Haus bewacht, kann ihm niemand etwas rauben; ²²es sei denn, er wird von einem Stärkeren angegriffen und überwältigt. Dieser nimmt ihm die Waffen weg, auf die er vertraute, und reißt seinen ganzen Besitz an sich. ²³Ich sage euch: Wer nicht für mich ist, der ist gegen mich, und wer sich nicht für mich einsetzt, der führt die Menschen in die Irre. ²⁴Wenn ein Dämon ausgetrieben wird, irrt er in öden Gegenden umher auf der Suche nach einem neuen Opfer. Findet er keins, entschließt er sich: ‹Ich will dorthin zurückkehren, woher ich gekommen bin.› [25]Wenn er zurückkommt und seine frühere Wohnung sauber und geschmückt vorfindet, [26]dann sucht er sich sieben andere Geister, die noch schlimmer sind als er selbst. Zusammen ergreifen sie Besitz von dem Menschen, der nun schlimmer dran ist als vorher.»

Lukas 21,12–19 «Bevor das alles geschieht, wird man euch verfolgen. Nur weil ihr zu mir gehört, werden sie euch festnehmen und in den Synagogen vor Gericht stellen. Dann werden sie euch ins Gefängnis werfen, ja, vor Machthabern und Königen werdet ihr verhört werden. [13]Aber dadurch habt ihr Gelegenheit, meine Botschaft zu bezeugen. [14]Prägt es euch ein: Ihr sollt nicht schon vorher darüber nachgrübeln, wie ihr euch vor Gericht verteidigen könnt. [15]Ich selber werde euch Weisheit geben und euch zeigen, was ihr sagen sollt. Dann werden eure Gegner nichts mehr erwidern können. [16]Selbst eure nächsten Angehörigen, eure Eltern, Geschwister und Freunde werden euch verraten und euch verhaften lassen. Einige von euch wird man töten. [17]Alle Welt wird euch hassen, weil ihr zu mir gehört. [18]Aber ohne Gottes Willen wird euch kein Haar gekrümmt werden. [19]Bleibt standhaft, dann gewinnt ihr das ewige Leben.»

Lukas 23,34 Jesus betete: «Vater, vergib ihnen, denn sie wissen nicht, was sie tun!»

14 Frauen, von Jesus geehrt

Matthäus 15,24–28 Da sagte er zu der Frau: «Ich habe nur den Auftrag, den Israe-liten zu helfen, die sich von Gott abgewandt haben und wie verlorene Schafe umherirren.» [25]Sie kam aber noch näher, warf sich vor ihm nieder und bettelte: «Herr, hilf mir!» Aber Jesus antwortete wieder: [26]«Es ist nicht richtig, wenn man den Kindern das Brot wegnimmt und es den Hunden vorwirft.» [27]«Ja, Herr», erwiderte die Frau, «aber die kleinen Hunde bekommen doch auch die Krümel, die vom Tisch ihrer Herren herunterfallen.» [28]Jesus antwortete ihr: «Dein Glaube ist groß. Was du erwartest, soll geschehen.» Im selben Augenblick wurde ihre Tochter gesund.

Matthäus 26,10–13 Als Jesus ihren Ärger bemerkte, sagte er: «Warum kränkt ihr die Frau? Sie hat etwas Gutes für mich getan. [11]Arme, die eure Hilfe nötig haben, wird es immer geben, ich dagegen bin nicht mehr lange bei euch. [12]Mit diesem Salböl hat sie meinen Körper für mein Begräbnis vorbereitet. [13]Und ich sage euch: Überall in der Welt, wo Gottes rettende Botschaft verkündet wird, wird man auch von dieser Frau sprechen und von dem, was sie getan hat.»

Markus 12,42–44 Dann aber kam eine arme Witwe und warf zwei der kleinsten Münzen in den Opferkasten. [43]Jesus rief seine Jünger zu sich und sagte: «Eines ist sicher: Diese arme Witwe hat mehr gegeben als alle anderen. [44]Die Reichen haben nur etwas von ihrem Überfluss gegeben, aber diese Frau ist arm und gab alles, was sie hatte – sogar das, was sie dringend zum Leben gebraucht hätte.»

Lukas 7,44–48 Dann blickte er die Frau an und sagte: «Sieh diese Frau, Simon! Ich kam in dein Haus, und du hast mir kein

Wasser für meine Füße gegeben, was doch sonst selbstverständlich ist. Aber sie hat meine Füße mit ihren Tränen gewaschen und mit ihrem Haar getrocknet. [45]Du hast mich nicht mit einem Kuss begrüßt. Aber seit ich hier bin, hat diese Frau immer wieder meine Füße geküsst. [46]Du hast meine Stirn nicht mit Öl gesalbt, während sie dieses kostbare Öl sogar über meine Füße gegossen hat. [47]Ich sage dir: Ihre große Schuld ist ihr vergeben; und darum hat sie mir so viel Liebe gezeigt. Wem aber wenig vergeben wird, der liebt auch wenig.» [48]Zu der Frau sagte Jesus: «Deine Sünden sind dir vergeben.»

Lukas 10,38–42 Jesus kam mit seinen Jüngern in ein Dorf, wo sie bei einer Frau aufgenommen wurden, die Marta hieß. [39]Maria, ihre Schwester, setzte sich zu Jesu Füßen hin und hörte ihm aufmerksam zu. [40]Marta aber war unentwegt mit der Bewirtung ihrer Gäste beschäftigt. Schließlich kam sie zu Jesus und fragte: «Herr, siehst du nicht, dass meine Schwester mir die ganze Arbeit überlässt? Kannst du ihr nicht sagen, dass sie mir helfen soll?» [41]Doch Jesus antwortete ihr: «Marta, Marta, du bist um so vieles besorgt und machst dir so viel Mühe. [42]Nur eines aber ist wirklich wichtig und gut! Maria hat sich für dieses eine entschieden, und das kann ihr niemand mehr nehmen.»

15 Das gebrochene Herz

Matthäus 5,4 «Glücklich sind die Trauernden, denn sie werden Trost finden.»
Lukas 4,18–21 «Der Geist des Herrn ruht auf mir, weil er mich berufen hat. Er hat mich gesandt, den Armen die frohe Botschaft zu bringen. Ich rufe Freiheit aus für die Gefangenen, den Blinden sage ich, dass sie sehen werden, und den Unterdrückten, dass sie bald von jeder Gewalt befreit sein sollen. [19]Ich rufe ihnen zu: Jetzt erlässt Gott eure Schuld.» [20]Jesus rollte die Buchrolle zusammen, gab sie dem Synagogendiener zurück und setzte sich. Alle blickten ihn erwartungsvoll an. [21]Er begann: «Heute hat sich diese Voraussage des Propheten erfüllt.»

16 Der Geist und das Fleisch

Johannes 3,5–8 «Ich sage dir die Wahrheit!», entgegnete Jesus. «Nur wer durch Wasser und durch Gottes Geist neu geboren wird, kann in Gottes neue Welt kommen! [6]Ein Mensch kann immer nur menschliches Leben zur Welt bringen. Wer aber durch Gottes Geist geboren wird, bekommt neues Leben. [7]Wundere dich deshalb nicht, wenn ich dir gesagt habe: Ihr müsst neu geboren werden. [8]Es ist damit wie beim Wind: Er weht, wie er will. Du hörst ihn, aber du kannst nicht erklären, woher er kommt und wohin er geht. So ist es auch mit der Geburt aus Gottes Geist.»

Matthäus 26,40–41 Und er kommt zu den Jüngern und findet sie schlafend und spricht zu Petrus: «Könnt ihr also nicht eine Stunde mit mir wachen? [41]Wacht und betet, damit ihr nicht in Versuchung kommt! Der Geist ist willig, aber das Fleisch ist schwach» (Schlachterbibel).

Markus 14,37–38 Und er kommt und findet sie schlafend. Und er spricht zu Petrus: «Simon, schläfst du? Konntest du nicht eine Stunde wachen? [38]Wacht und betet, damit ihr nicht in Versuchung kommt! Der Geist ist willig, aber das Fleisch ist schwach» (Schlachterbibel).

17 Gier und Habsucht

Johannes 6,26 Jesus antwortete ihnen: «Ich weiß, weshalb ihr zu mir kommt: doch nur, weil ihr von mir Brot bekommen habt und satt geworden seid; nicht weil ihr verstanden hättet, was dieses Wunder bedeutet!»

Matthäus 6,19–21 «Häuft in dieser Welt keine Reichtümer an! Ihr wisst, wie schnell Motten und Rost sie zerfressen oder Diebe sie stehlen! [20]Sammelt euch vielmehr Schätze im Himmel, die unvergänglich sind und die kein Dieb mitnehmen kann. [21]Wo nämlich eure Schätze sind, da wird auch euer Herz sein.»

Matthäus 6,24–34 «Niemand kann zwei Herren gleichzeitig dienen. Wer dem einen richtig dienen will, wird sich um die Wünsche des anderen nicht kümmern können. Er wird sich für den einen einsetzen und den anderen vernachlässigen. Auch ihr könnt nicht gleichzeitig für Gott und das Geld leben. [25]Darum sage ich euch: Macht euch keine Sorgen um euren Lebensunterhalt, um Essen, Trinken und Kleidung. Leben bedeutet mehr als Essen und Trinken, und der Mensch ist wichtiger als seine Kleidung. [26]Seht euch die Vögel an! Sie säen nichts, sie ernten nichts und sammeln auch keine Vorräte. Euer Vater im Himmel versorgt sie. Meint ihr nicht, dass ihr ihm viel wichtiger seid? [27]Und wenn ihr euch noch so viel sorgt, könnt ihr doch euer Leben um keinen Augenblick verlängern. [28]Weshalb macht ihr euch so viele Sorgen um eure Kleidung? Seht euch an, wie die Lilien auf den Wiesen blühen! Sie können weder spinnen noch weben. [29]Ich sage euch, selbst König Salomo war in seiner ganzen Herrlichkeit nicht so prächtig gekleidet wie eine dieser Blumen. [30]Wenn Gott sogar das Gras so schön wachsen lässt, das heute auf der Wiese grünt, morgen aber schon verbrannt wird, wie könnte er euch dann vergessen? Vertraut ihr Gott so wenig? [31]Zerbrecht euch also nicht mehr den Kopf mit Fragen wie: ‹Werden wir genug zu essen haben? Und was werden wir trinken? Was sollen wir anziehen?› [32]Mit solchen Dingen beschäftigen sich nur Menschen, die Gott nicht kennen. Euer Vater im Himmel weiß doch genau, dass ihr dies alles braucht. [33]Sorgt euch vor allem um Gottes neue Welt, und lebt nach Gottes Willen! Dann wird er euch mit allem anderen versorgen. [34]Deshalb sorgt euch nicht um morgen – der nächste Tag wird für sich selber sorgen! Es ist doch genug, wenn jeder Tag seine eigenen Lasten hat.»

Matthäus 13,22 «Der von Disteln überwucherte Boden entspricht einem Menschen, der die Botschaft zwar hört, aber die Sorgen des Alltags und die Verführung durch den Wohlstand ersticken Gottes Botschaft, so dass keine Frucht wachsen kann.»

Matthäus 16,24–26 Danach sprach Jesus zu seinen Jüngern: «Wer mir nachfolgen will, darf nicht mehr sich selbst in den Mittelpunkt stellen, sondern muss sein Kreuz auf sich nehmen und mir nachfolgen. [25]Wer sich an sein Leben klammert, der wird es verlieren. Wer aber sein Leben für mich einsetzt, der wird es für immer gewinnen. [26]Denn was gewinnt ein Mensch, wenn ihm die ganze Welt zufällt, er selbst aber dabei Schaden nimmt? Er kann sein Leben ja nicht wieder zurückkaufen!»

Matthäus 19,21–24 Jesus antwortete: «Wenn du vollkommen sein willst, dann verkauf, was du hast, und gib das Geld den Armen. Damit wirst du im Himmel einen Reichtum gewinnen, der niemals verloren geht. Und dann komm, und folge mir nach.» ²²Als der junge Mann das hörte, ging er traurig weg, denn er war sehr reich. ²³Da sagte Jesus zu seinen Jüngern: «Eins ist sicher: Ein Reicher hat es sehr schwer, in Gottes neue Welt zu kommen. ²⁴Eher geht ein Kamel durch ein Nadelöhr, als dass ein Reicher in Gottes neue Welt kommt.» (Siehe auch Lukas 18,24–25.)

Matthäus 23,25–26 «Wehe euch, ihr Schriftgelehrten und Pharisäer! Ihr Heuchler! Ihr poliert eure Becher und Schüsseln außen auf Hochglanz, so wie das Gesetz es erfordert. Doch gefüllt sind sie mit dem, was ihr in eurer maßlosen Gier anderen abgenommen habt. ²⁶Ihr blinden Verführer, reinigt eure Becher erst einmal von innen, dann werden sie auch außen sauber sein.»

Markus 4,18–19 «Der von Disteln überwucherte Boden entspricht den Menschen, die zwar die Botschaft hören, ¹⁹aber die Sorgen des Alltags, die Verführung durch den Wohlstand und die Gier nach all den Dingen dieses Lebens ersticken Gottes Botschaft, so dass keine Frucht wachsen kann.»

Markus 7,20–23 Und er fügte noch hinzu: «Was aus dem Inneren des Menschen kommt, das lässt ihn unrein werden. ²¹Denn aus dem Inneren, aus dem Herzen der Menschen, kommen die bösen Gedanken wie: sexuelle Zügellosigkeit, Diebstahl, Mord, ²²Ehebruch, Habsucht, Bosheit, Betrügerei, ausschweifendes Leben, Neid, Verleumdung, Überheblichkeit und Unbesonnenheit. ²³Das kommt von innen heraus, und das macht die Menschen vor Gott unrein.»

Lukas 11,39 Da sagte Jesus, der Herr, zu ihm: «Ihr Pharisäer poliert eure Becher und Schüsseln außen auf Hochglanz, so wie das Gesetz es erfordert. Doch gefüllt sind sie mit dem, was ihr in eurer maßlosen Gier anderen abgenommen habt.»

Lukas 12,13–21 Da rief einer aus der Menge: «Lehrer, sag doch meinem Bruder, er soll unser Erbe gerecht mit mir teilen.» ¹⁴Aber Jesus wies ihn zurück: «Bin ich etwa euer Richter oder euer Vermittler in Erbstreitigkeiten?» ¹⁵Dann wandte er sich an alle: «Hütet euch vor der Habgier! Wenn jemand auch noch so viel Geld hat, das Leben kann er sich damit nicht kaufen.» ¹⁶An einem Beispiel erklärte er seinen Zuhörern, was er damit meinte: «Ein reicher Gutsbesitzer hatte eine besonders gute Ernte. ¹⁷Er überlegte: ‹Wo soll ich bloß alles unterbringen? Meine Scheunen sind voll; da geht nichts mehr rein.› ¹⁸Er beschloss: ‹Ich werde die alten Scheunen abreißen und neue bauen, so groß, dass ich das ganze Getreide, ja alles, was ich habe, darin unterbringen kann. ¹⁹Dann will ich mich zur Ruhe setzen. Ich habe für lange Zeit ausgesorgt. Jetzt lasse ich es mir gut gehen. Ich will gut essen und trinken und mein Leben genießen!› ²⁰Aber Gott sagte zu ihm: ‹Du Narr! Noch in dieser Nacht wirst du sterben. Wer bekommt dann deinen ganzen Reichtum, den du angehäuft hast?› ²¹So wird es allen gehen, die auf der Erde Reichtümer sammeln, aber mit leeren Händen vor Gott stehen.»

Lukas 12,33–34 «Verkauft euren Besitz, und gebt das Geld den Armen! Sammelt euch auf diese Weise einen Vorrat, der nicht alt wird und niemals verderben kann, einen Schatz im Himmel. Diesen Schatz kann kein Dieb stehlen und keine Motte zerfressen. ³⁴Wo eure Schätze sind, da wird auch euer Herz sein.»

18 Gute Menschen, schlechte Menschen

Johannes 3,19–21 «Und so vollzieht sich das Urteil: Das Licht ist in die Welt gekommen, aber die Menschen lieben die Finsternis mehr als das Licht. Denn alles, was sie tun, ist böse. ²⁰Wer Böses tut, scheut das Licht und bleibt lieber im Dunkeln, damit niemand seine Taten sehen kann. ²¹Wer aber die Wahrheit Gottes liebt und das tut, was er will, der tritt ins Licht! An ihm zeigt sich: Gott selber bestimmt sein Handeln.»

Matthäus 12,33–37 «Wie der Baum, so die Frucht! Ein guter Baum trägt gute Früchte, ein schlechter Baum trägt schlechte Früchte. ³⁴Ihr Schlangenbrut! Wie könnt ihr durch und durch bösen Leute überhaupt etwas Gutes reden? Wovon das Herz erfüllt ist, das spricht der Mund aus! ³⁵Wenn ein guter Mensch spricht, zeigt sich, was an Gutem in ihm ist. Ein Mensch mit einem bösen Herzen ist innerlich voller Gift, und alle merken es, wenn er redet. ³⁶Ich sage euch das, weil ihr am Gerichtstag Rechenschaft ablegen müsst über jedes unnütze Wort, das ihr geredet habt. ³⁷Eure Worte sind der Maßstab, nach dem ihr freigesprochen oder verurteilt werdet.»

Matthäus 15,10–20 Dann rief Jesus die Menschenmenge zu sich: «Hört, was ich euch sage, und begreift doch: ¹¹Nicht was ein Mensch zu sich nimmt, macht ihn unrein, sondern das, was er von sich gibt.» ¹²Da traten die Jünger näher zu ihm und sagten: «Weißt du, dass du damit die Pharisäer verärgert hast?» ¹³Jesus antwortete: «Jede Pflanze, die nicht von meinem himmlischen Vater gepflanzt worden ist, wird ausgerissen. ¹⁴Lasst euch nicht einschüchtern! Sie wollen Blinde führen, sind aber selbst blind. Wenn nun ein Blinder einen anderen Blinden führen will, werden beide in den Abgrund stürzen!» ¹⁵Da sagte Petrus: «Erklär uns doch noch einmal, was einen Menschen unrein macht!» ¹⁶Jesus fragte: «Selbst ihr habt es immer noch nicht begriffen? ¹⁷Wisst ihr denn nicht, dass alles, was ein Mensch zu sich nimmt, zuerst in den Magen kommt und dann ausgeschieden wird? ¹⁸Aber die bösen Worte, die ein Mensch von sich gibt, kommen aus seinem Herzen, und nur sie lassen ihn unrein werden! ¹⁹Aus dem Herzen kommen die bösen Gedanken wie: Mord, Ehebruch, sexuelle Zügellosigkeit, Diebstahl, Lüge und Verleumdung. ²⁰Durch sie wird der Mensch vor Gott unrein, nicht dadurch, dass man mit ungewaschenen Händen isst.»

Matthäus 23,25–28 «Wehe euch, ihr Schriftgelehrten und Pharisäer! Ihr Heuchler! Ihr poliert eure Becher und Schüsseln außen auf Hochglanz, so wie das Gesetz es erfordert. Doch gefüllt sind sie mit dem, was ihr in eurer maßlosen Gier anderen abgenommen habt. ²⁶Ihr blinden Verführer, reinigt eure Becher erst einmal von innen, dann werden sie auch außen sauber sein. ²⁷Wehe euch, ihr Schriftgelehrten und Pharisäer! Ihr seid wie die gepflegten Grabstätten: von außen sauber und geschmückt, aber innen ist alles voll stinkender Verwesung. [28]Ihr steht vor den Leuten als solche da, die Gott ehren, aber in Wirklichkeit seid ihr voller Bosheit und Heuchelei.»

Lukas 6,43–45 «Ein guter Baum trägt keine schlechten Früchte und ein kranker Baum keine guten. [44]So erkennt man jeden Baum an seinen Früchten. Von Dornbüschen kann man keine Feigen ernten und von Gestrüpp keine Weintrauben. [45]Wenn ein guter Mensch spricht, zeigt sich, was an Gutem in seinem Herzen ist. Ein Mensch mit einem bösen Herzen ist innerlich voller Gift, und alle merken es, wenn er redet. Denn wovon das Herz erfüllt ist, das spricht der Mund aus!»

Lukas 11,39–40 Da sagte Jesus, der Herr, zu ihm: «Ihr Pharisäer poliert eure Becher und Schüsseln außen auf Hochglanz, so wie das Gesetz es erfordert. Doch gefüllt sind sie mit dem, was ihr in eurer maßlosen Gier anderen abgenommen habt. [40]Ihr Dummköpfe! Ihr wisst doch ganz genau, dass Gott beides geschaffen hat – Äußeres und Inneres.»

Lukas 12,1–3 Hunderte, ja Tausende strömten zusammen, und das Gedränge wurde bedrohlich. Doch Jesus sprach zunächst nur zu seinen Jüngern: «Hütet euch vor den Pharisäern und ihrer Scheinheiligkeit, denn sie ist wie ein Sauerteig, der das ganze Brot durchsäuert. [2]Jetzt kommt bald die Zeit, in der das Verborgene ans Licht kommt und alle Geheimnisse enthüllt werden. [3]Was ihr im Geheimen redet, werden alle erfahren, und was ihr hinter vorgehaltener Hand flüstert, wird alle Welt zu hören bekommen.»

Lukas 18,9–14 Jesus erzählte ein weiteres Gleichnis. Er hatte dabei besonders die Menschen im Blick, die selbstgerecht sind und auf andere herabsehen. [10]«Zwei Männer gingen in den Tempel, um zu beten. Der eine war ein Pharisäer, der andere ein Zolleinnehmer. [11]Selbstsicher stand der Pharisäer dort und betete: ‹Ich danke dir, Gott, dass ich nicht so bin wie andere Leute: kein Räuber, kein Gottloser, kein Ehebrecher und schon gar nicht wie dieser Zolleinnehmer da hinten. [12]Ich faste zweimal in der Woche und gebe von allen meinen Einkünften den zehnten Teil für Gott.› [13]Der Zolleinnehmer dagegen blieb verlegen am Eingang stehen und wagte kaum aufzusehen. Schuldbewusst betete er: ‹Gott, vergib mir, ich weiß, dass ich ein Sünder bin!› [14]Ihr könnt sicher sein, dieser Mann ging von seiner Schuld befreit nach Hause, nicht aber der Pharisäer. Denn wer sich selbst ehrt, wird gedemütigt werden; aber wer sich selbst erniedrigt, wird geehrt werden.»

19 Das Herz

Johannes 7,37–39 Am letzten Tag des Festes, dem großen Tag, stellte sich Jesus hin und rief: «Wer Durst hat, komme zu mir, und es trinke, [38]wer an mich glaubt. Wie die Schrift sagt: Aus seinem Inneren werden Ströme von lebendigem Wasser fließen.» [39]Damit meinte er den Geist, den alle empfangen sollten, die an ihn glauben; denn der Geist war noch nicht gegeben, weil Jesus noch nicht verherrlicht war (Einheitsübersetzung).

Johannes 14,1 «Euer Herz erschrecke nicht! Glaubt an Gott und glaubt an mich!» (Lutherbibel).

Johannes 14,27 «Frieden hinterlasse ich euch; meinen Frieden gebe ich euch. Nicht wie die Welt gibt, gebe ich euch; euer Herz erschrecke nicht und verzage nicht!» (Schlachterbibel).

Johannes 16,22 «So seid auch ihr jetzt bekümmert, aber ich werde euch wiedersehen; dann wird euer Herz sich freuen und niemand nimmt euch eure Freude» (Einheitsübersetzung).

Matthäus 5,8 «Glücklich sind, die ein reines Herz haben, denn sie werden Gott sehen.»

Matthäus 5,28 «Ich sage euch aber: Schon wer eine Frau mit begehrlichen Blicken ansieht, der hat im Herzen mit ihr die Ehe gebrochen.»

Matthäus 6,19–21 «Häuft in dieser Welt keine Reichtümer an! Ihr wisst, wie schnell Motten und Rost sie zerfressen oder Diebe sie stehlen! 20Sammelt euch vielmehr Schätze im Himmel, die unvergänglich sind und die kein Dieb mitnehmen kann. 21Wo nämlich eure Schätze sind, da wird auch euer Herz sein.»

Matthäus 11,29–30 «Nehmt auf euch mein Joch und lernt von mir; denn ich bin sanftmütig und von Herzen demütig; so werdet ihr Ruhe finden für eure Seelen. 30Denn mein Joch ist sanft, und meine Last ist leicht» (Lutherbibel).

Matthäus 12,34–35 «Ihr Schlangenbrut! Wie könnt ihr durch und durch bösen Leute überhaupt etwas Gutes reden? Wovon das Herz erfüllt ist, das spricht der Mund aus! 35Wenn ein guter Mensch spricht, zeigt sich, was an Gutem in ihm ist. Ein Mensch mit einem bösen Herzen ist innerlich voller Gift, und alle merken es, wenn er redet.»

Matthäus 13,11–15 Jesus antwortete: «Euch lässt Gott die Geheimnisse seiner neuen Welt verstehen, anderen sind sie verborgen. 12Denn wer viel hat, der bekommt noch mehr dazu, ja, er wird mehr als genug haben! Wer aber nichts hat, dem wird selbst noch das Wenige, das er hat, genommen. 13Deshalb rede ich in Gleichnissen. Denn sie sehen, aber sie erkennen nicht; sie hören, aber sie verstehen es nicht. 14Damit erfüllt sich an ihnen, was der Prophet Jesaja vorausgesagt hat: ‹Ihr werdet hören und nicht verstehen, sehen und nicht erkennen. 15Denn das Herz dieses Volkes ist hart und gleichgültig. Sie sind schwerhörig und verschließen die Augen. Deshalb sehen und hören sie nicht. Sie sind nicht einsichtig und wollen nicht zu mir umkehren, darum kann ich ihnen nicht helfen und sie heilen.›»

Matthäus 15,3–9 Jesus fragte zurück: «Und weshalb brecht ihr mit euren Vorschriften die Gebote Gottes? 4So lautet ein Gebot Gottes: ‹Ehre deinen Vater und deine Mutter! Wer seinen Vater und seine Mutter verflucht, der soll sterben.› 5Ihr aber behauptet: Wenn jemand seinen hilfsbedürftigen Eltern erklärt: ‹Ich kann euch nicht helfen, weil ich mein Vermögen dem Tempel vermacht habe›, dann hat er nicht gegen Gottes Gebot verstoßen. 6Damit setzt ihr durch eure Vorschriften das Gebot Gottes außer Kraft. 7Ihr scheinheiligen Heuchler! Wie Recht hat Jesaja, wenn er von euch schreibt: 8‹Diese Leute ehren Gott mit den Lippen, aber mit dem Herzen sind sie nicht dabei. 9Ihr Gottesdienst ist wertlos, weil sie ihre menschlichen Gesetze als Gebote Gottes ausgeben.›»

Matthäus 15,10–11.13–20 Dann rief Jesus die Menschenmenge zu sich: «Hört, was ich euch sage, und begreift doch:

¹¹Nicht was ein Mensch zu sich nimmt, macht ihn unrein, sondern das, was er von sich gibt.» ¹³Jesus antwortete: «Jede Pflanze, die nicht von meinem himmlischen Vater gepflanzt worden ist, wird ausgerissen. ¹⁴Lasst euch nicht einschüchtern! Sie wollen Blinde führen, sind aber selbst blind. Wenn nun ein Blinder einen anderen Blinden führen will, werden beide in den Abgrund stürzen!» ¹⁵Da sagte Petrus: «Erklär uns doch noch einmal, was einen Menschen unrein macht!» ¹⁶Jesus fragte: «Selbst ihr habt es immer noch nicht begriffen? ¹⁷Wisst ihr denn nicht, dass alles, was ein Mensch zu sich nimmt, zuerst in den Magen kommt und dann ausgeschieden wird? ¹⁸Aber die bösen Worte, die ein Mensch von sich gibt, kommen aus seinem Herzen, und nur sie lassen ihn unrein werden! ¹⁹Aus dem Herzen kommen die bösen Gedanken wie: Mord, Ehebruch, sexuelle Zügellosigkeit, Diebstahl, Lüge und Verleumdung. ²⁰Durch sie wird der Mensch vor Gott unrein, nicht dadurch, dass man mit ungewaschenen Händen isst.»

Matthäus 22,37–40 Jesus antwortete ihm: «‹Du sollst den Herrn, deinen Gott, lieben von ganzem Herzen, mit ganzer Hingabe und mit deinem ganzen Verstand!› ³⁸Das ist das erste und wichtigste Gebot. ³⁹Ebenso wichtig ist aber das zweite: ‹Liebe deinen Mitmenschen wie dich selbst!› ⁴⁰Alle anderen Gebote und alle Forderungen der Propheten sind in diesen Geboten enthalten.»

Matthäus 24,48–51 «Wenn aber jener als ein böser Knecht in seinem Herzen sagt: Mein Herr kommt noch lange nicht, ⁴⁹und fängt an, seine Mitknechte zu schlagen, isst und trinkt mit den Betrunkenen: ⁵⁰dann wird der Herr dieses Knechts kommen an einem Tage, an dem er's nicht erwartet, und zu einer Stunde, die er nicht kennt, ⁵¹und er wird ihn in Stücke hauen lassen und ihm sein Teil geben bei den Heuchlern; da wird sein Heulen und Zähneklappern» (Lutherbibel).

Markus 7,6 Jesus antwortete: «Wie Recht hat Jesaja, wenn er von euch Heuchlern schreibt: ‹Diese Leute ehren Gott mit den Lippen, aber mit dem Herzen sind sie nicht dabei.›»

Markus 7,14–15.17–23 Dann rief Jesus die Menschenmenge zu sich. «Hört, was ich euch sage, und begreift doch: ¹⁵Nicht, was ein Mensch zu sich nimmt, macht ihn unrein, sondern das, was er von sich gibt.» ¹⁷Danach ging Jesus in ein Haus und war mit seinen Jüngern allein. Hier fragten sie ihn, was er mit dieser Rede gemeint hatte. ¹⁸«Selbst ihr habt es immer noch nicht begriffen?», erwiderte Jesus. «Wisst ihr nicht, dass alles, was ein Mensch zu sich nimmt, ihn nicht verunreinigen kann? ¹⁹Denn was ihr esst, geht nicht in euer Herz hinein; es kommt in den Magen und wird dann wieder ausgeschieden.» Damit wollte Jesus sagen, dass im Grunde jede Nahrung rein ist. ²⁰Und er fügte noch hinzu: «Was aus dem Inneren des Menschen kommt, das lässt ihn unrein werden. ²¹Denn aus dem Inneren, aus dem Herzen der Menschen, kommen die bösen Gedanken wie: sexuelle Zügellosigkeit, Diebstahl, Mord, ²²Ehebruch, Habsucht, Bosheit, Betrügerei, ausschweifendes Leben, Neid, Verleumdung, Überheblichkeit und Unbesonnenheit. ²³Das kommt von innen heraus, und das macht die Menschen vor Gott unrein.»

Markus 8,17–18 Jesus merkte, worüber sie [die Jünger] sprachen, und fragte: «Weshalb macht ihr euch gleich Sorgen, wenn einmal nicht genug zu essen da ist? Werdet ihr denn nie verstehen, was ich meine? Könnt ihr gar nichts begreifen? Ist euer Herz denn noch immer so hart und unempfänglich? [18]Ihr habt doch Augen. Warum seht ihr nicht? Und ihr habt Ohren. Warum hört ihr nicht? Habt ihr vergessen …?»

Markus 10,2–9 Da kamen einige Pharisäer zu Jesus, weil sie ihm eine Falle stellen wollten. Sie fragten ihn: «Darf sich ein Mann von seiner Frau scheiden lassen?» [3]Jesus fragte zurück: «Was hat Mose denn im Gesetz vorgeschrieben?» [4]Sie antworteten: «Mose hat gesagt: ‹Wenn sich ein Mann von seiner Frau trennt, soll er ihr eine Scheidungsurkunde geben.›» [5]Jesus entgegnete: «Das war nur ein Zugeständnis an euer hartes Herz. [6]Aber Gott hat die Menschen von Anfang an als Mann und Frau geschaffen. [7]‹Darum verlässt ein Mann seine Eltern und verbindet sich so eng mit seiner Frau, [8]dass die beiden eins sind mit Leib und Seele.› Sie sind also eins und nicht länger zwei voneinander getrennte Menschen. [9]Was Gott zusammengefügt hat, soll der Mensch nicht scheiden.»

Markus 11,22–24 Und Jesus antwortete und sprach zu ihnen: «Habt Glauben an Gott! [23]Wahrlich, ich sage euch: Wer zu diesem Berge spräche: ‹Heb dich und wirf dich ins Meer!›, und zweifelte nicht in seinem Herzen, sondern glaubte, dass geschehen werde, was er sagt, so wird's ihm geschehen. [24]Darum sage ich euch: Alles, was ihr bittet in eurem Gebet, glaubt nur,

dass ihr's empfangt, so wird's euch zuteil werden» (Lutherbibel).

Markus 12,29–30 Jesus antwortete: «Dies ist das wichtigste Gebot: ‹Hört, ihr Israeliten! Der Herr ist unser Gott, der Herr allein. [30]Ihn sollt ihr von ganzem Herzen lieben, mit ganzer Hingabe, mit eurem ganzen Verstand und mit all eurer Kraft.›»

Lukas 6,43–45 «Ein guter Baum trägt keine schlechten Früchte und ein kranker Baum keine guten. [44]So erkennt man jeden Baum an seinen Früchten. Von Dornbüschen kann man keine Feigen ernten und von Gestrüpp keine Weintrauben. [45]Wenn ein guter Mensch spricht, zeigt sich, was an Gutem in seinem Herzen ist. Ein Mensch mit einem bösen Herzen ist innerlich voller Gift, und alle merken es, wenn er redet. Denn wovon das Herz erfüllt ist, das spricht der Mund aus!»

Lukas 8,15 «Aber es gibt auch fruchtbaren Boden: den Menschen, der Gottes Botschaft bereitwillig und aufrichtig annimmt. Er bewahrt sie im Herzen und lässt sich durch nichts beirren, bis sein Glaube schließlich reiche Frucht bringt.»

Lukas 10,27–28 Der Schriftgelehrte antwortete: «Du sollst den Herrn, deinen Gott, lieben von ganzem Herzen, mit ganzer Hingabe, mit all deiner Kraft und mit deinem ganzen Verstand. Und auch deinen Mitmenschen sollst du so lieben wie dich selbst.» – «Richtig!», erwiderte Jesus. «Tu das, und du wirst ewig leben.»

Lukas 12,22–34 Jesus sagte zu seinen Jüngern: «Macht euch keine Sorgen um euren Lebensunterhalt, um Essen und Kleidung. [23]Leben bedeutet mehr als Essen und Trinken, und der Mensch ist wichtiger als seine Kleidung. [24]Seht euch die Raben an!

Sie säen nichts und ernten nichts, sie haben keine Vorratskammern und keine Scheunen; aber Gott versorgt sie doch. Meint ihr nicht, dass ihr ihm viel wichtiger seid? 25Und wenn ihr euch noch so viel sorgt, könnt ihr doch euer Leben um keinen Augenblick verlängern. 26Wenn ihr aber nicht einmal das könnt, was sorgt ihr euch um all die anderen Dinge? 27Seht euch an, wie die Lilien blühen! Sie können weder spinnen noch weben. Ich sage euch, selbst König Salomo war in seiner ganzen Herrlichkeit nicht so prächtig gekleidet wie eine dieser Blumen. 28Wenn Gott sogar das Gras so schön wachsen lässt, das heute auf der Wiese grünt, morgen aber schon verbrannt wird, wie könnte er euch dann vergessen? Vertraut ihr Gott so wenig? 29Zerbrecht euch also nicht mehr den Kopf darüber, was ihr essen und trinken sollt! 30Mit solchen Dingen beschäftigen sich nur Menschen, die Gott nicht kennen. Euer Vater im Himmel weiß doch genau, dass ihr dies alles braucht. 31Sorgt euch vor allem um Gottes neue Welt, dann wird er euch mit allem anderen versorgen. 32Du kleine Herde, du brauchst keine Angst vor der Zukunft zu haben! Denn dir will der Vater sein Königreich schenken. 33Verkauft euren Besitz, und gebt das Geld den Armen! Sammelt euch auf diese Weise einen Vorrat, der nicht alt wird und niemals verderben kann, einen Schatz im Himmel. Diesen Schatz kann kein Dieb stehlen und keine Motte zerfressen. 34Wo eure Schätze sind, da wird auch euer Herz sein.»

Lukas 12,42–46 Der Herr aber sprach: «Wer ist denn der treue und kluge Verwalter, den der Herr über seine Leute setzt, damit er ihnen zur rechten Zeit gibt, was ihnen zusteht? 43Selig ist der Knecht, den sein Herr, wenn er kommt, das tun sieht. 44Wahrlich, ich sage euch: Er wird ihn über alle seine Güter setzen. 45Wenn aber jener Knecht in seinem Herzen sagt: Mein Herr kommt noch lange nicht, und fängt an, die Knechte und Mägde zu schlagen, auch zu essen und zu trinken und sich voll zu saufen, 46dann wird der Herr dieses Knechtes kommen an einem Tage, an dem er's nicht erwartet, und zu einer Stunde, die er nicht kennt, und wird ihn in Stücke hauen lassen und wird ihm sein Teil geben bei den Ungläubigen» (Lutherbibel).

Lukas 16,14–15 Die geldgierigen Pharisäer spotteten über diese Worte. 15Deshalb sagte Jesus zu ihnen: «Ihr legt großen Wert darauf, dass alle Menschen euch für untadelig halten. Aber Gott kennt euer Herz. Er verabscheut, womit ihr die Menschen beeindrucken wollt.»

Lukas 24,25–26 Und er sprach zu ihnen [zwei Menschen auf dem Weg nach Emmaus]: «O ihr Unverständigen, wie ist doch euer Herz träge, zu glauben an alles, was die Propheten geredet haben! 26Musste nicht der Christus dies erleiden und in seine Herrlichkeit eingehen?» (Schlachterbibel).

20 Heuchler, Heuchelei und Selbstgerechtigkeit

Matthäus 6,1–4 «Hütet euch davor, nur deshalb Gutes zu tun, damit die Leute euch bewundern. Sonst könnt ihr von eurem Vater im Himmel keinen Lohn mehr erwarten. 2Wenn du einem Armen etwas gibst, dann posaune es nicht hinaus wie die Heuchler. Sie reden davon in den Synagogen und an jeder Straßenecke, um von allen gelobt zu werden. Das sage ich euch: Diese Leute haben sich ihren Lohn schon selber ausbezahlt. [3]Wenn du jemandem hilfst, dann soll deine linke Hand nicht wissen, was die rechte tut; [4]niemand soll davon erfahren. Dein Vater, der auch das Verborgene sieht, wird dich dafür belohnen.»

Matthäus 6,5–8 «Betet nicht wie die Heuchler! Sie beten gern in den Synagogen und an den Straßenecken, um gesehen zu werden. Ich sage euch: Diese Leute haben sich ihren Lohn schon selber ausbezahlt! [6]Wenn du beten willst, geh in dein Zimmer, schließ die Tür hinter dir zu, und bete zu deinem Vater. Und dein Vater, der auch das Verborgene sieht, wird dich dafür belohnen. [7]Leiere nicht endlose Gebete herunter wie Leute, die Gott nicht kennen. Sie meinen, sie würden bei Gott etwas erreichen, wenn sie nur viele Worte machen. [8]Folgt nicht ihrem schlechten Beispiel, denn euer Vater weiß genau, was ihr braucht, noch ehe ihr ihn um etwas bittet.»

Matthäus 6,16–18 «Wenn ihr fastet, dann schaut nicht so drein wie die Heuchler! Sie setzen eine wehleidige Miene auf, damit jeder merkt, dass sie fasten. Ich sage euch: Diese Leute haben sich ihren Lohn schon selber ausbezahlt! [17]Wenn du fastest, dann pflege dein Äußeres so, [18]dass keiner etwas von deinem Verzicht merkt – außer deinem Vater im Himmel. Dein Vater, der auch das Verborgene sieht, wird dich belohnen.»

Matthäus 7,1–5 «Urteilt nicht über andere, damit Gott euch nicht verurteilt. [2]Denn so wie ihr jetzt andere verurteilt, werdet auch ihr verurteilt werden. Und mit dem Maßstab, den ihr an andere legt, wird man euch selber messen. [3]Warum siehst du jeden kleinen Splitter im Auge deines Bruders, aber den Balken in deinem eigenen Auge bemerkst du nicht? [4]Du sagst: ‹Mein Bruder, komm her! Ich will dir den Splitter aus dem Auge ziehen!› Dabei hast du selbst einen Balken im Auge! [5]Du Heuchler! Entferne zuerst den Balken aus deinem Auge, dann kannst du klar sehen, um auch den Splitter aus dem Auge deines Bruders zu ziehen.»

Matthäus 15,3–9 Jesus fragte zurück: «Und weshalb brecht ihr mit euren Vorschriften die Gebote Gottes? [4]So lautet ein Gebot Gottes: ‹Ehre deinen Vater und deine Mutter! Wer seinen Vater und seine Mutter verflucht, der soll sterben.› [5]Ihr aber behauptet: Wenn jemand seinen hilfsbedürftigen Eltern erklärt: ‹Ich kann euch nicht helfen, weil ich mein Vermögen dem Tempel vermacht habe›, dann hat er nicht gegen Gottes Gebot verstoßen. [6]Damit setzt ihr durch eure Vorschriften das Gebot Gottes außer Kraft. [7]Ihr scheinheiligen Heuchler! Wie Recht hat Jesaja, wenn er von euch schreibt: [8]‹Diese Leute ehren Gott mit den Lippen, aber mit dem Herzen sind sie nicht dabei. [9]Ihr Gottesdienst ist wertlos, weil sie ihre menschlichen Gesetze als Gebote Gottes ausgeben.›»

Matthäus 16,2–3 [2/3]Jesus sagte ihnen: «Ihr könnt das Wetter aus den Zeichen am Himmel vorhersagen: Abendrot zeigt gutes Wetter für den nächsten Tag an, Morgenröte bedeutet schlechtes Wetter. Aber was heute vor euren Augen geschieht, das könnt ihr nicht richtig beurteilen!»

Matthäus 16,5–12 Als sie an das andere Seeufer gekommen waren, stellten seine Jünger fest, dass sie vergessen hatten, Brot mitzunehmen. ⁶Da warnte sie Jesus: «Hütet euch vor dem Sauerteig der Pharisäer und Sadduzäer!» ⁷Die Jünger überlegten, was er wohl damit meinte: «Das sagt er bestimmt, weil wir das Brot vergessen haben.» ⁸Jesus merkte, worüber sie sprachen, und fragte: «Weshalb macht ihr euch gleich Sorgen, wenn einmal nichts zu essen da ist? Traut ihr mir so wenig zu? ⁹Werdet ihr denn nie zur Einsicht kommen? Habt ihr vergessen, dass ich fünftausend Menschen mit fünf Broten gesättigt habe? Und wie viele Körbe habt ihr mit Resten gefüllt? ¹⁰Oder denkt an die sieben Brote, die ich an viertausend Menschen verteilt habe! Und wie viel ist damals übrig geblieben! ¹¹Wie kommt ihr auf den Gedanken, dass ich vom Essen rede, wenn ich euch sage: Hütet euch vor dem Sauerteig der Pharisäer und Sadduzäer?» ¹²Erst jetzt begriffen sie, dass Jesus mit dem Sauerteig die falschen Lehren der Pharisäer und Sadduzäer gemeint hatte. (Siehe auch Markus 8,14–18.)

Matthäus 22,16–21 Sie schickten ein paar von ihren Leuten und einige Anhänger des Königs Herodes zu ihm. Die fragten ihn scheinheilig: «Lehrer, wir wissen, dass es dir allein um die Wahrheit geht. Du sagst uns frei heraus, wie wir nach Gottes Willen leben sollen. Du redest den Leuten nicht nach dem Mund – ganz gleich, wie viel Ansehen sie besitzen. ¹⁷Deshalb sage uns: Ist es eigentlich Gottes Wille, dass wir dem römischen Kaiser Steuern zahlen, oder nicht?» ¹⁸Jesus durchschaute ihre Hinterhältigkeit. «Ihr Heuchler!», rief er. «Warum wollt ihr mir eine Falle stellen? ¹⁹Zeigt mir ein Geldstück!» Sie gaben ihm eine römische Münze. ²⁰Er fragte sie:

«Wessen Bild und Name ist hier eingeprägt?» ²¹Sie antworteten: «Das Bild und der Name des Kaisers.» – «Nun, dann gebt dem Kaiser, was ihm zusteht, und gebt Gott, was ihm gehört!» (Siehe auch Markus 12,13–17 und Lukas 20,20–25.)

Matthäus 23,1–13.15 Dann sprach Jesus zu der Volksmenge und zu seinen Jüngern: ²«Die Schriftgelehrten und Pharisäer sind dazu eingesetzt, euch das Gesetz des Mose auszulegen. ³Richtet euch nach ihren Vorschriften! Folgt aber nicht ihrem Beispiel! Denn sie selber tun nicht, was sie von den anderen verlangen. ⁴Sie bürden den Menschen unerträgliche Lasten auf, doch sie selbst rühren keinen Finger, um diese Lasten zu tragen. ⁵Mit allem, was sie tun, stellen sie sich zur Schau. Am Arm tragen sie breite Gebetsriemen und an den Gewändern riesige Quasten. ⁶Bei euren Festen wollen sie die Ehrenplätze bekommen, und auch in der Synagoge sitzen sie stets in der ersten Reihe. ⁷Es gefällt ihnen, wenn man sie auf der Straße ehrfurchtsvoll grüßt und ‹Meister› nennt. ⁸Lasst ihr euch nicht so anreden! Nur Gott ist euer Meister, ihr seid untereinander alle Geschwister. ⁹Niemanden auf der Erde sollt ihr ‹Vater› nennen, denn nur einer ist euer Vater: Gott im Himmel. ¹⁰Ihr sollt euch auch nicht Lehrer nennen lassen, weil ihr nur einen Lehrer habt: Christus. ¹¹Wer unter euch groß sein will, der soll allen anderen dienen. ¹²Alle, die sich selbst ehren, werden gedemütigt werden. Wer sich aber selbst erniedrigt, wird geehrt werden. ¹³Wehe euch, ihr Pharisäer und Schriftgelehrten! Ihr seid Heuchler! Durch euch wird anderen der Zugang in die neue Welt Gottes versperrt. Ihr selbst geht nicht hinein, und die hinein wollen, hindert ihr daran. [15]Wehe euch, ihr Schein-heiligen! Ihr reist über das Meer und durch-quert jede Wüste, um nur einen einzigen Nichtjuden dafür zu gewinnen, eure Ge-setze anzuerkennen. Aber wenn ihr einen gefunden habt, dann wird er durch euch ein Kind der Hölle, das euch an Bosheit noch übertrifft.»

Matthäus 23,23–39 «Wehe euch, ihr Schriftgelehrten und Pharisäer! Ihr Schein-heiligen! Sogar von Küchenkräutern wie Minze, Dill und Kümmel gebt ihr Gott den zehnten Teil. Aber die viel wichtigeren For-derungen Gottes nach Gerechtigkeit, Barmherzigkeit und Glauben sind euch gleichgültig. Doch gerade darum geht es hier: Das Wesentliche tun und das andere nicht unterlassen. [24]Ihr aber entfernt jede kleine Mücke aus eurem Essen, doch ganze Kamele schluckt ihr bedenkenlos hinunter. Andere wollt ihr führen und seid doch sel-ber blind! [25]Wehe euch, ihr Schriftgelehr-ten und Pharisäer! Ihr Heuchler! Ihr poliert eure Becher und Schüsseln außen auf Hochglanz, so wie das Gesetz es erfordert. Doch gefüllt sind sie mit dem, was ihr in eurer maßlosen Gier anderen abgenom-men habt. [26]Ihr blinden Verführer, reinigt eure Becher erst einmal von innen, dann werden sie auch außen sauber sein. [27]Wehe euch, ihr Schriftgelehrten und Pha-risäer! Ihr seid wie die gepflegten Grabstät-ten: von außen sauber und geschmückt, aber innen ist alles voll stinkender Ver-wesung. [28]Ihr steht vor den Leuten als sol-che da, die Gott ehren, aber in Wirklichkeit seid ihr voller Bosheit und Heuchelei. [29]Wehe euch, ihr Schriftgelehrten und Pha-risäer! Ihr Scheinheiligen! Den Propheten baut ihr Denkmäler, und die Gräber derer,

die nach Gottes Willen lebten, schmückt ihr. [30]Dazu behauptet ihr noch: ‹Wenn wir damals gelebt hätten, wir hätten die Pro-pheten nicht umgebracht wie unsere Vor-fahren.› [31]Damit gebt ihr also zu, dass ihr die Nachkommen der Prophetenmörder seid. [32]Ja, ihr treibt es sogar noch schlim-mer als sie. [33]Ihr Schlangenbrut! Wie wollt ihr Gottes Gericht und der Hölle entrin-nen? [34]Ich werde euch Propheten, weise Männer und Lehrer schicken, die euch die Heilige Schrift erklären. Einige von ihnen werdet ihr töten und kreuzigen. Andere werdet ihr in den Synagogen auspeitschen und sie von Stadt zu Stadt verfolgen. [35]Da-durch seid ihr am Tod aller dieser Men-schen schuldig, die nach Gottes Willen lebten; angefangen bei Abel bis zu Sechar-ja, dem Sohn des Berechja, den ihr zwi-schen Tempel und Brandopferaltar ermor-det habt. [36]Das sage ich euch: Das Strafgericht für all diese Schuld wird noch über diese Generation hereinbrechen. [37]Je-rusalem! O Jerusalem! Du tötest die Pro-pheten und erschlägst die Boten, die Gott zu dir schickt. Wie oft schon wollte ich deine Bewohner um mich sammeln, so wie eine Henne ihre Küken unter ihre Flü-gel nimmt! Aber ihr habt es nicht gewollt! [38]Und nun? Von eurem Tempel werden nur noch Trümmer bleiben! [39]Und ich sage euch: Mich werdet ihr erst dann wieder-sehen, wenn ihr rufen werdet: ‹Gelobt sei, der im Namen des Herrn zu uns kommt!›»

Markus 7,6–13 Jesus antwortete: «Wie Recht hat Jesaja, wenn er von euch Heuch-lern schreibt: ‹Diese Leute ehren Gott mit den Lippen, aber mit dem Herzen sind sie nicht dabei. [7]Ihr Gottesdienst ist wertlos, weil sie ihre menschlichen Gesetze als Gebote Gottes ausgeben.› ⁸/⁹Ja, ihr beachtet Gottes Gebote nicht, sondern ersetzt sie durch eure Vorschriften! Dabei geht ihr sehr geschickt vor. ¹⁰So hat euch Mose das Gebot gegeben: ‹Ehre deinen Vater und deine Mutter!› Und: ‹Wer seinen Vater oder seine Mutter verflucht, der soll sterben!› ¹¹Ihr aber behauptet: Wenn jemand seinen hilfsbedürftigen Eltern erklärt: ‹Ich kann euch nicht helfen, weil ich mein Vermögen dem Tempel vermacht habe›, dann hat er nicht gegen Gottes Gebot verstoßen. ¹²In Wirklichkeit habt ihr damit aber nur erreicht, dass niemand mehr seinem Vater oder seiner Mutter helfen kann. ¹³Ihr setzt also durch eure Vorschriften das Gebot Gottes außer Kraft. Und das ist nur *ein* Beispiel für viele.»

Markus 12,38–40 Jesus redete weiter zu ihnen: «Hütet euch vor den Schriftgelehrten! Sie laufen gern in langen Gewändern herum und genießen es, wenn die Leute sie auf der Straße ehrfurchtsvoll grüßen. ³⁹In der Synagoge sitzen sie stets in der ersten Reihe, und es gefällt ihnen, wenn sie bei euren Festen die Ehrenplätze bekommen. ⁴⁰Gierig reißen sie den Besitz der Witwen an sich; dabei tarnen sie ihre bösen Absichten mit langen Gebeten. Gottes Strafe wird sie besonders hart treffen.» (Siehe auch Lukas 20,45–47.)

Lukas 6,24–26 «Doch wehe euch, ihr Reichen! Ihr habt euer Glück schon auf Erden genossen. ²⁵Wehe euch, ihr Satten! Ihr werdet Hunger leiden. Wehe euch, die ihr jetzt sorglos lacht! Ihr werdet trauern und weinen. ²⁶Wehe euch, die ihr jetzt von allen umschmeichelt werdet, denn die falschen Propheten waren schon immer beliebt.»

Lukas 6,41 «Warum siehst du jeden kleinen Splitter im Auge deines Bruders, aber den Balken in deinem Auge bemerkst du nicht?»

Lukas 11,39–44 Da sagte Jesus, der Herr, zu ihm: «Ihr Pharisäer poliert eure Becher und Schüsseln außen auf Hochglanz, so wie das Gesetz es erfordert. Doch gefüllt sind sie mit dem, was ihr in eurer maßlosen Gier anderen abgenommen habt. ⁴⁰Ihr Dummköpfe! Ihr wisst doch ganz genau, dass Gott beides geschaffen hat – Äußeres und Inneres. ⁴¹Eure Schüsseln und Becher sind voll. Gebt das, was darin ist, den Armen, dann seid ihr auch vor Gott rein! ⁴²Wehe euch, ihr Pharisäer! Sogar von Küchenkräutern wie Minze und Raute und auch von allen anderen Gewürzen gebt ihr Gott den zehnten Teil. Aber Gerechtigkeit und die Liebe zu Gott sind euch gleichgültig! Doch gerade darum geht es hier: Das Wesentliche tun und das andere nicht unterlassen! ⁴³Ich warne euch, ihr Pharisäer! In der Synagoge sitzt ihr stets in der ersten Reihe, und es gefällt euch, wenn man euch auf der Straße ehrfurchtsvoll grüßt. ⁴⁴Wehe euch, ihr Pharisäer! Wer mit euch zu tun hat, der weiß nicht, dass er sich verunreinigt. Denn ihr seid wie Gräber, die vom Gras überwuchert sind und über die man geht, ohne es zu wissen.»

Lukas 11,46–51 Jesus erwiderte: «Ja, ich warne auch euch, ihr Schriftgelehrten! Ihr bürdet den Menschen unerträgliche Lasten auf, doch ihr selbst rührt keinen Finger, um diese Lasten zu tragen. ⁴⁷Wehe euch! Ihr baut Denkmäler für die Propheten, die von euren Vorfahren umgebracht wurden. ⁴⁸Doch damit bestätigt ihr nur, dass ihr nicht anders seid als eure Vorfahren. Sie haben die Propheten getötet, und ihr vollendet ihr Werk durch Denkmäler. [49]Deshalb hat Gott in seiner Weisheit gesagt: Ich werde ihnen Propheten und Apostel schicken; doch sie werden einige von ihnen töten und die anderen verfolgen! [50]Ihr werdet zur Rechenschaft gezogen für den Mord an allen Propheten, seit die Welt besteht: [51]angefangen bei Abel bis hin zu Secharja, den ihr zwischen Brandopferaltar und Tempel ermordet habt. Ja, noch diese Generation wird dafür die Verantwortung tragen müssen.»

Lukas 12,1–3 Hunderte, ja Tausende strömten zusammen, und das Gedränge wurde bedrohlich. Doch Jesus sprach zunächst nur zu seinen Jüngern: «Hütet euch vor den Pharisäern und ihrer Scheinheiligkeit, denn sie ist wie ein Sauerteig, der das ganze Brot durchsäuert. [2]Jetzt kommt bald die Zeit, in der das Verborgene ans Licht kommt und alle Geheimnisse enthüllt werden. [3]Was ihr im Geheimen redet, werden alle erfahren, und was ihr hinter vorgehaltener Hand flüstert, wird alle Welt zu hören bekommen.»

Lukas 13,14–16 Aber der Vorsteher der Synagoge entrüstete sich darüber, dass Jesus die Frau am Sabbat geheilt hatte. Er sagte zu den Versammelten: «Die Woche hat sechs Arbeitstage. An denen könnt ihr kommen und euch heilen lassen, aber nicht ausgerechnet am Sabbat!» [15]Doch Jesus, der Herr, erwiderte ihm: «Ihr Heuchler! Ihr bindet doch eure Ochsen und Esel auch am Sabbat los und führt sie zur Tränke. [16]Und mir verbietet ihr, diese Frau am Sabbat aus der Gefangenschaft Satans zu befreien! Achtzehn Jahre lang war sie

krank. Gehört sie nicht auch zu Gottes auserwähltem Volk?»

Lukas 16,14–15 Die geldgierigen Pharisäer spotteten über diese Worte. [15]Deshalb sagte Jesus zu ihnen: «Ihr legt großen Wert darauf, dass alle Menschen euch für untadelig halten. Aber Gott kennt euer Herz. Er verabscheut, womit ihr die Menschen beeindrucken wollt.»

Lukas 18,9–14 Jesus erzählte ein weiteres Gleichnis. Er hatte dabei besonders die Menschen im Blick, die selbstgerecht sind und auf andere herabsehen. [10]«Zwei Männer gingen in den Tempel, um zu beten. Der eine war ein Pharisäer, der andere ein Zolleinnehmer. [11]Selbstsicher stand der Pharisäer dort und betete: ‹Ich danke dir, Gott, dass ich nicht so bin wie andere Leute: kein Räuber, kein Gottloser, kein Ehebrecher und schon gar nicht wie dieser Zolleinnehmer da hinten. [12]Ich faste zweimal in der Woche und gebe von allen meinen Einkünften den zehnten Teil für Gott.› [13]Der Zolleinnehmer dagegen blieb verlegen am Eingang stehen und wagte kaum aufzusehen. Schuldbewusst betete er: ‹Gott, vergib mir, ich weiß, dass ich ein Sünder bin!› [14]Ihr könnt sicher sein, dieser Mann ging von seiner Schuld befreit nach Hause, nicht aber der Pharisäer. Denn wer sich selbst ehrt, wird gedemütigt werden; aber wer sich selbst erniedrigt, wird geehrt werden.»

21 Irdische Güter

Matthäus 6,19–21 «Häuft in dieser Welt keine Reichtümer an! Ihr wisst, wie schnell Motten und Rost sie zerfressen oder Diebe sie stehlen! [20]Sammelt euch vielmehr

Schätze im Himmel, die unvergänglich sind und die kein Dieb mitnehmen kann. ²¹Wo nämlich eure Schätze sind, da wird auch euer Herz sein.»

Matthäus 16,24–26 Danach sprach Jesus zu seinen Jüngern: «Wer mir nachfolgen will, darf nicht mehr sich selbst in den Mittelpunkt stellen, sondern muss sein Kreuz auf sich nehmen und mir nachfolgen. ²⁵Wer sich an sein Leben klammert, der wird es verlieren. Wer aber sein Leben für mich einsetzt, der wird es für immer gewinnen. ²⁶Denn was gewinnt ein Mensch, wenn ihm die ganze Welt zufällt, er selbst aber dabei Schaden nimmt? Er kann sein Leben ja nicht wieder zurückkaufen!»

Matthäus 19,21–24 Jesus antwortete: «Wenn du vollkommen sein willst, dann verkauf, was du hast, und gib das Geld den Armen. Damit wirst du im Himmel einen Reichtum gewinnen, der niemals verloren geht. Und dann komm, und folge mir nach.» ²²Als der junge Mann das hörte, ging er traurig weg, denn er war sehr reich. ²³Da sagte Jesus zu seinen Jüngern: «Eins ist sicher: Ein Reicher hat es sehr schwer, in Gottes neue Welt zu kommen. ²⁴Eher geht ein Kamel durch ein Nadelöhr, als dass ein Reicher in Gottes neue Welt kommt.»

Lukas 6,24–26 «Doch wehe euch, ihr Reichen! Ihr habt euer Glück schon auf Erden genossen. ²⁵Wehe euch, ihr Satten! Ihr werdet Hunger leiden. Wehe euch, die ihr jetzt sorglos lacht! Ihr werdet trauern und weinen. ²⁶Wehe euch, die ihr jetzt von allen umschmeichelt werdet, denn die falschen Propheten waren schon immer beliebt.»

Lukas 16,19–26 «Da lebte einmal ein reicher Mann», erzählte Jesus. «Er war immer sehr vornehm gekleidet und konnte sich Tag für Tag jeden Luxus leisten. ²⁰Vor dem Portal seines Hauses aber lag Lazarus, bettelarm und schwer krank. Sein Körper war über und über mit Geschwüren bedeckt. ²¹Während er dort um die Abfälle aus der Küche bettelte, kamen die Hunde und beleckten seine offenen Wunden. ²²Lazarus starb, und die Engel brachten ihn in den Himmel; dort durfte er den Ehrenplatz an Abrahams Seite einnehmen. Auch der reiche Mann starb und wurde begraben. ²³Als er im Totenreich unter Qualen erwachte, blickte er auf und erkannte in weiter Ferne Abraham, der Lazarus bei sich hatte. ²⁴‹Vater Abraham›, rief der Reiche laut, ‹hab Mitleid mit mir! Schick mir doch Lazarus! Er soll seine Fingerspitze ins Wasser tauchen und damit meine Zunge kühlen. Ich leide in diesen Flammen furchtbare Qualen!› ²⁵Aber Abraham erwiderte: ‹Mein Sohn, erinnere dich! Du hast in deinem Leben alles gehabt, Lazarus hatte nichts. Jetzt geht es ihm gut, und du musst leiden. ²⁶Außerdem liegt zwischen uns ein tiefer Abgrund. Niemand kann von der einen Seite zur anderen kommen, selbst wenn er es wollte.›»

22 Kinder

Matthäus 7,9–11 «Würde jemand von euch seinem Kind einen Stein geben, wenn es um ein Stück Brot bittet? ¹⁰Oder eine giftige Schlange, wenn es um einen Fisch bittet? ¹¹Wenn schon ihr hartherzigen Menschen euren Kindern Gutes gebt, wie viel mehr wird euer Vater im Himmel denen Gutes schenken, die ihn darum bitten!»

Matthäus 10,34–39 «Meint nur nicht, dass ich gekommen bin, um Frieden auf die Erde zu bringen. Nein, ich bringe Kampf! 35Ich werde Vater und Sohn, Mutter und Tochter, Schwiegertochter und Schwiegermutter gegeneinander aufbringen. 36Die schlimmsten Feinde werden in der eigenen Familie sein. 37Wer seinen Vater oder seine Mutter, seinen Sohn oder seine Tochter mehr liebt als mich, der ist es nicht wert, mein Jünger zu sein. 38Und wer nicht bereit ist, sein Kreuz auf sich zu nehmen und mir nachzufolgen, der kann nicht zu mir gehören. 39Wer sich an sein Leben klammert, der wird es verlieren. Wer es aber für mich einsetzt, der wird es für immer gewinnen.»

Matthäus 18,2–7 Jesus rief ein kleines Kind, stellte es in die Mitte 3und sprach: «Das will ich euch sagen: Wenn ihr euch nicht ändert und so werdet wie die Kinder, kommt ihr nie in Gottes neue Welt. 4Wer aber so klein und demütig sein kann wie ein Kind, der ist der Größte in Gottes neuer Welt. 5Und wer solch ein Kind mir zuliebe aufnimmt, der nimmt mich auf. 6Wer in einem Menschen den Glauben, wie ihn ein Kind hat, zerstört, für den wäre es noch das Beste, mit einem Mühlstein um den Hals ins tiefe Meer geworfen zu werden. 7Wehe der Welt, denn sie verführt zum Unglauben! Solche Versuchungen können ja nicht ausbleiben. Aber wehe dem, der daran schuld ist!»

Matthäus 18,10.12–14 «Hütet euch davor, hochmütig auf die herabzusehen, die euch gering erscheinen. Denn ich sage euch: Ihre Engel haben immer Zugang zu meinem Vater im Himmel. 12Was meint ihr: Wenn ein Mann hundert Schafe hat und eins läuft ihm davon, was wird er tun? Lässt er nicht die neunundneunzig in den Bergen zurück, um das verirrte Schaf zu suchen? 13Und ich versichere euch: Wenn er es endlich gefunden hat, freut er sich über dieses eine mehr als über die neunundneunzig, die sich nicht verlaufen hatten. 14Ebenso will mein Vater nicht, dass auch nur einer, und sei es der Geringste, verloren geht.»

Matthäus 19,14 Jesus sagte: «Lasst die Kinder zu mir kommen und haltet sie nicht zurück, denn für Menschen wie sie ist Gottes neue Welt bestimmt.»

Markus 9,35–37 Jesus setzte sich, rief die zwölf Jünger zu sich und sagte: «Wer der Erste sein will, der soll sich allen anderen unterordnen und ihnen dienen.» 36Er rief ein kleines Kind, stellte es in die Mitte und umarmte es. Dann sagte er: 37«Wer solch ein Kind mir zuliebe aufnimmt, der nimmt mich auf. Und wer mich aufnimmt, der nimmt damit Gott selbst auf, weil Gott mich gesandt hat.»

Markus 9,39–42 «Wer in meinem Namen Wunder vollbringt, wird nicht gleichzeitig schlecht von mir reden. 40Wer nicht gegen uns ist, der ist für uns. 41Erfrischt euch ein Mensch mit einem Schluck Wasser, weil ihr zu Christus gehört, so wird er seinen Lohn erhalten. Darauf könnt ihr euch verlassen. 42Wer in einem Menschen den Glauben, wie ihn ein Kind hat, zerstört, für den wäre es noch das Beste, mit einem Mühlstein um den Hals ins Meer geworfen zu werden.»

Markus 10,14–16 Als Jesus das merkte, wurde er zornig: «Lasst die Kinder zu mir kommen, und haltet sie nicht zurück, denn für Menschen wie sie ist Gottes neue Welt bestimmt. 15Hört, was ich euch sage: Wer sich die neue Welt Gottes nicht wie ein Kind schenken lässt, dem bleibt sie verschlossen.» ¹⁶Dann nahm er die Kinder in seine Arme, legte ihnen die Hände auf und segnete sie.

Lukas 14,26 «Wenn einer mit mir gehen will, so muss ich für ihn wichtiger sein als seine Eltern, seine Frau, seine Kinder, seine Geschwister, ja wichtiger als das eigene Leben. Sonst kann er nicht mein Jünger sein.»

Lukas 17,1–2 «Es wird immer wieder Versuchungen geben, die euch vom Glauben abbringen wollen», warnte Jesus seine Jünger. «Aber wehe dem, der daran schuld ist! ²Denn wer in einem Menschen den Glauben, wie ihn ein Kind hat, zerstört, für den wäre es noch das Beste, mit einem Mühlstein um den Hals ins Meer geworfen zu werden.»

Lukas 18,16–17 Doch Jesus rief die Kinder zu sich und sagte: «Lasst die Kinder zu mir kommen, und haltet sie nicht zurück! Denn für Menschen wie sie ist Gottes neue Welt bestimmt. ¹⁷Hört, was ich euch sage: Wer sich die neue Welt Gottes nicht wie ein Kind schenken lässt, dem bleibt sie verschlossen.»

Lukas 18,29–30 Jesus antwortete: «Das sollt ihr wissen: Jeder, der sein Haus, seine Eltern, seine Geschwister, seine Frau oder seine Kinder zurücklässt, um sich für Gottes neue Welt einzusetzen, ³⁰der wird dafür reich belohnt werden: hier schon, in dieser Welt, und erst recht in der zukünftigen Welt mit dem ewigen Leben.»

23 Kinder des Teufels

Johannes 8,39–47 «Unser Vater ist Abraham», erklärten sie. «Nein», widersprach ih-

nen Jesus, «wenn er es wirklich wäre, würdet ihr auch so handeln wie er. ⁴⁰Weil ich euch die Wahrheit sage, die ich von Gott gehört habe, wollt ihr mich töten. Das hätte Abraham nie getan. ⁴¹Nein, ihr handelt genau wie euer wirklicher Vater.» – «Wir sind doch schließlich nicht im Ehebruch gezeugt worden», wandten sie ein. «Wir haben nur einen Vater: Gott selbst!» ⁴²Doch Jesus entgegnete ihnen: «Wenn es tatsächlich so wäre, dann würdet ihr mich lieben; denn ich komme ja von Gott zu euch; in seinem Auftrag und nicht aus eigenem Entschluss. ⁴³Aber ich will euch sagen, weshalb ihr mich nicht versteht: weil ihr meine Worte überhaupt nicht hören könnt! ⁴⁴Denn ihr seid Kinder des Teufels. Und deshalb handelt ihr so, wie es eurem Vater gefällt. Der war schon von Anfang an ein Mörder, wollte mit der Wahrheit nichts zu tun haben und war ihr schlimmster Feind. Sein ganzes Wesen ist Lüge, er ist der Lügner schlechthin – ja, der Vater jeder Lüge. ⁴⁵Mir aber glaubt ihr nicht, weil ich die Wahrheit sage. ⁴⁶Oder kann mir einer von euch auch nur eine einzige Sünde nachweisen? Wenn ich euch die Wahrheit sage, warum glaubt ihr mir dann nicht? ⁴⁷Wer Gott zum Vater hat, der hört, was Gott sagt. Ihr aber habt Gott nicht zum Vater, und deshalb hört ihr auch seine Worte nicht.»

Matthäus 13,37–43 Jesus antwortete: «Der Menschensohn selbst ist der Bauer, der die gute Saat aussät. ³⁸Der Acker ist die Welt, die Saat sind die Menschen, die zu Gottes neuer Welt gehören, und das Unkraut sind die Leute, die dem Satan gehorchen. ³⁹Der Feind, der das Unkraut zwischen den Weizen sät, ist der Teufel. Die Ernte ist das Ende der Welt, und die Erntearbeiter sind die Engel. [40]Wie das Unkraut vom Weizen getrennt und verbrannt wird, so wird es auch am Ende der Welt sein: [41]Der Menschensohn wird seine Engel senden. Sie werden aus der neuen Welt Gottes alle, die Unrecht tun und andere zur Sünde verführen, aussondern [42]und sie in den brennenden Ofen werfen. Dort wird nur Heulen und ohnmächtiges Jammern zu hören sein. [43]Aber alle, die Gottes Willen tun, werden in der neuen Welt ihres Vaters leuchten wie die Sonne. Hört genau auf das, was ich euch sage!»

24 Krankheit

Johannes 9,3 «Weder noch», antwortete Jesus. «Vielmehr soll an ihm [dem Mann, der blind geboren wurde] die Macht Gottes sichtbar werden.»

Johannes 11,4 Als Jesus das hörte, [dass Lazarus krank war,] sagte er: «Diese Krankheit führt letztlich nicht zum Tod, sondern durch sie soll die Macht Gottes sichtbar werden, und auch der Sohn Gottes wird dadurch geehrt.»

Matthäus 10,5–8 Diese Zwölf sandte Jesus aus und gab ihnen folgenden Auftrag: «Geht nicht zu den Nichtjuden oder in die Städte der Samariter, [6]sondern geht nur zu den Menschen aus dem Volk Israel, die sich von Gott entfernt haben. Sie sind wie Schafe, die ohne ihren Hirten verloren sind. [7]Ihnen sollt ihr diese Nachricht bringen: ‹Jetzt beginnt Gottes neue Welt!› [8]Heilt Kranke, weckt Tote auf, macht Aussätzige gesund und treibt Dämonen aus! Tut alles, ohne etwas dafür zu verlangen, denn ihr habt auch die Kraft dazu ohne Gegenleistung bekommen.»

Matthäus 25,33–40 «Wenn der Menschensohn in seiner ganzen Herrlichkeit, begleitet von allen Engeln, kommt, dann wird er auf dem Thron Gottes sitzen. [32]Alle Völker werden vor ihm erscheinen, und er wird die Menschen in zwei Gruppen teilen, so wie ein Hirte die Schafe von den Böcken trennt. [33]Rechts werden die Schafe und links die Böcke stehen. [34]Dann wird der König zu denen an seiner rechten Seite sagen: ‹Kommt her! Euch hat mein Vater gesegnet. Nehmt die neue Welt Gottes in Besitz, die er seit Erschaffung der Welt für euch als Erbe bereithält! [35]Denn als ich hungrig war, habt ihr mir zu essen gegeben. Als ich Durst hatte, bekam ich von euch etwas zu trinken. Ich war ein Fremder bei euch, und ihr habt mich aufgenommen. [36]Ich war nackt, ihr habt mir Kleidung gegeben. Ich war krank, und ihr habt mich besucht. Ich war im Gefängnis, und ihr seid zu mir gekommen.› [37]Dann werden sie, die nach Gottes Willen gelebt haben, fragen: ‹Herr, wann bist du denn hungrig gewesen und wir haben dir zu essen gegeben? Oder durstig und wir gaben dir zu trinken? [38]Wann haben wir dir Gastfreundschaft gewährt, und wann bist du nackt gewesen und wir haben dir Kleider gebracht? [39]Wann warst du denn krank oder im Gefängnis und wir haben dich besucht?› [40]Der König wird ihnen dann antworten: ‹Das will ich euch sagen. Was ihr für einen meiner geringsten Brüder getan habt, das habt ihr für mich getan!›»

Lukas 10,8–9 «Wenn ihr in eine Stadt kommt, in der euch die Leute bereitwillig aufnehmen, dann esst, was man euch anbietet. [9]Heilt die Kranken, und sagt allen Menschen: ‹Jetzt beginnt Gottes neue Welt bei euch.›»

25 Lebensziele

Matthäus 6,19–33 «Häuft in dieser Welt keine Reichtümer an! Ihr wisst, wie schnell Motten und Rost sie zerfressen oder Diebe sie stehlen! ²⁰Sammelt euch vielmehr Schätze im Himmel, die unvergänglich sind und die kein Dieb mitnehmen kann. ²¹Wo nämlich eure Schätze sind, da wird auch euer Herz sein. ²²Das Auge gibt dir Licht. Wenn deine Augen das Licht einlassen, wirst du auch im Licht leben. ²³Verschließen sich deine Augen dem Licht, lebst du in Dunkelheit. Wenn aber das Licht in deinem Innern erloschen ist, wie tief ist dann die Finsternis! ²⁴Niemand kann zwei Herren gleichzeitig dienen. Wer dem einen richtig dienen will, wird sich um die Wünsche des anderen nicht kümmern können. Er wird sich für den einen einsetzen und den anderen vernachlässigen. Auch ihr könnt nicht gleichzeitig für Gott und das Geld leben. ²⁵Darum sage ich euch: Macht euch keine Sorgen um euren Lebensunterhalt, um Essen, Trinken und Kleidung. Leben bedeutet mehr als Essen und Trinken, und der Mensch ist wichtiger als seine Kleidung. ²⁶Seht euch die Vögel an! Sie säen nichts, sie ernten nichts und sammeln auch keine Vorräte. Euer Vater im Himmel versorgt sie. Meint ihr nicht, dass ihr ihm viel wichtiger seid? ²⁷Und wenn ihr euch noch so viel sorgt, könnt ihr doch euer Leben um keinen Augenblick verlängern. ²⁸Weshalb macht ihr euch so viele Sorgen um eure Kleidung? Seht euch an, wie die Lilien auf den Wiesen blühen! Sie können weder spinnen noch weben. ²⁹Ich sage euch, selbst König Salomo war in seiner ganzen Herrlichkeit nicht so prächtig gekleidet wie eine dieser Blumen. ³⁰Wenn Gott sogar das Gras so schön wachsen lässt, das heute auf der Wiese grünt, morgen aber schon verbrannt wird, wie könnte er euch dann vergessen? Vertraut ihr Gott so wenig? ³¹Zerbrecht euch also nicht mehr den Kopf mit Fragen wie: ‹Werden wir genug zu essen haben? Und was werden wir trinken? Was sollen wir anziehen?› ³²Mit solchen Dingen beschäftigen sich nur Menschen, die Gott nicht kennen. Euer Vater im Himmel weiß doch genau, dass ihr dies alles braucht. ³³Sorgt euch vor allem um Gottes neue Welt, und lebt nach Gottes Willen! Dann wird er euch mit allem anderen versorgen.»

Matthäus 7,7–11 «Bittet Gott, und er wird euch geben! Sucht, und ihr werdet finden! Klopft an, und euch wird die Tür geöffnet! ⁸Denn wer bittet, der bekommt. Wer sucht, der findet. Und wer anklopft, dem wird geöffnet. ⁹Würde jemand von euch seinem Kind einen Stein geben, wenn es um ein Stück Brot bittet? ¹⁰Oder eine giftige Schlange, wenn es um einen Fisch bittet? ¹¹Wenn schon ihr hartherzigen Menschen euren Kindern Gutes gebt, wie viel mehr wird euer Vater im Himmel denen Gutes schenken, die ihn darum bitten!»

Matthäus 10,38–39 «Und wer nicht bereit ist, sein Kreuz auf sich zu nehmen und mir nachzufolgen, der kann nicht zu mir gehören. ³⁹Wer sich an sein Leben klammert, der wird es verlieren. Wer es aber für mich einsetzt, der wird es für immer gewinnen.»

Lukas 12,5–9 «Fürchtet vielmehr Gott, denn er kann euch töten und in die Hölle werfen. Ja, fürchtet ihn allein! ⁶Welchen

Wert hat schon ein Spatz auf dem Dach? Man kann fünf von ihnen für einen Spottpreis kaufen. Und doch vergisst Gott keinen einzigen von ihnen. [7]Bei euch sind sogar die Haare auf dem Kopf alle gezählt. Darum habt keine Angst! Ihr seid Gott mehr wert als ein ganzer Spatzenschwarm! [8]Das sage ich euch: Wer sich vor den Menschen zu mir bekennt, zu dem wird sich auch der Menschensohn vor den Engeln bekennen. [9]Wer aber vor den Menschen nicht zu mir steht, zu dem wird auch der Menschensohn vor den Engeln Gottes nicht stehen.»

26 Licht und Finsternis

Johannes 3,18–21 «Wer an ihn [Jesus Christus] glaubt, der wird nicht verurteilt werden. Wer aber nicht an den einzigen Sohn Gottes glaubt, über den ist wegen seines Unglaubens das Urteil schon gesprochen. [19]Und so vollzieht sich das Urteil: Das Licht ist in die Welt gekommen, aber die Menschen lieben die Finsternis mehr als das Licht. Denn alles, was sie tun, ist böse. [20]Wer Böses tut, scheut das Licht und bleibt lieber im Dunkeln, damit niemand seine Taten sehen kann. [21]Wer aber die Wahrheit Gottes liebt und das tut, was er will, der tritt ins Licht! An ihm zeigt sich: Gott selber bestimmt sein Handeln.»

Johannes 8,12 Ein anderes Mal sagte Jesus zu den Menschen: «Ich bin das Licht für die Welt. Wer mir nachfolgt, irrt nicht mehr in der Dunkelheit umher, sondern folgt dem Licht, das ihn zum Leben führt.»

Johannes 9,4–5 «Ich muss die Aufgaben, die Gott mir gegeben hat, erfüllen, solange es Tag ist. Bald kommt die Nacht, in der niemand mehr etwas tun kann. [5]Doch solange ich in der Welt bin, werde ich für diese Welt das Licht sein.»

Johannes 11,9–10 Jesus antwortete: «Zwölf Stunden am Tag ist es hell. Wer sicher laufen will, muss diese Zeit nutzen; denn nur bei Tageslicht sieht er den Weg. [10]Wer nachts unterwegs ist, stolpert in der Dunkelheit, weil das Licht nicht bei ihm ist.»

Johannes 12,35 Jesus erwiderte: «Das Licht ist nur noch kurze Zeit bei euch. Nutzt diese Zeit, macht euch auf den Weg, bevor euch die Dunkelheit überfällt. Wer im Dunkeln geht, kann weder Weg noch Ziel erkennen.»

Johannes 12,46 «Ich bin als das Licht in die Welt gekommen, damit jeder, der an mich glaubt, nicht länger in der Dunkelheit leben muss.»

Matthäus 5,14–16 «Ihr seid das Licht, das die Welt erhellt. Eine Stadt, die hoch auf dem Berg liegt, kann nicht verborgen bleiben. [15]Man zündet ja auch keine Öllampe an und stellt sie unter einen Eimer. Im Gegenteil: Man stellt sie so auf, dass sie allen im Haus Licht gibt. [16]Genauso soll euer Licht vor allen Menschen leuchten. Sie werden eure guten Taten sehen und euren Vater im Himmel dafür loben.»

Matthäus 6,22–23 «Das Auge gibt dir Licht. Wenn deine Augen das Licht einlassen, wirst du auch im Licht leben. [23]Verschließen sich deine Augen dem Licht, lebst du in Dunkelheit. Wenn aber das Licht in deinem Innern erloschen ist, wie tief ist dann die Finsternis!»

Lukas 8,16–17 «Niemand zündet eine Öllampe an und versteckt sie dann unter einem Eimer oder stellt sie unters Bett. Im

Gegenteil! Man stellt die Lampe so auf, dass jeder, der hereinkommt, das Licht sieht. [17]Alles, was jetzt noch verborgen ist, wird einmal ans Licht kommen, und was jetzt noch ein Geheimnis ist, wird jeder verstehen.»

Lukas 11,33–36 «Niemand zündet eine Öllampe an und versteckt sie dann oder stellt sie unter einen Eimer. Im Gegenteil! Man stellt die Lampe so auf, dass jeder, der hereinkommt, das Licht sieht. [34]Das Auge gibt dir Licht. Wenn deine Augen das Licht einlassen, wirst du auch im Licht leben. Verschließen sich deine Augen dem Licht, lebst du in Dunkelheit. [35]Deshalb achte darauf, dass das Licht in deinem Innern nicht erlischt! [36]Wenn du es einlässt und keine Finsternis in dir ist, dann lebst du im Licht – so, als würdest du von einer hellen Lampe angestrahlt.»

27 Lust

Matthäus 5,27–30 «Ihr wisst, dass es im Gesetz heißt: ‹Du sollst nicht die Ehe brechen!› [28]Ich sage euch aber: Schon wer eine Frau mit begehrlichen Blicken ansieht, der hat im Herzen mit ihr die Ehe gebrochen. [29]Wenn dich also dein rechtes Auge zur Sünde verführt, dann reiß es heraus und wirf es weg! Besser, du verlierst eins deiner Glieder, als dass du unversehrt in die Hölle geworfen wirst. [30]Und wenn dich deine rechte Hand zum Bösen verführt, so hack sie ab und wirf sie weg! Es ist besser, verstümmelt zu sein, als unversehrt in die Hölle geworfen zu werden.»

Matthäus 15,19–20 «Aus dem Herzen kommen die bösen Gedanken wie: Mord, Ehebruch, sexuelle Zügellosigkeit, Dieb-stahl, Lüge und Verleumdung. [20]Durch sie wird der Mensch vor Gott unrein, nicht dadurch, dass man mit ungewaschenen Händen isst.»

28 Der Mensch und die menschliche Natur

Johannes 3,19–21 «Und so vollzieht sich das Urteil: Das Licht ist in die Welt gekommen, aber die Menschen lieben die Finsternis mehr als das Licht. Denn alles, was sie tun, ist böse. [20]Wer Böses tut, scheut das Licht und bleibt lieber im Dunkeln, damit niemand seine Taten sehen kann. [21]Wer aber die Wahrheit Gottes liebt und das tut, was er will, der tritt ins Licht! An ihm zeigt sich: Gott selber bestimmt sein Handeln.»

Johannes 8,21.23–24 Später sagte Jesus noch einmal zu ihnen: «Ich gehe fort. Ihr werdet mich dann verzweifelt suchen, aber ihr werdet in euren Sünden umkommen. Ihr könnt nicht dorthin gehen, wo ich sein werde.» [...] [23]Dazu sagte ihnen Jesus: «Ihr seid von hier unten; ich komme von oben. Ihr gehört zu dieser Welt; ich gehöre nicht zu dieser Welt. [24]Deshalb habe ich gesagt: Ihr werdet in euren Sünden umkommen. Wenn ihr nicht glaubt, dass ich es bin, gibt es keine Rettung für euch.»

Markus 12,14–17 «Lehrer», sagten sie scheinheilig, «wir wissen, dass es dir allein um die Wahrheit geht. Du redest den Leuten nicht nach dem Mund – ganz gleich, wie viel Ansehen sie besitzen. Nein, du sagst uns frei heraus, wie wir nach Gottes Willen leben sollen. Deshalb verrate uns: Ist es eigentlich Gottes Wille, dass wir dem römischen Kaiser Steuern zahlen?

Sollen wir bezahlen oder nicht?» ¹⁵Jesus durchschaute ihre Falschheit und sagte: «Warum wollt ihr mir eine Falle stellen? Zeigt mir ein Geldstück!» ¹⁶Sie gaben ihm eine römische Münze. Er fragte sie: «Wessen Bild und Name ist hier eingeprägt?» Sie antworteten: «Das Bild und der Name des Kaisers!» ¹⁷«Nun, dann gebt dem Kaiser, was ihm zusteht, und gebt Gott, was ihm gehört.» Seine Zuhörer waren überrascht: Diese Antwort hatten sie nicht erwartet. (Siehe auch Matthäus 22,16–21 und Lukas 20,21–25.)

Lukas 16,14–15 Die geldgierigen Pharisäer spotteten über diese Worte. ¹⁵Deshalb sagte Jesus zu ihnen: «Ihr legt großen Wert darauf, dass alle Menschen euch für untadelig halten. Aber Gott kennt euer Herz. Er verabscheut, womit ihr die Menschen beeindrucken wollt.»

29 Menschliche Traditionen

Markus 7,6–13 Jesus antwortete: «Wie Recht hat Jesaja, wenn er von euch Heuchlern schreibt: ‹Diese Leute ehren Gott mit den Lippen, aber mit dem Herzen sind sie nicht dabei. ⁷Ihr Gottesdienst ist wertlos, weil sie ihre menschlichen Gesetze als Gebote Gottes ausgeben.› ⁸/⁹Ja, ihr beachtet Gottes Gebote nicht, sondern ersetzt sie durch eure Vorschriften! Dabei geht ihr sehr geschickt vor. ¹⁰So hat euch Mose das Gebot gegeben: ‹Ehre deinen Vater und deine Mutter!› Und: ‹Wer seinen Vater oder seine Mutter verflucht, der soll sterben!› ¹¹Ihr aber behauptet: Wenn jemand seinen hilfsbedürftigen Eltern erklärt: ‹Ich kann euch nicht helfen, weil ich mein Vermögen dem Tempel vermacht habe›, dann

hat er nicht gegen Gottes Gebot verstoßen. ¹²In Wirklichkeit habt ihr damit aber nur erreicht, dass niemand mehr seinem Vater oder seiner Mutter helfen kann. ¹³Ihr setzt also durch eure Vorschriften das Gebot Gottes außer Kraft. Und das ist nur *ein* Beispiel für viele.»

30 Motivationen

Matthäus 5,16–18 «Genauso soll euer Licht vor allen Menschen leuchten. Sie werden eure guten Taten sehen und euren Vater im Himmel dafür loben. ¹⁷Meint nur nicht, ich sei gekommen, das Gesetz und die Worte der Propheten aufzuheben. Ich werde vielmehr beides bekräftigen und erfüllen. ¹⁸Denn das sage ich euch: Auch der kleinste Buchstabe im Gesetz Gottes behält seine Gültigkeit, solange Himmel und Erde bestehen.»

Matthäus 6,1–4 «Hütet euch davor, nur deshalb Gutes zu tun, damit die Leute euch bewundern. Sonst könnt ihr von eurem Vater im Himmel keinen Lohn mehr erwarten. ²Wenn du einem Armen etwas gibst, dann posaune es nicht hinaus wie die Heuchler. Sie reden davon in den Synagogen und an jeder Straßenecke, um von allen gelobt zu werden. Das sage ich euch: Diese Leute haben sich ihren Lohn schon selber ausbezahlt. ³Wenn du jemandem hilfst, dann soll deine linke Hand nicht wissen, was die rechte tut; ⁴niemand soll davon erfahren. Dein Vater, der auch das Verborgene sieht, wird dich dafür belohnen.»

Matthäus 6,5–8 «Betet nicht wie die Heuchler! Sie beten gern in den Synagogen und an den Straßenecken, um gesehen zu werden. Ich sage euch: Diese Leute haben sich ihren Lohn schon selber ausbezahlt! ⁶Wenn du beten willst, geh in dein Zimmer, schließ die Tür hinter dir zu, und bete zu deinem Vater. Und dein Vater, der auch das Verborgene sieht, wird dich dafür belohnen. ⁷Leiere nicht endlose Gebete herunter wie Leute, die Gott nicht kennen. Sie meinen, sie würden bei Gott etwas erreichen, wenn sie nur viele Worte machen. ⁸Folgt nicht ihrem schlechten Beispiel, denn euer Vater weiß genau, was ihr braucht, noch ehe ihr ihn um etwas bittet.»

Lukas 16,14–15 Die geldgierigen Pharisäer spotteten über diese Worte. ¹⁵Deshalb sagte Jesus zu ihnen: «Ihr legt großen Wert darauf, dass alle Menschen euch für untadelig halten. Aber Gott kennt euer Herz. Er verabscheut, womit ihr die Menschen beeindrucken wollt.»

31 Pharisäer

Matthäus 5,20 «Ich warne euch: Wenn ihr das Gesetz Gottes nicht besser erfüllt als die Pharisäer und Schriftgelehrten, kommt ihr nicht in Gottes neue Welt.»

Matthäus 16,5–6 Als sie an das andere Seeufer gekommen waren, stellten seine Jünger fest, dass sie vergessen hatten, Brot mitzunehmen. ⁶Da warnte sie Jesus: «Hütet euch vor dem Sauerteig der Pharisäer und Sadduzäer!»

Matthäus 19,3–6 Da kamen einige Pharisäer zu Jesus, weil sie ihm eine Falle stellen wollten. Sie fragten ihn: «Darf sich ein Mann von seiner Frau aus jedem beliebigen Grund scheiden lassen?» ⁴Jesus antwortete: «Lest ihr denn die Heilige Schrift nicht? Da heißt es doch, dass Gott am Anfang Mann und Frau schuf und sagte: ⁵‹Ein

Mann verlässt seine Eltern und verbindet sich so eng mit seiner Frau, dass die beiden eins sind mit Leib und Seele.› ⁶Sie sind also eins und nicht länger zwei voneinander getrennte Menschen. Was nun Gott zusammengefügt hat, soll der Mensch nicht scheiden.»

Matthäus 23,1–13.15–36 Dann sprach Jesus zu der Volksmenge und zu seinen Jüngern: ²«Die Schriftgelehrten und Pharisäer sind dazu eingesetzt, euch das Gesetz des Mose auszulegen. ³Richtet euch nach ihren Vorschriften! Folgt aber nicht ihrem Beispiel! Denn sie selber tun nicht, was sie von den anderen verlangen. ⁴Sie bürden den Menschen unerträgliche Lasten auf, doch sie selbst rühren keinen Finger, um diese Lasten zu tragen. ⁵Mit allem, was sie tun, stellen sie sich zur Schau. Am Arm tragen sie breite Gebetsriemen und an den Gewändern riesige Quasten. ⁶Bei euren Festen wollen sie die Ehrenplätze bekommen, und auch in der Synagoge sitzen sie stets in der ersten Reihe. ⁷Es gefällt ihnen, wenn man sie auf der Straße ehrfurchtsvoll grüßt und ‹Meister› nennt. ⁸Lasst ihr euch nicht so anreden! Nur Gott ist euer Meister, ihr seid untereinander alle Geschwister. ⁹Niemanden auf der Erde sollt ihr ‹Vater› nennen, denn nur einer ist euer Vater: Gott im Himmel. ¹⁰Ihr sollt euch auch nicht Lehrer nennen lassen, weil ihr nur einen Lehrer habt: Christus. ¹¹Wer unter euch groß sein will, der soll allen anderen dienen. ¹²Alle, die sich selbst ehren, werden gedemütigt werden. Wer sich aber selbst erniedrigt, wird geehrt werden. ¹³Wehe euch, ihr Pharisäer und Schriftgelehrten! Ihr seid Heuchler! Durch euch wird anderen der Zugang in die neue Welt Gottes versperrt. Ihr selbst geht nicht hinein, und die hinein wollen, hindert ihr daran. [...] [15]Wehe euch, ihr Scheinheiligen! Ihr reist über das Meer und durchquert jede Wüste, um nur einen einzigen Nichtjuden dafür zu gewinnen, eure Gesetze anzuerkennen. Aber wenn ihr einen gefunden habt, dann wird er durch euch ein Kind der Hölle, das euch an Bosheit noch übertrifft. [16]Wehe euch! Ihr seid selbst blind und wollt doch andere führen. So behauptet ihr: ‹Beim Tempel Gottes schwören, das hat nichts zu bedeuten. Aber wer beim Gold im Tempel schwört, der muss seinen Eid halten.› [17]Ihr blinden Narren! Was zählt mehr: das Gold oder der Tempel, durch den das Gold erst geheiligt wird? [18]Ihr sagt: ‹Ein Eid, beim Altar geschworen, hat keine Bedeutung. Wer aber bei dem Opfer auf dem Altar schwört, der muss sein Versprechen halten.› [19]Ihr Verblendeten! Was zählt denn mehr: die Gabe auf dem Altar oder der Altar, der die Gabe erst zum Opfer werden lässt? [20]Wer beim Altar schwört, schwört bei allem, was darauf liegt. [21]Wer beim Tempel schwört, der ruft Gott zum Zeugen an, der dort wohnt. [22]Und wer beim Himmel schwört, schwört bei dem Thron Gottes und damit bei Gott selbst, der auf diesem Thron sitzt. [23]Wehe euch, ihr Schriftgelehrten und Pharisäer! Ihr Scheinheiligen! Sogar von Küchenkräutern wie Minze, Dill und Kümmel gebt ihr Gott den zehnten Teil. Aber die viel wichtigeren Forderungen Gottes nach Gerechtigkeit, Barmherzigkeit und Glauben sind euch gleichgültig. Doch gerade darum geht es hier: Das Wesentliche tun und das andere nicht unterlassen. [24]Ihr aber entfernt jede kleine Mücke aus eurem Essen, doch ganze Kamele schluckt ihr bedenkenlos hinunter. Andere wollt ihr führen und seid doch selber blind! [25]Wehe euch, ihr Schriftgelehrten und Pharisäer! Ihr Heuchler! Ihr poliert eure Becher und Schüsseln außen auf Hochglanz, so wie das Gesetz es erfordert. Doch gefüllt sind sie mit dem, was ihr in eurer maßlosen Gier anderen abgenommen habt. [26]Ihr blinden Verführer, reinigt eure Becher erst einmal von innen, dann werden sie auch außen sauber sein. [27]Wehe euch, ihr Schriftgelehrten und Pharisäer! Ihr seid wie die gepflegten Grabstätten: von außen sauber und geschmückt, aber innen ist alles voll stinkender Verwesung. [28]Ihr steht vor den Leuten als solche da, die Gott ehren, aber in Wirklichkeit seid ihr voller Bosheit und Heuchelei. [29]Wehe euch, ihr Schriftgelehrten und Pharisäer! Ihr Scheinheiligen! Den Propheten baut ihr Denkmäler, und die Gräber derer, die nach Gottes Willen lebten, schmückt ihr. [30]Dazu behauptet ihr noch: ‹Wenn wir damals gelebt hätten, wir hätten die Propheten nicht umgebracht wie unsere Vorfahren.› [31]Damit gebt ihr also zu, dass ihr die Nachkommen der Prophetenmörder seid. [32]Ja, ihr treibt es sogar noch schlimmer als sie. [33]Ihr Schlangenbrut! Wie wollt ihr Gottes Gericht und der Hölle entrinnen? [34]Ich werde euch Propheten, weise Männer und Lehrer schicken, die euch die Heilige Schrift erklären. Einige von ihnen werdet ihr töten und kreuzigen. Andere werdet ihr in den Synagogen auspeitschen und sie von Stadt zu Stadt verfolgen. [35]Dadurch seid ihr am Tod aller dieser Menschen schuldig, die nach Gottes Willen lebten; angefangen bei Abel bis zu Secharja, dem Sohn des Berechja, den ihr zwischen Tempel und Brandopferaltar ermordet habt. ³⁶Das sage ich euch: Das Strafgericht für all diese Schuld wird noch über diese Generation hereinbrechen.»

Lukas 11,39–44 Da sagte Jesus, der Herr, zu ihm: «Ihr Pharisäer poliert eure Becher und Schüsseln außen auf Hochglanz, so wie das Gesetz es erfordert. Doch gefüllt sind sie mit dem, was ihr in eurer maßlosen Gier anderen abgenommen habt. ⁴⁰Ihr Dummköpfe! Ihr wisst doch ganz genau, dass Gott beides geschaffen hat – Äußeres und Inneres. ⁴¹Eure Schüsseln und Becher sind voll. Gebt das, was darin ist, den Armen, dann seid ihr auch vor Gott rein! ⁴²Wehe euch, ihr Pharisäer! Sogar von Küchenkräutern wie Minze und Raute und auch von allen anderen Gewürzen gebt ihr Gott den zehnten Teil. Aber Gerechtigkeit und die Liebe zu Gott sind euch gleichgültig! Doch gerade darum geht es hier: Das Wesentliche tun und das andere nicht unterlassen! ⁴³Ich warne euch, ihr Pharisäer! In der Synagoge sitzt ihr stets in der ersten Reihe, und es gefällt euch, wenn man euch auf der Straße ehrfurchtsvoll grüßt. ⁴⁴Wehe euch, ihr Pharisäer! Wer mit euch zu tun hat, der weiß nicht, dass er sich verunreinigt. Denn ihr seid wie Gräber, die vom Gras überwuchert sind und über die man geht, ohne es zu wissen.»

Lukas 12,1–3 Hunderte, ja Tausende strömten zusammen, und das Gedränge wurde bedrohlich. Doch Jesus sprach zunächst nur zu seinen Jüngern: «Hütet euch vor den Pharisäern und ihrer Scheinheiligkeit, denn sie ist wie ein Sauerteig, der das ganze Brot durchsäuert. ²Jetzt kommt bald die Zeit, in der das Verborgene ans Licht kommt und alle Geheimnisse enthüllt werden. ³Was ihr im Geheimen redet, werden alle erfahren, und was ihr hinter vorgehaltener Hand flüstert, wird alle Welt zu hören bekommen.»

Lukas 16,14–15 Die geldgierigen Pharisäer spotteten über diese Worte. ¹⁵Deshalb sagte Jesus zu ihnen: «Ihr legt großen Wert darauf, dass alle Menschen euch für untadelig halten. Aber Gott kennt euer Herz. Er verabscheut, womit ihr die Menschen beeindrucken wollt.»

Lukas 18,9–14 Jesus erzählte ein weiteres Gleichnis. Er hatte dabei besonders die Menschen im Blick, die selbstgerecht sind und auf andere herabsehen. ¹⁰«Zwei Männer gingen in den Tempel, um zu beten. Der eine war ein Pharisäer, der andere ein Zolleinnehmer. ¹¹Selbstsicher stand der Pharisäer dort und betete: ‹Ich danke dir, Gott, dass ich nicht so bin wie andere Leute: kein Räuber, kein Gottloser, kein Ehebrecher und schon gar nicht wie dieser Zolleinnehmer da hinten. ¹²Ich faste zweimal in der Woche und gebe von allen meinen Einkünften den zehnten Teil für Gott.› ¹³Der Zolleinnehmer dagegen blieb verlegen am Eingang stehen und wagte kaum aufzusehen. Schuldbewusst betete er: ‹Gott, vergib mir, ich weiß, dass ich ein Sünder bin!› ¹⁴Ihr könnt sicher sein, dieser Mann ging von seiner Schuld befreit nach Hause, nicht aber der Pharisäer. Denn wer sich selbst ehrt, wird gedemütigt werden; aber wer sich selbst erniedrigt, wird geehrt werden.»

32 Rechenschaft vor Gott

Matthäus 12,36–37 «Ich sage euch das, weil ihr am Gerichtstag Rechenschaft ablegen müsst über jedes unnütze Wort, das ihr geredet habt. [37]Eure Worte sind der Maßstab, nach dem ihr freigesprochen oder verurteilt werdet.»

Matthäus 25,14–30 «Es wird dann so sein wie bei dem Mann, der ins Ausland reisen wollte. Er rief alle seine Verwalter zusammen und beauftragte sie, während seiner Abwesenheit mit seinem Vermögen zu arbeiten. [15]Dem einen gab er fünf Zentner Silberstücke, einem anderen zwei und dem dritten einen Zentner, jedem nach seinen Fähigkeiten. Danach reiste er ab. [16]Der Mann mit den fünf Zentnern Silberstücke war so erfolgreich bei seinen Geschäften, dass er die Summe verdoppeln konnte. [17]Auch der die zwei Zentner bekommen hatte, verdiente zwei hinzu. [18]Der dritte aber vergrub sein Geld an einem sicheren Ort. [19]Nach langer Zeit kehrte der Herr von seiner Reise zurück und forderte seine Verwalter auf, mit ihm abzurechnen. [20]Der Mann, der fünf Zentner Silbergeld erhalten hatte, brachte zehn Zentner. Er sagte: ‹Herr, fünf Zentner hast du mir gegeben. Hier, ich habe fünf dazuverdient.› [21]Da lobte ihn sein Herr: ‹Du warst tüchtig und zuverlässig. In kleinen Dingen bist du treu gewesen, darum werde ich dir größere Aufgaben anvertrauen. Ich lade dich zu meinem Fest ein!› [22]Danach kam der Mann mit den zwei Zentnern. Er berichtete: ‹Herr, auch ich habe den Betrag verdoppeln können.› [23]Da lobte ihn der Herr: ‹Du warst tüchtig und zuverlässig. In kleinen Dingen bist du treu gewesen, darum werde ich dir größere Aufgaben anvertrauen. Ich lade dich zu meinem Fest ein!› [24]Schließlich kam der mit dem einen Zentner Silberstücke und erklärte: ‹Ich kenne dich als strengen Herrn und

dachte: Du erntest, was andere gesät haben; du nimmst dir, was ich verdient habe. [25]Aus Angst habe ich das Geld sicher aufbewahrt. Hier hast du es wieder zurück!› [26]Zornig antwortete ihm darauf sein Herr: ‹Auf dich ist kein Verlass, und faul bist du auch noch! Wenn du schon der Meinung bist, dass ich ernte, was andere gesät haben, und mir nehme, was du verdient hast, [27]hättest du zumindest mein Vermögen bei einer Bank anlegen können! Dort hätte es wenigstens Zinsen gebracht! [28]Nehmt ihm das Geld weg, und gebt es dem, der die fünf Zentner hatte! [29]Denn wer viel hat, der bekommt noch mehr dazu, ja, er wird mehr als genug haben! Wer aber nichts hat, dem wird selbst noch das Wenige, das er hat, genommen. [30]Und jetzt werft diesen Nichtsnutz hinaus in die Finsternis, wo es nur Weinen und ohnmächtiges Jammern gibt!›»

Lukas 8,17 «Alles, was jetzt noch verborgen ist, wird einmal ans Licht kommen, und was jetzt noch ein Geheimnis ist, wird jeder verstehen.»

Lukas 17,1–2 «Es wird immer wieder Versuchungen geben, die euch vom Glauben abbringen wollen», warnte Jesus seine Jünger. «Aber wehe dem, der daran schuld ist! [2]Denn wer in einem Menschen den Glauben, wie ihn ein Kind hat, zerstört, für den wäre es noch das Beste, mit einem Mühlstein um den Hals ins Meer geworfen zu werden.»

33 Schmeicheleien und Menschengefälligkeit

Lukas 6,26 «Wehe euch, die ihr jetzt von allen umschmeichelt werdet, denn die falschen Propheten waren schon immer beliebt.»

34 Schwüre und Eide

Matthäus 5,33–37 «Ihr kennt auch diese Anweisung des Gesetzes: ‹Du sollst keinen Meineid schwören und alles halten, was du vor Gott versprochen hast.› [34]Ich sage euch aber: Schwört überhaupt nicht! Schwört weder beim Himmel – denn er ist Gottes Thron – [35]noch bei der Erde – denn sie ist der Schemel, auf dem seine Füße ruhen. Beruft euch auch nicht auf Jerusalem, denn sie ist die Stadt Gottes. [36]Verbürge dich auch nicht mit deinem Kopf für etwas, denn du kannst ja nicht einmal ein einziges Haar weiß oder schwarz wachsen lassen. [37]Sag einfach ‹Ja› oder ‹Nein›. Alle anderen Beteuerungen zeigen nur, dass du dich vom Bösen bestimmen lässt.»

35 Die Seele

Matthäus 10,28 «Habt keine Angst vor den Menschen, die zwar den Körper, aber nicht die Seele töten können! Fürchtet vielmehr Gott, der Leib und Seele in der Hölle vernichten kann.»

Matthäus 16,24–27 Da sprach Jesus zu seinen Jüngern: «Will mir jemand nachfolgen, der verleugne sich selbst und nehme sein Kreuz auf sich und folge mir. [25]Denn wer sein Leben erhalten will, der wird's verlieren; wer aber sein Leben verliert um meinetwillen, der wird's finden. [26]Was hülfe es dem Menschen, wenn er die ganze Welt gewönne und nähme doch Schaden an seiner Seele? Oder was kann der Mensch geben, womit er seine Seele aus-

löse? [27]Denn es wird geschehen, dass der Menschensohn kommt in der Herrlichkeit seines Vaters mit seinen Engeln, und dann wird er einem jeden vergelten nach seinem Tun» (Lutherbibel).

Matthäus 22,37–38 Er antwortete ihm: «Du sollst den Herrn, deinen Gott, lieben mit ganzem Herzen, mit ganzer Seele und mit all deinen Gedanken. [38]Das ist das wichtigste und erste Gebot» (Einheitsübersetzung).

Matthäus 26,40–41 Dann kam er zu den drei Jüngern zurück und sah, dass sie eingeschlafen waren. Er weckte Petrus und rief: «Könnt ihr denn nicht eine einzige Stunde mit mir wachen? [41]Bleibt wach und betet, damit ihr der Versuchung widerstehen könnt. Ich weiß, ihr wollt das Beste, aber aus eigener Kraft könnt ihr es nicht erreichen.»

Markus 8,36–37 «Denn was hülfe es dem Menschen, wenn er die ganze Welt gewönne und nähme an seiner Seele Schaden? [37]Denn was kann der Mensch geben, womit er seine Seele auslöse?» (Lutherbibel).

Markus 12,30 «Du sollst den Herrn, deinen Gott, lieben mit deinem ganzen Herzen und mit deiner ganzen Seele und mit deinem ganzen Denken und mit deiner ganzen Kraft!» (Schlachterbibel).

Lukas 10,27–28 Er [der Schriftgelehrte] antwortete: «Du sollst den Herrn, deinen Gott, lieben mit ganzem Herzen und ganzer Seele, mit all deiner Kraft und all deinen Gedanken, und: Deinen Nächsten sollst du lieben wie dich selbst.» [28]Jesus sagte zu ihm: «Du hast richtig geantwortet. Handle danach und du wirst leben» (Einheitsübersetzung).

Lukas 12,13–21 Es sprach aber einer aus der Volksmenge zu ihm: Meister, sage meinem Bruder, dass er das Erbe mit mir teilen soll! [14]Er aber sprach zu ihm: «Mensch, wer hat mich zum Richter oder Erbteiler über euch gesetzt?» [15]Er sagte aber zu ihnen: «Habt acht und hütet euch vor der Habsucht! Denn niemandes Leben hängt von dem Überfluss ab, den er an Gütern hat.» [16]Und er sagte ihnen ein Gleichnis und sprach: «Das Feld eines reichen Mannes hatte viel Frucht getragen. [17]Und er überlegte bei sich selbst und sprach: ‹Was soll ich tun, da ich keinen Platz habe, wo ich meine Früchte aufspeichern kann?› [18]Und er sprach: ‹Das will ich tun: Ich will meine Scheunen abbrechen und größere bauen und will darin alles, was mir gewachsen ist, und meine Güter aufspeichern [19]und will zu meiner Seele sagen: Seele, du hast einen großen Vorrat auf viele Jahre; habe nun Ruhe, iss, trink und sei guten Mutes!› [20]Aber Gott sprach zu ihm: ‹Du Narr! In dieser Nacht wird man deine Seele von dir fordern; und wem wird gehören, was du bereitet hast?› [21]So geht es dem, der für sich selbst Schätze sammelt und nicht reich ist für Gott!» (Lutherbibel)

36 Selbstbetrug und Selbstrechtfertigung

Matthäus 10,39 «Wer sich an sein Leben klammert, der wird es verlieren. Wer es aber für mich einsetzt, der wird es für immer gewinnen.»

Markus 8,35–38 «Wer sich an sein Leben klammert, der wird es verlieren. Wer aber sein Leben für mich und für Gottes rettende Botschaft einsetzt, der wird es für immer gewinnen. [36]Denn was gewinnt ein Mensch, wenn ihm die ganze Welt zufällt, er selbst aber dabei Schaden nimmt? [37]Er kann sein Leben ja nicht wieder zurückkaufen!»

Markus 10,18–23 Jesus entgegnete: «Weshalb nennst du mich gut? Es gibt nur einen, der gut ist, und das ist Gott. [19]Du kennst doch seine Gebote: Du sollst nicht töten! Du sollst nicht die Ehe brechen! Du sollst nicht stehlen! Sag nichts Unwahres über deinen Mitmenschen! Du sollst nicht betrügen! Ehre deinen Vater und deine Mutter!» [20]«Lehrer», antwortete der junge Mann, «an diese Gebote habe ich mich von Jugend an gehalten.» [21]Jesus sah ihn voller Liebe an: «Etwas fehlt dir noch: Verkaufe alles, was du hast, und gib das Geld den Armen. Damit wirst du im Himmel einen Reichtum gewinnen, der niemals verloren geht. Und dann komm und folge mir nach!» [22]Über diese Forderung war der Mann tief betroffen. Traurig ging er weg, denn er war sehr reich. [23]Da schaute Jesus seine Jünger an und sagte zu ihnen: «Wie schwer ist es doch für die Reichen, in Gottes neue Welt zu kommen!»

Lukas 16,14–15 Die geldgierigen Pharisäer spotteten über diese Worte. [15]Deshalb sagte Jesus zu ihnen: «Ihr legt großen Wert darauf, dass alle Menschen euch für untadelig halten. Aber Gott kennt euer Herz. Er verabscheut, womit ihr die Menschen beeindrucken wollt.»

Lukas 18,9–14 Jesus erzählte ein weiteres Gleichnis. Er hatte dabei besonders die Menschen im Blick, die selbstgerecht sind und auf andere herabsehen. [10]«Zwei Männer gingen in den Tempel, um zu beten. Der eine war ein Pharisäer, der andere ein Zolleinnehmer. [11]Selbstsicher stand der

Pharisäer dort und betete: ‹Ich danke dir, Gott, dass ich nicht so bin wie andere Leute: kein Räuber, kein Gottloser, kein Ehebrecher und schon gar nicht wie dieser Zolleinnehmer da hinten. 12Ich faste zweimal in der Woche und gebe von allen meinen Einkünften den zehnten Teil für Gott.› 13Der Zolleinnehmer dagegen blieb verlegen am Eingang stehen und wagte kaum aufzusehen. Schuldbewusst betete er: ‹Gott, vergib mir, ich weiß, dass ich ein Sünder bin!› 14Ihr könnt sicher sein, dieser Mann ging von seiner Schuld befreit nach Hause, nicht aber der Pharisäer. Denn wer sich selbst ehrt, wird gedemütigt werden; aber wer sich selbst erniedrigt, wird geehrt werden.»

37 Steuern und Obrigkeit

Lukas 20,23–25 Jesus durchschaute ihre Hinterhältigkeit und sagte: 24«Zeigt mir ein Geldstück! Wessen Bild und Name ist hier eingeprägt?» Sie antworteten: «Das Bild und der Name des Kaisers!» 25«Nun, dann gebt dem Kaiser, was ihm zusteht», antwortete Jesus, «und gebt Gott, was ihm gehört!» (Siehe auch Matthäus 22,18–21 und Markus 12,15–17.)

38 Stolz

Matthäus 7,1–5 «Urteilt nicht über andere, damit Gott euch nicht verurteilt. 2Denn so wie ihr jetzt andere verurteilt, werdet auch ihr verurteilt werden. Und mit dem Maßstab, den ihr an andere legt, wird man euch selber messen. 3Warum siehst du jeden kleinen Splitter im Auge deines Bruders, aber den Balken in deinem eigenen Auge bemerkst du nicht? 4Du sagst: ‹Mein Bruder, komm her! Ich will dir den Splitter aus dem Auge ziehen!› Dabei hast du selbst einen Balken im Auge! 5Du Heuchler! Entferne zuerst den Balken aus deinem Auge, dann kannst du klar sehen, um auch den Splitter aus dem Auge deines Bruders zu ziehen.»

Matthäus 20,25–28 Da rief Jesus alle [Jünger] zusammen und sagte: «Ihr wisst, wie die Machthaber der Welt ihre Völker unterdrücken. Wer die Macht hat, nutzt sie rücksichtslos aus. 26Aber so darf es bei euch nicht sein. Wer groß sein will, der soll den anderen dienen, 27und wer der Erste sein will, der soll sich allen unterordnen. 28Auch der Menschensohn ist nicht gekommen, um sich bedienen zu lassen. Er kam, um zu dienen und sein Leben hinzugeben, damit viele Menschen aus der Gewalt des Bösen befreit werden.» (Siehe auch Markus 10,43.)

Matthäus 23,2–12 «Die Schriftgelehrten und Pharisäer sind dazu eingesetzt, euch das Gesetz des Mose auszulegen. 3Richtet euch nach ihren Vorschriften! Folgt aber nicht ihrem Beispiel! Denn sie selber tun nicht, was sie von den anderen verlangen. 4Sie bürden den Menschen unerträgliche Lasten auf, doch sie selbst rühren keinen Finger, um diese Lasten zu tragen. 5Mit allem, was sie tun, stellen sie sich zur Schau. Am Arm tragen sie breite Gebetsriemen und an den Gewändern riesige Quasten. 6Bei euren Festen wollen sie die Ehrenplätze bekommen, und auch in der Synagoge sitzen sie stets in der ersten Reihe. 7Es gefällt ihnen, wenn man sie auf der Straße ehrfurchtsvoll grüßt und ‹Meister› nennt. 8Lasst ihr euch nicht so anreden!

Nur Gott ist euer Meister, ihr seid untereinander alle Geschwister. [9]Niemanden
auf der Erde sollt ihr ‹Vater› nennen, denn
nur einer ist euer Vater: Gott im Himmel.
[10]Ihr sollt euch auch nicht Lehrer nennen
lassen, weil ihr nur einen Lehrer habt:
Christus. [11]Wer unter euch groß sein will,
der soll allen anderen dienen. [12]Alle, die
sich selbst ehren, werden gedemütigt werden. Wer sich aber selbst erniedrigt, wird
geehrt werden.»

Matthäus 23,25–28 «Wehe euch, ihr
Schriftgelehrten und Pharisäer! Ihr Heuchler! Ihr poliert eure Becher und Schüsseln
außen auf Hochglanz, so wie das Gesetz
es erfordert. Doch gefüllt sind sie mit dem,
was ihr in eurer maßlosen Gier anderen abgenommen habt. [26]Ihr blinden Verführer,
reinigt eure Becher erst einmal von innen,
dann werden sie auch außen sauber sein.
[27]Wehe euch, ihr Schriftgelehrten und Pharisäer! Ihr seid wie die gepflegten Grabstätten: von außen sauber und geschmückt,
aber innen ist alles voll stinkender Verwesung. [28]Ihr steht vor den Leuten als solche da, die Gott ehren, aber in Wirklichkeit
seid ihr voller Bosheit und Heuchelei.»

Markus 12,38–40 Jesus redete weiter
zu ihnen: «Hütet euch vor den Schriftgelehrten! Sie laufen gern in langen Gewändern herum und genießen es, wenn
die Leute sie auf der Straße ehrfurchtsvoll
grüßen. [39]In der Synagoge sitzen sie stets
in der ersten Reihe, und es gefällt ihnen,
wenn sie bei euren Festen die Ehrenplätze bekommen. [40]Gierig reißen sie den
Besitz der Witwen an sich; dabei tarnen
sie ihre bösen Absichten mit langen Gebeten. Gottes Strafe wird sie besonders
hart treffen.»

Lukas 11,43 «Ich warne euch, ihr Pharisäer! In der Synagoge sitzt ihr stets in der
ersten Reihe, und es gefällt euch, wenn
man euch auf der Straße ehrfurchtsvoll
grüßt.»

Lukas 12,16–21 An einem Beispiel erklärte er seinen Zuhörern, was er damit
meinte: «Ein reicher Gutsbesitzer hatte
eine besonders gute Ernte. [17]Er überlegte:
‹Wo soll ich bloß alles unterbringen?
Meine Scheunen sind voll; da geht nichts
mehr rein.› [18]Er beschloss: ‹Ich werde die
alten Scheunen abreißen und neue bauen,
so groß, dass ich das ganze Getreide, ja alles, was ich habe, darin unterbringen kann.
[19]Dann will ich mich zur Ruhe setzen. Ich
habe für lange Zeit ausgesorgt. Jetzt lasse
ich es mir gut gehen. Ich will gut essen
und trinken und mein Leben genießen!›
[20]Aber Gott sagte zu ihm: ‹Du Narr! Noch
in dieser Nacht wirst du sterben. Wer bekommt dann deinen ganzen Reichtum,
den du angehäuft hast?› [21]So wird es allen
gehen, die auf der Erde Reichtümer sammeln, aber mit leeren Händen vor Gott stehen.»

Lukas 14,8–11 «Wenn du zu einer
Hochzeit eingeladen wirst, dann setz dich
nicht gleich oben auf den besten Platz. Es
könnte ja noch jemand kommen, der angesehener ist als du. [9]Mit ihm käme dann der
Gastgeber zu dir: ‹Der Platz war für diesen
Mann hier bestimmt!› Vor allen Gästen
müsstest du dich an das Ende des Tisches
setzen. [10]Wäre es nicht besser, du setzt
dich gleich dorthin? Wenn dich dann der
Gastgeber begrüßt, wird er vielleicht zu dir
sagen: ‹Mein Freund, für dich habe ich einen besseren Platz!› Du wirst damit vor allen Gästen geehrt. [11]Jeder, der sich selbst

ehrt, wird gedemütigt werden; aber wer sich selbst erniedrigt, wird geehrt werden.»

Lukas 16,14–15 Die geldgierigen Pharisäer spotteten über diese Worte. ¹⁵Deshalb sagte Jesus zu ihnen: «Ihr legt großen Wert darauf, dass alle Menschen euch für untadelig halten. Aber Gott kennt euer Herz. Er verabscheut, womit ihr die Menschen beeindrucken wollt.»

Lukas 18,9–14 Jesus erzählte ein weiteres Gleichnis. Er hatte dabei besonders die Menschen im Blick, die selbstgerecht sind und auf andere herabsehen. ¹⁰«Zwei Männer gingen in den Tempel, um zu beten. Der eine war ein Pharisäer, der andere ein Zolleinnehmer. ¹¹Selbstsicher stand der Pharisäer dort und betete: ‹Ich danke dir, Gott, dass ich nicht so bin wie andere Leute: kein Räuber, kein Gottloser, kein Ehebrecher und schon gar nicht wie dieser Zolleinnehmer da hinten. ¹²Ich faste zweimal in der Woche und gebe von allen meinen Einkünften den zehnten Teil für Gott.› ¹³Der Zolleinnehmer dagegen blieb verlegen am Eingang stehen und wagte kaum aufzusehen. Schuldbewusst betete er: ‹Gott, vergib mir, ich weiß, dass ich ein Sünder bin!› ¹⁴Ihr könnt sicher sein, dieser Mann ging von seiner Schuld befreit nach Hause, nicht aber der Pharisäer. Denn wer sich selbst ehrt, wird gedemütigt werden; aber wer sich selbst erniedrigt, wird geehrt werden.»

Lukas 20,46–47 «Hütet euch vor den Schriftgelehrten! Sie laufen gern in langen Gewändern herum und genießen es, wenn die Leute sie auf der Straße ehrfurchtsvoll grüßen. In der Synagoge sitzen sie stets in der ersten Reihe, und es gefällt ihnen, wenn sie bei euren Festen die Ehrenplätze

bekommen. ⁴⁷Gierig reißen sie den Besitz der Witwen an sich; dabei tarnen sie ihre bösen Absichten mit langen Gebeten. Gottes Strafe wird sie besonders hart treffen.»

39 Sünde, Schuld

Johannes 8,3–11 Da schleppten die Schriftgelehrten und Pharisäer eine Frau heran, die beim Ehebruch überrascht worden war, stießen sie in die Mitte ⁴und sagten zu Jesus: «Lehrer, diese Frau wurde auf frischer Tat beim Ehebruch ertappt. ⁵Im Gesetz hat Mose uns befohlen, eine solche Frau zu steinigen. Was meinst du dazu?» ⁶Sie fragten dies, um Jesus auf die Probe zu stellen und ihn dann anklagen zu können. Aber Jesus bückte sich nur und schrieb mit dem Finger auf die Erde. ⁷Als sie nicht locker ließen, richtete er sich auf und sagte: «Wer von euch noch nie gesündigt hat, soll den ersten Stein auf sie werfen!» ⁸Dann bückte er sich wieder und schrieb weiter auf die Erde. ⁹Als die Menschen das hörten, gingen sie einer nach dem anderen davon – die älteren zuerst. Schließlich war Jesus mit der Frau allein. ¹⁰Da stand er auf und fragte sie: «Wo sind jetzt deine Ankläger? Hat dich denn keiner verurteilt?» ¹¹«Nein, Herr», antwortete sie. «Dann verurteile ich dich auch nicht», entgegnete ihr Jesus. «Geh, aber sündige nun nicht mehr!»

Johannes 8,21.23–24 Später sagte Jesus noch einmal zu ihnen: «Ich gehe fort. Ihr werdet mich dann verzweifelt suchen, aber ihr werdet in euren Sünden umkommen. Ihr könnt nicht dorthin gehen, wo ich sein werde.» […] ²³Dazu sagte ihnen Jesus: «Ihr seid von hier unten; ich komme von oben. Ihr gehört zu dieser Welt; ich gehöre nicht zu dieser Welt. [24]Deshalb habe ich gesagt: Ihr werdet in euren Sünden umkommen. Wenn ihr nicht glaubt, dass ich es bin, gibt es keine Rettung für euch.»

Johannes 8,34–36 Jesus erwiderte ihnen: «Ich sage euch die Wahrheit: Jeder, der sündigt, ist ein Gefangener der Sünde. [35]Ein Sklave kann sich nicht darauf verlassen, dass er immer in dem Haus bleibt, in dem er arbeitet. Dieses Recht hat nur der Sohn der Familie. [36]Wenn euch also der Sohn Gottes befreit, dann seid ihr wirklich frei.»

Johannes 9,41 Jesus antwortete: «Wärt ihr tatsächlich blind, dann träfe euch keine Schuld. Aber ihr sagt ja: ‹Wir sehen.› Deshalb kann euch niemand eure Schuld abnehmen.»

Johannes 16,8–11 «Und ist er [der Heilige Geist] erst gekommen, wird er den Menschen die Augen für ihre Sünde öffnen, für Gottes Gerechtigkeit und sein Gericht. [9]Ihre Sünde ist, dass sie nicht an mich glauben. [10]Gottes Gerechtigkeit zeigt sich darin, dass er sich zu mir bekennt und ich zum Vater gehe, wenn ihr mich dann auch nicht mehr sehen werdet. [11]Und Gottes Gericht werden die Menschen daran erkennen, dass der Teufel, der Herrscher dieser Welt, bereits verurteilt ist.»

Matthäus 5,27–30 «Ihr wisst, dass es im Gesetz heißt: ‹Du sollst nicht die Ehe brechen!› [28]Ich sage euch aber: Schon wer eine Frau mit begehrlichen Blicken ansieht, der hat im Herzen mit ihr die Ehe gebrochen. [29]Wenn dich also dein rechtes Auge zur Sünde verführt, dann reiß es heraus und wirf es weg! Besser, du verlierst eins deiner Glieder, als dass du unversehrt in

die Hölle geworfen wirst. [30]Und wenn dich deine rechte Hand zum Bösen verführt, so hack sie ab und wirf sie weg! Es ist besser, verstümmelt zu sein, als unversehrt in die Hölle geworfen zu werden.»

Matthäus 15,10–20 Dann rief Jesus die Menschenmenge zu sich: «Hört, was ich euch sage, und begreift doch: [11]Nicht was ein Mensch zu sich nimmt, macht ihn unrein, sondern das, was er von sich gibt.» [12]Da traten die Jünger näher zu ihm und sagten: «Weißt du, dass du damit die Pharisäer verärgert hast?» [13]Jesus antwortete: «Jede Pflanze, die nicht von meinem himmlischen Vater gepflanzt worden ist, wird ausgerissen. [14]Lasst euch nicht einschüchtern! Sie wollen Blinde führen, sind aber selbst blind. Wenn nun ein Blinder einen anderen Blinden führen will, werden beide in den Abgrund stürzen!» [15]Da sagte Petrus: «Erklär uns doch noch einmal, was einen Menschen unrein macht!» [16]Jesus fragte: «Selbst ihr habt es immer noch nicht begriffen? [17]Wisst ihr denn nicht, dass alles, was ein Mensch zu sich nimmt, zuerst in den Magen kommt und dann ausgeschieden wird? [18]Aber die bösen Worte, die ein Mensch von sich gibt, kommen aus seinem Herzen, und nur sie lassen ihn unrein werden! [19]Aus dem Herzen kommen die bösen Gedanken wie: Mord, Ehebruch, sexuelle Zügellosigkeit, Diebstahl, Lüge und Verleumdung. [20]Durch sie wird der Mensch vor Gott unrein, nicht dadurch, dass man mit ungewaschenen Händen isst.»

Matthäus 18,8–9 «Deshalb: Wenn deine Hand oder dein Fuß dich zum Bösen verführen, hack sie ab und wirf sie weg. Es ist besser, du gehst verkrüppelt und lahm ins ewige Leben als mit gesunden Händen und Füßen ins ewige Feuer. ⁹Wenn dich dein Auge zur Sünde verführt, dann reiß es heraus und wirf es weg. Es ist besser, einäugig das ewige Leben zu erhalten, als mit beiden Augen ins Feuer der Hölle geworfen zu werden.»

Markus 2,10–11 «Aber ich will euch zeigen, dass der Menschensohn die Macht hat, hier auf der Erde Sünden zu vergeben.» Und er forderte den Gelähmten auf: ¹¹«Steh auf, nimm deine Trage, und geh nach Hause!»

Markus 2,17 Jesus hörte das und antwortete: «Die Gesunden brauchen keinen Arzt, sondern die Kranken. Ich bin gekommen, um Menschen in die Gemeinschaft mit Gott zu rufen, die ohne ihn leben – und nicht solche, die sich sowieso an seine Gebote halten.»

Markus 3,28–30 «Das eine will ich euch sagen: Jede Sünde und jede Gotteslästerung kann den Menschen vergeben werden. ²⁹Wer aber den Heiligen Geist verlästert, der wird niemals Vergebung finden; seine Sünde lastet für immer auf ihm.» ³⁰Das sagte er zu den Schriftgelehrten, weil sie behauptet hatten: «Er ist von einem bösen Geist besessen.»

Markus 4,21–23 Dann fragte Jesus die Zuhörer: «Zündet man etwa eine Öllampe an, um sie dann unter einen Eimer oder unters Bett zu stellen? Im Gegenteil! Eine brennende Lampe stellt man so auf, dass sie den ganzen Raum erhellt. ²²Alles, was jetzt noch verborgen ist, wird einmal ans Licht kommen, und was jetzt noch ein Geheimnis ist, wird jeder verstehen. ²³Denkt genau darüber nach, was ich euch gesagt habe, und richtet euch danach!»

Markus 7,14–15.17–23 Dann rief Jesus die Menschenmenge zu sich. «Hört, was ich euch sage, und begreift doch: ¹⁵Nicht, was ein Mensch zu sich nimmt, macht ihn unrein, sondern das, was er von sich gibt.» […] ¹⁷Danach ging Jesus in ein Haus und war mit seinen Jüngern allein. Hier fragten sie ihn, was er mit dieser Rede gemeint hatte. ¹⁸«Selbst ihr habt es immer noch nicht begriffen?», erwiderte Jesus. «Wisst ihr nicht, dass alles, was ein Mensch zu sich nimmt, ihn nicht verunreinigen kann? ¹⁹Denn was ihr esst, geht nicht in euer Herz hinein; es kommt in den Magen und wird dann wieder ausgeschieden.» Damit wollte Jesus sagen, dass im Grunde jede Nahrung rein ist. ²⁰Und er fügte noch hinzu: «Was aus dem Inneren des Menschen kommt, das lässt ihn unrein werden. ²¹Denn aus dem Inneren, aus dem Herzen der Menschen, kommen die bösen Gedanken wie: sexuelle Zügellosigkeit, Diebstahl, Mord, ²²Ehebruch, Habsucht, Bosheit, Betrügerei, ausschweifendes Leben, Neid, Verleumdung, Überheblichkeit und Unbesonnenheit. ²³Das kommt von innen heraus, und das macht die Menschen vor Gott unrein.»

Markus 9,42–43.45.47 «Wer in einem Menschen den Glauben, wie ihn ein Kind hat, zerstört, für den wäre es noch das Beste, mit einem Mühlstein um den Hals ins Meer geworfen zu werden. ⁴³Wenn deine Hand dich zum Bösen verführt, dann hack sie ab! Es ist besser, du gehst verstümmelt in das ewige Leben als mit beiden Händen in das unauslöschliche Feuer der Hölle. […] ⁴⁵Wenn dich dein Fuß auf Abwege führt, dann hack ihn ab! Es ist besser für dich, mit nur einem Fuß zum ewigen Leben zu kommen, als mit beiden Füßen geradewegs in die Hölle zu marschieren. [...] [47]Wenn dich dein Auge zur Sünde verführt, dann reiß es heraus. Es ist viel besser, einäugig in Gottes neue Welt zu gelangen, als mit zwei gesunden Augen schließlich ins Feuer der Hölle geworfen zu werden.»

Lukas 4,18–21 «Der Geist des Herrn ruht auf mir, weil er mich berufen hat. Er hat mich gesandt, den Armen die frohe Botschaft zu bringen. Ich rufe Freiheit aus für die Gefangenen, den Blinden sage ich, dass sie sehen werden, und den Unterdrückten, dass sie bald von jeder Gewalt befreit sein sollen. [19]Ich rufe ihnen zu: Jetzt erlässt Gott eure Schuld.» [20]Jesus rollte die Buchrolle zusammen, gab sie dem Synagogendiener zurück und setzte sich. Alle blickten ihn erwartungsvoll an. [21]Er begann: «Heute hat sich diese Voraussage des Propheten erfüllt.»

Lukas 5,22–23 Jesus durchschaute sie und fragte: «Wie könnt ihr nur so etwas denken? [23]Ist es leichter zu sagen ‹Dir sind deine Sünden vergeben›, oder diesen Gelähmten zu heilen?»

Lukas 5,31–32 Jesus antwortete ihnen: «Die Gesunden brauchen keinen Arzt, sondern die Kranken! [32]Ich bin gekommen, um Menschen in die Gemeinschaft mit Gott zu rufen, die ohne ihn leben – und nicht solche, die sich sowieso an seine Gebote halten.»

Lukas 7,40–48 «Simon, ich will dir etwas erzählen», unterbrach ihn Jesus in seinen Gedanken. «Ja, ich höre zu, Lehrer», antwortete Simon. [41]«Ein reicher Mann hatte zwei Leuten Geld geliehen. Der eine Mann schuldete ihm fünfhundert Silberstücke, der andere fünfzig. [42]Weil sie das Geld aber nicht zurückzahlen konnten, schenkte er es beiden. Welcher der beiden Männer wird ihm nun am meisten dankbar sein?» [43]Simon antwortete: «Bestimmt der, dem er die größte Schuld erlassen hat.» – «Du hast Recht!», bestätigte ihm Jesus. [44]Dann blickte er die Frau an und sagte: «Sieh diese Frau, Simon! Ich kam in dein Haus, und du hast mir kein Wasser für meine Füße gegeben, was doch sonst selbstverständlich ist. Aber sie hat meine Füße mit ihren Tränen gewaschen und mit ihrem Haar getrocknet. [45]Du hast mich nicht mit einem Kuss begrüßt. Aber seit ich hier bin, hat diese Frau immer wieder meine Füße geküsst. [46]Du hast meine Stirn nicht mit Öl gesalbt, während sie dieses kostbare Öl sogar über meine Füße gegossen hat. [47]Ich sage dir: Ihre große Schuld ist ihr vergeben; und darum hat sie mir so viel Liebe gezeigt. Wem aber wenig vergeben wird, der liebt auch wenig.» [48]Zu der Frau sagte Jesus: «Deine Sünden sind dir vergeben.»

Lukas 13,2–5 Jesus sagte: «Ihr denkt jetzt vielleicht, diese Galiläer seien schlimmere Sünder gewesen als ihre Landsleute, weil sie so grausam ermordet wurden. [3]Ihr irrt euch! Wenn ihr euch nicht zu Gott hinwendet, dann werdet ihr genauso umkommen. [4]Erinnert euch an die achtzehn Leute, die starben, als der Turm von Siloah einstürzte. Glaubt ihr wirklich, dass ihre Schuld größer war als die aller anderen Leute in Jerusalem? [5]Nein! Wenn ihr nicht zu Gott umkehrt, wird es euch ebenso ergehen.»

Lukas 17,3–6 «Nehmt euch in Acht! Wenn dein Bruder Schuld auf sich geladen hat, dann sag ihm, was er falsch gemacht hat. Tut es ihm leid, dann vergib ihm!

[4]Und wenn er dir siebenmal am Tag Unrecht tut und dich immer wieder um Vergebung bittet: Vergib ihm!» [5]Die Jünger baten Jesus, den Herrn: «Hilf uns, dass unser Glaube größer wird!» [6]Darauf antwortete er: «Selbst wenn euer Glaube so winzig wäre wie ein Senfkorn, könntet ihr diesem Maulbeerbaum befehlen: ‹Reiß dich aus der Erde und verpflanze dich ins Meer!› – es würde sofort geschehen.»

Lukas 24,46–47 Er sagte: «Es steht doch dort geschrieben: Der Messias muss leiden und sterben, und er wird am dritten Tag von den Toten auferstehen. [47]Alle Völker sollen diese Botschaft hören: Gott wird jedem, der zu ihm umkehrt, die Schuld vergeben. Das soll zuerst in Jerusalem verkündet werden.»

Offenbarung 22,15–16 «Draußen vor den Toren der Stadt müssen alle Feinde Gottes bleiben: alle, die sich mit Zauberei abgeben, die sexuell zügellos leben, die Mörder, alle, die anderen Göttern nachlaufen, die gerne lügen und betrügen. [16]Ich, Jesus, habe meinen Engel zu dir gesandt, damit du den Gemeinden alles mitteilst. Ich bin die Wurzel und der Nachkomme aus der Familie Davids. Ich bin der helle Morgenstern.»

40 Sünder

Lukas 13,2–5 Jesus sagte: «Ihr denkt jetzt vielleicht, diese Galiläer seien schlimmere Sünder gewesen als ihre Landsleute, weil sie so grausam ermordet wurden. [3]Ihr irrt euch! Wenn ihr euch nicht zu Gott hinwendet, dann werdet ihr genauso umkommen. [4]Erinnert euch an die achtzehn Leute, die starben, als der Turm von Siloah einstürzte. Glaubt ihr wirklich, dass ihre Schuld größer war als die aller anderen Leute in Jerusalem? [5]Nein! Wenn ihr nicht zu Gott umkehrt, wird es euch ebenso ergehen.»

Lukas 13,22–30 Auf dem Weg nach Jerusalem [23]fragte ihn ein Mann: «Herr, stimmt es wirklich, dass nur wenige Menschen gerettet werden?» Jesus antwortete ihm: [24]«Das Tor zu Gottes neuer Welt ist schmal! Ihr müsst schon alles daransetzen, wenn ihr hineinkommen wollt. Viele versuchen es, aber nur wenigen wird es gelingen. [25]Hat der Hausherr erst einmal das Tor verschlossen, werdet ihr draußen stehen. So viel ihr dann auch klopft und bettelt: ‹Herr, mach uns doch auf!› – es ist umsonst! Er wird euch antworten: ‹Was wollt ihr von mir, ich kenne euch nicht!› [26]Ihr werdet rufen: ‹Aber wir haben doch mit dir gegessen und getrunken! Du hast bei uns gepredigt!› [27]Doch der Herr wird euch erwidern: ‹Ich habe doch schon einmal gesagt, dass ich euch nicht kenne. Menschen, die Unrecht tun, haben hier nichts verloren. Geht endlich weg!› [28]Wenn ihr dann draußen seid und seht, dass Abraham, Isaak, Jakob und alle Propheten in der neuen Welt Gottes sind, dann werdet ihr verzweifelt heulen und schreien. [29]Aus der ganzen Welt, aus Ost und West, aus Nord und Süd werden die Menschen in Gottes neue Welt, zu Gottes Fest kommen. [30]Vergesst nicht: Viele, die hier nichts gelten, werden dort hoch geehrt sein, aber viele, die hier einen großen Namen haben, werden dort unbekannt sein.»

Lukas 14,12–24 Schließlich sagte Jesus zu seinem Gastgeber: «Zu einem Essen solltest du nicht deine Freunde, Geschwister, Verwandten oder die reichen Nachbarn einladen. Sie werden dir danken und dich wieder einladen. Dann hast du deine Belohnung schon gehabt. [13]Bitte lieber die Armen, Verkrüppelten, Gelähmten und Blinden an deinen Tisch. [14]Dann wirst du glücklich sein, denn du hast Menschen geholfen, die sich dir nicht erkenntlich zeigen können. Gott wird dich dafür belohnen, wenn er die von den Toten auferweckt, die nach seinem Willen gelebt haben.» [15]Als einer von den Gästen das hörte, rief er: «Was für ein Glück muss das sein, in der neuen Welt Gottes zum Fest eingeladen zu werden!» [16]Jesus antwortete mit einer Geschichte: «Ein Mann bereitete ein großes Festessen vor, zu dem er viele Gäste einlud. [17]Als alles fertig war, schickte er seinen Boten zu den Eingeladenen: ‹Alles ist vorbereitet, kommt!› [18]Aber niemand kam. Jeder hatte auf einmal Ausreden. Einer sagte: ‹Ich habe ein Grundstück gekauft, das muss ich unbedingt besichtigen. Bitte entschuldige mich!› [19]Ein anderer: ‹Es geht leider nicht. Ich habe mir fünf Gespanne Ochsen angeschafft. Die muss ich jetzt ansehen!› [20]Ein dritter entschuldigte sich: ‹Ich habe gerade geheiratet. Du wirst verstehen, dass ich nicht kommen kann.› [21]Der Bote kehrte zurück und berichtete alles seinem Herrn. Der wurde sehr zornig: ‹Geh gleich auf die Straßen, auf alle Plätze der Stadt, und hole die Bettler, Verkrüppelten, Gelähmten und Blinden herein!› [22]Der Bote kam zurück und berichtete: ‹Es sind viele gekommen, aber noch immer sind Plätze frei!› [23]‹Geh auf die Landstraßen›, befahl der Herr, ‹und wer auch immer dir über den Weg läuft, den bring her! Alle sind eingeladen. Mein Haus soll voll werden.

[24]Aber von denen, die ich zuerst eingeladen habe, wird keiner auch nur einen einzigen Bissen bekommen.›»

Lukas 15,4–10 «Wenn ein Mensch hundert Schafe hat und eins geht verloren, was wird er tun? Lässt er nicht die neunundneunzig in der Wüste zurück, um das verlorene Schaf so lange zu suchen, bis er es gefunden hat? [5]Dann wird er es glücklich auf seinen Schultern nach Hause tragen [6]und seinen Freunden und Nachbarn zurufen: ‹Kommt her, freut euch mit mir, ich habe mein Schaf wiedergefunden!› [7]Ich sage euch: So wird man sich auch im Himmel freuen über einen Sünder, der zu Gott umkehrt – mehr als über neunundneunzig andere, die nach Gottes Willen leben und nicht zu ihm umkehren müssen. [8]Oder nehmt ein anderes Beispiel: Eine Frau hat zehn Silbermünzen gespart. Als ihr eines Tages eine fehlt, zündet sie sofort eine Lampe an, stellt das ganze Haus auf den Kopf und sucht in allen Ecken. [9]Endlich hat sie die Münze gefunden. Sie ruft ihre Freundinnen und Nachbarinnen zusammen und erzählt: ‹Ich habe mein Geld wieder! Freut euch mit mir!› [10]Genau so freuen sich auch die Engel Gottes, wenn ein einziger Sünder zu Gott umkehrt.»

Lukas 18,9–14 Jesus erzählte ein weiteres Gleichnis. Er hatte dabei besonders die Menschen im Blick, die selbstgerecht sind und auf andere herabsehen. [10]«Zwei Männer gingen in den Tempel, um zu beten. Der eine war ein Pharisäer, der andere ein Zolleinnehmer. [11]Selbstsicher stand der Pharisäer dort und betete: ‹Ich danke dir, Gott, dass ich nicht so bin wie andere Leute: kein Räuber, kein Gottloser, kein Ehebrecher und schon gar nicht wie dieser Zolleinnehmer da hinten. [12]Ich faste zweimal in der Woche und gebe von allen meinen Einkünften den zehnten Teil für Gott.› [13]Der Zolleinnehmer dagegen blieb verlegen am Eingang stehen und wagte kaum aufzusehen. Schuldbewusst betete er: ‹Gott, vergib mir, ich weiß, dass ich ein Sünder bin!› [14]Ihr könnt sicher sein, dieser Mann ging von seiner Schuld befreit nach Hause, nicht aber der Pharisäer. Denn wer sich selbst ehrt, wird gedemütigt werden; aber wer sich selbst erniedrigt, wird geehrt werden.»

41 Sündige Generation

Matthäus 12,39–45 Und er antwortete und sprach zu ihnen: «Ein böses und abtrünniges Geschlecht fordert ein Zeichen, aber es wird ihm kein Zeichen gegeben werden, es sei denn das Zeichen des Propheten Jona. [40]Denn wie Jona drei Tage und drei Nächte im Bauch des Fisches war, so wird der Menschensohn drei Tage und drei Nächte im Schoß der Erde sein. [41]Die Leute von Ninive werden auftreten beim Jüngsten Gericht mit diesem Geschlecht und werden es verdammen; denn sie taten Buße nach der Predigt des Jona. Und siehe, hier ist mehr als Jona. [42]Die Königin vom Süden wird auftreten beim Jüngsten Gericht mit diesem Geschlecht und wird es verdammen; denn sie kam vom Ende der Erde, um Salomos Weisheit zu hören. Und siehe, hier ist mehr als Salomo. [43]Wenn der unreine Geist von einem Menschen ausgefahren ist, so durchstreift er dürre Stätten, sucht Ruhe und findet sie nicht. [44]Dann spricht er: ‹Ich will wieder zurückkehren in mein Haus, aus dem ich fortgegangen bin.› Und wenn er kommt, so findet er's leer, gekehrt und geschmückt. [45]Dann geht er hin und nimmt mit sich sieben andre Geister, die böser sind als er selbst; und wenn sie hineinkommen, wohnen sie darin; und es wird mit diesem Menschen hernach ärger, als es vorher war. So wird's auch diesem bösen Geschlecht ergehen» (Lutherbibel).

Matthäus 16,2–4 [2/3]Jesus sagte ihnen: «Ihr könnt das Wetter aus den Zeichen am Himmel vorhersagen: Abendrot zeigt gutes Wetter für den nächsten Tag an, Morgenröte bedeutet schlechtes Wetter. Aber was heute vor euren Augen geschieht, das könnt ihr nicht richtig beurteilen! [4]Dieses böse, gottlose Volk verlangt einen Beweis. Doch sie werden kein anderes Wunder zu sehen bekommen als das, was an dem Propheten Jona geschah.» Mit diesen Worten ließ Jesus sie stehen und ging weg.

Matthäus 17,17 Da sagte Jesus: «Was seid ihr doch für eine verkehrte Generation, die Gott nichts zutraut! Wie lange soll ich noch bei euch aushalten und euch ertragen? Bringt den Jungen her!» (Gute-Nachricht-Bibel).

Markus 8,38 «Wer sich aber meiner und meiner Worte schämt unter diesem abtrünnigen und sündigen Geschlecht, dessen wird sich auch der Menschensohn schämen, wenn er kommen wird in der Herrlichkeit seines Vaters mit den heiligen Engeln» (Lutherbibel).

Lukas 7,31–35 «Wie soll ich die Menschen von heute beschreiben? Wem gleichen sie? [32]Sie sind wie spielende Kinder auf der Straße, die ihren Freunden zurufen: ‹Wir haben Hochzeitslieder gespielt, und ihr habt nicht getanzt. Danach haben wir Klagelieder gesungen, und ihr habt nicht geweint!› ³³Johannes der Täufer fastete oft und trank keinen Wein. Da habt ihr gesagt: ‹Der ist ja von einem bösen Geist besessen!› ³⁴Nun ist der Menschensohn gekommen, isst und trinkt wie jeder andere, und ihr beschimpft ihn: ‹Er frisst und säuft, und seine Freunde sind die Zolleinnehmer und anderes Gesindel!› ³⁵Doch wie Recht die Weisheit Gottes hat, zeigt sich an denen, die sie annehmen.»

Lukas 9,41 Da antwortete Jesus und sprach: «O du ungläubiges und verkehrtes Geschlecht! Wie lange soll ich bei euch sein und euch ertragen? Bring deinen Sohn hierher!» (Schlachterbibel).

Lukas 11,29–32 Von allen Seiten drängten sich die Leute um Jesus. Da sagte er zu ihnen: «Die Menschen von heute sind voller Bosheit. Sie verlangen einen Beweis dafür, dass Gott mich gesandt hat; aber sie werden nur das Wunder zu sehen bekommen, das am Propheten Jona geschah. ³⁰So wie Jona für die Leute von Ninive ein Zeichen Gottes wurde, so wird es auch der Menschensohn für euch sein. ³¹Die Königin aus dem Süden wird am Gerichtstag Gottes als Zeugin gegen dieses Volk auftreten und es verurteilen. Denn sie kam von weit her, um von der Weisheit des Königs Salomo zu lernen. Der aber hier vor euch steht, ist größer als Salomo! ³²Auch die Einwohner von Ninive werden euch am Gerichtstag verurteilen, denn nach Jonas Predigt kehrten sie um zu Gott. Der hier vor euch steht, ist aber größer als Jona.»

42 Torheit, Narrheit, Dummheit

Matthäus 7,21–27 «Nicht, wer mich dauernd ‹Herr› nennt, wird in Gottes neue Welt kommen, sondern wer den Willen meines Vaters im Himmel tut. ²²Am Tag des Gerichts werden zwar viele sagen: ‹Aber Herr, wir haben doch als deine Propheten das weitergesagt, was du selbst uns aufgetragen hast! Wir haben doch in deinem Namen Dämonen ausgetrieben und mächtige Taten vollbracht!› ²³Aber ich werde ihnen antworten: ‹Ich kenne euch nicht, denn ihr habt nicht nach meinem Willen gelebt. Geht mir aus den Augen!› ²⁴Wer meine Worte hört und danach handelt, der ist klug. Man kann ihn mit einem Mann vergleichen, der sein Haus auf felsigen Grund baut. ²⁵Wenn ein Wolkenbruch niedergeht, das Hochwasser steigt und der Sturm am Haus rüttelt, wird es trotzdem nicht einstürzen, weil es auf Felsengrund gebaut ist. ²⁶Wer sich meine Worte nur anhört, aber nicht danach lebt, der ist so unvernünftig wie einer, der sein Haus auf Sand baut. ²⁷Denn wenn ein Wolkenbruch kommt, die Flut das Land überschwemmt und der Sturm um das Haus tobt, wird es aus allen Fugen geraten und krachend einstürzen.»

Lukas 11,39–44 Da sagte Jesus, der Herr, zu ihm: «Ihr Pharisäer poliert eure Becher und Schüsseln außen auf Hochglanz, so wie das Gesetz es erfordert. Doch gefüllt sind sie mit dem, was ihr in eurer maßlosen Gier anderen abgenommen habt. ⁴⁰Ihr Dummköpfe! Ihr wisst doch ganz genau, dass Gott beides geschaffen hat – Äußeres und Inneres. ⁴¹Eure Schüsseln und Becher sind voll. Gebt das, was darin ist, den Armen, dann seid ihr auch vor Gott rein! ⁴²Wehe euch, ihr Pharisäer! Sogar von Küchenkräutern wie Minze und Raute und auch von allen anderen Gewürzen gebt ihr Gott den zehnten Teil. Aber Gerechtigkeit und die Liebe zu Gott sind euch gleichgültig! Doch gerade darum geht es hier: Das Wesentliche tun und das andere nicht unterlassen! ⁴³Ich warne euch, ihr Pharisäer! In der Synagoge sitzt ihr stets in der ersten Reihe, und es gefällt euch, wenn man euch auf der Straße ehrfurchtsvoll grüßt. ⁴⁴Wehe euch, ihr Pharisäer! Wer mit euch zu tun hat, der weiß nicht, dass er sich verunreinigt. Denn ihr seid wie Gräber, die vom Gras überwuchert sind und über die man geht, ohne es zu wissen.»

Lukas 12,13–21 Da rief einer aus der Menge: «Lehrer, sag doch meinem Bruder, er soll unser Erbe gerecht mit mir teilen.» ¹⁴Aber Jesus wies ihn zurück: «Bin ich etwa euer Richter oder euer Vermittler in Erbstreitigkeiten?» ¹⁵Dann wandte er sich an alle: «Hütet euch vor der Habgier! Wenn jemand auch noch so viel Geld hat, das Leben kann er sich damit nicht kaufen.» ¹⁶An einem Beispiel erklärte er seinen Zuhörern, was er damit meinte: «Ein reicher Gutsbesitzer hatte eine besonders gute Ernte. ¹⁷Er überlegte: ‹Wo soll ich bloß alles unterbringen? Meine Scheunen sind voll; da geht nichts mehr rein.› ¹⁸Er beschloss: ‹Ich werde die alten Scheunen abreißen und neue bauen, so groß, dass ich das ganze Getreide, ja alles, was ich habe, darin unterbringen kann. ¹⁹Dann will ich mich zur Ruhe setzen. Ich habe für lange Zeit ausgesorgt. Jetzt lasse ich es mir gut gehen. Ich will gut essen und trinken und mein Leben genießen!› ²⁰Aber Gott sagte zu ihm: ‹Du Narr! Noch in dieser Nacht wirst du sterben. Wer bekommt dann deinen ganzen Reichtum, den du angehäuft

hast?› ²¹So wird es allen gehen, die auf der Erde Reichtümer sammeln, aber mit leeren Händen vor Gott stehen.»

Lukas 12,42–49 Jesus, der Herr, entgegnete: «Wie verhält sich denn ein kluger und zuverlässiger Verwalter? Sein Herr hat ihm die Verantwortung für alle Mitarbeiter übertragen; er soll sie zu jeder Zeit mit allem Nötigen versorgen. ⁴³Dieser Verwalter darf sich glücklich nennen, wenn sein Herr ihn bei der Rückkehr gewissenhaft bei der Arbeit findet. ⁴⁴Das sage ich euch: Einem so zuverlässigen Mann wird er die Verantwortung für seinen ganzen Besitz übertragen. ⁴⁵Wenn aber ein Verwalter unzuverlässig ist und im Stillen denkt: ‹Ach was, es dauert bestimmt noch lange, bis mein Herr kommt›, und er fängt an, seine Mitarbeiter zu schlagen, zu schlemmen und sich zu betrinken, ⁴⁶dann wird die Rückkehr seines Herrn ihn völlig überraschen. Sein Herr kommt, wenn er nicht damit rechnet. Er wird den unzuverlässigen Verwalter hart bestrafen und ihm den Lohn geben, den die Gottlosen verdienen. ⁴⁷Der Verwalter, der den Willen seines Herrn kennt, sich aber bewusst nicht danach richtet, wird schwer bestraft werden. ⁴⁸Wer dagegen falsch handelt, ohne es zu wissen, wird mit einer leichteren Strafe davonkommen. So wird von jedem, der viel bekommen hat, auch viel erwartet; denn wem viel anvertraut wurde, von dem verlangt man umso mehr. ⁴⁹Ich bin gekommen, um auf der Erde ein Feuer zu entfachen. Wie froh wäre ich, es würde schon brennen!»

Lukas 14,27–33 «Wer nicht bereit ist, sein Kreuz auf sich zu nehmen und mir nachzufolgen, der kann nicht zu mir gehören. ²⁸Stellt euch vor, jemand möchte einen

Turm bauen. Wird er dann nicht vorher die Kosten überschlagen? [29]Er wird doch nicht einfach anfangen und riskieren, dass er bereits nach dem Bau des Fundaments aufhören muss. Die Leute würden ihn auslachen [30]und sagen: ‹Einen Turm wollte er bauen! Aber sein Geld reichte nur für das Fundament!› [31]Oder stellt euch vor, ein König muss gegen einen anderen König in den Krieg ziehen: Wird er dann nicht vorher mit seinen Beratern überlegen, ob seine Armee mit zehntausend Mann die feindlichen Truppen schlagen kann, die mit zwanzigtausend Mann anrücken? [32]Wenn nicht, dann wird er, solange die Feinde noch weit entfernt sind, Unterhändler schicken, um über einen Frieden zu verhandeln. [33]Überlegt auch ihr vorher, ob ihr wirklich bereit seid, alles für mich aufzugeben und mir nachzufolgen. Sonst könnt ihr nicht meine Jünger sein.»

43 Übeltäter

Matthäus 7,21–27 «Nicht, wer mich dauernd ‹Herr› nennt, wird in Gottes neue Welt kommen, sondern wer den Willen meines Vaters im Himmel tut. [22]Am Tag des Gerichts werden zwar viele sagen: ‹Aber Herr, wir haben doch als deine Propheten das weitergesagt, was du selbst uns aufgetragen hast! Wir haben doch in deinem Namen Dämonen ausgetrieben und mächtige Taten vollbracht!› [23]Aber ich werde ihnen antworten: ‹Ich kenne euch nicht, denn ihr habt nicht nach meinem Willen gelebt. Geht mir aus den Augen!› [24]Wer meine Worte hört und danach handelt, der ist klug. Man kann ihn mit einem Mann vergleichen, der sein Haus auf felsi-

gen Grund baut. [25]Wenn ein Wolkenbruch niedergeht, das Hochwasser steigt und der Sturm am Haus rüttelt, wird es trotzdem nicht einstürzen, weil es auf Felsengrund gebaut ist. [26]Wer sich meine Worte nur anhört, aber nicht danach lebt, der ist so unvernünftig wie einer, der sein Haus auf Sand baut. [27]Denn wenn ein Wolkenbruch kommt, die Flut das Land überschwemmt und der Sturm um das Haus tobt, wird es aus allen Fugen geraten und krachend einstürzen.»

Lukas 13,22–30 Auf dem Weg nach Jerusalem [23]fragte ihn ein Mann: «Herr, stimmt es wirklich, dass nur wenige Menschen gerettet werden?» Jesus antwortete ihm: [24]«Das Tor zu Gottes neuer Welt ist schmal! Ihr müsst schon alles daransetzen, wenn ihr hineinkommen wollt. Viele versuchen es, aber nur wenigen wird es gelingen. [25]Hat der Hausherr erst einmal das Tor verschlossen, werdet ihr draußen stehen. So viel ihr dann auch klopft und bettelt: ‹Herr, mach uns doch auf!› – es ist umsonst! Er wird euch antworten: ‹Was wollt ihr von mir, ich kenne euch nicht!› [26]Ihr werdet rufen: ‹Aber wir haben doch mit dir gegessen und getrunken! Du hast bei uns gepredigt!› [27]Doch der Herr wird euch erwidern: ‹Ich habe doch schon einmal gesagt, dass ich euch nicht kenne. Menschen, die Unrecht tun, haben hier nichts verloren. Geht endlich weg!› [28]Wenn ihr dann draußen seid und seht, dass Abraham, Isaak, Jakob und alle Propheten in der neuen Welt Gottes sind, dann werdet ihr verzweifelt heulen und schreien. [29]Aus der ganzen Welt, aus Ost und West, aus Nord und Süd werden die Menschen in Gottes neue Welt, zu Gottes Fest kommen. [30]Vergesst nicht: Viele, die hier nichts gelten, werden dort hoch geehrt sein, aber viele, die hier einen großen Namen haben, werden dort unbekannt sein.»

44 Ungerechte Leiter

Matthäus 20,26–28 Da rief Jesus alle zusammen und sagte: «Ihr wisst, wie die Machthaber der Welt ihre Völker unterdrücken. Wer die Macht hat, nutzt sie rücksichtslos aus. 26Aber so darf es bei euch nicht sein. Wer groß sein will, der soll den anderen dienen, 27und wer der Erste sein will, der soll sich allen unterordnen. 28Auch der Menschensohn ist nicht gekommen, um sich bedienen zu lassen. Er kam, um zu dienen und sein Leben hinzugeben, damit viele Menschen aus der Gewalt des Bösen befreit werden.»

Lukas 11,46–52 Jesus erwiderte: «Ja, ich warne auch euch, ihr Schriftgelehrten! Ihr bürdet den Menschen unerträgliche Lasten auf, doch ihr selbst rührt keinen Finger, um diese Lasten zu tragen. 47Wehe euch! Ihr baut Denkmäler für die Propheten, die von euren Vorfahren umgebracht wurden. 48Doch damit bestätigt ihr nur, dass ihr nicht anders seid als eure Vorfahren. Sie haben die Propheten getötet, und ihr vollendet ihr Werk durch Denkmäler. 49Deshalb hat Gott in seiner Weisheit gesagt: Ich werde ihnen Propheten und Apostel schicken; doch sie werden einige von ihnen töten und die anderen verfolgen! 50Ihr werdet zur Rechenschaft gezogen für den Mord an allen Propheten, seit die Welt besteht: 51angefangen bei Abel bis hin zu Secharja, den ihr zwischen Brandopferaltar und Tempel ermordet habt. Ja, noch diese Generation wird dafür die Verantwortung tragen müssen. 52Wehe euch, ihr Schriftgelehrten! Denn durch eure Lehren verhindert ihr, dass die Menschen den Weg zur Wahrheit finden. Ihr selbst seid nicht in Gottes neue Welt hineingegangen, und ihr versperrt auch noch allen, die hineinwollen, den Zugang.»

45 Verrat

Johannes 6,66–71 Nach dieser Rede wandten sich viele, die ihm gefolgt waren, von Jesus ab und gingen nicht mehr mit ihm. 67Da fragte Jesus seine zwölf Jünger: «Wollt ihr auch weggehen und mich verlassen?» 68«Herr, zu wem sollten wir denn gehen?», antwortete Simon Petrus. «Nur deine Worte schenken ewiges Leben. 69Wir glauben und haben erkannt, dass du von Gott kommst und zu Gott gehörst.» 70Da sagte Jesus: «Ich selbst habe euch zwölf ausgewählt – und doch: Einer von euch ist ein Teufel!» 71Damit meinte er Judas, den Sohn von Simon Iskariot, einen seiner zwölf Jünger. Und Judas war es dann auch, der Jesus später verriet.

Johannes 13,21–28 Nachdem Jesus dies gesagt hatte, war er sehr erschüttert und bestätigte: «Ja, es ist wahr: Einer von euch wird mich verraten!» 22Die Jünger sahen sich fragend an und rätselten, wen er meinte. 23Ganz nah bei Jesus hatte der Jünger seinen Platz, den Jesus am meisten liebte. 24Petrus winkte ihn zur Seite und sagte: «Frag du ihn, wen er meint!» 25Da beugte der Jünger sich zu Jesus hinüber und fragte leise: «Herr, wer von uns ist es?» 26Jesus antwortete ihm: «Es ist der, dem ich das Brot geben werde, das ich jetzt in die

Schüssel eintauche.» Darauf tauchte er das Brot ein und gab es Judas, dem Sohn des Simon Iskariot. ²⁷Von diesem Augenblick an hatte Satan den Judas ganz in seiner Gewalt. «Beeil dich, Judas! Erledige bald, was du tun willst!», forderte Jesus ihn auf. ²⁸Keiner von den anderen am Tisch verstand, was Jesus mit diesen Worten meinte.

Johannes 18,3–9 Nun erschien Judas mit einem Trupp römischer Soldaten und Männern, die ihm die Hohenpriester und Pharisäer mitgegeben hatten. Sie trugen Fackeln und Lampen und waren bewaffnet. ⁴Jesus wusste, was jetzt geschehen würde. Er ging ihnen entgegen und fragte: «Wen sucht ihr?» ⁵«Jesus von Nazareth», war die Antwort. «Ich bin es!», erklärte Jesus. Judas, sein Verräter, stand mitten unter den Soldaten. ⁶Als Jesus klar und offen sagte: «Ich bin es», wichen die Bewaffneten erschrocken zurück und fielen zu Boden. ⁷Jesus fragte noch einmal: «Wen sucht ihr denn?» – «Jesus von Nazareth!», antworteten sie wieder. ⁸«Ich habe euch doch schon gesagt, dass ich es bin», entgegnete Jesus. «Wenn ihr also nur mich sucht, dann lasst die anderen hier gehen!» ⁹Damit sollte sich erfüllen, was Jesus früher gesagt hatte: «Ich habe keinen von denen verloren, die du mir anvertraut hast.»

Matthäus 26,17–25 Am ersten Tag des Festes der ungesäuerten Brote kamen die Jünger zu Jesus und fragten: «Wo sollen wir für dich das Passahmahl vorbereiten?» ¹⁸Jesus nannte den Jüngern einen Namen und befahl: «Geht in die Stadt zu diesem Mann, und teilt ihm mit: Unser Lehrer sagt: ‹Meine Zeit ist gekommen. Ich will mit meinen Jüngern in deinem Haus das Pas-

sahmahl feiern.›» ¹⁹Die Jünger führten den Auftrag aus und bereiteten alles vor. ²⁰Am Abend dieses Tages nahm Jesus mit den zwölf Jüngern am Tisch Platz. ²¹Beim Essen erklärte er ihnen: «Ich sage euch: Einer von euch wird mich verraten!» ²²Bestürzt fragte einer nach dem andern: «Meinst du etwa mich, Herr?» ²³Jesus antwortete: «Der mit mir das Brot in die Schüssel taucht, der ist es. ²⁴Der Menschensohn muss zwar sterben, wie es in der Heiligen Schrift vorausgesagt ist. Aber wehe seinem Verräter! Er wäre besser nie geboren worden.» ²⁵Judas fragte wie die anderen auch: «Meister, du meinst doch nicht etwa mich?» Da antwortete ihm Jesus: «Doch, du bist es!»

Matthäus 26,42–46 Noch einmal ging er ein Stück weg, um zu beten: «Mein Vater, wenn mir dieses Leiden nicht erspart bleiben kann, bin ich bereit, deinen Willen zu erfüllen!» ⁴³Als er zurückkam, schliefen die Jünger schon wieder; die Augen waren ihnen zugefallen. ⁴⁴Er kehrte um und betete zum dritten Mal mit den gleichen Worten. ⁴⁵Dann kam er zu seinen Jüngern zurück und sagte: «Ihr schlaft immer noch und ruht euch aus? Aber jetzt ist die Stunde gekommen: Der Menschensohn wird den gottlosen Menschen ausgeliefert. ⁴⁶Steht auf, lasst uns gehen! Der Verräter ist schon da.» (Siehe auch Markus 14,39–42.)

Matthäus 26,55–56 Danach wandte sich Jesus an die Männer, die ihn festgenommen hatten: «Bin ich denn ein Verbrecher, dass ihr euch mit Schwertern und Knüppeln bewaffnet habt, um mich zu verhaften? Jeden Tag habe ich öffentlich im Tempel gesprochen. Warum habt ihr mich nicht dort festgenommen? ⁵⁶Aber auch dies geschieht, damit sich die Vorhersagen der Propheten erfüllen.» Entsetzt verließen ihn alle Jünger und flohen.

Matthäus 26,69–70.74–75 Petrus war immer noch im Hof. Da trat eine Dienerin auf ihn zu und sagte: «Du gehörst doch auch zu Jesus, diesem Galiläer!» ⁷⁰Aber Petrus bestritt das laut: «Ich weiß nicht, wovon du redest.» […] ⁷⁴Da rief Petrus: «Ich schwöre euch: Ich kenne diesen Menschen nicht! Gott soll mich verfluchen, wenn ich lüge!» In diesem Augenblick krähte ein Hahn, ⁷⁵und Petrus fielen die Worte ein, die Jesus gesagt hatte: «Ehe der Hahn kräht, wirst du dreimal geleugnet haben, mich zu kennen.» Da ging Petrus hinaus und weinte voller Verzweiflung. (Siehe auch Markus 14,66–72 und Lukas 22,55–62.)

Markus 14,17–21 Am Abend kam Jesus mit den zwölf Jüngern. ¹⁸Beim Essen erklärte er ihnen: «Ich sage euch: Einer von euch, der jetzt mit mir isst, wird mich verraten!» ¹⁹Bestürzt fragte einer nach dem andern: «Meinst du etwa mich?» ²⁰Jesus antwortete: «Es ist einer von euch Zwölfen, der mit mir das Brot in die Schüssel taucht. ²¹Der Menschensohn muss zwar sterben, wie es in der Heiligen Schrift vorausgesagt ist; aber wehe seinem Verräter! Er wäre besser nie geboren worden.»

Lukas 22,20–22 Nach dem Essen nahm er den Becher mit Wein, reichte ihn den Jüngern und sagte: «Dies ist mein Blut, mit dem der neue Bund zwischen Gott und den Menschen besiegelt wird. Es wird für euch zur Vergebung der Sünden vergossen. ²¹Aber eins muss ich euch sagen: Bei uns an diesem Tisch ist der Mann, der mich verraten wird. ²²Es ist der Wille Gottes, dass

der Menschensohn sterben muss. Aber wehe seinem Verräter!»

Lukas 22,47–51 Noch während Jesus sprach, kam eine große Gruppe Männer auf sie zu. Sie wurden von Judas, einem der zwölf Jünger, angeführt. Judas ging zu Jesus, um ihn mit einem Kuss zu begrüßen. ⁴⁸Aber Jesus fragte ihn: «Judas, willst du den Menschensohn mit einem Kuss verraten?» ⁴⁹Jetzt hatten auch die anderen Jünger begriffen, was vor sich ging. Aufgeregt riefen sie: «Herr, sollen wir dich mit dem Schwert verteidigen?» ⁵⁰Einer von ihnen zog gleich das Schwert, schlug auf einen der Diener des Hohenpriesters ein und hieb ihm das rechte Ohr ab. ⁵¹Aber Jesus befahl: «Hört auf damit!» Er berührte das Ohr des Mannes und heilte ihn.

46 Verunreinigung des Herzens

Matthäus 12,33–35 «Wie der Baum, so die Frucht! Ein guter Baum trägt gute Früchte, ein schlechter Baum trägt schlechte Früchte. ³⁴Ihr Schlangenbrut! Wie könnt ihr durch und durch bösen Leute überhaupt etwas Gutes reden? Wovon das Herz erfüllt ist, das spricht der Mund aus! ³⁵Wenn ein guter Mensch spricht, zeigt sich, was an Gutem in ihm ist. Ein Mensch mit einem bösen Herzen ist innerlich voller Gift, und alle merken es, wenn er redet.» (Siehe auch Lukas 6,43–45.)

Matthäus 15,7–9 «Ihr scheinheiligen Heuchler! Wie Recht hat Jesaja, wenn er von euch schreibt: ⁸‹Diese Leute ehren Gott mit den Lippen, aber mit dem Herzen sind sie nicht dabei. ⁹Ihr Gottesdienst ist wertlos, weil sie ihre menschlichen Gesetze als Gebote Gottes ausgeben.›»

Matthäus 15,10–11 Dann rief Jesus die Menschenmenge zu sich: «Hört, was ich euch sage, und begreift doch: ¹¹Nicht was ein Mensch zu sich nimmt, macht ihn unrein, sondern das, was er von sich gibt.»

Matthäus 15,16–20 Jesus fragte: «Selbst ihr habt es immer noch nicht begriffen? ¹⁷Wisst ihr denn nicht, dass alles, was ein Mensch zu sich nimmt, zuerst in den Magen kommt und dann ausgeschieden wird? ¹⁸Aber die bösen Worte, die ein Mensch von sich gibt, kommen aus seinem Herzen, und nur sie lassen ihn unrein werden! ¹⁹Aus dem Herzen kommen die bösen Gedanken wie: Mord, Ehebruch, sexuelle Zügellosigkeit, Diebstahl, Lüge und Verleumdung. ²⁰Durch sie wird der Mensch vor Gott unrein, nicht dadurch, dass man mit ungewaschenen Händen isst.»

Matthäus 23,27–28 «Wehe euch, ihr Schriftgelehrten und Pharisäer! Ihr seid wie die gepflegten Grabstätten: von außen sauber und geschmückt, aber innen ist alles voll stinkender Verwesung. ²⁸Ihr steht vor den Leuten als solche da, die Gott ehren, aber in Wirklichkeit seid ihr voller Bosheit und Heuchelei.»

Markus 7,14–15.17–23 Dann rief Jesus die Menschenmenge zu sich. «Hört, was ich euch sage, und begreift doch: ¹⁵Nicht, was ein Mensch zu sich nimmt, macht ihn unrein, sondern das, was er von sich gibt.» ¹⁷Danach ging Jesus in ein Haus und war mit seinen Jüngern allein. Hier fragten sie ihn, was er mit dieser Rede gemeint hatte. ¹⁸«Selbst ihr habt es immer noch nicht begriffen?», erwiderte Jesus. «Wisst ihr nicht, dass alles, was ein Mensch zu sich nimmt, ihn nicht verunreinigen kann? ¹⁹Denn was ihr esst, geht nicht in euer Herz hinein; es

kommt in den Magen und wird dann wieder ausgeschieden.» Damit wollte Jesus sagen, dass im Grunde jede Nahrung rein ist. ²⁰Und er fügte noch hinzu: «Was aus dem Inneren des Menschen kommt, das lässt ihn unrein werden. ²¹Denn aus dem Inneren, aus dem Herzen der Menschen, kommen die bösen Gedanken wie: sexuelle Zügellosigkeit, Diebstahl, Mord, ²²Ehebruch, Habsucht, Bosheit, Betrügerei, ausschweifendes Leben, Neid, Verleumdung, Überheblichkeit und Unbesonnenheit. ²³Das kommt von innen heraus, und das macht die Menschen vor Gott unrein.»

Lukas 11,39–44 Da sagte Jesus, der Herr, zu ihm: «Ihr Pharisäer poliert eure Becher und Schüsseln außen auf Hochglanz, so wie das Gesetz es erfordert. Doch gefüllt sind sie mit dem, was ihr in eurer maßlosen Gier anderen abgenommen habt. ⁴⁰Ihr Dummköpfe! Ihr wisst doch ganz genau, dass Gott beides geschaffen hat – Äußeres und Inneres. ⁴¹Eure Schüsseln und Becher sind voll. Gebt das, was darin ist, den Armen, dann seid ihr auch vor Gott rein! ⁴²Wehe euch, ihr Pharisäer! Sogar von Küchenkräutern wie Minze und Raute und auch von allen anderen Gewürzen gebt ihr Gott den zehnten Teil. Aber Gerechtigkeit und die Liebe zu Gott sind euch gleichgültig! Doch gerade darum geht es hier: Das Wesentliche tun und das andere nicht unterlassen! ⁴³Ich warne euch, ihr Pharisäer! In der Synagoge sitzt ihr stets in der ersten Reihe, und es gefällt euch, wenn man euch auf der Straße ehrfurchtsvoll grüßt. ⁴⁴Wehe euch, ihr Pharisäer! Wer mit euch zu tun hat, der weiß nicht, dass er sich verunreinigt. Denn ihr seid wie Gräber, die vom Gras überwuchert sind und über die man geht, ohne es zu wissen.»

Lukas 16,14–15 Die geldgierigen Pharisäer spotteten über diese Worte. [15]Deshalb sagte Jesus zu ihnen: «Ihr legt großen Wert darauf, dass alle Menschen euch für untadelig halten. Aber Gott kennt euer Herz. Er verabscheut, womit ihr die Menschen beeindrucken wollt.»

47 Die Welt

Johannes 7,7–8 «Denn die Welt hat ja keinen Grund, euch zu hassen. Aber mich hasst sie, weil ich ihr böses Tun beim Namen nenne. [8]Geht ihr nur zum Fest! Ich komme nicht mit. Denn die Zeit zum Handeln ist für mich noch nicht da.»

Johannes 12,31 «Jetzt wird über diese Welt Gericht gehalten; jetzt wird der Teufel, der Herrscher dieser Welt, entmachtet.»

Johannes 12,46 «Ich bin als das Licht in die Welt gekommen, damit jeder, der an mich glaubt, nicht länger in der Dunkelheit leben muss.»

Johannes 14,16–17 «Dann werde ich den Vater bitten, dass er euch an meiner Stelle einen Helfer gibt, der für immer bei euch bleibt. [17]Dies ist der Geist der Wahrheit. Die Welt kann ihn nicht aufnehmen, denn sie ist blind für ihn und erkennt ihn deshalb nicht. Aber ihr kennt ihn, denn er wird bei euch bleiben und in euch leben.»

Johannes 14,27 «Auch wenn ich nicht bei euch bleibe, sollt ihr doch Frieden haben. Meinen Frieden gebe ich euch; einen Frieden, den euch niemand auf der Welt geben kann. Seid deshalb ohne Sorge und Furcht!»

Johannes 15,18–19 «Wenn die Menschen euch hassen, dann vergesst nicht, dass man mich schon vor euch gehasst hat. [19]Diese Welt würde euch lieben, wenn ihr zu ihr gehören würdet. Doch ihr gehört nicht mehr dazu. Ich selbst habe euch aus der Welt herausgerufen. Darum hasst sie euch.»

Johannes 16,8–11 «Und ist er [der Heilige Geist] erst gekommen, wird er den Menschen die Augen für ihre Sünde öffnen, für Gottes Gerechtigkeit und sein Gericht. [9]Ihre Sünde ist, dass sie nicht an mich glauben. [10]Gottes Gerechtigkeit zeigt sich darin, dass er sich zu mir bekennt und ich zum Vater gehe, wenn ihr mich dann auch nicht mehr sehen werdet. [11]Und Gottes Gericht werden die Menschen daran erkennen, dass der Teufel, der Herrscher dieser Welt, bereits verurteilt ist.»

Johannes 16,19–20 Jesus merkte, dass sie ihn fragen wollten, und sagte: «Macht ihr euch darüber Gedanken, dass ich angekündigt habe: ‹Ich werde nur noch kurze Zeit bei euch sein, aber bald darauf werdet ihr mich wiedersehen›? [20]Ich sage euch die Wahrheit: Ihr werdet weinen und klagen, und die Menschen in dieser Welt werden sich darüber freuen. Ihr werdet traurig sein, doch eure Traurigkeit soll sich in Freude verwandeln!»

Johannes 16,33 «Dies alles habe ich euch gesagt, damit ihr durch mich Frieden habt. In der Welt habt ihr Angst, aber lasst euch nicht entmutigen: Ich habe die Welt besiegt.»

Johannes 17,13–19 «Jetzt komme ich zu dir [zu Gott dem Vater] zurück. Aber dies alles wollte ich noch sagen, solange ich bei ihnen bin, damit meine Freude auch sie ganz erfüllt. [14]Ich habe ihnen deine Botschaft weitergegeben, und die Welt hasst sie deswegen, weil sie ebenso wie ich nicht zu ihr gehören. [15]Ich bitte dich nicht, sie aus der Welt zu nehmen, aber schütze sie vor der Macht des Bösen! [16]Sie gehören ebenso wenig zur Welt wie ich. [17]Lass ihnen deine Wahrheit leuchten, damit sie in immer engerer Gemeinschaft mit dir leben! Dein Wort ist die Wahrheit! [18]Wie du mich in die Welt gesandt hast, so sende ich sie in die Welt. [19]Für sie gebe ich mein Leben hin, damit ihr Leben ganz dir gehört.»

Johannes 17,20–23 «Ich bitte aber nicht nur für sie [die Jünger], sondern für alle, die durch ihre Worte von mir hören werden und an mich glauben. [21]Sie alle sollen eins sein, genauso wie du, Vater, mit mir eins bist. So wie du in mir bist und ich in dir bin, sollen auch sie in uns fest miteinander verbunden sein. Dann wird die Welt glauben, dass du mich gesandt hast. [22]Deshalb habe ich ihnen auch die Herrlichkeit gegeben, die du mir anvertraut hast, damit sie die gleiche enge Gemeinschaft haben wie wir. [23]Ich bleibe in ihnen, und du bleibst in mir. Genau so sollen auch sie ganz eins sein. Und die Welt wird erkennen, dass du mich gesandt hast und dass du meine Jünger liebst, wie du mich liebst.»

Johannes 17,25–26 «Guter und treuer Vater! Wenn die Welt dich auch nicht kennt, ich kenne dich, und diese hier haben erkannt, dass du mich gesandt hast. [26]Ich habe ihnen gezeigt, wer du bist. Das werde ich auch weiter tun, damit deine Liebe zu mir auch sie erfüllt, ja, damit ich selbst in ihnen lebe.»

Johannes 18,36 Jesus antwortete: «Mein Königreich gehört nicht zu dieser Welt. Wäre ich ein weltlicher Herrscher, dann hätten meine Leute für mich gekämpft, damit ich nicht in die Hände der Juden falle. Aber mein Reich ist von ganz anderer Art.»

Matthäus 13,22 «Der von Disteln überwucherte Boden entspricht einem Menschen, der die Botschaft zwar hört, aber die Sorgen des Alltags und die Verführung durch den Wohlstand ersticken Gottes Botschaft, so dass keine Frucht wachsen kann.»

Matthäus 18,7 «Wehe der Welt, denn sie verführt zum Unglauben! Solche Versuchungen können ja nicht ausbleiben. Aber wehe dem, der daran schuld ist!»

Markus 8,36–37 «Denn was gewinnt ein Mensch, wenn ihm die ganze Welt zufällt, er selbst aber dabei Schaden nimmt? [37]Er kann sein Leben ja nicht wieder zurückkaufen!»

Lukas 9,25 «Denn was gewinnt ein Mensch, wenn ihm die ganze Welt zufällt, er aber dabei sich selbst verliert oder Schaden nimmt?»

48 Der Wert des einzelnen Menschen

Johannes 3,16–17 «Denn Gott hat die Menschen so sehr geliebt, dass er seinen einzigen Sohn für sie hergab. Jeder, der an ihn glaubt, wird nicht zugrunde gehen, sondern das ewige Leben haben. [17]Gott hat nämlich seinen Sohn nicht zu den Menschen gesandt, um über sie Gericht zu halten, sondern um sie zu retten.»

Johannes 6,32–33 Jesus entgegnete: «Ich versichere euch: Nicht Mose gab euch das Brot vom Himmel! Das wahre

Brot vom Himmel gibt euch jetzt mein Vater. ³³Und nur dieses Brot, das vom Himmel kommt, schenkt der Welt das Leben.»

Johannes 6,37–40 «Alle Menschen, die mir der Vater gibt, werden zu mir kommen, und keinen von ihnen werde ich zurückstoßen. ³⁸Denn ich bin nicht vom Himmel gekommen, um zu tun, was ich will, sondern um den Willen des Vaters zu erfüllen, der mich gesandt hat. ³⁹Und das ist Gottes Wille: Kein Einziger von denen, die er mir anvertraut hat, soll verloren gehen. Ich werde sie alle am letzten Tag zum Leben erwecken. ⁴⁰Denn nach dem Willen meines Vaters wird jeder, der den Sohn sieht und an ihn glaubt, für immer leben. Ich werde ihn am letzten Tag vom Tod auferwecken.»

Johannes 6,50–51 «Aber hier ist das wahre Brot, das vom Himmel kommt. Wer davon isst, wird nicht sterben. ⁵¹Ich bin dieses Brot, das von Gott gekommen ist und euch das Leben gibt. Jeder, der dieses Brot isst, wird ewig leben. Dieses Brot ist mein Leib, den ich hingeben werde, damit die Welt leben kann.»

Johannes 8,12 Ein anderes Mal sagte Jesus zu den Menschen: «Ich bin das Licht für die Welt. Wer mir nachfolgt, irrt nicht mehr in der Dunkelheit umher, sondern folgt dem Licht, das ihn zum Leben führt.»

Johannes 8,31–32 Zu den Juden, die nun an ihn glaubten, sagte Jesus: «Wenn ihr an meinen Worten festhaltet und das tut, was ich euch gesagt habe, dann gehört ihr wirklich zu mir. ³²Ihr werdet die Wahrheit erkennen, und die Wahrheit wird euch befreien!»

Johannes 10,9–16 «Ich allein bin die Tür. Wer durch mich zu meiner Herde kommt, der wird gerettet werden. Er kann durch diese Tür ein- und ausgehen, und er wird saftig grüne Weiden finden. ¹⁰Der Dieb kommt, um zu stehlen, zu schlachten und zu vernichten. Ich aber bringe Leben – und dies im Überfluss. ¹¹Ich bin der gute Hirte. Ein guter Hirte setzt sein Leben für die Schafe ein. ¹²Anders ist es mit einem, dem die Schafe nicht gehören und der nur wegen des Geldes als Hirte arbeitet. Er wird fliehen, wenn der Wolf kommt, und die Schafe sich selbst überlassen. Der Wolf wird über die Schafe herfallen und die Herde auseinander jagen. ¹³Einem solchen Mann liegt nichts an den Schafen. ¹⁴Ich aber bin der gute Hirte und kenne meine Schafe, und sie kennen mich; ¹⁵genauso wie mich mein Vater kennt und ich den Vater kenne. Ich gebe mein Leben für die Schafe. ¹⁶Zu meiner Herde gehören auch Schafe, die jetzt noch in anderen Ställen sind. Auch sie muss ich herführen, und sie werden wie die übrigen meiner Stimme folgen. Dann wird es nur noch eine Herde und einen Hirten geben.»

Johannes 10,27–30 «Meine Schafe erkennen meine Stimme; ich kenne sie, und sie folgen meinem Ruf. ²⁸Ihnen gebe ich das ewige Leben, und sie werden niemals umkommen. Niemand kann sie aus meiner Hand reißen. ²⁹Mein Vater hat sie mir gegeben, und er ist stärker als alle anderen Mächte. Deshalb kann sie auch keiner der Hand meines Vaters entreißen. ³⁰Ich und der Vater sind eins.»

Johannes 12,46 «Ich bin als das Licht in die Welt gekommen, damit jeder, der an mich glaubt, nicht länger in der Dunkelheit leben muss.»

Johannes 14,1–4 «Seid nicht bestürzt, und habt keine Angst!», ermutigte Jesus seine Jünger. «Vertraut Gott, und vertraut mir! ²Denn im Haus meines Vaters gibt es viele Wohnungen. Sonst hätte ich euch nicht gesagt: Ich gehe hin, um dort alles für euch vorzubereiten. ³Und wenn alles bereit ist, werde ich kommen und euch zu mir holen. Dann werdet auch ihr dort sein, wo ich bin. ⁴Den Weg dorthin kennt ihr ja.»

Johannes 14,15–16 «Wenn ihr mich liebt, werdet ihr so leben, wie ich es euch gesagt habe. ¹⁶Dann werde ich den Vater bitten, dass er euch an meiner Stelle einen Helfer gibt, der für immer bei euch bleibt.»

Johannes 14,23 «Wer mich liebt, richtet sich nach dem, was ich ihm gesagt habe. Auch mein Vater wird ihn lieben, und wir beide werden zu ihm kommen und immer bei ihm bleiben.»

Johannes 15,7–17 «Wenn ihr aber fest mit mir verbunden bleibt und euch meine Worte zu Herzen nehmt, dürft ihr von Gott erbitten, was ihr wollt; ihr werdet es erhalten. ⁸Wenn ihr viel Frucht bringt und euch so als meine Jünger erweist, wird die Herrlichkeit meines Vaters sichtbar. ⁹Wie mich der Vater liebt, so liebe ich euch. Bleibt in meiner Liebe! ¹⁰Wenn ihr nach meinen Geboten lebt, wird meine Liebe euch umschließen. Auch ich richte mich nach den Geboten meines Vaters und lebe in seiner Liebe. ¹¹Das alles sage ich euch, damit meine Freude euch ganz erfüllt und eure Freude dadurch vollkommen wird. ¹²Und so lautet mein Gebot: Liebt einander, wie ich euch geliebt habe. ¹³Niemand liebt mehr als einer, der sein Leben für die Freunde hingibt. ¹⁴Und ihr seid meine Freunde, wenn ihr tut, was ich euch aufgetragen habe. ¹⁵Ich nenne euch nicht

mehr Knechte; denn einem Knecht sagt der Herr nicht, was er vorhat. Ihr aber seid meine Freunde; denn ich habe euch alles anvertraut, was ich vom Vater gehört habe. ¹⁶Nicht ihr habt mich erwählt, sondern ich euch, damit ihr euch auf den Weg macht und Frucht bringt, die bleibt. Dann wird euch der Vater alles geben, worum ihr ihn in meinem Namen bittet. ¹⁷Ich sage euch noch einmal: Liebt einander!»

Johannes 16,23–27 «Am Tag unseres Wiedersehens werden all eure Fragen beantwortet sein. Ich sage euch die Wahrheit: Wenn ihr den Vater um etwas bittet und euch dabei auf mich beruft, wird er es euch geben. ²⁴Bisher habt ihr in meinem Namen nichts von Gott erbeten. Bittet ihn, und er wird es euch geben. Dann wird eure Freude vollkommen sein. ²⁵Bisher habe ich alles, was ich euch sagen wollte, anhand von Beispielen erklärt. Aber schon bald wird das nicht mehr nötig sein. Dann werde ich euch ohne Bilder und Umschreibungen zeigen, wer der Vater ist. ²⁶Von diesem Tag an werdet ihr euch auf mich berufen, wenn ihr zu ihm betet. Und dann muss ich den Vater nicht mehr bitten, euer Gebet zu erhören. ²⁷Denn der Vater liebt euch, weil ihr mich liebt und daran glaubt, dass ich von Gott gekommen bin.»

Johannes 17,9–11 «Für sie [die Jünger] bitte ich dich jetzt: für die Menschen, die du mir anvertraut hast und die zu dir gehören; nicht für die ganze Welt. ¹⁰Denn alles, was ich habe, das gehört dir, und was du hast, das gehört auch mir. An ihnen zeigt sich meine Herrlichkeit. ¹¹Ich verlasse jetzt die Welt und komme zu dir. Sie aber bleiben zurück. Heiliger Vater, erhalte sie in der Gemeinschaft mit dir, damit sie eins werden wie wir.»

Johannes 17,13 «Jetzt komme ich zu dir [zu Gott dem Vater] zurück. Aber dies alles wollte ich noch sagen, solange ich bei ihnen bin, damit meine Freude auch sie ganz erfüllt.»

Johannes 17,20–24 «Ich bitte aber nicht nur für sie [die Jünger], sondern für alle, die durch ihre Worte von mir hören werden und an mich glauben. ²¹Sie alle sollen eins sein, genauso wie du, Vater, mit mir eins bist. So wie du in mir bist und ich in dir bin, sollen auch sie in uns fest miteinander verbunden sein. Dann wird die Welt glauben, dass du mich gesandt hast. ²²Deshalb habe ich ihnen auch die Herrlichkeit gegeben, die du mir anvertraut hast, damit sie die gleiche enge Gemeinschaft haben wie wir. ²³Ich bleibe in ihnen, und du bleibst in mir. Genau so sollen auch sie ganz eins sein. Und die Welt wird erkennen, dass du mich gesandt hast und dass du meine Jünger liebst, wie du mich liebst. ²⁴Vater, ich möchte, dass alle, die du mir gegeben hast, bei mir bleiben. Sie sollen an meiner Herrlichkeit teilhaben. Du hast mir die Herrlichkeit gegeben; denn du hast mich geliebt, längst bevor die Welt geschaffen wurde.»

Matthäus 6,25–34 «Darum sage ich euch: Macht euch keine Sorgen um euren Lebensunterhalt, um Essen, Trinken und Kleidung. Leben bedeutet mehr als Essen und Trinken, und der Mensch ist wichtiger als seine Kleidung. ²⁶Seht euch die Vögel an! Sie säen nichts, sie ernten nichts und sammeln auch keine Vorräte. Euer Vater im Himmel versorgt sie. Meint ihr nicht, dass ihr ihm viel wichtiger seid? ²⁷Und

wenn ihr euch noch so viel sorgt, könnt ihr doch euer Leben um keinen Augenblick verlängern. ²⁸Weshalb macht ihr euch so viele Sorgen um eure Kleidung? Seht euch an, wie die Lilien auf den Wiesen blühen! Sie können weder spinnen noch weben. ²⁹Ich sage euch, selbst König Salomo war in seiner ganzen Herrlichkeit nicht so prächtig gekleidet wie eine dieser Blumen. ³⁰Wenn Gott sogar das Gras so schön wachsen lässt, das heute auf der Wiese grünt, morgen aber schon verbrannt wird, wie könnte er euch dann vergessen? Vertraut ihr Gott so wenig? ³¹Zerbrecht euch also nicht mehr den Kopf mit Fragen wie: ‹Werden wir genug zu essen haben? Und was werden wir trinken? Was sollen wir anziehen?› ³²Mit solchen Dingen beschäftigen sich nur Menschen, die Gott nicht kennen. Euer Vater im Himmel weiß doch genau, dass ihr dies alles braucht. ³³Sorgt euch vor allem um Gottes neue Welt, und lebt nach Gottes Willen! Dann wird er euch mit allem anderen versorgen. ³⁴Deshalb sorgt euch nicht um morgen – der nächste Tag wird für sich selber sorgen! Es ist doch genug, wenn jeder Tag seine eigenen Lasten hat.»

Matthäus 10,27–33 «Was ich euch im Dunkeln sage, das gebt am helllichten Tag weiter! Was ich euch ins Ohr flüstere, das ruft vor aller Welt laut hinaus! ²⁸Habt keine Angst vor den Menschen, die zwar den Körper, aber nicht die Seele töten können! Fürchtet vielmehr Gott, der Leib und Seele in der Hölle vernichten kann. ²⁹Welchen Wert hat schon ein Spatz auf dem Dach? Man kann zwei von ihnen für einen Spottpreis kaufen! Trotzdem fällt keiner tot zur Erde, wenn es euer Vater nicht will. ³⁰Bei euch sind sogar die Haare auf dem Kopf alle gezählt. [31]Darum habt keine Angst! Ihr seid Gott mehr wert als ein ganzer Spatzenschwarm. [32]Wer sich vor den Menschen zu mir bekennt, zu dem werde ich mich auch vor meinem Vater im Himmel bekennen. [33]Wer aber vor den Menschen nicht zu mir steht, zu dem werde ich auch vor meinem Vater im Himmel nicht stehen.»

Matthäus 12,9–13 Nach diesen Worten ging er weiter und kam in ihre Synagoge. [10]Dort war ein Mann mit einer verkrüppelten Hand. Die Pharisäer fragten ihn: «Erlaubt das Gesetz Gottes, am Sabbat zu heilen?» Sie suchten damit einen Vorwand, um Anklage gegen ihn zu erheben. [11]Jesus antwortete: «Wenn jemand von euch nur ein einziges Schaf besitzt, und das fällt am Sabbat in den Brunnen, wird er es nicht sofort herausholen? [12]Und ein Mensch ist doch viel mehr wert als ein Schaf! Also ist es erlaubt, am Sabbat Gutes zu tun.» [13]Dann forderte er den Mann auf: «Streck deine Hand aus!» Er streckte sie aus, und die Hand war gesund. (Siehe auch Lukas 6,6–10.)

Matthäus 16,24–27 Danach sprach Jesus zu seinen Jüngern: «Wer mir nachfolgen will, darf nicht mehr sich selbst in den Mittelpunkt stellen, sondern muss sein Kreuz auf sich nehmen und mir nachfolgen. [25]Wer sich an sein Leben klammert, der wird es verlieren. Wer aber sein Leben für mich einsetzt, der wird es für immer gewinnen. [26]Denn was gewinnt ein Mensch, wenn ihm die ganze Welt zufällt, er selbst aber dabei Schaden nimmt? Er kann sein Leben ja nicht wieder zurückkaufen! [27]Denn der Menschensohn wird mit seinen

Engeln in der Herrlichkeit seines Vaters kommen und jeden nach seinen Taten richten.»

Lukas 12,4–7 «Meine Freunde! Habt keine Angst vor den Menschen, die euch zwar töten können, aber nicht mehr. [5]Fürchtet vielmehr Gott, denn er kann euch töten und in die Hölle werfen. Ja, fürchtet ihn allein! [6]Welchen Wert hat schon ein Spatz auf dem Dach? Man kann fünf von ihnen für einen Spottpreis kaufen. Und doch vergisst Gott keinen einzigen von ihnen. [7]Bei euch sind sogar die Haare auf dem Kopf alle gezählt. Darum habt keine Angst! Ihr seid Gott mehr wert als ein ganzer Spatzenschwarm!»

Lukas 15,4–6 «Wenn ein Mensch hundert Schafe hat und eins geht verloren, was wird er tun? Lässt er nicht die neunundneunzig in der Wüste zurück, um das verlorene Schaf so lange zu suchen, bis er es gefunden hat? [5]Dann wird er es glücklich auf seinen Schultern nach Hause tragen [6]und seinen Freunden und Nachbarn zurufen: ‹Kommt her, freut euch mit mir, ich habe mein Schaf wiedergefunden.›»

Lukas 15,11–32 «Ein Mann hatte zwei Söhne», erzählte Jesus. [12]«Eines Tages sagte der jüngere zu ihm: ‹Vater, ich will jetzt schon meinen Anteil am Erbe ausbezahlt haben.› Da teilte der Vater sein Vermögen unter ihnen auf. [13]Nur wenige Tage später packte der jüngere Sohn alles zusammen, verließ seinen Vater und reiste ins Ausland. Dort leistete er sich, was immer er wollte. Er verschleuderte sein Geld, [14]bis er schließlich nichts mehr besaß. In dieser Zeit brach eine große Hungersnot aus. Es ging ihm sehr schlecht. [15]In seiner Verzweiflung bettelte er so lange bei einem

Bauern, bis der ihn zum Schweinehüten auf die Felder schickte. ¹⁶Oft quälte ihn der Hunger so, dass er sogar über das Schweinefutter froh gewesen wäre. Aber nicht einmal davon erhielt er etwas. ¹⁷Da kam er zur Besinnung: ‹Bei meinem Vater hat jeder Arbeiter mehr als genug zu essen, und ich sterbe hier vor Hunger. ¹⁸Ich will zu meinem Vater gehen und ihm sagen: Vater, ich bin schuldig geworden an Gott und an dir. ¹⁹Sieh mich nicht länger als deinen Sohn an, ich bin es nicht mehr wert. Aber kann ich nicht als Arbeiter bei dir bleiben?› ²⁰Er machte sich auf den Weg und ging zurück zu seinem Vater. Der erkannte ihn schon von weitem. Voller Mitleid lief er ihm entgegen, fiel ihm um den Hals und küsste ihn. ²¹Doch der Sohn sagte: ‹Vater, ich bin schuldig geworden an Gott und an dir. Sieh mich nicht länger als deinen Sohn an, ich bin es nicht mehr wert.› ²²Sein Vater aber befahl den Knechten: ‹Beeilt euch! Holt das schönste Gewand im Haus, und gebt es meinem Sohn. Bringt auch einen Ring und Sandalen für ihn! ²³Schlachtet das Mastkalb! Wir wollen essen und feiern! ²⁴Mein Sohn war tot, jetzt lebt er wieder. Er war verloren, jetzt ist er wiedergefunden.› Und sie begannen ein fröhliches Fest. ²⁵Inzwischen kam der ältere Sohn nach Hause. Er hatte auf dem Feld gearbeitet und hörte schon von weitem die Tanzmusik. ²⁶Erstaunt fragte er einen Knecht: ‹Was wird denn hier gefeiert?› ²⁷‹Dein Bruder ist wieder da›, antwortete er ihm. ‹Dein Vater hat sich darüber so gefreut, dass er das Mastkalb schlachten ließ. Jetzt feiern sie ein großes Fest.› ²⁸Der ältere Bruder wurde wütend und wollte nicht ins Haus gehen. Da kam sein Vater zu ihm heraus und bat:

‹Komm und freu dich mit uns!› ²⁹Doch er entgegnete ihm bitter: ‹All diese Jahre habe ich mich für dich geschunden. Alles habe ich getan, was du von mir verlangt hast. Aber nie hast du mir auch nur eine junge Ziege gegeben, damit ich mit meinen Freunden einmal richtig hätte feiern können. ³⁰Und jetzt, wo dein Sohn zurückkommt, der dein Geld mit Huren durchgebracht hat, jetzt lässt du sogar das Mastkalb schlachten!› ³¹Sein Vater redete ihm zu: ‹Mein Sohn, du bist immer bei mir gewesen. Was ich habe, gehört auch dir. ³²Darum komm, wir haben allen Grund zu feiern. Denn dein Bruder war tot, jetzt hat er ein neues Leben begonnen. Er war verloren, jetzt ist er wiedergefunden!›»

Lukas 23,32–34.39–43 Mit Jesus wurden zwei Verbrecher vor die Stadt geführt ³³zu der Stelle, die man «Schädelstätte» nennt. Dort wurde Jesus ans Kreuz genagelt und mit ihm die beiden Verbrecher, der eine rechts, der andere links von ihm. ³⁴Jesus betete: «Vater, vergib ihnen, denn sie wissen nicht, was sie tun!» Unter dem Kreuz verlosten die Soldaten seine Kleider untereinander. […] ³⁹Auch einer der Verbrecher, die mit ihm gekreuzigt worden waren, lästerte: «Bist du nun der Christus? Dann hilf dir selbst und uns!» ⁴⁰Aber der am anderen Kreuz wies ihn zurecht: «Fürchtest du Gott nicht einmal jetzt, kurz vor dem Tod? ⁴¹Wir werden hier zu Recht bestraft. Wir haben den Tod verdient. Der hier aber ist unschuldig; er hat nichts Böses getan.» ⁴²Zu Jesus sagte er: «Denk an mich, wenn du in dein Königreich kommst!» ⁴³Da antwortete ihm Jesus: «Ich versichere dir: Noch heute wirst du mit mir im Paradies sein.»

49 Worte, die wir aussprechen

Matthäus 12,33–37 «Wie der Baum, so die Frucht! Ein guter Baum trägt gute Früchte, ein schlechter Baum trägt schlechte Früchte. [34]Ihr Schlangenbrut! Wie könnt ihr durch und durch bösen Leute überhaupt etwas Gutes reden? Wovon das Herz erfüllt ist, das spricht der Mund aus! [35]Wenn ein guter Mensch spricht, zeigt sich, was an Gutem in ihm ist. Ein Mensch mit einem bösen Herzen ist innerlich voller Gift, und alle merken es, wenn er redet. [36]Ich sage euch das, weil ihr am Gerichtstag Rechenschaft ablegen müsst über jedes unnütze Wort, das ihr geredet habt. [37]Eure Worte sind der Maßstab, nach dem ihr freigesprochen oder verurteilt werdet.»

Matthäus 15,10–11 Dann rief Jesus die Menschenmenge zu sich: «Hört, was ich euch sage, und begreift doch: [11]Nicht was ein Mensch zu sich nimmt, macht ihn unrein, sondern das, was er von sich gibt.»

Matthäus 15,13–20 Jesus antwortete: «Jede Pflanze, die nicht von meinem himmlischen Vater gepflanzt worden ist, wird ausgerissen. [14]Lasst euch nicht einschüchtern! Sie wollen Blinde führen, sind aber selbst blind. Wenn nun ein Blinder einen anderen Blinden führen will, werden beide in den Abgrund stürzen!» [15]Da sagte Petrus: «Erklär uns doch noch einmal, was einen Menschen unrein macht!» [16]Jesus fragte: «Selbst ihr habt es immer noch nicht begriffen? [17]Wisst ihr denn nicht, dass alles, was ein Mensch zu sich nimmt, zuerst in den Magen kommt und dann ausgeschieden wird? [18]Aber die bösen Worte, die ein Mensch von sich gibt, kommen aus seinem Herzen, und nur sie lassen ihn unrein werden! [19]Aus dem Herzen kommen die bösen Gedanken wie: Mord, Ehebruch, sexuelle Zügellosigkeit, Diebstahl, Lüge und Verleumdung. [20]Durch sie wird der Mensch vor Gott unrein, nicht dadurch, dass man mit ungewaschenen Händen isst.»

Markus 7,14–15.17–23 Dann rief Jesus die Menschenmenge zu sich. «Hört, was ich euch sage, und begreift doch: [15]Nicht, was ein Mensch zu sich nimmt, macht ihn unrein, sondern das, was er von sich gibt.» […] [17]Danach ging Jesus in ein Haus und war mit seinen Jüngern allein. Hier fragten sie ihn, was er mit dieser Rede gemeint hatte. [18]«Selbst ihr habt es immer noch nicht begriffen?», erwiderte Jesus. «Wisst ihr nicht, dass alles, was ein Mensch zu sich nimmt, ihn nicht verunreinigen kann? [19]Denn was ihr esst, geht nicht in euer Herz hinein; es kommt in den Magen und wird dann wieder ausgeschieden.» Damit wollte Jesus sagen, dass im Grunde jede Nahrung rein ist. [20]Und er fügte noch hinzu: «Was aus dem Inneren des Menschen kommt, das lässt ihn unrein werden. [21]Denn aus dem Inneren, aus dem Herzen der Menschen, kommen die bösen Gedanken wie: sexuelle Zügellosigkeit, Diebstahl, Mord, [22]Ehebruch, Habsucht, Bosheit, Betrügerei, ausschweifendes Leben, Neid, Verleumdung, Überheblichkeit und Unbesonnenheit. [23]Das kommt von innen heraus, und das macht die Menschen vor Gott unrein.»

50 Zeichen und die Suche nach Zeichen

Matthäus 12,39–45 Jesus antwortete ihnen: «Nur böse, gottlose Menschen können dafür noch Beweise verlangen. Ihr werdet aber nur das gleiche Wunder zu sehen bekommen, das am Propheten Jona geschah. [40]Jona war drei Tage und drei Nächte im Bauch des großen Fisches. Ebenso wird der Menschensohn drei Tage und drei Nächte in den Tiefen der Erde sein. [41]Die Einwohner von Ninive werden euch am Gerichtstag verurteilen, denn nach Jonas Predigt kehrten sie um zu Gott. Der hier vor euch steht, ist aber größer als Jona! [42]Die Königin aus dem Süden wird am Gerichtstag Gottes als Zeugin gegen dieses Volk auftreten und es verurteilen. Denn sie kam von weit her, um von der Weisheit des Königs Salomo zu lernen. Der aber hier vor euch steht, ist größer als Salomo! [43]Wenn ein Dämon ausgetrieben wird, irrt er in öden Gegenden umher auf der Suche nach einem neuen Opfer. Findet er keins, [44]entschließt er sich: ‹Ich will dorthin zurückkehren, woher ich gekommen bin.› Wenn er zurückkommt und seine frühere Wohnung sauber und geschmückt, aber leer vorfindet, [45]dann sucht er sich sieben andere Geister, die noch schlimmer sind als er selbst. Zusammen ergreifen sie Besitz von dem Menschen, der nun schlimmer dran ist als vorher. Genauso wird es auch diesem gottlosen Volk ergehen.»

Matthäus 16,2–4 [2/3]Jesus sagte ihnen: «Ihr könnt das Wetter aus den Zeichen am Himmel vorhersagen: Abendrot zeigt gutes Wetter für den nächsten Tag an, Morgenröte bedeutet schlechtes Wetter. Aber was heute vor euren Augen geschieht, das könnt ihr nicht richtig beurteilen! [4]Dieses böse, gottlose Volk verlangt einen Beweis. Doch sie werden kein anderes Wunder zu sehen bekommen als das, was an dem Propheten Jona geschah.» Mit diesen Worten ließ Jesus sie stehen und ging weg.

Markus 8,12 Jesus seufzte und entgegnete ihnen: «Wie viele Beweise wollt ihr denn noch haben? Eins steht fest: Leute wie ihr werden von Gott kein Wunder zu sehen bekommen.»

Lukas 11,29 Von allen Seiten drängten sich die Leute um Jesus. Da sagte er zu ihnen: «Die Menschen von heute sind voller Bosheit. Sie verlangen einen Beweis dafür, dass Gott mich gesandt hat; aber sie werden nur das Wunder zu sehen bekommen, das am Propheten Jona geschah.»

7

JESUS IM O-TON ÜBER DEN GOTT,
DER ZU UNS KOMMT

Was Jesus über Gottes unentwegten Retterwillen gesagt hat

Um fünf Uhr rief Sharon ihre siebenjährige Tochter zum Essen, aber Julie wollte ihre Katze suchen und setzte sich aufs Fahrrad – und kam nicht wieder. Sharon machte sich auf die Suche nach ihrem Kind und fand ihr Fahrrad auf dem Boden liegen und daneben die tote Katze. Von Julie keine Spur.

Zwei Tage darauf wurde ihre Leiche gefunden, irgendwo in der Wüste. Später wurde auch der Mann gefunden, der dieses kostbare kleine Mädchen entführt und ermordet hatte. Er wurde festgenommen, überführt und verurteilt. Als ich Näheres über dieses schreckliche Verbrechen erfuhr, brannte mein Herz vor Hass. Und es dauerte sehr lange, bis ich dem Mann vergeben konnte, der diesen Akt sinnloser Gewalt verübt hatte.

Wäre das *Ihrer* Tochter widerfahren, wie viel Wut hätten Sie verspürt? Wie hätten Sie sich gern gerächt? Mal ehrlich: Hätten Sie in Erwägung gezogen, auf den Mörder zuzugehen und ihm Vergebung anzubieten? Noch mehr: Hätten Sie darüber nachgedacht, das Leben Ihres Kindes zu opfern, um das Leben eines solchen Mörders zu retten? Das klingt wirklich undenkbar, aber es gibt zumindest eine kleine Vorstellung davon, was *Gott* für uns getan hat.

Gott ließ es zu, dass seine Hasser seinen einzigen Sohn zu Tode quälten, damit er diese Mörder vor der ewigen Strafe retten konnte, die sie verdient hatten. Eine Strafe, die seine Gerechtigkeit und Heiligkeit verlangte. Wenn Sie darüber nachdenken, wer Jesus folterte und tötete, stellen Sie sich nicht Pontius Pilatus vor, der die Hinrichtung anordnete, oder die römischen Soldaten, die sie ausführten. Schauen Sie weder auf die religiösen Leiter, die die Hinrichtung gefordert hatten, noch auf den zornigen Mob, der das «Kreuzige ihn!» schrie. Die wahre Verantwortung für Jesu Kreuzigung liegt bei keinem dieser Menschen.

Als Pilatus Jesus zurechtwies, weil dieser seine Fragen nicht beantwortete, sagte Pilatus: «Hast du vergessen, dass es in meiner Macht steht, dich freizugeben oder dich ans Kreuz nageln zu lassen?» Jesus erwiderte: «Du hättest keine Macht über mich, wäre sie dir nicht von Gott gegeben» (Johannes 19,10–11).

Anders ausgedrückt: Gott der Vater gab seinen vollkommenen Sohn als Opfer für die Sünden jedes Menschen, der Gottes Willen nicht gehorcht hat. Zu diesem Personenkreis gehören wir alle. Gottes Heiligkeit konnte es nicht zulassen, in Ewigkeit jemanden bei sich zu haben, dessen Seele von Sünde befleckt ist. Seine kompromisslose Gerechtigkeit verlangte, dass alle, die gesündigt haben, im ewigen Tod von ihm fernbleiben müssen. Doch in seiner Liebe, Barmherzigkeit und Gnade beschloss Gott, selbst das *einzig* vollkommene Opfer zur Verfügung zu stellen; das einzige Opfer, das Männer und Frauen von der Sünde retten konnte: Er opferte seinen einzigen Sohn – Jesus, den Christus.

Das Wunder dieser Tat können wir nicht einmal ansatzweise erfassen, denn keiner von uns sieht seine Sünde so, wie sie wirklich ist und wie Gott sie sieht. Tag für Tag brechen wir Gottes Gebote vielfach. Wir haben so viel Schuld angehäuft, dass laut Thora[24] und dem Neuen Testament keiner von uns sie jemals abzahlen könnte. Und wenn sie nicht vollständig beglichen ist, wird uns die gerechte Strafe treffen, nämlich die ewige Trennung von Gott.

Deshalb opferte Gott seinen einzigen Sohn; damit konnte unsere astronomisch hohe Sündenschuld voll bezahlt werden. Dank Jesu perfektem Opfer können wir von unserer Sünde gereinigt werden und ewiges Leben erhalten. Dies ist nicht nur ein Ausdruck der Liebe Gottes zu uns, es ist auch ein Ausdruck der unüberbietbaren Liebe Jesu. Freiwillig gehorchte er dem Willen seines Vaters und legte sein Leben für uns nieder. In Markus 10,45 sagte Jesus: «Auch der Menschensohn ist nicht gekommen, um sich bedienen zu lassen. Er kam, um zu dienen und sein Leben hinzugeben, damit viele Menschen aus der Gewalt des Bösen befreit werden.»

Unter den Stichwörtern in diesem Kapitel wollen wir Jesu Aussagen untersuchen, die die Tiefen der Gnade und Barmherzigkeit Gottes enthüllen, und verstehen, was er von uns erwartet – welche Art von Barmherzigkeit wir anderen erweisen sollen.

---

[24] Das mosaische Gesetz, die fünf Bücher Mose.

Doch Gott hat noch mehr getan, als seinen Sohn zu opfern. Er hat seinen Sohn nicht nur gesandt, um uns von den Konsequenzen unserer Sünde zu retten; er sandte Jesus auch, um uns zur Umkehr zu rufen – und in eine persönliche, innige und ewige Beziehung zu ihm.

Lassen Sie sich von den Aussagen Jesu unter dem Stichwort «Jesu Ruf» zum Staunen bringen über die Tiefe der Liebe Christi und die Geduld und Zartheit, mit der er jeden Einzelnen zu sich ruft. Beim Christsein geht es nicht nur um die Ewigkeit, sondern auch um unseren Alltag. Sehen Sie unter dem Stichwort «Segnungen und Glücklichsein», welche unermesslichen Segnungen Gott jedem verspricht, der seine Wertvorstellungen übernimmt und die Gabe seines Sohnes akzeptiert.

1 Ewige Gesetze

In diesem Abschnitt lesen Sie die Aussagen Jesu über Gottes ewige Prinzipien des Lebens und welche Vorteile die genießen, die entsprechend leben, aber auch die Konsequenzen, wenn man sie missachtet. Wenn Sie diese unveränderlichen Grundsätze kennenlernen, werden Sie feststellen können, welche unsichtbaren Ketten Sie an die Probleme binden, die Ihnen Mühe machen. Aber Jesus offenbart gleichzeitig, wie diese Ketten gesprengt werden können, und wie Sie so werden können, wie Gott Sie gedacht und wozu er Sie geschaffen hat: als ein Mensch, der im Sieg lebt und voller Freude ist.

Matthäus 5,3–11 «Glücklich sind, die erkennen, wie arm sie vor Gott sind, denn ihnen gehört die neue Welt Gottes. ⁴Glücklich sind die Trauernden, denn sie werden Trost finden. ⁵Glücklich sind die Friedfertigen, denn sie werden die ganze Erde besitzen. ⁶Glücklich sind, die nach Gerechtigkeit hungern und dürsten, denn sie sollen satt werden. ⁷Glücklich sind die Barmherzigen, denn sie werden Barmherzigkeit erfahren. ⁸Glücklich sind, die ein reines Herz haben, denn sie werden Gott sehen. ⁹Glücklich sind, die Frieden stiften, denn Gott wird sie seine Kinder nennen. ¹⁰Glücklich sind, die verfolgt werden, weil sie nach Gottes Willen leben. Denn ihnen gehört Gottes neue Welt. ¹¹Glücklich könnt ihr sein, wenn ihr verachtet, verfolgt und verleumdet werdet, weil ihr mir nachfolgt.»

Matthäus 5,18–20 «Denn das sage ich euch: Auch der kleinste Buchstabe im Gesetz Gottes behält seine Gültigkeit, solange Himmel und Erde bestehen. ¹⁹Wenn jemand auch nur das geringste Gebot Gottes für ungültig erklärt oder andere dazu verleitet, der wird in Gottes neuer Welt nichts bedeuten. Wer aber anderen Gottes Gebote weitersagt und sich selbst danach richtet, der wird in Gottes neuer Welt großes Ansehen haben. ²⁰Ich warne euch: Wenn ihr das Gesetz Gottes nicht besser erfüllt als die Pharisäer und Schriftgelehrten, kommt ihr nicht in Gottes neue Welt.»

Matthäus 5,29–30 «Wenn dich also dein rechtes Auge zur Sünde verführt, dann reiß es heraus und wirf es weg! Besser, du verlierst eins deiner Glieder, als dass du unversehrt in die Hölle geworfen wirst. ³⁰Und wenn dich deine rechte Hand zum Bösen verführt, so hack sie ab und wirf sie weg! Es ist besser, verstümmelt zu sein, als unversehrt in die Hölle geworfen zu werden.»

Matthäus 6,6 «Wenn du beten willst, geh in dein Zimmer, schließ die Tür hinter dir zu, und bete zu deinem Vater. Und dein Vater, der auch das Verborgene sieht, wird dich dafür belohnen.»

Matthäus 6,14–15 «Euer Vater im Himmel wird euch vergeben, wenn ihr den Menschen vergebt, die euch Unrecht getan haben. ¹⁵Wenn ihr ihnen aber nicht vergeben wollt, dann wird Gott auch eure Schuld nicht vergeben.»

Matthäus 6,24 «Niemand kann zwei Herren gleichzeitig dienen. Wer dem einen richtig dienen will, wird sich um die Wünsche des anderen nicht kümmern können. Er wird sich für den einen einsetzen und den anderen vernachlässigen. Auch ihr könnt nicht gleichzeitig für Gott und das Geld leben.»

Matthäus 6,31–34 «Zerbrecht euch also nicht mehr den Kopf mit Fragen wie: ‹Werden wir genug zu essen haben? Und was werden wir trinken? Was sollen wir anziehen?› ³²Mit solchen Dingen beschäftigen sich nur Menschen, die Gott nicht kennen. Euer Vater im Himmel weiß doch genau, dass ihr dies alles braucht. ³³Sorgt euch vor allem um Gottes neue Welt, und lebt nach Gottes Willen! Dann wird er euch mit allem anderen versorgen. ³⁴Deshalb sorgt euch nicht um morgen – der nächste Tag wird für sich selber sorgen! Es ist doch genug, wenn jeder Tag seine eigenen Lasten hat.»

Matthäus 7,1–2 «Urteilt nicht über andere, damit Gott euch nicht verurteilt. ²Denn so wie ihr jetzt andere verurteilt, werdet auch ihr verurteilt werden. Und mit dem Maßstab, den ihr an andere legt, wird man euch selber messen.»

Matthäus 7,7–12 «Bittet Gott, und er wird euch geben! Sucht, und ihr werdet finden! Klopft an, und euch wird die Tür geöffnet! ⁸Denn wer bittet, der bekommt. Wer sucht, der findet. Und wer anklopft, dem wird geöffnet. ⁹Würde jemand von euch seinem Kind einen Stein geben, wenn es um ein Stück Brot bittet? ¹⁰Oder eine giftige Schlange, wenn es um einen Fisch bittet? ¹¹Wenn schon ihr hartherzigen Menschen euren Kindern Gutes gebt, wie viel mehr wird euer Vater im Himmel denen Gutes schenken, die ihn darum bitten! ¹²So wie ihr von den Menschen behandelt werden möchtet, so behandelt sie auch. Denn das ist die Botschaft des Gesetzes und der Propheten.»

Matthäus 7,13–14 «Geht durch das enge Tor! Denn das Tor zum Verderben ist breit und ebenso der Weg dorthin! Viele Menschen gehen ihn. ¹⁴Aber das Tor, das zum Leben führt, ist eng, und der Weg dorthin ist schmal. Deshalb finden ihn nur wenige.»

Matthäus 7,17–20 «Ein guter Baum bringt gute Früchte und ein kranker Baum schlechte. ¹⁸Ein guter Baum wird keine schlechten Früchte tragen und ein kranker Baum keine guten. ¹⁹Jeder Baum, der keine guten Früchte bringt, wird umgehauen und verbrannt. ²⁰Ebenso werdet ihr die falschen Propheten an ihren Taten erkennen.»

Matthäus 7,21–27 «Nicht, wer mich dauernd ‹Herr› nennt, wird in Gottes neue Welt kommen, sondern wer den Willen meines Vaters im Himmel tut. ²²Am Tag des Gerichts werden zwar viele sagen: ‹Aber Herr, wir haben doch als deine Propheten das weitergesagt, was du selbst uns aufgetragen hast! Wir haben doch in deinem Namen Dämonen ausgetrieben und mächtige Taten vollbracht!› ²³Aber ich werde ihnen antworten: ‹Ich kenne euch nicht, denn ihr habt nicht nach meinem Willen gelebt. Geht mir aus den Augen!› ²⁴Wer meine Worte hört und danach handelt, der ist klug. Man kann ihn mit einem Mann vergleichen, der sein Haus auf felsigen Grund baut. ²⁵Wenn ein Wolkenbruch niedergeht, das Hochwasser steigt und der Sturm am Haus rüttelt, wird es trotzdem nicht einstürzen, weil es auf Felsengrund gebaut ist. ²⁶Wer sich meine Worte nur anhört, aber nicht danach lebt, der ist so unvernünftig wie einer, der sein Haus auf Sand baut. ²⁷Denn wenn ein Wolkenbruch kommt, die Flut das Land überschwemmt und der Sturm um das Haus tobt, wird es aus allen Fugen geraten und krachend einstürzen.»

Markus 9,36–37 Er rief ein kleines Kind, stellte es in die Mitte und umarmte es. Dann sagte er: [37]«Wer solch ein Kind mir zuliebe aufnimmt, der nimmt mich auf. Und wer mich aufnimmt, der nimmt damit Gott selbst auf, weil Gott mich gesandt hat.»

Markus 9,42–43.45.47–48 «Wer in einem Menschen den Glauben, wie ihn ein Kind hat, zerstört, für den wäre es noch das Beste, mit einem Mühlstein um den Hals ins Meer geworfen zu werden. [43]Wenn deine Hand dich zum Bösen verführt, dann hack sie ab! Es ist besser, du gehst verstümmelt in das ewige Leben als mit beiden Händen in das unauslöschliche Feuer der Hölle. [...] [45]Wenn dich dein Fuß auf Abwege führt, dann hack ihn ab! Es ist besser für dich, mit nur einem Fuß zum ewigen Leben zu kommen, als mit beiden Füßen geradewegs in die Hölle zu marschieren. [...] [47]Wenn dich dein Auge zur Sünde verführt, dann reiß es heraus. Es ist viel besser, einäugig in Gottes neue Welt zu gelangen, als mit zwei gesunden Augen schließlich ins Feuer der Hölle geworfen zu werden. [48]Dort wird die Qual nicht enden und das Feuer nicht verlöschen.»

Markus 10,29–31 Jesus antwortete: «Das sollt ihr wissen: Jeder, der sein Haus, seine Geschwister, seine Eltern, seine Kinder oder seinen Besitz zurücklässt, um mir zu folgen und die rettende Botschaft von Gott weiterzusagen, [30]der wird schon hier alles hundertfach zurückerhalten: Häuser, Geschwister, Eltern, Kinder und Besitz. All dies wird ihm – wenn auch mitten unter Verfolgungen – hier auf dieser Erde gehören und außerdem in der zukünftigen Welt das ewige Leben. [31]Viele, die jetzt einen großen Namen haben, werden dann unbedeutend sein. Und andere, die heute die Letzten sind, werden dort zu den Ersten gehören.»

Markus 10,42–45 Da rief Jesus alle zusammen und sagte: «Ihr wisst, wie die Machthaber der Welt ihre Völker unterdrücken. Wer die Macht hat, nutzt sie rücksichtslos aus. [43]Aber so darf es bei euch nicht sein! Wer groß sein will, der soll den anderen dienen, [44]und wer der Erste sein will, der soll sich allen unterordnen. [45]Auch der Menschensohn ist nicht gekommen, um sich bedienen zu lassen. Er kam, um zu dienen und sein Leben hinzugeben, damit viele Menschen aus der Gewalt des Bösen befreit werden.»

Markus 11,22–25 Da antwortete Jesus: «Ihr müsst Gott ganz vertrauen! [23]Denn das ist sicher: Wenn ihr glaubt und nicht im Geringsten daran zweifelt, dass es wirklich geschieht, könnt ihr zu diesem Berg hier sagen: ‹Hebe dich von der Stelle, und stürze dich ins Meer!›, und es wird geschehen. [24]Ja, ich sage euch: Um was ihr auch bittet – glaubt fest, dass ihr es schon bekommen habt, und Gott wird es euch geben! [25]Aber wenn ihr ihn um etwas bittet, sollt ihr vorher den Menschen vergeben, mit denen ihr nicht zurechtkommt. Dann wird euch der Vater im Himmel eure Schuld auch vergeben.»

Markus 12,38–40 Jesus redete weiter zu ihnen: «Hütet euch vor den Schriftgelehrten! Sie laufen gern in langen Gewändern herum und genießen es, wenn die Leute sie auf der Straße ehrfurchtsvoll grüßen.

[39]In der Synagoge sitzen sie stets in der ersten Reihe, und es gefällt ihnen, wenn sie bei euren Festen die Ehrenplätze bekommen. [40]Gierig reißen sie den Besitz der Witwen an sich; dabei tarnen sie ihre bösen Absichten mit langen Gebeten. Gottes Strafe wird sie besonders hart treffen.»

Markus 12,42–44 Dann aber kam eine arme Witwe und warf zwei der kleinsten Münzen in den Opferkasten. [43]Jesus rief seine Jünger zu sich und sagte: «Eines ist sicher: Diese arme Witwe hat mehr gegeben als alle anderen. [44]Die Reichen haben nur etwas von ihrem Überfluss gegeben, aber diese Frau ist arm und gab alles, was sie hatte – sogar das, was sie dringend zum Leben gebraucht hätte.»

Lukas 20,46–47 «Hütet euch vor den Schriftgelehrten! Sie laufen gern in langen Gewändern herum und genießen es, wenn die Leute sie auf der Straße ehrfurchtsvoll grüßen. In der Synagoge sitzen sie stets in der ersten Reihe, und es gefällt ihnen, wenn sie bei euren Festen die Ehrenplätze bekommen. [47]Gierig reißen sie den Besitz der Witwen an sich; dabei tarnen sie ihre bösen Absichten mit langen Gebeten. Gottes Strafe wird sie besonders hart treffen.»

2 Freiheit

Johannes 8,31–32 Zu den Juden, die nun an ihn glaubten, sagte Jesus: «Wenn ihr an meinen Worten festhaltet und das tut, was ich euch gesagt habe, dann gehört ihr wirklich zu mir. [32]Ihr werdet die Wahrheit erkennen, und die Wahrheit wird euch befreien!»

Johannes 8,34–36 Jesus erwiderte ihnen: «Ich sage euch die Wahrheit: Jeder, der sündigt, ist ein Gefangener der Sünde. [35]Ein Sklave kann sich nicht darauf verlassen, dass er immer in dem Haus bleibt, in dem er arbeitet. Dieses Recht hat nur der Sohn der Familie. [36]Wenn euch also der Sohn Gottes befreit, dann seid ihr wirklich frei.»

3 Gnade und Barmherzigkeit

Johannes 3,14–17 «Du weißt doch, wie Mose in der Wüste eine Schlange aus Bronze an einem Pfahl aufrichtete, damit jeder, der sie ansah, am Leben blieb. Genauso muss auch der Menschensohn erhöht werden. [15]Jeder, der ihm vertraut, wird das ewige Leben haben. [16]Denn Gott hat die Menschen so sehr geliebt, dass er seinen einzigen Sohn für sie hergab. Jeder, der an ihn glaubt, wird nicht zugrunde gehen, sondern das ewige Leben haben. [17]Gott hat nämlich seinen Sohn nicht zu den Menschen gesandt, um über sie Gericht zu halten, sondern um sie zu retten.»

Matthäus 5,3–9 «Glücklich sind, die erkennen, wie arm sie vor Gott sind, denn ihnen gehört die neue Welt Gottes. [4]Glücklich sind die Trauernden, denn sie werden Trost finden. [5]Glücklich sind die Friedfertigen, denn sie werden die ganze Erde besitzen. [6]Glücklich sind, die nach Gerechtigkeit hungern und dürsten, denn sie sollen satt werden. [7]Glücklich sind die Barmherzigen, denn sie werden Barmherzigkeit erfahren. [8]Glücklich sind, die ein reines Herz haben, denn sie werden Gott sehen. [9]Glücklich sind, die Frieden stiften, denn Gott wird sie seine Kinder nennen.»

Matthäus 7,7–12 «Bittet Gott, und er wird euch geben! Sucht, und ihr werdet finden! Klopft an, und euch wird die Tür geöffnet! ⁸Denn wer bittet, der bekommt. Wer sucht, der findet. Und wer anklopft, dem wird geöffnet. ⁹Würde jemand von euch seinem Kind einen Stein geben, wenn es um ein Stück Brot bittet? ¹⁰Oder eine giftige Schlange, wenn es um einen Fisch bittet? ¹¹Wenn schon ihr hartherzigen Menschen euren Kindern Gutes gebt, wie viel mehr wird euer Vater im Himmel denen Gutes schenken, die ihn darum bitten! ¹²So wie ihr von den Menschen behandelt werden möchtet, so behandelt sie auch. Denn das ist die Botschaft des Gesetzes und der Propheten.»

Matthäus 9,12–13 Jesus hörte das und antwortete: «Die Gesunden brauchen keinen Arzt, sondern die Kranken! ¹³Begreift doch endlich, was Gott meint, wenn er sagt: ‹Nicht auf eure Opfer oder Gaben kommt es mir an, sondern darauf, dass ihr barmherzig seid.› Ich bin gekommen, um Menschen in die Gemeinschaft mit Gott zu rufen, die ohne ihn leben – und nicht solche, die sich sowieso an seine Gebote halten.»

Matthäus 12,3–8 Aber Jesus antwortete ihnen: «Habt ihr denn nie gelesen, was David und seine Männer getan haben? Als sie hungrig waren, ⁴gingen sie in das Haus Gottes und aßen von dem Brot, das Gott geweiht war und das nur die Priester essen durften. ⁵Habt ihr nicht außerdem im Gesetz gelesen, dass die Priester auch am Sabbat im Tempel arbeiten und so die Sabbatvorschriften übertreten? Trotzdem sind sie frei von Schuld. ⁶Ich will euch nur das eine sagen: Hier ist einer, der ist mehr als der Tempel. ⁷Wenn ihr verstanden hättet, was das bedeutet: ‹Nicht auf eure Opfer oder

Gaben kommt es mir an, sondern darauf, dass ihr barmherzig seid!›, dann würdet ihr nicht Unschuldige verurteilen. ⁸Denn der Menschensohn hat das Recht zu entscheiden, was am Sabbat erlaubt ist und was nicht.»

Matthäus 18,12–14 «Was meint ihr: Wenn ein Mann hundert Schafe hat und eins läuft ihm davon, was wird er tun? Lässt er nicht die neunundneunzig in den Bergen zurück, um das verirrte Schaf zu suchen? ¹³Und ich versichere euch: Wenn er es endlich gefunden hat, freut er sich über dieses eine mehr als über die neunundneunzig, die sich nicht verlaufen hatten. ¹⁴Ebenso will mein Vater nicht, dass auch nur einer, und sei es der Geringste, verloren geht.»

Matthäus 20,30–34 Zwei blinde Männer saßen an der Straße. Als sie hörten, dass Jesus vorüberkam, riefen sie: «Herr, du Sohn Davids, hab Erbarmen mit uns!» ³¹Die Leute fuhren sie an: «Haltet den Mund!» Aber die Blinden schrien nur noch lauter: «Herr, du Sohn Davids, hab Erbarmen mit uns!» ³²Da blieb Jesus stehen, rief sie zu sich und fragte: «Was soll ich für euch tun?» ³³«Herr», flehten ihn die Blinden an, «wir möchten sehen können!» ³⁴Jesus hatte Mitleid mit ihnen und berührte ihre Augen. Im selben Augenblick konnten sie sehen, und sie gingen mit ihm.

Matthäus 23,23–24 «Wehe euch, ihr Schriftgelehrten und Pharisäer! Ihr Scheinheiligen! Sogar von Küchenkräutern wie Minze, Dill und Kümmel gebt ihr Gott den zehnten Teil. Aber die viel wichtigeren Forderungen Gottes nach Gerechtigkeit, Barmherzigkeit und Glauben sind euch gleichgültig. Doch gerade darum geht es hier: Das Wesentliche tun und das andere nicht unterlassen. [24]Ihr aber entfernt jede kleine Mücke aus eurem Essen, doch ganze Kamele schluckt ihr bedenkenlos hinunter. Andere wollt ihr führen und seid doch selber blind!»

Markus 10,46–52 Dann kamen Jesus und seine Jünger nach Jericho. Als sie die Stadt wieder verlassen wollten, folgte ihnen eine große Menschenmenge. Am Weg saß ein Blinder und bettelte. Es war Bartimäus, der Sohn des Timäus. [47]Als er hörte, dass Jesus von Nazareth vorbeikam, begann er laut zu rufen: «Jesus, du Sohn Davids, hab Erbarmen mit mir!» [48]Die Leute fuhren ihn an: «Halt den Mund!» Aber er schrie nur noch lauter: «Du Sohn Davids, hab Erbarmen mit mir!» [49]Da blieb Jesus stehen: «Ruft ihn her zu mir.» Ein paar von den Leuten liefen zu dem Blinden und sagten zu ihm: «Nur Mut! Komm mit! Jesus ruft dich.» [50]Bartimäus ließ sein Gewand zu Boden fallen, sprang auf und kam zu Jesus. [51]«Was soll ich für dich tun?», fragte ihn Jesus. «Meister», flehte ihn der Blinde an, «ich möchte sehen können!» [52]Darauf antwortete Jesus: «Geh! Dein Glaube hat dir geholfen.» Im selben Augenblick konnte der Blinde sehen, und er ging mit Jesus.

Lukas 6,27–36 «Euch allen sage ich: Liebt eure Feinde und tut denen Gutes, die euch hassen. [28]Segnet die Menschen, die euch Böses wünschen, und betet für alle, die euch beleidigen. [29]Wenn jemand dir eine Ohrfeige gibt, dann halte die andere Wange auch noch hin. Wenn dir einer den Mantel wegnimmt, dann weigere dich nicht, ihm auch noch das Hemd zu geben. [30]Gib jedem, der dich um etwas bittet, und

fordere nicht zurück, was man dir genommen hat. [31]So wie ihr von anderen behandelt werden möchtet, so behandelt sie auch. [32]Oder wollt ihr dafür belohnt werden, dass ihr die Menschen liebt, die euch auch lieben? Das tun selbst die Leute, die von Gott nichts wissen wollen. [33]Ist es etwas Besonderes, denen Gutes zu tun, die auch zu euch gut sind? Das können auch Menschen, die Gott ablehnen. [34]Was ist schon dabei, Leuten Geld zu leihen, von denen man genau weiß, dass sie es zurückzahlen? Dazu braucht man nichts von Gott zu wissen. [35]Ihr aber sollt eure Feinde lieben und den Menschen Gutes tun. Ihr sollt ihnen helfen, ohne einen Dank oder eine Gegenleistung zu erwarten. Dann werdet ihr reich belohnt werden: Ihr werdet Kinder des höchsten Gottes sein. Denn auch er ist gütig zu Undankbaren und Bösen. [36]Seid so barmherzig wie euer Vater im Himmel!»

Lukas 15,4–7 «Wenn ein Mensch hundert Schafe hat und eins geht verloren, was wird er tun? Lässt er nicht die neunundneunzig in der Wüste zurück, um das verlorene Schaf so lange zu suchen, bis er es gefunden hat? [5]Dann wird er es glücklich auf seinen Schultern nach Hause tragen [6]und seinen Freunden und Nachbarn zurufen: ‹Kommt her, freut euch mit mir, ich habe mein Schaf wiedergefunden!› [7]Ich sage euch: So wird man sich auch im Himmel freuen über einen Sünder, der zu Gott umkehrt – mehr als über neunundneunzig andere, die nach Gottes Willen leben und nicht zu ihm umkehren müssen.»

Lukas 15,8–10 «Oder nehmt ein anderes Beispiel: Eine Frau hat zehn Silbermünzen gespart. Als ihr eines Tages eine fehlt, zündet sie sofort eine Lampe an, stellt das ganze Haus auf den Kopf und sucht in allen Ecken. [9]Endlich hat sie die Münze gefunden. Sie ruft ihre Freundinnen und Nachbarinnen zusammen und erzählt: ‹Ich habe mein Geld wieder! Freut euch mit mir!› [10]Genau so freuen sich auch die Engel Gottes, wenn ein einziger Sünder zu Gott umkehrt.»

Lukas 15,11–32 «Ein Mann hatte zwei Söhne», erzählte Jesus. [12]«Eines Tages sagte der jüngere zu ihm: ‹Vater, ich will jetzt schon meinen Anteil am Erbe ausbezahlt haben.› Da teilte der Vater sein Vermögen unter ihnen auf. [13]Nur wenige Tage später packte der jüngere Sohn alles zusammen, verließ seinen Vater und reiste ins Ausland. Dort leistete er sich, was immer er wollte. Er verschleuderte sein Geld, [14]bis er schließlich nichts mehr besaß. In dieser Zeit brach eine große Hungersnot aus. Es ging ihm sehr schlecht. [15]In seiner Verzweiflung bettelte er so lange bei einem Bauern, bis der ihn zum Schweinehüten auf die Felder schickte. [16]Oft quälte ihn der Hunger so, dass er sogar über das Schweinefutter froh gewesen wäre. Aber nicht einmal davon erhielt er etwas. [17]Da kam er zur Besinnung: ‹Bei meinem Vater hat jeder Arbeiter mehr als genug zu essen, und ich sterbe hier vor Hunger. [18]Ich will zu meinem Vater gehen und ihm sagen: Vater, ich bin schuldig geworden an Gott und an dir. [19]Sieh mich nicht länger als deinen Sohn an, ich bin es nicht mehr wert. Aber kann ich nicht als Arbeiter bei dir bleiben?› [20]Er machte sich auf den Weg und ging zurück zu seinem Vater. Der erkannte ihn schon von weitem. Voller Mitleid lief er ihm entgegen, fiel ihm um den Hals und küsste ihn. [21]Doch der Sohn sagte: ‹Vater, ich bin schuldig geworden an Gott und an dir. Sieh mich nicht länger als deinen Sohn an, ich bin es nicht mehr wert.› [22]Sein Vater aber befahl den Knechten: ‹Beeilt euch! Holt das schönste Gewand im Haus, und gebt es meinem Sohn. Bringt auch einen Ring und Sandalen für ihn! [23]Schlachtet das Mastkalb! Wir wollen essen und feiern! [24]Mein Sohn war tot, jetzt lebt er wieder. Er war verloren, jetzt ist er wiedergefunden.› Und sie begannen ein fröhliches Fest. [25]Inzwischen kam der ältere Sohn nach Hause. Er hatte auf dem Feld gearbeitet und hörte schon von weitem die Tanzmusik. [26]Erstaunt fragte er einen Knecht: ‹Was wird denn hier gefeiert?› [27]‹Dein Bruder ist wieder da›, antwortete er ihm. ‹Dein Vater hat sich darüber so gefreut, dass er das Mastkalb schlachten ließ. Jetzt feiern sie ein großes Fest.› [28]Der ältere Bruder wurde wütend und wollte nicht ins Haus gehen. Da kam sein Vater zu ihm heraus und bat: ‹Komm und freu dich mit uns!› [29]Doch er entgegnete ihm bitter: ‹All diese Jahre habe ich mich für dich geschunden. Alles habe ich getan, was du von mir verlangt hast. Aber nie hast du mir auch nur eine junge Ziege gegeben, damit ich mit meinen Freunden einmal richtig hätte feiern können. [30]Und jetzt, wo dein Sohn zurückkommt, der dein Geld mit Huren durchgebracht hat, jetzt lässt du sogar das Mastkalb schlachten!› [31]Sein Vater redete ihm zu: ‹Mein Sohn, du bist immer bei mir gewesen. Was ich habe, gehört auch dir. [32]Darum komm, wir haben allen Grund zu feiern. Denn dein Bruder war tot, jetzt hat er ein neues Leben begonnen. Er war verloren, jetzt ist er wiedergefunden!›»

Apostelgeschichte 10,11–15 Petrus sah etwas vom Himmel herabkommen. Es sah aus wie ein großes Leinentuch, das – an seinen vier Ecken zusammengehalten – auf die Erde heruntergelassen wurde. [12]In dem Tuch waren alle möglichen Arten von vierfüßigen Tieren und Kriechtieren, aber auch von Vögeln. Alle diese Tiere sind für Juden «unrein» und dürfen deshalb nicht gegessen werden. [13]Dann hörte Petrus eine Stimme, die ihn aufforderte: «Petrus, steh auf, schlachte diese Tiere und iss davon!» [14]«Niemals, Herr!», entgegnete Petrus. «Noch nie in meinem Leben habe ich etwas Unreines oder Verbotenes gegessen.» [15]Da rief die Stimme zum zweiten Mal: «Wenn Gott etwas für rein erklärt, dann nenne du es nicht unrein.»

2. Korinther 12,7–9 Gott selbst hat dafür gesorgt, dass ich [Paulus] mir auf die unbeschreiblichen Offenbarungen, die ich gesehen habe, nichts einbilde. Deshalb hat er mir ein quälendes Leiden auferlegt. Es ist, als ob ein Engel des Satans mich mit Fäusten schlägt, damit ich nicht überheblich werde. [8]Dreimal schon habe ich Gott angefleht, mich davon zu befreien. [9]Aber er hat zu mir gesagt: «Meine Gnade ist alles, was du brauchst! Denn gerade wenn du schwach bist, wirkt meine Kraft ganz besonders an dir.» Darum will ich vor allem auf meine Schwachheit stolz sein. Dann nämlich erweist sich die Kraft Christi an mir.

4 Gottes Gesetze

Matthäus 5,17 «Meint nur nicht, ich sei gekommen, das Gesetz und die Worte der Propheten aufzuheben. Ich werde vielmehr beides bekräftigen und erfüllen.»

Matthäus 5,19–20 «Wenn jemand auch nur das geringste Gebot Gottes für ungültig erklärt oder andere dazu verleitet, der wird in Gottes neuer Welt nichts bedeuten. Wer aber anderen Gottes Gebote weitersagt und sich selbst danach richtet, der wird in Gottes neuer Welt großes Ansehen haben. [20]Ich warne euch: Wenn ihr das Gesetz Gottes nicht besser erfüllt als die Pharisäer und Schriftgelehrten, kommt ihr nicht in Gottes neue Welt.»

Matthäus 5,21–24 «Wie ihr wisst, wurde unseren Vorfahren gesagt: ‹Du sollst nicht töten! Wer aber einen Mord begeht, muss vor ein Gericht.› [22]Doch ich sage euch: Schon wer auf seinen Bruder zornig ist, den erwartet das Gericht. Wer zu seinem Bruder sagt: ‹Du Idiot!›, der wird vom Obersten Gericht verurteilt werden, und wer ihn verflucht, dem ist das Feuer der Hölle sicher. [23]Wenn du eine Opfergabe zum Altar bringst und dir fällt plötzlich ein, dass dein Bruder dir etwas vorzuwerfen hat, [24]dann lass dein Opfer am Altar zurück, geh zu deinem Bruder und versöhne dich mit ihm. Erst danach bring Gott dein Opfer dar.»

Matthäus 5,27–30 «Ihr wisst, dass es im Gesetz heißt: ‹Du sollst nicht die Ehe brechen!› [28]Ich sage euch aber: Schon wer eine Frau mit begehrlichen Blicken ansieht, der hat im Herzen mit ihr die Ehe gebrochen. [29]Wenn dich also dein rechtes Auge zur Sünde verführt, dann reiß es heraus und wirf es weg! Besser, du verlierst eins deiner Glieder, als dass du unversehrt in die Hölle geworfen wirst. [30]Und wenn dich deine rechte Hand zum Bösen verführt, so hack sie ab und wirf sie weg! Es ist besser, verstümmelt zu sein, als unversehrt in die Hölle geworfen zu werden.»

Matthäus 5,31–32 «Bisher hieß es: ‹Wer sich von seiner Frau trennen will, soll ihr eine Scheidungsurkunde geben.› ³²Ich sage euch aber: Wer sich von seiner Frau trennt, obwohl sie ihn nicht betrogen hat, der treibt sie zum Ehebruch. Und wer eine geschiedene Frau heiratet, der begeht Ehebruch.»

Matthäus 5,38–48 «Es heißt auch: ‹Auge um Auge, Zahn um Zahn!› ³⁹Ich sage euch aber: Leistet keine Gegenwehr, wenn man euch Böses antut! Wenn jemand dir eine Ohrfeige gibt, dann halte die andere Wange auch noch hin! ⁴⁰Wenn einer dich vor Gericht bringen will, um dein Hemd zu bekommen, so gib ihm auch noch den Mantel! ⁴¹Und wenn einer von dir verlangt, eine Meile mit ihm zu gehen, dann geh zwei Meilen mit ihm! ⁴²Gib jedem, der dich um etwas bittet, und weise keinen ab, der etwas von dir leihen will. ⁴³Es heißt bei euch: ‹Liebt eure Freunde und hasst eure Feinde!› ⁴⁴Ich sage aber: Liebt eure Feinde und betet für alle, die euch verfolgen! ⁴⁵So erweist ihr euch als Kinder eures Vaters im Himmel. Denn er lässt seine Sonne für Böse wie für Gute scheinen, und er lässt es regnen für Fromme und Gottlose. ⁴⁶Wollt ihr etwa noch dafür belohnt werden, dass ihr die Menschen liebt, die euch auch lieben? Das tun sogar die Zolleinnehmer, die sonst nur auf ihren Vorteil aus sind! ⁴⁷Wenn ihr nur euren Freunden liebevoll begegnet, ist das etwas Besonderes? Das tun auch die, die von Gott nichts wissen. ⁴⁸Ihr aber sollt so vollkommen sein wie euer Vater im Himmel.»

Matthäus 15,3–9 Jesus fragte zurück: «Und weshalb brecht ihr mit euren Vorschriften die Gebote Gottes? ⁴So lautet ein Gebot Gottes: ‹Ehre deinen Vater und deine Mutter! Wer seinen Vater und seine Mutter verflucht, der soll sterben.› ⁵Ihr aber behauptet: Wenn jemand seinen hilfsbedürftigen Eltern erklärt: ‹Ich kann euch nicht helfen, weil ich mein Vermögen dem Tempel vermacht habe›, dann hat er nicht gegen Gottes Gebot verstoßen. ⁶Damit setzt ihr durch eure Vorschriften das Gebot Gottes außer Kraft. ⁷Ihr scheinheiligen Heuchler! Wie Recht hat Jesaja, wenn er von euch schreibt: ⁸‹Diese Leute ehren Gott mit den Lippen, aber mit dem Herzen sind sie nicht dabei. ⁹Ihr Gottesdienst ist wertlos, weil sie ihre menschlichen Gesetze als Gebote Gottes ausgeben.›»

Matthäus 19,17–21 Jesus entgegnete: «Wieso fragst du mich nach dem Guten? Es gibt nur einen, der gut ist, und das ist Gott. Du kannst ewiges Leben bekommen, wenn du Gottes Gebote befolgst.» ¹⁸«Welche denn?», fragte der Mann, und Jesus antwortete: «Du sollst nicht töten! Du sollst nicht die Ehe brechen. Du sollst nicht stehlen! Sag nichts Unwahres über deinen Mitmenschen! ¹⁹Ehre deinen Vater und deine Mutter, und liebe deinen Mitmenschen wie dich selbst.» ²⁰«Daran habe ich mich immer gehalten! Was muss ich denn noch tun?», wollte der junge Mann wissen. ²¹Jesus antwortete: «Wenn du vollkommen sein willst, dann verkauf, was du hast, und gib das Geld den Armen. Damit wirst du im Himmel einen Reichtum gewinnen, der niemals verloren geht. Und dann komm, und folge mir nach.» (Siehe auch Lukas 18,19–22.)

Matthäus 22,37–40 Jesus antwortete ihm: «‹Du sollst den Herrn, deinen Gott, lieben von ganzem Herzen, mit ganzer Hingabe und mit deinem ganzen Verstand!› ³⁸Das ist das erste und wichtigste Gebot. ³⁹Ebenso wichtig ist aber das zweite: ‹Liebe deinen Mitmenschen wie dich selbst!› ⁴⁰Alle anderen Gebote und alle Forderungen der Propheten sind in diesen Geboten enthalten.»

Markus 2,24–28 Da beschwerten sich die Pharisäer bei Jesus: «Sieh dir das an! Es ist doch verboten, am Sabbat Getreide zu ernten.» ²⁵/²⁶Aber Jesus antwortete ihnen: «Habt ihr denn nie gelesen, was David und seine Männer getan haben – damals, als Abjatar Hoherpriester war? Als sie hungrig waren, gingen sie in das Haus Gottes und aßen von dem Brot, das Gott geweiht war und das nur die Priester essen durften. ²⁷Der Sabbat wurde doch für den Menschen geschaffen und nicht der Mensch für den Sabbat. ²⁸Deshalb hat der Menschensohn auch das Recht zu entscheiden, was am Sabbat erlaubt ist und was nicht.»

Markus 3,4 Dann fragte er die Anwesenden: «Soll man am Sabbat Gutes tun oder Böses? Soll man das Leben eines Menschen retten, oder soll man ihn zugrunde gehen lassen?» Doch er bekam keine Antwort.

Markus 7,6–7 Jesus antwortete: «Wie Recht hat Jesaja, wenn er von euch Heuchlern schreibt: ‹Diese Leute ehren Gott mit den Lippen, aber mit dem Herzen sind sie nicht dabei. ⁷Ihr Gottesdienst ist wertlos, weil sie ihre menschlichen Gesetze als Gebote Gottes ausgeben.›»

Markus 7,8–13 ⁸/⁹«Ja, ihr beachtet Gottes Gebote nicht, sondern ersetzt sie durch eure Vorschriften! Dabei geht ihr sehr geschickt vor. ¹⁰So hat euch Mose das Gebot gegeben: ‹Ehre deinen Vater und deine Mutter!› Und: ‹Wer seinen Vater oder seine Mutter verflucht, der soll sterben!› ¹¹Ihr aber behauptet: Wenn jemand seinen hilfsbedürftigen Eltern erklärt: ‹Ich kann euch nicht helfen, weil ich mein Vermögen dem Tempel vermacht habe›, dann hat er nicht gegen Gottes Gebot verstoßen. ¹²In Wirklichkeit habt ihr damit aber nur erreicht, dass niemand mehr seinem Vater oder seiner Mutter helfen kann. ¹³Ihr setzt also durch eure Vorschriften das Gebot Gottes außer Kraft. Und das ist nur *ein* Beispiel für viele.»

Markus 8,34–38 «Hört her!», rief Jesus seinen Jüngern und den Menschen zu, die bei ihm waren. «Wer mir nachfolgen will, der darf nicht mehr sich selbst in den Mittelpunkt stellen, sondern muss sein Kreuz auf sich nehmen und mir nachfolgen. ³⁵Wer sich an sein Leben klammert, der wird es verlieren. Wer aber sein Leben für mich und für Gottes rettende Botschaft einsetzt, der wird es für immer gewinnen. ³⁶Denn was gewinnt ein Mensch, wenn ihm die ganze Welt zufällt, er selbst aber dabei Schaden nimmt? ³⁷Er kann sein Leben ja nicht wieder zurückkaufen! ³⁸Wer sich hier vor den gottlosen Menschen schämt, sich zu mir und meiner Botschaft zu bekennen, den wird auch der Menschensohn nicht kennen, wenn er mit den heiligen Engeln in der Herrlichkeit seines Vaters kommen wird.»

Markus 10,18–21 Jesus entgegnete: «Weshalb nennst du mich gut? Es gibt nur einen, der gut ist, und das ist Gott. ¹⁹Du kennst doch seine Gebote: Du sollst nicht töten! Du sollst nicht die Ehe brechen! Du sollst nicht stehlen! Sag nichts Unwahres über deinen Mitmenschen! Du sollst nicht betrügen! Ehre deinen Vater und deine Mutter!» [20]«Lehrer», antwortete der junge Mann, «an diese Gebote habe ich mich von Jugend an gehalten.» [21]Jesus sah ihn voller Liebe an: «Etwas fehlt dir noch: Verkaufe alles, was du hast, und gib das Geld den Armen. Damit wirst du im Himmel einen Reichtum gewinnen, der niemals verloren geht. Und dann komm und folge mir nach!»

Markus 12,28–31 Ein Schriftgelehrter hatte zugehört und war von der Antwort beeindruckt, die Jesus den Sadduzäern gegeben hatte. Deshalb fragte er ihn: «Welches von allen Geboten Gottes ist das wichtigste?» [29]Jesus antwortete: «Dies ist das wichtigste Gebot: ‹Hört, ihr Israeliten! Der Herr ist unser Gott, der Herr allein. [30]Ihn sollt ihr von ganzem Herzen lieben, mit ganzer Hingabe, mit eurem ganzen Verstand und mit all eurer Kraft.› [31]Ebenso wichtig ist das andere Gebot: ‹Liebe deinen Mitmenschen wie dich selbst!› Kein anderes Gebot ist wichtiger als diese beiden.»

Lukas 4,8.12 Wieder wehrte Jesus ab: «Nein! Denn es steht in der Heiligen Schrift: ‹Bete allein Gott, deinen Herrn, an und diene nur ihm!›» [...] [12]Aber Jesus wies ihn auch diesmal zurück: «Es steht aber auch in der Schrift: ‹Du sollst Gott, deinen Herrn, nicht herausfordern!›» (Siehe auch Matthäus 4,7.10.)

Lukas 10,25–37 Da stand ein Schriftgelehrter auf, um Jesus eine Falle zu stellen. «Lehrer», fragte er scheinheilig, «was muss ich tun, um das ewige Leben zu bekommen?» [26]Jesus erwiderte: «Was steht denn darüber im Gesetz Gottes? Was liest du dort?» [27]Der Schriftgelehrte antwortete: «Du sollst den Herrn, deinen Gott, lieben von ganzem Herzen, mit ganzer Hingabe, mit all deiner Kraft und mit deinem ganzen Verstand. Und auch deinen Mitmenschen sollst du so lieben wie dich selbst.» [28]«Richtig!», erwiderte Jesus. «Tu das, und du wirst ewig leben.» [29]Aber der Mann gab sich damit nicht zufrieden und fragte weiter: «Wer gehört denn eigentlich zu meinen Mitmenschen?» [30]Jesus antwortete ihm mit einer Geschichte: «Ein Mann wanderte von Jerusalem nach Jericho. Unterwegs wurde er von Räubern überfallen. Sie schlugen ihn zusammen, raubten ihn aus und ließen ihn halb tot liegen. Dann machten sie sich davon. [31]Zufällig kam bald darauf ein Priester vorbei. Er sah den Mann liegen und ging schnell auf der anderen Straßenseite weiter. [32]Genauso verhielt sich ein Tempeldiener. Er sah zwar den verletzten Mann, aber er blieb nicht stehen, sondern machte einen großen Bogen um ihn. [33]Dann kam einer der verachteten Samariter vorbei. Als er den Verletzten sah, hatte er Mitleid mit ihm. [34]Er beugte sich zu ihm hinunter, behandelte seine Wunden mit Öl und Wein und verband sie. Dann hob er ihn auf sein Reittier und brachte ihn in den nächsten Gasthof, wo er den Kranken besser pflegen und versorgen konnte. [35]Als er am nächsten Tag weiterreisen musste, gab er dem Wirt zwei Silberstücke und bat ihn: ‹Pflege den Mann gesund! Sollte das Geld nicht reichen, werde ich dir den Rest auf meiner Rückreise bezahlen!› [36]Was meinst du?», fragte Jesus jetzt den Schriftgelehrten. «Welcher von den dreien hat an dem Überfallenen als Mitmensch gehandelt?» [37]Der Schriftgelehrte erwiderte: «Natürlich der Mann, der ihm geholfen hat.» – «Dann geh und folge seinem Beispiel!», forderte Jesus ihn auf.

Lukas 16,16 Weiter sagte Jesus: «Bis Johannes der Täufer kam, waren das Gesetz des Mose und die Lehren der Propheten die Maßstäbe für alles Handeln. Seit seinem Auftreten wird die rettende Botschaft von Gottes neuer Welt verkündet, und alle wollen unbedingt hinein.»

Lukas 16,17 «Doch denkt daran: Eher vergehen Himmel und Erde, als dass auch nur ein einziger Buchstabe vom Gesetz Gottes ungültig wird.»

Lukas 24,44 Dann sagte er zu ihnen: «Erinnert euch daran, dass ich euch oft angekündigt habe: ‹Alles muss sich erfüllen, was bei Mose, bei den Propheten und in den Psalmen über mich steht.›»

5 Die Heilige Schrift

Johannes 5,39 «Ihr lest die Heilige Schrift gründlich, um ewiges Leben zu finden. Und tatsächlich weist sie auf mich hin. [40]Dennoch wollt ihr nicht zu mir kommen, um ewiges Leben zu haben.»

Matthäus 5,17–18 «Meint nur nicht, ich sei gekommen, das Gesetz und die Worte der Propheten aufzuheben. Ich werde vielmehr beides bekräftigen und erfüllen. [18]Denn das sage ich euch: Auch der kleinste Buchstabe im Gesetz Gottes behält seine Gültigkeit, solange Himmel und Erde bestehen.»

Markus 14,48–49 Jesus fragte die Leute, die ihn festgenommen hatten: «Bin ich denn ein Verbrecher, dass ihr euch mit Schwertern und Knüppeln bewaffnet habt, um mich zu verhaften? [49]Jeden Tag habe ich öffentlich im Tempel gesprochen. Warum habt ihr mich nicht dort festgenommen? Aber auch dies geschieht, damit sich die Vorhersagen der Heiligen Schrift erfüllen.»

6 Jesu Ruf

Johannes 6,37–40 «Alle Menschen, die mir der Vater gibt, werden zu mir kommen, und keinen von ihnen werde ich zurückstoßen. [38]Denn ich bin nicht vom Himmel gekommen, um zu tun, was ich will, sondern um den Willen des Vaters zu erfüllen, der mich gesandt hat. [39]Und das ist Gottes Wille: Kein Einziger von denen, die er mir anvertraut hat, soll verloren gehen. Ich werde sie alle am letzten Tag zum Leben erwecken. [40]Denn nach dem Willen meines Vaters wird jeder, der den Sohn sieht und an ihn glaubt, für immer leben. Ich werde ihn am letzten Tag vom Tod auferwecken.»

Johannes 6,45–47 «Bei den Propheten heißt es: ‹Alle werden von Gott lernen!› Wer also auf den Vater hört und von ihm lernt, der kommt zu mir. [46]Das bedeutet aber nicht, dass jemals ein Mensch den Vater gesehen hat. Nur einer hat ihn wirklich gesehen: der eine, der von Gott gekommen ist. [47]Ich sage euch die Wahrheit: Wer an mich glaubt, der hat jetzt schon das ewige Leben!»

Johannes 6,65 «Deshalb», so erklärte er weiter, «habe ich euch gesagt: Keiner kann zu mir kommen, wenn ihn nicht der Vater zu mir führt!»

Johannes 7,37–40 «Wer mir vertraut, wird erfahren, was die Heilige Schrift sagt: Von ihm wird Leben spendendes Wasser ausgehen wie ein starker Strom.» [39]Damit meinte er den Heiligen Geist, den alle bekommen würden, die Jesus vertrauen. Den Geist bekamen sie erst, nachdem Jesus in Gottes Herrlichkeit zurückgekehrt war. [40]Nach diesen Worten waren einige davon überzeugt: «Er ist der Prophet, den Mose uns angekündigt hat.»

Johannes 8,31–32 Zu den Juden, die nun an ihn glaubten, sagte Jesus: «Wenn ihr an meinen Worten festhaltet und das tut, was ich euch gesagt habe, dann gehört ihr wirklich zu mir. [32]Ihr werdet die Wahrheit erkennen, und die Wahrheit wird euch befreien!»

Johannes 10,1–5 Weiter sagte Jesus: «Ich sage euch die Wahrheit: Wer nicht durch die Tür in den Schafstall geht, sondern heimlich einsteigt, der ist ein Dieb und Räuber. [2]Der Hirte geht durch die Tür zu seinen Schafen. [3]Ihm öffnet der Wächter die Tür, und die Schafe erkennen ihn schon an seiner Stimme. Dann ruft der Hirte jedes mit seinem Namen und führt sie auf die Weide. [4]Wenn seine Schafe den Stall verlassen haben, geht er vor ihnen her, und die Schafe folgen ihm, weil sie seine Stimme kennen. [5]Einem Fremden würden sie niemals folgen. Ihm laufen sie davon, weil sie seine Stimme nicht kennen.»

Johannes 14,6 Jesus antwortete: «Ich bin der Weg, ich bin die Wahrheit, und ich bin das Leben! Ohne mich kann niemand zum Vater kommen.»

Johannes 17,14–19 «Ich habe ihnen deine [Gottes] Botschaft weitergegeben, und die Welt hasst sie deswegen, weil sie ebenso wie ich nicht zu ihr gehören. [15]Ich bitte dich nicht, sie aus der Welt zu nehmen, aber schütze sie vor der Macht des Bösen! [16]Sie gehören ebenso wenig zur Welt wie ich. [17]Lass ihnen deine Wahrheit leuchten, damit sie in immer engerer Gemeinschaft mit dir leben! Dein Wort ist die Wahrheit! [18]Wie du mich in die Welt gesandt hast, so sende ich sie in die Welt. [19]Für sie gebe ich mein Leben hin, damit ihr Leben ganz dir gehört.»

Johannes 18,37 Da fragte ihn Pilatus: «Dann bist du also doch ein König?» Jesus antwortete: «Ja, du hast Recht. Ich bin ein König. Und dazu bin ich Mensch geworden und in diese Welt gekommen, um ihr die Wahrheit zu bezeugen. Wer bereit ist, auf die Wahrheit zu hören, der hört auf mich.»

Matthäus 11,28–30 «Kommt alle her zu mir, die ihr euch abmüht und unter eurer Last leidet! Ich werde euch Ruhe geben. [29]Lasst euch von mir in den Dienst nehmen, und lernt von mir! Ich meine es gut mit euch und sehe auf niemanden herab. Bei mir findet ihr Ruhe für euer Leben. [30]Mir zu dienen ist keine Bürde für euch, meine Last ist leicht.»

Matthäus 16,23–27 Aber Jesus wandte sich von ihm ab und rief: «Weg mit dir, Satan! Du willst mich hindern, meinen Auftrag zu erfüllen. Du verstehst Gottes Gedanken nicht, weil du nur menschlich denkst!» [24]Danach sprach Jesus zu seinen Jüngern: «Wer mir nachfolgen will, darf nicht mehr sich selbst in den Mittelpunkt stellen, sondern muss sein Kreuz auf sich nehmen und mir nachfolgen. [25]Wer sich an sein Leben klammert, der wird es verlieren. Wer aber sein Leben für mich einsetzt, der wird es für immer gewinnen. [26]Denn was gewinnt ein Mensch, wenn ihm die ganze Welt zufällt, er selbst aber dabei Schaden nimmt? Er kann sein Leben ja nicht wieder zurückkaufen! [27]Denn der Menschensohn wird mit seinen Engeln in der Herrlichkeit seines Vaters kommen und jeden nach seinen Taten richten.»

Matthäus 22,1–14 Jesus erzählte ihnen noch ein anderes Gleichnis: [2]«Mit der neuen Welt Gottes ist es wie mit einem König, der für seinen Sohn ein großes Hochzeitsfest vorbereitete. [3]Viele wurden zur Hochzeit eingeladen. Als die Vorbereitungen beendet waren, schickte er seine Diener, um die Gäste abzuholen. Aber keiner wollte kommen. [4]Er ließ sie durch andere Diener nochmals bitten: ‹Es ist alles fertig, die Ochsen und Mastkälber sind geschlachtet. Das Fest kann beginnen. Kommt!› [5]Aber den geladenen Gästen war das gleichgültig. Sie gingen weiter ihrer Arbeit nach. Der eine hatte auf dem Feld zu tun, der andere im Geschäft. [6]Einige wurden sogar handgreiflich, misshandelten und töteten die Diener des Königs. [7]Voller Zorn sandte der König seine Truppen aus, ließ die Mörder umbringen und ihre Stadt in Brand stecken. [8]Dann sagte er zu seinen Dienern: ‹Die Hochzeitsfeier ist vorbereitet, aber die geladenen Gäste waren es nicht wert, an diesem Fest teilzunehmen. [9]Geht jetzt auf die Straßen und ladet alle ein, die euch über den Weg laufen!› [10]Das taten die Boten und brachten alle mit, die sie fanden: böse und gute Menschen. So füllte sich der Festsaal mit Gästen. [11]Als der König kam, um seine Gäste zu begrüßen, bemerkte er einen Mann, der nicht festlich angezogen war. [12]‹Mein Freund, wie bist du hier ohne Festgewand hereingekommen?›, fragte er ihn. Darauf konnte der Mann nichts antworten. [13]Da befahl der König: ‹Fesselt ihm Hände und Füße, und werft ihn hinaus in die Finsternis! Dort wird es nur Heulen und ohnmächtiges Jammern geben.› [14]Denn viele sind berufen, aber nur wenige sind auserwählt.»

Markus 8,34–38 «Hört her!», rief Jesus seinen Jüngern und den Menschen zu, die bei ihm waren. «Wer mir nachfolgen will, der darf nicht mehr sich selbst in den Mittelpunkt stellen, sondern muss sein Kreuz auf sich nehmen und mir nachfolgen. [35]Wer sich an sein Leben klammert, der wird es verlieren. Wer aber sein Leben für mich und für Gottes rettende Botschaft einsetzt, der wird es für immer gewinnen. [36]Denn was gewinnt ein Mensch, wenn ihm die ganze Welt zufällt, er selbst aber dabei Schaden nimmt? [37]Er kann sein Leben ja nicht wieder zurückkaufen! [38]Wer sich hier vor den gottlosen Menschen schämt, sich zu mir und meiner Botschaft zu bekennen, den wird auch der Menschensohn nicht kennen, wenn er mit den heiligen Engeln in der Herrlichkeit seines Vaters kommen wird.»

Lukas 6,46–49 «Warum nennt ihr mich dauernd ‹Herr!›, wenn ihr doch nicht tut, was ich euch sage? [47]Wisst ihr, mit wem ich einen Menschen vergleiche, der meine Worte hört und danach handelt? [48]Er ist wie ein Mann, der sich ein Haus bauen wollte. Zuerst hob er eine Baugrube aus, dann baute er die Fundamente seines Hauses auf felsigen Grund. Als ein Unwetter kam und die Fluten gegen das Haus brandeten, konnten sie keinen Schaden anrichten, denn das Haus war auf Felsengrund gebaut. ⁴⁹Wer sich meine Worte allerdings nur anhört und nicht danach lebt, der ist wie einer, der beim Bauen auf das Fundament verzichtet und sein Haus auf weichen Boden baut. Bei einem Unwetter unterspülen die Fluten sein Haus, es gerät aus allen Fugen und stürzt krachend ein.»

Lukas 10,17–20 Als die siebzig Jünger zurückgekehrt waren, berichteten sie voller Freude: «Herr, sogar die Dämonen mussten uns gehorchen, wenn wir deinen Namen nannten!» ¹⁸Jesus antwortete: «Ich sah den Satan wie einen Blitz vom Himmel fallen. ¹⁹Ich habe euch die Macht gegeben, auf Schlangen und Skorpione zu treten und die Gewalt des Feindes zu brechen. Nichts wird euch schaden. ²⁰Doch freut euch nicht so sehr, dass euch die Dämonen gehorchen müssen; freut euch vielmehr darüber, dass eure Namen im Himmel aufgeschrieben sind!»

Apostelgeschichte 10,11–15 Petrus sah etwas vom Himmel herabkommen. Es sah aus wie ein großes Leinentuch, das – an seinen vier Ecken zusammengehalten – auf die Erde heruntergelassen wurde. ¹²In dem Tuch waren alle möglichen Arten von vierfüßigen Tieren und Kriechtieren, aber auch von Vögeln. Alle diese Tiere sind für Juden «unrein» und dürfen deshalb nicht gegessen werden. ¹³Dann hörte Petrus eine Stimme, die ihn aufforderte: «Petrus, steh auf, schlachte diese Tiere und iss davon!» ¹⁴«Niemals, Herr!», entgegnete Petrus. «Noch nie in meinem Leben habe ich etwas Unreines oder Verbotenes gegessen.» ¹⁵Da rief die Stimme zum zweiten Mal: «Wenn Gott etwas für rein erklärt, dann nenne du es nicht unrein.»

7 Prophetien von und über Jesus

Johannes 1,47–51 Als Jesus Nathanael erblickte, sagte er: «Hier kommt ein aufrichtiger Mensch, ein wahrer Israelit!» ⁴⁸Nathanael staunte: «Woher kennst du mich?» Jesus erwiderte: «Noch bevor Philippus dich rief, habe ich dich unter dem Feigenbaum gesehen.» ⁴⁹«Meister, du bist wirklich Gottes Sohn!», rief Nathanael. «Du bist der König Israels!» ⁵⁰Jesus sagte: «Das glaubst du, weil ich dir gesagt habe, dass ich dich unter dem Feigenbaum sah. Aber du wirst größere Dinge zu sehen bekommen.» ⁵¹Und er fuhr fort: «Ich sage euch die Wahrheit: Ihr werdet den Himmel offen und die Engel Gottes hinauf- und herabsteigen sehen zwischen Gott und dem Menschensohn!»

Johannes 2,14–19 Dort sah er im Tempel viele Händler, die Ochsen, Schafe und Tauben als Opfertiere verkauften. Auch Geldwechsler saßen hinter ihren Tischen. ¹⁵Jesus knüpfte aus Stricken eine Peitsche und jagte die Händler mit all ihren Schafen und Ochsen aus dem Tempel. Er schleuderte das Geld der Wechsler auf den Boden und warf ihre Tische um. ¹⁶Den Taubenhändlern befahl er: «Schafft das alles hinaus! Das Haus meines Vaters ist doch keine Markthalle!» ¹⁷Seine Jünger aber mussten an das Wort in der Heiligen Schrift denken: «Der Eifer für deinen Tempel wird mich vernichten!» ¹⁸Die führenden Männer der Juden stellten Jesus daraufhin zur Rede: «Woher nimmst du dir das Recht, die Leute hinauszuwerfen? Wenn du dabei im Auftrag Gottes handelst, dann musst du uns einen eindeutigen Beweis dafür geben!» ¹⁹Jesus antwortete ihnen: «Zerstört diesen Tempel! In drei Tagen werde ich ihn wieder aufbauen.»

Johannes 4,15–19 «Dann gib mir dieses Wasser, Herr», bat die Frau [am Brunnen], «damit ich nie mehr durstig bin und nicht immer wieder herkommen und Wasser holen muss!» [16]Jesus entgegnete: «Geh und ruf deinen Mann. Dann kommt beide hierher!» [17]«Ich bin nicht verheiratet», wandte die Frau ein. «Das stimmt», erwiderte Jesus, «verheiratet bist du nicht. [18]Fünf Männer hast du gehabt, und der, mit dem du jetzt zusammenlebst, ist nicht dein Mann. Da hast du die Wahrheit gesagt.» [19]Erstaunt sagte die Frau: «Ich sehe, Herr, du bist ein Prophet!»

Johannes 13,21–28 Nachdem Jesus dies gesagt hatte, war er sehr erschüttert und bestätigte: «Ja, es ist wahr: Einer von euch wird mich verraten!» [22]Die Jünger sahen sich fragend an und rätselten, wen er meinte. [23]Ganz nah bei Jesus hatte der Jünger seinen Platz, den Jesus am meisten liebte. [24]Petrus winkte ihn zur Seite und sagte: «Frag du ihn, wen er meint!» [25]Da beugte der Jünger sich zu Jesus hinüber und fragte leise: «Herr, wer von uns ist es?» [26]Jesus antwortete ihm: «Es ist der, dem ich das Brot geben werde, das ich jetzt in die Schüssel eintauche.» Darauf tauchte er das Brot ein und gab es Judas, dem Sohn des Simon Iskariot. [27]Von diesem Augenblick an hatte Satan den Judas ganz in seiner Gewalt. «Beeil dich, Judas! Erledige bald, was du tun willst!», forderte Jesus ihn auf. [28]Keiner von den anderen am Tisch verstand, was Jesus mit diesen Worten meinte.

Johannes 16,17–18 «Was meint er bloß damit?», fragten sich die Jünger.

«Was heißt: ‹Ich werde nur noch kurze Zeit bei euch sein! Aber bald darauf werdet ihr mich wiedersehen›? Und was bedeutet es, wenn er sagt: ‹Ich gehe zum Vater›? [18]Und was meint er mit ‹nur noch kurze Zeit›? Wir verstehen das nicht.»

Johannes 18,3–9 Nun erschien Judas mit einem Trupp römischer Soldaten und Männern, die ihm die Hohenpriester und Pharisäer mitgegeben hatten. Sie trugen Fackeln und Lampen und waren bewaffnet. [4]Jesus wusste, was jetzt geschehen würde. Er ging ihnen entgegen und fragte: «Wen sucht ihr?» [5]«Jesus von Nazareth», war die Antwort. «Ich bin es!», erklärte Jesus. Judas, sein Verräter, stand mitten unter den Soldaten. [6]Als Jesus klar und offen sagte: «Ich bin es», wichen die Bewaffneten erschrocken zurück und fielen zu Boden. [7]Jesus fragte noch einmal: «Wen sucht ihr denn?» – «Jesus von Nazareth!», antworteten sie wieder. [8]«Ich habe euch doch schon gesagt, dass ich es bin», entgegnete Jesus. «Wenn ihr also nur mich sucht, dann lasst die anderen hier gehen!» [9]Damit sollte sich erfüllen, was Jesus früher gesagt hatte: «Ich habe keinen von denen verloren, die du mir anvertraut hast.»

Matthäus 3,13–16 Auch Jesus kam aus seiner Heimat in Galiläa an den Jordan, um sich von Johannes taufen zu lassen. [14]Aber Johannes versuchte, ihn davon abzubringen: «Ich müsste eigentlich von dir getauft werden, und du kommst zu mir?» [15]Jesus erwiderte: «Lass es so geschehen, denn wir müssen alles tun, was Gott will.» Da gab Johannes nach. [16]Gleich nach der Taufe stieg Jesus wieder aus dem Wasser. Der Himmel öffnete sich über ihm, und er sah den Geist Gottes wie eine Taube auf sich herabkommen.

Matthäus 11,11–15 «Ja, ich versichere euch: Von allen Menschen, die je geboren wurden, ist keiner bedeutender als Johannes der Täufer. Trotzdem ist der Geringste in Gottes neuer Welt größer als er. [12]Seit Johannes der Täufer da ist, beginnt Gottes neue Welt, wenn auch andere das mit Gewalt verhindern wollen. [13]Das ganze Gesetz und die Propheten bis hin zu Johannes haben darauf hingewiesen. [14]Wenn ihr es begreifen könnt: Johannes ist Elia, dessen Kommen angekündigt wurde. [15]Hört genau auf das, was ich euch sage.»

Matthäus 24,2–29 Da sagte Jesus zu ihnen: «Ja, seht es euch genau an! Aber ich kann euch versichern: Kein Stein wird hier auf dem anderen bleiben. Alles wird nur noch ein großer Trümmerhaufen sein.» [3]«Wann wird das geschehen?», fragten ihn später seine Jünger, als er mit ihnen am Abhang des Ölbergs saß. «Welche Ereignisse werden dein Kommen und das Ende der Welt ankündigen?» [4]Jesus antwortete: «Lasst euch von keinem Menschen täuschen und verführen! [5]Denn viele werden auftreten und von sich behaupten: ‹Ich bin Christus!› Und sie werden viele Menschen in die Irre führen. [6]Wenn ihr von Kriegen und Unruhen hört, achtet darauf, aber erschreckt nicht! Das muss geschehen, doch es bedeutet noch nicht das Ende. [7]Die Völker und Königreiche der Erde werden Kriege gegeneinander führen. In vielen Teilen der Welt wird es Hungersnöte, Seuchen und Erdbeben geben. [8]Das ist aber erst der Anfang – so wie die ersten Wehen bei einer Geburt. [9]Dann werdet ihr gefoltert, getötet und in der ganzen Welt gehasst werden, weil ihr zu mir gehört. [10]Manche werden sich vom Glauben abwenden, einander verraten und hassen. [11]Falsche Propheten werden auftreten und viele verführen. [12]Und weil Gottes Gebote missachtet werden, setzt sich das Böse überall durch. Die Liebe wird bei vielen Menschen erlöschen. [13]Aber wer bis ans Ende durchhält, wird gerettet. [14]Die rettende Botschaft von Gottes neuer Welt wird auf der ganzen Erde verkündet werden, damit alle Völker sie hören. Dann erst wird das Ende kommen. [15]Der Prophet Daniel redet von einer ‹abscheulichen Götzenstatue›. Versucht zu verstehen, was das Geschriebene bedeutet. Wenn ihr diese Götzenstatue im Tempel stehen seht, [16]dann sollen alle Bewohner Judäas ins Gebirge fliehen. [17]Wer sich gerade auf dem Dach seines Hauses aufhält, soll nicht erst im Haus sein Gepäck für die Flucht zusammensuchen. [18]Wer auf dem Feld arbeitet, soll nicht erst nach Hause laufen, um seinen Mantel zu holen. [19]Besonders hart trifft es Schwangere und Mütter mit Säuglingen. [20]Betet deshalb, dass ihr nicht im Winter oder am Sabbat fliehen müsst! [21]Denn es wird eine Zeit der Not kommen, wie sie die Welt in ihrer ganzen Geschichte noch nicht erlebt hat und wie sie auch nie wieder eintreten wird. [22]Wenn diese Leidenszeit nicht verkürzt würde, könnte niemand gerettet werden! Aber den Auserwählten Gottes zuliebe wird diese Zeit begrenzt. [23]Wenn dann jemand zu euch sagt: ‹Hier ist der Christus!› oder: ‹Dort ist er!›, glaubt ihm nicht! [24]Viele werden sich nämlich als ‹Christus› ausgeben, und es werden falsche Propheten auftreten. Sie vollbringen große Zeichen und Wunder, um – wenn möglich – sogar die Auserwählten Gottes irrezuführen. ²⁵Deshalb bleibt wachsam! Ich habe euch gewarnt! ²⁶Wenn euch jemand erzählt: ‹Der Retter ist draußen in der Wüste›, so geht nicht hin. Wenn er sich irgendwo verborgen halten soll, glaubt es nicht. ²⁷Denn der Menschensohn kommt für alle sichtbar – wie ein Blitz, der von Ost nach West am Himmel aufzuckt. ²⁸Dies wird so gewiss geschehen, wie sich die Geier um ein verendetes Tier scharen. ²⁹Unmittelbar nach dieser großen Schreckenszeit wird sich die Sonne verfinstern und der Mond nicht mehr scheinen. Die Sterne werden aus ihrer Bahn geschleudert, und die Kräfte des Weltalls geraten durcheinander.»

Matthäus 26,1–4 Als Jesus diese Rede beendet hatte, sagte er zu seinen Jüngern: ²«Ihr wisst, dass übermorgen das Passahfest beginnt. Dann wird der Menschensohn an die Menschen ausgeliefert und ans Kreuz genagelt werden.» ³Zu derselben Zeit versammelten sich die Hohenpriester und die führenden Männer des Volkes im Palast des Hohenpriesters Kaiphas. ⁴Sie berieten darüber, wie sie Jesus heimlich festnehmen und umbringen lassen könnten. ⁵Sie waren sich aber einig: «Es darf auf keinen Fall während der Festtage geschehen, damit es nicht zu Unruhen im Volk kommt.»

Matthäus 26,17–25 Am ersten Tag des Festes der ungesäuerten Brote kamen die Jünger zu Jesus und fragten: «Wo sollen wir für dich das Passahmahl vorbereiten?» ¹⁸Jesus nannte den Jüngern einen Namen und befahl: «Geht in die Stadt zu diesem Mann, und teilt ihm mit: Unser Lehrer sagt: ‹Meine Zeit ist gekommen. Ich will mit meinen Jüngern in deinem Haus das Passahmahl feiern.›» ¹⁹Die Jünger führten den

Auftrag aus und bereiteten alles vor. ²⁰Am Abend dieses Tages nahm Jesus mit den zwölf Jüngern am Tisch Platz. ²¹Beim Essen erklärte er ihnen: «Ich sage euch: Einer von euch wird mich verraten!» ²²Bestürzt fragte einer nach dem andern: «Meinst du etwa mich, Herr?» ²³Jesus antwortete: «Der mit mir das Brot in die Schüssel taucht, der ist es. ²⁴Der Menschensohn muss zwar sterben, wie es in der Heiligen Schrift vorausgesagt ist. Aber wehe seinem Verräter! Er wäre besser nie geboren worden.» ²⁵Judas fragte wie die anderen auch: «Meister, du meinst doch nicht etwa mich?» Da antwortete ihm Jesus: «Doch, du bist es!»

Matthäus 26,50–54 Jesus sah ihn an: «Mein Freund! Warum bist du gekommen?» Sofort packten ihn die Männer und nahmen ihn fest. ⁵¹Aber einer der Jünger, die bei Jesus waren, wollte das verhindern. Er zog sein Schwert, schlug auf einen der Diener des Hohenpriesters ein und hieb ihm ein Ohr ab. ⁵²Doch Jesus befahl ihm: «Steck dein Schwert weg! Wer Gewalt anwendet, wird durch Gewalt umkommen. ⁵³Ist dir denn nicht klar, dass ich meinen Vater um ein ganzes Heer von Engeln bitten könnte? Er würde sie mir sofort schicken. ⁵⁴Wie sollte sich aber dann erfüllen, was in der Heiligen Schrift vorausgesagt ist? Es muss alles so geschehen!»

Matthäus 26,55–56 Danach wandte sich Jesus an die Männer, die ihn festgenommen hatten: «Bin ich denn ein Verbrecher, dass ihr euch mit Schwertern und Knüppeln bewaffnet habt, um mich zu verhaften? Jeden Tag habe ich öffentlich im Tempel gesprochen. Warum habt ihr mich nicht dort festgenommen? ⁵⁶Aber auch dies geschieht, damit sich die Vorhersagen der Propheten erfüllen.» Entsetzt verließen ihn alle Jünger und flohen.

Matthäus 26,69–70.74–75 Petrus war immer noch im Hof. Da trat eine Dienerin auf ihn zu und sagte: «Du gehörst doch auch zu Jesus, diesem Galiläer!» [70]Aber Petrus bestritt das laut: «Ich weiß nicht, wovon du redest.» […] [74]Da rief Petrus: «Ich schwöre euch: Ich kenne diesen Menschen nicht! Gott soll mich verfluchen, wenn ich lüge!» In diesem Augenblick krähte ein Hahn, [75]und Petrus fielen die Worte ein, die Jesus gesagt hatte: «Ehe der Hahn kräht, wirst du dreimal geleugnet haben, mich zu kennen.» Da ging Petrus hinaus und weinte voller Verzweiflung. (Siehe auch Markus 14,66–72 und Lukas 22,55–62.)

Markus 11,1–3 Jesus und seine Jünger kamen in die Nähe von Jerusalem. Sie erreichten Betfage und Betanien, zwei Ortschaften, die am Ölberg liegen. Jesus schickte zwei Jünger voraus [2]mit dem Auftrag: «Geht in das Dorf da vorne! Gleich am Eingang werdet ihr einen jungen Esel finden, der dort angebunden ist. Auf ihm ist noch nie jemand geritten. Bindet ihn los und bringt ihn her. [3]Sollte jemand fragen, was ihr da macht, dann sagt einfach: ‹Unser Herr braucht das Tier, aber er wird es bald wieder zurückschicken.›» (Siehe auch Matthäus 21,1–3 und Lukas 19,29–31.)

Markus 13,2–27 Jesus erwiderte: «Ja, sieh es dir genau an! Kein Stein wird hier auf dem anderen bleiben. Alles wird nur noch ein großer Trümmerhaufen sein.» [3]Als Jesus am Abhang des Ölbergs saß und zum Tempel auf der anderen Seite des Tales hinübersah, kamen Petrus, Jakobus, Johannes und Andreas zu ihm und fragten:

[4]«Wann wird das alles geschehen? An welchen Ereignissen werden wir das Ende erkennen?» [5]Jesus antwortete: «Lasst euch von keinem Menschen täuschen und verführen! [6]Denn viele werden auftreten und von sich behaupten: ‹Ich bin Christus!› Und sie werden viele Menschen in die Irre führen. [7]Ihr werdet von Kriegen und Unruhen hören. Erschreckt nicht! Das muss geschehen, doch es bedeutet noch nicht das Ende. [8]Die Völker und Königreiche der Erde werden Kriege gegeneinander führen. In vielen Teilen der Welt wird es Erdbeben und Hungersnöte geben. Das ist aber erst der Anfang – so wie die ersten Wehen bei einer Geburt. [9]Seid wachsam! Man wird euch vor die Gerichte zerren, und in den Synagogen wird man euch auspeitschen. Nur weil ihr zu mir gehört, werdet ihr vor Machthabern und Königen verhört werden. Dort werdet ihr meine Botschaft bezeugen. [10]Das muss so geschehen, denn alle Völker sollen die rettende Botschaft hören, bevor das Ende kommt. [11]Wenn sie euch verhaften und vor Gericht bringen, braucht ihr euch nicht darum zu sorgen, was ihr aussagen sollt! Denn zur rechten Zeit wird Gott euch das rechte Wort geben. Nicht ihr werdet es sein, die Rede und Antwort stehen, sondern der Heilige Geist wird durch euch sprechen. [12]In dieser Zeit wird ein Bruder den anderen dem Henker ausliefern. Väter werden ihre eigenen Kinder anzeigen. Kinder werden gegen ihre Eltern vorgehen und sie hinrichten lassen. [13]Alle Welt wird euch hassen, weil ihr euch zu mir bekennt. Aber wer bis zum Ende durchhält, wird gerettet. [14]Die Heilige Schrift redet von einer ‹abscheulichen Götzenstatue›. Versucht zu verstehen, was das

Geschriebene bedeutet! Wenn ihr diese Götzenstatue dort stehen seht, wo sie nicht hingehört – im Tempel –, dann sollen alle Bewohner Judäas ins Gebirge fliehen. [15]Wer sich gerade auf dem Dach seines Hauses aufhält, soll nicht erst im Haus sein Gepäck für die Flucht zusammensuchen. [16]Wer auf dem Feld arbeitet, soll nicht erst nach Hause laufen, um seinen Mantel zu holen. [17]Besonders hart trifft es Schwangere und Mütter mit Säuglingen. [18]Betet deshalb, dass ihr nicht im Winter fliehen müsst. [19]Denn es wird eine Zeit der Not kommen, wie sie die Welt seit der Schöpfung nicht erlebt hat und wie sie auch nie wieder eintreten wird. [20]Wenn diese Leidenszeit nicht verkürzt würde, könnte niemand gerettet werden. Aber seinen Auserwählten zuliebe hat Gott diese Zeit begrenzt. [21]Wenn dann jemand zu euch sagt: ‹Hier ist der Christus!› oder: ‹Dort ist er!›, glaubt ihm nicht! [22]Viele werden sich nämlich als ‹Christus› ausgeben, und es werden falsche Propheten auftreten. Sie werden Zeichen und Wunder vollbringen, um – wenn möglich – sogar die Auserwählten Gottes irrezuführen. [23]Deshalb bleibt wachsam! Ich habe euch gewarnt! [24]Nach dieser großen Schreckenszeit wird sich die Sonne verfinstern und der Mond nicht mehr scheinen. [25]Die Sterne werden aus ihrer Bahn geschleudert, und die Kräfte des Weltalls geraten durcheinander. [26]Alle sehen dann, wie der Menschensohn in großer Macht und Herrlichkeit in den Wolken des Himmels kommt.»

Markus 14,12–16 Am ersten Tag des Festes der ungesäuerten Brote, an dem das Passahlamm geschlachtet wurde, fragten die Jünger Jesus: «Wo sollen wir für dich das Passahmahl vorbereiten?» [13]«Geht in die Stadt», beauftragte Jesus zwei von ihnen. «Dort wird euch ein Mann begegnen, der einen Wasserkrug trägt. Diesem Mann folgt, [14]bis er in ein Haus geht. Dem Besitzer des Hauses sollt ihr sagen: ‹Unser Lehrer lässt fragen: Wo ist der Raum, in dem er mit seinen Jüngern das Passahmahl feiern kann?› [15]Er wird euch einen großen Raum im Obergeschoss zeigen, der mit Polstern ausgestattet und für das Festmahl hergerichtet ist. Bereitet dort alles Weitere vor.» [16]Die beiden Jünger gingen in die Stadt und trafen alles so an, wie Jesus es ihnen gesagt hatte. Dann bereiteten sie das Passahmahl vor.

Markus 14,17–21 Am Abend kam Jesus mit den zwölf Jüngern. [18]Beim Essen erklärte er ihnen: «Ich sage euch: Einer von euch, der jetzt mit mir isst, wird mich verraten!» [19]Bestürzt fragte einer nach dem andern: «Meinst du etwa mich?» [20]Jesus antwortete: «Es ist einer von euch Zwölfen, der mit mir das Brot in die Schüssel taucht. [21]Der Menschensohn muss zwar sterben, wie es in der Heiligen Schrift vorausgesagt ist; aber wehe seinem Verräter! Er wäre besser nie geboren worden.»

Markus 14,27–30 Unterwegs sagte Jesus zu den Jüngern: «Ihr werdet euch alle bald von mir abwenden. Denn es steht geschrieben: ‹Ich werde der Herde den Hirten nehmen, und die Schafe werden auseinander laufen.› [28]Aber nach meiner Auferstehung werde ich nach Galiläa gehen, und dort werdet ihr mich wiedersehen.» [29]Da beteuerte Petrus: «Wenn dich auch alle anderen verlassen – ich halte zu dir!» [30]«Petrus», erwiderte ihm Jesus, «ich sage dir: Heute Nacht, noch ehe der Hahn zweimal kräht, wirst du dreimal geleugnet haben, mich zu kennen.» (Siehe auch Matthäus 26,31–34 und Johannes 13,37–38.)

Lukas 12,54–56 Dann redete Jesus wieder zu allen: «Wenn die Wolken von Westen kommen, sagt ihr: ‹Es gibt Regen›, und das stimmt auch. [55]Wenn der Wind von Süden weht, sagt ihr: ‹Es wird heiß›, und ihr habt Recht. [56]Ihr Heuchler! Das Wetter könnt ihr aus den Zeichen am Himmel vorhersagen. Warum könnt ihr dann nicht beurteilen, was heute vor euren Augen geschieht?»

Lukas 17,30–35.37 «Genauso wird es sein, wenn der Menschensohn erscheint. [31]Wer sich dann gerade auf dem Dach seines Hauses aufhält, der soll nicht mehr ins Haus laufen, um seine Sachen zu holen. Wer auf dem Feld arbeitet, soll nicht mehr in sein Haus zurückkehren. [32]Denkt daran, was mit Lots Frau geschah! [33]Wer sich an sein Leben klammert, der wird es verlieren. Wer aber sein Leben verliert, der wird es für immer gewinnen. [34]Ich sage euch: Zwei schlafen in jener Nacht in einem Bett, einer wird angenommen, und der andere bleibt zurück. [35]Zwei Frauen werden gemeinsam Getreide mahlen. Die eine wird angenommen, und die andere bleibt zurück.» […] [37]«Herr, wo wird sich das ereignen?», fragten die Jünger. Da antwortete ihnen Jesus: «Das werdet ihr schon sehen. Auch die Geier erkennen, wo ein verendetes Tier liegt, und sammeln sich dort.»

Lukas 21,6–28 Aber Jesus erwiderte: «Ja, seht es euch genau an! Es kommt die Zeit, in der hier kein Stein auf dem anderen bleiben wird. Alles wird nur noch ein großer Trümmerhaufen sein.» [7]Erschrocken wollten die Jünger wissen: «Lehrer, wann wird das geschehen? Woran erkennen wir, dass diese Dinge stattfinden werden?» [8]Jesus antwortete: «Lasst euch von keinem Menschen täuschen und verführen! Denn viele werden auftreten und von sich behaupten: ‹Ich bin Christus!› Und sie werden verkünden: ‹Jetzt ist die Zeit gekommen!› Glaubt ihnen nicht! [9]Wenn ihr von Kriegen und Unruhen hört, erschreckt nicht! Das muss geschehen, doch es bedeutet noch nicht das Ende.» [10]Dann sagte er zu ihnen: «Die Völker und Königreiche der Erde werden Kriege gegeneinander führen. [11]In vielen Teilen der Welt wird es Erdbeben, Hungersnöte und Seuchen geben. Unerklärliche Erscheinungen am Himmel werden alle Menschen in Angst und Schrecken versetzen. [12]Bevor das alles geschieht, wird man euch verfolgen. Nur weil ihr zu mir gehört, werden sie euch festnehmen und in den Synagogen vor Gericht stellen. Dann werden sie euch ins Gefängnis werfen, ja, vor Machthabern und Königen werdet ihr verhört werden. [13]Aber dadurch habt ihr Gelegenheit, meine Botschaft zu bezeugen. [14]Prägt es euch ein: Ihr sollt nicht schon vorher darüber nachgrübeln, wie ihr euch vor Gericht verteidigen könnt. [15]Ich selber werde euch Weisheit geben und euch zeigen, was ihr sagen sollt. Dann werden eure Gegner nichts mehr erwidern können. [16]Selbst eure nächsten Angehörigen, eure Eltern, Geschwister und Freunde werden euch verraten und euch verhaften lassen. Einige von euch wird man töten. [17]Alle Welt wird euch hassen, weil ihr zu mir gehört. [18]Aber ohne Gottes Willen wird euch kein Haar gekrümmt werden. [19]Bleibt standhaft, dann gewinnt ihr das ewige Leben. [20]Wenn die Feinde Israels Jerusalem belagern, dauert es nicht mehr lange, bis diese Stadt zerstört wird. ²¹Dann sollen alle Bewohner Judäas ins Gebirge fliehen. Wer in Jerusalem wohnt, verlasse die Stadt so schnell wie möglich, und wer auf dem Land ist, suche in ihr keinen Schutz. ²²Die Tage des göttlichen Gerichts sind gekommen. Jetzt erfüllt sich, was in der Heiligen Schrift vorausgesagt ist. ²³Besonders hart trifft es Schwangere und Mütter mit Säuglingen. Denn überall wird große Not herrschen, wenn Gottes Zorn über sein Volk losbricht. ²⁴Die Menschen werden niedergemetzelt oder als Gefangene in die ganze Welt verschleppt. Jerusalem aber wird besetzt und zerstört sein, bis Gott die Herrschaft der nichtjüdischen Völker beendet. ²⁵Zu dieser Zeit werden Zeichen an Sonne, Mond und Sternen Unheil verkünden. Die Menschen fürchten sich und wissen nicht mehr weiter, weil Sturmfluten und Katastrophen über sie hereinbrechen. ²⁶Ungewissheit und Angst treiben sie zur Verzweiflung. Sogar die Kräfte des Weltalls geraten durcheinander. ²⁷Doch dann werden alle Völker sehen, wie der Menschensohn in den Wolken mit großer Macht und Herrlichkeit kommt. ²⁸Deshalb: Wenn sich dies alles ereignet, dann seid zuversichtlich – mit festem Blick und erhobenem Haupt! Denn eure Befreiung steht vor der Tür.»

Lukas 22,7–16 Am ersten Tag des Festes der ungesäuerten Brote, an dem das Passahlamm geschlachtet werden musste, ⁸gab Jesus seinen Jüngern Petrus und Johannes den Auftrag: «Bereitet alles vor, damit wir gemeinsam das Passahmahl essen können.» ⁹«Wo sollen wir denn das Fest feiern?», fragten sie. ¹⁰Er antwortete:

«Wenn ihr nach Jerusalem kommt, wird euch ein Mann begegnen, der einen Wasserkrug trägt. Geht ihm nach bis zu dem Haus, das er betritt. ¹¹Sagt dem Hausherrn: ‹Unser Lehrer lässt fragen: Wo ist der Raum, in dem er mit seinen Jüngern das Passahmahl feiern kann?› ¹²Er wird euch im Obergeschoss einen großen Raum zeigen, der mit Polstern ausgestattet ist. Dort bereitet das Essen zu.» ¹³Die beiden Jünger gingen in die Stadt und trafen alles so an, wie Jesus es ihnen gesagt hatte. Dann bereiteten sie das Passahmahl vor. ¹⁴Als die Stunde für das Passahmahl da war, nahm Jesus mit den Aposteln an der Festtafel Platz. ¹⁵«Wie sehr habe ich mich danach gesehnt, mit euch das Passahmahl zu essen, bevor ich leiden muss», sagte er. ¹⁶«Ihr sollt wissen: Ich werde das Passahmahl erst wieder in der neuen Welt Gottes mit euch feiern. Dann hat sich erfüllt, wofür das Fest jetzt nur ein Zeichen ist.»

Lukas 22,20–22 Nach dem Essen nahm er den Becher mit Wein, reichte ihn den Jüngern und sagte: «Dies ist mein Blut, mit dem der neue Bund zwischen Gott und den Menschen besiegelt wird. Es wird für euch zur Vergebung der Sünden vergossen. ²¹Aber eins muss ich euch sagen: Bei uns an diesem Tisch ist der Mann, der mich verraten wird. ²²Es ist der Wille Gottes, dass der Menschensohn sterben muss. Aber wehe seinem Verräter!»

Lukas 22,31–34 Zu Petrus gewandt, sagte Jesus: «Simon, Simon! Der Satan ist hinter euch her, die Spreu vom Weizen zu trennen. ³²Aber ich habe für dich gebetet, damit du den Glauben nicht verlierst. Wenn du dann zu mir zurückkehrst, so stärke den Glauben deiner Brüder!»

³³«Herr», fuhr Petrus auf, «ich bin jederzeit bereit, mit dir ins Gefängnis zu gehen und sogar für dich zu sterben.» ³⁴Doch Jesus erwiderte: «Petrus, ich sage dir: Noch ehe morgen früh der Hahn kräht, wirst du dreimal geleugnet haben, mich zu kennen.»

Lukas 22,35–38 Jesus fragte seine Jünger: «Als ich euch damals ohne Geld, Tasche und Sandalen aussandte, habt ihr da Not leiden müssen?» – «Nein, niemals!», beteuerten sie. ³⁶«Jetzt aber nehmt euer Geld und Gepäck», forderte er sie auf. «Wer kein Schwert besitzt, soll seinen Mantel verkaufen und sich eins beschaffen. ³⁷Denn jetzt ist die Zeit da, in der sich auch dieses Wort an mir erfüllen muss: ‹Man wird ihn wie einen Verbrecher behandeln.› Alles, was in der Heiligen Schrift von mir geschrieben steht, geht nun in Erfüllung.» ³⁸«Herr», riefen die Jünger, «wir haben hier zwei Schwerter.» Doch Jesus unterbrach sie: «Genug damit!»

Lukas 23,26–31 Auf dem Weg zur Hinrichtungsstätte begegnete ihnen Simon, der gerade vom Feld kam. Er stammte aus Kyrene in Nordafrika. Ihn zwangen sie, mitzugehen und für Jesus das Kreuz zu tragen. ²⁷Unzählige Menschen folgten Jesus auf dem Weg zur Hinrichtung. In der Menge waren viele Frauen, die laut klagten und um Jesus weinten. ²⁸Ihnen rief Jesus zu: «Weint nicht über mich, ihr Frauen von Jerusalem! Weint über euch und eure Kinder! ²⁹Die Zeit wird kommen, in der man sagt: ‹Glücklich sind die Frauen, die keine Kinder bekommen können. Ja, freuen können sich alle, die niemals ein Kind geboren und gestillt haben!› ³⁰Die Menschen werden sich danach sehnen, dass die Berge über ihnen zusammenstürzen und die Hügel auf sie fallen, damit ihr Leid ein Ende hat. ³¹Wenn schon das grüne Holz Feuer fängt, wie schnell brennt dann das trockene Holz lichterloh!»

Lukas 24,15–27 Während sie miteinander sprachen und nachdachten, kam Jesus und ging mit ihnen. ¹⁶Aber sie – wie mit Blindheit geschlagen – erkannten ihn nicht. ¹⁷«Worüber unterhaltet ihr euch?», fragte sie Jesus. Die Jünger blieben traurig stehen, ¹⁸und verwundert bemerkte Kleopas, einer von den beiden: «Ich glaube, du bist der Einzige in Jerusalem, der nichts von den Ereignissen der letzten Tage gehört hat.» ¹⁹«Was ist denn geschehen?», wollte Jesus wissen. «Hast du etwa nichts von Jesus gehört, dem Mann aus Nazareth?», antworteten die Jünger. «Er war ein Prophet, den Gott geschickt hatte. Jeder im Volk konnte das an seinen Worten und Taten erkennen. ²⁰Aber unsere Hohenpriester und die führenden Männer des Volkes haben ihn an die Römer ausgeliefert. Er wurde zum Tode verurteilt und dann ans Kreuz geschlagen. ²¹Dabei hatten wir gehofft, dass er der von Gott versprochene Retter ist, der Israel befreit. Das war vor drei Tagen. ²²Heute Morgen wurden wir sehr beunruhigt durch einige Frauen, die zu uns gehören. Schon vor Sonnenaufgang waren sie zum Grab gegangen; ²³aber der Leichnam Jesu war nicht mehr da. Die Frauen erzählten, ihnen seien Engel erschienen, die sagten: ‹Jesus lebt!› ²⁴Einige von uns sind gleich zum Grab gelaufen. Es war tatsächlich leer, wie die Frauen berichtet hatten. Aber Jesus haben sie nicht gesehen.» ²⁵Darauf sagte Jesus zu ihnen: «Wie wenig versteht ihr doch! Warum begreift und glaubt ihr nicht, was die Propheten gesagt haben? [26]Musste Christus nicht all dies erleiden, bevor Gott ihn zum Herrn über alles einsetzt?» [27]Dann erklärte Jesus, was in der Heiligen Schrift über ihn gesagt wird – von den Büchern Mose angefangen bis zu den Propheten.

Apostelgeschichte 22,17–21 «Später kehrte ich [Paulus] nach Jerusalem zurück. Eines Tages betete ich im Tempel. Da erschien mir der Herr in einer Vision [18]und sagte: ‹Beeil dich und verlasse Jerusalem so schnell wie möglich, denn niemand wird dir glauben, was du von mir sagst.› [19]‹Herr›, antwortete ich, ‹jeder hier weiß, dass ich alle, die an dich glaubten, ins Gefängnis werfen und in den Synagogen auspeitschen ließ. [20]Als dein Zeuge Stephanus getötet wurde, stand ich dabei; ich hatte in die Steinigung eingewilligt und bewachte die Kleider seiner Mörder.› [21]Doch der Herr befahl: ‹Geh, denn ich will dich weit weg zu den Völkern senden, die mich nicht kennen.›»

Offenbarung 1,10–11.17–20 An einem Sonntag ergriff mich [Johannes] Gottes Geist. Ich hörte hinter mir eine gewaltige Stimme, durchdringend wie eine Posaune: [11]«Schreib alles auf, was du siehst, und sende das Buch an die sieben Gemeinden: nach Ephesus, Smyrna und Pergamon, nach Thyatira, Sardes, Philadelphia und Laodizea.» […] [17]Als ich das sah, fiel ich wie tot vor seinen Füßen nieder. Aber er legte seine rechte Hand auf mich und sagte: «Fürchte dich nicht! Ich bin der Erste und der Letzte, [18]und ich bin der Lebendige. Ich war tot, doch nun lebe ich für immer und ewig, und ich habe Macht über den Tod und das Totenreich. [19]Schreib alles

auf, was du gesehen hast, was jetzt geschieht und was in Zukunft geschehen wird. [20]Die sieben Sterne in meiner Hand und die sieben goldenen Leuchter, die du gesehen hast, haben folgende Bedeutung: Die sieben Sterne sind die Engel der sieben Gemeinden, und die sieben Leuchter sind diese Gemeinden selbst.»

Offenbarung 22,15–16 «Draußen vor den Toren der Stadt müssen alle Feinde Gottes bleiben: alle, die sich mit Zauberei abgeben, die sexuell zügellos leben, die Mörder, alle, die anderen Göttern nachlaufen, die gerne lügen und betrügen. [16]Ich, Jesus, habe meinen Engel zu dir gesandt, damit du den Gemeinden alles mitteilst. Ich bin die Wurzel und der Nachkomme aus der Familie Davids. Ich bin der helle Morgenstern.»

8 Rechtfertigung

Johannes 3,14–19 «Du weißt doch, wie Mose in der Wüste eine Schlange aus Bronze an einem Pfahl aufrichtete, damit jeder, der sie ansah, am Leben blieb. Genauso muss auch der Menschensohn erhöht werden. [15]Jeder, der ihm vertraut, wird das ewige Leben haben. [16]Denn Gott hat die Menschen so sehr geliebt, dass er seinen einzigen Sohn für sie hergab. Jeder, der an ihn glaubt, wird nicht zugrunde gehen, sondern das ewige Leben haben. [17]Gott hat nämlich seinen Sohn nicht zu den Menschen gesandt, um über sie Gericht zu halten, sondern um sie zu retten. [18]Wer an ihn glaubt, der wird nicht verurteilt werden. Wer aber nicht an den einzigen Sohn Gottes glaubt, über den ist wegen seines Unglaubens das Urteil schon gesprochen. [19]Und so vollzieht sich das Urteil: Das Licht ist in die Welt gekommen, aber die Menschen lieben die Finsternis mehr als das Licht. Denn alles, was sie tun, ist böse.»

Matthäus 12,33–37 «Wie der Baum, so die Frucht! Ein guter Baum trägt gute Früchte, ein schlechter Baum trägt schlechte Früchte. [34]Ihr Schlangenbrut! Wie könnt ihr durch und durch bösen Leute überhaupt etwas Gutes reden? Wovon das Herz erfüllt ist, das spricht der Mund aus! [35]Wenn ein guter Mensch spricht, zeigt sich, was an Gutem in ihm ist. Ein Mensch mit einem bösen Herzen ist innerlich voller Gift, und alle merken es, wenn er redet. [36]Ich sage euch das, weil ihr am Gerichtstag Rechenschaft ablegen müsst über jedes unnütze Wort, das ihr geredet habt. [37]Eure Worte sind der Maßstab, nach dem ihr freigesprochen oder verurteilt werdet.»

Lukas 18,9–14 Jesus erzählte ein weiteres Gleichnis. Er hatte dabei besonders die Menschen im Blick, die selbstgerecht sind und auf andere herabsehen. [10]«Zwei Männer gingen in den Tempel, um zu beten. Der eine war ein Pharisäer, der andere ein Zolleinnehmer. [11]Selbstsicher stand der Pharisäer dort und betete: ‹Ich danke dir, Gott, dass ich nicht so bin wie andere Leute: kein Räuber, kein Gottloser, kein Ehebrecher und schon gar nicht wie dieser Zolleinnehmer da hinten. [12]Ich faste zweimal in der Woche und gebe von allen meinen Einkünften den zehnten Teil für Gott.› [13]Der Zolleinnehmer dagegen blieb verlegen am Eingang stehen und wagte kaum aufzusehen. Schuldbewusst betete er: ‹Gott, vergib mir, ich weiß, dass ich ein Sünder bin!› [14]Ihr könnt sicher sein, dieser

Mann ging von seiner Schuld befreit nach Hause, nicht aber der Pharisäer. Denn wer sich selbst ehrt, wird gedemütigt werden; aber wer sich selbst erniedrigt, wird geehrt werden.»

Apostelgeschichte 10,11–15 Petrus sah etwas vom Himmel herabkommen. Es sah aus wie ein großes Leinentuch, das – an seinen vier Ecken zusammengehalten – auf die Erde heruntergelassen wurde. [12]In dem Tuch waren alle möglichen Arten von vierfüßigen Tieren und Kriechtieren, aber auch von Vögeln. Alle diese Tiere sind für Juden «unrein» und dürfen deshalb nicht gegessen werden. [13]Dann hörte Petrus eine Stimme, die ihn aufforderte: «Petrus, steh auf, schlachte diese Tiere und iss davon!» [14]«Niemals, Herr!», entgegnete Petrus. «Noch nie in meinem Leben habe ich etwas Unreines oder Verbotenes gegessen.» [15]Da rief die Stimme zum zweiten Mal: «Wenn Gott etwas für rein erklärt, dann nenne du es nicht unrein.»

9 Sabbat

Johannes 5,16–17 Von da an lauerten die Juden Jesus auf, weil er sogar am Sabbat Kranke heilte. [17]Aber Jesus sagte ihnen: «Zu jeder Zeit tut mein Vater Gutes, und ich folge nur seinem Beispiel.»

Johannes 7,21–24 Jesus entgegnete: «Ihr ärgert euch darüber, dass ich hier am Sabbat einen Menschen geheilt habe! [22/23]Mose hat angeordnet, dass eure Kinder am achten Tag beschnitten werden sollen. Nach dieser Vorschrift haben sich bereits eure Stammväter vor Mose gerichtet. Auch eure Söhne werden am achten Tag beschnitten, selbst wenn es ein Sabbat ist, damit das Gesetz des Mose nicht übertreten wird. Weshalb also seid ihr so empört darüber, dass ich einen Menschen am Sabbat geheilt habe? [24]Richtet nicht nach dem äußeren Schein, sondern urteilt gerecht!»

Matthäus 12,3–8 Aber Jesus antwortete ihnen: «Habt ihr denn nie gelesen, was David und seine Männer getan haben? Als sie hungrig waren, [4]gingen sie in das Haus Gottes und aßen von dem Brot, das Gott geweiht war und das nur die Priester essen durften. [5]Habt ihr nicht außerdem im Gesetz gelesen, dass die Priester auch am Sabbat im Tempel arbeiten und so die Sabbatvorschriften übertreten? Trotzdem sind sie frei von Schuld. [6]Ich will euch nur das eine sagen: Hier ist einer, der ist mehr als der Tempel. [7]Wenn ihr verstanden hättet, was das bedeutet: ‹Nicht auf eure Opfer oder Gaben kommt es mir an, sondern darauf, dass ihr barmherzig seid!›, dann würdet ihr nicht Unschuldige verurteilen. [8]Denn der Menschensohn hat das Recht zu entscheiden, was am Sabbat erlaubt ist und was nicht.»

Matthäus 12,9–13 Nach diesen Worten ging er weiter und kam in ihre Synagoge. [10]Dort war ein Mann mit einer verkrüppelten Hand. Die Pharisäer fragten ihn: «Erlaubt das Gesetz Gottes, am Sabbat zu heilen?» Sie suchten damit einen Vorwand, um Anklage gegen ihn zu erheben. [11]Jesus antwortete: «Wenn jemand von euch nur ein einziges Schaf besitzt, und das fällt am Sabbat in den Brunnen, wird er es nicht sofort herausholen? [12]Und ein Mensch ist doch viel mehr wert als ein Schaf! Also ist es erlaubt, am Sabbat Gutes zu tun.» [13]Dann forderte er den Mann auf: «Streck deine Hand aus!» Er streckte sie aus, und

die Hand war gesund. (Siehe auch Lukas 6,6–10.)

Markus 2,25–28 [25/26]Aber Jesus antwortete ihnen: «Habt ihr denn nie gelesen, was David und seine Männer getan haben – damals, als Abjatar Hoherpriester war? Als sie hungrig waren, gingen sie in das Haus Gottes und aßen von dem Brot, das Gott geweiht war und das nur die Priester essen durften. [27]Der Sabbat wurde doch für den Menschen geschaffen und nicht der Mensch für den Sabbat. [28]Deshalb hat der Menschensohn auch das Recht zu entscheiden, was am Sabbat erlaubt ist und was nicht.»

Markus 3,1–5 Als Jesus wie gewohnt zur Synagoge ging, war dort ein Mann mit einer verkrüppelten Hand. [2]Seine Gegner warteten gespannt darauf, wie Jesus sich verhalten würde. Sollte er es nämlich wagen, auch am Sabbat zu heilen, so könnten sie Anklage gegen ihn erheben. [3]Jesus rief den Mann mit der verkrüppelten Hand zu sich: «Steh auf und komm hierher, damit alle dich sehen können!» [4]Dann fragte er die Anwesenden: «Soll man am Sabbat Gutes tun oder Böses? Soll man das Leben eines Menschen retten, oder soll man ihn zugrunde gehen lassen?» Doch er bekam keine Antwort. [5]Zornig sah Jesus einen nach dem anderen an, traurig über ihre Hartherzigkeit. Zu dem Mann aber sagte er: «Streck deine Hand aus!» Er streckte sie aus, und die Hand war gesund. (Siehe auch Lukas 6,6–10.)

Lukas 6,3–5 Darauf antwortete Jesus: «Habt ihr denn nie gelesen, was David und seine Männer getan haben? Als sie hungrig waren, [4]gingen sie in das Haus Gottes und aßen von dem Brot, das Gott geweiht war und das nur die Priester essen durften. ⁵Umso mehr hat der Menschensohn das Recht zu entscheiden, was am Sabbat erlaubt ist und was nicht.»

Lukas 13,10–13 Am Sabbat lehrte Jesus in einer Synagoge. ¹¹Eine Frau hörte ihm zu, die ein böser Geist krank gemacht hatte: Seit achtzehn Jahren saß sie gebeugt da und konnte sich nicht mehr aufrichten. ¹²Als Jesus sie sah, rief er sie zu sich: «Frau, du sollst von deinem Leiden erlöst sein!» ¹³Er legte seine Hände auf sie. Da richtete sie sich auf und dankte Gott von ganzem Herzen.

Lukas 13,14–16 Aber der Vorsteher der Synagoge entrüstete sich darüber, dass Jesus die Frau am Sabbat geheilt hatte. Er sagte zu den Versammelten: «Die Woche hat sechs Arbeitstage. An denen könnt ihr kommen und euch heilen lassen, aber nicht ausgerechnet am Sabbat!» ¹⁵Doch Jesus, der Herr, erwiderte ihm: «Ihr Heuchler! Ihr bindet doch eure Ochsen und Esel auch am Sabbat los und führt sie zur Tränke. ¹⁶Und mir verbietet ihr, diese Frau am Sabbat aus der Gefangenschaft Satans zu befreien! Achtzehn Jahre lang war sie krank. Gehört sie nicht auch zu Gottes auserwähltem Volk?»

Lukas 14,3–5 Jesus fragte die Schriftgelehrten und Pharisäer: «Erlaubt es das Gesetz, einen Menschen am Sabbat zu heilen, oder nicht?» ⁴Als sie ihm keine Antwort gaben, fasste Jesus den Kranken bei der Hand, heilte ihn und ließ ihn nach Hause gehen. ⁵Dann fragte er die Gäste: «Was macht ihr, wenn euer Kind oder ein Ochse am Sabbat in den Brunnen fällt? Zieht ihr sie nicht sofort heraus?» ⁶Darauf konnten sie nichts antworten.

10 Segnungen und Glücklichsein

Matthäus 5,3–11 «Glücklich sind, die erkennen, wie arm sie vor Gott sind, denn ihnen gehört die neue Welt Gottes. ⁴Glücklich sind die Trauernden, denn sie werden Trost finden. ⁵Glücklich sind die Friedfertigen, denn sie werden die ganze Erde besitzen. ⁶Glücklich sind, die nach Gerechtigkeit hungern und dürsten, denn sie sollen satt werden. ⁷Glücklich sind die Barmherzigen, denn sie werden Barmherzigkeit erfahren. ⁸Glücklich sind, die ein reines Herz haben, denn sie werden Gott sehen. ⁹Glücklich sind, die Frieden stiften, denn Gott wird sie seine Kinder nennen. ¹⁰Glücklich sind, die verfolgt werden, weil sie nach Gottes Willen leben. Denn ihnen gehört Gottes neue Welt. ¹¹Glücklich könnt ihr sein, wenn ihr verachtet, verfolgt und verleumdet werdet, weil ihr mir nachfolgt.»

Matthäus 11,6 «Glücklich ist jeder, der nicht an mir Anstoß nimmt.»

Lukas 10,23–24 Zu seinen Jüngern sagte Jesus dann: «Ihr könnt glücklich sein, dass ihr dies alles seht und erlebt. ²⁴Ich sage euch: Viele Propheten und Könige hätten gern gesehen, was ihr seht, und gehört, was ihr hört. Aber die Zeit war noch nicht da.»

Lukas 14,12–14 Schließlich sagte Jesus zu seinem Gastgeber: «Zu einem Essen solltest du nicht deine Freunde, Geschwister, Verwandten oder die reichen Nachbarn einladen. Sie werden dir danken und dich wieder einladen. Dann hast du deine Belohnung schon gehabt. ¹³Bitte lieber die Armen, Verkrüppelten, Gelähmten und Blinden an deinen Tisch. ¹⁴Dann wirst du glücklich sein, denn du hast Menschen geholfen, die sich dir nicht erkenntlich zeigen können. Gott wird dich dafür belohnen, wenn er die von den Toten auferweckt, die nach seinem Willen gelebt haben.»

Lukas 14,15–24 Als einer von den Gästen das hörte, rief er: «Was für ein Glück muss das sein, in der neuen Welt Gottes zum Fest eingeladen zu werden!» 16Jesus antwortete mit einer Geschichte: «Ein Mann bereitete ein großes Festessen vor, zu dem er viele Gäste einlud. 17Als alles fertig war, schickte er seinen Boten zu den Eingeladenen: ‹Alles ist vorbereitet, kommt!› 18Aber niemand kam. Jeder hatte auf einmal Ausreden. Einer sagte: ‹Ich habe ein Grundstück gekauft, das muss ich unbedingt besichtigen. Bitte entschuldige mich!› 19Ein anderer: ‹Es geht leider nicht. Ich habe mir fünf Gespanne Ochsen angeschafft. Die muss ich jetzt ansehen!› 20Ein dritter entschuldigte sich: ‹Ich habe gerade geheiratet. Du wirst verstehen, dass ich nicht kommen kann.› 21Der Bote kehrte zurück und berichtete alles seinem Herrn. Der wurde sehr zornig: ‹Geh gleich auf die Straßen, auf alle Plätze der Stadt, und hole die Bettler, Verkrüppelten, Gelähmten und Blinden herein!› 22Der Bote kam zurück und berichtete: ‹Es sind viele gekommen, aber noch immer sind Plätze frei!› 23‹Geh auf die Landstraßen›, befahl der Herr, ‹und wer auch immer dir über den Weg läuft, den bring her! Alle sind eingeladen. Mein Haus soll voll werden. 24Aber von denen, die ich zuerst eingeladen habe, wird keiner auch nur einen einzigen Bissen bekommen.›»

11 Wahrheit

Johannes 8,31–32 Zu den Juden, die nun an ihn glaubten, sagte Jesus: «Wenn ihr an meinen Worten festhaltet und das tut, was ich euch gesagt habe, dann gehört ihr wirklich zu mir. 32Ihr werdet die Wahrheit erkennen, und die Wahrheit wird euch befreien!»

Johannes 8,40–41 «Weil ich euch die Wahrheit sage, die ich von Gott gehört habe, wollt ihr mich töten. Das hätte Abraham nie getan. 41Nein, ihr handelt genau wie euer wirklicher Vater.»

Johannes 14,6 Jesus antwortete: «Ich bin der Weg, ich bin die Wahrheit, und ich bin das Leben! Ohne mich kann niemand zum Vater kommen.»

Johannes 17,14–19 «Ich habe ihnen deine [Gottes] Botschaft weitergegeben, und die Welt hasst sie deswegen, weil sie ebenso wie ich nicht zu ihr gehören. 15Ich bitte dich nicht, sie aus der Welt zu nehmen, aber schütze sie vor der Macht des Bösen! 16Sie gehören ebenso wenig zur Welt wie ich. 17Lass ihnen deine Wahrheit leuchten, damit sie in immer engerer Gemeinschaft mit dir leben! Dein Wort ist die Wahrheit! 18Wie du mich in die Welt gesandt hast, so sende ich sie in die Welt. 19Für sie gebe ich mein Leben hin, damit ihr Leben ganz dir gehört.»

Johannes 18,19–24 Drinnen im Palast begann das Verhör. Der Hohepriester Hannas fragte Jesus nach seinen Jüngern und nach seiner Lehre. 20Jesus antwortete: «Was ich gelehrt habe, ist überall bekannt. Denn ich habe in aller Öffentlichkeit gepredigt, in den Synagogen und im Tempel, wo es jeder hören konnte. Niemals habe ich im Geheimen etwas anderes gelehrt. [21]Weshalb fragst du mich also? Frag doch alle, die mich gehört haben! Sie wissen, was ich gesagt habe.» [22]Da schlug ihm einer von den Wächtern, die neben ihm standen, ins Gesicht und rief: «Redet man so mit dem Hohenpriester?» [23]Jesus antwortete ihm: «Wenn ich etwas Böses gesagt habe, dann weise es mir nach! Habe ich aber die Wahrheit gesagt, weshalb schlägst du mich?» [24]Da ließ Hannas Jesus in Fesseln zum Hohenpriester Kaiphas bringen.

Johannes 18,37 Da fragte ihn Pilatus: «Dann bist du also doch ein König?» Jesus antwortete: «Ja, du hast Recht. Ich bin ein König. Und dazu bin ich Mensch geworden und in diese Welt gekommen, um ihr die Wahrheit zu bezeugen. Wer bereit ist, auf die Wahrheit zu hören, der hört auf mich.»

12 Werke im Verborgenen

Matthäus 6,3–6 «Wenn du jemandem hilfst, dann soll deine linke Hand nicht wissen, was die rechte tut; [4]niemand soll davon erfahren. Dein Vater, der auch das Verborgene sieht, wird dich dafür belohnen. [5]Betet nicht wie die Heuchler! Sie beten gern in den Synagogen und an den Straßenecken, um gesehen zu werden. Ich sage euch: Diese Leute haben sich ihren Lohn schon selber ausbezahlt! [6]Wenn du beten willst, geh in dein Zimmer, schließ die Tür hinter dir zu, und bete zu deinem Vater. Und dein Vater, der auch das Verborgene sieht, wird dich dafür belohnen.»

Matthäus 6,17–18 «Wenn du fastest, dann pflege dein Äußeres so, [18]dass keiner etwas von deinem Verzicht merkt – außer deinem Vater im Himmel. Dein Vater, der auch das Verborgene sieht, wird dich belohnen.»

Markus 4,21–23 Dann fragte Jesus die Zuhörer: «Zündet man etwa eine Öllampe an, um sie dann unter einen Eimer oder unters Bett zu stellen? Im Gegenteil! Eine brennende Lampe stellt man so auf, dass sie den ganzen Raum erhellt. [22]Alles, was jetzt noch verborgen ist, wird einmal ans Licht kommen, und was jetzt noch ein Geheimnis ist, wird jeder verstehen. [23]Denkt genau darüber nach, was ich euch gesagt habe, und richtet euch danach!»

Lukas 8,17 «Alles, was jetzt noch verborgen ist, wird einmal ans Licht kommen, und was jetzt noch ein Geheimnis ist, wird jeder verstehen.»

Lukas 11,33 «Niemand zündet eine Öllampe an und versteckt sie dann oder stellt sie unter einen Eimer. Im Gegenteil! Man stellt die Lampe so auf, dass jeder, der hereinkommt, das Licht sieht.»

8

JESUS IM O-TON DARÜBER, WIE MAN GOTT KENNEN LERNT

Was Jesus uns über den Beginn und die Vertiefung unserer Gottesbeziehung gesagt hat

Ich kenne keinen Ehemann, der nicht seine liebe Mühe damit hätte, herauszufinden, was seine Frau sich wünscht und was sie braucht. Ich habe einen Freund und Mentor, der auch Eheberatung macht, er heißt Gary Smalley. Gary hat mir beigebracht, dass es nur eine Möglichkeit gibt, zu wissen, was meine Frau sich gerade wünscht oder was sie in diesem Moment braucht. Es hilft nicht, ein Buch darüber zu lesen oder einen Artikel oder einen Experten zu fragen. Es gibt nur eine Möglichkeit, das herauszufinden: Ich muss sie fragen.

Gary betont auch, dass ein Mann seine Frau nur dann *wirklich* liebt, wenn er sie auf die Weise liebt, wie *sie* geliebt werden möchte.

Beide Wahrheiten treffen auch auf unsere Gottesbeziehung zu. Wenn ich eine enge Beziehung zu Gott haben möchte, muss ich wissen, was *er* in unserer Beziehung haben möchte. Es kommt nicht darauf an, dass ich ihm das gebe, was mir von Natur aus liegt und was mir von selbst einfallen würde; er will noch nicht einmal das, was ich *denke,* dass Gott es sich wirklich wünscht.

Hier zählt nur eines, nämlich das, was Gott will. Zum Glück hat Jesus dafür gesorgt, dass wir darüber keine Vermutungen anstellen müssen. Was er dazu gesagt hat, wie man Gott sucht und wie man ihn kennen lernen kann, zeigt uns genau, was Gott von uns möchte. Hier hinkt der Vergleich; bei Gott braucht man nämlich wirklich keine Vermutungen anzustellen. Jesus hat uns alle notwendigen Informationen und Anweisungen gegeben.

Es braucht ein demütiges und umkehrbereites Herz, um Gott so zu lieben, wie er geliebt sein möchte – und so ein Herz bekommen wir nur, wenn wir dankbar annehmen, was Gott uns in seiner Gnade anbietet. Ein demütiges und umkehrbereites Herz können wir nur deshalb bekommen, weil Gott seinen Sohn für uns hingegeben hat. Durch diese rettende Beziehung zu Jesus Christus treten wir ein in die innige Beziehung zu Gott, die er für jeden von uns bereithält.

In Kapitel 5 haben wir die Worte Jesu betrachtet, die zeigen, wie die Gläubigen ihm folgen, ihn lieben und ihre Liebesbeziehung zu ihm täglich pflegen. In diesem Kapitel hören wir Jesu Aussagen dazu, wie Menschen, die noch keine rettende Gottesbeziehung haben, zu einer solchen kommen. Die Themen reichen von Umkehr und Glauben über Gottesfurcht bis hin zu Anbetung. Aber in diesem Kapitel geht es um noch mehr als nur darum, wie man eine Beziehung zu Gott aufnehmen kann; es zeigt auch, wie Menschen oft von ihm abrücken und welche furchtbaren Folgen das hat.

Sie werden sehen, dass die meisten Menschen *freiwillig* in der Finsternis bleiben. Sie werden die unfassbaren Segnungen entdecken, die denen zuteilwerden, die im Licht Jesu Christi leben wollen. Sie werden sehen, dass Gott zu hassen nicht unbedingt heißt, dass man ihm die Faust unter die Nase hält. Sondern es bedeutet, ihn abzulehnen samt allem, was ihm lieb und wert ist. Sie werden die entsetzlichen Folgen für die Ewigkeit entdecken, wenn man Jesus Christus und seine Frohe Botschaft ablehnt. In diesem Kapitel wirft der Scheinwerfer Jesu sein Licht auf den Weg ins Reich Gottes, aber auch auf den Weg, der Menschen von Gottes Reich *wegführt*. Der Kontrast ist klar, und ganz gleich, welchen Weg Sie wählen: Die Folgen sind ewig und unumkehrbar.

«Evangelium» bedeutet «Gute Nachricht» oder «Frohe Botschaft». Einen sehr wichtigen Teil der Guten Nachricht finden Sie unter den Stichwörtern «Jesus Christus annehmen und aufnehmen», «An Jesus Christus glauben» und «Zu Jesus kommen». Lernen Sie zu verstehen, wie Gott für das Problem Ihrer Sünde Vorsorge getroffen hat und wie Sie zu dem rettenden Glauben an Jesus Christus kommen können.

Unter den Stichwörtern «Jesus Christus ehren und erheben» und «Gott kennen» werden Sie sehen, dass Ihre Liebe zu Gott nicht an Ihren Gefühlen gemessen werden kann, sondern daran, wie Sie auf die Worte und Gebote Jesu Christi reagieren und auf Gottes Willensbekundungen, die sich in den Worten Jesu zeigen.

Das sind wirklich erfreuliche Informationen, denn nun braucht keiner mehr herumzurätseln, was Gott denn wohl wollen könnte. Meine Liebe zu ihm ist nicht davon abhängig, dass ich Liebesgefühle zustande bringe. In Matthäus 7 und in Johannes 14 hat Jesus Christus deutlich gemacht, dass ich meine Liebe zu Gott durch das zeige, was ich tue, und *nicht* durch das, was ich fühle.

Wenn Sie sich die Worte Jesu über Glauben aneignen, werden Sie sehen, dass zum Glauben immer auch gehört, entsprechend zu handeln und so seinen Glauben sichtbar werden zu lassen. Das kann etwas so Verborgenes sein wie das Ändern einer Einstellung oder etwas so Augenfälliges wie eine handgreifliche Tat. Entdecken Sie auch, dass wahrer Glaube sich immer auf die Worte Gottes gründet. Wenn Ihr Glaube auf irgendetwas anderem ruht außer auf Gottes Wort, wird er weder fest gegründet noch stark und sicher sein.

Wenn Sie schon an Jesus Christus glauben, werden Sie beim Lesen Ihre ungläubigen Freunde besser zu verstehen lernen, nämlich wie sie verdrahtet sind und in welchem Zustand sie sich befinden. Noch wichtiger: Sie entdecken, wie Sie ihnen den Kern des Evangeliums erklären können. Möge Gott mit seiner Gnade und seinem Segen nachhelfen, wenn Sie jetzt seine Worte aufnehmen.

1 Anbetung

Johannes 4,22–24 «Ihr wisst ja nicht einmal, wen ihr anbetet. Wir aber wissen, zu wem wir beten. Denn das Heil der Welt kommt von den Juden. [23]Doch es kommt die Zeit – ja, sie ist schon da –, in der die Menschen den Vater überall anbeten werden, weil sie von seinem Geist und seiner Wahrheit erfüllt sind. Von diesen Menschen will der Vater angebetet werden. [24]Denn Gott ist Geist. Und wer Gott anbeten will, muss von seinem Geist erfüllt sein und in seiner Wahrheit leben.»

Matthäus 26,6–13 Jesus war in Betanien Gast bei Simon, der früher einmal aussätzig gewesen war. [7]Während der Mahlzeit kam eine Frau herein. In ihren Händen hielt sie ein Fläschchen kostbares Öl, mit dem sie seinen Kopf salbte. [8]Als die Jünger das sahen, regten sie sich auf: «Das ist ja die reinste Verschwendung! [9]Dieses Öl ist ein Vermögen wert! Man hätte es verkaufen und das Geld den Armen geben sollen.» [10]Als Jesus ihren Ärger bemerkte, sagte er: «Warum kränkt ihr die Frau? Sie hat etwas Gutes für mich getan. [11]Arme, die eure Hilfe nötig haben, wird es immer geben, ich dagegen bin nicht mehr lange bei euch. [12]Mit diesem Salböl hat sie meinen Körper für mein Begräbnis vorbereitet. [13]Und ich sage euch: Überall in der Welt, wo Gottes rettende Botschaft verkündet wird, wird man auch von dieser Frau sprechen und von dem, was sie getan hat.» (Siehe auch Johannes 12,1–8.)

Markus 14,3–9 Jesus war in Betanien Gast bei Simon, der früher einmal aussätzig gewesen war. Während der Mahlzeit kam eine Frau herein. In ihren Händen hielt sie ein Fläschchen mit reinem, kostbarem Nardenöl. Sie zerbrach das Gefäß und salbte mit dem Öl den Kopf Jesu. [4]Darüber regten sich einige Gäste auf: «Das ist ja die reinste Verschwendung! [5]Dieses Öl ist mindestens 300 Silberstücke wert. Das Geld hätte man lieber den Armen geben sollen!» So machten sie der Frau Vorwürfe. [6]Aber Jesus sagte: «Lasst sie in Ruhe! Warum kränkt ihr sie? Sie hat etwas Gutes für mich getan. [7]Arme, die eure Hilfe nötig haben, wird es immer geben. Ihnen könnt ihr jederzeit helfen. Ich dagegen bin nicht mehr lange bei euch. [8]Diese Frau hat getan, was sie konnte. Mit diesem Salböl hat sie meinen Körper für mein Begräbnis vorbereitet. [9]Und ich sage euch: Überall in der Welt, wo Gottes rettende Botschaft verkündet wird, da wird man auch von dieser Frau sprechen und von dem, was sie getan hat!»

Lukas 4,8 Wieder wehrte Jesus ab: «Nein! Denn es steht in der Heiligen Schrift: ‹Bete allein Gott, deinen Herrn, an und diene nur ihm!›» (Siehe auch Matthäus 4,10.)

2 Das Evangelium ablehnen

Matthäus 10,11–15 «Wenn ihr in eine Stadt oder in ein Dorf kommt, dann sucht jemanden, der würdig ist, euch aufzunehmen. Dort bleibt, bis ihr weiterzieht. [12]Wenn ihr in ein Haus eintretet, dann sagt: ‹Friede sei mit euch!› [13]Wenn seine Bewohner euch und eure Botschaft annehmen, so wird der Friede, den ihr bringt, in diesem Haus bleiben. Tun sie dies nicht, so wird der Friede nicht bei ihnen sein. [14]Wenn ihr in einer Stadt oder in einem Haus nicht willkommen seid und man eure Botschaft nicht hören will, so geht fort und schüttelt den Staub von euren Füßen als Zeichen dafür, dass ihr die Stadt dem Urteil Gottes überlasst. ¹⁵Ich sage euch: Den Einwohnern von Sodom und Gomorra wird es am Tag des Gerichts besser ergehen als den Menschen einer solchen Stadt.»

Matthäus 10,32–33 «Wer sich vor den Menschen zu mir bekennt, zu dem werde ich mich auch vor meinem Vater im Himmel bekennen. ³³Wer aber vor den Menschen nicht zu mir steht, zu dem werde ich auch vor meinem Vater im Himmel nicht stehen.»

Matthäus 11,20–24 Dann drohte Jesus den Städten, in denen er die meisten Wunder getan hatte und die trotzdem nicht zu Gott umgekehrt waren: ²¹«Weh euch, ihr Einwohner von Chorazin und Betsaida! Wenn die Wunder, die ich bei euch getan habe, in den nichtjüdischen Städten Tyrus oder Sidon geschehen wären, ihre Einwohner hätten längst Trauerkleider angezogen, sich Asche auf den Kopf gestreut und wären zu Gott umgekehrt! ²²Das kann ich euch versichern: Am Tag des Gerichts wird es Tyrus und Sidon besser ergehen als euch! ²³Und du, Kapernaum, wirst du etwa zum Himmel erhoben werden? Nein, zur Hölle wirst du fahren! Wenn die Taten, die du erlebt hast, in Sodom geschehen wären, die Stadt würde noch heute stehen. ²⁴Darauf kannst du dich verlassen: Es wird Sodom am Gerichtstag besser ergehen als dir!»

Markus 6,8–11 Dann befahl er ihnen [den Jüngern]: «Nehmt nichts mit außer einem Wanderstab! Ihr sollt kein Essen, keine Tasche und kein Geld bei euch haben. ⁹Nur Schuhe dürft ihr tragen, aber kein zweites Hemd mitnehmen. ¹⁰Wenn ihr in ein Haus kommt, dann bleibt dort, bis ihr weiterzieht. ¹¹Seid ihr aber in einer Stadt nicht willkommen, und will man eure Botschaft nicht hören, so geht fort und schüttelt den Staub von euren Füßen als Zeichen dafür, dass ihr die Stadt dem Urteil Gottes überlasst!» (Siehe auch Lukas 9,1–5.)

Lukas 12,8–9 «Das sage ich euch: Wer sich vor den Menschen zu mir bekennt, zu dem wird sich auch der Menschensohn vor den Engeln bekennen. ⁹Wer aber vor den Menschen nicht zu mir steht, zu dem wird auch der Menschensohn vor den Engeln Gottes nicht stehen.»

Lukas 14,15–24 Als einer von den Gästen das hörte, rief er: «Was für ein Glück muss das sein, in der neuen Welt Gottes zum Fest eingeladen zu werden!» ¹⁶Jesus antwortete mit einer Geschichte: «Ein Mann bereitete ein großes Festessen vor, zu dem er viele Gäste einlud. ¹⁷Als alles fertig war, schickte er seinen Boten zu den Eingeladenen: ‹Alles ist vorbereitet, kommt!› ¹⁸Aber niemand kam. Jeder hatte auf einmal Ausreden. Einer sagte: ‹Ich habe ein Grundstück gekauft, das muss ich unbedingt besichtigen. Bitte entschuldige mich!› ¹⁹Ein anderer: ‹Es geht leider nicht. Ich habe mir fünf Gespanne Ochsen angeschafft. Die muss ich jetzt ansehen!› ²⁰Ein dritter entschuldigte sich: ‹Ich habe gerade geheiratet. Du wirst verstehen, dass ich nicht kommen kann.› ²¹Der Bote kehrte zurück und berichtete alles seinem Herrn. Der wurde sehr zornig: ‹Geh gleich auf die Straßen, auf alle Plätze der Stadt, und hole die Bettler, Verkrüppelten, Gelähmten und Blinden herein!› ²²Der Bote kam zurück und berichtete: ‹Es sind viele gekommen, aber noch immer sind Plätze frei!›

²³‹Geh auf die Landstraßen›, befahl der Herr, ‹und wer auch immer dir über den Weg läuft, den bring her! Alle sind eingeladen. Mein Haus soll voll werden. ²⁴Aber von denen, die ich zuerst eingeladen habe, wird keiner auch nur einen einzigen Bissen bekommen.›»

Lukas 16,19–31 «Da lebte einmal ein reicher Mann», erzählte Jesus. «Er war immer sehr vornehm gekleidet und konnte sich Tag für Tag jeden Luxus leisten. ²⁰Vor dem Portal seines Hauses aber lag Lazarus, bettelarm und schwer krank. Sein Körper war über und über mit Geschwüren bedeckt. ²¹Während er dort um die Abfälle aus der Küche bettelte, kamen die Hunde und beleckten seine offenen Wunden. ²²Lazarus starb, und die Engel brachten ihn in den Himmel; dort durfte er den Ehrenplatz an Abrahams Seite einnehmen. Auch der reiche Mann starb und wurde begraben. ²³Als er im Totenreich unter Qualen erwachte, blickte er auf und erkannte in weiter Ferne Abraham, der Lazarus bei sich hatte. ²⁴‹Vater Abraham›, rief der Reiche laut, ‹hab Mitleid mit mir! Schick mir doch Lazarus! Er soll seine Fingerspitze ins Wasser tauchen und damit meine Zunge kühlen. Ich leide in diesen Flammen furchtbare Qualen!› ²⁵Aber Abraham erwiderte: ‹Mein Sohn, erinnere dich! Du hast in deinem Leben alles gehabt, Lazarus hatte nichts. Jetzt geht es ihm gut, und du musst leiden. ²⁶Außerdem liegt zwischen uns ein tiefer Abgrund. Niemand kann von der einen Seite zur anderen kommen, selbst wenn er es wollte.› ²⁷‹Vater Abraham›, bat jetzt der Reiche, ‹dann schick Lazarus doch wenigstens in das Haus meines Vaters ²⁸zu meinen fünf Brüdern. Er soll sie

warnen, damit sie nach ihrem Tod nicht auch an diesen qualvollen Ort kommen.› ²⁹Aber Abraham entgegnete: ‹Deine Brüder sollen auf das hören, was sie bei Mose und den Propheten lesen können.› ³⁰Der Reiche widersprach: ‹Nein, Vater Abraham, erst wenn einer von den Toten zu ihnen käme, würden sie ihr Leben ändern.› ³¹Doch Abraham blieb dabei: ‹Wenn sie nicht auf Mose und die Propheten hören, werden sie sich auch nicht überzeugen lassen, wenn einer von den Toten aufersteht.›»

3 Das Evangelium aufnehmen

Matthäus 10,40–42 «Wer euch aufnimmt, der nimmt mich auf, und wer mich aufnimmt, der nimmt Gott auf, der mich gesandt hat. ⁴¹Wer einen Propheten aufnimmt, weil Gott diesen beauftragt hat, der wird auch wie ein Prophet belohnt werden. Und wer einen Menschen aufnimmt, weil dieser nach Gottes Willen lebt, wird denselben Lohn wie dieser empfangen. ⁴²Wer einen meiner unbedeutendsten Jünger auch nur mit einem Schluck kaltem Wasser erfrischt, weil dieser zu mir gehört, der wird seinen Lohn erhalten. Darauf könnt ihr euch verlassen!»

Markus 6,8–11 Dann befahl er ihnen [den Jüngern]: «Nehmt nichts mit außer einem Wanderstab! Ihr sollt kein Essen, keine Tasche und kein Geld bei euch haben. ⁹Nur Schuhe dürft ihr tragen, aber kein zweites Hemd mitnehmen. ¹⁰Wenn ihr in ein Haus kommt, dann bleibt dort, bis ihr weiterzieht. ¹¹Seid ihr aber in einer Stadt nicht willkommen, und will man eure Botschaft nicht hören, so geht fort und schüttelt den Staub von euren Füßen als Zeichen dafür, dass ihr die Stadt dem Urteil Gottes überlasst!» (Siehe auch Matthäus 10,9–15 und Lukas 9,1–5.)

4 Früchte, gute und schlechte

Johannes 4,31–38 Inzwischen hatten ihm seine Jünger zugeredet: «Meister, iss doch etwas!» [32]Aber er sagte zu ihnen: «Ich habe eine Speise, von der ihr nichts wisst.» [33]«Hat ihm wohl jemand etwas zu essen gebracht?», fragten sich die Jünger untereinander. [34]Aber Jesus erklärte ihnen: «Ich lebe davon, dass ich Gottes Willen erfülle und sein Werk zu Ende führe. Dazu hat er mich in diese Welt gesandt. [35]Habt ihr nicht selbst gesagt: ‹In vier Monaten beginnt die Ernte›? Macht doch eure Augen auf und seht euch um! Das Getreide ist schon reif für die Ernte. [36]Wer sie einbringt, bekommt schon jetzt seinen Lohn und sammelt Frucht für das ewige Leben. Beide sollen sich über die Ernte freuen: wer gesät hat und wer die Ernte einbringt. [37]Hier trifft das Sprichwort zu: ‹Einer sät, der andere erntet.› [38]Ich habe euch auf ein Feld geschickt, das ihr nicht bestellt habt, damit ihr dort ernten sollt. Andere haben sich vor euch abgemüht, und ihr erntet die Früchte ihrer Arbeit.»

Johannes 15,1–8 «Ich bin der wahre Weinstock, und mein Vater ist der Weingärtner. [2]Alle Reben am Weinstock, die keine Trauben tragen, schneidet er ab. Aber die Frucht tragenden Reben beschneidet er sorgfältig, damit sie noch mehr Frucht bringen. [3]Ihr seid schon gute Reben, weil ihr meine Botschaft gehört habt. [4]Bleibt fest mit mir verbunden, und ich werde ebenso mit euch verbunden bleiben! Denn so wie eine Rebe nur am Weinstock Früchte tragen kann, so werdet auch ihr nur Frucht bringen, wenn ihr mit mir verbunden bleibt. [5]Ich bin der Weinstock, und ihr seid die Reben. Wer bei mir bleibt, so wie ich bei ihm bleibe, der trägt viel Frucht. Denn ohne mich könnt ihr nichts ausrichten. [6]Wer ohne mich lebt, wird wie eine unfruchtbare Rebe abgeschnitten und weggeworfen. Die verdorrten Reben werden gesammelt, ins Feuer geworfen und verbrannt. [7]Wenn ihr aber fest mit mir verbunden bleibt und euch meine Worte zu Herzen nehmt, dürft ihr von Gott erbitten, was ihr wollt; ihr werdet es erhalten. [8]Wenn ihr viel Frucht bringt und euch so als meine Jünger erweist, wird die Herrlichkeit meines Vaters sichtbar.»

Johannes 15,16–17 «Nicht ihr habt mich erwählt, sondern ich euch, damit ihr euch auf den Weg macht und Frucht bringt, die bleibt. Dann wird euch der Vater alles geben, worum ihr ihn in meinem Namen bittet. [17]Ich sage euch noch einmal: Liebt einander!»

Matthäus 7,15–20 «Nehmt euch in Acht vor denen, die in Gottes Namen auftreten und falsche Lehren verbreiten! Sie tarnen sich als sanfte Schafe, aber in Wirklichkeit sind sie reißende Wölfe. [16]Wie man einen Baum an seiner Frucht erkennt, so erkennt man sie an dem, was sie tun. Weintrauben kann man nicht von Dornbüschen und Feigen nicht von Disteln ernten. [17]Ein guter Baum bringt gute Früchte und ein kranker Baum schlechte. [18]Ein guter Baum wird keine schlechten Früchte tragen und ein kranker Baum keine guten. [19]Jeder Baum, der keine guten Früchte bringt, wird umgehauen und verbrannt.

²⁰Ebenso werdet ihr die falschen Propheten an ihren Taten erkennen.»

Matthäus 12,33–37 «Wie der Baum, so die Frucht! Ein guter Baum trägt gute Früchte, ein schlechter Baum trägt schlechte Früchte. ³⁴Ihr Schlangenbrut! Wie könnt ihr durch und durch bösen Leute überhaupt etwas Gutes reden? Wovon das Herz erfüllt ist, das spricht der Mund aus! ³⁵Wenn ein guter Mensch spricht, zeigt sich, was an Gutem in ihm ist. Ein Mensch mit einem bösen Herzen ist innerlich voller Gift, und alle merken es, wenn er redet. ³⁶Ich sage euch das, weil ihr am Gerichtstag Rechenschaft ablegen müsst über jedes unnütze Wort, das ihr geredet habt. ³⁷Eure Worte sind der Maßstab, nach dem ihr freigesprochen oder verurteilt werdet.»

Matthäus 13,23 «Aber es gibt auch fruchtbaren Boden: den Menschen, der Gottes Botschaft hört und versteht, so dass er Frucht bringt, dreißig-, sechzig- oder hundertfach.»

Markus 4,20 «Aber es gibt auch fruchtbaren Boden: Menschen, die Gottes Botschaft hören und annehmen, so dass sie Frucht bringen, dreißig-, sechzig- oder hundertfach.»

Lukas 6,43–45 «Ein guter Baum trägt keine schlechten Früchte und ein kranker Baum keine guten. ⁴⁴So erkennt man jeden Baum an seinen Früchten. Von Dornbüschen kann man keine Feigen ernten und von Gestrüpp keine Weintrauben. ⁴⁵Wenn ein guter Mensch spricht, zeigt sich, was an Gutem in seinem Herzen ist. Ein Mensch mit einem bösen Herzen ist innerlich voller Gift, und alle merken es, wenn er redet. Denn wovon das Herz erfüllt ist, das spricht der Mund aus!»

Lukas 8,15 «Aber es gibt auch fruchtbaren Boden: den Menschen, der Gottes Botschaft bereitwillig und aufrichtig annimmt. Er bewahrt sie im Herzen und lässt sich durch nichts beirren, bis sein Glaube schließlich reiche Frucht bringt.»

5 Geschäfte machen mit dem Glauben

Johannes 2,14–16 Dort sah er im Tempel viele Händler, die Ochsen, Schafe und Tauben als Opfertiere verkauften. Auch Geldwechsler saßen hinter ihren Tischen. ¹⁵Jesus knüpfte aus Stricken eine Peitsche und jagte die Händler mit all ihren Schafen und Ochsen aus dem Tempel. Er schleuderte das Geld der Wechsler auf den Boden und warf ihre Tische um. ¹⁶Den Taubenhändlern befahl er: «Schafft das alles hinaus! Das Haus meines Vaters ist doch keine Markthalle!»

Markus 11,15–17 Sie kamen nach Jerusalem, und Jesus ging in den Tempel. Dort jagte er alle Händler und Käufer hinaus; die Tische der Geldwechsler und die Stände der Taubenhändler stieß er um. ¹⁶Er duldete noch nicht einmal, dass jemand irgendetwas durch den Tempelvorhof trug. ¹⁷«Ihr wisst doch, was Gott in der Heiligen Schrift sagt», rief Jesus der Menschenmenge zu: «‹Mein Haus soll für alle Völker ein Ort des Gebets sein›, ihr aber habt eine Räuberhöhle daraus gemacht.» (Siehe auch Matthäus 21,12–13 und Lukas 19,45–46.)

6 Gott kennen

Johannes 8,19 «Wo ist denn dein Vater?», fragten sie daraufhin. Jesus antwortete: «Ihr wisst ja nicht einmal, wer *ich* bin; deshalb kennt ihr meinen Vater erst recht nicht. Wenn ihr mich kennen würdet, wüsstet ihr auch, wer mein Vater ist.»

Johannes 8,54–55 Jesus entgegnete: «Würde ich mich selbst loben, könntet ihr mir zu Recht misstrauen. Aber mich ehrt mein Vater. Ihr nennt ihn zwar euren Gott. 55Doch ihr kennt ihn überhaupt nicht. Ich kenne ihn. Wenn ich sagen würde, ich kenne ihn nicht, dann wäre ich ein Lügner wie ihr. Doch ich kenne ihn und erfülle seinen Auftrag.»

Johannes 14,6–11 Jesus antwortete: «Ich bin der Weg, ich bin die Wahrheit, und ich bin das Leben! Ohne mich kann niemand zum Vater kommen. 7Kennt ihr mich, dann kennt ihr auch meinen Vater. Von jetzt an kennt ihr ihn; ja, ihr habt ihn schon gesehen!» 8Da bat Philippus: «Herr, zeig uns den Vater, dann sind wir zufrieden!» 9Jesus entgegnete ihm: «Ich bin nun schon so lange bei euch, und du kennst mich noch immer nicht, Philippus? Wer mich gesehen hat, der hat auch den Vater gesehen. Wie also kannst du bitten: ‹Zeig uns den Vater›? 10Glaubst du nicht, dass ich im Vater bin und der Vater in mir ist? Was ich euch sage, habe ich mir nicht selbst ausgedacht. Mein Vater, der in mir lebt, handelt durch mich. 11Glaubt mir doch, dass der Vater und ich eins sind. Und wenn ihr schon meinen Worten nicht glaubt, dann glaubt doch wenigstens meinen Taten!»

Johannes 14,23–24 «Wer mich liebt, richtet sich nach dem, was ich ihm gesagt habe. Auch mein Vater wird ihn lieben, und wir beide werden zu ihm kommen und immer bei ihm bleiben. 24Wer mich aber nicht liebt, der lebt auch nicht nach dem, was ich sage. Meine Worte kommen nicht von mir, sondern von meinem Vater, der mich gesandt hat.»

Johannes 17,3 «Und das allein ist ewiges Leben: dich, den einen wahren Gott, zu erkennen, und Jesus Christus, den du gesandt hast.»

Johannes 17,25–26 «Guter und treuer Vater! Wenn die Welt dich auch nicht kennt, ich kenne dich, und diese hier haben erkannt, dass du mich gesandt hast. 26Ich habe ihnen gezeigt, wer du bist. Das werde ich auch weiter tun, damit deine Liebe zu mir auch sie erfüllt, ja, damit ich selbst in ihnen lebe.»

Matthäus 11,27 «Mein Vater hat mir alle Macht gegeben. Nur der Vater kennt den Sohn. Und nur der Sohn kennt den Vater und jeder, dem der Sohn ihn zeigt.»

7 Gottesfurcht

Matthäus 10,27–31 «Was ich euch im Dunkeln sage, das gebt am helllichten Tag weiter! Was ich euch ins Ohr flüstere, das ruft vor aller Welt laut hinaus! 28Habt keine Angst vor den Menschen, die zwar den Körper, aber nicht die Seele töten können! Fürchtet vielmehr Gott, der Leib und Seele in der Hölle vernichten kann. 29Welchen Wert hat schon ein Spatz auf dem Dach? Man kann zwei von ihnen für einen Spottpreis kaufen! Trotzdem fällt keiner tot zur Erde, wenn es euer Vater nicht will. 30Bei euch sind sogar die Haare auf dem Kopf alle gezählt. 31Darum habt keine Angst! Ihr seid Gott mehr wert als ein ganzer Spatzenschwarm.»

Matthäus 17,1–8 Sechs Tage später ging Jesus mit Petrus, Jakobus und dessen Bruder Johannes auf einen hohen Berg. Sie waren dort ganz allein. [2]Da wurde Jesus vor ihren Augen verwandelt: Sein Gesicht leuchtete wie die Sonne, und seine Kleider strahlten hell. [3]Dann erschienen Mose und Elia und redeten mit Jesus. [4]Petrus rief: «Herr, hier gefällt es uns! Wenn du willst, werden wir drei Hütten bauen, für dich, für Mose und für Elia.» [5]Noch während er so redete, hüllte sie eine leuchtende Wolke ein, und aus der Wolke hörten sie eine Stimme: «Das ist mein geliebter Sohn, an dem ich meine Freude habe. Auf ihn sollt ihr hören.» [6]Bei diesen Worten fielen die Jünger erschrocken zu Boden. [7]Aber Jesus kam zu ihnen, berührte sie und sagte: «Steht auf! Fürchtet euch nicht!» [8]Und als sie aufsahen, waren sie mit Jesus allein.

Lukas 12,4–7 «Meine Freunde! Habt keine Angst vor den Menschen, die euch zwar töten können, aber nicht mehr. [5]Fürchtet vielmehr Gott, denn er kann euch töten und in die Hölle werfen. Ja, fürchtet ihn allein! [6]Welchen Wert hat schon ein Spatz auf dem Dach? Man kann fünf von ihnen für einen Spottpreis kaufen. Und doch vergisst Gott keinen einzigen von ihnen. [7]Bei euch sind sogar die Haare auf dem Kopf alle gezählt. Darum habt keine Angst! Ihr seid Gott mehr wert als ein ganzer Spatzenschwarm!»

8 Hass gegenüber Gott

Johannes 3,19–20 «Und so vollzieht sich das Urteil: Das Licht ist in die Welt gekommen, aber die Menschen lieben die Finsternis mehr als das Licht. Denn alles, was sie tun, ist böse. [20]Wer Böses tut, scheut das Licht und bleibt lieber im Dunkeln, damit niemand seine Taten sehen kann.»

Johannes 5,22–23 «Denn nicht der Vater spricht das Urteil über die Menschen, er hat das Richteramt vielmehr dem Sohn übertragen. [23]damit alle den Sohn ehren, genauso wie den Vater. Wer aber den Sohn nicht als Herrn anerkennen will, der verachtet auch die Herrschaft des Vaters, der ja den Sohn gesandt hat.»

Johannes 7,6–8 Jesus antwortete ihnen: «Jetzt kann ich noch nicht dorthin gehen, weil meine Zeit noch nicht gekommen ist. Ihr könnt gehen und tun, was ihr wollt. [7]Denn die Welt hat ja keinen Grund, euch zu hassen. Aber mich hasst sie, weil ich ihr böses Tun beim Namen nenne. [8]Geht ihr nur zum Fest! Ich komme nicht mit. Denn die Zeit zum Handeln ist für mich noch nicht da.»

Johannes 15,18 «Wenn die Menschen euch hassen, dann vergesst nicht, dass man mich schon vor euch gehasst hat.»

Johannes 15,23–25 «Denn wer mich hasst, der hasst auch meinen Vater. [24]Wenn ich nicht vor aller Augen Gottes Wunder vollbracht hätte, die kein anderer tun kann, wären sie ohne Schuld. Aber nun haben sie alles miterlebt, und trotzdem hassen sie mich und auch meinen Vater. [25]Dies geschieht, damit sich die Voraussage der Heiligen Schrift erfüllt: ‹Sie hassen mich ohne jeden Grund!›»

9 Jesus Christus ablehnen

Johannes 3,18–19 «Wer an ihn [Jesus Christus] glaubt, der wird nicht verurteilt werden. Wer aber nicht an den einzigen Sohn Gottes glaubt, über den ist wegen seines Unglaubens das Urteil schon gesprochen. ¹⁹Und so vollzieht sich das Urteil: Das Licht ist in die Welt gekommen, aber die Menschen lieben die Finsternis mehr als das Licht. Denn alles, was sie tun, ist böse.»

Johannes 5,39–40 «Ihr lest die Heilige Schrift gründlich, um ewiges Leben zu finden. Und tatsächlich weist sie auf mich hin. ⁴⁰Dennoch wollt ihr nicht zu mir kommen, um ewiges Leben zu haben.»

Johannes 5,43 «Mein Vater hat mich zu euch geschickt, doch ihr lehnt mich ab. Wenn aber jemand in eigenem Auftrag zu euch kommt, den werdet ihr aufnehmen.»

Johannes 12,48–49 «Wer mich ablehnt und nicht nach meiner Botschaft lebt, der hat schon seinen Richter gefunden. Was ich verkündet habe, wird ihn am Tag des Gerichts verurteilen. ⁴⁹Denn ich habe nicht eigenmächtig zu euch geredet. Der Vater hat mich gesandt und mir gesagt, was ich reden und verkünden soll.»

Matthäus 11,16–19 «Wie soll ich die Menschen von heute beschreiben? Sie sind wie spielende Kinder auf der Straße, die ihren Freunden zurufen: ¹⁷‹Wir haben Hochzeitslieder gespielt, und ihr habt nicht getanzt. Dann haben wir Klagelieder gesungen, und ihr habt nicht geweint.› ¹⁸Johannes fastete oft und trank keinen Wein. Da habt ihr gesagt: ‹Der ist ja von einem bösen Geist besessen!› ¹⁹Nun ist der Menschensohn gekommen, isst und trinkt wie jeder andere, und ihr beschimpft ihn: ‹Er frisst und säuft, und seine Freunde sind die Zolleinnehmer und anderes Gesindel!› Doch wie Recht die Weisheit Gottes hat, erweist sich in dem, was sie bewirkt.»

Matthäus 13,54–57 [Jesus] kehrte in seinen Heimatort Nazareth zurück und sprach dort in der Synagoge. Alle staunten über ihn und fragten: «Woher hat er diese Weisheit und die Macht, Wunder zu tun? ⁵⁵Er ist doch der Sohn eines Zimmermanns, und wir kennen Maria, seine Mutter, und seine Brüder Jakobus, Josef, Simon und Judas. ⁵⁶Und auch seine Schwestern leben alle unter uns. Woher hat er das alles nur?» ⁵⁷Sie ärgerten sich über ihn. Da sagte Jesus: «Nirgendwo gilt ein Prophet weniger als in seiner Heimat und in seiner eigenen Familie.»

Matthäus 21,33–40 «Hört ein anderes Gleichnis: Ein Grundbesitzer legte einen Weinberg an, zäunte ihn ein, stellte eine Weinpresse auf und baute einen Wachturm. Dann verpachtete er den Weinberg an einige Weinbauern und reiste ins Ausland. ³⁴Als die Zeit der Weinlese kam, beauftragte er seine Knechte, den vereinbarten Anteil an der Ernte abzuholen. ³⁵Die Weinbauern aber schlugen den einen nieder, töteten den anderen und steinigten den dritten. ³⁶Da beauftragte der Grundbesitzer andere Knechte, eine noch größere Anzahl. Aber ihnen erging es nicht besser. ³⁷Schließlich sandte er seinen Sohn, weil er sich sagte: Vor meinem Sohn werden sie Achtung haben! ³⁸Als die Weinbauern aber den Sohn kommen sahen, sagten sie zueinander: ‹Jetzt kommt der Erbe! Den bringen wir um, und dann gehört der Weinberg endgültig uns.› ³⁹Sie jagten ihn aus dem Weinberg und schlugen ihn tot. ⁴⁰Was – meint ihr – wird der Besitzer mit diesen Weinbauern machen, wenn er zurückkehrt?»

Matthäus 21,42–44 «Richtig», sagte Jesus; «ihr wisst doch, was in der Heiligen Schrift steht: ‹Der Stein, den die Bauarbeiter weggeworfen haben, weil sie ihn für unbrauchbar hielten, ist nun zum Grundstein des ganzen Hauses geworden. Was keiner für möglich gehalten hat, das tut der Herr vor unseren Augen.› ⁴³Deshalb sage ich euch: Die neue Welt Gottes wird euch weggenommen und einem Volk gegeben werden, das Gott gehorcht. ⁴⁴Ja, wer auf diesen Stein fällt, wird sich zu Tode stürzen, und auf wen der Stein fällt, der wird zermalmt.»

Markus 12,1–11 Wenn Jesus zu den Menschen redete, gebrauchte er oft Gleichnisse. So erzählte er: «Ein Mann legte einen Weinberg an, zäunte ihn ein, stellte eine Weinpresse auf und baute einen Wachturm. Dann verpachtete er den Weinberg an einige Weinbauern und reiste ins Ausland. ²Zur Zeit der Weinlese beauftragte er einen Knecht, den vereinbarten Anteil an der Ernte abzuholen. ³Aber die Weinbauern schlugen den Knecht nieder und jagten ihn mit leeren Händen davon. ⁴Da schickte der Besitzer einen zweiten Boten. Auch den beschimpften sie und schlugen ihm den Kopf blutig. ⁵Den dritten Boten des Weinbergbesitzers brachten sie um. Immer wieder versuchte der Besitzer, zu seinem Ernteanteil zu kommen. Doch alle, die in seinem Auftrag kamen, wurden verprügelt oder sogar getötet. ⁶Nun blieb nur noch einer übrig: sein einziger Sohn, den er sehr liebte. Ihn schickte er zuletzt. ‹Vor meinem Sohn werden sie Achtung haben›, sagte er sich. ⁷Aber die Weinbauern waren sich einig: ‹Jetzt kommt der Erbe! Den bringen wir um, und dann gehört der Weinberg endgültig uns.› ⁸Sie ergriffen ihn, schlugen ihn tot und warfen ihn vor den Weinberg. ⁹Was – meint ihr – wird der Besitzer des Weinbergs jetzt wohl tun? Er wird selbst kommen, die Weinbauern töten und seinen Weinberg an andere verpachten. ¹⁰Habt ihr nicht in der Heiligen Schrift gelesen: ‹Der Stein, den die Bauarbeiter weggeworfen haben, weil sie ihn für unbrauchbar hielten, ist nun zum Grundstein des ganzen Hauses geworden. ¹¹Was keiner für möglich gehalten hat, das tut der Herr vor unseren Augen.›?»

Lukas 10,13–16 «Weh euch, ihr Einwohner von Chorazin und Betsaida! Wenn die Wunder, die ich bei euch getan habe, in den nichtjüdischen Städten Tyrus und Sidon geschehen wären, ihre Einwohner hätten längst Trauerkleider angezogen, sich Asche auf den Kopf gestreut und wären zu Gott umgekehrt. ¹⁴Am Tag des Gerichts wird es Tyrus und Sidon besser ergehen als euch. ¹⁵Und du, Kapernaum, wirst du etwa zum Himmel erhoben werden? Nein, zur Hölle wirst du fahren! ¹⁶Wer auf euch hört, der hört auf mich. Und wer euch ablehnt, der lehnt mich ab. Aber wer mich ablehnt, der lehnt damit auch Gott ab, der mich gesandt hat.»

Lukas 14,15–24 Als einer von den Gästen das hörte, rief er: «Was für ein Glück muss das sein, in der neuen Welt Gottes zum Fest eingeladen zu werden!» Jesus antwortete mit einer Geschichte: «Ein Mann bereitete ein großes Festessen vor, zu dem er viele Gäste einlud. ¹⁷Als alles fertig war, schickte er seinen Boten zu den Eingeladenen: ‹Alles ist vorbereitet, kommt!› ¹⁸Aber niemand kam. Jeder hatte auf einmal Ausreden. Einer sagte: ‹Ich habe ein Grundstück gekauft, das muss ich unbedingt besichtigen. Bitte entschuldige mich!› ¹⁹Ein anderer: ‹Es geht leider nicht.

Ich habe mir fünf Gespanne Ochsen angeschafft. Die muss ich jetzt ansehen!› ²⁰Ein dritter entschuldigte sich: ‹Ich habe gerade geheiratet. Du wirst verstehen, dass ich nicht kommen kann.› ²¹Der Bote kehrte zurück und berichtete alles seinem Herrn. Der wurde sehr zornig: ‹Geh gleich auf die Straßen, auf alle Plätze der Stadt, und hole die Bettler, Verkrüppelten, Gelähmten und Blinden herein!› ²²Der Bote kam zurück und berichtete: ‹Es sind viele gekommen, aber noch immer sind Plätze frei!› ²³‹Geh auf die Landstraßen›, befahl der Herr, ‹und wer auch immer dir über den Weg läuft, den bring her! Alle sind eingeladen. Mein Haus soll voll werden. ²⁴Aber von denen, die ich zuerst eingeladen habe, wird keiner auch nur einen einzigen Bissen bekommen.›»

Lukas 17,25 «Aber vorher muss der Menschensohn noch viel leiden und es erdulden, dass ihn die Menschen dieser Zeit von sich stoßen.»

10 Jesus Christus annehmen und aufnehmen

Johannes 12,48–49 «Wer mich ablehnt und nicht nach meiner Botschaft lebt, der hat schon seinen Richter gefunden. Was ich verkündet habe, wird ihn am Tag des Gerichts verurteilen. ⁴⁹Denn ich habe nicht eigenmächtig zu euch geredet. Der Vater hat mich gesandt und mir gesagt, was ich reden und verkünden soll.»

Johannes 13,20 «Ich sage euch die Wahrheit: Wer einen Menschen aufnimmt, den ich senden werde, der nimmt mich auf. Und wer mich aufnimmt, der nimmt den Vater auf, der mich gesandt hat.»

Matthäus 10,40–41 «Wer euch aufnimmt, der nimmt mich auf, und wer mich aufnimmt, der nimmt Gott auf, der mich gesandt hat. ⁴¹Wer einen Propheten aufnimmt, weil Gott diesen beauftragt hat, der wird auch wie ein Prophet belohnt werden. Und wer einen Menschen aufnimmt, weil dieser nach Gottes Willen lebt, wird denselben Lohn wie dieser empfangen.»

Matthäus 18,5–6 «Und wer solch ein Kind mir zuliebe aufnimmt, der nimmt mich auf. ⁶Wer in einem Menschen den Glauben, wie ihn ein Kind hat, zerstört, für den wäre es noch das Beste, mit einem Mühlstein um den Hals ins tiefe Meer geworfen zu werden.»

Markus 9,37 «Wer solch ein Kind mir zuliebe aufnimmt, der nimmt mich auf. Und wer mich aufnimmt, der nimmt damit Gott selbst auf, weil Gott mich gesandt hat.»

Lukas 9,48 [Jesus] sagte: «Wer solch ein Kind mir zuliebe aufnimmt, der nimmt mich auf. Und wer mich aufnimmt, der nimmt damit Gott selbst auf, weil Gott mich gesandt hat. Wer der Geringste unter euch allen ist, der ist wirklich groß.»

Offenbarung 3,20 «Merkst du es denn nicht? Noch stehe ich vor deiner Tür und klopfe an. Wer jetzt auf meine Stimme hört und mir die Tür öffnet, zu dem werde ich hineingehen und Gemeinschaft mit ihm haben.»

11 Jesus Christus ehren und erheben

Johannes 5,22–23 «Denn nicht der Vater spricht das Urteil über die Menschen, er hat das Richteramt vielmehr dem Sohn übertragen. ²³damit alle den Sohn ehren, genauso wie den Vater. Wer aber den Sohn nicht als Herrn anerkennen will, der verachtet auch die Herrschaft des Vaters, der ja den Sohn gesandt hat.»

Johannes 5,41–43 «Ich suche nicht die Anerkennung von Menschen! ⁴²Ich kenne euch und weiß genau, dass ihr Gottes Liebe nicht in euch habt. ⁴³Mein Vater hat mich zu euch geschickt, doch ihr lehnt mich ab. Wenn aber jemand in eigenem Auftrag zu euch kommt, den werdet ihr aufnehmen.»

Johannes 8,28–29 Deshalb erklärte er ihnen: «Wenn ihr den Menschensohn erhöht habt, werdet ihr erkennen, wer ich bin, und einsehen, dass ich nichts von mir aus tue, sondern weitergebe, was mir mein Vater gesagt hat. ²⁹Er, der mich gesandt hat, ist bei mir und lässt mich nie allein, weil ich immer das tue, was ihm gefällt.»

Johannes 8,31 Zu den Juden, die nun an ihn glaubten, sagte Jesus: «Wenn ihr an meinen Worten festhaltet und das tut, was ich euch gesagt habe, dann gehört ihr wirklich zu mir.»

Johannes 8,54–56 Jesus entgegnete: «Würde ich mich selbst loben, könntet ihr mir zu Recht misstrauen. Aber mich ehrt mein Vater. Ihr nennt ihn zwar euren Gott. ⁵⁵Doch ihr kennt ihn überhaupt nicht. Ich kenne ihn. Wenn ich sagen würde, ich kenne ihn nicht, dann wäre ich ein Lügner wie ihr. Doch ich kenne ihn und erfülle seinen Auftrag. ⁵⁶Euer Vater Abraham freute sich auf den Tag, an dem ich kommen würde. Er hat mein Kommen gesehen und war froh darüber.»

Johannes 12,26 «Wer mir dienen will, der soll mir folgen. Denn wo ich bin, soll er auch sein. Und wer mir dient, den wird mein Vater ehren.»

Johannes 14,15 «Wenn ihr mich liebt, werdet ihr so leben, wie ich es euch gesagt habe.»

Johannes 14,23–24 «Wer mich liebt, richtet sich nach dem, was ich ihm gesagt habe. Auch mein Vater wird ihn lieben, und wir beide werden zu ihm kommen und immer bei ihm bleiben. ²⁴Wer mich aber nicht liebt, der lebt auch nicht nach dem, was ich sage. Meine Worte kommen nicht von mir, sondern von meinem Vater, der mich gesandt hat.»

Matthäus 7,21–25 «Nicht, wer mich dauernd ‹Herr› nennt, wird in Gottes neue Welt kommen, sondern wer den Willen meines Vaters im Himmel tut. ²²Am Tag des Gerichts werden zwar viele sagen: ‹Aber Herr, wir haben doch als deine Propheten das weitergesagt, was du selbst uns aufgetragen hast! Wir haben doch in deinem Namen Dämonen ausgetrieben und mächtige Taten vollbracht!› ²³Aber ich werde ihnen antworten: ‹Ich kenne euch nicht, denn ihr habt nicht nach meinem Willen gelebt. Geht mir aus den Augen!› ²⁴Wer meine Worte hört und danach handelt, der ist klug. Man kann ihn mit einem Mann vergleichen, der sein Haus auf felsigen Grund baut. ²⁵Wenn ein Wolkenbruch niedergeht, das Hochwasser steigt und der Sturm am Haus rüttelt, wird es trotzdem nicht einstürzen, weil es auf Felsengrund gebaut ist.»

Matthäus 15,8–9 «Diese Leute ehren Gott mit den Lippen, aber mit dem Herzen sind sie nicht dabei. ⁹Ihr Gottesdienst ist wertlos, weil sie ihre menschlichen Gesetze als Gebote Gottes ausgeben.»

12 An Jesus Christus glauben

Johannes 3,14–16 «Du weißt doch, wie Mose in der Wüste eine Schlange aus Bronze an einem Pfahl aufrichtete, damit jeder, der sie ansah, am Leben blieb. Genauso muss auch der Menschensohn erhöht werden. [15]Jeder, der ihm vertraut, wird das ewige Leben haben. [16]Denn Gott hat die Menschen so sehr geliebt, dass er seinen einzigen Sohn für sie hergab. Jeder, der an ihn glaubt, wird nicht zugrunde gehen, sondern das ewige Leben haben.»

Johannes 3,18 «Wer an ihn glaubt, der wird nicht verurteilt werden. Wer aber nicht an den einzigen Sohn Gottes glaubt, über den ist wegen seines Unglaubens das Urteil schon gesprochen.»

Johannes 5,24 «Ich sage euch die Wahrheit: Wer meine Botschaft hört und an den glaubt, der mich gesandt hat, der wird ewig leben. Ihn wird das Urteil Gottes nicht treffen, denn er hat die Grenze vom Tod zum Leben schon überschritten.»

Johannes 6,29 Er erwiderte: «Nur eins erwartet Gott von euch: Ihr sollt an den glauben, den er gesandt hat.»

Johannes 6,37–40 «Alle Menschen, die mir der Vater gibt, werden zu mir kommen, und keinen von ihnen werde ich zurückstoßen. [38]Denn ich bin nicht vom Himmel gekommen, um zu tun, was ich will, sondern um den Willen des Vaters zu erfüllen, der mich gesandt hat. [39]Und das ist Gottes Wille: Kein Einziger von denen, die er mir anvertraut hat, soll verloren gehen. Ich werde sie alle am letzten Tag zum Leben erwecken. [40]Denn nach dem Willen meines Vaters wird jeder, der den Sohn sieht und an ihn glaubt, für immer leben. Ich werde ihn am letzten Tag vom Tod auferwecken.»

Johannes 6,44–47 «Keiner kann zu mir kommen, wenn nicht der Vater, der mich gesandt hat, ihn zu mir bringt. Und alle diese Menschen, die er mir gibt, will ich am letzten Tag zum Leben erwecken. [45]Bei den Propheten heißt es: ‹Alle werden von Gott lernen!› Wer also auf den Vater hört und von ihm lernt, der kommt zu mir. [46]Das bedeutet aber nicht, dass jemals ein Mensch den Vater gesehen hat. Nur einer hat ihn wirklich gesehen: der eine, der von Gott gekommen ist. [47]Ich sage euch die Wahrheit: Wer an mich glaubt, der hat jetzt schon das ewige Leben!»

Johannes 7,37–38 Am letzten Tag, dem Höhepunkt des großen Festes, trat Jesus wieder vor die Menschenmenge und rief laut: «Wer Durst hat, der soll zu mir kommen und trinken! [38]Wer mir vertraut, wird erfahren, was die Heilige Schrift sagt: Von ihm wird Leben spendendes Wasser ausgehen wie ein starker Strom.»

Johannes 10,1–5 Weiter sagte Jesus: «Ich sage euch die Wahrheit: Wer nicht durch die Tür in den Schafstall geht, sondern heimlich einsteigt, der ist ein Dieb und Räuber. [2]Der Hirte geht durch die Tür zu seinen Schafen. [3]Ihm öffnet der Wächter die Tür, und die Schafe erkennen ihn schon an seiner Stimme. Dann ruft der Hirte jedes mit seinem Namen und führt sie auf die Weide. [4]Wenn seine Schafe den Stall verlassen haben, geht er vor ihnen her, und die Schafe folgen ihm, weil sie seine Stimme kennen. [5]Einem Fremden würden sie niemals folgen. Ihm laufen sie davon, weil sie seine Stimme nicht kennen.»

Johannes 10,37–38 «Wenn ich nicht das tue, was mein Vater will, braucht ihr mir nicht zu glauben. [38]Tue ich es aber, dann glaubt doch wenigstens diesen Taten, wenn ihr schon mir nicht glauben wollt! Dann werdet ihr endlich erkennen und glauben, dass der Vater in mir ist und ich im Vater bin!»

Johannes 11,25–26 Darauf erwiderte ihr [Marta] Jesus: «Ich bin die Auferstehung, und ich bin das Leben. Wer mir vertraut, der wird leben, selbst wenn er stirbt. [26]Und wer lebt und mir vertraut, wird niemals sterben. Glaubst du das?»

Johannes 11,40–43 «Habe ich dir nicht gesagt», entgegnete ihr Jesus, «du wirst die Herrlichkeit Gottes sehen, wenn du nur glaubst?» [41]Sie [Lazarus› Freunde] schoben den Stein weg. Jesus sah zum Himmel auf und betete: «Vater, ich danke dir, dass du mein Gebet erhört hast! [42]Ich weiß, dass du mich immer erhörst, aber ich sage es wegen der vielen Menschen, die hier stehen. Sie sollen alles miterleben und glauben, dass du mich gesandt hast.» [43]Dann rief er laut: «Lazarus, komm heraus!»

Johannes 12,44–46 Laut verkündete Jesus: «Wer an mich glaubt, der glaubt in Wahrheit an den, der mich gesandt hat. [45]Und wenn ihr mich seht, dann seht ihr den, der mich gesandt hat! [46]Ich bin als das Licht in die Welt gekommen, damit jeder, der an mich glaubt, nicht länger in der Dunkelheit leben muss.»

Johannes 13,19–20 «Schon jetzt kündige ich es euch an, damit ihr auch dann, wenn es geschieht, ganz sicher wisst: Ich bin der, den Gott gesandt hat. [20]Ich sage euch die Wahrheit: Wer einen Menschen aufnimmt, den ich senden werde, der nimmt mich auf. Und wer mich aufnimmt, der nimmt den Vater auf, der mich gesandt hat.»

Johannes 14,1–4 «Seid nicht bestürzt, und habt keine Angst!», ermutigte Jesus seine Jünger. «Vertraut Gott, und vertraut mir! [2]Denn im Haus meines Vaters gibt es viele Wohnungen. Sonst hätte ich euch nicht gesagt: Ich gehe hin, um dort alles für euch vorzubereiten. [3]Und wenn alles bereit ist, werde ich kommen und euch zu mir holen. Dann werdet auch ihr dort sein, wo ich bin. [4]Den Weg dorthin kennt ihr ja.»

Johannes 14,11 «Glaubt mir doch, dass der Vater und ich eins sind. Und wenn ihr schon meinen Worten nicht glaubt, dann glaubt doch wenigstens meinen Taten!»

Johannes 14,12–14 «Ich sage euch die Wahrheit: Wer an mich glaubt, wird die gleichen Taten vollbringen wie ich – ja, sogar noch größere; denn ich gehe zum Vater. [13]Worum ihr in meinem Namen bitten werdet, das werde ich tun, damit durch den Sohn die Herrlichkeit des Vaters sichtbar wird. [14]Was ihr also in meinem Namen erbitten werdet, das werde ich tun.»

Johannes 20,29 Jesus sagte zu ihm [nämlich Thomas]: «Du glaubst, weil du mich gesehen hast. Wie glücklich können erst die sein, die mich nicht sehen und trotzdem glauben!»

Matthäus 8,5–13 Als Jesus in Kapernaum eintraf, kam ein römischer Hauptmann zu ihm [6]und sagte: «Herr, heile meinen Diener! Er liegt gelähmt im Bett und leidet entsetzlich.» [7]Jesus antwortete: «Ich will mitkommen und ihn heilen.» [8]Der Hauptmann erwiderte: «Herr, ich bin nicht wert, dich in meinem Haus zu empfangen.

Sag nur ein einziges Wort, dann wird mein Diener gesund. [9]Auch ich habe Vorgesetzte, denen ich gehorchen muss, und ich erteile selbst Befehle an meine Soldaten. Wenn ich zu einem sage: ‹Geh!›, dann geht er. Befehle ich einem anderen: ‹Komm!›, dann kommt er. Und wenn ich zu meinem Diener sage: ‹Tu dies!›, dann führt er meinen Auftrag aus.» [10]Als Jesus das hörte, wunderte er sich sehr. Er sagte zu den Menschen, die ihm gefolgt waren: «Eins ist sicher: Unter allen Juden in Israel bin ich keinem Menschen mit einem so festen Glauben begegnet. [11]Und ich sage euch: Viele Menschen aus aller Welt werden kommen und mit Abraham, Isaak und Jakob im Himmel das Freudenfest feiern. [12]Aber die ursprünglich für Gottes neue Welt bestimmt waren, werden in die tiefste Finsternis hinausgestoßen, wo es nur Heulen und ohnmächtiges Jammern geben wird.» [13]Dann sagte Jesus zu dem Hauptmann: «Geh wieder nach Hause! Was du geglaubt hast, ist Wirklichkeit geworden.» Zur selben Zeit wurde der Diener gesund.

Matthäus 8,25–26 Da weckten ihn die Jünger und riefen voller Angst: «Herr, hilf uns, wir gehen unter!» [26]Jesus antwortete: «Warum habt ihr Angst? Habt ihr denn kein Vertrauen zu mir?» Dann stand er auf und bedrohte den Wind und die Wellen. Sofort legte sich der Sturm, und es wurde ganz still.

Matthäus 9,2–5 Dort brachten sie auf einer Trage einen Gelähmten zu ihm. Als Jesus ihren festen Glauben sah, sagte er zu dem Gelähmten: «Hab keine Angst, mein Sohn! Deine Sünden sind dir vergeben.» [3]«Dieser Gotteslästerer!», dachten sich einige Schriftgelehrte. [4]Jesus durchschaute

sie und fragte: «Warum habt ihr so böse Gedanken? [5]Ist es leichter zu sagen: ‹Dir sind deine Sünden vergeben!› oder diesen Gelähmten zu heilen?»

Matthäus 9,22 Jesus drehte sich um, sah sie an und sagte: «Sei unbesorgt, meine Tochter! Dein Glaube hat dir geholfen.» Im selben Augenblick war die Frau gesund.

Matthäus 9,27–30 Als Jesus weiterging, liefen ihm zwei Blinde nach und schrien: «Du Sohn Davids! Hilf uns doch!» [28]Sie folgten ihm bis in das Haus, in dem er wohnte. Jesus fragte sie: «Glaubt ihr denn, dass ich euch helfen kann?» – «Ja, Herr!», antworteten sie. [29]Da berührte er ihre Augen und sagte: «Was ihr mir zutraut, das soll sich erfüllen.» [30]Sofort konnten sie sehen. Jesus aber befahl ihnen nachdrücklich: «Niemand darf von eurer Heilung erfahren.»

Matthäus 14,29 «Komm her!», antwortete Jesus. Petrus stieg aus dem Boot und ging Jesus auf dem Wasser entgegen.

Matthäus 15,24–28 Da sagte er zu der Frau: «Ich habe nur den Auftrag, den Israeliten zu helfen, die sich von Gott abgewandt haben und wie verlorene Schafe umherirren.» [25]Sie kam aber noch näher, warf sich vor ihm nieder und bettelte: «Herr, hilf mir!» Aber Jesus antwortete wieder: [26]«Es ist nicht richtig, wenn man den Kindern das Brot wegnimmt und es den Hunden vorwirft.» [27]«Ja, Herr», erwiderte die Frau, «aber die kleinen Hunde bekommen doch auch die Krümel, die vom Tisch ihrer Herren herunterfallen.» [28]Jesus antwortete ihr: «Dein Glaube ist groß. Was du erwartest, soll geschehen.» Im selben Augenblick wurde ihre Tochter gesund.

Matthäus 17,20 «Weil ihr nicht wirklich glaubt», antwortete Jesus. «Wenn euer Glaube nur so groß wäre wie ein Senfkorn, könntet ihr zu diesem Berg sagen: ‹Rücke von hier dorthin!›, und es würde geschehen. Nichts wäre euch unmöglich!»

Matthäus 21,18–22 Als Jesus am nächsten Morgen nach Jerusalem zurückkehrte, bekam er Hunger. ¹⁹Da sah er am Wegrand einen Feigenbaum. Er ging hin, fand aber nichts als Blätter an ihm. Da sagte Jesus zu dem Baum: «Du sollst in Zukunft nie wieder Feigen tragen!» Im selben Augenblick verdorrte der Baum. ²⁰Erstaunt fragten die Jünger: «Wie kommt es, dass der Feigenbaum so schnell vertrocknet ist?» ²¹Jesus erwiderte: «Wenn ihr wirklich glaubt und nicht zweifelt, könnt ihr nicht nur dies tun, sondern noch größere Wunder. Ihr könnt sogar zu diesem Berg sagen: ‹Hebe dich von der Stelle, und stürze dich ins Meer!›, und es wird geschehen. ²²Ihr werdet alles bekommen, wenn ihr im festen Glauben darum bittet.» (Siehe auch Markus 11,12–14.)

Markus 1,15 «Jetzt ist die Zeit gekommen, in der Gottes neue Welt beginnt. Kehrt um zu Gott, und glaubt an die rettende Botschaft!»

Markus 4,35–40 Am Abend dieses Tages sagte Jesus zu seinen Jüngern: «Lasst uns über den See ans andere Ufer fahren!» ³⁶Sie schickten die Menschen weg und ruderten mit dem Boot, in dem Jesus saß, auf den See hinaus. Einige andere Boote folgten ihnen. ³⁷Da brach ein gewaltiger Sturm los. Hohe Wellen schlugen ins Boot, es lief voll Wasser und drohte zu sinken. ³⁸Jesus aber schlief hinten im Boot auf einem Kissen. Da rüttelten ihn die Jünger wach und schrien voller Angst: «Herr, wir gehen unter! Merkst du das nicht?» ³⁹Sofort stand Jesus auf, bedrohte den Wind und rief in das Toben des Sees: «Sei still und schweig!» Da legte sich der Sturm, und es wurde ganz still. ⁴⁰«Warum hattet ihr solche Angst?», fragte Jesus seine Jünger. «Habt ihr denn gar kein Vertrauen zu mir?»

Markus 5,30–34 Aber auch Jesus spürte, dass heilende Kraft von ihm ausgegangen war. Deshalb drehte er sich um und fragte: «Wer hat mich angefasst?» ³¹Seine Jünger antworteten: «Die Leute bedrängen dich von allen Seiten, und da fragst du, wer dich angefasst hat?» ³²Aber Jesus blickte sich weiter um und versuchte herauszufinden, wer ihn berührt hatte. ³³Die Frau war erschrocken und zitterte am ganzen Leib, denn sie wusste ja, was an ihr geschehen war. Sie fiel vor ihm nieder und sagte ihm alles. ³⁴Jesus sprach zu ihr: «Meine Tochter, dein Glaube hat dir geholfen. Gehe in Frieden. Du bist geheilt.»

Markus 7,27–29 Jesus antwortete ihr: «Zuerst müssen die Kinder versorgt werden, die Israeliten. Es ist nicht richtig, wenn man den Kindern das Brot wegnimmt und es den Hunden vorwirft.» ²⁸«Ja, Herr», erwiderte die Frau, «aber die kleinen Hunde bekommen doch auch die Krümel, die den Kindern vom Tisch fallen.» ²⁹«Du hast Recht», antwortete Jesus, «ich will deiner Tochter helfen. Geh nach Hause! Der böse Geist hat dein Kind bereits verlassen.»

Markus 9,1 Dann sagte Jesus zu seinen Zuhörern: «Das sage ich euch: Einige von euch, die hier stehen, werden nicht sterben, bevor die neue Welt Gottes in ihrer ganzen Kraft sichtbar wird.»

Markus 10,51–52 «Was soll ich für dich tun?», fragte ihn Jesus. «Meister», flehte ihn der Blinde an, «ich möchte sehen können!» 52Darauf antwortete Jesus: «Geh! Dein Glaube hat dir geholfen.» Im selben Augenblick konnte der Blinde sehen, und er ging mit Jesus.

Markus 11,22–24 Da antwortete Jesus: «Ihr müsst Gott ganz vertrauen! 23Denn das ist sicher: Wenn ihr glaubt und nicht im Geringsten daran zweifelt, dass es wirklich geschieht, könnt ihr zu diesem Berg hier sagen: ‹Hebe dich von der Stelle, und stürze dich ins Meer!›, und es wird geschehen. 24Ja, ich sage euch: Um was ihr auch bittet – glaubt fest, dass ihr es schon bekommen habt, und Gott wird es euch geben!»

Lukas 7,6–9 Jesus ging mit ihnen. Aber noch ehe sie das Haus erreicht hatten, schickte ihm der Hauptmann einige Freunde entgegen und ließ ihm sagen: «Herr, ich möchte nicht, dass du selbst in mein Haus kommst; denn ich bin es nicht wert, dich zu empfangen. 7Deshalb bin ich auch nicht persönlich zu dir gekommen. Sag nur ein einziges Wort, dann wird mein Diener gesund. 8Auch ich habe Vorgesetzte, denen ich gehorchen muss, und ich erteile selbst Befehle an meine Soldaten. Wenn ich zu einem sage: ‹Geh!›, dann geht er. Befehle ich einem anderen: ‹Komm!›, dann kommt er. Und wenn ich zu meinem Diener sage: ‹Tu dies!›, dann führt er meinen Auftrag aus.» 9Als Jesus das hörte, wunderte er sich sehr über ihn. Er wandte sich der Menschenmenge zu, die ihm gefolgt war, und sagte: «Eins ist sicher: Unter allen Juden in Israel bin ich keinem Menschen mit einem so festen Glauben begegnet.»

Lukas 7,40–50 «Simon, ich will dir etwas erzählen», unterbrach ihn Jesus in seinen Gedanken. «Ja, ich höre zu, Lehrer», antwortete Simon. 41«Ein reicher Mann hatte zwei Leuten Geld geliehen. Der eine Mann schuldete ihm fünfhundert Silberstücke, der andere fünfzig. 42Weil sie das Geld aber nicht zurückzahlen konnten, schenkte er es beiden. Welcher der beiden Männer wird ihm nun am meisten dankbar sein?» 43Simon antwortete: «Bestimmt der, dem er die größte Schuld erlassen hat.» – «Du hast Recht!», bestätigte ihm Jesus. 44Dann blickte er die Frau an und sagte: «Sieh diese Frau, Simon! Ich kam in dein Haus, und du hast mir kein Wasser für meine Füße gegeben, was doch sonst selbstverständlich ist. Aber sie hat meine Füße mit ihren Tränen gewaschen und mit ihrem Haar getrocknet. 45Du hast mich nicht mit einem Kuss begrüßt. Aber seit ich hier bin, hat diese Frau immer wieder meine Füße geküsst. 46Du hast meine Stirn nicht mit Öl gesalbt, während sie dieses kostbare Öl sogar über meine Füße gegossen hat. 47Ich sage dir: Ihre große Schuld ist ihr vergeben; und darum hat sie mir so viel Liebe gezeigt. Wem aber wenig vergeben wird, der liebt auch wenig.» 48Zu der Frau sagte Jesus: «Deine Sünden sind dir vergeben.» 49Da tuschelten die anderen Gäste untereinander: «Was ist das nur für ein Mensch! Kann der denn Sünden vergeben?» 50Jesus aber sagte zu der Frau: «Dein Glaube hat dich gerettet! Geh in Frieden.»

Lukas 8,23–25 Mitten auf dem See brach plötzlich ein gewaltiger Sturm los, und die Wellen schlugen ins Boot. In höchster Not 24rüttelten die Jünger Jesus wach: «Herr!», schrien sie, «Herr, wir gehen unter!» Jesus stand auf und bedrohte den Wind und die Wellen. Da legte sich der Sturm, und es wurde ganz still. 25«Wo ist denn euer Glaube?», wollte Jesus von ihnen wissen. Entsetzt und erstaunt fragten sich die Jünger untereinander: «Was ist das für ein Mensch? Selbst Wind und Wellen gehorchen ihm, wenn er es befiehlt!»

Lukas 8,43–48 Unter den Leuten war auch eine Frau, die seit zwölf Jahren an starken Blutungen litt. Niemand hatte ihr helfen können, obwohl sie schon von vielen Ärzten behandelt worden war und dafür ihr ganzes Geld ausgegeben hatte. 44Als sie bis zu Jesus gekommen war, berührte sie von hinten eine Quaste seines Gewandes. Im selben Augenblick hörten die Blutungen auf. 45«Wer hat mich angefasst?», fragte Jesus. Aber niemand wollte es gewesen sein, und Petrus meinte: «Meister, die Leute bedrängen dich von allen Seiten, und da fragst du, wer dich angefasst hat?» 46Jesus erwiderte: «Jemand hat mich ganz bewusst berührt. Ich habe gespürt, wie heilende Kraft von mir ausgegangen ist!» 47Als die Frau erkannte, dass Jesus alles bemerkt hatte, fiel sie zitternd vor ihm auf die Knie. Vor allen Leuten erzählte sie, weshalb sie ihn berührt hatte und wie sie sofort geheilt worden war. 48«Meine Tochter», sagte Jesus zu ihr, «dein Glaube hat dir geholfen. Geh in Frieden!»

Lukas 8,50–55 Jesus hörte das und sagte zu dem Vater: «Verzweifle nicht! Vertrau mir ganz und gar, und deine Tochter wird gerettet!» 51Als sie das Haus erreichten, erlaubte er nur Petrus, Johannes, Jakobus und den Eltern des Mädchens, mit hineinzugehen. 52Alle klagten und weinten um die Tote, aber Jesus sagte: «Hört auf zu weinen! Das Kind ist nicht tot, es schläft nur!» 53Da lachten sie ihn aus, denn jeder wusste, dass das Mädchen tot war. 54Jesus schickte sie alle weg. Dann fasste er die Tote bei der Hand und rief: «Kind, steh auf!» 55Da wurde das Mädchen wieder lebendig, stand auf, und Jesus ließ ihr etwas zu essen bringen. 56Die Eltern konnten kaum fassen, was sie erlebt hatten. Doch Jesus schärfte ihnen ein, mit niemandem darüber zu reden.

Lukas 12,22–34 Jesus sagte zu seinen Jüngern: «Macht euch keine Sorgen um euren Lebensunterhalt, um Essen und Kleidung. 23Leben bedeutet mehr als Essen und Trinken, und der Mensch ist wichtiger als seine Kleidung. 24Seht euch die Raben an! Sie säen nichts und ernten nichts, sie haben keine Vorratskammern und keine Scheunen; aber Gott versorgt sie doch. Meint ihr nicht, dass ihr ihm viel wichtiger seid? 25Und wenn ihr euch noch so viel sorgt, könnt ihr doch euer Leben um keinen Augenblick verlängern. 26Wenn ihr aber nicht einmal das könnt, was sorgt ihr euch um all die anderen Dinge? 27Seht euch an, wie die Lilien blühen! Sie können weder spinnen noch weben. Ich sage euch, selbst König Salomo war in seiner ganzen Herrlichkeit nicht so prächtig gekleidet wie eine dieser Blumen. 28Wenn Gott sogar das Gras so schön wachsen lässt, das heute auf der Wiese grünt, morgen aber schon verbrannt wird, wie könnte er euch dann vergessen? Vertraut ihr Gott so wenig? 29Zerbrecht euch also nicht mehr den Kopf darüber, was ihr essen und trinken sollt! 30Mit solchen Dingen beschäftigen sich nur Menschen, die Gott nicht kennen. Euer Vater im Himmel weiß doch genau, dass ihr dies alles braucht. ³¹Sorgt euch vor allem um Gottes neue Welt, dann wird er euch mit allem anderen versorgen. ³²Du kleine Herde, du brauchst keine Angst vor der Zukunft zu haben! Denn dir will der Vater sein Königreich schenken. ³³Verkauft euren Besitz, und gebt das Geld den Armen! Sammelt euch auf diese Weise einen Vorrat, der nicht alt wird und niemals verderben kann, einen Schatz im Himmel. Diesen Schatz kann kein Dieb stehlen und keine Motte zerfressen. ³⁴Wo eure Schätze sind, da wird auch euer Herz sein.»

Lukas 17,3–6 «Nehmt euch in Acht! Wenn dein Bruder Schuld auf sich geladen hat, dann sag ihm, was er falsch gemacht hat. Tut es ihm leid, dann vergib ihm! ⁴Und wenn er dir siebenmal am Tag Unrecht tut und dich immer wieder um Vergebung bittet: Vergib ihm!» ⁵Die Jünger baten Jesus, den Herrn: «Hilf uns, dass unser Glaube größer wird!» ⁶Darauf antwortete er: «Selbst wenn euer Glaube so winzig wäre wie ein Senfkorn, könntet ihr diesem Maulbeerbaum befehlen: ‹Reiß dich aus der Erde und verpflanze dich ins Meer!› – es würde sofort geschehen.»

Lukas 17,17–19 Jesus fragte: «Habe ich nicht zehn Männer geheilt? Wo sind denn die anderen neun? ¹⁸Weshalb kommt nur einer zurück, noch dazu ein Fremder, um sich bei Gott zu bedanken?» ¹⁹Zu dem Samariter aber sagte er: «Steh wieder auf! Dein Glaube hat dir geholfen.»

Lukas 18,1–8 Wie wichtig es ist, Gott unermüdlich um alles zu bitten, machte Jesus durch ein Gleichnis deutlich: ²«In einer Stadt lebte ein Richter, dem Gott und die Menschen gleichgültig waren. ³Tag für Tag bestürmte ihn eine Witwe mit ihrer Not: ‹Verhilf mir doch endlich zu meinem Recht!› ⁴Immer wieder stieß sie bei ihm auf taube Ohren, aber schließlich sagte er sich: ‹Mir sind zwar Gott und die Menschen gleichgültig, ⁵aber diese Frau lässt mir einfach keine Ruhe. Ich muss ihr zu ihrem Recht verhelfen, sonst wird sie am Ende noch handgreiflich.›» ⁶Und Jesus, der Herr, fügte hinzu: «Ihr habt gehört, was dieser ungerechte Richter gesagt hat. ⁷Meint ihr, Gott wird seinen Auserwählten nicht zum Recht verhelfen, wenn sie ihn Tag und Nacht darum bitten? Wird er sie etwa lange warten lassen? Nein! ⁸Ich versichere euch: Er wird ihnen schnellstens helfen. Die Frage ist: Wird der Menschensohn, wenn er kommt, auf der Erde überhaupt noch Menschen finden, die diesen Glauben haben?»

Lukas 18,35–42 Jesus und seine Jünger waren unterwegs nach Jericho. In der Nähe der Stadt saß ein Blinder am Straßenrand und bettelte. ³⁶Er hörte den Lärm der vorbeiziehenden Menge und fragte neugierig: «Was ist da los?» ³⁷Einige riefen ihm zu: «Jesus von Nazareth kommt nach Jericho!» ³⁸Als er das hörte, schrie er laut: «Jesus, du Sohn Davids, hab Erbarmen mit mir!» ³⁹Die Leute fuhren ihn an: «Halt den Mund!» Er aber schrie nur noch lauter: «Du Sohn Davids, hab Erbarmen mit mir!» ⁴⁰Jesus blieb stehen und ließ den Mann zu sich führen. ⁴¹Dann fragte er ihn: «Was soll ich für dich tun?» – «Herr», flehte ihn der Blinde an, «ich möchte sehen können!» ⁴²«Du sollst wieder sehen!», sagte Jesus zu ihm. «Dein Glaube hat dir geholfen.»

Lukas 22,31–32 Zu Petrus gewandt, sagte Jesus: «Simon, Simon! Der Satan ist hinter euch her, die Spreu vom Weizen zu trennen. [32]Aber ich habe für dich gebetet, damit du den Glauben nicht verlierst. Wenn du dann zu mir zurückkehrst, so stärke den Glauben deiner Brüder!»

Lukas 23,42–43 Zu Jesus sagte er [ein Verbrecher]: «Denk an mich, wenn du in dein Königreich kommst!» [43]Da antwortete ihm Jesus: «Ich versichere dir: Noch heute wirst du mit mir im Paradies sein.»

13 Zu Jesus kommen

Johannes 5,39–43 «Ihr lest die Heilige Schrift gründlich, um ewiges Leben zu finden. Und tatsächlich weist sie auf mich hin. [40]Dennoch wollt ihr nicht zu mir kommen, um ewiges Leben zu haben. [41]Ich suche nicht die Anerkennung von Menschen! [42]Ich kenne euch und weiß genau, dass ihr Gottes Liebe nicht in euch habt. [43]Mein Vater hat mich zu euch geschickt, doch ihr lehnt mich ab. Wenn aber jemand in eigenem Auftrag zu euch kommt, den werdet ihr aufnehmen.»

Johannes 6,35–36 «Ich bin das Brot des Lebens», sagte Jesus zu ihnen. «Wer zu mir kommt, wird niemals wieder Hunger leiden, und wer an mich glaubt, wird nie wieder Durst haben. [36]Doch ich habe euch ja schon einmal gesagt: Ihr glaubt nicht an mich, obwohl ihr mich mit euren eigenen Augen seht.»

Johannes 6,65 «Deshalb», so erklärte er weiter, «habe ich euch gesagt: Keiner kann zu mir kommen, wenn ihn nicht der Vater zu mir führt!»

Johannes 7,37–38 Am letzten Tag, dem Höhepunkt des großen Festes, trat Jesus wieder vor die Menschenmenge und rief laut: «Wer Durst hat, der soll zu mir kommen und trinken! [38]Wer mir vertraut, wird erfahren, was die Heilige Schrift sagt: Von ihm wird Leben spendendes Wasser ausgehen wie ein starker Strom.»

Johannes 10,1–5 Weiter sagte Jesus: «Ich sage euch die Wahrheit: Wer nicht durch die Tür in den Schafstall geht, sondern heimlich einsteigt, der ist ein Dieb und Räuber. [2]Der Hirte geht durch die Tür zu seinen Schafen. [3]Ihm öffnet der Wächter die Tür, und die Schafe erkennen ihn schon an seiner Stimme. Dann ruft der Hirte jedes mit seinem Namen und führt sie auf die Weide. [4]Wenn seine Schafe den Stall verlassen haben, geht er vor ihnen her, und die Schafe folgen ihm, weil sie seine Stimme kennen. [5]Einem Fremden würden sie niemals folgen. Ihm laufen sie davon, weil sie seine Stimme nicht kennen.»

Johannes 10,27–29 «Meine Schafe erkennen meine Stimme; ich kenne sie, und sie folgen meinem Ruf. [28]Ihnen gebe ich das ewige Leben, und sie werden niemals umkommen. Niemand kann sie aus meiner Hand reißen. [29]Mein Vater hat sie mir gegeben, und er ist stärker als alle anderen Mächte. Deshalb kann sie auch keiner der Hand meines Vaters entreißen.»

Matthäus 11,28–30 «Kommt alle her zu mir, die ihr euch abmüht und unter eurer Last leidet! Ich werde euch Ruhe geben. [29]Lasst euch von mir in den Dienst nehmen, und lernt von mir! Ich meine es gut mit euch und sehe auf niemanden herab. Bei mir findet ihr Ruhe für euer Leben. [30]Mir zu dienen ist keine Bürde für euch, meine Last ist leicht.»

Markus 8,34–38 «Hört her!», rief Jesus seinen Jüngern und den Menschen zu, die bei ihm waren. «Wer mir nachfolgen will, der darf nicht mehr sich selbst in den Mittelpunkt stellen, sondern muss sein Kreuz auf sich nehmen und mir nachfolgen. [35]Wer sich an sein Leben klammert, der wird es verlieren. Wer aber sein Leben für mich und für Gottes rettende Botschaft einsetzt, der wird es für immer gewinnen. [36]Denn was gewinnt ein Mensch, wenn ihm die ganze Welt zufällt, er selbst aber dabei Schaden nimmt? [37]Er kann sein Leben ja nicht wieder zurückkaufen! [38]Wer sich hier vor den gottlosen Menschen schämt, sich zu mir und meiner Botschaft zu bekennen, den wird auch der Menschensohn nicht kennen, wenn er mit den heiligen Engeln in der Herrlichkeit seines Vaters kommen wird.»

14 Jesus verleugnen

Matthäus 10,32–33 «Wer sich vor den Menschen zu mir bekennt, zu dem werde ich mich auch vor meinem Vater im Himmel bekennen. [33]Wer aber vor den Menschen nicht zu mir steht, zu dem werde ich auch vor meinem Vater im Himmel nicht stehen.»

Matthäus 26,34 Doch Jesus erwiderte ihm: «Ich sage dir: Heute Nacht, noch ehe der Hahn kräht, wirst du dreimal geleugnet haben, mich zu kennen.» (Siehe auch Markus 14,30, Lukas 22,34 und Johannes 13,38.)

Lukas 12,8–10 «Das sage ich euch: Wer sich vor den Menschen zu mir bekennt, zu dem wird sich auch der Menschensohn vor den Engeln bekennen. [9]Wer aber vor den Menschen nicht zu mir steht, zu dem wird auch der Menschensohn vor den Engeln

Gottes nicht stehen. [10]Wer den Menschensohn beschimpft, dem kann vergeben werden. Wer aber den Heiligen Geist beschimpft, der wird niemals Vergebung finden.»

15 Lästerung des Heiligen Geistes

Matthäus 12,25–32 Jesus kannte ihre [der Pharisäer] Gedanken und entgegnete: «Ein Staat, in dem verschiedene Herrscher um die Macht kämpfen, steht vor dem Untergang. Eine Stadt oder eine Familie, in der man ständig in Zank und Streit lebt, hat keinen Bestand. [26]Wenn der Satan sich selbst vertreiben würde, dann bekämpfte er sich ja selbst und zerstörte damit sein eigenes Reich. [27]Wenn ihr behauptet, ich würde die Dämonen durch die Kraft des Obersten Teufels austreiben, welche Kraft nutzen dann eure eigenen Leute, um böse Geister auszutreiben? Sie selbst werden euch das Urteil sprechen. [28]Wenn ich aber die Dämonen durch den Geist Gottes austreibe, so beginnt Gottes neue Welt jetzt – mitten unter euch! [29]Denn wer könnte in das Haus eines starken Mannes eindringen und ihn berauben? Man müsste ihn erst fesseln, und dann könnte man sein Haus plündern. [30]Wer nicht für mich ist, der ist gegen mich, und wer sich nicht für mich einsetzt, der führt die Menschen in die Irre! [31]Darum sage ich euch: Jede Sünde, ja sogar Gotteslästerung, kann vergeben werden. Wer aber den Heiligen Geist verlästert, der wird keine Vergebung finden. [32]Wer den Menschensohn beschimpft, dem kann vergeben werden. Wer aber den Heiligen Geist beschimpft, der wird niemals Vergebung finden, weder jetzt noch in der zukünftigen Welt.»

Markus 3,28–30 «Das eine will ich euch sagen: Jede Sünde und jede Gotteslästerung kann den Menschen vergeben werden. [29]Wer aber den Heiligen Geist verlästert, der wird niemals Vergebung finden; seine Sünde lastet für immer auf ihm.» [30]Das sagte er zu den Schriftgelehrten, weil sie behauptet hatten: «Er ist von einem bösen Geist besessen.»

16 Licht und Finsternis

Johannes 3,18–21 «Wer an ihn [Jesus Christus] glaubt, der wird nicht verurteilt werden. Wer aber nicht an den einzigen Sohn Gottes glaubt, über den ist wegen seines Unglaubens das Urteil schon gesprochen. [19]Und so vollzieht sich das Urteil: Das Licht ist in die Welt gekommen, aber die Menschen lieben die Finsternis mehr als das Licht. Denn alles, was sie tun, ist böse. [20]Wer Böses tut, scheut das Licht und bleibt lieber im Dunkeln, damit niemand seine Taten sehen kann. [21]Wer aber die Wahrheit Gottes liebt und das tut, was er will, der tritt ins Licht! An ihm zeigt sich: Gott selber bestimmt sein Handeln.»

Johannes 8,12 Ein anderes Mal sagte Jesus zu den Menschen: «Ich bin das Licht für die Welt. Wer mir nachfolgt, irrt nicht mehr in der Dunkelheit umher, sondern folgt dem Licht, das ihn zum Leben führt.»

Johannes 9,4–5 «Ich muss die Aufgaben, die Gott mir gegeben hat, erfüllen, solange es Tag ist. Bald kommt die Nacht, in der niemand mehr etwas tun kann. [5]Doch solange ich in der Welt bin, werde ich für diese Welt das Licht sein.»

Johannes 11,9 Jesus antwortete: «Zwölf Stunden am Tag ist es hell. Wer sicher laufen will, muss diese Zeit nutzen; denn nur bei Tageslicht sieht er den Weg.»

Johannes 12,35 Jesus erwiderte: «Das Licht ist nur noch kurze Zeit bei euch. Nutzt diese Zeit, macht euch auf den Weg, bevor euch die Dunkelheit überfällt. Wer im Dunkeln geht, kann weder Weg noch Ziel erkennen.»

Johannes 12,46 «Ich bin als das Licht in die Welt gekommen, damit jeder, der an mich glaubt, nicht länger in der Dunkelheit leben muss.»

Matthäus 5,14–16 «Ihr seid das Licht, das die Welt erhellt. Eine Stadt, die hoch auf dem Berg liegt, kann nicht verborgen bleiben. [15]Man zündet ja auch keine Öllampe an und stellt sie unter einen Eimer. Im Gegenteil: Man stellt sie so auf, dass sie allen im Haus Licht gibt. [16]Genauso soll euer Licht vor allen Menschen leuchten. Sie werden eure guten Taten sehen und euren Vater im Himmel dafür loben.»

Matthäus 6,22–23 «Das Auge gibt dir Licht. Wenn deine Augen das Licht einlassen, wirst du auch im Licht leben. [23]Verschließen sich deine Augen dem Licht, lebst du in Dunkelheit. Wenn aber das Licht in deinem Innern erloschen ist, wie tief ist dann die Finsternis!»

Markus 4,21–23 Dann fragte Jesus die Zuhörer: «Zündet man etwa eine Öllampe an, um sie dann unter einen Eimer oder unters Bett zu stellen? Im Gegenteil! Eine brennende Lampe stellt man so auf, dass sie den ganzen Raum erhellt. [22]Alles, was jetzt noch verborgen ist, wird einmal ans Licht kommen, und was jetzt noch ein Geheimnis ist, wird jeder verstehen. [23]Denkt genau darüber nach, was ich euch gesagt habe, und richtet euch danach!»

Lukas 8,16–17 «Niemand zündet eine Öllampe an und versteckt sie dann unter einem Eimer oder stellt sie unters Bett. Im Gegenteil! Man stellt die Lampe so auf, dass jeder, der hereinkommt, das Licht sieht. [17]Alles, was jetzt noch verborgen ist, wird einmal ans Licht kommen, und was jetzt noch ein Geheimnis ist, wird jeder verstehen.»

Lukas 11,33–36 «Niemand zündet eine Öllampe an und versteckt sie dann oder stellt sie unter einen Eimer. Im Gegenteil! Man stellt die Lampe so auf, dass jeder, der hereinkommt, das Licht sieht. [34]Das Auge gibt dir Licht. Wenn deine Augen das Licht einlassen, wirst du auch im Licht leben. Verschließen sich deine Augen dem Licht, lebst du in Dunkelheit. [35]Deshalb achte darauf, dass das Licht in deinem Innern nicht erlischt! [36]Wenn du es einlässt und keine Finsternis in dir ist, dann lebst du im Licht – so, als würdest du von einer hellen Lampe angestrahlt.»

17 Umkehr

Matthäus 4,17 Von da an begann Jesus zu predigen: «Kehrt um zu Gott! Denn jetzt beginnt seine neue Welt!»

Matthäus 9,12–13 Jesus hörte das und antwortete: «Die Gesunden brauchen keinen Arzt, sondern die Kranken! [13]Begreift doch endlich, was Gott meint, wenn er sagt: ‹Nicht auf eure Opfer oder Gaben kommt es mir an, sondern darauf, dass ihr barmherzig seid.› Ich bin gekommen, um Menschen in die Gemeinschaft mit Gott zu rufen, die ohne ihn leben – und nicht solche, die sich sowieso an seine Gebote halten.»

Matthäus 11,20–24 Dann drohte Jesus den Städten, in denen er die meisten Wunder getan hatte und die trotzdem nicht zu Gott umgekehrt waren: [21]«Weh euch, ihr Einwohner von Chorazin und Betsaida! Wenn die Wunder, die ich bei euch getan habe, in den nichtjüdischen Städten Tyrus oder Sidon geschehen wären, ihre Einwohner hätten längst Trauerkleider angezogen, sich Asche auf den Kopf gestreut und wären zu Gott umgekehrt! [22]Das kann ich euch versichern: Am Tag des Gerichts wird es Tyrus und Sidon besser ergehen als euch! [23]Und du, Kapernaum, wirst du etwa zum Himmel erhoben werden? Nein, zur Hölle wirst du fahren! Wenn die Taten, die du erlebt hast, in Sodom geschehen wären, die Stadt würde noch heute stehen. [24]Darauf kannst du dich verlassen: Es wird Sodom am Gerichtstag besser ergehen als dir!»

Matthäus 12,39–42 Jesus antwortete ihnen: «Nur böse, gottlose Menschen können dafür noch Beweise verlangen. Ihr werdet aber nur das gleiche Wunder zu sehen bekommen, das am Propheten Jona geschah. [40]Jona war drei Tage und drei Nächte im Bauch des großen Fisches. Ebenso wird der Menschensohn drei Tage und drei Nächte in den Tiefen der Erde sein. [41]Die Einwohner von Ninive werden euch am Gerichtstag verurteilen, denn nach Jonas Predigt kehrten sie um zu Gott. Der hier vor euch steht, ist aber größer als Jona! [42]Die Königin aus dem Süden wird am Gerichtstag Gottes als Zeugin gegen dieses Volk auftreten und es verurteilen. Denn sie kam von weit her, um von der

Weisheit des Königs Salomo zu lernen. Der aber hier vor euch steht, ist größer als Salomo!»

Matthäus 21,28–32 «Was sagt ihr dazu: Ein Mann hatte zwei Söhne. Er bat den ersten: ‹Mein Sohn, arbeite heute in unserem Weinberg!› 29‹Ich will aber nicht!›, entgegnete dieser. Später tat es ihm leid, und er ging doch an die Arbeit. 30Auch den zweiten Sohn forderte der Vater auf, im Weinberg zu arbeiten. ‹Ja, Herr›, antwortete der. Doch er ging nicht hin. 31Wer von den beiden Söhnen hat nun getan, was der Vater wollte?» Sie antworteten: «Der erste natürlich!» Da sagte Jesus: «Eins ist sicher: Die betrügerischen Zolleinnehmer und Huren kommen eher in Gottes neue Welt als ihr. 32Johannes der Täufer zeigte euch den Weg zu Gott und forderte euch auf, zu Gott umzukehren. Aber ihr wolltet nichts von ihm wissen. Die Betrüger und Huren dagegen folgten seinem Ruf. Und obwohl ihr das gesehen habt, kamt ihr nicht zur Besinnung und wolltet ihm immer noch nicht glauben.»

Markus 1,15 «Jetzt ist die Zeit gekommen, in der Gottes neue Welt beginnt. Kehrt um zu Gott, und glaubt an die rettende Botschaft!»

Markus 2,17 Jesus hörte das und antwortete: «Die Gesunden brauchen keinen Arzt, sondern die Kranken. Ich bin gekommen, um Menschen in die Gemeinschaft mit Gott zu rufen, die ohne ihn leben – und nicht solche, die sich sowieso an seine Gebote halten.»

Lukas 5,31–32 Jesus antwortete ihnen: «Die Gesunden brauchen keinen Arzt, sondern die Kranken! 32Ich bin gekommen, um Menschen in die Gemeinschaft mit Gott zu rufen, die ohne ihn leben – und nicht solche, die sich sowieso an seine Gebote halten.»

Lukas 11,29–32 Von allen Seiten drängten sich die Leute um Jesus. Da sagte er zu ihnen: «Die Menschen von heute sind voller Bosheit. Sie verlangen einen Beweis dafür, dass Gott mich gesandt hat; aber sie werden nur das Wunder zu sehen bekommen, das am Propheten Jona geschah. 30So wie Jona für die Leute von Ninive ein Zeichen Gottes wurde, so wird es auch der Menschensohn für euch sein. 31Die Königin aus dem Süden wird am Gerichtstag Gottes als Zeugin gegen dieses Volk auftreten und es verurteilen. Denn sie kam von weit her, um von der Weisheit des Königs Salomo zu lernen. Der aber hier vor euch steht, ist größer als Salomo! 32Auch die Einwohner von Ninive werden euch am Gerichtstag verurteilen, denn nach Jonas Predigt kehrten sie um zu Gott. Der hier vor euch steht, ist aber größer als Jona.»

Lukas 13,2–5 Jesus sagte: «Ihr denkt jetzt vielleicht, diese Galiläer seien schlimmere Sünder gewesen als ihre Landsleute, weil sie so grausam ermordet wurden. 3Ihr irrt euch! Wenn ihr euch nicht zu Gott hinwendet, dann werdet ihr genauso umkommen. 4Erinnert euch an die achtzehn Leute, die starben, als der Turm von Siloah einstürzte. Glaubt ihr wirklich, dass ihre Schuld größer war als die aller anderen Leute in Jerusalem? 5Nein! Wenn ihr nicht zu Gott umkehrt, wird es euch ebenso ergehen.»

Lukas 15,4–10 «Wenn ein Mensch hundert Schafe hat und eins geht verloren, was wird er tun? Lässt er nicht die neunundneunzig in der Wüste zurück, um das verlorene Schaf so lange zu suchen, bis er es gefunden hat? [5]Dann wird er es glücklich auf seinen Schultern nach Hause tragen [6]und seinen Freunden und Nachbarn zurufen: ‹Kommt her, freut euch mit mir, ich habe mein Schaf wiedergefunden!› [7]Ich sage euch: So wird man sich auch im Himmel freuen über einen Sünder, der zu Gott umkehrt – mehr als über neunundneunzig andere, die nach Gottes Willen leben und nicht zu ihm umkehren müssen. [8]Oder nehmt ein anderes Beispiel: Eine Frau hat zehn Silbermünzen gespart. Als ihr eines Tages eine fehlt, zündet sie sofort eine Lampe an, stellt das ganze Haus auf den Kopf und sucht in allen Ecken. [9]Endlich hat sie die Münze gefunden. Sie ruft ihre Freundinnen und Nachbarinnen zusammen und erzählt: ‹Ich habe mein Geld wieder! Freut euch mit mir!› [10]Genau so freuen sich auch die Engel Gottes, wenn ein einziger Sünder zu Gott umkehrt.»

Lukas 15,11–32 «Ein Mann hatte zwei Söhne», erzählte Jesus. [12]«Eines Tages sagte der jüngere zu ihm: ‹Vater, ich will jetzt schon meinen Anteil am Erbe ausbezahlt haben.› Da teilte der Vater sein Vermögen unter ihnen auf. [13]Nur wenige Tage später packte der jüngere Sohn alles zusammen, verließ seinen Vater und reiste ins Ausland. Dort leistete er sich, was immer er wollte. Er verschleuderte sein Geld, [14]bis er schließlich nichts mehr besaß. In dieser Zeit brach eine große Hungersnot aus. Es ging ihm sehr schlecht. [15]In seiner Verzweiflung bettelte er so lange bei einem Bauern, bis der ihn zum Schweinehüten auf die Felder schickte. [16]Oft quälte ihn der Hunger so, dass er sogar über das Schweinefutter froh gewesen wäre. Aber nicht einmal davon erhielt er etwas. [17]Da kam er zur Besinnung: ‹Bei meinem Vater hat jeder Arbeiter mehr als genug zu essen, und ich sterbe hier vor Hunger. [18]Ich will zu meinem Vater gehen und ihm sagen: Vater, ich bin schuldig geworden an Gott und an dir. [19]Sieh mich nicht länger als deinen Sohn an, ich bin es nicht mehr wert. Aber kann ich nicht als Arbeiter bei dir bleiben?› [20]Er machte sich auf den Weg und ging zurück zu seinem Vater. Der erkannte ihn schon von weitem. Voller Mitleid lief er ihm entgegen, fiel ihm um den Hals und küsste ihn. [21]Doch der Sohn sagte: ‹Vater, ich bin schuldig geworden an Gott und an dir. Sieh mich nicht länger als deinen Sohn an, ich bin es nicht mehr wert.› [22]Sein Vater aber befahl den Knechten: ‹Beeilt euch! Holt das schönste Gewand im Haus, und gebt es meinem Sohn. Bringt auch einen Ring und Sandalen für ihn! [23]Schlachtet das Mastkalb! Wir wollen essen und feiern! [24]Mein Sohn war tot, jetzt lebt er wieder. Er war verloren, jetzt ist er wiedergefunden.› Und sie begannen ein fröhliches Fest. [25]Inzwischen kam der ältere Sohn nach Hause. Er hatte auf dem Feld gearbeitet und hörte schon von weitem die Tanzmusik. [26]Erstaunt fragte er einen Knecht: ‹Was wird denn hier gefeiert?› [27]‹Dein Bruder ist wieder da›, antwortete er ihm. ‹Dein Vater hat sich darüber so gefreut, dass er das Mastkalb schlachten ließ. Jetzt feiern sie ein großes Fest.› [28]Der ältere Bruder wurde wütend und wollte nicht ins Haus gehen. Da kam sein Vater zu ihm heraus und bat: ‹Komm und freu dich mit uns!› [29]Doch er entgegnete ihm bitter: ‹All diese Jahre habe ich mich für dich geschunden. Alles habe ich getan, was du von mir verlangt hast. Aber nie hast du mir auch nur eine junge Ziege gegeben, damit ich mit meinen Freunden einmal richtig hätte feiern können. ³⁰Und jetzt, wo dein Sohn zurückkommt, der dein Geld mit Huren durchgebracht hat, jetzt lässt du sogar das Mastkalb schlachten!› ³¹Sein Vater redete ihm zu: ‹Mein Sohn, du bist immer bei mir gewesen. Was ich habe, gehört auch dir. ³²Darum komm, wir haben allen Grund zu feiern. Denn dein Bruder war tot, jetzt hat er ein neues Leben begonnen. Er war verloren, jetzt ist er wiedergefunden!›»

Lukas 16,19–31 «Da lebte einmal ein reicher Mann», erzählte Jesus. «Er war immer sehr vornehm gekleidet und konnte sich Tag für Tag jeden Luxus leisten. ²⁰Vor dem Portal seines Hauses aber lag Lazarus, bettelarm und schwer krank. Sein Körper war über und über mit Geschwüren bedeckt. ²¹Während er dort um die Abfälle aus der Küche bettelte, kamen die Hunde und beleckten seine offenen Wunden. ²²Lazarus starb, und die Engel brachten ihn in den Himmel; dort durfte er den Ehrenplatz an Abrahams Seite einnehmen. Auch der reiche Mann starb und wurde begraben. ²³Als er im Totenreich unter Qualen erwachte, blickte er auf und erkannte in weiter Ferne Abraham, der Lazarus bei sich hatte. ²⁴‹Vater Abraham›, rief der Reiche laut, ‹hab Mitleid mit mir! Schick mir doch Lazarus! Er soll seine Fingerspitze ins Wasser tauchen und damit meine Zunge kühlen. Ich leide in diesen Flammen furchtbare Qualen!› ²⁵Aber Abraham erwiderte: ‹Mein Sohn, erinnere dich! Du hast in deinem Leben alles gehabt, Lazarus hatte nichts. Jetzt geht es ihm gut, und du

musst leiden. ²⁶Außerdem liegt zwischen uns ein tiefer Abgrund. Niemand kann von der einen Seite zur anderen kommen, selbst wenn er es wollte.› ²⁷‹Vater Abraham›, bat jetzt der Reiche, ‹dann schick Lazarus doch wenigstens in das Haus meines Vaters ²⁸zu meinen fünf Brüdern. Er soll sie warnen, damit sie nach ihrem Tod nicht auch an diesen qualvollen Ort kommen.› ²⁹Aber Abraham entgegnete: ‹Deine Brüder sollen auf das hören, was sie bei Mose und den Propheten lesen können.› ³⁰Der Reiche widersprach: ‹Nein, Vater Abraham, erst wenn einer von den Toten zu ihnen käme, würden sie ihr Leben ändern.› ³¹Doch Abraham blieb dabei: ‹Wenn sie nicht auf Mose und die Propheten hören, werden sie sich auch nicht überzeugen lassen, wenn einer von den Toten aufersteht.›»

Lukas 17,3–6 «Nehmt euch in Acht! Wenn dein Bruder Schuld auf sich geladen hat, dann sag ihm, was er falsch gemacht hat. Tut es ihm leid, dann vergib ihm! ⁴Und wenn er dir siebenmal am Tag Unrecht tut und dich immer wieder um Vergebung bittet: Vergib ihm!» ⁵Die Jünger baten Jesus, den Herrn: «Hilf uns, dass unser Glaube größer wird!» ⁶Darauf antwortete er: «Selbst wenn euer Glaube so winzig wäre wie ein Senfkorn, könntet ihr diesem Maulbeerbaum befehlen: ‹Reiß dich aus der Erde und verpflanze dich ins Meer!› – es würde sofort geschehen.»

Lukas 18,10–14 «Zwei Männer gingen in den Tempel, um zu beten. Der eine war ein Pharisäer, der andere ein Zolleinnehmer. ¹¹Selbstsicher stand der Pharisäer dort und betete: ‹Ich danke dir, Gott, dass ich nicht so bin wie andere Leute: kein Räuber, kein Gottloser, kein Ehebrecher und schon gar nicht wie dieser Zolleinnehmer da hinten. [12]Ich faste zweimal in der Woche und gebe von allen meinen Einkünften den zehnten Teil für Gott.› [13]Der Zolleinnehmer dagegen blieb verlegen am Eingang stehen und wagte kaum aufzusehen. Schuldbewusst betete er: ‹Gott, vergib mir, ich weiß, dass ich ein Sünder bin!› [14]Ihr könnt sicher sein, dieser Mann ging von seiner Schuld befreit nach Hause, nicht aber der Pharisäer. Denn wer sich selbst ehrt, wird gedemütigt werden; aber wer sich selbst erniedrigt, wird geehrt werden.»

Lukas 23,40–43 Aber der [Verbrecher] am anderen Kreuz wies ihn zurecht: «Fürchtest du Gott nicht einmal jetzt, kurz vor dem Tod? [41]Wir werden hier zu Recht bestraft. Wir haben den Tod verdient. Der hier aber ist unschuldig; er hat nichts Böses getan.» [42]Zu Jesus sagte er: «Denk an mich, wenn du in dein Königreich kommst!» [43]Da antwortete ihm Jesus: «Ich versichere dir: Noch heute wirst du mit mir im Paradies sein.»

Lukas 24,46–47 Er sagte: «Es steht doch dort geschrieben: Der Messias muss leiden und sterben, und er wird am dritten Tag von den Toten auferstehen. [47]Alle Völker sollen diese Botschaft hören: Gott wird jedem, der zu ihm umkehrt, die Schuld vergeben. Das soll zuerst in Jerusalem verkündet werden.»

Offenbarung 2,4–5 «Aber das eine habe ich gegen dich: Deine Liebe ist nicht mehr so stark wie früher. [5]Erinnere dich daran, mit welcher Hingabe du einmal begonnen hast. Was ist davon geblieben? Kehre um, und handle wieder so wie zu Beginn. Sonst werde ich kommen und deinen Leuchter von seinem Platz stoßen.

[6]Eins aber will ich dir zugute halten: Dir ist das Treiben der Nikolaïten ebenso verhasst wie mir. [7]Hört genau hin, und achtet darauf, was Gottes Geist den Gemeinden sagt. Denn wer durchhält und den Sieg erringt, dem will ich die Früchte vom Baum des Lebens zu essen geben, der in Gottes Paradies steht.»

Offenbarung 2,16 «Kehr zu mir um, sonst werde ich sehr schnell zu dir kommen und gegen diese Leute mit dem Schwert aus meinem Mund kämpfen.»

Offenbarung 3,1–3 «Schreib an den Engel der Gemeinde in *Sardes:* Das sagt der, dem die sieben Geister Gottes dienen und der die sieben Sterne in seiner Hand hält. Ich weiß alles, was du tust. Du giltst als lebendige Gemeinde, aber in Wirklichkeit bist du tot. [2]Wach auf und stärke die wenigen, deren Glaube noch lebendig ist, bevor auch ihr Glaube stirbt. Denn so, wie du bisher gelebt hast, kannst du vor Gott nicht bestehen. [3]Hast du denn ganz vergessen, wie du Gottes Botschaft gehört und aufgenommen hast? Besinn dich wieder darauf, und kehr um zu Gott. Wenn du nicht wach wirst, werde ich plötzlich da sein, unerwartet wie ein Dieb. Und du wirst nicht wissen, wann ich komme.»

Offenbarung 3,15–19 «Ich kenne dich genau und weiß alles, was du tust. Du bist weder kalt noch heiß. Ach, wärst du doch das eine oder das andere! [16]Aber du bist lau, und deshalb werde ich dich ausspucken. [17]Du bildest dir ein: ‹Ich bin reich und habe alles, was ich brauche!› Da machst du dir selbst etwas vor! Du merkst gar nicht, wie jämmerlich du in Wirklichkeit dran bist: arm, blind und nackt. [18]Darum solltest du dich endlich um den wahren Reichtum bemühen, um das reine Gold, das im Feuer geläutert wurde. Nur dieses Gold macht dich reich, und nur von mir kannst du es bekommen. Lass dir auch die weißen Kleider von mir geben, damit du nicht länger nackt und bloß dastehst. Kauf dir Augensalbe, die deine blinden Augen heilt. [19]Bei allen, die ich liebe, decke ich die Schuld auf und erziehe sie mit Strenge. Nimm dir das zu Herzen, und kehr um zu Gott!»

18 Unglaube und warum manche nicht glauben

Johannes 3,17–20 «Gott hat nämlich seinen Sohn nicht zu den Menschen gesandt, um über sie Gericht zu halten, sondern um sie zu retten. [18]Wer an ihn glaubt, der wird nicht verurteilt werden. Wer aber nicht an den einzigen Sohn Gottes glaubt, über den ist wegen seines Unglaubens das Urteil schon gesprochen. [19]Und so vollzieht sich das Urteil: Das Licht ist in die Welt gekommen, aber die Menschen lieben die Finsternis mehr als das Licht. Denn alles, was sie tun, ist böse. [20]Wer Böses tut, scheut das Licht und bleibt lieber im Dunkeln, damit niemand seine Taten sehen kann.»

Johannes 4,48 «Wenn ihr nicht immer neue Zeichen und Wunder seht, glaubt ihr nicht», hielt Jesus ihm entgegen.

Johannes 5,36–40 «Doch ich habe noch wichtigere Zeugen als Johannes: die Taten nämlich, die ich im Auftrag meines Vaters vollbringe. Sie beweisen, dass der Vater mich gesandt hat. [37]Gott selbst, der mich gesandt hat, ist also mein Zeuge. Aber ihr habt noch niemals seine Stimme gehört,

habt ihn nie gesehen. [38]Ihr lebt nicht nach dem, was er gesagt hat; sonst würdet ihr den nicht ablehnen, den Gott zu euch gesandt hat. [39]Ihr lest die Heilige Schrift gründlich, um ewiges Leben zu finden. Und tatsächlich weist sie auf mich hin. [40]Dennoch wollt ihr nicht zu mir kommen, um ewiges Leben zu haben.»

Johannes 5,46–47 «Denn in Wirklichkeit glaubt ihr Mose gar nicht; sonst würdet ihr auch mir glauben. Schließlich hat doch Mose von mir geschrieben. [47]Wenn ihr aber nicht einmal glaubt, was er geschrieben hat, wie könnt ihr dann glauben, was ich euch sage?»

Johannes 6,26 Jesus antwortete ihnen: «Ich weiß, weshalb ihr zu mir kommt: doch nur, weil ihr von mir Brot bekommen habt und satt geworden seid; nicht weil ihr verstanden hättet, was dieses Wunder bedeutet!»

Johannes 6,35–36 «Ich bin das Brot des Lebens», sagte Jesus zu ihnen. «Wer zu mir kommt, wird niemals wieder Hunger leiden, und wer an mich glaubt, wird nie wieder Durst haben. [36]Doch ich habe euch ja schon einmal gesagt: Ihr glaubt nicht an mich, obwohl ihr mich mit euren eigenen Augen seht.»

Johannes 8,19 «Wo ist denn dein Vater?», fragten sie daraufhin. Jesus antwortete: «Ihr wisst ja nicht einmal, wer *ich* bin; deshalb kennt ihr meinen Vater erst recht nicht. Wenn ihr mich kennen würdet, wüsstet ihr auch, wer mein Vater ist.»

Johannes 8,21.23–24 Später sagte Jesus noch einmal zu ihnen: «Ich gehe fort. Ihr werdet mich dann verzweifelt suchen, aber ihr werdet in euren Sünden umkommen. Ihr könnt nicht dorthin gehen, wo ich sein werde.» […] ²³Dazu sagte ihnen Jesus: «Ihr seid von hier unten; ich komme von oben. Ihr gehört zu dieser Welt; ich gehöre nicht zu dieser Welt. ²⁴Deshalb habe ich gesagt: Ihr werdet in euren Sünden umkommen. Wenn ihr nicht glaubt, dass ich es bin, gibt es keine Rettung für euch.»

Johannes 10,25–27 «Ich habe es euch schon gesagt, aber ihr wollt mir ja nicht glauben», antwortete Jesus. «All das, was ich im Auftrag meines Vaters getan habe, sollte als Beweis genügen. ²⁶Aber ihr glaubt mir nicht, denn ihr gehört nicht zu meiner Herde. Das habe ich euch bereits gesagt. ²⁷Meine Schafe erkennen meine Stimme; ich kenne sie, und sie folgen meinem Ruf.»

Johannes 12,47–48 «Wenn jemand auf meine Botschaft hört und nicht danach handelt, so werde ich ihn nicht verurteilen. Denn ich bin nicht als Richter der Welt gekommen, sondern als ihr Retter. ⁴⁸Wer mich ablehnt und nicht nach meiner Botschaft lebt, der hat schon seinen Richter gefunden. Was ich verkündet habe, wird ihn am Tag des Gerichts verurteilen.»

Johannes 15,20–21 «Erinnert euch daran, dass ich gesagt habe: ‹Ein Knecht steht niemals höher als sein Herr.› Deshalb werden sie euch verfolgen, wie sie mich verfolgt haben. Und wenn sie auf das gehört haben, was ich gesagt habe, werden sie auch auf euch hören. ²¹Das alles wird mit euch geschehen, weil ihr zu mir gehört; denn die Welt kennt Gott nicht, der mich gesandt hat.»

Johannes 16,2–3 «Denn man wird euch aus der Gemeinschaft des jüdischen Volkes ausschließen. Ja, es wird so weit kommen, dass man meint, Gott einen Dienst zu erweisen, wenn man euch tötet. ³Zu all dem werden Menschen fähig sein, weil sie meinen Vater und mich nicht kennen.»

Matthäus 14,29–31 «Komm her!», antwortete Jesus. Petrus stieg aus dem Boot und ging Jesus auf dem Wasser entgegen. ³⁰Als Petrus aber die hohen Wellen sah, erschrak er, und im selben Augenblick begann er zu sinken. «Herr, hilf mir!», schrie er. ³¹Jesus streckte ihm die Hand entgegen, ergriff ihn und sagte: «Hast du so wenig Glauben, Petrus? Vertrau mir doch!»

Matthäus 17,17 Jesus rief: «Warum vertraut ihr Gott so wenig? Warum hört ihr nicht auf ihn? Wie lange muss ich noch bei euch sein und euch ertragen? Bringt das Kind her zu mir!»

Matthäus 17,19–20 Als sie später unter sich waren, fragten die Jünger Jesus: «Weshalb konnten wir diesen Dämon nicht austreiben?» ²⁰«Weil ihr nicht wirklich glaubt», antwortete Jesus. «Wenn euer Glaube nur so groß wäre wie ein Senfkorn, könntet ihr zu diesem Berg sagen: ‹Rücke von hier dorthin!›, und es würde geschehen. Nichts wäre euch unmöglich!»

Matthäus 21,28–32 «Was sagt ihr dazu: Ein Mann hatte zwei Söhne. Er bat den ersten: ‹Mein Sohn, arbeite heute in unserem Weinberg!› ²⁹‹Ich will aber nicht!›, entgegnete dieser. Später tat es ihm leid, und er ging doch an die Arbeit. ³⁰Auch den zweiten Sohn forderte der Vater auf, im Weinberg zu arbeiten. ‹Ja, Herr›, antwortete der. Doch er ging nicht hin. ³¹Wer von den beiden Söhnen hat nun getan, was der Vater wollte?» Sie antworteten: «Der erste natürlich!» Da sagte Jesus: «Eins ist sicher: Die betrügerischen Zolleinnehmer und Huren kommen eher in Gottes neue Welt als ihr. ³²Johannes der Täufer zeigte euch den

Weg zu Gott und forderte euch auf, zu Gott umzukehren. Aber ihr wolltet nichts von ihm wissen. Die Betrüger und Huren dagegen folgten seinem Ruf. Und obwohl ihr das gesehen habt, kamt ihr nicht zur Besinnung und wolltet ihm immer noch nicht glauben.»

Markus 4,37–40 Da brach ein gewaltiger Sturm los. Hohe Wellen schlugen ins Boot, es lief voll Wasser und drohte zu sinken. [38]Jesus aber schlief hinten im Boot auf einem Kissen. Da rüttelten ihn die Jünger wach und schrien voller Angst: «Herr, wir gehen unter! Merkst du das nicht?» [39]Sofort stand Jesus auf, bedrohte den Wind und rief in das Toben des Sees: «Sei still und schweig!» Da legte sich der Sturm, und es wurde ganz still. [40]«Warum hattet ihr solche Angst?», fragte Jesus seine Jünger. «Habt ihr denn gar kein Vertrauen zu mir?» [41]Voller Entsetzen flüsterten die Jünger einander zu: «Was ist das für ein Mensch! Selbst Wind und Wellen gehorchen ihm!»

Markus 6,4–6 Da sagte Jesus: «Nirgendwo gilt ein Prophet weniger als in seiner Heimat, bei seinen Verwandten und in seiner eigenen Familie.» [5]So konnte er dort keine Wunder tun. Nur einigen Kranken legte er die Hände auf, und sie wurden gesund. [6]Er wunderte sich über den Unglauben der Leute. Darum ging er in andere Dörfer und sprach dort überall zu den Menschen.

Markus 6,48–51 Jesus sah, dass sie kaum noch das Boot steuern konnten, weil sie gegen einen schweren Sturm anzukämpfen hatten. In den frühen Morgenstunden kam er auf dem Wasser zu ihnen. Er war schon beinahe an ihnen vorüber,

[49]als die Jünger ihn auf dem Wasser gehen sahen. Sie schrien vor Entsetzen, denn sie hielten ihn für ein Gespenst. [50]Alle sahen ihn und waren zu Tode erschrocken. Aber Jesus sprach sie sofort an: «Habt keine Angst! Ich bin es doch! Fürchtet euch nicht!» [51]Er stieg zu ihnen ins Boot, und gleich legte sich der Sturm. Die Jünger aber waren fassungslos und wussten nicht, was sie sagen sollten.

Markus 16,14–16 Wenig später erschien Jesus den elf Jüngern, während sie gemeinsam aßen. Er wies sie zurecht, weil sie in ihrem Unglauben und Starrsinn nicht einmal denen glauben wollten, die ihn nach seiner Auferstehung gesehen hatten. [15]Dann sagte er zu ihnen: «Geht hinaus in die ganze Welt und verkündet allen Menschen die rettende Botschaft. [16]Denn wer glaubt und getauft ist, der wird gerettet werden. Wer aber nicht glaubt, der wird verurteilt werden.» [25]

Lukas 8,23–25 Mitten auf dem See brach plötzlich ein gewaltiger Sturm los, und die Wellen schlugen ins Boot. In höchster Not [24]rüttelten die Jünger Jesus wach: «Herr!», schrien sie, «Herr, wir gehen unter!» Jesus stand auf und bedrohte den Wind und die Wellen. Da legte sich der Sturm, und es wurde ganz still. [25]«Wo ist denn euer Glaube?», wollte Jesus von ihnen wissen. Entsetzt und erstaunt fragten sich die Jünger untereinander: «Was ist das für ein Mensch? Selbst Wind und Wellen gehorchen ihm, wenn er es befiehlt!»

---

[25] In den frühesten Handschriften des Markus-Evangeliums ist Markus 16,9–20 nicht vorhanden.

Lukas 9,41 Da rief Jesus: «Warum vertraut ihr Gott so wenig? Warum hört ihr nicht auf ihn? Wie lange muss ich noch bei euch sein und euch ertragen? Bring deinen Sohn her!»

Lukas 12,22–28 Jesus sagte zu seinen Jüngern: «Macht euch keine Sorgen um euren Lebensunterhalt, um Essen und Kleidung. [23]Leben bedeutet mehr als Essen und Trinken, und der Mensch ist wichtiger als seine Kleidung. [24]Seht euch die Raben an! Sie säen nichts und ernten nichts, sie haben keine Vorratskammern und keine Scheunen; aber Gott versorgt sie doch. Meint ihr nicht, dass ihr ihm viel wichtiger seid? [25]Und wenn ihr euch noch so viel sorgt, könnt ihr doch euer Leben um keinen Augenblick verlängern. [26]Wenn ihr aber nicht einmal das könnt, was sorgt ihr euch um all die anderen Dinge? [27]Seht euch an, wie die Lilien blühen! Sie können weder spinnen noch weben. Ich sage euch, selbst König Salomo war in seiner ganzen Herrlichkeit nicht so prächtig gekleidet wie eine dieser Blumen. [28]Wenn Gott sogar das Gras so schön wachsen lässt, das heute auf der Wiese grünt, morgen aber schon verbrannt wird, wie könnte er euch dann vergessen? Vertraut ihr Gott so wenig?»

Lukas 17,3–6 «Nehmt euch in Acht! Wenn dein Bruder Schuld auf sich geladen hat, dann sag ihm, was er falsch gemacht hat. Tut es ihm leid, dann vergib ihm! [4]Und wenn er dir siebenmal am Tag Unrecht tut und dich immer wieder um Vergebung bittet: Vergib ihm!» [5]Die Jünger baten Jesus, den Herrn: «Hilf uns, dass unser Glaube größer wird!» [6]Darauf antwortete er: «Selbst wenn euer Glaube so winzig wäre wie ein Senfkorn, könntet ihr diesem Maulbeerbaum befehlen: ‹Reiß dich aus der Erde und verpflanze dich ins Meer!› – es würde sofort geschehen.»

Lukas 24,25–26 Darauf sagte Jesus zu ihnen [zwei Menschen auf dem Weg nach Emmaus]: «Wie wenig versteht ihr doch! Warum begreift und glaubt ihr nicht, was die Propheten gesagt haben? [26]Musste Christus nicht all dies erleiden, bevor Gott ihn zum Herrn über alles einsetzt?»

9

Jesus im O-Ton über zwischenmenschliche Beziehungen

*Was Jesus darüber gesagt hat, wie man gut mit anderen
Menschen auskommt*

Auf einer Skala von eins bis zehn, wie würden Sie Ihre Beziehungen zu anderen Menschen einschätzen? Falls Sie verheiratet sind, beginnen Sie mit Ihrer Beziehung zu Ihrem Ehepartner. Dann bewerten Sie Ihre Beziehung zu jedem Ihrer Kinder. Wie sieht es mit Ihren Eltern und Geschwistern aus? Und die Leute, mit denen Sie beruflich zu tun haben?

Wenn eine Beziehung nicht so gut ist, wie wir es gern hätten, suchen wir den Grund schnell bei dem anderen: «Wenn er nur auch einmal …» oder «Wenn sie nur nicht ständig …». Dieses Spielchen beherrschen wir von Kindesbeinen an. Aber Jesus zeigt uns: Wenn wir anderen die Schuld zuweisen für das, was doch wir angerichtet haben, ist das nicht nur ein Vergehen gegen Gott, sondern es ist auch Gift für unsere Beziehungen. Wir alle wünschen uns bessere Beziehungen, aber es fällt uns so schwer, unsere natürlichen Neigungen hinter uns zu lassen. Die Worte Jesu in diesem Kapitel können in jeder Ihrer Beziehungen große Veränderungen bewirken. Nachhaltige Veränderung.

Die Frage, die nur Gott beantworten kann

In diesem Kapitel finden sich die stärksten und wichtigsten Lehren, die je über zwischenmenschliche Beziehungen verkündet wurden. Als Jesus gefragt wurde, welches von den vielen Geboten Gottes das wichtigste sei, antwortete er: «Dies ist das wichtigste Gebot: ‹Hört, ihr Israeliten! Der Herr ist unser Gott, der Herr allein. Ihn sollt ihr von ganzem Herzen lieben, mit ganzer Hingabe, mit eurem ganzen Verstand und mit all eurer Kraft.› Ebenso wichtig ist das andere Gebot: ‹Liebe deinen Mitmenschen wie dich selbst!› Kein anderes Gebot ist wichtiger als diese beiden» (Markus 12,29–31). Beim Lesen dieser Bibelstelle wird oft übersehen, dass Jesus antwortete wie aus der Pistole geschossen. Jesus brauchte keine Denkpause einzulegen; da steht nicht: «Gute Frage. Ich denk mal kurz darüber nach.»

Keiner außer Gott hatte das Wissen oder das Recht, diese Frage zu beantworten, aber Jesus antwortete souverän und ohne eine Sekunde nachdenken zu müssen. Wie konnte das sein? Seit Ewigkeiten war er mit Gott dem Vater verbunden gewesen, er kannte jeden Gedanken Gottes, er wusste genau, was ihm wichtig war und was am wichtigsten. Er kannte die Gesinnung und das Herz des Vaters so gut, wie der Vater Jesu Gesinnung und Jesu Herz kannte.

Vielleicht hätten wir das ja erwartet, dass das größte Gebot ist, dass wir Gott lieben sollten von ganzem Herzen, mit ganzer Hingabe, mit unserem ganzen Verstand und mit aller Kraft. Aber wer von uns hätte gedacht, dass gleich danach die Nächstenliebe kommt und dass sie so stark sein soll wie unsere Liebe zu uns selbst? Was ist mit «Du sollst nicht töten» oder «Du sollst nicht stehlen»? Was ist mit «Du sollst den Feiertag heiligen»? Sie alle gehören zu den Zehn Geboten, aber «Liebe deinen Mitmenschen wie dich selbst», das stand auf den steinernen Tafeln nicht. Und doch zählte Jesus dieses Gebot aus dem dritten Buch Mose als nächstwichtigstes auf – gleich nach dem Gebot, Gott zu lieben.

Was bedeutet das, meinen Mitmenschen, meinen Nächsten zu lieben wie mich selbst? Wie soll das möglich sein, dass ich jemand anderen so sehr liebe, wie ich mich automatisch um das kümmere, was ich selbst brauche und was mir wichtig ist? Das geht uns Menschen doch wirklich gegen den Strich. Zuerst muss ich herausfinden, wer genau mein Nächster ist, und dann ist da noch die Frage, *wie* ich ihn lieben soll. In den Worten Jesu in diesem Kapitel finden Sie die Antwort auf all diese Fragen.

Viele seiner Antworten laufen unseren natürlichen Neigungen total zuwider, und vom gesunden Menschenverstand sind sie Lichtjahre entfernt. Ein Beispiel: Jesus sagt, wir sollen die segnen, die uns fluchen, und denen Gutes tun, die uns hassen. Und das ist nur die Spitze des Eisbergs. Wenn wir einen Konflikt haben, sagt Jesus uns genau, wie wir vorgehen sollen, um Versöhnung in Gang zu bringen und den Konflikt zu lösen – auch wenn wir die Opfer sind. (Wir würden eher denken: *Ich habe nicht angefangen, also warte ich auf die Entschuldigung.*) Jesus interessiert es kein bisschen, wer angefangen hat. Er sagt seinen Nachfolgern, dass *sie* den Konflikt zu lösen haben und dass sie dabei so vorgehen sollen, wie Gott es sagt.

Und dann ist da noch die Sache mit der Vergebung. Jesus befiehlt uns, jemandem, der uns immer wieder *das Gleiche* antut, vierhundertneunzigmal zu vergeben (Matthäus 18,22)! Und zwar ohne dazuzusagen, dass der Schuldige vorher um Vergebung gebeten hätte. Schon als er den Jüngern sagte, sie sollten «siebenmal am Tag» vergeben, flehten sie ihn an: «Hilf uns, dass unser Glaube größer wird!» (Lukas 17,4–5). Doch wenn die Macht der Worte Jesu unser Herz verändert, ist es nicht mehr schwerer, jemandem zu vergeben, der uns verletzt hat und das völlig in Ordnung findet, als jemandem zu vergeben, dem es leid tut.

Bereit zur Veränderung?

Jesu Offenbarungen über Vergebung hinterfragen uns. Sie verändern unser Leben, aber sie geben uns auch Leben! Und zwar dadurch, dass wir zuerst sein Angebot der Vergebung annehmen. Denn erst dadurch werden wir überhaupt fähig, anderen zu vergeben. Und so hinterfragen uns seine Offenbarungen, denn für Jesus ist unsere Vergebungsbereitschaft ein Zeichen, dass wir geistliches Leben haben, dass wir von neuem geboren wurden.

Wenn dieses Zeichen komplett fehlt, müssen wir daraus schließen, dass wir möglicherweise nicht von neuem geboren sind und dass unser Glaube an Jesus eher eine Denkübung ist als ein rettender Glaube. Jesus sagt uns wiederholt: «Wenn ihr ihnen aber nicht vergeben wollt, dann wird Gott auch eure Schuld nicht vergeben» (Matthäus 6,15). Und ohne Gottes Vergebung, die wir immer wieder in Anspruch nehmen können, weil wir auch immer wieder sündigen, können wir nicht ins Reich Gottes hineingelangen.

Aber Jesus hört damit noch nicht auf. Zu unserem Glück zeigt er uns in einer großartigen Beispielgeschichte, *wie* genau wir zu einem vergebungsbereiten Herzen kommen können. Der Schlüssel ist, dass uns klar wird, dass uns selbst vergeben wurde und wie schwer unsere Vergehen gegen Gott sind.

Wenn wir begreifen, wie hoffnungslos schuldig wir ihm gegenüber sind, wie wunderbar sein Sühneopfer war und welch große Schuld er uns persönlich vergeben hat, wenn uns klar wird, wie Jesus durch sein Leiden und mit seinem Blut unsere «Zehn-Millionen-Schuld» bezahlt hat, wie könnte es dann sein, dass wir anderen *nicht* die «zehn Cent» erlassen, die sie uns schulden? Doch das sind nur meine Worte. Die Worte Jesu sind viel mächtiger und befreiender.

Jesu Worte über Vergebung sind lebensverändernd. Wenn wir die Macht wahrer Vergebung erleben, werden unsere Verletzungen, unser Zorn, unsere Bitterkeit und unser Groll verwandelt in Friede, Freude, Zufriedenheit und Liebe. Die drückende Last wird von unseren Schultern genommen, und wir sind frei, andere so zu lieben, wie Gott uns liebt.

Jesu Worte über Vergebung sind Leben spendend. Wenn wir denen vergeben, die uns verletzt haben, lernen wir Gottes Liebe und Barmherzigkeit besser kennen, und wir werden dankbar. Diese Dankbarkeit führt uns in eine innigere Gemeinschaft mit Jesus Christus. Er gibt uns seine «Quelle lebendigen Wassers», die wahrlich Leben und Erfrischung in unser Innerstes bringt. Unsere Beziehung zu ihm wird zum Dreh- und Angelpunkt unseres Lebens, und das verhärtete Herz, das für Gott und andere unzugänglich war, wird weich und reagiert bereitwillig auf die Impulse des Heiligen Geistes. Unsere Vergebungsbereitschaft ist Gottes Lackmustest für unser geistliches Leben und die Echtheit unseres Glaubens an Jesus Christus, und deshalb gibt es nur wenige Themen, die noch wichtiger sind für unser Leben mit Gott.

So viel zu Jesu Weisheit über Vergebung anderer Menschen gegenüber. Aber auch seine Worte über das Richten werden Ihr Denken und Ihr Leben verändern; auch hier spricht Jesus ernste Warnungen aus. Er ist heilig, gerecht und vollkommen in allem, was er tut, auch in seinen Urteilen, aber er zeigt uns, dass wir uns oft gewaltig irren, wenn wir andere beurteilen. Wenn wir über die Schwächen und Fehler anderer sprechen, sieben wir Mücken aus, aber wenn es um unser eigenes massives Versagen geht, verschlucken wir gleich ganze Kamele. Doch auch hier kann Jesu Leuchtspur uns aus der Sackgasse lotsen und in eine Richtung lenken, die nicht nur uns glücklich macht, sondern auch anderen zum Segen wird, wenn wir ihnen Liebe erweisen und Ermutigung zusprechen.

Bessere Beziehungen zu allen Menschen, die uns begegnen? Ja, das ist möglich, aber es geschieht nicht automatisch. Jesus hat beides, die Offenbarung und die Macht, um uns von unserer menschlichen Natur zu befreien. Vielleicht sind Sie zunächst einfach gehorsam und tun, was Jesus gesagt hat, dass wir es tun sollen, und es mag sich wie blinder Gehorsam anfühlen – aber es kann zu einem Lebensstil werden, der in jeder unserer Beziehungen Jesus Christus ehrt. Ich bete, dass Ihre Augen aufgehen und Sie Jesu Weisheit und Macht erkennen – und dass Sie lernen, auf dem Weg zu gehen, der Sie zu einer innigen Liebesbeziehung zu Gott führt und zu Gott wohlgefälligen Beziehungen zu anderen Menschen.

1 Andere richten und verurteilen

Johannes 7,24 «Richtet nicht nach dem äußeren Schein, sondern urteilt gerecht!»

Johannes 8,3–11 Da schleppten die Schriftgelehrten und Pharisäer eine Frau heran, die beim Ehebruch überrascht worden war, stießen sie in die Mitte ⁴und sagten zu Jesus: «Lehrer, diese Frau wurde auf frischer Tat beim Ehebruch ertappt. ⁵Im Gesetz hat Mose uns befohlen, eine solche Frau zu steinigen. Was meinst du dazu?» ⁶Sie fragten dies, um Jesus auf die Probe zu stellen und ihn dann anklagen zu können. Aber Jesus bückte sich nur und schrieb mit dem Finger auf die Erde. ⁷Als sie nicht locker ließen, richtete er sich auf und sagte: «Wer von euch noch nie gesündigt hat, soll den ersten Stein auf sie werfen!» ⁸Dann bückte er sich wieder und schrieb weiter auf die Erde. ⁹Als die Menschen das hörten, gingen sie einer nach dem anderen davon – die älteren zuerst. Schließlich war Jesus mit der Frau allein. ¹⁰Da stand er auf und fragte sie: «Wo sind jetzt deine Ankläger? Hat dich denn keiner verurteilt?» ¹¹«Nein, Herr», antwortete sie. «Dann verurteile ich dich auch nicht», entgegnete ihr Jesus. «Geh, aber sündige nun nicht mehr!»

Johannes 8,15–16 «Ihr urteilt über mich nach dem äußeren Schein. Ich urteile über niemanden so. ¹⁶Wenn ich aber über jemanden das Urteil spreche, dann ist mein Urteil gerecht. Denn ich richte nicht allein, sondern der Vater, der mich gesandt hat, spricht das Urteil.»

Matthäus 7,1–5 «Urteilt nicht über andere, damit Gott euch nicht verurteilt. ²Denn so wie ihr jetzt andere verurteilt, werdet auch ihr verurteilt werden. Und mit dem Maßstab, den ihr an andere legt, wird man euch selber messen. ³Warum siehst du jeden kleinen Splitter im Auge deines Bruders, aber den Balken in deinem eigenen Auge bemerkst du nicht? ⁴Du sagst: ‹Mein Bruder, komm her! Ich will dir den Splitter aus dem Auge ziehen!› Dabei hast du selbst einen Balken im Auge! ⁵Du Heuchler! Entferne zuerst den Balken aus deinem Auge, dann kannst du klar sehen, um auch den Splitter aus dem Auge deines Bruders zu ziehen.»

Lukas 6,37–38 «Richtet nicht über andere, dann werdet ihr auch nicht gerichtet werden! Verurteilt keinen Menschen, dann werdet auch ihr nicht verurteilt! Wenn ihr bereit seid, anderen zu vergeben, dann wird auch euch vergeben werden. ³⁸Gebt, was ihr habt, dann werdet ihr so reich beschenkt werden, dass ihr gar nicht alles aufnehmen könnt. Mit dem Maßstab, den ihr an andere legt, wird man auch euch messen.»

Lukas 6,41–42 «Warum siehst du jeden kleinen Splitter im Auge deines Bruders, aber den Balken in deinem Auge bemerkst du nicht? ⁴²Du sagst: ‹Mein Bruder, komm her! Ich will dir den Splitter aus dem Auge ziehen!› Dabei erkennst du nicht, dass du selbst einen Balken in deinem Auge hast. Du Heuchler! Entferne zuerst den Balken aus deinem Auge, dann kannst du klar sehen, um auch den Splitter aus dem Auge deines Bruders zu ziehen.»

2 Anderen vergeben

(Siehe auch Seiten 221 und 401.)

Matthäus 6,9–13 «Ihr sollt deshalb so beten: ‹Unser Vater im Himmel! Dein heiliger Name soll geehrt werden. [10]Lass deine neue Welt beginnen. Dein Wille geschehe hier auf der Erde, wie er im Himmel geschieht. [11]Gib uns auch heute wieder, was wir zum Leben brauchen. [12]Vergib uns unsere Schuld, wie wir denen vergeben, die uns Unrecht getan haben. [13]Lass uns nicht in Versuchung geraten, dir untreu zu werden, und befreie uns vom Bösen.›»

Matthäus 6,14–15 «Euer Vater im Himmel wird euch vergeben, wenn ihr den Menschen vergebt, die euch Unrecht getan haben. [15]Wenn ihr ihnen aber nicht vergeben wollt, dann wird Gott auch eure Schuld nicht vergeben.»

Matthäus 18,15–17 «Wenn dein Bruder Schuld auf sich geladen hat, dann geh zu ihm und sag ihm, was er falsch gemacht hat. Wenn er auf dich hört, hast du deinen Bruder zurückgewonnen. [16]Will er davon nichts wissen, nimm einen oder zwei andere mit, denn durch die Aussage von zwei oder drei Zeugen wird die Sache eindeutig bestätigt. [17]Wenn dein Bruder auch dann nicht hören will, bring den Fall vor die Gemeinde. Nimmt er selbst das Urteil der Gemeinde nicht an, dann behandle ihn wie einen, der von Gott nichts wissen will und ihn verachtet.»

Matthäus 18,21–35 Da fragte Petrus: «Herr, wie oft muss ich meinem Bruder vergeben, wenn er mir Unrecht tut? Ist siebenmal denn nicht genug?» [22]«Nein», antwortete Jesus. «Nicht nur siebenmal, sondern siebzig mal siebenmal. [23]Man kann die neue Welt Gottes mit einem König vergleichen, der mit seinen Verwaltern abrechnen wollte. [24]Zu ihnen gehörte ein Mann, der ihm einen Millionenbetrag schuldete. [25]Aber er konnte diese Schuld nicht bezahlen. Deshalb wollte der König ihn, seine Frau, seine Kinder und seinen gesamten Besitz verkaufen lassen, um wenigstens einen Teil seines Geldes zu bekommen. [26]Doch der Mann fiel vor dem König nieder und flehte ihn an: ‹Herr, hab noch etwas Geduld! Ich will ja alles bezahlen.› [27]Da hatte der König Mitleid. Er gab ihn frei und erließ ihm seine Schulden. [28]Kaum war der Mann frei, ging er zu einem der anderen Verwalter, der ihm einen kleinen Betrag schuldete, packte ihn, würgte ihn und schrie: ‹Bezahl jetzt endlich deine Schulden!› [29]Da fiel der andere vor ihm nieder und bettelte: ‹Hab noch etwas Geduld! Ich will ja alles bezahlen.› [30]Aber der Verwalter wollte nicht warten und ließ ihn ins Gefängnis werfen, bis er alles bezahlt hätte. [31]Als nun die anderen sahen, was sich da ereignet hatte, waren sie empört und berichteten es dem König. [32]Da ließ der König den Verwalter zu sich kommen und sagte: ‹Was bist du doch für ein hartherziger Mensch! Deine ganze Schuld habe ich dir erlassen, weil du mich darum gebeten hast. [33]Hättest du da nicht auch mit meinem anderen Verwalter Erbarmen haben können, so wie ich mit dir?› [34]Zornig übergab er ihn den Folterknechten. Sie sollten ihn erst dann wieder freilassen, wenn er alle seine Schulden zurückgezahlt hätte. [35]Auf die gleiche Art wird mein Vater im Himmel euch behandeln, wenn ihr euch weigert, eurem Bruder wirklich zu vergeben.»

Markus 11,24–25 «Ja, ich sage euch: Um was ihr auch bittet – glaubt fest, dass ihr es schon bekommen habt, und Gott wird es euch geben! [25]Aber wenn ihr ihn um etwas bittet, sollt ihr vorher den Menschen vergeben, mit denen ihr nicht zurechtkommt. Dann wird euch der Vater im Himmel eure Schuld auch vergeben.»

Lukas 6,37–38 «Richtet nicht über andere, dann werdet ihr auch nicht gerichtet werden! Verurteilt keinen Menschen, dann werdet auch ihr nicht verurteilt! Wenn ihr bereit seid, anderen zu vergeben, dann wird auch euch vergeben werden. [38]Gebt, was ihr habt, dann werdet ihr so reich beschenkt werden, dass ihr gar nicht alles aufnehmen könnt. Mit dem Maßstab, den ihr an andere legt, wird man auch euch messen.»

Lukas 17,3–6 «Nehmt euch in Acht! Wenn dein Bruder Schuld auf sich geladen hat, dann sag ihm, was er falsch gemacht hat. Tut es ihm leid, dann vergib ihm! [4]Und wenn er dir siebenmal am Tag Unrecht tut und dich immer wieder um Vergebung bittet: Vergib ihm!» [5]Die Jünger baten Jesus, den Herrn: «Hilf uns, dass unser Glaube größer wird!» [6]Darauf antwortete er: «Selbst wenn euer Glaube so winzig wäre wie ein Senfkorn, könntet ihr diesem Maulbeerbaum befehlen: ‹Reiß dich aus der Erde und verpflanze dich ins Meer!› – es würde sofort geschehen.»

3 Ehe, Scheidung und Wiederheirat

Matthäus 5,31–32 «Bisher hieß es: ‹Wer sich von seiner Frau trennen will, soll ihr eine Scheidungsurkunde geben.› [32]Ich sage euch aber: Wer sich von seiner Frau trennt, obwohl sie ihn nicht betrogen hat, der treibt sie zum Ehebruch. Und wer eine geschiedene Frau heiratet, der begeht Ehebruch.»

Matthäus 10,34–37 «Meint nur nicht, dass ich gekommen bin, um Frieden auf die Erde zu bringen. Nein, ich bringe Kampf! [35]Ich werde Vater und Sohn, Mutter und Tochter, Schwiegertochter und Schwiegermutter gegeneinander aufbringen. [36]Die schlimmsten Feinde werden in der eigenen Familie sein. [37]Wer seinen Vater oder seine Mutter, seinen Sohn oder seine Tochter mehr liebt als mich, der ist es nicht wert, mein Jünger zu sein.»

Matthäus 19,3–6.8–12 Da kamen einige Pharisäer zu Jesus, weil sie ihm eine Falle stellen wollten. Sie fragten ihn: «Darf sich ein Mann von seiner Frau aus jedem beliebigen Grund scheiden lassen?» [4]Jesus antwortete: «Lest ihr denn die Heilige Schrift nicht? Da heißt es doch, dass Gott am Anfang Mann und Frau schuf und sagte: ‹Ein Mann verlässt seine Eltern und verbindet sich so eng mit seiner Frau, dass die beiden eins sind mit Leib und Seele.› [6]Sie sind also eins und nicht länger zwei voneinander getrennte Menschen. Was nun Gott zusammengefügt hat, soll der Mensch nicht scheiden.» […] [8]Jesus antwortete: «Mose erlaubte es, weil er euer hartes Herz kannte. Ursprünglich ist es aber anders gewesen. [9]Ich sage euch: Jeder, der sich von seiner Frau trennt und eine andere heiratet, bricht die Ehe, es sei denn, seine Frau hat ihn betrogen.» [10]Da meinten seine Jünger: «Wenn das mit der Ehe so ist, dann heiratet man besser gar nicht!» [11]Jesus antwortete: «Nicht jeder kann begreifen, was ich jetzt sage, sondern nur die, denen Gott das Verständnis dafür gibt. [12]Manche sind von Geburt an zeugungsunfähig; andere werden es durch menschlichen Eingriff. Und es gibt Menschen, die verzichten auf die Ehe, um Gott besser dienen zu können. Wer es versteht, der richte sich danach!»

Markus 10,2–12 Da kamen einige Pharisäer zu Jesus, weil sie ihm eine Falle stellen wollten. Sie fragten ihn: «Darf sich ein Mann von seiner Frau scheiden lassen?» [3]Jesus fragte zurück: «Was hat Mose denn im Gesetz vorgeschrieben?» [4]Sie antworteten: «Mose hat gesagt: ‹Wenn sich ein Mann von seiner Frau trennt, soll er ihr eine Scheidungsurkunde geben.›» [5]Jesus entgegnete: «Das war nur ein Zugeständnis an euer hartes Herz. [6]Aber Gott hat die Menschen von Anfang an als Mann und Frau geschaffen. [7]‹Darum verlässt ein Mann seine Eltern und verbindet sich so eng mit seiner Frau, [8]dass die beiden eins sind mit Leib und Seele.› Sie sind also eins und nicht länger zwei voneinander getrennte Menschen. [9]Was Gott zusammengefügt hat, soll der Mensch nicht scheiden.» [10]Als sie wieder im Haus waren, wollten seine Jünger noch mehr darüber hören. [11]Jesus sagte ihnen: «Wenn sich ein Mann von seiner Frau trennt und eine andere heiratet, dann ist das Ehebruch. [12]Auch eine Frau bricht die Ehe, wenn sie sich von ihrem Mann trennt und wieder heiratet.»

Markus 12,24–27 Jesus antwortete: «Ihr irrt euch, denn ihr kennt weder die Heilige Schrift noch die Macht Gottes. [25]Wenn die Toten auferstehen, werden sie nicht wie hier auf der Erde verheiratet sein, sondern wie die Engel im Himmel leben. [26]Was nun die Auferstehung der Toten überhaupt betrifft: Habt ihr nicht im Buch des Mose gelesen, wie Gott am brennenden Dornbusch zu ihm sagte: ‹Ich bin der Gott Abrahams, Isaaks und Jakobs›? [27]Er ist doch nicht ein Gott der Toten, sondern der Lebenden. Ihr seid völlig im Irrtum!»

Lukas 14,25–27 Wie schon oft wurde Jesus von einer großen Menschenmenge begleitet. Er wandte sich zu ihnen um und sagte: [26]«Wenn einer mit mir gehen will, so muss ich für ihn wichtiger sein als seine Eltern, seine Frau, seine Kinder, seine Geschwister, ja wichtiger als das eigene Leben. Sonst kann er nicht mein Jünger sein. [27]Wer nicht bereit ist, sein Kreuz auf sich zu nehmen und mir nachzufolgen, der kann nicht zu mir gehören.»

Lukas 16,18 «Wer sich also von seiner Frau scheiden lässt und eine andere heiratet, der begeht Ehebruch; und wer eine geschiedene Frau heiratet, der begeht auch Ehebruch.»

Lukas 18,29–30 Jesus antwortete: «Das sollt ihr wissen: Jeder, der sein Haus, seine Eltern, seine Geschwister, seine Frau oder seine Kinder zurücklässt, um sich für Gottes neue Welt einzusetzen, [30]der wird dafür reich belohnt werden: hier schon, in dieser Welt, und erst recht in der zukünftigen Welt mit dem ewigen Leben.»

Lukas 20,34–38 Jesus antwortete: «Die Ehe gibt es nur in dieser Welt. [35]Wer aber von den Toten aufersteht und in die zukünftige Welt kommen darf, der wird nicht mehr verheiratet sein. [36]Er wird auch nicht mehr sterben wie die Menschen hier auf der Erde, sondern wie die Engel ewig leben und zu den Kindern Gottes gehören. Denn er ist vom Tod zu einem neuen Leben auferstanden. [37]Schon Mose hat angedeutet, dass es eine Auferstehung gibt. Er beschreibt, wie der Herr ihm im brennenden Dornbusch erschien, und er nennt ihn den Gott Abrahams, Isaaks und Jakobs.

³⁸Gott ist doch nicht ein Gott der Toten, sondern der Lebenden. Für ihn sind sie alle lebendig.»

4 Feinde und Widersacher

Matthäus 5,38–48 «Es heißt auch: ‹Auge um Auge, Zahn um Zahn!› ³⁹Ich sage euch aber: Leistet keine Gegenwehr, wenn man euch Böses antut! Wenn jemand dir eine Ohrfeige gibt, dann halte die andere Wange auch noch hin! ⁴⁰Wenn einer dich vor Gericht bringen will, um dein Hemd zu bekommen, so gib ihm auch noch den Mantel! ⁴¹Und wenn einer von dir verlangt, eine Meile mit ihm zu gehen, dann geh zwei Meilen mit ihm! ⁴²Gib jedem, der dich um etwas bittet, und weise keinen ab, der etwas von dir leihen will. ⁴³Es heißt bei euch: ‹Liebt eure Freunde und hasst eure Feinde!› ⁴⁴Ich sage aber: Liebt eure Feinde und betet für alle, die euch verfolgen! ⁴⁵So erweist ihr euch als Kinder eures Vaters im Himmel. Denn er lässt seine Sonne für Böse wie für Gute scheinen, und er lässt es regnen für Fromme und Gottlose. ⁴⁶Wollt ihr etwa noch dafür belohnt werden, dass ihr die Menschen liebt, die euch auch lieben? Das tun sogar die Zolleinnehmer, die sonst nur auf ihren Vorteil aus sind! ⁴⁷Wenn ihr nur euren Freunden liebevoll begegnet, ist das etwas Besonderes? Das tun auch die, die von Gott nichts wissen. ⁴⁸Ihr aber sollt so vollkommen sein wie euer Vater im Himmel.»

Matthäus 10,16–23 «Hört mir zu: Ich schicke euch wie Schafe mitten unter die Wölfe. Seid klug wie Schlangen, aber ohne Verschlagenheit wie Tauben. ¹⁷Nehmt euch in Acht vor den Menschen! Denn sie werden euch vor die Gerichte zerren, und in den Synagogen wird man euch auspeitschen. ¹⁸Nur weil ihr zu mir gehört, werdet ihr vor Machthabern und Königen verhört werden. Dort werdet ihr meine Botschaft bezeugen, denn sie und alle Völker müssen von mir erfahren. ¹⁹Wenn sie euch vor Gericht bringen, braucht ihr euch nicht darum zu sorgen, was ihr aussagen sollt! Denn zur rechten Zeit wird Gott euch das rechte Wort geben. ²⁰Nicht ihr werdet es sein, die Rede und Antwort stehen, sondern der Geist eures Vaters im Himmel wird durch euch sprechen. ²¹In dieser Zeit wird ein Bruder den anderen dem Henker ausliefern. Väter werden ihre eigenen Kinder anzeigen. Kinder werden gegen ihre Eltern vorgehen und sie hinrichten lassen. ²²Alle Welt wird euch hassen, weil ihr euch zu mir bekennt. Aber wer bis zum Ende durchhält, wird gerettet. ²³Wenn man euch in der einen Stadt verfolgt, dann flieht in eine andere. Ich versichere euch: Noch ehe ihr meinen Auftrag in allen Städten Israels ausgeführt habt, wird der Menschensohn kommen.»

Lukas 6,27–36 «Euch allen sage ich: Liebt eure Feinde und tut denen Gutes, die euch hassen. ²⁸Segnet die Menschen, die euch Böses wünschen, und betet für alle, die euch beleidigen. ²⁹Wenn jemand dir eine Ohrfeige gibt, dann halte die andere Wange auch noch hin. Wenn dir einer den Mantel wegnimmt, dann weigere dich nicht, ihm auch noch das Hemd zu geben. ³⁰Gib jedem, der dich um etwas bittet, und fordere nicht zurück, was man dir genommen hat. ³¹So wie ihr von anderen behandelt werden möchtet, so behandelt sie auch. ³²Oder wollt ihr dafür belohnt werden, dass ihr die Menschen liebt, die euch auch lieben? Das tun selbst die Leute, die von Gott nichts wissen wollen. ³³Ist es etwas Besonderes, denen Gutes zu tun, die auch zu euch gut sind? Das können auch Menschen, die Gott ablehnen. ³⁴Was ist schon dabei, Leuten Geld zu leihen, von denen man genau weiß, dass sie es zurückzahlen? Dazu braucht man nichts von Gott zu wissen. ³⁵Ihr aber sollt eure Feinde lieben und den Menschen Gutes tun. Ihr sollt ihnen helfen, ohne einen Dank oder eine Gegenleistung zu erwarten. Dann werdet ihr reich belohnt werden: Ihr werdet Kinder des höchsten Gottes sein. Denn auch er ist gütig zu Undankbaren und Bösen. ³⁶Seid so barmherzig wie euer Vater im Himmel!»

5 Konflikte und Rechtssachen

Johannes 7,24 «Richtet nicht nach dem äußeren Schein, sondern urteilt gerecht!»

Johannes 8,7 Als sie nicht locker ließen, richtete er sich auf und sagte: «Wer von euch noch nie gesündigt hat, soll den ersten Stein auf sie werfen!»

Johannes 13,34–35 «Heute gebe ich euch ein neues Gebot: Liebt einander! So wie ich euch geliebt habe, so sollt ihr euch auch untereinander lieben. ³⁵An eurer Liebe zueinander wird jeder erkennen, dass ihr meine Jünger seid.»

Matthäus 5,3–9 «Glücklich sind, die erkennen, wie arm sie vor Gott sind, denn ihnen gehört die neue Welt Gottes. ⁴Glücklich sind die Trauernden, denn sie werden Trost finden. ⁵Glücklich sind die Friedfertigen, denn sie werden die ganze Erde besitzen. ⁶Glücklich sind, die nach Gerech-

tigkeit hungern und dürsten, denn sie sollen satt werden. ⁷Glücklich sind die Barmherzigen, denn sie werden Barmherzigkeit erfahren. ⁸Glücklich sind, die ein reines Herz haben, denn sie werden Gott sehen. ⁹Glücklich sind, die Frieden stiften, denn Gott wird sie seine Kinder nennen.»

Matthäus 5,21–26 «Wie ihr wisst, wurde unseren Vorfahren gesagt: ‹Du sollst nicht töten! Wer aber einen Mord begeht, muss vor ein Gericht.› ²²Doch ich sage euch: Schon wer auf seinen Bruder zornig ist, den erwartet das Gericht. Wer zu seinem Bruder sagt: ‹Du Idiot!›, der wird vom Obersten Gericht verurteilt werden, und wer ihn verflucht, dem ist das Feuer der Hölle sicher. ²³Wenn du eine Opfergabe zum Altar bringst und dir fällt plötzlich ein, dass dein Bruder dir etwas vorzuwerfen hat, ²⁴dann lass dein Opfer am Altar zurück, geh zu deinem Bruder und versöhne dich mit ihm. Erst danach bring Gott dein Opfer dar. ²⁵Setz alles daran, dich noch auf dem Weg zum Gericht mit deinem Gegner zu einigen. Sonst wird der Richter dich verurteilen, und der Gerichtsdiener wird dich ins Gefängnis stecken. ²⁶Und ich sage dir: Von dort wirst du nicht eher wieder herauskommen, bis du auch den letzten Rest deiner Schuld bezahlt hast.»

Matthäus 5,31–32 «Bisher hieß es: ‹Wer sich von seiner Frau trennen will, soll ihr eine Scheidungsurkunde geben.› ³²Ich sage euch aber: Wer sich von seiner Frau trennt, obwohl sie ihn nicht betrogen hat, der treibt sie zum Ehebruch. Und wer eine geschiedene Frau heiratet, der begeht Ehebruch.»

Matthäus 5,38–48 «Es heißt auch: ‹Auge um Auge, Zahn um Zahn!› ³⁹Ich sage euch aber: Leistet keine Gegenwehr, wenn man euch Böses antut! Wenn jemand dir eine Ohrfeige gibt, dann halte die andere Wange auch noch hin! [40]Wenn einer dich vor Gericht bringen will, um dein Hemd zu bekommen, so gib ihm auch noch den Mantel! [41]Und wenn einer von dir verlangt, eine Meile mit ihm zu gehen, dann geh zwei Meilen mit ihm! [42]Gib jedem, der dich um etwas bittet, und weise keinen ab, der etwas von dir leihen will. [43]Es heißt bei euch: ‹Liebt eure Freunde und hasst eure Feinde!› [44]Ich sage aber: Liebt eure Feinde und betet für alle, die euch verfolgen! [45]So erweist ihr euch als Kinder eures Vaters im Himmel. Denn er lässt seine Sonne für Böse wie für Gute scheinen, und er lässt es regnen für Fromme und Gottlose. [46]Wollt ihr etwa noch dafür belohnt werden, dass ihr die Menschen liebt, die euch auch lieben? Das tun sogar die Zolleinnehmer, die sonst nur auf ihren Vorteil aus sind! [47]Wenn ihr nur euren Freunden liebevoll begegnet, ist das etwas Besonderes? Das tun auch die, die von Gott nichts wissen. [48]Ihr aber sollt so vollkommen sein wie euer Vater im Himmel.»

Matthäus 7,1–5 «Urteilt nicht über andere, damit Gott euch nicht verurteilt. [2]Denn so wie ihr jetzt andere verurteilt, werdet auch ihr verurteilt werden. Und mit dem Maßstab, den ihr an andere legt, wird man euch selber messen. [3]Warum siehst du jeden kleinen Splitter im Auge deines Bruders, aber den Balken in deinem eigenen Auge bemerkst du nicht? [4]Du sagst: ‹Mein Bruder, komm her! Ich will dir den Splitter aus dem Auge ziehen!› Dabei hast du selbst einen Balken im Auge! [5]Du Heuchler! Entferne zuerst den Balken aus deinem Auge, dann kannst du klar sehen, um auch den Splitter aus dem Auge deines Bruders zu ziehen.»

Matthäus 7,12 «So wie ihr von den Menschen behandelt werden möchtet, so behandelt sie auch. Denn das ist die Botschaft des Gesetzes und der Propheten.»

Matthäus 10,34–39 «Meint nur nicht, dass ich gekommen bin, um Frieden auf die Erde zu bringen. Nein, ich bringe Kampf! [35]Ich werde Vater und Sohn, Mutter und Tochter, Schwiegertochter und Schwiegermutter gegeneinander aufbringen. [36]Die schlimmsten Feinde werden in der eigenen Familie sein. [37]Wer seinen Vater oder seine Mutter, seinen Sohn oder seine Tochter mehr liebt als mich, der ist es nicht wert, mein Jünger zu sein. [38]Und wer nicht bereit ist, sein Kreuz auf sich zu nehmen und mir nachzufolgen, der kann nicht zu mir gehören. [39]Wer sich an sein Leben klammert, der wird es verlieren. Wer es aber für mich einsetzt, der wird es für immer gewinnen.»

Matthäus 18,15–17 «Wenn dein Bruder Schuld auf sich geladen hat, dann geh zu ihm und sag ihm, was er falsch gemacht hat. Wenn er auf dich hört, hast du deinen Bruder zurückgewonnen. [16]Will er davon nichts wissen, nimm einen oder zwei andere mit, denn durch die Aussage von zwei oder drei Zeugen wird die Sache eindeutig bestätigt. [17]Wenn dein Bruder auch dann nicht hören will, bring den Fall vor die Gemeinde. Nimmt er selbst das Urteil der Gemeinde nicht an, dann behandle ihn wie einen, der von Gott nichts wissen will und ihn verachtet.»

Matthäus 18,21–35 Da fragte Petrus: «Herr, wie oft muss ich meinem Bruder vergeben, wenn er mir Unrecht tut? Ist siebenmal denn nicht genug?» ²²«Nein», antwortete Jesus. «Nicht nur siebenmal, sondern siebzig mal siebenmal. ²³Man kann die neue Welt Gottes mit einem König vergleichen, der mit seinen Verwaltern abrechnen wollte. ²⁴Zu ihnen gehörte ein Mann, der ihm einen Millionenbetrag schuldete. ²⁵Aber er konnte diese Schuld nicht bezahlen. Deshalb wollte der König ihn, seine Frau, seine Kinder und seinen gesamten Besitz verkaufen lassen, um wenigstens einen Teil seines Geldes zu bekommen. ²⁶Doch der Mann fiel vor dem König nieder und flehte ihn an: ‹Herr, hab noch etwas Geduld! Ich will ja alles bezahlen.› ²⁷Da hatte der König Mitleid. Er gab ihn frei und erließ ihm seine Schulden. ²⁸Kaum war der Mann frei, ging er zu einem der anderen Verwalter, der ihm einen kleinen Betrag schuldete, packte ihn, würgte ihn und schrie: ‹Bezahl jetzt endlich deine Schulden!› ²⁹Da fiel der andere vor ihm nieder und bettelte: ‹Hab noch etwas Geduld! Ich will ja alles bezahlen.› ³⁰Aber der Verwalter wollte nicht warten und ließ ihn ins Gefängnis werfen, bis er alles bezahlt hätte. ³¹Als nun die anderen sahen, was sich da ereignet hatte, waren sie empört und berichteten es dem König. ³²Da ließ der König den Verwalter zu sich kommen und sagte: ‹Was bist du doch für ein hartherziger Mensch! Deine ganze Schuld habe ich dir erlassen, weil du mich darum gebeten hast. ³³Hättest du da nicht auch mit meinem anderen Verwalter Erbarmen haben können, so wie ich mit dir?› ³⁴Zornig übergab er ihn den Folterknechten. Sie sollten ihn erst dann wieder freilassen, wenn er alle seine Schulden zurück-

gezahlt hätte. ³⁵Auf die gleiche Art wird mein Vater im Himmel euch behandeln, wenn ihr euch weigert, eurem Bruder wirklich zu vergeben.»

Markus 11,24–25 «Ja, ich sage euch: Um was ihr auch bittet – glaubt fest, dass ihr es schon bekommen habt, und Gott wird es euch geben! ²⁵Aber wenn ihr ihn um etwas bittet, sollt ihr vorher den Menschen vergeben, mit denen ihr nicht zurechtkommt. Dann wird euch der Vater im Himmel eure Schuld auch vergeben.»

Markus 12,29–31 Jesus antwortete: «Dies ist das wichtigste Gebot: ‹Hört, ihr Israeliten! Der Herr ist unser Gott, der Herr allein. ³⁰Ihn [Gott, den Herrn] sollt ihr von ganzem Herzen lieben, mit ganzer Hingabe, mit eurem ganzen Verstand und mit all eurer Kraft.› ³¹Ebenso wichtig ist das andere Gebot: ‹Liebe deinen Mitmenschen wie dich selbst!› Kein anderes Gebot ist wichtiger als diese beiden.»

Lukas 6,27–36 «Euch allen sage ich: Liebt eure Feinde und tut denen Gutes, die euch hassen. ²⁸Segnet die Menschen, die euch Böses wünschen, und betet für alle, die euch beleidigen. ²⁹Wenn jemand dir eine Ohrfeige gibt, dann halte die andere Wange auch noch hin. Wenn dir einer den Mantel wegnimmt, dann weigere dich nicht, ihm auch noch das Hemd zu geben. ³⁰Gib jedem, der dich um etwas bittet, und fordere nicht zurück, was man dir genommen hat. ³¹So wie ihr von anderen behandelt werden möchtet, so behandelt sie auch. ³²Oder wollt ihr dafür belohnt werden, dass ihr die Menschen liebt, die euch auch lieben? Das tun selbst die Leute, die von Gott nichts wissen wollen. ³³Ist es etwas Besonderes, denen Gutes zu tun, die auch zu euch gut sind? Das können auch Menschen, die Gott ablehnen. ³⁴Was ist schon dabei, Leuten Geld zu leihen, von denen man genau weiß, dass sie es zurückzahlen? Dazu braucht man nichts von Gott zu wissen. ³⁵Ihr aber sollt eure Feinde lieben und den Menschen Gutes tun. Ihr sollt ihnen helfen, ohne einen Dank oder eine Gegenleistung zu erwarten. Dann werdet ihr reich belohnt werden: Ihr werdet Kinder des höchsten Gottes sein. Denn auch er ist gütig zu Undankbaren und Bösen. ³⁶Seid so barmherzig wie euer Vater im Himmel!»

Lukas 6,37–38 «Richtet nicht über andere, dann werdet ihr auch nicht gerichtet werden! Verurteilt keinen Menschen, dann werdet auch ihr nicht verurteilt! Wenn ihr bereit seid, anderen zu vergeben, dann wird auch euch vergeben werden. ³⁸Gebt, was ihr habt, dann werdet ihr so reich beschenkt werden, dass ihr gar nicht alles aufnehmen könnt. Mit dem Maßstab, den ihr an andere legt, wird man auch euch messen.»

Lukas 12,13–15 Da rief einer aus der Menge: «Lehrer, sag doch meinem Bruder, er soll unser Erbe gerecht mit mir teilen.» ¹⁴Aber Jesus wies ihn zurück: «Bin ich etwa euer Richter oder euer Vermittler in Erbstreitigkeiten?» ¹⁵Dann wandte er sich an alle: «Hütet euch vor der Habgier! Wenn jemand auch noch so viel Geld hat, das Leben kann er sich damit nicht kaufen.»

Lukas 12,54–59 Dann redete Jesus wieder zu allen: «Wenn die Wolken von Westen kommen, sagt ihr: ‹Es gibt Regen›, und das stimmt auch. ⁵⁵Wenn der Wind von Süden weht, sagt ihr: ‹Es wird heiß›, und ihr habt Recht. ⁵⁶Ihr Heuchler! Das Wetter könnt ihr aus den Zeichen am Himmel vorhersagen. Warum könnt ihr dann nicht beurteilen, was heute vor euren Augen geschieht? ⁵⁷Warum weigert ihr euch zu erkennen, was gut und richtig ist? ⁵⁸Wenn man dich vor Gericht stellt, dann setz alles daran, dich noch auf dem Weg dorthin mit deinem Gegner zu einigen. Sonst wird dich der Richter verurteilen, und der Gerichtsdiener wird dich ins Gefängnis stecken. ⁵⁹Und ich sage dir: Von dort wirst du nicht eher wieder herauskommen, bis du auch den letzten Rest deiner Schuld bezahlt hast.»

Lukas 17,3–4 «Nehmt euch in Acht! Wenn dein Bruder Schuld auf sich geladen hat, dann sag ihm, was er falsch gemacht hat. Tut es ihm leid, dann vergib ihm! ⁴Und wenn er dir siebenmal am Tag Unrecht tut und dich immer wieder um Vergebung bittet: Vergib ihm!»

6 Mitleid und Erbarmen

Matthäus 5,38–48 «Es heißt auch: ‹Auge um Auge, Zahn um Zahn!› ³⁹Ich sage euch aber: Leistet keine Gegenwehr, wenn man euch Böses antut! Wenn jemand dir eine Ohrfeige gibt, dann halte die andere Wange auch noch hin! ⁴⁰Wenn einer dich vor Gericht bringen will, um dein Hemd zu bekommen, so gib ihm auch noch den Mantel! ⁴¹Und wenn einer von dir verlangt, eine Meile mit ihm zu gehen, dann geh zwei Meilen mit ihm! ⁴²Gib jedem, der dich um etwas bittet, und weise keinen ab, der etwas von dir leihen will. ⁴³Es heißt bei euch: ‹Liebt eure Freunde und hasst eure Feinde!› ⁴⁴Ich sage aber: Liebt eure Feinde und betet für alle, die euch verfolgen! ⁴⁵So erweist ihr euch als Kinder eures Vaters im Himmel. Denn er lässt seine Sonne für Böse wie für Gute scheinen, und er lässt es regnen für Fromme und Gottlose. ⁴⁶Wollt ihr etwa noch dafür belohnt werden, dass ihr die Menschen liebt, die euch auch lieben? Das tun sogar die Zolleinnehmer, die sonst nur auf ihren Vorteil aus sind! ⁴⁷Wenn ihr nur euren Freunden liebevoll begegnet, ist das etwas Besonderes? Das tun auch die, die von Gott nichts wissen. ⁴⁸Ihr aber sollt so vollkommen sein wie euer Vater im Himmel.»

Matthäus 7,9–12 «Würde jemand von euch seinem Kind einen Stein geben, wenn es um ein Stück Brot bittet? ¹⁰Oder eine giftige Schlange, wenn es um einen Fisch bittet? ¹¹Wenn schon ihr hartherzigen Menschen euren Kindern Gutes gebt, wie viel mehr wird euer Vater im Himmel denen Gutes schenken, die ihn darum bitten! ¹²So wie ihr von den Menschen behandelt werden möchtet, so behandelt sie auch. Denn das ist die Botschaft des Gesetzes und der Propheten.»

Matthäus 14,15–20 Gegen Abend kamen die Jünger zu ihm und sagten: «Es ist spät geworden. Schick die Leute weg, damit sie in die Dörfer gehen und dort etwas zu essen kaufen können! Hier gibt es doch nichts!» ¹⁶Aber Jesus antwortete: «Das ist nicht nötig. Gebt *ihr* ihnen zu essen!» ¹⁷«Wir haben ja nur fünf Brote und zwei Fische», wandten seine Jünger ein. ¹⁸«Dann bringt sie her!», sagte Jesus. ¹⁹Er forderte die Leute auf, sich ins Gras zu setzen. Er nahm die fünf Brote und die beiden Fische, sah zum Himmel auf und dankte Gott. Dann teilte er das Brot,

reichte es seinen Jüngern, und die Jünger gaben es an die Menge weiter. ²⁰Alle aßen sich satt. Als man anschließend die Reste einsammelte, da waren es noch zwölf volle Körbe. (Siehe auch Markus 6,35–43, Lukas 9,12–17 und Johannes 6,5–13.)

Matthäus 15,32–38 Danach rief Jesus seine Jünger zu sich und sagte: «Die Leute tun mir leid. Sie sind jetzt schon drei Tage bei mir und haben nichts mehr zu essen. Ich will sie nicht hungrig wegschicken, sie würden den weiten Weg nach Hause nicht schaffen.» ³³Aber die Jünger antworteten: «Woher sollen wir hier in dieser verlassenen Gegend genügend Brot bekommen, damit so viele Menschen satt werden?» ³⁴Jesus fragte: «Wie viele Brote habt ihr denn?» Sie antworteten: «Sieben Brote und ein paar kleine Fische!» ³⁵Da forderte Jesus die Menschen auf, sich zum Essen niederzulassen. ³⁶Nun nahm er die sieben Brote und die Fische. Er dankte Gott für das Essen, teilte die Brote und Fische und gab sie den Jüngern, die sie an die Leute weiterreichten. ³⁷/³⁸Jeder aß, bis er satt war; etwa viertausend Männer waren dabei, die Frauen und Kinder nicht mitgerechnet. Anschließend sammelten die Jünger die Reste ein: Sieben Körbe voll waren noch übrig geblieben.

Matthäus 20,30–34 Zwei blinde Männer saßen an der Straße. Als sie hörten, dass Jesus vorüberkam, riefen sie: «Herr, du Sohn Davids, hab Erbarmen mit uns!» ³¹Die Leute fuhren sie an: «Haltet den Mund!» Aber die Blinden schrien nur noch lauter: «Herr, du Sohn Davids, hab Erbarmen mit uns!» ³²Da blieb Jesus stehen, rief sie zu sich und fragte: «Was soll ich für euch tun?» ³³«Herr», flehten ihn die Blinden an, «wir möchten sehen können!» [34]Jesus hatte Mitleid mit ihnen und berührte ihre Augen. Im selben Augenblick konnten sie sehen, und sie gingen mit ihm.

Markus 5,18–19 Jesus wollte gerade in das Boot steigen, als ihn der Geheilte bat, bei ihm bleiben zu dürfen. [19]Aber Jesus erlaubte es ihm nicht. Er sagte: «Geh nach Hause zu deiner Familie und berichte, welch großes Wunder der Herr an dir getan hat und wie barmherzig er zu dir gewesen ist!»

Markus 8,1–8 In diesen Tagen war wieder einmal eine große Menschenmenge versammelt. Schließlich hatten die Leute nichts mehr zu essen. Jesus rief seine Jünger zu sich und sagte: [2]«Die Leute tun mir leid, sie sind jetzt schon drei Tage bei mir und haben nichts mehr zu essen. [3]Ich kann sie doch nicht hungrig fortschicken. Viele würden den weiten Weg nach Hause nicht schaffen.» [4]Die Jünger fragten ratlos: «Aber woher sollen wir hier in dieser verlassenen Gegend genügend Brot bekommen, damit sie alle satt werden?» [5]«Wie viele Brote habt ihr denn?», wollte Jesus wissen. Sie antworteten: «Sieben!» [6]Da forderte Jesus die Menschen auf, sich zum Essen niederzulassen. Er nahm die sieben Brote und dankte Gott dafür. Dann teilte er sie und gab sie den Jüngern, die sie an die Leute weiterreichten. [7]Sie hatten auch noch einige kleine Fische bei sich. Wieder dankte Jesus Gott dafür und ließ dann die Fische verteilen. [8]Nachdem sie alle satt waren, wurden die Reste eingesammelt: sieben Körbe voll.

Lukas 6,27–36 «Euch allen sage ich: Liebt eure Feinde und tut denen Gutes, die

euch hassen. [28]Segnet die Menschen, die euch Böses wünschen, und betet für alle, die euch beleidigen. [29]Wenn jemand dir eine Ohrfeige gibt, dann halte die andere Wange auch noch hin. Wenn dir einer den Mantel wegnimmt, dann weigere dich nicht, ihm auch noch das Hemd zu geben. [30]Gib jedem, der dich um etwas bittet, und fordere nicht zurück, was man dir genommen hat. [31]So wie ihr von anderen behandelt werden möchtet, so behandelt sie auch. [32]Oder wollt ihr dafür belohnt werden, dass ihr die Menschen liebt, die euch auch lieben? Das tun selbst die Leute, die von Gott nichts wissen wollen. [33]Ist es etwas Besonderes, denen Gutes zu tun, die auch zu euch gut sind? Das können auch Menschen, die Gott ablehnen. [34]Was ist schon dabei, Leuten Geld zu leihen, von denen man genau weiß, dass sie es zurückzahlen? Dazu braucht man nichts von Gott zu wissen. [35]Ihr aber sollt eure Feinde lieben und den Menschen Gutes tun. Ihr sollt ihnen helfen, ohne einen Dank oder eine Gegenleistung zu erwarten. Dann werdet ihr reich belohnt werden: Ihr werdet Kinder des höchsten Gottes sein. Denn auch er ist gütig zu Undankbaren und Bösen. [36]Seid so barmherzig wie euer Vater im Himmel!»

Lukas 7,12–15 Als er sich dem Stadttor näherte, kam ihm ein Trauerzug entgegen. Der Verstorbene war der einzige Sohn einer Witwe. Viele Trauergäste aus der Stadt begleiteten die Frau. [13]Als Jesus, der Herr, sie sah, war er von ihrem Leid tief bewegt. «Weine nicht!», tröstete er sie. [14]Er ging zu der Bahre und legte seine Hand darauf. Die Träger blieben stehen. Jesus sagte zu dem toten Jungen: «Ich befehle dir: Steh auf!»

¹⁵Da setzte sich der Junge auf und begann zu sprechen. So gab Jesus der Mutter ihr Kind zurück.

Lukas 10,29–37 Aber der Mann [ein Schriftgelehrter] gab sich damit nicht zufrieden und fragte weiter: «Wer gehört denn eigentlich zu meinen Mitmenschen?» ³⁰Jesus antwortete ihm mit einer Geschichte: «Ein Mann wanderte von Jerusalem nach Jericho. Unterwegs wurde er von Räubern überfallen. Sie schlugen ihn zusammen, raubten ihn aus und ließen ihn halb tot liegen. Dann machten sie sich davon. ³¹Zufällig kam bald darauf ein Priester vorbei. Er sah den Mann liegen und ging schnell auf der anderen Straßenseite weiter. ³²Genauso verhielt sich ein Tempeldiener. Er sah zwar den verletzten Mann, aber er blieb nicht stehen, sondern machte einen großen Bogen um ihn. ³³Dann kam einer der verachteten Samariter vorbei. Als er den Verletzten sah, hatte er Mitleid mit ihm. ³⁴Er beugte sich zu ihm hinunter, behandelte seine Wunden mit Öl und Wein und verband sie. Dann hob er ihn auf sein Reittier und brachte ihn in den nächsten Gasthof, wo er den Kranken besser pflegen und versorgen konnte. ³⁵Als er am nächsten Tag weiterreisen musste, gab er dem Wirt zwei Silberstücke und bat ihn: ‹Pflege den Mann gesund! Sollte das Geld nicht reichen, werde ich dir den Rest auf meiner Rückreise bezahlen!› ³⁶Was meinst du?», fragte Jesus jetzt den Schriftgelehrten. «Welcher von den dreien hat an dem Überfallenen als Mitmensch gehandelt?» ³⁷Der Schriftgelehrte erwiderte: «Natürlich der Mann, der ihm geholfen hat.» – «Dann geh und folge seinem Beispiel!», forderte Jesus ihn auf.

Lukas 13,34–35 «Jerusalem! O Jerusalem! Du tötest die Propheten und erschlägst die Boten, die Gott zu dir schickt. Wie oft schon wollte ich deine Bewohner um mich sammeln, so wie eine Henne ihre Küken unter ihre Flügel nimmt! Aber ihr habt es nicht gewollt. ³⁵Und nun? Gott wird euren Tempel verlassen, und ich sage euch: Mich werdet ihr erst dann wiedersehen, wenn ihr rufen werdet: ‹Gelobt sei, der im Namen des Herrn zu uns kommt!›»

Lukas 19,41–44 Als Jesus die Stadt Jerusalem vor sich liegen sah, weinte er über sie. ⁴²«Wenn du doch nur erkannt hättest, was dir Frieden bringt!», rief er. «Aber jetzt bist du mit Blindheit geschlagen. ⁴³Der Tag wird kommen, an dem deine Feinde einen Wall um deine Mauern aufschütten und dich von allen Seiten belagern. ⁴⁴Deine Mauern werden fallen und alle Bewohner getötet werden. Kein Stein wird auf dem anderen bleiben. Warum hast du die Gelegenheit nicht genutzt, die Gott dir geboten hat?»

Lukas 23,34 Jesus betete: «Vater, vergib ihnen, denn sie wissen nicht, was sie tun!»

Lukas 23,42–43 Zu Jesus sagte er [ein Verbrecher]: «Denk an mich, wenn du in dein Königreich kommst!» ⁴³Da antwortete ihm Jesus: «Ich versichere dir: Noch heute wirst du mit mir im Paradies sein.»

7 Mord

Matthäus 5,21–24 «Wie ihr wisst, wurde unseren Vorfahren gesagt: ‹Du sollst nicht töten! Wer aber einen Mord begeht, muss vor ein Gericht.› ²²Doch ich sage euch: Schon wer auf seinen Bruder zornig ist, den erwartet das Gericht. Wer zu seinem Bruder sagt: ‹Du Idiot!›, der wird vom Obersten Gericht verurteilt werden, und wer ihn verflucht, dem ist das Feuer der Hölle sicher. [23]Wenn du eine Opfergabe zum Altar bringst und dir fällt plötzlich ein, dass dein Bruder dir etwas vorzuwerfen hat, [24]dann lass dein Opfer am Altar zurück, geh zu deinem Bruder und versöhne dich mit ihm. Erst danach bring Gott dein Opfer dar.»

Matthäus 15,19–20 «Aus dem Herzen kommen die bösen Gedanken wie: Mord, Ehebruch, sexuelle Zügellosigkeit, Diebstahl, Lüge und Verleumdung. [20]Durch sie wird der Mensch vor Gott unrein, nicht dadurch, dass man mit ungewaschenen Händen isst.»

8 Nachbarn und Mitmenschen

Markus 12,28–31 Ein Schriftgelehrter hatte zugehört und war von der Antwort beeindruckt, die Jesus den Sadduzäern gegeben hatte. Deshalb fragte er ihn: «Welches von allen Geboten Gottes ist das wichtigste?» [29]Jesus antwortete: «Dies ist das wichtigste Gebot: ‹Hört, ihr Israeliten! Der Herr ist unser Gott, der Herr allein. [30]Ihn sollt ihr von ganzem Herzen lieben, mit ganzer Hingabe, mit eurem ganzen Verstand und mit all eurer Kraft.› [31]Ebenso wichtig ist das andere Gebot: ‹Liebe deinen Mitmenschen wie dich selbst!› Kein anderes Gebot ist wichtiger als diese beiden.»

Lukas 10,29–37 Aber der Mann [ein Schriftgelehrter] gab sich damit nicht zufrieden und fragte weiter: «Wer gehört denn eigentlich zu meinen Mitmenschen?» [30]Jesus antwortete ihm mit einer Geschichte: «Ein Mann wanderte von Jerusalem nach Jericho. Unterwegs wurde er von Räubern überfallen. Sie schlugen ihn zusammen, raubten ihn aus und ließen ihn halb tot liegen. Dann machten sie sich davon. [31]Zufällig kam bald darauf ein Priester vorbei. Er sah den Mann liegen und ging schnell auf der anderen Straßenseite weiter. [32]Genauso verhielt sich ein Tempeldiener. Er sah zwar den verletzten Mann, aber er blieb nicht stehen, sondern machte einen großen Bogen um ihn. [33]Dann kam einer der verachteten Samariter vorbei. Als er den Verletzten sah, hatte er Mitleid mit ihm. [34]Er beugte sich zu ihm hinunter, behandelte seine Wunden mit Öl und Wein und verband sie. Dann hob er ihn auf sein Reittier und brachte ihn in den nächsten Gasthof, wo er den Kranken besser pflegen und versorgen konnte. [35]Als er am nächsten Tag weiterreisen musste, gab er dem Wirt zwei Silberstücke und bat ihn: ‹Pflege den Mann gesund! Sollte das Geld nicht reichen, werde ich dir den Rest auf meiner Rückreise bezahlen!› [36]Was meinst du?», fragte Jesus jetzt den Schriftgelehrten. «Welcher von den dreien hat an dem Überfallenen als Mitmensch gehandelt?» [37]Der Schriftgelehrte erwiderte: «Natürlich der Mann, der ihm geholfen hat.» – «Dann geh und folge seinem Beispiel!», forderte Jesus ihn auf.

9 Sexuelle Zügellosigkeit und Ehebruch

Matthäus 5,27–29 «Ihr wisst, dass es im Gesetz heißt: ‹Du sollst nicht die Ehe brechen!› [28]Ich sage euch aber: Schon wer eine Frau mit begehrlichen Blicken ansieht, der hat im Herzen mit ihr die Ehe gebrochen. [29]Wenn dich also dein rechtes Auge zur Sünde verführt, dann reiß es heraus und wirf es weg! Besser, du verlierst eins deiner Glieder, als dass du unversehrt in die Hölle geworfen wirst.»

Matthäus 5,31–32 «Bisher hieß es: ‹Wer sich von seiner Frau trennen will, soll ihr eine Scheidungsurkunde geben.› ³²Ich sage euch aber: Wer sich von seiner Frau trennt, obwohl sie ihn nicht betrogen hat, der treibt sie zum Ehebruch. Und wer eine geschiedene Frau heiratet, der begeht Ehebruch.»

Matthäus 15,19–20 «Aus dem Herzen kommen die bösen Gedanken wie: Mord, Ehebruch, sexuelle Zügellosigkeit, Diebstahl, Lüge und Verleumdung. ²⁰Durch sie wird der Mensch vor Gott unrein, nicht dadurch, dass man mit ungewaschenen Händen isst.»

Matthäus 19,9 «Ich sage euch: Jeder, der sich von seiner Frau trennt und eine andere heiratet, bricht die Ehe, es sei denn, seine Frau hat ihn betrogen.»

Markus 10,11–12 Jesus sagte ihnen: «Wenn sich ein Mann von seiner Frau trennt und eine andere heiratet, dann ist das Ehebruch. ¹²Auch eine Frau bricht die Ehe, wenn sie sich von ihrem Mann trennt und wieder heiratet.» (Siehe auch Lukas 16,18.)

10 Stolpersteine

Matthäus 18,6–7 «Wer in einem Menschen den Glauben, wie ihn ein Kind hat, zerstört, für den wäre es noch das Beste, mit einem Mühlstein um den Hals ins tiefe Meer geworfen zu werden. ⁷Wehe der Welt, denn sie verführt zum Unglauben! Solche Versuchungen können ja nicht ausbleiben. Aber wehe dem, der daran schuld ist!»

Matthäus 23,2–4 «Die Schriftgelehrten und Pharisäer sind dazu eingesetzt, euch das Gesetz des Mose auszulegen. ³Richtet euch nach ihren Vorschriften! Folgt aber nicht ihrem Beispiel! Denn sie selber tun nicht, was sie von den anderen verlangen. ⁴Sie bürden den Menschen unerträgliche Lasten auf, doch sie selbst rühren keinen Finger, um diese Lasten zu tragen.»

Matthäus 23,13.15 «Wehe euch, ihr Pharisäer und Schriftgelehrten! Ihr seid Heuchler! Durch euch wird anderen der Zugang in die neue Welt Gottes versperrt. Ihr selbst geht nicht hinein, und die hinein wollen, hindert ihr daran. […] ¹⁵Wehe euch, ihr Scheinheiligen! Ihr reist über das Meer und durchquert jede Wüste, um nur einen einzigen Nichtjuden dafür zu gewinnen, eure Gesetze anzuerkennen. Aber wenn ihr einen gefunden habt, dann wird er durch euch ein Kind der Hölle, das euch an Bosheit noch übertrifft.»

Matthäus 23,23–35 «Wehe euch, ihr Schriftgelehrten und Pharisäer! Ihr Scheinheiligen! Sogar von Küchenkräutern wie Minze, Dill und Kümmel gebt ihr Gott den zehnten Teil. Aber die viel wichtigeren Forderungen Gottes nach Gerechtigkeit, Barmherzigkeit und Glauben sind euch gleichgültig. Doch gerade darum geht es hier: Das Wesentliche tun und das andere nicht unterlassen. ²⁴Ihr aber entfernt jede kleine Mücke aus eurem Essen, doch ganze Kamele schluckt ihr bedenkenlos hinunter. Andere wollt ihr führen und seid doch selber blind! ²⁵Wehe euch, ihr Schriftgelehrten und Pharisäer! Ihr Heuchler! Ihr poliert eure Becher und Schüsseln außen auf

Hochglanz, so wie das Gesetz es erfordert. Doch gefüllt sind sie mit dem, was ihr in eurer maßlosen Gier anderen abgenommen habt. ²⁶Ihr blinden Verführer, reinigt eure Becher erst einmal von innen, dann werden sie auch außen sauber sein. ²⁷Wehe euch, ihr Schriftgelehrten und Pharisäer! Ihr seid wie die gepflegten Grabstätten: von außen sauber und geschmückt, aber innen ist alles voll stinkender Verwesung. ²⁸Ihr steht vor den Leuten als solche da, die Gott ehren, aber in Wirklichkeit seid ihr voller Bosheit und Heuchelei. ²⁹Wehe euch, ihr Schriftgelehrten und Pharisäer! Ihr Scheinheiligen! Den Propheten baut ihr Denkmäler, und die Gräber derer, die nach Gottes Willen lebten, schmückt ihr. ³⁰Dazu behauptet ihr noch: ‹Wenn wir damals gelebt hätten, wir hätten die Propheten nicht umgebracht wie unsere Vorfahren.› ³¹Damit gebt ihr also zu, dass ihr die Nachkommen der Prophetenmörder seid. ³²Ja, ihr treibt es sogar noch schlimmer als sie. ³³Ihr Schlangenbrut! Wie wollt ihr Gottes Gericht und der Hölle entrinnen? ³⁴Ich werde euch Propheten, weise Männer und Lehrer schicken, die euch die Heilige Schrift erklären. Einige von ihnen werdet ihr töten und kreuzigen. Andere werdet ihr in den Synagogen auspeitschen und sie von Stadt zu Stadt verfolgen. ³⁵Dadurch seid ihr am Tod aller dieser Menschen schuldig, die nach Gottes Willen lebten; angefangen bei Abel bis zu Secharja, dem Sohn des Berechja, den ihr zwischen Tempel und Brandopferaltar ermordet habt.»

Markus 9,41–42 «Erfrischt euch ein Mensch mit einem Schluck Wasser, weil ihr zu Christus gehört, so wird er seinen Lohn erhalten. Darauf könnt ihr euch ver-

lassen! ⁴²Wer in einem Menschen den Glauben, wie ihn ein Kind hat, zerstört, für den wäre es noch das Beste, mit einem Mühlstein um den Hals ins Meer geworfen zu werden.»

Lukas 11,52 «Wehe euch, ihr Schriftgelehrten! Denn durch eure Lehren verhindert ihr, dass die Menschen den Weg zur Wahrheit finden. Ihr selbst seid nicht in Gottes neue Welt hineingegangen, und ihr versperrt auch noch allen, die hineinwollen, den Zugang.»

11 Versöhnung

Matthäus 5,21–24 «Wie ihr wisst, wurde unseren Vorfahren gesagt: ‹Du sollst nicht töten! Wer aber einen Mord begeht, muss vor ein Gericht.› ²²Doch ich sage euch: Schon wer auf seinen Bruder zornig ist, den erwartet das Gericht. Wer zu seinem Bruder sagt: ‹Du Idiot!›, der wird vom Obersten Gericht verurteilt werden, und wer ihn verflucht, dem ist das Feuer der Hölle sicher. ²³Wenn du eine Opfergabe zum Altar bringst und dir fällt plötzlich ein, dass dein Bruder dir etwas vorzuwerfen hat, ²⁴dann lass dein Opfer am Altar zurück, geh zu deinem Bruder und versöhne dich mit ihm. Erst danach bring Gott dein Opfer dar.»

Matthäus 18,15–17 «Wenn dein Bruder Schuld auf sich geladen hat, dann geh zu ihm und sag ihm, was er falsch gemacht hat. Wenn er auf dich hört, hast du deinen Bruder zurückgewonnen. ¹⁶Will er davon nichts wissen, nimm einen oder zwei andere mit, denn durch die Aussage von zwei oder drei Zeugen wird die Sache eindeutig bestätigt. ¹⁷Wenn dein Bruder auch dann nicht hören will, bring den Fall vor die Gemeinde. Nimmt er selbst das Urteil der Gemeinde nicht an, dann behandle ihn wie einen, der von Gott nichts wissen will und ihn verachtet.»

Matthäus 18,21–35 Da fragte Petrus: «Herr, wie oft muss ich meinem Bruder vergeben, wenn er mir Unrecht tut? Ist siebenmal denn nicht genug?» 22«Nein», antwortete Jesus. «Nicht nur siebenmal, sondern siebzig mal siebenmal. 23Man kann die neue Welt Gottes mit einem König vergleichen, der mit seinen Verwaltern abrechnen wollte. 24Zu ihnen gehörte ein Mann, der ihm einen Millionenbetrag schuldete. 25Aber er konnte diese Schuld nicht bezahlen. Deshalb wollte der König ihn, seine Frau, seine Kinder und seinen gesamten Besitz verkaufen lassen, um wenigstens einen Teil seines Geldes zu bekommen. 26Doch der Mann fiel vor dem König nieder und flehte ihn an: ‹Herr, hab noch etwas Geduld! Ich will ja alles bezahlen.› 27Da hatte der König Mitleid. Er gab ihn frei und erließ ihm seine Schulden. 28Kaum war der Mann frei, ging er zu einem der anderen Verwalter, der ihm einen kleinen Betrag schuldete, packte ihn, würgte ihn und schrie: ‹Bezahl jetzt endlich deine Schulden!› 29Da fiel der andere vor ihm nieder und bettelte: ‹Hab noch etwas Geduld! Ich will ja alles bezahlen.› 30Aber der Verwalter wollte nicht warten und ließ ihn ins Gefängnis werfen, bis er alles bezahlt hätte. 31Als nun die anderen sahen, was sich da ereignet hatte, waren sie empört und berichteten es dem König. 32Da ließ der König den Verwalter zu sich

kommen und sagte: ‹Was bist du doch für ein hartherziger Mensch! Deine ganze Schuld habe ich dir erlassen, weil du mich darum gebeten hast. 33Hättest du da nicht auch mit meinem anderen Verwalter Erbarmen haben können, so wie ich mit dir?› 34Zornig übergab er ihn den Folterknechten. Sie sollten ihn erst dann wieder freilassen, wenn er alle seine Schulden zurückgezahlt hätte. 35Auf die gleiche Art wird mein Vater im Himmel euch behandeln, wenn ihr euch weigert, eurem Bruder wirklich zu vergeben.»

Lukas 17,3–4 «Nehmt euch in Acht! Wenn dein Bruder Schuld auf sich geladen hat, dann sag ihm, was er falsch gemacht hat. Tut es ihm leid, dann vergib ihm! 4Und wenn er dir siebenmal am Tag Unrecht tut und dich immer wieder um Vergebung bittet: Vergib ihm!»

12 Zorn

Matthäus 5,21–24 «Wie ihr wisst, wurde unseren Vorfahren gesagt: ‹Du sollst nicht töten! Wer aber einen Mord begeht, muss vor ein Gericht.› 22Doch ich sage euch: Schon wer auf seinen Bruder zornig ist, den erwartet das Gericht. Wer zu seinem Bruder sagt: ‹Du Idiot!›, der wird vom Obersten Gericht verurteilt werden, und wer ihn verflucht, dem ist das Feuer der Hölle sicher. 23Wenn du eine Opfergabe zum Altar bringst und dir fällt plötzlich ein, dass dein Bruder dir etwas vorzuwerfen hat, 24dann lass dein Opfer am Altar zurück, geh zu deinem Bruder und versöhne dich mit ihm. Erst danach bring Gott dein Opfer dar.»

NACHWORT

«Lehrer, was muss ich Gutes tun, um das ewige Leben zu bekommen?» Jesus antwortete dem jungen Mann, er müsse Gottes Gebote befolgen. Das habe er immer getan, versicherte dieser, und Jesus setzte nach: «Wenn du vollkommen sein willst, dann verkauf, was du hast, und gib das Geld den Armen. Und dann komm, und folge mir nach.» Diese Antwort begegnet uns in diesem Buch mehrfach, allerdings immer nur in diesem einen Dialog.

Warum wohl hat Jesus an diesen jungen Mann, der Gott doch wirklich ernst nahm, diese unerhörte Forderung gestellt – und an sonst keinen seiner Nachfolger? Matthäus, der diese Begegnung aufgeschrieben hat, dürfte sich das sicher auch gefragt haben. Von den selbständigen Fischern Johannes und Jakobus, Petrus und Andreas hatte Jesus nichts dergleichen verlangt. Natürlich verließen sie ihre Boote und ihre Häuser, aber ohne sie gleich zu verkaufen. Es verblieb alles in der Familie.

Als Zolleinnehmer war Matthäus wahrscheinlich kein armer Mann, zumindest nicht in materieller Hinsicht, und sein Lebenswandel dürfte nicht halb so ehrbar gewesen sein wie der des Fragestellers. Doch Jesus hatte ihn damals einfach aufgefordert, mit ihm zu kommen. Auch an Zachäus stellte Jesus keine solche Forderung; dabei gehörten sie beide einer Berufsgruppe an, die das Geld liebte, die systematisch korrupt war und die jedermann mit Verachtung strafte. Warum also verlangte Jesus von diesem jungen Mann, der doch so vorbildlich lebte, alles zu verkaufen und das Geld den Armen zu geben?

Gottes Gebote befolgen – das war in Israel eineinhalb Jahrtausende lang die Bedingung gewesen, um Segen und Leben und Gottes Wohlgefallen zu erlangen. Eine strenge, harte Bedingung: Ein einziger Fehltritt, ja, ein einziges Versäumnis genügte, und man hatte das ganze Gesetz gebrochen. Unwiderruflich.

Konnte es wirklich sein, dass der junge Mann sich *immer* an *all* diese Forderungen gehalten hatte? Vielleicht nicht als Dreijähriger, aber doch, seit er mit zwölf Jahren religionsmündig geworden war? Wahrlich eine stolze Leistung. Jesus widersprach ihm nicht, er schien ihn vielmehr zu bestätigen und weiter anzuspornen. Nur eins fehlte dem jungen Mann noch. Wirklich?

Etwa zwei Jahrzehnte später schrieb einer, der das Gesetz bestens kannte und es äußerst ernst nahm: «Wer dagegen darauf vertraut, von Gott angenommen zu werden, weil er das Gesetz erfüllt, der steht unter einem Fluch» (Galater 3,10).

In diesem Dialog und in vielen anderen Äußerungen, die Jesus *vor* seinem Leiden und Sterben gemacht hat, wollte er seinen Zuhörern klarmachen: *Kein Mensch* kann sich ewiges Leben und Segen und Gottes Wohlgefallen erarbeiten, und wäre er auch noch so tugendhaft und aufrichtig! Und seien Sie gewiss: Wenn er es dennoch versucht (und meint, es zu schaffen), findet Jesus garantiert immer *noch* etwas, das ihm zur Vollkommenheit fehlt. Warum?

Das Gesetz, so Paulus, hat die Aufgabe eines strengen Erziehers (Galater 3,19.23–25): Es soll den Menschen bewusst machen, dass sie vor Gott schuldig sind und dass sie Gottes Anspruch *niemals* gerecht werden können. Genau das wollte Jesus seinen Zuhörern nahebringen, bevor er ans Kreuz ging, um für die Sünde und Schuld der ganzen Menschheit zu bezahlen.

Sie sollten erkennen, welche hohen Forderungen das Gesetz an sie stellte – schon ein begehrlicher Blick ist Ehebruch, Ärger über einen Mitmenschen Mord, eine verächtliche Titulierung bringt einen in die Verurteilung. Und wer *ein* Gebot gebrochen hat, hat das *ganze* Gesetz gebrochen.

Alles oder nichts! Jesus wollte ihnen klarmachen, wie dringend sie seine Erlösung brauchten. Sie sollten begreifen, dass sie allein niemals zu Gott, dem Vater, kommen konnten. Und er bereitete ihnen den Weg, er machte sich selbst zum Weg, zur Tür in Gottes neue Welt.

Jesus Christus hat in seinem Leben, Leiden und Sterben die Forderungen des Gesetzes vollkommen erfüllt. Durch sein am Kreuz und durch die Auferstehung vollbrachtes Erlösungswerk hat er uns vom Fluch des Gesetzes erlöst. Wer das für sich in Anspruch nimmt, «an Jesus Christus glaubt», der bekommt Segen und ewiges Leben und Gottes Wohlgefallen *geschenkt!* Und die Gerechtigkeit Jesu Christi dazu. Und seine Heiligkeit. Die komplette Erlösung! Und seine Weisheit obendrauf. Ja, er wird selbst zur Gerechtigkeit in Person, einfach so, ohne jede Gegenleistung! «Wenn jemand stolz sein will, soll er auf das stolz sein, was Gott für ihn getan hat!» (Galater 3,13; 1. Korinther 1,29–31; 2. Korinther 5,17–21).

«Christus hat das Gesetz erfüllt und damit die Herrschaft des Gesetzes beendet. Wer ihm vertraut, wird von Gott angenommen» (Römer 10,4). Paulus nennt das «Gnade». Diese Gnade ist umfassend, aber gleichzeitig etwa so empfindlich wie eine Seifenblase: Jeder, der versucht, es sich doch auch nur ein wenig zu verdienen, sich der Gnade «würdig zu erweisen», macht sie für sich kaputt. Er «verspielt» sie (Galater 5,4) und bringt sich selbst wieder unter den Fluch des Gesetzes.

Als Jesus am Kreuz ausrief: «Es ist vollbracht!», begann eine neue Zeit, die Zeit der Gnade. Nun hängt die Vergebung unserer Sünden nicht mehr von unserem Wohlverhalten ab, wir bezahlen dafür nicht mehr mit der Währung unserer Vergebung für alle, die an uns schuldig geworden sind. Jesus hat dafür bezahlt!

Ursache und Wirkung haben die Plätze getauscht, die Richtung ist nun umgekehrt: «Vergebt einander, so wie Gott euch durch Jesus Christus vergeben hat» (Epheser 4,32). Und es ist unbestritten, dass das für unser Wohlbefinden, für unsere körperliche, seelische und geistliche Gesundheit das Beste ist, was wir tun können: jedem zu vergeben, der an uns schuldig geworden ist, und auch Gott und uns selbst aus unserer Anklage zu entlassen.

Nun lieben wir Gott und unsere Mitmenschen, aber nicht, um das Gesetz zu erfüllen, sondern «weil Gott uns zuerst geliebt hat» (1. Johannes 4,19). Weil wir Gottes geliebte Kinder sind. Königskinder.

Wir leben, wie es Gott gefällt, aber nicht, um Gott zu gefallen. Wir sind ja schon vor Gott angenehm – durch den Glauben an Jesus Christus und an das, was er für uns getan hat.

Wenn wir das für uns annehmen und ihn in unser Leben einladen, kommt Jesus und lebt in uns – und *weil Jesus in uns lebt,* ist es für uns natürlich, so zu leben wie er. Und *deshalb* stört es uns, wenn wir trotzdem sündigen. *Deshalb* wollen wir so leben, wie Gott es uns lehrt, und Gott über alles lieben und unseren Mitmenschen genauso wie uns selbst. Und deshalb können wir es auch. Und wenn wir als Königskinder trotzdem mal stolpern? «Aufstehen, Krone richten, weitergehen!»

Eines der Worte Jesu weist uns auf das Wirken des Heiligen Geistes hin. Dieser hilft uns, den richtigen Standpunkt zu finden und die Worte Jesu aus der richtigen Perspektive zu sehen: «Der Heilige Geist, den euch der Vater an meiner Stelle als Helfer senden wird, er wird euch an all das erinnern, was ich euch gesagt habe, und euch meine Worte erklären» (Johannes 14,26).

Ohne diese Erklärungen des Heiligen Geistes, das wusste Jesus sehr wohl, laufen wir Gefahr, weiterhin unter dem Fluch des Gesetzes zu leben, das der Sünde erst ihre Kraft verleiht. Ein wesentlicher Teil dieser versprochenen Erklärungen findet sich in den Briefen des Apostels Paulus; das hier war eine Kompaktversion davon.

Der Verlag

«Wie mich der Vater liebt, so liebe ich euch. Bleibt in meiner Liebe! Wenn ihr nach meinen Geboten lebt, wird meine Liebe euch umschließen. Auch ich richte mich nach den Geboten meines Vaters und lebe in seiner Liebe. Das alles sage ich euch, damit meine Freude euch ganz erfüllt und eure Freude dadurch vollkommen wird. Und so lautet mein Gebot: Liebt einander, wie ich euch geliebt habe. Niemand liebt mehr als einer, der sein Leben für die Freunde hingibt. Und ihr seid meine Freunde, wenn ihr tut, was ich euch aufgetragen habe. Ich nenne euch nicht mehr Knechte; denn einem Knecht sagt der Herr nicht, was er vorhat. Ihr aber seid meine Freunde; denn ich habe euch alles anvertraut, was ich vom Vater gehört habe.»

Johannes 15,9–15

Der Text dieser Bibelstellen darf gerne in jeder Form zitiert werden (gedruckt, visuell, elektronisch oder auf Tonträgern), sofern es sich um nicht mehr als maximal 250 Verse handelt, der zitierte Text kein ganzes biblisches Buch bildet und die zitierten Texte gesamthaft nicht mehr als 25 Prozent des Werkes darstellen, in dem die Bibelverse verwendet werden.

Dafür ist keine schriftliche Genehmigung des Verlages notwendig, doch muss auf der Impressums- oder Copyrightseite oder an anderer geeigneter Stelle der folgende Hinweis erscheinen:

«Die Bibelstellen sind der Übersetzung **Hoffnung für alle**® entnommen, Copyright © 1983, 1996, 2002 by Biblica Inc.™. Verwendet mit freundlicher Genehmigung des Fontis-Verlags in Basel.»

Sollten Sie Bibelverse in einem größeren Umfang zitieren wollen, als es oben beschrieben ist, so richten Sie Ihre Anfrage bitte an den Verlag:

Fontis – Brunnen Basel

Wallstraße 6

CH-4002 Basel

Schweiz

E-Mail: info@fontis-verlag.ch

In diesem Fall muss vom Verlag zwingend eine schriftliche Genehmigung eingeholt werden.